现代股权投融资理论与实务

谢清河 著

经济管理出版社

ECONOMY & MANAGEMENT PUBLISHING HOUSE

图书在版编目（CIP）数据

现代股权投融资理论与实务/谢清河著 . —北京：经济管理出版社，2024. 1
ISBN 978-7-5096-9595-1

Ⅰ. ①现… Ⅱ. ①谢… Ⅲ. ①股权—投资基金②企业融资 Ⅳ. ①F830. 59②F275. 1

中国国家版本馆 CIP 数据核字（2024）第 035501 号

组稿编辑：陆雅丽
责任编辑：杨国强　张玉珠　杨　娜　姜玉满　丁光尧　李光萌　杜羽茜　王虹茜
责任印制：许　艳
责任校对：陈　颖　王淑卿　蔡晓臻

出版发行：经济管理出版社
　　　　　（北京市海淀区北蜂窝 8 号中雅大厦 A 座 11 层　100038）
网　　　址：www. E-mp. com. cn
电　　　话：(010) 51915602
印　　　刷：唐山昊达印刷有限公司
经　　　销：新华书店
开　　　本：787mm×1092mm/16
印　　　张：65
字　　　数：1576 千字
版　　　次：2024 年 3 月第 1 版　2024 年 3 月第 1 次印刷
书　　　号：ISBN 978-7-5096-9595-1
定　　　价：218. 00 元

前　言

随着国际资本市场的持续发展，现代股权投融资作为全球资本市场的一股新鲜血液，股权投资和股权融资特征能提高被投资企业公司治理水平和技术创新能力，在完善公司治理和提升企业价值方面发挥了极大的促进作用。随着我国资本市场的不断完善和法律制度的日趋健全，现代股权投融资作为一种不可或缺的融资方式，开始快速发展，并成为继银行借贷和IPO之后的第三大融资方式。股权融资的种类较多，本书为全面提升企业股权投融资风险管理水平，结合现代股权投融资理论和实践经验，从股权交易的全生命周期角度，以企业股权投融资实务知识及运作流程、操作方法和最新市场规则为基本框架，并通过大量国内外典型案例，提供了系统化的交易思考维度，全面系统地阐述了企业股权投融资在各个阶段的操作规范和管理策略，列出了核心要点，从而为交易各方控制风险、实现价值最大化提供了有用的工具，以期为政府部门、股权投融资机构和企业的行为决策提供借鉴和参考。

本书从现代股权投融资实务角度入手，通过现代股权投融资实务工作的流程、经验总结与思考，揭示现代股权投融资特征影响企业价值的作用，探求现象背后的运行机理，拓展现代股权投融资特征与企业价值关系的研究思路，并结合我国实际情况提出较为可行的相关建议，促进我国经济持续高质量发展。

本书共分为十六章，内容如下：

第一章　绪论。主要对本书所涉及的企业生命周期、股权融资和投资效率的概念进行界定。重点概述股权投融资起源与演进、概念与特征、形式与功能、性质与分类，旨在厘清股权投融资与实体经济发展关系的脉络，为本书系统性地探究股权投融资服务实体经济效应奠定文献基础。

第二章　股权投融资业务运作流程与模式。投资者与融资者对投融资金融服务的多样化需求决定了资本市场应该是一个多层次的市场体系，因此应当从时间和空间两个维度来观察企业的投融资行为。从时间维度上，就是动态化地认识企业，将其视为一个有机生命体并关注其不断发展变化的过程；从空间维度上，就是关注股权资金对股权架构的主要作用点，并将其与投资效率的间接影响结合起来。本章概述股权投融资的组织形式与参与者，阐述股权投资和股权融资运作原理，介绍股权投融资流程架构与关键点，探讨企业生命周期视角下股权融资对投资效率的影响路径及作用机理，企业应当根据自身特点选择不同板块融资模式完成融资，提升融资效应。

第三章　股权架构设计。股权奠定了一家企业的基因，股权架构是指股份公司总股本中，不同性质的股份所占的比例及其相互关系。股权架构能够明晰合伙人之间的权利、义务、责任、利益等重要问题，不同的股权架构决定了不同的企业组织结构，从而决定了不同的企业治理结构，最终决定了企业的行为和绩效。企业所处的生命周期阶段与股权融资资金的需求、内部股权架构、投资决策、投资项目的效率表现是息息相关的，本章主要介绍股权架构设计的重要性、股权设计方法、股权设计的具体内容、股权投融资工具选择。

第四章　股权投融资法律法规。股权投资是随着我国改革开放应运而生的新事物，在国家调控经济的过程中，不仅需要股权投资为企业和社会发展做出贡献，更需要用具有普遍约束力的法律来保护促进生产力发展的法律关系和惩罚破坏经济发展的社会关系，防范因股权投资风险带来的市场波动。本章在概述股权投融资适用法律法规的基础上，重点介绍股权投资合同条款设计和合同签署、股权变更、交割操作实务，阐述股权投融资的基础性法律风险，并探讨股权投融资纠纷及防范实务要点。

第五章　股权投融资尽职调查。尽职调查是投资管理开展的基础，是融资过程中至关重要、不可或缺的一环，其结果决定了投资者对公司的评价。一份公正严谨的尽职调查报告出具之后，投资者会以此为依据做出最终决策。本章主要阐述规范尽职调查的方法与流程。在概述尽职调查实务要点的基础上，重点探讨法律尽职调查、财务尽职调查、商务尽职调查的方法与流程及其经典案例。

第六章　股权融资管理。根据我国国情，通过全新的方式来观察企业的投融资行为，探究不同生命周期企业在不同股权架构因素中的投资效率表现。不同类型的企业、同一企业在不同的发展阶段需要的融资方式也不尽相同，选择适合自己的融资方式不仅能够满足企业的资金需求，还可以优化企业财务治理、公司管理等，促进企业的长远发展。本章在概述股权融资含义与特征的基础上，重点介绍股权质押、借壳上市、股权对赌融资、私募股权融资、新三板融资、股权众筹、互联网非公开股权融资实务操作要点。

第七章　股权投融资运营管理。新时代背景下，企业发展面临着机遇与挑战，然而股权投资是企业实现资本运作获得成功和可观经济效益的一种有效方式与途径。企业进行投资，必须以科学的策略与方法为指导，必须加强投资管理。本章在概述股权投融资运营管理的基础上，重点探讨股权项目投资管理路径，构建投融资风险决策的运作流程和投融资风险评价指标体系，并且以股权并购为例阐述股权投资运营管理实务操作要点。

第八章　投融资估值。企业价值评估是一项综合性的资产权益评估，股权交易的估值是股权投融资决策环节的核心问题，有关交易谈判、收益测算、投后权利义务安排等交易事项主线都是基于估值而展开的。本章主要讨论投融资估值的体系与流程、估值方法、科创板适用估值方法，探讨用科学的方法及弹性的博弈要素去发现或者逼近股权的真实价值，从而为股权定价找到依据。

第九章　股权投融资交易管理。价格围绕价值上下波动是价值规律作用的表现形式，股权交易也不例外。在实践中，不同阶段的股权投资动机是存在差异的，并且可能受到公司内外环境的影响，每一项股权交易特定的交易背景与目的将会影响股权交易定价策略。

本章从税务筹划视角分析股权投融资交易的支付结构与模式、定价模式与影响交易价格的若干因素，重点探讨支付方式与支付结构设计、股权投资出资与涉税处理、股权并购的涉税处理、股权内部交易与跨境交易的涉税处理等股权交易管理实务要点。

第十章　境外与境内股权投融资的策略。随着我国"走出去"战略不断实施，为国内企业开展境外投资提供了便利，通过科学的资本运营及股权投融资来扩大经营范围，从而提高盈利水平。随着近年来海外市场对中概股监管日益严厉，为了能够降低风险，企业需要不断更新管理理念，适时对股权投融资过程中涉及的所有风险进行评估，结合企业实际经营情况来制定完善的股权投融资策略。本章在概述境内外股权投资监管与中国企业境外上市方式的基础上，重点分析境内外股权投融资形式与股权交易形式差异，比较境内和境外上市的优劣及实务要点，并探讨境内企业"走出去"战略下股权投融资的策略。

第十一章　投融资后期管理。投后管理是为了帮助投资管理能够获得成效和降低风险，投融资后项目公司是否能够产生良好的经营业绩，直接决定股权投资的成败。加强投后管理，即树立投后管理目标、明确投后管理内容、有效对投后管理内容进行分类、设立投后管理部门，并分不同阶段、不同类别情况来进行管理，整体进行投后管理详尽的规划和管控，降低项目在未来运作过程中的风险系数，这也是整个股权投资运作过程最为关键的环节。规范、监督、合作是投后管理中最棘手的问题，也是企业创造新的未来的基础。本章重点探讨投后管理的整体逻辑与体系、投后管理内容与实施路径、持有项目经营管理，以实现企业价值迅速增值后可以成功退出。

第十二章　股权投资退出管理。资本退出作为股权投资运营环节最难也是最重要的一环，能否成功退出是衡量股权投资运营业绩的标准。它一方面通过被投资企业 IPO 上市等方式实现资金的收回和增值服务创造价值的兑现，并为下一笔资金的筹集和后续投资项目的投后管理提供经验积累和信誉保证；另一方面也是融资企业面临投资方施加压力最为集中的阶段，如果投资退出不畅，投资方自然会把这种风险转嫁到融资企业身上。本章在概述股权投资退出方式、路径及其特点的基础上，重点探讨被投企业 IPO 退出、并购退出、股权转让退出、公司回购退出、清算退出实务要点。

第十三章　股权投融资会计。股权投资作为我国企业会计管理的关键构成，是一项系统性工程。对股权投资确认与计量的探究，旨在规范股权投资的确认标准及计量方法，进而使会计信息真实地反映投资目的，准确计量价值变动。本章在概述股权投资会计体系基本框架的基础上，重点探讨企业会计准则的确认标准与会计计量、股权投资后续计量方法、股权投资会计与税务差异、股权投资业务的会计处理、企业股权投资中的财务报告、企业股权投资中的财务管控，并结合实务案例进行分析，供读者参考。

第十四章　股权投融资审计。由于股权投资方式受到内外部市场环境、经济周期、政府投资政策变化等多重因素影响，在复杂的宏观及微观因素相互作用下，使公司的股权投资运作过程充满风险，因此，借鉴风险导向审计的理念、技术和方法，主动介入股权投资风险控制，成为风险管理体系中的重要组成部分。本章重点探讨企业股权投资审计原则与必要性、股权投资风险导向审计、股权投资后评价审计、权益法下长期股权投资审计、企业股权投资审计实务，并结合实务案例进行分析，供读者参考。

第十五章　股权投资风险管理。作为 21 世纪的企业，要快速融入现代化企业的发展轨道，股权投资业务必将成为企业战略发展规划的重要组成部分，投资成效更事关企业未来发展的成败。本章在概述股权投资风险管理的理念与目标的基础上，重点探讨如何构建股权投资的风险识别、评估与预警管控体系及其风险管控方法，为公司股权投资工作的开展提供一些参考。

第十六章　股权投融资合规与监管。近年来随着国家大力倡导金融服务实体，股权投资的要素配置价值愈加突出，各种新型股权投资途径应运而生。但是立法不完善、监管技术欠缺和监管组织架构落后使得股权投资领域乱象频发，少数股权投资行为不规范、信息披露不彻底、股权架构复杂等问题使得股权投资领域集聚了较大风险，可能带来跨机构、跨市场和跨行业的风险累积与传染。本章在概述股权投资监管理念的基础上，重点探讨私募股权基金监管、上市公司股权融资监管、对赌协议的效力及监管、股权众筹监管、互联网非公开股权融资监管；并在借鉴国际经验的基础上结合国情统筹考虑，既发挥其对行业发展的促进作用，又要合理控制风险。在监管制度设计上应把握有利于资本形成、投资者保护、创新发展的原则，一方面完善法律制度、信用制度等外部监管制度，另一方面建立跨部门联合监管机制，完善公司股权监管、强化自律监管作用。

本书是笔者对股权投融资的相关领域进行实践及案例研究与理解著作而成的，目的是将笔者对股权投融资业务现状的认识，结合多年的知识积累和实战经验，从专业的角度加以分析，并分享给更多读者进行专业化的系统性操作，帮助企业将美好愿望变成现实，提高运作成功率，这也是本书致力于探讨、梳理和总结现代股权投融资业务最佳实践的本意。笔力有限，错误和不妥之处在所难免，诚挚地欢迎各位专家学者、行业从业者、企业管理人员、风险管理专业人士不吝赐教，对本书内容的错误和不足之处，给予批评指正。

最后，希望本书的出版能够为投融资行业支持实体经济持续高质量发展贡献绵薄之力。

谢清河

2022 年 11 月

目　录

第一章　绪论 ……………………………………………………………… 1

第一节　股权投资起源与演进 ………………………………………… 1

第二节　股权投资和股权融资概念与特征 …………………………… 9

第三节　股权投融资形式与功能 ……………………………………… 24

第四节　股权投资和股权融资性质与分类 …………………………… 38

第二章　股权投融资业务运作流程与模式 ……………………………… 57

第一节　股权投融资的组织形式与参与者 …………………………… 57

第二节　股权投资和股权融资运作原理 ……………………………… 61

第三节　股权投融资流程架构与关键点 ……………………………… 73

第三章　股权架构设计 …………………………………………………… 97

第一节　股权设计的重要性 …………………………………………… 97

第二节　股权设计方法 ………………………………………………… 107

第三节　股权设计的具体内容 ………………………………………… 133

第四节　股权架构变动——投融资工具选择 ………………………… 164

第四章　股权投融资法律法规 …………………………………………… 175

第一节　股权投融资法律法规适用概述 ……………………………… 175

第二节　股权投资合同条款设计 ……………………………………… 179

第三节　合同签署、股权变更、交割 ………………………………… 217

第四节　基础性法律风险 ……………………………………………… 227

第五节　股权投融资纠纷及防范实务要点 …………………………… 236

第五章　股权投融资尽职调查 …………………………………………… 255

第一节　尽职调查概述 ………………………………………………… 255

第二节　法律尽职调查 ………………………………………………… 262

第三节　财务尽职调查 ………………………………………………… 273

第四节 商务尽职调查 ·· 282

第六章 股权融资管理 ··· 303

第一节 股权融资含义与特征 ·· 303

第二节 股权质押 ·· 315

第三节 借壳上市 ·· 319

第四节 股权对赌融资 ·· 324

第五节 私募股权融资 ·· 332

第六节 新三板融资 ·· 348

第七节 股权众筹 ·· 354

第八节 互联网非公开股权融资 ·· 361

第七章 股权投融资运营管理 ··· 367

第一节 股权投融资运营管理概述 ·· 367

第二节 股权项目投资管理路径 ·· 370

第三节 股权投融资交易形式与风险管理 ·· 382

第四节 股权投融资运营管理——并购重组 ······································ 404

第八章 投融资估值 ··· 429

第一节 估值的体系与流程 ··· 429

第二节 估值方法 ·· 444

第三节 科创板适用估值方法 ··· 491

第九章 股权投融资交易管理 ··· 507

第一节 支付结构与模式 ··· 507

第二节 交易价格 ·· 512

第三节 支付方式 ·· 517

第四节 股权投资出资与涉税处理 ·· 528

第五节 股权并购的涉税处理 ··· 533

第六节 股权内部交易与跨境交易的涉税处理 ···································· 552

第十章 境外与境内股权投融资的策略 ···································· 569

第一节 境内外股权投资概述 ··· 569

第二节 境内外融资比较 ··· 580

第三节 中国香港上市融资 ··· 601

第四节 "协议控制+VIE" 企业的运营模式 ······································ 611

目录

第十一章　投融资后期管理 ·· 645

第一节　投后管理的整体逻辑与体系 ·································· 645

第二节　投后管理内容与实施路径 ···································· 653

第三节　持有项目经营管理 ·· 669

第十二章　股权投资退出管理 ·· 687

第一节　股权投资退出方式概要 ······································ 687

第二节　被投企业 IPO 退出 ··· 694

第三节　并购退出 ··· 702

第四节　股权转让退出 ·· 709

第五节　公司回购退出 ·· 726

第六节　清算退出 ··· 735

第十三章　股权投融资会计 ·· 745

第一节　股权投资会计核算概述 ······································ 745

第二节　企业会计准则的确认标准与会计计量 ·················· 750

第三节　股权投资后续计量方法 ······································ 765

第四节　股权投资会计与税务差异 ·································· 775

第五节　股权投资业务的会计处理 ·································· 780

第六节　企业股权投资中的财务报告 ······························ 799

第七节　企业股权投资中的财务管控 ······························ 812

第十四章　股权投融资审计 ·· 817

第一节　企业股权投资审计原则与必要性 ························ 817

第二节　股权投资风险导向审计 ······································ 821

第三节　股权投资后评价审计 ··· 831

第四节　权益法下长期股权投资审计 ······························ 835

第五节　企业股权投资审计实务 ······································ 842

第十五章　股权投资风险管理 ·· 859

第一节　股权投资风险管理的理念与目标 ························ 859

第二节　风险管理体系 ·· 874

第三节　风险识别、评估与预警 ······································ 881

第四节　风险管控实务核心要点 ······································ 898

第十六章　股权投融资合规与监管 ················· **941**

　　第一节　股权投资监管理念 ······················ 941

　　第二节　私募股权基金监管 ······················ 942

　　第三节　上市公司股权融资监管 ·················· 946

　　第四节　对赌协议的效力及监管 ·················· 971

　　第五节　股权众筹监管 ·························· 983

　　第六节　互联网非公开股权融资监管 ·············· 990

参考文献 ····································· **999**

后　记 ····································· **1027**

第一章 绪论

"股权投融资"其实是公司实务中对股权交易行为的通俗说法，融资与投资本来就是并存的，站在投资人的角度，通过股权交易进行投资的行为实质上是股权投资，而站在公司的角度，通过股权交易获取资本的行为实质上是股权融资，这是一个问题的两个方面。企业的融资行为就是投资机构的投资行为，只是称呼不同而已，两者的操作程序和方法是完全对应的。本章主要对本书探讨的企业生命周期、股权融资和投资效率所涉及的概念进行界定。重点概述股权投资和股权融资起源与演进、股权投资和股权融资概念与特征、股权投融资形式与功能、股权投资和股权融资性质与分类，旨在厘清股权投融资与实体经济发展关系的脉络，为本书系统性地探究股权投融资服务实体经济效应奠定文献基础。

第一节 股权投资起源与演进

一、股权投资的起源

（一）股权投资的国际起源

1. 外源资本——股权资本的初始形态

15 世纪末，英国、葡萄牙与西班牙等国在创建远洋贸易企业时，由于个人的自有资金无法满足创建远洋贸易企业的资金需求，因此产生了对外源资本强烈的需求。外源资本就是初始形态的股权资本。

2. 高科技中小企业的投资需求促进了私募股权投资的发展

19 世纪末到 20 世纪初，在美国开发西部地区的过程中，一些投资人分别投资于钢铁、石油、铁路和银行等行业的高科技中小企业。这些投资人对资本的需求远远超过了个人或家庭的资金实力，这也促进了私募股权投资的发展。例如，列表机公司（1896 年创立于华盛顿）、计算表公司（1901 年创建于俄亥俄州代顿）和国际时代唱片公司（1900 年创办于纽约州恩迪科特）合并为一家制造办公用品的公司，这就是后来的国际商业机器公司（IBM）。

3. 有组织的投资职业经理人推动现代意义上的私募股权金融机构的诞生

20 世纪三四十年代，部分富有家族开始聘请一些职业经理去帮他们寻找有潜力的中小企业进行投资。但这一时期投资活动是由投资主体分散进行的,其是早期非组织化的私募股权投资。现代意义上的私募股权金融机构最早出现在第二次世界大战结束之后。例如,二战后美国和英国出现了第一批机构性参股投资公司,如 1945 年工商金融公司(ICFC)在英国成立,1946 年美国研究与发展公司(ARD)在美国成立,这两家投资公司成为世界上最早的私募股权投资机构。

4. 资本市场发展成熟推进私募投资巨头的成立与发展

随着战后欧洲重建的开始,在各工业国家中,学者们就企业的自有资本率过低,以及由此引起的企业革新能力缺陷等问题进行了热烈的讨论。人们希望新成立的投资公司能够为他们提供帮助。但是,对于当时的投资公司而言,在这个年轻的市场上,它们缺乏必要的经验,这主要表现在两个方面:它们既缺少投资的经验,也缺少管理目标企业的经验。1976 年,全球著名的私募股权投资公司 KKR 在美国华尔街成立,20 世纪八九十年代,市场有了更大的发展,很多私募巨头成立,如黑石、凯雷、德州太平洋,美国资本市场逐渐成熟,而且迅速扩展到世界各地。

总体来看,在现代股权投资诞生以前,世界上曾出现过多次规模巨大的股权投资活动,对现代股权投资的产生与发展具有重大的意义,它们推动了现代企业制度的诞生和发展。经由这种投资方式,资本所有者可以依靠代理投资方式获取资本的保值与增值,并承担有限责任而不必直接经营资产。这种经营制度的变革为股权投资与融资及自由资本的分化创造了制度条件。①

(二)国际私募股权投资的发展

在 19 世纪末的美国,部分富有的私人银行家通过律师、会计师的介绍和安排,将资金投资于风险较大的石油、铁路、钢铁等新兴产业,这类投资完全由投资者个人决策,没有专门的机构进行组织,这就是现代私募股权基金的雏形。

在全球经济的大潮中,国际私募股权投资产业先后经历了四个重要的发展时期。

1. 私募股权投资的初期(1946~1981 年)

小型的私人资产投资与小型企业对私募的接触是私募股权投资起步的条件。1946 年成立的美国研究与发展公司(ARD),是美国第一家真正意义上的私募股权投资公司,其目标是解决中小企业的融资难题,并通过专业化私营机构为中小企业提供管理服务,这是美国私募股权投资模式由个人投资者向专业机构投资者转变的标志。

2. 私募股权投资成长期(1982~1993 年)

该时期出现了一股以垃圾债券为资金杠杆的收购浪潮,而在这一阶段美国私募股权投资基金组织机构由公司制向合伙企业转型,标志性事件是 1978 年美国允许养老金以有限合伙人(LP)的身份投资私募股权投资基金。1987 年发生的美国股灾带来了并购基金杠杆收购(LBO)的繁荣,在并购浪潮中涌现出来的管理层收购(MBO)是对大型企业并购的投资方式,MBO 的快速发展与美国政府在立法和税收上给予的相关支持密不可分。

---

① 谢清河. 我国创业板平稳运行和机制完善问题探讨 [J]. 现代经济探讨, 2011(10):44-48.

3. 私募股权投资进化期（1994~2002 年）

20 世纪 90 年代初期，世界各国逐渐浮现出一系列金融和经济现象，如储蓄和贷款危机、房地产业危机、内幕交易丑闻，这些现象催生出了制度化的私募股权投资企业，并在互联网泡沫时期（1999~2000 年）达到了发展的高潮。

4. 私募股权投资繁荣期（2003~2007 年）

美国股票市场的空前繁荣，是私募股权基金发展的重要动因。市场股指节节上升，IPO 空前繁荣，私募股权投资规模迅速扩张，全球经济由之前的互联网泡沫逐步走弱，杠杆收购也达到了空前的规模，这使得私募企业的制度化得到了空前的发展。

国际私募股权基金经过 60 多年的发展，成为仅次于银行贷款和 IPO 的重要融资手段。国际私募股权基金规模庞大，投资领域广阔，资金来源广泛，参与机构多样。西方国家私募股权基金占其 GDP 的份额已达到 4%~5%。迄今为止，全球已有数千家私募股权投资公司，黑石、KKR、凯雷、贝恩、阿波罗、德州太平洋、高盛等机构是其中的佼佼者。

在投资实务中，虽然存在以自有资金或举债进行股权投资的情形，但就长期股权投资而言，并购则是更为普遍的方式。通过并购取得控股权，企业在获取先进技术和市场份额、实现上下游产业融通、税收筹划、资金融通等方面赢得优势，从而形成以小博大、和平扩张、优势互补和协同效应。

总之，股权投资从产生以后，便在美国、欧洲各国和中国发展开来，在这些国家或地区都有着不同的发展历程，每个历程也都呈现出各自不同的特征。现代股权投资机构最早出现在第二次世界大战结束之后，当时的美国和英国出现了第一批机构性参股投资公司，此后世界各地相继开始应用和发展这一新型投资方式。

股权投资作为实体经济的一种重要融资渠道，既为宏观层面国民经济增长提供融资支撑，又为微观层面企业发展壮大提供了资金支持，而股权融资对宏微观两个层面的经济发展均具有显著促进作用。股权投资能够产生巨大的资本增值效应，特别是在信息和通信技术高度发达的今天，对经济发展有着不可忽视的作用。股权投资已经成为一种时代潮流和趋势。当前，在全新的投资理念与高新科学技术的推动下，股权投资在向着纵深且更广的方向发展，中国市场和投资者也面临着独特的机遇与挑战。

二、中国的私募股权投资发展

我国对私募股权投资的探索和发展也是从风险投资开始的，风险投资在我国的尝试可以追溯到 20 世纪 80 年代。到 20 世纪 90 年代以后，大量的海外私募股权基金开始进入我国，并掀起了私募股权投资的热潮。目前，私募股权在我国已成为仅次于银行借款和 IPO 上市的第三大融资方式。从国内来看，很长一段时间以来，投资一直是我国经济增长的三大引擎之一，"是市场经济条件下主导社会经济资源流向的重要经济活动"。[①] 我国私募股权投资的发展、变迁轨迹大体可分为四个阶段，并且每个阶段都有其独特的市场背景和特点。

---

① 曲晓辉. 股权投资管理研究［M］. 北京：中国财政经济出版社，2003.

（一）行业发展萌芽期

IDG 技术创业投资基金（IDG Capital）又称 IDG 资本，于 1993 年率先在中国开展风险投资业务，开启了中国的创业投资，该市场以美元基金为绝对主导；1999 年，国际金融公司（IFC）入股上海银行，标志着私募股权投资模式开始进入中国，这对于当时的中国来说是一个非常新的投资概念。首批成立的创业投资基金主要是由外资构成的，投资风格以风险投资（Venture Capital，VC）模式为主，受当时全球 IT 行业蓬勃发展的影响，外资对中国 IT 行业的发展较为认可，投资的项目也主要集中在 IT 行业。这些外资投资基金对中国互联网的半壁江山进行了投资，如网易、亚信科技、搜狐及新浪。

2001 年，人们对 IT 行业的过热发展开始重新审视，国内的 IT 风险投资受到重创，加上我国股票市场的不完善、发起人股份不能流通、投资退出渠道存在障碍等因素，均制约了这个阶段私募股权基金的发展。这一阶段，个别国资投资机构进场，但投资活跃度较低。

从 2005 年开始，我国上市公司进行股权分置改革，这是中国证券市场自成立以来影响最为深远的改革举措之一，为市场的长期、健康发展提供了保障。2006 年，随着深圳市同洲电子股份有限公司的上市，我国本土私募股权基金开始崛起。国际私募股权基金普遍采用的有限合伙组织形式、《中华人民共和国合伙企业法》的颁布实施，促使该形式得以快速被国内私募股权基金所采纳。[1] 这一阶段，我国股市真正进入了"全流通"时代，股票市场才开始步入正轨。[2]

（二）行业快速发展期

1. 股权分置改革的完成，推进内资股权基金的迅猛发展

二级市场作为股权投资基金的下游，其发行状态的好坏直接影响了一级市场的价格。我国股票市场的规范化、二级市场的高估值使得 A 股成为国内公司青睐的上市平台。私募股权基金退出渠道的畅通，再加上内资股权基金在 A 股上市中具有的本土优势，使得内资股权基金发展迅猛。

2. 外汇储备不断攀升，人民币升值预期强烈

在 2006 年之后，国家外汇管理局对外币的兑换做出了限制，我国的外汇储备不断攀升，国际市场对人民币升值的预期越来越强烈，海外上市企业在海外融资后存在货币贬值的风险，外资股权基金发展受到限制。

3. 外资股权基金发展受到抑制，为内资股权基金腾出了快速发展的空间和机会

2006 年 8 月由商务部牵头，六部委联合发布《关于外国投资者并购境内企业的规定》，其核心思想就是限制内资企业在海外上市，这对于外资股权基金来说是当头一棒，外资股权基金的发展由此受到严重的阻碍。2006~2008 年，国内货币政策相对宽松，外资股权基金发展受到抑制，这给内资股权基金腾出了快速发展的空间和机会，是内资股权基

---

[1] 资料来源于《一文看懂私募股权在中国的发展历史》。

[2] 王苏生，陈玉罡，向静. 私募股权基金：理论与实务［M］. 北京：清华大学出版社，2010.

金发展的春天。大量的人民币股权基金出现并取得了快速发展；机构数量迅速增加，基金规模逐渐扩大。在该阶段，市场整体入股价格在 6~10 倍市盈率，略微高于国际水平。[①]

（三）行业过热发展期

从 2009 年下半年开始，一级市场持续火爆，市场整体的价格在 10 倍市盈率以上，甚至出现了以 20 倍市盈率入股的项目，这在国外是非常罕见的，可见市场的疯狂程度远远偏离了市场理性。该阶段的非理性发展现象的主要原因有以下三点：

1. 宽松的货币政策，推高了股权投资市场行情

为化解金融危机，2008 年国家推出并逐步实施了 4 万亿元的投资计划，中国人民银行多次下调存贷款利率和准备金率，这导致市场上的流通货币过多，企业贷款环境非常宽松，大量的产业资本不是投向实业，而是投向了股票市场和股权投资市场，既抬高了股票市场的价格，又推高了股权投资市场的行情。

2. 二级市场的关联效应，加速了一级市场的非理性发展

2009 年下半年，随着金融风暴的渐渐平息，我国的股票市场也开始有所复苏，虽然大盘整体水平不高，但是 IPO 行情持续向好，在发行价格和发行速度方面都十分有吸引力，加速了一级市场的非理性发展。[②]

3. 股票发行制度改革和创业板的推出，促进了市场化进程

在实行上市窗口指导发行价政策阶段，30 倍市盈率是上市公司不能越过的红线，再优秀的企业也只能以 28 倍、29 倍的市盈率进行融资。然而股票发行制度改革与创业板的推出促进了市场化进程，创业板的概念早在 2000 年就被提出了，经历了 10 年的漫长等待终于成为现实。股票发行制度改革与创业板的推出就像是弹簧，被压制了多年后突然放开，市场会有报复性的反弹，而两者一起放开，其叠加效应使反弹的幅度更大。[③]

上述举措为我国私募股权基金的发展，特别是近年来一些大型企业之间的并购创造了优越的条件。2010 年创业板上市的企业中，超过 10 家公司的发行市盈率超过 100 倍，相当于投资需要 100 年的时间才能收回成本，这在发达国家的资本市场是很少见的。二级市场的火爆行情点燃了一级市场投资者的投资欲望，拉升了股权投资市场的价格。[④] 在中国并购市场尤为活跃的 2013 年，各行业并购交易规模不断被刷新，并且参与度较为活跃的私募股权投资机构也开始寻求新的运作方式，经典跨界、跨境并购案例更是层出不穷。然而，2013 年发生的一些有关私募股权基金的大案，似乎更能从正面和反面两个角度来说明问题，并引发人们对私募股权基金发展状况的思考。

（四）行业发展完善期

随着我国股权投资行业的不断发展，其对投资者权益保护提出了更高的要求。

---

① 钱康宁，陆媛媛. PE 市场变革进行时：中国私募股权基金的现状、问题及发展建议 [J]. 银行家，2015（3）：97-101.

② 翁世淳. 中国 IPO 成长之路：中国新股发行制度变迁研究 [M]. 北京：中国社会科学出版社，2008.

③ 李晓峰. 中国私募股权投资案例教程 [M]. 北京：清华大学出版社，2010.

④ 刘兴业，任纪军. 中国式私募股权投资 [M]. 北京：中信出版社，2013.

1. 在法律、法规方面，诸多法律的先后确立有效地保护了投资者权益

在法律、法规方面，已经有许多法律确立了投资者的权利，如《中华人民共和国公司法》（以下简称《公司法》）、《中华人民共和国合伙企业法》中对公司制度、有限合伙制度的相关规定，有效地保护了投资者的知情权、优先分红权、优先清算权等一系列权益。

2. 投资者投资理念日益成熟，自我保护意识逐渐增强

在各类股权投资基金的公司章程或有限合伙协议中，越来越多的条款都将投资者的利益摆在了最重要的位置，除了约定属于投资者的基本权益外，更多有利于投资者的条款亦被频繁地写入其中。究其原因：一方面，普通合伙人（General Partner，GP）为了在越发激烈的市场竞争中吸引更多的投资者；另一方面，由于投资者投资理念日趋成熟，自我保护意识逐渐增强。

3. 不断完善市场环境，规范了市场各个参与者的权利与义务

中国的股权投资行业发展时间较短，积累的本土知识与经验非常有限，迄今为止仍未有专门针对股权投资的相关法律规定出台。此时，制定一部专门的股权投资基金法成为我国保障股权投资者权益的根本要求，也是不断完善市场环境的基本出发点。在未来，国家相关监管部门势必会越来越重视股权投资市场上投资者权益的保护及市场规范的形成。只有规范了市场中各个参与者的权利与义务，行业才会健康、快速发展。

在我国，股权投资近三十年来得到了迅猛的发展。通过股权投资，特别是企业并购，以股权为纽带的企业集团得以迅速组建和扩张，与此同时也对企业跨界发展和技术进步形成了强有力的支持，一些超大型企业集团得以形成，一些技术领先企业和新经济新业态新平台企业得以迅速扩张。以长期投资为主要投资策略的私募股权投资，可有效缓解企业融资困境，鼓励企业管理层专注长期价值创造，有效改善了企业治理水平，提高了企业技术创新能力，增强了企业核心竞争力，实现了企业价值的提升。

三、我国股权投资发展的机遇与挑战

从国外股权投资发展历程来看，我国股权投资仍然充满着机遇，中国经济的高质量发展表明经济增长在蕴含着巨大的投资空间的同时，也蕴含着巨大的投资机会，投资中国成为当前最热门的话题，其必然会成为国民经济发展的有生力量之一。

（一）股权投资发展的有利条件

1. 经济高速增长，国家重视私募基金的发展

第一，改革开放以来，我国的 GDP 总量不断攀升。加快推进产业升级，这是当前和未来一段时期我国产业发展的主题。"十二五"规划中确定了节能环保、新一代信息技术、生物、高端装备制造、新能源、新材料、新能源汽车七大战略性新兴产业，一大批创新型企业迅速成长。[1] 在产业转型、升级的过程中，股权投融资，尤其是私募股权投资基金的孵化器和推进器作用将大显身手。同时，越来越多的行业向民间资本开放，如电力、能源等。另外，我国正在大力转变经济发展方式，迫切需要对附加值高的传统行业和新兴行

---

① 谢清河. 我国金融支持战略性新兴产业发展研究［J］. 新金融，2013（2）：54-57.

业，特别是低碳节能领域进行投资，这些都为私募股权投资增添了新的投资机会。

第二，我国的股权投融资氛围正在不断改善，在党中央的正确领导下，坚持可持续发展的战略构想，资本市场的建设前所未有地摆在国家经济建设的核心环节。相关法律法规、制度体系不断完善，国家级产权交易市场（如天津产权交易中心、上海联合产权交易所等）以及省级、地市级产权交易市场的建立，为私募股权投资的进入和退出创造了有利条件。

2. 我国私募股权基金本地化能力强

私募投资重在实地调查，与企业进行深入的沟通，对企业的现状进行详细的调查。大量资金实力雄厚的海外私募股权纷纷进入我国市场，但是它们要想在我国市场获得成功，必须要经历本土化的过程。作为海外的基金合伙人，要真正理解我国市场的商业环境需要一个漫长的过程，而我国的本土私募股权基金对中国国情、企业情况和人际关系的把握是国外私募股权基金无法超越的。国外私募股权基金要想进入我国市场必须借助于我国的人才或者与我国的私募股权基金合作，这为我国本土的私募股权基金的发展提供了机会。同时，我们应该抓住这一难得的契机与外资私募股权基金合作，并在合作的过程中学习、借鉴国外的现有技术和管理经验，使我国私募股权基金快速发展、壮大起来，以应对国际化的竞争。[①]

3. 小微企业不断发展、壮大

我国小型、微型企业占全国企业总数的99%以上，不仅数量庞大，而且在产业升级、技术改造、规模扩张过程中的融资需求相对旺盛。目前小微企业的融资渠道依然较为狭窄、单一，银行信贷占其外源融资的比重高达80%以上。尽管近年来银行业加大了对小微企业的信贷投放力度，但其面临的贷款难问题始终难以得到有效解决，小微企业亟待拓展新的融资渠道，这无疑为股权投资提供了用武之地。

4. 战略性新兴产业发展离不开 AI/VC/PE 股权投资的支持

由于战略性新兴产业在孕育期和成长期突出的高投入、高风险和以科技型中小企业为主的三大特征，要获得充足资金支持必须寻求股权投资，以天使投资（AI）、风险投资（VC）为主的股权投资正好能够弥补债权投资的不足，筛选和培育战略性新兴产业，与其共同成长并形成良性互动关系（见表1-1）。随着技术的不断突破、新产品日渐成熟等，战略性新兴产业也将进入风险相对较低的发展期或产业化阶段，急需大规模资金投入来实现成长和扩张，此时以资金规模雄厚、期望短期获得高回报、偏好成长后期和成熟期阶段的大中型企业等为特征的私募股权投资（PE）将是很好的选择。因此，我国战略性新兴产业的健康发展需要构建以天使投资、风险投资、私募股权投资（AI/VC/PE）为主体的股权投资链，见图1-1。[②]

① 谭天. 试议本土化的私募股权投资基金的发展对策［J］. 现代商业，2010（20）：22-24.

② 辜胜阻，马军伟，高梅. 战略性新兴产业发展亟需完善股权投融资链［J］. 中国科技论坛，2014（10）：5-10.

表1-1　孕育期和成长期的战略性新兴产业需要天使投资和风险投资的支持

战略性新兴产业孕育期和成长期特征	天使投资特征	风险投资特征
高投入	投资人拥有大量"闲钱"、迫切希望投资	多元化的融资渠道使其拥有大量的资金资源、着眼企业发展前景和长期经营利润
高风险	具有天生的冒险精神	通过组合投资、参与管理等来管理风险
以科技型中小企业为主	小规模且多轮投资供给、偏好高成长潜力的小项目、融资成本较低	偏好具有高成长性、高风险性和高收益性特点的中小型高技术产业企业和新兴产业企业

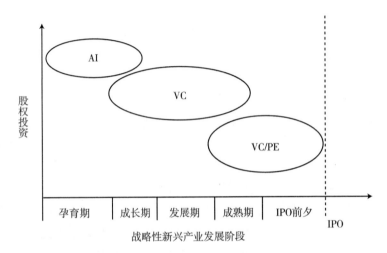

图1-1　构建以 AI/VC/PE 为主体的多层次股权投资体系

（二）我国股权投资发展中的潜在风险

随着股权投资的发展，尤其是私募股权投资对市场参与程度的加深，市场风险构成将发生变化，防范市场系统性风险的难度将加大。越来越多的公众财富将由共同基金、养老金、社保基金、保险资金及委托理财基金等机构管理人代为持有，而绝大部分机构在直接投资证券市场的同时，也在不同程度地进入私募股权基金。私募股权投资与其他资本市场之间的联系将变得更为复杂，少数非公开投资人与公众投资人（也是最终受益人）之间、投资人与委托管理人之间、机构投资者与企业之间的交易适当性、公平性对市场规则体系构成挑战，其相关风险如下：一是私募融资方式"创新"可能加大公众投资者风险。私募股权投资基金通过银行理财产品获得融资，而理财产品的投资者主要是个人投资者，这样私募股权投资具有了"公募"特征。在市场遭受重大冲击时，私募股权投资的风险就有可能扩散到公众投资者。二是私募股权基金与银行、非银行金融机构的业务往来会影响该类金融机构的财务安全。如果银行、非银行等负债性金融机构对股权投资机构进行大量投资，在市场遭受重大冲击时该类投资风险会危害金融机构的资产负债表，造成系统性风险。美欧等国际监管改革正是在这一方面加大了监管力度。三是私募股权投资基金与其他机构投资者存在利益关联，可能"诱使"它们共同影响市场，侵占中小投资者的利益，损害整个市场的公平、公正。防范上述潜在风险需要加强对私募股权投资的管理，但监管不当则可能损害市场发展。监管的加强及其对竞争的影响已成为市场最为担心的问题，因为更多的管制或监管会增大行业成本、扼制行业自由竞争的活力和投资效率。①

第二节　股权投资和股权融资概念与特征

一、股权投融资的内涵、特征和影响因素

（一）股权的含义及其性质

1. 股权的含义

股权，是指出资人基于公平合理自愿的原则向公司出资从而持有公司股份，并享有的相关权利。具体而言，根据被出资公司组织形式的不同，股权一般分为合伙组织股权与法人组织股权。

公司核心的战略意义围绕股权产生。例如，股权的五大功能包括公司治理、激励人才、扩张市场、兼并收购、融资上市。公司股权的十二项功用包括财产收益权、人事任命、重大事项决策权、剩余价值索取权、对外代表权、公平救济权、解散权、荣誉权、缔约权、运营权、对外融资、激励人心。其中，公司的人事任命、重大事项决策等权利都是基于控制权产生；只有对公司拥有控制、持续投入的人才能享受缔约权；为了解决信息不对称的问题，又延伸出公平救济权、财务公开权、信息公开权。②

总之，公司治理的核心问题都是基于股权展开的，只要能良好处理股权问题，公司控制者的治理权可以让步于代理人。

2. 股权的性质

狭义的股权主要集中于股东与被投资公司之间的相关权利责任关系，股东因向公司出资而拥有公司的份额或股份，从而享有参与公司运作管理、分享公司经营收益的权利并承担相应的民事经济责任。

广义的股权主要包含所有权、社员权等多种权利，其均源自出资人对所出资资产的所有权。从出资人的投资行为角度分析，出资人向被投资公司投资的行为并非是将财产无偿赠予被投资公司，其有别于完整意义上的所有权转移，出资人是出于获取经济利益的目的将财产转移给投资公司进行经营管理，进而享有相关的股东权利并承担相应的民事经济责任。因此，针对出资资产的所有权，被投资公司所享有的权利具备有限授权性质，被授予的权利构成被投资公司的财产权，而留存的权利及其针对被投资公司派生出的参与权等权

---

① 金中夏，张宣传．中国私募股权基金的特征与发展趋势 [J]．中国金融，2012（13）：82-84．
② 李曜，张子炜．风险投资与私募股权教程 [M]．北京：清华大学出版社，2013．

利即构成股权。[①]

3. 股权特征

股权特征是指在股份公司中，不同类型的股份占总股本的比例及其相互关系。股东拥有股份公司一定比例的股票，就要承担这一比例对应的责任，获得这一比例对应的收益。股权集中度、股权制衡度、控股股东性质等关键因素影响着企业经营的制度安排。

股权特征上的差异会造成企业组织架构的差异，从而对企业的一些行为包括企业的投资行为造成影响。例如，作为衡量公司股权分布状态的主要指标股权集中度，是指上市公司中第一位或前几位大股东持股比例之和占总股本的比例，其反映了因股东持股比例不同导致的公司股权集中程度的不同。常用的反映股权集中度的指标有第一大股东持股比例、前五大股东持股比例和前十大股东持股比例等。因企业控股股东的背景不同，控股股东会对企业的各种行为产生不同的影响。[②]

（二）股权投资含义及其特征

1. 股权投资含义

股权投资最早起源于境外市场，是指为了资本增值或获得其他利益而取得被投资企业所有者权益所持有的资产，具体表现为参股、取得控制股权或全资拥有被投资公司。投资主体以获取经济利益为最终目标，以资金、无形资产或其他实物资产为出资，通过自有资产投资的形式买入其他未上市或者准备上市企业的股份或份额，从而获取相应的股权，并最终以利润分享、股利分配或其他形式取得经济利益。[③]

现代股权投资出现于 20 世纪 40 年代左右，发展于 20 世纪六七十年代，并且在这一发展过程中，股权投资的含义和目的也在不断地发展与创新。

笔者以投资学中的投资分类内容作为切入点，根据不同投资类型的定义及股权投资与其他投资类型的区别，以企业成立的根本目标为出发点，将股权投资初步界定为：是以实现价值创造为目的的权益性投资行为，其投资期限与收益期间不固定，或者以长远利益价值创造方式为主的投后管理、经营参与、战略合作，又或者以短期市场交易行为为主的价差赚取。

2. 股权投资的特征

在整个股权投资的过程中，包含了投资资金、投资主体、投资客体、组织形式、法律架构等多方面要素，各要素共同构成了以股权投资为核心的经济活动与法律行为，对多方经济参与者产生影响。[④] 股权投资的主要特征包括以下五点：

（1）资金募集渠道的公开程度较低。由于股权投资的资金主要来源于特定的机构投资者与高净值个人投资者，所以其资金募集渠道往往具备较高的指向性，主要通过非公开形式单独向特定的目标机构投资者与个人投资者进行销售。

---

① 涂明辉. 我国私人股权投资制度研究 [J]. 法制与社会，2017（15）：101-103.

② 王晓旭. 上市公司成长性与股权特征关系的实证研究 [D]. 大连：东北财经大学，2012.

③ 张筱铃. 私募股权投资对上市中小企业经营绩效的影响研究 [J]. 中国中小企业，2020（9）：193-194.

④ 李九斤，王福胜，徐畅. 私募股权投资特征对被投资企业价值的影响：基于 2008—2012 年 IPO 企业经验数据的研究 [J]. 南开管理评论，2015（5）：151-160.

（2）投资主体范围分布广泛。股权投资的投资主体范围涵盖广泛，资金主要来源于风险承受能力较强、目标收益要求较高的机构投资者与高净值的个人投资者，投资主体主要包括保险公司、养老基金、战略投资者、风险基金、杠杆并购基金与高财富个人等。

（3）投资项目周期较长，流动性不佳。股权投资项目的存续周期较长，一般项目从立项发起到最终成功退出往往需要经历 3~5 年甚至更长的时间，对出资人资产的流动性管理具有较大的压力。股权投资项目往往只针对特定的机构投资者与个人投资者，所以一般会针对不同的出资人设计出不同的符合出资人个性化需求的投资方案，这导致非上市公司的股权很难在集中统一的市场上进行交易，投资项目的流动性一般较差。

（4）具备较高风险与较高收益。股权投资的客体主要集中于具备较大发展潜力的非上市企业，虽然具备较高的成长潜力与盈利能力，但是融资阶段的非上市企业基本处于资本净投入阶段，能否最终兑现成长潜力与高收益能力尚具有较大的不确定性。相应地，如果这些企业能够成功，那么往往能够为投资者带来较高的收益。

（5）股权投资具备一定的附加价值。股权投资的出资人一般采用普通股、可转债、可转让优先股的形式参与被投资企业，对被投资企业具有一定的经营管理权限。出资人为了最终获取经济收益并成功退出，会利用多方资源为被投资企业提供融资、上市、管理、策略等方面的附加支持。

（三）股权融资及股权融资效率

股权融资，是指企业股东出让部分企业所有权，通过增资方式面向特定投资者或社会大众引进新的股东，并使企业总股本增加的一种融资方式。企业通过这种渠道筹措资金，无需还本付息，资金的使用具有长期的特征，但投资人有参与公司决策及股利派发的机会。从融资渠道划分，股权融资包括公开市场发售和私募发售两种方式。企业选择股权融资，需要建立起较为完善的法人治理结构，这样可以降低企业的经营风险。

债权融资，是指企业运用举债的方式融资，但需要承担还本付息的责任。这种融资方式能够帮助企业获取资金的使用权，并且一般情况下不会出现出让企业控制权的问题。债权融资的渠道有多种，包括银行借款、项目融资等。股权众筹是股权融资的一种新形式，是指公司通过互联网，面向普通投资者出让一定比例的股份，投资者入股并获得未来收益的一种融资方式，实际上就是私募股权融资的互联网化。

与债权融资相比，在股权融资方式下获取的资金，企业不存在偿还本金和付息的双重压力；有助于企业获得总体运营资金，以此来提升企业的投资活跃度。股权融资具有三个显著特征：长期性（筹集的资金无到期日）、不可逆性（企业的股权融资无需归还，投资人要想收回本金需借助二级流通市场转让其所持股权）、无负担性（股权融资没有固定不变的股利负担，股利支付依据公司的具体经营情况而定）。

股权融资的上述显著特点决定了股权融资用途的广泛性，既可以充实企业的营运资金，也可以用于企业投资并购活动。与债权融资等其他融资方式相比，股权融资在企业运

营方面体现出如下优势:①

第一,股权融资有利于企业构建起健全的法人治理结构。在现代企业治理中,股东大会、董事会、监事会和管理层等共同构成企业的法人治理结构,彼此间建立权力多重制衡和风险控制机制,有利于降低企业的运营风险。

第二,股权融资市场具有信息公开优势。现代金融学理论将融资市场分为公开市场(证券市场)和协议市场(信贷市场),其中证券市场是标准化金融产品的制度化交易场所,表现为该市场拥有完善的信息披露制度、较高的市场准入条件、竞价交易公平公开、规范的市场监管等;而在信贷市场上,借贷双方的融资活动是通过私下签订协议进行的,所以交易信息不够透明。鉴于市场主体对融资信息公开性和可获得性较为重视,证券市场在融资活动中均显著优于信贷市场。②

第三,与债权融资相比,股权融资后企业经营活动受到的约束相对较小,灵活性更强。现有研究和实践活动均证实了银行信贷融资和债权融资均对企业经营活动形成较大约束,虽然这可以规避企业从事高风险投资而带来的道德风险,但也限制了企业为适应市场变化调整经营决策的能力。股权融资可以赋予企业管理层充分的决策自主权,使管理层可以根据现实情况调整资金募集的投向,进而更好地适应经济形势的发展。

关于股权融资效率,各学者从不同角度给出了不同的定义,当前并没有一个统一的认知③。一般认为股权融资效率是通过转移企业所有权的方式得到一定的资金,以此实现了对于所有权的共享,进而满足企业自身发展的资金需求。即企业的控制权将会分享给投资者,并且投资者会获取一定的收益。虽然在这种模式下将会对企业控制权形成一定的稀释作用,但是企业在股权融资中无须定期支付利息及归还本金,所以相对于债权融资方式具有明显的差异性与优异性。

笔者将股权融资效率定义为:企业通过出让股权的方式募集需要的资金,并充分利用这些资金,以最小的投入来换取最大产出的能力。笔者认为股权融资效率是对企业资源配置能力的评价,即利用得到的资金在单位时间内的产出水平的大小,或者说是企业以最低成本和最小风险得到需要的资金,并且使这些资金发挥最大价值的能力。由于企业在股权融资过程中受到诸多不同因素的影响,股权融资的效率也往往会出现变化,具体的影响因素包括资产周转、股权集中度及资产规模等。例如,通过资产周转率的高低可以对企业利用资源的效率进行评价分析,即资产周转率可以代表企业资产在投入与产出中的流转效率大小。财务费用则代表企业为筹集生产经营所需资金而产生的消耗,一定程度上反映了企业进行融资所耗用成本的大小,根据该数值能够对企业股权融资的效率进行评价。

近年来,我国资本市场的融资出现各种制约,包括市场波动起伏大、融资结构不均衡及监管制度不完善等问题,引起了市场中各类参与者的注意。同时,党的十九届五中全会

① 朱文兴,许礼刚.浅析中小板块上市公司债权融资与股权融资的融资效率 [J].特区经济,2007 (12):119-120.

② 谢清河.金融结构与金融效率 [M].北京:经济管理出版社,2008.

③ 姜琳.基于 DEA-Malmquist-Tobit 和 SD 模型的新三板股权融资效率评价研究 [D].广州:华南理工大学,2018.

提出"提高直接融资比重"，表明国家对资本市场融资方式的重视，这也是"十四五"时期国家进行融资改革的一大重点任务[①]。目前，随着我国市场制度的不断改革及新证券法规等文件的实施，大幅度提高了资源配置效率，股权融资由于其独特优势逐渐受到各方重视，不仅能够提高企业的融资效率，而且能够分散财务风险，解除其面临的融资困境。

（四）投资与投资效率

投资，是指国家、企业及个人，为了在未来可以预见的时期内获得收益或资金增值，在一定时期内向特定领域投放资金或货币等价物的经济行为。企业的投资活动可以明显地分为两类：对内扩大再生产投资和对外扩张投资。其中，对内扩大再生产投资是指企业为了扩大现有的生产经营规模而购进固定资产、无形资产和其他长期资产所支付的现金；对外扩张投资是指企业为了扩大规模对外购买股权、债券等所支付的现金。[②]

投资效率，是指企业在投资活动中所获取的回报与其所占用或者所消耗的资金投入额之间的比率。根据新古典投资理论，企业的投资效率在企业投资的边际成本与其边际价值相等时达到最优。基于上述原因，企业在进行投资决策时，应当尽量选择那些净现值（NPV）大于零的投资项目，以使边际成本更接近于边际价值，达到最优的投资规模。然而，在两权分离的背景下，股东和经营者之间的代理冲突导致信息不对称等现象的存在，这些代理问题的存在使企业的投资行为与理论相偏离，导致企业产生非效率投资行为，从而降低了企业的投资效率。[③]

非效率投资行为包括投资过度行为和投资不足行为，如果不考虑融资约束，那么根据财务管理的相关理论及企业价值最大化的目标，企业应当选择净现值（NPV）大于零的投资项目，拒绝净现值（NPV）小于零的投资项目。当企业接受了净现值（NPV）小于零的投资项目时，会使企业的实际投资规模大于最优投资规模，从而导致投资过度；当企业拒绝净现值（NPV）大于零的投资项目时，会使企业的投资规模小于最优投资规模，从而导致投资不足。投资过度和投资不足的存在都会降低企业的生产效率，使企业的资本配置偏离其最优状态，导致企业的长期利益受损，使得企业价值最大化的目标难以实现。[④]

二、不同标准的融资方式分类

融资，是指经济主体通过一定的渠道或方式取得资金的经济行为。按照不同的标准，我们可以从不同维度对上市公司[⑤]的融资方式进行分类。

（一）直接融资和间接融资

根据融资过程是否通过金融中介机构进行分类，可将上市公司的融资行为分为直接融

① 李丽青. 从"中国平安巨额再融资"看上市公司再融资存在的问题及对策［J］. 广东财经学院学报，2008（3）：37-40.

② 赵瑞. 企业社会资本、投资机会与投资效率［J］. 宏观经济研究，2013（1）：65-72.

③ 何志强，李一鸣. 投资、投资效率与投资制度：文献视角的探讨［J］. 财经科学，2006（6）：58-65.

④ 狄为，乔晓杰. 管理层权力、信息披露质量与投资效率［J］. 工业技术经济，2014（3）：58-65.

⑤ 金融类上市公司适用的会计和报告制度明显有别于其他行业的上市公司，资本结构也体现出独有的特征，如显著偏高的财务杠杆水平。

资和间接融资。直接融资是上市公司在外部金融市场上直接向最终的现金持有者融入资金，如发行股票或债券募资。间接融资是指上市公司通过银行等金融中介机构募得资金，而不是直接向最终出资者融资。

（二）内源融资和外源融资

根据融资过程中资金的来源方向或储蓄与投资①的关系不同，可将融资渠道分为内源融资和外源融资。当经济主体使用自己的储蓄来满足投资活动的资金需要时，我们称其进行的是内源融资活动；当经济主体利用他人储蓄来满足投资活动的资金需要时，我们则称其进行的是外源融资活动。从上市公司的视角看，内源融资的资金来源通常包括其在经营过程中实现的留存收益及提取的折旧；外源融资则是指其通过一定的方式从企业外部的其他经济主体融入所需资金，如借助银行贷款、发行股票或债券等方式进行募资。内源融资依靠的是上市公司的自身积累，故而可筹得的资金规模非常有限，当内源融资无法满足公司的发展需要时，外源融资渠道可以为公司提供更广阔的融资空间。②

（三）股权融资和债权融资

在上市公司的外源融资行为中，按照融资活动中形成的产权关系不同，融资方式可分为股权融资和债权融资。其中，股权融资是指上市公司通过留存收益或发行股票的方式取得所需资金，形成权益资本；权益资本通常无法定偿还期。债权融资是指上市公司借助银行贷款或发行债券等方式进行募资，根据到期日的长短，公司的债务又可分为短期债务和长期债务。

1. 私募股权融资与债券融资的优劣势

私募股权融资与债券融资各有优缺点，公司要依据实际情况做出选择，私募股权融资与债券融资的优劣势比较见表1-2。③

表1-2　私募股权融资与债券融资比较

项目	私募股权融资	债券融资
融资性质	直接融资，即以股权换取资金，增加的是企业权益资本	间接融资，即以企业资产抵押或者第三方担保等方式，使企业在银行获得借款，增加的是企业债务
融资目的	目的全面，企业除了获得资金的支持外，还希望获得发展过程中的其他所需资源	企业纯粹是基于资金的需求
融资难度	难度更大，需要私募股权基金承担一定的风险，因此投资基金做出投资决策时会更加谨慎	难度较小，只要企业有资产用于抵押，便可以从银行那里获得资金

① 这里的储蓄是指整个国民收入中未被用于当前消费的部分，即社会闲置资金；投资是指企业用于生产运行过程中的支出，从某种意义上说，投资者也是融资者。

② 孙林杰，阎泽涛，孙林昭．中小企业外源融资缺口的成因及对策［J］．科学与社会，2007（2）：13-17.

③ 韩琳．上市公司债权融资与股权融资的财务效应比较分析［J］．财会研究，2011（16）：53-55.

续表

项目	私募股权融资	债券融资
融资力度	力度更大，如果融资成功一般会带来较大的资本溢价，每元注册定价远高于1元	力度小，对抵押资产的估值小于原本价值，一般是原本价值的70%甚至更低
退出方式	退出难，以IPO、被并购或者第三方回购等方式退出	退出容易，还本付息即可
风险比较	风险更大，融资企业面临的风险包括私募股权基金过度参与公司决策、签署的对赌条款导致公司揠苗助长、创始股东失去对公司的控制	风险较小，公司只要能按时还本付息，借款人是不会干预公司任何事务的
成本比较	成本高；分为隐性成本与显性成本，隐性成本又包括代理成本和机会成本；代理成本主要表现为代理人与经营者利益不一致时，双方产生矛盾导致对市场的误判；机会成本指如果市场利率下降，或者债权利息具有抵税的功能，导致企业机会成本增加；显性成本指公司在筹措股权融资过程中发生的费用或者成功之后支付的股息分红	成本小，主要是利息支付
投资者的参与度	参与度高，有可能会使公司失去控制权	基本不参与公司经营
对公司治理结构的影响	影响大，一般私募股权基金会要求董事会或者监事会席位，对公司重大事项具有一票否决权，对公司经营产生重大影响	影响小，不会要求董事会或者监事会席位

资料来源：根据公开资料整理。

2. 私募股权投资与商业银行信贷的投资方案

商业银行的信贷制度是债权注资，私募股权投资公司则是股权投资，两者对于被投企业的定位完全不同。商业银行可看作债权人，债权人获取的是固定的利息收益，希望投资风险越小越好，因此在投资前会对被投企业进行严格筛选。私募股权投资公司可看作股东，股东则需要督促被投公司发展成长，通过人员赋能、经营指导多方面促进企业发展壮大，从而分享红利。在制订投资计划时，相比于风险，私募股权投资公司更看重的是被投企业未来的成长空间，因此对被投企业有建设性、可操作性的投后管理要求。[①]

私募股权投资与商业银行信贷的投资方案设计差异如下：

（1）投资的期望收益高、风险容忍度高。私募股权投资是股权投资，通过承担被投企业不确定性的风险来分享企业成长的红利，因此期望收益和风险容忍度都较高。商业银行信贷是债权投资行为，未来无法分享被投企业的成长红利，只能获取固定的本金和利息，因此对风险容忍度更低。

（2）内外部风险交织，需要多种控制条款。私募股权投资公司的内部风险和外部风险存在相互影响、相互转化的情况，如公司内控制度不完善不健全、员工激励制度不合理，

---

① 丁晓光. 我国商业银行开展私募股权投资业务问题研究 [D]. 天津：天津大学，2013.

则容易导致项目投资时的道德风险，即风险由体系内向体系外传导。依据上文分析，私募股权投资公司普遍面临内部和外部的双重委托代理问题和信息不对称风险，这些风险都是难以用单一手段加以控制的。商业银行信贷制度由决策层亲自制定或授权制定，因此商业银行内部的信息不对称风险相对更低，主要风险来源于体系之外。

（3）项目评价办法主观性强。私募股权投资公司的风险评估方法一般为模糊综合评价法，这一方法受投资者的主观意识影响较强，项目投资者的经验是否丰富、专业知识是否充分都可能导致不同的价值判断。商业银行信贷业务操作流程按照先评估、后授信、最后支用的原则，在实操中划分为五个阶段：受理、调查评价、审批、发放及贷后管理。每个流程节点都有既定的规章制度加以控制，如信贷业务操作手册、客户信用评级工作管理办法、客户信贷准入管理办法、额度授信管理办法、贷后管理制度等。这一评价体系是清晰明确的。

（4）估值的重要程度高。私募股权投资公司在方案设计时的一个重点就是对项目未来的成长性进行综合估值，这与投资额和项目未来红利息息相关，私募股权投资公司通常会采用自由现金流贴现（DCF）法、P/E倍数法及价值重估法。对于商业银行的信贷业务，估值是非必要的，只要确保申请贷款的公司能够按时还本付息即可。

（四）负债融资与融资风险

1. 负债融资及其特点

负债融资，是指企业为了获得经营活动所需的资金，通过负债来筹集资金的一种融资方式。负债融资的方式多种多样，主要的融资方式包括借款、银行贷款、商业信用、租赁和发行债券等。

负债融资的一般特点：一是负债融资所筹集的资金在使用上具有各种限制，最常见的为时间上的限制，必须按照借款合同要求按期偿还。二是负债融资作为一种借款，借款产生的费用是必不可免的，而且不管企业经营状况如何，均需要按约定向债权人支付债务利息，借款获得资金的同时也为企业今后财务造成了固定的负担。三是就资金获得的成本来看，资金成本一般比权益融资要低，而且负债融资不同于股权融资，负债融资既不会稀释企业股东的持股比例，也不会影响企业未来权益的所有权和控制权。[①]

2. 融资风险

融资风险，是指公司采用不同融资行为所带来的风险，即上市公司在融资过程、资金用途、偿还能力等方面由于自身的决策失误给公司带来的各种潜在风险，而潜在风险会增加公司未来经营状况的不确定性。

公司融资方式的合理性是影响公司融资风险严重与否的重要因素，融资方式若不适用于公司的实际情况，则会导致公司利益受损，甚至使公司陷入财务困境、经营不善和破产。融资方式的差异带来的风险表现形式也不一致，如会导致公司控制权的转移风险、公司股价波动造成的市场风险。公司融资所得资金按其来源可划分为债务资金和权益资金，相对应的融资风险也可划分为债务融资风险和股权融资风险。

---

① 刘丽霞. 企业负债融资、偿债能力与筹资风险分析 [J]. 经济研究导刊, 2015（15）: 8-9.

债务融资风险，是指融资公司到期不能履约按时偿还债务而带来的一系列风险。债务融资风险的相关影响因素包括公司战略的合理性、债务规模及结构、市场环境的变动等。股权融资风险是指公司在采用增发股票的方式进行融资时，因增发股票时间节点选择的不同、增发股数的多少及成本高低等因素造成的风险。

3. 股权质押

股权质押属于一类担保式融资，其风险包括控制权转移风险、道德风险、市场风险和财务风险。在上市公司控股股东采取股权质押行为后，影响股权融资风险的因素便包括股权融资规模、公司经营状况和市场环境等。公司外部投资者的投资动机是期望通过投资获得收益，因此当投资者发现对该公司的投资不能达到预期目标时，便会大量抛售该公司的股票，造成股价下跌，而公司股市行情的不景气又会加大公司今后融资的难度和成本。①

（1）股权质押的动因。

1）改善资金需求问题。从我国经济发展所处的整体宏观环境来看，资本市场在发展的过程中还存在着许多问题。常常会出现一些大型国企因为具有良好的品牌公信力和企业信用，即使并不缺乏资金，但仍有许多银行主动为其提供贷款的现象；许多民营企业在经营发展的过程中往往会遭遇到非常巨大的资金缺口，但因为无法解决资金需求而破产。资本市场上的这种差异，极大地限制了民营企业的发展活力，使它们的融资问题变成了一道棘手的"难题"。股权质押融资为民营企业带来了新的希望，这种新型的融资方式能够为资金窘迫的民营企业提供一个方便且高效的融资途径，将股东手中的存量资源充分利用起来，缓解企业严峻的融资压力。

2）方便快捷。由于传统的发债、发行新股等融资方法手续繁杂、限制因素比较多，通过金融机构借款又要通过严格的审核程序，因此融资效率低、渠道少等问题是现阶段众多公司面临的一大难题。在这样的背景下，上市公司股东通过股权质押来获得所需的资金要经历的相关审批流程则要简便许多，经办的相关手续也十分灵活。只要股权质押相关各方对各自提出的条款无异议，经过协商达成一致意见就可以快速完成。因此，其与传统方法相比具有程序少、方便快捷等优点，整个融资的过程也会更加简单且耗时少。

3）维持控制权。一个企业要想获得更多融资，无外乎内部融资和外部融资两类办法。正常来讲，通过股权质押融资可以在获得企业所需资金的同时还不会导致控股股东所持有的股份被稀释。在此情况下，控股股东就能达到改善其资金短缺情况的同时又不削弱控制权的目标。出质股东将股权质押作为一个杠杆，对其持有的股份进行出质从而获得自己所需要的流动资金。此外，通过股权质押所获得的资金款项不管是用于公司经营还是股东个人投资消费完全根据出质股东自己的意愿来决定，其中所蕴含的风险也是显而易见的。当一个企业的控股股东开始大量运用股权质押来筹集资金的时候，就能从侧面反映出该企业可能遭遇到了资金周转困难、现金流不足等问题，对资金的需求量比较大。

4）转移自身风险。当上市公司控股股东进行异常频繁且大规模的股权质押时，往往可以说明一个问题，那就是他对于资金的需求比较大且急迫。这对于上市公司的其他利益

---

① 李旎，郑国坚. 市值管理动机下的控股股东股权质押融资与利益侵占 [J]. 会计研究，2015（5）：42-49+94.

相关方来说并不是一个很好的信号，此类情况极有可能表明大股东试图通过股权质押来转移自身风险。由于股东将股权出质以后，并不会影响其在公司的话语权，而股价波动引发的风险可以轻松地转移到他人身上，所以大股东有足够的理由进行风险转移操作。控股股东能够依据实际情况做出使自身利益最大化的选择，以致为了牟取私利而故意掏空公司的现象还时常发生。

（2）股权质押特点。

1）权利性。从法律方面来说，财产权利是一种以个人所持有的财产为对象的民事权利。对于公司来说，其财产权利并不像普通财产一样可以被自由处置，通常无法全部用来当作质押标的物使用，能够成为权利质押标的物的财产必须是可转让的。该标的物包括财产权利，标的物权利若发生转移，应将凭证交予质权人登记，并且该项财产的权利符合资本市场法律的规定便可以正常转让。股票被赋予的权利，称为股权。股权是控股股东和中小股东享有的权利，控股股东的股权若满足公司法规定的，允许进行合理的转让。

2）表征性。股权质押是具有表征性的，所谓表征性具体指股权质押所质押的并不是股权的价值实体，而是属于控股股东的部分股权凭证，即控股股东虽将该部分股权质押给第三方金融机构，但此时并不代表金融机构掌握了质押方公司的话语权，控股股东在股权质押后对公司仍享有控制权和话语权，仍然能够在公司管理决策中行使自身权利。股权质押后，公司股东仍然能够从公司的股价上涨中获得收益，这也是股东更青睐该融资方式的缘由之一。总之，股东所拥有的股权并不是一种普通实物，无法被个人自由处置；在处置股权时，要转移代表股权的权利凭证和该凭证下的资产。因此，股权质押融资事实上不同于抵押现实中的财产，它质押的是一种可以证明其自身价值和财产权利的象征，这使其具有了明显的表征性特点。

3）便利性。股权质押相对于其他融资途径更加方便快捷。当前资本市场也相继推出了多种鼓励各公司采取股权质押途径进行融资的优惠政策，只需要登记质押即可，流程较为简洁，使该融资方式能够在短时间内为企业提供融资，从而补充公司经营战略所需的资金，实现公司发展目标。同时，股权质押融资本质上是控股股东持有股权凭证的一种转移。因此，其质押过程的信息披露公示作用非常重要，这一环节可以有效防止出质人或其他第三方的利益被侵占。由于质押物的权利转移，质押人若无法在约定时限内对股权解除质押，那么这种违约行为便会造成质权人较大的业务压力，而业务压力会在无形中督促质权人主动监督出质人提高偿债能力，尽快偿还债务收回股权凭证。股权质押相较于抵押能够提供更好的担保作用。此外，股权质押融资在股权变价方面相对于其他融资方式更为便捷，这也使质权人在提出优先受偿要求时有自身独有的优势。

（五）私募股权投资与私募股权融资

1. 私募股权投资

（1）私募股权投资概念。私募股权投资即 Venture Capital，最早被翻译为"创业资本"和"风险投资"，后来逐渐演化为"私募股权投资"。究其本质而言，"创业资本"是其静态表现形式，而"风险投资"和"私募股权投资"则是其动态过程，两者的区别在于"风险投资"更多关注投资主体所承担的风险，而"私募股权投资"更多关注资金的来源和股权投资的特征。因此，创业资本、风险投资与私募股权投资是从不同视角对同一事物不同内涵和特征的描述，其本质基本一致[①]。

笔者认为私募股权投资概念更多地强调资金的来源渠道和股权投资的方式，其投资对象涵盖企业首次公开发行前各阶段的权益投资及公开发行后的股权投资和可转换债券等方面，包括对初创期、成长期、成熟期、Pre-IPO 期和 IPO 后期企业所进行的投资，按照投资阶段和资本特征可将私募股权投资划分为创业资本、风险资本、并购资本、Pre-IPO 资本和 PIPE 资本等类型，见图 1-2、图 1-3。

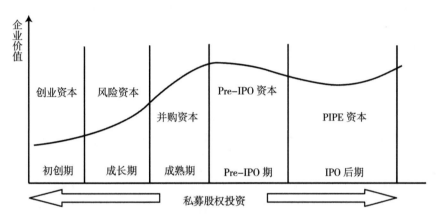

图 1-2　私募股权投资的阶段和范围

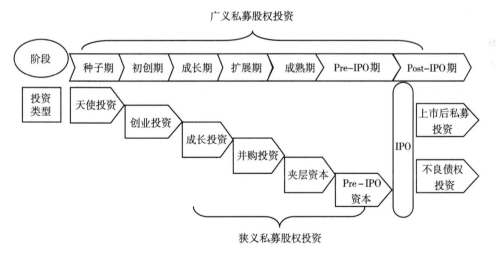

图 1-3　私募股权投资的分类

① 彭海城 . 货币政策目标、资产价格波动与最优货币政策 [J]. 广东金融学院学报，2011（2）：35-43.

（2）私募股权投资特征。私募股权投资与一般风险投资在风险识别、投资运作及投后管理中都存在很多共同点，但私募基金因资金募集的特点，也存在一些不同于一般风险投资的特征。[①]

1）就资金来源而言，风险投资更多是单一的私人或企业自有资金，单个资金体量大，对于投资期限的要求也更为灵活。私募基金的资金来源于特定公众，单只基金的投资者人数通常在几十人到两百人不等，单个投资者的资金体量通常在 100 万～500 万元。因此，在私募基金投资实施过程中，私募股权机构必须一并考虑将来投资股权的退出方式，更强调通过 IPO、收并购等方式实现退出并获利，最终为投资人带来收益。

2）就投资期限而言，风险投资期限更为灵活，可以选择初创企业进行投资，并对其协助管理，通过时间积累获取更大的收益。私募股权基金通常投资于已经有一定规模及内部控制体系完善的未上市企业，其投资期限通常在 3～5 年，与风险投资相比时间更短，退出的稳定性更高。

3）就投资规模而言，通常来讲私募股权投资因其投资阶段的特点，单个投资标的金额会较大一些。

4）就风险偏好而言，风险投资更加强调高风险高收益，既可寻求短期投资机会获取回报，也可长期持有。私募股权投资偏重稳定性，一般会在所投资公司上市后出售股权获得利益。

2. 私募股权融资

（1）私募股权融资概念。私募股权融资，是指非上市企业采取私募形式募集资金的一种融资活动，其本质上属于一种权益性融资，在交易过程中对投资者将来的退出机制进行了附带的考虑，即将来投资者可以通过上市、管理层回购、企业并购等方式出售所持股份获得利润。[②] 私募股权融资的应用形式主要包括风险资本融资、融资收购及其他形式。风险资本融资适用于有较大发展潜力的新兴中小科技企业。这类企业通常规模比较小、风险高、现金流量不稳定或者短期内不太可能盈利。由于自身经营风险高，这类企业除抵押自身资产向银行借款外，还会将私募股权融资作为其主要融资渠道。融资收购适用于想通过并购获得发展所需资金的企业，这类企业会第一时间选择私募股权基金。投资者通过收购获得目标公司股权，从而获得该公司的控制权，随后将其改造重组，将运营项目进行增值后出售或上市。被收购企业大多数为未上市的大型成熟企业，现在也开始涉及上市公司。另外，其他投资形式如成长基金等也适用于急需资金支持的企业。[③]

（2）私募股权融资特点。

1）投资收益和风险高。投资者主要投资具有较大发展潜力的未上市公司，其现金流动性较差，具有较高的风险，但投资收益也较高，比公开市场回报更为丰厚。

2）资金来源比较灵活。私募股权投资不具有公开交易市场，融资方和投资方需要依

① 汪剑锋，张然．私募股权投资特征会影响其减持行为吗 [J]．当代财经，2018（3）：68-78.
② 郁洪良．金融期权与实物期权 [M]．上海：上海财经大学出版社，2003.
③ 田慧敏．谈民营企业融资难问题及发展私募股权融资策略选择 [J]．商业时代，2012（4）：68-69.

靠各种中介关系、信息渠道来进行撮合。投资主体来源广泛，如各种基金、保险公司、战略投资者及个人。

3）考虑了多种退出渠道。私募股权投资方关注的是企业的未来发展潜力，不着眼于企业的短期利益，也不是为了掌握企业的控制权，因此投资方在交易之初就考虑了将来的退出机制。当企业的价值得到有效提升之后，就会通过兼并收购、破产清算、IPO 上市、管理层回购等方式将所持股份出售获利。①

（六）互联网金融与互联网股权融资

受到互联网发展的影响，互联网与各个行业的联系越来越密切，为传统行业的发展提供了帮助，也推进了很多传统行业在互联网的助力下焕发生机。② 就互联网金融而言，因为信息传播速度快，能够弥补传统金融下所遇到的问题，进而推动金融行业的发展。③

互联网股权融资就是互联网金融下的一种发展模式。在传统的业务流程中，需要先明确项目是否有前景，然后才进行融资。④ 在互联网的帮助下，中小企业融资有了更多的途径，不管是发行股票还是进行传统银行贷款，中小企业融资都不能够达到理想效果，而互联网股权融资则成为中小企业在发展中的一种新型融资渠道，投资人员能够直接在平台上选择相应项目，对其研究调查，不仅操作简单，而且融资方式也得到了改善，能够让投资人员接触到更多的融资项目。

（七）业绩对赌与对赌协议

1. 业绩对赌（业绩调整条款、业绩奖惩条款）

对赌赌的是企业的业绩，赌注是企业的小部分股份/股权。对赌无论输赢，投资人都有利可图。投资人如果赢了，说明投资人的股权比例将进一步扩大；投资人如果输了，说明企业达到了投资目标，盈利良好，投资人虽然损失了部分股份，但剩余股份的股权价值增值远远大于损失。因此，对赌是投资人锁定投资风险的重要手段，在金融风暴的背景下，越来越多的投资人要求使用对赌。

对赌特别容易导致企业心态浮躁，为了完成对赌所设定的指标，不惜用损害企业长期整体价值的方式来争取短期订单，或者过度削减成本。

2. 对赌协议

对赌协议又称"估值调整模型"，是在投资方和融资企业对于企业估值存在分歧的情况下产生的。在双方达成合作前，投资方通常会低估企业的价值，以降低投资成本，而融资企业常常高估自身价值以获得更多的初始投资。然而，由于市场具有不确定性，双方都无法准确预测企业未来的盈利状况，于是投资人出于保护自身的目的，与企业签署一份协议，要求企业达到相应的业绩目标，以及设定相应的补偿条款，以保障自身的

---

① 张合金，徐子尧. 私募股权融资：融资方式的创新 [J]. 财会月刊，2007（2）：41-42.
② 郝研. 基于平台的互联网股权融资风险及其法律控制研究 [D]. 成都：四川省社会科学院，2020.
③ 谢清河. 我国互联网金融发展问题研究 [J]. 经济研究参考，2013（49）：29-36.
④ 姚雷. 互联网非公开股权融资平台法律规制研究 [D]. 郑州：郑州大学，2019.

收益。

（1）对赌协议本质。对赌协议本质上属于一种估值调整协议，其实际作用就是通过规定一系列条款对融资企业提出具体要求，通过融资企业的完成情况进行奖励和惩罚，实现对企业估值的调整作用。由于企业的未来发展具有极大的不确定性，投融资双方在进行私募股权融资时，为了保证双方的利益，对各方面需要做出一系列条款约定。对赌协议就是这样一种条款。对赌条款一般规定若约定的情况出现，融资方可行使自身的权利，以补偿由于企业价值被低估造成的损失；若约定的情况未出现，投资方可行使一定的权利，以补偿对企业价值高估的损失。[①]

（2）对赌协议构成要素。对赌协议包括三个构成要素，分别是对赌主体、对赌筹码及对赌协议标准。[②]

1）对赌主体。对赌主体是指签订对赌协议的投资方和融资方。签订对赌协议的投资方大多为经验丰富的国内外私募机构，它们具有强大的融资能力和资本运作经验，如摩根士丹利、凯雷、高盛、鼎晖等机构。融资方一般是初创型或成长型的企业，未来具有很大的发展潜力，但因其处于起步和发展阶段，由于企业规模和资信水平的限制难以向银行贷款获得资金，而且没有上市，因此融资难，需要向私募机构求助。私募机构投资者只看重企业的业绩能力，对于公司战略并不感兴趣，当企业价值得到提升后，它们会迅速出售持股获利。

2）对赌筹码。对赌协议一般将股权、现金、投资额等作为对赌筹码。当融资方实现对赌协议中约定的条件时，投资方低价出售给融资方一部分股权，或是给予融资方一部分现金，抑或是对下一轮对赌加大投资额度，从而实现对融资方的奖励。当融资方未能实现对赌协议中约定的条件时，就需要付出一定的代价，如低价卖出企业的股权、对投资方的股权进行高价回购、出让董事会席位等。

3）对赌协议的标准，即判定对赌协议生效的条款要求。对赌标准是由投融资双方共同谈判确定的，可谓形式多样，见表1-3。

（3）对赌协议的类型。根据对对赌协议的研究，可以将对赌协议的类型归纳总结为六类，其具体内容见表1-4。

表1-3　对赌协议的标准

对赌标准	对赌条款示例
财务业绩	将营业收入、净资产、净利润、利润增长率等财务指标作为标准，若达到标准，融资方行使权利；若未达到标准，投资方行使权利
非财务业绩	将产量、销售量、用户人数、技术研发等非财务指标作为标准，若达到标准，融资方可以得到股权或现金奖励
上市时间	若融资方不能在约定时间内上市，投资方可对融资方所持股份进行出售或收购

---

① 储俊，张永忠. 中小企业私募股权融资探讨 [J]. 财会通讯，2012（9）：12-14.
② 刘华. 对赌协议的设计与应用案例分析 [J]. 财务与会计，2015（12）：21-23.

续表

对赌标准	对赌条款示例
赎回补偿	若融资方无法将优先股按时赎回，投资方可以获得董事会多数席位或提高累计股息
管理层方面	若管理层离职，投资方有权接管企业
企业行为	若融资方未向投资方披露债务、对外担保等信息，发生实际赔付后，投资方可要求股东或企业进行赔偿

资料来源：根据公开资料整理。

表1-4　对赌协议类型介绍

协议类型	协议类型释义
股权对赌型	未能完成对赌的业绩目标时，融资企业将赔偿相应股权给投资机构；相反，则投资机构将按照协议规定，将股权转让给企业
现金补偿型	未能完成对赌的业绩目标时，融资企业将向投资机构支付约定金额的现金补偿；相反，投资机构将按照协议追加一定的投资资金给企业
股权回购型	未能完成对赌的业绩目标时，融资企业将以投资机构所投资的金额加上固定回报的价格回购其持有的部分或者全部股份
股权稀释型	未能完成对赌的业绩目标时，融资企业将以很低的价格向投资机构增发部分股权，稀释企业实际控制人的股权比例，增加投资机构在企业内部的股权比例
股权激励型	未能完成对赌的业绩目标时，融资企业将无偿或以约定的价格转让部分股权给投资机构
股权优先型	未能完成对赌的业绩目标时，股权投资机构将获得一定权利，如股权优先分配权、剩余财产分配权等

资料来源：根据公开资料整理。

3. 对赌协议的意义[①]

（1）降低投资人和融资企业的信息不对称。由信息不对称引起的估值差异是签订对赌协议最根本的原因。当前我国资本市场还不够完善，投融资双方必然存在信息不对称，投资机构虽然拥有专业的尽职调查团队，但与企业相比，依旧存在信息上的不足，投资人为降低这种不确定风险，通过签订对赌协议，将双方的权利与义务约束下来。

（2）引入专业化管理，拓宽融资渠道。通过私募股权融资的企业大多处于初创阶段，自身规模较小，管理也不完备，没有稳定的盈利能力。由于其自身的局限性，难以获得充足的现金流，通过签订对赌协议，可以提升企业的融资吸引力；同时，投资机构大多较为成熟，拥有丰富的资源和完善的管理团队，对企业的发展有很大的帮助。

（3）激励约束企业。对于投资机构而言，其只有投资选择权，在和企业达成合作之后，无法参与企业的管理经营，于是对于企业的管理较为依赖，当企业和投资人的利益发生冲突时，管理层可能会为了保证自身的利益而损害投资人的利益，因此需要适当的激励

---

① 张英. A公司并购对赌协议风险防控体系研究［D］. 北京：北京交通大学，2015.

和约束手段。对赌协议作为估值调整的工具，可以实现其要求，通过对企业设定业绩目标，使双方达成发展战略上的一致，实现共赢。

第三节　股权投融资形式与功能

一、股权融资方式

一般来说，以融资对象为依据，可将股权融资方式分为私人投资、天使投资、风险投资、银行投资、企业内部投资、金融机构投资、公开发售7种。[①]

（1）私人投资。私人投资者分为两类：第一类私人投资往往是亲戚或朋友。融资企业通过股权融资方式获得的资金来自亲戚或朋友。这类投资者投资时考虑的不仅仅是投资的可行性及收益情况，更重要的是他们与该企业的密切关系。第二类私人投资者往往和企业没有密切联系，他们一般是通过商业关系或交易网被推荐给企业。他们会对融资企业进行非常严谨的调查并且更期待高回报高收益。

（2）天使投资。天使投资者是有管理经验和技术技能的个人或者集团公司。他们对投资有着积极的兴趣并愿意协助融资企业融资。相比于私人投资者，天使投资者更加专业，能够给企业提供更加珍贵的投资经验。

（3）风险投资。风险投资是高成长中小型企业融资的主要渠道。风险投资公司从个人、金融机构或者企业筹集到资金，将资金再投资以获取更高的回报。风险投资公司主要注重短期投资，期待每年可赚取20%~40%的回报率。一般来说，企业发展阶段分为种子期、初创期、成长期、发展期以及IPO期。不同于天使投资，风险投资公司更专注于处于发展期或者拥有IPO上市意图的公司。在我国，早期的风险投资很少，在某些情况下风险投资公司也愿意投资处于初创阶段的企业，如拥有专利技术、高回报市场的企业，但是风险投资公司很少投资处于种子期的企业。

（4）银行投资。在美国，银行可以向企业提供一系列的股权融资方案。和风险投资公司一样，银行很少向处于初创期的企业投资。一般情况下，银行提供部分资金用来调研寻找潜在的处于发展期的融资企业，如果该企业经营状况良好并有上市的准备，银行就会积极参与到企业的股权融资活动中。

（5）企业内部投资。企业内部投资主要来源于企业内部的留存收益。留存收益由盈余公积和未分配利润构成。企业把没有分配的留存收益再投资到企业的经营活动中去，这实际上就是企业的一种投资追加。

（6）金融机构投资。金融机构投资者，如互惠基金和养老基金，把资金提供给风险投资公司用于中小型企业股权融资。

---

① 高写庭. 证券公司股权融资模式的研究 [D]. 成都：西南财经大学，2012.

（7）公开发售。公众是中小型企业股权融资最大的潜在投资对象。通过公开发售，公众只能投资那些在证券交易所注册的企业。如果市场投资者认可了企业的价值，企业则可以通过公开发售筹集到资金。

企业发展阶段与筹资方式的偏好结构见图1-4。

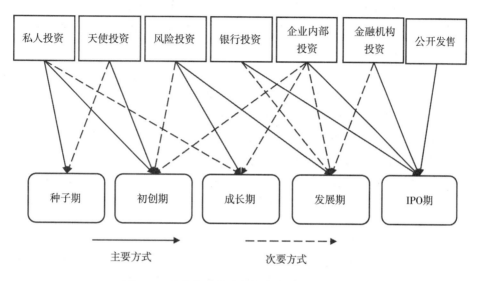

图1-4　企业发展阶段与筹资方式的偏好结构

二、非上市公司股权融资的主要方式

（一）股权质押融资

股权质押融资又称股权质权，是指债务人或第三人将其所持有的公司股权作为抵押，出质给债权人，担保其债务履行。当债务人不能履行到期债务，或债权人和债务人双方约定的情形发生时，债权人有权优先受偿该股权。股权质押融资一般指公司股东将其持有的公司股权出质给银行或其他金融机构，以获取贷款的融资方式。

股权质押的特征包括权利性、象征性、便捷性和风险性。股权质押融资方在企业经营过程中收益风险起伏很大。当股权贬值时，质权人的收益就会上升；当股权升值时，质权人的收益就会下降。

与此同时，出质人也很难及时采取补救措施。对于需要融资的企业来说，企业股东将自己的股权质押后，一旦遭遇股市较大波动或者企业经营不善，那么其质押的股权价格就会持续下降，在这种情况下，如果质押股权的股东不作为，不及时进行补仓或者偿还债务，那么债权人在自身权益受到损害的情况下很可能会抛售股票进行强制平仓，这可能影响到企业原始股东对企业的控制权。因此，股权质押虽然是一种比较快捷的融资方式，但是一旦使用不当，就会产生严重后果。很多企业的控股股东就是因为股权质押时操作不当而被迫出让企业控股权。①

（二）股权出让融资

股权出让融资指企业以出让部分股权的形式，筹集企业所需要的资金。股权出让融资可以划分为溢价出让股权、平价出让股权和折价出让股权；按出让股权所占比例，又可以划分为出让企业全部股权、出让企业大部分股权和出让企业小部分股权。②

股权出让能让企业快速获得发展资金，同时也会对企业的股权架构、管理权限、发展战略等方面造成影响。

第一，股权架构。企业出让股权后，稀释了原股东的股权，导致企业股权架构发生改变，原股东很可能会丧失控股地位或者完全丧失股权。

第二，管理权限。随着股权架构的改变，企业的管理权限也会相应地发生变化。

第三，发展战略。股权出让有时会导致管理者变更，新的管理者的发展理念有可能与之前的管理者完全不同，进而改变公司的发展战略。

因此，为了尽量降低企业股权出让融资的风险，企业创始人需要选择好出让对象，股权出让的对象一般包括大型企业、产业投资基金、政府投资基金、个人和外商等。

（三）股权增资扩股融资方式

现阶段非上市公司开展融资工作的过程中，使用股权增资扩股方式的也较多，这种方式提升了股权的整体营利性，利用增量资金实现融资。从资金来源上可将非上市公司的股权增资扩股方式划分为外源和内源两种。

外源增资扩股方式，借助于私募投资机构，将国内外的战略投资者和财务投资者引入公司，增强公司的总体资本实力，使得公司能够有效地整合行业资源。

内源增资扩股方式，主要是通过公司自身原有股东加大投资力度，从而实现企业自身资本金增加的目的。

在非上市公司使用股权增资扩股方式实现融资，需要从公司自身的经营性质入手进行分析：一是如果公司为有限责任类型，增资扩股方式的应用在多数情况下是公司自行增加注册资本，原来的股东在认缴出资时拥有优先权，其中可以按照实缴的出资比例进行增资扩股，如果全体股东一致同意或者约定不按照出资比例优先认缴出资，将会由新股东出资认缴，实现增加企业资本金的目的。二是如果公司为股份有限类型，非上市公司需要向特定对象发行一定的股票，从而实现资金募集目标，以新股东通过投资入股、原股东增加投资的形式扩大股权。

在股权增资扩股实现融资目标时，其表现出较多优势：一是扩大公司经营的股本规模，增强公司的竞争实力，实现资产负债率的降低，资本结构良好优化。二是这种融资方式的资金筹集效果较佳，所得到的各项资金属于公司的自有资本，其不仅有效提升了企业的总体借贷能力、信誉度，还能帮助企业扩大生产规模。三是在增资扩股方式的作用下，

---

① 李旎，郑国坚. 市值管理动机下的控股股东股权质押融资与利益侵占 [J]. 会计研究，2015（5）：42-49+94.
② 冯闯. 企业吸收风投资金进行股权融资问题探讨：以"京东商城"为例 [D]. 南昌：江西财经大学，2015.

将能有效推进企业实现改制，这种方式会吸引外部股东的加入，推进企业科学治理结构的实现。①

（四）股权交易增值融资方式

非上市公司在实际运行过程中，各项活动都需要依靠资金支持。资本的流动和增值，将会影响公司的发展情况。企业经营人员，以溢价出让一些股权的方式，促进更多资本的流入，并吸引更多的人才参与企业内部运行活动。例如，某家族企业在管理企业的过程中，家族成员排斥社会上的人才和资本参与企业管理过程，面对日益扩展的经营规模，该企业无法实现良好的发展。为了有效改善这个问题，该家族企业决定拆分自身资本，将其划分为若干股份，并将其中的一部分出让给外部资本，吸引更多的优秀人才参与家族企业管理，这样将能够使得家族企业保持长久的生命力。在当前市场经济体制深入发展的基础上，随着经济全球化、移动信息技术更新，股东权利出现泛化现象，企业朝着私募股权的方向发展。对私募股权方式的使用解决了企业内部的资金问题，提升了企业内部管理水平，增强企业的总体价值。股权交易增值融资不会受到还款期限的限制，从而促进企业的发展。

（五）私募股权融资方式

私募股权投资是指对具有高成长性的非上市公司进行的股权投资，是非上市公司股权融资的主要方式之一。私募股权投资的对象是拟上市企业，投资以后，投资者会通过并购来补充产品短板，扩大企业规模，获得私募股权融资不只是获得了资金支持，还获得了管理、技术和市场开拓等方面的支持。私募股权融资是一个非常复杂的过程，时间长短不一，大概需要三至六个月。中介机构在其中的工作也是非常烦琐与辛苦的，为了筹集早期风投的交易资金，私募股权公司采用不同的策略，包括增长型资本策略和杠杆收购。尽管一些企业在公开市场上表现良好，但这些企业可能更适合私募股权，因为它们能够为非公开交易场合的"转型变革"提供资金。②

相较于公开发行股票来说，私募股权融资主要是通过增加注册资本来扩增股票的数量、向第三方转让股权两种方式进行。私募股权融资具有广泛、稳定和高附加值的特点。私募股权融资是一种新兴的融资方式，能够对不同发展阶段的公司进行融资，能够提高公司的资源配置能力，改善公司的资本结构，降低资产负债率，促进经济结构优化，帮助非上市公司更好地应对竞争。

具体来说，私募股权融资能带来三大好处：更广泛地筹集资金、高附加值服务、稳定的资金来源。

私募股权融资的不足之处：一是私募股权融资一般只有少数机构和个人参与，融资一般持续时间较长，而且缺乏公开透明的交易市场，所以比较适合闲散资金比较充足的客户。二是私募股权融资企业创始人在被投资后，会面临股权被稀释的状况，一旦尺度没有

① 张宏涛，耿沙沙. 增资扩股有望成为产权市场融资的着力点 [J]. 产权导刊，2011 (8)：49-50.
② 王媛媛，汤春玲，严米，等. 私募股权融资方式对不同生命周期中小企业的成长性研究 [J]. 财经理论与实践，2019 (6)：72-77.

把握好，将会丧失控制企业的地位；企业股权架构发生变化，新的管理者或许会有不同的发展理念，很有可能完全改变创始人的管理策略。三是私募股权融资的最终目的是通过被投公司上市来获得收益，这对项目的成长性提出了较高的要求，只有公司的项目具备良好的持续增长性，项目才有可能被投资。

在投资非上市公司方面，私募股权投资者拥有更为积极主动的心理，其能给公司提供更多的帮助和支持，积极构建起科学性的内部投资者机制，便于公司制定出正确的经营发展战略。现阶段多个地区都在探索私募股权融资方式，扩展产权市场的融资功能，从而满足企业内部运行的资金需求。在私募股权融资方式下，公司可以运作的资金数量和规模有效扩大，为后续开展各项生产经营活动、增加内部资产提供良好的前提条件。

三、上市融资与上市公司股权再融资方式

（一）上市融资

上市融资是指一家公司将全部资本等额划分，表现为股票形式，经批准后上市流通，公开发行。公司通过上市不仅可以在短时间内筹集到巨额资金，还可以增加公司的市值，提升企业形象和增加储备人才。[①]

上市融资的不足之处主要包括：

第一，融资时间长。上市融资是一项繁杂的系统工程，涉及很多环节。对于小公司来说，要想达到上市要求，至少需要一年的时间。

第二，上市门槛高。企业的历史盈利记录是判断其能否上市的硬性指标。一些具有较好盈利前景的公司因处于亏损阶段而无法上市。

第三，融资成本过高。在上市融资的过程中，公司要支付上市所花费的费用，如果上市失败，这些费用则无法退还。除要承担上市失败的费用外，上市后每次新股发行，也需要企业支付相应的法律、会计费用及申报注册费用。

第四，隐私公开。公司必须按照要求披露所有可能影响投资人利益的重要事件。必须披露有关收益、竞争地位、报酬、雇员福利和其他财务信息。这些信息会给竞争对手提供方便；另外，重要的公司决策将受到投资人、股东和监管机构的事后审查。

（二）上市公司股权再融资的主要方式

上市公司股权再融资指的就是上市公司上市并首次公开发行股票后，又通过股权融资的形式从证券市场中再次筹集资金的一种行为。上市公司股权再融资主要包括三种，即配股、增发、可转换债券。[②]

1. 配股

配股，是指上市公司向老股东按照一定比例进行新股配售的一种融资行为，这种融资行为的优点在于操作方式相对简单，审批速度也相对较快，并且不会引起上市公司本身股

---

① 刘广生，岳芳芳. 企业特征与再融资方式选择：来自中国上市公司 2007—2015 年的经验数据 [J]. 经济问题，2017（8）：50-55+62.

② 肖娴. 我国上市公司股权再融资方式选择及绩效关系研究 [D]. 上海：东华大学，2014.

权架构的变化，最大限度保证了原有股东对上市公司的控制。

上市公司若采取的是配股融资方式，那么这个上市公司具有五个特点：一是往往存在着数量较大的流通股。二是仅向老股东配售就能获得足够数量的募集资金。三是距离上一次的发行时间已经过去了一个会计年度。四是上市公司的整体业务相对稳定，但成长性稍微欠缺。五是上市公司希望保持目前的持股比例。

2. 增发

增发，是指上市公司通过向指定的投资者或者是全部投资者发行新股的一种融资行为，与配股相比，上市公司更加青睐增发，并且随着增发融资制度的不断完善，越来越多的企业准备使用增发方式融资。

上市公司若采取的是增发融资方式，那么这个上市公司具有五个特点：一是上市公司具有良好的成长性且本次募集的资金数量非常大。二是上市公司本身的股本流通相对较小。三是上市公司在过去三年中的业务不理想，不满足配股要求，而且进行资金募集的项目具有十分广阔的发展前景。四是距离上次发行股票还不足一个会计年度。五是完成增发融资后，要求加权净资产的实际收益率要大于上一年的最低收益率，即增发融资方式对上市公司的实际业绩提出了较高的要求。想要达成这一目标，就必须合理控制资金募集量，将发行时间调整到下半年，从而确保年末所得的加权净资产数额较少，降低盈利压力。

3. 可转换债券

可转换债券，是指债券的持有人可以按照发行时约定好的价格将债券转换成公司的普通股票。与配股、增发相比较，可转换债券具有债券融资与股权融资双重特点，在融资方式上更加灵活。

在西方发达资本市场中，可转换债券是一种极受欢迎的证券类型，因为可转换债券无论是对上市公司而言还是对投资方而言，都具有选择权，而这种选择权对双方都十分有利，所以备受欢迎。

上市公司若采取的是可转换债券融资方式，那么这个上市公司具有四个特点：一是上市公司的负债率十分低且资金规模较大。二是上市公司业绩良好，而且不希望公司所有股本在短时间内出现快速增长。三是上市公司的实际股价处于低位，而且未来一段时间内股价可能上涨。四是距离上一次融资还不到一年。

综上所述，融资始终都是企业经营管理过程中最为关键的一个环节。融资的方式有很多，西方国家企业在融资时往往会优先考虑内源融资，只有当内源融资无法满足企业资金需求时才会考虑债券融资和股权融资。我国上市公司在进行融资时优先考虑股权融资，所以在面对上市公司股权再融资过程中存在的实际问题时，除要从上市公司内部着手解决外，最为关键的还是监管机构要加强对上市公司股权融资的监管，严格限制上市公司股权再融资的资金投向，从而使上市公司股权再融资行为得到有效规范，促进企业持续、健康、有序的发展。

四、私募股权投融资功能

(一)私募股权融资优点

私募股权融资不仅解决了公司发展过程中所面临的资金短缺问题,还能给公司带来战略和管理方面的帮助;私募股权融资给公司带来的主要正面效应包括以下四点:①

1. 为公司提供资金支持

公司已经很难获得银行贷款,因为银行贷款需要企业的抵押物,而且增加银行贷款会提高企业的负债率和财务成本;公司在业务发展过程中由于需要储备大量的库存,再加上给予大客户较长的应收账款账期,公司需要垫付大量的资金,通过银行渠道已经不能满足企业的资金需求,私募股权融资作为一种新型融资渠道,已经成为公司新的资金来源。

2. 为公司提供附加值

从引入的私募股权基金管理人的素质来看,其在行业内具备专业的资本运作能力、丰富的战略管理经验及广泛的人脉资源。这些能力与资源能够帮助公司进一步占领未来潜在市场份额、规范公司运作程序。他们与公司创始团队目标是一致的,在投后管理环节中会尽力做好参谋的角色。

3. 优化公司的财务结构

由于私募股权融资增加的是权益资本,因此公司私募股权融资后资产负债率是下降的;而且公司可以利用私募股权融资来的资金偿还一部分银行借款,从而减少一部分财务费用,提高公司的盈利能力。

4. 为公司品牌背书

公司获得众多私募股权基金的投资有利于提高其品牌价值,更加有利于公司业务市场拓展及对人才的吸引力。

(二)私募股权融资缺点

虽然私募股权融资能给公司带来各种益处,但同样也存在缺点,公司私募股权融资的缺点主要体现在以下五个方面:②

1. 私募股权融资对于企业的资质要求更高

相较于债券融资银行的审查重点在于抵押物的完整度,在私募股权融资过程中,投资基金则关注得比较全面,如公司产品技术水平、财务表现、行业市场容量、客户市场变化、公司面临的竞争状况、公司团队过往经验等因素,每一个因素都决定了企业私募股权融资的成败,即使双方签完投资协议,都有可能面临投资基金的"跳票"。融资失败是企业私募股权融资常见的现象,融资失败就意味着公司需要寻求新的融资渠道,这在短期内是较难实现的,新融资如果无法接上的话则面临资金链断裂的窘境。因此,企业私募股权融资的难度是远远大于银行借款的,中国民营企业数量众多,能够通过私募股权融资成功

① 张永明,潘攀,邓超. 私募股权融资能否缓解中小企业的投资不足 [J]. 金融经济学研究, 2018 (3): 80-92.

② 窦尔翔,何小锋,李萌. 私募股权基金型企业融资:资本市场定位及双刃效应 [J]. 金融理论与实践, 2010 (9): 87-94.

的比例极低，私募股权融资成功与否是公司的重大问题。

2. 私募股权融资周期更长

由于私募股权融资没有抵押物，为了降低风险，私募股权基金的尽职调查时间会比较长，从双方接触到投资基金完成尽职调查再到投资基金完成打款，短则需要半年时间，长则需要一至两年的时间，如果企业没有做好充分的准备，那么往往在没有实现融资之前就会出现资金链断裂，因此公司在启动私募股权融资之前就应该储备足够的现金流以备不时之需。

3. 私募股权融资不确定性更大

公司即使在业务层面经受住私募股权基金的尽职调查，在核心条款方面也会面对私募股权基金的各种要求，企业私募股权融资的实际结果往往与预期不一样，具体表现为融资金额打折扣、企业价值被低估、企业被迫签署苛刻条款。

4. 私募股权融资对公司创始人的控制权产生掣肘

私募股权融资之后，公司创始人的股份将被稀释，并且私募股权基金会派驻董事，并且享有特殊权利，双方签署了"拖售权"等不平等条款，这对公司治理结构和创始人的控制权产生了冲击，一旦公司或者创始人触发了某些致命条款，将威胁到创始人对公司的实际控制。

5. 私募股权融资使公司过度追求短期财务指标

私募股权基金追求的短期财务指标与企业追求的长远发展目标存在不同，为了满足公司对于上市财务指标的要求，公司有可能放弃长远发展目标。

综上所述，私募股权融资也不是没有缺点的，如何规避私募股权融资产生的问题是一门值得长期研究的课题。

（三）私募股权基金对公司的影响

按照现代资本结构理论，由于信息不对称而导致企业的融资遵循"啄食"顺序，即内源融资优先，债权融资次之，股权融资最后。但是我国却正好相反，近年市场中大多数上市公司在选择融资方式时偏好股权融资，被投资企业接受私募股权基金的投资后，不仅会得到急需的资金，而且在公司管理、品牌价值等方面的能力也会得到提升。被投资企业应该抓住机遇，充分利用私募股权基金的各种资源，提升企业价值。

私募股权基金对于被投资公司来说带来的不仅仅是资金，尤其对于那些成长中的被投资公司，私募股权基金更多的是"雪中送炭"而不"锦上添花"。私募股权投资方以其特有的投资经验和行业知识吸引优秀人才，提升被投资公司的人力资本素质，帮助被投资公司完善治理结构，吸引潜在的战略投资者，建立激励机制，拓展潜在业务，提升被投资公司的信誉，扩大消费者群体，增加被投资公司的品牌价值，提高股东价值并为最终实现股东价值创造条件。不同公司的资金来源不同，其对公司的影响也不同，具体见表1-5①。

① 宫悦. 私募股权基金对我国中小板上市公司价值影响的实证研究 [J]. 财会研究，2012（2）：48-50+64.

表 1-5 不同融资渠道对公司的影响

项目	股市融资	银行贷款	私募股权融资
主要融资人	（待）上市公司	所有公司	中小型公司
一次融资平均规模	较大	较小	最小
对公司的资格限制	较高	较低	最低
表面会计成本	最低	最高	较低
实际经济成本	较高	较低	最高
投资人承担的风险	较高	较低	最高
投资人是否分担公司最终风险	平等分担	不分担	部分分担
投资人是否分享公司最终利益	分享	不分享	部分分享
融资对公司治理的影响	较强	较弱	最强

（四）私募股权投融资对公司治理的影响[①]

1. 改变资本结构

（1）资本结构。资本结构是由公司采用各种筹资方式而形成的，筹资方式的组合不同决定公司资本结构的构成及比例关系不同。资本结构是一个非常重要的概念，它决定了公司价值最大化和公司治理结构这两个关于公司本质的问题。

从狭义上看，公司资本结构就是公司负债和所有者权益的比例关系和由这种比例关系反映出的权利义务结构；从广义上看，公司资本结构还包括公司各类资本之间的比例关系，如公司财务资本、人力资本等。此外，还有学者将公司资本结构解释为全部资本的来源构成，即公司各种资本的构成及其比例关系，不仅包括长期资本，也包括短期资本（主要是指短期债务）。

实务中通常所说的公司资本结构就是公司的融资结构。按筹资来源划分，资本可以分为权益资本和债务资本。使用这些资本都需要支付一定成本：所有者要求的报酬率是权益资本的成本，它是一种机会成本；债权人要求的报酬率是债务资本的成本，它的表现形式是债务的利息。根据资金的来源不同可以把融资方式分为内部融资和外部融资。内部融资是指公司通过运营获得的资金，其来源可能是留存收益、累计未付工资或应付账款等。外部融资是指公司通过外部经济主体筹集资金的方式，它又包括从银行信贷获得资金的间接融资，以及从股票市场、债券市场获得资金的直接融资。从银行借款和发行公司债券的融资方式称为债务融资，从股票市场获取资金的方式称为股权融资，私募股权融资就是其中一种。

（2）资本结构与公司价值。资本成本的不同导致资本结构和公司价值的不同[②]，债权资本与股权资本比例的差异导致资本结构的不同，它们直接影响到公司的资本成本，从而影响公司价值。由于公司的债务利息总可以在计算应交所得税时进行扣除，而且债务利息

---

①　徐子尧，边维刚，李迎莹. 私募股权投资对公司治理模式的影响 [J]. 财经科学，2012（7）：26-33.

②　戴维·斯托厄尔. 投资银行、对冲基金和私募股权投资 [M]. 北京：机械工业出版社，2013.

率通常低于股票利息率，因此公司的债权资本成本通常低于股权资本成本。公司在一定的合理范围内提高资产负债率可以降低公司的资本成本，提高公司的筹资效益，进而增加公司价值。

（3）财务杠杆效应影响资本成本和公司价值。债务融资可以产生税收优惠，所以公司在一定的范围内合理提高债务资本的比例可以获得杠杆利益，增加公司价值。债务利息通常是不变的，公司每提高一元的税前利润，其所负担的固定利息就会降低，可分配给股东的税后利润就会增加。因此，公司在一定的范围内合理利用债权资本发挥财务杠杆作用，可以给股东带来财务杠杆利益。但是，债务资本所占比例不宜过大，因为当公司的资产负债率较低时，公司的财务困境成本、破产成本和代理成本并不明显，但当其超过某一比例时，这些成本将会使速度上升，增加公司经营风险，降低公司经营绩效，进而降低公司价值。

一般来说，公司价值等于公司债权资本的市场价值和股权资本的市场价值之和，公司资本结构的改变对公司债权资本和股权资本的市场价值都有影响，进而影响公司总的价值。因此，公司应选择能够使综合资本成本最低的资本结构，使公司价值达到最大。

2. 私募股权基金投资方对融资公司资本结构的考量

私募股权投资基金进入被投资公司后常会考虑增加被投资公司的债务，以减少整体的资本成本，提高权益收益。然而，提高财务杠杆增加了被投资公司运营的风险并降低了被投资公司的信用评级，提高了被投资公司的债务成本并降低了错误容忍率。尽管一些管理者可以在高杠杆情况下很好地经营被投资公司，但是没有这方面经验的管理者会因管理不善而使被投资公司蒙受损失从而降低股东价值。因此，私募股权基金进入被投资公司一般从以下三个方面考量融资公司的资本结构：

（1）被投资公司保持合理的资本结构有利于提高被投资公司的价值。债务融资能够给被投资公司带来财务杠杆收益和节税收益，当总资产息税前利润率大于债务成本率时，被投资公司进行债务融资可以获得财务杠杆收益，提高被投资公司价值。随着债务融资的增长，被投资公司面临的财务风险就会增大，进而使被投资公司陷入财务危机甚至面临破产。

（2）通过影响投资者对被投资公司经营状况的判断及投资决策来影响被投资公司的价值，资本结构向外部投资者传递了有关被投资公司价值的信息，从而影响外部投资决策和被投资公司的价值。管理者持股和主动回购股权被投资者看作被投资公司前景良好的一个信号，这是因为管理者承担了风险。

（3）通过影响被投资公司治理结构来影响被投资公司的价值。债务融资能够促使被投资公司经营者努力工作，选择正确的行为并向市场传递被投资公司的经营业绩信号，有助于外部投资者对被投资公司未来经营状态作出正确判断。

3. 改变股权架构

（1）股权架构。股权架构是股份制公司中一切契约关系的基础，是指股份制公司中不同性质股权的数量、所占股份比例及相互关系，包括股东属性、控股权归属、股权的比例分布、股权流动性状况及股东之间的关系等方面的内容。股东的属性从股东身份层面分为个人股东、家族股东、法人股东、机构投资者（私募股权）和国家股东之分；从股东地位层面分为控股大股东、小股东、内部股东和外部股东。不同类型的股东其持股动机、行为方式、拥有资源和能力及对公司的影响力大不相同。股东的相对持股比例高则表明该股东实际掌握公司的控制权，对公司的经营管理、重大决策起决定性作用。股权架构对公司产权性质、产权效率、治理结构、公司行为、公司绩效及资本市场都有着较大的影响。

（2）股权架构的类型。按照股权集中度的不同，股权架构可分为高度集中型、过度分散型和适度分散型。

第一，高度集中型股权架构。此类型公司架构表现为大股东持股数很大，基本处于绝对控股地位，其他股东持股数极小。在这种类型的股权架构下，极高的持股比重使得控股股东行使权利的积极性很高，会积极参与公司的治理，对经营者进行有效的监督，从而使经营者的行为取向与控股股东的利益高度一致。另外，小股东因为持股份额过小而缺乏行使其权利的动力，从而导致大股东失去了来自其他股东的约束和制衡，使大股东可以对公司经营和经营者进行高度干预，造成"内部人"控制问题，甚至迫使经营者与之合谋侵占小股东的利益，从而影响公司价值。

第二，过度分散型股权架构。此类型公司架构又称"管理者控制"型公司，公司拥有大量股东，股份分散，股东持股比例很低，持股数量相近，单个股东的作用有限，不存在大股东。此结构既可以避免高度集中型结构下股东行为的两极分化，又可避免个别大股东"一股独大"而造成的对小股东权益的侵占。但是过度分散的股权使股东们行使股东权利的积极性普遍受到抑制，产生"搭便车"的行为，以致公司的控制权实际掌握在经理手中，造成更为严重的委托代理问题从而影响公司的价值。

第三，适度分散型股权架构。此类型公司架构是指公司拥有若干个持股比例相近的大股东，其他股份由众多的小股东分散持有。这种结构在股东之间形成了一种有效的相互制衡机制，较好地解决了股东的激励和约束问题，使各股东都能适度参与公司的经营管理，避免了前两种结构下股东行为的非理性，从而大幅度降低了"委托代理"关系下的效率损失，有利于公司价值的提高。

（3）私募股权投资对被投资公司股权架构的影响——制衡型股权架构。一般认为，公司价值是公司股权架构的函数，之所以会形成这种函数关系，是因为公司股权架构与能促进公司较好经营运作的诸多治理机制相关，并对这些治理机制的作用具有正面或负面的影响。这些治理机制包括激励、收购兼并、代理权争夺及监督等。私募股权基金一般情况下占有被投资公司不超过30%的股份，它们往往只需要在董事会占有一席位置，但是要求拥有一票否决权，寻求与控股股东形成制衡关系。股权制衡程度越高，外部股东相对于控股股东的势力就越强；相应地，外部股东监督的动机和能力也就越强，控股股东侵害企业的能力越弱。这样，股权制衡对维护公司价值的积极作用就越强，股权制衡公司的公司价值显著高于联盟型公司和其他公司。大部分私募股权基金虽然不想参与被投资公司的日常经营，但是希望控制被投资公司的发展方向。从这点来看，私募股权投资对公司治理及管理渗透程度的影响要比股市融资和银行贷款方式强。

通常，控股股东与中小股东的目标都是追求公司价值最大化①，但是股权的性质和背景决定了其追求的短期目标和长期目标的差异。公司股权架构的变动直接对公司价值产生影响。

私募股权基金使被投资公司的股权进一步分散，其目标是通过参与公司的经营管理，最终退出并实现资本增值。私募股权投资的目的决定了其一般不要求对被投资企业拥有绝对的控股权而只要求拥有相对的控股权，相对的控股权有利于对公司进行实质上的监督管理。因此，有私募股权基金投资的公司一般都设置2~3个拥有相对控制权的股东，这样就会形成一种制衡机制，见图1-5。制衡型股权架构（股权相对集中，公司拥有几个相对控股股东）可以提高公司价值，促进公司资源的有效配置，实现公司持续、稳定成长，是相对理想的股权治理结构，既避免了无人管理也避免了大股东牟取私利的现象。

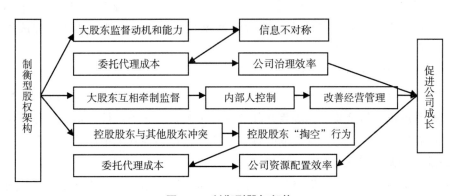

图1-5　制衡型股权架构

第一，制衡型股权架构可以降低代理成本。制衡型股权架构决定了被投资公司中可并存几个大股东，他们拥有对公司经营管理层进行监督和约束的能力与动机。当公司的经营偏离公司的目标时，大股东们往往相互牵制和协调，以期获得利益最大化。在这种制衡型股权架构下，管理层的经营战略必须以股东利益最大化为目标。

第二，私募股权基金进入被投资公司后成为相对控股股东，其经营目标就是完善公司治理结构，扩大公司规模，让公司快速成长。在制衡型股权架构公司中，控股股东和中小股东的矛盾较为缓和，利益基本一致。控股股东和中小股东之间的利益冲突可以通过制衡型股权架构得到缓解，控股股东侵占中小股东利益的现象得以减少，降低了管理中的监督成本，促进企业快速成长，提高了公司价值。

（五）私募股权基金参与公司治理的影响②

私募股权基金通过上述治理机制参与被投资公司治理③，可以健全被投资公司的治理结构，提高公司的治理水平、绩效和价值，具体包括以下三个方面：

① 隋平，董梅．私募股权投资基金：操作细节与核心范本［M］．北京：中国经济出版社，2012.
② 段夏青．私募股权基金对民营中小企业公司治理的影响［D］．成都：西南财经大学，2014.
③ 锥柞芳．私募股权投资对公司治理的影响研究［D］．天津：天津财经大学，2011.

1. 股权制衡

"一股独大"的股权架构是国内资本市场的一个显著特征,大股东持股比例偏高,他们在被投资公司中处于相对甚至绝对控股的地位(有些大股东还是被投资公司的创始人,在被投资公司有很高的威望和影响力),这种股权架构容易诱发大股东侵占、损害其他投资方的利益。

私募股权基金进入被投资公司给被投资公司管理带来了深刻的变革。私募股权基金本身持股比例较高,作为专业的投资机构,它们具有丰富的投资经验与专业知识,参与公司治理的成本比较低。出于自身利益考虑,它们会积极参与公司治理,甚至通过争夺控制权等方式提高其在被投资公司治理中的话语权,有效地表达意见。私募股权基金的进入有利于改善"一股独大"股权架构带来的负面影响,能够打破大股东对股东大会、董事会、监事会和经理层等的垄断,解决委托代理问题,有利于把"一股独大"的垄断式股权架构变为竞争式股权架构,对大股东形成有效的监督和约束,进而从股权架构层面改善公司治理,提升被投资公司的价值。[①]

2. 缓解"内部人控制"问题

当前私募股权基金投资的公司大部分是非"上市"公司,这些公司的大股东或创始人一般处于控股地位,与董监事和高管往往存在裙带关系。作为理性经济人,这些大股东在自身利益与其他股东利益存在冲突的时候,往往会选择牺牲其他中小股东的利益,存在严重的"内部人控制"问题。

私募股权基金的出现,可以有效地解决"内部人"控制问题。在董监事和经理等的人选问题上,私募股权基金拥有较大的发言权,可以在董监事会和经理层安排广大中小股东代理人,从源头上保证了董监事会的独立性。参与公司治理的巨大收益使得私募股权基金对被投资公司管理层进行积极监管。在机构投资者的压力下,不称职董监事和经理等被更换的可能性大大增加,遏制了管理层的种种机会主义,提高了管理效率,董监事和经理等与中小股东的利益冲突在某种程度上得到了缓解,私募股权基金的存在有利于解决被投资公司管理层与股东之间的委托代理问题,减少了被投资公司管理层等内部控制人对股东利益的侵占。

3. 提高公司运营效率与业绩

私募股权基金的加入能够有效地缓解被投资公司委托代理问题,减少代理成本,从股权架构和管理层等方面完善公司治理结构;公司治理水平的提高对公司生产经营活动产生正面影响,进而可以提升公司的业绩和价值。[②]

尽管私募股权基金不一定谋求对投入公司的控股权,更不会以长期控制和经营该公司为目的,但同样会在投入公司的董事会中占据一个或数个席位。在很多情况下,相对于原管理人员来说,私募股权基金派出的外来董事看待问题可能会更加客观。另外,外来董事长期从事投资业务,在公司资本运营方面具备更为丰富的经验,在培育投入公司成长和鉴

---

① 谢清河. 我国商业银行公司治理机制研究 [J]. 金融理论与实践, 2003 (6): 22-24.
② 谈旭. 私募股权投资基金参与公司治理的法律问题研究 [D]. 武汉: 中南民族大学, 2012.

别管理层素质等方面拥有专业水平。私募股权基金向投入公司提供咨询服务，给予被投资公司很大的帮助。

被投资公司通常会给管理层以股权和期权激励，然而这种激励方式会诱发管理层在经营管理公司过程中做出不利于公司发展的行为，即过度从事那些收益很高但风险也很大的项目或业务。从私募股权基金的角度来看，这些项目和业务不符合私募股权基金对于被投资公司"持股—增值—出售"的投资目的（见图1-6）。因此，私募股权基金需要督促被投资公司制定管理层雇佣条款来监督和惩罚那些经营业绩差的管理者，以及限制管理层过于冒险的经营倾向。管理层雇佣条款一般包括解雇、撤换管理层并回购其股份等内容。

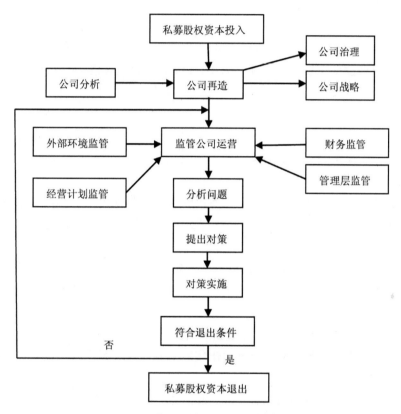

图 1-6　私募股权基金对公司治理的影响

总之，私募股权基金进入投入公司后，不会放任被投资公司任意发展。一是私募股权基金给予被投资公司的不仅是其发展所需资金，它们还会充分发挥自身的专业优势，对公司的组织架构、经营管理、法律框架和财务流程等各个方面进行重组，通过改善公司的股权架构、董事会结构和公司治理机制，重新塑造被投资公司品牌，整合行业资源，拓展被投资公司国际化道路，从而进一步提高被投资公司业绩以实现自己的利益。二是私募股权基金参与公司治理能够形成制衡的股权架构，有效地缓解股东与管理层，以及大股东、创始人与其他中小股东之间存在的委托代理问题，降低代理成本，完善公司治理结构，提高公司治理水平和公司运营效率，最终提高被投资公司的市场表现与公司价值。

第四节　股权投资和股权融资性质与分类

一、股权投资及其分类

（一）股权投资的分类

根据划分方式的不同，股权投资主要有以下类型：①

1. 根据被投资企业的发展阶段不同，股权投资可以分为六种类型

（1）创业型风险投资（Venture Capital），主要投资于初创型的高新技术类企业，项目投资周期较长，被投资企业规模一般较小但具备很高的成长潜力。当然，与之相对应的是，创业风险投资所投资的企业由于各方面均不成熟而在很多方面具有较大的不确定性，投资风险整体较高。

（2）成长资本（Development Capital），主要投资于已经成功完成产业化、初步确立商业模式的企业，被投资企业成长前景较好，一般处在需要资金进行市场扩张与产品升级的阶段。

（3）并购资本（Buyout Capital），主要投资于被投资企业收购其他拟控股标的企业，等待收购完成后对标的企业进行产业与结构重组、内部资源整合，最终提升其经济价值后出售以获取收益。

（4）重振资本（Turnaround Capital），主要投资于经营业绩不佳或出现财务危机的传统行业企业，被投资企业一般具备独有的优势，重振资本能够助其重组后充分发挥该优势而重新获利。

（5）Pre-IPO 资本（Pre-IPO Capital），主要投资于各方面已基本具备上市要求的企业，等待助其成功上市后投资者即可通过出售股票的形式获利退出，该类资本风险低、获利快，收益率相对较低。

（6）私募投资（Private Investment in Public Equity），主要投资于具有快速发展为中型企业潜力的上市公司，具备较高的融资效率与融资成本。

2. 根据投资主体的不同，股权投资可以分为四种类型

（1）境外股权投资基金投资，投资主体主要为境外的股权投资基金，一般具备较为完善的管理架构与丰富的投资模式，投资理念先进、风险管理能力较强。

（2）境内直接投资法人机构投资，投资主体主要为境内的直接投资机构，对境内市场环境与经济规则比较熟悉，具备较强的专业性。

（3）高净值个人投资者投资，投资主体主要为境内高净值个人投资者，大多聘请其他资产管理机构进行投资管理。

---

① 张世兴，张楠楠，刘亚玲. 股权投资分类标准的演化与完善 [J]. 财会月刊，2015（16）：122-124.

（4）新兴股权投资基金投资，投资主体主要为境内新兴的股权投资基金，具备较高的专业技能，投资管理方式多样化，拥有较强的发展潜力。

3. 根据投资方式的不同，股权投资可以分为两种类型

（1）直接股权投资，投资者向被投资企业出资后直接持有被投资企业股权，获取被投资企业部分经营管理权限。

（2）间接股权投资，投资者不直接投资于企业，而是通过购买对应的股权投资基金等金融产品而间接投资于企业。

4. 根据权益构成比例的不同，股权投资可以分为两种类型

（1）完全股权投资，投资者完全以持有被投资企业普通股的形式进行投资，具备对被投资企业完整的股权资格。

（2）夹层投资，投资者以持有被投资企业普通股、优先股、债转股、股转债等多种形式进行投资，投资不仅具备股权特征，而且还兼有其他因素，能够在有效防范风险的同时有效保证投资者的合理收益。

（二）股权投资与其他投资的区别

综合投资学中的投资分类来看，股权投资在内涵上与其他投资类型既有相同点又有不同点。[1]

第一，股权投资与债权投资存在一定的差别，股权投资是权益性投资中的一种。债权投资是在资产信用的基础上建立起来的，一般都是以融资方的资产作为抵押，投资者可以在规定的时间内得到相应的利息，融资方则需要在规定的时间内返还投资者的本金并且支付相应的利息，这样一来在投资方和融资方之间就形成了一种债权关系，这种关系是受法律保护的。权益性投资的基础是合作，融资方的股东为投资方，进而形成相应的义务和权利，双方风险共担、利益共享。收益权是股东权益的一种，其包括股权价值差收益与投资收益，股东的主要义务是以投资额为限承担有限责任。

第二，股权投资和其他投资之间存在着一定的差异，如证券投资、股权投资和实业投资。在投资理念上，实业投资是指投资人进行长期投资，并且将发展实体企业作为切入点，投资者也是公司的股东，拥有引领公司发展的权利，可以称为被投资方的管理人员，对公司进行日常的经营管理，其投资收益主要来自企业的利润。股权投资具有长期投资的特征，但是一般股权投资的股东未必参与企业管理。证券投资的理念是通过赚取差价获得投资回报，与股权投资也有相似之处，但是股权投资又不限于获取差价的投资回报。在投资对象上，实业投资的投资对象是实体企业，证券投资的投资对象是有价证券，股权投资兼顾了两者的投资对象，其既可以投资于实体企业，也可以投资于二级市场。

（三）股权投资的目的

股权投资的目的结合股权投资与其他投资类型的区别及在实务中的运用，可以将股权

---

[1]　粟国权. 长期股权投资核算的成本法与权益法的区别与联系 [J]. 审计月刊，2007（10）：58-59.

投资的主要目的总结为以下四个方面：[1]

1. 扩大经营范围

企业可以采用股权投资的方式，寻求和其他股东之间的合作，对和企业有业务关联或者对企业发展有利的公司进行投资，这样一来就可以形成协同效应，推动企业自身的发展，让企业在市场上的竞争力得到提高。另外，企业还可以投资一些和企业没有关联的公司，这样企业就可以涉及其他领域，为其创造更多的收益[2]。

2. 规避经营风险

多元化经营是现代企业一种重要的运作方式。通过股权投资，培育形成多元化经营业务的格局，既可以弥补单一经营业务的不足，扩大收入渠道，也可以在一定程度上降低对现有经营业务的依赖，规避经营风险。

3. 实现战略转移

对于任何一家企业来说，其自身的经营业务均存在一定的生命周期，即衰退期、成熟期、成长期与导入期。在衰退期到来之前，可以采用股权投资的方式培养新的业务，为现有业务的退出做准备。即便是现有业务正处于成长期的企业，也可通过股权投资的方式，以资金为纽带与被投资企业形成新的战略联盟，增强自身的经营活力与市场竞争能力。

4. 获取分红或股价差额

企业不仅可以对实体企业进行股权投资以实现上述投资目标，也可以通过投资权益性证券以实现其投资目的。此时，股权投资的特点和证券投资较为相似，进行投资的主要目的是在短期内赚取溢价，实现资本增值，或者获得被投资企业的分红收益。

二、股权融资的优势与适用条件

股权融资是指公司通过出售或以其他方式交易公司的股份（或股票）获得企业生产经营资金和发展资金的融资方式。股权融资与其他融资方式的本质区别在于发生了公司的股权变化，资金提供者通过购买公司股权而成为公司的股东，享有股东权利并承担股东义务。股权融资包括增资扩股、发行股份（或股票）、配股、债转股等。股权融资作为企业的主要融资方式，是企业实现快速发展的重要融资手段。

（一）股权融资的优势

较之债权融资，股权融资的优势主要表现在以下三点：[3]

1. 资本优势

股权融资吸纳的是权益资本，增加公司的资本金和净资产，不用按期还本付息，公司财务费用支出压力小，增强了公司的抗风险能力。

2. 战略投资者优势

若能吸引拥有特定资源的战略投资者，还可通过利用战略投资者的管理优势、市场渠

---

① 梁宇飞. 中国私募股权投资风险 [J]. 经济师, 2016 (6)：84-85.

② 何光军. 企业股权投资控制机制探索 [J]. 当代经济, 2011 (18)：118-119.

③ 马连福, 王丽丽, 张琦. 投资者关系管理对股权融资约束的影响及路径研究：来自创新型中小企业的经验证据 [J]. 财贸研究, 2015 (1)：125-133.

道优势、政府关系优势及技术优势产生协同效应，迅速壮大自身实力。

3. 投资与经营方面的优势

由于法律法规和机构投资者的要求，需要股权融资的企业建立较为完善的公司法人治理结构。公司的法人治理结构一般由股东大会、董事会、监事会、高级经理组成，相互之间形成多重风险约束和权力制衡机制，有利于促进公司规范运营。

股权融资也有一定的缺陷，主要表现在控制权层面和经营管理层面，股权融资风险在于：一是股份稀释可能使原股东失去公司的控制权和一部分收益权；二是原股东在公司战略和经营目标、经营方式上与新股东发生重大分歧而导致公司经营困难，以致合作破裂；三是利用股权融资时，企业的经营管理者可能产生各种非生产性的投资和消费，采取有利于自己而不利于股东的投资行为，加大了企业风险及经营者和股东的利益冲突。

（二）股权融资的适用范围与条件

第一，对企业而言，股权融资适用于企业发展的任何阶段。对于投资收益波动大、预期收益高的企业，或在投资后需要经历一段较长的无收入或低收入期才能获得高收益的企业，更适合选择股权融资。

第二，对投资者而言，进行股权融资的企业自身必须具备一定的条件。管理团队、核心竞争力、市场前景和现金流状况决定了该企业是否有资格获得投资者的青睐。

（三）企业的两大类融资方式

企业的外源融资方式有两类，即股权融资和债务融资。企业股权融资和债务融资完全是两种概念，企业股权融资筹集的是股本金，而债务融资是金融机构为企业提供信贷资金用于生产。前者按年度收取股利并择机转让或从资本市场中出售股票实现退出，后者由企业按债务条约规定到期还本付息。

（四）股权融资的方式[①]

1. 按资金流向划分

股权融资方式按照资金流向不同划分为增资扩股和旧股转让。

（1）增资扩股。企业向投资者增发新股，资金进入企业。例如，蒙牛在 2002 年引进摩根士丹利等机构从境外投资入股企业。

（2）旧股转让。老股东向投资者转让旧股，满足老股东的变现要求，融得资金归老股东所有。例如，蒙牛在 2004 年 6 月上市时，以 IPO 同样价格发售 1 亿股外资机构持有的旧股。

2. 按融资的渠道及开放程度划分

按融资的渠道及开放程度划分，股权融资分为公募发售和私募融资。

（1）公募发售。即公开市场发售，是通过资本市场向公众投资者发行股票来募集资金，企业上市、上市公司的增发和配股等都是利用公开市场进行股权融资的具体形式。通过公募方式融资是大多数企业偏爱的融资方式。一方面，企业上市会为企业募集到巨额的

---

① 徐良平. 股权融资与创新型中小企业成长［J］. 证券市场导报，2004（1）：71-75.

资金；另一方面，企业上市使企业的价值为市场所认可，为企业的股东带来巨额财富。

企业通过上市来募集资金有突出的优点：一是募集资金的数量巨大；二是发行市盈率较高，原股东的股权和控制权稀释相对较少；三是有利于提高企业的知名度；四是有利于利用资本市场进行后续的融资。但由于公开市场发售要求的门槛较高，只有发展到一定阶段且盈利的企业才有可能考虑这种方式。

（2）私募融资。私募融资指融资人通过协商、招标等非社会公开方式，向特定投资者出售股权进行的融资，包括各种组建企业时的股权筹资和随后的增资扩股。由于绝大多数股票市场对于申请发行股票的企业都有一定的条件要求，因此对大多数中小企业来说，较难跨越公开发行股票并上市的门槛，这样一来私募融资成为民营中小企业进行股权融资的主要方式。

民营企业相较于国有企业，其在私募融资方面占据优势：一是私募融资产权关系简单，无须进行国有资产评估，没有国有资产管理部门和上级主管部门的监管，可以提高运作效率，降低企业通过私募进行股权融资的交易成本。二是私募融资不仅意味着获取资金；同时，新股东的进入也带来了新的经营理念。

私募融资的作用和意义：引进合作伙伴和风险投资机构，完成企业创业；引进战略投资者和私募股权基金，完善企业治理结构；使企业迅速扩大规模，提高市场占有率；通过出让部分股权建立管理层及核心员工的激励机制；创造条件，帮助企业公开发行股票并上市。

（五）股权融资的策略选择①

在股权融资领域的主要投资者包括股权投资基金/机构、风险投资机构、同行业机构投资者、产业投资基金。对于各种投资者，企业可以根据自身业务特点或经营方向进行选择。

从投资策略类型划分，可将投资者界定为战略投资者和财务投资者。战略投资者是在相当长的时期内不转让股权，引进战略投资者的主要目的不仅仅是为了引进资金，更是为了引进先进的管理经验和技术手段，促进企业完善公司治理结构，提高管理水平，并借助战略投资者的力量助推企业实现公开上市。财务投资者以获得资本回报为目的，股权可随时转让。

从企业发展阶段划分，股权融资主要体现为创业期引进风险投资，成长期采取私募股权融资、上市前融资和上市后再融资等方式。对于企业来说，选择适合自己的融资方式，在合适的时机选择合适的对象，恰当地运用融资策略是成功融资的必要条件。

1. 风险投资的初创期投资

风险投资机构追求资本增值，它们的最终目的是通过上市、转让或并购的方式，在资本市场上实现成功退出。以往的成功案例表明，风险投资长期致力于高科技企业的前期创业，如互联网企业。近年来，风险投资公司将目光移向其他行业，开始寻找其他领域的"百度"和"盛大"。

---

① 田惠敏. 谈民营企业融资难问题及发展私募股权融资策略选择 [J]. 商业经济研究，2012（4）：68-69.

2. 私募股权基金的成长期投资

获得私募股权基金的投资是企业上市前最有效的融资方式之一。通过非公开宣传，私下向特定少数投资机构募集资金，企业与投资机构在中介机构配合下协商操作，程序相对简单，较之公募融资有着不可替代的优势。

成功的私募并不是一蹴而就的，偶然的成功存在于必然之中，独有的技术优势和稳定且成熟的盈利模式是获得私募的先决条件。私募股权基金往往更看重行业的发展前景和企业在行业中的地位，喜欢追求高额回报。

3. 产业投资机构/基金或同行业合作伙伴投资

选择产业投资机构/基金或同行业合作伙伴，寻找在同行业或产业链上下游相关联的投资者，共同出资或增资扩股筹集企业发展资金，形成强强联合的合资公司，实现主业融合或互补，形成协同效应。这需要在股权设定上充分协商，由谁控股、出资比例、管理层的选派问题等将是融资成功的关键。

4. 上市前融资

在股权融资时机把握上，作为私募的一种形式，上市前融资为企业成功上市奠定了坚实的基础。广义的上市前融资工作不仅包括上市之前的准备工作和企业改制，而且还包括对企业管理、生产、营销、财务、技术等方面的完善。狭义的上市前融资是财务投资者提供融资直接助推企业成功上市。

5. 公开发行股票上市融资

上市融资依然是股权融资最有效的方式。上市成功的案例不胜枚举，百度成功登陆美国纳斯达克，募集资金 1.09 亿美元；华谊兄弟在中国创业板成功上市，融资 12 亿元，两者发行市盈率都很高，股权稀释较少，同样数量的股权能募集到更多的资金，这充分说明上市融资是股权融资的最高形式和最有效手段，股票上市也是投资者退出的最常见方式。

在初创期，如果企业有足够的成长潜力就有可能获得外部的权益性资本，这种附带增值服务的融资伴随企业经历初创期、成长期，然后由投资银行接手进入扩张期和狭义的上市前融资，企业利用这些资金不断发展壮大并积累业绩，成为合格的公众公司。

企业上市的成功，其上市前各阶段私募融资的作用至关重要。蒙牛上市前股权融资得到的两笔资金合计 4.77 亿港元，可谓是其整个资本运作链条中不可或缺的一环，对于蒙牛的助推作用甚至超过其上市融资得到的 10 亿港元。

三、企业的融资与投资

（一）企业融资与投资的关系①

1. 企业投资

企业投资，是指企业投入资金，以期在未来获取收益的一种行为。投资主要分为产业投资（实业投资）和金融投资（如股票、债券投资）。企业投资的目的是发展生产、实现财务盈利目标和降低风险，而产业投资需要一定时间的投资过程和较长时间的回报过程。

---

① 冯建本. 科技型中小企业融资与投资管理分析 [D]. 武汉：华中科技大学，2006.

企业发展的驱动因素是资本，企业发展取决于投资，投资可以把企业的美好愿景转化为强大的生产力。

2. 企业融资

企业融资，是指以企业为主体来融通资金，使企业及其内部各环节之间的资金供求实现平衡运动的过程。企业融资的基本目的是维持企业正常生产和扩大再生产。

3. 融资与投资的关系

企业投资所需资金来源于企业的自有资金和企业融资。融资与投资本来就是并存的，企业的融资就是投资机构的投资，并且融资和投资的操作程序及方法是完全对应的。

(二) 企业的融资方式

按照融资各方当事人所拥有的权益可将企业的融资方式划分为股权融资、债务融资和其他融资。一般来说，对于预期收益较高、能够承担较高的融资成本，而且经营风险较大、要求融资风险低的企业倾向于选择股权融资方式；对于预期收益较低，不能承受较高的融资成本，经营风险比较低的企业，一般选择融资成本较少的债务融资方式进行融资。

按照有无金融中介可将融资方式划分为直接融资和间接融资。直接融资是指不经过任何金融中介机构，而由资金短缺的企业直接与资金盈余的企业协商进行借贷，或通过有价证券及合资等方式进行的资金融通，如企业债券、股票、合资经营、企业内部融资等。间接融资是指通过金融机构为媒介进行的融资活动，如银行信贷、非银行金融机构信贷、委托贷款、融资租赁、项目融资贷款等。

直接融资方式的优点是资金流动迅速、成本低、受法律限制少；缺点是对交易双方筹资与投资技能要求高。间接融资方式的优点是降低融资成本、分散风险、实现多元化负债、不稀释股权。

(三) 股权融资与项目融资的区别

1. 股权融资

股权融资，是指企业通过增资引进新的股东的融资方式，使企业的总股本增加。

2. 项目融资

项目融资指贷款人向特定的工程项目提供贷款协议融资，对于该项目所产生的现金流量享有偿债请求权，并以该项目资产作为附属担保的融资类型。它是一种以项目的未来收益和资产作为偿还贷款的资金来源和安全保障的融资方式。

针对特定的项目，如一部影视剧或一个综艺节目的融资，项目结束则清盘结算。

有些企业会通过设立项目公司的方式来融资，形式上是股权融资，但事实上仍然是项目融资，关键点在于：

(1) 项目公司在项目完成后结算。

(2) 一个企业可以同时设立多个项目公司，但股权融资则不允许该类情况出现。

3. 卖老股

原股东将持有的公司股份卖给投资人。

（四）过桥贷款①

1. 过桥贷款及其目的

过桥贷款（Bridge Loan）又称搭桥贷款、过桥融资，过桥贷款资金被称为过桥资金。过桥贷款是一种过渡性短期贷款，允许借款人用其偿还目前的债务、为长期融资提供担保、解决某一历史遗留问题，或实现资本运营中某一过渡期的特殊目的。过桥贷款期限较短，一般最长不超过一年，贷款利率往往高出同期银行贷款几倍，并以股权、房地产或有价证券作为抵押。回收快和过渡性质是过桥贷款的最大特点。

2. 过桥贷款在资本运营中的用途

过桥贷款可以弥补借款人所需融资的时间缺口。过桥贷款也称缺口融资，企业用它弥补运作急需用款与正式资本融资这两者之间的时间缺口。此时，过桥贷款就是一种资本运营的过渡贷款，适用于以下不同的情况：

（1）用于一轮股权融资之前。例如，公司预计几个月后发行股票或债券，但急需一笔生产经营资金，此时可使用过桥贷款，满足公司营运资本的需要，将来利用发行债券或股权融资的方式来偿还过桥贷款。又如，企业挂牌上市或上市公司配股、增发的方案已得到核准，因募集资金尚不到位，为解决临时性的资金向银行申请并由承销商担保的短期贷款。

（2）用于并购交易搭桥期。例如，企业实施某项并购，并且已选定目标公司，但购资金几个月后才能到位，此时可使用过桥贷款，在并购资金到位后偿还。

（3）用于静默期（Quiet Period）与企业上市两者期间。例如，拟上市企业已确定引进战略投资者并完成尽职调查和签订了相关协议，投资机构为拟上市企业提供短期资金，以便完成在申请上市前的某项具体资本运作事项来达到上市标准，并在引进战略投资者时偿还或在上市前债转股。

对企业而言，必须在某个特定运作项目及特定协议条件下方能获得过桥贷款。金融机构或投资机构发放这种贷款的目的往往是为了资本运营，过桥贷款协议也经常包含权益性条款。例如，协议规定在一定条件下（股权融资或上市前）将过桥贷款转换为资本融资；如果最终达不到协议约定的上市条件，则立即收回本金和利息，这是过桥贷款与其他债务融资的根本差别。

3. 典型案例

无锡尚德在 2005 年 1 月赴美国上市前，为搭建境外上市平台，需要资金让国有股退出，而这时企业资金短缺，经协商后由百万电力向无锡尚德提供 6700 万港元的过桥贷款，作为收购无锡尚德国有股权的保证金，无锡尚德创始人施正荣用自己的股权抵押担保。随后，无锡尚德从高盛等机构那里私募融资 8000 万美元（一部分偿还过桥贷款），并在纽交所上市。

无锡尚德在 2013 年 3 月破产重组，2014 年 4 月被江苏顺风光电科技有限公司收购。

---

① 李建军，马思超. 中小企业过桥贷款投融资的财务效应：来自我国中小企业板上市公司的证据［J］. 金融研究，2017（3）：116-129.

无锡尚德破产原因有四个：一是产能严重过剩。二是与国外企业签订了较多高价订单，并且盲目开发薄膜电池耗资数千万美元。三是欧美反倾销，失去海外市场。四是高达5.41亿美元的可转债到期，成为压垮无锡尚德的最后一根稻草。

四、投资银行与资本运营

（一）投资银行

投资银行是指有别于商业银行和其他金融机构，主要活动于资本市场并为投资者和筹资者提供全方位资本运营服务的非银行金融中介机构的总称。

投资银行之所以称为银行，是因为其本身就是金融体系的重要组成部分，而且在历史上与商业银行业务进行了融合。现实中的投资银行并不称为"某某投资银行"，而是常称为证券公司、投资公司，有的称为融资公司（财务顾问公司）或基金公司。世界著名的投资银行包括高盛、摩根士丹利、瑞银华宝等。

投资银行的职能作用是实现资本价值的增值，其实现方式主要有两种：一是价值发现，二是价值创造。具体来说，投资银行是利用其专业知识和技术及资本信息资源优势，不断发现新的价值，引导社会资本有序流动，实现资本资源优化配置，并帮助资本市场的相关参与各方通过一系列的合规运作，在资本市场上创造合理收益、实现价值增值。

投资银行的业务包括证券发行与承销、证券交易经纪业务、证券自营业务、基金管理、企业收购兼并、理财顾问、项目融资、金融工具创新开发及应用等。协助企业融资、过桥贷款、咨询服务、资产管理等也都属于投资银行的业务范畴。在资本市场中，投资银行作为金融中介机构为投资者和融资者提供服务，其全部业务围绕融资、投资和资本价值增值而展开。在证券市场上，证券公司则经常担任企业上市的保荐人。2008年的全球金融危机，使国际著名投资银行雷曼兄弟、美林证券等纷纷破产倒闭，高盛也开始转型成为金融控股公司，形成了比前期更加明显的投资银行与商业银行混业经营的局面。[①]

1. 商业银行与投资银行的共同点

商业银行与投资银行的共同点：都是资金供给者和需求者的金融中介机构，既帮助资金供给者充分利用多余资金获取收益，同时又帮助资金需求者获得发展资金。商业银行为企业提供贷款，使企业获得项目发展资金和运营流动资金；投资银行协助企业从资本市场筹集建设与发展资金，尤其是数额较大的资金，有些投资银行还直接投资企业。商业银行的大额长期贷款和投资银行的直接投资，促进了金融资本与产业资本的融合，推动了实体经济的发展及大型企业的崛起。

2. 商业银行与投资银行的主要区别

（1）融资方式不同。

1）商业银行的间接融资。商业银行具有资金需求者和资金供给者的双重身份，即存款人把资金存入商业银行，这时商业银行是资金需求者；贷款人从商业银行获得信贷资金，这时商业银行是资金供给者。存款人和贷款人之间并不发生权利与义务关系，而是通

---

① 曹大宽，丁朝宇. 全球投资银行：发展模式及借鉴 [J]. 国际金融研究，2004（3）：65-69.

过商业银行间接发生融资关系。

2）投资银行的直接融资。投资银行作为金融中介帮助企业进行股权融资和债务融资，为企业寻找潜在的投资者，引进战略投资伙伴，向投资者推介股票和企业债券。投资银行除直接向企业投资外，一般不介入投资者和筹资者之间的权利和义务当中，投资者与筹资者之间直接建立权利义务关系，投资银行只是促进这种关系的建立。

（2）其他区别。

1）本源业务和活动领域不同。投资银行本源业务是证券承销与交易，而商业银行的本源业务是存贷款和资金结算；投资银行主要活动于资本市场，而商业银行活动于货币市场。

2）利润来源不同。投资银行的利润主要来源于佣金和差价，而商业银行的利润主要来源于存贷款利差。

3）监管部门和适用法规不同。投资银行的监管部门是证券监管机构，而商业银行的监管部门是中国人民银行等银行监管机构；投资银行适用于公司法、证券法、证券投资基金法等，而商业银行适用于商业银行法、票据法、银行业监督管理法等。

正是由于上述明显差别，人们常常按照直接融资方式划分资本市场，将一年以上的商业银行长期信贷业务排除在资本市场之外。随着经济发展和资本市场的壮大，企业长期融资会更多地来源于资本市场的直接融资。

（二）资本运营的功能与业务范畴

资本是其所有者用来生产或经营以求谋利的生产资料和货币。资本运营也称资本运作，是指资本的所有者或支配者针对资本进行的专业化运营和管理。就广义的资本市场而言，资本运营是利用市场法则通过技术性操作或资本的过程，实现价值增值和效益增长的运作活动。[①]

企业资本运营是指对企业资本进行有效运作，为实现资本增值最大化而展开的各种活动的总称。企业资本运营是独立于生产经营而存在的经济行为。

1. 两大业务范畴

企业资本运营的两大业务就是融资和投资。

（1）融资范畴包括私募股权融资、股权变现、发行股票、配股、增发新股、发行企业债券或可换股债券。

（2）投资范畴包括产业投资，企业兼并与收购，出资设立新公司，认购新股，受让（收购）股权，购买股票、债券和金融衍生品，股权回购等。

另外，派送红股、转增股本、对管理层实行期权奖励等也都属于利用资本运营手段实行企业运作的范畴。

融资和投资是企业资本运营的两大功能，而上市融资、项目投资和并购是企业发展扩张的最有效手段。

---

① 贡华章，于毅波. 论企业金融与资本运营：以 GE 公司为例［J］. 南开管理评论，2004（4）：105-109.

2. 资本运营的根本目的

资本运营的根本目的就是优化债务结构和资本所有者结构，实现企业价值的最大化。通过资本运营可实现三个具体目的：一是实现产品或产业结构的调整；二是实现产品升级换代；三是实现资本价值的超常增值。

3. 资本运营的本质

资本运营的本质是资本运营各方当事人之间的利益关系，即所有者、劳动者和资本所有者三方的利益关系。企业从事资本运营活动，实际上就是调整企业资产负债结构，理顺资本所有者之间、资本所有者与债权人之间及资本所有者与经营管理者之间的关系。通过调整和理顺这些重大利益关系，调动各生产要素的积极性，从而优化企业资本结构、提高资源配置效率、创造资本增值。

实际上，这种调整机制反映了资本所有者和企业经营管理者的决策能力、执行能力和综合实力。了解资本运营的本质可以帮助我们在资本运营中处理好各方利益分配关系。实践中诸多案例表明，凡是处理好上述利益关系的企业，资本运作就会成功，企业得到了高速发展；凡是没有处理好上述关系的企业，资本运作和企业经营往往惨遭失败，甚至从兴旺迅速走向衰亡。

（三）风险投资的突出特点

风险投资的突出特点是高风险性、高收益性和低流动性。[①]

（1）从投资偏好来看，其风险偏好强。由于投资目标常常是"种子"技术或仅仅是一种构想创意，处于起步设计阶段，尚未经过市场检验，能否转化为现实生产力有许多不确定因素。因此，投资风险大，成功率低，但如果成功了可获得较高回报。

（2）从投资对象来看，其主要投资于非上市企业的初创期（也投资于成长期），并且通常是高新技术企业中具有独特高成长性的企业，这些企业一个项目的成功会带来十几倍以上的资本增值收益。高风险下的高收益是风险投资的本质特征。

（3）从近些年的投资实例来看，其属于长期投资。风险投资期限一般为3~7年，等待被投资企业进入高成长期后实现资本增值。在风险资本退出时，若渠道不畅，撤资将十分困难，这导致风险投资的流动性降低。

（4）从投资性质来看，其属于权益性投资。风险投资多采用普通股或者可转换优先股，追求的是退出时的巨额资本利得，而不是股利。

（5）从投资策略来看，其属于组合投资。为分散风险，投资机构或投资个人通常投资十几个乃至几十个项目，利用成功项目的高额回报抵补失败项目的损失并取得最后的收益。

（6）从管理角度来看，投资机构或投资个人参与所投资项目的管理。不仅向创业期的企业提供资金，对被投资企业的决策管理享有一定的表决权，还为被投资公司提供创新的战略制定、技术评估、市场分析，以及培养引进管理人才、提供经验和社会资源等。风险投资者与创业者一起经营管理被投资企业，使项目获得成功，这是与其他投资者的不同

之处。

（7）从退出机制和获利方式来看，风险投资机构或个人在项目运作成功后通过股权转让或在股票上市后从二级市场变现获取投资回报。

（四）PE 与 VC 的范畴归属关系和区别

实际上，风险投资基金（VC）属于私募股权投资基金（PE）中的一种，其是投资于企业初创阶段且风险性较大的私募股权投资。PE 的投资对象主要是那些已经形成一定规模的，并产生稳定现金流的相对成熟的企业，这是其与 VC 的最大区别。事实上，一般的 PE 也有类似 VC 的低流动性特点，只是跟 VC 相比其风险和收益都要低得多。正是由于 VC 的风险特点，所以通常将狭义的私募股权投资称为 PE，以与 VC 相区别。从 VC 的前述特点来看，VC 主要在投资阶段选择、投资风险承受、投资规模、投资期限、投资策略、管理程度等方面与其他类型的 PE 有很大不同。[①]

不过，近年来很多传统上的 VC 机构现在也介入普通 PE 业务，而许多传统上被认为专做 PE 业务的机构也参与 VC 项目，也就是说 PE 与 VC 只是概念上的一个区分，在实际业务中两者的界限越来越模糊。有的私募股权基金拿出一定比例的资金用于 VC，如著名的 PE 机构凯雷投资也涉及 VC 业务。三种主要投资基金比较见表 1-6。

表 1-6　三种主要投资基金比较

名称	私募股权投资基金	风险投资基金	产业投资基金
简称	PE	VC	IIF
概念	通过私募形式对私有企业，即非上市企业进行的权益性投资，通过上市、并购或管理层回购等方式，出售持股获利	又叫作创业投资基金，以一定的方式吸收机构和个人的资金，投向于那些不具备上市资格的中小企业和新兴企业，尤其是高新技术企业	以产品、项目或服务为投资方向，通过企业经营获利的一种投资基金
投资对象	通常为已产生稳定现金流的上市前企业，但不得投资于房地产行业	投资面广，包括尚未形成规模和稳定现金流的高新技术企业、市场前景广阔的传统行业和具有新模式的零售行业等	以促进产业发展为目标，主要投资于特定行业的具有潜力的中小企业，不得投资于承担无限责任的企业
主要资金来源	公司或有限合伙制股东投资，通过信托计划向少数机构或个人投资者募集	除与 PE 渠道相同外，VC 的投资者通常主要为长期资金的投资者，如保险公司、银行、信托基金、社保基金等	保险公司、银行、养老基金、FoF 基金、政府机构、企业或个人等长期投资者
投入阶段	上市前	企业初期至上市前	上市前
投资周期	通常为 1~5 年	3~5 年	3~7 年

---

① 黎文飞，唐清泉. VC/PE 对并购资产评估机构选择的影响 [J]. 财贸研究，2019 (7)：98-110.

名称	私募股权投资基金	风险投资基金	产业投资基金
基金规模	国内一般为 5 亿元以上	国内以前为 1 亿元以上，现在为 1000 万元	最低 1 亿元，国内大型企业为 20 亿元以上
管理模式	公司制、有限合伙制和信托制，向投资企业委派董事或监事	公司制、有限合伙制和信托制，向投资企业委派董事或监事	高度参与被投资企业的经营管理
获利（退出）方式	企业上市、股权回购、兼并收购及破产清算退出	企业上市、股权回购、兼并收购及破产清算退出	企业上市、股权回购、兼并收购及破产清算退出
行业知名机构	高盛集团、贝恩资本、软银资本、凯雷集团、厚朴投资、赛富基金、红杉资本、IDG 资本、新天域资本、弘毅投资、鼎晖投资、启明创投、建银国际、中信资本等	IDG 资本、软银资本、纪银创投、凯雷集团、红杉资本、高盛集团、摩根士丹利、华平投资、鼎晖投资、联想投资、中国风投、浙商创投等	渤海产业投资基金、航天产业投资基金、船舶产业投资基金、中信产业投资基金、海南阿里巴巴影业文化产业基金、腾讯产业共赢基金等

（五）其他中介机构

在资本市场中，还需要其他中介机构提供服务才能保证资本市场的顺利运行。它们包括律师事务所、会计师事务所、资产评估事务所、专业技术咨询机构、财务公关公司等。这些中介机构在资本市场活动中为资金需求者和资金供给者双方提供尽职调查服务和审查基础文件资料与财务信息，以书面报告方式给出专业咨询意见，促进双方的合作成功；同时，这些中介机构还为证券核准机构、监管机构和证券交易所提供审核业务。

五、企业融资与资本市场的关系

企业融资和投资活动依托资本市场展开，而投资银行是资本市场中提供资本运营服务的最主要的中介机构，其赖以生存和发展的活动领域就是资本市场。投资银行处于资本市场的中心和枢纽位置，起到资本流动的桥梁作用。因此，熟悉和掌握融资与投资技能，就应当了解与资本运营密切相关的融资规律、投资规律、资本价值增值规律，以及投资银行等中介机构的业务范围和操作方法。[①]

（一）企业融资与投资的操作方法

在企业的具体融资和投资活动中涉及许多理论与操作实务，包括资产定价理论、资产定价应用、价值原理、资金的时间价值及应用、财务分析、投资项目的财务评价方法、法律事务尽职调查、财务尽职调查、审计、评估、私募股权融资与风险投资、企业兼并与收购、项目融资、资产重组、企业改制与股票上市、股票投资等。

（二）企业融资与投资相关的法规体系

中国的法规体系通常由四个部分构成：法律、行政法规、部门规章和规范性文件。企

---

① 孟祥元. 我国资本市场的发展与企业融资结构的选择 [D]. 长春：吉林大学，2009.

业融资与投资涉及的法律、规章、准则和实施细则多达几百种，而且随着时间的推移不断地被更新与调整。企业和投资者在企业融资和投资过程中应密切关注和掌握相关法规。

企业改制重组、收购兼并、投资参股、股权融资、公司上市等都可能触及新老股东、投资机构、企业本身、高管人员、普通员工、供应商、销售商、债权人、关联企业、地方政府乃至中介机构等各方的利益。任何运作都必须依法进行并兼顾各方利益和社会责任，因此需要了解相关的法律法规，熟知运作知识与程序规则，制订合理的可操作方案，提前分析和预防风险，提高资本运作实务操作能力和执行力，避免运作失误。

企业融资者、投资者及主持或参与资本运作的人员，应当了解企业股权投融资运营原理、方法和法规体系，尤其是要重点掌握其中实际应用的部分。本书将在后续各章节中结合企业股权投融资运营业务实际和有关案例，阐述和介绍最常用的操作原理、技术方法和法律法规。

（三）企业生命周期与融资周期

企业的生命周期与融资周期具有一定的规律，企业在各成长阶段有其自身的内在特点和融资活动特征，各类投资者在不同企业发展阶段的投资风格和风险偏好也各有不同。

1. 种子期

种子期是指新技术、新产品、新工艺的早期试验开发阶段，该阶段的成果是样品和完整的生产方案。这一时期需要的资金一般由创业者自筹解决，资金主要用于研发和项目前期启动。该阶段存在两大风险：一是高新技术失败的风险，二是产品销售风险。因此，很少有投资者在该阶段介入。

2. 起步期或创立期

起步期或创立期的经费投入显著增加，主要用于购买生产设备及产品市场推广。该阶段的风险主要是技术不成熟、产品性能不稳定、订单较少，企业虽然已有现金流，但管理风险也开始凸显。这一阶段所需资金量较大，然而由于企业没有过往业绩，从银行贷款的可能性很小，很多企业无法顺利度过该阶段，但这也正是一些偏好早期投资的风险投资者进入的阶段，风险资本恰如雪中送炭。

3. 成长期或扩张期

成长期或扩张期是初期产品已经销售成功，达到批量生产且有了一定的市场基础，但需要扩大生产规模、开发更具有竞争力的产品、扩大市场占有率，使企业进入快速成长和规模扩张的阶段。这一阶段的资本需求相对前两个阶段大有增加，一方面是为了扩大生产，另一方面是为了开拓市场，以达到经济规模的目标。这一阶段引进私募股权投资是主要的融资方式。战略投资者随着企业成长或扩张会以私募股权投资方式择机进入，银行等也可为企业提供生产流动资金。另外，产品销售利润也可以提供一部分扩大再生产的资金。

这一阶段的主要风险已不是技术风险，市场风险和管理风险明显加大。由于技术已经成熟，竞争者开始仿效，会夺走企业的一部分市场份额。

风险投资机构和战略投资者在投资后会积极参与被投资企业的风险评估，派人员进入董事会，参与重大事件的决策，选聘更换管理人员等，使企业股权架构和公司治理结构发生明显变化，内部管理逐渐规范、信息透明度显著提高，并通过这些手段规避或分散风险。这一阶段的风险相比前两个阶段大大减少，利润率也达到一定的水平，风险投资家在帮助企业的同时，也开始着手准备择机退出。

4. 成熟期

成熟期是指技术成熟、市场稳定、经营良好、产品进入大工业化生产阶段。该阶段的企业发展资金需要量很大，风险投资的资金量已不足以保证企业的资金需求。一方面，企业产品的销售本身已能产生相当的现金流入；另一方面，这一阶段的技术成熟、市场稳定，企业已经有足够的资本吸引投资银行积极介入，企业借助投资银行的专业运作，既可以引进资本实力强大的战略投资者，也可以在资本市场上发行股票或债券。

在此阶段，随着各种风险的大幅度降低，投资收益率逐渐走向平稳，已不再有第一阶段那种诱人的高额资本增值，不再具有足够的吸引力，风险投资在这一阶段之后将逐步退出，因为在这一阶段风险投资机构能够以较好的价格将股权转让给投资银行和公众股东。风险投资家经过与企业创业者的同甘共苦后，可以拿到丰厚的收益回报。

公开上市或并购阶段。通过首次公开发行股票成为上市公司，标志着企业已经完成从私募股权资本市场向公开资本市场的历史性跨越，企业进入一个新的发展时期，并不断利用资本市场的融资功能继续实现业务发展和规模扩张，其融资活动、股权架构、公司治理及经营管理都会在更加公开、透明、规范的环境中进行。

(四) 企业不同发展阶段的融资渠道

1. 企业在不同发展阶段的融资活动特征及融资渠道

企业在不同发展阶段的融资活动特征及融资渠道见图1-7。

2. 与各个阶段相对应的直接融资形式

如果将一家企业的生命周期划分为种子期、初创期、成长期、成熟期、扩张期、衰退期的话，那么与各个阶段相对应的直接融资形式便是种子融资、天使投资、A轮融资、B轮融资、C轮融资、D轮融资等和IPO上市。

种子融资：公司初创阶段，公司只有创意却没有具体的产品或服务，创业者在这一阶段寻找投资的时候，基本靠的是创业者的创意阐述。

天使投资：公司的商业模式初步形成，同时也积累了一部分的核心用户。这一时期的投资来源一般是天使投资人、天使投资机构，投资量级较小。

A轮融资：公司产品成熟且商业盈利模式完整，在行业内拥有一定的地位和口碑。此时，公司可能依旧处于亏损状态，因而需要融资。资金来源一般是专业的风险投资机构，投资量级一般在1000万元至1亿元。

B轮融资：公司经过一轮融资后，获得了较大的发展，一些公司已经开始盈利。在这一时期的公司需要推出新业务、拓展新领域，因此需要更多的资金流。资金来源大多是上一轮融资的风险投资机构、私募股权投资机构，投资量级在2亿元以上。

C轮融资：公司发展模式已非常成熟，市场份额大，公司上市的可能性很高。这轮融

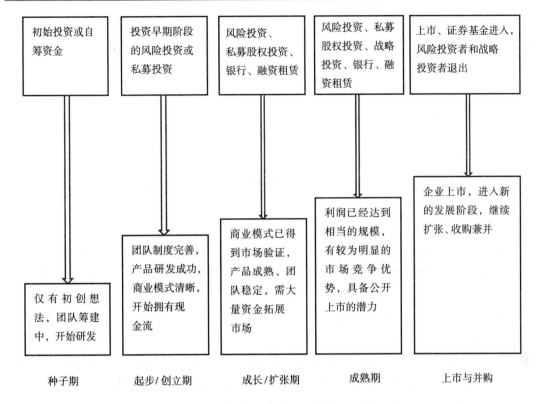

图1-7　企业在不同发展阶段的融资特征及融资渠道

资的资金来源主要是私募股权投资，投资量级在10亿元以上。

C轮融资后，效益好的企业即可完成上市，因此也就不需要D、E、F轮融资了。但如果企业无法完成上市，就会有更多轮的融资。

IPO上市：IPO上市即为首次公开募股。只有IPO上市完成后，公司才可以在股票交易市场（即证券交易所）向公众发行股票进行融资。

（五）资本市场及其组成

资本市场属于金融市场的范畴。资本市场是指资本供求双方进行资本买卖或交易的场所及其机制的总和。资本市场又称长期资金市场，是买卖中长期信用工具、实现较长时期资金融通的场所。资本市场指的是一种市场形式，而不是指一个具体的物理地点，它是指所有在这个市场上交易的人、机构及他们之间的经济与法律关系。

资本市场的基本功能就是融资功能。资本市场在资本供给方和资本需求方之间建立一种信用关系，同时也为资本供求双方提供了交易平台。

资本市场的构成如下：

第一，银行中长期信贷市场。银行中长期信贷市场是指银行通过信贷方式向企业或项目提供融资，直接向借款人发放中长期贷款的市场形式。由于贷款数额大、期限长，国际上经常采用银团贷款或基金长期融资借款的方式。

第二，有价证券市场。有价证券市场是各种有价证券（包括股票、政府债券和公司债券等）的发行和买卖场所，包括证券交易所、非上市股份有限公司股权转让系统，以及股权交易所、柜台交易市场。只有经过证券管理机构核准的有价证券才能进入证券交易所进行上市交易，未经核准发行或退市的证券（或股权）只能在非上市股份有限公司股权转让系统、股权交易所挂牌转让，或在证券公司中进行柜台交易。

（六）资本市场的资金来源和流向

从资本市场的组成可看出，资金主要从三个渠道进入资本市场。

1. 储蓄存款

资金以储蓄存款的形式进入商业银行或信贷类基金，然后再通过中长期信贷渠道流向资本市场。

2. 股权投资

资金以股本投资的形式直接进入资本市场，这些资金通过直接股权投资、股票投资、可换股债券或可换股票据（行使换股权后属于股权投资）投资流向资本市场。

3. 互联网金融平台融资

互联网金融是近几年来发展迅速的新型金融业务。互联网金融是指传统金融机构与互联网企业利用互联网技术和信息通信技术实现资金融通、支付、投资的新型金融业务模式。互联网金融平台融资主要包括 P2P 模式的网络借贷平台和众筹模式的网络投资平台。

互联网金融平台的监管较弱、风险很高。2015 年和 2016 年互联网金融案件频发，金融机构信用风险加速暴露，民间借贷和互联网叠加的风险不断显现。因此，互联网金融平台仅适合小微企业投融资，不是资本市场主流资金的活动场所，甚至可以说它只是中短期的高风险的小型借贷市场。

资本市场的资金来源和流向见图 1-8。

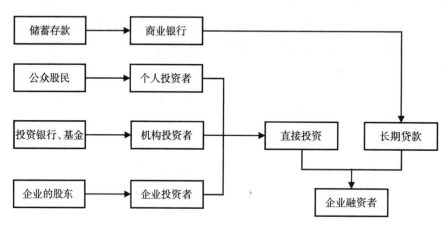

图 1-8　企业在资本市场融资的资金来源和流向

（七）资本退出的主要途径

1. 公开上市退出

进入企业的资本通过企业的公开挂牌上市实现股权的流通转让。

2. 通过股权或产权转让交易主动退出

投资机构或投资者将股权或产权主动转让给其他企业、战略投资者、财务投资者或产业投资者，包括在新三板和股权交易所挂牌公开转让退出。

3. 被收购

投资机构或投资者通过企业被收购、兼并等资本运营手段退出，如投资所得股份被其他股东收购或被其他企业收购，根据当初签订的投资协议（对赌协议条款、投资者风险保护条款等）被其所投资的企业创始股东或管理层回购等。

第二章 股权投融资业务运作流程与模式

　　投资者与融资者对投融资金融服务的多样化需求决定了资本市场应该是一个多层次的市场体系，因此应当从时间和空间两个维度来观察企业的投融资行为。从时间上来说，就是动态化地认识企业，将其视为一个有机生命体并关注企业不断发展变化的过程；从空间上来说，就是关注股权资金对股权架构的主要作用点，并将其与投资效率结合起来。本章概述股权投融资的组织形式与参与者，阐述股权投资和股权融资的运作原理，介绍股权投融资流程架构与关键点，探讨企业生命周期视角下股权融资对投资效率的影响路径及其作用机理，企业应当根据自身特点选择不同板块融资模式完成融资，提升融资效应。

第一节 股权投融资的组织形式与参与者

一、股权投融资运作流程的市场参与主体

　　股权投融资在运作过程中，以私募股权投资为例，主要包括三个市场参与主体：投资主体（投资人）、私募股权基金管理公司、受资企业。投资者是资金的提供者，包括养老基金、政府、商业银行等机构投资者，以及投资者个人。私募股权基金管理公司接受投资者的委托，专门从事投资活动，是具备一定投资管理经验的机构或个人。受资企业是需要募集资金来实现发展的企业。图2-1显示了私募股权投资的三个市场参与主体。

二、股权投资的组织形式

　　私募股权基金成立的组织形式不同，其运作的效率也不同。

　　（一）公司制

　　公司制私募股权投资基金一般由两个或两个以上股东共同出资设立，董事会（基金管理者）可以自己管理，也可以聘请专业的资产管理机构来管理公司资产①。但公司制的组织形式因为决策的层级较多导致投资决策效率低下，再加上股东的有限责任及委托代理产生的道德风险，基金管理者并不一定会全心全意地经营公司资产，并且股东面临着双重征税问题，投资者的投资收益会大打折扣。因此，公司制的优越性大大降低，不能成为私募

---

① 石育斌. 我国私募股权融资与创业板上市实务操作指南 [M]. 北京：法律出版社，2009.

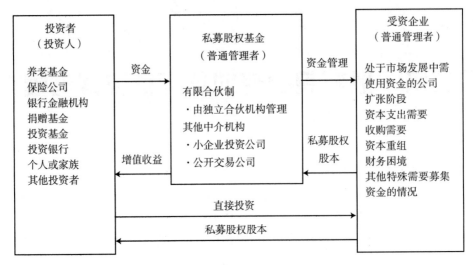

图 2-1 私募股权投资的市场参与主体

股权投资的理想组织架构。其私募股权投资运作流程见图 2-2。

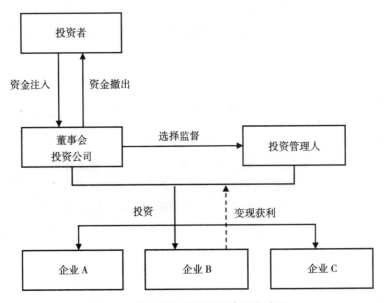

图 2-2 公司制私募股权投资运作流程

（二）信托制

信托制是一种基于信托关系而产生的集合理财制度，投资者（信托人）将资金交给受托人（基金管理人）管理。投资者以其投入的资金为限承担有限责任，基金管理人按照约定收取经营管理费用，并按一定的比例收取提成，因此在投资项目选择、后续管理和退出上，基金管理人都会尽力实现投资收益[①]。其私募股权投资运作流程见图 2-3。

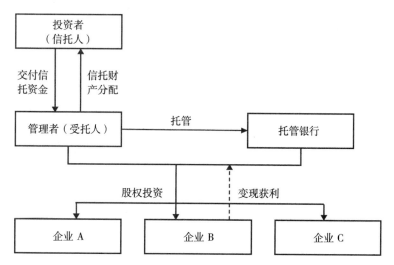

图 2-3　信托制私募股权投资运作流程

（三）有限合伙制

有限合伙制私募股权投资基金由普通合伙人和有限合伙人组成，双方协商后签订有限合伙协议成立。

有限合伙人，即基金的投资者，一般出资占 99%，以出资额为限承担有限责任，不参与具体经营管理。基金收益的 75%~85% 由有限合伙人获得。普通合伙人，即基金的管理者，他们出资一小部分（大约占基金总额的 1%），负责基金的管理和投资决策，并对外承担无限连带责任。在激励制度上，基金管理人按照基金总量的 1%~3% 收取日常管理费，并按基金收益的 15%~25% 获得回报[②]。在这种组织架构下，私募股权投资基金管理人会尽职尽责努力地经营基金，追求投资收益最大化，并且有限合伙制避免了双重征税问题，所以受到了投资者们的欢迎。其私募股权投资运作流程见图 2-4。

三、中介服务机构

中介服务机构是指为私募股权投资运作提供专业咨询和服务的组织，主要包括会计师事务所、律师事务所、资产评估机构、信用评级机构等，见图 2-5。这些中介服务机构提供的服务主要包括管理咨询、评估、谈判和帮助企业上市和资金退出等。

中介服务机构是私募股权投资顺利运作不可或缺的要素。例如，私募股权投资项目的评估，不可能由单独中介机构完成，总是需要相应的资产评估机构、信用评级机构等提供相关服务，而投资合同的签订涉及一些法律问题，所以也需要律师事务所的支持。因此，

---

① John Y C, Martin L, Burton G, et al. Have Individual Stocks Become More Volatile? An Empirical Exploration of Idiosyncratic Risk [J]. Journal of Finance, 2001, 6（1）：1-43.

② 孙志京，刘行星. OTC 市场私募股权基金运作模式探析 [J]. 特区经济，2010（5）：105-106.

中介服务机构对私募股权投资运作起着重要的支撑作用。

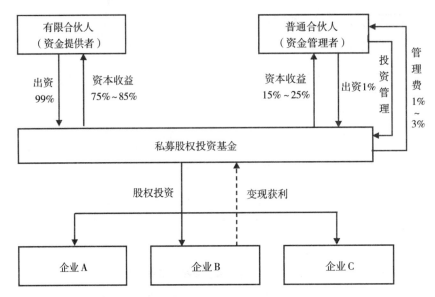

图 2-4 有限合伙制私募股权投资基金运作流程

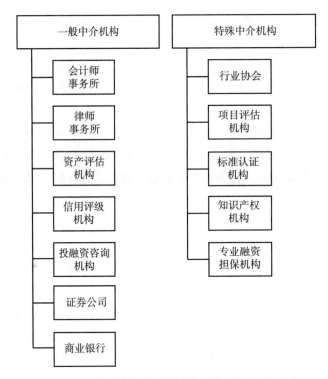

图 2-5 为私募股权投资提供服务的中介机构

第二节　股权投资和股权融资运作原理

一、股权投资运作模式

股权投资项目往往具有较长的投资周期与较差的流动性，股权投资和股权融资运作管理业务在实践中主要采用两种模式：自主投资运作模式与委托代理投资运作模式，见图2-6。[1]

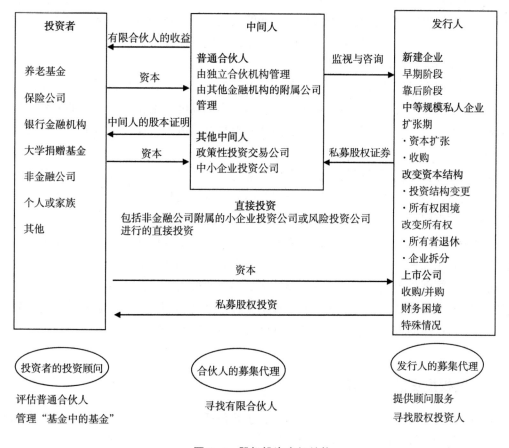

图2-6　股权投资市场结构

（一）自主投资

自主投资是指公司内部自行设立专业的资产管理部门或资金运用部门负责实施股权投

---

① 谭祖卫，刘春晓，孟兆辉. 我国政府资金股权投资模式创新研究 [J]. 科技管理研究，2014（21）：17-21.

资运作，同时对下属子公司及其他分支机构的投资行为进行监督管理的运作模式。该模式下，公司一般会在自有资产管理部门或资金运用部门内部单独设立专业化另类投资团队来负责股权投资，同时设立投资决策委员会作为最高投资决策机构做出投资决策，财务与内控部门分别负责绩效考核与风险管控职能。该模式有利于降低公司股权投资的团队组建与运营成本，有利于提高公司资金统一管理与运用的统筹合理化程度，快速形成公司综合性资产管理实力与核心竞争力，主要适用于中小规模的公司。在该模式下的股权投资平台往往受限于公司整体的投资管理策略与风险管控要求，无法形成专业化、个性化的投资管理能力。

（二）委托代理投资

委托代理投资是指公司仅担任资产委托人的角色，聘请具备资产管理能力与风险管控机制，并且符合监督管理机构规定要求的专业资产管理机构作为管理人或受托人代为管理委托资产并实施投资运作，同时引入第三方托管人代为存管委托资产的运作模式。依据公司委任的管理人或受托人归属关系的不同，委托代理投资模式可进一步细分为内部委托代理投资与外部委托代理投资两种模式。

第一，内部委托代理投资是指公司所委任的管理人或受托人与公司共同隶属于同一个集团公司。该模式与自主投资模式相比，更有利于形成高度自由化与专业化的股权投资能力与风险管控能力，但是需要付出较高的团队建设与营运成本，比较适合资产规模较大的集团公司。

第二，外部委托代理投资是指公司委任外部的符合监督管理机构要求的、具备资产管理能力与风险管控机制的专业资产管理公司实施公司资金股权投资。该模式下依照公司资金存管方式的不同，又可分为专户管理与产品管理两种模式。专户管理模式指资产管理公司从资金来源角度出发，以不同的公司或者同一公司内部不同性质或不同产品来源的资金为标准，设立相互独立的专属账户进行投资，各个账户之间相互分离、独立核算。产品管理模式指资产管理公司从投资项目特征属性出发，依照投资项目的周期特征、风险收益特性等的不同而发起设立不同的金融产品，各个金融产品之间相互分离、独立核算，公司以投资认购金融产品的方式进行股权投资。目前，公司资金股权投资以产品管理模式运作为主。

二、股权投资的一般流程

股权投资有一套综合性的闭环投资流程，主要包括资金筹集、项目审查、项目申请与立项、尽职调查、签订协议、投后跟踪、投资退出等一般性流程，见图2-7。[①]

例如，在私募股权基金的具体操作中，投资的程序通常先是寻找投资机会，然后由目标企业制订融资计划并编制商业计划书，详细列出所需资金和投入时间，以及盈利预测、销售预测。此后私募股权基金根据这份业务计划判断该项目是否具有投资价值，以及是否进一步进行尽职调查来决定是否投资，并就投资的价格和条款与对方进行充分的谈判，然

---

① 刘云峰. 兴泰资本股权投资业务流程优化研究 [D]. 合肥：安徽大学，2019.

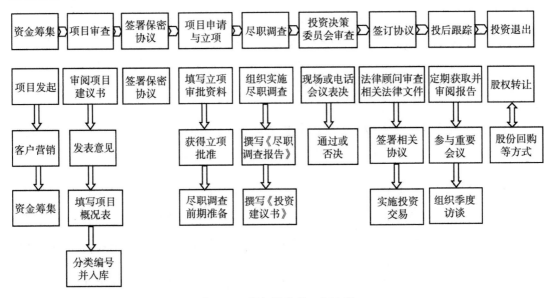

图 2-7　股权投资的一般流程

后签署有关投资的法律文件，最后由私募股权基金方分批将资金注入被投资企业。

（一）股权投资的运营流程

Gompers 和 Lerner 将整个私募股权投资的运营过程分为资金筹集、企业筛选与资金投入、投后管理与价值增值、资金退出与退后评价四个环节，这四个环节相互衔接、相互影响，共同组成了一个首尾相连的私募股权投资运营循环，具体运营流程见图 2-8[①]。

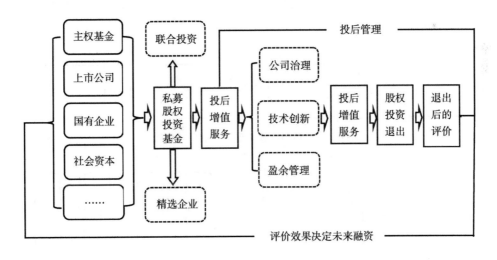

图 2-8　股权投资的运营流程

---

① Gompers P A, Lerner J. The Venture Capital Cycle [M]. Cambridge：MIT Press，2004.

在私募股权投资运营循环中，资金筹集是私募股权投资活动的起点和基础，资金筹集的成功与否，也会受到私募股权投资机构以往投资项目增值效果和退出收益的直接影响。企业筛选与资金投入是私募股权投资机构调查筛选企业和签订合作契约的重要环节，也是私募股权投资机构和被投资企业基于双方分析研究之后双向选择的结果，还是私募股权投资基金与企业合作运营的前提和基础。

投后管理与价值增值是私募股权投资整个运营流程中时间最长、与企业合作交流最多、付出成本最大，并通过增值服务真正实现被投资企业价值提升目标的关键环节。在投后管理和价值增值环节，私募股权投资机构利用各种方式参与被投资企业的经营管理活动，通过完善企业公司治理结构、健全企业薪酬激励制度、拓展企业融资渠道、加大研发投入和加强盈余管理行为监管等措施，提高被投资企业的技术创新能力、会计信息质量和盈余质量，进而提升被投资企业的价值。因此，投后管理与价值增值环节是私募股权投资运营过程中实现价值增值至关重要的环节。

资本退出作为私募股权投资运营的最终环节，通过被投资企业上市等方式实现资金的收回，同时也为下一笔资金的筹集和后续投资项目的投后管理提供经验积累和信誉保证。上述环节相互衔接、相互依存，在它们共同作用下保证私募股权投资顺利运营，促进投融资双方的合作双赢。在这四个环节中，投后管理与价值增值环节是私募股权投资运营流程中实现被投资企业价值增值最为关键的环节。

（二）股权投资的四大环节

创始人要知道企业私募股权融资面临的问题，就要深刻理解私募股权基金的运作特点，这样才能规避潜在问题；私募股权基金运作主要分为"募、投、管、退"四个环节（见图2-9），融资企业了解每个环节的特点，就能更加容易地获得投资基金的青睐，从而有效解决相关问题（见图2-10）。

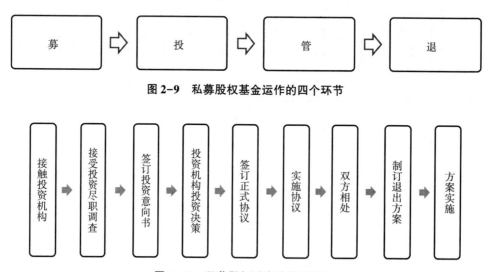

图 2-9　私募股权基金运作的四个环节

图 2-10　私募股权融资的操作流程

1. 募资

私募股权基金一般采用有限合伙的组织形式，其特点见表2-1。在该组织机构中存在两个角色，一个是普通合伙人，另一个是有限合伙人。普通合伙人主要负责基金的管理和运作，而有限合伙人只负责出资但不参与基金的运行，从该结构也能看出基金的资金并不来自普通合伙人，而是来自有限合伙人。有限合伙人主要包括政府养老基金、保险基金、母基金、政府引导资金、上市公司、捐赠基金、金融机构、高净值个人等，这些资金提供方之所以把资金交给普通合伙人管理，主要是希望普通合伙人能为他们创造财富，而有限合伙人选择普通合伙人的唯一标准就是管理能力，如果一只基金运作不成功，不能给有限合伙人创造财富，则普通合伙人在下一只基金募集过程中将会存在困难。私募股权基金的存续期一般为（3+2）年，即在基金募资说明书中就已经设定明确，从投资开始到基金清算共5年时间，最多延长2年。因此，基金管理人存在退出的压力，即在规定的时间内为投资人创造财富的压力。

表2-1　有限合伙企业的特点

项目	要求
注册资本额	认缴制，个人最低认购100万元
投资者人数	不少于2人，不超过50人
管理人员	无限合伙人
存续期	投资期限3年，退出期2年，可延长2年
管理模式	无限合伙人负责整个私募股权基金的决策与执行；有限合伙人只出资，不参与基金的管理

资料来源：根据相关资料整理。

2. 投资

对应企业的融资过程，一般私募股权基金会从企业业务与产品、行业情况、财务状况、企业管理团队及整体融资方案的性价比等方面考量企业的投资价值。

企业业务与产品方面主要考量企业产品或者商业模式的独特性、技术壁垒、客户质量；所处行业情况主要考量行业市场容量、市场竞争格局及公司在行业中的地位；管理团队主要考量管理人员尤其是创始人的过往背景、品性等；财务情况主要考量公司目前的盈利状况、资产负债状况及现金流情况；企业融资方案性价比主要考量企业融资金额、融资用途及对应的条款保障等。

3. 管理

私募股权基金与被投企业相处的过程，也是四个环节中时间最长的一个过程。目前市场上私募股权基金主要采用三种方式参与被投企业的管理：一是设立专门的投后管理部门进行管理，二是业务投资经理和投后管理部门共同负责，三是由业务投资经理单独负责。在投后管理中，私募股权基金的工作内容主要包括日常管理、风险监控、外派人员管理及提供增值服务。其中，增值服务主要包括战略咨询、人力资源服务、市场营销、财务管理、内控提升、后续融资建议及资本运作。企业在融资过程中经常会把能否给自身提供更多更好的增值服务作为选择私募股权基金的标准，该环节是投资方与融资方相处时间最长的环节，也是易爆发矛盾的环节，融资方要合理控制投资方对本企业的控制程度。

4. 退出

退出是四个环节中最难也是最重要的一环，能否成功退出是衡量私募股权基金业绩的标准，同时也是融资企业面临投资方施加压力最为集中的阶段，如果投资基金退出不畅，它们自然会把这种风险转嫁到融资企业身上。目前常见的退出方式包括企业上市、被上市公司收购、股权回购及破产清算等，其中企业上市和被上市公司收购是最受私募股权基金青睐的退出方式，具体情况见表2-2。

表2-2　三种主流退出方式的优劣势分析

退出方式	企业上市	被并购	回购
优势	(1) 投资基金账面回报收益高； (2) 对被投企业和投资基金均具有较强的品牌溢出效应； (3) 对于被投企业的员工具有非常强的激励作用； (4) 被投企业通过上市，可以获得更多的资金支持； (5) 可以帮助被投企业更好地拓展业务，获得更大的市场份额	(1) 相对于企业上市方式，成本费用少； (2) 被并购企业可以利用大公司市场、技术等资源； (3) 退出速度快、可以全额退出	(1) 交易过程简单； (2) 投资人可以以较少的风险顺利实现变现
劣势	(1) 成本高、准备时间长； (2) 受法律法规限制，不能立即退出； (3) 受宏观经济环境、资本市场活跃度影响； (4) 财务向社会公开，公司股价易受公司行为影响	(1) 相对于企业上市方式，收益相对较少； (2) 企业失去控制权，并购活动会遭到创始团队的反对； (3) 容易产生信息不对称； (4) 并购后，双方需要磨合	(1) 股权回购变现风险较大； (2) 回购法律障碍较多； (3) 机会成本很高，收益率很低

资料来源：根据相关资料整理。

清算存在两种具体模式。一个是解散和清算，通常是指公司的资金存续或经营模式出现明显弊端且没有挽回余地时，自愿发起的破产清算程序。另一个是破产清算，当企业欠款数额过多而没有能力偿还的时候，依据法律程序被迫进行清算的清算方法，属于被动清算。后者清算过程中企业所面临的风险大于前者。但是，不管采取哪种清算程序都会对投资者的权益造成严重的损失。

成本高昂和程序复杂是破产清算的典型特点，因此在实际案例中被投资企业往往不会主动选择破产清算，更倾向于通过谈判的方式分配残值。但是，如果被投资企业承担过多债务且债务人严格要求偿还债务，此时企业就不得不选择破产清算结束运营。尽管最终清算程序启动之后私募投资者可以分得企业残值，但是这部分财产往往所剩无几。此外，当私募投资机构不得不通过破产清算途径退出项目时，被投资企业还需要支付清算费用。因此，通过清算方式被动退出的投资无疑是一个失败的投资，交易双方面临的都是巨额的损失。

（三）股权投资的运作流程——资本流动角度

私募股权投资的运作流程是私募股权投资实现资本增值的全过程。

它是围绕市场参与主体展开的，即资金在不同参与主体之间流转。如此一来，以往对私募股权投资运作流程的研究，都是从资本流动的角度出发的，认为资本先从投资者流向私募股权基金（融资），经过其投资决策，再流入企业（投资）；待企业发展后，在合适的时机再从被投资企业退出（退出），随后继续进行下一轮资本流动循环。与资本流动相对应的私募股权投资运作的三个阶段是融资、投资和退出，见图2-11。

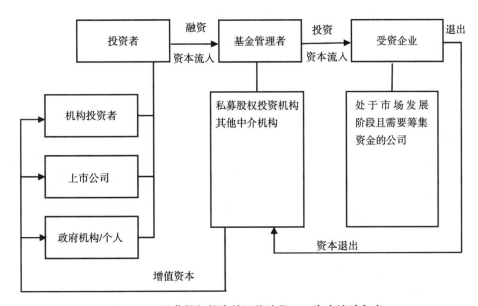

图 2-11　私募股权投资的运作流程——资本流动角度

图2-11中的箭头方向代表着资金的流动，先是从投资者流向基金管理者，再经基金管理者流向受资企业，最后实现资本退出，基金管理者将实现增值的资本退还给投资者。在这个过程中，资金的三次流转分别称为融资、投资和退出。

1. 项目管理角度的投资运作流程

虽然从资金流动的角度划分私募股权投资的运作流程有利于帮助我们了解私募股权投资的运作过程，但是从实践来看，这种划分并不符合实际操作的需要。

因此，基于实际操作的需要，从项目管理的角度出发，对私募股权投资的运作流程进行创新型设计，具体内容见图2-12、图2-13。

如图2-13所示，将私募股权投资的运作流程分为六个阶段：第一个阶段是基金成立阶段；第二个阶段是投资项目选择阶段；第三个阶段是融资阶段；第四个阶段是投资阶段；第五个阶段是管理阶段；第六个阶段是退出阶段。

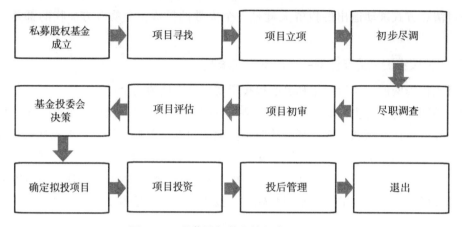

图 2-12 私募股权基金的投资运作流程

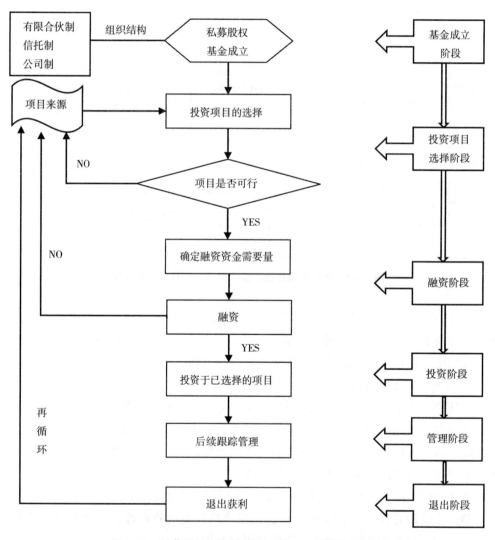

图 2-13 私募股权投资的运作流程——项目管理角度

第一，私募股权基金的成立，可选择有限合伙制、公司制、信托制等组织形式，其中有限合伙制私募股权基金最受欢迎。

第二，投资项目的选择。基金成立之后，要募集足够的资金来投资项目，这就需要在募集资金前做好准备工作，即对投资项目进行选择。因为投资项目确定之后才能确定需要筹集资金的数量，而理性的投资者也不会盲目投资，只有看到有价值的投资项目时才会出资，因而投资项目选择是保证基金公司实现资金募集的前提，同时投资项目的选择也是影响整个投资是否成功的关键。

第三，融资。投资项目选择之后，基金公司就可以通过各种渠道筹集项目所需资金，这就进入了资金募集阶段。如果不能按原定的计划募集足够的资金，那么该项目的投资也就化为泡影，此时便需要回到原点，重新选择投资项目。

第四，投资。如果顺利地募集到所需资金，便可进入投资阶段，把筹集到的资金通过一定的方式（联合投资、分阶段投资、匹配投资、组合投资）投资到预先选择确定好的投资项目中。

第五，后续管理。投入资金之后，并不是坐等资金的增值，而要提供一系列的增值服务，并制定一定的激励约束制度，帮助被投资企业实现发展。

第六，退出。等待合适的时机，通过一定的方式（企业上市、管理层回购、股权转让、清算）退出被投资企业，实现资本增值。退出既是本次投资的最后一个步骤，也是开启下一次投资之旅的起点。

2. 投资项目选择

要实现融资，必须做好融资前的准备工作——投资项目的选择，以确定融资的目标。同时，投资项目的选择是私募股权投资机构进行基金管理的核心内容，也是私募股权投资机构实现投资目标的关键，并且直接决定着私募股权投资的收益，进而影响到基金管理者的经营业绩[1]。因此，如何科学地选择有投资价值的、适合自己的、风险相对较小的投资项目是私募股权投资机构决策的首要任务。

投资项目的选择是指私募股权基金通过一定渠道，寻找潜在的项目，并根据自身的专长、丰富的投资经验及个人投资偏向，对投资项目进行筛选、尽职调查和评估，最终做出决策确定拟投资项目的过程。

如图 2-14 所示，私募股权投资项目的选择要经过五个具体步骤：

（1）项目的寻找。通过一定渠道，寻找潜在的投资项目。

（2）项目的筛选。对潜在的投资项目进行初步筛选，过滤掉不值得投资的项目，将可能存在投资价值的项目进行立项，以深入调查。

（3）尽职调查。对初步筛选保留下来的项目进行详细的调查，并深入了解，以确定项目是否具有投资价值。

（4）项目评估。采取一定的方法，对投资项目价值进行评估，以进一步确定目标企业是否值得投资，并为融资资金量的确定奠定基础。

---

[1] 桑普森. 资产的博弈：私募股权投融资管理指南 [M]. 北京：中信出版社，2008.

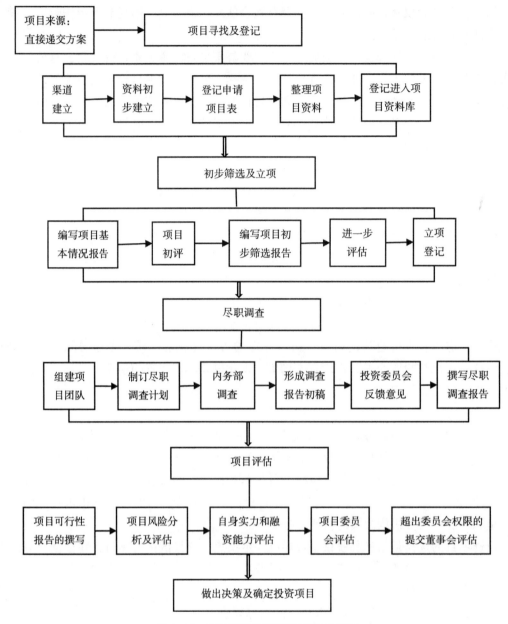

图2-14 私募股权投资项目选择的流程

（5）投资决策。在对投资项目进行调查评估之后，私募股权基金管理者综合各方面的因素，做出最终决策，选择拟投资的项目。

3. 融资步骤

有了理想的投资项目之后，要实现投资就必须拥有投资所需的资金。因此，融资是投资的前提，即只有募集到足够的资金，继而才能通过有效的组织形式进行投资运作。

所谓融资，本书认为指根据投资项目确定的资金数额，寻找潜在的投资者，将资金通过各种渠道募集起来。融资的具体运作流程见图2-15。

（1）确定预期融资金额。根据已选择的投资项目，估计需要投资的资金额，计算出需要筹集的资金数额。

（2）编制融资计划说明书。在正式开始融资前需要做好充分的准备，编制一份详细可行的融资计划说明书，以确定融资的资本成本、资本结构、融资工具、潜在投资者范围，以及与投资项目相关的基础性材料，以保证融资的顺利进行。

（3）寻找潜在的投资者。私募股权基金发起人通过各种社会网络关系，以及自身的融资经验，挖掘潜在的投资者，了解潜在投资者的资产状况、投资意愿及投资者的投资收益要求。

（4）接触潜在的投资者。寻找到潜在投资者之后，私募股权基金管理人要与潜在投资者进行正面接触和沟通，让潜在投资者了解拟投资的项目、预期收益及基金发起人的业务水平、管理团队的素质、盈利能力和历史业绩等方面的信息，进而说服潜在投资者投资。

（5）与投资者达成融资协议。当投资双方均满意对方的情况、意见达成一致后，基金管理人与投资者就可以签订相关的投资协议条款，并以基金的名义在银行开设账户，投资者将一定数额的投资资金转入该账户完成投资，基金管理人则按照约定进行投资，以回报投资者。

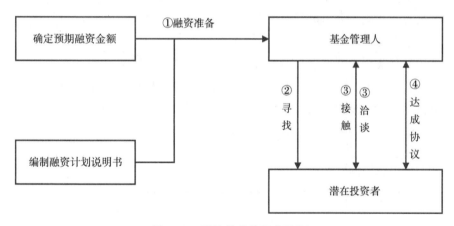

图2-15 融资的具体运作流程

4. 投资步骤

待所需资金足额筹集之后，基金管理人就可以对已选择好的投资项目进行投资。

（1）投资条款的设计与谈判。根据预先选定好的投资项目，与被投资企业进行磋商和谈判，设计相关投资条款。

（2）签约投资。在谈判达成一致后，与被投资企业签约，并按照合约规定进行投资。

5. 管理步骤

从国内外私募股权投资的实践来看，国内私募股权基金管理者在寻找和筛选项目阶段花费了大量的人力、物力和财力，其认为项目选对了，投资就成功了一大半，而对投资后的管理不给予足够的重视，抱着坐收渔翁之利的心态；相反，国外私募股权基金管理者则在投资的后续管理和退出阶段花费更多的精力，付出更多的努力，他们甚至全身心地参与到被投资企业的经营管理中，以帮助被投资企业提升价值，实现资本增值。也就是说资金投出去之后，私募股权基金管理者要针对受资企业的发展现状，提供一系列的企业价值增值服务，包括完善公司内部治理结构、拓展市场和开发新产品等，提高其在市场中的地位，帮助企业实现发展。

不同的投资者对待投资管理的态度也是不同的，按照私募股权基金管理者对参与项目经营管理的程度，可分为"积极"的投资者和"消极"的投资者。"积极"的投资者更乐于参与被投资企业的经营管理，不仅为被投资企业提供发展建议，还会利用自身优势帮助其开辟新市场，以拓展新的业务。但这并不意味着他们要参与企业的日常经营管理，而是委派一名董事参加企业的董事会。但有一点可以肯定的是，投资者密切关注企业的各项发展状况，为了了解企业的经营和财务状况，他们要求企业定期上交和披露财务报表及其他相关资料，并参与表决公司重大的决策事件。一般处于高速发展的企业适合这类投资者。"消极"的投资者一般不参与企业的经营管理，除非发现被投资企业出现严重问题，不能实现预期的投资目标，他们才会投入精力关注公司发展。

实际上，多数私募股权基金管理者都介于"积极"和"消极"这两者之间①。虽然积极的监管有利于提高投资的成功率，但其也相应提高了投入的成本。因此，私募股权基金管理者需要在收益和成本之间进行权衡，选择最有利的监管方式。

6. 退出步骤

退出是指私募股权投资基金公司在被投资企业实现价值增值之后，等待合适时机，将投资从被投资企业撤出，以获取增值收益。退出是私募股权投资循环的最后一个步骤，也是实现投资目标的关键步骤。同时，退出是私募股权投资者最为关心的问题，因为退出意味着资金的回收和收益的实现，因此能否顺利退出对整个投资的成败尤为重要。退出的具体实施流程见图2-16。

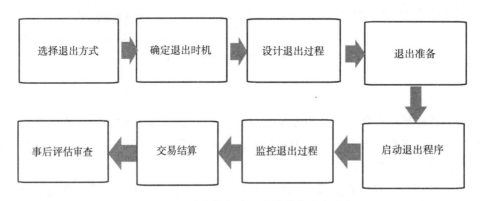

图2-16 私募股权投资退出的具体实施流程

---

① 缪跃建，高铁军. 私募股权基金管理与投资运作 [M]. 北京：经济科学出版社，2010.

第三节　股权投融资流程架构与关键点

一、投资者与融资者的前期基础工作

（一）法律层面上的准备

在融资之前，大部分投资人都会要求进行尽职调查。投资人在投资前会先将尽职调查清单发给创业者，尽职调查清单一般包括法律和财务两个方面的内容。创业者在融资之前应当完善相关制度，整理相关资料，做好融资准备。

1. 审查公司主体

审查公司主体是尽职调查清单中的法律要点，共包括以下三项工作：

（1）公司设立和程序。审查公司主体的设立和程序，包括公司的成立时间、注册资本多少、是否合法设立、是否经历过股权变更、公司章程及修正次数等。这一项工作主要是为了确保公司的设立程序是否合法。

（2）经营范围。审查公司主体的经营范围。公司的经营范围与公司未来的发展息息相关，是投资人非常重视的一项内容。如果公司的产品对市场的影响力不够大，那么投资人会更加注重对经营范围的考察。投资人可能会要求创业者缩小公司经营范围而专攻某一领域。

（3）公司证照。审查公司主体的证照。以网站公司为例，按照法律规定，网站运营者需要在相关部门进行报备；如果是电商网站，还需要有 ICP 资质。如果网站公司在不具备资质的情况下获利，公司则涉及非法经营，这是投资人比较重视的问题。

针对上述三个方面的审查，创业者应当在融资之前做好准备，及时弥补不足之处。

2. 考察企业资产权利

企业资产权利是投资人在尽职调查过程中非常重视的一项调查内容。投资人希望自己投资的公司资产权利完整。以商标权为例，如果创业者在融资之前做好法律方面的准备，商标方面的问题其实很容易就能避免。在确定产品或服务品牌的商标之前，创业者应当找一个专业的商标代理机构进行咨询，确定拟申请注册的商标是否存在问题。尤其是从事跨境业务的公司，不仅要在中国查询商标，还要在国外查询商标。寻找商标代理机构进行咨询的三个好处：一是快速了解商标是否符合注册要求；二是尽早发现影响商标注册的情形；三是确定是否存在相同或类似商标。

此外，如果条件允许，公司在注册商标或域名时还可以做一些保护措施。

第一，除自己使用的商标或者域名外，创业者还可以多注册一些商标或域名。这些商标或域名可能与融资者使用的商标与域名相似。将这些商标和域名一并注册的好处是避免第三方注册这些相似商标和域名后对公司造成不良影响。

第二，不仅将自己使用的商标或域名注册在对应的公司产品或服务类别上，而且还要注册在与公司产品或服务相近的类别上。这样做的好处是避免第三方将商标使用在与融资者的产品或服务相近的类别上。例如，公司计划为"光纤通信"注册商标，除应当在"通信服务"类别上注册商标外，还应在"办公事务""计算机编程及相关服务"等类别上注册商标，以避免被他人使用商标，对公司的光纤通信业务造成影响。

总而言之，创业者应当在创业之初就注意企业的资产权利保护。即便不融资，资产权利的不完整也会对企业发展造成不良影响。

3. 商会、议事和决议规则

所谓公司三大商会就是股东会、董事会、监事会。在三大商会中，投资人最关注的是董事会，因为董事会和管理层一起享有公司的经营权，董事会席位关系到对公司的控制权。根据《公司法》规定，有限责任公司的董事会成员为 3~13 人，股份制公司的董事会成员为 5~19 人，需要 5 名以上董事。通常情况下，董事会席位设置成单数，避免决策时陷入投票僵局。

由于后续融资会陆续带来新的投资人，董事会成员数逐渐增加，建议公司首轮融资后的董事会成员为 3~5 人。在完成首轮融资后，创始人仍拥有最多的股权，所以占有绝大部分的董事会席位。如果首轮融资完成以后，创始人持有公司大约 60% 的股份，而投资人只有一个，那么董事会的构成就应该是 2 个普通股股东和 1 个投资人，即 3 个董事会成员；如果有 2 个投资人，那么董事会的构成为 3 个普通股股东和 2 个投资人，即 5 个董事会成员。

在股东会方面，投资人与创业者一般不会产生分歧。监事会是由股东会选举的监事及由公司职工民主选举的监事组成的，与董事会并列设置，对董事会和总经理行政管理系统行使监督的内部组织。[①] 在考察创业公司时，投资人还会考察董事会的议事和决议规则。其中，议事规则包括哪些事情必须让投资人同意、哪些事情投资人有一票否决权及哪些事情是由股东会决定的。[②] 决议规则主要指三大商会的决议文件。创业公司应当保存好相关文件，包括纸质与扫描版资料。当投资人尽职调查的时候，如果融资者能够直接提交公司经营过程中商会产生的所有文件，投资人将会对公司产生一个好印象。

（二）股权方面的准备

在创始团队比较完整的情况下，投资人会重点关注团队的股权架构。一个健康的股权架构不仅可以反映创业公司的现在经营情况，还可以影响公司的未来发展。因此，创业团队在融资之前需要建立一个健康的股权架构，尽可能地将股权架构设计成有利于公司发展

---

① 《公司法》第 53 条规定，监事会、不设监事会的公司监事可以行使下列职权：检查公司财务；对董事、高级管理人员执行公司职务的行为进行监督，对违反法律、行政法规、公司章程或者股东会决议的董事、高级管理人员提出罢免的建议；当董事、高级管理人员的行为损害公司的利益时，要求董事、高级管理人员予以纠正；提议召开临时股东会会议，在董事会不履行本法规定的召集和主持股东会会议职责时召集和主持股东会会议；向股东会会议提出提案；依照本法第 151 条的规定，对董事、高级管理人员提起诉讼；公司章程规定的其他职权。

② 《公司法》第 37 条规定了股东会可以行使的各项职权，其中包括决定公司的经营方针和投资计划，对公司合并、分立、解散、清算或者变更公司形式做出决议等。

的形式。

1. 合伙人之间的股权分配

股权架构是公司治理结构的基础，其具体运行形式表现为公司治理结构。不同的股权架构决定了不同的公司治理结构，同时也间接影响了企业的行为和绩效。对于创业者来说，合伙人之间的股权分配是至关重要的。股权分配得好，股权架构就合理。合理的股权架构可以使创业团队凝聚向心力，提高企业竞争力，从而使每个合伙人利益最大化。同时，合伙人之间的股权分配在一定程度上决定了未来融资的难易程度。例如，公司要想稳定经营，需要一个占据最大股权比例的领头人。只有这样，才能保证他对项目的经营发展拥有足够的话语权，因为话语权来源于股权。①

每个发起人的股权比例取决于四个决定因素：

（1）创始人身份。对股权比例影响最大的是创始人，这类人应独占一定比例的股权。在创业项目发起时，创始人往往是创意的来源和创业项目的牵头人。创始人对自己的创业项目最具有使命感，如苹果的乔布斯、Facebook 的扎克伯格。在股权分配比例上，其参考值为 25%，根据早期发起人的股权占比，可上下浮动 10%。

（2）发起人身份。发起人应当获得的股权比例低于创始人。发起人的股权应当是均分的，最好以公平为原则进行分配。在这里，一起创业的各个合伙人，无论职务大小、出资多少，一律平均获得该配额的股权分配。发起人股权占比一般为 10% 左右。

（3）出资额度。出资额度对股权分配的影响在于发起人如果提供现金或者渠道资源等可以获得额外股权。这部分股权比例的额度应当按照发起人的实际出资比例进行分配，这部分股权比例应不超过 20%。

（4）岗位贡献。岗位贡献是指发起人能给公司带来的预期业绩贡献。只有全职创业的发起人才能够获取这部分股权，该部分比例一般为 45%。根据发起人职位和公司业务导向，确定发起人各自应得股权的比例，可以在均分原则上进行浮动调整。

因此，合理的股权分配方案，既能够体现对人才的重视，又考虑到早期发起人资本投入的情况，避免了传统股权架构分配中由出资比例决定股权比例的弊端。

2. 公司内部的股权成熟

在投资协议里，股权成熟通常表述为"创始人同意，只要创始人持续全职为公司工作，其所持有的全部公司股权自本协议生效之日起分 4 年成熟，每满两年成熟 50%。如果从交割日起 4 年内创始人从公司离职（不包括因为不可抗力离职的情况），创始人应以 1 元人民币的象征性价格或法律允许的最低转让价格将其未释放的股权转让给投资人或投资人指定的主体"。简而言之，创始人的股权分 4 年成熟，每年成熟 25%，如果创始人中途离开或者被解职，未成熟股权将会以 1 元或者最低价格转让给投资人和其余创始人。股权成熟可以防止创始人突然从公司离开而带走大部分股权的情况发生。②

---

① 许颖. 有限合伙制私募股权基金管理人义务研究 [D]. 上海：华东政法大学，2014.

② 陈汉文，程智荣. 内部控制、股权成本与企业生命周期 [J]. 厦门大学学报（哲学社会科学版），2015（2）：40-49.

例如，公司股权架构为 A 联合创始人 50%；B 联合创始人 30%；C 投资人 20%。

若 A 一年后离开，则：

成熟股权为 50%×（1/4）= 12.5%。

未成熟股权为 50%−12.5% = 37.5%。

设立股权成熟机制对创业公司有两个好处：一是公平。二是有利于创业公司吸引新的人才。因此，投资人对创业公司的投资本身就包括了对创始人的投资，投资人设立股权成熟机制也是无可厚非的。另外，股权成熟机制并不影响创始人的分红权、表决权和其他相关权益，所以融资者应当在融资之前做好设立股权成熟机制的准备。

3. 公司内部的股权锁定

股权锁定条款通常约定未经全部或部分特定投资人的许可，创始人在公司公开发行上市前不得转让自己的股权。对投资人来说，股权锁定可以有效地防止创始人抛售股权。股权锁定条款是常用的投资协议条款之一，与股权成熟条款类似，股权锁定条款也是为了稳定被投资企业的管理层结构。竞业禁止条款，通常约定公司的管理团队和核心技术人员离职后两年内，或在不再持有公司股权之日起两年内，不得从事与创业公司相竞争的业务。[1]

因此，一般情况下，创始人都会接受股权锁定条款。无论是股权锁定，还是股权限售，这些条款都不是绝对的。只要创始人与投资人协商沟通，征得投资人的同意，就能够转让股权。股权锁定条款是合理的，几乎所有的投资人都会要求这一条款，因此创业者要做好准备。

4. 公司内部的期权激励计划

期权是指满足一定的条件时，公司员工将来以事先约定好的价格购买公司股权的权利。员工期权的逻辑是让员工未来低价买入公司的股权，并因此长期为公司服务，从而让手中的期权升值。这种期权激励计划有两个特征：一是员工买入股权的价格低。为了激励员工，公司给员工发放期权时参照的是低于公司当时估值的价格，所以员工未来买入股权的时候本身就可以赚取差价。二是员工获得期权后拥有了分享公司成长收益的机会。员工手中的期权代表着未来的收益，需要员工长期为公司服务来实现股权的升值。[2]

（1）员工期权激励步骤。期权协议为员工提供了一个分享公司成长收益的机会。员工期权激励的四个步骤如下：

第一，授予，即公司与员工签订期权协议，约定好员工获得期权的基本条件。

第二，成熟，即员工符合约定条件，如达到服务期限、完成工作业绩指标等，符合这些条件后便获得了以约定价格购买股票的权利。

第三，行权。员工可以购买购票，将期权变成真正的股票。

第四，变现，即员工拿到股票后通过分红、分配公司被并购价款或者在市场公开交易等方式分享公司成长收益。

（2）员工期权激励实施计划。设立员工期权激励计划需要做好以下五项工作：

---

① 杨婉丁. 定增式股权激励模式的应用研究：以康缘药业为例 [D]. 成都：西南财经大学，2017.

② 李密华. 上市公司股票期权激励计划的实施对企业绩效影响的有效性研究 [D]. 苏州：苏州大学，2015.

第一，发放期权时间与节奏。公司应当发展到一定阶段之后再考虑给员工发放期权，这样激励效果会更好一些。创业者还要设计好发放期权的节奏与进度，为后续进入公司的人才预留足够的期权。对于创业团队的核心人员，通过磨合期就可以对其发放期权；但是对于非核心团队的普通员工，则不必急于发放期权。

第二，期权激励的主要人群。中高层管理人员和骨干员工是期权激励的主要人群。期权激励的参与方包括创业合伙人、管理层人员、骨干员工等。创业合伙人一般得到的是限制性股权，获得股权的时间前置，不参与期权分配。特殊情况下，如果合伙人持有的股权不足以匹配其对公司的贡献，则可以向合伙人增发一部分期权，以调整早期股权分配不合理的问题。

第三，期权池总量和岗位发放量。一般来说，创业公司越早融资，需要预留的期权池就越大，因为后续还会有重要员工加入公司。如果公司发展已经相对成熟，公司的人才构架组成接近完备，预留的期权池就可以设置小一点。创业公司预留的期权池大小一般在10%~20%，互联网创业公司可能会更大一些。企业依据缺少重要员工的数量来判断期权池的大小。缺少的重要员工越多，角色越重要，预留的期权池就应当越大。此外，越是早期创业的公司，由于资金有限，无法用高薪留住重要人才，就只能用股权吸引这些人才，而一家资金充裕的成熟公司，完全可以用高薪、高福利吸引人才，根本不会用到太多股权。

确定期权池总量后，再综合考虑每个人的职位、贡献、薪水与公司的发展阶段，这样便可以确定员工应得的期权数量。在确定岗位期权发放量时可以先按照部门分配，然后再具体到每一个岗位。同一个岗位，员工进入公司的时间不同，授予期权时也应当区别对待。例如，对于副总裁级别的管理人员，如果是天使轮融资之前进入公司的，发放2%~5%的期权；如果是A轮融资前后进入公司的，发放1%~2%的期权；如果是C轮或接近IPO上市时进入公司的，发放0.2%~0.5%的期权。对于核心管理人员，包括首席信息官、首席财务官等，可以参照副总裁标准的2~3倍发放；如果是总监级别的人员，参照副总裁标准的50%或者30%发放。

第四，兑现条件。兑现条件是指员工期权的成熟条件，也就是员工行权的时间。常见的兑现条件是时间成熟机制。第一种是4年成熟期，每年兑现25%；第二种是满两年后成熟50%，以后每年兑现25%，4年全部兑现；第三种是第一年兑现10%，以后每一年兑现30%，4年全部兑现。

第五，行权价格。期权的行权价格应当是公司股权市场价值的折扣价。行权价格应当低于市场价格，这样期权激励才有效果。通过期权获得股权不是免费的，只是价格较低。与投资人购买股权不同，员工通过期权购买股票只需要支付很少的费用。同时，创业公司实施员工股权激励计划时，不仅要考虑发放机制，还要考虑退出机制。提前约定好员工离职时已行权的股权是否回购及回购价格等，可以避免在员工离职时出现不必要的纠纷。

（三）财务审计准备

内部审计工作是企业内部管理、实现有效控制的一种特殊形式。内部审计工作的落实有利于保证公司经营活动的顺利进行，实现企业经营管理目标。[①]

从企业融资方面来说，内部审计工作的开展有利于公司在财务方面做好准备达到投资人的要求。

详见第五章股权投融资尽职调查的财务尽职调查内容。

（四）中介机构的筛选

根据相关法律规定，公司上市前需聘请的中介机构主要有三类：券商、会计师事务所、律师事务所。[②]

1. 券商

券商又称证券公司，对于准备上市的企业来说，选择合适的券商对于企业上市具有非常重大的作用。企业选择券商时应考虑的因素包括相关的项目经验、社会资源、从业经验、业务能力、保荐与承销收费标准及业务风格等。作为中小企业，应选择信誉好、经验丰富的券商。信誉度，即券商过去的工作质量、诚信情况，包括有无受到证监会处分；经验度，即该券商承担该项目数量的多少。此外，企业选择券商时，支付的费用高低也是一个判断标准。企业需在结合自身实际条件的情况下，参照整个证券市场情况，选择收费合适的券商。

2. 会计师事务所

会计师事务所的作用主要是财务审计。此外，会计师事务所还兼有对公司盈利进行预测及对企业内部控制出具专业意见的作用。企业选择会计师事务所的主要标准包括丰富的从业经验、业务能力强、配合度好、收费标准低、工作效率快等，如会计师事务所的项目团队中应有一定比例的、具有上市经验的注册会计师。

3. 律师事务所

律师事务所的工作是协助公司制订上市方案，并解决这个过程中出现的一切法律问题；负责完成公司需要的法律文书，并在申报材料中出具《法律意见书》和《律师工作报告》等。律师事务所相对其他两类中介机构来说，律师事务所在合作上与公司更加贴近，因为券商仅承接了公司的上市业务，会计师事务所仅负责公司的财务问题，唯有律师事务所除出具《法律意见书》和《律师工作报告》时必须持中立态度外，在其余事务方面更容易与公司达成一致意见。

因此，选择律师事务所的第一要素在于信任。同时，企业在选择律师事务所时还需考虑的因素包括从业经验、协调能力、主办律师的责任心及收费标准等。

（五）撰写商业计划书

商业计划书是创业者与投资人建立联系的载体。投资人通过商业计划书的内容对创业团队和创业项目做出初步判断，这一判断直接决定了投资人是否想要与创业者面谈。

商业计划书是公司在融资过程中，依照一定规范拟定的对项目进行说明的材料，一般

---

① 胡元梅. 私募股权投资机构如何进行财务尽职调查 [J]. 大众投资指南，2019（16）：260.

② 杨奕. 论金融业中介机构的行为独立性与责任承担 [J]. 商事法论集，2010（Z1）：274-280.

包括图片、PPT、文字等多种形式。商业计划书是投资者进行筛选评估的依据，可以帮助投资者决定将自己的资金投给哪一家公司，所以创业者必须高度重视商业计划书的撰写。

（六）筛选投资者

1. 筛选投资者条件

筛选投资者对创业者来说是一件十分重要的事情，对于天使投资者的选择，创业者更应该坚持宁缺毋滥的原则，不能随意做决定。[①]

（1）投资规模。创业者应当让投资者将承诺提供的资源确定下来，以保证这些资源可以落到实处。好的投资者可以给创业者介绍很多资源，这些资源有可能对项目的发展起到关键性的推动作用。因此，投资者提供的资源是创业者判断和筛选投资者的关键条件之一。如果投资者拥有丰富的资金、人才等资源，并积极为创业者提供增值服务，那么该投资者在投资领域中的信誉就比较好。因此，当创业者无法判断投资者对行业的了解及能够提供的资源时，可以选择两三个投资者曾经投过的项目的负责人进行了解。

例如，硅谷顶级风投机构 FRC 有 7 位合伙人、20 多位全职职工，管理超过 4 亿美元的资金。该公司积极参与投资后管理，为创业公司提供各种资源，因此创业者都以拿到该机构的投资为荣。FRC 每年都会定期组织有关高级管理者的年度峰会，在这个峰会上将它所投资的公司的负责人聚集在一起，为大家构建一个值得信任的交流平台。公司管理者可以在这个平台上寻求建议。在年度峰会上，一个管理者表示他们公司的财务一团糟，需要一位首席财务官，FRC 便为他们推荐了一位人选，解决了该公司的财务问题。FRC 还经常在平台上向大家普及财务与法务知识，帮助所投公司防范法务和财务风险。

（2）对行业的认识和理解。投资者对行业的了解是非常重要的，创业者应当重点关注。一是创业者判断和筛选投资者要避免过于看重投资者的名气；二是要注意投资者对行业的了解程度。创业者因为选择了不懂行的投资者而造成创业悲剧的案例不在少数。当创业者询问投资者重点关注哪些领域的时候，一些投资者会泛泛地表示"移动互联网、大数据等，我都有关注"。这说明他在回避融资者的问题，害怕暴露自己的短板。如果投资者告诉融资者他重点关注的领域，然后说出自己对该领域的看法，那么这样的投资者是比较有诚意的。

（3）未来感与前瞻性。具有未来感的投资者从来不会在乎项目现在是否盈利，他们愿意帮助创业者是因为他们看好项目的未来。

很多经验丰富的著名投资者思考的是未来，如美国顶级风投人弗雷德·威尔森就是一个具有未来感的投资者。他认为，未来行业与投资的三大趋势分别是社会结构的网络化和脱媒化、产品和服务的定制化及个人的节点化。弗雷德·威尔森选择项目时非常注重该项目对整个社会的影响。

2. 投资者获取渠道

找到合适的投资者通常比较困难，一般来说，创业者除需要考虑什么样的投资者适合自己以外，还要选择投资者获取渠道。比较常用的投资者获取渠道包括熟人推荐、网络搜

---

① 陈洪天，沈维涛. 风险投资是新三板市场"积极的投资者"吗 [J]. 财贸经济，2018（6）：73-87.

寻、创业孵化平台和专业融资服务机构。[①]

（1）熟人推荐。找家人、朋友融资在早期并不困难，因为他们信任融资者。相关调查显示，美国初创公司获得的天使投资中，92%来源于家人和朋友，而来自天使投资者的比例仅有8%。

家人、朋友虽然不会像专业的天使投资者那样要求创业者具有精练的商业模式与准确的财务报表，但他们也希望可以获取更多的信息。从家人、朋友那里融资会简单许多，但切忌把家人、朋友当作唯一的融资来源，专业的天使投资者也可以成为创业者的第一笔融资来源。创业者在找家人、朋友融资前需要注意：

1）不要害怕开口借钱，但说话要注意分寸。

2）要乐观，尊重投资者。

3）向投资者报告创业进度和取得的成果。

4）筹集的资金只需维持创业所需即可。

5）要明确风险承担责任，签署协议。

6）展示增量价值。

总之，创业者可以仔细研究天使投资者的背景和投资历史。如果发现合适的天使投资者，要有策略地与其进行接触，直至寻找到愿意投资的天使投资者。

（2）网络搜寻。网络是经营人际关系的一种常见方式，融资者可以在搜索引擎上寻找投资者的线索，利用这些基本的搜索引擎可以找到众多融资平台，创业者可以根据自身实际情况进行投递。

（3）创业孵化平台。与商业计划书追求全面、详尽不同，创业孵化平台的项目路演追求简短、精练。创业孵化平台项目路演活动需要注意以下几个方面：

1）讲述自己的创业故事。与PPT、数字之类的信息相比，故事对投资者的吸引力更大，创业者可以把自己的创业故事讲给投资者听，这样更能够引起投资者的关注。

2）突出项目的不同。在大众创业的潮流下，人人都可以做的项目已经无法吸引投资者，如果创业者的项目极具特色和优势，更容易获得投资者的青睐。

3）提前预测投资者的提问并想好答案。如果投资者对项目感兴趣，但是问了一些创业者之前没有考虑到的问题，这时创业者往往无法给出完满的答案。因此，创业者对投资者可能提出的问题要做到心中有数，回答时才可以做到胸有成竹，从而给投资者留下很好的印象。

（4）专业融资服务机构。专业融资服务机构有丰富的经验，对大部分投资者都了如指掌，甚至可以帮助创业者介绍企业所需的资源。由专业融资服务机构介绍的投资者就是创业者的敲门砖，单凭这些投资者的声誉，创业者及其项目就可以获得更多的关注。

是否应该寻找专业融资服务机构往往容易引起争议，因为有些专业融资服务机构决策缓慢，附加值低下，而且还会向创业者提出比较苛刻的条款，致使创业者在下一轮融资中举步维艰。需要注意的是，当创业者准备去寻找专业融资服务机构时，应该提前针对它们

---

① 梁婧怡. 我国机构投资者信息挖掘能力实证研究 [D]. 广州：华南理工大学，2019.

的声誉做一些功课。因为它们在未来很可能成为创业者的合作伙伴，同时也很可能成为创业团队中的一员。

3. 投资者分级

为了让融资更加顺利和节省不必要的时间和精力，创业者应该对投资者进行等级划分。[①]

（1）A类投资者：双方匹配度高。A类投资者通常是指与公司匹配度较高的那一部分投资者，这类投资者可遇不可求。其实很多时候，创业者有自己的节奏和计划，而投资者可以为其提供有效的意见和建议。优秀的投资者遵守"只帮忙、不添乱"的投后管理原则，但如何把控这个度则是一个难题。建议在投资后，投资者可以把自己想象成公司的一员，甚至将自己想象成公司的合伙人。当投资者基于平等的关系与创业者相处时，提出的意见和建议会更加实用。

无论是具有丰富经验的连续创业者还是经验不足的初次创业者，投资者选中创业者就是看中了他们个人的潜力及所做项目的价值。即使一个项目失败了，但是只要这个创业者坚定不移，总有一天会有所成就。A类投资者意识到创投关系的重要性，从而与创业者展开长期合作，最终实现双赢。

（2）B类投资者：对方适合我方，我方较差。在能力和实力上，B类投资者往往要优于创业者和创业公司，虽然其和创业者的匹配度不如A类投资者那么高，但同样可以成为很好的帮手。

对创业者来说，投资者的意见非常重要。因此，为了防止噪声干扰，B类投资者会向创业者输出尽可能简练、完整、重要且有效的信息。另外，对于无法确定来源和精准度的行业信息，B类投资者也会在其对这些信息做出判断后选择性地传达给创业者。如果投资者随意打乱创业者的节奏，否定创业者的决定，创业者将无法专注于业务发展。

（3）C类投资者：我方适合对方，对方较差。C类投资者是指能力与实力比较差的那一部分投资者。对于这类投资者，创业者应该秉持正确的态度，进而保证融资的成功率。因为C类投资者没有前面两类那样适合创业者，所以创业者应该为其设定相应的权利界限。

当C类投资者决定投资之后，就必须对所投资的创业者和创业公司深信不疑。C类投资者在投资之前，他们通常仅能看到创业者和创业公司的潜力，但在投资之后他们可能就开始挑剔项目的不足。例如，投资者也许会发现创业者的执行力不足，他们甚至会同员工一样每天准点到公司监督创业者，有时还对自己当初的投资决定感到怀疑和后悔。

因此，学会信任彼此对创业者和投资者来说都意义重大。在这一方面，A类投资者就做得比较好，即只要决定投资，那就必须全心全意相信创业者。

4. 创业期的合伙人选择

一般来说，对合伙人的选择需要遵循核心人员占股最大、重视契约、分配规则平等等原则，同时也要注重合伙人的价值观是否与创业者一致。如果合伙人选择不当，那创业者

---

① 介擎昊. 东北证券投资者适当性管理研究［D］. 长春：吉林大学，2019.

最终所要面对的便是与合伙人分道扬镳的后果。

（1）合伙人选择原则[①]。合伙创业可以有效降低创业的风险，还可以在关键时刻寻求可信赖的合伙人帮助。同时，对合伙人的选择也关系着公司的前途和发展。

1）团队有核心，核心人物股份最大。合伙人团队的股份组成决定着日后公司的基础治理结构，而不同的治理结构，间接影响了企业的行为和绩效。对于合伙人团队来说，合伙人之间的股权分配是至关重要的。一方面，股权分配得好，股权架构就合理。合理的股权架构可以提高创业团队的向心力和企业的竞争力，从而使每个合伙人利益最大化；另一方面，合伙人之间的股权分配在一定程度上决定了未来融资的难易程度。

因此，合伙人之间的股权分配应当根据资金入股、技术入股、管理入股为依据保证创业团队的股权分配是公平的。公司要想稳定经营，必须拥有一个占据最大股权比例的核心人员，只有这样，才能保证公司核心人员对项目的经营发展拥有足够的话语权。

2）重视契约，服从协议。在选择合伙人时，需要提前签订创业合伙人协议书，以合同形式将合伙人的义务与权利明确化，并赋予法律效力，确保合伙人重视契约，服从协议。

创业合伙协议书

合伙人：甲＿＿＿＿＿＿＿＿＿　身份证号：＿＿＿＿＿＿＿＿＿

合伙人：乙＿＿＿＿＿＿＿＿＿　身份证号：＿＿＿＿＿＿＿＿＿

合伙人：丙＿＿＿＿＿＿＿＿＿　身份证号：＿＿＿＿＿＿＿＿＿

合伙人需遵循公平、平等、互利的原则订立合伙协议如下：

第一条　组织形式、经营场所、合伙期限、经营范围。

（1）组织形式：合伙人根据《中华人民共和国合伙企业法》及其相关规定组建合伙企业。

（2）经营场所：全体合伙人的主要经营场所位于＿＿＿＿＿＿＿＿＿＿＿＿＿。

（3）合伙期限：合伙期限从本协议签订之时开始，至＿＿＿＿＿＿＿＿＿＿终止。

非因下列原因，不得提前终止：

提前达到本协议预期的目的；

某一合伙人死亡、破产之后，其他合伙人不再维持合伙关系；

全体合伙人一致同意提前终止。

（4）经营范围：全体合伙人共同从事＿＿＿＿＿＿＿＿＿等项经营活动，其范围以国家市场监督管理总局核准同意及营业执照所载明的内容为准。

第二条　出资。

（1）甲、乙、丙三方自愿合伙创业、经营××公司，甲方出资600万元占××公司60%股份，乙方出资200万元占××公司20%股份，丙方出资200万元占××公司20%股份。

① 杨青松. 合伙创业初期团队建设案例研究 [D]. 北京：北京大学，2012.

（2）合伙人除参与盈余分配外，不得因出资而索要其他报酬。

（3）合伙人的股权不得转让于本协议当事人以外的其他人。

（4）合伙人退伙时，依据本协议载明的出资比例返还出资。允许折价返还现金。

（5）退伙人出售已返还的财产时，本协议当事人在同等条件下具有优先购买的权利。

第三条 本合伙依法组成××公司，由甲方负责办理工商登记。

第四条 合伙三方共同经营，共担风险，共负盈亏。

第五条 职务及分工。

（1）甲方为_____，乙方为_____，丙方为_____。

（2）甲方对_____等业务负责，主管_____；乙方对_____等业务负责，主管_____；丙方对_____等业务负责，主管_____。

第六条 合伙事务的经营管理。

（1）_____为合伙负责人，负责人依据过半数的意见制订执行方案，负责管理执行过程中的一切事务；负责人可提出经营方案，制订经营计划，交全体合伙人会议讨论通过。

（2）合伙事务由全体合伙人共同参与。若有争议，依半数以上的意见决定。

（3）在合伙事务范围内，任何一方合伙人都能代表全体合伙人对外开展业务，并且合伙人在经营业务范围内的活动由全体合伙人负责。

（4）合伙人处理合伙事务时应慎重。

（5）合伙人处理合伙事务的报酬由工作承包合同规定，合伙人不得擅自从经营体内索取回扣。

（6）合伙人有权在_____查阅账簿，主管财务的合伙人不得拒绝。

第七条 保密条款。

合伙人从此次合作中获得任何的商业信息或技术信息应严格保密，未经合伙人书面同意不得向合伙人之外的其他单位、其他组织及个人泄露，也不得擅自授权别人使用。违反本条将视为严重违约，应承担相应的违约责任并赔偿一切由此导致的经济损失，情节严重可通过合伙人协商取消其合伙人的资格。

第八条 协议之不可转让性。

任何合伙人在未经其他合伙人书面同意前，不得就本协议书部分或全部内容进行转让，并且违约者的转让行为无效。

第九条 撤出。

任何一方合伙人单方面提出书面撤出时，须等到企业的营业盈余结算清楚，并清偿所有债务，方可撤出。

第十条 争议解决。

协议书发生争议或纠纷，应首先协商解决，协商不成任何一方有权向被告方所在地有管辖权的法院提起诉讼。

第十一条　补充协议。

本协议未尽事宜，所有合伙人商议后可以补充规定，补充协议与本协议有同等效力。

第十二条　本协议一式三份，合伙人各一份。本协议自合伙人签字（或盖章）之日起生效。

　　甲方签字：　　　　　　　　　　　　日　期：

　　乙方签字：　　　　　　　　　　　　日　期：

　　丙方签字：　　　　　　　　　　　　日　期：

3）明确分配规则及退出机制。企业收益分配规则包括以下三方面内容：

①可供分配的收益。企业可供分配的收益由以下三部分组成：一是本年实现的净利润，它是可供分配收益的重要来源，与损益表中披露的年度净利润应保持一致；二是年初未分配利润，它是指截至上年末累计的未分配利润，构成可供分配利润的重要组成部分；三是其他转入，它主要指盈余公积转入。当企业本年度没有利润，年初未分配利润又不足时，为了让股东对企业保持信心，企业会在遵守法规的前提下，将盈余公积转入可供分配的收益进行利润分配。

②收益分配的方向与具体方案。根据有关法规的规定，一般企业和股份有限公司当前的收益应按照下列顺序分配：弥补以前年度亏损后提取法定盈余公积金；支付优先股股利提取任意盈余公积金；支付普通股股利；转作资本的普通股股利。

以上分配顺序是不能颠倒的。换句话说，在企业以前年度亏损未得到完全弥补前，不得提取法定盈余公积金和公益金；在提取法定盈余公积金和公益金以前，不得向投资人支付股利和利润；支付股利的顺序必须是先支付优先股股利，后支付普通股股利。

③年末公司的未分配利润。企业本年实现的净利润进行了上述分配后，若仍有剩余，即为本年的未分配利润。

以上便是有关企业收益分配规则的内容，接下来将对退出机制的有关内容进行介绍。其实，投资的本质就是投资—退出—再投资的循环过程。"退出"是大多数投资人必经的阶段，它体现了资本循环流动的特点。投资人退出资本的方式主要有以下四种：

①企业上市。企业上市是投资人最理想的资本退出方式，可以实现投资回报最大化。企业上市之后，股票可以在证券交易所自由交易，股东只需要卖出股票即可。然而，上市虽好，但是对企业资质要求较为严格，手续比较烦琐，成本过高。大部分创业公司都不会向投资人保证企业一定能上市，但是投资人看准项目后更愿意赌一把。

②股权转让。股权转让是指投资人将自己持有的股权和股东权益有偿转让给他人，从而实现股权变现的退出方式。根据股权交易的主体不同，股权转让分为离岸股权交易和国内股权交易。

③回购。回购是指投资人可以通过股东回购或者管理层收购的方式退出。回购价格的计算方式有以下两种：

第一，按投资人持有股权的比例计算，相当于待回购股权对应的投资款加上投资人完成增资出资义务之日起，每年以一定复利率计算投资回报，加上每年累积的、应向投资人支付但未支付的所有未分配利润（其中，不满一年的红利按照当年红利的相应部分计算金额）的价格。

第二，由投资人和代表公司50%投票权的股东共同认可的独立第三方评估机构评估的待回购股权的公允市场价格。若投资人要求，待回购股权的价格可根据红利派发、资本重组和其他类似情况，经双方协商进行相应的调整。通常情况下，股东回购的退出方式并不理想，只是保证了当目标公司发展不好时，投资人所投资金可以安全退出。

④清算。创业者不会希望自己的公司发生清算，投资人也不希望。因为通过公司清算来退出投资是投资人获益最少的退出方式。但如果公司经营失败或者其他原因导致上市、股权转让方式失效时，投资人就只能通过这种方式退出。

4）新加入合伙人分期兑现。某个公司的早期启动资金为100万元，其中一个合伙人出资40万元占公司40%的股份，但他在公司工作半年后离职。由于此前尚未约定分期兑现与回购机制，导致公司无法依照合理价格回购退出合伙人的股份。这就使得退出的合伙人可以继续享受公司盈利的分红而不用付出任何成本，这对于其他合伙人既不公平也不合理。

对于大多数创业公司而言，合伙人团队早期的出资并不高，很多公司筹资不到三五十万元就开始运营，早期出资只是解决了公司的启动资金问题，合伙人团队对项目的投入才是主要贡献。因此，合伙人团队应该设计分期兑现机制，它与全职服务期限挂钩（通常是4年）。例如，某企业股东钱某持有公司30%的股权，分4年兑现，其兑现比例分别为20%、25%、25%和30%。假如一年后钱某离开了公司，那么他最多只能得到6%（20%×30%）的股权。未兑现的股权将会以1元或者最低价格转让给投资人和其余创始人。这种方式可以防止合伙人突然从公司离开而带走大部分股权的情况发生。再例如，A、B、C合伙创业，股比是6∶2∶2。之后，C觉得公司发展潜力不大，就选择退出。但他手上还持有公司20%的股份，假如公司发展起来了，他便坐享其成，这样对其他股东是不公平的。这个时候，就可以实行分期兑现的股权激励制度，依据约定，股权按4年达到成熟期来算，每年发展比例为25%。假设C一年后离开，则他可以获得的成熟股权为5%（20%×25%）。剩下15%的股权有两种处理方法，即强制分配给A、B合伙人或以不同的价格出售给A和B。

在投资协议里，分期兑现的制度通常表述为"创始人同意，只要创始人持续全职为公司工作，其所持有的全部公司股权自本协议生效之日起分4年成熟，每满两年兑换50%股权。如果从交割日起4年内创始人从公司离职（不包括因为不可抗力离职的情况），创始人应以1元人民币的象征性价格或法律允许的最低转让价格将其未释放的股权转让给投资人或投资人指定的主体"。设立分期兑现的制度对创业公司有两个好处：一是公平。有付出才有收获，坐享其成是不被允许的。二是有利于创业公司吸引新的人才。

（2）合伙人选择标准。选择一个合格的合伙人是创业公司绕不过去的难题。因此，对

合伙人的选择标准重点考虑以下几个方面：[①]

1）价值观一致。股东的价值观决定了公司的发展潜力。部分创业团队创业失败是由于创始人价值观不一致造成彼此之间对公司的经营管理产生严重分歧。对创业公司来说，企业文化是企业发展的基础。一旦创业者锁定了潜在合伙人，那么就需要确保他们认可被投资企业的文化。创业者可以考虑这两个问题：合伙人是否要参与公司的日常运营？合伙人的发展理念与自己是否保持一致？了解合伙人对自己的角色定位，可以有效避免创业者与合伙人在未来产生冲突。

2）事业方向认同。创业者需要提前调查合伙人的背景，在此基础上选择与自己事业方向相似的合伙人。如果创业者选择了事业方向一致的合伙人，他们不仅能在资金管理上提供帮助，而且还能在公司基础设施建设等方面提供支持。许多合伙人还会加入公司董事会，如果投资人与创业者的事业方向相同，他就能为公司发展指明方向。判断一个合伙人是否认同自身的事业方向需要创业者与之沟通，向他们请教问题。创业者需要进一步询问该合伙人一些有关行业方向的其他问题，判断其是否了解该行业。

3）能力资源互补。参与创业的任何一个合伙人都应是不可替代的。例如，如果融资者的创业项目需要一个运营人员，那么融资者便可以寻找一个运营合伙人；如果融资者的项目并不以运营为主导，那么其可以聘请运营方面的人才而不是寻找运营方面的合伙人。因此，对于创业者而言，挑选合伙人时应尽量寻找一个能力资源互补的。

4）有信任关系或有第三方背书的人。选择合伙人时，可以寻找有信任关系或有第三方背书的人，如融资者的同学、融资者信任的朋友。第三方背书是指借助第三方的信誉，以明示或暗示的方式进行再一次的确认和肯定。选择合伙人时，可以选择一些朋友信任、亲戚信任、父母信任的人。

二、股权融资流程相关环节

（一）股权融资的主要步骤

从创业者的角度来说，融资通常由五个环节构成，分别是提交创业申请供投资者审查→接触投资者并提供商业计划书→协助投资者完成尽职调查→终极谈判并确定相关条款→完成签署之前的最后确认。[②]

（二）股权融资流程主要环节

1. 提交创业申请供投资者审查

当选定了创业目标时，创业者需要提交一份创业申请。创业申请应详细说明有关创业的种类、资金规划、财务预估、行销策略、风险评估等内容。

2. 接触投资者并提供商业计划书

如果投资者认可该项目，将会要求创业者提供完整的商业计划书。商业计划书应该包

---

① 陈艳芳. 创业企业合伙人关系管理研究［D］. 北京：对外经济贸易大学，2015.

② 陈洁. 我国私募股权投资的运作流程研究［D］. 武汉：武汉理工大学，2013.

括业务简介,即管理者简历、过去三年内的盈利情况、战略定位及投资者的退出机制;经营计划,即经营战略、行业分析、竞争对手分析、资金用途分析;其他与公司有关的背景资料。投资者对商业计划书进行可行性分析,并对创业者提供的资料承担保密义务。

3. 协助投资者完成尽职调查

如果投资者审查完商业计划书后认为该项目拥有较大的市场潜力,将会与创业者签署合同锁定该项目,并进行相关的尽职调查工作。在此期间,创业者不得与其他投资者讨论融资问题。此外,投资者将派人到创业者的公司及其相关客户和供应商等处进行调查,创业者应给予必要的协助。

4. 终极谈判并确定相关条款

在尽职调查的后期,投资者若未发现重大问题,便会与创业者就公司的估值进行谈判,其中涉及公司的价值衡量、估值方法,以及融资金额等。

5. 完成签署之前的最后确认

在准备签署的有关文件或投资协议中,应明确以下内容:一是双方的出资数额及各自所占股份,包括对技术的定价、对员工持股的安排;二是公司的组织架构及双方各自担任的职务;三是投资者的控制与保护。

三、投资流程管理

(一)投资管理的主要环节

投资管理的主要环节见图2-17。

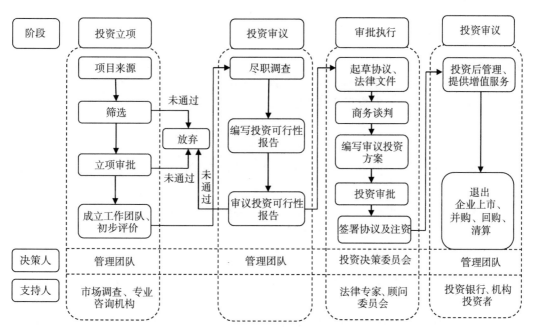

图2-17 投资流程管理主要环节

（二）投资管理各阶段实施要点①

1. 商业计划书交流及行业研究阶段

（1）通过各种渠道获得项目资料，包括项目的技术、财务、核心管理团队、业务方向及经营规划等。与项目直接接触的投资经理填写《项目基本情况登记表》并备案。

（2）填写完项目登记表后，应每周安排项目例会讨论并由投资经理对项目进行考察。

（3）投资经理根据项目资料和初步的调研结果做出"否决""建议立项""保持跟踪"的初步判断。对于"建议立项"的项目由投资经理提交项目立项建议书；对于"保持跟踪"的项目由投资经理继续跟踪，同时完成《项目跟踪及反馈记录》。

2. 项目立项阶段

（1）对于可以立项的项目，投资经理应向公司提交项目立项建议书、行业分析报告及前期调研形成的相关文件（包括会议纪要等）。项目立项会议由公司总经理发起并主持。参会人员包括投资经理、公司总经理、合伙人及其他公司指定的人员。项目立项会议主要针对行业前景、项目发展前景、法律法规等基础问题做出判断并对是否进行下一步尽职调查提出意见。同时，以投资经理为核心组成项目小组，全面负责项目尽职调查。项目小组的组成应包括财务、法律等专业人员，并保证团队成员的参与。

（2）投资经理跟踪项目进展并对相关资料进行更新。

（3）项目例会审核通过后，由投资经理编制项目立项报告并将其余项目资料一并提交给公司投资委员会。

（4）针对未能通过项目立项会议的项目，由投资经理通知项目方并将会议纪要及其他材料存档。

（5）已立项项目由投资经理负责进一步的尽职调查工作，与项目方保持紧密联系，同时更新项目资料并在每周例会上向公司通报。

3. 内部尽职调查阶段

（1）投资经理拟订工作计划表和尽职调查工作清单。

（2）项目小组按计划完成尽职调查工作，同时在项目例会上及时汇报工作进展。

（3）项目立项通过后，项目小组应于三个月内通过行业调研、财务分析、可行性论证等方法完成全部的内部尽职调查工作并制定《投资建议书》。

（4）项目小组应及时向项目例会汇报项目进展并更新项目资料，提交会议纪要或项目动态报告。

（5）项目小组视情况应在此阶段寻找其他与投资方的合作机会，以降低投资风险。

（6）项目小组应编制《投资条款备忘录》。

（7）《投资建议书》报送公司投资委员会，当投资委员会对《投资建议书》尚未直接否决但提出疑问时，项目小组在核实全部问题后再次提请投资委员会复议，直到投资委员会通过或否决该项目。

（8）公司投资委员会会议后应有相应的会议记录，项目小组将根据会议记录签署投资

---

① 宁杰. AY 公司私募股权融资路径研究［D］. 长春：吉林大学，2013.

备忘录及执行下一阶段的投资行动。

4. 外部尽职调查及法律文件的签署

（1）项目小组接受投资委员会授权，根据投资备忘录的内容拟定法律文件。

（2）此阶段应聘请外部的法律和财务人员进行外部尽职调查，作为内部调查结论的复核。

（3）全部法律文件应接受被投资公司律师及私募股权投资基金公司律师的审核，并出具相应的文字审核意见。

（4）全部法律文件应在签署前报送私募股权投资基金公司的投资委员会审议，同时报送相关法律、财务意见书。

（5）私募股权投资基金公司作为领投时，此阶段应获得第三方投资人确认文件的赞成或许可。

（6）如法律文件及商业谈判严重偏离投资备忘录相关条款或存在重大不符事项，项目小组应暂停投资考察行为，并上报投资委员会重新审议或停止投资。

（7）私募股权投资基金公司投资委员会做出是否签署文件的决策，并形成决议。

5. 私募股权投资运作流程

基金公司完整的私募股权投资运作流程由募、投、管、退四个阶段组成，具体内容见图 2-18 和表 2-3。

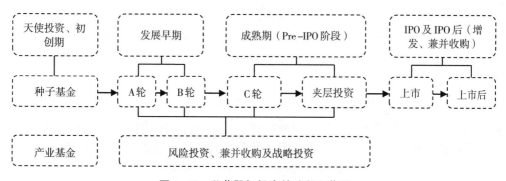

图 2-18　私募股权投资的阶段和范围

表 2-3　私募股权投资的阶段划分及定义

投资阶段	定　义
种子期	此阶段的企业，通常处于商业尝试期，其核心人才招募、技术和产品研发、市场需求调研等方面都需要资金。一般来讲，企业的投资风险较高，但投资成功的收益也较大。企业成立时间多为 1 年内
初创期	此阶段的企业大都已完成产品开发，但还没大量生产，融资用途在于添置设备、产品迭代、建立销售网络等；企业此时并无业绩积累，资金需求非常迫切，大部分投资失败也在这个阶段，因此经营和投资风险较高，若投资成功仍可获得较高回报。此阶段的企业成立时间一般为 1~3 年

续表

投资阶段	定　　义
扩张期	处于扩张期阶段的企业，其生产的产品或者其所提供的服务通常已被市场所认可，进一步研发产品、设备扩充、强化销售网络需要更多的资金；但此时申请银行贷款较难，距离上市融资亦尚有距离，私募股权投资非常契合其需求。由于企业业绩开始凸显，而风险相对此前阶段较低，因此投资方的参与度也非常高。此阶段企业成立时间一般为 3~10 年
成熟期	此阶段的企业营收稳定增长并开始盈利，企业可进行上市的具体筹划。融资为了改善财务结构和优化公司治理，此阶段投资风险相对更低，但收益空间不高。该阶段的企业成立时间一般超过 10 年

资料来源：根据相关资料整理。

（1）项目投前。项目投前主要包括项目寻找、项目立项、初步尽职调查、尽职调查、项目初审和项目评估这些环节。私募股权基金要想取得高回报，和项目的获取成本分不开，如何低成本且快速地获取项目，这是十分关键的一步。项目获取渠道多样，基金投资经理既可以通过个人关系网来获取较好的项目，也可以通过中介机构寻找项目。通过对项目企业的多角度分析选择项目并开展立项工作。

通过立项审批后，基金公司开始对项目进行初步调研。项目经办人对项目企业资料进行审查，核验其是否符合基金方的投资要求。通过初步审查评估后应对项目企业进行调查，具体可通过现场调查、与企业高管面谈等方式，必要时可引入第三方机构参与，如律师事务所、会计师事务所等，并出具尽职调查报告，开展项目初审。

初审通过后，聘请专业资产评估机构对项目企业进行估值，并就入股投资与项目企业进行商业谈判，必要时可进一步开展补充尽职调查。根据谈判结果和尽职调查报告，拟定投资建议书。

（2）项目投中。将尽职调查报告和投资建议书一并提交投资决策委员会审议，开展项目终审工作。基金投资决策委员会审议通过后，便可签署投资协议，将资金通过一定的方式投资到选定的项目中。此时一定要注意选择合适的风险控制手段，如联合投资、分阶段投资、组合投资等，对项目企业进行约束，防范项目投资风险。

（3）项目投后。投入资金后，基金公司要开展投后管理，为企业提供一系列增值服务，帮助企业快速发展，从而实现增值。到合适时机时，选取合适的退出方式退出被投企业，收回本金并获取股权溢价收益。

（三）股权投资流程管理要点

1. 股权投资流程关键环节概要

股权投资一般流程见表 2-4。

表 2-4　股权投资的一般流程

序号	流程关键环节	工作事项
1	项目收集	通过各种方式寻找项目信息，做好项目储备

续表

序号	流程关键环节	工作事项
2	项目初审	对项目初步实地调查，填制《项目基本信息表》并提出是否投资的初审意见
3	签署保密协议	在要求项目企业提供完整的商业计划书及材料之前，项目投资经理应主动与企业签订保密协议
4	立项申请与立项（含部分立项、评审）	项目初审后认为可以对企业做进一步调查研究的，项目组报部门立项、评审，经部门初步尽职调查后，填写《项目立项审批表》报公司项目考评会批准立项
5	项目尽职调查	立项批准后，项目组到项目企业进行尽职调查，并填写完成《尽职调查报告》，对于可以投资的企业和项目，项目经理编写完整的《投资建议书》
6	投资决策	完成《投资决策委员会决策意见表》
7	签订投资协议	投资决策委员会审查同意进行投资的企业或项目，经公司法律顾问审核相关合同协议后，由董事长或董事长授权代表与合作对方签署《投资协议》
8	动态跟踪	对项目企业进行跟踪管理，取得相关资料，参加重要会议并形成《企业情况月度分析表》和《企业情况季度报告》
9	投资退出	管理者提交《投资退出方案书》并组织实施，项目退出后完成《项目总结报告》

2. 私募股权投资关键点——项目立项

（1）项目的寻找。在市场上，虽然需要接受投资的企业难以计数，但对私募股权基金管理者而言，如何从众多的企业当中找到具有投资潜力的受资企业，这无疑是大海捞针。一般来说，投资项目的来源渠道主要包括自有渠道、中介渠道及品牌渠道，具体内容见表2-5。

表2-5　投资项目的主要来源渠道

渠道	描述	途径
自有渠道	主动进行渠道建设，通过公司自有人员的关系网络及参加各种风险投资论坛收集信息	个人关系网络 市场分析 战略合作伙伴 股东
中介渠道	借助/联合相关业务伙伴（如银行、券商等）、专业机构（如律师/会计师事务所等）及其他创投公司获取交易信息	银行/投资银行 证券公司 律师/会计师事务所等 其他专业机构（如咨询公司、广告公司等）
品牌渠道	积极建设公司的品牌形象和市场知名度，拓宽信息渠道	公司网站 客服中心

当然，不同渠道所获取信息的可靠性存在一定差异，一般通过自有渠道获得的信息相对可靠；另外，通过朋友、合作伙伴、银行和事务所等中介渠道收集的信息也具有较高的质量。

总体来说，私募股权基金管理者能否寻找到项目、能否快速地取得符合自身要求的项目，在很大程度上取决于人际关系网的广泛性。其人际关系越广泛，项目寻找的渠道就越畅通。

（2）项目的筛选。在对项目进行尽职调查和评估前，对选定项目进行初步了解，以筛选掉不合条件的项目，可以节省人力、财力，提高项目选择的效率。

筛选项目没有统一的标准和方法，私募股权投资者只能根据以往的投资经验和专业眼光，运用职业判断对项目进行初步筛选。常见的项目筛选标准见表2-6。

表2-6 常见的项目筛选标准

标准	内容
投资规模	投资项目的数量、最小和最大投资额
行业	是否属于基金募集说明书中载明的投资领域、私募股权基金对该领域是否熟悉、私募股权基金是否有该行业的专业人才
发展阶段	种子期、创业期、扩张期、成熟期
产品	是否具有良好的创新性、扩展性、可靠性、维护性，是否拥有核心技术或核心竞争力，是否具备成为行业领先者/行业规范塑造者的潜力
管理团队	团队人员的构成是否合理、是否对行业有敏锐的洞察力、是否掌握市场前景并懂得如何开拓市场、是否能将技术设想变为现实
投资区域	是否位于私募股权基金公司附近的城市、是否位于主要大都市

（3）项目立项。项目立项主要包括四个方面的内容，见表2-7。

表2-7 私募股权投资关键点——项目立项

序号	流程关键环节	主要工作事项
1	企业做什么	行业界定和行业分析：行业分类、行业所处产业链的位置和地位（上游、下游、横向关联）、行业状况（发展前景、目前竞争态势、行业特点）
2	企业竞争优势在哪里	标的企业的核心竞争能力和企业核心价值：企业相对于行业内其他竞争对手是否具备竞争优势（包括规模效益、区位优势、品牌优势、人才及技术优势等），公司是否具备独特的盈利模式并且公司潜在目标市场潜力巨大，公司目前是否为高增长态势等
3	业务（投资）利益	投资价值和服务价值：公司是否主导投资（主投、跟投）、项目投资预期的退出方案、关于企业上市的初步分析、投资收益预估
4	项目实施的可能性	投资项目的可操作性：公司可参与的规模、类别，可参与的基金组合，项目风险控制措施，渠道来源和利益分配，项目投资的竞争对手

3. 融资的实务要点

（1）确定预期融资金额。根据已选择的投资项目，通过项目价值评估得出拟投资的总金额，即预期融资金额等于总投资金额减去自有资金。

总投资金额多指估算出来的被投资企业的价值；自有资金是私募股权基金公司成立时

注册资本的一部分；两者相减就是投资该项目短缺的资金，也就是需要通过融资来筹措的资金。如果相减的结果为负值，即自有资金大于总投资额，此时说明私募股权基金管理公司资金实力雄厚，不需要进行融资。

确定了预期融资金额后便确定了融资目标，这样便可以编制融资计划确定融资相关的事宜。

（2）选择资金的募集方式。在资金筹集上（亦称融资），私募股权基金主要采用非公开方式向少数机构投资者或个人筹集资金。以有限合伙制为例，即基金管理者（普通合伙人）通过私下与投资者（有限合伙人）协商来完成资金募集。正由于私募具有非公开的特征，因此交易细节一般不需要对外披露，这样就更有利于对商业信息的保密。此外，投资者通常只按投资份额的 95%～99% 出资，另外的 1%～5% 由基金管理者出资，这样做主要是为了激励与约束基金管理者。

另外，私募股权投资基金公司通常以承诺的方式来募集资金，即投资者只是先承诺给基金管理公司投资特定数额的资金，待基金管理者确定投资项目时，投资者再将承诺的资金实际投出。仍然以有限合伙制为例，基金管理公司在设立时，有限合伙人只要给予支付特定数额的资金承诺即可，并不要求其立即投入。当一般合伙人确定拟投资的项目时，他们就会告知有限合伙人，有限合伙人在规定时间内投入资金即可。因此，私募股权基金所谓的资本筹集是承诺资本额，而不是实际投资额。

（3）锁定资金的募集对象。由于私募股权的投资期限较长，一般为 5～7 年，因此其资金募集对象应是长期投资者[1]。他们一般具有以下特征：资金充裕、具有长期投资偏好、能承受高风险等。在我国，私募股权基金的主要募集对象包括经济实力雄厚的上市公司和非上市公司、保险公司、富有的家庭和个人、国外投资者。此外，商业银行、投资银行等金融机构和非金融机构也能成为私募股权基金的投资者。

4. 投资的实务要点

（1）投资条款的设计与谈判。投资项目经过详细尽职调查和价值评估后，如果私募股权基金管理者认为该项目值得投资，并且所需投资的资金已募集到位，就可以与被投资企业法定代表人或者委托人进行磋商和谈判，以确定有关投资事宜的合约条款。合约条款一般包括以下内容[2]：投资总额、投资方式、确认投资者享有的权利、企业预期的经营范围和经营业绩、管理团队的稳定性、最终利润分配方案。

此外，为了在一定程度上确保投资的安全，还应确定一些保护性条款，如分阶段投资、可转换优先股、对企业重大事件参与决策表决、对赌协议等[3]。在约定保护性条款时，应兼顾双方利益，以实现共赢。

（2）签约投资。私募股权基金管理者与被投资企业双方就合约条款内容达成一致意见后，在合约上签字确认，并按照合约条款的规定进行投资。

私募股权投资的方式有联合投资、分阶段投资、匹配投资、组合投资等，根据具体情

---

①③　吴琨. 私募股权投资基金的组织机制研究 [D]. 西安：西北大学，2010.
②　赵运佳. 美国私募股权投资基金研究 [D]. 长春：吉林大学，2011.

况选择投资方式。其中，分阶段投资是最安全的一种投资方式，即投资人不是一次性地把资金全部注入，而是以企业达到分期投资目标为前提分期投入。这种投资方式可以看作一种监督，当企业发展出现问题时，可以通过终止投资来减少投资损失。同时，这种投资方式也可以看作一种激励，促使被投资企业管理者努力工作，提升企业经营业绩，进而增加投资收益。

5. 管理的实务要点

后续管理是私募股权投资能否实现增值的重要环节，其内容主要包括以下三个方面：

（1）提供增值服务。私募股权基金不单单为企业提供资金，更重要的是在注入资金的同时，还提供宝贵的增值服务，参与目标企业的价值创造过程。私募股权基金管理公司通过提供一系列的增值服务，改善企业的治理结构、推动产业升级和结构调整、提高企业运营效率，并且利用自身所掌握的国内外优势资源，帮助企业开拓新市场，研发新产品和新服务，拓展采购或销售渠道，提高企业经营业绩，进而提升企业价值。

增值服务的内容包括帮助被投资企业制定发展战略，并督促实施；利用自身关系网帮助被投资企业开辟国内外市场和提高品牌知名度；帮助被投资企业规范管理；促进被投资企业技术创新，改进生产工艺，提高生产效率；帮助被投资企业任用优秀的人才等①。

（2）制定激励机制。为了促使被投资企业的管理层努力工作，避免因委托代理问题而产生利益冲突，私募股权基金管理者通常制定一系列激励管理人员的机制，如股权激励机制、业绩评价机制与薪酬业绩挂钩机制等激励管理者努力工作。

另外，在确定向被投资企业投资时，为了激励管理层提高经营业绩，私募股权基金管理者还可以在合约条款中加入"对赌协议"作为投资条件。例如，摩根士丹利等投资者在投资蒙牛时，为了保证投资收益的实现，就加入了"对赌协议"的条款。协议主要约定了摩根士丹利与蒙牛管理层之间的对赌，即在投资后的3年内，如果蒙牛的销售年增长率达到50%，则摩根士丹利等投资者就将自己的股份奖励给蒙牛管理层；相反，如果在约定的3年内，蒙牛的经营业绩未达标，则蒙牛的管理层就要受到惩罚，将其股份分配给摩根士丹利等投资者。2004年，蒙牛达到了上述约定的经营目标，于是摩根士丹利等投资者兑现了奖励给蒙牛管理层的股份，同时摩根士丹利等投资者也获得了投资收益。可见，该业绩对赌协议实现了投融资双方的共赢。

（3）实行监督和约束机制。如果说激励是一种提升业绩的积极方式，那么监督和约束则是一种消极方式，两种方式相互促进、相互补充，缺一不可。私募股权基金管理者对被投资企业的监管主要通过以下五种方式：一是委派具有胜任能力的代表参与被投资企业的董事会，对重大事项进行表决；二是聘请优秀的管理人员管理被投资企业；三是定期获取和审阅公司的财务报表；四是监督被投资企业的运营和内部控制情况；五是发现不利情况时，撤资退出。

6. 退出的实务要点

（1）选择退出方式。私募股权基金能否顺利退出是投资人投资收益能否实现的关键。

---

① The Guide to Private Equity Fund Investment Due Diligence [R]. 2005.

私募股权投资有以下三种退出方式：一是通过被投资公司上市出售股权；二是将股权向第三方转让或者由被投资公司股东、管理层或员工回购；三是在经营不善的情况下清算撤资[①]。

1）公开上市。公开上市被视为最理想的退出方式，为大多数私募股权投资者所青睐。这是因为被投资企业公开上市后，私募股权投资者所持有的股份就能在市场上公开流通，待股价上升时抛出，这样就能获得最大的收益。

2）股权转让。当目标企业达不到上市要求时，此时私募股权投资者会采用股权转让的方式实现退出。股权转让又分为两种：第一种是企业并购；第二种是管理层回购。这两种都属于股权转让，只是股权转让的对象不同。

①企业并购。企业并购是私募股权投资者将股权转让给企业以外的第三方，由一个新的企业来收购目标公司的股权，达到公司兼并的目的。并购退出同样是私募股权投资者理想的退出渠道，通过这种方式，也能获得较高的投资收益。

②管理层回购。管理层回购是指私募股权投资者将持有的目标公司股权转让给目标公司内部的管理层或员工等。这种方式不影响目标公司的独立性和员工的积极性，因此很多企业倾向于选择股份回购的退出方式。

3）清算。当私募股权投资者发现被投资企业发展潜力不足，难以达到预期的收益，而又不能扭转这种趋势时，为了防止进一步的损失，私募股权投资者会果断退出，以最大限度地减少损失。

表2-8显示了以上退出方式的优缺点。

表2-8 私募股权投资退出方式比较

方式	优点	缺点	适用范围
公开上市	投资收益高，有利于提高知名度和后续融资	上市条件苛刻、程序复杂、等待的时间长	符合上市条件的企业
企业并购	手续简单，成本低	投资收益低于公开上市	不满足上市条件或需要扩张的企业
管理层回购	员工积极性高、营业成本低	审批手续复杂、规定严格	经营管理较为完善的企业
清算	有利于减少损失，降低机会成本	投资收益最小化	发展缓慢，难以达到预期收益的企业

以上退出方式各有利弊，私募股权投资者在实现退出时，应该针对不同的情况，灵活地选择最有利的退出方式，将退出风险最小化。

（2）确定退出时机。除了退出方式外，退出时机也很重要。退出时机是否恰当直接关系到私募股权投资能否获得良好的收益。

在确定退出时机时，私募股权投资者应根据当前的宏观经济环境，结合被投资企业的经营状况和发展趋势，进行充分的思考和分析。理论上的最佳状况是，当企业价值被市场

---

① 吴辉，李玉芬.海外私人股权基金在我国的运营模式 [J].财务与会计，2007 (2)：71-72.

高估的时候是私募股权投资退出企业的最佳时机①。私募股权投资者也可以聘请资深的专业投资机构或专家来协助其进行分析。

综合考虑企业自身的营运状况和企业所面临的宏观政治经济环境，有以下退出策略可供参考②：如表 2-9 所示，当企业运营不理想、发生财务困难时，如果继续持有股份，则会带来更大的损失，因此最明智的选择是果断退出，如果能以股权转让的方式退出固然很好，这样可以减小损失，但如果没有其他选择，则必须清算撤资，以保证资产的安全。如果企业运营不佳但宏观经济态势良好，那么企业就可以等待合适的时机，以股权转让的方式退出投资。

表 2-9   私募股权投资退出策略

条件	经济繁荣	经济萧条
企业运营不佳	退出（股权转让）	退出（股权转让/破产清算）
企业运营良好	退出（公开上市）	等待

如果企业运营良好并达到上市的条件，私募股权投资就能以企业上市的方式退出，以实现投资收益最大化。如果企业运营良好，但宏观经济环境不利于企业发展，那么投资者应选择等待，待宏观经济环境好转时再根据实际情况选择退出。

（3）设计退出过程。在确定退出时机和方式后，私募股权基金管理者就可以开始对整个退出过程进行筹划。要准确描述整个退出过程，应编制退出进程计划书。退出进程计划书应包含退出过程中的各项事宜，即安排各方当事人的相应责任和义务。为了提高退出过程的效率，退出进程计划书还应事先规定好有关工作人员的奖惩机制。除此之外，因整个退出过程会涉及法律、税收政策和商业等众多事务，因此私募股权基金管理人通常还会聘请专业机构或者专业人士来协助退出过程的实现。

（4）退出准备。在正式启动私募股权投资退出过程之前，还要为退出做好充分准备，最关键的是要准备评估投资项目价值的基础性材料和文件，如市场环境调研、法律文件、历史财务报告和业务前景预测等。在大多数情况下，潜在投标方还会对公司的生产状况和行政管理情况进行实地考察，这都需要企业提前做好准备。

（5）启动退出程序，监控退出过程。在完成一系列相应的退出准备工作之后，退出过程就正式开始了。在这一过程中，私募股权投资基金管理人与投标方进行交易商谈，确定成交价格和交易方案，其中最重要的一点是信息的保密性。

（6）交易结算和事后评估审查。交易双方通过一系列的谈判，意见达成统一后，退出流程就基本完成。私募股权基金管理者还需要对整个退出过程进行评估审查，追究有关责任人的过错，奖赏退出过程中表现突出的人员，并对本次退出过程中的优势和不足进行深入的总结分析，以积累投资经验。

---

① 张磊. 我国私募股权基金发展模式研究 [D]. 石家庄：河北经贸大学，2011.
② 邹菁. 私募股权基金的募集与运作：法律实务与案例 [M]. 北京：法律出版社，2009.

第三章　股权架构设计

股权架构指股份公司总股本中，不同性质的股份所占的比例及其相互关系。股权架构能够明晰合伙人之间的权利、义务、利益等重要问题，不同的股权架构决定了不同的企业组织架构，从而决定了不同的企业治理结构，最终决定了企业的行为和绩效。本章概述股权设计相关概念及其分类、股权制衡机制与股权架构设计体系，重点探讨股权设计方法、股权设计的具体内容、股权架构变动——投融资工具设计。

第一节　股权设计的重要性

股权架构是公司治理结构的基础，好的股权架构对公司的创立和发展具有助推作用。股权架构和企业类型、战略规划、组织架构等存在密切关联，对企业经营管理和经济效益产生直接影响。

一、股权设计相关概念及其分类

（一）股权与公司股权设计

股东权利简称股权，是指股东基于对公司出资而产生的权利集合，是一种不同于债权和物权所有权的民事权利。股权是投资人投资公司而享有的权利，来源于投资人对投资财产的所有权。根据《公司法》和《证券法》等法律法规，公司股权可以划分为财产权和管理权，又可以划分为自益权和共益权。财产权是指股东基于投资所获得的经济利益，管理权指作为股东参与公司的经营管理的权利。自益权是股东为了自己的利益而行使的权利，共益权指股东为了公司全体股东的共同利益兼为了自己的利益而行使的权利。

股权内容比较丰富，主要包括股东身份权，参与决策权，选择、监督管理者权，资产收益权，知情权，提议、召集、主持股东会临时会议权，优先受让和认购新股权，转让出资或股份的权利，股东诉权。投资人对公司的投资实质上是对投资财产权利的有限授予，授予公司的财产权利成为公司法人对投资财产的财产权，保留下来的权利及由此派生的衍生权利就成为投资人的股权。

公司股权设计是指以股东股权比例为基础，对股东会及董事会的职权、议事规则和程序进行系统性调整而形成的公司股东权利结构体系。股东资格取得方式包括出资设立公司取得、受让股份取得、接受质押后依照约定取得、继承取得、接受赠与取得、法院强制执行债权取得等；在一般情形下股东资格的取得就等于股东身份的取得。但在特殊情况下，如公司章程有特别限制性约定，取得股东资格不等于取得股东身份，要经过一系列程序后才能最终确定。[①]

一般而言，股东所拥有的股权在性质上是相同的，只在份额上有所差别，但是公司章程可以对股权的内容进行规定，如将股权与决策权分离，就决策权问题进行特别规定。同时，股票可以分为优先股和普通股，优先股通常会预先设定股息收益率，优先分配股息，但不能上市流通，也不能参与决策。

合理的公司股权架构体系，可以平衡创始人、合伙人、员工、投资人之间的权利、责任和利益，既有利于公司的控制权和经营稳定，也有利于公司引入投资人及在资本市场获得融资。

（二）股权分类

1. 股权的两种理解

第一，法律登记中的股权，如10%股权、70%股权、90%股权。

第二，创业股权。例如，某人出资成立公司，其占初创企业20%的股权，但这20%的股权并不是真正属于该人的，只有在企业成熟以后，这20%的股权才是他的。

2. 股权分类

具体法律上的股权分类：

第一，在市场管理局登记的股权。

第二，限制性股权，是指激励对象按照股权激励计划规定的条件，获得的转让等部分权利受到限制的本公司股份。

第三，选择权，是在期货的基础上产生的一种衍生性金融工具。从本质上讲，期权是在金融领域中将权利和义务分开进行定价，使得权利的受让人在规定时间内决定是否进行交易并行使其权利，而义务方必须履行。

3. 控制权

（1）控制权的分类。

1）绝对控制，占股2/3以上。因为《公司法》规定，公司重大事项，如涉及修改公司章程、公司合并、分类、解散等，这些重要情况必须经代表2/3以上表决权的股东通过才可以执行。

2）相对控制包括两种方式，一种是占股50%以上的大股东，另一种是占股合计50%以上的分散股东。

3）一票否决权，又称重大事项否决权或保护性权利，指风险投资人在企业（有时包括其附属公司）重大事项决策上拥有的否决权。风险投资人可要求在公司股东会或董事会对特定决议事项享有一票否决权。[②] 对于股份有限公司则要求股东所持每一股份均有一票

[①] 莫尚荧. 有限责任公司股东资格确认的实证分析研究［D］. 厦门：厦门大学，2017.

[②] 《公司法》第42条规定："股东会会议由股东按照出资比例行使表决权；但是，公司章程另有规定的除外。"

表决权，也就是"同股同权"。因此，一票表决权的设定只能在有限责任公司中实施。大多数公司将股本结构变动、董事会变更、股份类别变动、公司宣派或支付股息、优先股及其持有人权利义务变更规定为重大事项。每个公司对重大事项的界定不尽相同，多则几十项，少则几项。在风险投资人处于小股东地位的情况下，在投资协议及公司章程中可就以下重要事项设定一票否决权：公司合并、分立、被收购、解散、清算或者变更公司形式、并购和处置主要资产、对外投融资等。

（2）控制权具体实现途径。公司控制权实际上是整个公司运作过程中，对公司整体层面的控制，是涉及公司内部结构治理，股权设计，股东会、董事会议事程序及表决程序的设计，董事会人员构成的设计，公司章程的特殊约定，以及各种风险的防范与控制等一系列问题的综合工程。控制权具体实现途径包括以下内容：

1）股权控制。公司股权的占有比例直接决定了股东在股东会的表决权，在公司章程没有特殊设计的情况下，大股东持股67%就有绝对控制权。但是，如果公司章程有特殊设计，持股67%的大股东也可能没有控制权，因为持股67%的股东有什么样的权利是由公司章程规定的。[①]

2）表决权委托，即委托投票。一致行动是多个股东共享投票权，由一致行动的多位股东共同控制公司。如果不希望多位股东共同控制，可以采用委托投票的方式，如A股东把投票权委托给B股东投票。[②]

3）一致行动协议。当一个股东持股比例不高、控制权不够的时候，可以和其他股东签订一致行动协议，将多位股东的投票权进行绑定，以增加对公司的控制权。上市公司比较常用一致行动协议，但是一致行动协议并不限制股东减持，存在一定风险。[③]

4）AB股模式，也可以称为双股权。AB股是通过公司章程设计股票所有权和投票权分离实现的，即将股票分为A、B两种投票权系列，对外部投资者发行的A系列普通股1股只有1票投票权甚至没有投票权，而管理层持有的B系列普通股每股则有N票（通常为10票）投票权；作为补偿，一般B股流动性比较差。这种模式相当于A股股东将公司的决策权大幅度让渡给管理层，便于管理层行使控制权，而管理层也不必因担心控制权丧失而过分焦虑。现在科创板、创业板、北交所的公司都能采用AB股模式，采用AB股之后，就算创始人变成小股东也能掌握公司控制权。百度、阿里巴巴、小米、京东等目前采用的都是这种股权模式。

---

① 我国《公司法》第43条规定："股东会的议事方式和表决程序，除本法有规定的外，由公司章程规定。""股东会会议作出修改公司章程、增加或者减少注册资本的决议，以及公司合并、分立、解散或者变更公司形式的决议，必须经代表三分之二以上表决权的股东通过。"

② 《公司法》第106条规定："股东可以委托代理人出席股东大会会议，代理人应当向公司提交股东授权委托书，并在授权范围内行使表决权。"该条款一般适用于部分持股较少的股东将投票权委托给其他股东，以提高被委托人的表决权，但该方式表决权受授权委托书约定限制。

③ 《上市公司收购管理办法》第83条规定："本办法所称一致行动，是指投资者通过协议、其他安排，与其他投资者共同扩大其所能够支配的一个上市公司股份表决权数量的行为或者事实。""一致行动人"就是签署一致行动协议的小股东，在证监会的审核体系里，即使上市公司股东未做一致行动约定，也可能会被自动认定为"一致行动人"。一致行动人可以通过在股东会表决时采取一致行动，对抗非一致行动人的决定，从而避免因股权分散而导致的决策分歧，提高公司上市效率。

5）合伙人模式。通过公司章程的设计实现控制权的合伙人制度。例如，阿里巴巴的控制权并不掌握在大股东手里，创始人和合伙人通过公司章程的设计，实现控制董事会进而控制公司。创始人独创了阿里合伙人制度，只需要持股5%就能够控制阿里巴巴。

（3）公司创始人特殊权利。因为公司的章程和协议等规则都是由创始人来制定的，后来加入者要进入必须同意这些条件，因此创始人可以拥有如下一些特权：

1）一票否决权，是一种强有力的保有控制权的方式，如某些事项必须经过创始人的同意才能在股东会上通过，并不是根据大于34%的股权比例规则决定的。

2）董事的提名任免权，如阿里巴巴的合伙人制度，就是通过在董事会上的过半数提名任免权做到的，创始人有权提名一半以上的董事人选。

3）董事会的必须参与权。创始人在担任董事期间，任何董事会只要创始人不在场，则属于无效董事会。

4）董事会的额外决策票，如董事会投票持平（有可能部分董事没有到场），创始人有额外的一票，即最终决定票，使得会议得到结果。

5）股权转让优先受让权。对于其他股东转让股份，必须将股份转让给创始人，不能直接转让给第三方。

上述这些特权都可以在《公司章程》或者《股东合作协议》中进行全部或部分约定。

（三）常见的股权架构类型

从理论上讲，股权架构可以按企业剩余控制权和剩余收益索取权的分布状况与匹配方式来分类。从这个角度，股权架构可以被区分为控制权不可竞争和控制权可竞争的股权架构两种类型。在控制权可竞争的情况下，剩余控制权和剩余索取权是相互匹配的，股东能够并且愿意对董事会和经理层实施有效控制；在控制权不可竞争的股权架构中，企业控股股东的控制地位是锁定的，对董事会和经理层的监督作用将被削弱。[①] 常见的股权架构类型包括一元股权架构、二元股权架构、多元股权架构。

1. 一元股权架构

一元股权架构，是指股东的股权比例、表决权（投票权）、分红权均一体化；直接按各自出资分割股权、分享决策权及分红权，这是最简单、较传统的股权架构类型。

（1）采用该类型股权架构，看似简单地解决了股权分配的难题，但由于股东之间的股权比例只能根据其出资来确定，对于初创企业的创始人而言，其对企业控制权的掌握也缺少了自主性和灵活性，甚至很容易因企业融资或他人恶意争夺企业控制权，或是其他的意外变故而丧失了对企业的控制。

（2）在该类型股权架构下，所有中小股东的权利都是根据股权比例决定的。这是最简单的股权架构，需要重点避免的就是公司僵局的问题。实务操作中存在表决权"节点"：①一方股东持有出资比例达到33.4%以上的；②只有两位股东且双方出资比例分别为51%和49%的；③一方出资比例超过66.7%的；④有两个股东且各方出资比例均为50%的。

---

① 魏民. 上市公司股权架构的类型和适用条件［J］. 中国国际财经（中英文），2017（22）：151-152.

2. 二元股权架构

二元股权架构，是指股权在股权比例、表决权（投票权）、分红权之间做出不等比例的安排，将股东权利进行分离设计。其关键在于分别赋予两类股表决权及其授予公司的股东方式。

（1）该类型股权架构能够帮助创始人和大股东在公司上市后仍能保持对公司的控制权。比一元股权架构更灵活一些，国外企业普遍采用。

（2）该类型股权架构设计适合那些需要将分红权分配给某些合伙人，但将决策权分配给创始人的多个联合创始人的情况。例如，Facebook 在 IPO 时的招股书中明确将股权分为 A、B 股，扎克伯格通过大量持有具有高表决权的 B 类股来实现对公司的掌控。

我国上市公司暂时不允许采取二元股权架构，但是实务操作中已为股东通过公司章程设定二元股权架构安排预留了空间。①

3. 多元股权架构

在二元股权架构的基础上，将公司的股东分为多个类型，创始人、合伙人、员工、投资人、资源股东等。针对他们的权利进行整体性设计，以实现企业维护创始人控制权、凝聚合伙人团队、让员工分享公司财富、促进投资者进入等目标。

（1）相对于前两种股权架构来说，多元架构能够充分考虑企业各类主体间的利益关系，以及各类主体对企业本身的贡献等多方因素，来指导股权的设计思路，因此该类型股权架构有利于公司整体的快速发展，而不是个别股东利益最大化，同时也符合企业治理的需求。

（2）多元股权架构设计的主要步骤：第一步分出投资人和创始人的公司股权份额；第二步考虑将剩余的股权分给合伙人和员工，并且在合伙人和员工这两部分股权中，再根据个人对公司的贡献细分每个人应得的股份；第三步查漏补缺，检查按照前两步分得的股权是否有不合理之处，并进行调整。

总之，股权设计是一个在发展中不断完善的过程。

二、股权制衡机制与股权架构设计体系

（一）不同利益关系下的股权制衡机制

公司股权架构设计必须考虑企业的具体类型，包括企业的性质、所在行业和所处生命周期。公司股权架构以股东股权比例调整为基础，通过股东会及董事会的职权、议事规则和程序决定企业内部组织架构，从而影响企业对内的治理水平和对外的经营业绩。不同的股权集中状态使得股东与管理者之间及股东与股东之间有着明显不同的利益诉求，从而间接地影响了企业的行为和绩效，持股比例在股权架构中的作用更多的是采用股权集中度这一指标来衡量的，其情况大致可分为两种，即"高股权集中度"和"低股权集中度"。由此在投资效率方面也会基于维护其利益目标的原则而弱化对公司整体利益的兼顾产生各种

---

① 《公司法》第 42 条规定："股东会会议由股东按照出资比例行使表决权；但是，公司章程另有规定的除外。"

投资不足和过度投资的表现①，见图3-1、图3-2。

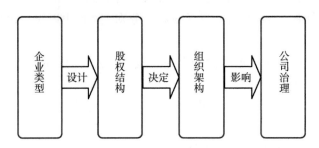

图3-1　公司股权架构与治理的逻辑关系

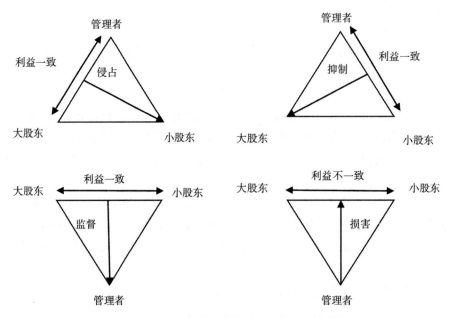

图3-2　不同利益关系下的股权制衡机制

第一，在股权集中的上市公司中，一般会存在一个具有控股实力的大股东，持股量占总股数的比例很大，在公司的经营决策上具有举足轻重的分量，表现为"一股独大"。相对于所有权结构分散的公司，大股东会更多地介入企业的经营决策过程之中，但是伴随着大股东持股比例的不断升高，其较大的控制力将逐渐转向攫取自身的私有收益，制定有利于自身利益目标的经营、投资、融资和分配等方面的企业战略决策，与之相应的各种占用上市公司资源侵犯中小股东权益的行为也将随之增加。

第二，由于金字塔形控制链条所导致的控制权与所有权的偏离，使得控股股东能以较小的财务成本实现高额的控制权收益，而当损失发生时也仅仅根据所有权承担部分损失，

---

① Shleifer A，Robert W. Vishny. A Survey of Corporate Governance［J］. Journal of Finance，1997，52（2）：737-783.

这会促使其产生越来越强烈的投资动机。不过，正是因为控股权来源于较高的持股比例，如果控股股东的持股比例进一步强化，也会导致"利益趋同效应"，即大股东与其他小股东的利益一致性程度增大；这时股东为了获取控制权私有收益将要承担更多的成本损失，基于自利性其过度投资的行为将逐渐减少，反而会强化对管理者的监督以防止其出于自身利益引发的道德风险，进而导致企业投资不足现象的产生。

第三，在股权分散的上市公司中，一般不会存在单一绝对控股股东结构，大股东持股数相近且权力分配较为平均，股东之间存在一种制衡机制，有利于产生权力制衡与民主决策。但是该情形下大股东对投资项目的回报预期、各自所承担的成本与享受的收益的看法并不一致，由于缺乏控制力，各大股东之间的利益争夺会非常激烈进而无法在集体行动上达成一致意见，降低了公司的决策效率使公司错失许多投资机会，最终造成投资不足。

第四，大多数上市公司都制定了股权激励措施，将企业管理者纳入企业所有者的利益轨道上并使高管成为企业潜在的小股东，因此高管会对大股东采取"隧道行为"为自己谋取控制权私利的行为有着天然的敏感性，会竭力抵制不利于自身利益的投资项目获得通过[①]。然而反过来说，在股权高度分散的情况下，由于股东"搭便车"的行为和监督成本的存在，往往也会给管理者利用自身信息优势，采取机会主义行为侵害广大股东的利益提供了契机。当激励措施所能带来的收益无法覆盖日益增大的机会成本时，管理者则会利用其掌控的公司资源和信息，扩大投资规模甚至投资于各种非价值最大化的项目[②]。

因此，为了股份公司未来的发展，也为了公司后期不会因股权分配出现隐患，如何设计一套行之有效的股权架构设计方案是股份公司最先要解决的问题。

（二）股权架构设计体系

股权架构是公司治理结构的基础，公司治理结构是股权架构的具体运行形式。不同的股权架构决定着不同的企业组织架构，决定着不同的企业治理结构，最终决定了企业的行为和绩效。[③]

1. 股权架构设计的原则

从本质层面而言，企业在股权架构构建的过程中需要遵循基本原则要点，确保股权架构构建的科学性和合理性，涉及股权架构的基本原则如下：

（1）遵循架构清晰性的原则，明晰合伙人的权、责、利。为提升股权架构的清晰性，公平、贡献和股比要存在正相关关系。首先，应减少控股股东的数量，将企业创始人当作显名股东，投资主体、获取到激励股权的员工，则当作持股平台内的股东，以此进行股权架构的简化和优化。其次，提高股权比例的清晰性和明确性，确保实际控股人的掌控权更为明确，避免由于权力分散而导致企业的健康稳定发展或是决策制定受到不利影响。

① Grenadier S R, Wang N. Investment Timing, Agency, and Information [J]. Journal of Financial Economics, 2005 (75)：493-533.

② Shin H H, Yong H K, Poulsen A, et al. Agency Costs and Efficiency of Business Capital Investment：Evidence from Quarterly Capital Expenditures [J]. Journal of Corporate Finance, 2002, 8 (2)：139-158.

③ 杨文君，何捷，陆正飞. 家族企业股权制衡度与企业价值的门槛效应分析 [J]. 会计研究, 2016 (11)：38-45.

（2）遵循高效决策的原则，便于公司治理。遵循高效决策的原则，主要有三个方面的考量：一是资源，如人的资源、产品、技术、运营，甚至是融资；二是股权架构要便于公司治理，特别是涉及一些重大决策的时候，能够在议事规则下迅速做出判断；三是股权分配架构需要考虑决策，就是要集中控制权，避免控制权分散以致公司难以做出决策，能让任何决策被高效地执行。

（3）遵循资源互补的原则，股比形成一个核心的控制权。一方面，在不同股东进行优势互补的过程中，可能会出现占有相同优势股东的竞争问题或是分歧问题，因此需做好协调工作和处理工作，避免由于股东之间的竞争或是分歧对企业发展造成不利影响。另一方面，强化股东的沟通交流力度，增强相互之间的信任度，制定不同股东业务活动信息共享、成本信息共享和经济收入信息共享方案，利用信息共享的方式，提高不同信息的公开性和透明性，增强股东之间的信任度，确保不同股东能够顺利合作。

（4）遵循效益最大化的原则，进入资本市场的必要条件。综合考虑公司资金需求与未来规划，主要涉及两个层面：融资和上市 IPO。只要企业上市，资本市场就一定要求企业的股权架构要明晰、合理。从本质层面而言，企业的个人所得税和企业所得税，与股东结构之间存在密切联系，应结合具体的纳税特点与情况，重点进行股权架构的设计和优化，使企业能够通过良好股权架构设计方式最大限度地降低纳税成本，达到税后效益最大化的目的。

（5）遵循风险最低化的原则，避免持股比例过于均衡。持股比例过于均衡容易造成股东僵局，无法形成有效的股东会决议，也容易激化股东矛盾，造成公司控制权与利益索取权的失衡。企业在股权架构构建期间应以有效防控风险问题为导向，科学进行不同股东关系的协调和处理，预防股东和管理人员、员工之间产生矛盾问题，构建良好的利益关系，最大限度地预防发生风险隐患问题。另外，企业应按照股权架构构建的特点和情况，遵循实现商业目的的基本原则，以此为前提科学合理地进行股权架构的设计，同时对结构设计的合理性进行检验，提升整体的股权架构设计效果和水平。

2. 合理股权架构设计的意义与目标

（1）合理股权架构设计的意义。

1）合理的股权架构有利于股东之间的团结与稳定。合理的股权架构可以明晰股东之间的权责利，科学体现各股东之间对企业的贡献、利益和权利。股东之间的矛盾，常常起源于分配不公，为企业劳心劳力、贡献良多的股东却没有得到应得的话语权和利益分配，久而久之就会引发矛盾。因此，股权架构设计既要考虑决策权，也要考虑股东的价值。

2）股权架构的合理性在融资过程中会影响投资人的判断。融资时，投资人会重点考察创业团队的股权架构是否合理。在选择投出的目标项目和企业时，投资人不仅会考虑企业的行业趋势、发展潜力、核心团队、财务情况等因素，还会关注企业的股权架构是否合理。

3）企业在 IPO 上市时，股权架构的情况将被纳入考察范围。进入任何资本市场，相关机构和部门都会考察股权架构是否明晰、清楚、稳定。证监会对拟上市公司股权架构的基本要求是清晰、不存在重大权属纠纷，并且证监会对拟上市公司最为关注的问题，如关联交易、同业竞争、主体资格、税收等，实际上都与股权架构息息相关。

4）良好的股权机构设计，有助于保障创始人的控制权。在未来融资时，股权要稀释，合理的股权架构有助于确保创业团队对公司的控制权，有助于维护公司和创业项目稳定。企业在发展壮大的过程中，可能会发生股权融资、股权激励、IPO上市等活动，如果创始人对于控制权没有足够的意识，其股权占比可能就会被渐渐稀释，最后甚至丧失对企业的控制权。

（2）合理的股权架构设计的目标。

1）维护创始人控制权，有助于公司的长期发展。股权机制设计原则在实施前需要明确一个准则，即时刻确保"带头人"的地位。一家企业的股权划分，最理想的状态就是有一个领导，作为企业相对的大股东，要对企业拥有绝对的控股权，在后面股权不断被稀释的过程中，仍要对企业保持一定的控股权。因此，明确带头人地位的股权机制设计，维护创始人控制权，树立创始人在团队内部的影响力和话语权，符合企业既得利益且较为理想的股权设计方式，有助于公司的长期发展。[①]

2）稳定合伙人，为企业可持续发展保驾护航。股权架构设计要明晰合伙人的责权利，并匹配到位、优势互补、权益分明，有助于凝聚合伙人团队，确保创业公司稳定，吸引和激励团队齐心协力。

3）利益共享，核心人才助力企业发展。公司的成功离不开核心员工的优秀才能和拼搏奋进的精神。因此，在进行股权架构设计的时候，需要考虑让优秀员工参与进来，成为公司的"主人"，要保证核心人才共同创业、共创价值、共担风险，也要共享利益，共同分享公司财富效应。

4）着眼未来成长，吸引优秀的投资者。一方面，资金是创业成功的必要因素，因此股权架构设计一定要考虑公司的资金需求与规划，应按需求融资与后期的资本运作。另一方面，着眼未来成长。创业成功不可能一蹴而就，需要吸引和激励更多、更优秀的人才源源不断地成长、加入。因此，股权架构设计要为未来的核心人才与骨干预留激励空间。

3. 股权架构设计的步骤

公司的股权架构反映出公司治理结构，从而决定着公司的发展方向、定位和发展方式。围绕"人才"和"资本"两个核心，实际操作中的股权架构建立需要按照一定的规则、步骤与流程。

（1）完成长远的事业战略与上市规划。初创公司股权的价值依托于公司价值的实现，因此在创业之初，团队就需要对公司未来的事业战略进行充分的思考和规划，给初创团队和后来人信心，并且为未来的经营工作、资本运作确定清晰的方向。

（2）进行系统的股权规划。在既有事业战略的基础上，对公司股权安排进行系统规划，如根据战略，公司应确定第一次、第二次、第三次股权融资的发展阶段要求，预期稀释股权比例与融资额度，融资用途，引入的投资者需要具有的资源要求，公司在每个发展阶段中需要进行股权激励的骨干人员与数量、股权激励额度、作为股权池需要预留的股权

---

① 徐茜. 不同股权架构下股权激励对公司绩效的影响［D］. 大连：东北财经大学，2015.

数量，预测在所有发展阶段创业团队需要保持公司多少的股权比例。

（3）完善企业文化，达成内部共识。对于创业公司而言，股权对于所有人（创业团队、股权激励对象、投资人等）都意味着风险、担当、责任和奉献多过利益，不能够将股权当作"暴富工具"抑或是控制员工的"金手铐"，而是应该关注每个员工在创业过程中的能力成长和责任贡献，回归企业和事业本身，共同打造事业平台，提升企业价值。

（4）进行系统、规范的规则设计。以行业和企业自身特点为基础，兼顾事业战略和股权规划，充分考虑各种可能出现的情况，打造一套逐步释放、见利见效、责权对等、能进能退的股权分配规则，避免未来可能出现的股权纠纷。具体流程如下：

1）根据实际情况确定股东数目和结构，即确定股东是国有企业、民营企业、外资企业还是合资公司、联营公司和有限责任公司等。

2）编制股权架构分析报告，分析股东结构下的公司股权分配，注意表明实际控制人，以及办理股权转让手续时确定股东身份、承诺条件和相关责任等。

3）确定股权架构，即确定股东的权益，根据股东的权益比例编制股东协议或股份认购协议，通过股东协议等形式使股东的权利得到法律保护。

4）建立公司内部治理结构，根据股权架构编制公司章程，建立公司各项规章制度，决定公司董事会构成，确定公司董事会和股东会职责。

5）完善股权转让制度。建立有效的内部股权转让通道和程序，加强股权准入条件管理，完善公司股权转让流程，确保股权准入正常运行。

从上述内容可以看出，股权架构流程的建立是构建合理的股权架构的重要步骤，能够确保公司治理结构的稳定性，为公司发展奠定基础。但是，要建立合理的股权架构，仅仅完成以上流程是不够的，还要结合实际情况，根据监管要求和企业特色，加强投资者保护并引进高质量投资者，完善股权平衡机制，确保股东的权利和利益，同时保证公司经营发展的高效发挥。此外，股权架构的建立还要加强规范性，把握股权架构的有效变更，以免影响企业发展，并使其能够及时适应当前变化的市场环境。

4. 股权架构设计体系内容

在股权架构中以不同股权性质和持股比例所衍生出的股东与股东之间、股东与管理层之间、股东与其他利益相关者之间的博弈关系，是现代股份公司经营运作的关键核心所在。因此，股权架构设计是以股东股权比例为基础，通过对股东权利、股东会及董事会职权与表决程序等进行一系列调整后的股东权利结构体系。合理的股权架构是公司稳定的基石，股权架构设计体系内容包括：

（1）股权架构设计。股权架构决定了公司的控制权归属、股东权利和义务、股份转让等问题。对于上市公司，股权架构影响着公司的市值、资本市场评级、流动性等。因此，股权架构需要根据公司的战略目标、公司规模、所处行业等因素综合考虑，选取合适的股权架构模式。

（2）股权分配设计。股权分配包括股份配售、分红政策等。它不仅影响着股东的利益，还影响着公司的财务状况、公司治理机制等方面。股权分配需要综合考虑股东利益、公司财务目标、治理机制等因素，制定合理的股权分配政策。

（3）投票权设计。投票权是股东提出意见和参与公司治理的重要手段。投票权的设计包括股东决议的表决权、股东大会的召开、股东提案的程序等。投票权的设计需要考虑各方利益，制定适当的表决规则，确保股东权利得到保障，同时保证公司治理能够高效有效运行。

（4）董事会和管理层组成设计。董事会和管理层是公司治理的核心。公司需要根据自身情况制定董事会和管理层的组成运作机制，以满足公司战略目标的实现。董事会和管理层的人才选择和激励机制设计需要综合考虑公司治理、股东利益和管理效率等因素。

（5）股份转让机制设计。股份转让机制是指股东之间的股份转让和股份收购等规则和程序。股份转让机制设计应考虑股东利益、公司治理和股权流通性等因素，避免股权不稳定、利益冲突等问题的发生。同时，要合理规范股份转让机制，确保公司治理的稳定运营。

总之，对于股权架构建设要重视计划实施，把企业发展与股权架构紧密联系，运用可操作性强的规划，实行合理的治理结构，使其成为公司发展的重要基石。只有把股权架构建设做好，企业才能实现全面发展，取得良好的经济效益。

第二节　股权设计方法

一、股权交易设计的策略

一般来说，股权交易主要内容包括收购比例、收购主体、收购对象、支付手段、交易模式、资金来源、交易步骤、转让款支付条件。同时，交易结构中各主要内容的选择和确定，也会带来一系列对各相关方的影响，其中包括标的价值、标的控制权、风险头寸、负债风险、标的存续、税收处理等。交易架构设计的内容和产生的影响通常是交叉作用的，如收购比例、收购主体均会影响标的控制权，收购比例和交易模式选择均需要考虑未来负债风险和税收处理。各个主要考虑内容，彼此之间排列组合，即产生特定收购下的一个完整的股权收购交易结构设计，其最终都是为了实现客户的商业目的。[①]

（一）股权交易设计的关键因素

股东为公司带来资本、自然资源、技术和知识、市场资源、管理经验等企业经营发展所需资源要素，不同行业、不同资源要素主导的企业的股东资质不同，应调整出资比例。以科创企业为例，不同于传统"劳动密集型"和"资本密集型"企业，"科技资本"决定这类公司的命运，股东的知识产权和技术能力是公司股权架构设计的决定因素。

1. 交易主体——交易结构的承载

各类民事主体是股权交易权利的享有者和义务的承担者，是股权交易的主导者。从大

---

① 杨洋. 海峡股权交易中心构建多功能交易平台案例研究［D］. 南昌：江西财经大学，2020.

类上区分，交易主体主要包括个人投资者和机构投资者，其中机构投资者又以有限公司、股份公司、合伙企业、结构化金融产品等为主。近些年来，各种类型的基金、资管计划、信托计划等特殊类型的投资形态在 Pre-IPO 的投资活动中越来越活跃，也有的参与到上市公司并购基金及股权激励计划的设立中。

交易主体除了直接投资持股以外，还有一类特殊的权益投资形态，即协议控制模式（Variable Interest Entities，VIEs）。这类形态主要被一些受到外商投资行业限制的境内公司为了到境外融资上市而使用，是一种迂回投资模式，涉及的主体比较多，而且比股权投资往往更加复杂，尤其是在法律文件层面。虽然法律形式上投资人通过协议方式控制利润主体并合并其财务报表，但是从交易实质上看，仍是权益类投资，只不过受保护的程度不如股权投资那么直接和彻底，存在违约风险。

2020 年 1 月 1 日《中华人民共和国外商投资法》实施后，准入前国民待遇加负面清单的管理制度，使外商直接投资的限制未来会进一步放宽，采用 VIEs 架构的必要性也逐渐降低，但目前这仍是许多已经在海外上市的企业采用的主要模式。

2. 交易动机——交易结构的导向

大股东/创始股东、外部投资人、管理层这三类主体的交易动机典型地代表了股权交易大多数场景下的背景和诉求。对交易动机的探讨有助于深刻理解交易实质，准确把握各方诉求，是交易结构设计过程中非常重要的环节。

多数时候参与股权交易的各方诉求是对立的，尤其是在估值和股权价格及退出机制方面，但也有时候交易各方又有共同的动机诉求，如共同应对监管要求、规避有关限制等。不同交易主体在不同时期，他们的交易动机也是不同的。

因此，只有追根溯源才能找到答案。面对复杂的交易主体及其动机，要求在探讨交易动机时，勇于打破知识的藩篱，回归事物的本质，去思考最基础的要素，在不参照经验或其他的情况下，直接从事物最本源出发寻求突破口，逐步完成论证，协助做出准确判断和决策。

3. 尽职调查——交易结构的基础

尽职调查又称为"审慎性调查"，它是指专业中介机构从业人员（律师、审计师、评估师等）为了完成委托方的交易目的，依据相关法律法规和执业准则，通过专业的方法对项目的资产、人员、债权、债务等一系列问题所进行的专项或全方位调查，并根据调查结果出具调查报告及专业意见的过程。

尽职调查是所有交易的核心前提，也是谈判签约的基础，该环节的工作是否扎实往往会对交易结果带来重大影响。不同交易目的、不同行业对应的尽职调查也有所不同。例如，股权收购，作为资本运作的常用手段，其主要特点是交易完成后股权对应的公司仍然存续，新股东进入后对公司原有债权债务关系仍然承担间接的责任。互联网行业公司的尽职调查，相比传统制造业公司有很大不同，它们大多属于轻资产行业，主要成本往往是人员工资、渠道成本、研发费用等，调查的侧重点也有所区别。再如，股权收购中的尽职调查，要求调查人员的专业程度及尽职精神相比资产收购都更加严苛，如有不慎，轻则增加交割后整合成本，重则导致交易目的落空，甚至会导致中介机构及其从业人员承担赔偿责任。

可见，尽职调查对股权交易具有十分重要的作用，它是全部交易的基础，投资人需要给予足够的重视，中介机构需要展现足够的专业，才能为交易的顺利进行保驾护航。

4. 交易形式——交易结构的外衣

交易形式是指股权交易采用何种方式，以便最终达成各方的交易目的。不管正式还是非正式的初步尽职调查完成后，交易各方对股权交易的形式基本上应该形成合理预期。在选择交易形式时，至少应当考虑这些因素：交易动机、股权收购与资产收购的利弊分析、增资与转股的选择、交易主体的风险承受能力、交易主体的支付能力、交易的税务成本大小、合规性监管要求等。在此基础上再结合目标公司的现状及各方的风险偏好，选择购买股权、购买可转换权益凭证、承债式收购、债权转股权等具体的交易形式。

一个合理的股权交易形式，应当是充分考虑交易成本、交易风险并符合交易各方预期及监管要求的综合选择。交易形式的选择对股权交易意义重大，这是一个结构性的问题，各方一旦选定并开始实施交易后，在很多情况下是不可逆转的，或者逆转的成本和代价非常高昂，如选择增资方式投资和转股方式投资、收购股权或者收购资产等，每种模式代表了固有的风险和便利，相互之间的基因差异会导致变更交易路径有时是不可行的。

因此，在交易之初的结构设计阶段，投入精力研究交易形式不仅是必要的，而且是必需的。

5. 交易估值——交易结构的灵魂

确定了估值，才能确定交易的股权比例、应当支付的股权对价，以及交易各方的其他权利义务安排。然而估值不是万能的，它受制于估值模型的许多数据假设，其中一些假设条件的变化可能会对估值结果产生影响。另外，不同的分析师基于自身的知识结构和主观认知，对同一项股权交易的估值也可能做出不同的评估结论。从卖方角度，资产价值的大小取决于人们愿意为其支付的价格。

基于此，作为股权交易各方来说，重视估值但又不能拘泥于估值，应当正确认识估值在股权交易中的参考作用，因为在某些情况下，粗略的正确要胜过精确的错误。然而，价值评估不是一门精准的科学，只有一部分是依靠科学方法，而其余部分仍然要依赖经验和判断力。

因此，估值是股权投资决策的灵魂，是股权交易定价的核心。在某种程度上，交易估值是一门为了实现特定目的的艺术，这门艺术中融合了人性、博弈、数据和未来的价值预期，也代表了各方的利益平衡。

6. 支付结构——交易结构的骨架

支付结构是指交易各方商定的交易价格、支付手段及支付进度等支付要素的综合构成，对一项股权交易而言，支付结构代表了核心的履约环节。不同的支付结构对交易各方意味着不同的成本和风险，从而会影响股权定价，而有时候股权定价的高低也会影响支付结构的安排，这两项因素互相制约。

支付结构各要素中，支付手段最为复杂，常见的支付手段包括货币支付、股份支付、承债式支付、资产置换、存托凭证支付等，每一种支付手段都有自身的优缺点及适用场景。在确定采用何种支付手段时，至少需要充分考虑以下因素：

（1）成长预期。采用股权支付的方式（无论是普通股、优先股还是认股权证），对股权出让方而言可能会获得超过原始对价金额的超额回报。但是这也取决于出让方对股权购买方的成长预期，在预期比较乐观时，接受股权支付的可能性就大一些。

（2）资金成本。无论以自有资金支付，还是通过结构化产品募集资金支付都要以资金成本作为参照，考虑各种费用和风险因素后，对比期望的内部收益率值，预测未来收益是否能够涵盖资金成本。需要注意的是，对资金成本的考虑，不仅要反映债权人的利率要求，还要考虑股东的投资收益率要求，这样计算出来的资金成本才是真正完整的资金成本。

（3）现金流压力。现金流是企业的命脉，一旦出现问题将导致严重的后果，甚至导致公司破产。因此，在考虑支付方式时，对现金流的预测和规划十分重要，必须保证现金流不能出现问题。这也是为什么在许多公司并购中，收购方更倾向于采用股权方式进行支付的原因。

（4）外汇监管。在涉及跨境股权投资或收购时，股权价款或投资款项的支付就必须要考虑外汇监管对款项支付的影响。实务操作中，资金的跨境转移最合规的方式就是进行外汇审批，然后进行资金支付，其他不合规的方式都存在法律风险，严重时还存在刑事责任风险。

（5）支付进度的风险控制措施。支付方自身的风险承受能力（尤其是无法退出给自身带来的财务压力）、项目中途风险控制（针对交割周期较长的情况）、交易对手的风险控制（套现动机、后续担保）等，在一定程度上也会影响交易能否顺利进行。

（6）融资方式，即收购方采用何种方式筹措用于交易支付的股权对价款。常见融资方式包括内部融资和外部融资。内部融资是企业筹集内部资金的融资方式，它属于企业的自有资金，是企业不断将自己的可变现资金（主要包括未分配利润、变卖资产、应收账款融资等）转化为投资的过程；外部融资与内部融资相对，是公司通过资本市场或举债等方式筹集投资项目所需要的资金的行为，常见的是债权融资和股权融资，具体又包括银行贷款、租赁融资、债券融资、非正规金融机构贷款、股票融资等多种来源。

7. 税务筹划——交易结构的成本

税务筹划是指在法律规则允许的范围内，通过调整交易路径、交易形式、变更交易主体等方式，选择适用较低的税率，或者合理利用国家的税收优惠政策进行减免或递延纳税，从而达到节税目的。股权交易结构中，合理的税务筹划对设计股权交易结构、降低交易成本是极其重要的，因此税务问题也是非常核心的一个环节。税收费用不仅仅影响交易各方的经济利益，在某些情况下，如果交易成本过高，还可能导致交易无法进行。

基于税收筹划的这种重要性及合法性，在设计股权交易结构时，往往需要交易各方通力配合，共同选择既不损害国家税源，又不额外增加交易负担的交易方式，促成交易目的实现。

8. 投后管理——交易结构的反哺

投后管理是股权投资体系中非常重要的一个风险控制环节，它既是投前尽职调查工作未尽事宜的延伸，又可以验证投资逻辑是否正确、投资决策是否无误；同时，还可以发现投资风险，提前对项目进行风险预警并采取风控措施。因此，在投融资交易结构的设计阶段，可以将投后管理工作中发现的问题进行提炼和总结，反向用于设计交易结构，从而促使股权投资机构少走弯路，提高投资的效率和效益。从客观方面来看，有效地为被投企业提供增值服务，要求从业人员不仅要具备金融学、管理学素养，还要对被投企业的技术、行业趋势等有准确的研判，并能够利用关系网络提供外部资源支持。

9. 退出机制——交易结构的闭环

退出有两种含义，一种退出是狭义的退出，即指投资者在完成投资之后，对该项目进行技术、管理上的支持，从而使该项目的价值得到增值，并最终通过退出，收回在该项目中的资金来获得投资回报。这种意义上的退出是投资的终极目的，投资者在投资伊始就应该开始考虑退出的问题，并根据退出的时机和投资回报大小等情况来选择以何种方式退出。另一种退出是广义的退出，除了涵盖上述退出情形以外，还包括创始股东的退出，即通过一定的机制设计，完成财富传承与后代接班，使创始股东在管理上或者产权上实现退出。这种意义上的退出，是越来越多民营企业家面临的现实问题。

投资后退出是股权投资领域最棘手的问题之一，投资人最终从目标公司退出意味着此次投资行为的真正闭环和结束。实践中采用比较多的退出方式包括境内/境外 IPO 退出、第三方并购退出、目标公司或大股东回购退出、清算退出等。

从专业投资人角度，无论采用哪种退出形式，退出本身都是投资行为的标配，在投资谈判时即已经有了退出的规划和方案；从目标公司（融资方）的角度，在面对退出方式谈判时，需要结合对目标公司的未来预期及自身风险承受能力，慎重接受谈判条件，尤其是妥当评估融资紧迫性与接受退出条件严苛性之间的平衡关系，既不能盲目乐观，也不能过于保守，但是对于一些可能使目标公司严重受制于投资人的要求（如重大事项的一票否决权、高复利的要求等），目标公司大股东要慎之又慎。

其实，从实现终极投资价值及各方共赢的角度来看，真正提升目标公司股权的流动性（如实现直接上市、间接上市）、让股东盈利后退出才是退出的王道。通过约定对赌条款及设定高额违约责任，虽然也可以在一定程度上对保障投资人利益起到约束作用，但现实情况是，当触发回购义务条款时，公司价值可能已经严重下降，没有能力回购，或者创始股东也根本无力承担这些责任。

10. 风险管理——必要的未雨绸缪

在股权交易的决策环节，从商业条件来看，可能需要考虑某些特定情况下可以承受的风险因素。股权交易过程中，从初次洽谈合作意向开始到交割整合完毕，全过程充满了各种各样的风险，诸如政治风险、法律风险、财务风险、税务风险、操作风险、整合风险等，需要各方做好主动性的风险管理工作。尤其需要注意的是，诉讼风险应当被给予特殊的审慎考虑，因为从交易目的来看，各方产生纠纷甚至诉讼的风险是极高的，在交易结构设计阶段预留的风险敞口，今后可能会成为诉讼阶段的不利因素。因此，如果能够以终为始，从未来诉讼的角度反观和审视股权交易结构是否合理、合规，能够在很大程度上避免诉讼的发生，或者降低发生诉讼后的损失程度。

综上所述，交易各方在实际商定交易结构时，无论是这些交易要素还是其他交易要求，都将根据交易类型的不同需求而对交易要素有不同的侧重考虑。有些交易要素在某些类型的交易中不会重点考虑，但在另外类型交易中会成为重点。如前所述，内部重组时，对估值的考虑就不会放在首位，而是更加注重重组产生的税收成本及其他费用支出，对支付结构和退出机制的安排也相对不是交易安排的重点。股权融资引入外部投资者时，估值就是首要考虑的问题，因为这直接关系投资成本及内部收益率的计算，并且支付结构和退出机制的安排也会成为交易各方谈判的重点问题。因此，交易结构对交易要素的考虑是比较灵活的，需要依据不同的交易场景及各方的不同需求进行个性化定制，交易结构无好坏之分，只有合适与否之分。无论是简单的交易结构还是复杂的交易结构，最终价值都在于促成交易实施、实现各方的交易目的。

（二）股权交易设计的规划与策略

处于不同生命周期的企业对公司股权架构设计的需求也不同，处于初创和成长期间的企业股权架构和公司治理都在动态发展变化，有大量股权架构设计和完善方面需求，这点有别于处在成熟、转型或者衰退期间的企业需求。因此，在交易结构确定的过程中，股权交易设计的规划与策略如下：

1. 以商业思维为主线

股权交易首先是一项商业活动，其次才是资本事件。股权交易从公司商业重要性的角度，尤其是从公司治理的角度来看，股权交易是公司最首要的商业活动，它从根本上决定了经营活动的成果分配规则。尽管股权交易是股东之间的事项，但一些交易（尤其是涉及控制权变更的股权并购）对目标公司的战略方向及运营也具有相当重要的影响，是否欢迎"门口的野蛮人"在很多情况下取决于在公司治理结构中相关各方的话语权，并最终反映到各方商业利益的平衡之中。当然，交易没有谈成也不代表资源的浪费，只是各方在商业预期上不匹配，未能取得利益的平衡而已。因此，在交易结构确定的过程中，交易各方通过对交易要素的均衡和取舍，始终以商业思维为主线将交易谈成，是实现资源优化配置和互利共赢结果的最优选择。

2. 掌握好时机与速度的平衡

股权交易受到的制约因素很多，既有内部因素也有外部因素。内部因素诸如企业所处的发展阶段、战略规划与布局、财务状况等，这些因素综合决定了公司及投资人在什么时机适合进行股权交易；外部因素诸如 2019 年底暴发的新型冠状病毒感染疫情，直接导致许多企业陷入经营困难，现金流出现危机，许多股权交易被迫取消或延后。即使公司的支付能力很强，在股权交易及并购扩张方面也要掌握好交易速度及频率，如前些年资本市场比较亮眼的德隆系，就是由于在资本运营方面频繁亮剑，快速扩张，导致最后陷入危机。因此，设计及实施股权交易时，既要考虑外部因素的影响，也要考虑自身财务状况，还要把握好节奏和速度，实现交易时机与交易速度之间的平衡。

3. 股权与公司价值要动态关联

股权是一种特殊类型的权利束，它的价值取决于目标公司的价值，而目标公司每时每刻都处于动态变化之中。在全部交易结构设计中，这是一个极其重要的环节，也是最容易引发争议甚至纠纷的环节。作为投资人来说，一方面希望自己的投资是一个公允价值的投资；另一方面也要在目标公司层面体现适当的话语权，以保障自己的投资在出现价值变化时能够有渠道及时进行修正。要实现这个目的，在设计股权交易时，就要对股权进行相应的技术处理，如是否设置类别股份、优先股享有的权利范围、估值调整机制安排、回购权安排等，并通过交易文件将这些特殊考虑进行固定。

4. 对专业服务有敬畏之心

随着中国经济发展及法治建设的程度越来越高，社会化分工也越来越成熟，在股权交易的过程中，就是要充分重视专业人员和专业知识的价值贡献。但正如上面所述，股权交易本质上也是商业行为，商业思维在决策时起到关键作用。

股权交易是公司实践中涉及专业类别最全、对专业度要求最高的领域之一，囊括了诸如法律、会计、审计、评估、税务等专业中介机构服务，以及与行业监管、银行、证券、外汇、商务等监管部门的审批/备案与沟通。因此，对待专业服务时，应当在决策环节充分重视专业但又不囿于专业，在专业基础上的勇敢才是不鲁莽的勇敢，这需要决策者在思维方式和价值选择上做出一些改变。"专业的事情交给专业的人做"，才能在风险、收益、成本之间保持最优的选择。①

（三）股权架构设计的分类方法

1. 横向架构：以不同股权类型为基础

（1）一元股权架构：一元股权架构情形，主要是同股同权下的设置。同股同权是我国《公司法》规定的股权临界点，即 66.7%、51%、33.4%。

（2）二元股权架构：二元股权架构情形见图 3-3。其是在同股不同权下的设置，国外应用较普遍，国内上市的企业不适用。例如，创始人只有 1% 的股权，就算企业上市后 99% 的股权分出去了，因签订了投票委任书，决策权与控制权仍掌握在创始人手里。

图 3-3　二元股权架构模式

可见，二元股权架构就是将企业控制权与股权比例分离。

（3）多元股权架构：根据 4C 理论将股东分为创始人、合伙人、核心员工、投资人，

---

① 廖睿. 新三板公司股权交易与中小股东权益保护研究：以银橙传媒股权转让为例［D］. 成都：西南财经大学，2017.

分别授予股权，包括创始人股、出资股、岗位贡献股、资源贡献股、合伙人团队股及其他股。

2. 纵向架构：以不同持股形式为基础

主要有以下三种形式：

（1）直接持股：表示要进行工商登记的部分是各自持有的全部股权，直接登记部分的股权是指各自已经成熟的股权和未成熟的股权。

（2）间接持股（大股东代持）：表示该部分股权仍然登记在大股东名下，股权不显名，该部分是指未成熟部分股权。

（3）设立持股平台持股：设立一个有限合伙企业，创始人作为有限合伙企业的普通合伙人，被激励对象作为有限合伙人。基于有限合伙企业的特殊性，普通合伙人是法定的绝对控制人。这种方式比较稳定且纳税成本相对较低，是目前企业股权激励时采用最多的方式。

3. 时间维度：不同时期的企业股权架构设计

世间万物都要遵循自然发展规律，企业在不同发展阶段的股权设计也需要尊重自然规律，根据要素的调整来调整股权架构。

（1）初创阶段股权架构。初创企业的成员主要是创始人及创始合伙人，创始人需要将股权控制在51%或67%以上，如图3-4所示。创始人在企业初创期应尽量将股权控制在67%以上或者更多，以免股权稀释过快。

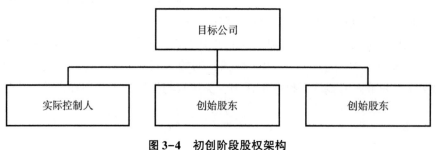

图3-4　初创阶段股权架构

（2）中期阶段股权激励架构、融资控制架构。企业在发展阶段，投资人看到企业有前景自然会愿意加入，企业要想扩大规模也必须依靠资本。因此，企业应设立持股平台吸引投资人及激励优秀人才。此时的持股平台既可以是有限责任公司，也可以是有限合伙企业，见图3-5。

（3）成熟期阶段股权架构。这时的企业架构已成熟且相对复杂，这个时期创始人的股权已被稀释，其可以通过多层级的持股平台设计或通过协议的方式来维持控制权，见图3-6。

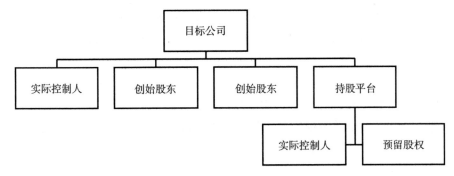

图 3-5　中期阶段股权架构

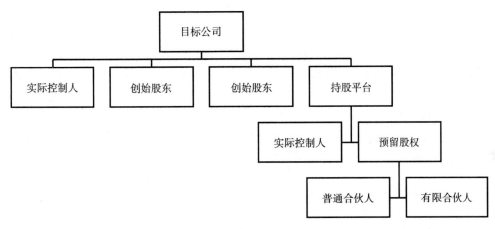

图 3-6　成熟阶段股权架构

（四）股权交易的应用场景

每项交易都涉及交易结构，区别是框架及内容各异。基于目标公司的视角，将出资人进行内外部区分，以便于加深对交易风险的理解并采取程度不同的控制措施。相应地，也将股权交易划分为股权内部交易和股权外部交易。

1. 股权外部交易投资与并购

投资人首次对目标公司进行投资，无论是参股还是控股，或者100%收购都是股权交易结构应用的一个主要场景，也是涉及交易要素最丰富、各方博弈最激烈的场景。其包括交易主体、交易形式、交易估值、支付结构、税收筹划及退出机制安排等，都是股权外部交易时需要考虑并妥善安排的事项。

公司发展的各个阶段都可能涉及股权外部交易，从公司设立开始，就可能会有天使投资人参与；之后从 A 轮融资开始，经过若干轮次的融资直到公司上市前最后一轮融资，在这个周期的股权外部交易，多数情况下过程可能非常曲折。因为无论投资人还是公司创始股东对公司的期望值都非常高，一旦没有达成最初投资目的或者估值出现剧烈波动，而又无法通过估值调整机制进行解决时，往往会引发投资人与股东之间的争议。

在企业 IPO 成功之后，股权外部交易（包括定向增发购买其他公司股权或资产、重大资产重组等）会发生一些变化，与 IPO 之前股权交易结构相比，最明显的区别是估值的可视化更强，因为二级市场的股票价格是透明的。直到公司退市或者被并购、破产清算等，每次股权的变动都会涉及交易结构的设计与安排。

可见，股权外部交易的结构安排不仅影响股东及投资人的利益，还对公司的日常经营及资本运作具有重要影响，是公司发展过程中的必修课。在股权外部交易结构中，设计工作的重点聚焦于交易估值及股权价格、合理税务筹划及退出机制安排等方面。

2. 股权内部交易重组与激励

在股权内部交易结构中，设计安排工作的重点在于如何节省交易成本及保证交易的合规性等方面。在某些情况下，目标公司为了完成特定目标，如为了实现公司上市，在集团内部进行拆分重组、剥离不相关资产、突出主业、搭建上市架构等；或者为了在境外上市，搭建 VIE 架构。这些类型的交易，一般采用合并、分立、减资、清算等形式，基本不涉及外部投资人参与，主要是在现有股东内部完成。

因此，内部交易结构相对股权外部交易的结构安排而言，博弈过程没有那么激烈，甚至没有博弈，过程相对简单。此外，还有一类股权内部交易的场景，即现在越来越多的企业开始重视股权激励，有的甚至在公司设立之初就开始考虑如何对公司核心骨干进行激励，吸引、留住外部人才，并在股权架构中进行相应的安排和体现，这也是一个非常重要的股权内部交易场景。

二、股权分配方法

（一）股权分配考虑因素

股权分配是企业成长过程中不可避免的问题。制定合理的股权分配计划可以激励员工、吸引投资、平衡投入与回报，因此需要认真对待。在制订计划时，需要考虑到投资额度、员工贡献、经营风险和长期回报等因素，以制定出适合自己企业的股权分配方案。[①]同时，要注意制订计划的合法性、透明度和公正性等问题，避免不必要的纠纷和矛盾。作为企业管理者或投资者，在股权分配过程中要注重平衡各方利益，合理配置股权份额，建立健全股权管理机制，让股权分配成为推动企业持续发展的强大动力。在确定股权比例时，需要考虑股权分配的要点。

1. 创始人身份（创始团队的贡献）

在创业项目发起时，创始人对自己的创业项目最具有使命感，是创业项目的牵头人。创始团队对于公司的建立和发展做出了重要贡献，因此他们应该得到相应的回报。CEO 通常是创始团队的核心成员，因此通常创始人的股权比例应该足够高，以便他们有足够的控制权来维护公司的方向和战略。在实际操作中，CEO 通常会持有公司 30% ~ 50% 的股权。

2. 团队成员与关键员工的贡献

团队成员的股权比例应该根据他们对公司成功的贡献来决定。这可能包括技术、市场、销售和运营等方面。股权比例也应该考虑到每个团队成员的经验和能力，以及他们在

---

① 马晓龙 . H 资产管理公司的股权优化研究［D］. 北京：中国石油大学，2018.

公司内部的位置和职责。除了创始团队，公司的关键员工也会对公司的发展做出重要贡献。CTO 和 CMO 通常是公司的核心员工，他们的股权比例应该与他们的贡献相对应。通常来说，CTO 和 CMO 的股权比例通常在 10%~20%。

3. 出资额度与资源股东的贡献

出资额度是指股权比例的额度按照发起人实际出资比例进行分配，此股权比例不超过20%，并且不包括外部的天使或种子投资。资源股东通常是指对公司发展具有重要帮助的投资者或合作伙伴。他们通常会为公司提供资金、资源和支持，因此他们应该得到相应的回报。通常来说，资源股东的股权比例在 10%~30%。

4. 岗位贡献与预留期权池

岗位贡献是指发起人所在的岗位，能给公司带来的预期业绩贡献。根据发起人职位和公司业务导向确定发起人各自应得股权的比例，可以在均分原则上进行浮动调整。预留期权池通常是为了激励公司的员工，让他们更加积极地参与公司的发展。期权池通常是公司总股本的 10%~20%。这部分股权通常会分配给公司的员工，他们可以在一定条件下获得这些股权。

（二）股权分配的规划和策略

股权分配是企业发展的重要一环，需要制定明确的规划和策略。在确定公司股权分配时，还应该考虑到公司成长的阶段和未来的融资计划。在初创阶段，公司股权比例可能更集中在创始人手中，而在成熟阶段，团队成员的股权比例可能会有所增加。在股权分配的时候，需要考虑到企业发展的阶段和未来的发展方向。

1. 股权分配的策略

不同阶段和方向的发展需要有不同的股权分配策略。

（1）制定股权分配方案要综合考虑多种因素。股权分配方案需要综合考虑多种因素，包括创始团队的贡献、关键员工的贡献、资源股东的贡献、未来发展规划等因素。这些因素对股权分配方案的制定都有着重要影响。

1）时间：对于初创公司而言，创始人在公司创立和发展的早期可能会承担更多的风险和工作量。因此，在分配股权时，应该考虑时间因素，如公司成立的时间、员工加入公司的时间等。

2）绩效：对于高管和员工而言，股权分配应该考虑他们的绩效表现。如果他们对公司的增长做出了显著贡献，则应给予适当的奖励。

3）市场竞争力：如果公司处于竞争激烈的行业中，股权分配可能需要考虑市场竞争力。如果员工和高管具有稀缺的技能和经验，他们的股权奖励可能需要更高。

4）退出计划：在股权分配计划中，也需要考虑未来的退出计划。如果公司将来会进行 IPO 或出售，股权分配应该考虑到这些，以确保所有者可以从公司的增值中受益。

总之，股权分配是一个综合性的决策，需要考虑公司的战略目标、所有者的贡献、风险、时间、绩效、市场竞争力和退出计划等因素，因此需要在方案制定之前进行全面的调研和分析。在制定股权分配计划时，应该确保公平、透明和合理，并与所有者和员工进行沟通协商。

（2）合理分配股权比例。在股权分配的过程中，需要根据各方的贡献和重要性来合理分配股权比例。例如，创始团队通常会持有较高比例的股权，因为他们对企业的发展有着重要的贡献；其他核心员工和资源股东的股权比例则需要根据他们的贡献和价值来决定；投资人也可能会要求获得一定的股权比例，以换取他们的投资资金，这也可以被认为是一种贡献。在这种情况下，股权比例应该根据资金投入的数量和时间来确定。

（3）考虑期权激励。期权激励可以激励员工更加积极地参与企业的发展，因此在股权分配方案中应该考虑期权的分配。期权池应该根据公司的规模和发展阶段来确定，同时期权的分配应该考虑员工的贡献和价值。

（4）灵活调整股权架构。股权架构随着企业的发展和成长，需要动态地进行调整。在某些情况下，股权比例可能需要根据公司所处的市场竞争情况来调整。如果公司处于激烈的竞争环境中，那么创始人和团队成员的股权比例可能相对较高，以便他们可以更好地保护公司的利益和促进公司长期发展。因此，在股权分配方案中需要考虑股权架构的灵活性，以便在未来的发展过程中进行调整。

（5）制定明确的股权协议。在制定股权分配方案之后，还需要制定明确的股权协议，确保所有股东之间的权益和义务都得到明确的规定。这些规定应该包括股权转让、优先购买权、股权合并等方面的内容。

总体来说，公司股权分配需要根据公司的具体情况来确定，应该是一种公平和透明的过程。股权架构是企业发展的重要组成部分，股权分配是决定股权架构的关键因素之一。在制定股权分配方案时，需要综合考虑多种因素。股权分配方案需要根据企业发展的阶段和方向来进行调整，同时需要制定明确的股权协议，确保所有股东之间的权益和义务都得到明确的规定。

2. 股权分配的步骤

股权分配是一项重要的决策，它涉及公司所有者之间的权利和财务利益分配。以下是分配股权的步骤：

（1）考虑公司目标。股权分配应该与公司的目标和战略相一致。因此，在分配股权之前，需要考虑公司的目标、经营计划和未来发展方向。

（2）确定公司价值。确定公司的价值，可以通过不同的方法来完成，如评估公司的现金流、市场竞争力和未来收益预期等。

（3）确定所有者角色。在决定股权分配之前，需要确定公司的所有者角色，如股东、董事、高管和员工等。

（4）考虑贡献和风险。股权分配应该考虑所有者的贡献和风险。例如，投资者可能为公司提供了资金，董事会可能为公司提供了指导和战略规划，员工可能为公司提供了时间和技能。所有者应该按照其贡献大小和风险程度来分配股权。

（5）确定股权分配计划。在确定股权分配计划之前，需要制定一份股权分配协议，其中包括所有者的权利和义务、公司的目标和策略、股权转移和出售的规定，以及如何处理未来的股权分配等。

（6）监督和调整股权分配。股权分配应该是一个动态的过程，需要不断监督和调整。当公司发生变化时，股权分配也应该随之进行调整。

3. 常见的股权分配方法

（1）未来发展的分配。股权分配可能基于公司未来的发展前景。例如，高管和员工可以获得股票期权，以便在公司成功上市或出售时从公司的增值中受益。

（2）等额分配。将公司的股权平均分配给每个所有者。这种方法简单明了，但不一定能够反映每个所有者的贡献和风险。

（3）贡献分配。按照每个所有者的贡献来分配股权。例如，股东可能会根据其投资的金额（或董事会成员根据其指导和战略规划的贡献）分配股权。

（4）绩效分配。股权分配可能基于公司和个人的绩效。这种方法可以鼓励所有者和员工为公司的成功做出贡献。

（5）可转换债券。可转换债券是一种混合股权和债券的投资工具。债券持有者可以将其债券转换为股票，从而在公司成功增值时获得股权收益。

不同的股权分配方法适用于不同的情况。在制定股权分配计划时，应该根据公司的特定情况、所有者的贡献和风险及未来的发展前景来选择最合适的方法。此外，股权分配计划应该是可调整的，以便在公司发展和所有者变化时进行调整。

（三）合伙人退出机制设计

1. 股权预留：提前为期权池留出空间

期权是一种选择权，是公司赋予员工的选择权。初创型公司为了企业的长远发展，在创立之初创始人会将自己持股的一定比例预留给企业未来需要引进的人才。在满足约定条件（如服务期限）后，员工可以按照约定的价格购买公司股权。事实上，期权股同时还可以用来激励创始人、高管人员、普通员工等，但这并不代表期权等同于股权。

作为公司提供给员工的奖励和优惠，约定价格往往比投资者购买价格要低，企业可以通过期权设置来招募、激励和留住优秀人才。期权激励的对象主要是高级管理者，该群体在公司发展过程中发挥着重要作用，掌握着公司的日常决策和经营，是激励的重点；另外，技术骨干也是激励的主要对象。

2. 股权成熟：逐年分批兑付合伙人股权

为了保证企业能够顺利发展，在设计合伙人退出机制时，可以在合伙人股权设计的时候采用逐年分批兑换股权的方法。具体操作方法：创业公司的股权可以按照创始人在公司工作的天数，逐步兑现给创始人，通常可以按照 4~5 年进行兑现。这样安排主要是为了避免该合伙人中途退出带走经营资金，影响公司的正常运转。[①] 这是对创业公司和团队自身的保护。

3. 股权回购

回购是指企业经营者或所有者从直投机构回购股份，主要分为两种，即管理层收购和股东回购。

---

① 赵玉. 论我国有限合伙型股权投资基金的制度结构与完善路径 [J]. 社会科学研究，2010（6）：80-86.

在企业上市的过程中，关联交易、同业竞争、主体资格、税收等问题是证监会发审委关注的重点问题。这些问题的共同点在于和公司的股权架构有关系，公司的股权架构决定了这些典型问题会不会成为企业成功上市的实质性障碍。

拟上市公司的股权架构应具备的条件：一是有利于拟上市企业的创始人/控股股东有效控制公司；二是要更有利于得到资本市场的认可；三是有利于拟上市企业成功过会。

4. 股权增发

随着企业不断发展，股权的分配方案不能一成不变，应该根据实际情况有所变化，如由从前的静态分配转变成动态分配，也就是充分考虑企业在不同的发展阶段，合伙人所做出的贡献需要与其所持股份比例相匹配。尝试定期增发股份，同时也要根据个人的业绩贡献等方面进行分配。通过这样的动态调整，当企业发展逐步趋于稳定时，股权架构也会相对稳定。例如，合伙人在企业发展过程中如果采取通过业绩拟定相应的股权增发比例，后期业绩一旦下降，其持股比例也一定会下降。

5. 股权限制

成熟合伙人退出机制中最为关键的步骤是对股权的限制，即在设计退出机制时加入详细的限定性条款，以保证企业的股权稳定。例如，持股人加盟三年以上才能够退出；具体退出条件可以另行约定。在公司亏损时期和大量资金投入时期不能退出，具体条件也需要根据具体情况另行约定。章程和协议约定事项等。限制性股权一样享有分红、表决权、管理权等股东权益，但是股权在规定的期限内禁止转让。①

三、股权设计的核心问题

股权设计的重点是为公司和股东之间的权利和责任建立明确的框架，同时满足公司治理的需要。股权设计包括股权架构、股权分配、投票权、董事会和管理层组成、股份转让等方面的规划。因此，股权设计关乎公司治理、股东利益、公司业绩等方面，需要全面综合考虑各种因素，制定合适的规划方案。②

（一）控制权——决策机制

1. 公司治理的核心逻辑是控制公司并有效治理

控制权是指拥有公司一定比例以上的股份，或通过协议方式能够对公司实行实际控制的权力，即对公司的一切重大事项拥有实际上的决定权。控制权的本质是享有对公司运营、管理、高管任命、投资等事项的决策权和支配权。在做好控制权顶层设计的同时，还需要做好股东会（股东大会）、董事会、高级管理人员权利和义务分配，以及与此有关的推选、聘任、监督等问题的制度框架。其实，公司的控制权主要通过决策体现，而公司的决策常常通过两个层面完成，一个是股东会层面，另一个是董事会层面。在大部分初创企业中，创始人会创立董事会，公司的重大决策由董事会最终负责，如企业融资、公司收购、经营策略战略转移及高层人员流动等。随着公司的壮大，其他人也会加入董事会。想

---

① 闵超. 新时期合伙人股权入股、退出的设计方案 [J]. 当代会计, 2019 (10)：114–115.
② 张君. 关于创业企业股权设计的实务思考 [J]. 法制与社会, 2021 (9)：53–54.

要确保公司发展决策的正确性，选择有经验且有能力的董事就成了组建董事会至关重要的一项任务。

（1）股东会层面。掌控企业控制权的最佳方法就是把握企业的控股权，因为公司最重大的事项通常是由股东会决定的，如公司章程修改、董事任命、公司分立合并或清算等。因此，谁能掌握控股权，基本上就能影响股东会的决策，进而控制公司。股东会层面维持控制权主要有以下几种措施：

1）归集表决权。将小股东的表决权汇集到创始人手上，增加创始人表决权的数量。例如，创始人拥有20%的股权也就代表拥有20%的表决权，但他可以通过授权代理的方式取得其他小股东的表决权，从而拥有超过半数的表决权。

2）多倍表决权。创始股东的股权小于50%，但公司章程里约定创始人的每一股股权拥有多个表决权（如A/B股制度，B股拥有的表决权是A股的十倍），增加创始股东在股东会的表决权利。

3）创始人的否决权。前面两种方式都是增加创始人在公司的控制权。创始人的否决权可以视为一种防御性策略，当创始人股权低于50%时，创始人的否决权可以影响股东会的决策。这种否决权常常针对公司的重大事项，如合并、分立、解散、公司融资、公司的年度预算结算、公司的审计、高层人事任免、董事会变更等。只要创始人对这些决策持反对意见，这些重大事项的决定就不能通过。如此一来，即便创始人的股权低于50%，也能控制股东会的决策。

（2）董事会层面。在董事会层面，决策权是由人数多少决定的。在董事会的董事席位越多，话语权就越重。因此，最直接控制董事会的方式就是取得委任董事的权利。

董事会的构成具有阶段性和多样性，而初创企业则需要根据公司的特性参照不同发展阶段的标准方法设立董事会。一般而言，公司董事会的席位数应设置为奇数，这样可以避免投票出现平局的情况。一个初创企业的董事会将包含创始人席位、投资人席位和一个独立席位，独立席位的董事要具备强大的行业相关能力和高效的人脉资源，而且一般与公司无直接利益关系，因此独立董事席位在这里主要发挥打破平局的作用。

随着公司的不断发展，创始人的股权在不断的融资稀释后比例越来越低，如何掌控公司的控制权则成为重要的问题。如果创始人不能处理好董事会席位与权限的掌控地位，则很有可能被自己培养起来的董事会免职。2017年，Facebook创始人扎克伯格被部分股东要求退出董事会。因此，创始人需要防患于未然，提前设计合理的股权架构，避免失去公司控制权，落得黯然离场的结局。

与Facebook案例相反的企业还有京东。刘强东作为京东的掌舵人，在股权比例仅有15.5%的情况下，不仅掌握了全公司79.5%的控制权，而且在董事会也拥有绝对的控制权，因为京东董事会九个席位，刘强东就占有五个席位。当董事会进行决策投票时，刘强东一个人就占据了超过半数的投票权。

创始人掌握公司的大比例控制权可以保证创始人的绝对控制地位，但同时容易让公司走向一言堂方向。因此，创始人在掌权的同时还要合理放权，让公司在求同存异中向前发展。①

2. 控制权——控制方式

股权分配关系到企业的发展，通过掌握比例较高的股权，从而获得企业的控制权是创始人最直接的控制方式。理论上，如果某人或某机构拥有了公司50%以上的股份，就必然能对该公司实行控制。但实际上由于股份的分散，只要拥有一定比例以上的股份就能获得股东会表决权的多数票数，即可取得控制的地位。除了基于股权的占有取得控制权外，还可以通过订立某种特殊契约或协议而获得控制权。当然，除掌握高比例的股权以外，还有其他拥有控制权的方法。

（1）通过股权比例控制。股权设计的根本原因是为了控制权力。股权是权力与利益的综合体，是"责权利险能"五位一体的具体体现。比较合理的架构为创始人占股50%～60%，联合创始人占股20%～30%，期权池占股10%～20%。一家创业公司的股权架构是否合理，直接影响这家公司的成败命运。我们经常说股权有九条生命线（见图3-7），② 分别阐述如下：

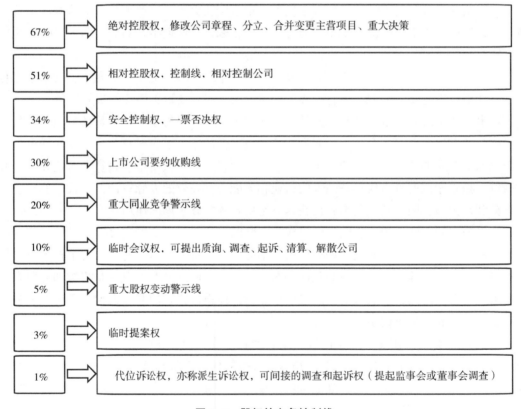

图3-7 股权的九条控制线

① 刘晨瑞. 民营企业控制权问题分析［J］. 市场周刊·理论版，2020（23）：12-13.
② 文凯. 股权比例的九条生命线［J］. 山东国资，2017（4）：80-81.

1）67%：绝对控制权。67%代表超过 2/3 的投票权，除公司内部章程特殊规定外，拥有修改公司章程、分立、合并、变更主营项目等重大决策的控制权。这也是创始人的最佳控制线。该条控制线适用于有限责任公司、股份有限公司。

2）51%：相对控制权。51%代表超过一半的投票权，被称为"相对控制权"，在公司内部章程中没有特殊规定、股东按照出资比例行使表决权的情况下，可以主导一些简单事项的决策，如聘请独立董事、选举董事、董事长、聘请审议机构、聘请会计师事务所、聘请/解聘总经理。这是创始人退而求其次的控制线。该条控制线适用于股份有限公司，有限责任公司也可以自行约定。

3）34%：一票否决权。如果创始人手中股份不足以维持51%以上的股权，则需要把股权控制在 34%以上的安全控制线上。与绝对控制线相反，当创始人拥有 34%股权时，则其他股东就不能达成 2/3 的投票率，这样即使没有绝对的控制权，也拥有一票否决权。但是，一票否决权仅用于企业生死存亡的重大决策，对于其他需要51%以上票数通过率的事宜，则没有否决权。这是初创企业创始人的安全控制线。该条控制线适用于有限责任公司、股份有限公司。

4）30%：上市公司要约收购线。30%被称为"上市公司要约收购线"，顾名思义，该条线只适用于特定条件下的上市公司股权收购。根据《中华人民共和国证券法》规定，通过证券交易所的证券交易，收购人持有一个上市公司的股份达到该公司已发行股份的30%时，如果想继续增持股份的，则应当采取要约方式进行，发出全面要约或者部分要约。收购上市公司分为协议收购和要约收购，要约收购与协议收购相比，需要经过更多的环节和繁杂的操作程序，收购方要付出的收购成本也更高。该条控制线适用于上市的股份有限公司，而不适用于有限责任公司。

5）20%：重大同业竞争警示线。20%没有确切的法律依据，但根据行业默认规则而定，在一家公司占股超过 20%的股东，不能在同行业其他公司工作或任职，因为双方构成或者可能构成直接或间接的竞业关系。该条控制线适用于上市的股份有限公司。

6）10%：临时会议权。拥有公司 10%股权的股东有权提议召开股东临时会议，在董事和监事都不履行召集股东会职责时可以自行召集和主持。该规定适用于股份有限公司，由于股份有限公司的特殊性，该临时会议权限带有强制性，而有限责任公司要根据公司内部的约定，因此该临时会议权并不具备实际意义。拥有 10%以上表决权的股东还有诉讼解散权。该条控制线适用于有限责任公司、股份有限公司。

7）5%：重大股权变动警示线。持有一个公司 5%及以上股份的股东或者实际控制人，其所持该上市公司已发行的股份比例每增加或者减少 5%，应当依照规定进行报告和公告，披露权益变动书。该条控制线适用于上市的股份有限公司。

8）3%：临时提案权。单独或者合计持有公司 3%以上股份的股东，可以在股东大会召开 10 日前提出临时提案并书面提交董事会。该条控制线适用于股份有限公司，不适用于有限责任公司，因为有限责任公司兼具资合性和人合性，没有繁杂的程序性规定。

9）1%：代位诉讼权。占股 1%的股东在发现公司股东或者高级管理人员有挪用公司公款等侵犯公司利益的行为时，如果公司董事会没有及时起诉，则有权利自行向人民法院起诉。在给予权利的同时，法律还规定，必须持股超过 180 天且该公司没有持股时间和持股比例限制的情况下，才能达成条件。在提起诉讼期间，给公司造成的损失需由起诉方承担赔偿责任。该条控制线适用于股份有限公司，不适用于无股权比例要求的有限责任公司。

综上所述，对于企业的创始股东或第一大股东而言，企业控制权主要体现为：股权层面、董事会层面和实际控制层面（见表 3-1）。控制方法可分为从股东会控制（公司的治理核心是股东会的治理，股东会的治理依靠章程、协议、投票比例）、从董事会控制（对董事会的控制依靠人数）、从运营层控制（包括法人代表、公章、营业执照、账户、运维人员等）三种，见图 3-8。

表 3-1 股权层面、董事会层面和实际控制层面

控制层面	控制内容	操作重点	规避情形
股权	绝对控股、相对控股、一票否决	67%、51%、34%	50：50、40：40：20、50：40：10
	股权与投票权分离	一致行动人协议、投票权委托、股权代持等方式	平衡好融资节奏与创始股东股份被稀释之间的关系
董事会	董事会席位	创始股东对董事会半数以上席位的提名与控制	避免创始股东对董事会失控
实际控制	日常经营管理	创始股东兼任企业法定代表人、董事长	避免企业公章、法人章、营业执照、企业资质失控

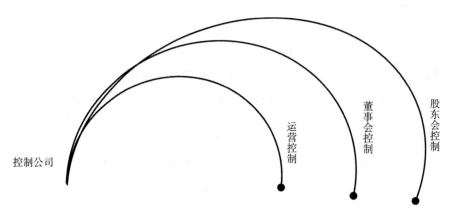

图 3-8 控制公司的层次与方法

（2）上市公司管理层与其控制力。

1）扩股。扩股是指企业向社会募集股份、发行股票、新股东投资入股或原股东增加投资扩大股权，从而可以增加企业的资本金，管理层有机会扩大持股比例。扩股的具体方式有多种，其中包括在二级市场增持股份、通过定向增发扩股、与其他股东达成股份转让协议、受让其他股东的股权。

就定向增发而言，根据《上市公司证券发行管理办法》规定：发行对象不超过 35 人；发行价格不低于定价基准日前 20 个交易日公司股票均价的 80%；发行的股份自发行结束之日起 6 个月内不得转让（控股股东、实际控制人及其控制的企业认购的股份，18 个月内不得转让）。

对管理层而言，最常通过管理层收购程序取得公司的控制权。管理层收购是指目标公司的管理层利用借贷所融资本或股权交易收购本公司，从而引起公司所有权、控制权等变化，以改变公司所有制结构的一种行为。通过管理层收购，企业的经营者变成了企业的所有者。关于这种所有权变化能否有助于企业的发展，目前并无定论。实践中，有些时候，管理层作为股东，个人利益和公司利益趋同，有助于降低经营成本、加速公司的发展；不过也存在由于缺乏外部的监督和管控，管理层作为股东反而不利于公司进步的情形。

2）一致行动人协议。一致行动人协议常指在公司没有控股股东或实际控制人的情况下，由多个投资者或股东共同签署一致行动人协议，从而扩大共同的表决权数量，形成一定的控制力。例如，作为陕西宝光真空电器股份有限公司的第一大股东陕西宝光集团有限公司与陕西省技术进步投资有限责任公司于 2016 年 11 月 17 日签署了《一致行动人协议》，自此陕西宝光集团有限公司与一致行动人共持有公司股票 5321.2470 万股，占公司总股本的 22.56%。双方采取一致行动的范围主要包括提案的一致行动与投票的一致行动，而各方依据其作为宝光股份股东所享有的其他权利（包括但不限于股票处置权、分红权、查询权等）则不受影响。

3）资产重组。资产重组是指企业改组为上市公司时将原企业的资产和负债进行合理划分和结构调整，经过合并、分立等方式，将企业资产和组织重新组合和设置。管理层可通过资产重组加强对公司的控制权。例如，当管理层在 A 公司所掌握的股权较低时，可以与另一家自己控制的 B 公司进行资产重组——对 B 公司发行股份，由 B 公司持有 A 公司的股份，由于管理层本身持有一定的 A 公司股份，同时也是 B 公司的实际控制人，那么管理层便增强了对 A 公司的控制权。

4）超级投票权——A/B 双层股权架构。该种方式主要适用于允许"同股不同权"的一些境外市场。企业可以发行具有不同程度表决权的两类股票，一类为一股一权，一类为一股多权，由此创始人和管理层可以获得比"同股同权"结构下更多的表决权，避免公司决策权被其他投资者控制。例如，谷歌在上市时采用 AB 股模式，佩吉、布林、施密特等公司创始人和高管持有 B 类股票，每股表决权等于 A 类股票 10 股的表决权。2012 年，谷歌又增加了不含投票权的 C 类股用于增发新股。因此，即使总股本继续扩大，创始人减持了股票，他们也不会丧失对公司的控制力。到 2015 年，佩吉、布林、施密特持有谷歌股票低于总股本的 20%，但仍拥有近 60% 的投票权。目前在实务操作中，采用双重股权架构的多为互联网企业、科技企业、传媒企业，这与该类企业获得外部投资较多或有关联。中概股中，百度、唯品会就是采取了该种股权架构防止被外资控制。

5）修订公司章程。在符合《公司法》规定的前提下通过合理修改章程的方式来保护管理层的控制力确为可行的方式，① 但公司章程修改，仍需要企业和律师共同完成。

（3）非上市公司管理层与其控制力。

1）掌握控股权。通常，把持 67% 以上的股权称为"绝对控制权"，因为这代表着管理层拥有了 2/3 的表决权。② 由此可见，"2/3"的表决权，代表着除公司内部章程特殊规定外，拥有修改公司章程、分立、合并、变更主营项目等重大决策的控制权。

2）表决权带来控制权。在法律层面上，称为"归集表决权"。归集表决权的方式有许多种，如表决权委托、签署一致行动人协议、构建持股实体等。通过构建持股实体以间接加强管理层的控制力，是这三种方式中最为复杂但也更为稳定可靠的操作方式。

常见的操作方式：管理层设立一家有限责任公司或有限合伙企业作为目标公司的持股实体，同时成为该公司的法定代表人、唯一的董事、唯一的普通合伙人或执行事务合伙人，最后达成掌握目标公司表决权的效果。

需要注意：若持股实体是有限合伙企业，那么管理层的地位必须是普通合伙人而非有限合伙人，因为根据《中华人民共和国合伙企业法》的规定，有限合伙企业是由普通合伙人来控制的，有限合伙人并不能参与企业的经营管理和决策。

3）设定限制性条款。限制性条款大多体现在公司章程之中。例如，限制性条款可以赋予管理层"一票否决权"，针对公司的一些重大事项——合并、分立、解散、公司融资、公司上市、公司的年度预算决算、重大人事任免、董事会变更等情况，管理层可一票否决。又如，在公司章程中，可以直接规定董事会一定数量的董事（一般过半数）由核心管理层委派。设定限制性条款虽不能对管理层的控制权起到"强化"效果，但可以起到防御性作用，避免公司决策权被其他投资者控制。实务操作中，需要注意《公司法》对章程法定事项的范围有所限制，在设立限制性条款时，必须时刻避免触犯法律制度的框架。

4）其他。根据《公司法》第 37 条的规定，股东会有权选举和更换非由职工代表担任的董事、监事，因此股东会是有权按照自己的判断罢免董事成员的。对于有限责任公司的管理层而言，依然可以在策略上增强自身的控制力。

（二）价值计量——股权价值认定

股权价值所体现的是企业对股东的价值，每家上市公司股份都存在一个明确的市场价格，企业对外发行的股份数乘以每股的市价等于股权价值，即"市值"。股权价值的认定不仅关系到股东利益，而且还影响会计信息的相关性。通过不同方法计量的股权价值，必然会导致不同的结果。③ 因此，依据资产价值属性选择适当的方法计量股权价值尤为关键。

1. 常用的股权价值评估方法

一般来说，常用的股权价值评估方法包括收益现值法、成本法和市价法。

---

① 《公司法》第 102 条的规定："单独或者合计持有公司百分之三以上股份的股东，可以在股东大会召开十日前提出临时提案并书面提交董事会；董事会应当在收到提案后二日内通知其他股东，并将该临时提案提交股东大会审议。"

② 《公司法》第 103 条的规定："股东大会作出决议，必须经出席会议的股东所持表决权过半数通过。但是，股东大会作出修改公司章程、增加或者减少注册资本的决议，以及公司合并、分立、解散或者变更公司形式的决议，必须经出席会议的股东所持表决权的三分之二以上通过。"

③ 刘世腾 . H 公司股权价值评估方法的选择与应用研究［D］. 南京：南京信息工程大学，2019.

（1）收益现值法。根据被评估资产预期的收益和适当的折现率，计算出资产的现值，并以此评估股权价值。

（2）成本法。采用成本法进行评估时，应根据该项资产在全新情况下的成本减去已使用年限的累积折旧额，并综合资产功能变化、成新率等因素，评估资产价值。

（3）市价法。参照相同或者类似资产的市场价格，评估股权价值。例如，A公司估价为1亿元，而B公司的规模为A公司3倍，则B公司的估价应该也大约为A公司的3倍。虽然这只是一种理想化的假设，但在实际评估中依然具有一定的参考作用。

成本法与市价法具有较大的局限性。例如，成本法对于企业的财务数据要求较高，市价法需要获得充足的市场交易价格数据，而这些条件在实务操作中往往难以完全满足。相比之下，收益现值法是国际公认的评估股权价值方法。

假设境外A公司准备将中国的子公司B转让给境外的C公司。A公司经过初步计算，决定按照账面价值200万元进行转让，如此一来，A公司无须缴纳转让费用所得税。不过，税务机关在对该公司的转让费进行评估时，会依据收益现值法来进行评估。收益现值法计算公式如下：

$$P = \sum_{t=1}^{n} \frac{F_t}{(1+i)^t} \qquad (3-1)$$

式（3-1）中：P为评估价值，F_t为将来第t个收益期的预期收益额，i为折现率，t为收益预测年期，n为收益预测期限。

税务机关对股权价值的分析计算过程如下：

预期收益年期为5年（t=5），将来每个收益期的预期收益额为100万元（F_t=100万元），折现率为10%（i=10%），将来5年内的预期收益现值分别为90.91万元、82.64万元、75.13万元、68.30万元、62.09万元，其总和为379.07万元。

A公司应缴纳的所得税为（379.07-200）×10%=17.91（万元）。

在实际的计算过程中，转让股权的价值评估还需要考虑更多的因素。

至于股权对价物的估值，则需要了解"对价"的含义。"对价"原本是英美合同法中的概念，它是指一方得到权利、权益或是另一方为了取得对方承诺，所担负的责任或贡献。在实践中，对价可以解释为非流通股股东为了得到流通权，向流通股股东支付的相应代价，或者解释为非流通股股东与流通股股东取得相同的股份时所付出的成本。因此，股权对价物的估值实际上就是指非流通股股东为取得流通权所付出的成本估值，其价值认定可以参考股权对价的价值认定方法。

2. 股本结构设计、股份定价及融资额计算方法

一个合理的交易结构，既能够节约交易成本、控制交易风险，又能够保障交易的合规性，对于交易的顺利完成、实现规模效益和协同效应等具有十分重大的意义。

（1）用市盈率计算融资额和股票价格。

【例1】某企业拟私募融资用于生产发展，增资扩股20%的股份，原注册资本2000万元，总股本2000万股，预计年净利润2130万元，同行业股票市盈率为10倍，境内有两家投资机构同意以同行业市盈率计算公司股票价格，并依此认购公司增资扩股的股份。据

此，下面进行股本设计，并计算企业融资额、新注册资本总额、新股东持股数、境内 VC 和 PE 认购股价和发行后摊薄每股净收益。

计算如下（见表 3-2）：

表 3-2 融资额、发行量、发行价和总股本计算

原注册资本 （万元）	净利润 （万元）	每股净收益 （股/元）	市盈率 （倍）	现有总市值 （万元）	私募/定向 发行比例（%）	融资额 （万元）
2000.00	2130.00	1.065	10.00	21300.00	20	5325.00

增资扩股后	计算项目	新注册资本 （万元）	原股东持股 （万股）	新股东持股 （万股）	每股净收益 （股/元）	入股价格 （股/元）
	持股数	2500.00	2000.00	500.00	0.852	10.65
	持股比例（%）	100	80	20		

$$发行前总市值=净利润×市盈率$$
$$=2130×10=21300 万元 \qquad (3-2)$$
$$发行后总市值=发行前总市值÷（1-发行比例）$$
$$=21300÷（1-20\%）=26625 万元 \qquad (3-3)$$
$$总融资额=发行后总市值×发行比例$$
$$=26625×20\%=5325 万元 \qquad (3-4)$$
$$发行后总股本=发行前总股本+（1-发行比例）$$
$$=2000÷（1-20\%）=2500 万股 \qquad (3-5)$$
$$发行量（新股东持股量）=发行后总股本-发行前总股本$$
$$=2500-2000=500 万股 \qquad (3-6)$$
$$每股发行价格=总融资额÷发行量$$
$$=5325÷500=10.65 元/股 \qquad (3-7)$$
$$发行后摊薄每股净收益=净利润÷发行后总股本$$
$$=2130÷2500=0.852 元/股 \qquad (3-8)$$

（2）用资产评估价值或审计后净资产计算融资额和股票价格。

【例2】某有限责任公司为发展所需，拟增资扩股 30% 引进外国投资者（境外 VC 和 PE），中方以净资产出资并保留 70% 股权（或以评估后资产出资），原注册资本 2000 万元，经双方认可的审计后净资产为 9590 万元，上一年度税后净利润为 2130 万元。境外投资者已同意中方以上述资产出资，并依此认购公司增资扩股的股份。据此，下面进行股本设计，并计算外国投资者的出资额、外商增资后的注册资本、外商认购股价、认购市盈率、中外方持股数量。

按照商务部《关于外国投资者并购境内企业的规定》，"外国投资者认购境内有限责任公司增资的，并购后所设外商投资企业的注册资本为原境内公司注册资本与增资额之和"。据此计算见表 3-3 和表 3-4。

表 3-3　增资扩股注册资本和认购股价计算

指标	总值 （万元）	中方 （万元/万股）	外方 （万元/万股）	认购价格 （元/股）	外商出资额 （万元）
发行前注册资本	2000.00	2000.00	0.00		
资产评估价值	9590.00	9590.00	0.00		
增资额计算	13700.00	9590.00	4110.00		
发行后股本比例（%）	100.00	70.00	30.00		
发行后注册资本及股价	6110.00	4277.00	1833.00	2.2422	4110.00
外商首期出资额下限（%）	20.00				822.00

表 3-4　增资后每股净收益和认购市盈率

指标	上年净利润 （万元）	增资后总股本 （万股）	增资后每股净收益 （元/股）	外商认购价格 （元/股）	认购市盈率 （倍）
增资扩股后	2130.00	6110.00	0.3486	2.2422	6.43

增资扩股后资产总值＝增资扩股前资产总值÷（1-增资扩股比例）

$$=9590÷（1-30\%）=13700 万元 \tag{3-9}$$

融资额（外商出资额）＝增资扩股后资产总值×外商出资比例

$$=13700×30\%=4110 万元 \tag{3-10}$$

增资扩股后注册资本＝境内公司原注册资本+外商增资额

$$=2000+4110=6110 万元 \tag{3-11}$$

对应换算成股份为：

中方持股量＝6110×70%＝4277 万股 (3-12)

外方持股量＝6110×30%＝1833 万股 (3-13)

外商投资每股价格＝融资额+新增股数

$$=4110÷1833=2.2422 元/股 \tag{3-14}$$

增资扩股后每股净收益＝净利润增资后总股本

$$=2130÷6110=0.3486 元/股 \tag{3-15}$$

中方净资产折算成股价＝中方出资净资产÷中方持股量

$$=9590÷4277=2.2422 元/股 \tag{3-16}$$

认购市盈率＝股价÷每股净收益

$$=2.2422÷0.3486=6.43 倍 \tag{3-17}$$

从该例可以看出，中方相当于以净资产认购股份，其折算价格与外资用现金的认购价相同。此后，该公司在外资进入后就可以采用经审计后的净资产整体改制为有外商投资的股份有限公司，这样，以前年度的业绩可以连续计算，不影响企业在主板和创业板上市或在新三板挂牌。

（3）境外造壳间接上市的股本设计。

【例3】在造壳上市运作过程中，最基本的工作之一就是股本设计。仍以前面的境内公司为例，境内A公司注册资本为2000万元（或总股本2000万股）。为确保上市成功，中介机构协助企业在维尔京群岛设立离岸公司——B公司（BVI公司），并私募引进战略投资者，定向发行36.25%的股份由境外私募股权投资机构出资认购（第一轮融资），用于反向收购境内A公司股权。

在开曼群岛设立C公司（Cayman公司），这就是所造的壳，而B公司是为了上市前收购境内A公司的过渡公司，主要是为了规避一些不必要的上市聆讯审查和信息披露，上市后可以继续保留这个架构。通过B公司与A公司之间的并购，B公司收购A公司全部股权；然后通过B公司与C公司换股并购完成装壳；最后以C公司为主体申请在境外上市地首次发行20%新股，取得第二轮融资。

同时，为使公众股达到25%的上市要求，私募战略投资者可在IPO的同时发售其占发行后总股本5%的旧股给公众股东，战略投资者实施了第一笔套利兑现。

首次发行新股后，境内A公司原股东仍能在上市公司即C公司中获得51%的控股比例，有利于企业利润增长后以更高的股价继续融资，避免股权稀释过快。境外上市的股本设计计算见表3-5。买壳上市的股本计算原理与上述的造壳基本相同，只不过买壳要考虑壳公司原股东是否还保留或保留多少股份而已。

表3-5　境外上市股本结构设计计算

股本单位：万股

境内外公司	总股本	股东持股数及比例			运作方式
		原股东	战略投资者	公众股	
境内A公司	2000	2000 100%	0 0	0 0	境内企业股本结构 拟用36.25%股权私募融资
BVI公司	3137	2000 100%	1137 36.25%	0 0	用离岸公司私募融资 私募资金进入BVI公司
Cayman公司			-5% -196	20% 784 196	境外公开发售25%，其中 IPO发行20%新股 战略投资者发售5%旧股
	3922	2000 51%	941 24%	980 25%	IPO上市后股本

（三）博弈策略——交易方股权架构底线及期望

股权架构是公司管理的基础，不同的股权架构对应着不同的企业管理模式。在企业融资过程中，股权架构设计的合理性会直接决定融资的成败，而其中就涉及与对手博弈的问题。创业者需要从交易方股权底线及期望出发，考虑股权架构发生变动的可能性，对于股权退出机制更要进行预期管理，避免股权架构变动给公司带来动荡。

1. 创业者在股权设计中应该考虑的六个方面

为了在博弈中取胜或者不被动，创业者在设计股权架构时应该考虑：短期价值股东、虚拟股票激励、设计限制性股权、股权期权激励、建立股东退出回购机制、谨慎设计对赌协议。具体来说：

（1）短期价值股东。股权变动对于公司来说并不是件小事，而股东人数越多，其稳定性越低，股东退出概率越大。一般来说，公司在进行融资前，股权人数越少越好，5人左右是上限。另外，股东拥有投票、签字等诸多权利，股东人数越多协调难度越大，成本越高。因此，尽量不要让没有长期价值的人成为股东。针对短期资源型投资者，如果已经是股东，则可以与合伙人签订回购协议。

（2）虚拟股票激励。因为这种股票没有表决权和剩余分配权，所以不会影响公司的决策。虚拟股票享有分红权及部分增值收益，可以很好地满足交易方的期望。

（3）设计限制性股权。限制性股权是指依照提前预订的条件授予激励对象股权。只有满足预定条件（股权价格达到一定水平、公司盈利多少、公司上市）时，激励对象才可以出售限制性股权；预定条件未满足时，公司可以收回赠予的限制性股权或者以一定的价格从激励对象手中购买股权。限制性股权的风险相对较小，对激励对象有较强的约束。该方法适用于成熟型企业，或对资金投入要求不高的企业。

（4）股权期权激励。股权期权激励是指授予激励对象以预定价格与条件，在一定的期限内，购买本公司一定数量股票的权利，激励对象可以借此获得潜在收益（购买价格和市场价格之差）；反之，如果在期限内的股票市场价格低于购买价格，则激励对象有权放弃该权利。在这种机制下，激励对象通常没有分红权，其收益主要来自股票价格的上涨，收益高低取决于未来股价的波动情况。

股权期权激励机制可以依据公司的实际情况进行灵活设计。例如，成熟期限设为四年，按如下三种方案分别兑现：

第一，与4年服务期限挂钩，每年兑现25%。

第二，满2年兑现40%，第3年兑现30%，第4年兑现30%。

第三，第1年兑现10%，第2年兑现20%，第3年兑现30%，第4年兑现40%。

（5）建立股东退出回购机制。股东退出回购机制是指提前约定合伙人在退出公司时，大股东以回购的方式从将要退出企业的合伙人手里买回他们拥有的股份。对于回购价格的确定，需要视公司的发展情况而定，最好做到既让退出的合伙人能够分享企业的收益，又不让公司产生较大的现金流压力，还能拥有一定的调整空间与灵活性。然而，创业公司在发展过程中存在管理层波动是在所难免的，尤其是公司的合伙人选择退出团队时，会给企业带来极大的不稳定性。因此，创业者需要提前设定好回购机制，避免类似事情的发生。

（6）谨慎设计对赌协议。对赌协议也称"估值调整机制"，是指投资方与融资方签订融资协议时，鉴于未来不确定的情况而进行的约定。例如，A公司接受B公司投资时，双方约定，如果A公司在未来两年内没有上市，则将该公司20%的股权出售给B公司。对赌协议实质上是带有附加条件的评估方式。通常情况下，目标企业的业绩与上市时间是融资双方的对赌内容，在对赌条款中，除对赌内容以外，还有估值调整条款、股权回购条款等内容。

融资时，融资方通过出让股权获得资金，投资方提供资金获得股权。当双方对企业的估值存在异议、对公司的经营管理状况的认知存在不同观点时，便可以签订对赌协议，依据企业经营状况的变化进行具体调整。因此，一旦创始人对于市场判断出现失误、经营不善等导致企业业务的发展不及预期，就可能会失去公司的控制权。对赌协议对创业者来说是把"双刃剑"，设计对赌协议时一定要思虑再三。企业在签署对赌协议时，应在全面了解对赌协议的价值与风险的基础上再做决定。

2. 股权交易结构的博弈策略

在股权交易实务中，交易结构是决定交易目的能否实现的关键，为了确定合理的交易结构，往往需要各方进行多轮谈判、协商甚至博弈。与一般的物品买卖不同，买卖股权的交易结构具有非常明显的个性化、定制化特征，对于一项股权交易来说，没有最好的交易结构，只有最合适的交易结构。因此，股权交易不只是简单的股权买卖，从投资人角度来看，它具有投资的功能；从目标公司角度来看，它又具有融资的功能，是公司资本运营的主要方式。

（1）股权交易不是标准化的商品买卖。尽管近百年来大规模的股权交易活动中，人们已经积累了许多经验，如在财务评价、资产评估、税务评价等方面已经形成了一些经验性的方法，但在交易的可量化度和准确性、交易成本与路径等方面仍然留下很大的相当模糊的空间，在一定程度上都会影响公司的战略及运营。交易结构设计就是将这块模糊空间尽可能地澄清，使买卖双方比较容易地找到利益的平衡点，既节省了交易成本又控制了交易风险，最终实现交易目的。因此，针对股权的交易结构设计，需要交易各方投入更多的精力慎重对待，如有不慎将会对公司带来重大影响。对于风险和效率的取舍，股权交易更侧重于前者，而对于一些高频的交易（如股票买卖、期货合约买卖等），对效率的要求会明显比股权交易更高。

（2）交易结构是各方博弈的结果。股权交易中，交易各方之间存在博弈关系，既有合作又存在斗争。股权交易双方在达成买卖意向后，实际上进行的是讨价还价的过程，属于合作博弈范畴。对交易双方来说，都选择"买成"就是达到了纳什均衡，这可以解释为什么在股权交易（包括并购）实践中，激烈的讨价还价之后仍然能够做成交易的原因，因为这对双方来说都是最优选择。

股权交易的标的是股权，最终指向的是目标企业。很多情况下，交易双方选择"买成"这个双赢甚至多赢的纳什均衡，对交易参与方都是有好处的，选择损人不利己的非合作均衡往往达不到交易目的。针对股权交易的两种基本形式（转股、增资）来说，博弈的形式也有区别。

股权转让情况下，出让方套现离场，因此有更多动力隐瞒相关信息，是典型的一次性博弈；而增资扩股则不同，投资人与目标公司原股东的利益仍然捆绑在一起，要在很长一段时间内继续合作，目标公司原股东隐瞒或提供虚假信息的成本将会提高，对交易后的合作也有所忌惮，因此双方属于多次重复性博弈。

可见，增资扩股方式能够避免目标公司原股东套现的短期行为和由于信息不对称可能对投资人造成的利益损害，初始的信息不对称程度将随着双方多次重复博弈的进行而逐渐变小。因此，对股权出让方而言，增资方式相比股权转让方式更能够形成对交易行为的制约，正如行商容易缺斤少两，而坐商号称童叟无欺的道理一样。

（3）交易结构的终极目标是实现"1+1>2"。无论采用哪一种交易形式，股权交易的完成结果都是新投资人进场，股权架构上表现为实现控股股东变更，或者增加或变更了参股的投资人。无论有没有导致目标公司控制权变更，股权交易的初衷及最终目的都是帮助目标公司实现增值，通过资金和资源的导入，产生规模效应或者协同效应，从价值上回报股东的各种投入。

因此，交易各方在合作谈判过程中，互利、互惠、互信、共赢应当是交易结构设计的基本前提，并贯穿合作的始终，使得此项股权交易最终能够产生"1+1>2"的效果。一次性博弈虽然可能利于其中一方，但从整个交易资源配置的角度来看是不经济的。

第三节　股权设计的具体内容

一、股权组织架构

（一）组织架构设计类型

股权架构安排解决的不仅仅是分割股权比例的问题，而是要对创业企业生存、发展所需对接的各种资源，将这些资源合理地拼接利用起来，实现企业和各利益相关者之间的共赢局面，因此设计股权架构要根据企业的具体类型分析，进行多元化的架构设计。股权架构是公司组织的顶层设计，股权设计的核心是解决谁投资、谁来做、谁收益及谁担责的问题。[①] 下面以私募股权投资为例进行重点介绍。

私募股权基金的组织形式一般有三种，分别是公司型、契约型和合伙型，其中有限合伙型私募股权基金是最常见的。有限合伙型私募股权基金是由普通合伙人（GP）和有限合伙人（LP）组成。通常情况下，GP由基金管理人担任，承担无限连带责任，负责基金日常运营管理；LP由投资者担任，承担有限责任（以其出资额为限），不参与基金的日常运营。有限合伙型私募股权基金的架构见图3-9。

有限合伙型私募股权基金实行"先分后税"，在基金层面不需要缴纳所得税，可以有效避免双重纳税，并且相对更加灵活，更易退出。同样，有限合伙型私募股权基金也存在一些劣势，由于有限合伙型对LP资金缴纳时间和比例约定比较自由，若二期资金不能按时到位，就会影响基金的后续投资。

1. 公司制设计

公司制设计是指在企业当中成立股东大会、董事会和监事会，通过定期性的会议解决

---

① 冯向前．创业板公司引入多重股权架构探讨［J］．证券市场导报，2014（12）：46-50．

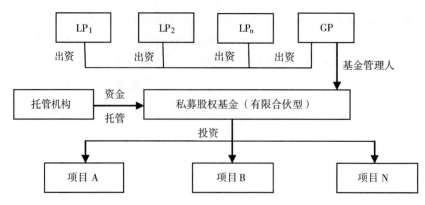

图 3-9　有限合伙型私募股权基金组织架构

公司相关的基金事务。该方式的私募股权投资基金，在正常情况下所有资产的整合和投入都是来自股东，并且股东要通过公司的盈利实现自己收入的增长。此外，基金的管理负责人，也就是职业经理人的薪水一般都是固定的。股东也可以通过制定一些推动企业管理的措施来确保工作人员能够认真地完成相关的工作任务，从而促进公司的发展。

2. 契约制设计

契约制设计是指企业的投资人可以通过设立相关的企业契约来整合双方的权利和工作义务，其中的投资身份是企业的委托人兼受益人。当下，信托已经渐渐成为私募股权投资基金的主要形式，因为只要能够建立起这种形式，就能够有效地让受托人和相关的法人及受益者之间的利益连接起来，并且让投资者的被动投资情况得到有效的解决，使投资者能够主动参与到基金的实际运用中来，从而保证基金的运用过程中的资金运转链接不会出现断裂的情况。

3. 合伙制设计

合伙制设计私募股权投资基金指通过普通合伙人和有限合伙人来保证公司的债务亏损和盈利能够有效地实现准确分配。

（1）普通合伙人模式，指普通合伙人对基金的亏损债务承担连带责任，也就是说，虽然公司的盈利和亏损与个人是没有任何关系的，但公司因为亏损而倒闭，那么个人的收入马上中断。再者因为私募股权投资基金在正常情况下，运用到的融资方法是存在着很大的风险的，相对应的给投资人的技术提出了很高的要求，并且私募股权投资基金如果本身出现问题，那么投资者可能会有较大的基金损失，所以在私募股权投资基金实务操作中，很少采用普通合伙人模式[①]。

（2）有限合伙人模式，指能够承担连带责任的一般合伙人和有限责任的有限合伙人组成的合伙基金。一般合伙人作为整个的基金管理人和控制者，对亏损情况和盈利情况有无连带的责任，也就是说能够摆脱整个组织内部控制，按照相对性的规定来进行有效的资金运作，有效地保证有限合伙人和一般合伙人的自身的盈利能够达到投资规模的百分比[②]。

---

① 杨雪. 私募股权基金最优税收结构：基于委托代理理论的研究 [D]. 北京：北京大学，2014.

② 张然. 四川基础设施产业投资基金运行机制研究：基于产业组织的视角 [D]. 成都：西南财经大学，2016.

（二）组织架构设计

相对于有限责任公司制度的资合性特征，合伙企业制度立足于人合性，呈现出非常强的开放性特征，《中华人民共和国合伙企业法》对企业运营层面的强制性规范很少，几乎事事可以协商，给投资各方留有非常大的协议空间。因此，《中华人民共和国合伙企业法》内容虽然少于《公司法》，但在实践运作中，其条款设计要求很高，应当充分利用好法律技术手段。不同的企业组织架构对合伙人之间的权利义务关系有着重要的影响，在制定合伙人协议之前，投资者的首要任务是研究各种企业组织架构方案，并从中选择出最能满足自身需求的企业组织架构。[①]

1. 典型的有限合伙企业组织架构

典型的有限合伙企业架构直接由有限合伙人和普通合伙人组成，合伙人人数为 2～50 人，有限合伙人作为投资者持有企业的绝大部分财产份额，根据法律规定不得执行合伙事务，以认缴的出资额为限承担责任，普通合伙人为企业的经营者，出资比例一般不超过 3%，对企业债务承担无限责任。其特点为：①普通合伙人以自身资产和信用对合伙企业债务承担无限责任，出现商业道德风险概率低；②有限合伙人由于不能参与企业经营（否则将突破有限责任），易产生投资信心不足的问题；③内部结构简单，运营成本低；④普通合伙人的决策缺乏监督；⑤合伙人人数不能超过 50 人。

在该组织架构下，由于普通合伙人需对合伙企业的债务承担无限连带责任，从而使企业治理实践中常见的经营者道德风险问题在一定程度上得以避免或者降低，这有利于增强作为投资人的有限合伙人的信心。但是，普通合伙人享有充分的经营决策权，该架构下企业的发展将完全取决于普通合伙人的能力，有限合伙人难以形成对普通合伙人运营决策的事前监管。典型的有限合伙企业组织架构见图 3-10。

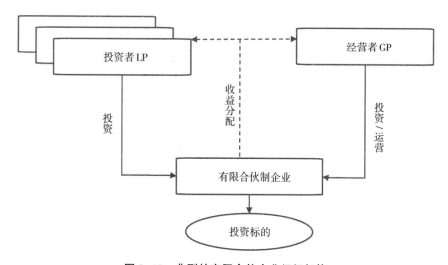

图 3-10　典型的有限合伙企业组织架构

---

① 江暾华. 有限合伙制私募股权投资基金的内部治理［J］. 价值工程，2015（2）：167-168.

2. 有限合伙企业组织架构设计

作为投资人的有限合伙人与作为经营者的普通合伙人虽然在合作共赢上的追求是一致的，但在具体需求上的考虑却是不同的。有限合伙人所重视的是投资资金的安全、有限的经营风险、项目质量、投资收益、投资人话语权等；普通合伙人则更看重有限合伙人的资金投入、经营话语权等。任何要求对方给予无条件的信任都是不切实际的，因此可以被各方认可的企业组织架构至关重要。

（1）有限合伙企业组织架构——经营者主导型 A。该组织架构设计相对于典型的组织架构方案，实际控制企业运营的"经营者"本身不作为 GP，而由所控制的基金管理公司担任，该模式有两方面的优势：一是基金管理公司作为 GP，合伙企业的经营管理、投资决策等将更为专业；二是经营者通过基金管理公司运营合伙企业在事实上享受了 GP 的权能，但又无须直接承担 GP 应负的无限连带责任，经营者自身的商业风险大大降低。相反从有限合伙人 LP 角度看，虽然合伙企业在基金管理公司的运作下更为专业，但由于经营者不需要承担无限连带责任，从而导致经营者的商业道德风险代价降低。此外，该架构下有限合伙人难以形成对普通合伙人运营决策的事实监管，从而导致投资者信心不足，见图3-11。

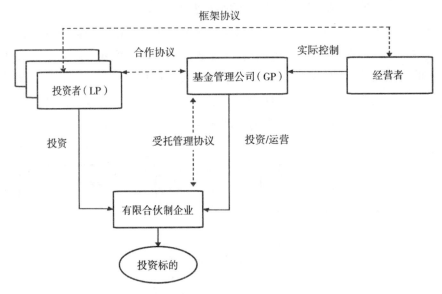

图 3-11　有限合伙企业组织架构——经营者主导型 A

（2）有限合伙企业组织架构——经营者主导型 B。相对于图 3-10 的企业架构，这是一种更倾向于经营者的企业架构方案，由"经营者"控股或实际控制的项目公司作为 GP，再由基金管理公司受托行使普通合伙人管理权限，该架构下不仅"经营者"无须作为普通合伙人对合伙企业债务承担连带责任，基金管理公司也从中脱离出来。对于有限合伙人而言，由于经营者所承担的责任进一步减少，合伙企业出现商业道德风险的概率更大，此外，该架构下有限合伙人仍然难以形成对普通合伙人运营决策的监管，见图 3-12。

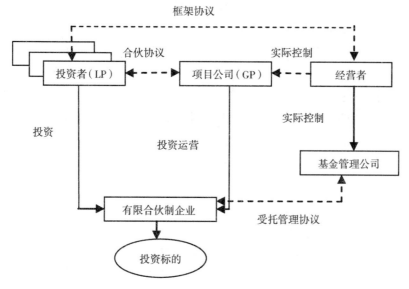

图 3-12　有限合伙企业组织架构——经营者主导型 B

（3）有限合伙企业组织架构——投资者主导型。这是一种倾向于有限合伙人利益的企业架构，现行合伙企业法没有禁止投资者的关联公司成为普通合伙人，基于此，有限合伙人自身作为 LP 的同时，可将其控股或实际控制的项目公司作为 GP 加入合伙企业参与经营管理活动，形成双 GP 运营架构。如此架构下，投资者一方面可以享有限责任的法律保护，另一方面可通过项目公司形成对合伙企业的经营管理与投资决策权。该架构可以消除投资人对于资金安全和决策风险的顾虑，有利于投资人的资金投入，但是从经营者的角度而言，其独立的经营管理与投资决策控制权将被要求共同行使，见图 3-13。

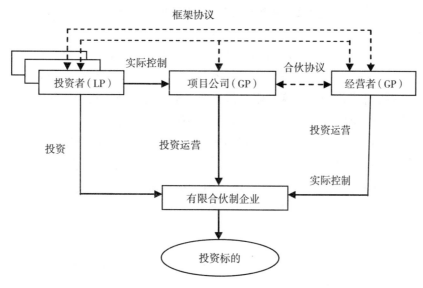

图 3-13　有限合伙企业组织架构——投资者主导型

（4）有限合伙企业组织架构——均衡型。投资者通过其项目公司的加入作为GP，在事实上形成了合伙企业的共同经营管理与投资决策；经营者方面，由项目公司代替经营者成为普通合伙人从而使经营者无需对合伙企业承担无限连带责任；为了解决合伙企业决策效率与专业化问题，由投资人和经营者共同组建基金管理公司以受托管理方式代替执行合伙人负责合伙企业运营工作。该架构下，既能满足LP形成对合伙企业的实际经营管理与投资决策权，又能解决GP在经营决策权受限之下对于无限连带责任的担心，同时以基金管理公司行使执行合伙人权限的方式解决了合伙企业的效率与专业性问题。该架构由于涉及的主体/机关较多，合伙企业的运营成本将增加，权利义务关系也更为复杂，见图3-14。

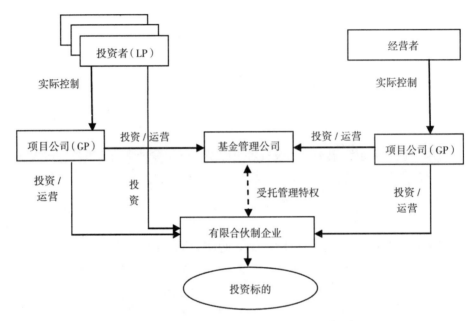

图3-14 有限合伙企业组织架构——均衡型

（5）突破投资者人数的合伙企业架构设计。法律规定有限合伙企业的合伙人上限为50人，为解决投资者人数限制问题，可以由投资者先成立若干个50人数以下的有限合伙企业，再由这些企业共同成立一家有限合伙企业，缺点是流转税将增加，见图3-15。

根据《信托法》规定，委托人可以将其财产权信托给受托人，由受托人按委托人的意愿，以受托人的名义，为受益人的利益或特定目的进行管理和处分。根据《信托公司集合资金信托计划管理办法》规定，单个信托计划的自然人人数不得超过50人，但单笔委托金额在300万元以上的自然人投资者和合格的机构投资者数量不受限制。

根据《公司法》规定，股东人数为2~200人，股份公司作为LP也可有效地突破合伙企业人数限制，见图3-16。

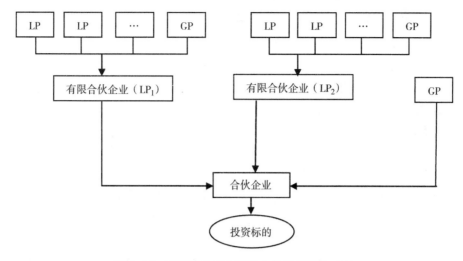

图 3-15　突破投资者人数的合伙组织架构（1）

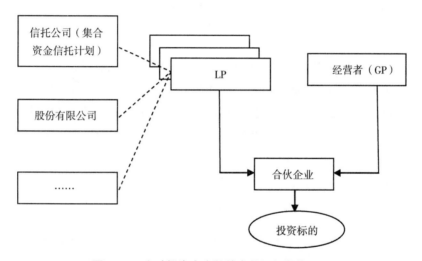

图 3-16　突破投资者人数的合伙组织架构（2）

3. 有限合伙组织架构设计总结

有限合伙的企业组织架构可以设计出多种模式，每种模式各有其特点和利弊，总体而言，构建有限合伙组织架构应当重点考虑以下四个方面：

利用有限责任制度将投资风险控制在一个可以控制的范围内；所采取的经营管理与投资决策机制应能充分反映出一方或多方的话语权，打消合作伙伴的疑虑，有利于投资和经营决策；企业运营的有效性安排；利益分配与退出机制。

（1）多 GP 模式形成了 LP。单 GP 下，合伙企业的经营管理与决策权限由 GP 享有，LP 不执行合伙事务，不得对外代表有限合伙企业（《中华人民共和国合伙企业法》第 68 条），除非基于以下事项：

1）参与决定普通合伙人入伙、退伙。

2）对企业的经营管理提出建议。

3）参与选择承办有限合伙企业审计业务的会计师事务所。

4）获取经审计的有限合伙企业财务会计报告。

5）对涉及自身利益的情况，查阅有限合伙企业财务会计账簿等财务资料。

6）在有限合伙企业中的利益受到侵害时，向有责任的合伙人主张权利或者提起诉讼。

7）执行事务合伙人怠于行使权利时，督促其行使权利或者为了本企业的利益以自己的名义提起诉讼。

8）依法为本企业提供担保。

第三人有理由相信有限合伙人为普通合伙人并与其交易的，该有限合伙人对该笔交易承担与普通合伙人同样的责任。有限合伙人未经授权以有限合伙企业名义与他人进行交易，给有限合伙企业或者其他合伙人造成损失的，该有限合伙人应当承担赔偿责任（《中华人民共和国合伙企业法》第76条）。

解决途径是多 GP 模式（有些地区注册双 GP 可能会有障碍），多 GP 模式下有限合伙人通过其实际控制的合伙主体成为一方普通合伙人，共同组成执行合伙人会议，通过民主程序决定合伙企业的所有重大经营工作，以间接的方式形成了 LP 对企业的经营决策影响力。

（2）项目公司可以规避经营主体所面临的无限连带责任风险。为了规避普通合伙人的无限连带责任问题，可以通过成立项目公司作为 GP 予以化解，项目公司将在实际控制人与合伙企业之间形成一道屏障，防范合伙企业的债务蔓延到实际控制人。项目公司除可用来防范实际控制人的风险外，也可以化解资产管理公司作为 GP 时所面临的无限连带责任风险。

（3）资产管理公司可以有效地解决合伙企业的运营问题。合伙企业作为一个投资平台具有天然的优势，但是作为一个经营平台则存在一定的局限性，其内部机关由合伙人协商设置，内部机关之间的权限、义务等均采取约定方式形成。此外，投资性质的合伙企业通常存续时间较短，所以劳动关系等问题不易处理，通过基金管理公司作为 GP 或受托管理的方式可以很好地处理这个问题：一方面，基金管理公司的股东会、董事会、监事会是实践中行之有效的企业运营机制，法律对其权利义务均有明确的规定，实践中不容易产生争议；另一方面，基金管理公司是长期存续的经营主体，人员结构稳定、专业积累与投资决策相对于合伙企业具有优势。合伙制私募基金是指由普通合伙人和有限合伙人组成，普通合伙人即私募基金管理人，他们和不超过49人的有限合伙人共同组建的私募基金。不同以往合伙制私募基金只能投资私募股权类投资，合伙制私募基金也能开设账户进行二级市场股票投资。

二、合理股权架构设置实务要点

股权是有限责任公司或者股份有限公司的股东对公司享有的人身和财产权益的一种综合性权利，其是多种股东权利的集合（包括控制权、投票权、分红权、知情权、经营决策权、优先认购权等）。从管理意义上讲，股东权利在公司治理中笼统地概括为三类：一是所有权；二是收益权（分红权）；三是决策权。从其中可以看出，在所有权延伸出来的权利中最为重要的是控制权和分红权。根据 4C 理论，创始人、合伙人、核心员工、投资人四个维度为企业的重点，承载着企业的愿景、资源、资金、人力贡献。因此，增强企业股权与公司治理的合规性，需要从宏观层面和微观层面来考虑。

（一）宏观层面

从宏观层面，创业公司早期最为核心的四类人分别是创始人、合伙人、核心员工、投资人，他们都是公司早期风险的承担者和价值贡献输出者。在人力资本/互联网轻资产驱动的初创公司，早期股权架构设计基本上都是围绕着人力资本。[①] 在笔者看来，应根据股东的不同类型进行权利配置，并满足其核心诉求，见图 3-17、图 3-18。

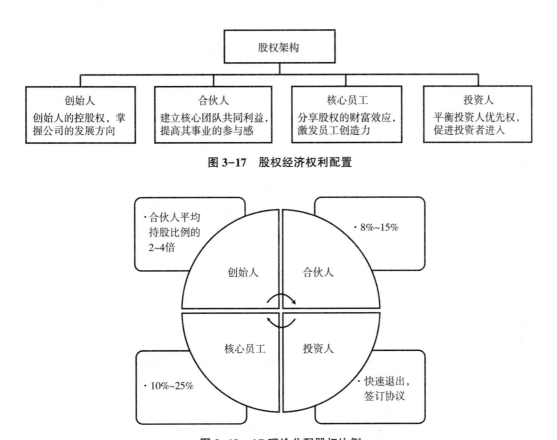

图 3-17　股权经济权利配置

图 3-18　4C 理论分配股权比例

（1）从创始人维度来看，创始人/实质控制人注重的是控制权和公司的发展方向。本质上的诉求是控制权，创始人的诉求是掌握公司的发展方向，所以在早期设计股权架构时，必须考虑创始人控制权，对其分配较高比例的股权（一般建议是合伙人平均持股比例的 2~4 倍，即 60%~80%）；融资轮次中创始人股权不断被稀释，但仍需要在上市前其持股比例保持在 30% 以上，以保证实际控制人的稳定性。实际控制人可以采取两种方式持

---

① 唐跃军，左晶晶.创业企业治理模式：基于动态股权治理平台的研究 [J].南开管理评论，2020（6）：136-147.

股，即自然人直接持股和控股平台间接持股。自然人直接持股架构比较清晰，自然人直接持股比控股平台持股税费低。实际控制人出于个人资金需求可通过股权转让方式变现。实际控制人套现通常需要注意的是应满足相关法律法规关于股权/股份锁定的要求及套现后仍对公司保持控制力等。

（2）从合伙人维度来看，合伙人/联合创始人作为创始人的追随者，其与创始人的价值观必须高度一致。合伙人作为公司的所有者之一，希望在公司拥有一定的参与权和话语权。因此，早期可考虑设置8%~15%股权对其进行分配。

（3）从核心员工（管理层）维度来看，他们的诉求是分红权。核心员工在公司高速发展阶段起到至关重要的作用，在早期设计股权架构时需要把这部分股权预留出来，无论是证监会还是投资机构，都非常看重拟上市公司高管团队的质量和稳定性。公司管理层持股也是通常所说的高管持股平台或者员工持股平台，此种方式通常以合伙企业的方式进行管理。

（4）从投资人维度来看，投资人追求高净值回报，对于优质项目他们的诉求是快速进入和快速退出，因此从一定程度上说，投资人要求的优先清算权和优先认购权是非常合理的诉求，投资者建议持股比例为5%~15%（需要大量融资的高科技企业除外）。引入投资者，不仅是为了缓解上市前的资金难题，更为重要的是提升公司的资本运作能力。

（5）新合伙人的预留。预先准备充足的股权份额，使企业在吸引人才时具有优势。

（6）多轮融资的安排。公司从创立之初至天使轮融资、A轮融资、B轮融资直至上市前融资均会稀释创始股东的股比，为保持创始股东的控股权，需要提前设计好股权架构，并做好投资定价和融资预估。

（7）投资定价的合理性。对于投资方入资价格的合理性解释也是公司进入资本市场而成为公众公司需要关注的一个重要方面，其初衷主要是防止控股股东利益输送侵害广大社会小股东的利益。另外，根据公司业务转型升级及业务方向的调整而需要的资金分配，可能需要对目标公司的子公司、关联公司进行股权重组，可能牵涉到公司的股权架构调整。

从实务操作来看，现代企业通过合理的股权架构设计，明确好各方的权、利、职、责，才能尽可能地保护好各方的利益。在设计股权时，股权设计需将创始人、合伙人、投资人、经理人及其他利益相关方绑定在一起，从而将股权价值作为企业发展的战略坐标，建立竞争优势获得指数级增长。要充分考虑各合伙人的贡献并与企业的类型相匹配。不仅要考虑货币或实物、知识产权、土地使用权等显性的贡献因素，还要充分体现合伙人的能力、精力、技术、资源等隐性因素。[1] 对于初创企业来说，股权设计最好的策略主要是量化分配"量化"和分期兑现"动态"[2]，将其简化为股权经济权利的分配问题。

（二）微观层面

从微观层面上看，股权是多种股东权利的集合体（投票权、分红权、知情权、经营决

---

[1] 朱海娟.上市公司股权架构设计的理性思考[J].投资与创业，2020（20）：145-147.

[2] 魏明海，程敏英，郑国坚.从股权架构到股东关系[J].会计研究，2011（1）：60-67+96.

策权、选举权、优先受让权、优先认购权、转让权等）。其中，最为重要的是投票权和分红权。[①] 事实上，在微观层面，需要思考的不仅仅是股权比例的问题，而是围绕着 4C 股权架构设计股权体系（见图 3-19）。

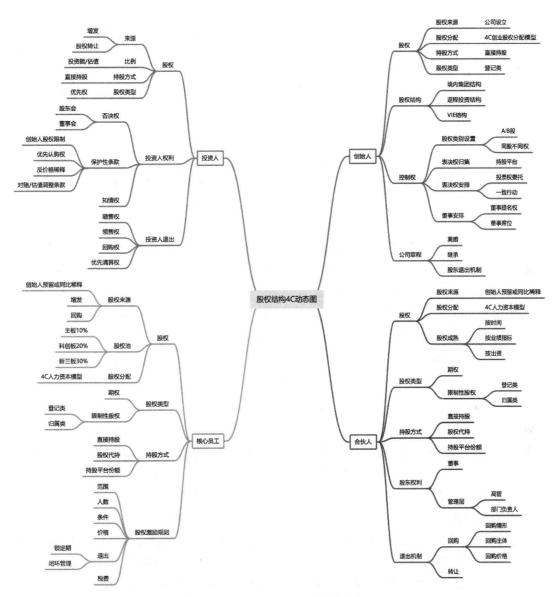

图 3-19　股权架构 4C 动态思维导图

资料来源：根据相关资料整理。

1. 联合创始人层面：主要关注的是话语权

（1）持股比例。原则上来讲，联合创始人持股比例最好在 10%～25%。创始人持股比

---

① 李文贵，余明桂. 民营化企业的股权架构与企业创新［J］. 管理世界，2015（4）：112-125.

例应该是合伙人人均持股比例的 2~4 倍。

（2）持股模式包括三种：直接持有、创始人代持、持股平台。

1）直接持有：要在市场监管局登记各自持有的全部股权，包括已经成熟的股权+未成熟的股权。

2）创始人代持：表示该部分股权不显名，该部分是指未成熟部分股权。创始人在市场监管局登记的股权（未成熟的全部股份【包括自己+其他联合创始人】+自己已经成熟股份）[①]。

3）持股平台：设立一个有限合伙企业，创始人作为有限合伙企业的 GP，被激励对象作为 LP，基于有限合伙企业的特殊性，GP 是法定的绝对控制人。这种方式比较稳定，也是大多数企业进行股权激励时采用的方式。

（3）进入机制即成熟机制，见图 3-19。

（4）退出机制：主要分为过错退出和无过错退出。过错退出处理方式是采用法律允许的最低价格回购其所有股权（不论成熟与否）。无过错（成熟股权）退出一般有两种补偿模式，一是按照净资产的 1.5~2.5 倍结算；二是按照对应估值的 10%~20%结算。无过错（未成熟部分股权）退出按照获得时对应股权的出资额返回/对应出资额按照银行利率的一个倍数进行补偿（控制在 3 倍以内）。

2. 核心员工层面：预留合适的期权池

（1）期权池比例的确定。一般分为三种方式：一是按投资人要求的比例确定；二是根据创始团队的情况确定；三是基于已有的方向/商业模式设计确定。[②]

（2）期权池的来源。通常情况下是创始团队之间确定好股权比例后，同比例稀释一个期权池，然后把期权池设计成 10000000 股（自由约定，以方便计算和统计为主）。有的创始团队早期期权池预留特别大（一般在 30%以上），这样做一方面避免再次增发带来麻烦，另一方面有利于创始人集中投票权操作方式，可用于以小博大的商业操作模式。期权池剩余没有发完的部分要按照最早开始参与同比稀释的创始团队成员的比例（第一次稀释时的比例）返回到各自名下，但预留较大期权池也是有一定的隐患和后期的纠纷。对于期权激励计划的实施可能会造成不恰当的操作，也就是说很可能发多了，反过来损失的是创始团队成员的利益。

（3）持有模式——代持和持股平台。对早期核心员工承诺的激励可以先采用代持，天使轮以前的承诺都建议采用代持来操作，这是比较合适的期权激励计划。因为，天使轮后，A 轮前实施第一次激励计划，这次大概会花掉整个期权池的 1/3。因此，越是早期，对于核心员工来讲风险越大，导致这次对于整个期权池的消耗是比较大的。

（4）行权与确定行权价格。事实上，合理的股权架构设计可自由约定如何去设计。

（5）退出机制。类似联合创始人的退出机制设计期权行权后会变成实实在在的股权。退出可主要分为行权期前退出和行权后退出。行权后退出又分为过错退出和无过错退出两

---

① 谢会丽. 股权融资过程中创始人控制权维护：以阿里巴巴为例 [J]. 生产力研究, 2017 (1)：31-34.

② 史艺然. 核心员工股权激励与创新产出 [D]. 大连：东北财经大学, 2017.

种退出方式。

3. 投资人层面：追逐资本的优先权

（1）持股比例。种子阶段（5%~10%）的对应估值在 300 万~600 万元；天使轮阶段（10%~20%）的对应估值在 1000 万~5000 万元；以上估值区间不是完全正确的，具体根据投资人给出的估值为准。之后的融资则根据项目的具体发展进度来确定，如果项目呈现上升发展趋势，则注意不要让股份被稀释得太快。

（2）投票权。投资人通常情况下会要求一票否决权和一些保护性条款。投资人之所以这么要求，一方面基于对资本的安全考虑，另一方面基于对创始团队的不信任。

（3）优先权。优先分红权、反稀释权、领售权、随售权、优先清算权、优先认购权及其他特殊权利，以上这些优先权本质上是为了保护投资人的资金能够快速进入和快速退出，需要精心策划和设计。①

4. 股权成熟制度：股权的退出机制

股权成熟制度可以防止创始人突然从公司离开而带走大部分股权的情况发生。在投资协议里，股权成熟权通常表述为"创始人同意，只要创始人持续全职为公司工作，其所持有的全部公司股权自本协议生效之日起分 4 年成熟，每满两年成熟 50%。如果从交割日起 4 年内创始人从公司离职（不包括因为不可抗力离职的情况），创始人应以 1 元人民币的象征性价格或法律允许的最低转让价格将其未释放的股权转让给投资人或投资人指定的主体"。另外，股权成熟权并不影响创始人的分红权、表决权和其他相关权益，所以创始人应当在融资之前做好设立股权成熟权的准备。

设立股权成熟权对创业公司有两个好处：一是公平。毕竟有付出才有收获，坐享其成是不被允许的。二是有利于创业公司吸引新的人才。作为创业企业，如果创始人离开创业团队就涉及股权退出机制。对于退出的合伙人，一方面，可以全部或部分收回股权；另一方面，必须承认合伙人的历史贡献，按照一定溢价/或折价回购股权。对于如何确定具体的退出价格则涉及两个因素，即退出价格基数、溢价/或折价倍数。可以考虑按照合伙人购买股权价格的一定溢价回购，也可以按照公司最近一轮融资估值的一定折扣价回购。有些退出价格是当时投入的本金加合理利息回报。至于选取哪个退出价格，不同公司会存在差异。但对于已融资或拟上市公司，就不能简化了。常见的四种股权成熟模式如下：

（1）按年成熟。

1）成熟期：3~5 年。

2）成熟机制：以 4 年成熟期为例。

3）成熟原则：创始团队成熟机制尽量保持一致。

4）立刻成熟份额：基于合伙时间确定（3 个月为 5%/6 个月为 10%）。

例如，A、B、C 合伙创业，股比是 6∶3∶1。创业一段时间后，C 离开团队，但 C 还拥有企业 10%的股份，如果企业发展良好，则 C 坐享其成，这样对团队里的其他人是不公平的。此时，就可以实行股权成熟制度，股权按 4 年成熟来计算。

---

① 蒋洁. 论对有限合伙型私募股权投资者的保护［D］. 北京：中国政法大学，2012.

不管以后怎样，每工作一年股权就成熟25%，C工作满一年整离开了，则C可以拿走2.5%（10%×1/4）的股份，剩下的7.5%股权就不是C的了。

剩下的7.5%股权有两种处理方法：一是强制分配给所有合伙人；二是以不同的价格按照公平的方式分配给A和B。

（2）按项目进度。比如说产品测试、迭代、推出、推广，达到多少的用户数……这种方式对于一些自媒体运营的创业项目比较有用。当然，这也要依实际情况而定，有可能一年之内就做到100万的粉丝，那这种情况下为什么不让项目成熟？

（3）按融资进度。融资进度可以印证产品的成熟，这是来自资本市场（即外部），的评价，可以实现约定完成融资时A得多少B得多少C得多少。

（4）按项目的运营业绩。按项目的运营业绩（营收、利润）进行约定。

总而言之，完美的股权架构在企业发展中将发挥价值：一是合理的股权架构可以明晰股东之间的权责利，科学体现各股东之间对企业的贡献、利益和权利，从而使各股东的积极性得以充分调动；二是合理并且稳定的股权架构及恰当的退出机制，有助于维护公司和创业项目的稳定；三是在未来引资时，股权会被稀释，完美的股权架构有助于确保创业团队对公司的控制权；四是无论是主板、创业板还是新三板，均会要求上市公司股权架构是明晰、清楚、稳定的，完美的股权架构有利于企业顺利走向资本市场；五是避免出现公司股权僵局或股权争议。[1]

三、合理的股权架构设置案例

（一）创业期公司股权架构的设置

创始人设置公司股权架构时，要考虑联合创始人、管理层、多轮次融资投资人、员工持股平台及其他投资人的持股架构。创始团队及管理层可设置一个合伙企业形式的持股平台。创始人另行设置一个有限公司形式主体，由实际控制人持股，注册资本金没必要设置很高。该有限公司作为创始团队持股平台的普通合伙人，承担无限连带责任，普通合伙人持有该持股平台1%份额即可，其他99%份额由创始人团队、管理层作为有限合伙人持有，这是比较合理的股权架构，见图3-20。[2]

以有限公司主体作为持股平台的普通合伙人可以有效控制实际控制人承担的责任，将无限连带责任转化为"有限责任"。公司设置10%~15%的股权激励份额作为员工激励，以合伙企业形式设置员工持股平台，并且以实际控制人作为股东的有限公司作为员工持股平台的普通合伙人，承担无限连带责任，普通合伙人持有该持股平台1%的份额。

在员工持股平台中，创始人/实际控制人可以预留代持部分份额，以便分批激励不同层级员工；如有员工离职也有收回至创始人/实际控制人代持。在每轮次融资中可约定员工股权激励池中股权比例不被稀释，以保障企业活性。

公司可以向下设置子公司，将公司业务分模块由各个子公司经营及管理，这样可以使

---

① 杨丽曼. 基于公司治理角度的不同模式合伙人制度研究 [D]. 北京：北京交通大学，2016.
② 苏慧娟. 基于不同股权架构视角下的民营企业价值研究 [D]. 武汉：华中科技大学，2017.

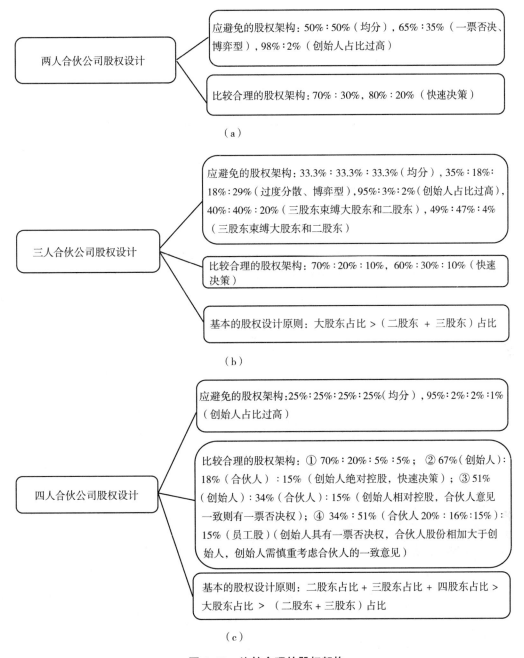

图 3-20　比较合理的股权架构

业务情况清晰；对于公司核心业务，子公司的股权架构可由实际控制人和公司共同持股，实际控制人作为核心业务子公司的控股股东（持股 51% 及以上），即便经过多轮次融资公司股权被稀释，仍可将核心业务掌控在创始人自己手中。其他业务子公司可作为公司的全资子公司，一旦某个业务出现问题，也可单独清算该子公司而不影响主体公司，对于发展特别好的子公司可以考虑单独上市，如有受限制业务也可放在子公司中运营，不会影响主体公司未来的上市计划，见图3-21。[①]

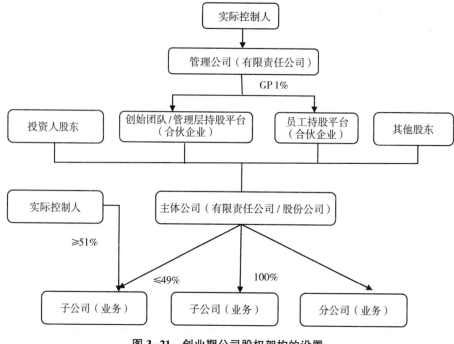

图3-21　创业期公司股权架构的设置

（二）股权激励平台的设置

企业未来可能开展股权激励，股权激励的对象（高管、核心员工）持有的股权可统一安排在持股平台。由持股平台持有公司股权，高管和核心员工持有持股平台的股权/合伙份额，从而间接持有公司股权/股份。

1. 预留股权激励持股平台的优点

（1）有利于企业股权的稳定性。高管和核心员工的持股变化频繁，在持股平台中进行可使企业股权轻易不变动。

（2）有利于创始人实现企业的控制权。持股平台的控制权由创始人掌握，从而使创始人保持对企业的控制。

2. 持股平台的形式可以是有限合伙企业或者有限责任公司

（1）有限合伙企业。有限合伙企业由普通合伙人和有限合伙人组成。创始人作为普通合伙人负责公司的经营决策。高管和核心员工作为有限合伙人不参与有限合伙企业的经营决策。

（2）有限责任公司。由创始人和高管、核心员工作为股东。无论创始人持有多少股权，都可以在作为持股平台的公司章程中规定，其他股东将表决权授予创始人行使，从而让创始人掌握全部的表决权。

① 王瑛月. 创业团队股权配置、股权架构变动与企业绩效关系研究 [D]. 天津：天津财经大学, 2020.

3. 有限责任公司和有限合伙企业的区别

（1）有限责任公司。分红时，有限责任公司作为股东（持股平台）从公司分取利润，有限责任公司须缴纳企业所得税；高管和员工再从作为持股平台的有限责任公司分取利润，还需按20%缴纳个人所得税——双重征税。

（2）有限合伙企业。分红时，有限合伙企业作为股东（持股平台）从公司分取利润，有限合伙企业不缴纳所得税；高管和员工再从有限合伙企业分取利润，按20%缴纳个人所得税。

4. 持股平台一般以有限合伙企业居多，以有限合伙企业的形式设立持股平台的优点

（1）若以有限责任公司的形式，平台股东退出可能还需要举办合法有效的股东会决议，并且涉及章程修改；若以有限合伙企业的形式，则可以通过合伙协议约定相关事项，简化决策流程。

（2）以有限责任公司的形式，平台股东取得分红需要经过企业所得税和个人所得税的双重征税；以有限合伙企业的形式，则仅需缴纳个人所得税。

（3）有限合伙企业的设立门槛更低，在出资方面的法律限制更小，安排更灵活、自主性更强。

（三）拟上市公司股权架构的设置

实际控制人可以先成立一家控股企业（有限责任公司或合伙企业），然后以控股企业持有拟上市公司股权，见图3-22。[①]

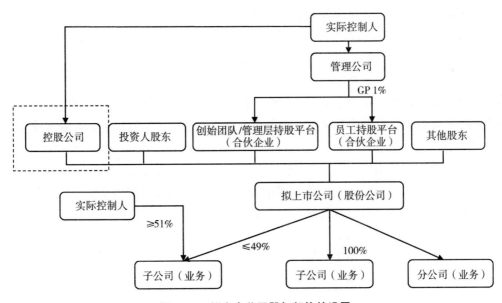

图3-22　拟上市公司股权架构的设置

① 卢遥. 双层股权架构制度研究［D］. 武汉：武汉大学，2021.

1. 设置上层控股公司的优点

（1）集中股权，提高对上市公司的控制力。

（2）简化上市公司信息决策流程。在股份公司层面，如改制重组、IPO等重大事项中如某股东不同意签字，那么该事项将进展暂缓。

（3）便于调整控股公司股权，对拟上市公司股权进行管理。由于股份公司发起人在上市前一年内不准转让股权。若将可能进行调整的投资者纳入控股公司而不是股份公司，可以在控股公司层面对其股份进行调整，从而间接达到调整股权架构的目的。这种方式在上市前和上市后均可以实现。股权激励时对管理层的股份进行调整，若在拟上市公司层面进行调整，既需要考虑被调整对象是否同意，还需要考虑调整的价格，并且控股股东没有优先购买权；若是在控股公司层面则受到的约束相对减少。

（4）控股企业对拟上市公司/上市公司的债务融资提供抵押、担保，降低融资成本。由于控股公司可以合并上市公司报表及其他产业的报表，其资金实力一般强于上市公司，受到银行认可的程度较高。控股公司可在上市公司银行借款、发行债券等过程中，提供相应的担保，提高上市公司债项的信用等级，降低融资成本。

（5）控股企业可以随时准备承接上市公司的非优质资产，为上市公司的未来发展协调资源。控股公司可以承接上市公司在未来经营过程中形成的一些盈利能力不强的项目，保证上市公司资产的优质性。同时，可以为股份公司的现在和未来发展协调各种战略资源。

（6）控股公司可以在达到一定资产规模之后，以发行企业债、中期票据获得资金并开展一些不宜在上市公司内部开展的业务；或者通过股权质押、出售股票、吸引外部投资者增资的方式对实际控制人想重点发展的产业进行培育。

（7）有助于对上市公司人事进行安排，保持上市公司管理层的活力。在很多公司上市时，上市公司的管理层长期跟随实际控制人、控股股东，将公司做大做强并对公司上市做出了巨大贡献。但是上市成功之后，这些持有上市公司股份的管理者可能存在推动公司发展动力不足，却仍占据着董事、监事的情形，而为了公司发展做出了巨大的贡献且有能力和冲劲的中层干部的晋升通道被堵。若在上市公司基础上成立控股公司，将老管理层升至控股公司担任相应的职务，腾出相应的职位空间给中层干部，既能照顾老管理层的情绪，又能保证新的管理层的活力，同时也确保了公司整体晋升通道的通畅。

（8）成立控股公司，并承接上市主体中目前不宜上市或者目前尚不成熟的业务，待时机成熟后单独上市或者以定向增发方式注入上市公司。

2. 设置上层控股公司的缺点

（1）税负高，需要进行税务筹划。

（2）公司决策比个人决策慢，主要体现在销售股票不如个人灵活。

（3）设立控股公司需要增加管理人员，并且其不能在上市公司兼职，人力成本增加。

（4）需要保证业务、资产、人员、财务、机构与上市公司之间的独立性。

四、股权分配经典案例

股权奠定了一家企业的基因，企业股权控制权设计策略的股权分配对其经营管理工作和经济效益发展产生直接影响。①

（一）有限合伙平台模式

有限合伙平台模式是指公司员工与公司的创始人共同出资组成有限合伙企业，该合伙企业通常由创始人担任普通合伙人（GP），被激励的员工为有限合伙人（LP），根据《中华人民共和国合伙企业法》，只有 GP 才拥有该合伙企业的决策权，而 LP 是没有的。目前，典型的例子就是支付宝的母公司蚂蚁集团。

1. 蚂蚁集团的股权架构

蚂蚁集团共成立两层四家员工持股平台，蚂蚁集团的第一层股东有 23 家机构，其中 21 家外部机构，两家员工持股平台——杭州君瀚股权投资合伙企业（以下简称君瀚投资）和杭州君澳股权投资合伙企业（以下简称君澳投资）。第二层是两家员工持股平台——杭州君洁股权投资合伙企业（以下简称君洁投资）和杭州君济股权投资合伙企业（以下简称君济投资）。杭州云铂投资咨询有限公司（以下简称云铂投资）作为普通合伙人同时执行四家员工持股平台的合伙事务，而云铂投资由马云 100% 持股，② 具体的股权架构见图 3-23。

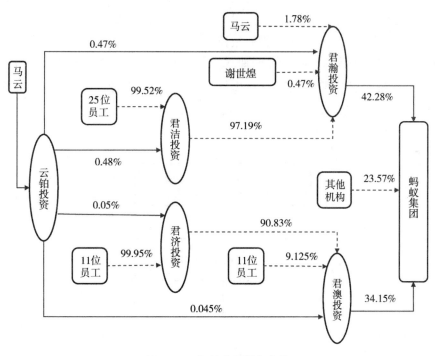

图 3-23　蚂蚁集团股权架构

①　资料来源于《股权控制权的五种设计策略》。
②　曾平庞. 创始投资人控制权保护机制研究：基于万科、阿里双案例视角 [D]. 石河子：石河子大学，2019.

2. 蚂蚁集团绝对控制权分析

从图3-23中可以看出，该模式通过有限合伙企业作为持股平台，利用普通合伙人的身份通过执行合伙事务实现对持股平台的控制，并由此间接对公示形成控制。四家员工持股平台合计持有蚂蚁集团76.43%的股权，外部机构共持有蚂蚁集团23.57%的股权比例，马云通过控制76.43%的股权比例实现对蚂蚁集团的绝对控制。马云个人出资成立云铂投资，再利用云铂投资成为四家员工持股平台的普通合伙人，虽然马云的出资只占四家员工持股平台极少的份额（0.045%～0.47%），却能以普通合伙人的身份和协议约定实现对两层四家员工持股平台的控制。

（二）虚拟股权模式

虚拟股权，是指企业授予符合条件的公司高管、管理层、技术骨干人员的一种股权，该股权只享有分红权，但是没有表决权和所有权，不能转让和出售，在持有者离开公司后，虚拟股权就会自动失效。[①]

1. 华为的虚拟股权——工会持股模式案例

工会持股模式就是员工通过职工持股会或工会来持有公司股权，而相应股权的决策权则由创始人所有。职工持股会是指依法设立的从事内部职工股的管理，代表持有内部职工股的职工行使股东权利并以社团法人名义承担民事责任的组织。本书以虚拟股权激励为基础，以华为工会持股模式为例讲解虚拟股权模式。

华为20多万名员工拥有99.35%的股票，任正非本人所持有的股票仅占0.65%，见图3-24。华为投资控股有限公司是100%由员工持有的民营企业，华为技术有限公司是华为投资控股有限公司100%控股的，而华为投资控股有限公司工会委员会是一个社团法人组织。从根本上讲，任正非拥有对华为的绝对控制权。[②]

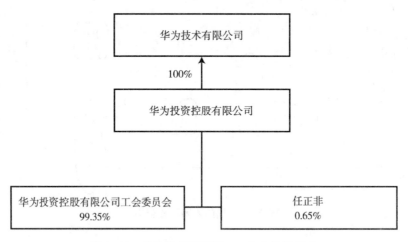

图3-24 华为的虚拟股权——工会持股模式

资料来源：股权占比数据根据2023年7月5日资料整理。

---

① 李鹤然. 华为虚拟股权激励案例研究［J］. 经济研究导刊，2022（26）：93-95.
② 安海. 华为公司股权激励制度研究［D］. 北京：对外经济贸易大学，2014.

在该模式下，股权会授予目标员工一种"虚拟"股票，假如公司达到业绩目标时，被授予者可以享受一定的分红及部分增值收益。虚拟股票没有所有权与表决权，并且不能转让和出售，一旦被授予者离开公司，股份就会自动失效。

持有虚拟股权的员工因为享有特定公司的"产权"，他们从员工变为股东，当他们带着这种身份去工作时，就会减少道德风险和逆向选择的可能性。同时，由于虚拟股权的激励对象为公司核心员工，因此核心员工可以感受到企业对自己价值的肯定，从而产生巨大的荣誉感和动力。不过，华为的股权制度并非一开始就是以虚拟股权激励为主的，它也是经过数次变化后，才发展成如今的模式。

随着公司的壮大，华为外籍员工的数量越来越多，但他们无法享有虚拟股权激励。再加上由于股票价格逐步增长，入职时间短的员工没有资金购买股份，无法与华为形成利益捆绑，最终造成华为员工的离职率节节攀升。为了解决这一困境，华为在 2013 年推出TUP[①] 时间单位计划，让外籍员工也可以参与华为的利润分享；2014 年，在国内员工中正式实行该计划。

TUP 类似于分期付款：授予员工一个获取收益的权利，但该权益需要在未来几年内逐步兑现。

假如，2014 年授予员工 10000 股，当期股票价值为 5.11 元。

2014 年（第一年），没有分红权。

2015 年（第二年），可以拥有 $10000 \times 1/3$ 分红权。

2016 年（第三年），可以拥有 $10000 \times 2/3$ 分红权。

2017 年（第四年），可以拥有 10000 股的分红权。

2018 年（第五年），在全额得到分红权的同时，员工可以对股票值进行结算，假如当年股价升值到 6.32 元，则第五年员工可以得到的回报是 2018 年分红和 12100 元［$10000 \times (6.32-5.11)$］。同时，对这 10000 股进行权益清零。

可见，华为采取的是五年期（N=5）的 TUP，前四年递增分红权收益，最后一年除获得全额分红收益之外，还可能获得 5 年中股本增值的收益。TUP 的实施可以解决不同国籍员工的激励模式统一问题；同时，也解决了新员工激励不足的问题，降低了员工离职率。

自 2004 年以来，华为员工通过购买虚拟股的方式为华为增资超过 260 亿元。更重要的是，华为的股权激励机制通过数次调整其分配方式，从而保持了整个公司的活力，这是华为近年来持续高速发展的原因之一。[②]

2. 创新工场案例

创新工场（北京）企业管理股份有限公司（以下简称创新工场）在"新三板"的公开转让说明书显示：公司的核心要素为人力资本，尤其是在李开复的带领下，聚集了一批在各自专业领域具有领先优势和丰富经验的导师资源和管理团队，其核心管理团队的稳定

---

① TUP（Time Unit Plan）股权激励计划是一种类股权的手段：通过授予激励对象一定份额股权，以每年度及整个周期内的结果为分红条件，通过算法把将来的业绩目标与每个岗位、每个人的分红收益都计算清楚的一种获取分享制度，也是员工未来获得期权或注册股的唯一凭证。

② 李鹤然 . 华为虚拟股权激励案例研究［J］. 经济研究导刊，2022（26）：93-95.

和导师资源的拓展对公司保持业内核心竞争力具有重要的意义。然而李开复于 2015 年 9 月起担任创新工场董事长以来，并未持有创新工场的股份，也不在创新工场领取报酬，那么是什么原因使李开复留在创新工场工作？[①]

（1）既实现股权激励又保持公司股东的股权控制力。创新工场 2015 年进行第二次增资后，汪华、陶宁、郎春晖、张鹰四大股东的持股比例分别达到 27.83%、14.09%、11.36%、11.36%，另外四位小股东的持股比例总和为 15.36%。八位股东的持股比例总和为 80%，余下的 20% 为北京创新工场育成管理咨询有限公司（以下简称育成管理公司）持有。成立育成管理公司就是为李开复个人设计的股权激励方案，四位股东与李开复签署了薪酬激励协议，约定育成管理公司占创新工场 20% 股权比例的全部收益归李开复所有，但控制权归属于育成管理公司的四位股东，即汪华、陶宁、郎春晖、张鹰。其中，育成管理公司由汪华、陶宁、郎春晖、张鹰四位股东出资成立，他们的持股比例分别是 43.75%、18.75%、18.75%、18.75%，见图 3-25。

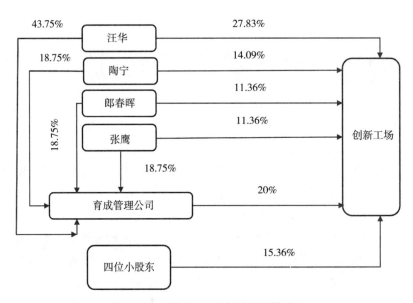

图 3-25　创新工场"虚拟股权模式"

（2）创始股东对创新工场的股权控制力分析。通过以上股权激励方案的设计，李开复不用出资就拥有创新工场 20% 的股份收益权，但不直接持有创新工场的股份，也没有股东控制权。2016 年 2 月 15 日，创新工场在"新三板"挂牌上市，届时四位大股东即汪华、陶宁、郎春晖、张鹰共同控制创新工场 64.64%（27.83%＋14.09%＋11.36%＋11.36%＋20%）的股权，处于控股地位。

（三）双层公司架构模式

双层公司架构模式是指通过在本身开展业务的公司基础上再成立一家新公司（控股公

---

① 曾翠玲. 东湖高新区创新型孵化器运营模式研究 [D]. 武汉：华中科技大学, 2015.

司），新公司控股开展业务的经营公司。所有的自然人股东成立 A 公司，A 公司全资成立 B 公司，A 公司的大股东担任 B 公司的法定代表人，则 B 公司的股东为法人组织 A 公司，见图 3-26。

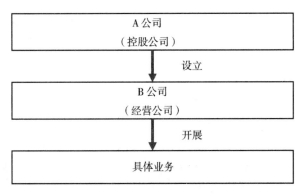

图 3-26　双层公司架构

由图 3-26 可以看出，该模式的优点在于能够规避自然人股东纠纷，若股东发生纠纷，在 A 公司中便可解决，不影响 B 公司开展业务，保护公司业务正常经营和健康发展。如果股东之间发生矛盾，小股东很有可能打算退股或者解散公司，但大股东想要继续经营公司，那么便可以把公司业务转移到其他公司名下。若没有进行双层公司架构设置，股权转让便需要经过其他股东同意，这个时候的股东矛盾显然是无法进行股权转让的，公司就会陷入僵局，不利于公司发展。

1. 联想控股股份有限公司双层企业股权架构案例

联想控股股份有限公司双层企业股权架构见图 3-27。

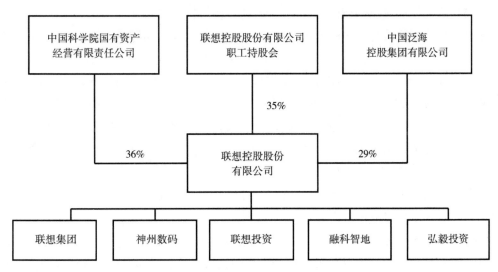

图 3-27　联想控股股份有限公司双层企业股权架构

2. 360 公司双层企业股权架构案例

360 公司创始人周鸿祎通过个人持股和其他公司持股的双重形式掌握了公司的控制权。三六零安全科技股份有限公司（以下简称 360 公司）从美国退市后，通过借壳江南嘉捷回归 A 股上市，并于 2017 年 12 月 29 日获得审核通过。根据重组报告书披露，360 公司创始人周鸿祎以持有 23.4% 的股权合计控制上市后 360 公司 63.7% 的投票权（见图 3-28）。[1]

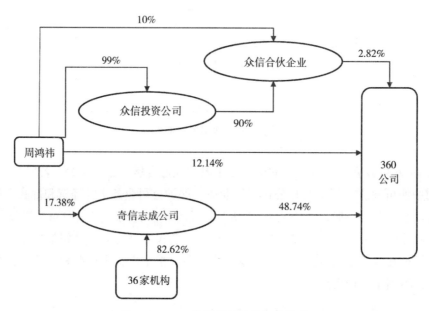

图 3-28　360 公司双层企业架构模式

周鸿祎运用双层企业架构模式，分三部分实现对公司的控制权：

第一，周鸿祎直接持有 360 公司上市后 12.14% 的股权和同等投票权。

第二，天津奇信志成科技有限公司（以下简称奇信志成公司）持有 360 公司上市后 48.74% 的股权比例。其中，周鸿祎在奇信志成公司的持股比例为 17.38%，其他 36 家机构持股比例为 82.62%。奇信志成公司的股东于 2016 年 3 月 31 日签署了《天津奇信志成科技有限公司股东协议》及后续补充协议，约定奇信志成公司对 360 公司行使股东表决权时，根据周鸿祎的指示进行表决。周鸿祎为奇信志成公司的执行董事，而执行董事选举需由周鸿祎提名，并且周鸿祎有权随时提名新的董事人选以取代其提名的执行董事。经过此设计，周鸿祎以较少的持股比例实际掌控了奇信志成公司的控制权。

第三，天津众信股权投资合伙企业（以下简称众信合伙企业）持有 360 公司上市后 2.82% 的股权比例。众信合伙企业 90% 的股权由天津众信投资管理有限公司（以下简称众信投资公司）持有，另外 10% 的股权比例由周鸿祎直接持有，而众信投资公司则由周鸿祎

---

① 姜惠乔. 奇虎 360 公司融资策略研究 [D]. 长春: 吉林大学, 2019.

99%持股。因此，周鸿祎对众信合伙企业的直接和间接出资比例达到99.1%，直接控制该公司对360公司2.82%股权的投票权。

（四）委托投票模式

"委托投票模式"——"表决权代理"，是指公司部分股东通过协议约定，自愿将其所有的投票权委托给其他特定股东行使，这个特定的股东往往是企业创始人。委托投票模式的目的是让无法出席股东大会进行投票的股东可以委托代理人出席股东大会，由代理人向公司提交股东授权委托书，并在授权范围内行使表决权。股东委托投票制本质上是针对上市公司小股东设计的，也是一项非常有效的外部治理制度。通过委托投票，可以将小股东的投票权集中起来，从而有效地影响公司决策。[1]

1. 出资10%得到一家公司51%股权的股权架构设计案例

假设有限责任公司的股权分为资金股和人力股，其中资金股占60%，人力股占40%。自然人甲想按照注册资金的10%进行出资，并参与公司的经营管理，在一家注册资金为1000万元的有限责任公司乙中占有51%的股权，控制乙有限责任公司。

（1）股权架构设计方案。

【方案1】自然人股权架构模式

第一步：自然人甲出资100万元（1000万元×10%）在乙有限责任公司中占10%的出资比例。

第二步：自然人甲在乙有限责任公司占有的资金股比例为10%×60%＝6%。

第三步：如果甲要在乙有限责任公司中占有51%的股权比例（资金股比例+人力股比例），则甲在乙有限责任公司人力股中占有的比例为112.5%［（51%-6%）÷40%］。

由于不能按照出资比例配置股权比例，而且甲在乙有限责任公司人力股中占有的人力股比例最多为100%，而第三步计算的甲在乙有限责任公司人力股中占有的比例为112.5%，大于100%，根本不现实。

另外，假设按照出资比例等于股权比例配置股权的情况下，自然人要出资510万元才能达到占有乙有限责任公司51%股权的公司控制权，可是超过了甲的投资预算。

因此，采用自然人股权架构模式实现以下目标：自然人甲按照注册资金的10%进行出资，想要在一家注册资金为1000万元的有限责任公司乙中占有51%的股权，控制乙有限责任公司是不现实的实施方案。

【方案2】有限责任公司股权架构模式

第一步：自然人甲出资100万元，找到愿意投资的合作伙伴出资410万元，共同成立一家投资有限责任公司丙；甲在丙中占有股权比例19.6%，合作伙伴在丙中占有股权比例80.4%。

第二步：自然人甲与合作伙伴签订《投票权委托协议》，合作伙伴全权委托自然人甲行使投资有限责任公司丙的各项重大和重要事项的决议。具体包括：

----

[1] 《公司法》第106条的规定："股东可以委托代理人出席股东大会会议，代理人应当向公司提交股东授权委托书，并在授权的范围内行使表决权。"

1）代为提议召开临时股东会和股东大会。

2）代为行使股东提案权，提议选举或罢免董事、监事及其他议案。

3）代为参加股东会或股东大会，行使股东质询权和建议权。

4）代为行使表决权，并签署相关文件，对股东会和公司股改后股东大会每一审议和表决事项代为投票，但涉及分红、股权转让、股权质押、增资、减资等委托人所持有股权的处分事宜的事项除外。

5）受托人行使本授权委托书委托权限范围内的事项导致的一切后果由委托人承担。

第三步：投资有限责任公司丙按照有限责任公司乙1000万元注册资金的51%出资，并由自然人甲参与有限责任公司乙的经营管理。

第四步：有限责任公司丙在有限责任公司乙的人力股中占有的人力股比例为51%。

第五步：有限责任公司乙给投资有限责任公司丙配置股权比例（资金股比例+人力股比例）为51%（51%×60%+40%×51%）。

第六步：自然人甲通过与合作伙伴签订《投票权委托协议》，从而控制了有限责任公司丙，最后控制了有限责任公司乙，见图3-29。

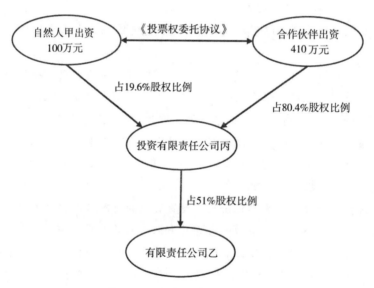

图3-29 方案2股权架构模式

【方案3】有限合伙企业股权架构模式

第一步：自然人甲出资100万元，找到愿意投资的合作伙伴出资410万元，共同成立一家注册资本为510万元的投资有限合伙企业丙，自然人甲作为普通合伙人占股19.6%，合作伙伴作为有限合伙人占股80.4%。

第二步：投资有限合伙企业丙按照有限责任公司乙1000万元注册资金的51%出资，并由自然人甲参与有限责任公司乙的经营管理。

第三步：有限合伙企业丙在有限责任公司乙的人力股中占有51%的比例。

第四步：有限责任公司乙给投资有限合伙企业丙配置股权比例（资金股比例+人力股

比例）为 51%（51%×60%+40%×51%）。

第五步：由于自然人甲是投资有限合伙企业的普通合伙人，从而控制了有限责任合伙企业丙，最终控制了有限责任公司乙，见图 3-30。

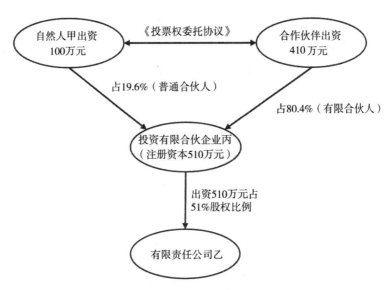

图 3-30　方案 3 企业股权架构模式

（2）最优股权架构方案评析。在以上三种方案的设计中，第一种自然人股权架构方案在实践中根本不存在；第三种方案虽然可以达到自然人甲出资 10% 就能控制一家注册资本为 1000 万元的有限责任公司乙的控制权，但是由于自然人甲是投资有限合伙企业丙的普通合伙人，根据《中华人民共和国合伙企业法》的规定，自然人甲对投资有限合伙企业丙的债务必须承担无限法律责任。第二种股权设计方案中的自然人甲以其出资 100 万元为限对投资有限责任公司丙承担有限法律责任。

通过以上三种股权设计方案的优劣势比较分析，通过有限责任公司股权架构下的"投票权委托模式"，既能实现自然人甲对 1000 万元有限责任公司的控制权，又能实现自然人甲以其出资额 100 万元为限承担债务清偿法律责任。因此，股权设计方案 2 是最优的股权设计方案。

2. 朋万科技公司委托投票模式案例

在"新三板"挂牌的成都朋万科技股份有限公司（以下简称朋万科技公司），第一大股东为孟书奇，持股比例为 35.27%，第二大股东为原始创始人刘刚，持股比例为 29.25%。

为了掌控公司的控制权，孟书奇与原始创始人刘刚自愿签订《表决权委托协议》，将其持有 35.27% 公司股权中的分红权和涉及委托人所持股权的处分事宜之外的其他权利委托给刘刚代为行使。具体包括：

（1）代为提议召开临时股东会和股东大会。

（2）代为行使股东提案权，提议选举或罢免董事、监事及其他议案。

（3）代为参加股东会或股东大会，行使股东质询权和建议权。

（4）代为行使表决权，并签署相关文件，对股东会和公司股改后股东大会每一审议和表决事项代为投票，但涉及分红、股权转让、股权质押、增资、减资等涉及委托人所持有股权的处分事宜的事项除外。

（5）受托人行使本授权委托书委托权限范围内的事项导致的一切后果由委托人承担。

通过以上委托协议，刘刚虽然只持有公司 29.25% 的股权比例，却掌握了公司 64.52%（35.27%+29.25%）的投票权，成为公司的实际控制人。

3. 投票权委托协议范本

投票权委托协议

甲方（受托方）：

住所：

联系方式：

身份证号：

乙方（委托方）：

住所：

联系方式：

身份证号：

鉴于：

甲方、乙方均为公司（以下简称"公司"）股东，甲方持股比例为____%，乙方持股比例为____%；为明确甲方在本公司控股股东的地位，甲、乙两方依据当前法律法规的规定，遵循自愿公平、协商一致的原则签订以下《投票权委托协议》（以下简称"本协议"），以资遵守。

1. 乙方同意，在处理有关本公司经营发展且依据《公司法》等有关法律法规，以及《公司章程》需由公司股东会做出决议的事项时，将委托授权甲方行使表决权。

2. 采取投票权委托的方式为：根据本公司经营发展的上述相关事项在股东大会上行使表决权时，乙方所持有的表决权均委托甲方行使。

3. 本协议未涉及其他事项，由双方共同签订书面的补充条款或自主协商解决。

4. 本协议自签署之日起生效，本协议长期有效。

甲方（签章）：   乙方（签章）：

年 月 日   年 月 日

（五）A/B 股双重投票权模式

双层股权架构（又称 A/B 股），是指公司的股票分为 A、B 两种股票。其中，A 种股票每股有一份投票权，B 种股票每种有 10 份投票权，并且只有创始人及核心成员持有 B 种股票。这种设计使得核心团队对公司的控制权超过 50%。

双层股权架构是新生代互联网公司的一种创新设计，符合公司上市时的经营理念，可以保护公司不受短期压力干扰，给公司长远发展带来更多的灵活性。这种制度具有高度的科学性，但之前我国的上市规则及法律并不支持 A/B 股模式，因此部分企业选择在美国上市，下面以京东为例进行介绍。

在京东创立的时候，刘强东便设立了 A/B 股双重股权制度。简单来讲，按照京东的 A/B 股规则，刘强东所持股票属于 B 类普通股，其 1 股拥有 20 票的投票权，而除刘强东之外的其他股东所持股票属于 A 类普通股，其 1 股只拥有 1 票投票权。虽然刘强东是京东的第二大股东，但是他仍然拥有超过 80% 的投票权，实现对京东的控制，见表 3-6。

表 3-6　刘强东对京东的持股与投票权情况

股东名称	股票类别	股票数量（股）	股权占比（%）	投票权数量（票）	投票权占比（%）
刘强东	B 类	476415289	23.67	9528305780	86.12
其余股东	A 类	1536267394	76.33	1536267394	13.88

（六）一致行动人模式

一致行动人，是指投资者通过协议、其他安排，与其他投资者共同控制其所能够支配的一个公司表决权数量的行为。[①] 当公司无控股股东或创始人持股份额较小时，可以和其他股东签署一致行动人协议，保证自己对公司的控制权。该模式主要是针对原始创始人团队分散、对外不能形成绝对优势的情况，创始人团队的股东通过签订《一致行动人协议》，依靠共同掌握的总股权比例来实现对公司的控制。

操作要点：①各原始创始人签订《一致行动人协议》并明确规定各股东集中表决权，对公司股东会决议意见保持一致。②要在协议中明确约定如果"一致行动人"内部无法达成一致意见，那么最终以某一创始人股东的意见为准。[②]

例如，A 公司是一家科创板拟上市公司，C 公司是 A 公司的早期主要股东和控股股东，B 公司是 A 公司的 B 轮财务投资人，其持股 1%。C 公司同时是 B 公司的第一大股东。股权架构如图 3-31 所示，在 A 公司上市过程中，由于 B、C 之间的股权关系，保荐人和律所根据《上市公司收购管理办法》第 83 条认定 B、C 之间构成一致行动人。

1. 掌阅科技案例

掌阅科技股份有限公司（以下简称掌阅科技）于 2017 年 9 月在 A 股上市。上市后，第一大股东张凌云持股 30.42%，第二大股东成湘均持股 28.9%。为了更好地实现对公司

---

① 资料来源于《上市公司收购管理办法》第 83 条规定。

② 张洪辉，邹英，章琳一．非关联股东结盟与公司创新：基于一致行动人的经验证据 [J]．证券市场导报，2021（6）：43-56．

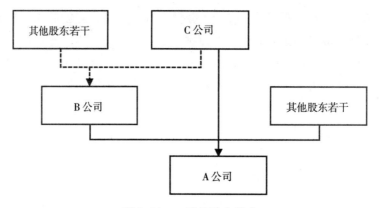

图 3-31　一致行动人模式

的控制，张凌云与成湘均于 2018 年 2 月 28 日签署了《一致行动人协议》和补充协议。[①]

创始股东股权控制力。该份《一致行动人协议》明确约定：两股东行使权利时，各方意见保持一致，两人行使股东、董事、管理层的提案权、表决权等权利无法形成一致意见时，以成湘均的意见为准。通过该份《一致行动人协议》，张凌云与成湘均共同拥有掌阅科技 59.32%（30.42%+28.9%）的股权比例及其同等的投票表决权。

因此，在公司首次公开发行股票（IPO）过程中，投资者之间是否构成一致行动人往往是保荐人和律师们重点关注的问题。

2. 一致行动人协议范本

××公司股东一致行动人协议

甲方：（身份证号码：）

乙方：（身份证号码：）

丙方：（身份证号码：）

丁方：（身份证号码：）

以上称为"各方"

鉴于：

（1）甲方为＿＿股份有限公司（以下简称"A公司"）的股东，占股＿＿＿%；乙方为 A 公司的股东，占股＿＿＿%；丙方为 A 公司的股东，占股＿＿＿%；丁方为 A 公司的股东，占股＿＿＿%。

（2）为保障公司得到稳定的发展，减少公司因意见不合而浪费时间、经济资源，提高公司经营、决策的效率，各方协商在公司股东大会中采取"一致行动"，从而达到高效控制公司的目的。

为此，各方经友好协商，对"一致行动"的事宜进一步明确以下条款：

---

① 冯卓赟. 移动阅读产业盈利模式及其绩效评价研究：以掌阅科技为例 ［D］. 杭州：浙江工商大学，2019.

1. "一致行动"的目的。

各方将在公司股东大会会议中行使表决权时保持目标一致、行为一致，以达成保障各方在公司中的控制地位的目的。

2. "一致行动"的内容。

各方在公司股东大会会议中保持的"一致行动"指，各方在公司股东大会中在行使下列表决权时保持行为一致：

（1）提案保持一致；

（2）投票表决决定公司的经营企划和投资方案保持一致；

（3）投票表决制订公司的年度财务预算方案、决算方案保持一致；

（4）投票表决制订公司的利润分配方案与弥补亏损方案保持一致；

（5）投票表决制订公司增加或减少注册资本的方案以及发行公司债券的方案保持一致；

（6）投票表决聘任或解聘公司经理，并根据经理的提名，聘任或解聘公司副经理、财务负责人，决定其报酬事项保持一致；

（7）投票表决决定公司内部管理机构的设置保持一致；

（8）投票表决制定公司的基本管理制度保持一致；

（9）假如各方中任意一方无法参加股东大会会议时，须委托另一方参加会议并代为行使投票表决权；若各方均无法参加股东大会会议时，则需共同委托他人参加会议并代为行使投票表决权；

（10）在行使股东大会中的其他职权时保持一致。

3. "一致行动"的延伸。

（1）若协议内部各方意见无法统一，各方则依据____方的意向行使表决权；

（2）协议各方承诺，若某一方将自己所持本公司的全部或者部分股份对外转让，则受让方需要同意继承本协议所协商的义务并与其余各方重新签署本协议，股权转让方能生效；

（3）如果任何一方违反其做出的以上任意一条承诺，则必须按照其他守约方的要求将其全部的权利与义务转让给其他守约各方中的一方、两方或多方，各守约方也可以一致要求将违约方的全部权利和义务转让给指定的协议外第三方。

4. "一致行动"的期限自_____年___月___日起至_____年___月___日止。

5. 变更或解除协议。

（1）本协议自各方在协议上签字盖章之日起生效，各方在协议期限内应按照约定履行协议义务，若要变更本协议条款需经各方协商一致且采取书面形式重新签订协议；

（2）在期限之前解除本协议，需各方协商一致。以上变更和解除均不得损害各方在公司中的合法权益。

6. 争议的解决。

本协议出现争议，各方必须通过友好协商解决，协商不成应将争议提交给仲裁委员会按当时有效的仲裁规则解决。

7. 本协议以及协议各方在本协议下的权利与义务由中国法律管辖。

8. 本协议一式____份，各方各执____份，具有同等法律效力。

签署各方：

甲方：（签字）

乙方：（签字）

丙方：（签字）

丁方：（签字）

签约日期：_____年____月____日

签约地点：

第四节　股权架构变动——投融资工具选择

企业所处的生命周期阶段与股权融资资金的需求、内部股权架构、投资决策、投资项目的效率表现是息息相关、环环相扣的；在新增投资支出指标上，成长期要明显超过成熟期，而成熟期平均现金持有量比成长期大，应该加大内部资金的利用比率，对成长期的企业提供更多的外部融资通道。[①] 因此，在对目标企业进行估值的基础上，风险投资者便会就资本进入企业的方式进行设计，一般涉及三种类型的金融工具：纯债权、纯股权和介于两者之间的混合式工具（如优先股、可转债、附认股权债等）。投资者具体采用何种类型工具进入，应综合考虑每种类型的优劣势、项目企业的具体情况、国家的法律政策等多种因素。

一、纯股权投资

对投资人而言，纯股权安排的主要优点是能够分享企业的价值升值；缺点是当被投资企业破产清算时，作为普通股东对企业资产只具有最低级别的剩余求偿权，资本保全的风险较大。此外，拥有少数股权的投资人对被投资企业控制能力也相对较弱。因此，在缺乏保护条款和合理的治理结构安排的情况下，投资人对纯股权安排一般会提出附加要求，如要求创业企业家放弃更多的股权份额来换取风险资本，这一要求会最终反映在交易定价和股权架构的安排上。纯股权投资包括三种模式，即增资扩股、股权转让、"增资扩股+股权转让"。

（一）增资扩股模式

增资扩股是通过企业向社会募集股份、发行股票或者新股东投资入股及原股东增加投资扩大股权的方式，从而达到增加企业资本金的目的。如果公司需要筹集资金、扩大经营规模，可以选择使用增资扩股的模式。增资扩股引起的股权重组一般无须经过清算程序，

---

① 汤炎非, 谢达理. 企业融资理论与实务 [M]. 北京：高等教育出版社, 2013.

企业的债权债务关系在股权重组后继续有效。[1]

1. 作为新股东投资入股

增资扩股时，战略投资者可以通过投资入股的方式成为公司的新股东。新股东投资入股的价格一般根据公司净资产与注册资本之比确定，溢价部分应当计入资本公积。

【案例1】甲有限责任公司有A、B、C（投资机构）三位法人股东，原注册资本和实收资本为5000万元，于2010年初设立，经过两年多的经营取得了一定的经济效益，但还没有进行过股利分配。甲公司董事会提出、股东会决议通过：新增法人股东D、E（投资机构），其分别投资3000万元、2000万元入股，则股东D、E入股前后甲有限责任公司法人股东的出资额及股权比例见图3-32。

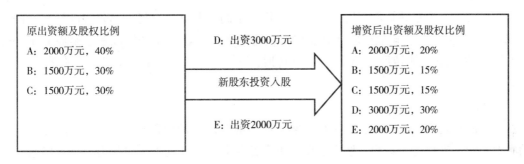

图3-32 新股东投资入股

2. 作为原股东增加出资

公司股东可以依据《公司法》第27条的规定，将货币或者其他非货币财产作价投入公司（按原比例或不同比例），直接增加公司的注册资本。需要注意的是，作为出资的非货币财产应当评估作价，核实财产，不得高估或者低估作价；作为出资的货币应当存入公司所设银行账户，作为出资的非货币财产应当依法办理其财产权的转移手续。[2]

【案例2】上述【案例1】中，若甲公司董事会提出、股东会决议通过：各股东按原投资比例共增加出资5000万元，则增资前后出资额及股权比例见图3-33。

3. 以公司未分配利润、公积金转增注册资本

依据《公司法》第166条的规定，公司税后利润首先必须用于弥补亏损和提取法定公积金（提取比例为10%，公司法定公积金累计额超过公司注册资本50%的，可以不再提取），如果有剩余，方可在股东之间进行分配。分配公司利润时，经股东会决议，可将之直接转增注册资本以增加股东的出资额。依据《公司法》第168条规定，增加公司资本是公积金的用途之一，需要注意的是，法定公积金转为注册资本时，所留存的该项公积金不得少于转增前公司注册资本的25%。

---

[1] 张宏涛，耿沙沙. 增资扩股有望成为产权市场融资的着力点 [J]. 产权导刊，2011（8）：49-50.
[2] 参见《公司法》第28条。

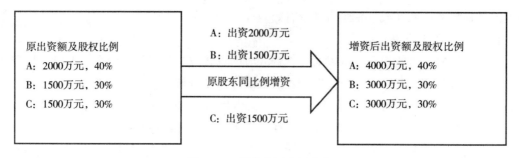

图 3-33　原股东同比例增资

（二）股权转让模式

股份公司的股东转让股权时，对受让方没有限制，但对于发起人和公司高管有一些限制规定。[①] 有限责任公司股东转让其股权时，需要区分受让方是公司股东还是原股东外的其他人，前者是内部转股，后者是外部转股，这两种形式在条件和程序上存在一定的差异。

1. 内部转股

出资股东之间依法相互转让其出资额，属于股东之间的内部行为，可依据《公司法》的有关规定，变更公司章程、股东名册及出资证明书等即可发生法律效力。一旦股东之间发生权益之争，可以此作为依据。

【案例 3】甲有限责任公司有 A、B、C（投资机构）三位法人股东，原注册资本和实收资本为 5000 万元，于 2010 年初设立，经过两年多的经营取得了一定的经济效益，但还没有进行过股利分配。甲公司董事会提出、股东会决议通过：C（投资机构）将所持 30% 股份中的 10% 转让给 B，则转让前后出资额及股权比例见图 3-34。

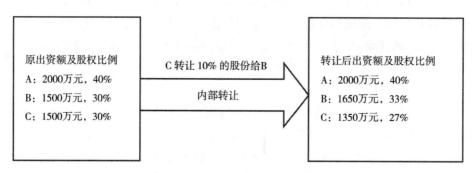

图 3-34　股权转让模式——内部转让

2. 外部转股

原股东向股东以外的第三人转让出资时，属于对公司外部的转让行为，除依上述规定变更公司章程、股东名册及相关文件外，还须向工商行政管理机关变更登记。

---

① 参见《公司法》第 138~142 条。

【案例 4】上述案例 3 中，若甲公司董事会提出、股东会决议通过：C（投资机构）将所持 30%股份中的 10%转让给新股东 D（投资机构），则转让前后出资额及股权比例见图 3-35。

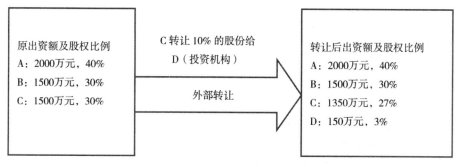

图 3-35　股权转让模式——外部转让

对于向第三人转股，《公司法》的规定相对比较明确，第 37 条、第 71 条明确了外部股权转让必须符合两个实体要件：全体股东过半数同意和股东会作出决议。这是关于公司外部转让出资的基本原则。这一原则包含了以下特殊内容：一是以股东人数作为投票权的计算基础，而不是按照股东所持出资比例为计算标准。二是以全体股东作为计算的基本人数，而不是除转让方以外股东的过半数。① 根据这一原则，股权转让在实操中可依照两种方式进行：

第一，履行上述程序性和实体性要件后，再与确定的受让人签订股权转让协议，使受让人成为公司的股东。这种方式双方均无太大风险，但在未签订股权转让协议之前，应签订股权转让草案，对股权转让相关事宜进行约定，并约定违约责任即缔约过失责任的承担。

第二，转让人与受让人先行签订股权转让协议，而后由转让人在公司中履行程序及实体条件。但这种方式存在不能实现股权转让的目的，对受让人来说风险是很大的。一般来说，受让人要先支付部分转让款，如股权转让不能实现，受让人就要承担追回该笔款项存在的风险，包括诉讼、执行等。

【案例 5】上述案例 1 中，若甲公司董事会提出、股东会决议通过：以未分配利润转增注册资本 5000 万元，各股东按原投资比例转增（根据 2012 年 5 月 1 日基准日会计报表反映，期末实收资本 5000 万元，盈余公积 600 万元，未分配利润 5400 万元，所有者权益合计 11000 万元），转增前后出资额及股权比例见图 3-36。

---

① 陈圣利. 有限责任公司股权转让模式的争论及评述［J］. 河南财经政法大学学报，2022，37（2）：85-93.

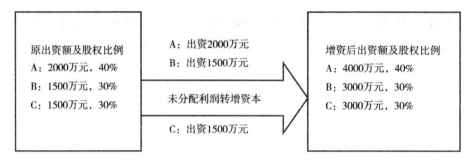

图3-36 以公司未分配利润、公积金转增注册资本

(三)"增资扩股+股权转让"模式

增资扩股和股权转让两个方式通常被混合使用。

1. 深圳市甲有限责任公司概况

深圳市甲有限责任公司是跨地区从事城市运营及房地产营运的专业性顾问服务机构,2007年由中国著名房地产市场研究专家A等业界精英发起成立,注册资本为2000万元。

甲公司原股权比例:A自然人50%,B自然人30%,C自然人20%。

2012年初,甲公司通过股权转让使深圳市上市公司S投资甲公司,成为甲公司的战略投资者;同时,投资机构Y公司进入甲公司成为第三大股东。此外,甲公司通过增资扩股使注册资本增至6000万元。[①]

2. 股权融资概况

2011年12月22日甲公司召开2011年第一次股东大会并通过《股东会决议》,同意深圳市某会计师事务所于2011年12月1日出具的评估报告,确定以甲公司2011年10月31日整体资产价值3661.20万元的80%为依据,向S公司、投资机构Y公司、自然人D和E转让部分股权。

(1) 同意股东A将其合法持有的50%股份中的25%转让给S公司,保留25%的股份。

(2) 同意股东B将其持有的30%股份中的3%转让给S公司,13%转让给Y公司,13%转让给D,1%转让给E,转让后B不再持有公司股份。

(3) 同意股东C将其合法持有的20%股份中的11%转让给E,保留9%的股份。

同时,《股东会决议》规定将公司注册资本由人民币2000万元增资到人民币6000万元。

上述股权转让并增资扩股后各股东所持有股份比例及支付金额见表3-7。

本次股权交易及增资事项不涉及关联交易。

3. 交易对象

S公司是一家主要从事房地产开发及配套工程开发建设的上市公司,总股本近亿股。

Y公司是国内一家专业实力强劲的股权投资机构。

---

① 秦晓路. 地产公司并购中股权转让的税收筹划探析 [J]. 财务与会计, 2018 (19): 2.

表 3-7　股权转让并增资扩股后各股东所持有股份比例及支付金额

转让前股东及持股比例（%）		股权转让比例及金额（万元）	转让后股东及持股比例（%）		需支付增资额（万元）	总支付价款（万元）
		25%，732	S 公司	28	4000×28%=1120	732+88+1120=1940
A	50	3%，88	A	25	4000×25%=1000	1000−732=268
		13%，380	Y 公司	13	4000×13%=520	380+520=900
B	30	13%，380	D	13	4000×13%=520	380+520=900
		1%，29.3	E	12	4000×12%=480	29.3+322.2+480=831.5
C	20	11%，322.2	C	9	4000×9%=360	360−29.3−322.2=8.5

4. 合同主要内容

（1）2012 年 1 月 13 日，S 公司、Y 公司与 A、B 分别签署《股权转让协议》。

A 同意转让 25% 的股权给 S 公司，B 同意转让 3% 的股权给 S 公司，该项股权转让以甲公司在 2011 年 10 月 31 日整体资产价值 3661.20 万元的 80% 为依据，即人民币 820 万元（3661.20×25%×80%+3661.20×3%×80%）。

同日，Y 公司与 B 签署《股权转让协议》约定：B 同意转让 13% 的股权给 Y 公司，该项股权转让以甲公司在 2011 年 10 月 31 日整体资产价值 3661.20 万元的 80% 为依据，即人民币 380 万元（3661.20×13%×80%）。

（2）2012 年 1 月 13 日，S 公司、A、Y 公司、C、D 及 E6 名出资人（法人 2 名，自然人 4 名）签署了《出资人协议书》。

根据协议，各出资人一致同意将甲注册资本由人民币 2000 万元增至人民币 6000 万元，增资额为 4000 万元，根据持股比例，S 公司需支付增资额 1120 万元（4000 万元×28%），Y 公司需支付增资额 520 万元（4000 万元×13%）。

（3）根据上述股权转让及增资事宜，S 公司共需出资人民币 1940 万元（820 万元+1120 万元），Y 公司共需出资人民币 900 万元（380 万元+520 万元）。

该股权转让及增资后，S 公司持有甲公司 28% 的股权，为该公司第一大股东；投资机构 Y 公司持有甲公司 13% 的股权，为该公司第三大股东。

（4）支付方式。交易各方签字盖章，并经 S、Y 公司各自董事会批准后，均同意先现金支付股权转让价款的 30%（S：820×30%＝246 万元，Y：380×30%＝114 万元）；待甲公司其他 4 位自然人出资人出资到位后，支付第二期 20% 的价款（S：164 万元，Y：76 万元）；剩余 50% 价款（S：410 万元，Y：190 万元）在办理完股权转让登记等相关手续后 3 日内支付。

甲公司其他出资人增资款到位并取得甲公司开具的出资证明书后，S 公司一次支付增资额 1120 万元，Y 公司一次支付增资额 520 万元。

5. 其他事项

2012 年，甲公司快速发展进军房地产三级市场，并计划 3 年内在珠江三角洲地区发展

50 家网店。2012 年甲公司与澳大利亚 M 大学 GMS 研究院结成战略联盟，并全面导入"G 管理模式"。此举将使甲公司的核心竞争力得到进一步增强。

通过上述案例不难看出，增资扩股经常发生在股权出让之后。新的控股股东在接管企业之后，为了扩大生产，加快企业发展步伐，会和其他股东协商进行增资扩股。股权转让和增资扩股的区别见表 3-8。

表 3-8　股权转让和增资扩股的区别

区别	股权转让	增资扩股
资金受领方不同	股款转移到股权出让方——原股东（A、C）手中	资金转移到标的公司（甲），成为公司的资本金
价金支付方对标的公司的权利义务不同	价金支付方（S、Y、D、E）在取得股东地位的同时，既继承了原股东（A、B、C）在公司中的权利，也无条件承担其义务	价金支付方（S、Y、D、E）是否与标的公司（甲）原股东（A、B、C）一样承担投资之前公司的义务，可以由各方协商约定
标的公司注册资本的变化不同	标的公司（甲）的注册资本保持不变	增资后公司的注册资本金扩大
办理程序不同	办理程序较为复杂	相对简单

当然，企业在确定新增发股票数量时要做好市场调查，要充分考虑企业的经营状况和发展需要，还有市场形势和投资者对企业的信心。融资太少不足以支持企业的发展，而如果增发超过企业发展需要的股票，不仅会稀释创始人的管理权，还会大大地影响企业的声誉。

二、纯债权投资

纯债权投资是资本完全以债权投资的形式进入被投资企业，并享有与债权有关的权益。对投资人而言，纯债权安排的主要优点是：可以取得固定的利息收入、在被投资企业发生破产或清算时债权资本享有优先清偿权等。其缺点在于：投资人不能分享企业未来的增长潜力。对被投资企业而言，纯债权安排虽然未减少其原股东的权益，但将使其从一开始就呈现出高负债的资本结构，从而阻碍了被投资企业的后续融资能力（尤其是债务融资能力）。因此，纯债务安排既不太符合投资人的要求也违背了被投资企业的意愿，实务中一般很少使用。

三、投融资混合型工具

混合型投资工具包括优先股、可转换债券和附认股权证公司债券三种。

（一）优先股

优先股是相对于普通股而言的，它主要指在利润分红及剩余财产分配权利方面优先于普通股，具体比较见表 3-9、表 3-10、表 3-11。

表 3-9 优先股与普通股比较

比较		优先股		普通股
比较	优先	分配利润	后	分配利润
		分配剩余财产		分配剩余财产
		能获得稳定的分红		投资收益随经营情况变化
选举及被选举权		否		有
能否参与公司经营		否		能
能否退股		否		否
是否可被公司赎回		是		否

表 3-10 优先股分类

能否要求公司在以后年度补发当年未足额发放的股利	积累优先股	√	不积累优先股	×
除既定股息外，能否与普通股一起参与利润分配	参与优先股	√	不参与优先股	×
特定条件下优先股能否转换成为一定数额的普通股	可转换优先股	√	不可转换优先股	×
特定条件下优先股能否转换成为一定数额的普通股	可收回优先股	√	不可收回优先股	×

表 3-11 优先股的优缺点

比较	特点	具体描述
优先股的优点	财务负担轻	由于优先股股利不是发行公司必须偿付的一项法定债务，如果公司财务状况恶化时，这种股利可以不付，从而减轻了企业的财务负担
	财务上较为灵活	由于优先股没有规定最终到期日，它实质上是一种永续性借款，优先股的收回由企业决定，具有较大的灵活性
	财务风险小	从债权人的角度看，优先股属于公司股本，从而巩固了公司的财务状况，提高了公司的举债能力，因此财务风险小
	不减少普通股收益	优先股收益是固定的，只要企业净资产收益率高于优先股成本率，普通股票收益就会上升
	不减少普通股控制权	优先股无表决权，因此不影响普通股股东对企业的控制权
优先股的缺点	资金成本高	由于优先股股利不能抵减所得税，因此其成本高于债务成本。这是优先股筹资的最大不利因素
	股利支付的固定性	虽然公司可以不按规定支付股利，但这会影响企业形象，进而对普通股市价产生不利影响，从而影响普股股东的利益

1. 优先股案例

2008 年高盛集团受到次贷危机冲击，其经营面临巨大压力。此时巴菲特与高盛集团达成协议，由巴菲特向高盛集团投入 50 亿美元，购买其股息率为 10% 的累积优先股。

显然，优先股的"游戏规则"可以保证巴菲特的投资在很大程度上不会遭受损失：高盛集团在当年有盈利的情况下，必须首先按照 10% 的股息率向巴菲特支付股息，在分派了巴菲特的股息之后，高盛集团才能向其他普通股股东支付股息。假设高盛集团在某个年度出现亏损，当年无法派发股息（包括优先股股息和普通股股息），那么在下一年实现盈利时，高盛集团需要补足此前所欠的优先股股息并派发当年优先股股息之后，才能向其他普通股股东派发股息。

事实上，到了2011年，高盛集团克服了次贷危机并恢复元气，以10%的溢价，即55亿美元向巴菲特赎回了这批优先股。巴菲特这些年除了获得10%的股息，最后还以55亿美元的价格出售当年50亿美元买来的优先股。[①]

2. 工具评析

对于企业来说，不论是扩大生产需要还是克服财务危机，通过优先股融资，创始人既获得了生产经营所需资金，又不失去对企业的控制权。当企业资金盈余时，可以通过赎回条款将发行的优先股赎回，但是由于优先股的固定股息收益，因此会增加企业的融资成本。

对于投资者来说，优先股以其固定股息收益、优先分配和剩余财产求偿权，降低了投资风险。分红收益越大，投资者越愿意对企业进行再投资。因此，发行优先股可以有效地解决企业再融资困难的问题，拓宽了企业的融资渠道，将成为构建我国多层次资本市场的重要工具之一。

（二）可转换债券

可转债亦称可转换公司债券，是指发行公司依法发行并在一定期间内依据约定的条件可以转换成股份的公司债券。债券持有人对转换股票或不转换股票拥有选择权，在转换成股票之后，原债券持有人就由债券人变成了公司的股东，可参与企业的经营决策和红利分配，在一定程度上影响了公司的资本结构。

从性质方面来看，可转换债券实际上是债券和转股看涨期权的混合体，它具有两个基本属性，即债券性和期权性。根据《上市公司证券发行管理办法》，可转换债券的发行主体目前只能是上市公司。

对于投资人来说，可转换债券是"有本金保证的股票"，可转换债券的债权性保证了投资本金的安全，而期权性又保证了当公司股票价格上涨时，可转换债券的持有者可以同步分享收益。可转换债券属于次等信用债券，在清偿顺序上同普通公司债券、长期负债（银行贷款）等具有同等追索权利，但排在一般公司债券之后，在可转换优先股、优先股和普通股之前。

1. 可转换债券案例

万科企业可转换债券于2002年起正式发行，发行总额为15亿元，发行价格为每张100元，为期5年，从2002年6月13日开始计息，转股期自发行首日后6个月至债券到期日为止，即2002年12月13日至2007年6月12日。原万科企业A股股东可按照每股配售2.94元的比例优先配售，有效申购数量占本次发行总量的29.65%，全部A股股东获得优先配售。同时，根据本次可转换债券发行公告中规定，原A股股东优先认购后的余额部

---

① 孙建波，秦晓斌. 像巴菲特一样投优先股［J］. 证券市场周刊，2013（30）：24-25.

分，将通过网络在线上向一般社会公众投资者发售50%，剩余的50%发售给线下法人投资者。最终，万科企业可转换债券线上发行总量占本次发行数量的34.66%，线下发行总量占本次发行数量的35.69%。万科企业发行可转换债券很好地弥补了资金的缺口。[①]

对于万科企业来说，该次可转换债券的发行规模为15亿元，充分考虑了公司现有的偿债能力、可转换债券发行后对公司财务指标的影响、全部转股后股本扩张对公司业绩摊薄的压力等综合因素，兼顾了各方利益。从表3-12中可以看出，发行可转换债券后，万科企业在筹集到巨额资金的同时，一方面保持了足够的偿债能力，另一方面充分利用财务杠杆提高了企业的收益水平。

表3-12 万科企业可转换债券发行前后和全部转股后对相关指标的影响

相关指标	发行前	发行后	全部转股后
资产总额（元）	6482911630.82	7982911630.82	7982911630.82
负债总额（元）	3356829340.71	4856829340.71	3356829340.71
资产负债率（%）	51.78	60.84	42.05

2. 工具评析

可转换债券的利率一般比普通付息债券的利率要低，这样就降低了发行企业的融资成本；稳定的利息收益和转换成股票的权利对投资者具有一定的吸引力。但可转换债券会使发行企业的总股本扩大，摊薄了每股收益。同时，在企业经营状况不善时，投资者未将可转换债券转换成股票，使企业偿债压力上升，这在一定程度上增加了企业的财务风险。

可转换债券对投资者也比较有利，使其既有固定的利息收入，又可以享有将公司债券转换成普通股票的权利。实际上，企业在发行可转换债券时，给予债权人两项权利：一项是在债券到期日收回本金和债券还本前收取利息的权利；另一项是在必要时将债券转换成股票的权利。

（三）附认股权证公司债券

附认股权证公司债券是一种介于债券和股票之间的混合证券产品，是债券加认股权证的产品组合，其持有人享有在一定期间内按约定价格认购一定数量公司股票的权利。附认股权证公司债券可分为"分离型"与"非分离型"、"现金汇入型"与"抵缴型"，见表3-13。目前我国的附认股权证公司债券主要是由"分离型"与"现金汇入型"组合而成的可转换公司债券，而且只能由上市公司发行。

---

① 王冬年，王瑜．可转换债券在公司连续融资中作用机理的研究：以万科股份有限公司为例［J］．会计研究，2007（2）：7．

表 3-13　附认股权证公司债券

分离型	认股权证与公司债券可以分开，单独在流通市场上自由买卖
非分离型	认股权无法与公司债券分开，两者存续期限一致，同时流通转让；自发行至交易均合二为一，不得分开转让
现金汇入型	当持有人行使认股权利时，必须拿出现金认购股票
抵缴型	公司债票面金额本身可按固定比例直接转股

1. 附认股权证公司债券案例

2006 年 11 月 13 日，马鞍山钢铁股份有限公司成为首家在 A 股市场发行分离交易的可转换公司债券的上市公司。当日公开发行了 55 亿元认股权和债券分离交易的可转换公司债券，每张面值 100 元，发行总数为 5500 万张，票面利率为 1.40%，期限为 5 年。其中，每张债券的认购人可以获得公司派发的 23 份认股权证，所附的认股权证按比例向债券认购人派发，权证总量为 12.65 亿份，一份认股权证可认购一股标的证券的 A 股股票；行权价格为 3.40 元/股；认股权证的存续期为自认股权证上市之日起 24 个月，即 2006 年 11 月 29 日至 2008 年 11 月 28 日。[①]

2. 工具评析

在发行过程中，由于派发了认股权证，因此发行人（上市公司）可以降低公司债券的收益率，从而减少了上市公司债权融资的成本，提升了上市公司的每股收益水平。附认股权证公司债券赋予了上市公司两次融资的优势，第一次债权融资在不摊薄每股收益的前提下获得了现金流。第二次的融资是股权融资，并且由于认股权证的认购期限一般是 6 个月到两年，这样对于上市公司来说，就相当于一次融资获得了两次筹资的现金流，更有利于满足上市公司对资金的需求。

---

① 陈海军. 我国附认股权证债券研究：以马钢股份附认股权债券为例 [D]. 北京：中国人民大学，2007.

第四章 股权投融资法律法规

股权投融资是随着我国改革开放而产生的新事物,在国家调控经济的过程中,不仅需要股权投资为企业和社会发展做出贡献,还需要用具有普遍约束力的法律来保护促进生产力发展的法律关系和惩罚破坏经济发展的社会关系,防范因股权投融资风险而带来的市场波动。本章在概述股权投融资适用法律法规的基础上,重点介绍股权投资合同条款设计、合同签署、股权变更、交割操作实务,阐述股权投融资的基础性法律风险,并探讨股权投融资纠纷及防范实务要点。

第一节 股权投融资法律法规适用概述

一、股权投资条款适用概述

为保护自身利益,投资人会与目标公司及其股东约定由投资人享有的特殊权利,围绕该优先股股东身份设置的一系列特殊的权利,在投资协议中即体现为优先权条款。在国外的实践中,投资者们认为,虽然投资协议中的条款清单可能很长、很复杂,但是所有这些条款中最为重要的其实有三类:一是优先购买权、优先认购权、反稀释等在公司经营状况优良的情况下能继续保持股权架构并能继续投资的权利;二是清算优先权,即当公司经营状况不济时,投资者们能够优先收回投资;三是信息权、向董事会指派董事的权利,即投资者们能够真实了解公司的经营状况,了解公司是否在最初预判的轨道上运行。股权投资协议中的条款根据设计时关注要素的不同大致可以分为三类,即收益分配条款、控制权分配条款和杂项条款(见表4-1)。

表4-1 私募股权投资协议中常见条款

收益分配条款	控制权分配条款	杂项条款
估值调整机制条款		知情权条款
优先购买权条款	优先认购权条款	保密条款
优先分红权条款	董事会控制条款	排他条款
优先清算权条款	保护性条款	费用条款
回购权条款	拖售权和领售权条款	赔偿条款
反稀释条款		转让条款

不同条款按照维度特点可分为五类：①对创始人的限制；②与管理权有关的投资人权利；③与股权有关的投资人权利；④与退出有关的投资人权利；⑤与投资权益有关的投资人权利。其中：

（1）对创始人的限制包括股权转让限制、股权分期兑现、创始人锁定、竞业限制。

（2）与管理权有关的投资人权利包括否决权、董事任命权、信息权。

（3）与股权有关的投资人权利包括优先购买权、优先认购权、优先分红权。

（4）与退出有关的投资人权利包括清算优先权、共同出售权、领售权、赎回权、对赌协议。

（5）与投资权益有关的投资人权利包括反稀释保护、优先投资权、转换权。

当然，上述条款还可以按照功能和用途进行分类。

对赌协议、股权激励、创始人锁定是出于激励与约束之目的，使创始股东和管理团队更好地为公司创造价值。

优先分红权和清算优先权是投资人分配上的优先权，一方面是确保自身利益得到优先保障，另一方面是对被投资企业管理层进行约束。

优先认购权、优先购买权和反稀释着眼于公司的股权架构不发生对投资人不利的变更，或者投资人有机会在一定程度上控制该种变化。

否决权、信息权通过重大事项批准以及重大事项否决权，从正、反两个方面保障公司运营的规范性和可持续性。

回赎权、共同出售权、领售权是投资人预设的几种退出方式。

如前所述，这些条款为投资者权利的保护搭建了一个系统框架：收益分配条款作为该框架的一大支柱对投资者投资收益进行保障是毫无疑问的，而控制权分配条款则通过加强投资者作为小股东在目标企业中的话语权，成为该保护框架的另一大支柱。

二、保护性条款的内容

通过相关适用法规梳理分析，各个保护性条款的适用需要结合投资者类别、被投资企业类型、具体条款安排等进行综合分析，如表4-2所示。

表4-2　十二类最常见的保护性条款适用性简况

条款类别	企业类型	是否适用	具体说明
对赌协议	不区分	是	根据最高院司法判例确定的原则67%，与公司对赌无效，与股东对赌有效
否决权	有限责任公司	是	
	股份有限公司	有争议	
信息权/知情权	不区分	是	在投资协议中将"升级版"知情权作为一项合同义务

续表

条款类别	企业类型	是否适用	具体说明
优先分红权	中外合资企业	否	按注册资本比例分享利润
	中外合作企业	是	中外合作企业的分配依合作合同约定
	有限责任公司及股份有限公司	有争议	利用分配比例上另行规定的空间模拟优先分红
优先认购权	有限责任公司	是	
	股份有限公司	有争议	
优先购买权	有限责任公司	是	
	股份有限公司	有争议	股份自由转让
清算优先权	内资企业	否	按出资比例或持股比例参与分配
	外资企业	是	
反稀释	内资企业	是	写入股东协议
	外资企业	是	操作上会存在一定的障碍
购股权	不区分	是	决议通过，放弃优先认购权
回赎权	不区分	是	公司回赎条款存在被认定为"保底条款"的风险
共同出售权	不区分	是	股东之间的自有协议安排
领售权	不区分	是	股东之间的自有协议安排

从表4-2中可以看出，大多数条款在现有法律框架下由投资各方自主约定，在适用上并不存在障碍，但是部分条款根据被投资公司的性质，如是内资公司还是外资公司，是有限责任公司还是股份有限公司等的不同，其效力会有不同的结论，有些条款的效力会受到质疑，有些条款的适用存在争议，如优先认购权、优先购买权、优先分红权、优先清算权、否决权等。

保护性条款又称重大事项否决权，是指投资人出于对自身作为小股东利益的考虑，以董事会成员或股东的身份要求对公司的重大事项以及与投资人息息相关的事项有否决权，或者说是反向的决定权。

（一）保护性条款的分类

1. 核心否决事项

核心否决事项是保障投资人作为优先股股东的权利和地位，即与公司的股权、重大资产、重大人事、公司是否存续等相关的重大事项，不涉及公司具体的经营事务。这类条款主要包括投资人股权变更、增减公司注册资本、回购公司股权、出售公司、修改公司章程、变更董事会董事数量、分配股利等。在投资人与公司的谈判中，对于具体否决事项会存在分歧，但核心否决事项一般都会保留。

2. 可选否决事项

可选否决事项主要侧重于公司日常经营管理，这类事项是投资人与公司谈判的主要分歧，可能根据每次交易的不同情况以及谈判结果有所变化，如制定年度预算等。

（二）实务中保护性条款的应用

1. 条款的主要内容

（1）可能改变投资人股权的权利和地位的。

（2）可能改变投资人股权比例的。

（3）可能改变投资人股权退出回报的。

2. 条款的常见表述

各方同意在公司合格上市或合格挂牌之前，公司以下重要事项须经公司股东会持有超过 50% 表决权的股东同意且经某投资人同意方可通过（属于董事会决议事项的，应经该投资人委派董事同意方可通过）：

（1）公司的业务范围、本质和/或业务活动的重大改变。

（2）公司增资、减资、合并、分立、变更公司形式、停止营业、清算或解散。

（3）公司章程变更。

（4）提起将改变或变更任何股东的权利、义务或责任，或稀释任何股东股权比例的任何诉讼或仲裁。

（5）年度财务预算和/或就已批准的年度财务预算做重大修改。

（6）在经股东会批准的年度预算额度外，购买和处置（包括承租、出租、转让、报废等）超过 100 万元的主要资产。

（7）在经批准的年度预算额度外，出资设立超过 100 万元的子公司、合资企业或其他对外投资。

（8）在经批准的年度预算额度外，公司向银行单笔借款超过 100 万元或 12 个月内累计超过 500 万元的对外举借债务。

（9）公司与关联方超过 100 万元的交易。

（10）任何关于商标专用权、专利技术、软件著作权等知识产权的购买和处置（包括出售、接受或提供许可使用等）事宜。

（11）公司对外提供担保。

（12）公司对外提供贷款。

（13）创设、批准、修改任何股权激励计划。

（14）对公司及子公司的股东协议/备忘录和章程中条款的增补、修改或删除。

（15）股息或其他分配的宣派，以及公司股息政策的任何改变。

（16）投资人提名的董事获聘后，董事会席位的数量变化。

（17）公司的上市计划，包括中介机构的聘用，上市时间、地点、价格等。

（18）公司新的融资计划。

3. 投票比例规定

若公司投资人股东较多且各投资人话语权相当，保护性条款可设置为当投资人股东中一定比例的投资人同意时相关事项即可通过表决，"同意"票的比例通常设为"多数"或"超过 50%"，即公司要执行保护性条款约定的事项之前，要获得持有多数或超过 50% 投资人股东同意。在很多情况下，这个比例被设置得更高，比如2/3。

通常而言，这个投票比例的门槛越低对创始股东越有利。如果太高，就可能出现由股权比例小的投资人不适当地行使否决权的情况。比如，条款要求90%投资人股东同意，而不是多数（50.1%）同意，那么一个只持有10.1%的投资人股东就可以实际控制保护性条款了。

4. 创始股东对保护性条款的限制

保护性条款的具体内容是创始股东和投资人股东博弈的结果，当创始股东比较强势时，可对保护性条款的行使施加一定的限制，以减少投资人对公司决策的干预，例如：

（1）要求公司运营达到阶段性里程碑之后，去除某些保护性条款。

（2）把投资人要求的某些保护性条款变成"董事会级别"，批准权由投资人的董事会代表在董事会决议时行使，而不由投资人股东直接行使。

（三）保护性条款在中国法律下的实施

1. 有限责任公司股东会的表决

公司合并、分立、解散或者变更公司形式这四类事项，必须经代表2/3以上表决权的股东通过。除这个强制性规定外，其他事项的表决规则可以由公司章程作出规定。所以，投资人基于《公司法》可以将自己非常重视的若干事项列入需要股东会一致通过才能决议的范围内。[①]

2. 有限责任公司董事会的表决

投资人可以将若干重大事项纳入董事会一致通过的范围。需要注意的是，在将这些事项列入董事会或股东会决议的范围时，需要考虑法律关于有限责任公司股东会和董事会的基本分工。[②]

3. 外商投资企业

中外合资企业或中外合作企业治理结构相对简单，一般只有董事会，而没有股东会。

综上可知，不论是在有限责任公司，还是中外合资经营企业、中外合作经营企业，保护性条款的适用一般也无法律障碍。

第二节　股权投资合同条款设计

在股权投资中，投资者作为出资方往往不会参与公司的实际运营，因此产生了信息不

---

① 《公司法》第43条规定："股东会的议事方式和表决程序，除本法有规定的外，由公司章程规定。""股东会会议作出修改公司章程、增加或者减少注册资本的决议，以及公司合并、分立、解散或者变更公司形式的决议，必须经代表三分之二以上表决权的股东通过。"

② 《公司法》第48条规定："董事会的议事方式和表决程序，除本法有规定的外，由公司章程规定。""董事会应当对所议事项的决定作成会议记录，出席会议的董事应当在会议记录上签名。""董事会决议的表决，实行一人一票。"

对称所带来的风险。本节旨在对股权投资中所涉及的核心条款进行梳理与解读，使投融双方更加了解优先权条款的内涵与外延，以期在交易实践中更好地维护自身的权益。投资协议作为约束投融资双方的核心法律文件，是保障投资者投资收益的重要凭借，具体主要包括如下内容。

一、基础性条款

（一）签约主体条款

股权投资合同具体可区分为增资协议、股权/股份转让协议等：如果系增资协议，其签约主体多设定为投资者、标的公司以及标的公司的全体原股东；如果系股权/股份转让协议，其签约主体多为投资者、股权/股份转让方，此外结合转让合同具体情形，可以加入标的公司，签订三方协议；如果系股东协议，签约主体多为全体投资者、标的公司全体股东、标的公司实际控制人。除此之外，需要签订补充协议的，如系约定估值调整条款（约定对赌回购条件），则标的公司不得作为该协议的签署主体，签署主体应当为全体投资者、标的公司控股股东或实际控制人。

（二）签约先决条件条款

在签署投资协议时，标的公司及原股东可能还存在一些未落实的事项，或者可能发生变化的因素。为保护投资方利益，一般会在投资协议中约定相关方落实相关事项，或对可变因素进行一定的控制，构成实施投资的前置条件，包括但不限于：

1. 标的公司层面

投资协议以及与本次投资有关的法律文件均已经签署并生效，具体审核两点内容：

第一，标的公司是否已经获得所有必要的内部（如股东会、董事会）、第三方和政府（如有需要）的批准或授权。具体情况应区分国有企业和中外合资企业，两者有所不同。

如果标的公司为国有控股公司，增资、股权转让除需股东会作出决议外，还需要履行国有公司审批流程，履行相应的审计及资产评估程序，取得上级国有资产主管部门的批准及备案，应当在产权交易所公开进行，并履行公告手续。如果标的公司为中外合资企业，中外合资企业最高权力机关为董事会，增资、股权转让除需取得董事会决议外，还需要确认原股东是否要行使优先购买/认缴权，而增资、股权转让完成后，还需要在商务管理部门进行备案，并获发新的外商投资企业批准证书。

第二，全体股东是否知悉其在投资协议中的权利与义务且无异议，是否同意放弃相关优先权利。

2. 尽职调查层面

投资者应已经完成关于标的公司业务、财务及法律的尽职调查，且在尽职调查中发现的问题已经得到或在将来一定时期内得到有效解决或妥善处理。

3. 投资者层面

一是投资者应确保其就投资行为已完成内部审查审批流程，并获得必要的外部批准（如有需要）；二是投资者应确保其资金来源合法。

（三）交易结构条款

投资协议应当对交易结构进行约定。交易结构即投融资双方以何种方式达成交易，主要包括投资条款书、投资方式、投资价格、交割安排等内容。

1. 投资条款书

股权投融资双方在正式签署交易文件之前，一般要就投资意向签署初步法律文件。在国内股权交易实务中，这些初步法律文件的称呼形式较多，比如投资意向书、框架协议、谅解备忘录（Memorandum of Understanding，MOU）、主要条款清单等，而在国际上通行的说法是投资条款书（Term Sheet，TS）。虽然这些名称不同的文件在内容和格式上各有不同，但基本作用是一致的，即它们是投融资双方就投资事宜达成的初步书面共识，是下一步尽职调查和交易谈判的基础。

2. 投资方式

投资方式包括认购标的公司新增加的注册资本、受让原股东持有的标的公司股权，少数情况下也向标的公司提供借款等，或者以上两种或多种方式相结合。

3. 投资价格

在投资价格的设定上，应确定投资价格的估值方式，并确定投资价款的构成（计入注册资本的金额和进入资本公积的金额）。

4. 交割安排

（1）投资协议中需约定认购或受让的股权价格、数量、占比，投资价款支付方式，以及办理股权登记或交割的程序（如工商登记）、期限、责任等内容。

（2）在投资价款支付方式上，应明确是否全部由现金支付，是否涉及换股支付或资产支持等其他非现金支付手段。

如果确定以现金方式支付，应明确是否设定共管账户，是否进行分期支付；如进行分期支付，应确定各期支付节点；如果采用非现金方式支付，应当就支付对价资产的权属情况进行核查，并且对支付对价资产进行评估，并办理动产交割、无形资产产权转让变更等手续。

实务要点：在股权投资业务中，投资方在对拟投资的标的公司进行初审后，会与标的公司的控股股东或实际控制人进行谈判，确定估值、投资交易结构、业绩要求和退出计划等核心商业条款，并签署投资意向书。之后，投资方会聘请律师、会计师等专业机构对标的公司进行全面的尽职调查。获得令人满意的尽职调查结论后，就进入股权投资的实施阶段，投资方将与标的公司及其股东签署正式的投资协议，作为约束投融资双方的核心法律文件。

二、投资者投资保护条款

（一）优先分红权条款

股东之间可以约定不按持股比例分配红利，为保护投资方的利益，可以约定投资方的分红比例高于其持股比例。① 优先权分红条款，指在公司宣告分派红利时，投资方作为优先分红权股东，相较于其他全体股东或部分股东，享有优先从公司分取红利的权利。在具体条文设置上，一般表述为：投资者持有标的公司股权期间，在标的公司有可供分配利润的前提下，标的公司每年度应就上一年度的可供分配利润对股东进行利润分配。该条款对于投资者的功能主要体现在两个方面：一是取得稳定回报，降低投资风险。优先分红权是与清算优先权和回赎权联系起来的，在清算以及回赎发生时，投资人可以通过累积性分红权至少获得一些较为稳定的回报。二是限制公司分红与创始股东套现。获得分红并不是风险投资人的主要目的，优先分红权主要是股权投资人为了限制原股东分红，将所投资本留于所投公司用于发展，最大限度地保障投资收益的制度。

1. 优先分红权的类型

（1）累积性优先分红权和非累积性优先分红权。根据股息分配是否具有累积性，优先分红权可分为累积性优先分红权和非累积性优先分红权。所谓累积性优先分红权，是指在某个财务年度内，如果公司未发生应予分红的情况，或者公司盈利不足以分派规定的红利，则优先股的股东有权要求公司在日后的财务年度内予以补足。对于非累积性优先权，虽然优先股股东对公司当年所获利润有优先于普通股股东获得分派股息的权利，但是若当年盈利不足以派发规定的红利，或者公司当年未宣告派发红利，则优先股股东不能要求公司用日后的财务盈余给予补发。

（2）参与性优先权和非参与性优先权。根据优先股股东是否可参与普通股的股息分配，优先分红权可分为参与性优先权和非参与性优先权。所谓参与性优先权，是指当优先股股东在分得固定红利后，仍可在可转换基础上按持股比例与普通股股东一起分配剩余的利润。而非参与性优先权，是指优先股股东只能获得固定数额的股息，不可以再参与剩余利润的分配。

（3）固定分红优先权与可调整分红优先权。根据分红率是否可调整变化，优先分红权分为固定分红优先权与可调整分红优先权。前者分红率不可以调整变化，在优先股发行时即确定，而后者则在合同中约定分红率可随相关条件（如银行利率）变化，此种分红率规定具有一定的弹性，便于对公司与投资人之间、普通股与优先股之间的利益进行动态调整和平衡。固定分红率优先权虽缺乏弹性，但信用较高，有利于对优先股股东利益的保护。

2. 实务中优先分红权的常见表述

（1）经各方同意，本次增资完成之后，公司应按照法律以及公司章程的有关规定和程序向投资人足额支付股息红利。如果公司当年拟向股东分配利润（"可供分配总利润"），投资人有权在公司其他股东分配利润前优先分取当年的利润。在向投资人足额支付红利之前，公司不得向任何其他股东以现金、财产或以公司股权的方式支付任何红利。

（2）当年的可供分配总利润在扣除上述投资人优先分取的利润后，投资人和公司其他

---

① 《公司法》第34条规定："股东按照实缴的出资比例分取红利……但是，全体股东约定不按照出资比例分取红利或者不按照出资比例优先认缴出资的除外。"《公司法》第166条规定："公司弥补亏损和提取公积金后所余税后利润……股份有限公司按照股东持有的股份比例分配，但股份有限公司章程规定不按持股比例分配的除外。"

股东将按持股比例共同享有公司的利润（包括但不限于本次增资完成前公司实现的所有净利润以及以前年度的滚存未分配利润）。

3. 保障投资人优先分红权的方式

（1）优先分红权条款以章程约定为表现形式。在公司章程中约定优先分红权，若关于公司利润分配方案的股东会决议违反优先分红权，股权投资人可以此为由向法院主张撤销违反公司章程的股东会决议[1]，因为公司章程具有公示对抗效力，即使是后轮投资股东在对公司进行投资时对于公司章程进行了尽职调查，并于投资入股成功后形成新的公司章程或章程修正案。公司章程约定的优先分红权，效力约束于公司全体股东，各股东均应遵守。故股权投资人在投资公司时，应该特别注意将优先分红权以章程约定为表现形式，而非仅在投资协议中体现，以更好地保障将来优先分红权的诉权。

（2）投资协议中约定创始股东违约责任。虽然违反投资协议不属于撤销违反优先分红权的公司利润分配方案的股东会决议的法定事由，在先的投资协议亦不能约束在后的投资股东，但是投资协议对于享有优先分红权的股东及创始/原股东均具有约束力，享有优先分红权的投资人可通过主张创始/原股东违反投资协议，要求其承担相应赔偿责任。

优先分红权条款在意思表示真实、无其他违反法律法规导致协议效力瑕疵的情况下应为有效，如"上海中盈投资公司案"就是一个很好的例子（见表4-3）。同时，需要注意的是，为了更好地保障投资人权益，在投资协议中的优先分红条款也应被纳入公司章程中，以便事后获得更有效的救济。

表4-3　上海中盈投资公司案

案件名称	上海中盈投资管理有限公司与南京泰锐斯通信科技有限公司、南京毅澄投资管理有限公司等合同纠纷案
案号	（2015）苏中商终字第01848号
审理法院	江苏省苏州市中级人民法院
诉讼参与主体	上诉人（原审原告，反诉被告）：上海中盈投资管理有限公司 上诉人（原审被告，反诉原告）：南京泰锐斯通信科技有限公司 被上诉人（原审被告）：南京毅澄投资管理有限公司 被上诉人（原审被告）：朱某
判决日期	2017年3月26日
案情概要	中盈公司（甲方）、南京泰锐斯（乙方）、毅澄公司（丙方）签订出资协议。约定三方拟共同设立江苏泰锐斯（项目公司、公司）。协议第四条"优先分红权"约定：项目公司成立五年内，优先向甲方分红，在向甲方的分红（完税后）累计达到其实际出资额的1.5倍（如实际资金到位1000万元，则1000万元×1.5＝1500万元）后，优先分红权终止，在甲方享有优先分红权期间，乙方、丙方及其他股东不得参与分红，甲方优先分红权终止后，各方按所持股权比例进行分红并享有相应股东权益

---

[1] 《公司法》第22条规定："股东会决议内容违反公司章程的，股东可以自决议作出之日起六十日内，请求人民法院撤销。"

法院观点	一审法院认为诉争出资协议，系当事人三方以共同设立江苏泰锐斯为目标，以约定公司设立期间及公司成立之后相关投资各方权益为目的而拟定，该协议当事人意思表示真实，内容未违反法律规定，应属于成立有效。二审法院亦未否定出资协议的效力

针对外商投资企业而言，《公司法》第217条规定："外商投资的有限责任公司和股份有限公司适用于本法；有关外商投资的法律另有规定的，从其规定。"

投资方在投融资实践中，常常会约定对创始人/实际控制人转让公司股权的限制条款①。融资方企业估值可能较高，但企业现金流往往不佳，短期内融资方企业可能需要依赖投资方的投资来维持和发展业务。投资方为了将自己与融资方企业的未来利益绑定在一起，可以通过优先分红权条款的设计来干预融资方企业对于近期分红利益和远期利益的选择，从而降低融资方企业的实际控制人、创始人等普通股东进行分红的期望。此外，通过优先分红条款，投资方也能降低投资风险，在一定程度上取得稳定回报。

（二）优先清算权条款

优先清算权条款就是在公司在清算时，赋予投资者有权优先于其他股东按照事先约定的条件分配公司的剩余财产，如有权优先于普通股股东获得固定的②回报以及部分股息③，以减少自己的损失。股东之间可以约定再分配补偿机制。④ 该条款对于投资者的功能有三个方面：其一，在某种程度上约束创业企业家因企业经营不善而可能发生的逃避行为；其二，能保证投资者在公司经营不善的情况下收回部分投资；其三，能保证投资者在公司控制权发生重大变更或资产发生重大损失时获得一定的收益。

优先清算权是投资方非常重视的一项条款。如果标的公司经营亏损最终破产清算，投资方未能及时退出，可以通过清算优先权条款减少损失。需要注意的是，投资者行使优先清算权只能优先于其他股东，不得优先于公司的债权人。

在具体操作时，优先清算权可分为三类：第一类是参与型优先清算权，第二类是非参与型优先清算权，第三类是折中的方案，即约定如投资人按股权比例可获得的清算分配已经超过原始投资成本的几倍时，应该放弃优先清算权，所有股权按照持股比例参与分配。在标的公司解散或破产清算中，如果约定"完全参与剩余分配"的方案，协议各方可约定

---

① 《公司法》第71条规定："有限责任公司的股东之间可以相互转让其全部或者部分股权。""股东向股东以外的人转让股权，应当经其他股东过半数同意。股东应就其股权转让事项书面通知其他股东征求同意，其他股东自接到书面通知之日起满三十日未答复的，视为同意转让。""其他股东半数以上不同意转让的，不同意的股东应当购买该转让的股权；不购买的，视为同意转让。""经股东同意转让的股权，在同等条件下，其他股东有优先购买权。两个以上股东主张行使优先购买权的，协商确定各自的购买比例；协商不成的，按照转让时各自的出资比例行使优先购买权。""公司章程对股权转让另有规定的，从其规定。"

② 一般是每股X倍于原始购买价格的回报。

③ 已宣布但未发放的股息。

④ 《公司法》第186条规定："公司财产在分别支付清算费用、职工的工资、社会保险费用和法定补偿金，缴纳所欠税款，清偿公司债务后的剩余财产，有限责任公司按照股东的出资比例分配，股份有限公司按照股东持有的股份比例分配。"

清算优先条款如下：在清算事件发生后，在分别支付清算费用、职工工资、社会保险费用和法定补偿金，缴纳所欠税款，清偿公司债务后，如剩余财产按照届时各股东（包括投资者）的实缴出资比例分配，投资者分得财产高于其累计实际投资本金及对应年化 N% 利息的，则按照各股东的实缴出资比例分配。①

1. 清算优先权的分类

根据优先股股东是否可以参与后续分配，清算优先权可以分为如下三种类别：

（1）无参与权的优先权。无参与权的优先权是指投资人仅获得优先权约定分配，不参与后续分配，常见表述为：

首先支付各优先股 A 股原始购买价的一倍的金额，加上孳生股息、加上宣告而未付的股息，剩余收益再分配给普通股股东。

【例 4-1】投资人投资 1000 万元，得到 30% 股权。有清算优先权条款如上，回报率定为 1 倍。当公司清算价值低于 1000 万元时，投资人行使清算优先权，将把所有资金拿走。当公司清算价值低于 3333 万元而高于 1000 万元时，投资人按股权分配得到的都将低于 1000 万元，则投资人会选择行使优先清算权，得到 1000 万元。但是，当公司清算价值大于 3333 万元时，行使一般分配权即按 30% 比例分配将得到多于 1000 万元的回报，投资人会放弃清算优先权，选择按比例分配。

（2）有参与权的优先权。有参与权的优先权是指享有参与分配权的投资人在获得优先权约定额之后，还根据其持股比例和其他股东按股权比例分配剩余变现款，常见表述为：

首先支付投资人原始购买价的一倍的金额，加上孳生股息、加上宣告而未付的股息，然后任何剩余的可供股东分配的公司资金和资产将按持股比例在所有股东（包括投资人以及普通股股东）之间进行分配。

【例 4-2】投资人投资 1000 万元，得到 30% 股权。有清算优先权条款和参与权条款如上，回报率定为 1 倍。当公司清算价值低于 1000 万元时，投资人行使清算优先权，将把变现资金全数拿走。而一旦公司清算价值高于 1000 万元，则投资人有权得到变现资金减去 1000 万元后剩余部分的 30%。假使公司清算价值为 11000 万元时，投资人先按优先权得到 1000 万元，剩余 10000 万元按比例分配，投资人得到 3000 万元。投资人得到全部总计 4000 万元回报。

（3）附上限的优先股参与权。附上限参与分配权表示优先股股东按比例参与分配剩余清算资金，直到所获回报总额达到约定回报上限。这是一种对完全参与清算优先权的不公平性做出限制的折中，即投资人回报达到一定上限后停止参与分配，由创始人享有剩余部分价值，常见表述为：

首先支付各优先股 A 股原始购买价的一倍的金额，加上孳生股息、加上宣告而未付的股息，然后优先股 A 股在视同转换的基础上与普通股共同参与分配，但一旦投资人获得的

①《公司法》第 186 条第 2 款规定："公司财产在分别支付清算费用、职工工资、社会保险费用和法定补偿金，缴纳所欠税款，清偿公司债务后的剩余财产，有限责任公司按照股东的出资比例分配，股份有限公司按照股东持有的股份比例分配。"同时，根据《国务院关于开展优先股试点的指导意见》中规定执行。

回报达到 X 倍投资款，将停止参与分配。之后，剩余的资产将由其他股东按比例分配。

【例 4-3】投资人投资 1000 万元，得到 30%股权。有清算优先权条款和参与权条款如上，回报率定为 1 倍，回报上限定为 4 倍。当公司清算价值低于 1000 万元时，投资人行使清算优先权，将把变现资金全数拿走。当公司清算价值高于 1000 万元而低于 13333 万元时，则投资人有权得到变现资金减去 1000 万元后剩余部分的 30%。当公司清算价值高于 13333 万元时，投资人如行使优先清算权最多能得到 4000 万元的回报，而直接按比例分配则能得到多于 4000 万元的回报，此时投资人会选择放弃优先清算权，而行使一般分配权。

在实践中，优先清算回报上限一般是优先股股东原始购买股权价格的 2~4 倍。但是，需要特别注意的是，该 2~4 倍里面已经包括了在执行优先清算权操作程序第一步中分配给优先股股东的 X 倍于原始股购买价格的优先清算回报。

2. 清算优先权的实现方式

（1）分红。常见条款表述：在清算事件发生后，在不违反相关法律的前提下，现有股东一致同意，以定向分红的方式向投资人支付其根据优先清算权所应得的款项。我国《公司法》第 34 条规定，"全体股东约定不按照出资比例分取红利或者不按照出资比例优先认缴出资的除外"，该条文就给约定分红提供了法律依据，故在法定清算程序启动之前，约定以分红的方式将计算后的投资人根据优先清算权应获得的回报预先发放给投资人是可行的。通过分红方式实现清算优先权仅适用于公司资产被并购模式下待分配财产进入公司账户且公司盈利的情形。在创始人卖出自己所持有的股份（股权并购）的情况下，该方式不可行。

（2）二次分配。常见条款表述：为了满足相关法律的要求并同时实现各方在本协议项下的约定，各方同意可分配资产将按照如下机制与程序进行分配调整：可分配资产首先按照股东的出资比例分配给公司各股东（"初次分配"）；初次分配完成后，公司各股东间应通过无偿转移或受让的方式再次调整其从初次分配中获得的资产数额，使得公司各股东最终获得的可分配资产的数额达到清算优先权规定的分配方案下相同或类似的效果。

【例 4-4】公司法定清算及偿还所有债务后可供股东分配财产共计 10000 万元，投资人占 30%股权，创始人 A 和创始人 B 各自占 35%股权。投资人按清算优先权计算共计应得 4000 万元回报。初次分配后投资人得款 3000 万元，创始人 A 和创始人 B 各自得款 3500 万元。二次分配由 A 与 B 各自无偿转让 500 万元给投资人，以使投资人最终取得 4000 万元的回报。

3. 清算优先权的触发——清算事件

清算事件是指除 IPO 之外的一切导致公司控制权变更的重大资产或股权的变动情况，诸如公司投票权转移、公司被兼并或合并以及公司全部或实质性全部资产的出售、租赁、转让或其他处置发生时，投资人股东即可行使清算优先权的事件。

清算事件分为一般清算事件和视为清算事件。所谓一般清算事件，是指公司经营状况不佳时，进行清算、解散或清盘，在此类情况下公司剩余的资产已不多。视为清算事件则并非指公司事实上的解散或清盘，而是指公司发生合并、被收购、出售控股股权或主要资产、重组以及其他活动，从而导致公司现有股东占有存续公司已发行股份的比例不高于50%，在这类情况下，公司可能仍拥有很多资产。

常见条款表述：除法定清算事由之外，因合并、收购、出售控股股权、出售主要或全部资产而导致公司现有股东持有存续公司已发行股份的比例不高于50%的，该类事件被视为清算事件。

（三）出售权条款

为了在标的公司减少或丧失投资价值的情况下实现退出，投资协议中也约定出售股权的保护性条款，包括但不限于：随售权/共同出售权条款，即如果标的公司控股股东拟将其全部或部分股权直接或间接地出让给任何第三方，则投资方有权利但无义务，在同等条件下，优先于控股股东或者按其与控股股东之间的持股比例，将其持有的相应数量的股权出售给拟购买待售股权的第三方；拖售权/强制出售权条款，即如果在约定的期限内标的公司的业绩达不到约定的要求或者不能实现上市、挂牌或被并购目标，或者触发其他约定条件，投资方有权强制标的公司的控股股东按照投资方与第三方达成的转让价格和条件，和投资方共同向第三方转让股份。该条款有时也是一种对赌条款。

1. 共同出售权/跟售权条款

共同出售权条款又称跟售权条款，是指目标公司首次公开发行之前，如果创始股东或其他普通股股东向第三方转让股权，投资人股东则有权按照拟出售股权的股东与第三方达成的价格和协议参与到这项交易中，按照其在目标公司中目前的持股比例向第三方转让股份。[①]

（1）共同出售权的制度作用。共同出售权条款与优先购买权条款都是针对创始人出售股权时使用的条款。如果创始人满足出售股权的前提条件，投资人不行使优先购买权的同时，投资人可以通过行使共同出售权实现与创始人同比例出售。共同出售权的主要作用有以下两点：

第一，防止创始股东退出公司。投资者对公司的投资，在看好公司成长性的同时，亦看重了创始股东，通过主张共同出售权可以有效阻止创始股东退出公司。

第二，在拟进行的交易中进行部分获利。共同出售权为投资人创造了一个退出的机会，如果创始股东发现了优质的潜在买家并希望通过出售部分股权的方式获取高额收益，则投资人可通过行使共同出售权的方式分享这份利益。

（2）共同出售权的行使。

1）行使条件。共同出售权的行使条件是创始股东拟转让的股权未被公司其他股东根据优先购买权全部购买，且将向拟定受让人出售。在该等情况下，各投资人股东有权行使该项权利，并按比例参与创始股东的拟定出售，但必须在协议规定的期限内向出售股权的创始股东发送有效书面通知。该通知应载明投资人股东希望在该次出售中转让的股权数

---

① 我国《公司法》并没有关于共同出售权的规定，共同出售权实际上是目标公司的股东之间就股权转让所作的特别约定。因此，在《公司法》没有明确禁止的情况下，共同出售权条款在目前的中国法律框架下并没有实质性的障碍，投融资双方可以在投资协议中对此约定，并据此修改公司章程。

额。通知一经发出即被视为共同出售权的有效行使。

2）实现机制。

①倒挤法。倒挤法是指在不改变第三人拟购买股权总数的前提下，投资人可以按照创始股东拟转让的股权数额与创始股东持有的总股权数额的比例，出售自己所持有的公司股权。倒挤法不会影响购买股权的第三人的购买数量，仅是将创始股东的一部分出售股份权转移给了投资人。

②加成法。加成法项下创始股东所出售的股权数额不变，所加成的是投资人出售的股权数额，投资人可出售的比例与倒挤法相同，最后第三方所获得的股权为创始股东出售的股权+投资人出售的股权。

③按比例出售。按比例出售是指在拟出售股权总额不变的情形下，投资人、创始股东按照各自的持股比例出售股权。

3）行权的限制。在实务操作上，若创始股东地位比较强势或者出于投融资方公平的考虑，创始股东通常会对共同出售权的行使设置限制条件，这些条件主要包括：

①创始股东可以在协议中特别约定投资人股东不得行使共同出售权的附加条件。例如，创始股东在投资交割完成后的 12 个月内出售公司 10% 以内的股权，且保持其持有的公司股权在 60% 以上，不影响其管理公司的，则不触发共同出售条款，投资人股东不得行使共同出售权。

②投资人股东往往要求创始股东承担通知股权转让事宜的义务，与之相对应，创始股东可约定在通知送达投资人股东之后合理时间内投资人股东没有明确表示的，则视为放弃共同出售权。

③由于不可抗力、法院判决、继承等需要创始股东向第三人转让相应股权的，投资人股东无权要求行使共同出售权。

（3）实践中共同出售权条款的常见表述。公司在合格资本市场首次公开上市前，在不违反本协议其他条款的情况下，创始股东出售其拥有的部分或全部股权时，投资人有权行使优先出售权，否则创始人不得转让。

任一行使共同出售权的投资方（以下简称共同出售行权投资方）可行使共同出售权的股权数额为：转让方拟转让的股权的数额×该共同出售行权投资方届时所持有的公司股权÷（各共同出售行权投资方届时所持有的公司股权之和+转让方所持有的公司股权）。

创始股东应就上述股权出售事宜提前通知投资人，投资人应于一定期限内回复是否行使共同出售权，如投资方未于上述期限内回复创始人，视为放弃行使本次共同出售权。

假设投资者投资 A 公司，投资者占有的股份为 20%，A 公司的其他股东占有的股份为 80%，若 A 公司拟出售 1000 万股的股权给第三方，其交易结构如图 4-1 所示。

如果在投资合同中约定共同出售权/跟售权条款，则交易结构如图 4-2 所示。

此时，A 公司无法继续向第三方出售 1000 万股的股份，需要按照持股比例分出 20% 的股权由投资者根据 A 公司和第三方协商的相同条件出售 200 万股给第三方。

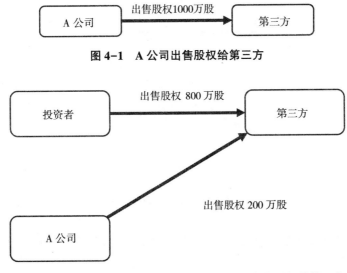

图4-1　A公司出售股权给第三方

图4-2　投资合同中约定共同出售权/跟售权时出售股权给第三方

2. 领售权/拖售权条款

领售权又称拖售权、强制随售权，是指在一定条件下，如果投资者同意出售公司股权，那么其他股东（包括创始股东）也应将股权进行出售。如果在约定的期限内，标的公司发生未能在约定的期限上市等约定情形或触发约定条件，投资方有权强制标的公司的控股股东按照投资方与第三方达成的转让价格和条件，和投资方共同向第三方转让股份。该条款有时也是一种对赌条款。

对于投资者来说，该条款能使投资者掌握一定的转卖公司的权利，为投资者增加退出途径。另外，该条款能在一定程度上增加投资者转让股份的价格砝码，方便投资者吸引拟取得标的控制权的第三方投资者。相较于随售权而言，随售权是投资者拟强行进入其他股东与第三方的交易，交易价格以其他股东与第三方协商确定的价格为准，拖售权恰好相反，是投资者强迫其他股东进入投资者与第三方的交易，交易价格以投资者与第三方协商确定的价格为准。与随售权相比，拖售权赋予投资者更大的权利，使其即使作为少数股东，也可以享有通常只有绝大多数股东才能享有的决定公司转让的权利。假设投资者投资A公司，若投资者要和第三方进行交易，即投资者要出售一部分或全部的股权给第三方，交易结构如图4-3所示。

图4-3　投资者出售一部分或全部的股权给第三方

此时，如果投资者行使拖售权，则交易结构如图4-4所示。

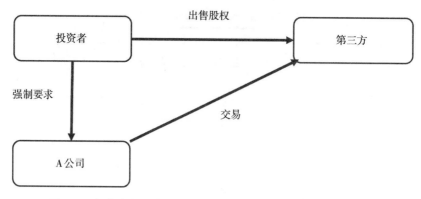

图4-4　投资者行使拖售权时出售一部分或全部的股权给第三方

此时，投资者可以强制要求 A 公司按照其和第三方协商的价格共同出售部分甚至全部的股份给第三方。

对于公司的创始股东来说，该条款的"杀伤力"很强，有可能导致创始股东失去对公司的控制权，因此面对此类条款，创始股东通常会增加限制条件作为缓释措施，以降低该条款的"杀伤力"。在实操层面，这主要包括如下四种方式：

（1）设置行政权的门槛，要求卖掉公司的估值不能低于一定的门槛，如不低于此次投资对公司估值的 X 倍，要求投资者持股达到一定的比例等。

（2）设置时间或事件的门槛，如在 N 年后才能行权，或者在 N 年后公司未能在中国境内证券交易市场成功完成首次公开发行股票并上市时才能行权等。

（3）设置买家黑名单，要求不能卖给竞争对手及相关利益主体，防止恶意收购。

（4）为创始股东设置优先购买权，即投资者要求出售股权，创始股东可以在同等条件下优先购买该股权。

通过约定出售股权的保护性条款，投资方可以大大减少自身的投资风险，保证自身顺利地安全退出。

（四）赎回权条款

赎回权条款是当满足事先设定的条件时，投资者有权要求标的公司大股东或其他人按照事先约定的定价机制购买投资者持有的全部或部分股权。回购方式包括公司回购股权（或股份）和实际控制人受让股权（或股份）。该条款的功能主要体现在如下两个方面：

第一，保证投资者在特殊情形下可以自由退出。投资方如果遇到以下情形，公司和实际控制人应予以配合执行：公司在目标上市日期届满时未能成功上市；公司的核心业务发生重大变化，或者不足以吸引潜在收购者，或者在创始股东与投资者发生严重分歧而无法合作的情况下，为投资者提供了一条有效的退出路径；若投资方认为公司满足中国证监会及证券交易所的上市条件，而公司的实际控制人不同意进行首次公开上市，实际控制人的回购价格以投资方累计支付的增资价款加上 X% 的年单利回报率计算，等等。

第二，回购的压力会促使创始股东及管理层部分受控于投资者，听取投资者的意见。企业在上市审核过程中，交易所通常会重点审查企业历史上对赌协议等特殊协议安排的责任主体、主要权利与义务条款、签订过程、违约责任等，审查相关条款或安排是否违反法律法规禁止性规定或损害其他股东利益。

1. 股权回购模式的具体情形

交易模式的核心环节是通过安排股权回购来实现投资者的退出，按照股权回购的启动情形不同，总体又分为以下两种：

（1）特定情形出现时的股权回购。该种股权回购一般是目标公司原股东或实际控制人和投资者在合同中约定，如果在一定期限内合同中约定的投资者退出路径如上市未能实现，则由原股东或实际控制人收购投资者持有的股权，作为替代方案，使投资者实现退出。

在该等情形下，原股东或实际控制人收购投资者持有的股权取决于双方约定的原有退出方案能否实现，具有一定的不确定性，故可称为附条件的回购，而就股权回购所签署的《股权转让合同》实质上也就是附条件合同。由于条件的成就具有一定的不确定性，因此股权回购发生与否也具有不确定性。

在实践中有观点认为，由于该等情形下股权回购是作为目标公司未能实现上市导致投资者无法在二级市场实现退出的替代方案，投资者具有获得目标公司股权并在目标公司上市后获利的目的，因此该等情况下目标公司股权是其真实交易内容，在条件触发前，投资者与公司其他股东共同承担风险，故认为该种方式下的股权回购不属于"名股实债"。

（2）一定期限届满后的股权回购。该种股权回购则是约定，投资完成后的一定期限届满后，原股东或实际控制人即负有收购投资者持有股权的义务。由于收购发生的原因是期限的届满，而就股权回购所签署的《股权转让合同》实质上也就是附期限合同。

在实践中对该种情况下的股权回购则有观点认为，由于股权回购附期限，该等回购一定会发生，因此认为投资者的投资目的只是获得一定期限的利息收入，故认为该附期限的股权回购条款就是变相借贷，可能无法得到法律保护。

2. 回购权的触发情形

投资人回购权的触发情形通常有以下三种：

（1）公司不能完成上市等既定目标。例如，公司不能在最晚本次增资交割日起48个月以前完成合格上市或合格挂牌，而投资人届时又需退出；投资人同意上市，但由于创始人因素导致上市决议未能通过，或由于管理层不尽最大努力配合导致上市未能按计划及时间表进度如期进行（"否决合格上市"）。

（2）公司或创始股东违约。例如，公司和/或创始股东发生其他严重违约、违反任何陈述与保证事项或违反任一交割前义务和/或交割后的承诺及义务以致严重影响投资人利益，且该等其他严重违约未能在本轮投资人知晓后的30日内被纠正或弥补。

（3）公司或创始股东存在欺诈等诚信问题。例如，创始股东出现重大个人诚信问题，尤其是公司出现投资人不知情的账外现金销售收支，或者本次增资前创始股东或公司披露的公司资产或经营状况严重失实以致严重影响投资人的投资权益。

3. 回购权的形式

（1）公司回购。公司回购是指公司收购投资人的股权以实现投资人的退出。公司回购是否可以进行取决于两方面：一是公司的财产状况；二是由于公司回购的本质是公司减少注册资本，因此还取决于法律的限制，如我国《公司法》对股东行使回购权的限制①。

（2）创始人回购。创始人回购名为"回购"，实为"股权转让"，即创始人受让投资人的股权。

在这种模式下，投资人需要与公司的创始股东签订《股权转让协议》，股权回购也就简化成普通的股权转让交易。为了保证创始股东在投资人主张回购权时履行约定，投资人可以要求在《股权转让协议》中约定较重的违约金，违约金的金额可以为投资人期望获得的股权回购的对价。

由创始股东承担回购责任对创始股东来说有较大的资金压力，一般情况下，创始股东会要求其承担回购责任以其届时持有的公司股权的市场公允价值为限。例如："创始股东在本条项下的回购义务不得超过其基于市场公允价值处置其持有的全部公司股权所获得的全部收益，但不包括其历史上处置公司股权的所得及公司累计向其分红所得的收益。"

4. 回购价格

（1）在回购权条款中，股权回购或股权受让价格一般由以下两者中较大者确定：

1）投资人所投资资金按一定的年投资回报率计算的投资本金和收益之和。

2）投资人发出股权回购书面通知当日投资人所持有股权对应的公司净资产。

（2）回购价格条款的通常表述如下：

经各方同意，若上述原因导致本轮投资人要求回购的，回购价格为下列金额中较高者：

1）本轮投资人投资款自交割日起在投资期间以12%的年投资回报率（复利）计算出收益和投资款本金的总额（扣除公司已支付给本轮投资人的利润分配或股息红利）。

2）本轮投资人股权比例对应的公司截至向本轮投资人支付全部回购价款之日的公司净资产。

5. 回购权条款的风险

回购权的最大风险在于回购执行较为困难，在公司触发回购条款（如公司无法 IPO、大股东违约等）时，若公司没有充足的现金，也无法通过融资来获得现金，回购条款就会无法执行。通常公司有充足现金执行回购条款时，表明公司的业绩尚可，投资者也不会执行回购条款。因此，执行问题是回购权条款最大的风险。

这种情形通常有两种解决方式：一是大股东赔偿股权，结果是投资者成为公司大股东；二是公司进入清算程序，投资者享有优先清算权。

6. 我国法院对回购权条款的认定

在实践中，大量的回购对赌设定是一定期限内目标公司没有上市，业绩对赌设定等。

---

① 《公司法》第74条规定："对公司特定决议事项投反对票的股东才有权要求公司回购。这类特定决议事项包括：公司连续五年不向股东分配利润，而公司该五年连续盈利，并且符合本法规定的分配利润条件的；公司合并、分立、转让主要财产的；公司章程规定的营业期限届满或者章程规定的其他解散事由出现，股东会会议通过决议修改章程使公司存续的。"《公司法》第177条规定："公司减资需要经过非常严格的法律程序，包括通知债权人、在报纸上公告、编制资产负债表与财产清单等。"

如果创始人必须要接受上市的对赌和回购安排，则应注意争取在一些条件上设置创始团队保护条款和合理的赎回价格，而且上市的路径也要广泛，如既不限国家，也不限证券市场。

公司能够回购自身股权，但是《公司法》规定的回购情形与回购权条款的触发条件并不能完全契合，导致被投企业在业绩不达标、未及时实现 IPO 等情况下履行回购条款就会违反法律强行性规定，而要避免违反强行性规定就必须履行减少公司注册资本的义务。法院基于公司资本维持、公司财产保护、股东有限责任、投资风险承担、债权人利益保护等公司法基本原则，也可能判决不支持公司与投资方之间的回购约定，就如"南京博发投资咨询有限公司案"中判决所示（见表 4-4）。

表 4-4　南京博发投资咨询有限公司案

案件名称	南京博发投资咨询有限公司与江苏阳山硅材料科技有限公司请求公司收购股份案
案号	（2015）苏商终字第 00310 号
审理法院	江苏省高级人民法院
诉讼参与主体	上诉人（原审原告）：南京博发投资咨询有限公司 被上诉人（原中被告）：江苏阳山硅材料科技有限公司
判决日期	2015 年 8 月 11 日
案情概要	南京博发投资咨询有限公司（以下简称博发公司）与江苏阳山硅材料科技有限公司（以下简称阳山公司）签署《投资协议》，约定博发公司向阳山公司投资，并约定了股权回购条款，其触发条件为若公司未能在 2014 年 12 月 31 日前完成首次公开发行，投资方有权自 2015 年 1 月 1 日起要求公司购回投资方所拥有的股份。公司未能按照净利润保证的要求完成相关年度净利润且低于年度净利润60% 时，博发公司有权要求阳山公司或者杜某回购博发公司全部股份。回购价为本次融资价格的100% 并加上 18% 的年回报率。随后阳山公司 2011 年至 2013 年均没有完成该《投资协议》中约定的年度净利润目标，2012 年 5 月两公司签署了《股权回购协议》，约定阳山公司同意按照年息 18% 回购博发公司对阳山公司的投资，并配合博发公司办理相关回购手续；将博发公司对阳山公司的股权转为博发公司对阳山公司的债权，并按年息 14% 向博发公司支付利息。2014 年，股权回购条款触发条件成熟，博发公司向法院起诉，要求阳山公司根据《股权回购协议》的约定支付博发公司的回购金额本金和利息
法院观点	一审法院认为，双方在《投资协议》中约定的股权回购条款实质上是保证无风险绝对收益的保底条款，违反了《公司法》规定，侵犯了公司其他股东和公司债权人的利益，不符合《公司法》规定的股东以其投入的股份对公司债务承担责任的《公司法》基本原则，应当认定为无效。二审法院亦作此认定

（五）估值调整条款/对赌条款

估值调整条款又称为对赌条款（Valuation Adjustment Mechanism，VAM），指的是投资方与融资方在达成投资协议时，对于未来不确定的情况进行一种约定。如果约定条件出现，投资方可以行使一种对自身有利的权利，用以补偿高估企业价值的损失；否则，融资方就可以行使另一种对自身有利的权利，以补偿企业价值被低估的损失。

1. 对赌协议的价值

（1）对投资方来说，对赌协议能够缓解投资方与融资方之间的信息不对称，降低投资风险。融资方在信息掌握上处于强势地位，因此很可能掩盖真实信息，突出自身优点。对赌协议可以降低这种风险，因为若融资方提供信息有误，则协议中的既定目标可能无法实现，融资方将依据协议承担相应赔偿责任。

（2）对融资方来说，对赌协议能够极大地激励和约束企业管理层，推动企业的发展。对赌协议实际上是约定了一个奖惩机制，如果企业管理层勤勉工作完成对赌协议中约定的条件，那么就可以获得相应的收益，反之要付出相应的代价。

2. 对赌条款构成要素

无论是现金、股权补偿还是回购，投资方都应当与标的公司股东签署协议并向其主张权利，其要素如表4-5所示。股权对赌的出现很大程度地解决了投资方和融资方之间在进行投资时产生的估值方面的相关争议和分歧，通过将争议和分歧暂时搁置的方式推动了投资方顺利入股。

表4-5　对赌条款构成要素

资本进入方式	对赌目标	对赌方式	对赌对象	对赌机制
增资	财务业绩	单向对赌	原股东	分期融资
				可转换债券
购买股份	上市	双向对赌	目标公司	股权比例调整
	业务指标		管理层	现金补偿
				股份回购

投资者对标的公司的估值主要依据公司现时的经营业绩以及对未来经营业绩的预测，因此这种估值存在一定的不确定性。为了应对估值风险，投资协议中有时会约定估值调整条款，比较常见的是，约定公司未来的业绩目标，并根据公司未来实现业绩与业绩目标之间的偏离情况相应地调整公司的估值。因此，估值调整条款也被称为对赌条款。

3. 对赌协议的形式

估值调整条款/对赌条款常以相应里程碑事件是否实现而做出相应的奖惩约定。在实操层面，常见的里程碑事件包括：目标公司的经营业绩（扣非净利润、净利润和营业额），IPO（包括但不限于境内资本市场各个板块，即主板、中小板、创业板、科创板，以及境外资本市场，如港交所、纳斯达克、纽约证券交易所等），目标公司的其他非业绩经营性指标（与主营业务紧密相关，并且直接影响目标公司的未来盈利能力，如产品的市场占有率、产量和新技术研发时间等）。对业界案例进行梳理可以发现，里程碑事件主要包括财务业绩、非财务业绩、上市时间和企业行为四种类型，其中财务业绩、上市时间是最常见的形式。

投资方往往会根据里程碑事件的实现情况设计不同的退出机制/奖惩条款，在实践中多以惩罚性条款为主，具体形式包括但不限于现金补偿条款、股权调整条款、股权回购条款等。

（1）现金补偿条款。用现金补偿的方式作为双方"对赌"的条件是最常见的对赌协议形式。该方式主要约定当融资方未能实现约定的业绩指标时，融资方管理层或实际控制人将向投资方给予一定数量的现金作为补偿；反之，如果融资方完成了约定的业绩指标，则投资方用现金奖励给融资方。

例如，华谊兄弟投资掌趣科技并签署《股权转让与投资协议》时约定，掌趣科技主要股东保证掌趣科技 2010 年和 2011 年平均净利润（A）不低于人民币 5000 万元，如果未实现，则主要股东应按照（5000 万元–A）×12 倍×22% 的金额补偿华谊兄弟。

（2）股权调整条款。该类条款也是常见的对赌协议形式。当约定的业绩指标没有实现时，投资方可以低价增资，或者投资方可以无偿或低价受让企业股权；反之，投资方将无偿或低价将一部分股权转让给企业实际控制人。

例如，摩根士丹利和鼎晖投资永乐电器时，与永乐电器管理层签订协议，如果永乐电器 2007 年（可延至 2008 年或 2009 年）的净利润超过 7.5 亿元，外资股东将向管理层转让 4697.38 万股永乐电器股份；如果净利润相等或低于 6.75 亿元，管理层将向外资股东转让 4697.38 万股永乐电器股份；如果净利润不高于 6 亿元，管理层将向外资股东转让 9394.76 万股永乐电器股份。

（3）股权回购条款。该条款主要以企业上市作为条件对赌，如果企业未在约定的期限内上市，融资方或其实际控制人将以投资方投资款加固定回报的价格回购投资方持有的融资方的全部股权。

例如，2009 年纪荣军等在入股勤上光电时，就与勤上集团签订《关于股份回购的协议》约定发行人的 IPO 申请不能在 2011 年 6 月 30 日前获得中国证监会的核准，或者在之前任何时间勤上集团或发行人明示放弃上市安排或相关工作的，纪荣军等有权要求勤上集团回购其所持有的全部发行人股份。

在判例方面，最高人民法院指导性案例——甘肃世恒有色资源再利用有限公司、香港迪亚有限公司与苏州工业园区海福投资有限公司、陆波增资纠纷案〔（2012）民提字第 11 号〕所确立的裁判规则中明确：一是投资机构对标的公司进行股权投资时，约定可以从标的公司取得相对固定的收益且该收益脱离标的公司的经营业绩的条款，视为无效条款，理由是此类条款违反《公司法》第 20 条规定，损害公司及公司债权人的利益，依据原《中华人民共和国合同法》（以下简称《合同法》）第 52 条第五项规定，违反了法律、行政法规的强化自行规定的条款无效。二是投资机构对标的公司进行股权投资时，与标的公司之外的主体约定业绩补偿，即使具有保底性质，也因不损害公司及其公司债权人的利益以及不违反《公司法》第 20 条的规定而被认定为有效。三是投资机构对标的公司进行股权投资时，投资机构的投资不因保底条款的存在而被认定为借贷。

因此，对赌条款是否有效，取决于投资方是否获得固定利润或报酬，对赌协议中若投资方获得的补偿与目标公司盈利息息相关，回购价款（回购成本）未被设定为固定利润或固定报酬的，则投融资双方均有一定的风险，对赌条款通常有效。

在估值调整条款项下，可以设置附属担保条款。① 在对赌协议中，协议主体通常会采用保证、抵押、质押作为担保方式，其中最常见的是，在由标的公司股东/标的公司实际控制人承担股权回购义务、现金补偿义务的情形下，标的公司为股东/实际控制人等提供保证担保。实际上，不论是签订对赌协议还是日常经营，标的公司都具有对外为他人提供担保的需要，《公司法》明确肯定了公司具备对外提供担保的权利能力和行为能力。② 结合《公司法》以及 2019 年 11 月最高院印发的《全国法院民商事审判工作会议纪要》中的相关规定可以看出，在估值调整条款中，如果约定由标的公司承担股权回购或现金补偿义务，可能构成股东"抽逃出资"或向股东违规分配利润，进而危及标的公司及债权人利益，构成对资本维持与债权人保护原则的违反。为避免这一法律风险，在实操层面，都是由标的公司股东或实际控制人承担股权回购、现金补偿义务。

（2022）最高法民申 418 号案件中，最高人民法院认为：本案中对赌协议之目的是解决交易双方对目标公司未来发展的不确定性、信息不对称以及代理成本而设计的包含了股权回购、金钱补偿等对未来目标公司的估值进行调整的协议……符合股权投资中股东之间对赌的一般商业惯例，不构成"明股实债"或显失公平的情形③。

估值调整条款在监管中面临的规定较多，不同环节对于估值调整条款的要求也多有不同。因此，风险投资企业和创业企业作为投融资的主体，自当充分发挥主观能动性，通过设计更完善的协议条款来规避其风险。

（1）合规选择签约对象。选择与创业公司的主要股东们签订对赌协议并要求对方提供抵押或担保显然是一种更经济和稳妥的手段，这就要求风险投资机构在遴选创业企业时要注重考察其主要股东的资金实力和信用情况。在与创业公司签订对赌协议时，风险投资机构一方面要注意其既有的负债情况并记录在案，另一方面要着重记录创业公司做出签署对赌协议或股权回购协议时的正当程序，为日后的争议积累有利证据。

（2）审慎设计股权回购和对赌条款。作为投融资协议的一部分，对赌协议条款的内容涉及约定的业绩或市场地位标杆、对赌的权利与义务内容以及抵押和担保等内容。

1）合规设置对赌标的。对风险投资机构而言，退出时的回报才是其进行投资的主要目的，现金补偿和溢价收购的设计均应充分考虑创业企业的资金背景和资质，结合既有的相关强制性规定，避免因审批等因素导致投资沉没。对于融资的创业企业而言，综合考虑融资需求和企业控制权的同时，应当理性判断自身的承担风险能力和债权人、股东的合法权益。

2）科学约定业绩标杆。约定对赌的业绩标杆或股权回购条件时，应当在科学估计其

---

① 原《担保法》第 2 条规定："担保方式主要包括保证、抵押、质押、留置和定金 5 种。"《民法典》分别在第388 条、第 681 条也规定了抵押合同、质押合同、保证合同等具备担保功能的合同内容。

② 《公司法》第 16 条规定："公司向其他企业投资或者为他人提供担保，依照公司章程的规定，由董事会或者股东会、股东大会决议；公司章程对投资或者担保的总额及单项投资或者担保的数额有限额规定的，不得超过规定的限额。""公司为公司股东或者实际控制人提供担保的，必须经股东会或者股东大会决议。""前款规定的股东或者受前款规定的实际控制人支配的股东，不得参加前款规定事项的表决。该项表决由出席会议的其他股东所持表决权的过半数通过。"

③ 参见《翟红伟、青海国科创业投资基金合同纠纷民事申请再审审查民事裁定书》。

市场潜力和综合能力的基础上合理制定。过高的标杆设计一方面在谈判时因显失诚意而会令己方处于不利地位，另一方面在日后发生争议时也会有显失公平之嫌。过低的业绩标杆设定则又会将本不确定的对赌协议形式向实质上的保底条款靠拢，动摇对赌协议本身的合法性。

3）具体案例具体分析，充分利用多种合法的金融工具。例如，在客观条件允许双方以优先股的形式进行投融资且不影响风险投资机构的投资意愿时，可以利用无法律风险的金融工具，这样可以通过市场的手段达成对赌协议的目的。对赌协议本身只是工具而非目的，在其他手段可以完成同样目的时，执业律师也可以选择更稳妥的条款设计，比如约定仲裁机构。如前文所述，仲裁机构更倾向于认可对赌协议的效力，同样也能有效解决问题。

4）综合利用多种合同形式，取得合规待遇。对投融资双方来讲，将对赌协议分为对创业企业的增资协议和与股东的附条件的股权转让协议两部分进行签订，可以有效避免当前对赌协议效力不确定的法律风险。虽然在形式上有所变化，但是对赌协议的本质未曾更改。但是，"换汤不换药"只是一时的权宜之计，两部分条款内容的设计要注意的问题仍然不变。

因此，只要签订对赌协议的当事人意思表示真实一致，并且不违反上述法律的规定，且未不当损害公司债权人的利益，那么对赌协议就应该得到法律的确认和保护。事实上，从对赌协议签订的前提来看，其通常是企业融资的需求，无论投资还是并购都是一种正常的市场行为。

三、持股比例与持股价值保障条款

（一）优先购买权条款

优先购买权是指在投资人事先同意的前提下，如果公司的创始人或其他普通股股东拟向股东以外的人转让其所持有的公司全部或部分股权，投资人在同等条件下享有优先受让全部或部分拟出售股权的权利。它的作用是对企业原始股东转让权利进行限制和制约，目的是最大限度地保护私募股权投资者的利益，使得私募股权投资者可以享有有效的退出方式、参与收益可观的交易，以及防止不必要或不受欢迎的股东进入企业。[①]

1. 投资人股东享有优先购买权的前提条件

（1）出售股东为除公司投资人以外的其他股东，即创始人及其他持有普通股股权的股东，如员工持股平台。

（2）根据交易文件的约定，出售股东对外转让其所持有的公司股权已得到投资人股东

---

① 《公司法》第71条规定："有限责任公司的股东之间可以相互转让其全部或者部分股权。""股东向股东以外的人转让股权，应当经其他股东过半数同意。股东应就其股权转让事项书面通知其他股东征求同意，其他股东自接到书面通知之日起满三十日未答复的，视为同意转让。其他股东半数以上不同意转让的，不同意的股东应当购买该转让的股权；不购买的，视为同意转让。""经股东同意转让的股权，在同等条件下，其他股东有优先购买权。两个以上股东主张行使优先购买权的，协商确定各自的购买比例；协商不成的，按照转让时各自的出资比例行使优先购买权。""公司章程对股权转让另有规定的，从其规定。"

批准或同意。

（3）主张优先购买权的投资人股东表示同意在同等条件下购买股权。"同等条件"是指与公司以外受让人受让该股权同等的条件。"条件"包括股权转让的数量、价格、支付方式、履行期限等方面。条件不宜分割。

2. 优先购买权的除外情况

（1）有限责任公司的自然人股东因继承发生变化时，其他股东无优先购买权。

（2）因执行经董事会通过的员工股权激励计划而可能导致的股权转让。

（3）其他经投资人或投资人董事事先明确书面同意的股权转让情形。

另外，需要注意的是，公司章程可以排除股东的优先购买权。

3. 股东行使优先购买权的程序

（1）出售股东通知其他股东股权转让事项。出售股东拟接受预期买方提出购买目标股权的，其应提前向公司及其他股东发出书面通知（股东出售通知）。该股东出售通知应包括：①预期买方的基本情况；②拟出售给预期买方的目标股权的数量；③出售价格；④关于所拟出售的所有重要条款和条件。

（2）受让股东行使优先购买权。收到股东出售通知后，投资人股东可以向公司及出售股东发出书面通知（行使优先购买权通知），表明其有意按照其持股比例及根据股东出售通知所列明的条款和条件对拟出售股权行使优先购买权的意愿。

尤其注意优先购买权的行使期限问题：根据《最高人民法院关于适用〈中华人民共和国公司法〉若干问题的规定（四）》（以下简称《公司法司法解释四》），受让股东应当在收到通知后，在公司章程规定的行使期间内提出购买请求；公司章程没有规定行使期间或者规定不明确的，以通知确定的期间为准，通知确定的期间短于三十日或者未明确行使期间的，行使期间为三十日。因此，一般在交易文件及章程中，股东应就优先购买权的行使期限进行明确约定。

4. 对外股权转让合同与股东优先购买权的冲突

（1）股东仍可以行使优先购买权。根据《公司法司法解释四》，向公司股东以外的人转让股权，未就其股权转让事项征求其他股东意见，或者以欺诈、恶意串通等手段损害其他股东优先购买权的，其他股东仍可以按照同等条件购买该转让股权。

（2）对外转让股权合同依然有效。股东以外的股权受让人因股东行使优先购买权而不能实现合同目的的，可以请求转让股东承担相应的民事责任。股东或公司不能请求法院撤销该对外股权转让合同或确认该合同无效。

5. 出让股东在其他股东主张优先购买权后又拒绝出让的处理

转让股权的股东在其他股东主张优先购买权后又不同意转让股权的，其他股东无权强制要求转让股东转让股权，但出售股东应当赔偿其他股东合理的损失。

6. 优先购买权受侵害时的救济途径

根据《公司法司法解释四》，股东优先购买权受到侵害时，可以向法院起诉来维护自己的合法权益，起诉条件如下：

（1）转让股东未就其股权转让事项征求其他股东意见，或者以欺诈、恶意串通等手段损害其他股东优先购买权；

（2）非转让股东自知道或者应当知道行使优先购买权的同等条件之日起三十日内提出主张，或者自股权变更登记之日起一年内提出。

7. 实践中优先购买权条款的具体适用

（1）优先购买权条款的常见表述。公司除投资人以外的其他股东（出售股东）拟向第三方（预期买方）出售其拥有的部分或全部股权（拟出售股权）时，投资人有权以同等条件及价格优先购买全部或部分拟出售股权。

转让股东就上述股权出售事宜应提前 15 个工作日通知公司及投资人，投资人应于 5 个工作日内回复是否行使优先购买权，如投资人未于上述期限内回复转让股东，视为放弃行使本次优先购买权。①

（2）投资人行使优先购买权后对出售股东的限制。如果投资人及时地发出了行使优先购买权通知，则出售股东不得进一步将拟出售股权出售给预期买方，并应尽快向投资人转让该等拟出售股权；如存在享有优先购买权的股东未足额购买其有权购买部分的目标股权，在收到该等未足额购买通知后的 5 个工作日内，已完全行使优先购买权的投资人有权以同等条件购买该等未出售部分的目标股权；各方应积极配合完成股权转让所需的相关事项。

（3）多位投资人拟行使优先购买权的比例计算。

第一种计算方式：多位投资人拟行使优先购买权的，每位投资人依据其在股东出售通知日所拥有的股权/股份数额占所有拟行使优先购买权的投资人所拥有的股权/股份数额之和的百分比购买相应的拟出售股权。

第二种计算方式：将拟出售股权在各投资人之间按照股东出售通知发出当日各投资人的持股比例进行分配。每一名投资人有权行使优先购买权的拟出售股权数量（以下简称优先购买份额）应为出售股东拟出售股权总数乘以一个分数，该分数的分子为该名投资人届时持有的公司注册资本总额，该分数的分母为所有投资人股东届时持有的公司注册资本总额。

若任何投资人放弃行使优先购买权或未能完全购买其优先购买份额，则已经完全购买其优先购买份额的投资人（以下简称优先购买行权投资人）有权对剩余部分的拟出售股权（以下简称剩余拟出售股权）进行二次购买（以下简称二次购买权）。决定二次购买的优先购买行权投资人（以下简称二次购买投资人）。

若各二次购买投资人拟二次购买的股权总数低于剩余拟出售股权总数，则每一名二次购买投资人有权二次购买的剩余拟出售股权数量应为该二次购买投资人在二次购买承诺中承诺的二次购买股权数量。

若各二次购买投资人拟二次购买的股权总数超过剩余拟出售股权总数，则每一名二次购买投资人有权二次购买的剩余拟出售股权数量应为剩余拟出售股权总数乘以一个分数，该分数的分子为该二次购买投资人在二次购买承诺中承诺的二次购买股权数量，该分数的

---

① 具体期限根据各方协商确认。

分母为全体二次购买投资人在二次购买承诺中承诺的二次购买股权总数量。

具体的计算方式需要根据项目的具体情况进行约定。

（4）投资人转股限制。投资人向其关联方或任何其他第三方转让其在公司中持有的股权（除向公司竞争对手直接进行的股权转让外，该转让受限于公司实际控制人的事先书面同意），不受任何限制。在上述情形下，一般投资人会要求公司其他股东无条件地预先给予法律要求的同意并放弃优先购买权。

（二）优先认缴权条款

股东优先认缴权（Right of First Offer）是指公司在发行新股时，投资方作为原始股东可以按照原持有的股份数量的一定比例优先于他人进行认购股权的权利。[①] 针对股份有限公司，《公司法》第126条第1款规定："股份的发行实行公平、公正的原则，同种类的每一股份应当具有同等权利。"《全国中小企业股份转让系统股票发行业务实施细则（试行）》第8条规定，挂牌公司股票发行以现金认购的，公司现有股东在同等条件下对发行的股票有权优先认购。每一股东可优先认购的股份数量上限为股权登记日其在公司的持股比例与本次发行股份数量上限的乘积，公司章程对优先认购另有规定的，从其规定。

1. 优先认缴权的分类

（1）法定优先认缴权。法定优先认缴权即前文所述《公司法》第34条对股东优先认缴权的规定。法定优先认缴权中股东权限：在公司进行新一轮增资时，投资方法定的优先认购权权限为该投资方实缴增资额（计入注册资本的部分）占公司总实收资本的比例。例如，公司注册资本为1000万元，投资方的认缴出资额为50万元，在公司新增资本时，公司实收资本为50万元，投资方的实缴出资为50万元，即其他股东均尚未实缴出资，则此时投资方的实缴出资比例为100%，投资方对于公司的全部新增资本享有优先认购权。

（2）约定优先认缴权。

1）Pro rata优先认缴权。Pro rata优先认缴权指投资协议所约定的投资方按照持股比例享有的优先认购权，此处持股比例是指在公司拟进行的增资前投资人享有的公司股权比例。

2）Super pro rata优先认缴权。持有Super pro rata优先认缴权的投资方在后续轮次融资时有权按照投资人之间的持股比例（投资人所持有的公司注册资本金数额占所有投资人持有的公司注册资本金数额之和的百分比）优先认缴公司新增注册资本。

3）绝对优先的优先认缴权。在投资人较为强势的交易中，投资人可能会要求绝对优先的优先认缴权，如在后续轮次融资时就所有新增股权均享有优先认缴权。

2. 股东优先认缴权的救济

（1）请求公司停止相关侵害行为。当公司发行新股对股东优先认缴权造成侵害时，股东首先可以通过口头或者书面的方式要求公司停止发行新股，从而行使自己的优先认缴权。

---

① 《公司法》第34条规定："股东按照实缴的出资比例分取红利；公司新增资本时，股东有权优先按照实缴的出资比例认缴出资。但是，全体股东约定不按照出资比例分取红利或者不按照出资比例优先认缴出资的除外。"

（2）提起诉讼。当股东（大）会做出的决议内容违反法律、行政法规的相关规定时，该决议是无效的，因此股东可以提起决议无效或撤销之诉。股东应当自决议作出之日起六十日内，请求人民法院撤销。

3. 股东优先认缴权不适用之特殊主体

（1）可转换债券持有人之优先认缴权。可转换债券是债券持有人可按照发行时约定的价格将债券转换成公司的普通股票的债券。因为可转换债券持有人非公司股东，赋予其优先认缴权将会损害原有股东持有比例，所以除非公司章程或者股东会另有规定，原则上可转换债券持有人不享有新股优先认缴权。

（2）公司持有的股份。实行公司制的初衷是为了实现股东的股权与法人的财产权的分离，如果公司自身享有新增股权的优先认缴权，将会打破这种所有权与经营权的平衡，故公司自身不享有自己股权的优先认缴权。

4. 实践中优先认缴权条款的具体适用

（1）常见条款。

1）"如公司增加注册资本或类似行为（增资），投资人有权但无义务以同等条件按投资人之间在本次增资后的持股比例（投资人各自所持有的公司注册资本金数额占所有投资人持有的公司注册资本金数额之和的百分比）优先从公司购买新发行的股权（新股）。该新股的价格应不低于本次增资的认购价格"。

2）"如公司增加注册资本或类似行为（增资），投资人有权但无义务以同等条件按其享有的公司股权比例优先从公司购买新发行的股权（新股）。该新股的价格应不低于本次增资的认购价格"。

（2）优先认缴权的排除。在下列情形下，投资方不享有优先认购权：

1）为实施董事会通过（包括投资方董事批准）的任何员工股权激励计划或涉及股权的薪酬计划而新增的注册资本或发行的股权期权，或基于该等股权期权而新增的注册资本；

2）经股东会通过（包括投资方批准）的，为实施对另一主体或业务的收购或与其他实体合并而增加的注册资本。

（3）二次优先认缴权。截至认购期限届满，若任何投资方放弃行使优先认购权或未能完全认购其优先认购份额，则已经完全认购其优先认购份额的投资方（以下简称行权投资方）有权对其他投资方放弃认购的优先认购份额（以下简称剩余优先份额）进行二次认购。公司应向行权投资方书面通知剩余优先份额的总额。行权投资方应在收到前述书面通知后一定期限内通知公司其是否二次认购剩余优先份额，决定二次认购的行权投资方（以下简称二次认购投资方）应当同时作出二次认购的书面承诺（以下简称二次认购承诺），且该等二次认购承诺中应当注明其拟二次认购的新增注册资本数额。如果行权投资方没有在前述期限内发出二次认购承诺，应视为该行权投资方放弃二次认购。

1）若各二次认购投资方拟二次认购的新增注册资本总额低于剩余优先份额总额，则每一名二次认购投资方有权二次认购的新增注册资本数额应为该二次认购投资方在二次认

购承诺中载明的拟认购新增注册资本;

2）若各二次认购投资方拟二次认购的新增注册资本总额超过剩余优先份额总额,则每一名二次认购投资方有权二次认购的新增注册资本数额应为剩余优先份额总额乘以一个分数,该分数的分子为该名二次认购投资方拟二次认购的新增注册资本金额,该分数的分母为全体二次认购投资方拟二次认购的新增注册资本总额。

（三）反摊薄条款

反摊薄条款（Anti-dilution Provision）又称反稀释条款,是指在目标公司进行后续项目融资或者定向增发过程中,私募投资人为避免自己的股权贬值或份额被过分稀释而采取的措施。为防止标的公司后续融资稀释投资方的持股比例或股权价格,一般会在投资协议中约定反稀释条款,包括反稀释持股比例的优先认购权条款,以及反稀释股权价格的最低价条款等。

反摊薄条款有广义和狭义之分,广义的反摊薄条款包含三类权利:转换权（指公司发生送股、股份分拆、合并等股权重组情况时,转换价格随之作相应的调整）、优先购股权（优先购买权和优先认股权）、降价融资保护。狭义的反摊薄条款又称棘轮条款,仅指在目标企业降价融资时,投资人为防止自己持有的股票价值降低而采取的措施。鉴于转换权和优先购股权已经独立成为私募投资人的权利要求,当前对反摊薄条款的理解更多侧重于狭义的角度。

1. 反摊薄条款的功能

（1）保护投资人的股权利益功能。保护风险投资人的股权利益功能是风险投资中反摊薄条款的基础功能。在风险投资中,创业企业往往会进行多轮融资,在每一次新的融资时,风险投资人都有可能面临着股权被稀释的风险,如果没有本条款的保护,投资人可能被创始人通过低价增资的方式大量稀释股权,以致淘汰出局。

（2）激励功能。反摊薄条款对创业企业以及其创始股东也有激励作用,能够促使创始股东更加科学合理地做出经营决策,从而保证企业增值,并可以预防企业的低价增值或低价发行行为。

（3）利益平衡功能。反摊薄条款可以用来平衡创始股东与风险投资人之间的利益。根据信息不对称理论,风险投资人在投资时,创始股东利用其信息的优势地位,"不正当"获得了风险投资人过高的估值,反稀释条款的一个重要功能就是调整创始股东与风险投资人之间的利益,使其达到该有的公平状态。

2. 反摊薄条款的种类

狭义的反摊薄条款分为完全棘轮条款和加权平均棘轮条款（下文以 A 轮优先股为例说明）。

（1）完全棘轮条款。完全棘轮条款是指若公司后续发行的股权价格低于 A 轮投资人当时适用的转换价格,那么 A 轮投资人的实际转化价格也要降低到新的发行价格。

公式为:投资人持股比例=投资人出资额/更低估值。

常见表述:在中国法律法规允许的范围内并受限于必需的中国政府批准或登记,公司在首次公开发行日或挂牌日之前决定引进新投资方或采取其他任何行动导致摊薄本轮投资人在公司中股权比例的，则应经过本轮投资人及天使投资人事先书面同意。如果该等新股的每百分比股权单价（新低价格）低于本轮投资人每百分比股权单价，则本轮投资人将有权获得反稀释保护，本轮投资人有权按照本次增资交易的每股价格等同于新低价格对本次增资交易的每股价格进行调整，进一步获得公司发行的股权（本轮投资人额外股权），以使得发行该等新股后本轮投资人对其所持的公司所有股权权益（包括本次增资交易和本轮投资人额外股权）所支付的平均对价相当于新低价格，但员工持股计划下发行股权或经董事会及本轮投资人批准的其他激励股权安排下发行股权应作为标准的例外情况。

本轮投资人将由此增补的股权数为：[（A×B）/C] － B。其中，A 指本次增资交易的每股价格，B 指本次增资交易后本轮投资人持有公司的总股数，C 指新低价格。

【例 4-5】如果 A 轮融资 200 万元，按每股优先股 1 元的初始价格共发行 200 万元股 A 系列优先股。由于公司发展不如预想中那么好，在 B 轮融资时，B 系列优先股的发行价跌为每股 0.5 元，则根据完全棘轮条款的规定，A 系列优先股的转换价格也调整为 0.5 元，则 A 轮投资人的 200 万元优先股可以转换为 400 万股普通股，而不再是原来的 200 万股。

由上述可知，完全棘轮条款是对投资人极大的保护，但是对公司而言过于严苛。实务中该条款的使用常常受到限制，比如：①只在后续第一次融资（B 轮）时才适用；②在本轮投资后的某个时间期限（如 1 年）内融资时才适用；③采用"部分棘轮"的方式，如"半棘轮"或者"2/3 棘轮"；④设置一个底价，只有后续融资价格低于设定底价时才触发反稀释条款；⑤在公司达到设定经营目标时，要求去掉反稀释条款或代之以一定数额的补偿。

（2）加权平均棘轮条款。在适用"加权平均价格"条款的情况下，目标企业后续发行的价格低于投资人购买股权的价格时，以所有股权的加权平均价格重新计算投资人和目标企业原始股东的股权，这样目标企业原始股东的股权稀释就没有那么严重。

【例 4-6】当私募股权投资者以每股 10 元的价格投资 100 万元时，投资人与目标公司原股东各占 10 万股（50%）；之后目标公司以每股 5 元的价格增发 1 万股，再次融资 50000 元。如果采用上述完全棘轮方法计算，二次融资后投资人占 20 万股（100 万元/5 元）。如果采用加权平均价格方法计算，融资价格为每股 9.76 元（2050000 元/210000 股），投资人拥有 10.25 万股（100 万元/9.76 元）。

3. 在投融资交易的法律实践中的风险及应对

在中国法律框架下，由于中国的《公司法》和《证券法》并不承认优先股，因此投资人不能依据法律从目标公司购得优先股。但是，优先股所体现的权利可以通过协议安排，体现在反摊薄保护上就是公司低价出售股权时，投资人有权获得补偿。根据股权的来源不同，可以将反摊薄保护的类型分为公司补偿和原始股东补偿两类。

第一，公司补偿。公司补偿是指当触发反摊薄保护条款时，由公司向投资人发行新的无偿股权，以弥补投资人股权摊薄所遭受的损失。

第二，原始股东补偿。原始股东补偿是指当触发反摊薄条款时，由公司的原始股东拿出股权补偿投资人。在这种模式下，反摊薄条款触发引起的是股东之间的股权转让，在不存在国有股或外资股的情况下，股东之间的股权转让价款可由转让双方自由约定。但在原始股东无偿或以象征意义价格向投资人转让股权时，附带产生的问题则是税务问题。投资人无偿取得股权，在征收所得税时并无取得成本可供扣除，会面临较重的税收负担。

若投资人为境外基金，此时目标企业为外商投资企业，一种比较可行的替代方法是将股权补偿转化为现金补偿，即当触发反摊薄条款时，由原始股东向投资人支付一笔现金作为补偿，具体金额可以反摊薄条款计算得出的股权的价值为基础约定。同样地，这种方式也会产生较重的税收负担。

然而，无论是原始股东以股权还是现金向投资人提供补偿，难以避免的问题就是执行压力。在原始股东以股权补偿的情况下，若起诉获得法院的确权判决，则可依法院判决直接向工商登记部门申请变更登记；若获得的判决是要求原始股东履行转让股权义务，则不能直接依据此判决请求工商变更登记。另外，在投资人为境外基金时，即使获得法院的确权判决，仍需商务委员会批准方能直接申请变更登记。

在投融资交易的法律实践中，持股比例在一定程度上就意味着控制权和话语权，因此反稀释条款对保障投资方的股东利益以及后续的退出非常重要，也往往成为双方在谈判及签订投资协议等法律文件中关注的焦点。此外，在投资协议中通常还会明确在某些特殊情况下融资方企业即使是低价发行的股权也不应该触发反稀释条款的调整，如低价发行的员工激励股权等，相关例外事项的具体范围也受制于投融资双方谈判的调整。

（四）引进新投资者限制条款

引进新投资者限制条款与上文反稀释权条款相似，将来新投资者认购公司股份的每股价格不能低于投资者认购时的价格，若低于之前认购价格，投资者的认购价格将自动调整为新投资者认购价格，溢价部分折成公司相应的股份。相关法律法规的规定与上文反稀释权条款相同。

四、保证投资者参与监督公司经营管理的条款

（一）股东会设置条款

在公司治理环节，可以在不违反公司章程安排下，根据公司章程约定的股东会审议事项，在条款设计中明确投资者作为股东的特殊表决权。[①] 持股比例不同的股东，享有的权利也多有不同，因此可以结合对公司经营的介入深度决定公司的投资比例。

根据《公司法》第149条、第151条的规定，持股1%的股东有代位诉讼权，董事、监事、高级管理人员执行公司职务时违反法律、行政法规、公司章程的约定，给公司造成损失的，有限责任公司股东、股份有限公司连续180日以上单独或合计持有1%股份的股东可以书面请求监事会或不设监事会的有限责任公司的监事向人民法院提起诉讼。

根据《公司法》第102条的规定，持股3%的股东有临时提案权，单独或合计持有公

---

① 参见《公司法》第37条规定的股东会的职权事项。

司 3%以上股份的股东，可以在股东大会召开 10 日前提出临时提案并书面提交董事会；根据《公司法》第 40 条的规定，持股 10%的股东可以提议召开股东会、监事会，可质询、调查、起诉、清算、解散公司。有限责任公司的股东会会议由董事会召集、董事长主持，董事会或执行董事不能履行或不履行召集股东会会议职责的，由监事会或不设监事会的执行监事召集和主持，监事会或执行监事不召集或主持的，代表 1/10 以上表决权的股东可以自行召集和主持。

根据《公司法》第 39 条的规定，股东会临时会议可以由代表 1/10 以上表决权的股东提议召开。

（二）股东知情权条款

知情权又称信息权，是指投资人了解和获取公司的财务等情况和信息的权利。知情权是我国有限责任公司股东的重要权利。投资人投资公司后一般不参与公司的日常经营管理，但其作为公司股东之一，有必要拥有对公司财务数据、重大事项的知情权。知情权可以保证投资人及时了解可能影响投资人利益的事项，从而做出一定的应对。[①]

1. 知情权的内容

公司的股东享有法定的知情权；对于私募投资人来说，其不仅拥有知情权，而且其知情权具有优先性，该优先性主要体现在知情权所要求的内容上，即私募投资人作为优先股股东会要求公司向其提供比向普通股股东提供的更多或更详尽的公司信息。

投资人知情权的内容主要包括：其一，财务数据，如要求公司提供经审计的年度财务报告，未经审计的季度和月度的财务报告，下季度和下年度的预算报告等；其二，公司经营情况，如要求公司提供经营报告。此外，投资者还有权要求检查公司和附属公司的设施、账目和记录，与相关的董事、管理人员、员工、会计师、法律顾问等讨论公司和附属公司的业务、经营和其他情况。

知情权的内容和行使的方式还取决于私募投资人是否有权选举董事，若投资人有权选举董事，则公司的诸多财务和经营信息即可通过行使董事的权利而获得；若投资人不能在董事会中委派任何席位，投资人可退而求其次，要求向公司委派观察员，观察员可列席董事会会议，要求公司提供会议记录、通知、决议等公司提供给董事的资料，但无投票权或决定权。此外，在境外交易中，投资人通常会要求在公司签发的《管理权证书》中，具体写明公司所有向董事递交的任何文件均应向投资人递交，投资人有权就公司的重大经营事项与管理层进行沟通并提出建议，公司管理层应该每年定期与投资人沟通并汇报重大计划的进展。

2. 投资人知情权的限制

（1）竞业限制。出于市场竞争的考量，公司会限定主张知情权的投资人非公司的直接

[①]　《公司法》第 33 条规定："股东有权查阅、复制公司章程、股东会会议记录、董事会会议决议、监事会会议决议和财务会计报告。""股东可以要求查阅公司会计账簿。股东要求查阅公司会计账簿的，应当向公司提出书面请求，说明目的。公司有合理根据认为股东查阅会计账簿有不正当目的，可能损害公司合法利益的，可以拒绝提供查阅，并应当自股东提出书面请求之日起十五日内书面答复股东并说明理由。公司拒绝提供查阅的，股东可以请求人民法院要求公司提供查阅。"

竞争者，即该投资人不与公司的主营业务存在竞争关系，或其不是与公司存在竞争关系的公司的董事或股东。

（2）保密义务。出于商业机密的考量，在投资人通过行使知情权获得了公司信息后，公司会要求投资人承担严格的保密义务。除此之外，公司也会限制投资人查看属于公司高度机密的信息。

（3）投资人知情权优先性的丧失。投资人带有优先性的知情权一般会在公司上市后即终止，届时私募投资人将会和其他公众投资人一样依赖于上市公司的披露信息，其要求的知情权即丧失了优先性。

3. 实务中常见的知情权条款

通常在交易文件中，知情权与查阅权、独立审计权（如有）同时约定，如在本协议签署后，公司应将以下报表或文件在规定时间内报送投资人，同时建档留存备查：其一，每日历月度结束后 20 天内，提供月度管理账（含资产负债表、利润表）；其二，每日历季度结束后 30 天内，提供季度管理账（含资产负债表、利润表和现金流量表）；其三，每日历年度结束后 45 天内，提供公司的年度管理账（含资产负债表、利润表和现金流量表）；其四，每日历年度结束后 120 天内，提供公司的年度审计账（含资产负债表、利润表、现金流量表、所有者权益变动表、财务报表附注等）。

公司应就可能对公司造成重大事务或产生重大影响的事项及时通知投资人。

投资人如对任何信息存有疑问，可在给予公司合理通知的前提下，查看公司相关财务资料，了解公司财务及运营状况。除公司年度审计外，投资人有权自行聘任会计师事务所对公司进行审计。

在投资人作为公司股东期间，投资人可以对公司及附属公司行使检查权，包括但不限于查看公司及附属公司的财务账簿和记录。

五、保障投资者利益的其他条款

（一）违约责任条款

可以概括性约定，各方对未按照协议约定全面、适当、及时履行其义务的，应当全面承担损害赔偿责任。在实操层面：在赔偿方式上，由于证明投资者损失的具体数额难度较大，因此尽量使用违约金条款；在违约方赔偿责任范围上，包括因违约而产生的经济损失、可以合理预见的经济损失、违约赔偿涉及的诉讼费、律师费和差旅费等。

除前述对整体情况进行的概括性约定，还需要针对特定事项单独约定违约责任，根据具体违约情形确定违约的赔偿方式：违反股东知情权，按日支付违约金；投资者未按照约定缴纳投资价款，标的公司未按照约定办理工商变更登记，设置迟延违约金；违约方提供虚假的尽职调查文件，虚假陈述，守约方有权单方面解除合同等。

（二）争议解决条款

考虑到公司股东众多甚至投资者股东众多，在争端解决机制的设置上，尽量选择仲裁的方式解决争议。若约定以诉讼方式解决争议，可以约定地域管辖，但只能约定在被告住所地、合同履行地、合同签订地、原告住所地、标的物所在地等与争议有实际联系的地点的人民法院管辖，不可以约定级别管辖，否则无效。

具体条文设置为：因投资合同引起的或与投资合同有关的任何争议，各方应首先通过友好协商加以解决。如果在该等友好协商开始后 30 日内，各方仍未能解决上述争议，任何一方有权将该争议提交至约定地点仲裁委员会，按照该委员会届时有效的仲裁规则进行仲裁。仲裁庭由 3 名按照仲裁规则指定的仲裁员组成，申请人指定 1 名仲裁员，被申请人指定 1 名仲裁员，第 3 名仲裁员由前两名仲裁员协商指定或由仲裁委员会指定。仲裁语言为中文。仲裁裁决是终局性的，对双方均有约束力。在争议解决期间，各方继续拥有各自在投资合同项下的其他权利并应继续履行其在投资合同项下的相应义务。仲裁费用由仲裁裁决中指定的一方或仲裁双方承担。各方承诺将全面且毫不迟延地承认和执行仲裁裁决。如果出现司法承认和强制执行命令情形，各方明确放弃其可能享有的异议权，包括任何基于主权豁免的抗辩或者基于其是主权国家的代理机构这一事实或声明而产生的其他任何抗辩。在争议解决期间，除争议事项外，各方应继续履行本协议。

六、过渡期间权责安排条款

（一）过渡期间的限制行为条款

过渡期间限制行为条款也称为"锁定期条款"，设置该条款的目的主要在于防止内部消息知情人利用信息优势谋取不正当利益，损害公司可持续发展能力。鉴于此，在实操层面，经常要求标的公司及全体股东/控股股东、实际控制人或高级管理人员就过渡期限制性行为作出相应的承诺。一是原股东不得进行将持有的标的公司股权用于抵押、质押、担保、偿还债务等在标的公司股权的任何部分上设立或允许设立任何股权负担的行为；二是标的公司在过渡期间，除非经充分论证确系基于公司发展需要，不得发行或出售任何公司债券或其他证券（或任何期权、认股权证或购买股权的其他权利）；三是标的公司在过渡期间，除非经充分论证确系基于公司发展需要，不得增加、减少公司注册资本，或转让标的公司股权等。

（二）过渡期间损益安排条款

过渡期间损益安排属于约定义务，在实操层面，对于过渡期损益的处理，一般是如下两种标准：一是新老划断标准，即过渡期间损益均归属原股东所有，如果发生亏损，则由老股东予以补足，而如果发生收益，可由老股东以定向分红方式分取收益；二是新老共益标准，即过渡期间如果发生亏损，由老股东予以补足，而如果发生收益，则由新老股东共享。在投资完成后（通常以完成股权变更的工商登记日为准），需要对过渡期间损益实施专项审计及评估，以确定过渡期间损益金额。

七、公司治理安排条款

投资方可以与原股东就公司治理的原则和措施进行约定，以规范或约束标的公司及其原股东的行为，如董事、监事、高级管理人员的提名权，股东（大）会、董事会的权限和议事规则，分配红利的方式，保护投资方知情权，禁止同业竞争，限制关联交易，关键人士的竞业限制等。

（一）董事会席位条款

根据《公司法》第 46 条中董事会具体职权的相关规定，投资者应要求在董事会中至少有 1 个席位，以确保投资者能参与到公司的经营管理活动中。在具体操作上，投资者委派董事需按照《公司法》规定的选举程序进行，不能约定直接任命；在投资协议中应约定各股东同意其将投票给投资者提名的董事候选人，以确保投资者提名的候选人当选。董事会席位条款是在投资协议中投资者和标的公司之间约定董事会构成和分配的条款，其本质是对投资企业的控制权分配进行约定。如果投资者并未获得董事会席位，投资者也可委派人员出任董事会"观察员"角色，虽然其不具有投票权或不承担决策作用，但是可以作为辅助性角色帮助投资者更好地了解公司日常运营情况。

（二）高管及监事设置条款

在高管及监事席位条款中，可以确定投资者向标的公司委派的监事和高级管理人员名单和职务；约定投资者委派高级管理人员、监事享有的特殊性权利；如果投资者对标的公司财务有监督管理需求，还可以约定由其向标的公司委派财务管理人员。[1][2]

（三）核心人员的服务期限条款

针对标的公司的核心管理层和核心员工，特别是标的公司创始人、控股股东及实际控制人，应当签署不低于一定服务期限的合同，并签署相应的保密、竞业禁止及竞业限制条款。在具体条文设置上，除已经披露并且取得全部投资人股东事先书面同意的情况外，公司和管理层股东应确保公司核心团队将其全部工作时间及精力完全投入公司的经营，并尽其最大努力促进公司的发展并为公司谋利，不从事任何兼职（无论是否与公司业务竞争），但不包括行业协会等组织或其他对公司发展有帮助的非营利活动。未经全体投资者书面同意，任一核心人员不得直接或间接设立或参与设立新的从事竞争业务的经营实体。将来在公司任何新的核心技术人员入职后，公司和管理层股东应促使该核心技术人员与其签署劳动合同、保密协议和竞业禁止协议，以明确该等高级管理人员及核心技术人员在公司的任职期限尽量不低于 N 年，且在任职期间不得在其他企业兼职，不得从事或帮助他人从事与公司存在竞争关系的任何其他业务经营活动；在离职后 N 年内，不得在与公司经营业务相关的企业任职。

（四）投资者参与公司经营管理权利保障条款

1. 一票否决权条款

一票否决权条款即投资方指派一名或多名人员担任标的公司董事或监事，在有些情况

---

① 《公司法》第 49 条的规定："公司可以设经理，由董事会决定聘任或解聘，经理对董事会负责，行使的职权包括主持公司的生产经营管理工作、组织实施董事会决议以及董事会授予的其他职权等。"

② 《公司法》第 53 条的规定："监事会、不设监事会的公司的监事行使的职权包括检查公司财务、向股东会会议提出提案等。"

下还会指派财务总监，对于大额资金的使用和分配、公司股权或组织架构变动等重大事项享有一票否决权，保证投资资金的合理使用和投资后企业的规范运行。

由于投资者未取得标的公司控制权，因此其对标的公司的事项没有决定权，但为了维护自己的利益，往往需要在投资协议中加入一票否决权条款。一票否决权细至投资者对标的公司股东会决议的某些事项，投资者对标的公司董事会决议的某些事项享有否决权。

对于一票否决权的类别，主要从以下三个层面分析：

第一，股东会一票否决权和董事会一票否决权这两类一票否决权条款既可以分别单独约定，也可以同时约定。

第二，全部事项一票否决权与部分事项一票否决权之间也存在差异，其中全部事项一票否决权是股东会（董事会）所有决议的通过都必须征得投资者股东（投资者董事）的同意。部分事项一票否决权是股东会（董事会）部分决议的通过无需征得投资者股东（投资者董事）的同意。在实务中，后者更为常见。一般而言，公司根本事项（如合并、分离、变更主营业务等）或公司非常规事项（如对外担保，对外捐赠等）常适用一票否决权，而对于其他一般事项无需设定投资者的一票否决权。

第三，全体投资者的一票否决权与部分投资者的一票否决权也存在较大差异。其中，全体投资者的一票否决权是指所有投资者股东（投资者董事）都享有一票否决权，部分投资者的一票否决权是指部分投资者股东（投资者董事）才享有的一票否决权。需要注意的是，全体投资者的一票否决权极易造成股东会或董事会的僵局。

在普通事项中，股东会议事方式与表决程序依然可以由公司章程规定，如同在董事"一票否决权"分析中提到的，经过特定股东同意是表决程序项下内容，所以对于普通事项规定一票否决权完全可行。再来看规定中提到的四种特殊事项，《公司法》对其强调了需要经过代表 2/3 以上的表决权通过，这样规定的意义在于就对公司影响重大的事项更好地保护股东利益。从这一角度出发，在满足特定表决要求的情况下增加需要满足特定股东同意的要求与《公司法》保护权益一致，也应有效。但需注意的是，未经公司章程公示的股东一票否决权难以对抗善意第三人，此处借用"奇虎三六零变更公司登记纠纷案"（见表 4-6）来对特殊事项一票否决权及权利未经章程公示的效力进行说明。

表 4-6　奇虎三六零变更公司登记纠纷案

案件名称	奇虎三六零软件（北京）有限公司与上海老友计网络科技有限公司、蒋学文等请求变更公司登记纠纷案
案号	（2014）沪二中民四（商）终字第 330 号
市理法院	上海市第二中级人民法院
诉讼参与主体	上诉人（原审第三人）：奇虎三六零软件（北京）有限公司 被上诉人（原审原告）：蒋学文 被上诉人（原审被告）：上海老友计网络科技有限公司 被上诉人（原审被告）：胡喆
判决日期	2014 年 6 月 10 日

案情概要	2011 年 6 月，奇虎三六零公司作为甲方、老友计公司作为乙方、胡喆及案外人李某作为丙方，三方共同签订《投资协议书》，约定：协议各方一致同意并确认，奇虎三六零公司以现金方式新增注册资本，甲方对乙方从事以下行为享有一票否决权：①公司的经营方针和投资计划，包括但不限于变更、调整、中止或终止主营业务方向；②选举和更换非由职工代表担任的董事长、监事，决定有关董事长、监事的报酬事项；③公司股份结构或公司形式发生变更，包括但不限于公司的融资计划、重组、上市计划、对外投资、期权计划、公司及其子公司的收购、合并、变更注册资本或股本，以及任何股份的出告、转让、质押或股东以任何方式处置其持有的公司股权的部分或全部。 2013 年 8 月 12 日，胡喆分别向奇虎三六零公司及案外人李某发出《股权转让通知书》，奇虎三六零公司及李某均未向胡喆作出书面回复
法院观点	有限责任公司的章程可以约定对股份转让的限制，为维护股东之间的关系及公司自身的稳定性，章程可以对有限公司的股权转让作出相应的限制和要求，这是公司自治及人合性的重要体现，同时也是诚实信用原则和当事人意思自治原则的体现，故公司章程中对股权转让所作的特别规定，各方均应遵守。在本案中，赋予奇虎三六零公司对一些事项，包括股权转让的一票否决权，系奇虎三六零公司认购新增资本的重要条件，这种限制是各方出于各自利益需求协商的结果，符合当时股东的真实意思表示，未违反《公司法》的强制性规定，应认定符合公司股东意思自治的精神，其效力应得到认可。 因老友计公司章程中关于一票否决权的内容并不明晰，在工商行政管理部门登记备案的信息中对此也未有反映，胡喆并无证据证明其在上述过程中已向蒋学文告知过奇虎三六零公司对于股权转让事项拥有否决权，也无证据证明蒋学文与胡喆存在恶意串通的情形，从维护商事交易安全考虑，应遵循商事外观主义原则，对善意第三人的信赖利益应予以保护，老友计公司股东之间的内部约定不能对抗善意第三人

关于股份有限公司的股东表决权及表决程序主要规定在《公司法》第 103 条之中。①与有限责任公司不同的是，此处并没有可以自行约定的授权性规定，这是《公司法》对股份有限公司"同股同权"原则与"资本多数决"原则的彻底贯彻。因此，就股份有限公司而言，股东一票否决权条款在现行法律环境下并没有适用空间。

2. 超级投票权条款

超级投票权条款又被称为"同股不同权"条款，主要是通过协议约定和公司章程规定，在投资合同中赋予投资者更高的管理权限。

在法律法规规定上，根据《公司法》第 34 条的规定："股东按照实缴的出资比例分取红利；公司新增资本时，股东有权优先按照实缴的出资比例认缴出资。但是，全体股东约定不按照出资比例分取红利或者不按照出资比例优先认缴出资的除外。"上述条文规定于《公司法》第二章"有限责任公司的设立和组织机构"中第一节"设立"部分，是《公司法》关于有限责任公司股东分红权和优先认购权的规定。虽该规定并非"同股可不同价"

---

① 《公司法》第 103 条规定："股东出席股东大会会议，所持每一股份有一表决权。但是，公司持有的本公司股份没有表决权。""股东大会作出决议，必须经出席会议的股东所持表决权过半数通过。但是，股东大会作出修改公司章程、增加或者减少注册资本的决议，以及公司合并、分立、解散或者变更公司形式的决议，必须经出席会议的股东所持表决权的三分之二以上通过。"

的明确规定，但该规定明确了有限责任公司股东的分红权和优先认购权在以"同股同权"为原则的同时，可以以"全体股东约定"为例外。在目前的司法框架下，对于有限公司同股不同权的约定，如果无明显不合理的情形或者过度剥夺、限制一方股东合法权益的，一般情况下根据意思自治的原则，能够得到司法裁判的支持。

（五）创始人股东行为约束条款

1. 股权成熟条款

为避免创始人中途套现离开目标公司导致对业绩产生重大影响，在股权投资时可以设置股权成熟条款来进行事前防治。在股权成熟条款机制下，形成两种不同权利设置路径：一种是公司成立初期各创始人分配到的仅仅是股权期权，股权按照一定的方式逐渐成熟，持有已成熟部分股权的股东享有相应的股东权利，如果创始人在股权未成熟期离开，未成熟的部分股权可以由公司或其他股东无偿或以极低价格收回；另一种是创始人只要未离开公司，无论其股权是否成熟，都可以正常行使表决权、分红权等股东权利，如果创始人在股权未成熟期离开，即创始人中途离开公司的，已经成熟的股权不受影响，尚未成熟的股权由公司或其他股东无偿收回。此外，股权成熟条款中还可以约定出现某些特定情形时，创始人的股权不再按照既定的时间表成熟，而是加速成熟。

结合业界当前的股权投资实践，当前适用的成熟条件主要包括工作年限、业绩目标、项目进度、融资进度等维度。其中，工作年限是最常见的设置方式，股权按照创始人在公司工作的年数或月数逐步兑现。约定创始人股权分年限成熟，按照约定确定每期成熟比例，第一期没有达到则不得兑付。业绩目标是最为简单直观的设置方式，通过设置业绩目标，对创始人进行股权成熟的考核。每年完成多少业绩，股份成熟多少，当目标全部实现时，创始人就能获得股权设计时的全部股权。项目进度维度是根据项目的进展速度来设置成熟条件，该方案更多适用于科技创新型公司。融资进度维度主要适用于对融资要求比较高的公司，可以按照完成融资的进度来设置成熟条件，如完成 A 轮融资时成熟 20%，完成 B 轮融资时成熟 30%，完成 C 轮融资时成熟 50%。

2. 竞业禁止与竞业限制条款

竞业禁止是法律对董事、高级管理人员忠实义务的进一步细化，通过法律明确规定禁止董事、高级管理人员在任职期间与任职单位展开竞争，竞业禁止义务是《公司法》上的法定义务。根据《中华人民共和国劳动合同法》（以下简称《劳动合同法》）第 23 条[①]规定，约定竞业限制条款的，企业应当在竞业限制期限内按月给予劳动者经济补偿。竞业限制义务是用人单位与劳动者通过合同约定，由用人单位支付给劳动者一定的经济补偿，来限制劳动者在劳动合同终止后的一定期限、范围和地域内不得与用人单位展开同业竞争，所以竞业限制属于约定义务。

---

① 《劳动合同法》第 23 条规定："用人单位与劳动者可以在劳动合同中约定保守用人单位的商业秘密和与知识产权相关的保密事项。""对负有保密义务的劳动者，用人单位可以在劳动合同或者保密协议中与劳动者约定竞业限制条款，并约定在解除或者终止劳动合同后，在竞业限制期限内按月给予劳动者经济补偿。劳动者违反竞业限制约定的，应当按照约定向用人单位支付违约金。"

在投融资过程中如果仅仅存在相关竞业禁止协议或竞业禁止人员的相关承诺书，却未明确经济补偿的具体支付标准的，则当将来发生争议时想要主张违约金会存在法律障碍。因此，在竞业限制条款中，应当注意合理设定经济补偿及违约金的支付标准。

由此可见，竞业禁止的对象主要限于公司的董事、高级管理人员和合伙企业的合伙人，竞业限制的对象为负有保守商业秘密义务的劳动者，也可以包括公司的董事和高级管理人员。竞业禁止的期限为董事、高级管理人员的任职期限内，任职期限届满则不再负有法定上的竞业禁止义务，而竞业限制的期限为劳动合同终止后两年内；竞业禁止不需要用人单位支付补偿金，竞业限制则需要用人单位支付补偿金，不支付补偿金就无法限制劳动者的择业权利。[1] 因此，标的公司应与创始人股东、董事、高管或特定员工签订竞业禁止协议，竞业禁止协议中可设置竞业限制条款，约定相应人员离职后的一段时间内仍然需要承担竞业限制义务。标的公司与创始人股东、董事签署竞业禁止协议，可不对其进行经济补偿，但与高管或特定员工签署竞业限制协议，可约定对其进行经济补偿。

除法律直接规定的竞业限制义务以外，投融资双方亦可根据实际需求协商约定竞业限制的义务及范围。相关人员违反竞业限制义务的直接法律后果是触发支付违约金的法律义务。而投融资过程中，投资方还通常会在投资协议中明确将相关人员违反竞业限制业务作为投资方退出的触发条件，约定当融资方企业实际控制人、控股股东、董事、高级管理人员及高级技术人员等人员违反同业竞争限制或竞业限制时，投资方有权要求融资方企业实际控制人以一定价格回购其股权。

3. 关联交易条款

关联交易限制条款通常是指融资方企业在约定期间若发生不符合章程或投资协议所规定的关联交易，则融资方企业或其实际控制人有义务按关联交易额的一定比例向投资方进行赔偿。关联交易条款应确定关联交易决策程序（需要经过董事会或股东会的批准），确定关联交易定价机制，并确定不正当关联交易的赔偿责任。

在股权投资中，投资方之所以会重视融资方企业的关联交易主要是防止融资方企业通过关联交易达到一定利益输送、损害投资方利益的目的。在股权投融资中，即使存在关联交易限制条款，通常也并非"一刀切"地禁止。关联交易应遵循必要性、合理性和公允性的原则开展，关联交易中应明确交易内容、交易金额、交易背景以及相关交易与发行人主营业务之间的关系，还要结合可比市场公允价格、第三方公允价格、关联方和其他交易方的价格等，确保关联交易的公允性，以及不存在不当利益输送。投资方常见的做法：投资方可以要求包括关联交易在内的一些特定事项需要包含投资者董事在内的表决同意才有效，否则不能做出有效决议。具体的操作层面：在投资协议中明确投资方的董事委派条款，并且明确委派董事在融资方企业董事会行使的职权，将"审议批准公司的任何关联交易"作为其职权内容，以此达到投资方对于融资方企业关联交易事先审核/批准的目的。

---

① 《劳动合同法》第24条规定："竞业限制的人员限于用人单位的高级管理人员、高级技术人员和其他负有保密义务的人员。竞业限制的范围、地域、期限由用人单位与劳动者约定，竞业限制的约定不得违反法律、法规的规定。" "在解除或者终止劳动合同后，前款规定的人员到与本单位生产或者经营同类产品、从事同类业务的有竞争关系的其他用人单位，或者自己开业生产或者经营同类产品、从事同类业务的竞业限制期限，不得超过二年。"

基于此方式，投资方可以完全掌控融资方企业关联交易的审核/批准及监督权利。

在关联关系的界定上，根据《公司法》第216条规定，关联关系系指公司控股股东、实际控制人、董事、监事、高级管理人员与其直接或间接控制的企业之间的关系，以及可能导致公司利益转移的其他关系，但是国家控股的企业之间不因同受国家控股而具有关联关系。在《公司法》下其他监管规则对关联方的具体确定如表4-7所示。

表4-7　不同规则体系下关联方的认定

1	**关联股东的确定标准**
	《深圳证券交易所股票上市规则》《上海证券交易所股票上市规则》：持股5%以上
	《企业会计准则第36号——关联方披露》：采用共同控制或施加重大影响
	《国家税务总局关于完善关联申报和同期资料管理有关事项的公告》：直接或间接持股25%以上，或者直接或间接同为第三方所持股达到25%以上
2	**关键人员的确定标准**
	《深圳证券交易所股票上市规则》《上海证券交易所股票上市规则》：董事、监事、高管
	《企业会计准则第36号——关联方披露》：关键管理人员（有权力并负责计划、指挥和控制企业活动的人员）
	《国家税务总局关于完善关联申报和同期资料管理有关事项的公告》：董事、高管（包括上市公司董事会秘书、经理、副经理、财务负责人和公司章程规定的其他人员）
3	**关系密切家庭成员或近亲属的确定标准**
	《深圳证券交易所股票上市规则》《上海证券交易所股票上市规则》：关系密切的家庭成员是指配偶、父母及配偶的父母，兄弟姐妹及其配偶，年满18周岁的子女及配偶，配偶的兄弟姐妹和子女配偶的父母
	《国家税务总局关于完善关联申报和同期资料管理有关事项的公告》：夫妻、直系血亲、兄弟姐妹以及其他抚养和赡养关系形成的家庭成员
4	**法定关联方的范畴**
	《深圳证券交易所股票上市规则》《上海证券交易所股票上市规则》：一是未将上市公司的子公司或施加重大影响的法人或其他组织列为关联方；二是将任职董事、监事、高级管理人员的法人或其他组织列为关联方；三是将股东穿透至实际控制人
	《企业会计准则第36号——关联方披露》：一是将企业的子公司、联营企业、合营企业列入关联方；二是将控制、共同控制或施加重大影响的其他企业列入关联方；三是并未明确要求将企业投资方穿透至实际控制人
	《国家税务总局关于完善关联申报和同期资料管理有关事项的公告》：一是将企业的控制或施加重大影响的法人或其他组织列入关联方；二是将具有股权关系、重要合同关系、管理层控制以及实质上具有其他共同利益关系的其他企业、组织或个人列入关联方；三是未明确将股东穿透至实际控制人
5	**视同关联方**
	《企业会计准则第36号——关联方披露》：过去12个月内或在协议或安排在未来12个月内形成关联关系的均被视作关联方

资料来源：根据相关资料整理。

4. 信息披露条款

为保护投资方作为标的公司小股东的知情权，一般会在投资协议中约定信息披露条款，如标的公司定期向投资方提供财务报表或审计报告、重大事项及时通知投资方等。

八、附带格式条款

（一）承诺与保证条款

对于尽职调查中难以取得客观证据的事项，或者在投资协议签署之日至投资完成之日（过渡期）可能发生的妨碍交易或有损投资方利益的情形，一般会在投资协议中约定由标的公司及其原股东做出承诺与保证，包括但不限于：

（1）标的公司及原股东承诺其未依法成立和有效存续的公司法人或拥有合法身份的自然人，具有完全民事权利能力和行为能力，具备开展其业务所需的所有必要的批准、执照和许可。

（2）各方签署、履行投资协议，不会违反任何法律法规和行业准则，不会违反公司章程，亦不会违反标的公司已签署的任何法律文件的约束；标的公司不存在与公司资产或业务有关的可能对公司资产或业务产生重大不利影响且未向投资者披露的任何事实。

（3）标的公司重大合同均合法有效，标的公司不存在任何违法违约行为，也不存在其他未向投资者披露的债务或有负债，标的公司及原股东承诺已向投资者充分、详尽、及时地披露或提供与本次交易有关的必要信息和资料，所提供的资料均是真实、有效的，不存在重大遗漏、误导或虚构。

（4）原股东承诺其承担投资交割前未披露的税收、负债或其他债务。

（5）标的公司控股股东避免同业竞争和规范关联交易的承诺。

（6）标的公司和原股东承诺投资协议中所作的声明、保证及承诺在投资协议签署之日及以后均真实、准确且完整。

（7）过渡期内，原股东不得转让其所持有的标的公司股权或在其上设置质押等权利负担。

（8）过渡期内，标的公司不得进行利润分配或利用资本公积金转增股本。

（9）标的公司的任何资产均未设立抵押、质押、留置、司法冻结或其他权利负担。

（10）标的公司未以任何方式直接或者间接地处置其主要资产，也没有发生正常经营以外的重大债务。

（11）标的公司的经营或财务状况等方面未发生重大不利变化。

（12）投资者承诺与保证在条款的设置上，一是投资者承诺其就本次交易已获得必要的批准，二是投资者保证其资金来源合法。

（二）不可抗力条款

不可抗力事件是指在投资合同一方不能合理控制、不可预见或即使预见亦无法避免的事件，该事件妨碍、影响或延误任何一方根据本合同履行其全部或部分义务。该事件包括但不限于地震、台风、洪水、火灾、瘟疫、其他天灾、战争、政变、骚乱、罢工或其他类似事件，以及新法规或国家政策颁布或对原法规或国家政策的修改等因素。

如果发生不可抗力事件，则遭受该事件的一方应立即用可能的快捷方式通知对方，并在约定时间（一般为15个自然日）内提供证明文件说明有关事件的细节和不能履行或部分不能履行或需延迟履行该投资合同的原因。如果遭受不可抗力事件影响的一方在约定时间（如60个自然日）内仍不能消除不可抗力事件所造成的影响，投资合同各方应在协商一致的基础上决定是否延期履行投资合同或终止投资合同，并达成书面协议。

在不可抗力发生后，投资合同各方应尽最大努力减少由此可能造成的损失。

（三）通知和送达条款

投资合同项下对各方的任何通知均应以书面形式作出，以专人送达、挂号信件、特快专递、传真或电子邮件方式递送，并且如果投资合同另有要求，每一份通知均应抄送给其他各相关方。

通知在下列日期视为送达被通知方：采用专人送达的，为通知方取得的被通知方签收单所示日；采用挂号信邮递的，为发出通知方持有的国内挂号函件收据所示日后的约定时间（如第5个工作日/自然日）；采用特快专递的，为发出通知方持有的投递凭证所示日后的约定时间（如第3个工作日）；采用传真方式的，为收到成功发送确认后的约定时间（如第1个工作日）；采用电子邮件的，通常为电子邮件到达收件人邮件系统的日期。

投资合同项下的任何通知、报告、抄送给其他方的副本及传递的其他信息，均应按约定的联系方式发送给相关方。

一方通信地址或联络方式发生变化，应自发生变化之日起约定时期（如5个工作日）内以书面形式通知其他方。如果通信地址或联络方式发生变化的一方（以下简称变动一方）未将有关变化及时通知其他方，除非法律另有规定，变动一方应对由此而造成的影响和损失承担责任。

（四）修改和弃权条款

修改和弃权条款。针对投资合同项下如果有未尽事宜，可由投资合同双方协商以书面形式补充；对投资合同任何条款的修改、修订或弃权必须以书面形式明示而非默示地做出，并由双方签署。

无默示弃权，即任何一方未行使或迟延行使投资合同项下的任何权利或补救措施，不应被视为放弃该等权利或补救措施。单独或部分行使任何权利或补救措施也不应妨碍进一步行使该权利或补救措施，或行使其他权利或补救措施。

非排他性权利，即投资合同项下的权利和补救措施并不排除法律规定或任何其他交易文件约定的任何权利和补救措施。

（五）独立性安排条款

在不损害投资合同其他约定的情况下，如果投资合同某一条或更多条款在中国法律项下是或成为无效的、不合法的或无法强制执行的，或对任何一方或几方是无效的、不合法的或无法强制执行的，在适用法律允许的最大限度内，该无效、不合法或无法强制执行不应造成其他条款对投资合同任何一方无效、不合法或无法强制执行，或对其他方无效、不合法或无法强制执行。

（六）合同的生效与终止条款

投资合同应自双方的法定代表人或授权代理人签字或签章并加盖公章或合同专用章之日生效。投资合同以及该合同项下其他交易文件取消和取代主合同签署前的任何其他协议或承诺，构成双方关于本投资合同主旨的完整协议。

（七）保密条款

对项目信息或交易信息进行保密是股权交易的前置性要求，保密的方式有很多，如单方的保密承诺函、双方的保密协议等，多数交易中要求签署保密协议。交易方式不同（如IPO或并购、普通股权投资等），保密的内容要求也会有所区别。在实践操作中，保密协议是防君子不防小人的法律文件，签了保密协议不一定确保能够守住商业秘密，但不签保密协议一定不能确保守住商业秘密。不过，对于一些口碑和知名度高的投资机构或顾问机构来说，出于爱惜羽毛的考虑，保密协议是能够起到防止泄密作用的。

在谈判和签署保密协议时应当注意以下四个问题：

1. 关于协议的主体

在保密协议中，通常情况下信息接收方承担主要的保密义务，除非涉及相互交换信息，否则信息披露方一般不会承担保密义务。但是，在实际操作中，时常发生本应由信息接收方承担的保密义务，却被他们在保密协议中进行了许多的除外情形限制，如果过于排除自身的保密义务，往往会在交易之初给对方留下不好的第一印象，可能会对双方的交流与后期配合带来某些影响。

2. 协议文本的采用

许多人在签署保密协议时，直接拷贝其他项目的保密协议文本，稍加改造便交付签署，这其实是偷懒的、不负责任的行为。保密协议是为具体项目服务的，关注的要点和信息范围是不同的，不同项目中的保密协议不建议相互通用，但关键条款可以借鉴。

3. 保密信息范围的界定

保密信息通常在保密协议中进行专门界定，一般来说，界定得越清晰、越详细，在执行时操作性越强。这部分内容的个性化最强，一定要结合具体项目可能涉及彼此交换的信息进行详细约定，切不可照抄照搬，否则，在协议保护的层面效力会比较弱。

4. 关于保密期限

保密义务承担方的保密期限一般没有固定的规则，少则一年，多则永久的情况都有。但是，对于一些国际知名的投资人或中介机构来说，他们一般不接受永久保密的要求，保密期限设置为两年或三年的比较多见。这个主要是由双方商定的，最终取决于哪一方在谈判中占优势地位。

为了避免保密信息泄露，信息披露方一般会要求签署"背靠背"的保密协议或承诺，或者在"背靠背"协议中直接追究信息接收者所披露对象的责任。而信息接收方更多会考虑保密信息泄露后所需要承担责任的范围，是对所有披露人员造成的泄密负责还是对披露给第三方的高管人员负责，抑或是仅对因自身过错造成的泄露负责，这些均是双方谈判沟通中的重点。双方对于交易对手方的业务、财务或其他事项相关的具有保密性质的信息，以及因履行投资合同或其他交易文件而获得的任何有关投资标的公司的信息负有保密义务。交易双方需对保密信息予以严格保密；未经披露方的书面同意，只能将所有收到的保密信息用于投资约定的目的，而不得用于其他任何目的或用途；在信息披露前不得泄露拟披露的信息；除对履行其工作职责而需指导保密的人员外，不得向任何人或实体披露相关保密信息。

如下内容和资料不被保密条款所覆盖：一是有关书面记录能够证明在披露方向接收方披露之前已为接收方所获得的资料及其相关信息；二是非因一方违约行为而成为公共信息的信息；三是接收方对该等资料和信息不承担任何保密义务的第三方获得的资料和信息；四是因履行信息披露义务而已向公众公布的文件中包含的资料和信息。

约定不适用于一方的信息披露主要包括：一是该方根据应适用的法律以及有管辖权的政府机构、监管机构、税收主管机关或相关交易市场管理机构的指示或要求（无论是否具有法律强制力）而被披露的信息；二是该方为行使、维护或强制执行其在交易文件项下/投资协议项下的任何权利或为履行其在交易文件项下的任何义务而仅向为上述目的的需要获知相关信息的人披露的信息；三是该方向必须获知相关信息以履行其在投资协议项下义务的任何主体披露的信息；四是该方向已签署保密协议的中介服务机构披露的必要信息；五是经与保密信息有关的各方同意而被披露的信息。

第三节　合同签署、股权变更、交割

一、合同签署前准备

（一）回报方式

在正式签署融资合同之前，投资者为了降低自身的风险，经常会要求增加一些回报条款，规定回报方式，如可转换优先股、参与分红优先股、投资倍数回报、有担保债权等。

1. 可转换优先股

可转换优先股赋予持有人将优先股以一定比例转换成普通股的权利。假如公司业绩出色，普通股股价提升，投资者即可将手中的优先股转换为普通股，分享公司成功带来的收益。除此之外，优先股在保证投资者的利益方面具有以下四个优点：

（1）相对于普通股而言，优先分配公司利润。

（2）当公司由于破产、解散等进行清算时，优先股股东优先分取公司的剩余资产。

（3）优先股股东通常不参与公司日常经营管理。换句话说，优先股股票不含表决权，优先股股东不能干预公司日常经营管理，但在涉及优先股股票权益时，优先股股东可享有相应的表决权。

（4）优先股股票可由公司赎回。优先股股东不得退股，公司可依照优先股股票上所附的赎回条款，对优先股股票进行赎回。

2. 参与分红优先股

参与分红优先股属于优先股的一种，是指其持有人不仅可分取当年的定额股息，还可与普通股股东一同参加利润分配。对于投资者而言，这类股票的股息收入稳定可靠，在财产清偿时优于普通股股东。参与分红优先股的风险相对较小，因此，它是一种比较安全的投资方式。

3. 投资倍数回报

投资倍数回报也称基金回报倍数，其计算公式为：投资倍数回报＝（收入＋价格变动）/最初投资×100%。通过将获得回报的总价值显示为投资成本的倍数，投资者可更准确地了解本次投资的总体表现。

例如，道杰资本向雅本化学投资2640万元，获得雅本化学10%股权。截至雅本化学上市前，道杰资本持有其7.5%股权，账面出售回报1.5亿元，投资回报率为4.67倍。不过，需要注意的是，这种方法并未考虑资金的时间价值。

4. 有担保债权

担保债权是指因担保产生的权利与义务，其有以下四大特点：

（1）保证人向债权人担保债务人履行债务。当债务人不履行债务时，保证人履行或承担连带责任保证人履行债务后，有权向债务人追偿。

（2）债务人或第三人可提供一定财产作为抵押物。当债务人不履行债务时，债权人有权依据法律的规定以抵押物折价或以变卖抵押物的价款优先受偿。

（3）债务人在法律规定的范围内向投资者支付定金。债务人履行债务后，定金可抵作价款或收回。当给付定金的一方不履行债务时，无权要求返还定金；接受定金的一方不履行债务的，应双倍返还。

（4）一方依据合同的约定占有对方的财产，对方若不依据合同给付应付款，超过约定期限时，占有人有权依照法律的规定以留置资产折价或以变卖该财产的价款优先受偿。

如果投资者对创业者不放心，就会选择这类方式，要求创业者寻找第三方作为担保人。一旦公司出现破产清算的情况，投资者可以通过担保人获得赔偿，从而降低投资风险。

（二）法律事务

在一般情况下，融资中的法律事务主要包括五大项：签署非法律约束性意向；对项目进行细致调查；确定投资架构；确定条款，签署投资协议；完成交割，做好投后管理。

1. 签署非法律约束性意向书

在进行前期接触时，先要了解投资者类型。一般而言，投资者分为战略投资者与财务投资者两类。这两类投资者有不同的特点和投资习惯，公司需要根据自己的实际情况进行选择。

在确定投资者之后，创业者与投资者需要协商投资意向书的内容，约定投资目标的大小、估值，即多少钱、占多少股份。此外，还涉及可转换债券、信息披露及保密、尽职调查、融资方陈述保证、交割前提和条件、其他有关的商业条款、竞业禁止期限、独家谈判期限等。

要注意的是，意向文件不具有法律约束力，任何一方可随时终止合作，但除非出现重大意外或变故，否则意向文件通常都会得到尊重。简单来说，投资意向书就是一个意向文件，上面记录了有关的商业条款，双方签字后，其可以成为后续具有法律约束力文件的依据。

2. 对项目进行细致调查

在天使轮甚至 A 轮融资阶段，部分投资者对项目的尽职调查不太严格。通常尽职调查主要是在 A 轮融资以后进行的。尽职调查的内容很多，不仅包括股权、知识产权、合同、牌照等内容，还有财务尽职调查、业务尽职调查等。

尽职调查是股权投资过程中必不可少的环节，投资者常常依据其结果对目标公司进行客观评价，并形成详细的报告。同时，投资者也会依据尽职调查报告与风险控制报告进行决策。

3. 确定投资架构

法律事务的第三步是要综合各个考虑因素，确定投资架构，常见的考虑因素与架构类型如下：

（1）考虑因素。创业者应考虑自身的情况、资本市场的喜好、具体业务类型、拟上市地区交易所的要求等因素，从而选择出一种最合适的架构。

（2）架构类型。

1）境外离岸架构，分为外商独资架构（WFOE 架构）和新浪模式（VIE 架构）等。此类架构有助于海外融资和境外上市。

2）境内直接投资。此架构有利于吸引人民币资金和在境内上市或挂牌。

在确定投资架构时，创业者需考虑自身的情况、资本市场的喜好以及具体的业务类型等因素，当然最重要的还是了解投资者的投资倾向。

4. 确定条款，签署投资协议

在确定投资架构后，创业者与投资者开始谈判协商，以确定所有的条款并签署投资协议。此外，双方还会按照谈判的进度签署备忘录或会议纪要。

在整个过程中，创业者律师会依据尽职调查的结果出具披露清单与法律意见书；投资者律师会依据法律与财务尽职调查的结果出具尽职调查报告，并在投资协议中加入交割前提条件及交割后续义务。

5. 完成交割，做好投后管理

正式签署合同后，创业者及其公司需完成投资协议中规定的交割前提条件，包括一些审批手续、证照变更登记等。

交割完成后，依照投资协议，创业者及其公司可能还需履行一些其他义务，如按照投资协议解决公司问题、完成业绩指标、办理所需的权属变更手续、证照变更登记等。

（三）会计事务

除了法律事务以外，会计事务也要做好，主要包括四大项：对公司资本进行验证，对公司财务报表进行审计，出具财务审计报告，对原始财务报表与申报财务报表的差异出具专项意见。

1. 对公司资本进行验证

验资报告是指注册会计师依据《中国注册会计师审计准则第 1602 号——验资》的规定，对被审验单位的股东（投资者、合伙人等）出资情况发表审验意见的书面文件。

进行公司资本验证的报告一般包含以下要素：

（1）标题。

（2）收件人。

（3）范围。

（4）意见。

（5）说明。

（6）附件。

（7）注册会计师的签名和盖章。

（8）会计师事务所的名称、地址及盖章。

（9）报告日期。

2. 对公司财务报表进行审计

公司财务报表审计是指对公司资产负债表、现金流量表、会计报表附注及相关附表进行审计，并依法做出客观、公正的评价。进行公司财务报表审计的目的是判断其是否真实反映公司的经营状况与财务成果，从而维护投资者、股东的合法权益，并为出具报表审计报告提供依据。

3. 出具财务审计报告

财务审计报告是由会计师事务所的注册会计师出具的有关公司会计的基础工作报告，如记账、核算、会计档案等工作是否符合会计规范，以及公司的制度是否健全等事项的报告，这是一种对财务收支、经营成果等全面审查后出具的客观评价报告。

4. 对原始财务报表与申报财务报表的差异出具专项意见

会计师事务所出具的原始财务报表与申报财务报表差异情况的审阅报告。

在完成合同签署相关准备工作后，下面以并购执行为例，探讨法律文件签署、股权变更、股权交割三方面的内容。

二、签署法律文件

并购过程中签署的法律文件主要有并购意向书、股权转让协议、增资协议三种。本部分将以三份范本作为示例，供读者理解法律文件签署的内容以及意义。

（一）并购意向书

意向书是双方当事人通过洽商，依据各自的意愿达成共识而签订的书面文件，这是签订协议的前奏。《并购意向书》的范本如下，供读者参考。

并购意向书

甲方：

住所：

法定代表人：

乙方：

住所：

法定代表人：

丙方：

住所：

法定代表人：

丁方：

住所：

法定代表人：

丙方与丁方同意将自身持有的股权依据意向书的规定转让给甲方和乙方；甲方与乙方同意受让本意向书规定的股权，双方经过友好商谈后，达成的意向如下。

一、交易标的

丙方将持有××有限公司的60%股权转让给甲方；甲方依据第2.1条的定价支付人民币_____元。

丁方将持有××有限公司的40%股权转让给乙方，其他相关问题另行协商。

二、价格的确定

2.1　各方一致同意并确认该股权转让价格以××××评报字（　）号《资产评估报告》及_____年____月____日年报关于××有限公司的净资产值为定价依据。

2.2　××有限公司的资产在评估日的价值与成交日的价值出现差异时，按实际价值结算。

三、保密条款

为防止并购意图泄露，并购中的任何一方在正式共同宣布并购前，未经对方同意，需对本意向书的内容保密，且并购双方除了对其雇员、律师、会计师、贷款方之外，不得向任何其他第三方透露并购内容（不包括法律强制公开的部分）。

四、排他协商条款

未取得并购方书面同意，被并购方不得与任何第三方公开或私下对其所持有的××有限公司的股权转让事宜进行商谈；否则，视为被并购方违约并承担相应的违约责任。

五、交易程序

5.1　各方同意，自本意向书签订之日起，被并购方向并购方提供××有限公司的详细资料、信息等情况及全部法律文件。

5.2　并购方有权委托律师等专业机构对××有限公司展开尽职调查，被并购方需予以协助，以保证调查工作的顺利进行。

5.3　各方同意在资产估值完成后____日内，签订正式的《股权转让合同书》，并依据相关法律的规定，办理转让手续，完成产权的变更。

六、被并购方的承诺及保证

被并购方对本次股权转让的相关事宜承诺并保证：_____。

6.1　被并购方保证其所持有的××有限公司的股权享有完整、合法的权利，不存在担保权利及第三方享有的其他权益。若有第三方基于对股权上存在的担保权利向并购方提出索赔，则并购方因此遭受的任何损失及发生的任何成本、费用由被并购方承担。

6.2　被并购方签署本意向书及履行本意向书所规定的义务时已经履行了××有限公司的内部程序。

6.3　被并购方提供的与本意向书相关的任何文件，应当是真实、完整和准确的，不存在虚假、遗漏或误导等情况。

七、费用负担

因履行本意向书中的股权转让协议而产生的税费，各方同意依据法律规定各自承担其应当承担的税费。

八、交易的终止及缔约过失责任的承担

8.1　如果被并购方提供交易的股权存在担保权利等负担，并且无法消除，或者××有限公司的价值总额显著低于本意向书规定的价格总额且未能依据交易协议进行补足，则并购方有权单方面解除交易协议。

8.2　交易协议解除后，并购方依据相关交易协议取得的资产应返还被并购方，但被并购方应当赔偿并购方因签订本意向书与交易协议而产生的一切费用，包括但不限于各项税费、差旅费用、律师费用等。

九、后续工作进度与时间安排条款

9.1　_____

9.2　_____

9.3　_____

十、附则

10.1　本意向书的任何修改、补充，应以书面方式进行。

10.2　本意向书任何条款之无效，不影响其他条款之效力。

10.3　本意向书自各方法定代表人或授权代表签署之日起生效。

10.4　本意向书壹式肆份，各方各执壹份。

甲方：

法定代表人（授权代表）：

乙方：

法定代表人（授权代表）：

丙方：

法定代表人（授权代表）：

丁方：

法定代表人（授权代表）：

签订日期：　　年　　月　　日

（二）股权转让协议

股权转让协议与增资协议一样，是股权交易的核心法律文件，也是交易结构的主要载体。各种尽职调查、公司估值、支付结构、税务筹划及退出机制等安排，其核心内容都通过这些协议予以最终的固定和呈现，对交易各方的权利和义务进行最终的确认，因此，股权转让协议是股权交易各方博弈的主战场和收官之作。签完协议后即开始进入履约交割及整合等环节。当然，如果产生争议或纠纷，也会以此协议为基础解决相关争议。

股权转让协议在股权交易中是花费时间最多、交易各方谈判最激烈的法律文件。完美的转让协议能够形成对交易各方的合理制约，是股权交易顺利完成的保障；有瑕疵的转让协议也往往由于其中的"坑"导致交易纠纷，甚至使交易无法完成。因此，股权转让协议的起草和审阅需要倾注大量的时间和精力，值得细细研究。实务中，一般需要关注的事项如下：

1. 股权转让必须符合法律规定的形式要件

参照股权变更登记的要求（各地市场监督管理部门对此可能有少许差别），完整的股权转让在形式上应当包括的文件如下：

（1）书面《股权转让协议》。

（2）股权转让对价款支付凭证。

（3）相关完税凭证（涉及自然人转让股权）。

（4）股东会决议。

（5）修改股东名册及公司章程。

（6）涉及对外转让股权的，非转让股东放弃优先购买权的声明。

从协议本身的层面来看，股权转让协议生效后即对双方产生股权变动的约束力，但如果没有完成股权的变更登记，则不具有对抗第三人的公示公信效力。

2. 转让协议的主体及程序性要求

主要是对受让方的资质审阅，确认是否存在法律法规规定的不得成为股东或者成为股东后对目标公司未来资本运营有影响的情形，比如自然人，若在此之前已经有一家一人公司，则本次转让不得100%受让全部股权，而受让方如果是金融产品，要考虑后续上市时可能潜在的清理成本。另外，对出让方而言，要确认对外出让股权是否经过了合法有效的股东会程序做出决议，优先购买权是否已经放弃，公司章程要求的转让限制条件是否已经满足，出让方的约定或法定禁售条件是否满足等情形，防止产生相关风险。

3. 部分条款注意事项

从风险管理的角度看，股权转让协议中的一些条款需要高度注意。

（1）价格条款。除非有强有力的、经得起推敲的理由，一般不要无偿转让，防止税务核定纳税风险。从实际操作来看，以净资产定价一般是税务机关能够接受的股权转让价格的最低要求，当然价格确定的方式很多，后续章节将作详细介绍。

（2）标的完整性条款。股权转让协议受让人应在前期尽职调查的基础上确认所受让股权是否存在瑕疵，包括所受让的股权是否存在出资不实的瑕疵，即非货币财产的实际价额显著低于认缴出资额；所受让的股权是否存在出资不到位（违约）的瑕疵，即股权转让协议中的股东出资不按时、足额缴纳；所受让的股权是否存在股权质押、出质及冻结的情形（质押、出质及冻结一般在市场监督管理部门即可查询）。

（3）承诺与保证条款。此类条款主要是针对出让方的约定，内容涉及转让标的的完整性、主体资格的适格性、充足的内部授权、信息披露的真实准确和完整性、目标公司或有债务的承诺等，受让方的保证义务则主要聚焦于按时付款方面。尽职调查中发现的问题及其后续解决，也可以在这类条款中约定处理方式。

（4）违约责任条款。在交易过程中出让方和受让方都可能不履行或不完全履行合同义务，为了防范由此产生的风险，股权转让合同应明确约定定金罚则或违约赔偿的范围、计算方法，不可笼统地约定"一方违约时，另一方要承担违约责任"之类的无法操作的笼统条款。

（5）争议解决条款。在股权转让协议中选择管辖法院时，从原告住所地、被告住所地、合同签订地、合同履行地、目标公司所在地法院中作出有利于己方的选择。在涉及仲裁时，选择对己方有利或双方都认可的第三方国家/地区的仲裁机构解决争议。

（三）增资协议

增资协议也是股权交易中的核心文件，版本内容可繁可简。如果是老股东同比增资或者以公司资本公积、未分配利润等转增注册资本，版本内容可以相对比较简化；如果是目标公司对外股权融资，投资人可能要求一些保障性的权利，版本内容就会比较复杂。下面以对外融资版本为例，看一下常规对外融资时投资人关注的要点。

对于股权转让而言，出让方在转让完成后即套现离场，目标公司相关风险是一个抛绣球般的存在，看最终花落谁家；增资则不同，没有人离开目标公司这个平台，新老股东仍然在一条船上并肩作战，因此一些交易条件和公司治理条款的设计更为复杂。除上述股权转让协议要关注的实务要点以外，增资协议还要关注以下要点：

1. 公司治理方面

新进入目标公司的股东，即使未取得控股权，也会经常要求委派董事、监事或者高级管理人员（尤其是产业投资者），在董事会批准权限、股东会审议权限等方面要求话语权。这就会对目标公司的原有体系带来改变，无论是在日常管理层面（如重大人事招聘、日常交易审批等），还是在公司治理方面（如决定公司融资、实施股权激励等），都要体现出股东表决权的作用。尤其需要注意的是，在股东会层面投资人要求的分类表决权不得成为公司后续资本运营的障碍，如果投资人要求对融资或资本运营事项具有一票否决权，交易各方都要慎重考虑。为了尽快完成本轮融资而仓促接受这类条件，对融资方而言有可能是饮鸩止渴。所以，在交易谈判的基础上，增资协议中的条款需要在这些问题上进行准确无误的体现，任何粗心的表述或者不尽职的文件审阅，都可能给未来埋下隐患。

2. 股东特殊权利方面

这部分内容既是增资协议的核心条款，也是各方交锋最为激烈的战场。优先分红、优先购买股权、优先认缴增资等还算是常规要求，在涉及优先清算、共售权、拖售权时，站在融资方角度就要紧绷神经了，因为这些权利在投资行业内对投资人而言大多是正常的要求，但是融资方及其实际控制人是否能够承受得住，就需要结合自身实际情况慎重决策。前些年知名餐饮品牌融资后投资人退出引发的多米诺骨牌效应，最后导致实际控制人出局，核心就是因为这些条款。至于回购权，最新的《全国法院民商事审判工作会议纪要》认可了公司作为回购主体的可行性，前些年的案例大多支持股东承担回购责任的观点也被改变，但是在具体约定这类条款时，仍然要关注利率的合理性以及相关责任主体的履约能力，防止万一出现回购要求时，导致投资人处于"赢了官司输了钱"的尴尬处境。

增资是指公司为扩大业务与规模、提升公司的资信程度，依法增加注册资本的行为。而增资协议则是指当公司注册资本增加时，公司各位股东针对公司的增资情况进行协商，同时也对新增资本的股权分配进行协商。

三、股权变更流程

股权变更过程需要经过股东会表决、股权交割、修改公司章程、公司变更登记、转让股权公告五个步骤。

（一）股东会表决

股东在对外转让股权前需征求其他股东的意见，只有其他股东愿意放弃优先购买权，才能向股东外的第三人转让。因此，股权变更流程的第一步便是召开股东大会，依据法定程序进行表决，必须其他股东过半数同意股权转让且未受让股权的其他股东放弃优先购买权，否则便可能出现无效的法律后果。但公司章程对股权转让另有规定的，依照规定办理。

此外，无论是开股东会决议还是单个股东同意，均要有书面协议，从而避免其他股东事后反悔，导致纠纷产生。

（二）股权交割

股权交割是指股权移交的标志，即双方签订股权转让协议或股权交割证明。当股权交割完成后，转让人不再担任公司股东，而受让人成为目标公司的新股东。自交割时起，受让人享有股东权益，出让人失去股东权益，股权交割的当天通常称为股权交割日。

（三）修改公司章程

公司章程中对股东名称、股权额都有记载，股东交割股权后势必引起股东结构发生变化。所以，依据《公司法》对股东会职权规定，通过股东会议对公司章程进行修改。受让人作为新股东可以要求股东会进行更换，由其出任或委任新的董事或监事。但如果修改章程时仅涉及股东和出资额的记载，则无须召开股东会表决。

关于修改公司章程的决定，有限责任公司需有代表 2/3 以上表决权的股东同意签署；股份有限公司需有会议主持人及到场的董事签字，包括股东大会会议记录；国有企业需提交国务院，或有当地人民政府国有资产监督管理机构的批准文件；一人有限责任公司需提交股东签署的书面决定。

（四）公司变更登记

公司变更登记，即工商注册登记变更，是指因公司章程修改、股东股权变更、董事会变更、监事会变更等向工商行政管理部门申请工商注册登记事项变更。有限责任公司变更股东的，应当自股东发生变动之日起 30 日内至工商部门办理变更登记。

（五）转让股权公告

转让股权公告并不是法律规定的必须程序，但对于大规模的公司来说，转让股权公告公布后可以提升公司管理层的透明度，获取社会公众的信任，尤其是市场交易相对人对公司的信任。

四、股权交割事宜

个人转让股权也许只是想变现，但公司转让股权与公司经营模式、经营状况有很大的关联，市场瞬息万变，股权交割也屡见不鲜，而股权交割意味着股权的所有人发生更改。下面介绍股权交割过程中相关的法律规定和需要注意的问题。

（一）股权交割的法律规定

根据国务院发布的《股票发行与交易管理暂行条例》，股份交割后相关的法律规定有以下五个方面：

（1）国家拥有的股份交割必须经国家有关部门批准，同时，交割时不得损害国家拥有的股份权益。

（2）证券交易场所、证券登记、证券过户、证券经营等机构，需保证外地委托人与本地委托人享有同等待遇，不得差别对待外地委托人。

（3）股份有限公司的董事、监事、高级管理人员和持有公司 5% 以上有表决权股份的法人股东，将其所持有的公司股票在买入后六个月内卖出或者在卖出后六个月内买入，由此获得的利润归公司所有。前款规定适用于持有公司 5% 以上有表决权股份的法人股东的董事、监事和高级管理人员。

（4）股东转让其股份，需在法律规定的证券交易场所进行或依据国务院规定的其他方式进行。

（5）公司发起人持有的本公司股份，在公司成立之日起一年内不得转让。公司公开发行股份前已发行的股份，自公司股票在证券交易所上市交易之日起一年内不得转让。

在进行股权交割的时候，一定要了解相关的法律规定，最好委托代理人代为处理相关事宜，防止出现不必要的法律风险。

（二）股权交割应注意的问题

股权交割应注意的问题包含以下十个方面：

（1）判断交割的先决条件是否满足。

（2）公司公章的交接，一般包括合同章、部门章和财务章等。

（3）公司营业执照的交接。

（4）公司财务账簿的交接。

（5）公司股东名册的交接。

（6）公司董事会、监事会成员的交接。

（7）公司授权书的交接。

（8）公司章程的变更与交接。

（9）公司其他资料的交接。

（10）债权债务的交接与处理。

第四节　基础性法律风险

在股权投融资活动中，投资前期的风险把控是相当重要的一环。项目前期对法律风险的排查把控得越好，项目进展可能就越顺利，后期出现法律风险的可能性也相对较小。

一、注册资本、股权与股东权利

（一）注册资本

股东出资义务更多源于股东之间的书面约定（出资时间、方式、附条件）。未出资或抽逃出资，股东可以被除名。对于该股东除名决议，该未出资股东不具有表决权，即便该股东系控股股东。[①]

（二）股权

股权指的是基于股东出资义务在工商部门登记的股权。限制性股权指的是股权在某一方面有限制性，比如设计了股份绑定机制，兑现、转让、质押和处理等方面都会受到限制。股票期权则针对企业员工，主要是激励核心员工、高级管理人员等。

（三）股东权利

股东权利是复合型权利。股权可以分为自益权和共益权（控制权和收益权）。自益权主要包括股利分配、新股认购、股份转让、剩余财产分配权；共益权主要包括表决权、提案权、质询权、董事监事和清算人解任请求权。[②] 股权权能可以分离，比如可以委托他人管理，如图4-5所示。

基于股东权利，公司章程或其他相关法律文件（比如股东签署的投资协议、补充协议等）通常会列明股东共同出售权条款、优先认购权条款、优先购买权条款、提名权条款（比如阿里巴巴马云和他的合伙人制度）、优先分配权条款、反稀释条款、股东登记权条

---

① 《公司法司法解释三》第17条规定："股东未按章程约定履行出资义务或抽逃全部出资，经催告后在合理期限内仍未缴纳或返还出资的，公司可以以股东会决议解除该股东的股东资格。"

② 《公司法》第4条规定："公司股东依法享有资产收益、参与重大决策和选择管理者等权利。"

款、业绩补偿与业绩承诺条款等。

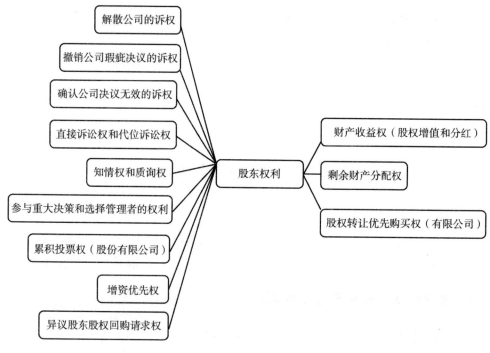

图 4-5　股东权利

二、尽职调查报告

尽职调查报告作为尽职调查工作成果的汇总，是投资决策和合同条款设计的核心依据文件。目标公司所处行业、个性化风险以及交易形式差异等因素，决定了最终的尽职调查报告的内容和重点会有一些差别，这也使不同尽职调查报告相互之间的格式参考性意义不大，它是重要的基础性法律文件。

（一）尽职调查报告的主要结构

尽管尽职调查报告的格式内容千差万别，但是一般来说一份完整的尽职调查报告既要充分覆盖调查关键要点，又要结论明确、可读性强，不一定要面面俱到，但核心问题一定查得水落石出。它的常见结构如下：

1. 程序性声明

这部分内容主要是非实体性内容的介绍及声明，一般包括：报告中关键名词的释义，客户对尽职调查的要求，律师审查过的文件清单及开展的工作，进行尽职调查所做的各种前提假设，出具尽职调查报告的责任限制或声明等。

2. 报告摘要

尽职调查报告的内容一般动辄几十页，多则几百页，对于投资人或管理层及非专业人士来说，很难有耐心阅读完毕。因此，出于便于理解和阅读的考虑，有经验的律师经常将报告中关键事项抽取出来，单独列示说明。这样可以起到提示核心风险、便于决策时抓住谈判要点的作用，避免浪费谈判资源。

3. 报告正文

这部分内容是尽职调查报告的主体，内容及其结构取决于调查清单的设计及通过辅助调查手段（如访谈和走访等）发现的风险及问题，一般来说内容覆盖以下方面：

（1）目标公司的基本信息，包括基本概况、资质、历史沿革、股东、章程、出资协议、设立批准文件等。

（2）目标公司的组织架构。这主要是两方面：一是查清楚下属子公司、分公司及办事处等信息；二是查清楚内部部门、机构设置及其职责，通过组织架构图可以清楚列示。

（3）下属子公司基本信息，包括基本概况、与目标公司的业务往来、财务独立性、机构独立性、人员独立性、财务状况等。

（4）业务合规性。这部分多与技术产品等相关，属于商务问题，律师关注的是其合规性及监管要求。

（5）税务问题。律师与审计师、评估师等中介机构对税务的关注角度不同，律师关注的重点在于，目标公司目前享有的税收优惠在本次股权并购之后是否需要补缴，以及本次收购后是否仍然可以享受该税收优惠。一般来说，收购涉及目标公司企业性质及注册地址发生变化时，会对税务问题造成影响。

（6）核心资产的状况。例如，对于房产和土地，是否设定抵押，土地出让金是否缴纳完毕，证照是否齐全，有无可能被政府收回，是否存在无法实际控制的情况等；对于知识产权，是否进行了权利登记并持有有效证书，有无因欠费或不使用而被撤销的风险，是否存在权属纠纷等。

（7）债权债务情况。这是股权交易中需要对目标公司高度关注的风险，尤其是或有债务风险（如连带担保），一旦爆发将会对当期利润甚至公司价值有重大影响。另外，也需要关注在重大贷款合同中，银行等贷款机构对于当目标公司控制权发生变动时，需要取得其同意或提前还款等特殊情况的约定，在尽职调查阶段提前进行预沟通并消除潜在的影响。

（8）重大经营合同。律师不可能关注目标公司的所有合同，仅对可能对目标公司有较大影响的重大合同进行审阅，核心是关注合同相关方的履约能力，以此间接判断其对本次股权交易目的及估值等带来的间接影响。

（9）环保问题。虽然这不是核心问题，但是如果因环保手续不齐全导致被罚款、责令停止建设，甚至出现遭受行政处罚及承担刑事责任等极端情况，对股权交易后目标公司的价值也会带来很大影响。

（10）员工关系及潜在纠纷。在境内股权交易中，更多关注的是目标公司在劳动合同签署、工资支付、社保及公积金缴纳等方面是否存在违反劳动合同法律法规的行为，从而导致目标公司有潜在的赔偿或处罚风险，因此而影响股权价值；在跨境股权交易中，更多关注目标公司所在国当地的工会管理、员工劳动保护、工作时间及休息休假等方面的法律规定，提示可能陷入的劳动纠纷及处罚风险。

（11）诉讼仲裁。列明调查期间目标公司作为原告、被告或第三人参与的诉讼案件，以及参与的各种仲裁案件，查清案由、对方当事人、受案机关、争议金额以及案件的最新进展。通过查清目标公司涉及的各种争议案件，可以从侧面判断其风险管理及内部控制的有效性，以及判断争议解决结果对目标公司价值的影响。

4. 报告附件

列明出具尽职调查报告所依据的文件资料清单，包括在调查过程中收集整理的支撑报告结论的各种资料和文件。

（二）尽职调查实务要点

在投融资项目的前期，律师的主要工作之一是开展尽职调查。投资方律师需将尽职调查过程中发现的问题与投资方进行沟通，后续向被投公司提出整改方案。被投资方律师由于需要出具中国法律意见书，因此也需同时开展尽职调查工作，事先解决可能影响法律意见书出具的合规性问题。在尽职调查完成后的交易文件起草阶段，投资方会要求被投资公司、创始人作出关于其提供的尽职调查文件准确、充分及完整的陈述与保证，以确保投资方通过审阅完整、准确的尽职调查文件对投资与否作出审慎判断。

在项目投融资过程中，投融资双方律师开展相关尽职调查，一方面需要通过被投资公司提供的尽职调查文件分析判断法律风险，另一方面也需要审慎地判断被投公司是否充分、完整地提供了相关尽职调查文件。详见本书第五章。

三、关联交易

关联交易是指企业与关联方之间进行的有关转移财产、权利或者义务的商业交易行为。[①] 所涉及的关联方交易主要包括购买或者销售商品，购买或者销售其他资产，提供或者接受劳务、代理、租赁，提供资金、担保、管理合同，研究与开发项目的转移、许可协议，以及管理人员报酬等形式。

关联公司的关联交易本身并不必然损害公司及其中小股东和债权人的利益，投资方也并非拒绝公司的一切关联交易行为。但是，关联交易与市场经济的基本原则并不吻合，按市场经济的原则，企业之间的交易应该在市场竞争的原则下进行，而关联交易发生在具有关联关系的特定主体之间，竞争性不足，同时也存在利益输送的风险，极易损害公司中小股东和债权人的利益。

此外，关联交易也是投资及IPO尽职调查的重点关注项目之一，关联交易事项的处理对投资时的投资决策及企业IPO都起到决定性的作用。虽然关联交易问题不是上市审核的实质性问题，但是历届发审委将对关联交易的审核作为重点事项，因为关联交易直接关系到被尽职调查企业业务的独立性、业绩的真实性及内控的有效性，对企业关联事项的尽职调查对投资方意义重大。《上海证券交易所上市公司关联交易实施指引》《深圳证券交易

---

① 财政部《企业会计准则第36号——关联方披露》第7条规定："关联方交易，是指关联方之间转移资源、劳务或义务的行为，而不论是否收取价款。"《上市公司信息披露管理办法》第62条规定："上市公司的关联交易，是指上市公司或者其控股子公司与上市公司关联人之间发生的转移资源或者义务的事项。"

所上市公司关联交易实施指引》等都对上市公司关联交易的披露作出严格规定。

可见，在投资前，投资方需要关注企业关联交易的相关情况；在投资后，投资方对损害公司利益的不正当的关联交易行为仍需保持警惕。

控股股东、董事等人进行关联交易损害公司利益的情形屡见不鲜，在企业投融资层面，投资方应对公司的关联交易保持警惕。在构成不正当关联交易的前提下，公司将面对起诉本公司股东、董事的尴尬局面。如果相关人员拒不配合，在无法以公司名义起诉的情况下，投资方可以在满足法律规定的条件下提起股东代表之诉。

为了防范控股股东、实际控制人等通过关联交易的方式侵害公司、小股东利益的行为，投资方可从以下三方面入手，采取适当的措施对公司的关联交易行为进行规制。

（一）监督公司规范关联交易的定价机制

判断关联交易是否正当，交易价格是一个关键的标准。如果交易价格公允，则公司不至于受到经济损失。如何判断交易价格是否公允？一般而言，首先应按照市场价格确定交易价格，如果市场价格不明确，则应聘请专业的评估机构对交易标的进行评估，从而确定公允的交易价格。

（二）督促落实责任追究制度

《公司法》对控股股东、董事等人的忠实义务进行了规定，禁止相关人员通过关联交易损害公司、其他股东的利益。在法律规定之外，公司内部还可基于公司经营的实际情况，通过章程对责任追究机制作出更为细致的规定，防止控股股东、董事等人基于规避法律制裁的侥幸心理从事不正当的关联交易行为。

（三）严格关联交易的表决机制

对于公司与关联方发生的关联交易，可依照交易金额的大小以及重要性程度，规定由公司股东会或董事会进行审批。在股东会、董事会对于关联交易事项表决时，有关联关系的股东或董事应当回避。对于重大的关联交易，还可规定需请公司独立董事对交易合规性和价格公允性发表意见。

四、公司章程设计的股权纠纷

关于公司章程设计，在实践中，一方面，大多数公司成立时仍然采取工商部门提供的格式文本，照抄《公司法》原文；另一方面，公司因"无法可依"陷入僵局的情形有增无减。因此，公司、股东利用《公司法》赋予的自主权，设计个性化的公司章程显得尤为重要。

（一）一般问题

1. 股权比例设计问题

对于企业股权比例设置的问题，为了避免公司在运营中陷入僵局，在设立公司时应设计较为合理的股权比例。创业之初，如果只有一个股东，即可成立1人有限责任公司，100%拥有股权。如果是2个或以上股东一起成立有限责任公司，2人持股比例尽量避免

50%∶50%，3人尽量避免33%∶33%∶34%。对于有2名以上股东的公司，如果要对公司具有绝对的控制权，那么持股比例需要超过2/3。

2. 同股同权或同股不同权问题

《公司法》将实施"同股同权"还是"同股不同权"的权利交由公司章程来约定，所以企业在设立或者增资时，应考虑公司的实际经营情况合理地设计公司章程。①

3. 红利分配、增资认缴问题

在实践中，是否参与公司的实际运营会影响到股东的分红比例，同时，《公司法》赋予企业对于分红权的自治权利。② 对红利分配、增资认缴的约定，《公司法》并未要求必须在公司章程中体现。在实务中，它可以在公司章程中约定，也可以由全体股东以其他方式约定。但是，考虑到工商、税务、审计等部门执法以及对法律理解的差异，为稳妥起见，建议一并在公司章程中约定清楚，这样可以节省众多不必要的解释、沟通工作。

（二）特殊问题

1. 股权转设计问题

《公司法》第71条第4款关于"公司章程对股权转让另有规定的，从其规定"指出，有限责任公司章程可以自由约定对股份转让的限制。

（1）禁止股权转让。是否允许股份有限公司以章程限制股份转让属于立法政策问题，除非立法有明文规定，否则司法不予肯定。现行公司立法未明文许可股份有限公司可以以章程限制股份转让，相反却规定"股份可以依法转让"，在此情形下，除非公司章程本身提供了相应的救济手段，否则认可其效力将使得拟转让股份的股东丧失救济渠道，与股份有限公司的特性及立法精神相违。

（2）股权分割问题。我国《公司法》在规定有限责任公司股权转让的一般规则时，充分尊重当事人意思自治，因此，在对夫妻共有股权进行分割时，法官首先要对有限公司的章程进行审查和对其他股东进行调查。如果公司章程另有约定，则应按约定处理。

2. 股权继承问题

基于公司所具有的人合性，法律允许公司章程对已故股东的继承人成为公司股东设置一定的限制条件。然而，一旦章程规定继承人可以继承死亡股东的股东资格，则该继受取得资格的股东就应当依法享有法律所赋予的股东权利，而不应当对其股东权利加以随意限制。③

---

① 《公司法》第42条规定："股东会会议由股东按照出资比例行使表决权；但是，公司章程另有规定的除外。"第43条规定："股东会的议事方式和表决程序，除本法有规定的外，由公司章程规定。""股东会会议作出修改公司章程、增加或者减少注册资本的决议，以及公司合并、分立、解散或者变更公司形式的决议，必须经代表三分之二以上表决权的股东通过。"

② 《公司法》第34条规定："股东按照实缴的出资比例分取红利；公司新增资本时，股东有权优先按照实缴的出资比例认缴出资。但是，全体股东约定不按照出资比例分取红利或者不按照出资比例优先认缴出资的除外。"

③ 《公司法》第75条规定："自然人股东死亡后，其合法继承人可以继承股东资格；但是，公司章程另有规定的除外。"

（三）其他重要问题

1. 公司与股东的法律关系

公司持有本公司股份的行为会使得公司股权失去最终的归属，与公司运作的基本法理产生冲突，同时也违反了公司的资本充实的原则，因此，公司是不应当成为本公司股东的。但是，公司是否绝对不可能持有本公司的股权或者成为本公司股权的转让方呢？我国《公司法》中的股权回购制度使得公司在特定情况下可以也应当持有本公司的股份。

2. 公司章程约定对股东的处罚效力

公司章程关于股东会对股东处以罚款的规定，系公司全体股东所预设的对违反公司章程股东的一种制裁措施，符合公司的整体利益，体现了有限公司的人合性特征，不违反《公司法》的禁止性规定，应合法有效。但公司章程在赋予股东会对股东处以罚款职权时，应明确规定罚款的标准、幅度。

3. 风控管理与信息披露管理

（1）风控管理主要依据《基金管理公司风险管理指引（试行）》以及《私募投资基金管理人内部控制指引》两份文件，具体应贯彻全面性、独立性、权责匹配、一致性、适时有效五个原则，同时要求管理层应当设立风险管理委员会。

（2）信息披露管理主要依据证监会发布的《证券投资基金信息披露管理办法》、中国证券投资基金业协会发布的《私募投资基金信息披露管理办法》，其中信息披露的义务人为管理人和托管人，应在协议中约定信息披露事项与义务人，而披露的内容应包括基金合同、招募说明书、基金销售协议中的主要权利义务条款（如有）、基金的投资情况、基金的资产负债情况、基金的投资收益分配情况、基金承担的费用和业绩报酬安排、可能存在的利益冲突以及涉及私募基金管理业务、基金财产、基金托管业务的重大诉讼、仲裁、影响投资者合法权益的其他信息。

4. "股权"和"控制权"的关系

创业维艰，每一个创始人都会竭尽所能来发展壮大企业，其中也包括借助外力——融资。但是，创始人不得不承认的是，企业进行融资就意味着控制权的逐渐转让，当创始人的股权被稀释到一定程度时，若无其他协议的特别规定，创始人的控制权就会受到威胁。

其实，我们讲的控制权就是要在公司掌握权力。想要实现创始人的控制地位，首先就要明白公司的治理结构和决策机制，从而掌握控制权存在的关键地方。

五、互联网非公开股权融资的法律风险

互联网非公开股权融资天生便伴随着风险，但是这种风险的爆发存在着一定的时间差。我国互联网非公开股权融资行业在 2015 年开始起步发展，大量项目在融资平台上完成融资也出现在这一年，但是在三年或者五年之后，一旦这些项目因失败而无法给投资者提供收益，那么对于各方来说，都将会是一个不小的打击。因此，我们有必要知道互联网非公开股权融资存在哪些风险，风险会如何爆发，只有这样，我们才能够有效控制风险，维护金融市场的稳定。

1. 信息披露不完善的法律风险

资本市场中最大的交易成本在于信息证实成本。[①] 在传统的证券交易市场中，由于存在着强制信息披露制度，以及律师事务所、会计师事务所等信誉中介机构的信誉担保和尽职调查，既确保投资者可以了解到证券的真实质量，也确保了证券价格能真实反映证券市场的相关信息，因此整个市场趋于有效。[②] 但是，在互联网非公开股权融资的运行模式中，没有强制实行信息披露制度，也相对缺乏传统证券发行中的优质中介机构进行专业信息服务，因此会出现融资方与投资方信息不对称的情况。随着互联网非公开股权融资的逐步发展，互联网非公开融资的项目数量也在不断增加，面对众多融资项目，投资者可以结合自身经济实力自由地选择进行投资，但由于投资者业余化现象的普遍存在，无法识别项目的好坏，反而可能被一些恶性的诱导性信息所干扰。因此，投资者在互联网非公开股权融资的投资过程中处于明显的劣势地位，并存在很大的投资风险。另外，存在漏洞和瑕疵的互联网非公开股权融资信息披露制度不仅会增加投资者的投资风险，还会引发融资者遭受被侵犯商业秘密的风险，增加了融资人的商业风险。

2. 合格投资者制度不完善的法律风险

互联网非公开股权融资具有周期长、风险高、不确定性大等特征，使得投资者不能在短期内获得直接的投资回报。并不是所有的投资者都适合对风险高并且投资额度较大的股权融资项目进行投资，一旦经验欠缺、经济实力薄弱的投资者盲目投资，在投资失败时可能难以承受。如果投资者不具备相应的风险意识，且一个互联网非公开股权融资项目涉及的投资人数众多时，那么项目失败极易引发社会矛盾。[③] 因此，合格投资者的标准不能设立得过低。"因为股权融资项目不确定性较高，并且需要具备一定的技术知识和投资经验才能充分了解融资项目，短期内投资额度较大风险较高的项目并不适合所有的投资人。"[④]

3. 投后管理缺失的法律风险

投后管理是指对项目方及影响业务风险控制的有关因素进行持续监控和分析，以便及时发现预警信号，并积极采取应对措施的管理过程。投后管理应该包括投资人权益兑付的督促、资金监管、投后检查、风险预警和处置等内容。当一个互联网非公开股权融资的项目融资成功后，投资人的投资资金就会进入项目融资方，如果没有相应完善的投后管理方案来指导，便可能无法有效约束项目融资人按照其在融资过程中承诺的用途来管理和使用资金，也无法保证投资者的合法权益不受侵犯，因此融资成功后可能出现的所有问题都需要一个完善的投后管理制度来解决。投后管理制度不仅可以督促项目融资人及时签署股权投资协议，办理工商变更登记，及时筹备资金以兑付投资人收益，履行协议，还可以对项目方执行融资计划书的情况进行检查，及时发现各种风险隐患并采取补救措施。如果投资者进行股权投资后没有相应完善的投后管理制度，那么投资者的投资风险将会大大增加。

① 彭冰. 中国证券法学 [M]. 北京：高等教育出版社，2005：7.
② 钟维，王毅纯. 中国式股权众筹：法律规制与投资者保护 [J]. 西南政法大学学报，2015（2）：19-26.
③ 于烨. 论我国股权众筹中投资者的保护 [J]. 法制与经济，2015（Z1）：18-21.
④ 朱玲. 股权众筹在中国的合法化研究 [J]. 吉林金融研究，2014（6）：13-20.

长此以往，投资者面对互联网股权融资项目只能望而却步，项目融资人便无法成功融资，进而影响到整个互联网金融行业的持续健康发展。

4. 触犯刑法的法律风险

（1）触及集资诈骗罪。《中华人民共和国刑法》（以下简称《刑法》）第 192 条规定，集资诈骗罪是指以非法占有为目的，使用诈骗方法非法集资，且数额较大的行为。[①] 互联网非公开股权融资的本质是融资人通过互联网模式向投资者进行融资，其虚拟化的交易方式为集资诈骗行为提供了生存的空间。比如，融资人为了谋取不正当利益，在融资平台上发布虚假的融资项目，待融资完成后直接携款潜逃；融资平台为了拓宽收入来源，减小对项目资料的审核力度，甚至与融资者进行内幕交易，让一些虚假的项目或者不合规的项目成功进入融资平台进行融资；领投人与融资人存在某些利益关系而与融资人相互勾结，利用跟投人对领投人的信任以及投资者业余化的劣势进行不法谋利，最终将跟投人的利益亏损归因于不可预期的投资风险。这些都涉嫌集资诈骗罪。

（2）触及擅自发行股票罪。根据我国《刑法》第 179 条[②]以及《最高人民法院关于审理非法集资刑事案件具体应用法律若干问题的解释》第 6 条[③]规定，如果股权融资活动的发起人或者股权融资平台未经监管部门批准，向社会不特定对象或者向特定对象发行股票累计超过 200 人，那么就涉嫌构成擅自发行股票罪。上述规定已经实际影响到我国互联网非公开股权融资的发展。基于上述规定，为了避免涉嫌擅自发行股票罪，互联网非公开股权融资活动一般会通过线上合意和线下操作两部分来完成投融资过程，当项目融资完成并且投资人不超过人数限额时，融资人与投资者转入线下依据《公司法》签订股权转让协议。这种做法在一定程度上避免了触犯擅自发行股票罪，但融资项目在宣传期的公开性问题仍然无法回避。如果严格按照《刑法》中的非法公开发行股票罪的规定，融资项目在互联网公开进行宣传即属于"信息公开"的要求，股权众筹便有触及擅自发行股票罪的法律风险。[④]

---

① 《刑法》第 192 条规定："以非法占有为目的，使用诈骗方法非法集资，数额较大的，处五年以下有期徒刑或者拘役，并处二万元以上二十万元以下罚金；数额巨大或者有其他严重情节的，处五年以上十年以下有期徒刑，并处五万元以上五十万元以下罚金；数额特别巨大或者有其他特别严重情节的，处十年以上有期徒刑或者无期徒刑，并处五万元以上五十万元以下罚金或者没收财产。"

② 《刑法》第 179 条规定："未经国家有关主管部门批准，擅自发行股票或者公司、企业债券，数额巨大、后果严重或者有其他严重情节的，处五年以下有期徒刑或者拘役，并处或者单处非法募集资金金额百分之一以上百分之五以下罚金。""单位犯前款罪的，对单位判处罚金，并对其直接负责的主管人员和其他直接责任人员，处五年以下有期徒刑或者拘役。"

③ 《最高人民法院关于审理非法集资刑事案件具体应用法律若干问题的解释》第 6 条规定："未经国家有关主管部门批准，向社会不特定对象发行、以转让股权等方式变相发行股票或者公司、企业债券，或者向特定对象发行股票或者公司、企业债券累计超过 200 人的，应当认定为刑法第一百七十九条规定的擅自发行股票、公司、企业债券。"

④ 邱勋，陈月波. 股权众筹：融资模式、价值与风险监管 [J]. 互联网金融，2014（9）：58-62.

第五节　股权投融资纠纷及防范实务要点

一、常见股权交易纠纷

因股权交易产生的纠纷，种类繁多且原因各异，从股权交易合同生命周期的角度可以将股权交易纠纷分为三个大的类别：合同的成立与效力纠纷、合同履行纠纷、合同解除及违约纠纷。

（一）合同的成立与效力纠纷

在股权交易合同的订立阶段，有许多因素可能对合同效力带来影响。常见纠纷的原因要点为：

（1）签署主体是否具有恰当的代表权、授权签署此类协议（涉及无权处分和善意取得）。

（2）相关签署方的意思表示是否真实（涉及欺诈签署股权转让协议）。

（3）股权交易合同约定的交易条件是否显失公平（对价是否合理）。

（4）股权转让协议是否履行了必要的审批程序［审批主体包括内部股东会、外部行业主管部门、国务院国有资产监督管理委员会（以下简称国资委）等］。

（5）国有股转让是否遵循了进场交易。

（6）未履行评估程序的国有股转让效力。

（7）违反优先购买权规则而签署股权交易合同的效力。

（8）股权变动登记的程序瑕疵是否会影响股权转让合同的效力。

（9）未完全履行出资义务的股权进行转让的效力。

（10）违反公司章程对股权转让限制的规定签署的股权转让合同的效力。

在这些导致股权合同纠纷的原因中，程序性因素占相当大的比例，实体性因素也有非常重要的影响。设计股权交易结构时，首先要尽力避免因程序性事项给合同效力带来的风险，因为这些事项在很大程度上是可以预见并能通过有效手段进行避免的。对于实体性因素事项，在熟练掌握规则的基础上，注意做好过程的证据保全，以便在将来发生纠纷时能够提出对己方有利的证据。

（二）合同履行纠纷

"重签约轻履行"是我们现实交易中的常态。在股权交易合同的履行环节，常见纠纷主要与股权变更登记、价款支付及税收缴纳有关。常见纠纷的原因要点为：

（1）股东资格与股权变更登记的关系界定。

（2）因股权转让产生的债权债务抵消问题。

（3）股权受让方是否有权代替出让方从转让价款中扣缴税款。

（4）"对赌条款"的执行及其股权或对价款调整问题。

（5）公司/股东的回购条件是否成就的认定问题。

（6）"阴阳合同"不一致时以哪一份合同为准。

（7）迟延履行期间的国家政策变化是否属于情势变更。

在合同履行纠纷中，对各方影响比较大的是因执行"对赌条款"而对各相关交易方带来的权益调整。这类纠纷涉案数额往往很大，对股东的影响不小，其实核心问题就出在投资人对目标公司投资时各方对目标公司的估值数额。目标公司大股东希望的高估值和投资者希望的低估值永远是一对矛盾，怎样调和两者之间的分歧，取得利益上的平衡，似乎是一个永无止境的话题，代表了双方博弈的核心。当然，在有些情况下，投资人要退出目标公司，就约定一些其他的对赌条件，比如时间对赌，在某个时间点之前公司要完成合格上市，否则将会触发大股东或目标公司的回购义务或进行价值调整。如果公司对赌失败，又无力履行对赌义务，就会产生纠纷。

对于履约过程的纠纷，过程管理是十分重要的。从纠纷演变为诉讼或仲裁，实际上就是风险事件演变为危机事件的过程。之所以强调过程管理很重要，是因为其许多情况下体现的是风险的嵌入式管理理念，即时刻关注履约状态并实时与投资人进行同步，即使没有达到投资人的预期，也往往能够在一定程度上获得他们的理解和支持。投资者的使命是实现收益，而股权投资本身不同于债权投资，固有风险是比较高的，不到万不得已，没有投资人会愿意跟目标公司鱼死网破。只要公司还在，就有希望实现收益。投资人完全扶持公司与公司尊重投资人是两个相辅相成的思维角度，彼此体谅才能成就彼此。

（三）合同解除及违约纠纷

不是所有的股权交易都能善始善终，发生违约甚至解除合同是很正常的，但往往也是事出有因。常见纠纷的原因要点为：

（1）股权交易纠纷的管辖权问题。

（2）股权转让合同效力争议不适用诉讼时效。

（3）股权转让合同中根本违约的认定及处理。

（4）股权转让违约金的补偿性与惩罚性。

（5）解除权的行使与损害赔偿问题。

对违约责任的处理是解决股权交易合同解除纠纷的重点。逾期付款违约金、损害赔偿金等事项的处理，一方面要遵循最高人民法院有关司法解释，另一方面也要结合交易惯例、各方之间的其他合作关系等在合规范围内进行综合认定，真正能够达到定纷止争的效果。要实现此目的，在设计交易结构时，就要从未来发生纠纷的角度反观各种交易条件的设置是否合理，包括管辖权问题是否对己方有利、违约金条款是否有足够的震慑力、交易合同中是否留下了对方可以方便解约的后门、对合同目的落空的认定主导权如何分配等。做足了这些功课再设计交易结构时，往往有利于真正发生纠纷后低成本地处理纠纷。

二、股权投资交易模式及纠纷防范

对于非标的股权投资类协议，司法审理的标准及自由裁量度因法官的主观判断而异。

而股权除了财产性，还具有人合性，对于名义股东的身份定位不仅关系着其权利的实现，还关系着公司其他股东以及公司外的第三人，尤其是公司债权人的利益。投资人权利内容及交易模式的复杂性、涉及法律关系的多重性，使得股与债交织在一起，担保与股权交织在一起，引发的实践问题也花样迭出。

（一）交易主体

股权交易中承担义务、享受权益的主体即是交易主体，交易主体是股权交易的起点，也是股权交易的终点，参与了交易的全过程，并对最终的交易结果负责。探讨股权交易的结构设计，首先要围绕交易主体厘清相关法律关系，在此基础上再根据适用法律法规及政策的要求，找出不同类型的交易主体对应不同的股权投资交易环境下可能产生的问题，以及实践中针对这些问题应当注意的事项，为后续交易动机、交易形式、尽职调查等股权交易的结构设计要素做好铺垫。法院对股权投资类协议中与股权回购条款相关纠纷的裁判思路梳理如图4-6所示。

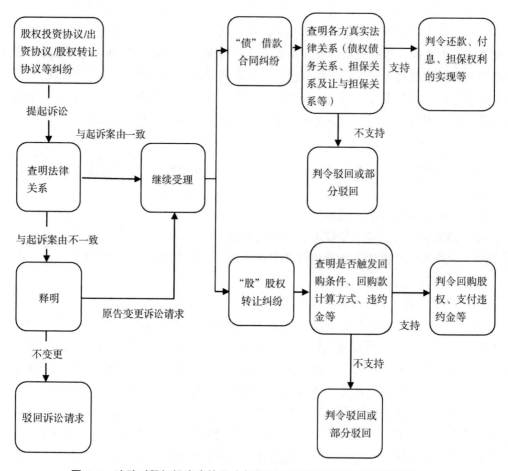

图4-6　法院对股权投资类协议中与股权回购条款相关纠纷的裁判思路

当前，国内企业的融资方式仍然以债权融资为主（各类贷款、债券、可转换债券等），以股权融资为辅（普通股、优先股等），尤其是在金融、房地产、建筑等行业更是如此，这与国内的高储蓄率及居民投资的风险偏好有关。股权交易的主体类型多样化，包括个人、有限公司、股份有限公司、合伙企业、金融产品以及为了完成交易设立的特殊目的公司（Special Purpose Vehicle，SPV）等。

（二）境内股权投资

1. 自然人作为股权交易主体

自然人持股是民营企业的基因，无论是直接持股还是间接持股，民营企业的实际控制人最终都可以追溯到个人（明显有别于国有企业实际控制人最终追溯到国资委/财政部门）。因此，自然人作为股权交易主体的主要场景是民营企业。自然人股权进行交易具有以下特点：

（1）交易过程中的股权控制力强。个人直接持有的股权具有类似于所有权的效果，尤其是其中的自益权，它的行使不需要其他人的协助，只要是合法股东就可以依照自己的意志行使这种权利，股东对个人股权具有极强的控制力，包括交易对象的选择、交易价格的确定、支付方式的决策等，完全依赖于自然人股东的个人意志。

（2）交易税负利弊共存。自然人直接转让股权的情况下，进行税务筹划的空间小，利弊共存，其中税率简单、透明。在个人股东转让股权后退出公司过程中，根据国家税务总局《股权转让所得个人所得税管理办法（试行）》规定，个人转让股权，以股权转让收入减除股权原值和合理费用后的余额为应纳税所得额，按"财产转让所得"缴纳个人所得税，税率为20%。

在资本运作时，不能享受重组的税收优惠。如果以自然人股东作为主体进行并购重组，交易双方无法符合财政部、国家税务总局《关于企业重组业务企业所得税处理若干问题的通知》（财税〔2009〕59号）规定的"特殊性税务处理"的要求，不能享受递延纳税的优惠待遇；国家税务总局《关于企业重组业务企业所得税征收管理若干问题的公告》（2015年第48号）明确了企业重组"当事各方中的自然人应按个人所得税的相关规定进行税务处理"，而并购重组的金额一般比较大，导致交易税负成本巨大。

在某些重组情形下，可能会出现自然人股东还没有享受到股权增资带来的资本收益，却要先行缴纳股权增值带来的税收，这对自然人而言是一个巨大的财务负担。在设计股权交易架构时，要通过合理的路径设计，尽量避免出现这种情况。

（3）自然人代持股份的特殊处理。股权代持的原因多种多样，比如存在有特殊身份的人（公务员、国企干部、军人、承担竞业限制义务的人等）、避免公司之间形式上的关联性、股东人数过多、规避法律的强制性规定等，实际出资人基于信任关系将其出资形成的股权交给代持人持有。自然人代持的股份进行交易时，问题略微有些复杂。除实际出资人和名义出资人之间的潜在法律纠纷以外，自然人股权代持在税务成本方面不具有优势。比如，在股权转让时，作为名义股东的代持人要先行就增值部分缴纳个人所得税，而完税后向实际股东转款时，实际股东仍可能要缴纳个人所得税，许多地方的税务局不认可代持协议的穿透作用，因此，实际股东可能要缴纳两次税金，成本较高。

2. 公司作为股权交易主体

公司持有股份（法人股）是股权实务中的主流持股形态，此类股权进行交易也是公司业务重组、资产重组的主要途径。与自然人持股相比，法人股在进行股权交易时有着自身独有的特点，操作的弹性空间也更大。

（1）法人股的调整灵活性高。股东投资取得股权后，一般不能要求退股，仅在满足《公司法》第74条、第142条规定的退股条件时，才能请求公司回购股权。当进行股权交易时，如果是自然人持股，且相关自然人股东又不配合，或者依据法律法规规定不得在一定期限内调整，往往会给股权交易带来障碍。而采用法人持股可以避免这种障碍。由于调整持股法人的股权比较方便（目标公司大股东或实际控制人即可做出决定），因此会极大地增强对股权公司进行股权调整的便利性。

（2）法人股具备交易重组的税收优势。上文已经提到，自然人持股不能享受重组的税收优势，而公司法人持股在进行公司资产重组时，只要满足特定条件，就可以适用递延纳税的特殊税务处理。根据财政部、国家税务总局《关于企业重组业务企业所得税处理若干问题的通知》（财税〔2009〕59号）规定，满足特定条件的，可以进行特殊税务处理。

（3）法人股的税收成本比较高。虽然法人持股具有优势，但是劣势也比较明显。如果没有进行合理的税收筹划，公司取得股权转让收入后，一般按25%的税率缴纳企业所得税（享受低税率的小微企业、高科技企业除外）。在实践中，公司可以通过一些成本和费用降低应纳税所得额，降低实际税负。但如果涉及的股权转让金额较大，大幅度降低交易税负的难度比较大。

3. 有限合伙作为股权交易主体

以有限合伙作为股权交易的主体，主要应用于两个场景：员工股权激励、私募股权投资。有限合伙持股整体上优势很大，弊端很少，是实践中比较受欢迎的一种持股形式。有限合伙持有的股权进行股权交易，需要关注两方面的问题：

（1）股权转让自由度差。与通过有限公司持股的弊端类似，通过有限合伙持股时，对自然人而言的主要弊端就是股权处置不自由，股权可控性差。无论是分配股权投资收益，还是进行股权转让套现退出，均需通过执行合伙事务的普通合伙人实施，不能直接在股权公司层面操作。对合伙人而言，其间接持有的股权在处置自由度方面受到限制。当然，就从普通合伙人角度而言，这恰恰就是一个优势。

（2）税收优惠有一定的风险。有些地方为了税源考虑出台了一些返税政策，吸引其他地方的合伙企业到本地注册。不过需要提醒的是，这些政策多是地方政府自行决定的地方留成部分返还，考虑到政府换届及其他不可控因素等影响，地方股权投资合伙企业的税收政策存在一定风险。

4. 结构化金融产品作为股权交易主体

结构化金融产品是指三类主体：契约型私募基金、资产管理计划（主要指基金子公司和券商资管计划）、信托计划。长期以来，结构化金融产品一直是困扰公司上市的疑难问题，争论焦点主要围绕持股的主体资格、代持、股权清晰性、利益输送等问题展开。但是，作为正常的股权交易来讲，结构化金融产品作为一个虚拟的持股主体，其权利与义务安排着眼于这些产品采用哪种组织形式，比如采用公司制、合伙制等，不同的组织形式对应着不同的风险和问题。

持股主体不清晰是结构化金融产品存在的主要问题。这些金融产品均基于契约关系而设立，但由于它们仍非独立法人，无法独立承担民事责任，在工商登记时它们也不被视为民事主体，无法直接登记为非上市公司的股东。在实践中，结构化金融产品对非上市公司投资的方式通常是由金融产品的管理人签署投资协议，并约定由其管理的具体金融产品履行出资义务，在工商登记的股东名称则为管理人名称，从而导致企业的名义投资者与实际投资者存在差异。

从持股本质来看，结构化金融产品在法律关系上属于股份代持。多年以来，股份代持始终是IPO审核的红线，监管部门认为股份代持是造成股权不清晰的根源之一，因此申报IPO的企业必须要对此进行清理，否则不得申报。部分结构化金融产品背后的出资人众多，较难实现穿透式监管，容易出现股份代持、利益输送等问题，难以满足"发行人的股权清晰"等要求。

5. 境内股权重组模式及问题

股权重组是企业重组的一种重要类型，是现实经济生活中经常发生的重组事项。股权重组通常采用股权转让和增资扩股两种形式。股权转让是指企业的股东将其拥有的股权或股份，部分或全部转让给他人；增资扩股是指企业向社会募集股份、发行股票、新股东投资入股或原股东增加投资扩大股权，从而增加企业的资本金。

根据股权交易过程中有无新的外部投资人加入，可以将股权交易区分为股权外部交易和股权内部交易，这里讨论的境内股权重组，大部分情况下是指原有公司集团内部的股权架构调整，为了上市目的剥离非相关主营业务，在少数情况下也会引入外部投资人，包括自然人和法人或者其他形式的持股主体。境内股权重组常见的形式有三种：公司分立、公司合并、股权剥离。

（1）公司分立。公司分立包括两种形式：新设分立、存续分立。新设分立也称解散分立，是指一个公司分解为两个以上公司，即本公司解散并设立两个以上的新公司。存续分立又称派生分立，是指一个公司分离成两个以上公司，即本公司继续存在并设立一个以上的新公司。公司分立无须经过清算程序。

新设分立相当于原股东重新设立多家公司，因而对价形式即为根据其各自在原公司的股权价值，对应获得新公司的股权。在存续分立中，原股东可能取得新公司股权，不再持有存续公司股权，也可能分别持有两个公司的股权。

1）分立的法律效果。公司分立可带来三个方面的法律效果：

①股权的变动。在新设分立中，股东对原公司的股权因公司消灭而消灭，但相应地获得对新公司的股权。在存续分立中，原公司的股东可以从原公司中分立出来，成为新公司的股东，也可以减少对原公司的股权而相应地获得对新公司的股权。

②公司法人资格变化。新设分立时，参与分立的各方解散、公司注销、法人资格灭失，同时新公司设立、取得法人资格；存续分立时，存续方法人资格不变，被分立出来的公司新设成立、取得法人资格。

③债权债务的承担。依据《公司法》第176条规定："公司分立前的债务由分立后的公司承担连带责任。但是，公司在分立前与债权人就债务清偿达成的书面协议另有约定的除外。"

2）分立的程序。

①公司作出分立决议，经代表2/3以上表决权的股东通过，异议股东可行使回购请求权。

②订立分立协议。

③编制资产负债表和财产清单。

④通知、公告债权人。公司应当自作出分立决议之日起10日内通知债权人，并于30日内在报纸上公告。

⑤进行资产分割、财产转移。

⑥办理公司登记。因分立而新设的公司，办理设立登记；因分立而存续的公司，须办理变更登记；因分立而消灭的公司，办理注销登记。

3）分立过程图解。新设分立的过程图解如图4-7所示。

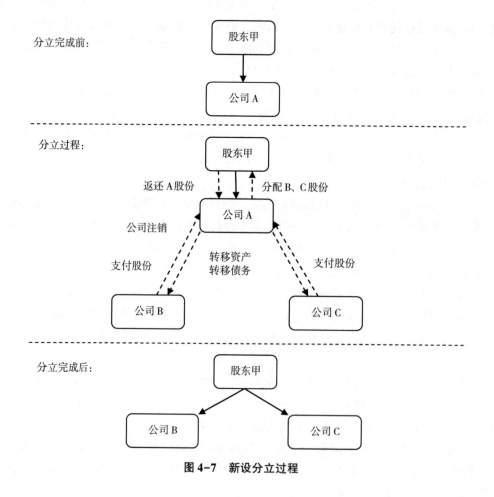

图4-7 新设分立过程

有以下四点需要说明：

第一，股东甲既可能是一人，也可能是多人，公司 A 可能分立为两家公司或者多家公司；第二，分立过程中，A 将其资产及债务等进行拆分，并作为出资分别成立 B 和 C 两家公司，B 和 C 分别向 A 支付其股份作为对价；第三，A 收到 B 和 C 的股份后，以此作为对价向股东甲回购自身股份，回购完成后 A 注销；第四，交易完成后，甲直接持有 B 和 C 的股权。

存续分立的过程如图 4-8 所示。

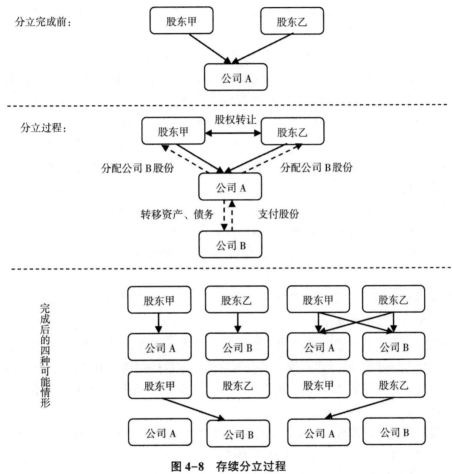

图 4-8　存续分立过程

有以下四点需要说明：

第一，分立过程中，A 将其部分资产及负债作为出资，设立新公司 B，B 向 A 支付其自身股份作为对价；第二，A 收到 B 的股份后，向股东甲、股东乙分配该部分股份，A 不回购自身股份，也不注销；第三，作为 A 的股东，甲、乙之间进行股份转让，以保证 A 的股东在分立前后持股价值不变；第四，根据股东甲、股东乙在 A 的原有持股价值，以及分立完成后公司 A 和 B 的价值占有份额，分立交易完成后可能会有四种状态。

（2）公司合并。公司合并包括两种形式：新设合并、吸收合并。新设合并是指两个以上的公司合并成为一个新公司，参与合并的各方解散。吸收合并是指一个公司吸收其他公司，被吸收公司解散，吸收公司仍然存续。实践中，吸收合并运用较多。公司合并无须经过清算程序。

新设合并相当于参与合并各方的股东重新设立一家公司，因而对价形式即为新公司的股权。吸收合并中，吸收方向被吸收方股东支付的对价形式可以是现金，也可以是吸收方发行的股份、认股权、可转换债等证券，或者是这几种方式的组合。

我国近年来发生的上市公司吸收合并，几乎都是以吸收方发行股份为支付方式，被称为"换股吸收合并"。税法上根据支付方式的不同，将公司合并分为现金合并、股票合并、承债式合并三种形式。现金合并为应税合并，股票合并为免税合并，承债式合并的被合并企业若净资产为零，则可以视为免税合并。

1) 合并的法律效果。公司合并可带来三个方面的法律效果：

①股权的变动。在新设合并中，原公司的股东股权消灭，相应地取得新公司的股权；在吸收合并中，除了吸收方股东不变外（股权价值不变，但比例会降低），其他参与合并的各方股东丧失对被吸收公司的股权，相应地取得合并公司的股权。

②公司法人资格变化。新设合并时，参与合并的各方解散、公司注销、法人资格灭失，同时新公司设立、取得法人资格；吸收合并时，吸收方存续、被吸收方解散、公司注销、法人资格灭失。

③债权债务概括转移。依据《公司法》第 174 条规定，公司合并时，合并各方的债权、债务应当由合并后存续的公司或者新设的公司承继。

2) 合并的程序。根据《公司法》规定，公司合并的程序如下：

①各参与合并的公司签署合并协议。

②各参与合并的公司分别取得股东会同意的决议，经代表 2/3 以上表决权的股东通过，异议股东可行使回购请求权。

③分别编制资产负债表和财产清单，通知、公告债权人，自作出合并决议之日起 10 日内通知债权人，并于 30 日内在报纸上公告。债权人自接到通知书之日起 30 日内，未接到通知书的自公告之日起 45 日内，可以要求公司清偿债务或者提供相应的担保。

④进行资本合并、财产转移。

⑤办理公司登记。因合并而新设的公司，办理设立登记；因合并而存续的公司，办理变更登记；因合并而消灭的公司，办理注销登记。

3) 合并过程图解。

①新设合并的过程图解如图 4-9 所示。

有以下三点需要说明：

第一，合并过程中，A 和 B 将自身全部资产和负债整体出资新设公司 C，同时 C 发行股份作为对价分别支付给 A 和 B；第二，A 和 B 收到 C 的股权后，分别向股东甲和乙回购自身股份，同时向其支付 C 的股份作为回购对价，回购完成后，A 和 B 分别注销；第三，交易完成后，甲和乙直接持有 C 的股权。

②吸收合并过程如图 4-10 所示。

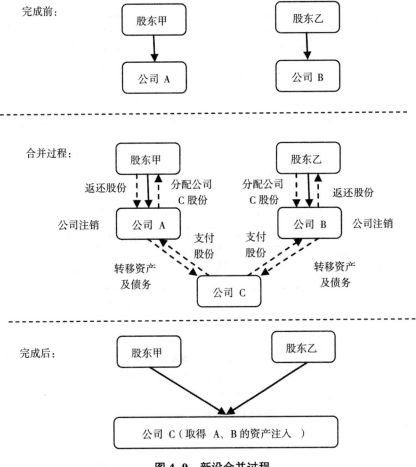

图4-9 新设合并过程

有以下三点需要说明：

第一，合并过程中，B的资产和负债整体转移给A，A增发自身股份作为对价支付给B；第二，B收到A的股份后，以此作为对价向乙回购自身股份，回购完成后B注销；第三，交易完成后，甲和乙直接持有A的股权。

（三）购买股权

购买股权是常见的继受取得股权的方式，也是容易产生争议和纠纷的股权变动形式。下文将选取股权转让过程中的常见焦点问题进行简要分析，供读者参考。

1. 拟购买股权的转让限制

（1）有限责任公司的转让限制。有限责任公司股东在内部转让股权是完全自由的，无任何限制。如果要向外部投资人转让股权，则要遵守一系列程序要求，流程如图4-11所示。

图4-11中所标明的三种情况，无论"同意"还是"视为同意"，股东都享有在同等条件下的优先购买权。如果公司章程中对股权转让设置了其他条件，则应当按照公司章程的规定执行。

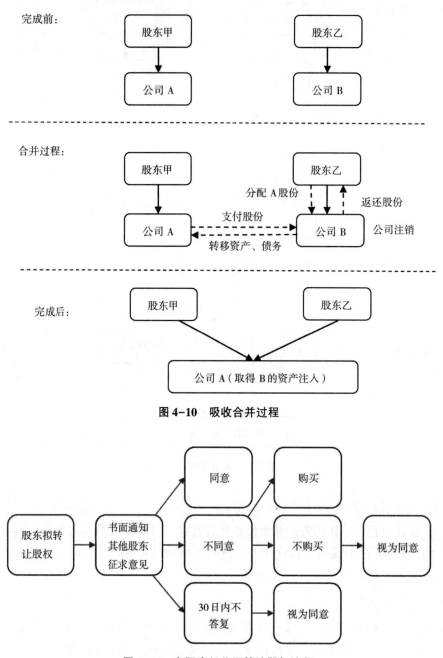

图 4-10 吸收合并过程

图 4-11 有限责任公司转让股权流程

（2）股份有限公司的转让限制。

1）转让主体及期限限制。

①发起人股份转让限制。发起人持有的本公司股份，自公司成立之日起一年内不得转让。公司公开发行股份前已发行的股份，自公司股票在证券交易所上市交易之日起一年内不得转让。

②董事、监事、高级管理人员股份转让限制。公司IPO成功后，董事、监事、高级管理人员应当向公司申报所持有的本公司的股份及其变动情况，在任职期间每年转让的股份不得超过其所持有本公司股份总数的25%；所持本公司股份自公司股票上市交易之日起1年内不得转让，特殊情况下锁定期延长至少6个月（特殊情况指上市后6个月内公司股票连续20个交易日收盘价均低于发行价，或者期末收盘价低于发行价）。上述人员离职后半年内，不得转让其所持有的本公司股份。另外，根据《证券法》规定，上述人员将其持有的公司股票在买入后6个月内又卖出，或者卖出后6个月内又买入，由此所得收益归该公司所有，董事会应当收回其所得收益。

③普通股股东（控股股东、实际控制人以外的股东）股份转让限制。公司A股IPO时，普通股股东持有的股票自上市交易之日起1年内不得转让。

④持股比例超过5%的股东股权转让限制。根据《证券法》规定，持股比例超过5%的股东将其持有的公司股票在买入后6个月内又卖出，或者卖出后6个月内又买入，由此所得收益归该公司所有，董事会应当收回其所得收益。

⑤控股股东、实际控制人（包括关联方）股份转让限制。一般情况下自上市之日起3年内不得转让股票，特殊情况下锁定期延长至少6个月。上市公司非公开发行的股份，控股股东、实际控制人（包括关联方）的股份锁定期为36个月。

⑥公司无控股股东、实际控制人时的股份转让限制。公司IPO时，根据证监会的窗口指导意见，将比照控股股东、实际控制人的股份锁定期规定，对持股比例较大的股东规定锁定期限制。将股东按持股比例从高到低依次排列，合计持股比例不低于发行前股份总额的51%的股东所持股份，自发行上市之日起锁定36个月。

⑦突击入股的股份转让限制。主板、中小板的上市公司，刊登招股说明书之前12个月增资扩股引入的股东，锁定期为36个月；如果股份是从控股股东、实际控制人处受让取得，锁定期为36个月；如果股份是从非控股股东、实际控制人处取得，锁定期为12个月。在创业板上市的公司，提交IPO申请材料前6个月增资引入的股东，锁定期为36个月；如果股份是从控股股东、实际控制人处受让取得，锁定期为36个月；如果股份是从非控股股东、实际控制人处取得，锁定期为12个月。

⑧在上市公司非公开发行的情况下，新取得公司控制权的投资者股份锁定期为36个月，境内外战略投资者取得的股份锁定期为36个月，一般投资者股份锁定期为12个月。

⑨上市公司发行股份购买资产时，如果不构成借壳上市，则控股股东、实际控制人（包括关联方）、新取得公司控制权的投资者以及用于认购股份的资产持续拥有权益的时间不足12个月的投资者，锁定期为36个月，其他投资者锁定期为12个月；如果构成借壳上市，则原控股股东、实际控制人（包括关联方）锁定期为36个月，除收购人及其关联人以外的其他投资者锁定期为24个月。

⑩收购上市公司的，收购人股份锁定期为18个月。

⑪公司收购自己股份的限制。公司收购本公司股份后，属于减少公司注册资本的，应当自收购之日起10日内注销；属于与其他公司合并、收购异议股东股份的，应当在6个月内转让或者注销；属于将股份奖励给本公司职工的，应当将所收购的股份在1年内转让

给职工。①

2) 转让方式的限制。有限责任公司的股权转让方式无特殊限制，一般由买卖双方认可就可以。关于股份有限公司的股份转让：记名股票由股东以背书方式或者法律、行政法规规定的其他方式转让，转让后由公司将受让人的姓名或者名称及住所记载于股东名册；无记名股票的转让，由股东将该股票交付给受让人后即发生转让的效力。

3) 转让场所的限制。有限责任公司的股权转让方式无特殊限制，一般由买卖双方认可就可以了。股份有限公司的股份转让，应当在依法设立的证券交易场所进行或者按照国务院规定的其他方式进行。证券交易场所包括场内市场、场外市场。其中，场内市场指证券交易所，如我国的上海证券交易所、深圳证券交易所，美国的纽约证券交易所等。场外市场即业界所称的 OTC 市场，又称柜台交易市场或店头市场，是指在证券交易所外进行证券买卖的市场。它主要由柜台交易市场、第三市场、第四市场组成。场外交易市场是一个分散的无形市场。它没有固定的、集中的交易场所，而是由许多各自独立经营的证券经营机构分别进行交易的，并且主要是依靠电话、电报、传真和计算机网络联系成交的。

2. 控股与参股

从投资人角度看，通过股权交易要么取得控股权，要么仅是简单参股。两种不同的交易结果对投资人的后续义务要求也不同。对于某些行业，取得控股权的股东对目标公司承担很多后续义务，如原中国保险监督管理委员会 2012 年 7 月 25 日发布的《保险公司控股股东管理办法》第 18 条规定，对偿付能力不足的保险公司，保监会依法责令其增加资本金时，保险公司控股股东应当积极协调保险公司其他股东或者采取其他有效措施，促使保险公司资本金达到保险监管的要求，即控股股东承担保险公司资本金充足的义务。而参股则要简单得多，只要投资人完成对应的出资义务，后续不再有其他负担，但相应地，股东话语权也很弱，"搭便车"的情形普遍存在。不过，也有一些产业投资人在初期孵化投资项目时对不了解的行业先参后控，也是合理的选择。

3. 股权转让协议的生效

股权转让协议的生效遵循《中华人民共和国民法典》（以下简称《民法典》）规定的合同生效的一般规则，即合同依法成立时生效。如果当事人约定了合同附有生效条件、期限，或者法律行政法规规定需要办理批准、登记手续的，依照其约定或规定生效。在我国当前法律体系下，以《民法典》作为审查股权转让协议效力的基本依据，以《公司法》、《证券法》、《中华人民共和国企业国有资产法》（以下简称《企业国有资产法》）、《中华人民共和国外商投资法》（以下简称《外商投资法》）等法律法规的特别规定作为补充，是审查股权转让协议效力的主要方法。

(1) 股权转让合同的效力类型。

1) 合同成立即生效。此种类型属于普通的股权转让合同。

---

① 《公司法》第142条规定："公司不得收购本公司股份，但有下列情形之一的除外：减少公司注册资本、与持有本公司股份的其他公司合并、将股份奖励给本公司职工、股东因对股东大会作出的公司合并或分立决议有异议而要求公司收购其股份等。"

2）合同成立待生效。如果股权转让合同中约定了交割生效条件，或者附有期限，或者约定需经过国有资产管理部门、外商投资主管部门等批准才能生效的，则在这些条件成就或期限届满时合同才能生效。

3）合同生效待撤销。有限责任公司股东如果未经其他股东同意及放弃优先购买权，即与外部投资人签署股权转让合同的，此类合同为可撤销合同①。

（2）股权转让合同的无效。在确认股权转让合同无效时，应谨慎把握《民法典》第153条的规定，"违反法律、行政法规的强制性规定的民事法律行为无效"。

在审判实践中，最高人民法院公布的判决认为，法律规范未明确规定违者无效而且认定合同无效有害于交易安全的话，该规范就不应认定为"效力强制性规定"。同时也要注意，审判实践在对待国有股权转让时，似乎又从严把握"效力强制性规定"的口径。例如，在巴菲特投资有限公司诉上海自来水投资建设有限公司股权转让纠纷案中，原《上海市产权交易市场管理办法》虽然是地方性规定，但是其要求上海市范围内国有产权应当进场交易的规定，由于符合上位法规定的精神和公共利益，应当与行政法规同等对待。②

4. 股权的无权处分和善意取得

善意取得是指无处分权人处分他人的动产或不动产，接受动产或办理不动产登记的善意受让人依法取得物权，原权利人不得请求其返还或否定其取得物权的制度。善意取得的前提是无权处分，只有在行为人无处分权而处分他人财产的情况下才适用善意取得制度。《最高人民法院关于适用〈中华人民共和国公司法〉若干问题的规定（三）》第28条规定的股权善意取得制度是参照物权善意取得适用的，其适用条件包括四项：

（1）行为人无处分权却处置了他人股权，包括股权转让、质押等。

（2）股权受让人已经支付了对价。

（3）股权受让人主观上存在善意。

（4）公司已经为受让人办理了股权变更登记手续。

司法实践中，常见的股权善意取得情形包括：

（1）一股二卖，即股权转让后未进行工商变更登记前，出让方股东再次将股权转让给其他人的行为。此时受让方可以主张适用善意取得制度，不能取得股权的受让方有权根据股权转让合同追究出让方股东的违约责任。此种情形下，公司是否进行工商变更登记决定了是否可以适用善意取得制度，因此意味着公司有权选择最终受让人，本质上是赋予公司享有反悔权。③

（2）伪造签字下的股权转让。伪造股东签字转让股权的情形大致可以包含三种情况：

1）登记申请人伪造签字造成工商登记错误下的股权处分，依据登记的公示公信效力，在满足善意取得适用条件时，可适用善意取得制度。

---

① 刘俊海. 现代公司法（第3版）[M]. 北京：法律出版社，2015：476.

② 参见《最高人民法院公报》2010年第4期的《巴菲特投资有限公司诉上海自来水投资建设有限公司股权转让纠纷案》。

③ 王涌. 股权如何善意取得？——关于《公司法》司法解释三第28条的疑问 [J]. 暨南学报（哲学社会科学版），2012，34（12）：30-34+158.

2）伪造股东签字转让股权构成无权处分，如果原权利人无过错，则对其利益的保护不应低于第三人，此时善意取得制度不能适用。[①]

3）伪造股东签字转让股权后的再转让构成无权处分，适用善意取得制度。

（3）夫妻双方共同出资设立公司，并分别登记为股东的，在一方伪造另一方签字时，无论家庭财产是否分割，基于"夫妻家务代理权"理论，受让人均有权善意取得股权。

5. 侵害股东优先购买权的合同效力

在有限责任公司的场景下，股东向外部投资者转让股权时，必须尊重其他非转让股东的同意权及优先购买权。股东在未经其他股东同意放弃优先购买权的情况下，与外部投资者签署的股权转让合同，在效力上应为可撤销合同，原因有以下三点：

（1）此种合同不是绝对有效的合同。否则，其余股东的优先购买权将被架空，有限责任公司的人合性将不能得到有效保护。

（2）此种合同不是绝对无效的合同。因为转让方不是无权处分，其余股东是否有意愿、有财力行使优先购买权也存在不确定性，若将此类合同一律认定无效，则不利于维护交易安全及提高交易效率。

（3）此种合同也并非效力待定的合同。效力待定的合同指合同虽然已经成立，但是因为其不完全符合有关生效要件的规定，所以其效力能否发生尚未确定，一般须经有权人表示承认才能生效。例如，股权转让合同除欠缺优先购买权程序外，其他方面若都符合成立及生效的一般要件和特殊要件，则其效力是确定的，当事人可以据此取得股权变动的法律效果。

外商投资企业股权转让中侵犯优先购买权的，依据最高人民法院《关于审理外商投资企业纠纷案件若干问题的规定（一）》第12条规定，"外商投资企业一方股东将股权全部或部分转让给股东之外的第三人，其他股东以该股权转让侵害了其优先购买权为由请求撤销股权转让合同的，人民法院应予支持。其他股东在知道或者应当知道股权转让合同签订之日起一年内未主张优先购买权的除外"。该规定明确赋予了权利人一年的行权期限，超过一年的不得再继续行使。

6. 违反公司章程规定转让股权的效力

《公司法》第71条第4款规定"公司章程对股权转让另有规定的，从其规定"，赋予了公司章程对股权转让进行特殊规定的空间。公司章程对股权转让的特殊规定主要包括以下三种类型：

（1）禁止转让规定，指在实体上或程序上能够产生禁止转让后果的章程规定，如"公司股份须经股东会一致同意方可转让""股东入股后不得对外转让股权"等。

（2）强制转让规定，指股东在一定条件下必须转让股权的规定，如"股东在离职、退休、调离等情况下必须将股份转让给公司或其他股东"等。

（3）其他限制转让规定，如"公司高管转让股份的比例和时间限制""征求其他股东同意及放弃优先购买权的方式、时间"等。

---

① 白慧林. 股权转让热点问题——规则与实践的考量［M］. 北京：法律出版社，2014：103.

在实践中，因违反公司章程的规定而引起的股权转让纠纷，由于相关法规文件规定的欠缺，导致存在较大的解释空间。在判断公司章程对股权转让特殊规定的效力时，一方面要考虑公司章程的性质，另一方面也要考虑该项条款的属性，综合对其效力进行认定，具体而言：

（1）关于公司章程的性质。一般认为，初始章程是全体投资人的一致意思表示，对全体投资人有约束力，不仅具有公司自治规范的性质，还具有合同的性质（瑕疵出资股东的违约责任即源于此）。公司成立后经资本多数决原则通过的修订章程，本质上已经不完全是合同，异议股东的意思表示没有在修订章程中体现，虽然有关组织行为的规范仍然适用于全体股东，但是涉及私权处分的条款不应对异议股东有约束力，否则，就相当于给股东设定了新义务。此时，公司章程更多体现的是内部自治规范的性质，合同性相比于初始章程已经弱化，但对于原始股东仍具有强合同性。因此，初始章程和修订章程的区分，是确定章程限制性规定的效力时需要遵循的主线。

（2）关于禁止转让条款的效力。股权转让权是私权，股东有处分的自由，如果公司设立之初全体股东为了维持公司的人合性，在初始章程中规定禁止转让股权，笔者认为是有效的，此种情况下投资者若不认同这种规则，可以选择不参与公司设立，没有影响第三方利益或者公序良俗，当事人之间的约定应当被尊重。但是，在公司设立后，考虑到资本多数决原则对公司章程修订的影响，表决结果体现的是团体意思，异议股东的意见可能得不到尊重，因此禁止转让股权条款对异议股东应是无效的，但对同意章程修改的股东应当有效，否则有违诚实信用原则。

（3）关于强制转让条款的效力。此类条款在司法实践中争议很大，不同地区不同级别法院的理解大相径庭。股权转让权是固有权，除股东本人外，其他第三方包括公司都不得剥夺。本书认为，认定此类条款的效力应当遵循与禁止转让条款相同的原则，即初始章程可以有效，修改后的章程只对同意章程修改的股东有效，对异议股东无效。另外，还要考虑此类条款是否充当了大股东排挤小股东的工具，股东转让股权是否将从根本上改变公司存续的能力和基础，是否违背公序良俗原则等，综合判断强制转让条款的效力。

（4）关于股权转让价格规定条款的效力。如果公司章程中规定股东转让股权时应当按照注册资本确定转让价格，那么此类规定是否有效？对此，我国《公司法》及相关规定目前并未作明确说明，从公平的角度讲，似乎应认定该规定"显失公平"，从而认定其可撤销更符合公平原则。但在不存在欺诈、胁迫、乘人之危等导致结果显失公平的情况下，不应认定关于股权转让价格的强制性规定显失公平。[①] 除了存在显失公平导致合同撤销的情形以外，公司章程对股权转让价格的规定，即使存在股权转让价格偏低的问题，如果是初始章程的约定，股东也应当遵守，但如果是修订章程的规定，且转让股东在对章程修正案进行表决时没有提出异议的，也应当遵守。此处的判断逻辑与上述禁止转让条款是一致的。

---

① 范健，王建文．公司法（第4版）[M]．北京：法律出版社，2015：30.

7. 过渡期的权利与义务安排

过渡期一般由交易双方约定，通常是股权转让协议确定的定价基准日（审计/评估基准日）到股权交割日之间。从定价基准日开始，到满足全部交割条件完成股权交割，中间有时经历很长时间，而公司的资产、负债情况每时每刻都在发生变化，对应的股权价值也在变化，如何确定拟交易股权在过渡期间损益的归属及其调整方式，是股权收购协议中必须要解决的问题。本质上而言，过渡期损益归属及其调整是基于公平交易原则确立的股权定价的一种调整机制。对有限责任公司而言，交易双方遵循意思自治原则，就此达成一致即可实施。对上市公司而言，特别是涉及重大资产重组时，不仅要各方达成一致，还要满足监管规则的要求才能实施。

根据中国证券监督管理委员会《上市公司收购管理办法》（2020年修正）以及《上市公司重大资产重组管理办法》（2020年修正）等规定，以协议方式进行上市公司收购的，自签订收购协议起至相关股份完成过户的期间为上市公司收购过渡期。

过渡期一般涉及两类问题：一是期间损益归属及其调整；二是遵守特定的行为规则。例如，上市公司改选董事会的，来自收购人的董事不得超过董事会成员的1/3；被收购公司不得为收购人及其关联方提供担保；被收购公司不得公开发行股份募集资金，不得进行重大购买、出售资产及重大投资行为或者与收购人及其关联方进行其他关联交易，但收购人为挽救陷入危机或者面临严重财务困难的上市公司的情形除外。

关于过渡期损益归属及其调整，应当注意以下三个方面：

（1）评估方法带来的差异。评估方法不同，过渡期间损益的归属要求不同。上市公司购买资产时，如果拟购买资产基于成本法评估定价，监管认为交易定价跟盈利没有必然联系，过渡期间损益可以由双方约定。但是，对于收益法估值定价的，监管认为过渡期间的盈利已经包含于资产估值作价之中，即拟购买的资产已经是含权的概念，要求过渡期间损益归购买方所有。对于非上市公司的股权交易，也可以参照这种思路对过渡期间损益进行调整和确认。

（2）是否发股支付的区别。若上市公司以发行股份购买资产的方式进行重组，相当于交易对方以资产估值作价进行实物出资，若基准日评估作价后在过渡期间发生亏损，会被认为最终实物出资的价值减少，就会存在出资是否到位的问题，故此要求发股购买资产过渡期间亏损的，交易对方需要另行以现金补足，保证出资到位。

（3）满足监管取向的安排。为了满足监管对于上市公司中小股东利益的保护原则，迎合上市公司在交易中尽最大可能保护中小投资者利益的监管取向，很多案例在过渡期间损益归属上完全倾斜于上市公司。上市公司购买资产的，无论估值作价方式是否采用收益法，也无论是否采用股份方式进行支付，均约定过渡期间的收益归上市公司，若亏损则由交易对方补足。上市公司出售资产的，过渡期间盈利归属上市公司，亏损由交易对方承担。

（四）股权交割

股权交割完成，就意味着股东权利完成从出让方到受让方的最终转移，股权交割的这一时点通常被称为股权交割日。股权交割日的确定通常有以下三种方式：

1. 以股权转让协议约定的股东权益转移时点作为股权交割日

双方通常在股权转让合同中约定交割的一系列前提条件，这些条件满足后，股权完成交割。交割后，受让人开始享有股东权益，出让人不应再享有股东权益，我们可以对此称为交易层面的股权交割。

2. 以有权主管机关的批准或备案作为股权交割日

如果股权交易的目标公司属于特殊管制行业（如烟草、金融等），股权交易需要进行审批或者备案的，交易各方有时会约定以完成该等审批或备案的日期作为交割日，因为从该时刻起，股权受让人的受让行为确定发生法律效力，成为目标公司股东一般不存在法律障碍。

3. 以股权变更登记完成日作为股权交割日

对于一项股权转让而言，市场监督管理机构的股权变更登记具有的只是公示效力，在实践中许多交易仍然愿意采用变更登记完成之日作为股权交割日。采用这种方式的好处是，简单明了、公信力强，不像第一种方式那么复杂，还要满足一系列的约定条件，并且这些条件还要经各方确认才能作为交割日。在大额股权交易中，股权交割日的确定经常是很复杂的，有时涵盖了上面所列的各种确定方式，并根据交易实际及风控需求设置许多前置条件，条件满足后才能视为完成交割，这也是交易双方的谈判焦点之一。如果股权交易金额较大，目标公司待解决事项多且复杂，为了控制投资风险，投资人一般会要求出让方在股权交割前达到双方约定的条件，方可完成投资并实施交割。交割前承诺事项需要依据双方的交易目的、尽职调查发现的问题等进行协商确定，不同项目差别较大。

第五章　股权投融资尽职调查

尽职调查是投资管理开展的基础，是融资过程中至关重要、不可或缺的一环，其结果决定了投资者对公司的评价。一份公正严谨的尽职调查报告出炉之后，投资者会以此为依据做出最终决策。本章主要阐述规范尽职调查的方法与流程。在概述尽职调查实务要点的基础上，重点探讨法律尽职调查、财务尽职调查、商务尽职调查的方法与流程及其经典案例。

第一节　尽职调查概述

一、尽职调查的定义

尽职调查是指在实施股权投资前，针对目标企业的历史沿革、治理结构、生产经营、财务税收、债权债务、劳动关系以及涉诉情况等进行信息收集、归纳，并最终形成书面调查报告的全过程。

尽职调查的内容一般包括被投资方所在行业、公司发展历史、公司所有者、研发、生产、营销等方面。尽职调查体系包括财务尽职调查、法律尽职调查、业务尽职调查、公司治理尽职调查等。其中，业务尽职调查是核心，其余的尽职调查都围绕着它展开。而财务尽职调查是由专业财务人员对标的企业所有经营业绩财务状况的审阅、核查、分析等专业调查，是对标的公司历史数据的验证，更是基于历史数据对公司未来价值进行预判，其结果的可靠性直接影响股权投资的决策方向。

资本运作能够达到预期目标的关键前提是对目标企业经营进行全方位翔实的考察，避免在股权投资过程中出现企业资产流失，而在考察过程中，发挥关键作用的是尽职调查。

二、尽职调查的原则及分类

投资者对公司进行尽职调查，意在了解公司的实际情况，掌握公司的资金运转信息。为了实现这个目的，投资者在进行尽职调查时需要遵循相关原则。

（一）尽职调查的原则

1. 全面、横向比较原则

（1）调查内容要全面。当对一个企业进行尽职调查的时候，企业的组织架构、权利、义务、劳动人事、股东等各个内容都需要涉及。[①]

（2）材料要全。资料的全面性对于尽职调查的有效开展十分重要。例如，调查股权架构，除了调查工商执照外，还需要审查公司章程、股东相关证明与协议、验资报告、股权变更登记等。[②]

（3）要横向比较。投资者会对同行业的国内外公司发展情况，尤其是结合该行业已上市公司在证券市场上的表现进行比较分析，以判断公司的投资价值。创业者可以为投资者提供相应的数据和资料：一方面，是为了缩短尽职调查的周期；另一方面，是为了展示公司的诚意，优化尽职调查的效果。

2. 区别对待、突出重点原则

对于不同的企业来说，尽职调查的侧重点应该根据企业特点来进行调整。投资者往往会将重点放在公司的技术或产品特点上，以避免陷入"眉毛胡子一把抓"的境地。因此，创业者需要不断提升公司的技术能力，认真打磨产品，从而在尽职调查阶段赢得投资者的认可和青睐。不同的企业在发展阶段、所处行业、企业背景等方面可能都存在着差异，因此在进行尽职调查时就要遵循区别对待的原则。

（1）不同发展阶段的企业调查侧重点不同。对于种子期的企业来说，其所涉及的法律关系较为单一，调查的侧重点应当放在知识产权和组织架构上；处于成熟期的企业，由于发展时期较长，相应的法律关系复杂，因此企业投资者应当以上市规则作为参考进行更加全面的调查。

（2）尽职调查的聚焦会因为行业的区别而变化。当企业涉及技术要求较高的领域时，知识产权的持有数量多少就代表着企业的核心竞争力强弱，因此，投资者在并购企业时应当避免归属不明的知识产权，通过调查来降低此类风险，否则将会极大地削弱企业的核心竞争力。而当企业属于化工行业时，企业生产对于周围环境的影响作用则是尽职调查所必需关注的重点，企业是否进行了环境评估、环保建设是否达标等都是投资者必须关注的信息。

（3）企业背景各不相同，尽职调查的重点也应有所调整。如果企业最初是以股份制企业的身份成立的，其股权架构相对简单，股权架构的调查就不能作为重点进行了解，但是对于后期整改为股份制的企业来说，尽职调查应聚焦股权整改的规范性、相关文件齐全程度、相关利益主体间的关系等。当然，对于民营企业这样的重要类型来说，企业内部制度的规范性等因素就比其他因素更加重要。

3. 实事求是原则

依据投资者的投资理念和标准，在客观公正的立场上对公司进行调查，如实反映公司的真实情况。对信息掌握得越透彻，投资的风险性就越小。以企业专利为例，投资者不仅要了解企业是否有专利，还要对相关情况进行了解，如专利权归属是否有纠纷、有效期间、地域范围等。而应收账款调查时，账款数额是基本信息，除此之外，账款性质、产生

① 李大山. 企业并购财务风险及其防范 [J]. 科技情报开发与经济, 2007 (22): 23-25.
② 冯冠升. 企业并购的财务风险及防范 [J]. 企业活力, 2009, 5 (8): 56-59.

原因、账龄、债务人资产负债情况等投资者也必须了解。[①]

在尽职调查过程中，应当仔细审核有关文件，对于相关当事人、政府机构和中介机构的背景也要足够留意。当存在同行业间关键人员的流入时，则需要对其劳动合同的变动情况进行详细审核。在审核过程中不能将员工作为单一的信息来源，关键人员的原单位也是重要角色。

4. 客观、独立原则

事必躬亲，要站在"中立偏疑"的立场，循着"问题—怀疑—取证"的思路展开尽职调查，用经验和事实来发掘公司的投资价值。为了结果的准确性和客观性，创业者最好要求投资者亲临公司现场，进行实地考察、访谈、亲身体验和感受，而不是通过道听途说下判断。独立原则对进行尽职调查的团队提出了很高的要求，他们必须具备独立调查和独立判断的能力，这并非所有投资者都能做到。

（二）尽职调查的分类

在股权投资行为下，尽职调查可以依据不同的标准进行分类。

1. 依据执行主体分类

根据执行主体不同，将尽职调查分为投资方执行的和目标企业执行的两大类，旨在体现出尽职调查的不同导向。如果想要了解风险，降低风险，同时进行合理估值，那么尽职调查的执行方通常为投资者；如果期望了解企业的管理现状，并且合理掌控面向投资方提交的信息，那么尽职调查的执行方通常为目标企业。

2. 依据合约签订时间分类

尽职调查可根据执行的缔约时间不同进行分类。如果投资者想要了解风险的大小或者进行合同估值，则要在缔约前执行调查，而当投资者期望调查和变更买卖价格时，往往在缔约后执行调查。在实际情况中，卖权所有者有权力谢绝买方进行尽职调查，因为对于卖权所有者来说，一旦买方通过尽职调查掌握了目标企业的信息之后，基于对企业详细、全面的了解，买方往往会压低价格，从而对协议的达成构成威胁。

虽然双方在尽职调查之前有信息保密的约定，但是在实际操作中接受调查的企业仍然会面临信息泄露的风险，从而对进一步的交易达成造成威胁。在实际操作流程中，一般签订购买合同时可以将卖权所有人提供的企业情况说明和所做的相关担保作为合同基础，在签订合同之后，购买方再在合同到期前进行尽职调查，确保卖权所有人提供的信息真实有效。倘若尽职调查的结果显示先前卖权所有人所提供的信息存在不真实的内容，则双方需要按照合同规定进行相应的价格调整。这种缔约之后的尽职调查往往更能被双方接受。

3. 依据尽职调查内容分类

尽职调查通常以法律关系、财务、资源、组织、企业文化等作为调查内容。除此之外，尽职调查通常还会涉及保险、技术、客户关系等内容。实际上，投资者往往以企业实际需求来指导尽职调查的侧重点。除了基础的尽职调查外，不同交易各有侧重，调查的具

---

① 韩磊. 企业并购的财务风险及其防范措施［J］. 财税统计，2011（7）：126.

体内容也会随之存在差异，具体包括四类：法律尽职调查、财务尽职调查、商务尽职调查及其他。常见的尽职调查包括法律尽职调查、财务尽职调查、行业尽职调查、市场营销尽职调查、生产经营尽职调查、技术研发尽职调查、组织架构与团队尽职调查、环境保护尽职调查、反垄断与外商投资尽职调查等（见表5-1）。

表5-1 尽职调查分类及主要内容

分类	主要内容
法律尽职调查	旨在查明目标企业或目标财产是否存在重大法律风险
财务尽职调查	判断分析公司的经营能力、持续盈利能力，以综合分析公司的财务风险和经营风险
行业尽职调查	根据主营业务及可能发展的产品确定所属的行业及细分行业，以判断分析细分市场的发展现状与发展前景
市场营销尽职调查	通过实地考察等判断分析销售模式、未来3~5年的市场份额
生产经营尽职调查	判断企业工艺、技术在行业中的领先程度、产品的设计生产能力、是否满足产能扩大的需要、各生产环节是否存在瓶颈制约等
技术研发尽职调查	考察技术研发对投入、生产、销售的影响，以判断产品的先进性、产能利用率以及现有厂房设备价值等
组织架构与团队尽职调查	机构设置是否合理、人员配置是否与公司业务发展相匹配、高管之间的能力是否互补、关系是否和谐、未来3~5年的管理费用和人力资源成本预测等
环境保护尽职调查	聚焦环境保护法律的执行情况、是否存在环境违法行为、是否存在环境诉讼、是否有公益诉讼风险等，一般致力于IPO的项目必须要有环境保护尽职调查
反垄断与外商投资尽职调查	是否存在违反《中华人民共和国反垄断法》（以下简称《反垄断法》）、《中华人民共和国反不正当竞争法》、《国务院关于经营者集中申报标准的规定》、《关于外国投资者并购境内企业的规定》以及其他违反外商投资管理、外汇管理的情形

尽职调查通常以法律关系、财务、资源、组织、企业文化等作为调查内容并进行分类，在实际操作流程中，主要分为法律尽职调查、财务尽职调查和业务尽职调查等类型。

1. 法律尽职调查

法律尽职调查更多的是定位于风险发现，其关注重点问题包括历史沿革问题、主要股东情况、高级管理人员、债务及对外担保情况、重大合同、诉讼及仲裁、税收及政府优惠政策等。

2. 财务尽职调查

财务尽职调查重点关注标的企业过去的财务业绩情况。财务尽职调查团队应收集标的企业相关的财务报告及相关支持材料，了解其会计政策及相关会计假设，进行财务比率分析，重点考察企业的现金流、盈利及资产事项。财务尽职调查强调发现企业的投资价值和潜在风险，注重对企业未来价值和成长性的合理预测，经常采用趋势分析和结构分析工具，在财务预测中经常会用到场景分析和敏感度分析等方法。

3. 业务尽职调查

业务尽职调查是整个尽职调查工作的核心，财务、法律、资源、资产以及人事方面的尽职调查都是围绕业务尽职调查展开。业务尽职调查的目的是了解过去及现在企业创造价值的机制，以及这种机制未来的变化趋势，以预测企业未来的财务业绩并对之进行估值。

不同投资策略针对的目标企业类型及所处发展阶段不同，因而业务尽职调查的侧重点也不同，创业投资的考察重点为管理团队和产品服务部分，成长投资对产品服务、发展战略及市场因素的关注程度更高一些，并购投资则更多关注管理团队、资产质量、融资结构、融资运用、发展战略以及风险分析等。

三、尽职调查的实务要点

（一）尽职调查准备工作

为了保证尽职调查的效果，在正式开展尽职调查之前需要做一系列的准备工作。

1. 签署保密协议

该协议一般是对保密信息接收方提出保密要求，保密期限有短有长，如三年、五年或者直到保密信息成为公开信息为止。

2. 签署合作意向书

有的股权并购项目要求合作各方签署意向书，其中包含合作主体信息、合作方式、排他期、保密义务等条款。由于合作尚未正式开始，意向书的条款除了排他期和保密义务条款外，其他条款一般没有约束力，因此在起草此类文件时对其他条款的描述尽量宏观或简化。也有少数项目双方已经对股权比例、董事监事委派等关键条款事先谈妥，这种情况下在文件中可以列明，不过应注意后期更改难度较大。

3. 制作尽职调查清单、资料真实性承诺函等文件

开始调查之前，项目负责人应主导制作收集尽职调查材料所必需的各种清单、表单、承诺函等文件，便于现场工作及保证材料收集的质量。

4. 工作团队组建及分工

在股权并购项目周期短、地域广、工作量大的时候，调查团队的成员构成及合理分工尤为重要。根据项目的不同特点，法律尽职调查团队的成员可以由若干名资深律师、律师、助理等构成，确定项目的现场负责人，由负责人总体安排工作计划，进行合理的工作分工，如现场收集材料、外围主管部门调查核实、后台服务支持等，确保有效衔接、高效配合。

5. 参加项目协调会

明确项目的总体进度安排，并与项目方及相关中介机构建立初步联系，保证工作节奏的同步性。

（二）尽职调查的注意事项

1. 尽职调查清单的注意事项

尽职调查的时间都是有限的，要保证短时间内收集到能够支撑决策的关键信息，调查

清单的内容设计就尤其关键。在制作清单时，应注意以下细节：

（1）忌照抄照搬。尽职调查一般都有许多类型的调查清单版本，企业所属的行业不同，调查侧重点也会有所不同，如房地产行业侧重于开发资质、五证、土地权属及其抵押情况、在建工程、工程款及安全事故纠纷等问题，互联网支付行业侧重于牌照业务范围、央行监管政策、支付系统的运维与开发能力、支付产品应用场景的合规性及"二清"等问题。因此，企业所属行业不同，业务风险差别很大，为节省工作量而照抄照搬其他企业的调查清单，不仅不能发现影响并购的关键要素，还是不负责任的行为。所以，制定尽职调查清单时，需要针对并购股权所处的行业做足功课，找准关键点，这样的调查清单才有针对性。

（2）忌贪多求全。制作调查清单时，能够尽可能多地获取信息是必要的，但是企业经过几年、几十年的积累，沉淀了大量数据和资料，要想在有限的几周甚至几个月时间内把所有细节都完全调查清楚是不可能的事情。因此，突出重点就特别重要，并且对每个或每类问题都需要清晰地知晓其是解决哪方面困惑，即清单上每个问题都不是可有可无的。否则，既增加被调查目标公司的工作量，也增加自己的工作量，降低工作效率。

（3）要审慎把关。尽职调查清单制作完成后，项目的现场负责人要仔细把关。调查清单的起草，也应当采取如同出具正式法律文件一样的严谨和谨慎态度仔细完成。一份格式完美、条理清晰、问题明确的尽职调查清单，代表的不仅仅是律师的专业态度，也代表其敬业精神。例如，国内知名的某律师事务所出具的尽职调查清单在序号排布上前后颠倒，多处存在明显瑕疵。这不禁让人对调查团队在尽职程度和内部风控质量方面存在担忧，还会损坏律师事务所的品牌形象。

（4）要及时复盘。尽职调查的任务往往比较繁重，一轮尽职调查完成后，项目负责人要及时安排整理问题的收集和资料缺失情况，对查验计划落实程度进行总结，经逐项核对后，就剩余未决问题再出具下一轮补充清单，以此反复，直到所有问题调查清楚或者落实解决方案方可结束。对调查过程中存在的调查范围、调查方法、调查程度、交流沟通等问题及时梳理并总结经验和教训，以备后续尽职调查时改进之用。

2. 尽职调查怎样做才算"尽职"

对律师而言，尽职调查工作最需要也最重要的就是责任心，要对客户负责、对专业负责、对自己的职业生涯负责，做到了这三个负责，就是"尽职"，否则，就是不尽职。

（1）资料收集的过程要尽职。对于目标公司提供的材料复印件，需要请目标公司同时提供原件进行核对，并逐项查看复印件内容与原件是否一致，复印件不清晰的地方，要补填清楚，同时也要查看原件印章及签字等关键要素的真实性。目标公司无法提供原件的，也要盖章证明复印件的真实性。更谨慎的做法是，请目标公司对提供的所有资料均盖章确认。

（2）资料阅读的过程要尽职。对于收集的尽职调查材料，在条件允许的情况下要详细阅读，如果时间紧迫不能逐字逐句地阅读，也要掌握阅读方法抓住关键要素。例如，证照类要逐字审核，贷款合同要看权利与义务条款中对股权并购的限制，判决书可以只看裁决结果，有疑问的再看"本院认为"以后的部分等。不能因时间不够就草草了事，导致遗漏重要信息。

（3）报告出具的过程要尽职。资料收集并阅读完毕后，进入起草尽职调查报告的关键环节。起草报告时，对于调查发现的关键问题要描述到位，根据调查事实，依据相关法律法规，审慎发表法律意见，既不可大包大揽地发表意见，也不可如履薄冰地不发表意见，对于所表述的意见要有明确的事实和法律依据，这样既是对客户负责，也是对自己负责。

（4）工作底稿的整理要尽职。对于收集的尽职调查资料，要分门别类地整理、编号、装订，并交由负责档案管理的同事专门保管，其中需要保密的，应当专门予以加密处理，并严格遵守保密义务的要求。

3. 做尽职调查离不开"三心二意"

"三心"即细心、耐心、责任心。细心是指收集材料的过程要细心，不放过资料中能够看到的每一个细节，留意访谈时被访谈人员的每一句话（无论是正式访谈，还是非正式访谈）；耐心是指在调查过程中经常会遇到被调查公司不配合的情况，他们不配合的原因可能有多种，包括额外增加了他们的工作负担、故意隐瞒事实真相、沟通不融洽等，但作为调查人员，必须要有耐心与他们进行沟通，并想办法消除双方之间的障碍，查清事实真相；责任心是每一名从事调查的律师应当具备的基本素质，不能马马虎虎、似是而非、得过且过，只要存在疑点，就要尽一切努力进行合理排除，像对待自己的事情一样对待调查工作。事实上，律师的口碑和个人品牌也是通过这些日积月累的敬业细节逐渐打造起来的。

"二意"即积极主动的意识、准确理解交易意图。作为从事法律尽职调查的驻场律师，应当准确理解委托方及交易对手对本次股权交易的意图，积极主动地开展调查，无论自己的委托方在本次交易中占有主动优势还是被动劣势，都应当严守职业准则，积极地、主动地与被调查公司进行沟通交流，展现出专业、职业的律师形象，充当好委托方的守门人。

4. 撰写尽职调查报告的注意事项

（1）报告的结构。尽职调查报告包括程序性内容、实体性内容两部分。程序性内容包括委托方（收购方）对尽职调查的要求、律师审查过的文件及其他工作、尽职调查的各种假设、出具报告的责任限制或声明等；实体性内容包括核查资料及事实的总结、所涉及关键问题的评价及法律意见等。

（2）报告的撰写。调查报告是法律文件，客观、准确、层次清晰即可，无需华丽的辞藻及丰富的修饰。描述事实时，要尊重原貌，凡是调查过的事实，写得越详细越好，未查清的可写明原因，不可依据项目经验想当然地描述，更不可凭空捏造，徒增职业风险。阐述法律意见时，要清晰、明确，不可模棱两可，需要有明确的结论性意见。对于目标公司存在的法律问题，都要一一列举，而对于细枝末节的问题，如未及时办理工商变更登记、小额劳动争议仲裁等，可以一带而过。而真正对股权收购具有风险或可能造成实质性障碍的问题，要依据法律规定仔细分析，并提出解决方案，重大问题可能要出具专项法律意见。

律师的职业本能是首先考虑风险，但笔者认为一个高水平的律师，不仅是提出风险，而且要依据实际操作场景，在不违规的前提下提出如何达成交易目的、实现双方交易诉求的解决方案，即所谓的"接地气"。一项并购可能有众多法律风险，但从风险发展为危机，中间有一系列的因素共同影响，绝不是一个孤立的事件，也并非所有风险都会现实发生并造成损失。因此，这中间的"取舍"问题虽然不是律师的工作范围，更多的是收购方企业家的平衡艺术，但是律师的参谋作用是不可忽视的。对于收购方向律师提出的无理要求，律师也要秉承职业操守，严防底线，该拒绝时就拒绝，防止给收购方和自身带来衍生风险。

第二节　法律尽职调查

尽职调查是股权投资过程中必不可少的环节，投资方常常依据尽职调查结果对目标企业进行客观评价，并形成尽职调查报告。同时，投资方会再依据尽职调查报告与风险控制报告进行决策。

一、法律尽职调查的流程与实施步骤

法律尽职调查旨在了解企业的设立与存续、资产和权益、股权架构与公司治理、债权债务构成以及涉诉情况等内容。其中，重点调查的内容包括公司的历史沿革与工商变更，历史股权转让及其交易的合法性、公平性和真实性，资产购置与处置的合同及其履约情况，债权债务的基本构成；行政处罚情况，纳税记录，近三年的诉讼情况及其全部诉讼材料，劳动保护情况（含社保缴纳情况），实控人、高管人员的涉诉或被行政或刑事处罚情况，近三年签订的重大合同，关联交易情况等。

（一）法律尽职调查的基本流程

调查流程上一般依次为书面审查、访谈、实地调查、查询、函证以及复核等，具体到单个项目时则可以根据调查实际适当调整，但法律尽职调查整体上应做到有宽度、深度与细度。

（1）宽度是覆盖面，即要覆盖目标企业自身的全面性调查、关联公司的调查以及关联交易的调查。

（2）深度是指要追根溯源与实质穿透，特别是要把握"重大"这一核心要素，挖掘特定事项背后隐藏的真实性与合法性问题，包括但不限于重大资产处置、重大关联交易、重大资产重组、税务和环保等方面的重大违法行为、虚假出资、违规出资或增资、虚假交易，重点关注第一产业与互联网行业。

（3）细度是指就特定问题制定核查和验证计划，保留完整的工作底稿，保留清晰完整的查验痕迹、收件确认、访谈笔录、函证记录、复核记录等。

不同项目有不同交易目的，法律尽职调查的方法虽然多样，但是流程基本是一致的，一般要经过四个阶段①：

在一个完整的股权交易项目中，需要进行多次尽职调查，一般是前一次尽职调查未能收集到的信息资料或查证属实的问题，在下一次补充尽职调查中要继续查实和收集，直到律师认为信息已经足够支撑作出结论，或者认为信息不重要，其可以通过其他途径佐证或者干脆可以忽略，或者敞口的问题在最后交易文件的承诺和保证条款中由交易对方进行兜底担保的，尽职调查的使命才算最终完成。在这一过程中，尽职调查的流程是穿插进行的，不一定区分得那么明确，以目标为导向查清问题即可。如图5-1所示。

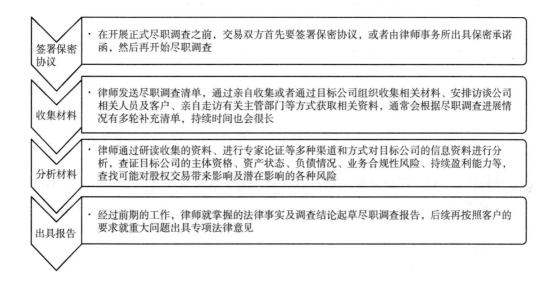

图 5-1　尽职调查流程

（二）法律尽职调查的实施步骤

尽职调查的操作阶段一般包括了解交易目的、调查对象及法律政策检索—制订尽职调查方案—从尽职调查的对象身上获取调查资料—编制工作底稿—草拟尽职调查报告—修订尽职调查报告等阶段。而以上这些阶段又可以重新划分为准备阶段、实施阶段和报告阶段。

1. 准备阶段

准备阶段分为以下四个步骤：确定调查方向、初步了解调查对象、法律政策、制订调查方案（见图5-2）。

项目调查清单的内容包括目标公司设立、目标公司历史沿革、各项法律资格、股东、重大资产、关联公司、财务情况、环境保护、重要合同、债权债务情况、担保情况、税费、保险、知识产权、重大诉讼记录、仲裁情况、行政处罚、环境保护、业务经营等概况。

不同项目、不同行业的项目调查清单不同，在上述清单的基础上律师应依据具体情况

① 赵伯生. 财务尽职调查流程及内容研究［D］. 北京：北京邮电大学，2012.

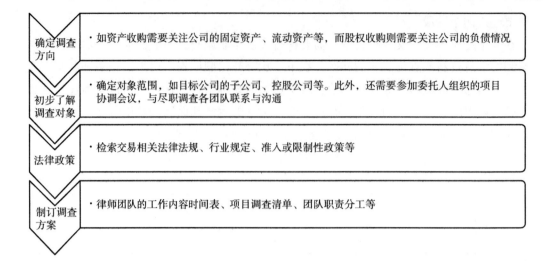

图 5-2　准备阶段

设计调查清单。此外，项目调查清单中的项目列表可能随着调查的进行有所补充和增加。

2. 实施阶段

实施阶段分为以下四个步骤：获得调查对象配合、资料整理、补充尽职调查、编制工作底稿（见图 5-3）。

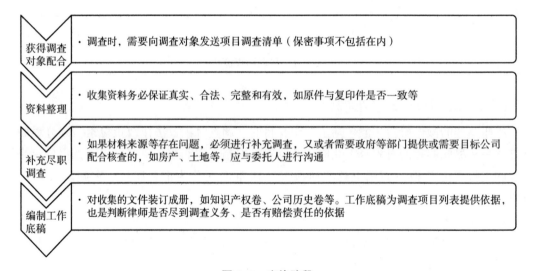

图 5-3　实施阶段

3. 报告阶段

在收集足够的相关资料后，尽职调查团队通过专业手段、方法进行法律分析，对已核证的事实、待核证的事实、未核证的事实进行分类，并就分析结果给出结论性的法律意见，就交易存在的法律问题与风险发表意见，同时给出解决建议。它主要包括以下两个方面。其一，草拟尽职调查报告，包括计划、步骤、时间、内容和结论等；其二，修订尽职调查报告，即与委托人和调查对象沟通，确定调查报告最终版。

法律尽职调查报告一般由律师事务所完成，应做到无重大遗漏、无虚假记载和无误导性陈述。

二、法律尽职调查实务要点

（一）调查形式与方法

通过各种调查形式与方法，尽可能地收集完善的资料是尽职调查过程中最为重要的一环。尽职调查团队从各渠道收集资料，并验证其可信程度，最终完成尽职调查报告与风险控制报告。

1. 收集书面资料并核对

要与目标公司对口负责人保持沟通。收集的资料需要核对原件，无原件的需要通过查询和函证的方式核实。目标公司经常有对尽职调查团队要求不熟悉的情况，因此需要尽职调查团队主动出击。例如，目标企业向尽职调查团队提供的安全生产许可证过期了，这时尽职调查团队能说这个企业生产经营合法吗？再或者，客户提供的合同文件没有签署页，或者与别的合同有交叉，这时尽职调查团队就需要仔细鉴别，并要求客户补充文件。上述例子说明收集书面资料时，尽职调查团队必须要核对资料。

2. 访谈

从监督机关的要求来说，访谈的对方不仅包括发行人、目标企业的相关负责人，还包括目标企业的重要客户。在对这些目标对象访谈的过程中，需要做好笔录，并让受访者在访谈笔录上做好签字，确保访谈资料的真实可靠。

3. 向政府部门调查

向政府部门调查是指向工商、税务、土地、环保、法院等部门调查，这是调查渠道中必不可少的一个组成部分。尽职调查团队通过向这些部门调查可以确认公司生产经营的合法性。只有在这些监管部门得到确认，尽职调查团队才能获得企业合法运作的支持性证据。这样尽职调查得出的结论才是客观公正的，也经得起检验。此外，与这些部门人员交谈后，尽职调查团队需做好访谈记录。

4. 现场考察

"百闻不如一见"，现场考察可以让尽职调查团队对目标企业有一个全面的认识。例如，调查某个企业的生产工厂，那么工厂在哪个省份、哪个市区，这些都需要尽职调查团队现场考察，确认实物与证照的一致性。

厦门某企业曾通过复印技术编纂证照文件，然后该企业在香港联交所申请上市，在即将发行时，有人举报该企业并不存在。香港联交所调查人员到厦门核查，发现果真如此。原来，该企业提供的所有证照文件都是打印出来的，之所以出现这样荒诞的事情，就是因为尽职调查过程中疏忽了现场考察。上述案例起到了反面警示作用，让尽职调查团队明白尽职调查过程中的现场勘查是必要的。

5. 网络查询

目前，网络查询工作在尽职调查中的工作量较大，主要涉及拟上市公司的年报、行业地位、趋势、被执行人查询等内容。

（1）企业的年报可以在企业网站查询，行业地位与趋势可以查询巨潮资讯网，该网站可以查询交易对手的运营信息，包括该公司发布的公告、财务指标、公司年报等内容。

（2）登录中国执行信息公开网可以查询被执行人信息。

（3）对于不履行或未履行所有义务的被执行人，也可以登录中国执行信息公开网，该网站可查询被执行人履行情况、执行法院等具体情形及内容。

6. 与其他中介机构沟通

与其他中介机构沟通并参考这些机构提出的意见，可以使尽职调查团队发表的意见更准确，如审计报告中是否有诉讼费，是否存在违反税法情况，是否存在对外担保事项，是否存在发行人不遵守合同情况，是否存在未诉讼事项等内容。其中，在未诉讼事项中，假如客户表示其不存在，也不提供任何资料，尽职调查团队通过网络查询也未发现，而此时审计师等专业机构的审计报告中可能就涉及相关内容。此外，尽职调查团队还需要与评估师及中介机构等保持联系，这样可以避免交叉事项上的职业风险，还可以提高尽职调查的效率。

7. 函证

函证是指注册会计师为取得影响财务报表的信息，通过直接来自第三方对相关信息的声明，获取和评价审计证据的过程。通过函证获取的信息可靠性较高，因此，函证是受到高度重视并经常被使用的一种重要程序。

从监管角度出发，为了防止客户与发行人之间合谋，如关联交易非关联化，尽职调查中通过函证的方式核查大客户的交易信息就必不可少。实际上，在发送函证的过程中，尽职调查团队基本上会与审计师一起发送，如此既省去发行人与客户进行多次沟通，也省去客户多次回函。在发送函证的过程中，需要保留回执。

8. 非公开调查

非公开调查是指尽职调查团队通过动用自己的人脉资源了解目标企业的情况，如行业地位、社会评价、是否存在民间借贷等情况。通过对这些资料的收集、分类、鉴别、归纳，并根据相关的法律法规和政策，运用专业知识和技能对信息进行总结，为出具尽职调查报告补上最后一块砖。

（二）调查范围

尽职调查中，当投资人与目标企业达成合作意向后，经协商一致，尽职调查团队将对企业的经营数据与历史沿革、股东股权、管理人员背景、公司治理和运作规范、管理风险、技术风险、税收及补税、知识产权、资金风险等方面进行全面深入的审核。

关于尽职调查的范围及程度，取决于很多因素，包括交易类型、交易对方的规范性、交易目的是取得控股权还是参股权等。通常来说，法律尽职调查应当包括目标公司的主体资格（合法设立、有效存续等），主要财产和财产权利，目标公司的重大债权债务情况，目标公司的诉讼、仲裁和处罚情况，目标公司的税务、环保、产品质量、技术标准等内容。律师在制定尽职调查清单时，需要在这些常规问题的基础上，结合目标公司所处的行业特点、最终的交易目的等实际需求，将问题清单进行有针对性的修订，而且需要在有限的时间和费用预算内，尽最大可能查清与本次交易相关的、影响本次交易决策及交易条件的风险和问题。

如果是初次对目标公司进行尽职调查，关注的法律问题主要是以下九类：

1. 基本情况

基本情况包括公司历史沿革、股东情况、公司治理文件（"三会文件"）、对外投资情况和现行有效的基本证照。本部分材料的目的是调查确定目标公司主体的合法有效性。

2. 公司资质和管理体系

根据公司所处行业的不同，确定相应的资质文件，同时也需要收集公司的各项规章及管理制度，目的是调查确定目标公司从事经营业务的资格以及内部管理的规范性。

3. 公司重大资产

公司重大资产包括目标公司的固定资产（如土地、房产、设备等）及无形资产（如专利、商标、版权、专有技术等），要确定其是否存在抵押、质押、租赁、无效等情形，判断权属的完整性及其或有权利负担。

4. 公司重大合同

调查时需设定一个金额标准（500万元以上）作为判断重大合同的依据，或者性质上属于权益投资类合同的可认定为重大合同，目的是通过调查大额的业务合同，判断目标公司可能存在的重大业务风险类型及其严重程度。

5. 财务资料

财务资料包括公司最近三年的审计报告、最近一年的资产评估报告、税务审核报告以及目标公司的负债合同（如贷款、委托贷款、目标公司对外担保等）等。关于本部分材料，虽然会计师、审计师也会调查，但是法律调查的目的是确定目标公司有无重大的可能影响股东权益的法律风险，尤其是交割后可能继续存在的或有风险。这部分内容对股权收购可能会有重大影响，有时甚至决定收购的成败。

6. 关联交易及同业竞争

在公司准备IPO或重组时，需要调查目标公司及其关联方之间的关联交易审批程序、定价原则是否合规，是否存在同业竞争，并依据调查结果确定后续处理方式。

7. 劳动关系和社会保险

这部分包括目标公司的员工数量、员工构成（合同关系/劳务派遣）、劳动合同、保密协议、竞业限制协议、劳务派遣协议、社会保险登记及缴纳情况、高管与关键人员名单及其简历、离退休人员/内退人员数量、养老金支付方式等。它的目的是调查确定目标公司在用人方面的规范性及其或有法律风险，在境外收购股权时本调查项目往往对收购有重大影响。

8. 诉讼和仲裁

这部分包括目标公司已经发生的、正在进行的、潜在的民事、行政、刑事法律案件，要调查相应的判决书、裁定书、调解书、行政处罚决定等。它的目的是调查确定目标公司后续可能承担的民事赔偿数额、罚款数额及刑事责任形式等，判断已有及或有法律风险的严重程度。

9. 其他事项

其他事项即根据目标公司所处的行业特性、交易的目的，查找可能会对目标公司的业务、财务或经营造成重大影响的材料。

第一轮尽职调查清单材料收集完毕后，经验丰富的项目负责人可以归纳和总结出项目的关键问题，围绕这些问题再继续进行补充调查，直到查明为止。总之，无须面面俱到，但关键问题一定要查得水落石出。

（三）调查内容

1. 目标公司现状及历史沿革

目标公司现状及历史沿革的调查如表 5-2 所示。

表 5-2　目标公司现状及历史沿革的调查

调查项目	调查主要内容
目标公司概况	营业证件、章程、工商档案等
营业执照	包括确保执照登记内容与经营范围一致，是否涉及变更登记，出资是否缴实，是否涉及外资准入等内容
外商批准证书	外商投资企业批准证书与营业执照是否一致，是否进行变更审批
经营范围	是否已经获得许可，并购后是否需要更改
注册资本	实物与无形资产的出资是否符合出资程序
印章及银行账户	确定与银行印鉴是否一致
项目审批	目标公司的固定资产引进与外资等行为会涉及国家发展和改革委员会与商务部的审批
资产评估报告	审查评估机构资质，是否履行备案程序

2. 股东股权调查、对外投资情况

股东股权、对外投资情况的调查如表 5-3 所示。

表 5-3　股东股权、对外投资情况的调查

调查项目	调查主要内容
出资方式	调查出资方式是否存在限制出资的情况
出资协议	调查出资协议与合资协议中是否有隐名股东、股权代持等情况，找出实际控制人与关联交易情况，并对协议与公司章程、营业执照的内容是否一致进行审查
非货币出资	调查非货币资产出资，重点关注政策性限制、估价和转移
出资义务	调查股东是否依据法定或约定履行了出资义务
股权转让	调查股权转让是否违反法定或约定的股权转让限制，如外资企业股权转让的特殊规定
出资瑕疵及责任	调查股东向公司借款或抽逃出资等出资瑕疵及责任
未尽事项与争议	股东出资、股权转让、增资、减资的股东会、董事会决议是否存在未尽事项和争议

3. 公司治理和运作规范

公司治理和运作规范的调查如表5-4所示。

表5-4 公司治理和运作规范的调查

调查项目	调查主要内容
公司章程	调查公司章程中是否存在反收购条款，以及董事分级制度与股东权利的特别规定
公司组织架构	调查公司组织架构是否健全，各部门职责是否清楚，以及员工任免情况
"三会"情况	调查公司的股东大会、董事会、监事会的规范运作情况，如是否按规定召集，程序是否正当，决议内容是否符合法律规定等
法定代表人	调查公司的法定代表人
法律义务	调查公司董事和高管的法律义务

4. 企业经营、供销渠道

企业经营、供销渠道的调查如表5-5所示。

表5-5 企业经营、供销渠道的调查

调查项目	调查主要内容
经营模式与主营业务	调查经营模式和主营业务
资质许可	调查资质许可
产业发展方向	调查产业结构调整和发展方向是否相符
企业经营目标	调查产品服务、技术研发、业务发展目标

5. 土地使用权等主要财产权

根据我国有关的法律规定，土地属于有偿出让使用权的资产，土地与其附着物必须一起出让、抵押等。而土地的价值决定其权利状况，以划拨方式与出让方式取得的土地、工业用地与商业开发用地、拥有70年使用权与仅有20年使用权的土地最终的价值差距很大。此外，抵押的土地与房产转让会受到限制，价值也会有一定的下降。所以，调查时需要对土地使用权等主要财产进行调查。土地使用权等主要财产权的调查如表5-6所示。

表5-6 土地使用权等主要财产权的调查

调查项目	调查主要内容
土地使用类型	调查该土地的使用类型（划拨、出让），并判断其土地获取是否合法
房产证件	调查受让、自建、租赁、出租的房产等是否证件齐全
在建工程	调查在建工程的手续是否完备，施工是否合规，工程是否存在负债等情况
固定资产登记	调查机器设备等固定资产是否进行过登记
财产保险	调查财产保险的种类是否全面，是否缴纳完全部费用

6. 财务状况、重大债权债务情况、重大合同

（1）财务状况。企业并购的主要目的是获取目标企业各种资产的控制权或所有权，尤其是涉及土地使用权、房产权、机械设备所有权、专利权、商标权等内容时，目标公司应当对其拥有完整无瑕的控制权或所有权。

法律尽职调查的意义在于发现目标公司的所有产权，并理顺这些产权背后错综复杂的关系，确保收购方取得的目标企业财产完整，不存在法律上的后遗症。

税收及补贴的调查主要是调查是否按时交纳，是否有政府补贴。人力资源的调查包括劳动合同、劳动手册、五险一金缴纳情况以及劳务派遣情况等内容。知识产权的调查包括商标、专利与著作权、原产地名称保护、网络域名、商业秘密、权属审查、有效性审查、关联性审查，如主商标和防御性商标、保护范围审查、地域性审查，是否存在侵害他人知识产权的情况和目标公司知识产权作价评估，以及知识产权质押、许可、转让情况等内容。

因此，法律调查时还应取得目标企业财产账册，了解其所有权归属，是否有使用限制，是否属于租赁。其中，如果目标企业使用的资产是租赁而来的，则需要对租赁合同的内容进行分析，判断其是否会对收购完成后的运营产生影响。这方面应调查的内容包括以下三个方面：第一，固定资产，应调查目标企业的不动产权证书或房产租赁协议，占有土地面积、位置，土地使用权的性质（出让、租赁），主要机器设备的清单、保险单等内容。第二，无形资产，主要应调查有关的商标证书、专利证书等。第三，目标企业拥有的其他财产清单及权属证明文件。

（2）重大债权债务情况。在调查目标企业所涉及的重大债权债务情况时，尽职调查团队可以向相关的债权人与债务人进行取证，一般可通过函证、谈话记录、书面等方式进行。其中，尤其需要注意债务数额、偿还期限、附随义务等内容。例如，某些公司债务合同中规定某种资产负债率（资产负债率＝负债总额÷资产总额×100%）处于某个范围内时，股权转移需维持在半数以上，否则应立即偿还债务。

在对目标企业进行债权债务的调查中，除了上述注意点以外，还需要查实的重大债权债务情况如表5-7所示。

表5-7　重大债权债务情况的调查

调查项目	调查主要内容
贷款合同与借据	调查长短期贷款合同与借据，如外汇贷款需包含外汇管理机构的批文及登记证明
资产抵押	调查资产抵押清单及文件，如土地、机器设备等方面
债务及有关安排	调查已拖欠、被索偿或要求行使抵押权的债务及有关安排
担保与保证	调查担保文件和履行保证书
债权债务争议	调查有关债权债务争议的文件

（3）重大合同。重大合同的调查分为三个方面，如图5-4所示。

业务合同	借款、担保合同	业务合同
·采购合同 ·销售合同 ·······	·关注合同是否快到期，是否延期 ·有担保是否签订有对应的担保合同 ·关注企业是否有潜在负债及法律责任	·委托加工 ·房屋租赁 ·合作开发 ·······

图 5-4　重大合同的调查

7. 关联交易

企业在上市过程中会经常涉及关联交易与同业竞争的问题。上市公司因关联交易与同业竞争未履行而受到惩戒的例子屡见不鲜。因此，尽职调查过程中需要对这两方面的内容进行详细调查。

关联交易是指企业关联方之间的交易，《企业会计准则第 36 号——关联方披露》第四条规定，下列各方构成企业的关联方：

（1）该企业的母公司。

（2）该企业的子公司。

（3）与该企业受同一母公司控制的其他企业。

（4）对该企业实施共同控制的投资方。

（5）对该企业施加重大影响的投资方。

（6）该企业的合营企业。

（7）该企业的联营企业。

（8）该企业的主要投资者个人及与其关系密切的家庭成员。主要投资者个人是指能够控制、共同控制一个企业或者对一个企业施加重大影响的个人投资者。

（9）该企业或其母公司的关键管理人员及与其关系密切的家庭成员。关键管理人员是指有权力并负责计划、指挥和控制企业活动的人员。与关键管理人员关系密切的家庭成员是指在处理与企业的交易时可能影响该个人或受该个人影响的家庭成员。

（10）该企业主要投资者个人、关键管理人员或与其关系密切的家庭成员控制、共同控制或施加重大影响的其他企业。

一方面，由于关联交易中的交易双方存在着密切的关系，交易并非完全地公开透明，从而有可能使交易的价格出现不公正情况，对股东权益造成侵犯。另一方面，由于交易双方存在关联关系，因此双方可以节省大量商业谈判的时间，从而提高交易效率。

8. 同业竞争

同业竞争是指企业的业务与股东或其他控制人所控制的其他企业业务相同或相似，双方成为或可能成为直接或间接的竞争对手。

同业竞争主体从控制权的角度可以划分为两类：第一类为握有公司实际控制权力的股

东；第二类为上述股东直接或间接控制的公司。

同业竞争内容的划分需充分考虑业务的性质、产品或劳务的可替代性等方面进行判断。例如，华润集团旗下的华润超市与深万科旗下的万佳百货，前者是一个超市，后者是一个综合性的商场，两者的市场定位与客户对象等方面存在着区别。深万科在公告中这样表示："华润万方与万佳业务虽然都处于零售行业，但双方业态和经营模式与商品种类存在较大的差异，并未构成直接对立的利益冲突，华润将按照有利于深万科长远发展和有利于深万科中小股东利益的原则，避免在零售业务方面与万佳发生冲突，并将就零售业务的发展与深万科探讨多种合作的可行性。"

从上述中可以看出，同业竞争关系的判断比较复杂，它并不能一味地避免在任何方面的同业竞争，而是要依据实际情况，遵循"实质重于形式"的原则，完成同业竞争的判断。

9. 诉讼、仲裁和行政处罚

尽职调查团队应对目标企业的诉讼、仲裁或行政处罚情况进行调查，调查目标企业是否存在尚未了结的或可预见的重大诉讼、仲裁及行政处罚案件。同时，还应调查目标企业是否有因环境保护、知识产权、产品质量、劳动安全、人身权等产生的侵权之债。

10. 投资项目、交易授权合法性

投资项目的调查分为三个阶段：立项、有效期和前置程序。交易授权合法性的调查则分为三个方面：重大交易需对方同意，如抵押质押权等；安全调查，如外资并购产业的限制；反垄断调查，如经营者集中申报等。

（四）尽职调查过程中与相关各方的交流与沟通

1. 调查团队内部的交流

尽职调查是一项团队作战的劳动密集型、技术密集型工作，团队内部的有效配合对保证尽职调查结果的价值非常重要。在调查过程中，笔者赞同采用"日清周结"的模式，当日结清当日的工作，每周进行总结，内部就过程中存在的问题及时互动，这样有助于纠正低效或无效劳动，提高工作效率。同时，现场负责人就项目存在的问题及时向主管合伙人汇报，避免在各方高层沟通时出现信息不对称的问题。

2. 调查团队之间的交流

一个股权收购项目往往有多家团队共同参与，如券商、律师、会计师、评估师、精算师以及收购方委派的中介团队等，虽然角度不同，但是很多资料可以共用，尤其是关于事实部分的描述，可以相互印证。如果各团队对同一事实的阐述存在差异，就会显得很不专业。同时，通过团队之间的交流，也可以发现一些从本专业角度不能发现的问题。例如，关于注册资本，2014年《公司法》修改之后，股东投资不再要求验资，要核查股东的投资形式及其价值就可以通过审计师查账进行佐证。

3. 与委托方及目标公司的交流

在调查过程中，律师会跟委托方及项目公司有大量的沟通与交流工作，在交流时应注意：

（1）保持友好的合作态度。律师是受委托方的委托进行调查，是商业合作关系，不能以纠错、审计的心态面对目标公司，再加上由于调查在客观上将增加目标公司额外的工作量，在工作执行层面很容易产生不配合或消极应对的情况，此时律师情商就显得非常重要，要尽量避免直接冲突，疑难问题可以通过中介机构的牵头方券商或者收购方与目标公司交流。如果能够跟目标公司打成一片，消除顾虑，往往可以取得意外的收获。

（2）关于交流的方式。重要问题不要直接电话或当面口头交流，尽量用发邮件的形式通报相关方。这样一方面可以留存书面交流证据，另一方面可以更加有条理，给各方留下反应与答复的时间，并方便日后随时查询。

（3）重视协调会前的预沟通。尽职调查过程中，收购方或目标公司会定期或不定期组织各中介机构召开协调会，就有关问题讨论解决方案或提出下一步要求。律师在会前最好与各中介机构进行预沟通，确定讨论问题的范围和口径，知晓各机构对有关问题的立场，避免在会上出现无谓争执。同时，也要跟目标公司或收购方进行交流，同步有关信息，提高会议效率。

第三节　财务尽职调查

财务尽职调查是企业股权投资决策工作中非常重要的一环，高质量的财务尽职调查，需要从投资方、被投资方、受托机构三方着手，才能够充分还原企业经营真相，揭开被掩盖的风险，预估未来发展前景与市场价值，为投资决策提供有价值的参考信息，避免在股权投资过程中出现企业资产流失，确保企业资产保值增值。本节通过介绍财务尽职调查方法与规程，以期为读者在开展财务尽职调查工作时提供参考，并对投资决策者判断项目的可行性提供思路。

一、财务尽职调查的主要程序与内容

财务尽职调查的主要程序一般包括立项、调查前准备、全面调查三个阶段。

立项阶段是指委托企业与独立的第三方受托机构通过签订业务约定书，对委托业务内容进行确认；调查前准备阶段的主要工作包括初步了解标的企业整体环境，确定尽职调查实施方案，确认尽职调查清单等；全面调查阶段是尽职调查工作的重点，详细程度直接影响尽职调查质量。

全面调查阶段的工作主要包括四步：一是审阅、核查所有财务资料，对应填写调查清单初稿；二是实地查看、走访管理层、主要客户等人员，验证资料真实性与完整性，修改、完善调查清单；三是受托机构监督标的企业对不合规之处进行改进，并跟踪改进结果；四是梳理、总结尽职调查过程，完成尽职调查报告的撰写。

财务尽职调查的范围包括企业基本情况、管理人员信息、业务与技术情况、同行业竞争与关联交易、会计信息、融资分析、风险因素及其他重要事项八个方面。①

二、财务尽职调查过程的关注重点

多数财务尽职调查工作侧重强调受托机构在开展财务尽职调查过程中应关注的重点，笔者认为服务于股权投资的财务尽职调查工作，开展过程涉及投资方、被投资方、受托机构三方，为做好财务尽职调查工作，三方关注重点各有不同。②

（一）投资方

投资方作为财务尽职调查工作的需求方和发起方，应及时跟踪财务尽职调查的每一阶段，与受托机构全程充分沟通、互通信息，做好以下方面工作。

1. 明确财务尽职调查工作方案，确保尽职调查工作效率与质量

投资方的财务尽职调查方案是否清晰、详细、逻辑缜密，直接决定尽职调查工作的工作效率，影响尽职调查报告质量。在实际工作中，很多企业往往较多关注受托机构的尽职调查计划，而忽视了本企业自身的尽职调查工作方案，导致不能有力掌控尽职调查工作进展。财务尽职调查工作内容广泛，事务繁杂，涉及人员较多，为避免实施过程中焦点模糊、力量分散，在投资方的工作方案中首先应明确尽职调查工作服务的核心目标，确保一切计划与行动均围绕核心目标展开。

2. 明确财务尽职调查核心目标，确保企业资本保值增值

企业在股权投资过程中实施的财务尽职调查工作，核心目标主要包括风险识别、价值预估两个方面。风险识别，即通过对标的企业各项经营信息进行分析，识别其存在的可能对投资产生不利影响的风险；价值预估，是基于风险识别之上的核心目标，通过衡量标的企业的资产价值、盈利能力，预估其未来发展前景与市场价值，这也是财务尽职调查不同于其他财务审计工作的主要方面。企业在财务尽职调查过程中，除了验证标的企业历史数据的真实性，更强调对未来企业价值的预估，确保企业资本保值增值，避免因股权投资而出现企业资产流失现象。

3. 明确工作节点，确保有序开展

财务尽职调查工作方案应明确设置各环节的工作时间节点，突出操作性，并定期总结阶段工作进展与成果；结合未考虑事宜或突发情况，定期总结，及时调整工作方案。同时，适当放权，确保权利与义务对等。公司经营层对牵头部门适当放权，给予相应权利，确保在尽职调查过程中，牵头部门能够有力调动其他相关部门，确保工作按计划开展，避免延期。

4. 明确部门工作职责与内容，高效处理部门间协调合作

企业股权投资工作一般涉及多个部门，在制定尽职调查工作方案时，需明确划分牵头部门与其他部门的工作职责及工作内容，指定各部门的工作负责人与执行人员，同时，建立项目工作小组，将相应人员纳入组内，及时处理部门间协调合作，做到高效协同。

---

① 赵伯生. 财务尽职调查流程及内容研究 ［D］. 北京：北京邮电大学，2012.
② 郑欣. 我国拟 IPO 企业财务尽职调查研究 ［D］. 厦门：厦门大学，2018.

（二）被投资方

结合投资方开展财务尽职调查工作的核心目标，对被投资方的关注重点包括风险识别（见表5-8）、价值预估（见表5-9）两个方面，这两个方面同样也是受托机构开展具体尽职调查工作的关注重点。

表5-8　对被投资方的关注重点——风险识别

调查项目	调查主要内容
核心技术是否属实	在财务尽职调查过程中，核实标的公司核心技术的真实性、权属是否完整、是否存在法律纠纷至关重要，这是决定是否进行股权投资的先决条件
财务报表是否真实	以财务报表为中心，对标的企业展开尽职调查，是实务中常用的尽职调查方式，如果财务报表严重失真，实施股权投资的可能性基本为零
资产权属是否清晰	创业阶段的企业一般资金链较紧张，为了获得发展资金，很可能将拥有的固定资产、无形资产用来抵押或质押，一般而言，标的企业不会主动披露这项情况，需要通过银行询证等方式获取信息
债权债务是否披露完整	债权债务，尤其是或有负债是否披露完整，或有的负债具有时间滞后的特点，风险在投资业务发生之前或许就已经存在，但成为确定性负债可能是在投资之后，如果不能及时发现，很可能出现投资损失，甚至是为被投资方填补巨大债务漏洞
股权架构是否清晰	股权投资的投资年限一般在3~5年，不需要担保或抵押，投资方多数以货币资金形式进行股权投资，且股权架构相对复杂，因此，在财务尽职调查过程中，应厘清投资前标的企业的股权架构，为后续股权重新划分扫清障碍
内控体系是否合理有效	标的企业内控体系的建设程度会影响企业的投资决策结果。在尽职调查过程中，除了关注标的企业是否建立内控制度外，还应检查制度的执行程度
纳税业务是否合规	纳税的合规性是企业合规运营的重要方面。在财务尽职调查过程中，应关注企业纳税信息与财务数据能否相互验证，主动了解标的企业是否存在税收筹划
关联交易是否存在舞弊	为避免通过关联方塑造优质企业假象，标的企业与其关联方之间的业务往来应逐一核实其物流、合同流、资金流、票据流，确认是否存在实质性业务往来

表5-9　对被投资方的关注重点——价值预估

调查项目	调查主要内容
盈利能力可持续性	企业的股权投资对象一般是高新技术类企业，被投资企业当下的盈利能力固然重要，但股权投资的最终目标是追求被投资企业的可持续盈利能力以及未来的发展空间。在财务尽职调查过程中需要核查企业盈利能力、现金流量相关的历史数据是否属实，为投资方判断未来盈利能力提供数据基础
不同阶段资产估值	一是财务尽职调查基准时点；二是投资后三年或五年内（具体时点由投资方根据投资期限来定）被投资企业基准时点的资产价值，这直接影响投资协议的签订。同时，还需考虑资金注入后，在投资方参与管理的期限内，是否会出现其他额外风险影响资产价值，是否会产生增量成本以及可能产生的整合成本，从而影响投资回报率

调查项目	调查主要内容
投资后退出机制的筹划	投资企业在与被投资企业签订股权投资协议前，应提前考虑股权退出方式，当实现投资目标或出现重大投资风险时启动股权退出机制，以保障投资企业利益。我国股权投资退出方式包括 IPO 上市、兼并收购、股份回购、股权转让、清算等

（三）受托机构

受托机构作为财务尽职调查工作的实施方，其工作质量直接决定尽职调查报告的使用价值。在尽职调查过程中，受托机构除了关注被投资企业的具体情况外，对自身应重点关注以下两个方面：

1. 尽职调查工作的实施方案

完整翔实的尽职调查实施方案是尽职调查工作能够有条不紊进行的前提，在开始尽职调查工作前，尽职调查人员应充分地与投资企业展开沟通，详细了解投资企业的各项需求和已掌握的关于被投资企业的各类信息，拟定详细的实施方案，并根据尽职调查过程中出现的新情况、新问题，及时调整实施方案。

2. 实施尽职调查工作的团队能力与方法

尽职调查工作的团队能力、尽职调查工作方法与技巧是获得高质量财务尽职调查报告的保障。为股权投资业务服务的财务尽职调查工作，对尽职调查人员提出了更高的要求，尽职调查人员除了必须具备扎实的财务专业知识和丰富的实操经验外，还必须掌握一定的沟通技巧、熟悉一般企业经营流程、了解相关行业背景，避免因人员能力不足而使尽职调查效果大打折扣。在正式开展财务尽职调查工作前，尽职调查小组应确定过程中采用的方法，常见的尽职调查方法如表 5-10 所示。

表 5-10　财务尽职调查的常用方法

调查方法	主要内容
审阅原始资料	包括被投资企业财务报表、原始凭证、合同等资料，以发现是否存在重大财务问题
数据分析	实施数据分析程序，对各项财务数据实施横向、纵向财务分析，评估其资产流动性、偿债能力、获利能力等
实施穿行测试	通过对比财务数据、其他部门信息、外部信息，验证公司数据的真实性与完整程度，避免信息不对称
访谈	在被投资企业各部门、各层级员工间采用适当方式进行访谈，了解更多一手信息，避免趋利所产生的道德风险
内部信息沟通	尽职调查小组内部充分沟通、互通信息

三、财务尽职调查要点

在通常情况下，财务报表是了解公司财务状况及经营成果的最好途径，这里面包含了资产负债表、利润表、现金流量表、所有者权益变动表、附表及会计报表附注和财务情况说明书等。一份完整的财务报表可以帮助投资者了解公司近年来的财务状况，并预测公司未来的发展趋势。财务报表中的直观数据让投资者对公司的经营现状有了明确的认知，这些数据展示了公司经营的不同业务的具体情况，可以帮助投资者对公司未来发展方向进行预判。

在尽职调查报告中，财务分析是最关键的内容，要想做好财务分析，首先要明确分析对象和目的，然后寻找素材并选择合适的方法。分析对象和分析目的决定了分析的深度与宽度。例如，对上市公司的年度业绩进行分析，主要就是围绕关键指标去分析，较少涉及具体的变动及变动原因。选用标准化的数据则更有利于分析框架的搭建。

财务尽职调查的方法与审计方法存在一定的共性，主要采取检查、观察、询问及分析等方法。但是，由于财务尽职调查的目的与审计不同，其在调查过程中更倾向于采用因素分析、结构分析及趋势分析等方法，分析企业发展过程中相关要素的变化趋势及变化是否合理。

（一）企业的基本情况

简要了解企业基本情况，主要包括发展历史、主营业务、行业地位、内部发展战略及外部环境、盈利模式等内容。检查方法主要是取得营业执照、验资报告、章程、组织架构图等基本资料，了解标的企业历史沿革，并对关联方进行了解；分析方法主要包括 SWOT 分析、PEST 分析及波特五力分析模型。

（二）财务尽职调查框架

通过财务尽职调查，可以了解目标企业的核心盈利点，抓准其核心竞争力，有效夯实企业核算基础，为盈利预测和企业估值打下坚实基础。财务尽职调查，首先要关注财务尽职调查的目的，目的不同，关注点可能也不相同。

业绩真实性可能是投资人最为关心的问题了，关注哪些财务尽职调查的关键点可能很多人比较清楚，但是如何获取有用的财务尽职调查资料才是发现问题的关键。财务尽职调查框架思维导图如图 5-5 所示。

（三）财务尽职调查核心要点

财务分析不能仅仅局限于财务报表数据的分析，非报表信息的收集与分析也很重要，尤其是市场、业务数据的分析。报表分析更关注对历史财务数据的分析，而非财务信息可以验证财务数据的合理性，同时，对公司所处的竞争格局和行业地位有所了解也更容易对未来的财务预测和公司发展起到决策辅助作用。

尽职调查除了看数据之外，也得分析数据。财务指标的分析，核心是比较：跟行业平均水平比较，可以看出好坏；跟企业自身数年数据比较，可以看出其是变好还是变坏。财务尽职调查核心要点思维导图如图 5-6 所示。

1. 财务报表

（1）内外账财务报表。民营企业因税务及其他方面考虑多设置内外账。内账系公司真实财务状况，通常根据收付实现制及现金流水等做账，但是纳税情况及发票情况不合规，

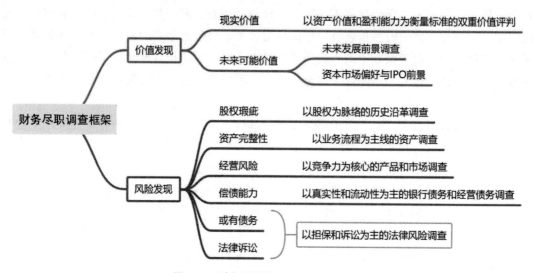

图 5-5　财务尽职调查框架思维导图

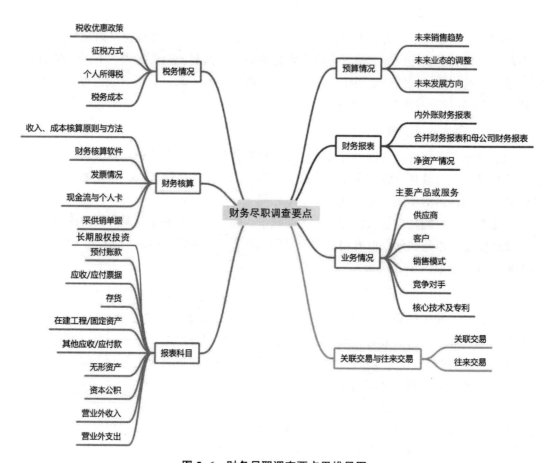

图 5-6　财务尽职调查要点思维导图

需要进行调整；外账系公司为报税报表，通常根据发票情况入账，但是收入、成本、员工工资、社保、费用等计入不全。一是通过内外账财务报表，可以初步估计税务成本。但是，企业提供的所谓的内账也可能是假的，是否有虚增业绩还需要进一步的分析，可以从人工、电费、运费等指标去对比分析企业是不是内账所描述的体量。二是可以收集企业最近两年一期的所得税纳税申报表和内账财务报表。三是详细的财务数据。除了获取报表外，还需要更进一步详细的财务数据，如销售台账、采购账、生产成本计算表、运费、工资、电费等资料，以详细了解公司运营过程中的记录。对于两年一期的内账财务报表，如果企业因保密等考虑不愿提供，可以通过先行签订保密协议的方式处理。

（2）合并财务报表和母公司财务报表。对于拥有子公司的企业，建议收集最近两年一期的合并财务报表和母公司财务报表，若企业未编制合并报表，则需要收集母公司及重要子公司最近两年一期的财务报表，包括最近两年一期的所得税纳税申报表及内账财务报表。有的时候子公司尤其是海外子公司会有雷，所以尽职调查不能只关注母公司，还需要关注子公司尤其是税务优惠地或者海外的公司情况。

2. 业务情况

关于业务情况的尽职调查，内容如表 5-11 所示。

表 5-11 财务尽职调查——业务情况

调查项目	调查主要内容
主要产品或服务	为反映企业主要产品及服务情况，了解企业主营业务，调查企业最近两年一期的不同类别产品或服务的收入、成本及毛利率情况。此处通常以企业内账合并财务报表层面数据为基准
供应商	了解公司主要材料与供应商情况，调查最近两年一期的排名前五位的供应商的采购占比情况，了解是否存在主要供应商依赖以及供应商集中度
销售模式	了解企业的销售模式，包括代销、直销等情况，调查不同销售模式下的收入占比
客户	了解企业主要市场与客户情况，调查最近两年一期的排名前五位的客户的销售占比情况，了解是否存在主要客户依赖以及客户集中度
竞争对手	了解公司产品的市场竞争情况与主要竞争对手，特别关注同类型的上市公司以及挂牌公司
核心技术及专利	了解企业的核心技术及专利情况，其中专利情况可在相关专利网上查询。对于技术和专利情况，重点了解其先进性和竞争优势

3. 关联交易与往来交易

（1）关联交易。了解公司与关联方（合并报表范围外其他关联公司）之间的关联交易情况，重点关注关联采购与关联销售情况，包括关联采购与销售的金额、占比以及价格公允性。

（2）往来交易。调查公司最近一期末往来交易余额情况，通常通过其他应收款、其他应付款以及预付账款了解。关联方占用公司款项必须在申报前予以解决。

4. 财务核算

关于财务核算的尽职调查，内容如表 5-12 所示。

表 5-12　财务尽职调查——财务核算

调查项目	调查主要内容
收入、成本核算原则与方法	了解公司收入、成本核算方式，部分企业以开票或者收付实现制确认收入、结转成本，通常需要根据权责发生制予以调整
财务核算软件	了解公司财务核算软件，是否存在手工账情况。如果存在手工账情况，需要先行规范转化为电子账
发票情况	了解企业发票开具情况，包括采购、销售发票情况。同时，了解企业是否存在虚开票以及买票等情况
现金流与个人卡	了解企业是否存在个人卡，以及通过个人卡收款付款情况
采供销单据	了解企业仓库账、采供销单据留存及流转情况，确认是否存在仓库进销存账

5. 税务情况

关于税务情况的尽职调查，内容如表 5-13 所示。

表 5-13　财务尽职调查——税务情况

调查项目	调查主要内容
税收优惠政策	了解企业的税收优惠政策，包括流转税和所得税
征税方式	了解企业的征税方式，核定征收或者查账征收。挂牌新三板的最近一期必须为查账征收
个人所得税	了解企业是否存在个人所得税未代扣代缴情况，特别是报告期内存在分红的企业
税务成本	在存在内外两套账的情况下，通常会以外账为基础进行一定的调整；了解企业对于税务成本的考虑

6. 报表科目

关于报表科目的尽职调查，内容如表 5-14 所示。

表 5-14　财务尽职调查——报表科目

调查项目	调查主要内容
长期股权投资	通过财务报表长期股权投资科目可以了解企业是否存在子公司、合并企业以及联营企业，也可以通过启信宝查询
资本公积	根据财务报表资本公积科目了解每笔资本公积的形成情况
其他应收款	根据财务报表其他应收款科目了解是否存在股东及其他关联方占用公司资金情况，以及利息相关情况
固定资产	重点关注公司房产是否办理产权证，重大固定资产是否及时计提折旧
在建工程	重点关注在建工程中的土地是否有产权证，是否存在长期挂账未转固定资产，进而未计提折旧情况
无形资产	重点关注无形资产的产权情况，包括土地使用权以及专利等产权情况；对于存在政府补助的土地等，了解政府补助的形式，是直接减免还是先缴后返

续表

调查项目	调查主要内容
预付账款	关注是否存在大额预付款长期挂账，是否存在关联方占款，是否存在费用因未开票而长期未入账，是否存在资产未开票长期未入账转固等情况
其他应付款	重点关注是否存在民间资金借贷以及利息情况；关注其他应付关联方情况，是否可与其他应收关联方对抵等
应收/应付票据	关注是否存在没有真实交易背景的票据融资，如果存在必须确保基准日已经解付完毕，不存在兑付风险
营业外收入	通过该科目关注政府补助情况，了解政府补助的合规性
营业外支出	通过该科目了解行政处罚等事项，关注报告期内是否存在行政处罚等
存货	关注公司存货账面和实际情况，基准日确保账面金额与实际金额相符

7. 预算情况

关心了历史数据，那我们更要关心一些未来的财务指标，如未来销售趋势、未来业态的调整、未来发展方向等内容。

财务尽职调查中常见问题思维导图如图5-7所示。

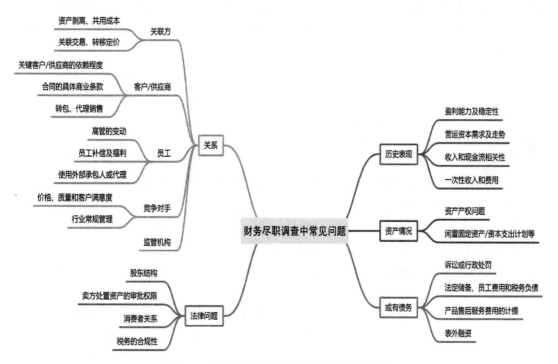

图5-7　财务尽职调查中常见问题思维导图

第四节 商务尽职调查

商务（业务）尽职调查是整个尽职调查工作的核心，财务、法律、资源、资产以及人事方面的尽职调查都是围绕商务尽职调查展开。商务尽职调查的目的是了解过去及现在企业创造价值的机制，以及这种机制未来的变化趋势，以预测企业未来的财务业绩并对之进行估值。

不同投资策略针对的目标企业类型及所处发展阶段不同，因而商务尽职调查的侧重点也不同，创业投资的考察重点为管理团队和产品服务部分，成长投资对产品服务、发展战略及市场因素的关注程度更高一些，并购投资则更多关注管理团队、资产质量、融资结构、融资运用、发展战略以及风险分析等。

一、商务尽职调查的价值

在股权交易实践中，一些初涉投资的投资者或者目标公司对于尽职调查的认识往往不够，有的投资者仅凭自己的直觉就作出投资决策，结果步入"地雷阵"，而有的目标公司管理层不了解尽职调查对于投资者的重要性，也不理解尽职调查对于促成交易的重要性，采取抵制或消极不配合的态度，导致交易"流产"。因此，理解并领悟到尽职调查的重要性和价值，对于股权交易是至关重要的。商务尽职调查的核心价值如下：

第一，有助于风险评估。尽职调查的首要目的是发现风险，掌握交易对方的主体资格、资产权属、债权债务等重大事项的法律状态，了解可能给投资人带来的责任和风险，判断风险的类型、性质，并根据风险发生的可能性、风险发生后带来的损失大小两个维度进行风险评估，再依据评估结果制定相应的对策和解决方案。

第二，消除信息不对称。在很多情况下，交易双方虽然互称合作伙伴，但是在交易条件的谈判上依然是各怀心机。一方依靠信息优势，使另一方在信息不对称的情况下作出的决定对己方是有利的。尽职调查的作用就是通过各种形式的调查，包括书面资料审阅、人员访谈、客户走访、政府相关部门查证等，确认对方提交的信息是否准确，是否存在虚假记载、误导性陈述、重大遗漏等，从而为后续的交易谈判、文件起草等工作奠定基础。

第三，确保交易合规性。尽职调查主要解决两方面的合规性问题：一是通过调查要查清楚交易对象历史上存在的纠纷及各种处罚（如税务欠款处罚、社保处罚、外汇处罚、行业主管部门处罚等），以及预测是否有潜在的纠纷及处罚，以此判断是否存在重大违法行为，在一些特定交易中，如果交易对方存在重大违法行为，可能会影响交易的顺利进行。二是要确保交易过程符合法律法规及内部公司章程的规定，包括是否取得各种必要的批准和授权，如果完成交易，还需要哪些政府部门批准，以及取得此类批准的难度和障碍等。

第四，有利于交易谈判。尽职调查是一个持续的过程，甚至直到谈判结束、准备签署股权交易文件的那一刻尽职调查也不应该停止（形式不限），通过调查发现的风险、问题及障碍都是谈判中的重要问题，有时甚至是一方换取有利交易条件的砝码。因此，尽职调查的阶段性成果可能会对决定交易是否要继续进行，以及争取怎样的谈判条件有着重要的作用。

二、目标公司商务尽职调查的总体路径

（一）确定目标公司的"质地"

1. 天花板①

在进行投资之前，要针对不同情况给出相应的投资策略，在判断上，既要重视行业前景，也必须关注企业素质，即探寻了解一家公司的行业地位和未来想象空间，重点是明确：其一，行业有没有天花板；其二，面对天花板，企业都做了些什么。

（1）行业的天花板尚不明确的行业。这些行业要么处在新兴行业领域，需求正在形成，并且未来的市场容量难以估计，如新型节能材料，要么属于快速消费产品，如提高人类生活质量、延长人类寿命的医药产品和服务。这类行业历来都是伟大企业的摇篮，牛股层出不穷，要重点挖掘那些细分行业里具备领军地位的优秀企业，即小行业里的大公司。

（2）产业升级创造新的需求，新的天花板尚未或正在形成的行业。这些行业通常已经比较成熟，其投资机会在于技术创新带来新需求。创新会打破原有的行业平衡，创造出新的需求。关注新旧势力的平衡关系，代表新技术、新生产力的企业将脱颖而出，其产品和服务将逐步取代甚至完全取代旧的产品，如特斯拉电动车和苹果的创新对各自行业的冲击。

（3）已经达到天花板的行业，即极度饱和的行业（如钢铁行业）。投资机会来自于具有垄断经营能力的企业低成本兼并劣势企业，扩大市场份额，降低产品生产和销售的边际成本，从而进一步构筑市场壁垒，获得产品的定价权。如果兼并不能做到边际成本下降就不能算是好的投资标的。判断行业拐点或需求拐点是关键，重点关注那些大型企业的并购机会，如那些在行业萧条期末端仍有良好现金流、极具竞争能力的企业在大量同类企业纷纷陷入困境之时极具潜在的投资价值。

2. 商业模式

商业模式是指企业提供哪些产品或服务，企业用什么途径或手段向谁收费来赚取商业利润。研究商业模式的意义在于：其一，这是不是个好生意？其二，这样的生意能够持续多久？其三，如何阻止其他进入者？三者分别对应商业模式、核心竞争力和商业壁垒。商业模式、核心竞争力和商业壁垒三位一体构成公司未来投资价值：商业模式是指企业的盈利模式；核心竞争力是指实现商业模式的能力；商业壁垒是指通过努力构筑的阻止其他公司进入的代价。

---

① 天花板是指企业或行业的产品（或服务）趋于饱和、达到或接近供大于求的状态。

百度的盈利模式是搜索流量变现。搜索技术的不断进步是其核心竞争力，先发优势构筑的巨大数据库和大量的应用软件是其商业壁垒；以免费杀毒为入口，获取流量变现是奇虎三六零的商业模式，强大的研发能力、快速的服务响应能力是其核心竞争力，快速累积巨大的用户群构成竞争壁垒。奇虎三六零利用巨大的用户量努力进入搜索领域，但是一直没有看到突破性的技术进展可以挑战百度累积的巨大数据和商业壁垒，所以相比之下，它尚未具备颠覆百度的能力。

通常来说，我们尽可能投资那些用一句话就能说清楚商业模式的企业。商业模式进一步分析涉及企业所处的产业链的地位如何，是处在产业链的上游、中游还是下游；在整个产业链中有哪些不同的商业模式，其关键的区别是什么，哪些是最有定价权的企业，原因是什么；企业与客户的关系是否具备很强的黏性；等等。这些决定该商业模式能否成功。

3. 企业的核心竞争力

优秀的企业关键是具备构筑商业模式相应的核心竞争力。核心竞争力的内容包含股东结构、领军人物、团队、研发、专业性、业务管理模式、信息技术应用、财务策略、发展历史等。

4. 经济护城河

护城河是一种比喻，通常用它来形容企业抵御竞争者的诸多保障措施。上面所述的核心竞争力是护城河的重要组成部分，但不是全部，我们还可以通过如下一些指标或条件来确认企业护城河的真假和深浅：回报率、转化成本、网络效应、成本与边际成本、品牌效应以及企业采取了哪些措施来保持以上这些优势（护城河）不被侵蚀。

5. 成长性

成长性侧重于未来的成长，而不是过去，要从天花板理论上看远景。成长性需要定性分析，而无法精确地定量分析。对于新兴行业来说，历史数据的参考意义不大。而对于成熟行业来说，较长时间的历史数据（最好涵盖一个完整的经济周期）能够提供一些线索，作为参考还是很有必要的。

6. 回报率[①]

回报率测算方法包括 ROE（股东权益回报率，或净资产收益率）、ROA（总资产回报率）、ROIC（投入资本回报率）、杜邦法、波特五力法、SWOT 法等。

7. 安全性

现金流是评估企业竞争力的关键，因为利润可以被粉饰，其结果的水分较多。经营现金流持续为正的企业具备研发和投资实力。这大致可分为以下四种情况：

（1）现金增加值和经营现金流都是正值。这说明企业很安全。

（2）现金增加值为正值或者相抵，经营现金流为负值。这表明筹资、发债或者银行借款的现金流入抵消了经营现金支出，企业还算稳健，须结合利率水平评估企业有可能存在

---

① 回报率指标的计算方法参考智库百科或相关教科书。需要注意的是，在计算过程中须对涉及净利润和净资产的项目进行拆解，获取属于经营活动的真实数值。净资产的拆解分析中必须剔除资产项中与企业经营活动无关的内容。

的财务风险。

（3）现金增加值和经营现金流都为负值。这表明公司存在财务问题。当然，对于一家公司的判断，还要看其发展趋势及其核心竞争力和市场壁垒。如果它是传统型企业，还是规避为好。

（4）现金增加值为负值，但经营现金流为正值。这说明企业有投资、研发或者还债支出。这种情况须具体分析，重点要判断消耗现金的主因是哪一部分（投资还是筹资），最不理想的状况是现金仅仅用于还债，投资价值不大。

（二）估值

1. 企业的商业模式决定了估值模式

（1）对于重资产型企业（如传统制造业），以净资产估值方式为主，盈利估值方式为辅。

（2）对于轻资产型企业（如服务业），以盈利估值方式为主，净资产估值方式为辅。

（3）对于互联网企业，以用户数、点击数和市场份额为远景考量，以市销率为主。

（4）对于新兴行业和高科技企业，以市场份额为远景考量，以市销率为主。

2. 市值与企业价值

无论使用哪一种估值方法，市值都是一种最有效的参照物。市值＝股价×总股份数，市值的意义不等同于股价的含义。

市值被看作市场投资者对企业价值的认可，侧重于相对的量级而非绝对值的高低。国际市场上通常以 100 亿美元市值作为优秀的成熟大型企业的量级标准，500 亿美元市值则是一个国际化超大型企业的量级标准，而千亿美元市值则象征着企业有至高无上的地位。市值的意义在于量级比较，而非绝对值。

市值比较。常见的市值比较参照物：其一，同股同权的跨市场比价，即同一家公司在不同市场上的市值比较，如 AH 股比价；其二，同类企业市值比价，即主营业务基本相同的企业比较，如三一重工与中联重科比较；其三，相似业务企业市值比价，即主营业务有部分相同，须将业务拆分后做同类比较，如上海家化与联合利华比较。

企业价值＝市值＋净负债。企业价值的绝对值参考意义不大，它通常与盈利指标组合，用来反映企业盈利、净负债与市值之间的关系。例如，EBITDA／EV 指标用来比较相近企业价值的企业的获利能力。

3. 估值方法

常用的估值方法，详见本书的第八章。

（三）安全边际

1. 市场利率

（1）利率水平体现了市场融资成本，也是衡量市场资金面的有效指标。

（2）利率双轨制。由于制度因素，我国的利率尚未完全市场化，因此存在官方利率和民间利率并行存在的状况。官方利率（银行利率）并不能完全反应市场的真实融资成本和资金供需关系。

（3）一年期银行定期存款利率被认为是中短期无风险收益的参考标准，其倒数代表了当前市场静态市盈率。当股票市场综合市盈率低于此数值时，则表示投资于股票市场能够获得更高的收益。

（4）上海银行间拆放利率（Shanghai Interbank Offered Rate，Shibor）与国债回购利率比较真实地反映了市场资金面的波动，具有较强的实践参考意义。因此，这两个利率指标通常被视作短期无风险收益率的参考标准，它们的倒数反映了市场的动态市盈率范围。

（5）银行的理财产品收益率也是一个非常好的市场无风险收益率的参考标准。

（6）上述各种市场利率的综合值体现了市场整体资金的安全边际，它直接或间接地影响着投资人的风险偏好。

2. 利率估值法

（1）利率估值法。"买入价格决定收益率"。收益率=收益/买入价格，把计算公式转换一下，即买入价格=收益/收益率。这个等式告诉投资人这样一个事实：假设一家公司的收益是每股0.3元，要获得相当于市场无风险收益的水平（假设为4%），那么买入股票的价格必须低于7.5元（买入价格=0.3/0.04=7.5）。换而言之，当股价低于7.5元时，投资者就能够获得高于市场利率的收益。7.5元这个计算结果可以被认为是该股票的安全边际值。

（2）多重利率估值法。把一年期银行存款利率、长期Shibor利率、国债回购利率、银行理财利率分别代入公式，便可得出一个相对合理的无风险收益率区间。这个区间代表了市场的安全边际范围，数值的高低直接影响投资者的资产配置策略，也间接地影响市场整体资金的去向。

3. 折扣与溢价

估值须根据具体的行业和企业特性来确定，使用市盈率、市净率、市销率，还是格雷厄姆估值法或利率估值法，无论哪一种估值方法，根据"买入价格决定收益率"原理，买入价格越低，则未来收益率就越高。

（1）分档进出原则。没有人能够精确计算股票的价值，也没有人能买在绝对的低点，卖在绝对的高点。因此，适当放大安全边际和分档进出的原则是最有效的操作策略，可以做到既不错失机会，也不易深套。

（2）分档进出策略。根据估值设置分档进出策略适合于具有长期稳健财务特征的企业。举例来说，某企业长期最低市净率区间为1.2倍左右，激进者可以在1.5倍市净率时做分档买入计划，如1.5倍、1.3倍、1.1倍、1.0倍、0.9倍等。分档放大安全边际的目的是"不错失，不深套"，具体的分档情况视情况而定。

与买入策略相反，假设某企业长期最高市盈率区间为20倍，可以从18倍市盈率（0.9倍溢价）开始设置分档卖出计划，如0.9倍溢价、1.0倍溢价、1.1倍等。

（3）简单的资金管理策略。分档进出可以是等量进出，也可以是金字塔式买入、倒金字塔型卖出。从风险控制的角度上说，单一股票的持仓不应超过账户总资产的30%。

（四）底部与顶部

1. 双击与双杀

每股收益体现了企业的盈利情况，市盈率反映出投资人对企业盈利状况的预期，前者是现实，后者是愿景。戴维斯双击是指在市场低迷之时，在每股收益和市盈率相对低位并预计企业将出现盈利拐点之前买入股票，待其盈利好转。当商业景气回暖、企业每股收益回升，并且伴随着市场预期好转、市盈率逐步走高时，现实和愿景同步上升，能够为投资者带来股价的倍乘效应，获得巨大的投资回报。

将上述情况反过来就是戴维斯双杀。戴维斯双击、双杀很难量化，往往在数据上体现出来之时，股价已经面目全非。因此，需要结合信息分析提前做出判断，这是难点，也是最能检验投资者功力的部分，当然其中必然有迹可循。

2. 好股不怕等三年

对于一个优质的企业，我们需要做的就是持续关注和等待，等待市场错配的机会。这种机会需要完美的、多方面的因素共振配合，包括市场综合因素、行业景气度和黑天鹅事件等等。对于稳健的投资者而言，戴维斯双击的机会是千载难逢的，至少是数年才有一次。一旦双击成功，股价将会上涨至少 1 倍，优质的领头羊企业有可能上涨数倍或数十倍。一旦错过双击买入的机会，股价也许就再也没有可能回到双击前的水平。做投资的乐趣就在于寻找这样的股票，享受复利。

3. 主流偏见

舆论是市场情绪的放大器，尤其是那些具有一定市场地位的大机构的观点具有翻云覆雨的巨大力量，其影响甚至是灾难性的。这部分具有巨大市场影响力的舆论也被称为"主流偏见"。主流偏见会引导市场共识，对主流偏见的方向性解读是成熟投资者的基本功。索罗斯的反身性理论认为，主导价格趋势的主要力量是主流偏见。主流偏见的根源是对基本面（事实）过于乐观或过于悲观的预期，其根基还是基本面。研究基本面是寻找价值的平衡点，只不过市场的钟摆从来不会在平衡点停下来，总是在其左右晃动。正是因为市场的钟摆效应，才为有准备的投资者提供了机会。

股票价值的根基是企业基本面，当主流偏见与基本面出现严重背离，市场的钟摆开始修正转向时，价格回归的强烈作用力会导致股价的极端形态。主流偏见既是市场钟摆的加速器，也会对其产生阻尼作用，最终导致转向。对于投资者而言，敏锐的方向感极其重要。

4. 转向的迹象

公司价值底部与顶部调查，即转向的迹象调查如表 5-15 所示。

表 5-15　公司价值底部与顶部调查——转向的迹象调查

调查项目	调查主要内容
有价值的信息	①新闻舆论开始出现反向口吻；②有没有更极端的情况出现；③宏观环境和市场资金面发生变化；④主流偏见的口气不再那么坚定，出现意见不合的情况
企业管理层开始行动	①回购或抛售本公司股票；②企业发展目标发生变更；③领导者有利或不利的言论和举动
财务数据验证	①收入是利润的先行指标；②收入的含金量变化；③运营资本的变化
市场数据验证	①股价到达历史最低（高）估值区间；②图形出现极端走势；③成交量出现剧烈变化；④融资融券出现剧烈变化

三、目标公司商务尽职调查实务要点

（一）公司背景调查

1. 公司历史演变调查

公司历史演变调查如表 5-16 所示。

表 5-16　公司背景调查——公司历史演变调查

	主要内容
调查目标	①了解公司历史上的重大事件，调查其对公司的发展、演变和企业文化形成的重大影响；②对公司成立时间较长的企业，其历史演变较为复杂，着重考察企业历史演变、发展的逻辑合理性
调查程序	①获取公司所在行业管理体制历次改革的有关资料，调查行业管理体制的变化对公司的影响；②获取公司历次产品、技术改造、管理能力等方面的变动及获奖情况的有关资料，判断公司核心竞争力在行业内地位的变化；③调查公司历史上有重大影响的人事变动，判断核心管理者的去留可能对公司产生的重大影响；④审查公司历史上是否存在重大的违反法规行为以及受到重大处罚的情况，判断其影响是否已经消除
调查结论	①公司历史演变定性判断（复杂与否）；②历史演变对公司未来发展有无实质性影响（体制、人员、技术演变）

2. 股东变更情况调查

股东变更情况调查如表 5-17 所示。

表 5-17　公司背景调查——股东变更情况调查

	主要内容
调查目标	①股东是否符合有关法律、法规规范；②公司股东变更的行为和程序是否合法、规范

	主要内容
调查程序	①编制公司股本结构变化表；检查公司历次股份总额及其结构变化的原因及对公司业务、管理和经营业绩的影响；②取得公司的股东名册，查看发起人或股东人数、住所、出资比例是否符合法律、法规和有关规定；③追溯调查公司的实际控制人，查看其业务、资产情况是否对公司的产、供、销以及市场竞争力产生直接或间接的影响；④检查公司自然人持股的有关情况，关注其在公司的任职及其亲属的投资情况，若单个自然人持股比例较大，还应检查是否存在其他人通过此人间接持股的情况，以及可能引起潜在的股权纠纷；⑤检查公司是否发行过内部职工股，是否有工会持股或职工持股会持股；⑥调查公司的股份是否由于质押或其他争议而被冻结或被拍卖而发生转移，并导致股权架构发生变化；⑦获取公司与股本结构变化有关的验资、评估和审计报告，审查公司注册资本的增减变化以及股本结构变化的程序是否合乎法律规范，若涉及国有企业，股权变革是否有批复文件；⑧相关股东变更资料以取得当地工商资料为准
调查结论	①股东及实际控制人是否有较大变化；②自然人持股在公司任职及外部任职情况；③股本变动的验资、评估及审计是否齐全，若涉及国有企业，股权变革是否有批复文件

3. 公司治理结构调查

公司治理结构调查如表 5-18 所示。

表 5-18　公司背景调查——公司治理结构调查

	主要内容
调查目标	①公司章程及草案是否合法、合规；②股东大会、董事会、监事会的设立、运作的实质性判断；③董事、监事、高级管理人员任职及变动是否合法合规
调查程序	①查阅股东大会的会议记录、董事会的会议记录，确定公司章程及草案的制定和修改过程是否履行了法定程序，其内容是否与《公司法》等相抵触；②确认公司是否具有健全的股东会、董事会、监事会的议事规则及其合规性；③查阅公司历次的股东会、董事会、监事会的会议记录，确认其决议内容，尤其是确认董事会的对外担保、重大投资、融资及经营决策是否符合公司章程的规定，并通过会议记录了解公司重要管理人员的变化；④确认董事、经理是否挪用公司资金或者将公司资金借贷给他人，是否以公司资产为本公司的股东或者其他个人债务提供担保，是否自营或者为他人经营与公司同类的业务或者从事损害公司利益的其他活动；⑤考察公司高级管理人员的激励与约束机制，如设置股票期权，判断这些机制是否有利于吸引人才，保持高级管理人员的稳定

4. 组织架构调查

组织架构调查如表 5-19 所示。

表5-19 公司背景调查——组织架构调查

	主要内容
调查目标	①全面了解公司主要股东（追溯到实际控制人）及整个集团的所有相关企业的业务和财务情况，查找可能产生同业竞争和关联交易的关联方；②了解公司内部组织架构模式的设置对公司实现经营管理目标的影响
调查程序	①画出整个集团的组织构架图，标明各经营实体之间的具体组织联系；②画出公司组织架构设置图，并以实线和虚线标明各机构之间的权力和信息沟通关系，分析其设计的合理性和运行的有效性；③与管理层有关人员进行讨论，进一步获得公司组织架构设置方面和运行方面的资料

5. 管理团队调查

管理团队调查如表5-20所示。

表5-20 公司背景调查——管理团队调查

	主要内容
调查目标	①主要管理层（包括董事会成员、监事会成员、总裁、副总裁以及财务总监等高级管理人员）是否正直、诚信；②主要管理层是否具有与发展公司需要相匹配的开拓精神和经营管理能力；③了解关键管理人员的选聘、考核和离职情况及其程序是否合法，了解公司与主要管理人员有关的激励和约束机制及其对公司经营和长远发展的影响
调查程序	①取得主要管理人员学历和从业经历概况，对核心人员要取得其详细资料，尤其要关注主要成员在本行业的执业经验和记录；②与公司主要管理人员就企业发展、公司文化、竞争对手、个人发展与公司发展的关系等主题进行单独的会谈；③调查过去三年中公司关键管理人员离职的情况，调查其辞职的真实原因；④调查公司董事是否遵守"竞业禁止"的规定；⑤与公司职员进行交流，获取其对管理团队以及企业文化贯彻情况的直观感受；⑥调查公司内部管理制度及规定、年度经营责任书，了解公司是否制定经济责任考核体系，以及考核体系的落实情况；⑦了解公司为高级管理者制订的薪酬方案，高级管理者持有的股份及其变动情况；⑧调查主要管理者是否有不适当的兼职，并说明兼职是否会对其工作产生影响

6. 业务发展战略与目标调查

业务发展战略与目标调查如表5-21所示。

表5-21 公司背景调查——业务发展战略与目标调查

	主要内容
调查目标	①调查公司业务发展目标与现有业务的关系；②调查公司业务发展目标实现的可行性和风险

续表

	主要内容
调查程序	查阅公司的发展规划、年度工作计划等资料，或与经营决策层访谈，得到以下的信息：①公司发展目标及定位，包括长远发展战略、具体业务计划；②公司发展目标与现有业务间的关系；③公司实现业务发展目标中可能存在的潜在风险，包括法律障碍等；④公司执行未来发展计划的主要经营理念或模式、假设条件、实现步骤、面临的主要问题等

（二）行业和业务经营调查

1. 行业及竞争者调查

行业及竞争者调查如表5-22所示。

表5-22　行业和业务经营调查——行业及竞争者调查

	主要内容
调查目标	①公司所处行业的现状及发展前景；②公司所处行业发展驱动因素与本质；③公司提供的产品（服务）较之同行业的竞争地位；④公司主要经营活动的合法性
调查程序	①查阅权威机构的统计资料和研究报告，调查公司所处行业国内外的发展现状与前景，分析影响其行业发展的有利、不利因素；②调查公司所处行业内企业是否受到国家宏观控制，如果是，其产品定价是否受到限制，是否享受优惠政策；③调查公司所处行业产业链情况，公司所处链条环节情况；④了解公司所处行业的进入壁垒，包括规模经济、资本投入、技术水平、环境保护或行业管理机构授予的特许经营权等方面，分析其对公司核心竞争力的影响；⑤了解公司所处行业的整体特征，以及是否属于资金、技术、劳动密集型产业，了解该行业对技术（或对资金、劳动力等要素）的依赖程度以及技术的成熟度，了解行业公司是否需要大量的研发支出、巨额的广告营销费用以及应收账款周转快慢，了解产品价格的变动特征、出口占总销售的比例等方面；⑥调查公司近三年内销售产品所处的生命周期阶段，是处于导入期、成长期、成熟期、衰退期中的哪个阶段，调查公司产品的寿命；⑦查阅国家的产业结构调整政策、公司相关财务资料和发展规划文件，获取或编制公司最近几个会计年度主要产品产销量明细表，了解公司产品结构构成，了解公司未来产品结构调整的方向；⑧查阅权威机构的研究报告和统计资料，调查影响公司产品需求的相关因素以及产品需求的变化趋势，分析未来几年该产品的需求状况、市场容量，获取公司所处行业该产品的现有生产能力、未来几年生产能力的变化数据，了解所处行业是否因过多受到国家政策、技术进步、可替代产品的冲击等外部因素影响而具有较大的脆弱性；⑨对公司产品价格变动做出预测；⑩调查可替代产品的价格和供应状况，调查公司产品目前或在可合理预计的将来多大程度上受到同类进口产品的冲击；⑪对公司现有与潜在的竞争者进行调查，应包括但不限于整个产品市场容量、竞争者数量、公司与市场竞争者各自的市场份额，对公司与竞争者的比较应包括相对产品质量、相对价格、相对成本、相对的产品形象及公司声誉等，对公司目前、未来的市场地位做出描述和判断；⑫利用各大证券报、主要证券类网站披露的公开信息，与已上市公司进行比较分析，选择5~10家产品结构、生产工艺相同的公司，以这些公司近几年的数据为基础，至少在生产能力、生产技术的先进性、关键设备的先进性、销售收入、销售的地理分布、主要产品销售价格与主营业务利润率、行业平均销售价格与主营业务利润率等方面进行比较

2. 采购环节业务调查

采购环节业务调查如表5-23所示。

表 5-23　行业和业务经营调查——采购环节业务调查

	主要内容
调查目标	①调查公司供应方市场、采购政策及主要的供应商；②调查公司采购业务涉及的诉讼及关联交易
调查程序	①调查供应方市场的竞争状况，是竞争还是垄断，是否存在特许经营权等方面因素使得供应方市场有较高的进入壁垒；②与采购部门人员、主要供应商沟通，调查公司生产必需的原材料、重要辅助材料等的采购是否受到资源或其他因素的限制；③了解公司主要的供应商（至少前五名），计算最近三个会计年度公司向主要供应商的采购金额、占公司及同类原材料采购金额及总采购金额的比例，是否存在严重依赖个别供应商的情况；④与采购部门人员、主要供应商沟通，调查公司主要供应商与公司的地理距离，分析最近几年原材料成本构成，关注运输费用占采购成本的比重；⑤与采购部门人员沟通，了解公司是否建立了供应商考评制度；⑥调查公司与主要供应商的资金结算情况，是否及时结清货款，是否存在以实物抵债的现象；⑦查阅权威机构的研究报告和统计资料，调查公司主要原材料的市场供求状况，查阅公司产品成本计算单，定量分析主要原材料、动力涨价对公司生产成本的影响；⑧与采购部门与生产计划部门人员沟通，调查公司采购部门与生产计划部门的衔接情况，关注是否存在严重的原材料缺货风险和原材料积压风险；⑨与主要供应商、公司律师沟通，调查公司与主要供应商之间是否存在重大诉讼或纠纷；⑩如果存在影响成本的重大关联采购，判断关联采购的定价是否合理，是否存在大股东与公司之间的利润输送或资金转移的现象

3. 生产环节业务调查

生产环节业务调查如表 5-24 所示。

表 5-24　行业和业务经营调查——生产环节业务调查

	主要内容
调查目标	①调查公司的生产工艺、生产能力、实际产量；②调查公司的生产组织、保障；③成本分析；④调查公司生产的质量控制、安全、环保
调查程序	①调查公司生产过程的组织形式，是否属于个别制造或小批量生产、大批量生产或用装配线生产或用流水线生产；②了解公司各项主要产品生产工艺，获取公司产品生产工艺流程图，调查公司在行业中工艺、技术方面的领先程度；③调查公司主要产品的设计生产能力、最近几个会计年度的实际生产能力以及主要竞争者的实际生产能力，进行盈亏平衡分析，计算盈亏平衡时的生产量，并与各年的实际生产量比较；④与生产部门人员沟通，调查公司生产各环节中是否存在瓶颈，是否存在因某种原材料的供应、部分生产环节的生产不稳定或生产能力不足而制约了企业的生产能力；⑤与生产部门人员沟通，调查公司的生产是否受能源、技术、人员等客观因素的限制；⑥采用现场勘察的方法，调查公司主要设备的产地、购入时间、机器设备的成新率，其是否处于良好状态、预计尚可使用的时间，调查现有的生产能力及利用情况，是否有大量闲置的设备和生产能力；⑦调查公司是否存在设备抵押贷款的情形，如有，查阅或查询借款合同的条款及还款情况，判断预期债务是否会对公司的生产保障构成影响；⑧横向比较制造成本，即查阅公司历年来产品成本计算单、同类公司数据，分析公司较同行业公司在成本方面的竞争地位；⑨纵向比较制造成本，获取或编制公司最近几个会计年度主要产品（服务）的毛利率、贡献毛利占当期主营业务利润的比重指标，分析公司主要产品的盈利能力，如果某项产品在销售价格未发生重大变化时，某一期的毛利率出现异常，分析单位成本中直接材料、直接人工、燃料及动力、制造费用等成本要素的变动情况，确认成本的真实发生；⑩与公司质量管理部门人员沟通，现场实地考察，查阅公司内部生产管理规定，调查公司的质量控制政策、质量管理的组织设置及实施情况；⑪调查公司保障安全生产的措施，成立以来是否发生过重大的安全事故；⑫了解公司生产工艺中三废的排放情况，查阅省一级的生态环境局出具的函件，调查公司的生产工艺是否符合有关环境保护的要求，调查公司最近三年是否发生过环境污染事故，是否存在因环保问题而被处罚的情形；⑬查阅省一级的质量技术监督局文件，调查公司产品是否符合行业标准，是否因产品质量问题受过质量技术监督部门的处罚

4. 销售环节业务调查

销售环节业务调查如表5-25所示。

表5-25　行业和业务经营调查——销售环节业务调查

	主要内容
调查目标	①调查公司营销网络的建设及运行情况；②调查公司产品商标的权属及合规性；③调查公司销售回款、存货积压的情况；④调查公司销售业务涉及的诉讼及关联交易
调查程序	①了解公司的分销渠道，对自营零售的，调查公司销售专卖店的设置，而对通过批发商进行销售的，调查经销或代理协议，是否全部委托销售代理而导致销售失控；②查阅国家知识产权局商标局的商标注册证，调查公司是不是其主要产品的商标注册人；③查阅国家市场监督管理总局或省一级的质量技术监督局的证明或其他有关批复，调查公司的产品质量是否执行了国家标准或行业标准，以及近三年是否因违反有关产品质量和技术监督方面的法律法规而受到处罚；④是否存在假冒伪劣产品，打假力度如何；⑤调查公司的主要竞争者及各自的竞争优势，从权威统计机构获取公司产品与其主要竞争者产品的市场占有率资料；⑥获取或编制公司近几个会计年度各项产品占销售总收入比重明细表、各项产品产销率明细表；⑦获取公司近几个会计年度对主要客户（至少前五名）的销售额及其占年度销售总额的比例及回款情况，调查其客户基础是否薄弱，是否过分依赖某一客户而连带受到客户所受风险的影响，分析其主要客户的回款情况，是否存在以实物抵债的现象；⑧获取近几个会计年度按区域分布的销售记录，分析公司销售区域局限化现象是否明显，产品的销售是否受到地方保护主义的影响；⑨是否存在会计期末销售收入的异常增长，采取追查至会计期末几笔大额的收入确认凭证、审阅复核会计师期后事项的工作底稿等程序，判断是否属于虚开发票、虚增收入的情形；⑩是否存在异常大额的销售退回，查阅销售合同、销售部门与客户对销售退回的处理意见等资料，判断销售退回的真实性；⑪测算公司最近几个会计年度的应收账款的周转率，调查公司坏账、呆账风险的大小；⑫对于销售集中于单个或少数几个大客户的情况，需追查销货合同、销货发票、产品出库单、银行进账单，或用函证的方法以确定销售业务发生的真实性，而如果该项销售系出口，尚需追查出口报关单、结汇水单等资料，以确定销售业务发生的真实性；⑬查阅会计师的工作底稿，调查是否存在大量的残次、陈旧、冷背、积压的存货，与会计师沟通存货跌价准备是否足额计提，计算公司最近几个会计年度产成品周转率，并与同行业可比公司比较；⑭抽查部分重大销售合同，检查有无限制性条款，如产品须经安装或检修、有特定的退货权、采用代销或寄销的方式；⑮调查关联销售的情况，如果存在对主营业务收入有重大贡献的关联销售，抽查不同时点的关联销售合同，获取关联销售的定价数据，分析不同时点的销售价格的变动，并与同类产品当时市场公允价格比较，如果存在异常，则分析其对收入的影响，分析关联销售定价是否合理，是否存在大股东与公司之间的利润输送或资金转移的现象

5. 技术与研发调查

技术与研发调查如表5-26所示。

表5-26　行业和业务经营调查——技术与研发调查

	主要内容
调查目标	①调查公司专利、非专利技术；②调查公司研发机构、人员、资金投入；③调查公司正在研发的项目

	主要内容
调查程序	①了解公司的行业技术标准，是否有国家标准、国际标准；②调查公司核心技术的选择，调查公司较同行业其他企业在技术方面的领先程度，关注其核心技术是否为其他新技术所取代；③获取公司专利技术、非专利技术等权利证书和在有权管理部门的登记文件以及相关协议，了解公司的专利技术、非专利技术有哪些，了解公司核心技术的来源，是属于自主开发还是股东投资、购买或拥有使用权，调查公司对于上述技术拥有的权限，并且关注公司是否存在与上述技术相关的重大纠纷，核心技术是否超过法律保护期限；④了解公司是否建立了相应的机制，保障与主要产品生产相关的非专利技术不被泄露；⑤了解研发机构设置，获取公司目前的研发人员构成、近几年用于研发的支出、研发支出占销售收入的比重等数据；⑥了解公司是否存在与科研院所的合作开发项目，有哪些机构，合作项目有哪些，合作方式、合作项目的进展情况；⑦了解公司研究人员的薪酬情况，包括公司核心技术人员的薪酬水平，公司主要竞争者（国内、国外公司）同类技术人员的薪酬水平，了解公司研究人员历年来的流失情况，公司是否实行了包括股权激励的其他激励措施；⑧调查公司新产品研究开发周期（从产品开发到进入市场的周期），主要研发项目的进展情况，并对项目的市场需求做出描述

6. 商业模式调查

商业模式调查如表5-27所示。

表5-27　行业和业务经营调查——商业模式调查

	主要内容
调查目标	①行业商业模式的演变与创新；②公司现有商业模式及未来创新模式；③通过商业模式了解与评估企业价值
调查程序	①结合公司所处行业发展历程及行业内的企业商业模式演变发展，分析行业内商业模式演变历程，以及未来新的创新商业模式；②通过公司高管访谈及采购、生产、销售、研发等情况及公司发展战略资料了解公司现有的商业模式，以及行业内是否具有创新性，其商业模式其他企业是否能够容易模仿和超越；③确认公司未来商业模式的发展方向，以及对商业模式创新采取的准备行动；④结合公司商业模式的定位，以及行业内的标杆企业对比，评估公司未来的价值

（三）法律调查

1. 独立性调查

独立性调查如表5-28所示。

表5-28　法律调查——独立性调查

	主要内容
调查目标	公司与具有实际控制权的法人或其他组织及其关联企业是否做到人员、财务、机构、业务独立以及资产完整

	主要内容
调查程序	①公司的业务是否独立于股东单位及其他关联方，即获取股东单位及其他关联方的营业执照、公司与关联方签订的所有业务协议，检查公司与关联方的业务是否存在上下游关系；②公司是否具有独立、完整的供应、生产、销售系统，即调查公司的部门设置，检查原材料的采购部门、生产部门、销售部门是否与关联方分开，检查发起人与关联方的采购人员、生产人员、销售人员是否相互独立，有无兼职现象，检查所有采购、销售或委托加工协议，确认是否存在委托关联方采购、销售或委托加工的情况，获取公司的采购、销售账户，检查原材料的采购、货物销售是否与关联方账务分离；③如果供应、生产、销售环节以及商标权等在短期内难以独立，公司与控股股东或其他关联方是否以合同的形式明确双方的权利、义务关系，即获取公司与控股股东或其他关联方签订的《综合服务协议》《委托加工协议》《委托销售协议》《商标许可协议》《其他业务合作或许可协议》，这些协议是否明确了双方的权利、义务；④拥有的房产及土地使用权、商标、专利技术、特许经营权等无形资产的情况，即获取产权证书、土地使用证书、商标注册证明、专利证书、特许经营证书等，其所有人、使用者是否合法；⑤公司有无租赁房屋、土地使用权等情况，租赁是否合法有效，即检查有关房屋、土地其所有权证明，有租赁的，对相关租赁协议进行检查；⑥检查主要设备的产权归属，即检查固定资产账户，对其产权归属进行调查，并调查有无抵押发生；⑦是否存在产权纠纷或潜在纠纷；⑧公司对其主要财产的所有权或使用权的行使有无限制，是否存在主要财产被担保或者其他权利受限制的情况；⑨是否存在"一套人马、两块牌子"，混合经营、合署办公的情况；⑩控股股东和政府部门推荐董事和经理人选是否通过合法程序进行，公司董事长是否不由主要股东或控股股东法定代表人兼任，公司经理、副经理、财务负责人、营销负责人、董事会秘书等高级管理人员是否在本单位领取薪酬，是否不在股东单位兼职；⑪公司是否已按有关规定建立和健全了组织机构，是否与控股股东相互独立；⑫公司是否设立了独立的财务会计部门，是否建立了独立的会计核算体系和财务管理制度（包括对子公司、分公司的财务管理制度）；⑬是否不存在控股股东违规占用（包括无偿占用和有偿使用）公司的资金、资产及其他资源的情况，如有，需说明原因；⑭公司是否独立在银行开户，是否存在与控股股东共用银行账户的情况；⑮公司是否存在将资金存入控股股东的财务公司或结算中心账户的情况；⑯检查控股股东的财务公司或结算中心账户，检查公司与控股股东的往来账项；⑰获取公司与控股股东的税务登记证，检查公司是否依法独立纳税；⑱与财务部门有关人员进行沟通，检查公司有关财务决策制度，看公司是否能够独立做出财务决策，是否存在控股股东干预公司资金使用的情况

2. 同业竞争调查

同业竞争调查如表5-29所示。

表5-29　法律调查——同业竞争调查

	主要内容
调查目标	是否存在同业竞争，是否采取了有效措施避免同业竞争
调查程序	①检查公司与控股股东及其子公司的经营范围是否相同或相近，是否在实际生产经营中存在同业竞争；②如果存在或可能存在同业竞争，公司是否采取了有效措施避免同业竞争，如签署有关避免同业竞争的协议及决议，如有，需审查该协议或决议有无损害公司利益的条款，并调查有无其他有效避免同业竞争的措施。如针对存在的同业竞争，通过收购、委托经营等方式，将相竞争的业务纳入公司，或者竞争方将业务转让给无关联的第三方，或者公司放弃与竞争方存在同业竞争的业务，或者竞争方就解决同业竞争以及今后不再进行同业竞争做出的有法律约束力的书面承诺，同时查阅公司的股东协议、公司章程等文件，是否有在股东协议、公司章程等方面做出的避免同业竞争的规定

3. 关联方及关联交易调查

关联方及关联交易调查如表 5-30 所示。

表 5-30　法律调查——关联方及关联交易调查

	主要内容
调查目标	①关联交易是否公允，是否损害公司及其他股东的利益；②关联交易是否履行了法定批准程序
调查程序	①关联方及其与公司之间的关联关系调查，即检查所有关联方，包括公司能够直接或间接地控制的企业、能够直接或间接地控制公司的企业、与公司同受某一企业控制的企业、合营企业、联营企业、主要投资者个人或关键管理人员或与其关系密切的家庭成员、受主要投资者个人或关键管理人员或其关系密切的家庭成员直接控制的其他企业，获取公司的主要采购、销售合同，检查公司的主要采购、销售合同的合同方是不是关联方；②调查公司与关联企业是否发生过购买或销售商品，购买或销售除商品以外的其他资产的行为，调查提供或接受劳务、代理、租赁、资金（包括以现金或实物形式的贷款或权益性资金）、担保和抵押、管理方面的合同，研究与开发项目的转移及许可协议，调查关键管理人员报酬；③检查关联交易的详细内容、数量、金额，调查关联交易是否必要，该关联交易是否能够对公司产生积极影响，以及关联交易占同类业务的比重如何；④关联交易定价是否公允，是否存在损害公司及其他股东利益的情况，如果该交易与第三方进行，交易价格如何，检查关联价格与市场价格（第三方）的差异及原因；⑤检查关联交易协议条款，审查其内容是否公允合理，有无侵害公司利益的条款；⑥对关联交易的递增或递减做出评价，并分析原因，同时获取为减关联交易签订的协议、承诺或措施，检查这些承诺或措施的可行性；⑦公司是否为控股股东及其他关联股东提供担保

4. 诉讼、仲裁或处罚

诉讼、仲裁或处罚如表 5-31 所示。

表 5-31　法律调查——诉讼、仲裁或处罚

	主要内容
调查目标	公司是否存在诉讼、仲裁或行政处罚事项，这些事项对公司财务状况、经营成果、声誉、业务活动、未来前景的影响
调查程序	①调查是否具有对财务状况、经营成果、声誉、业务活动、未来前景等可能产生较大影响的诉讼或仲裁事项；②如果有上述事项，需调查提起诉讼或仲裁的原因，诉讼或仲裁请求，可能出现的处理结果或已生效法律文书的执行情况，对财务状况、经营成果、声誉、业务活动、未来前景等可能产生的较大影响

（四）财务调查

1. 资产调查

资产调查如表 5-32 所示。

表 5-32　财务调查——资产调查

	主要内容
调查目标	了解并核实固定资产、在建工程和无形资产
调查程序	第一，了解固定资产规模、类别，并核实期末价值：①取得前三年及最近一个会计期末固定资产、累计折旧及固定资产减值准备明细表，并与会计报表核对是否相符；②调查房屋建筑物的成新度、产权归属；③调查机器设备成新度、技术先进性、产权归属；④了解有无设置抵押的固定资产，并与了解到的借款抵押进行核对；⑤了解并描述计提折旧的方法，并将本期计提折旧额与《制造费用明细表》中的"折旧"明细项核对是否相符；⑥了解并描述固定资产减值准备计提方法，判断减值准备计提是否充分。 第二，了解在建工程规模，若规模较大，进一步调查在建工程价值、完工程度，判断完工投产后对生产经营的影响。 第三，了解并核实无形资产入账依据及价值的合理性：①取得无形资产清单及权属证明；②调查每项无形资产的来源；③判断各项无形资产入账及入账价值的合理性。 第四，关注与生产密切相关的土地使用权、商标权、专利技术等无形资产权利的状况

2. 销售环节财务调查

销售环节财务调查如表 5-33 所示。

表 5-33　财务调查——销售环节财务调查

	主要内容
调查目标	①了解并核实各期主营业务收入、主营业务成本、主营业务利润的真实性；②了解并核实各期期末因销售活动产生的债权、债务的余额
调查程序	第一，主营业务收入、主营业务成本、主营业务利润调查：①取得前三年及最近一个会计期间主营业务收入、成本和毛利明细表，并与前三年及最近一个会计期间损益表核对是否相符；②价格调查，即取得产品价格目录，了解主要产品目前价格及其前三年价格变动趋势，收集市场上相同或相似产品的价格信息，并与本企业进行比较；③单位成本调查，即比较各期之间主要产品单位成本变化幅度，对较大幅度的变动（>10%）应询问原因并证实；④销售数量调查，即比较各期之间主要产品销售数量的变动比率，对较大幅度的变动（>10%）应询问原因并证实；⑤毛利率调查，即比较各期之间主要产品毛利率的变动比率，若变动幅度较大（>10%），应询问原因并核实，并与行业平均的毛利率进行比较，若发现异常，应询问原因并核实；⑥主要客户调查，即取得前三年主要产品的主要客户统计表，了解主要客户，检查主要客户中是否有关联方，对异常客户进一步详细调查。 第二，应收票据、应收账款、坏账准备、预收账款调查：①取得前三年及取近一个会计期末应收票据、应收账款、坏账准备、预收账款余额明细表，检查大额应收票据、预收账款、应收账款的客户是否为主要客户明细表中的主要客户，若不是公司主要客户，询问原因；②结合销售结算方式，判断各客户账龄是否正常，对异常情况要查明原因，对长期挂账款项要判断可回收性；③了解前三年坏账准备计提方法是否发生变化，并了解变化的原因，结合账龄分析，判断坏账准备计提是否充分；④计算应收账款周转率，与同行业进行比较，异常情况要进一步调查原因。 第三，营业费用调查，即计算各期之间营业费用变化比率，结合销售收入的变动幅度，分析营业费用变动幅度是否正常，对异常情况应询问原因并证实

3. 采购与生产环节财务调查

采购与生产环节财务调查如表5-34所示。

表5-34 财务调查——采购与生产环节财务调查

	主要内容
调查目标	①了解企业生产能力利用率、产销比率；②了解并核实各期期末存货价值；③了解并核实各期期末采购活动产生债权、债务的余额；④了解并核实各期期末应付工资及福利费
调查程序	①了解前三年及最近一个会计期间主要产品生产能力利用率、产销比率，初步判断生产经营情况是否正常，即取得前三年及最近一个会计期间主要产品生产能力、产量、销量统计表，结合产量判断生产设备利用情况，结合产量、产成品库存计算产销比率；②了解并核实各期期末存货价值，为核实年销售总成本提供依据；③了解并核实各期期末采购活动产生债权、债务的余额，即抽查因采购原材料而发生的大额债权、债务的对应方是不是本公司的主要客户，若不是，应抽查采购合同、了解业务发生的原因，判断是否正常，而对其他大额长期挂账款项，要查明原因；④了解并核实各期期末应付工资及福利费；⑤分析前三年及最近一个会计期末资产负债表中预提费用、待摊费用、待处理财产损益金额是否异常，若为异常，要进一步核实

4. 投资环节财务调查

投资环节财务调查如表5-35所示。

表5-35 财务调查——投资环节财务调查

	主要内容
调查目标	①了解并核实各会计期末短期投资余额、期末市价、跌价准备；②了解并核实各会计期末长期投资余额、减值准备；③了解并核实各会计期间投资收益的真实性
调查程序	①取得前三年及最近一个会计期间短期投资及跌价准备余额明细表，判断投资风险；②取得前三年及最近一个会计期间委托贷款及投资收益明细表，判断委托贷款的安全性；③取得前三年及最近一个会计期间长期股权投资、减值准备及投资收益明细表，关注大额及异常投资收益，而对现金分得的红利，关注是否收现，有无挂账情况

5. 融资环节财务调查

融资环节财务调查如表5-36所示。

表5-36 财务调查——融资环节财务调查

	主要内容
调查目标	①了解债务融资的规模、结构；②了解权益融资

	主要内容
调查程序	①取得前三年及最近一个会计期间短期及长期借款增减变动及余额表,并与会计报表核对是否相符;②取得前三年及最近一个会计期间应付债券明细表,并与会计报表核对是否相符;③取得财务费用明细表,与贷款合同规定的利率进行复核;④取得前三年及最近一个会计期间长期应付款及专项应付款明细表,与会计报表核对是否相符;⑤取得前三年及最近一个会计期间所有者权益增减变动及余额表,与各年增资、配股情况和各年利润分配方案相核对

6. 税务调查

税务调查如表 5-37 所示。

表 5-37　财务调查——税务调查

	主要内容
调查目标	①调查公司执行的税种和税率;②调查公司执行的税收及财政补贴优惠政策是否合法、真实、有效;③调查公司是否依法纳税
调查程序	①查阅各种税法、公司的营业执照、税务登记证等文件,或与公司财务部门人员访谈,调查公司及其控股子公司所执行的税种(包括各种税收附加费)、税基、税率,调查其执行的税种、税率是否符合现行法律法规的要求;②调查是否经营进口、出口业务,查阅关税等法规,调查公司所适用的关税、增值税及其他税的税率;③如果公司享有增值税的减、免,查阅财政部、国家税务总局法规或文件,调查该项法规或文件是否由有权部门发布,调查公司提供的产品(服务)的税收优惠是否合法、合规、真实、有效,该项税收优惠的优惠期有多长;④如果公司享有所得税减免的优惠政策或其他各种形式的财政补贴,查阅有权部门的法规或文件,调查该政策是否合法、合规、真实、有效,该项税收优惠的优惠期有多长;⑤获取公司最近几个会计年度享受的税务优惠、退回的具体金额,依据相关文件,判断其属于经常性损益,还是非经常性损益,测算其对公司各期净利润的影响程度;⑥查阅公司最近三年的增值税、所得税以及其他适用的税种及附加费的纳税申报表、税收缴款书等文件,调查公司最近三年是否依法纳税;⑦获取公司所处管辖区内的国家税务总局、地方税务局以及直属的税收分局征收处的证明,调查公司是否存在偷税、漏税情形,是否存在被税务部门处罚的情形,是否拖欠税金;⑧如果公司企业组织形式变化,如外资企业变为内资企业,是否补足了以前减免的税款

7. 或有事项调查

或有事项调查如表 5-38 所示。

表 5-38　财务调查——或有事项调查

	主要内容
调查目标	①调查或有事项的具体情况;②判断上述事项对公司财务状况、经营成果、声誉、业务活动、未来前景等可能产生的影响

	主要内容
调查程序	①调查公司因诉讼或仲裁情况可能引起的或有负债，引证诉讼专题；②如果企业对售后商品提供担保，参照历史情况，估量顾客提出诉求的可能性；③明确公司为其他单位的债务提供担保，调查提供担保的债务数额，是否承担连带责任，是否采取反担保措施，估算可能发生或有负债金额，确认公司是否以公司资产为本公司的股东、股东的控股子公司、股东的附属企业或者个人债务提供担保；④调查环境保护的或有负债，即查阅公司有关环保方面的批文，明确是否达到环境保护的相关标准，调查公司是否有污染环境的情况发生，测算出公司可能发生的治理费用数额或者可能支付的罚金数额

（五）发展规划与财务预测调查

1. 公司发展规划调查

公司发展规划调查如表5-39所示。

表5-39　公司发展规划调查

	主要内容
调查目标	调查企业未来几年的发展规划
调查程序	①取得企业所提供的商业计划书，或直接要求被投资企业提供未来3~5年公司的发展规划，获知企业未来几年的发展目标、发展方向、发展重点、发展措施；②取得企业计划投资项目的可行性研究报告，评估报告的可行性

2. 公司财务预测调查

公司财务预测调查如表5-40所示。

表5-40　公司财务预测调查

	主要内容
调查目标	调查企业在未来几年的财务发展目标、发展规模、发展速度、发展的可能性
调查程序	①取得企业所提供的商业计划书，或直接要求被投资企业提供未来3~5年公司的财务预测表，获知企业未来几年的财务发展目标、发展规模、发展速度；②以销售为起点，核实企业所提供的各项预测指标制定的依据；③根据企业所处的外部环境，调查企业各项指标实现的可能性；④根据企业的经营管理水平与生产经营的其他条件，判断企业各项指标实现的可能性

（六）本轮融资及上市计划调查

1. 与本轮融资有关事项调查

与本轮融资有关事项调查如表5-41所示。

表 5-41　与本轮融资有关事项调查

	主要内容
调查目标	获知企业所提出来的与本轮融资有关的事项
调查程序	通过企业所提供的商业计划书，或与公司领导人交流，获知与本轮融资有关的如下信息：①本轮的融资是股份转让，还是增资扩股，抑或是两者兼而有之；②企业价值的估计、本轮融资的金额、所占的投资比例；③拟引入的投资者的数量，对投资者的具体要求，目前已接触过的、有倾向性的投资者；④募投项目及资金的具体用途；⑤本轮融资的时间计划；⑥融资后的管理制度安排及人事安排；⑦信息披露的程度及具体措施；⑧企业能够接受的对赌协议的内容；⑨是否有管理层或核心技术人员的股权激励计划及具体内容

2. 未来上市计划调查

未来上市计划调查如表 5-42 所示。

表 5-42　未来上市计划调查

	主要内容
调查目标	获知企业的上市计划及所做的工作
调查程序	通过企业所提供的商业计划书，或与公司领导人交流，获知如下与上市有关的情况：①上市的时间进度计划；②上市地点的选择及理由；③已经接触的、有倾向性的中介机构，是否与其签订意向书或协议，是否已经支付部分款项

第六章　股权融资管理

根据我国的国情，可以通过全新的方式来观察企业的投融资行为，探究不同生命周期企业在不同股权架构因素中的投资效率表现。不同类型的企业、同一企业在不同的发展阶段需要的融资方式也不尽相同，选择适合自己的融资方式不仅能够满足企业的资金需求，还可以优化企业财务治理、公司管理等，促进企业的长远发展。本章在概述股权融资含义与特征的基础上，重点介绍股权质押、借壳上市、股权对赌融资、私募股权融资、新三板融资、股权众筹、互联网非公开股权融资等实务操作要点。

第一节　股权融资含义与特征

随着改革进程的深入，金融领域制度的日益完善，股权融资已成为许多民营企业的首要选择，特别是对上市公司来说，开放的资本市场环境更加助长了其明显的股权融资偏好。而合理高效地分配社会资源，使得市场呈现帕累托最优状态，是市场经济所追求的最终目标。正如人的成长一样，在不同的生命阶段需要与其生长相应的食物供应，过量和过少的营养摄入都会危害人们的健康，企业也是如此。因此，根据企业所处的不同成长阶段，探究最佳的资源配置方式，以保证满足其自身合理的发展需求，也就具有了非常现实的必要性。①

一、股权融资的界定

股权融资是指企业通过增发股票并出让部分企业所有权，从而在资本市场上筹集资金引进新股东的融资方式。股权融资所筹集的资金在性质上属于企业的权益资本，具有长期性、负担小的特点，不但可以满足企业的最低资金需求，而且不用偿付本金和利息，同时股东和自有资本的增加有利于分散企业风险、增强企业信用，为进一步增资扩股提供保证，而不利之处是股东人数的增加容易分散企业的资产所有权和经营控制权。我国目前的股权融资主要包括 IPO 发行、配股和增发。

股权融资偏好是指企业在选择融资方式时比较倾向于选择外部融资中的股权融资方式，而较少考虑其他融资方式，如债权融资或内部融资，进而形成融资比例中股权融资比

---

① 谢清河. 金融经济周期与商业银行经营风险管理研究 [J]. 投资研究, 2009 (7): 27-32.

重过大的现象。这主要表现在事前和事后两个层面，即在未正式公开发行股票前，在具备债务融资条件及其他融资选择的前提下，仍有着在资本市场谋求首次公开发行股票的强烈愿望，而在资本市场成功上市后，但凡面临资金缺口，公司首先考虑采取的再融资方式往往是配股或增发，而不是发行企业债券或利用商业贷款。

（一）股权融资的方式

股权融资所获得的资金，企业无须还本付息，但新股东将与老股东同样分享企业的赢利与增长。股权融资是中小企业理想的一种融资途径。目前我国股权融资方式主要有以下三种：①

1. 股权出让融资

股权出让融资是指企业以出让部分股权的形式，筹集企业所需要的资金。股权出让融资可以划分为溢价出让股权、平价出让股权和折价出让股权；按出让股权所占比例，又可以划分为出让企业全部股权、出让企业大部分股权和小部分股权。

股权出让能让企业快速获得发展资金，同时也会对股权架构、管理权限、发展战略等方面造成影响。例如，在发展战略方面，股权出让有时会导致管理者变更，新的管理者的发展理念有可能与之前的管理者完全不同，进而改变公司的发展战略；在股权架构方面，企业出让股权后稀释了原股东的股权，导致企业股权架构发生改变，原股东可能会丧失控股地位或者完全丧失股权；在管理权限方面，随着股权架构的改变，企业的管理权限也会相应发生变化。因此，为尽量降低企业股权出让融资的风险，企业创始人需要选择好出让对象，股权出让的对象一般有大型企业、产业投资基金、政府投资基金、个人和外商等。

2. 私募股权融资

私募股权融资的对象是拟上市企业，投资以后，投资者会通过并购来补充产品短板，扩大企业规模。获得了私募股权融资不只是获得了资金支持，还获得了管理、技术和市场开拓等方面的支持。私募股权融资具有广泛、稳定和高附加值的特点，还具有一些显著的其他特点：一是在融资上，主要通过非公开方式面向少数机构投资者或个人募集，绝少涉及公开市场的操作；二是其为权益型融资；三是私营公司和非上市企业居多；四是融资期限较长，一般可达 3~5 年或更长；五是投资退出渠道多样化等。

具体来说，私募股权融资能带来三大好处：一是更易广泛筹集资金；二是高附加值服务；三是稳定的资金来源。

私募股权融资的不足之处：其一，私募股权融资是私募形式，一般只有少数机构和个人参与融资，一般持续时间较长，而且缺乏公开透明的交易市场，所以私募股权投资比较适合于闲散资金比较充足的客户；其二，私募股权融资企业创始人在被投资后会面临股权被稀释的状况，一旦尺度没有把握好，会丧失股权地位或者完全丧失股权，最终被踢出局，且一旦企业股权架构发生变化，新的管理者或许会有不同的发展理念，很有可能完全改变创始人的想法和初衷；其三，私募股权融资的最终目的是通过推动被投上市公司而退出变现，这对项目的成长性提出较高的要求，只有公司的项目具备良好的持续增长性，项

---

① 黄山．非上市公司涉及股权的融资方式优化对策研究［J］．中国乡镇企业会计，2022（4）：16-18.

目才有可能被投资。

3. 上市融资

上市融资是指一家公司将全部资本等额划分，表现为股票形式，经中国证监会批准可以上市发行，在股票市场流通，由投资人直接购买的融资方式。现在的中小板和创业板也为中小企业融资带来新的希望，但企业上市是一项纷繁浩大的系统工程，需要企业提前一到二年时间（甚至更长）做各项准备工作。该项工作专业性极强，如需要编写的各项文件资料就多达 40 种以上。因此，按照国际惯例，在企业股改上市过程中都需聘请专业的咨询机构帮忙运作。

小公司通过 IPO 不仅可以在短时间内筹集到巨额资金，还可以增加公司的市值、提升企业形象和储备人才。

上市融资的不足之处：

（1）上市门槛高。在我国，盈利门槛是最大的问题。历史盈利记录、是否具备持续盈利能力是能否上市的硬性指标。该指标使新兴产业领域中一些具有较好盈利前景的公司仍处于亏损阶段而无法上市。

（2）融资成本过高。在 IPO 的过程中，公司要支付上市所花费的费用，如果上市失败，这些费用则无法退还。除了要承担上市失败的费用，上市后每次新股发行也需要支付相应的法律、会计费用以及申报注册费用。另外，还有上市后的最高预期循环费用，如年度行政和投资者关系费用、预期之外的税费等。

（3）融资时间长。IPO 是一项繁杂的系统工程，涉及很多环节，对于小公司来说，要想达到 IPO 要求，至少需要一年的时间。

（4）隐私公开。公司 IPO 必须按要求披露所有可能影响投资人买卖或持有公司股份的决策的重要事件，必须披露有关收益、竞争地位、报酬、雇员福利和其他财务信息。这些信息恰恰给竞争对手提供了方便。另外，重要的公司决策将受到投资人、股东和监管机构的事后审查。

以上任何一种股权融资方式的成功运用，都首先要求企业具备清晰的股权架构、完善的管理制度和优秀的管理团队等。因此，企业自身管理能力的提高将是各项融资准备工作的首要任务。

（二）股权出资的具体方式

股权出资是指股东（包括发起人和认股人）在公司设立或者增加资本时，为取得股份或股权，根据协议的约定以及法律和章程的规定向公司交付财产或履行其他给付义务。我国《公司法》所确认的股东出资方式有货币和非货币财产两种，具体可分为：

1. 货币

这里所说的货币，通常是指我国的法定货币，即人民币。股东一方是外国投资者的，也可以用外币出资。

2. 实物

股东以实物出资一般应符合以下两个条件：第一，该实物原为股东所有；第二，该出资实物是公司生产经营所必需的，否则这种出资就没有意义，只是给公司增加变卖该实物的麻烦而已。

3. 知识产权

知识产权包括著作权、专利权、商标权等。知识产权是指民事主体对智力劳动成果依法享有的专有权利。

4. 土地使用权

公司开展生产经营活动，需要一定的场所，因此，公司股东可以以土地使用权作价出资[①]，但法律、行政法规规定不得作为出资的财产除外。对于作为出资的非货币财产，应当评估作价，核实财产，不得高估或者低估作价，法律、行政法规对评估作价有规定的，从其规定。

二、企业融资时机的选择

股权与债权融资是企业正常运营的重要活动。如何确定公司的最优资本结构是许多公司财务工作与公司发展规划的重要组成部分。融资固然重要，但融资时机其实更加重要。对处于初创阶段的公司来说，融资可以解决其发展前期资本不足的问题；对于处于急剧扩张阶段的公司来说，融资可以解决其为追求快速发展而对资本产生依赖的问题；对于处于平稳发展阶段的公司来说，融资有助于其可持续发展的实现。下面将对如何把握融资时机进行详细的分析。[②]

（一）决定融资的因素

融资时间的选择非常重要，我们需要了解决定融资的三个因素：一是行业增长趋势明显；二是受到竞争威胁；三是规模发展需要资本推动。

1. 行业增长趋势明显

一个公司无论是处于初创阶段，还是稳步发展阶段，创业者都需要借助融资来维持公司生存，从而实现公司的健康稳定发展。

公司在初创时期需要资金，以开拓新市场和强化自己的优势，否则很可能无法顺利进入成熟期；即便已经进入成熟期，公司仍然需要在研发、设计、生产上投入大量资金，同时还需要不断更新设备、进行技术改造、引进高素质人才等。

公司的成立通常以充足的资金为前提：一方面，这是为了满足公司成立的资金要求。具体来说，虽然《公司法》对成立不同类型的公司所必须具备的资本金最低限额已经没有严格的规定了，但是很多合伙人或者投资者在投资前对创业者公司注册资金的实缴额度有较高的要求，这迫使创业者去借款或者贷款。另一方面，许多项目在人才、技术、设备或者市场推广等方面的投入相当高，单纯依靠自有资金无法正常运转，这时就必须考虑融资。

---

① 《公司法》第 27 条规定："股东可以用货币出资，也可以用实物、知识产权、土地使用权等可以用货币估价并可以依法转让的非货币财产作价出资。"

② 刘晓伟. 信息不对称背景下企业股权再融资的时机选择问题研究 [J]. 统计与管理，2020（4）：61-66.

2. 受到竞争威胁

因为受到竞争威胁而进行融资，其本质是为了保证公司的生存和发展。这里所说的竞争威胁主要是指因外部环境发生变化而对公司产生影响。例如，当出现通货膨胀时，公司的成本就会随之增加，与此同时，盈利的虚增也会让资金大幅度流失，从而导致公司资金面临巨大的挑战，最终必须通过融资来保证运营。

如果竞争对手正在积极融资，准备进一步扩张，那么公司资金不充足的话就会遭遇前所未有的挑战。这时公司必须立即行动，绝对不能落后，尤其是当公司与竞争对手均进入资本运营的成熟期后，两者之间较量的更是资本实力。

创业者应该知道，任何一个投资者都希望得到丰厚的回报。很多投资者不仅拥有资金，还拥有人脉、管理方法、营销策略等更多有价值的资源。因此，融资的另一个作用就是通过整合投资者的资源，提升公司实力，以最佳的状态应对竞争威胁。

3. 规模发展需要资本推动

当今早已不是仅仅靠经营挣钱的时代了，比如上市公司，如果股东只是瓜分盈利的话，那么他们的经济实力很可能会比目前低一个等级。因此，融资还有一个重要作用，就是依靠资本挣钱，并进一步扩大规模。

当不断有新的投资者为公司投资时就可以发现，虽然公司的盈利率并不是非常高，甚至没有盈利，但是估值要比之前的高。例如，2015 年张某为一家公司投资了 1000 万美元，占股 100%，但现在有人愿意投资 5 亿美元，占股 10%，那张某当年投资的 1000 万美元就更有价值了。与仅仅依靠经营挣钱相比，依靠资本挣钱更快，也更高效。又如，创业者和投资者齐心协力将公司成功上市，挣估值的钱，公司继续发展，还可以进行扩张和收购，再吸引更多的投资者投资，保证公司的市场地位和持续稳定发展。从某种程度上讲，这是一个良性的循环，可以让创业者和投资者获得巨大成功。

（二）融资对象的类型

融资对象的类型主要分为控制型投资、财务型投资和生态型投资。因为融资对象不同，所以后期应对及所采取措施也存在较大差异。

1. 控制型投资

控制型投资是指投资者通过投资的方式获得公司的控制权。不少创业者及其团队因控制型投资者的加入而失去控制权，最终被迫出局。而且，控制型投资者进行投资时，很可能会要求签订对赌协议。当创业者没有实现对赌协议中的要求时，拿出协议要求创业者赋予他更多的控制权，最终创业者有可能被迫离开自己一手创办的公司。

2. 财务型投资

财务型投资的主体是以营利为目的，通过投资行为获得经济上的回报，并在恰当时机进行套现的投资者。这类投资者通常更加关注投资回报率，而对公司未来是否可以上市则不太看重。换而言之，他们更注重短期获利，对公司的长远发展不感兴趣。财务型投资也分很多种，如风险投资，还有 B 轮、C 轮的私募股权投资等。

3. 生态型投资

生态型投资是指投资者希望通过投资来弥补自己在某一领域的短板，以配合自己主营业务的战略发展。这类投资者通常具备技术、管理、人才等方面的优势，可以促进产业结构升级，提升公司的核心竞争力与创新能力。一般而言，生态投资者与被投资公司属于同一行业的不同环节或邻近行业，这样可以产生协同效应，从而使公司获得更大的发展机会，实现战略目标。生态型投资者的投资是其发展战略的一部分，是对成本、市场等方面综合考虑后的决策。他们的持股时间一般为 5~7 年，追求长期投资利益，这也是其区别于财务型投资者的首要特征。然而，生态型投资者为了参与公司的管理，常常会提出派驻高管或替换高管的条件，因此，在引进生态型投资者时，创业者要注意对公司控制权的把握。

随着公司的发展，这三种投资类型可以互相转换。例如，某高端餐饮品牌公司创始人为了获得投资者的投资，同意在投资条款中添加对赌协议：如果被投公司无法在两年内上市，投资者有权退出投资，创始人需要将投资款退回，并给予高额利息。在这一阶段，投资者充当了财务型投资者。受经济环境影响，创始人无法在约定的时间带领公司上市。为了退还投资者的投资款及利息，创始人不得不将股权低价出售给投资者，自己被迫出局。在这一阶段，投资者则成为控制型投资者。

创始人从开始融资的那一刻就应当认识到，寻找发展理念与自己一致的投资者对公司至关重要。不然，即使拿到了融资，投资者与自己的发展理念不一致，将来还是会出现很多矛盾，不利于公司的发展。创始人在引进投资者时，应当通过合同约定好融资后的各项事宜，保证双方的权利。对于不利于自己的一些条款，创始人应当敢于对投资者说"不"。

三、企业融资方式的选择

企业应在具备高新技术和知识产权融资能力的基础上进行创新性融资，利用企业的技术和知识，获取来自外部环境的资金支持，同时这种创新性融资受国家政策支持，相比于其他的融资方式，创新性融资的成本更低。在实践中，民营非上市企业的融资顺序通常为企业内部积累—银行或信用社贷款—亲戚朋友筹款—民间借贷等；上市公司的融资顺序通常为内部融资—股权融资—债务融资。作为一家正常经营的企业来说，只要公司一直在发展，就一直是缺钱的，极少有企业在银行存着大量存款可以随时备用。因此，对于不具备创新性融资能力的企业，应根据企业的实际情况选择最合适的融资方法，通过比较不同融资方法所需成本和能获得的收益，选择收益与成本之间差额最大的方法。我们这里从支付主体视角来讨论通过何种方式进行筹措资金，用于支付股权对价款项。①

（一）内部融资与外部融资

1. 内部融资

内部融资又称为内源融资，是指企业筹集内部资金的融资方式，它属于企业的自有资金，是企业不断将自己的可变现资金（主要包括未分配利润、变卖资产、应收账款融资等）转化为投资的过程。内源融资对企业的资本形成具有原始性、自主性、低成本和抗风险的特点，是企业生存与发展不可或缺的组成部分。事实上，在发达的市场经济国家，内

---

① 高小丹. 基于两化融合的制造业企业融资时机选择 [J]. 财会通讯，2019 (14)：16-19.

源融资是企业首选的融资方式，是企业资金的重要来源。

（1）内部融资的优点。

1）自主性强。内部融资源于企业的自有资金，只要股东会/股东大会或董事会批准即可，基本不受外界因素的影响和制约。

2）融资成本低。公司进行的外部融资，无论是采用股票、债券还是其他方式，都需要支付大量的费用，如券商费用、会计师费用、律师费用等。而利用未分配利润则无须支付这些费用，成本低。

3）不会稀释原有股东的每股收益和控制权。通过未分配利润融资而增加的权益资本，不会稀释原有股东的每股收益和控制权，同时还可以增加公司的净资产，支持公司扩大其他方式的融资。

（2）内部融资的缺点。

1）融资规模受限制。内部融资受公司盈利能力及历史积累的影响，融资规模受到较大的制约，一般不可能进行大规模融资。

2）必须要取得股东支持。出于自身利益的考虑，股东之间对分配股利可能存有分歧。大股东希望公司扩大规模进行再投资，小股东则希望按时分红。而在股利支付比率有事先约定时，内部融资必须要取得股东支持。

3）要考虑股利支付率的影响。股利支付率低不利于吸引股利偏好型的机构投资者，减少了公司投资的吸引力。另外，股利支付率低会对内部融资的可用资金产生限制。

鉴于此，企业在进行内部融资时，要充分考虑上述各种优势和缺陷，事先做好相应的融资规划，合理确定符合本企业现状的内部融资比例及数额。

2. 外部融资

外部融资与内部融资相对，是指公司通过资本市场或举债等方式筹集投资项目所需要的资金的行为。它的主要方式包括债权融资和股权融资，具体又包括银行贷款、金融产品融资、租赁融资、债券融资、股票融资等多种来源。

（1）银行贷款。中国居民的高储蓄率决定了银行贷款是绝大部分企业会使用的一种外部融资方式，也是企业最主要的融资来源。贷款的种类很多，依据不同标准，贷款可以分为很多类型。比如，依据资金性质，贷款可以包括自营贷款、委托贷款、特定贷款；依据贷款期限，贷款可以分为短期贷款、中期贷款、长期贷款；依据贷款担保形式，贷款可以分为信用贷款、担保贷款和票据贴现等。虽然形式多样，但是从本质上看，借款人在贷款期间都要承担还本付息的压力，会有一定的财务风险。通常认为，只有在公司的利润率超过贷款利率的情况下，公司贷款经营才是划算的。

根据原中国银行业监督管理委员会于 2015 年 2 月 10 日发布的《商业银行并购贷款风险管理指引》，境内并购方企业通过受让现有股权、认购新增股权或收购资产、承接债务等方式实现合并或实际控制已设立并持续经营的目标企业或资产的交易，符合一定条件的，可以申请并购贷款（商业银行向并购方或其子公司发放的，专门用于支付并购交易价款和费用的贷款）。银行在进行风险评估后，可以对符合条件的贷款对象发放贷款，不过，并购贷款的期限不长，一般不超过 7 年，且在全部股权对价款中，并购贷款所占比例不应高于 60%。①

（2）金融产品融资。该类型的融资比较特殊，主要是一些并购基金、资管计划、集合资金信托计划等金融产品，它们设立的目的就是用于投资一些优质项目，通过发售份额向合格投资者募集资金，产品完成备案后进行对外投资，产品结束后再向投资者分配利益。证监会等对这些金融产品的设立、运营管理、退出等都有详细的规定，它们是目前广泛活跃在投资领域的一类投资主体。

（3）租赁融资。租赁融资是通过融资与融物的结合，兼具金融与贸易的双重职能，对提高企业的筹资融资效益、推动与促进企业的技术进步有着十分明显的作用。租赁融资有直接购买租赁、售出后回租以及杠杆租赁等多种形式，这种形式的融资多是为了满足经营需求，无法用于支付股权对价款。②

（4）债券融资。我国债券的种类很多，包括公司债券、企业债券、中期票据、短期融资券等，其主管部门也不同：公司债券由中国证监会管理，企业债券由国家发展和改革委员会注册管理，中期票据、短期融资券由中国银行间市场交易商协会管理。无论哪种形式的债券，都是企业依照法定程序发行、约定在一定期限内还本付息的有价证券，表示发债企业和投资人之间是一种债权债务关系。债券持有人不参与企业的经营管理，但有权按期收回约定的本息。

债券融资的资金都有明确指定的具体用途，在发行申请文件中要明确披露。所以，这种方式融来的资金，一般也不可以用于支付股权对价款（在实际操作中，不排除在某些特殊情况下的资金置换）。

（5）股票融资。该类型的融资只有上市公司才可以做到。借助畅通的资本市场融资渠道，上市公司可以通过增发新股募集大量的资金用于扩大生产经营规模、补偿流动资金等，且必须要符合募集资金用途的管理规则。目前，有关募集资金用途的规则，主要散见于《公司法》《证券法》《上市公司证券发行管理办法》《上市公司监管指引第 2 号——上市公司募集资金管理和使用的监管要求》《上海证券交易所股票上市规则》《深圳证券交易所股票上市规则》等一系列文件中，核心是要求募集资金原则上要用于上市公司的主营业务，除金融类企业外，募集资金不得进行财务性投资，也不得用于质押、委托贷款等变相改变用途的担保或投资。因此，在确定募集资金是否可以用于支付股权对价款项时，要对照监管规则进行核查，在合规范围内进行使用。

（二）股权融资和债权融资

1. 股权融资

股权融资就是投资商投入一定的资金，换取其在被投资公司的股份。股权安排既要适合被投资企业将来的发展，又要尽量降低投资商的资金风险。根据对风险与收益的不同偏好，投资者可以选择以下股权形式：

（1）普通股。普通股对被投资企业的资产索取优先权排在债权人和其他种类的股权拥

---

① 谢清河. 商业银行并购贷款风险管理研究［J］. 投资研究，2010（3）：54-58.
② 谢清河. 现代融资租赁和金融租赁理论与实务［M］. 北京：经济管理出版社，2021.

有人的权利之后。一般这种股票为公司创办人股东和管理人员拥有，投资公司不会刻意要求拥有这种股权。

（2）优先普通股。优先普通股也称为 A 类普通股。这种股权有投票权，而且相对于普通股在收益和资产方面有优先权。当被投资企业在支付了优先普通股又支付了普通股的权益之后，优先普通股与普通股对剩余资产有同等（按比例）的分配权。

优先普通股的收益享有权可以事先约定，如固定的年回报率或公司利润的一个固定百分比。投资商往往还会要求优先普通股在企业上市初次公开招股时有跟随股票登记权，即转成流通股。

（3）优先股。这是一种非权益性的股份（non-equity shares）。相对于其他的普通股，优先股保证投资者有固定的年度分红并参加利润分成，在企业破产时对企业资产和技术享有优先索取权。

优先股可分为可收回的和不可收回的两种，而可收回的那一种可以是以约定的价格收回。有些优先股是可以转换成普通股的，而出于对自身利益的考虑，投资商一般都会在投资合同里要求优先股有转换成普通股的选择权。

2. 债权融资

（1）贷款。贷款一般除了到期偿还本金外，还要定期支付利息。在申请贷款时企业可能需要用一定的资产作抵押。总的来说，贷款会优先于股权获得收益和企业清偿的资产。其中，有抵押的贷款优先于没有抵押的贷款和企业的其他负债获得补偿。相对而言，企业申请贷款的速度快、较为灵活，但是在企业缺乏信用记录或抵押物时，贷款申请很难获得批准。另外，贷款用途往往会受到限制。

（2）债券。债券是一种需要付息还本的企业借款票据，属于长期债务，它是一种从属债务，也就是清算支付优先顺序在普通贷款之后的一种债务，所以银行有时候会将其当成贷款人的资产看待，也就是在计算资产负债比时不把它划为债务，从而可以为企业提供高一些的贷款授信额度。当然，这种情况的前提是债券的偿付期还没那么快到来。

有一些投资商会在提供债券时附带股票认购权，这样在企业经营不好时投资者可以优先收回本金，而企业经营好的话他们就以商定价格认购股票分享企业增值的收益。很多MBO 投资基金用债券加股票的方式来投资 MBO 企业。有时候投资基金公司也会要求债券持有者拥有投票权。

企业债券由于国家法规对发行主体的严格规定，实际运用受限较多。

（3）可转换债券。可转换债券就是在一定条件下或规定时间内可以转换成普通股股权的债券。可转换债券使得投资商既可以坐收本息，又可以在企业经营成功的情况下分享企业的增值。

创业投资公司很喜欢可转换债券这种投资工具，往往以优先股加可转换债券的形式投资于创业企业，因为在投资项目都不那么成功或者是失败的情况下，采用这种投资工具可以令投资损失降至最低，获得债权的利益，而在投资企业大获成功时，投资商有机会把债券变成股权，以增加投资收益。

可转换债券有时候并不受融资企业的欢迎，因为融资企业必须为这种安排支付本息，从而加重了企业的财务负担，减少了现金流。如果投资商以可转换债券的形式投资，融资企业还要审核一下，投资商拥有的直接购买的股份加上转换后的股份可能超出了企业家愿意出让的股份比例。

（4）从属可转换债券。比可转换债券更低级的还有从属可转换债券。这种债券没有投票权，但根据合同可以有权获得财务报告，而且在一定条件下也可以转换成股权，并且有权限制有优先权的债务的数额。在公司清算时，从属可转换债券比普通股和优先股优先获得支付。

（5）过桥贷款。过桥贷款是一种短期贷款，是在企业急需资金、尚未完成长期融资安排之前的一种权宜之计。在杠杆收购和企业上市前往往需要一笔过桥贷款来实现交易的操作。

过桥贷款的风险性很高，不管是企业的原股东还是外部资金提供者，他们都可能要求借款人以企业的资产或股权作抵押，所以借款人都会全力在过桥贷款到期之前做好长期融资的安排，甚至为此向长期资金提供者做出很大让步。正因如此，融资人对过桥贷款的条款要认真斟酌，把期限尽量安排得长一些，乃至预先设定把过桥贷款转成长期贷款的条件。

3. 股权融资与债权融资优缺点的比较

股权融资的优点是没有还贷压力，有利于企业将来的现金流状况，但是在企业盈利状况比较好的情况下，股权融资相对于债权融资会降低资产收益率。而债权融资在一定条件下可以提高资产回报率，但对债务期内企业现金流的压力比较大。夹层融资在某些情况下是一种理想的融资方式，特别是在大型收购案、IPO 前的融资，MBO 融资，以及企业高速发展期融资。创业投资基金有时会采取股权投资和夹层投资结合的方法，对于创业企业家来说这样做的好处之一是可以少出让一些股权。

（三）股权融资与投资效率

1. 企业生命周期视角下股权融资对投资效率的影响机制

经过对融资资金与股权架构对投资效率的分析可以看出，不同生命周期阶段企业的股权融资行为及其投资效率表现是不相同的。[①]

初创期的企业虽然发展潜力巨大，但是没有成型的企业资产，面临的融资约束程度最大，资金主要依赖于股权性融资行为。虽然在资金来源渠道上受到了更多股东的影响，但是它的主要投资决策仍由创始股东及其管理层负责，其所导致的非效率投资行为也主要取决于企业自身的管理水平。基于初创期激烈的外部竞争和企业内部所面临的资金瓶颈，不同企业在投资表现上会呈现出比较典型的二元特征，即不断扩大企业的投资规模来保持企业高速发展的需要，反之则是谨慎选择企业的投资项目以确保资金达到最佳的使用效果，其反映在投资效率上体现为过度投资和投资不足。

成长期的企业规模虽然不大，但是发展速度快，面临的投资机会多，在固定资产、无形资产和其他长期资产上的投资增速高于其他阶段的企业。企业自有现金流不足以支撑自

---

① 杨磊. 企业生命周期视角下股权融资对投资效率的影响研究 [D]. 长沙：湖南大学，2018.

身发展，导致其外部融资需求也较大，但是由于盈利模式还有待市场检验和调整，因此存在着较高的投资风险，融资资金量的波动性相应也较大。与此同时，伴随着融资规模的不同，企业的内部股权架构也会出现相应的波动，其过度投资或投资不足主要取决于两个方面的交替作用，即股权融资的难易程度和融资后股权之间的制衡程度。

成熟期的企业经营状况日趋稳定，现金流平稳增长，企业的生产具备了规模效应，对外部融资的需求相对于其他阶段较小，因而更多倾向于动用内部资金进行投资。但是，随着企业组织架构的复杂化和管理层次的加深，代理成本问题日益凸显。对于经营体制较为完善的公司来说，其投资行为会越来越保守，会将更多的资金投资于较为安全的盈利项目，从而使得投资不足的问题逐渐明显；对于监管机制不健全的公司来说，其管理层为了谋取私利会加大投资项目力度，以赢取经营管理的绩效奖励和福利保障，从而加大过度投资的风险。

衰退期的企业不再有竞争优势，产品份额受到了替代品的挤压，盈利能力下降，内部资金枯竭，而面临的融资成本很高，企业进行大规模投资的愿望受到限制，会更多地呈现出投资不足的特征。然而，为了实现公司转型，改变经营不善的状况，公司所有者和管理者会采取各种措施以获取外部投资者的支持，进而增大其投资力度，以改变不利局面，但在投资前景不明的状况下也可能造成投资过度现象的产生。

由此可知，企业的发展源于资金的有效投入，但是对不同生命周期的企业来说，由于外部因素和内部因素的共同作用，其对资金的需求有着自身的独特性，而权益类融资方式与企业内部的股权架构有着密切的联系，股权性质和持股比例特点决定着企业投资决策的制定，左右着股权融资资金的使用效果。同时，企业投资效率的好坏也会对企业所处生命周期的阶段产生影响，形成一个相互作用的循环机制（见图6-1）。

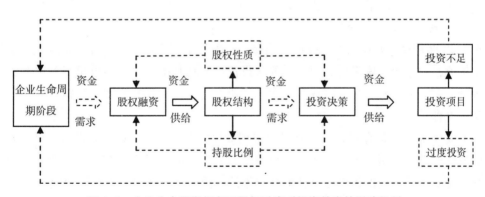

图6-1 企业生命周期视角下股权融资对投资效率的影响机制

2. 股权融资阶段——各轮融资

股权融资阶段是指企业在什么状态下从投资机构手中拿到各轮融资。这里需要回顾和加深理解种子期的概念。种子期是指公司发展的一个阶段，在这个阶段，公司只拥有一项技术上的新发明、新设想以及一个生产方案和未来企业的蓝图，没有真正的具体产品或服务，其存在的主要问题是缺乏初始资金投入。

种子期融资。种子期融资就是创业公司在上述阶段所进行的融资行为，一般来说，资金来源是创业者自掏腰包或者亲朋好友资助，也可能有极少的种子期投资人和天使投资人会考虑投资。种子期的投资量级一般较小，通常在几十万到几百万元，只有少数特别具有发展前景的企业可以拿到上千万元甚至更多的融资。初始创业的企业要在有了比较成熟的概念和开发设计成果及初步产品后，尽量争取从天使投资者手中拿到投资，即天使轮融资。

天使轮融资。公司有了产品或服务的初始模样，企业已经有了初步的商业模式，开始积累一些核心用户，从种子期向成长期过渡。此阶段的投资来源一般是天使投资人、天使投资机构。投资量级一般在 100 万~1000 万元或更多一些。

A 轮融资。公司产品有了成熟模样，开始正常运作一段时间并有完整、详细的商业及盈利模式以及相对成熟的产品，在行业内拥有一定地位和口碑，已经进入成长期，但公司可能依旧处于亏损状态。此阶段的资金来源一般是专业的风险投资机构。投资量级在 1000 万~1 亿元。

B 轮融资。公司经过一轮投资"烧钱"后，获得了较大发展。一些公司已经开始盈利，商业模式、盈利模式已经没有任何问题，但可能需要推出新业务、新产品，拓展新领域。此阶段资金来源一般是上一轮的风险投资机构跟投、新的风险投资机构加入、私募股权投资机构加入。投资量级在 1 亿元甚至 2 亿元以上。

C 轮融资。公司已经非常成熟，离上市不远了。公司已经实现规模性盈利，行业内或区域内基本能坐上前三把交椅。这轮除了拓展新业务外，也有补全商业闭环、写好故事准备上市的意图。资金来源主要是私募股权投资机构和一些战略投资者、财务投资者，有些之前的风险投资机构也会选择跟投。投资量级为 5 亿元或 10 亿元以上。

D 轮融资通常不用了，C 轮过后就是上市融资了，有些公司 B 轮后就上市了。

3. 不同融资工具的选择[①]

（1）以普通股的形式融资。投资商选择股权投资是因为他们希望分享企业成功所带来的资本增值，对于企业家来说，要尽量要求投资商与其共担风险，要求投资商以普通股的形式投资，但如果面对的是一家成熟的海外创业投资公司，除非谈判筹码很高，一般不大可能达到这种目的。

（2）债务融资。创业投资公司有时也选用债权投资，因为债权有固定的利息，而且债权比股权优先偿还，所以风险较小。如果投资商同意以债权形式投资，有必要在合同条款中清楚地说明各种债权的优先权，任何含糊不清的语言都可能导致以后的争执。

（3）以优先股形式融资。创业投资机构一般通过享有表决权的优先股形式进行投资。创业投资机构除了参与股东会的一般表决外，还要求对企业的重大事务如企业再度融资、债务安排等享有所谓的一票否决权。

（4）以可转换债券的形式融资。在以可转换债券的形式融资的情况下，投资以借贷的方式给予，但债权可以在商定的时候转换为股权，这样投资商既可以减小风险、锁定最低

---

① 庄静. 股权融资规模，财务弹性与投资效率研究 [D]. 天津：天津财经大学，2018.

回报，又可以通过行使转股权分享企业的成长。

（5）创业投资公司最喜欢用的投资工具。通常海外的创业投资公司一般会以可转换优先股或可转换债券的形式进行投资，这样，一方面在企业形势明朗时可以转成普通股，另一方面如果形势不好投资商可以获得优先偿付。

第二节　股权质押

股权质押是指主体将股权作为一种资产抵押给债权人，用于清偿欠款或是进行担保的一种融资行为。[①] 因操作便捷、可传递利好市场消息、不稀释股东对公司的控制权、可将静态股权转变为动态现金流等优点，它已经成为上市公司决策者在投资时考虑的重要融资方法[②]。无论是上市公司还是非上市公司，高比例的股权质押带来的风险都是巨大的。对于非上市公司来说，为了获得借款而将其对另一公司所持的股权进行质押，如果该非上市公司到期无法偿还本息，那么质押权人有权将该股权进行拍卖、变卖或者折价，质押人会失去部分股权。对于上市公司来说，为了获得借款而将其对另一公司所持股权进行质押，如果该上市公司到期无法偿还本息，除了存在与上述非上市公司相同的结果外，该上市公司的股价极有可能下跌，甚至引发小规模的某个行业的股价下跌。

一、控股股东股权质押的运营机理

因为股票的高流动性、融资速度快、易于变现等优点，股权质押被广泛运用。控股股东股权质押的运营机理如图 6-2 所示。[③]

第一，控股股东将股权质押融资计划以及相关资质证明材料提交给证券公司等金融机构，要求控股股东质押的股权必须没有被司法机关冻结，只有这样才可以依法转让。

第二，质权人对出质人提交的相关资料进行审核，如出质人的出资证明书，以及是否有禁止出质的情况，如公司自成立起三年内，发起人的股份不能进行出质。

第三，如果材料审核无误，双方便可达成一致意见，此时控股股东和第三方金融机构便可签订股权质押融资合同意向书，同时向工商行政部门登记，备注在案，获得审批通过后合同才生效，出质人便可获得资金。

对于融资所获得的资金数额以质押前一周内股票在二级市场上的交易价格均值作为参考值，如质押前七天内股价均值为 20 元/股，质押股数为 200 万股，则参考市值为 4000万元。参考市值并不是融资所获得的资金，还需要"打折"，即融资金额＝参考市值×质押比例，主板上质押比例通常为 50%~55%，所以最终股权质押融资获得资金就为 2000 万~

---

① 刘露茜. 公司股权质押法律问题的思考 [J]. 法制与社会，2017（15）：104-105.

② 诸韬. 我国上市公司股权质押发展现状及风险防范 [D]. 南京：南京审计大学，2017.

③ 李旎，郑国坚. 市值管理动机下控股股东股权质押融资与利益侵占 [J]. 会计研究，2015（5）：42-49+94.

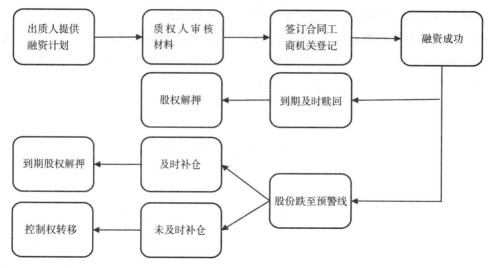

图 6-2　控股股东股权质押的运营机理

2200 万元。

　　为了保护质权人的合法权益不受侵犯，我们国家规定质押时双方必须得设置预警线以及平仓线。一旦公司股票价格直线严重狂跌，当到达预警线①时，就会要求股东补充质押，这会增加股东的融资约束。当下跌至平仓线②时，如果股东不补充资金就会面临强制平仓，面临控制权易位风险，财务风险加大。因此，为了避免这种情况发生，股东会采取一定措施来维持股价的稳定，如管理层运用盈余管理等相关手段来粉饰财务报表，或者是发布一些公司重大经营战略以博人眼球，向市场传递利好消息。

　　第四，股权质押期限满，如果质押股权的大股东没有任何违约举动，那么双方就可以办理股权解押手续，股东还本付息，按时赎回当初质押的股权，但是如果出现债务违约，出质人到期不能赎回质押的股票，质权人将会出售股份，公司将"易主"。

二、股权质押给上市公司带来的影响

（一）积极影响

1. 补充流动资金

　　控股股东选择股权质押的初衷是为了融资，解决自身面临的流动资金不足的问题。通常来说，所筹集到的资金要么用在控股股东自己身上，要么将资金投向家族企业。对于一些控股股东而言，公司资产负债率高、财务杠杆太大，向银行等金融机构贷款十分困难，股权质押由于限制条件少而又能有效解决大股东融资方面的需求，使其顺利筹集到周转资金，解决自己的资金难题，在很大程度上能有效避免因自身问题而影响上市公司正常的生

---

　　① 预警线即质押股票的实际市值除以融资金额，最低为 135%，如融资 100 万元，股票市值跌至 135 万元就触及预警线。

　　② 平仓线即质押股票的实际市值除以融资金额，最低为 120%，如融资 100 万元，股票市值跌至 120 万元就触及平仓线。

产经营。

当上市公司由于战略规划或者经营管理存在问题而急需资金周转时，大股东将股权进行质押，把融得的大额资金用来补充上市公司所需的流动资金，这简直是雪中送炭。这种行为既提高了资金的使用效率，又增加了股东和公司的黏度。如果投资项目成功，那么收益也将十分可观，对于公司和控股股东而言都是一件一举两得的事情。尤其对于家族企业而言，这种行为更是十分常见。

2. 打破限售期，盘活限售股

限售期顾名思义就是指限制出售日期。股东持有的某些股票比较特殊，不能随时随地在二级市场上流通，通常必须持有一定年限才可解禁，然后才能在股票市场交易流通，如用来进行股权激励的股票。但是，我国法律规定限售期的股票是可以用来抵押贷款的，这无疑给资本市场带来了福音，股权质押行为也成为各股东融资采取的首要手段。根据数据显示，2019 年我国场内质押的股权至少有 50%属于限售股。限售期的股票用来质押融资，能盘活手里的资源。例如，某公司的控股股东为了给公司补充流动资金，将近一亿限售股质押给证券机构。

（二）消极影响[①]

1. 两权分离加剧代理冲突

股权质押行为必然会导致股东手里的现金流权和控制权严重分离，加剧公司的经营风险。控制权跟自身的持股比例有关，持股比例高则投票权大，能控制公司发展方向。现金流权，即股东根据手里的股权数量多少来获取对应的现金流的一种权利。

例如，某集团公司控股股东张某持有 A 公司超过 50%的股份，A 公司又持有 B 公司30%的股份。如此一来，张某拥有 B 公司的控制权为 30%，现金流权仅为 15%（50%×30%）。质押出去的股份对应的控制权并不随着质押行为转移，仍旧属于大股东，但是质押股权对应的现金流权已经属于质权人了。例如，控股股东持有 C 公司 70%的股份，其将自身持股比例的 50%质押给金融机构，即质押了 35%的股权，那么 35%的股权所对应的控制权还属于控股股东，其对 C 公司的控制权还是 70%，在重大决策面前依旧是自己说了算，但是对应的现金流权下降为 35%（70%-35%）。

股权质押后，股东手里股权对应的现金流权急剧降低，现金流权也随之转移到第三方金融机构手里，但是这部分股权对应的控制权还是由控股股东把控。当股权价值远远低于当初的融资成本时，股东便会加大对公司的掏空，其表现为控股股东通过控制权的杠杆效应，采用关联交易、违规担保等隐蔽方式掏空公司，这会降低企业价值。

2. 加大市场风险

市场风险是指控股股东股权质押行为影响上市公司股价，并由此引发的股权价值受损的风险。市场风险传导如图 6-3 所示。

第一，就股权质押行为发布公告后，短期内将会引起公司股价不同程度地涨跌，进而影响公司短期市场价值。根据信号传递理论，由于公告里面披露的内容并不透明，资金流

---

① 郭丽娟. 控股股东大比例股权质押对上市公司的风险影响［J］. 山西农经，2020（8）：158+160.

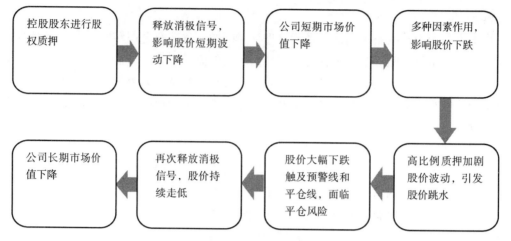

图 6-3　市场风险传导

向并没有解释清楚，中小投资者对于股东股权质押的实际意图以及将会给公司带来的影响并不清楚，其凭借着自身的经验便会默认为这是控股股东侵占公司利益的消极信号，对控股股东股权质押行为感到担忧，便会纷纷抛售股票，造成公司股价短期内下降，公司短期市场价值也会受到不同程度的影响。

第二，随着控股股东股权质押次数不断增加，股权质押率也不断飙升，中小股东和投资者将会对控股股东股权质押的动机产生严重怀疑，对公司产生消极影响。例如，公司业绩下滑，经营状况不佳，以及公司进行了一些不合理的行为决策，都可能引发股价下跌。此时若存在高比例股权质押，将进一步加剧负面效应，中小股东和投资者产生恐慌，纷纷进行股票抛售，出现股价跳水的极端情况。而股价大幅下跌又将引发平仓风险，若股价下降到所设定的预警线甚至平仓线，通常情况下质权人将与控股股东进行协商，要求控股股东提前将股票进行解押，或者通过补充质押等方式来追加保证。

若控股股东无法进行有效的应对，质权人有权利选择将接收到的股权进行平仓，此时平仓风险巨大。控股股东质押的股权面临平仓的消息又将作为消极信号传递给市场，最终造成股价持续走低，公司长期市场价值下降。

3. 控制权转移风险

在股权质押中，金融机构作为质权人，通常会设置平仓线。如果股权质押后，公司股价一直下降，跌至设置的平仓线，而此时大股东未及时将质押的股权赎回，那么股票就会被强制平仓，危机四伏，面临"易主"风波。控制权转移传导如图 6-4 所示。

对于上市公司而言，一旦股权面临平仓，很可能使公司陷入严重的财务危机。首先，在进行平仓处置时股价下跌，公司价值和声誉都将受损，进而影响公司的经营状况。其次，若控股股东控制权发生转移，将影响公司内部结构的稳定性，公司业务、经营战略以及人事管理等方面都将发生重大调整。

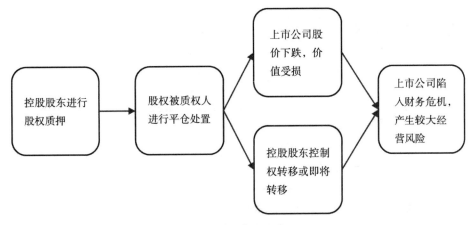

图 6-4　控制权转移传导

大股东股权质押是大股东将其持有的股权作为质押标的物而设立的一种质押行为[1]，股权质押有两方面好处，即融资速度快、融资成本低[2]。然而，任何融资方式都不是完美的，股权质押融资行为存在较大风险，质押标的物的特殊性可能会带来股价崩盘以及大股东控制权转移的风险，进而影响企业的投融资行为[3]。在传统的研究中，人们通常将股权质押的动因分为两种：一是大股东股权质押以缓解企业资金紧张；二是大股东通过股权质押进行利益输送。

第三节　借壳上市

一、借壳上市的主要类型与意义

（一）借壳上市的主要类型

借壳上市主要是把非上市的企业或者资产置入到已上市的公司中，彻底改变上市公司的主营业务、实际控制人以及名称。与一般企业相比，上市公司最大的优势是能在证券市场上大规模筹集资金。上市后在一定条件下再增发股份可以促进公司规模的快速增长。因此，上市公司的上市资格已成为一种"稀有资源"，所谓"壳"就是指上市公司的上市资格。取得公司的控制权，对其进行资产重组是借壳上市的主要方法。其中，取得壳公司的控制权又分为股份转让方式、增发新股方式以及间接收购方式三种。对壳公司进行资产重

---

① 谢德仁，廖珂，郑登津. 控股股东股权质押与开发支出会计政策隐性选择 [J]. 会计研究，2017（3）：30-38+94.

② 曾浩. 企业并购动因文献综述 [J]. 现代经济信息，2016（8）：134-135.

③ 李旎，郑国坚. 市值管理动机下的控股股东股权质押融资与利益侵占 [J]. 会计研究，2015（5）：42-49+94.

组可分为壳公司原有资产负债置出和借壳企业资产负债置入（见图 6-5）。①

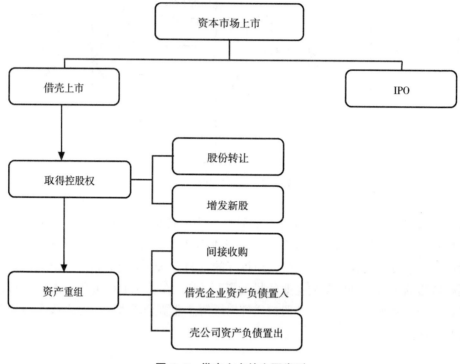

图 6-5 借壳上市的主要类型

（二）借壳上市的意义

由于有些上市公司机制转换不彻底，不善于经营管理，其业绩表现不尽如人意，丧失了在证券市场进一步筹集资金的能力。要充分利用上市公司的这个"壳"资源，就必须对其进行资产重组，买壳上市和借壳上市就是更充分地利用上市资源的两种资产重组形式。

二、借壳上市流程与案例

（一）借壳上市流程②

1. 前期准备

（1）收购方聘请财务顾问机构。

（2）协助公司选聘其他中介机构，一般包括会计师事务所、资产评估机构、律师事务所等。

（3）对公司业务及资产进行初步尽职调查，协助公司起草资产整合计划，确定拟上市资产范围。

（4）财务顾问根据收购方需要寻找适合的壳公司，并初步评估壳公司的价值。

（5）制定谈判策略，安排与壳公司相关股东谈判，制订重组计划及工作时间表。

2．制作申报材料

（1）重大资产重组报告书及相关文件。

（2）独立财务顾问和律师事务所出具的文件。

（3）本次重大资产重组涉及的财务信息相关文件。

（4）本次重大资产重组涉及的有关协议、合同和决议。

（5）本次重大资产重组的其他文件。

3．证监会审核

（1）壳公司根据规定申请停牌，向公众定期披露进展情况。

（2）交易结构、价格等经壳公司权力机构的批准和授权。

（3）按证监会要求申报相关文件。

（4）对证监会提出的反馈意见进行及时的解释。

（5）由重组委委员投票决定对项目的行政许可。

4．实施借壳方案及持续督导

（1）经证监会批准后，对置出、置入资产交割过户。

（2）对涉及的资产进行重组。

（3）重组后企业人员的安置。

（4）壳公司债权债务的承继。

（5）对董事会等权力机构改组，加强对上市公司的控制力。

（6）根据重组情况，独立财务顾问对上市公司进行一至三个会计年度以上的持续督导。

（7）培养公司下属的其他优质业务及资产，逐步将资产注入上市公司，扩大市值规模，促进资产证券化。

（8）在满足法律法规及证监会规定条件下以配股、非公开发行等方式进行再融资，补充上市公司的流动资金。

（二）借壳上市案例

1．股份转让方式

借壳上市的股份转让方式为收购方与壳公司原股东协议转让股份，或者在二级市场收购股份取得控制权。

【案例】金融街集团与华亚包装集团①

1999 年 12 月 27 日，华西包装集团与金融街集团签订了股权转让协议，华西包装集团将其持有的 4869.15 万股（占总股本的 61.88%）国有法人股转让给金融街集团。2000 年 5 月 24 日，金融街集团在中国证券登记结算公司深圳分公司办理了股权过户手续。

---

① 孙建新 . 国内企业买壳上市的运作研究——以金融街建设集团兼并重庆华亚为例［D］. 济南：山东大学，2004.

2000年7月31日，重庆华亚更名为"金融街控股股份有限公司"（简称"金融街控股"）。之后，金融街控股将全部资产及负债（连同人员）整体置出给金融街集团，再由华西包装集团购回；金融街集团将房地产类资产及所对应的负债置入公司，置入净资产大于置出净资产的部分作为金融街控股对金融街集团的负债，由金融街控股无偿使用3年。

2001年4月，金融街控股注册地由重庆迁至北京。至此，金融街集团实现借净壳上市。2002年8月公司公开增发融资4.006亿元，2004年12月公开增发融资6.68亿元，2006年12月27日定向增发融资11.81亿元，累计融资22.496亿元。

2. 增发新股方式

增发新股方式为壳公司向借壳方定向增发新股，并达到一定比例，使收购方取得控制权。

【案例】广电信息与百视通[①]

广电信息是中国电子信息行业的大型骨干企业之一，主要从事数字光学电视、等离子彩电、LCD液晶彩电、LED显示屏及通信类设备、网络、IT类产品的研发、生产和销售，公司连续数年在中国电子信息产业百强企业名列前茅。

百视通公司（BesTV）是国内领先的IPTV新媒体视听业务运营商、服务商，由上海文广新闻传媒集团（SMG）和清华同方股份公司合资组建。BesTV依托SMG，拥有强大的视听内容创意与生产、交互产品研发与应用、新媒体管理与运营的综合优势。同时，BesTV在网络电视技术方面与微软、Cisco等国际公司合作，拥有业界领先的运营管理平台。

由上海广播电视台下属的东方传媒出资19.9亿元，受让仪电集团所持有的广电信息2.59亿股股票，占总股本36.6%，折合每股7.67元；广电信息将绝大部分经营性资产出售给仪电集团，置出资产评估值约32亿元。

广电信息向东方传媒、同方股份等公司以现金和定向增发股份的方式购买百视通技术100%股权，文广科技100%股权，广电影视制作100%股权，上海信息投资股份有限公司21.33%股权，上述资产的预估值约43亿元，定向增发的价格同样为每股7.67元，但最终发行数量待定。

3. 间接收购方式

间接收购方式为收购方通过收购壳公司的母公司或与母公司"联姻"，取得对上市公司的间接控制权。

【案例】复星集团成功控股南钢股份

复星集团收购南钢股份采取的方式是与上市公司母公司合资成立新公司，投资人复星集团成为新公司控股股东，上市公司母公司则以其所持有的上市公司股权出资。

2003年3月，南钢股份的控股股东南京钢铁集团有限公司与上海复星高科技（集团）有限公司、上海复兴产业投资有限公司和上海广鑫科技发展有限公司三方共同签订合同，合资成立了南京钢铁联合有限公司，四方出资比例分别为40%、30%、20%、10%。在取

---

① 易凯. 国有广电企业借壳上市现象研究 [J]. 中国数字电视, 2012 (4)：59-61.

得财政部的批准后，南京钢铁集团有限公司将再以其所持有的南钢股份35760万股国有股股权及其他部分资产和负债与另外三家股东共同按原持股比例对南京钢铁联合有限公司增资。最终的结果是，来自"复星系"的两家公司占南京钢铁联合有限公司50%的股权，"复星系"间接成为南钢股份的实际控制人。

4. 对壳公司进行资产重组

对壳公司进行资产重组是指原有资产负债置出和借壳企业的资产负债置入。

【案例】苏宁环球借壳ST吉纸①

法院对资不抵债的上市公司ST吉纸先行宣告破产，投资人苏宁环球再将其优质资产置入上市公司空壳之中，上市公司控股股东再以象征性价格出让上市公司控股权。苏宁环球并购ST吉纸并成功借壳上市的步骤为：

（1）进入破产程序，解决债务纠纷。2005年4月30日，吉林市中级人民法院受理关于债权人申请公司破产的事项。2005年8月15日，在吉林市中级人民法院的主持下，ST吉纸与债权人达成和解协议，债权人同意公司以全部资产抵偿全部债务，抵偿后公司净资产为零。

（2）一次性清偿债务，实现净壳。为按期履行和解协议，ST吉纸与林晨鸣纸业有限责任公司（简称"吉林晨鸣"）签署了《资产收购协议》，并与吉林造纸（集团）有限公司（简称"纸业集团"）签署《承债式收购资产协议》，将其全部资产分别转让给吉林晨鸣和纸业集团。资产转让和债务重组完成后，ST吉纸成为无资产、无负债、无业务的"净壳"公司。

（3）苏宁集团将资产置入。苏宁集团将持有的南京天华百润投资发展有限公司95%的股权和南京华浦高科建材有限公司95%的股权按经评估确定的价值40277.90万元转让给ST吉纸，并豁免ST吉纸由于受让上述资产而产生的全部债务，即ST吉纸将无偿获得价值40277.90万元的经营性资产。

（4）苏宁集团收购股权，实现对上市公司控制。以收购人挽救ST吉纸的行为为前提条件，ST吉纸控股股东吉林市国资公司按收取苏宁集团1元象征性转让款的方式向苏宁集团转让其持有的ST吉纸全部50.06%的股份。资产置入完成后，ST吉纸净资产从0元恢复至40277.90万元，每股净资产从0元上升为1.01元。

资产重组和股权重组后，上市公司由造纸及纸制品生产经营企业变为房地产经营开发企业，其名称由吉林纸业股份公司变更为苏宁环球股份公司，相应地，股票简称也由"ST吉纸"更名为"苏宁环球"。

---

① 何永福. 企业买壳上市研究——基于苏宁环球集团买壳*ST吉纸案例研究［D］. 厦门：厦门大学，2008.

第四节　股权对赌融资

应用对赌协议实施私募股权融资以后，对赌失败的企业不计其数，对赌融资成功的企业却屈指可数，对赌融资的风险性贯穿融资的整个过程，任何一个环节的疏忽都有可能导致企业对赌失败，使得企业面临破产、控制权转移的风险。从对赌协议订立的前、中、后三个环节分析对赌融资过程中应该注意的问题，有利于股东和管理层在对赌融资的整个过程中从容应对、周密布局，避免由于经验缺失和考虑不到位造成的疏漏风险。

一、股权对赌融资含义及其特征

（一）股权对赌融资含义

对赌协议是投资机构对于自身的一种保护手段，也是对融资企业获得发展资金后的一种约束。一份合理的对赌协议对于投融资双方有着积极的意义。对投资机构而言，对赌协议可以帮助投资方降低信息不对称带来的投资风险；对融资企业来说，签订对赌协议体现了企业对于未来经营发展的自信，同时也可以解决现金流不足的难题。[①]

对赌协议的签订就是为了减少投资方的风险，保证投资的公平性和合理性。投融资双方通过评估企业价值，对企业未来的业绩等做出规定。如果融资方完成了协议中约定的内容，投资方就对融资方作出一定的奖励；如果投融资方没有完成协议中的内容，融资方则要向投资方赔付相应的代价。签订对赌协议对于融资企业来说是一把双刃剑，如果企业能够根据自身情况合理运用对赌协议进行融资，就可以有效解决企业资金不足的问题，同时可以激励管理层为了实现对赌协议目标而最大限度地经营、管理好企业。相反，不顾企业自身发展情况盲目设置不符合企业发展目标的对赌条款，则可能会使企业破产或控制权丧失。

对赌协议是指在私募股权投资中，投融资双方对企业未来价值的不确定性进行约定：如果对赌条件达成，由投资者行使权利，以弥补对目标公司估值过高带来的损失；反之，则由融资方行使权利，以弥补目标公司估值过低带来的损失。究其本质，对赌协议是一种投资价值的调整工具，以企业未来的业绩指标、经营状况或者经营结构为条件，消除最初估值的落差。从司法裁判展示的条款设计来看，目前我国的对赌协议交易结构主要体现为投资方先行对目标公司溢价增资，并设置一定的业绩目标或上市目标，一旦该等目标无法达成，股东或者目标公司就要对投资者进行现金补偿或股权回购。

我国的对赌协议最早衍生于棘轮条款，棘轮条款是指当企业股票因经营困难出现贬值

---

① 陈庭鹭. 论私募股权投资中的对赌协议 [D]. 上海：华东政法大学，2013.

时，投资者有权要求将先期股票价格降低为新股发行价①，以弥补自己可能出现的损失。从一个广义的角度解读，对赌协议也可被视为风险投资/私募股权投资合同的代名词，以解决不确定性、信息不对称以及代理成本问题。

（二）对赌协议的类型

在实践中，对赌协议条款设计纷繁多样，主要类型如下：

（1）以责任主体数量划分。根据对赌条件成就后承担赔偿后果的主体数量不同，可将对赌协议分为单向对赌、双向对赌两类。双向对赌实则包含在实现特定业绩目标时投资人对目标公司的奖励。但根据判决统计结果来看，实践中以单向对赌约定居多，在对赌条件成就时由被投资方对投资方进行补偿或回购。

（2）以责任承担方式划分。根据约定的不同责任承担方式，可将对赌协议分为现金补偿型对赌、股权补偿型对赌、股权回购型对赌三类。现金补偿型对赌对投资者而言是最直接的退出方式；股权补偿型对赌，常见为"目标公司原股东向投资者无偿转让一定比例或数量的股权"，与现金补偿型对赌相比，投资者并未退出，反而加大了在后期经营中目标公司业绩下滑的暴露风险，由此投资者会更愿意在股权补偿后获得目标公司的控制权②；股权回购型对赌常见为"回购价格＝投资额＋回购溢价－累计分红－现金补偿"，因对目标公司的财务及发展会产生消极影响，其一直存在争议。

（3）以对赌标的划分。根据对赌标的不同，可将对赌协议分为业绩对赌、上市对赌两类。前者通常以净利润、销售额、净资产年化收益率等为对赌标的。后者则以目标公司在境内证券交易所首次公开发行股票并上市或者在特定时间前通过证监会审核/主板或创业板发审委审核为对赌标的。

（三）对赌协议在我国产生的原因

1. 信息不对称

私募股权投资者看中的往往是新兴的、具有竞争潜力的企业，发展前期由于企业规模较小也未上市，并不具有类似股票市场的信息公开渠道，由此就会产生信息不对称的问题：一是磋商阶段的信息不对称。较之投资方，目标公司更充分地掌握本公司的信息，作为融资方为获取更高额的投资不免会对公司信息有选择性地披露，以实现自身利益最大化，而投资方绝大部分信息均来源于目标公司。二是投资后的信息不对称。在私募股权投资中，投资方可能只作为财务投资者，不参与被投资企业的实际管理，如果不及时调整这种不对称，可能会导致融资企业进行逆向选择，而对赌协议的设立实际是对信息不对称下投资方提供的一种担保。

2. 估值分歧

除去信息不对称，估值方法的选取、估值因素的确定也可能引发估值分歧。对赌协议中的各被投资公司选择的往往为国内评估标准，私募股权投资方则常采取国际会计准则评

① 北京市大成律师事务所，北京市律师协会风险投资委员会．美国风险投资示范合同［M］．北京：法律出版社，2006：19.

② 张巍．资本的规则［M］．北京：中国法制出版社，2017：5-6.

估，两者结果可能迥然不同。因投融资双方利益存在冲突，很难说哪一方的评估结果更为准确，只得借助估值调整机制，避免任何一方因企业价值被高估或低估而带来损失，由此更好地平衡双方利益。

3. 融资需要与契约自由的必然手段

对于被投资企业而言，前期最大的障碍为资金缺口，其自愿让渡出部分权利并接受对赌带来的风险以解决当下的资金难题；对于融资方而言，当然也愿意投资自认为有发展前景的初创企业以实现投资回报。由此，双方需求正好互补，对赌协议作为保障投资收益的工具，也促进了投资协议顺利达成。

（四）对赌协议的积极作用与消极作用①

对赌协议有积极作用也有其消极作用。若对赌成功，不仅可以给企业带来发展所需资金，解决融资难题，对管理层起到激励作用，而且能保障投资者的资本回报收益。然而，对赌一旦失败，企业需要依据条款协议对投资方进行补偿，补偿的方式通常是股权转让或者现金补偿，给融资企业带来控制权风险及财务风险。对于投资方而言，对赌成功可以获得企业发展为其带来的股权收益，而对赌失败时，仍可以从条款协议中获得补偿。因此，投融资双方之间风险与收益不匹配。在投融资双方选择对赌时，融资方往往面临着更大的风险。

为了减少双方对企业估值的分歧，更快地促成合作，对赌协议被广泛应用。但许多融资企业缺乏风险意识，在选择对赌时不能够理性地评估风险、防范风险，使得私募股权行业对赌失败的案例越来越多。研究发现，对赌失败的案例当中，企业往往遭受更大的损失。因此，要全面了解融资企业在对赌过程中可能面临的风险，并做好相应的风险管控。

站在融资企业的角度研究企业在对赌过程中面临的风险：一方面，可以提高中小企业的对赌风险意识；另一方面，可以提升国内对赌协议的使用效率。这在促进私募股权市场的良好发展以及拓宽中小企业的融资渠道方面有着重要意义。

（五）对赌条款的一般内容

对赌条款是目前我国私募股权投融资协议中较为常见的条款。在我国私募股权投融资实务中，对赌条款的一般内容包括三个方面：②

1. 主体

在私募股权投资中，对赌条款的主体是私募股权的投资人和融资人的股东，因此，与对赌条款主体之一的投资人相对应的主体是被投资企业的股东（一般为大股东或实际控制人等）。

2. 内容

在私募股权投资实务中，对赌条款一般会对投资标的、价值、数量、价格、业绩承

---

① 杨根. 对赌协议法律规制研究 [D]. 广州：广东财经大学，2019.

② 涂明辉. 我国私募股权投融资中对赌条款的法律问题研究 [J]. 法制博览，2018（17）：59-61.

诺、估值及调整、条款的履行、当事人权利与义务以及违约责任等进行约定。当然，业绩承诺、估值及调整是对赌条款的关键。标的企业的业绩承诺是股权估值的依据，估值调整是对业绩承诺实际履行的响应。

3. 客体

私募股权投资中对赌条款的客体也称之为对赌标的，通常为股权、股权价格调整权、优先股权、现金补偿、回购请求权、董事会席位调整权等权利。简而言之，对赌条款的客体可概括为"估值调整权"，对赌条款标的的实质是视标的企业业绩承诺履行情况而触发的一种对交易对价的可调整的权利。

（六）对赌条款的特征

关于对赌条款的界定，学界尚有诸多争议。对赌条款一般有三个特征。[①]

1. 标的特殊

通过对私募股权实务分析发现，在实务中，对赌条款的标的多为对标的企业未来业绩的预测（一般为净资产回报率或净利润额），或对标的企业能否在约定的时间实现上市进行预测。这种对标的企业未来的预测是标的企业的股权、股权认购权以及投资金额价值体现的关键因素。

2. 标的存在不确定性

标的企业的未来业绩、能否如期上市不仅依赖于企业管理人、员工的勤勉尽职，还受到诸多不确定因素的影响，致使标的企业的未来业绩、在规定时间内上市等约定存在较大的不确定性。

3. 目的具有一致性

作为对赌条款的当事人，其目的是一致的，即均希望通过对赌条款的成就以达到投融资双方利益的最大化。这与我们所知的通常意义上的"赌博"有本质上的区别。

二、对赌协议签订

（一）对赌的对象、工具及对赌协议注意事项

1. 对赌对象

在投融资实践活动中，尤其境外资本市场上，对赌的对象和工具非常宽泛。对赌对象主要包括：

（1）利润。由于基金投资的议价通常以利润的市盈率为标准，预期的利润就成了最为常见的对赌目标，一般是经具有证券从业资格的会计师事务所审计确认的税前利润。

（2）其他财务指标。除了利润指标外，根据目标公司的具体情况，投资基金也会对目标公司的销售收入、利润率等其他财务指标予以要求，并根据实际达成情况调整投资条款。

（3）战略投资人的引进。在具体的私募项目中，投资人有时会要求目标公司完成新引

---

①　胡瑞雪. 对赌协议对并购溢价的影响——基于对赌协议条款特征的研究［D］. 北京：北京交通大学，2019.

进一定金额的战略投资作为二轮或其他后续投资的对赌条件（甚至会要求某一个或多个指定的战略投资人），否则会对投资条件加以调整。如果不调整投资条件的话，则不是对赌性质，而仅仅是先决条件。

（4）管理层的锁定。私募投资人也会对管理层的稳定性加以要求，除了根据上市规则的一般性要求外，会对某一个或多个管理层的留任作出特殊要求，并作为调整投资条件的核心要点。

（5）生产指标。生产指标主要是对技术改造、专利权取得或高新技术企业认定等对于目标公司上市具有特殊意义的生产指标作出调整性约定，触发相应的投资条件调整。

（6）上市。这是一个本原的对赌对象，私募投资的终极目的就是上市，如果说其他对赌对象是过程性对赌工具，那么能否上市则是结果性对赌工具。私募投资人会提出一个时间节点，如果目标公司在该节点未能实现上市，则会触发退出条款和退出赔（补）偿。

（7）其他。针对目标公司的特殊性，投融资各方可以创造性地设计各种合理（可接受的即为合理）的对赌对象。

2. 对赌工具

对赌的工具主要包括：

（1）股权调整。股权调整即在约定条件未成就或成就时，对于当事各方的股权进行一定比例的调整，以体现对特定方的补偿。

（2）货币补偿。货币补偿与前述股权补偿不同，是直接根据约定的条件和约定的计算方法给予特定方货币补偿。股权调整和货币补偿是对赌协议最为常见也是最为基本的对赌工具。

（3）可转换工具。可转换工具主要包括可转换优先股和可转换债。

可转换优先股是在优先股的基础上赋予投资者按事先确定的转换比例将优先股转换为普通股的选择权。转换之前的优先股在清偿顺序和收益分配顺序上先于普通股，投资人利益得到优先保护。但目前法律层面的优先股、可转换股这些准股权，仅在《创业投资企业管理暂行办法》中有所体现，缺乏普遍的可操作性，需要加以合法的变通和改造。

可转换债兼具债权和股权的双重性质，当目标公司符合约定条件时，投资人将债权转化为股权投资。债权出资目前已经有了明确的操作规程，为可转换债的实施铺平了制度道路。

（4）优先权。优先权包括投资人的股东利润分配优先权和公司清算时的剩余财产分配优先权。

（5）股权回购。股权回购在未能满足约定条件时，投资人的股份有权要求按照约定条件予以回购。

（6）投票权。在未实现对赌条件之前或者实现之后，对投资人方或者目标公司实际控制人的全部或部分投票权给予特别优待或限制。

（7）新股认购权及价格。新股认购权及价格是指当符合约定条件时，投资人对于增发的新股具有约定的认购权，并提前锁定认购价格。

（8）公司治理席位。公司治理席位是指当符合约定条件时，将会对目标公司的董事、监事、高级管理人员加以调整，转化公司治理机构。

（9）反稀释条款。广义的反稀释包括了增资（或股权转让）的认购权，狭义的反稀释则是对投资时股权价值的保证，甚至有的反稀释条款还要求对于投资人的持股比例给予静态保证。

增资认购权是结构性反摊薄条款，即在股权架构上防止股票价值被摊薄，保证风险投资方能够获得至少与其原有股权比例相应的新股，以使其在企业中的股份比例不致因新股发行而降低。这一情况也可能包括在发生股票转让时其具有按比例优先购买的权利；后续融资价格约定则是后续融资的反摊薄保护权，即按后期融资的最低价格转股或者按股份的加权平均价格转股，防止在后续融资过程中股票价值被摊薄。

（10）其他工具。对赌各方在具体的投资保障协议中还可以设计出其他直接或变相的对赌工具，如其他有关公司控制权、股东权益的因素，甚至有的会约定对目标公司进行拆分或者改变控制架构与体系安排以及与股权的捆绑转让作为对赌工具。

3. 对赌协议注意事项

结合对赌协议的产生动因，根据对赌对象和对赌工具，本着降低、避免对赌风险的目的，应该关注以下事项：①

（1）合理确定对赌对象和对赌工具。这两个要素不同，所意味的风险内容和风险控制手段也就不同。

（2）合理设定各项对赌指标，审慎确定对赌估值。对赌协议的业绩目标要设定在相对可控的范围之内，并辅助以必要的兜底条款或免责条款，还可以采用浮动股权比例条款的思路来协商确定投资方的投资额及投资比例。对于业绩目标的确认程序和确认权要严格限定，尤其审计机构、采取的会计准则、评估方法等都直接关系到对赌条件是否实现。

（3）科学设计对赌架构。对于对赌主体及其他的对赌结构安排，需要科学设计，对于本方不利的对赌内容可以允许存在法律风险，而对于本方有利的内容则要通过变通安排甚至搭建海外架构保证其合法性、合规性以及可执行性。

（4）公司控制权是对赌底线。控制权也是话语权，是对赌协议条款设计中的核心问题之一。目标公司应设定控制权保障条款，以保证最大限度地控股地位。例如，"尚德 BVI"与境外私募巨头签订对赌协议时就设定了万能保障条款：无论换股比例如何调整，外资机构的股权比例都不能超过公司股本的 40%，并且公司预留了约 611 万股的股票期权。这就留下了机动空间。

（5）分层博弈，分期对赌。尽管对赌各方的终极目标一致，但是围绕终极目标设定节点目标、分解过程对赌，对双方都不失为一种好的制度安排，一旦在过程中出现问题可以提前实现对赌安排，避免各方更大的损失。

（6）救济多通道，方案可替代。赋予双方选择权，设计多层次、多选择甚至是多种对赌工具交叉的替代方案，避免结果的唯一性，从而为双方留下更大的余地和空间。

（7）清晰界定对赌的终止标准。结合对赌对象和对赌工具，设立对赌协议终止的节

---

① 张凯. 股权投资中运用对赌协议的风险管理问题研究 [J]. 经济问题，2018（8）：53-59.

点、条件、标准和程序，避免长期不能解套的情况。

（8）退出安排的特殊限制。对于投资人退出或股份转让，要予以特殊限制，如不能转让给竞争对手、上下游单位或其他需要排除的主体等，避免以对目标公司的实质性威胁作为议价筹码。

（9）专业人士的介入。对赌协议中的涉税，主要是股权调整和货币补偿。对于股权调整所获得的股份，无论是个人还是企业投资人，都应缴当纳所得税。对于自然人（含合伙企业中的个人合伙人）货币补偿所得，应缴纳个人所得税；持股期间从目标公司所得分红，也应按照个人所得税法纳税。

（二）对赌协议签订时

1. 关注企业控制权变更

融资企业在对赌协议的签订过程中要特别关注企业的控制权变更风险。对涉及公司管理权限尤其是股东、董事会、管理层的权限要进行详细的说明，同时要避免签订一系列对公司控制权有风险的补充条款，如领售权、强卖权条款。融资企业可以选择增加一些保护性条款来保障企业的控制权不被转移，如股权转让限制条款。该条款是相对于领售权条款而言的，将该条款引入企业的管理章程中，具有对抗第三方的效力。需要注意的是，私募股权投资机构虽然只想从融资企业的良好发展和上市中获得超额的收益，不想对企业的内部管理进行干涉，但是一旦企业的运营达不到预期的效果，投资者不能获得约定的回报，私募股权投资者就会谋求公司的控制权，甚至将公司卖给第三方以达到资本退出的目的。因此，融资企业在签订对赌协议时，一定要仔细斟酌对赌条款，防止对赌条款的设置不当导致企业的控制权旁落。

2. 设置多重博弈的对赌目标结构

在订立对赌协议时，协议的结构设计也是融资企业在对赌中取胜的关键因素之一。冯雪（2011）通过模型验证得出对赌协议中的重复博弈结构对投资者更有利[①]。小米集团与晨兴投资签订的对赌协议就是采用多重博弈的结构，其实际上具有缓冲的作用，可以给融资企业留下充足的时间稳步发展。将对赌目标从小到大进行设置，层层加码，有利于投融资双方在这个过程中加深对彼此的了解，帮助企业及时调整经营战略或者及时止损，将企业发展的不确定性降到最低。如果在初次对赌中融资方对赌失败，但双方决定继续进行对赌，则可通过部分条款的变更来保障融资方的利益，这样不仅避免了直接结束对赌可能导致的误判结果，还使得融资方得以扭转局面。通过设置多重博弈对赌协议结构，能够解决投融资双方信息不对称的问题，增加融资企业赢得对赌的成功率。[②]

3. 设置财务与非财务对赌目标

在我国当前的私募股权融资案例中，签订的对赌协议大都以财务目标为核心。对赌目标存在单一化、多以业绩目标为主的特点，这对企业的经营发展造成了很大的压力。对融

---

① 冯雪. 对赌协议博弈分析——以蒙牛集团的对赌协议为例 [J]. 商业经济，2011（5）：22-24.

② 吴子瑶. 私募股权投资中对赌协议的法律风险研究——辅之以中国十大典型 PE 对赌案例进行分析 [J]. 吉林金融研究，2017（10）：61-72.

资企业来说，对赌目标应该更关注企业的长远发展，因此投融资双方在确定对赌目标时，应结合企业长远发展的战略目标，设置有利于企业未来发展的对赌目标，增设多元化的业绩衡量指标。可以结合非财务指标如产品质量、服务水平、顾客满意度以及研发能力等，使得企业的重点落实到如何使企业保持持久的生命力，从而避免企业只关注短期财务目标而不顾企业的长远发展的短期行为。

4. 增加弹性标准机制

在签署对赌协议时，融资企业需要制定长期和短期相结合的对赌目标，订立的业绩条款要具有弹性标准，对自身利益进行防御和保护，避免可能产生的风险。如果融资企业由于特殊原因在规定时间内未能实现业绩目标，企业可以根据弹性标准，将降低或者对赌目标延长对赌业绩的实现日期，以促使达成对赌业绩目标。弹性标准机制与多重博弈机制相类似，融资方可以在业绩的弹性区间内设置可上下浮动、灵活的条款，通过设定向下浮动一定数额的弹性业绩指标，只要融资企业的业绩完成度处于该区间的范围之内，融资企业就可以向投资机构要求减少一定的损失。

（三）对赌协议签订后

1. 关注市场经济及政策变动

企业通过对自身发展能力和融资需求进行合理判断而签订对赌协议之后，仍需要密切关注宏观经济态势和所在行业的发展，对突如其来的危机保持防范，对外部环境进行判断并适当地调整预期，使企业在经营管理中留有余地。企业在进行自身经营管理的同时，要时刻关注外部环境，了解市场的真正需求，对消费趋势进行整体把握，对产品质量和性能进行提升，根据市场实时情况对企业的销售策略进行调整，在此过程中确定适合企业发展的新目标，增强企业的抗打击能力，使得企业在面对市场经济环境和国家政策变动时能够从容不迫，提高企业的核心竞争力。

2. 优化企业的治理结构

企业在签订对赌协议后，迫于对赌压力，往往会将重心全部放到对赌目标的完成上，这很容易造成企业过于重视对赌目标的实现，而忽略内部治理，影响企业的长远发展。首先，管理层要对企业各部门合理分配权利，对企业的激励和监督机制进行不断完善。企业内部部门要职能清晰、权责分工明确，协调好部门之间的工作程序和管理关系，有效实施企业的管理制度。对员工要赏罚分明，制定适当的激励指标，同时要对不协调的内部关系进行调整，避免产生潜在的摩擦问题。对管理层做出的重大决策应进行董事会投票决定，避免管理者盲目制定不适合企业的发展战略。企业内部各部门、各岗位也要互相监督，发挥好各部门的监督职能。此外，企业要建立监察机制，及时预防、发现和处理市场风险，做到在面对突发状况时能够从容应对。

综上所述，股权投资中运用对赌协议的风险管理建议如表6-1所示。

表 6-1　股权投资中运用对赌协议的风险管理建议

阶段	对赌方	风险管理建议
对赌协议签订前	投融资双方	建立风险评价体系
	投资方	做好尽职调查
	融资方	评估签订对赌协议的必要性和可行性
对赌协议签订时	投资方	审慎选择对赌主体
		合理设置股权回购条款、反稀释条款、优先权条款和一票否决权条款
		合理评估企业自身价值
	融资方	合理设定对赌标准
		建立重复博弈结构
		充分利用保障性条款
		建立战略合作关系
对赌协议签订后	投融资双方	合理把握退出时机
	投资方	提升企业核心竞争力，避免短期行为
	融资方	投出风险管理建议

第五节　私募股权融资

一、私募股权融资前期的准备工作

在企业决定采用私募股权融资并与私募股权基金合作之前，企业经营管理层应该深入了解这种融资方式的前提基础和后果。采取私募股权融资将给企业带来质的变化，因此企业管理层一定要深思熟虑，并做好准备工作。准备阶段从预审计开始，直到企业与第一批签字投资人建立联系为止。根据公司的具体情况（一般包括企业历史数据准备、上市计划、作为监督工具的目标计划等），准备阶段持续 1~3 个月。

（一）确立目标

对于企业而言，融资的基本出发点永远只有一个：企业需要创新。寻找私募股权融资的企业应该很清晰地认识到，投资人是希望企业在可预知的期限内升值，投资可以获得相应的资本增值。因此，自有资本或者夹层资本的投入是非常有必要与提高企业价值的战略同步而行的。这样的战略与增长、革新、市场与竞争地位的提高等因素密切相关。无论如何，这种战略是进攻性的扩展战略，伴随着较高的风险，同时也使企业有更多获得成功的机会。私募股权基金可以为实现这个目标提供资金和必要的战略资源。

（二）预审计

如果企业已经基本确定采用私募股权融资了，那么马上需要明确的问题是：利用私募股权交易进行融资是否确实可行。如果涉及规模较大的交易，那么就要在预审计阶段与专家或者银行取得联系，以便就私募股权融资和企业交易等问题进行协商；如果涉及的交易量较少，那么企业内部专家就足够了。

这里涉及两项最基础的准备工作：一是目标企业历史数据的整理；二是对目标企业未来潜在发展前景的描述。私募股权基金在投资之前都会对企业做尽职调查的预审查，对企业做出适当的审查评鉴。这促使企业对将来的经营和财务发展做出预先评估，并确定资本需求以及融资可能性，同时也能对企业自身价值做一个较为准确的评估，避免在和私募股权基金合作的过程中被低估价值。企业在与私募股权交易中非常重要的一点是要尽早做出融资方案，并将这个融资方案带进与投资人的谈判中。在进行这些准备时，也应该尽早了解有关私募股权的法律法规和纳税规定。

（三）商业计划书

商业计划书对企业吸引私募股权投资方非常重要，本节的第三部分将对其进行更为详细的介绍。

（四）对私募股权投资方的选择

当企业已经确定采用私募股权融资，并做好前面的准备工作之后，下一步就可以寻找合适的投资方了。对于企业而言，私募股权基金没有好坏之分，只有是否合适之说。选择合适的私募股权投资方至关重要。图6-6标明了不同发展阶段企业的融资方式选择。其中，私募股权投资、风险投资和股票融资是股权融资，属于具有剩余索取权的权益资本，其他都是债务融资，具有固定求偿权。在这些融资方式中，相对比较主要的是风险投资、私募股权投资、股票融资、银行贷款和债券融资。另外，政府扶持、典当、租赁融资、商业担保、贸易占款等也可以为企业提供资金上的支持。[①]

从图6-6的分析可以看出，当企业处在成长期或者扩张期的时候，比较适合通过引入私募股权的方式进行融资。此时，由于企业经营逐步走上正轨，经营风险也较初创期减少了许多，但是未来的不确定性还很大，通过银行等金融机构融资还比较困难，因此，最适合选择私募股权的方式满足融资需求。同时，私募股权基金对这个阶段的企业也最为青睐。一旦企业上市成功，则主要通过公众及证券基金融资，风险投资及私募股权基金将逐渐退出，企业将进入一个新的发展时期。

二、私募股权融资的运作流程与操作方法

（一）私募股权融资的总体流程和参与各方

企业通过私募方式寻找特定的投资者，吸引其投资入股，获得企业运营与发展资金，这称为企业私募融资，也称企业私募股权融资。私募股权融资运作涉及的各方包括私募股权投资机构（或风险投资机构）、被投资企业和提供专业服务的会计师事务所、律师事务所和投融资顾问等中介机构。

---

① 李燕. 中国私募股权投资基金的运作模式研究 [J]. 企业改革与管理，2018 (18)：103-105.

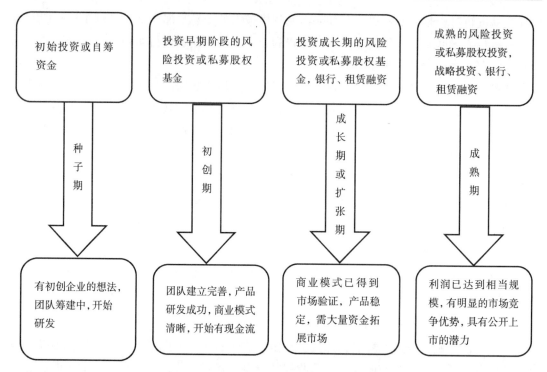

图 6-6 不同发展阶段企业的融资特征与渠道

投资机构在企业股权融资运作中处于中心地位，它们是投资主体，为企业提供发展和营运资金，投资后成为企业的股东。投资机构按资本市场规则运作，发现并培养好的企业，伴随并助推企业成长，同时为基金的投资者获取投资于创业期或成长期企业的高速成长收益，自己也获得 GP 收益及管理基金的报酬。

专业代理人和投融资顾问是投资机构与企业之间的桥梁。

企业的代理人和专业投融资顾问。他们的作用是帮助企业从股权投资基金或风险投资家那里筹集创业或成长所需的股本资金。他们的职责是收集企业信息，开展行业调查和企业财务调查，评估论证可能获得投资家支持的创业期和成长期企业，并提供给投资家选择；代表企业与投资家谈判，帮助企业获得较优惠条款。

机构投资者的顾问。他们专门为养老金、募捐基金和基金会等机构投资者筛选、评估、推荐可参与的风险投资。

企业私募融资在相关各方的参与下运作，其主要流程包括融资的准备工作及签订私募融资中介服务协议、寻找私募股权投资机构并初步见面洽谈、投资机构对企业尽职调查和评估、谈判确定投资协议条款清单及合作条件、确定投资入股价格、签署投资协议和办理审批手续、投资者入股成为公司股东并参与决策。企业进行私募股权融资的总体流程如图 6-7 所示。

（二）融资的准备工作及签订私募融资中介服务协议

企业私募融资所要面对的是投资者，无论私募股权投资基金、风险投资机构、其他企

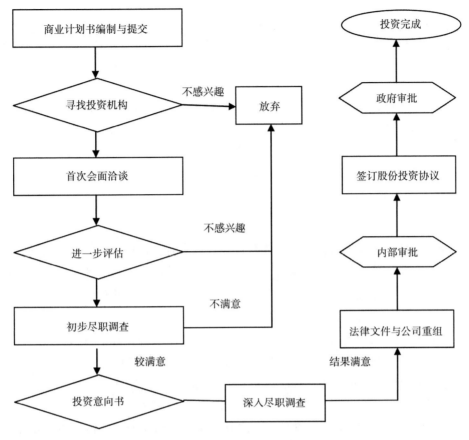

图 6-7　私募股权融资总体流程

业投资者还是个人投资者，都需要了解其将投资的企业是怎样的一个企业，这样的企业是否真正存在融资的需求，向这样的企业投资是否能够获得理想的回报。

1. 面对私募投资者应当准备的事项

其一，企业的创业者、股东、决策层和管理层要有资本价值理念和一个双赢的心态，双赢的故事和方案是合作成功的前提；其二，企业要有一支优秀的经营管理团队，投资者最关注企业的核心队伍；其三，要有一支专业的顾问队伍，包括企业管理、行业专家和资本运作的财务顾问等中介机构；其四，企业已经确立或已经运行可持续发展的业务模式，并行之有效；其五，制作一份足以吸引投资者的商业计划书（或融资计划书），并请融资顾问最后补充完善定稿。

2. 委托私募股权融资服务协议

由于私募融资的专业需要和融资渠道的需要，企业通常聘请委托财务顾问或融资公司等中介机构负责私募股权融资服务，服务协议的主要条款如下：

（1）融资要求，如分批融资额度、融资完成时间等。

（2）融资中介机构的权利与义务，即指派融资负责人、对企业进行审慎调查、制订融资策略和融资工作进度计划、制作商业计划书、精心挑选投资商、与投资商进行初步沟通和答疑、协助委托方与投资商谈判。

（3）委托方的权利与义务：全面、真实地提供企业信息资料，如实回答各项问题；告知重大事项，不得隐瞒或虚报；友好、周到地接待重点投资商的考察事宜和中介机构的尽职调查；按协议约定向融资中介机构支付相应服务费用。

（4）选择权条款：在签约后的一个月时间内，由于客观因素双方有权选择终止协议，约定费用是否收回及补偿。

（5）承诺与保密条款。

（6）违约条款及合同争议的解决方式。

（三）寻找私募股权投资机构并初步见面洽谈

1. 寻找投资机构的方式

（1）操作主体。可以由企业作为主体直接寻找投资合作伙伴、私募股权投资机构或风险投资机构，也可以通过中介机构寻找，如委托财务顾问协助寻找。目前境内外都有一些不错的财务顾问专事此项业务，他们有更广阔的资源和途径，而且有合作多年的律师、会计师、投资银行等中介机构提供一整套的服务。

（2）寻找方式。按照国家有关法规，既然是私募就不能公开募集，不能打广告、发海报，只能私下寻找，采取一对一推介和通过股权交易所平台向特定的投资者发出意向函件或资料的方式进行征集股东入股。当然，私募也不用报政府部门事先批准。

2. 筛选策略

企业寻找投资者与投资者寻找和筛选项目是对应的、相互的。尽管企业寻找投资者并不容易，但是企业寻找投资者也要根据企业生命周期的不同阶段，寻找那些专门投资于此阶段企业和擅长此领域的投资者，以免浪费各方的时间和精力。

在筛选中企业必须考虑的因素：一是投资机构能否为企业提供有价值的建议；二是投资机构能否作为长期的合作伙伴，对企业未来的发展影响力有多大；三是该投资机构或其分支机构的地理位置是否较近，是否利于启动投资谈判。

3. 调查了解投资机构的情况

（1）审查投资机构资质。通过社会渠道、证券交易委员会或其他研究机构了解投资机构的背景情况、投资标准和其经理人情况，并从中发现该投资者或其所投资企业有无受罚记录等。

（2）了解投资机构的投资记录，判定其投资偏好与本企业所处的发展阶段、所在行业、所需的投资规模是否基本吻合，并审查其已往的投资历史、成功案例和业绩、双方合作情况，分析其成败原因，同时查看该投资机构是否在原定时间内成功地帮助被投资企业完成了后续融资任务。

（3）了解投资机构的投资规模和投资重点，判定其是否能够满足本企业的投资需求，投资者是否熟悉本企业所在行业情况。

（4）了解投资机构提供的增值服务及与投资银行的关系，判定其是否和投资银行有着密切关系从而可以帮助安排后续融资、是否有协助运作上市等能力。

4. 初步见面洽谈

双方经过互相了解认为彼此符合对方基本条件后，即可约定初次见面洽谈。洽谈前融资方要有充分准备，可先提交商业计划书摘要和商业计划书精编版的中英文版本，并就基本问题进行洽谈。当对方有兴趣深入了解时，即可提供商业计划书全文。初次见面时主谈人员一定要有足够的级别，最起码应当是公司管理层的投融资主管负责人，必要时配有专业翻译。

（四）投资机构对企业尽职调查和评估

双方经过初次洽谈，投资者进一步了解企业的融资计划，在投资方初步确定欲投资的企业和项目后，就会提出对企业进行调查和评估，企业要全力配合。

关于尽职调查、股票估价和企业价值估值的具体方法请分别参见本书第五章、第八章的内容。

（五）谈判确定投资协议条款清单及合作条件

协商洽谈入股事宜，是企业与投资机构合作能否成功的关键一步，这是融资运作中最困难也是最具有技巧性的过程，要了解私募股权投资机构和风险投资机构的风格，妥善安排有关步骤。[①]

1. 做好心理准备和资料文件准备

在与投资机构正式洽谈投资事宜之前，要做好心理准备，预备着它们可能对企业及项目提出的一堆问题。不仅如此，投资机构往往根据商业计划书和尽职调查的情况要求企业进一步提供相关业务资料，还可能要求企业放弃一部分计划或条件，提出苛刻的投资条件要求，对此，企业必须做好部分妥协的心理准备。

2. 谈判方案及原则

（1）谈判方案和交易设计。通过前期的工作，应完成谈判方案和交易的设计工作，企业在商业计划书基础上，对融资金额、投资工具和入股价格等进一步估值测算，在股权定价问题上先确定自己的底线，但也不要太僵化，可根据合作的其他条件在一定区间内调整底线，当然也要设定在什么情况下可以放弃会谈。

（2）避开陷阱。对方可能会首先提出协议条件文本，企业对合作条件及有关条款需要认真研究，既要双赢，也不要落入对方设下的条款圈套。

（3）要有长远眼光。双方合作要立足长远、着眼大局，准备与风险投资机构建立一种长期的合作关系，不要因为细节问题影响企业长远的发展。

（4）不要依赖。企业如果融资成功，一定要有独立经营的意识，不能过多依赖投资方，投资方的主要作用是辅助企业，而不是全面经营企业。

3. 谈判技巧

（1）企业决策人、控股股东或实际控制人不要参加首轮谈判，以便给谈判留出回旋余地，避免陷入被动或僵局。

---

① 罗文锋，李明致．私募股权投资中对赌协议的法律效力［J］．江西社会科学，2014（10）：192-197．

（2）提前做好各方面的准备，尤其是对风险投资者以前投资过的项目及其目前投资组合的构成要有深入的了解。

（3）对自己的企业和项目要有十足的信心。

（4）不要回避风险投资者的提问，答案不能模棱两可。

（5）对风险投资者不能隐瞒重大问题，要讲明情况共同解决。

（6）要给双方留出考虑和做出退步的时间，不要希望立刻作出决定。

4. 讨论研究投资协议条款清单

（1）投资协议条款清单及其作用。

投资协议条款清单是私募股权投资机构与被投资企业就未来的投资交易所达成的原则性约定。条款清单中除约定投资机构对被投资企业的估值和计划投资金额外，还包括被投资企业的义务、投资者的主要权利以及达成投资交易的前提条件等内容。投资机构与企业之间未来签订的正式投资协议中将包括条款清单中的主要条款。

条款清单谈判是在初步尽职调查基础上的细节谈判，企业在签订了条款清单后就意味着双方就投资合同的主要条款达成了一致意见。虽然这并不表明双方最后一定能够签订投资协议，但是只有对条款清单中约定的条件达成一致，投资交易才能继续进行并最终完成。目前也有很多境内的投资公司不签订条款清单，直接开始深入尽职调查及合同谈判。

条款清单相当于投资意向书，虽然并没有法律约束力，但是一般双方从信誉角度上考虑都要信守诺言。尽管在正式投资协议中将对各项主要条款做进一步的细化，但是不要指望这些条款在稍后的合同谈判中重新修改议定。

（2）典型的投资条款清单的主要内容。

1）投资金额、扩股稀释后的股份分配及认购股价确定，其中包括对创业企业的技术研发和最初技术研究成果的股份评定，股权形式及股东表决权分配（可能设定不同类别股份持有不等额的表决权）。

2）达到一定目标后（如达到一定的预期净利润）投资增持购股数。

3）投资的前提条件。

4）预计尽职调查和审计、评估所需的时间。

5）优先股的分红比例。

6）与企业业绩挂钩的股份和股票期权奖励或惩罚条款。

7）清算优先办法。

8）优先股转换为普通股的办法、转换价格及比例。

9）反稀释条款和棘轮条款。

10）优先股认股、受让或出让权。

11）回购保证及作价。

12）被投资企业对投资机构的赔偿保证。

13）双方在董事会中的席位和投票权，管理层架构和双方各自担任的职务，投资方参与企业年度业务计划、重大资本性开支的审批权限。

14）保护性条款或一票否决权。以下议案可能将成为否决范围：一是改变优先股权益；二是优先股股数的增减；三是新一轮融资增发股票；四是公司回购普通股；五是公司章程修改；六是增加公司债务性融资；七是分红计划；八是公司并购重组、出让股权、出售全部或大部分资产；九是董事会席位变化；十是增发或配售普通股。

15）股票期权计划及方案。

16）知情权，主要是定期的生产经营和财务报告及预算报告。

17）以上条款在公司股票上市后的适用性。

18）律师、会计师等中介机构费用和有关交易税费的分担办法。

19）保密责任和排他性条款。

20）适用法律。

由于每个投资机构的要求不同，每个被投资企业的情况不同，条款清单也会有一定差别。例如，有的投资条款清单还明确规定了资本退出方式的条款，企业创始人和 CEO 等核心人物的人身保险的权利条款等。

（六）确定投资入股价格

除了遵循上述私募股权融资的一般流程外，还有确定投资者入股价格的特殊运作流程。私募股权投资基金确定投资入股价格的流程也即估值和谈判定价过程。

关于股票估价和企业价值估值的具体方法，请参见本书第八章的内容。

（七）签署投资协议和办理审批手续

对于合同条款，企业应当组织内部人员和法律顾问认真研究，充分理解其内涵，对于上述投资机构的独特机制、特殊权利以及对赌协议条款企业应当谨慎对待，最好在财务顾问、律师和国际融资专家指导下研究其利弊，结合企业实际能够做到的履约能力选择和确认协议条款。既要有履约的思想准备，更要有企业下步操作的具体措施保证，考虑好各方面因素后，再履行企业内部审批程序，正式签订投资协议或投资合同（股权转让协议或认购股权协议）。

双方签署最终交易协议后，应当按照法律法规到政府主管部门办理准入审批和工商登记。涉及外资入股的，应到省级以上商务部门办理外商投资企业批准证书，然后再办理外商投资企业工商营业执照。至此，协议正式生效。

（八）投资者入股成为公司股东并参与决策

投资者按照协议规定期限，根据国家外汇管理局有关规定将资金汇入境内，经结汇后投入企业，至此，融资成功。投资者成为企业的股东，享有股东的权益。一般来说，私募股权投资者和风险投资机构会与企业建立起有效的制约机制，尤其是风险投资机构，其不仅投入资金，还将在一些重大决策上参与企业运作，并视具体情况对企业的运行情况进行监管，会在董事会保留特权，有时甚至拥有比普通股级别更高的金融工具，而且会用优先股权证建立起企业的激励机制。在一个较长的时期内，双方会建立起密切的合作关系，风险投资机构还会运用自身的资源为企业引进先进的技术和管理经验，促进企业尽快成长。在随后的几年中，投融资双方根据企业运作和市场情况也可能对先前确立的企业目标进行调整。

运行达到投资者的预定期限和目标后或出现相应情形时，投资方会选择在适当的时间以适当的方式实现退出，从而完成整个投资过程。退出策略是投资者在开始筛选企业时就十分注意的因素，包括上市、转让、股票回购、卖出期权等方式，其中上市是投资回报最大的退出方式，上市的收益来源是企业的盈利和资本利得。很多外资基金通常在境外注册一家公司来控股境内公司，以便将来以境外注册的公司作为主体在境外上市，实现资本退出。

三、商业计划书的编制

商业计划书是联系企业与投资者的重要纽带。一份完美的商业计划书（或称融资计划书）可以令投资者了解被投资企业的概况、管理团队、产品/服务、研究与开发、行业及市场、营销策略、产品制造、公司管理、融资计划、财务计划和风险控制等各种问题。虽然投资者对新兴企业的投资标准和要求随市场环境、行业特点及投资机构本身的规定而不同，但是至少有四点是共同的：一是被投资企业有绝好的商业机会和广阔的市场前景；二是被投资企业的管理层有良好的经营管理能力；三是被投资企业已经有一个严密的、切实可行的投资方案（包括详细的财务评价数据资料）；四是在投资计划中必须安排资金未来退出的通道。因此，企业私募融资运作首先就是撰写商业计划书，本部分着重介绍商业计划书的格式、具体内容、各部分的撰写要点和技巧[①]。

（一）商业计划书摘要

商业计划书的开头是整个计划书的摘要，正文内容一般包括 11 个部分，另附相关资料、支撑文件及验证文件。

商业计划书摘要的内容包括公司概况、管理团队、产品与服务、研究与开发、行业及市场、营销策略、产品制造、公司管理、融资计划、财务计划、风险控制。

撰写要点和技巧：

摘要是整个商业计划书的总体纲要或概括说明，应当控制在 2 页纸内。摘要应能激起投资者的兴趣，尽量在摘要的第 1 页后半部分概括提出筹资需要，总体纲要应尽可能确保投资者在 10 分钟之内浏览完毕并能完全理解。

（二）商业计划书编制内容、撰写要点与技巧[②]

1. 公司概况

（1）公司基本状况，即公司名称、成立时间、注册资本、实际到位资本（其中现金和无形资产各占股份比例）、注册地点、主营业务、企业性质。

（2）公司沿革，即说明自公司成立以来的主营业务、股权、注册资本等公司基本情况的变动，并说明变动的原因。

（3）目前公司主要股东情况：股东名称、出资额、出资形式、股份比例、联系人、联

---

① 张佩佩. 我国私募股权投资构成要素研究 [D]. 武汉：武汉理工大学，2013.
② 冯国涛. 商业计划书执行摘要的体裁分析 [D]. 哈尔滨：黑龙江大学，2012.

系电话（表格形式）。

（4）本公司的独资、控股、参股的公司以及非法人机构的情况，即公司下属独资公司、公司下属控股公司及控股比例、公司参股的公司及参股比例。

（5）职工情况，按照学历和技术职称划分出人数及比例（表格形式）。

（6）公司经营财务历史，包括本年度及以往3年的销售收入、销售成本、毛利润、纯利润、总资产、总负债、净资产。

（7）公司外部公共关系（战略支持、合作伙伴等）。

（8）公司近期及未来1~5年的发展方向、发展战略和实现的目标，包括公司的关键成功因素是什么，公司融资后首先要达到什么目标，拟通过哪些措施来达到这样的目标。

撰写要点和技巧：

概述公司的背景和立足点。要精练浓缩、描述生动，描绘远景和目标应重于阐述历史，简要说明市场潜力，叙述扩展业务的机会。

2. 管理团队

（1）董事会成员名单，即各成员在董事会的职务、姓名、工作单位、联系电话（表格形式）。

（2）管理团队名单及简介，包括管理团队每个人的姓名、性别、年龄、学历、所学专业、职称、毕业院校、联系电话和主要经历和业绩。其中，董事长和总经理的主要经历和业绩着重描述其在本行业内的技术、管理经验和成功事例；技术研发负责人着重描述其在本行业内的技术水平、经验和成功事例；产品生产负责人着重描述其在本行业内的产品生产制造经验和成功事例；市场营销负责人着重描述其在本行业内的营销经验、市场开拓的成功事例；财务负责人着重描述其在财务、金融、筹资、投资方面的背景、经验和业绩；其他重要人员根据专长描述其背景、经验和业绩。

（3）外部支持（中介机构及顾问），包括律师事务所、会计师事务所、投资咨询机构、法律顾问（简介）、投资顾问（简介）、财务顾问（简介）。

撰写要点和技巧：

向投资者展示企业的管理人才和有效的组织架构：一是描述管理团队的结构是否合理、核心管理人员在公司主营行业是否有成功的从业经验，有什么值得重点说明的成功经历，核心管理人员之间是否存在互补价值；二是描述管理资源情况和现行组织架构，以及融资后组织架构将如何进行调整、是否具备中介机构的管理资源支持、中介机构的价值是否体现在公司的经营管理中；三是强调管理团队的实践经验而不是他们的学历，让投资者相信现有的管理团队有能力使公司得到更大的发展，同时向投资者展示优势的外部资源支持，让投资者相信公司具有较高的管理水平。

私募股权投资者通常青睐这样的管理团队：在公司所处行业中具有成功的从业经历和良好的口碑，具有开阔的国际化视野和良好的社会关系，具有接受新的管理理念和管理创新的积极性。

3. 产品与服务

产品的背景、产品所处发展阶段、产品与行业同类产品相比的优势、产品获奖情况、产品专利和注册商标情况、产品的开发保障。

撰写要点和技巧：

重点介绍产品系列和核心产品性能、产品和服务能为客户提供的价值、与相竞争的同类产品相比的额外价值、产品的优势与劣势、产品和服务与竞争对手相比所具备的差异性、竞争产品的开发情况、有哪些产品的专利及其保护状况、产品的开发技术保障和资金保障。要将自己置于客户的位置，集中于最重要的产品，同时涉及其他产品，避免过多的技术细节，力求简单，可以引用产品和服务已试点成功的例子，如谁是公司的目标客户、目标客户的需求集中体现在哪些方面、公司的产品将如何满足他们的需要等。

4. 研究与开发

公司近年来的主要研究成果及技术先进性（包括获奖情况），公司参与制定的产品或技术的行业标准和质量检测标准情况，掌握的产品核心技术与其他竞争对手相比的领先程度，公司现有技术储备情况，公司寻求外部技术开发支持依托（如大学、研究所等）情况及合作方式，公司对关键技术人员和技术队伍的激励措施，以及公司未来的开发方向、开发重点和正在开发的技术和产品。

此外，还有公司未来3~5年的研发资金投入和人员投入计划，包括每年资金投入、占销售收入的比例（分5年列表）。

撰写要点和技巧：

列举成功案例，描述研发人员的研究能力多于描述技术本身，避免过多的技术细节。应描述现有技术状况如何，目前创新正处于哪一阶段，是否已获专利和技术转让，计划中的开发步骤有哪些，开发的中期目标是什么，产品与竞争对手相比的优劣势，进一步开发所需要的时间和资源投入，每一种产品对销售收入的贡献及其比例等。对引入风险投资的创业资金需求，要有一个明确的技术构想、研发计划、研究成果转化为生产能力的详细方案，说明产品试生产情况、样品性能状况和产品试销情况，对投资项目要进行可行性研究。

5. 行业及市场

（1）行业情况，如行业发展历史及趋势，哪些行业的变化对产品利润与利润率影响较大，进入该行业的技术壁垒、贸易壁垒、政策限制等。

（2）市场潜力，如市场规模、市场前景及增长趋势，公司的收入模式等。

（3）公司过去3~5年各年销售总额比较，包括全行业产量、销售收入、全行业销售增长率、本公司销售收入、本公司销售增长率（分5年列表）。

（4）公司未来3~5年的销售收入预测（融资不成功情况下），包括产量、销售收入、市场份额（分5年列表）。

（5）行业竞争分析：一是本公司与行业内主要竞争对手的比较，包括主要竞争对手的产量、市场份额、销售收入、税后净利润，本公司市场份额、销售收入、税后净利润（列表比较）；二是本公司产品/服务的竞争优势，包括性能、价格、服务等方面。

（6）主要客户分析，即过去3年的前十大客户（或占销售收入70%的客户）的销售量、销售额、占本公司总产量比重及市场份额（按每个客户列表）。

撰写要点和技巧：

主要对企业所处的竞争和发展环境进行分析，包括三个方面：

第一，行业方面，描述企业所在行业概览、对行业发展方向的预测、技术创新起到怎样的推动作用、宏观经济环境产业技术经济政策及地方政府政策对行业的发展影响，如何跨越壁垒。

第二，目标市场方面，包括各细分市场规模和增长速度有多大，结合营销策略和竞争情况对目标市场作出预测，目标客户群有哪些，市场份额能达到多少。

第三，竞争情况，即有哪些竞争对手在提供同类产品，有哪些开发创新的可能，主要竞争对手的目标市场是什么、它们的盈利能力现状和潜力，本企业相对于它们的竞争力、是否具有跟踪竞争情况的管理系统。

应注重了解国际私募股权投资者青睐的行业和企业以及国家鼓励外商投资的产业：一是高新技术产业，如环保、节能、新能源、新材料、信息技术等行业；二是资源类行业，如国家允许外资进入的能源行业、矿产资源行业及相关行业等；三是基础产业建设行业，如收费路桥建设、电力建设、城市公共设施建设等；四是对外资逐步放开的行业，如钢铁、水泥、医药、机械、汽车、零售、银行等行业。

6. 营销策略

产品所针对的目标市场、产品的售后服务、产品的定价策略、广告宣传攻势，以及产品的销售计划：一是在建立销售网络、销售渠道，设立代理商、分销商方面的策略；二是在广告、促销方面的策略；三是对销售队伍采取什么样的激励机制。

撰写要点和技巧：

销售的过程设计、营销队伍的组织、促销所要达成的效果、适合于具体产品类型的促销手段。例如，在营销策划中，如何推出产品、何时推出，对零售价格的估计、预计将达到多大的销量，典型的销售过程是怎样的，将采用什么销售渠道、各渠道的目标消费者是什么，零售价格确定的依据是什么，需要多少营销人员、他们应具有什么技能，每个销售渠道的利润率大概是多少，每个销售渠道对销售和利润的贡献多大，要达到多大的市场份额。在促销方案中，考虑如何使目标客户对产品有所认知、将使用什么广告方式、配套服务的重要性如何、如何组织这些服务、产品引入及此后的促销费用是多少、在每个目标市场和销售渠道中的价格是多少、采用何种付款（收款）方式。

7. 产品制造

（1）产品生产制造方式（公司是自建厂生产产品还是委托生产，或其他方式）。在公司自建厂情况下，是购买厂房还是租用厂房，厂房面积是多少，生产面积是多少，厂房地点在哪里，以及交通、运输、通信是否方便。

（2）现有生产设备情况，即是专用设备还是通用设备，先进程度如何，价值是多少，是否投保，最大生产能力是多少，能否满足公司产品销售增长的要求。

（3）如何保证主要原材料、元器件、配件以及关键零部件等生产必需品的进货渠道的稳定性、可靠性、质量及进货周期，列出 3~5 家主要供应商名单。

（4）在正常生产状态下，成品率、返修率、废品率控制在怎样的范围内，并简要描述生产过程中产品的质量保证体系以及关键质量检测设备。

（5）产品成本和生产成本如何控制，有怎样的具体措施。

（6）简述产品的生产制造过程、工艺流程（流程图）。

撰写要点和技巧：

生产是企业实现价值的保障，要集中于最重要产品的生产描述，用简练的语言和明晰的图示准确地描述生产工艺流程，还要补充说明存货如何管理，提供产品的单位成本结构明细表。

8. 公司管理

图示公司组织架构，员工持股及高管人员期权，管理层关键人员采取怎样的激励措施，为员工购买保险险种，签订劳动用工合同情况，与相关员工签订技术秘密和商业秘密的保密合同情况。公司是否与掌握公司关键技术及掌握重要信息的人员签订竞业禁止协议，若有，说明协议主要内容；对知识产权、技术秘密和商业秘密的保护措施；是否通过国内外管理体系认证；公司董事和主要管理人员之间有无亲属关系；公司是否存在关联经营和家族管理问题；公司董事、管理者与关键雇员之间是否实际存在或有潜在利益冲突。

撰写要点和技巧：

简要阐述公司治理、经营管理及内部控制情况、公司重大事项的决策程序，描述公司发展中将会面临的重要问题以及解决问题的供选择方案，使企业防患于未然。对于刚创建公司来说也应深思熟虑，要有整体的公司管理架构并明确阐述。

9. 融资计划

测算股权融资的金额、准备出让的股权比例及数额；投入资金的用途和使用计划；投资方可享有哪些监督和管理权利；如果公司没有实现项目发展计划目标，公司管理层在未达到承诺的投资回报率时应向投资方承担哪些责任；投资方收回投资的具体方式和执行时间安排；需要对投资方说明的其他情况。

撰写要点和技巧：

确立投资需求及其必要性，明确对资金的需求及其计算依据，并对风险因素、投资回报及投资退出方式进行描述。需在技术分析与财务预测基础上由专业设计与研究机构编制可行性研究报告作为商业计划书的支撑文件。要对不同的资金来源进行详细说明，使投资者（战略投资者、投资公司、金融机构、政府机构、个人）了解公司的资金结构。

10. 财务计划

对融资后5年内的财务状况进行预测，即制作未来3~5年的盈亏平衡表、资产负债表、损益表、现金流量表、销售计划表、产品成本表和单位成本表。

撰写要点和技巧：

根据财务预测编制要求，财务计划是对企业的未来财务状况和价值进行量化，要求依据标准会计形式和原则，且年份越近的预测表越具体，年份越远的越粗略，比如：第一年每个月计算现金流量，共12个月；第二年每个季度计算现金流量，共四个季度；第三、第四、第五年每年计算现金流量，共3年。此外，还包括产品形成规模销售时的毛利润率（纯利润率），并说明预测依据；预计未来3~5年的年均净资产回报率、净利润增长率，并说明预测依据；每年的筹资安排和现金储备余额。

11. 风险控制

风险控制即说明企业和拟投资项目实施过程中可能遇到的风险及其应对措施，包括技术风险及措施、市场风险及措施、生产风险及措施、财务风险及措施、管理风险及措施、政策风险及措施。

撰写要点和技巧：

风险控制要点，说明风险识别和风险控制框架，划分风险的层次，确定主要风险和次要风险，通过敏感性分析确认风险大小，措施中应有具体的组织保障和资金成本保障，以使企业对未来的预测更加客观。

总之，企业要了解境外投资机构阅读商业计划书的习惯，更准确、更专业地表达企业的融资需求和企业状况，同时由翻译将商业计划书译成英文，做好高质量的英文计划书。

四、私募融资的特殊路演推介

路演是指在公共场所进行演说、演示产品、推介理念及向他人推广自己的公司、团体、产品、想法的一种方式。证券公开发行（或私募发行）是承销商（或财务顾问）协助发行人在发行证券前于可能销出证券的地点，针对可能的投资者进行的推介活动。

1. 私募融资路演的形式

虽然私募融资不允许公开招股，但是企业可以举行一对一推介会形式的私募路演。在推介会上，公司向投资者推介投资故事，充分阐述公司的投资价值，通过相互沟通，在回答问题的同时，也了解投资者的投资意向。

必要时私募融资可由财务顾问安排几次推介会议，接触几家乃至十几家机构投资者，参加路演的投资者是经财务顾问推荐和筛选的基金经理、投资顾问、投资者等。通过有针对性的一对一会议，激发投资者对公司的兴趣，并商议确定股权定价区间。通过推介会，最终选定目标投资者并与之进一步谈判签约。

2. 路演的组织

私募融资募集的资金用于大型收购或大型投资项目时，往往需要聘请财务顾问协助或组织完成路演。财务顾问机构通常拥有专业人才和广泛的投资者资源，为融资方提供专业化服务，包括路演前公司高管人员培训、制作路演材料、预订路演会议中心，并组织有意向的基金经理和投资者参加推介会，应用各种推介工具向投资者展示企业。企业的董事长、总经理、融资总协调人、财务负责人、财务顾问的项目负责人等都应参加路演。

3. 路演材料

除按照规定准备应披露的商业计划书、增资扩股说明书外，还应准备以下材料：总裁/CEO简要致辞和公司情况介绍、管理层代表演讲稿、董事长致辞、10~15分钟的路演推介影碟、PPT幻灯投影文件、投资者模拟问卷及答案等材料。

4. 路演的一般程序

路演以公司演讲为核心内容，并留出一定时间回答投资者提问。路演要点和先后次序如下：一是主持人宣布路演开始并介绍参会嘉宾；二是介绍本次融资的主要事项和公司简要情况；三是简单介绍董事长的经历并请董事长作推介致辞；四是财务顾问代表致辞并作必要的推介；五是播放推介影片或管理层代表进行PPT演讲；六是公司高管回答与会者的提问；七是总裁/CEO或董事长作总结性发言；八是主持人宣布路演结束。

路演是国际上广泛采用的证券发行推广方式，是在投融资双方充分交流的条件下促进证券发行成功的重要推介和宣传手段。路演的作用是通过面对面的直接互动交流形式，向投资者就公司的业绩、产品、发展方向和未来前景等做详细介绍，解答投资者提出的相关问题，让投资者准确判断公司及其股票的投资价值。路演有助于股权的合理定位和融资成功。

五、完善股权融资的相关建议

（一）拓宽并完善非上市公司股权融资渠道

股权投资者为了确保投资得到回报，会对所投资企业所属的行业进行分析研究，同时通过对成熟企业的收并购将许多高效优质的行业资源和科学的组织模式带到该企业，提升所投资企业的行业竞争力。一个完整的股权融资生命周期，包括企业在种子期、初创期、发展期、扩展期、成熟期和上市前期等各个时期所进行的权益融资活动。上市后，企业也会有相应的融资行为。股权融资能帮助企业走出融资难的困境，解决企业在发展过程中遇到的资金问题。对于想要融资的企业来说，需要把自身的商业模式梳理清楚，并且让投资者看到项目的独特性和成长性。

现阶段要进一步完善股权融资渠道。在内源融资方面，政府应该为非上市公司的发展工作提供指导，促进其销售收入的提高及盈利能力的提升，促进资金的良性循环，让公司健康发展。在外源融资的直接融资中，政府在对市场充分调查的基础上对资本市场的准入条件进行调节并不断完善，适当降低资本市场的门槛，使达到资格的公司可以在资本市场上以发行股票或者债权的方式完成融资。在外源融资的间接融资中，政府需要进行干预，不断完善金融市场，促进其金融产品种类的增加，并将其融资工具进行完善，促进非上市公司的融资工作顺利开展。

（二）选择合适的融资方式和时机

企业寻找融资时间和机会的过程，就是企业选择与企业自身条件相匹配的外部条件的过程。从企业自身条件看，过早的融资会造成损失，企业浪费了融资成本。而如果融资过晚，则会丧失投资机会。

从企业外部条件来看，由于国内外经济形势日趋复杂，经济形势的变化又会直接影响融资的成本和难度。企业必须寻找最佳时机，寻求符合企业融资需求的投资者。企业在分析融资时间和机会时，要充分考虑经济环境、资本成本、融资方式、企业的盈利能力及发展前景以及企业所处行业的竞争程度等方面的影响，及时把握住有利情况，制定合理的融资决策。

例如，企业可能在某些情况下适合用银行贷款融资，却不适合发行股票。或者企业有可能在某地区适合发行债券融资，但在另一地区却不适合。企业确定实施融资的时间也并不是一件简单的事情，有时融资时间还带点投机的意味，因为要抓住时间窗口，融资时间点就很关键。

资本市场环境变化非常快，企业要深入了解国内、国外的整体宏观经济形势、国家的货币和财政政策以及国内外金融市场的动态，分析和预测企业融资所需要的条件和有可能面对的各种变化，寻找最有利的融资时机。

（三）控制融资规模

对企业而言，通过融资进行经营是存在一定风险的。因此，企业要在融资之前考虑清楚，在既定的收益下，一旦这些风险发生，自己能否承受得住。也就是说，融资的收益要与风险相匹配，不能为了拿到融资就一再降低企业的底线，以免最终出现不可收拾的局面。

融资的规模和形式不一样，融资的成本也会有很大差距。企业必须根据自身的实际状况、运营过程中对资金的需求及贷款的难易程度和成本情况，确定适合企业的融资规模。

对于非上市企业来说，融资成本从低到高的排列顺序一般是财政融资、商业融资、内部融资、银行融贷、债券融资、股票融资。

企业要选择合理的资本结构。有的企业从创立到上市，经历几轮投资之后似乎拥有美好的前景，然而债权资本和权益资本的构成比例并不合理，盈利结构也出现问题，再加上企业在融资时追求的是企业价值最大化，最终导致一旦企业出现问题，就如同雪山崩塌，局势很难挽回。因此，企业在融资时一定要把握好资本结构。虽然我们不能做到百分之百确定未来收益的现值，但是从融资环节来看，折现率是在充分考虑了资本的成本和筹资的风险水平因素后计算确定的，由此可知如果资本结构是合理的，不但能提高融资效率，还能调节折现率。

对于企业来说，融资的风险和收益同时存在。企业在考虑收益时也需要考虑风险，尽力让风险和收益达到均衡状态。只有在这种情况下，企业的价值才能达到最大。

（四）保持企业控制权

资本是一把双刃剑，使用得当可以给企业很大助力，使用不当则会伤害到企业发展。例如，若知名餐饮品牌创始人张某，在企业经营业绩非常好的状态下引入资本，却因为没在规定时间内上市，导致对赌协议失败，张某不得不因此退出董事会，离开该餐饮企业。

从相关案例我们可以看出，融资行为具有明显的企业治理功能，直接影响着企业控制权的分配。融资企业获得投资方的资金，是以稀释创始团队手中的股份为代价的。融资金额越大，创始团队手中的股权就会被稀释得越多。一旦创始人手中的股份不足以控制企业，不但自己很轻易就会被踢出企业，而且很容易让企业遭受恶意收购。

融资企业在后续的每一轮融资中，其估值都必须要高于前一轮，如果做不到，那就会触发反稀释条款，通过调整前轮投资者的股权比例，或者是融资企业股东向投资者支付货币补偿，来保证投资者的利益。

因此，对于企业而言，在融资的时候不能只考虑成本，还要考虑会不会影响企业生产经营的自主权和独立权，会不会引起企业利润的分流等。企业负责人在融资时要根据各种融资方式的特点，减少股权融资对企业控制权的影响，确保融资后自己对企业的控制权不受影响。

（五）创造良好的投融资环境

在非上市公司股权融资中，要建立健全信用评价标准和体系，实现非上市公司、信用评价体系和金融机构之间的有效沟通，对非上市公司的信用情况和股权质量进行客观评价，促进非上市公司更加充分地参与到股权融资中，促进股权融资交易市场的健全和发展。

（六）建立健全相关法律法规，提高金融机构的积极性

根据我国非上市公司的股权融资的现实情况，要不断建立健全各项法律法规，并对非上市公司股权的托管市场不断完善，同时重视监管体系，将产权市场作为运行市场的前提条件，使其可以更加公正公平地对各非上市公司做好股权评估工作。

综上所述，在非上市公司中，股权融资想要充分发挥作用，政府部门需要对股权融资市场不断进行规范，为投资者的进入和退出提供合法合规的有效渠道；健全信用担保系统，为实现资本的保值增值提供市场保障；充分利用股权托管平台，规范股权管理及交易；充分保障股东权益，调动股东的积极性，使股权融资健康发展，为中小企业的发展和运作创建更为和谐稳定的环境，让投资人投资有信心，让我国的非上市企业充分享受中国资本市场成长的成果，获取一定的利润，促使资金在更广阔的空间进行优化配置，提高社会公信力，推动企业持续健康发展。

第六节 新三板融资

新三板是中国最市场化的资本市场，其诞生就是为了解决中小企业融资难的问题。本节具体讲述新三板融资交易机制及其特征、融资方式以及退出方式。

一、新三板融资交易机制及其特征

（一）新三板交易机制

新三板交易方式分为两类，即协议转让旧股和做市交易旧股。国际通行的做市商制度规定：由具备一定实力和信誉的券商作为特许交易商（做市商），不断地向公众投资者报出某个特定证券的买卖价格，并在报出价位上接受公众投资者的买卖要求，以其自有资金和证券与投资者进行证券买卖交易，而投资者之间的委托不直接配对成交。所谓以其自有资金和证券是指做市商必须事先用自己的资金取得一部分证券。做市商最核心的功能是估值功能，即做市商通过专业估值对股票进行合理定价，使证券价格更趋近于其真实的市场

价值。实行做市商制度意味着挂牌企业交易流通的时代已经来临。[①]

《全国中小企业股份转让系统股票转让细则》明确提出，全国股转系统的交易机制将实施协议转让、做市商和竞价交易三种转让方式。新三板挂牌公司可以从中任选一种，三种方式互不兼容。但如果企业的需求变化，可以根据规定进行交易机制的更换。

（二）区域股权市场挂牌转让及融资

目前建成并初具规模的区域股权市场包括天津股权交易所、青海股权交易中心、齐鲁股权托管交易中心、上海股权托管交易中心、武汉股权托管交易中心、重庆股份转让系统、前海股权交易中心、广州股权交易中心、浙江股权交易中心、江苏股权交易中心、大连股权托管交易中心、海峡股权托管交易中心等十几家股权交易市场。每家股权交易所的定位不尽相同，交易方式分为协议转让旧股或做市交易旧股，融资方式也是少量定向发行。各家股权交易所挂牌条件不同。

（三）新三板三大特征[②]

新三板的定位是为创新型、创业型、成长型中小微企业（非上市股份有限公司）的股份转让、融资、并购等提供平台。新三板分为基础层和创新层。

基础层条件。由于中小微企业大部分规模较小，尚未形成稳定的盈利模式和盈利规模，甚至尚未盈利，因此基础层挂牌转让没有利润条件要求。

创新层条件。它的标准：一是最近连续两年盈利且平均净利润不低于2000万元，最近两年加权平均净资产收益率平均不低于10%。二是最近两年营收复合增长率不低于50%；最近两年平均营收不低于4000万元，股本不少于2000万元。三是做市商不少于6家；按新申请挂牌发行价计算的市值或基础层公司最近有成交的60个做市转让日的平均市值不少于6亿元，最近一年末股东权益不少于5000万元，基础层申请进入创新层时合格投资者不少于50人。

创新层的上述标准很高，甚至超过了创业板的利润标准，满足上述任何一个标准即可进入创新层。已挂牌的基础层公司进入创新层还需满足共同标准：最近12个月完成过股票发行融资（包括新申请挂牌同时发行股票），且融资额不低于1000万元，或最近60个可转让日实际成交天数占比不低于50%。

企业登陆的新三板有三个特征：一是挂牌门槛低；二是效率高；三是费用低。下面分别做简单介绍。

1. 挂牌门槛低：财务、股东、高新技术无限制

新三板的挂牌门槛低。与创业板、中小板、主板上市对企业利润、股东等的硬性规定不同，挂牌新三板对财务、股东与高新技术没有限制。创业者只要规范企业的经营管理和治理，做好信息公开披露，就可以挂牌新三板，成为非上市公众公司。挂牌新三板后，企业股票可通过全国中小企业股份转让系统交易流通。挂牌新三板对企业有要求，内容如

① 汪洋. 交易机制、做市商特征与新三板流动性 [J]. 重庆工商大学学报：社会科学版，2019，36（1）：37-48.

② 宋晓刚. 新三板市场发展的特征、动因及启示 [J]. 证券市场导报，2015（11）：4-12.

表6-2所示。

表6-2　挂牌新三板对企业的要求

项　目	条　件
公司主体	依法设立且存续满两年
业务	业务明确，具有持续经营能力
治理机制	公司治理机制健全，合法规范经营
股权	股权明晰，股票发行和转让行为合法合规

2. 效率高：申报到挂牌不超过6个月

新三板的挂牌速度很快，一般6个月内就可以完成。新三板挂牌操作流程主要分为以下五个步骤：

（1）股份制改造。登陆新三板市场的企业必须是非上市的股份有限公司。根据《证券公司代办股份转让系统中关村科技园区非上市股份有限公司股份报价转让试点办法（暂行）》的要求，拟挂牌企业应以股改基准日经审计的净资产值整体折股，即由有限企业整体变更为股份企业。

（2）主办券商尽职调查。尽职调查是指主办券商通过实地考察等方法对拟挂牌企业进行调查，确保拟挂牌企业符合挂牌条件，而且推荐挂牌备案文件要真实、准确、完整。

（3）证券企业内核。证券企业内核是新三板挂牌的重要环节。主办券商内核委员会议审议拟挂牌企业的《股份报价转让说明书》《尽职调查报告》等相关备案文件后出具审核意见，并审核券商的尽职调查是否符合规定。如果发现拟挂牌企业存在需要整改的问题，则提出解决思路；如果没有发现问题，同意推荐目标企业挂牌，则需要向中国证券业协会出具推荐报告。

（4）监管机构审核。监管机构审核是新三板挂牌能否成功的决定性步骤。通过内核后，主办券商会将备案文件上报至中国证券业协会。协会决定受理的，则下发受理通知书，并在受理之日起五十个工作日内对备案文件进行审查。在审查过程中，如果协会有异议，可以向主办券商提出书面或口头的反馈意见由主办券商答复；如果没有异议的，则向主办券商出具备案确认函。

如果协会要求主办券商补充或修改备案文件，那么受理文件时间自协会收到主办券商的补充或修改意见的下一个工作日起重新计算。协会对备案文件经多次反馈仍有异议，决定不予备案的，需要向主办券商出具书面通知并说明原因。

（5）股份登记和托管。根据《证券公司代办股份转让系统中关村科技园区非上市股份有限公司股份报价转让试点办法（暂行）》的要求，投资人持有的拟挂牌企业股份应当托管在主办券商处。初始登记的股份，托管在推荐主办券商处。推荐主办券商取得协会备案确认函后，辅助拟挂牌企业在挂牌前与中国证券登记结算有限责任公司签订证券登记服务协议，办理全部股份的集中登记。

一般情况下，拟挂牌企业需进行股改的，需要2~3个月的主办券商进场尽职调查及

· 350 ·

1~2 月的内核；协会审查（包括反馈时间）需要 2 个月；经协会核准后可以进行股份登记挂牌，全部流程预计需要半年左右的时间。

3. 费用低：200 万元左右

新三板挂牌费用主要由推荐挂牌费用、挂牌初费和年费、信息披露督导费用、信息披露费用四类构成。

由于各地高新园区针对新三板挂牌业务制订了财政补贴计划，因此拟挂牌公司可以在政府财政支持范围内解决推荐挂牌费用。至于挂牌初费和年费，拟挂牌公司需要在挂牌时和挂牌期内按照总股本数的大小向全国股份转让系统公司缴纳。关于信息披露督导费用，由于主办券商负责对挂牌公司的信息披露进行监督，因此公司挂牌后每年需要向主办券商缴纳信息披露督导费。另外，挂牌公司每年还需要向全国股份转让系统公司缴纳信息披露费用。

计算下来，新三板的挂牌费用总体在 150 万~200 万元，不包含募资费用。部分收费标准如表 6-3 所示。

表 6-3 新三板挂牌公司部分收费标准

收费对象	收费项目	收费标准
投资人	转让经手费	按股票转让成交金额的 0.5% 双边收取
挂牌公司	挂牌初费	总股本 2000 万股（含）以下的，收取 3 万元； 总股本 2000 万~5000 万股（含）的，收取 5 万元； 总股本 5000 万~1 亿股（含）的，收取 8 万元； 总股本 1 亿股以上的，收取 10 万元
	挂牌年费	总股本 2000 万股（含）以下的，收取 2 万元/年； 总股本 2000 万~5000 万股（含）的，收取 3 万元/年； 总股本 5000 万~1 亿股（含）的，收取 4 万元/年； 总股本 1 亿股以上的，收取 5 万元/年

二、新三板融资方式

根据最新规定和实际运作情况，企业在新三板挂牌时或挂牌后，经申请核准，可以适量地定向增发一部分新股，主要发行对象是做市券商和在新三板注册的合格投资者，这是新三板的直接融资功能。因此。新三板融资方式不是首次发行新股，而是定向私募发行新股。[①]

相比于主板、创业板上市花费的几千万元费用，新三板的挂牌费用是非常低的。

（一）协议转让：场外自由对接，通过报价系统成交

协议转让交易机制就是有投资人想要买某公司的股票，然后报了一个价格，之后该公

---

① 金辉，黄珏，冯红霞. 新三板企业融资方式与融资效率的关系研究 [J]. 金融教育研究，2019，32（3）：46-52.

司的股东看到了投资人的报价，认为比较合理，便联系了该投资人，经双方协商后完成股票转让。或者某公司的一位股东想要卖掉股票，报了一个价格，有投资人恰好想买，觉得价格也合适，然后双方联系达成交易。

总体来说，协议转让是买卖双方在线下直接洽谈，然后在全国中小企业股份转让系统实现最终的交易。

对企业来说，协议转让可以更快、更多地吸收投资。如果公司的资金需求量大，定增、做市交易又面临着股东人数超过200人的约束条件，这时候协议转让方式就发挥了它的优势。此外，全国股份转让系统对挂牌公司股票转让不设涨跌幅限制。协议转让的交易方式如表6-4所示。

表6-4　协议转让的交易方式

项　目	具体内容
申报时间	交易主机接受申报的时间为每个转让日的9：15~11：30、13：00~15：00
申报类型	全国股份转让系统接受主办券商的意向申报、定价申报和成交确认申报。每个转让日的9：30~11：30、13：00~15：00为协议转让的成交确认时间；9：15~9：30，全国股份转让系统仅接受申报，不对申报进行匹配成交
成交模式	点击成交方式：投资人根据行情系统上的已有定价申报信息，提交成交确认申报，与指定的定价申报成交
	互报成交确认申报：投资人通过其主办券商、全国股份转让系统指定信息披露平台等途径，寻找欲转让的交易对手方，双方协商好交易要素和约定号，然后双方均通过全国股份转让系统提交约定号一致的成交确认申报，全国股份转让系统对符合规定的申报予以确认成交
	自动匹配成交：投资人愿意以一定价格转让一定数量股份，则可以提交定价申报，除了盘中会与成交确认申报成交外，在每个转让日15：00收盘时，全国股份转让系统对价格相同、买卖方向相反的定价申报进行自动匹配成交

（二）做市商制度：由券商提供买卖价格，与投资人交易

做市商制度也叫作报价驱动制度[①]，具体流程为：做市商构建做市股票的库存并给出买入和卖出价，投资人根据所报价位给出卖单或买单。也就是说，投资人发出卖出指令时，做市商用自有资金买入，增加库存；投资人发出买入指令时，做市商用库存股票执行卖出。如果出现库存股票不足的情况，做市商需要向其他做市商购买。做市商调整做市股票双向报价的依据是市场情况。

对新三板挂牌企业来说，选择合适的做市商对企业融资能力有着重要影响。那么，企业如何选择合适的做市商？创业者需要看做市商的三个方面：其一，价值研究能力；其

[①] 《全国中小企业股份转让系统做市商做市业务管理规定（试行）》第2条规定："本规定所称作市商是指经全国中小企业股份转让系统有限责任公司（以下简称全国股份转让系统公司）同意，在全国中小企业股份转让系统（以下简称全国股份转让系统）发布买卖双向报价，并在其报价数量范围内按其报价履行与投资者成交义务的证券公司或其他机构。"

二，资金实力；其三，人才储备与服务水平。

不同的做市商对挂牌公司价值的认知能力是不同的。做市商的估值研究能力越高，挂牌公司越是能够最大限度地发挥自我价值。做市商的持仓量越大，对自身资金实力的要求越高。挂牌公司可以按 1：1 的持仓量配置交易资金评判做市商的资金实力是否足够强大。就像用户要求企业一样，企业也应当用同样的眼光审视做市商。一般情况下，做市商的人才储备与服务水平可以通过口碑表现出来。[1]

（三）竞价交易：公开竞价，确定证券买卖价格

关于新三板竞价交易制度，集中竞价交易是证券交易所内进行证券买卖的一种交易方式，目前我国上海证券交易所、深圳证券交易所均采用这一交易方式。一般来讲，它是指两个以上的买方和两个以上的卖方通过公开竞价形式来确定证券买卖价格的情形。在这种形式下，既有买者之间的竞争，也有卖者之间的竞争，买卖各方都有比较多的人员。集中竞价时，当买者一方的人员提出的最高价和卖者一方的人员提出的最低价相一致时，证券的交易价格就已确定，其买卖就可成交。

三、退出方式

新三板投资者可以通过协议转让、做市转让、上市公司并购、企业回购和转板方式实现退出。例如，新三板公司已成功转至主板或创业板的公司包括安控科技、双杰电气、合纵科技、康斯特等。新三板挂牌企业可以通过全国中小企业股份转让系统实现股权转让，除此之外，挂牌企业还有另外一些融资途径，包括定向发行股票、发行优先股、发行中小企业私募债融资、股权质押贷款等。下面介绍其中两种融资方式。

（一）定向发行股票

依据《全国中小企业股份转让系统有限责任公司管理暂行办法》《非上市公众公司监督管理办法》等相关法律法规，企业在申请挂牌新三板的同时或者挂牌后可以采用定向发行股票的方式融资[2]。定向增发的股票可以在全国中小企业股票转让系统公开转让，有利于增强挂牌企业的股票流动性。允许挂牌企业定向发行股票融资体现了新三板的融资功能。

一次核准，分期发行，有利于挂牌公司为一年内的融资留出充足的空间。比如，挂牌公司与投资人确定了 1000 万元的增资额度时，可以申请 2000 万元的发行额度，完成 1000万元的发行后，后续 1000 万元的额度是否发行以及发行价格都可以根据企业的后续发展情况再行商议。

（二）发行优先股

《优先股试点管理办法》规定："本办法所称优先股是指依照《公司法》，在一般规定

---

[1] 陈辉，顾乃康. 新三板做市商制度、股票流动性与证券价值 [J]. 金融研究，2017（4）：176-190.

[2] 《非上市公众公司监督管理办法》第 44 条规定："公司申请定向发行股票，可申请一次核准，分期发行。自中国证监会予以核准之日起，公司应当在 3 个月内首期发行，剩余数量应当在 12 个月内发行完毕。超过核准文件限定的有效期未发行的，需重新经中国证监会核准后方可发行，首期发行数量应当不少于总发行数量的 50%，剩余各期发行的数量由公司自行确定，每期发行后 5 个工作日内将发行情况报中国证监会备案。"

的普通种类股份之外，另行规定的其他种类股份，其股份持有人优先于普通股股东分配公司利润和剩余财产，但参与公司决策管理等权利受到限制。"

新三板挂牌公司发行优先股不仅解决了管理层对公司实际控制权的要求，而且给投资人以有保障的回报。2016 年以来，新三板市场参与优先股发行的热情持续高涨。对于优先股挂牌后的转让工作，全国中小企业股份转让系统正在积极推进，有望为挂牌企业提供一条可行的融资途径。

第七节　股权众筹

股权众筹是指公司通过互联网渠道向普通投资者进行融资，同时出让一定比例的股权，投资者成为公司股东并可获得未来收益的融资方式。[①] 在互联网金融发展如火如荼的今天，股权众筹以一种全新的理念与方式在我国互联网金融市场蓬勃发展，为解决中小微初创企业的融资难、融资贵问题开辟了一条新途径。但同时，股权众筹在我国现阶段的发展中又面临着诸多风险与挑战，对于投融资者特别是投资者来说其合法权益更易受到侵害，加强股权众筹活动中对投资者和融资者的法律监管保护，是合理保护投资者和融资者利益的保障，也是实现股权众筹行业健康持续发展的必要。

一、股权众筹的含义

众筹作为一种新型的融资模式，根据其特点不同主要分为捐赠众筹、产品众筹、债权众筹和股权众筹四种类型，其核心要义是集众人之资以实现个体创业之发展。从经济学角度定义股权众筹，它是指融资者给予投资者股权回报以获得投资者投资实现其公司发展的融资模式。我国证券业协会 2014 年 12 月 18 日发布的《私募股权众筹融资管理办法（试行）》（征求意见稿）第二条将股权众筹定义为："融资者通过股权众筹融资互联网平台（以下简称股权众筹平台）以非公开发行方式进行的融资活动。"股权众筹融资模式可以发挥民间资本的聚集优势，通过大众集资为急需项目启动资金的融资者提供支持，让其创意的种子落地开花并结出累累硕果。同时，股权众筹为投资者提供了新型的投资渠道，避免资金闲置，提高了资金的流通效率，实现了"大众创业"。[②]

股权众筹，作为全新的网络金融融资方式，让中小企业集资费用支出大幅度减少。其一，身为网络媒介，众筹平台类似于媒体，存在传播属性，借助网络能够快速将融资项目有关信息扩散出去，进而在短期内就可以将大量民间资本的注意力吸引过来并聚集这些盈余资金，让投资和融资两方的时间成本都可以减少。其二，众筹平台将团队的智慧及力量

---

① Bradford C S. Crowdfunding and the federal securities laws [J]. Columbia Business Law Review, 2012, 1 (1): 1-150.

② 梁福欢. 我国股权众筹监管制度研究 [D]. 北京：中国政法大学，2015.

汇集起来，构建的投融资交易程序更加科学化、标准化，从而将以往集资模式下的大量成本节省下来。其三，身为投资和融资两方之间的媒介，众筹平台只是收取一定的服务费，通常以融资额的5%比例标准收取。从对融资有需求的公司视角来看，此成本的支出是合理的。其四，它新三板与股权众筹相结合，获取了退出途径，基于此，间接地缩减了公司的融资费用支出。归纳而言，相比于传统集资模式，借助股权众筹成本支出更低。

二、股权众筹主体及其法律关系

（一）股权众筹法律关系主体

在股权众筹融资模式中，股权众筹法律关系的主体主要包括融资者、投资者和股权众筹平台。另外，众筹平台为保护投资者的资金安全以此来吸引投资者，将投资者的投资在交付融资者之前委托于第三方管理，因此第三方支付机构也应作为股权众筹法律关系主体之一。[①]

1. 融资者

融资者分为两类：一是处于种子期的中小微企业发起人（团队），他们拥有项目创意但是缺乏启动资金；二是处于初创期的中小微企业，这些企业处于初创或者未成熟时期，拥有新技术、新产品，未来有望迅速成长。[②] 因此，在我国，中小企业要获得股权众筹融资者的合法身份：其一，要满足国家法律对中小微企业资格设置的条件。《中小企业划型标准规定》根据不同行业的特点，依据企业的从业人员、营业收入和资产总额的不同，将企业划分为中型、小型和微型。股权众筹中不同行业的融资者只要符合各自行业划定标准即可，目前法律并未对行业进行限制。其二，受到股权众筹平台规则的约束。为保证股权众筹活动的安全性，融资者需要按照平台规则在众筹平台采用实名制注册，对企业或者项目发起人的基本信息进行登记，这实际是对融资者身份的实质性审查。在项目发布阶段，融资者对融资项目的名称、融资数额、项目估值、未来商业计划等信息通过众筹平台真实、全面地告知投资者。

2. 投资者

在股权众筹中，根据对以上两类不同的融资者进行的投资，可将投资者分为天使投资者和风险投资者（VC）。前者是具有丰厚收入并为初创企业提供启动资本的投资人，他们通常是融资公司的第一批投资人，对融资者来说更具有帮扶作用；后者是为获得高收益而冒高风险将资本投资于初创企业的风险资本家、风险投资公司和风险投资机构，他们最大的目标就是通过提供资金促进项目启动以获得高回报。

股权众筹中投资者的范围主要依据《私募投资基金监督管理暂行办法》《私募股权众筹融资管理办法（试行）》（征求意见稿）的规定确定。依据规定来看，是否具有雄厚的资金实力是能否成为股权众筹合格投资者的关键因素。当然，法律也明确要求投资者除了

[①]　和敏. 股权众筹的法律规制研究［D］. 成都：西南财经大学，2016.

[②]　《私募股权众筹融资管理办法（试行）》（征求意见稿）第三章第11条将融资者的范围限定为"中小微企业及其发起人"。

能提供相关财产、收入证明外，还应具备相应的风险识别能力和风险承担能力，尤其是领投的投资者更应该具备丰富的投资经验和风险识别能力。除了单位和个人之外，社会保障金、企业年金等养老基金，慈善基金等社会公益基金，依法设立并在基金业协会备案的投资计划，投资于所管理私募基金的私募基金管理人及其从业人员也被视为合格投资者。[①]可以看出，股权众筹的投资者范围比较广，但是对于个人投资者而言资金准入门槛不免过高。

3. 股权众筹平台

股权众筹平台是依法设立，为股权众筹融资者发布融资项目信息，向投融资者传达彼此需求以促成融资计划的互联网服务平台。在我国，股权众筹平台的设立需要在证券业协会登记备案，并申请成为证券业协会会员。设立股权众筹平台需要满足净资产不低于500万元、具有合法网络平台资质的要求，还要有两名以上具有3年以上金融或者信息技术行业从业经验的高级管理人员。其他的一般要求还要符合《公司法》《合伙企业法》的要求。

在股权众筹中，众筹平台是融资者发布项目信息的广播站和实现投融资信息交换的中转站。一方面，它通过互联网建设具有规则的平台，为投融资者双方实现信息交换提供便利，进而促进双方合作；另一方面，在股权众筹的过程中，它又肩负管理的职责。作为中介机构的众筹平台，既是筹资人的监督者和引导者，也是出资人的利益维护者，在股权众筹的过程中应该保持绝对的中立，始终保持"独立看门人"的地位，不能通过为任何一方提供倾向性的服务来获取报酬。[②]在确保投融资者双方遵守法律和平台规则进行融资的同时，对于融资者，要对其个人注册信息的真实性进行审查，对项目信息进行合理估值和审查，在融资完成后要协助双方做好投后管理工作；对于投资者，也要审查其提交的资产报告、对其进行风险教育，保证投资者的资金安全等。

4. 第三方支付机构

《私募股权众筹融资管理办法（试行）》（征求意见稿）没有对股权众筹中第三方支付机构作出明确定义，主要是第三方支付机构并不必然存在于所有的融资活动中。目前，为了保护投融资者的资金安全，由融资者通过在第三方支付机构设置独立账户进行资金托管，并且该第三方支付机构与众筹平台不具有隶属关系或其他利益关系，由此避免平台侵占融资的风险。在项目融资顺利完成后，由第三方支付机构一次性打入融资者银行账户或继续代为保管并协助融资方进行资金的使用和清算。如果众筹项目失败，则由平台通知第三方支付机构将已筹得的融资及时退还给投资人。

基于此，在股权众筹中所谓第三方支付机构就是代为保管众筹融资的独立的银行等金融机构。正如阿里巴巴经营的淘宝网为维护消费者的合法权益而设立的支付宝平台一样，在股权众筹融资中设立第三方支付机构能够切实维护投融资者的资金安全。在股权众筹中，为防止众筹平台形成"资金池"，平台冒着道德风险进行逆向选择，维护众筹资金安

① 清科集团. 解读股权众筹办法五看点 [J]. 国际融资, 2015 (2)：49-50.
② 刘明. 美国《众筹法案》中集资门户法律制度的构建及其启示 [J]. 现代法学, 2015 (1)：149-161.

全，引入独立的第三方支付机构显得尤为必要，这必定也是将来股权众筹的发展趋势。

（二）股权众筹主体间的法律关系

1. 投资者与融资者之间的法律关系

以上我们根据融资者所处发展阶段的不同，将融资人分为了种子期融资者和初创期融资者，相应地，他们在各自所处的阶段进行的股权众筹活动就会与投资者产生不同的法律关系。这些法律关系大致可分为两种：一是投资者与处于种子期的创始人发生的投资关系或者合资设立公司关系；二是投资者与处于初创期的项目公司发生的股权转让关系。

（1）投资者或者作为单个的主体与创业团队签订投资协议，由投资者出资支持创业团队的项目的推进，双方按照投资协议由投资者取得一定比例的项目份额。还有一种是数位投资者由领投人牵头共同设置有限合伙，以有限合伙的名义与融资公司签订《股权转让协议》获得相应股权，而各个投资者通过有限合伙协议和各自的出资金额获得相应的股权。对于大多数投资者来说，可以通过该种方式规避自身风险识别能力和发现商机能力较弱的不足。因此，通过设立有限合伙的方式获得出资股权为投资人的普遍选择。

（2）项目公司创始人作为融资者通过向投资人转让公司股权的方式获得投资人的增资，以期获得新项目的启动资金。在这一过程中，双方签订由投资者向初创公司增资的增资扩股协议、投资者依此获得股权的股权转让协议，并可能形成股权代持的关系。也就是作为实际股东的出资人即投资者与作为名义股东的股权代持人签订股权代持协议，由出资人出资购买融资项目的部分股权，同时承担股权价值缩水的风险和享受股权溢价的收益。名义股东由此获得代为对外履行股东权利与义务的资格，并可以获得相应报酬。

2. 投融资者与众筹平台之间的法律关系

诸多学者将股权众筹中投融资者与股权众筹平台之间的法律关系界定为居间法律关系。例如，郭勤贵认为："股权众筹平台为投融资双方提供融资信息，撮合他们及提供相关服务的平台，其属于股权投融资信息平台，其法律地位属于居间服务。"[①] 从股权众筹平台在股权众筹活动中的职责来看，其身份不仅仅是作为单一的民事主体与投融资者发生居间合同关系。在三方接触中，众筹平台提供的不仅是信息传达服务和交易促进服务，更是根据授权承担对融资项目合法性的尽职审核、维护投融资者权益的义务。在股权众筹中，股权众筹平台在众筹中具有主导地位，它能够自行决定参与众筹项目的投资人而无须向融资者提供有关投资者的信息。因此，三者间的法律关系不仅是居间法律关系，而且是监督管理的关系，具有一定的行政色彩，其权利来源于公权力授予的社会化和私权的让渡。此外，现在一些众筹平台开始转变盈利模式，逐步减少或取消融资环节的居间服务费，并向融资后阶段渗透，提供持续的投后管理服务，以从投后管理等增值服务中收取服务费用，此时各方当事人之间的法律关系就更为复杂。[②]

3. 投融资者、众筹平台与第三方支付机构之间的法律关系

股权众筹平台作为融资平台，为防止其侵吞或挪用投资人的资金，引入第三方支付机

---

① 郭勤贵 . 股权众筹——创业融资模式颠覆与重构 [M]. 北京：机械工业出版社，2015：38.

② 钟维，王毅纯 . 中国式股权众筹：法律规制与投资者保护 [J]. 西南政法大学学报，2015（4）：19-26.

构作为融资托管机构就显得尤为重要。所谓合格的第三方支付机构，通常是指与集资门户以书面方式订立第三方存管契约，并有权将资金直接支付或退给股权众筹指定的特定银行。[①] 在此融资托管过程中，融资者、股权众筹平台与第三方支付机构之间的法律关系是委托关系。项目服务的具体流程是：投资者将其投资直接打入融资者在第三方支付机构开设的账户中，如果项目融资顺利完成，则由第三方托管机构一次性将融资转入融资企业的银行资金账户或依据融资者的意思表示继续为其提供托管相关服务。如果项目融资最终失败，则第三方支付机构应根据股权众筹平台的指示及时退还已经获得的融资。但无论项目是否融资成功，第三方支付机构均可依据委托合同向投融资者收取一定的委托费用作为报酬。

三、股权众筹的融资模式

（一）股权众筹的组织模式

一般而言，在"领投+跟投"模式下，平台负责确定具有较强风险承受能力和一定投资经验的投资机构及个人，让其负责领投融资项目，领投人的定位与风险投资中的普通合伙人类似，领投人先对某项目进行投资，普通投资者则选择直接跟投即可。作为领投人，其主要负责调查、分析与评估融资项目情况等工作，并且将相关的分析结果与其他跟投人进行共享，建立合伙制企业。通过协议，领投人及跟投人之间确定相应的权利及义务，由领投人以主要股东的身份直接参与创业企业相关管理工作，其他的跟投人属于公司普通股东，对于重大事项享有投票权，但无须参与所有事项。通过设置领投人的形式，可帮助一般投资者把握投资的方向。"领投+跟投"模式较为适合我国国情，不仅能够实现对投资及信息不对称风险的有效控制，还可以使传统金融市场的程序得以大幅简化。

股权众筹主要有三种组织模式，分别为有限合伙模式、股权代持模式、契约型基金模式。其中，有限合伙模式是股权众筹最常用的组织模式。

1. 有限合伙模式

有限合伙模式是指参与股权众筹的投资人分为50人一组，分别设立一个合伙体，然后由有限合伙体作为投资主体投资于融资项目公司。在有限合伙模式里，有限合伙体是项目公司的股东。富有经验的投资人成为普通合伙人，其他投资人成为有限合伙人。这种模式的好处有两个，一个是相对于领投人来说的，另一个是相对于跟投人来说的。

（1）作为领投人，可以通过合投降低投资额度、分散投资风险，而且还能像传统风险投资一样获得额外的投资收益。

（2）作为跟投人，往往是众多的非专业个人投资者，他们既免去了审核和挑选项目的成本，又通过专业投资人的领投降低了投资风险。与传统风险投资的跟投不同，跟投人并不需要向领投人交管理费，因而降低了投资成本。目前股权众筹多数采用有限合伙模式。

2. 股权代持模式

参与股权众筹的投资人非常多，而且大多分布在不同的城市中，管理极其困难。为了

---

① 刘明. 美国《众筹法案》中集资门户法律制度的构建及其启示 [J]. 现代法学，2015（1）：149-161.

解决管理难题，大多数股权众筹项目使用了股权代持模式。代持模式是指在所有的投资人里选择少数投资人作为项目公司的登记股东，少数投资人与其他投资人签订股权代持协议，代持其他投资人的股份。对于投资项目比较多的投资人来说，通过代持模式参与股权众筹是非常实用的。此模式的优势是不用设立有限合伙实体，而最大问题是涉及人数众多时，股权代持涉及的投资人极易产生纠纷。

股权代持协议是具有法律效力的。我国《公司法》规定，有限责任公司的实际出资人与名义出资人订立合同，约定由实际出资人出资并享有投资权益，以名义出资人为名义股东，实际出资人与名义股东对该合同效力发生争议的，人民法院应当认定该合同有效。该法律条款从原则上承认了股权代持协议的法律效力。虽然国家认可股权代持的有效性，但是股权代持的风险也很大。

3. 契约型基金模式

与有限合伙模式相比，契约型基金模式的操作更加简便。契约型基金模式不需要设立有限合伙实体，只是由基金管理公司发起设立契约型基金，然后基金管理公司成为基金管理人，与其他投资人签订契约型投资合同。在这种情况下，基金管理公司是投资主体，是项目公司的股东。目前，天使客、原始会、众筹网、众投邦等多家股权众筹平台都涉及这种模式。这些股权众筹平台通过设立专门的新三板基金汇集个人投资者的资金，然后以有限合伙企业的方式参与到项目中。

股权众筹平台设立一项契约型基金的步骤如下：

（1）领投人登记和基金备案。根据中国证监会出台的《私募投资基金监督管理暂行办法》，设立私募基金管理机构和发行私募基金不需要行政审批，但必须在依法合规的前提下完成管理人的登记和基金的备案工作。因此，参与股权众筹的领投人向跟投人发行契约型基金之前也需要在基金业协会官网上办理基金管理人的登记手续；基金募集完成后，领投人还要将该契约型基金登记备案。

（2）签订投资协议。契约型基金模式只需要通过投资协议就可以确定平台方、领投人与全体跟投人之间的关系，所以投资协议是非常重要的。投资协议需要明确领投人和跟投人之间的权利与义务关系、投资决策、投后管理、退出机制、利益分配原则和方式、领投人的管理费用等。各方要谨慎对待投资协议中的每一个细节问题，落实各方的权利与义务。

（3）签订托管协议。托管协议通常是指投资协议中的托管条款，投资协议是由平台方、领投人、跟投人共同签订的。托管协议中列明了平台方的权利和义务。经跟投人同意，领投人可以单独与平台方签订托管协议。签订托管协议后，平台方会以单项契约型基金的名义开立独立核算的银行及证券账户并进行托管，而且独立于其他基金财产账户。

（4）设立灵活的退出机制。契约型基金模式具有便捷灵活的特点，只要合法合规，领投人与跟投人可以在投资协议中自由约定退出机制，以满足双方的特定需求。契约型基金模式的退出之所以便捷灵活是因为同一基金中的不同跟投人不存在相互制约的关系，部分跟投人发生变动不会影响整体投资计划。

在契约型基金模式下，原跟投人可以通过平台方以买入价把受益权转让出去，解除投资协议关系，拿回资金；新跟投人也可以在平台上以卖出价从原跟投人手里买入受益份额进行投资，与领投人建立投资协议关系。契约型基金的灵活交易提高了股权众筹资金的流动性。

作为项目方，创业者应当根据具体情况选择股取众筹的组织模式，最大限度地维护自己和投资人的利益。

（二）股权众筹融资的一般流程

股权众筹融资的一般流程分为四个阶段，分别是项目获取及筛选、项目推介及投资、项目投后管理、投资人退出。在具体操作过程中，因为项目、股权众筹平台不同，操作流程或有所变更，但大致相同。[①]

1. 项目获取及筛选

项目获取及筛选是指股权众筹平台大量收集标的项目，并通过项目初审、创业团队约谈、尽职调查等步骤对标的项目进行科学、系统地筛选，找到那些符合平台要求的优质项目的过程。筛选优质项目是股权众筹的第一步，要求低成本、高效率。通过股权众筹平台审核后，创业者就可以在平台上发布项目，与投资人联系了。

2. 项目推介及投资

项目推介及投资包括项目的线上启动、项目路演、确定领投人和跟投人、签订投资条款清单、确定组织模式、签订投资协议以及交割等。在线上启动阶段，项目创始人需要具有主角意识，准备好股权众筹平台需要的项目资料等。在这一过程中，平台方会对创始人进行沟通培训，为创始人提供融资疑难解答。项目上线之后，创始人要与平台方协商，确定路演时间。路演的目的是吸引投资人参与。

路演结束之后，就是投资人找上门的阶段了。一名合适的领投人是股权众筹成功的关键。领投人大多是专业投资人，具有丰富的专业知识和投资经验，可以独立做出判断，并承担投资风险。领投人的行业资源和影响力有利于项目找到跟投人。

在整个股权众筹的过程中，领投人负责制定投资协议条款、投后管理、出席董事会以及退出。一般情况下，领投人可以获得5%~20%的利益分成，具体比例可与项目和跟投人协商决定。

跟投人的重要性也是不可忽视的。跟投人只负责出资，不参与项目的投后管理，最终获取投资回报。跟投人拥有对项目的审核和监督权，而领投人对跟投人的投资决定不承担任何责任。

达成投资合作意向之后，项目方就可以与投资人签订投资条款清单了，约定投资协议中的主要内容。除了保密条款、排他性条款以外，投资条款清单本身不具有法律效力。项目方与投资人要根据具体情况确定组织模式，最后项目方与投资人可以签订投资协议，约定双方的义务和权利。投资协议签订之后，双方需要完成交割，这才算是完成了投资。

3. 项目投后管理

当前投后管理不足是制约股权众筹发展的一大问题。那么，股权众筹的投后管理要怎

---

① 童菲. 股权众筹在中国的发展前景及监管政策研究 [D]. 北京：对外经济贸易大学，2016.

么做呢？

对投资人来说，投后管理包括向项目方提供发展战略以及产品定位辅导、财务规范管理、人才招聘及培训指导等服务。

对项目方来说，应当定期向投资人汇报项目公司进展以及财务、业务、人事等方面的信息，配合投资人的监督、指导以及资源整合等。

对股权众筹平台来说，管理团队的建设也非常重要。一些大型的股权众筹平台都成立了专门负责投后管理的小组，如京东众筹、牛投网等。另外，在投后管理小组中，应当由专人负责专个项目，其他人进行辅助，帮助各位投资人对项目进行监督管理。这样一旦出了问题，平台可以直接找到对应的负责人快速高效地解决问题。所有的投后管理专员都必须定期、不定期地监督企业对募集资金的使用，最大化地维护好投资人的利益。

对股权众筹平台来说，投后管理的主要内容是辅助投资人对项目公司进行财务监控、业务运营规划指导和资源整合，帮助项目公司合理规划资源对接、退出时机与收益点控制，以及规划下一轮融资策略等方面的工作。

业内人士认为，提高股权众筹平台参与方的投后管理能力是必然趋势。只有严格监管投后管理，才能帮助项目走正确的发展方向，同时保障投资人的权益。

4. 投资人退出

投资人的退出方式包括上市、股权转让、回购及破产清算四种。股权众筹投资人的退出也是这四种方式。

退出是股权众筹投资资金流通的关键所在。只有完成退出，投资人才能将创业公司的价值增长转换为实际收益。现阶段，股权众筹的退出案例比较少，这与这一投资方式处于发展初期有关。一般情况下，股权众筹会在项目完成 B 轮融资之后退出，但是如果项目的发展势头非常好，也有投资人愿意跟到最后。

按照惯例，股权众筹的投资人在退出时通常会有一定的折扣，折扣部分以现金或等值股份给予创始团队或以老股形式卖给下一轮投资人。股权众筹投资人在 A、B 轮退出的收益会比较低。

第八节　互联网非公开股权融资

一、互联网非公开股权融资的概念及其特点

（一）互联网非公开股权融资的概念

互联网非公开股权融资模式是"互联网+"和"双创"背景下孕育的新兴融资模式。这种融资方式的主要目的是通过互联网渠道向公众筹集资金，以拓宽初创企业融资渠道，促进企业稳健运行。在中国独特的法律制度土壤上，已有相关立法将"股权众筹"和

"互联网非公开股权融资"进行了区分。① 一方面，股权众筹形式被我国证监会定义为"在互联网上实施小额股权融资行为"；另一方面，互联网非公开股权融资被定义为在网络融资平台上针对既定人群进行的非公开股权融资活动。② 笔者认为，互联网非公开股权融资有别于股权众筹的公开发行，它是作为项目发起方的融资者由于自身资金不足以支持企业继续扩大生产经营，而通过互联网融资平台向特定投资者筹集资金的一种方式，其本质上有别于传统融资方式的私募股权融资。融资者是指经过互联网融资平台实名认证并且符合有关法律政策规定的需要进行融资的小微企业；融资平台是指为融资者与投资者提供交流的平台；投资者是指在互联网融资平台上进行投资的个人或组织。

由于我国还未出台具体详尽的监管措施，经过市场的优胜劣汰，目前存活下来的都是生命力较强的融资平台，亟须出台专门的监管法律进行监管，为互联网非公开股权融资行业保驾护航，为广大投资者提供保障。

（二）互联网非公开股权融资的特点

互联网非公开股权融资有着与传统融资模式所不同的特点，兼顾私募股权融资与互联网金融双重属性，其以其独有的特点弥补了传统融资方式的不足。③ 互联网非公开股权融资主要有如下特点：

1. 对融资者要求不高

相比于传统融资模式而言，互联网非公开股权融资既不需要企业提供大额财产抵押担保，也不需要企业签订严苛的对赌协议，目前《备案管理办法》中对于融资者没有具体要求。这大大降低了融资者寻求融资的门槛，意味着只要有好的点子就可能获得融资成功。

2. 投资者大众化

融资者将项目发布在融资平台，实名注册的投资者可以自行选择进行投资。目前投资者主要分为成熟投资者与一般投资者。一般而言，成熟投资者多为专业投资机构，一般投资者主要是不具有专业投资者资金实力的大众。由于传统资本市场对于融资者与投资者的严格限制，中小企业与大众投资者长期不被传统资本市场所接受，形成了长尾效应市场，以数目庞大的大众投资者为对象，填补了传统资本市场的空缺。

3. 融资金额小

初创企业的规模较小，相应地所需融资资金也较少，为了有效控制风险和吸引投资者投资，其融资项目的金额不会很大。对于投资者而言，投资人人数较多，总投资金额不大，每个投资者的投资金额也较小。

（三）互联网非公开股权融资与股权众筹的差异

互联网非公开股权融资和股权众筹的差异主要在于融资平台准入制度、融资项目金

---

① 2015年8月10日，中国证券业协会发布关于调整《场外证券业务备案管理办法》个别条款的通知，将"私募股权众筹"修改为"互联网非公开股权融资"。

② 李爱君. 互联网股权融资模式与法律分析［J］. 大众理财顾问，2015（9）：79-80.

③ 根据《证券法》相关规定，"不具有公开性"侧面表示对投资者数量最高值限定，即融资项目的投资人数不得超过200个；投资者必须是经实名注册验证的平台会员；禁止融资平台向网络游客推荐或宣传融资项目。

额、投资人资格标准、投资人数量限制以及投资人单次投资额这五个方面。具体而言，在融资平台准入制度上，股权众筹采用许可制度，即只有获得相关资质的互联网融资平台才有资格进行公共融资活动，而互联网非公开股权融资平台仅需经过我国证券业协会备案便可以开展线上筹资活动。在投资人数上，股权众筹融资项目投资人可以在 200 人以上，属于完全公开发行模式，而互联网非公开股权融资仅能在 200 人以下的投资人中以非公开形式进行融资。在融资项目金额和投资人单次投资额方面，股权众筹具有数额限制，而互联网非公开股权融资没有相关限制。除此以外，在投资人资格问题上，股权众筹对投资者资格没有进行限制，而互联网非公开股权融资对投资人资产数量设有严格准入门槛。

（四）互联网非公开股权融资与私募股权基金的差异

从外部融资方式角度来看，私募股权基金和互联网非公开股权融资较为相似，两者都采用非公开方式收买股权来换取融资金额。但是，从现阶段资本市场的发展来看，互联网非公开股权融资已经逐渐走出一条属于自己的道路，其与传统的私募股权基金之间存在诸多的差异，两者之间在融资模式、组织运营方式、投资目的、法律依据这四个角度存在较多不同。

具体而言，对于互联网非公开股权融资来说，平台在绝大多数情况下不承担项目管理责任，而是居间作用，因为依靠互联网平台筹集资金，所以与私募股权投资基金相比，互联网非公开股权融资更加开放；其主要运用合伙制作为项目运营模式；其主要目的不仅局限于获得投资收益，还包括取得股东身份和参与企业经营、积累社会人脉等；其主要的法律依据是《证券法》。而相比之下，私募股权基金属资产管理领域，平台承担项目管理职责；在组织运营方式上，私募股权基金采取的方式多种多样，包括但不仅限于合约制、公司制、合伙制等；其主要目的是获得投资收益；其法律依据为《证券投资基金法》。

二、互联网非公开股权融资的投资模式

随着商业社会全民创业浪潮袭来，互联网非公开股权融资作为符合时代发展规律的新兴产物，一方面可以极大减轻没有背景的"草根"企业的资金压力，另一方面也赋予众多闲散资金获得投资利益的渠道，实现全民投资的可能，不断创造社会财富。在此发展进程中，出现了数量可观的股权融资平台，并形成独特运营思路。下面主要介绍两类典型的互联网非公开股权融资的投资模式。[①]

（一）"领投+跟投"模式

"领头+跟投"模式一般是指经验丰富的投资者在互联网非公开股权融资平台上进行融资项目的投资，其他投资者基于对带头投资人的信任来关注和跟投此项目。目前，中国有许多平台采取这种投资模式。

1. "领投+跟投"投资流程

以国内相对知名的互联网股权融资平台 36 氪为例，在该平台上投资流程大致如下：

---

① 李丽萍. 互联网非公开股权融资法律风险及防范逻辑［J］. 西南金融，2017（8）：43-49.

（1）确定领投投资人及其投资金额，并与领投投资人敲定核心投资条款。

（2）确定信息披露和融资计划，包括预期融资数额、预期融资数额的最低值和最高值、后续的跟投增加数额。

（3）上线并邀请具有明确投资意向的投资者。

（4）展开募集，并以投资者在线支付金额的1%作为认购意向保证金。当项目进入支付阶段时，投资者可以支付去掉保证金之后的部分即可。而在融资完成后，可以开始进入项目处理阶段并办理交割手续，包括签订投资协议，建立有限合伙企业和变更工商登记手续等。

（5）完成股权变更，平台将向融资者支付募集资金。①

2. "领投+跟投" 投资方式

在该类投资模式下，主要有以下三种方式：

（1）成立有限合伙企业。由于我国相关法律规定对互联网非公开股权融资活动有严格的人数限制，因此在实践中普遍存在一种由领投人作为普通合伙人、跟投人作为有限合伙人共同成立有限合伙企业的方式进行投资。在合伙企业存续期间，以该企业为单位对融资项目或者相关公司进行持股。

（2）签订股权代持协议。跟投人通过与领投人签订代持股协议，由领投人代表所有投资人对融资项目进行持股。与此同时，在合伙企业存续期间，领投人不得擅自做出重大决策，仍需征得其他投资人同意才能做出有效决定。

（3）签订合作协议。在大多数实体店的融资项目中，投资者一般因看重实体店现金流及经营能力而与融资者签订投资协议，约定双方的权利、义务及投资回报。在该类模式下，领投人不仅是普通的投资者，还需要对融资项目进行详尽分析，包括但不限于市场调查、尽职调查等，并且投资后也需要持续跟进投后管理工作。通过专业的领投人筛选项目，可以为投资人提供资金优化配置，合理规避投资风险。②

3. "领投+跟投" 模式的缺陷

（1）领投人的资质往往由融资平台进行评估，但是因为平台不是非营利组织，所以在评估领投人资质问题时带有一定概率的倾向性；融资项目实践中，大多数跟投人缺乏发言权，不具备相应的调查和区分能力，若领投人与融资企业勾结实施投资诈骗，则普通投资者很可能难以察觉。

（2）在该模式下，跟投人对投资项目缺少发言权，相比之下，融资平台赋予领投人较多权利，可能会造成两者权利天平严重失衡，易引起投资人、跟投人、互联网融资平台三方之间的多重矛盾，使投资人信赖利益受损。

（二）并行投资模式

并行投资也是一种非常典型的互联网非公开股权融资运作模式。以 "蚂蚁达客" 网络

---

① 方兴. 领投人能促进股权众筹项目成功吗 ［J］. 中国经济问题，2017（6）：122-133.

② 宋伟斌，宋文，杨振华. 互联网非公开股权融资之领投人收益标准辨析 ［J］. 时代金融，2016（20）：270-271.

融资平台为例，平台包括线上、线下两种投资方式，获得投资准入资格的战略投资人、财产投资人和用户投资人可以投资该平台的项目。

1. 并行投资者类型

（1）战略投资人是指能够为融资企业提供融资资源的机构或个人，如和企业处于同一产业链的上下游合作机构、战略合作伙伴、营销合作伙伴、名人代言人等。

（2）财务投资人包括专业投资机构与个人，他们可以为融资企业提供资金支持，如专业天使投资机构、风险投资机构、股权投资机构和天使投资者等。

（3）用户投资人是指认可融资企业的品牌、产品、服务或经营理念的个人，他/她必须注册实名认证的支付宝账户并开立余额宝服务。①

上述三种投资者之间并无必然联系。融资企业的目标融资额为上述三类投资者筹集的目标资金总额，其中，只有用户投资人的资金是通过网络平台线上募集，资金投入根据融资项目设立的有限合伙企业中，再以有限合伙企业的形式对融资企业进行投资。

2. 并行投资模式的优缺点

并行投资模式的平台在管理上一般设置项目预热器、冷静期和详细的退出机制。

（1）优点：在于投资方式更为自由，赋予投资者充足的选择空间和机会，使其能够根据自身实际情况作出投资决定。

（2）缺点：该模式对各方资质和能力有着较高的要求：其一，融资平台的专业人员要拥有较高的业务素质，有足够能力甄别审核融资者和融资项目书；其二，投资人要具有相应的风险防范意识和能力；其三，相较于"领投+跟投"模式而言，并行投资模式存在更多风险隐患。

---

① 张锐. 互联网+的中国经济盛宴［J］. 中关村，2017（12）：20-27.

第七章 股权投融资运营管理

新时代背景下，企业发展普遍面临着机遇与挑战并存的局面，然而股权投融资是其实现资本运作获得成功并获得可观经济效益的一种有效方式与途径。企业进行投融资，必须以科学的策略与方法为指导，必须加强投融资管理。本章在概述股权投融资运营管理的重要性的基础上，重点探讨股权项目投融资管理路径，构建投融资风险决策的运作流程和投融资风险评价指标体系，且以股权并购为例阐述股权投融资运营管理实务操作要点。

第一节 股权投融资运营管理概述

股权投融资通常具有投资大、投资周期长、风险大以及能为企业带来较大的利益为目的等特点。股权投融资从本质上看是一种为了适应复杂的经济环境而进行的资本运营，企业通过货币资金、固定资产、无形资产等实物或者购买股权等资金投入方式实现对其他企业的投融资。股权投融资不仅可以有效盘活企业的闲置资产，提高资产利用率，而且还能够实现对企业优质资源的整合，并将其延伸到企业产业链，帮助企业开拓市场，提高企业的核心竞争力。[①] 企业可以通过这种方式实现扩大经营规模、提升行业市场地位、充分利用闲置资金等目标，企业进行股权投融资的最终目标是实现利益最大化。

一、股权投融资运营管理分类

1. 股权投融资的方式

股权投融资方式一般包括：新设，即新设立公司，可以是新设立独资公司，也可以是以投资入股的形式共同新设立合资公司；增资，即对现有的公司增加投资或者对已设立的公司以增加资本金的方式投资入股；转让，即以转让现有公司股权的方式出资入股；吸收合并，是指在公司合并时，吸收单位存续，被吸收的单位消灭；新设合并，是指公司合并时，所有的主体都消灭并联合创立一个新的公司；派生分立，是指新设一个公司承接原公司的部分资产或业务；新设分立，是指原公司解散，新设两个以上公司将原公司的全部资产按照新设立的公司战略定位、权责关系重新分配。

---

① 尹琪. BY集团股权投融资管理改进方案研究［D］. 兰州：兰州大学，2022.

2. 股权投融资运营管理分类

股权投融资是指为了控制或参与某一企业的运营活动而投资购买其股权的行为。不同企业进行股权投融资的目的和原因有所不同，有些企业为了调整资产结构，有些企业希望获得控制权，还有一些企业是想参与被投资单位的经营决策等。公开交易、设立、募集、非公开转让等，是股权投融资运营管理通常发生的场合。企业股权投融资通常包括四个类型：①控制，是指有权决定一个企业的经营政策、财务，并能够获取利益，持股比例一般在50%以上，或者50%以下但拥有实际控制权；②共同控制，是指按照合同约定对被投资单位拥有共同的控制权；③重大影响，是指参与但并不决定一个企业的经营政策和财务，持股比例一般在20%以上50%以下，或者低于20%但对经营产生一定影响；④无控制，除了上述三种情形以外的其他无控制的情况。

二、股权投融资运营管理的重要性

对企业而言，在股权投融资时，由于各方面因素影响不可避免会面临巨大的投资风险。良好的股权投融资管理工作，能够有效地提高企业股权投融资管理水平。下面对企业股权投融资目的与面临的风险挑战以及推进企业股权投融资风险管控的必要性进行分析。

（一）企业股权投融资目的与面临的风险挑战

企业在开展股权投融资活动中，动机是必不可少的，其是企业进行资本运营的主要途径之一。在市场经济发展过程中，企业进行股权投融资活动，主要有以下目的：第一，有效盘活企业资产，扩大企业的经营范围，从而提高市场风险抵御能力，增加企业经济收益。第二，提高闲置资金与资产的利用率，将闲置资金资产投资于特定项目与企业中，最大化发挥资本价值，实现利益最大化。第三，企业进行股权投融资，改变自身经营模式，有效规避经营风险。企业进行长期股权投融资，能够形成多种经营业务格局，进一步充实企业的经营内容，扩大收入渠道与方式，能够有效避免单一业务经营风险，优化企业经营模式。

在企业股权投融资阶段，由于各方面因素影响不可避免会出现各种类型的风险，只有针对不同风险做出应对，才能够提高企业股权投融资管理水平，下面将对企业股权投融资风险类型进行分析阐述。[①]

1. 决策风险

决策风险是企业在进行股权投融资活动中首先面临的一个投资风险，主要体现为企业股权投融资管理决策不完善，如在投资风险管理上存在明显盲目性，投资规划方案制定内容不合理，投资规划方案科学性不足等。同时，部分企业在股权投融资活动前并未做好投资项目的调查工作，财务分析不充分，对于项目本身所带来的收益没有进行合理预测，导致企业在进行股权投融资时存在明显的决策风险。

2. 市场风险

通常情况下，市场风险包括如下内容：第一，融资市场趋紧，企业在风险投资时的资

---

① 刘燕君. 私募股权投融资的风险及风险防范研究 [D]. 北京：对外经济贸易大学，2018.

金来源不仅需要依靠企业自身积累，还需要依靠部分社会资本融入。就目前而言，我国融资市场表现较为一般，主要原因为多数企业本身资金不足，市场形势较为低迷，这些情况导致出资人出现较大顾虑，进而影响到企业融资。第二，优质股权投融资项目少，挖掘难度较大。当前我国市场中符合上市条件且较为成熟的拟上市项目，基本上已经在各中介机构以及全民 PE 排查下所剩无几。因此，优质投资标溢价情况越发严重，行业竞争加剧，投资行业所面临的挑战不断增加。第三，投资回报率下降。自 2008 年世界金融危机爆发以来，社会生产过剩情况较为明显，尤其是近些年来，我国经济呈现出相对低速而稳定的增长态势，企业的盈利能力受到一定影响，从而影响到投资市场整体发展，带来巨大的市场风险。

3. 营运风险

企业在进行股权投融资活动时，面临着管理以及代理两个层面风险，容易对企业正常经营带来影响。我国部分企业缺乏成熟完善的管理制度与体系，企业管理水平较低，容易导致企业出现经营不善、盈利不足等问题，严重阻碍企业健康稳步发展。代理风险出现的原因主要为被投资企业方面因素，若企业进行股权投融资活动时，被投资企业出现信息瞒报、虚报等情况，则必然会对企业的股权投融资带来严重的不利影响，甚至影响企业本身运营。

4. 退出风险

近些年来，我国政府积极鼓励和引导企业进行风险投资，相关政策不断出台，满足了资本市场的需求，在此背景下，各类风险投资兴起，为资本市场风险投资发展带来了一定的动力。但不可否认的是，我国资本市场仍然存在较多缺陷和不足，相应的风险投资机构在对企业投资几年后，一旦被投资企业最终无法成功上市，则投资企业通常情况下会将所持有股份退出，但退出方式较为有限。若风险投资机构股权无法上市退出，则投资收益会受到严重的影响，因此，企业在进行股权投融资时，存在一定的退出风险。

（二）推进企业股权投融资风险管控的必要性

股权投融资是影响企业经营状况的关键一环，也是企业经营管理工作的重要组成部分。在经济全球化的当下，国内外局势变幻莫测，市场内的不确定因素增多，各行业的投资风险较以往有了不同程度的升高，股权投融资自然也不例外。因此，企业要做好自身风险管控，根据企业自身运行的实际情况和发展需要，谨慎选择投资项目。同时要做好企业抗风险能力的提升，通过制度的完善、风险管理结构的优化以及管理人员的培训，切实加强股权投融资风险管理的质量，从而使企业能够在世界经济的大风大浪中站稳脚跟，进而不断发展进步。由此可见，推进企业股权投融资风险管理工作是有必要的。

股权投融资在整个企业的资产结构中占据了主要位置，实行股权投融资风险管理是深化企业改革的需要，同时也是顺应时代发展、推动企业生产、发展现代化的一项重要举措。股权投融资管理能让企业在利益的诱惑面前保持清醒的头脑，进而作出科学合理的判断，促进企业的健康发展。另外，股权投融资风险管理也能够促进企业经营者管理综合水平的提升，增加其应对股权投融资风险的处理经验，增强其决策能力，从而使企业平稳运转，吸引更多的外来投资；同时，经营者风险管控意识的提升也有利于企业制定出符合企业发展实际、科学有效的股份风险管控制度，使股权投融资风险管控工作以及其他各方面工作有方向、有指引，从而使企业科学有序地开展经营活动。

第二节　股权项目投资管理路径

一、股权项目投资系统化管理方案要点

（一）前期投资管理

1. 拓宽投资信息渠道

建立相关信息收集机制和信息收集渠道，与相关研究或中介机构建立一定的合作关系，进一步拓宽市场信息收集渠道，紧密跟踪并购投资市场信息，及时掌握相关产业投资合作信息，在现有投资管理机制下进行投资机会的多层论证筛选，确保公司参股投资工作真正立足市场和科学决策。

2. 对主要合作股东进行评估

在参股项目的可行性研究中增加对合作股东的评估，评估因素可包括以下方面：

（1）合作股东与公司的合作及利益关系。

（2）参股股东对控股股东的制衡能力。

（3）控股股东管理能力及风格。

（4）合作股东的担保能力。

（5）项目公司成立后的公司治理架构设想等。提前做好应对以上所述问题的准备措施，保障参股投资基本目标的有效实现。

3. 注重合同及章程条款设置

（1）合同章程谈判阶段在公司治理架构方面，更应重视权利的实用性而不是职位的高低。

（2）根据参股目的设立谈判底线，若谈判条款突破底线则需考虑是否有必要放弃参股，以免因此留下重大投资管理隐患。

（3）建立股权项目管理经验反馈应用机制，将参与股权项目合同章程谈判、日常管理的经验、知识进行统一归口收集管理，激励相关人员分享心得经验，再由归口管理部门反馈给即将参与合同章程谈判的有关人员，形成闭环良性积累，防范合同章程条款漏洞。

（4）根据工作需要邀请富有谈判及管理经验的人员或集团离退干部作为顾问参与合同章程谈判，充实谈判队伍力量。

（二）中期投资管理

1. 充分发挥产权代表的职能及作用

（1）健全产权代表管理机制。完善产权代表的任免、报告、轮换、考核等方面的管理

机制，适时制定有关制度，明确管理程序及产权代表职责，同时加强对外派产权代表的专业培训（如学习班、讲座），增强履职能力，以及搭建畅通的集团与产权代表沟通平台，通过外派产权代表及时掌握股权项目管理情况，充分发挥外派产权代表的监管作用。

（2）探索建立专职董事监事队伍。为充分发挥派出董监事作用，确保董监事能全面投入到股权项目的监管工作，可试行建立专职董事监事队伍。在初步阶段专职董监事人员可从系统内富有管理经验的离退休干部中聘任，在保证工作质量的前提下专职董监事可兼任多个公司的董监事职务，同时应建立配套的选聘、轮换、请示报告、评价考核等机制，尤其考核结果应与薪酬挂钩，激励专职董监事深入股权项目监管工作，及时反馈股权项目管理状况及问题（如定期/临时报告及述职报告），为管理层决策股权项目重大事项提供独立专业的咨询意见。

2. 积极获取信息并加以有效利用

（1）拓宽信息来源。

1）充分利用股东知情权以股东名义要求股权项目及时报送所需信息。

2）要求外派管理人员定期报送公司信息。

3）通过监事对股权项目深入的财务检查获取所需信息。

（2）建立系统、全面的股权项目信息管理机制。以股权信息管理系统为重要信息平台，从股权项目信息的收集、跟踪、分析、共享等各环节进行规范、系统的管理，包括：

1）根据企业股权投融资业务需求，建立全面、实用的股权项目数据库（包括公司基本信息、主要财务经营指标、重大事项）。

2）利用评价考核手段督促、规范股权项目信息的收集及跟踪。

3）根据企业内部业务分工，对股权项目信息数据库进行有条件的利用共享。

4）对股权项目信息进行深入分析及有效统计整理，为项目投资决策提供有力支持。

3. 完善间接投资管理平台建设及运作机制

（1）加大间接参股管理资源支持。如集团子公司作为集团间接参股投资的平台，随着间接参股投资项目的增多，必定伴随相应增多的管理成本，此时集团作为重要的后台支撑应及时对子公司提供足够的人财物支持，保障"分级管理"的正常运作。

（2）完善间接股权项目投资管理机制。建立间接股权项目管理机制，明确集团与投资子公司的职责分工，及对子公司对间接股权项目资金投入、重大事项决策、信息管理等方面的管理进行规范，适当结合考核手段促进子公司加强对股权项目的管理，在集团有效管控下实施分级管理。

4. 灵活运用多种手段维护参股股东权益

参股股东财产投入项目公司后，该财产所有权即转归项目公司，参股股东丧失对财产的所有权，但是获得股权，主要包括知情权、监督权、提案权、收益权、表决权、经营者选择权等。虽然中小股东相比控股股东力量较小，但若能灵活充分利用好自身权利和优势，以权变理论为基础，时刻保持风险意识并提前做好战略准备，则可有效维护自身权益保护。

（1）采用表决权回避制。关联交易事项除需报股东会、董事会审批外，相关利益方应进行回避表决，以此防范控股股东通过关联交易侵害参股股东利益。

（2）联合其他小股东。加强与其他参股股东的沟通联系及合作关系，联合利益相一致的其他参股股东，加大共同利益方的表决权。

（3）争取一票否决权利。对于重大事项的表决，争取通过与小股东方联合能够获得足够的否决权，实现对控股股东"一言堂"的有效约束。

（4）加强审计监督。利用《公司法》中赋予股东知情权、监督权，通过监事会或另外聘请的中介机构对股权项目进行定期审计监督，除能及时掌握财务经营、内部控制状况防范控股股东侵占公司利益外，同时能检查委派董事或管理人员是否能够良好贯彻委派股东意志。此项措施的顺利实施，关键需在章程中明确股东有此项权利。

（5）加强法律法规手段的灵活应用。利用法律法规、公司章程及公司内部管理规定，其作用有两个方面：

1）加强集团各公司对《公司法》等法律法规的学习及掌握，充分利用《公司法》赋予股东的权利，加强法律手段的灵活应用，积极主动维护自身合法权益，必要时采取法律途径维权，如及时利用决议撤销权、诉讼权。

2）在公司章程及公司内部管理制度中细化、强化对参股股东的利益保护条款，加强对控股股东的制衡约束及对项目公司的监督管理。

（6）适时采取股权退出。当股权项目出现发展趋势严重偏离企业投资目的、经营亏损情况难以改善、企业自身权益受到侵害且难以维护等参股投资价值明显缺失的情况，可择机采取股权退出策略，及时防止自身权益继续受到损失。

5. 规范项目公司内部运作。

（1）完善公司法人治理结构，明确"三会一层"职责。以实现各自独立运作、相互制约、相互支持，形成运转协调、制衡有效的治理结构。同时理顺股东与经营层的利益关系，引导经营层以"股东利益最大化、企业长期稳健发展"为目标开展有关工作，加强对经营层的考核与约束，充分发挥经营管理能动性。

（2）强化董事会、监事会监管职能。董事会、监事会的成员应以外部人员为主，且公司经营班子尽量不兼任董事长、监事职务，确保董事会、监事会运作的独立性。同时加强董监事的监管权力，以便董监事能更充分、深入地监管企业，及时发现问题，防患于未然。

（三）后期投资管理

1. 建立健全股权退出机制

建立系统规范的股权退出机制，从职责分工、管理流程、制度标准、信息管理等方面进行健全完善，并注意以下几个方面：

（1）股权退出时机的选择。当出现以下情况时，可考虑选择股权退出：

1）投资项目经营持续亏损或有盈利而长期不分红。

2）控股股东过于强势而参股股东自身权益难以维护。

3）优化资产配置，将股权置换成资本进行优化投资。

4）其他参股目的（如发展战略、投资收益等）难以实现或政策要求的情况。

（2）股权退出方式的选择。目前股权退出方式包括：

1）通过一般的股权转让将股权退出公司。

2）通过异议股东回购请求权将股权退出公司。

3）通过公司减资将股权退出公司。

4）通过申请解散公司将股权退出公司。应根据参股投资项目的具体情况选择合适的时机及可行的股权退出方式，并充分利用《公司法》赋予的有关权利，安全、有效地实行股权退出。

2. 投资后评价

定期不定期对投资项目进行投资后评价（评价指标可包括财务收益、生产经营等量化的技术经济指标，也包括资源市场的落实、战略投资目标实现等非量化指标），并将评价结果与可研阶段的投资预测进行对比分析，找出主要差异的原因，再据此调整股权项目投资管理的阶段性重点，确定是否增资、维持现状或退出，确定参股项目盈利目标和相应的保障措施，确定对股权项目的管理力度。同时为改进项目管理、制订科学的投资计划、提高和完善公司投资决策管理水平提供可靠依据。

总之，对股权项目投资管理模式进行探索，从投资前期、中期、后期三方面建立企业股权项目投资管理模式，从拓宽投资渠道、对合作股东进行评估、加强合同及章程条款审核、充分发挥产权代表职能、灵活运用多种手段维护股权权益、建立健全股权退出机制、投资后评价等手段加强企业对参股股权投融资项目的管理，实现企业对其参股股权项目的统一集中管控，最大限度地发挥股权资产管理平台的作用，达到企业资产保值增值的目的。

股权投融资退出管理，详见本书第十二章。

二、投资风险管控决策流程

股权投融资的风险贯穿整个生命周期的始终，要有针对性地探讨股权投融资风险，必须首先深入研究股权投融资的生命周期。股权投融资周期主要包括三个阶段，包括投资项目选择、投资项目决策、干预管理和退出跟踪。股权投融资项目系统化管理流程如图7-1所示。

（一）投资项目选择

投资项目选择的风险主要来源于投资团队获取信息的真实性和有效性。项目的开始主要是筛选项目和初步审查，从项目的技术、经济、市场等方面进行初步分析，选择有价值的项目进入尽职调查阶段。但是投资团队获得信息的途径多样、信息质量参差不齐。

在企业尽职调查阶段，如果投资团队从企业获取的信息缺乏真实性，不利于对拟被投项目未来成长性的判断、对未来资本升值的预期，最终可能会导致投资失败，这时存在道德层面的风险。如果在投资合同中对双方的权利和义务没有清晰明确的界定，极易导致投资中出现法律纠纷，最终可能导致投资失败，这时存在法律层面的风险。

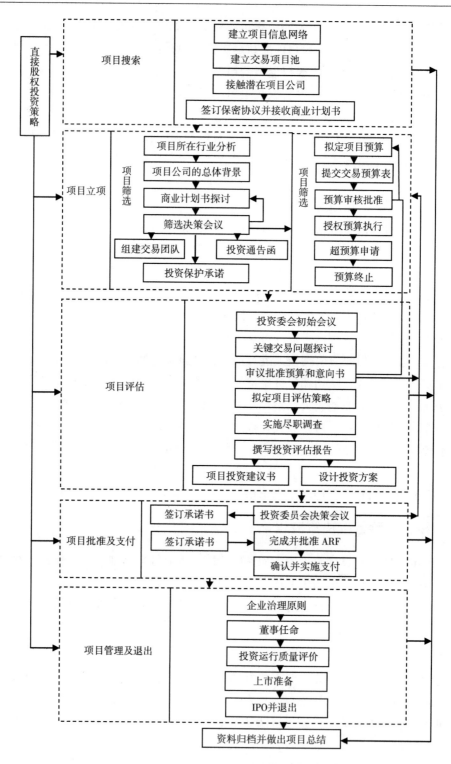

图 7-1　股权投融资项目系统化管理流程①

---

① 隋平.私募股权投融资基金［M］.北京：中国经济出版社，2012.

（二）投资项目决策

投资中期的风险主要包括企业的经营风险和管理风险。经营风险主要是由于被投企业在经营过程中可能存在各类经营失误导致企业发展存在各种不确定性，因此经营风险伴随企业的整个生命周期。经营风险可能是由于国家政策的变化对行业、产品的影响，也可能是由于被投企业产品、质量、服务、销售渠道及方式等在市场上缺乏竞争力造成的。

管理风险主要是被投企业管理决策中存在的失误。企业的管理水平主要由计划、组织、领导和控制四个方面构成，从而影响企业经营成果。计划是立足目前企业实际发展状况，运用准确科学的手段进行预测，做出未来一定时间内企业的工作目标和预期。组织是企业得以运作的基本结构，每一个结构环节相互作用，才能使企业高效有序运行。领导主要在协调和激励两个方面对企业运营和发展起到指导作用。控制是通过监督企业运行的各项活动，确保企业按计划进行生产和经营，对企业经营过程中出现的偏差及时予以纠正。

（三）干预管理和退出跟踪

股权投融资的退出方式主要包括上市退出、企业兼并回购退出、破产清算等方式，一般私募股权投融资基金的投资周期需要五到七年甚至更久。上市退出，虽然这种方式收益较高，但是由于市场条件比较苛刻，对被投企业自身条件要求较高，所以通过上市回收资本并不容易。企业兼并回购退出，如果被投企业经营管理不善，很可能触发投资合同中的回购条款，私募基金要求被投企业实际控制人按约定条款回购股权或者由其他企业兼并收购完成私募基金的退出投资，通常采用兼并回购方式退出并不能保证私募基金投资全额回款。破产清算退出，某些被投企业发展并不好，被迫采用破产清算的方式完成退出。

三、投资风险决策流程设计

通过对投资决策形成机制的分析可以发现，投资风险主要来源于信息不对称，不仅包括投资初期获取信息的不对称，也包括投资过程中对获取被投企业经营、财务状况的信息不对称。为改善这一状况，需要通过对投资方案讨论、磋商进行投资决策，对投资团队的尽职调查等环节来改善，为此需要通过合理规范的内部投资管理流程来保障。[①]

（一）行业分析及项目发现

私募基金投资团队主要运用多种渠道寻找优质项目。通过研究行业发展趋势、项目发展前景、技术水平发展程度、管理层管理水平等各项因素，投资团队通过定期召开各方面的分析会等方式完成项目的初步筛选，确定是否列入目标投资企业清单。[②]

1. 风险评估及尽职调查

在项目正式立项之后，投资团队通过分析被投企业的具体情况，制定尽职调查的具体方案和实施计划，力图了解被投企业的各方面真实情况。投资团队可以通过调查被投企业的相关材料，与被投企业的管理层及各类员工的交流等方式更好地了解被投企业，系统了

---

① 胡文军. 重庆 LT 集团境外投资的风险控制与防范［J］. 财务与会计，2019（2）：43-45.
② 邓文芳. 创业投资项目筛选方案研究［D］. 杭州：浙江大学，2018.

解被投企业的技术、产品、市场、财务、法律等状况，对公司的管理能力和发展能力进行系统评价。

2. 谈判协商

在尽职调查及充分分析被投企业的各方面信息之后，分析和了解拟被投企业的融资需求和发展规划，通过协商讨论与企业一起制定有利于各方利益的投资方案。

投资项目储备流程和投资项目筛选流程如图7-2、图7-3所示。

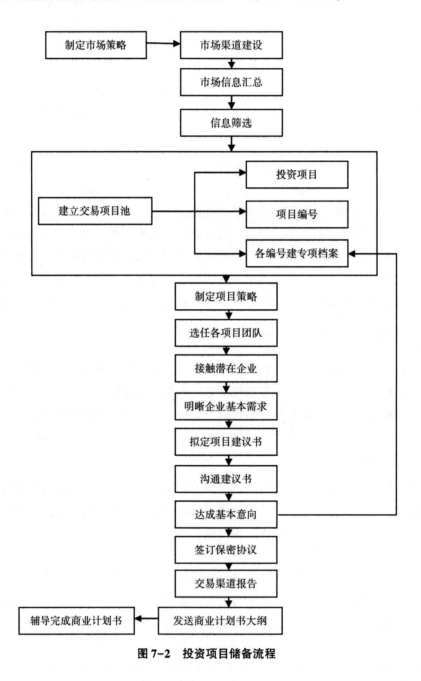

图7-2 投资项目储备流程

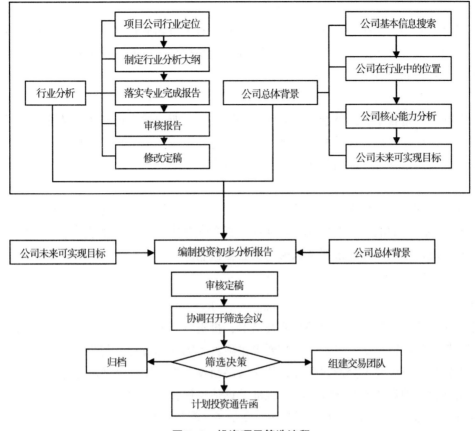

图7-3　投资项目筛选流程

（二）投资决策风险评价指标

在整个投资决策流程过程中，投资团队通过初步尽职调查，对目标项目进行初步了解和分析，待正式列入拟被投企业名单后，通过详细尽职调查队项目进行深入分析和了解。在正式签订投资合同之前，投资团队肩负了解拟被投企业真实经营状况和发展前景的任务。在资金注入前拟投项目的风险评价非常重要，一旦评价不当，可能会因为盲目投资造成私募基金巨大损失。以下主要从四个方面，共计数十个指标构建较为详细的风险评价指标体系。[①]

1. 管理因素

企业的管理风险主要来源于企业在组织架构、人员构成等方面，该项风险主要用于评价企业的组织管理能力。企业管理者的素质主要包括教育背景、工作经历背景、道德品格背景、职业技能背景等方面。合理高效的企业组织架构，完善的企业内部规章制度对于企业的成长发展极为有利，能极大降低企业经营风险，提高企业员工的积极性，促进企业的生产运营效率。

---

① 王鹏. 风险投资决策支持体系研究 [D]. 长沙：中南大学，2010.

2. 市场因素

市场因素是指企业所处行业的市场环境情况。对于市场成长潜力巨大的企业，即使目前市场规模不大，依然值得投资。对于市场准入壁垒越高的行业，规模较大的成熟企业所面临的竞争对手相对较小。

3. 技术因素

企业在发展过程中，必然会掌握某些核心科技，企业的技术创新主要依靠企业的研发能力、对科研的资源投入以及配套设施水平等。规模生产能力反映了企业对于生产人员的组织能力以及对于存货、原材料等物料的组织能力。

4. 财务因素

应收账款周转率等反映企业各项资产赚取利润、保障资金周转的能力。资产负债率等反映企业偿还债务的能力，即企业的流动性及资金安全情况。主营业务增长率等反映了企业的成长情况。净利率等通过财务数据反映企业盈利能力。

（三）投资审议委员会决策

在投资审议委员会（Investment Commission，IC）最终做出投资决策之前，投资团队需要定期向投资决策委员会汇报项目调查情况，投资决策委员会根据投资团队的调查报告分析等材料做出投资决定。投资团队需要提供项目尽职调查报告及与投资决策有关的相关文件资料供投资决策委员会商讨研究，便于最终由投资决策委员会做出投资决策。[①]

投资项目立项审议流程、投资项目批准及评估流程、投资项目批准及支付流程、项目投资后管理及退出流程如图7-4、图7-5、图7-6、图7-7所示。

（四）投资后管理及退出

在完成投资交割后，私募基金还需要对被投企业提供增值服务，支持和服务被投企业的发展，提升企业价值，为更有利的退出打基础。投资团队定期获取企业的发展状况信息，并通过对企业发展的信息评估，在适当时机选择和制定企业退出方案。退出决策也要获得大多数人的同意，在表决通过之后实施退出方案（见图7-7）。

金融市场是一个复杂多变的市场，充斥着各种风险与机遇，因而私募股权投融资风险决策需要多角度、全方位的考虑。私募股权投融资作为一种相对年轻的投资方式，为成长中的企业融资和产业结构升级提供了新的资金融通渠道，能够实现资金高效流通，促进资源优化配置，推动经济社会高质量发展。但目前我国经济下行压力大、金融市场波动存在不规则性、信息不对称、信用机制不完善等因素是重要的不确定性风险，使得私募股权基金面临着巨大的投资风险。私募基金需要通过制定规范合理的内部投资管理流程，加强对投资项目进行风险把控，提高运营管理中的风险预警和防控能力。

---

① 陈洁. 我国私募股权投融资的运作流程研究［D］. 武汉：武汉理工大学，2013.

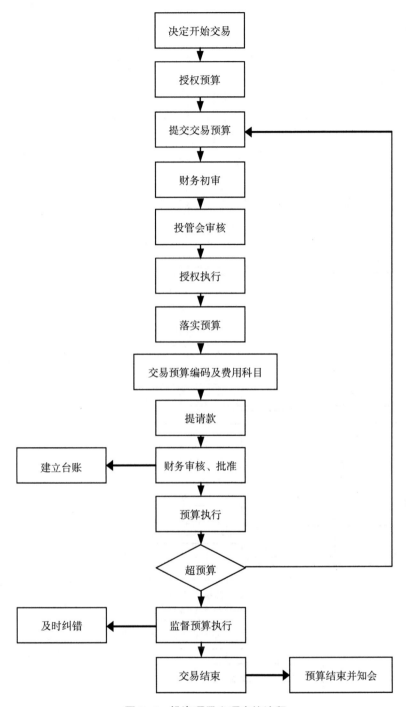

图7-4　投资项目立项审议流程

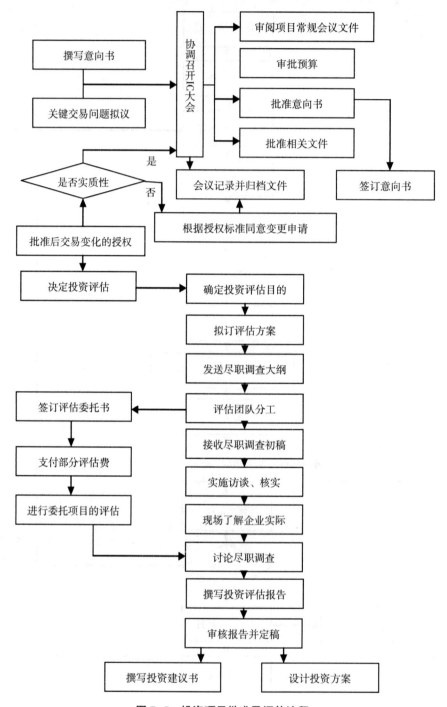

图 7-5　投资项目批准及评估流程

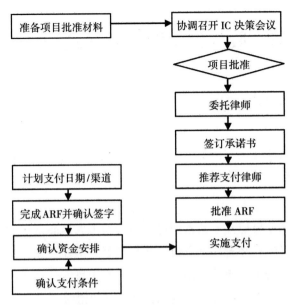

图7-6　投资项目批准及支付流程

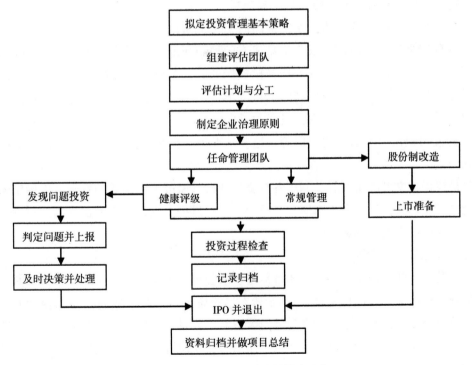

图7-7　项目投资后管理及退出流程

第三节 股权投融资交易形式与风险管理

一、交易形式

股权各相关交易主体应当对交易过程中的风险进行定性或定量评估，需要考虑以下六个方面因素，并结合自身的风险偏好和风险承受度，选择采用哪一种股权交易形式。[①]

（一）交易动机

交易动机，是选择交易形式的基本前提。通过初步的尽职调查和了解，交易各方对通过何种方式实现交易目的已经有一个大致的初步判断。例如，作为产业投资人来说，交易动机和投资目的是完成与主业相关的多元化布局，对于目标公司的投资，最好要达到能够控制的程度，或者如果暂时不能控股，要保留将来能够继续增持从而最终能够实现控制的目的。这种情况下，投资人与目标公司及其大股东/创始股东之间的交易，可以围绕增资、转股、购买股份加期权等形式展开讨论和谈判。

当然，交易动机是相对的，站在不同的交易主体角度，动机会有不同甚至对立。最终采取哪种交易形式可能还受限于交易成本的控制和筹划、监管要求、支付路径等主客观因素。例如，一般的财务投资人选择投资标的时，主要交易动机还是希望能够以相对公允优惠的价格进入，以尽可能高的价格退出，同时把投资和退出的时间间隔控制得越短越好。并且，在可能的范围内，投资收益的确定性尽可能地要有保障，比如由大股东或者目标公司提供回购退出的担保等。这些情况下，交易形式要考虑的就是增资或转股加担保。

从最终促成交易的角度看，基于各自交易动机，通过不同形式的取舍，来确定各方一致同意的交易形式，是一个不断磨合、此消彼长的过程，也是一个利益平衡的过程，需要各方交易主体的互相理解和配合。

1. 管理层的交易动机

在涉及并购的股权交易中，主要目标是谋求公司的快速发展，而并非获得利润的最大化。但管理层的交易动机与大股东/创始股东、投资人都不同。他们在很大程度上控制着公司的决策经营权，尤其是在股权分散的大型上市公司中，管理层几乎享有公司经营管理和发展的一切决策权。对于管理层来讲，他们的交易动机更为直接和短期，有时会通过一些法律文件（如公司章程）进行事先确认。

（1）掌控更多资源。股权并购扩大了企业规模，提高了企业发展速度，扩大了企业资源，管理层能控制更大范围的资产、更多的职工、更多的产供销渠道，从而扩大了他们的

---

① 谢清河. 商业银行并购贷款风险管理研究 [J]. 投资研究，2010（3）：54-58.

权力空间，巩固了自己的宝座，获得更多的工资报酬，以及自我价值的实现。这是管理层在主观上有动力推动股权并购交易的非常重要的个人原因。而发展迅速的公司，是最有可能进行兼并收购的，同时规模庞大的公司也不易被别人兼并收购。

（2）得到一定补偿。管理层在主观上积极主动配合股权并购交易有一个重要前提，即他们在公司的去留不会受到威胁。如果股权并购交易的发生，导致他们失去在公司的地位，甚至由于大股东的更换不得不离开公司时，他们对待股权交易的动机，就剩下能够获得合理补偿了。是否能够获得合理补偿甚至超额补偿，取决于相关补偿机制是否在事先就已经做了准备。如果没有事先设计，在不得不离开公司时，他们的处境选择与普通员工一样，适用《劳动合同法》及相关法律法规的规定获取补偿金；但是如果事先进行了相关防御，就可能获得超额补偿，甚至因为高额补偿，会击退潜在的收购方，从而保住了自己的位子不受威胁。

2. 管理层的防御策略

为了满足管理层的功利性动机，需要事先设置一些防御策略。这里讨论的防御策略，是指公司在遇到恶意股权并购时，管理层采用的策略。不过，大部分策略需要在股东的支持下才能完成。

（1）财务性重组。这是一种常用的反收购措施，目的是提高收购者的潜在成本，降低目标公司的收购价值。具体做法包括：如目标公司的股票价值被低估，公司可以决定多发股利、回购股份或者采取其他措施提高公司股价；资产负债率偏低，可考虑提高公司负债率和财务杠杆比率，充分发挥债务的避税作用；公司拥有大量剩余现金流和高流通性的有价证券，可以考虑出售目标公司的有价证券，向股东发放额外的红利；如公司有不影响经营的分支机构及附属机构，可以考虑通过分拆、剥离、出售等方式全面收回现金流，提升公司的主营业务竞争力。

（2）焦土政策。焦土政策（Scorched-earth Policy）是当目标公司面临被收购威胁，而又无力反击时，采取措施恶化公司的资产状况和经营业绩，从而降低公司吸引力的一种两败俱伤的反收购策略。常见的焦土政策包括：

一是售卖"冠珠"。在并购中，人们习惯性地把一个公司里富于吸引力和具有收购价值的部分称为"冠珠"。它可能是某个子公司、分公司或某个部门，可能是某项资产，可能是一种营业许可或业务，可能是一种技术秘密、专利权或关键人才，更可能是这些项目的组合。"冠珠"由于富于吸引力，诱发收购行动，因此它是收购者收购该公司的真正用意所在，而将"冠珠"售卖或抵押出去，可以消除收购的诱因，粉碎收购者的初衷。

二是虚胖战术。一个公司如果财务状况好，资产质量高，业务结构又合理，那么就具有相当的吸引力，往往诱发收购行动。在这种情况下，一旦遭到收购袭击，它往往采用虚胖战术，作为反收购的策略。其做法有多种，或者是购置大量资产，该种资产多半与经营无关或盈利能力差，令公司包袱沉重，资产质量下降；或者是大量增加公司负债，恶化财务状况，加大经营风险；或者是故做一些长时间才能见效的投资，使公司在短时间内资产收益率大减。所有这些，使公司从精干变得臃肿，收购之后，买方将不堪其负累。这如同苗条迷人的姑娘，陡然虚胖起来，原有的魅力不复存在，追求者只好望而却步。

3. 金色降落伞

金色降落伞（Golden Parachute），是指一旦因为公司被并购或收购而导致董事、总裁等高级管理人员被解雇或主动辞职，公司将提供丰厚的补偿费（如解职费、股票期权收入和额外津贴等）。这种策略能够促使管理层接受可以为股东带来利益的公司控制权变动，从而减少管理层与股东之间因此产生的利益冲突，以及管理层为抵制这种变动造成的交易成本。"金色"意味着补偿是丰厚的，"降落伞"则意味着高管可以在并购的变动中平稳过渡。由于这种策略势必让收购者"大出血"，因此也被看作反收购的利器之一。

这种制度安排实际上是一种特殊的雇佣契约，以此构成敌意收购的壁垒，使收购变得不那么有利可图，或是给收购者带来现金支付上的沉重负担。国内已有上市公司对管理层设置了金色降落伞式的保护性安排，如万科A（000002）在其首份限制性股票激励计划（草案修订稿）第39条中规定："当公司控制权发生变更时，控制权变更前的半数以上法定高级管理人员在控制权变更之日起的三十日内有权书面要求信托机构将本计划项下信托财产立刻全部归属。"伊利股份（600887）则在2006年5月的股票期权激励计划（草案）中授予总裁潘刚等33人合计5000万份股票期权，在一般情况下，激励对象首次行权不得超过获授股票期权的25%，剩余获授股票期权可以在首次行权的1年以后、股票期权的有效期内选择分次或一次行权。但当市场中出现收购本公司的行动时，激励对象首次行权比例最高可达到获授期权总数的90%，且剩余期权可在首次行权后3日内行权。

不过，这种制度一直以来也饱受争议。由于管理层得到的经济补偿有时可达到一个天文数字，因此这种补偿反而可能成为管理层急于出售公司的动机，甚至是以很低的价格出售。如果是这样，很显然，股东的利益就将遭受极大的损害。

4. 管理层收购

管理层收购（Management Buy-Outs，MBO）是"白衣骑士"策略的一种变更形式。当公司成为其他企业的并购目标后（一般为恶意收购），公司管理层为阻碍恶意接管的发生，去寻找一家"友好"公司进行合并，而这家"友好"公司被称为"白衣骑士"。一般来说，受到管理层支持的"白衣骑士"的收购行动成功可能性很大，并且公司的管理层在取得机构投资者的支持下，甚至可以自己成为"白衣骑士"，实行管理层收购。由于管理层收购在激励内部人员积极性、降低代理成本、改善企业经营状况等方面起到了积极的作用，因而它成为20世纪七八十年代流行于欧美国家的一种企业收购方式。

国际上对管理层收购目标公司设立的条件是企业具有比较强且稳定的现金流生产能力，企业经营管理层在企业管理岗位上工作年限较长、经验丰富，企业债务比较低，企业具有较大的成本下降、提高经营利润的潜力空间和能力。在MBO操作过程中，管理层只付出收购价格中很小一部分，其他资金通过债务融资筹措。其中所需资金的大部分（50%~60%）通过以公司资产为抵押向银行申请抵押收购贷款。这部分资金也可以由保险公司或专门进行风险资本投资或杠杆收购的有限责任公司来提供。其他资金以各级别的次等债券形式通过私募（针对养老基金、保险公司、风险资本投资企业等）或公开发行高收益率债券来筹措。

5. 章程保护

这种反收购措施的核心在于，在章程中设置各种障碍增加外部收购者入主公司董事会和股东会的难度，使敌意收购者即使成功收购公司足够股票获取控制权后，也无法真正掌握目标公司的控制权。董事会轮选制公司每次只能改选很小比例的董事（如 1/3 或 1/4），即使收购者已经取得了多数控股权，也难以在短时间内改选公司董事会或委任管理层，实现了对公司董事会的控制，从而进一步阻止其操纵目标公司的行为。常见的章程障碍条款包括：

（1）超级多数权。凡是涉及公司的控制权变化等重大事宜时，需要股东大会中至少 2/3 甚至 90% 的票数同意才能通过，这就使即使外部收购者掌控了 50% 以上的股票，也难以保证在投票中取得胜利，从而提高了外部收购者控制目标公司的难度。

（2）公平价格条款。这类条款是指在超级多数条款上再叠加一条，如果所有购买的股权都得到了公平价格，就放弃超级多数权的要求。这个公平价格可以定义为某一特定期间的要约支付最高价格，或者必须要超过一个确定的关于目标公司会计收入或账目价值的金额，以此来降低敌意收购者的收购动力。

6. 提起诉讼

在成熟的证券市场中，公司管理层可以通过提起诉讼拖延收购时间，延缓收购进度，同时也可以争取时间采取其他反收购措施。有时候收购者为了避免陷入法律麻烦或支付数额不菲的诉讼费，往往选择支付较高的收购价格，或者干脆鸣金收兵放弃收购。提起诉讼的理由包括三种情况：收购行为违反《反垄断法》规定、违反收购程序或证券交易法、收购目的不在于取得公司经营权而在于操纵市场或哄抬物价。诉讼程序可以在一定程度上使公司管理层取得主动权。

（二）股权收购与资产收购

股权收购是指收购方通过购买目标公司股东的股权或认购增资，获得目标公司的股权，以实现对目标公司实施控制的交易。这种收购方式往往伴随股东权益的变动。资产收购是指一家企业购买另一家企业实质经营性资产，通过购买资产并运营该收购资产，从而获得利润创造能力的交易行为。这种收购方式不涉及股东权益的变动，只涉及资产权属的转移。选择交易形式时首先要考虑的因素：是否要确定采用股权收购，资产收购能否解决交易需求，股权收购和资产收购是否需要搭配使用，股权收购和资产收购的区别及各自的优缺点，等等。① 股权收购与资产收购差异比较如表 7-1 所示。

---

① 刘远. 资本经营中的股权收购与资产收购 [J]. 经济问题，2002（2）：33-59.

表 7-1　股权收购与资产收购差异比较

	股权收购	资产收购
交易主体	投资人与目标公司股东	收购方和目标公司，除非涉及目标公司股东承担补充责任，一般情况下目标公司股东不是交易主体
交易标的	目标公司的股权，交易过程中一般不直接影响目标公司的日常运营，但会导致目标公司股权架构的变动	目标公司的资产，如设备、房产、土地等有形资产以及专利、商标等无形资产，资产收购将导致该目标公司资产的流动，交易过程中对目标公司的资产运营也有一定影响，但并不导致目标公司股权架构的变动
交易性质	目标公司的股权转让，权利和义务只在收购方和目标公司股东之间发生，目标公司本身的资产并没有变化，因此收购方可能更加关注公司的经营状况以及发展前景	一般的资产买卖，涉及的是买卖双方有关资产转让的合同权利和义务，通常不会影响目标公司的股东
前置程序	股权收购中，影响最大的是目标公司的股东，因此交易要首先获得股东的支持和同意，比如有限公司需要股东过半数同意并且放弃优先购买权、合营公司需要合营他方同意等	资产收购中，影响最大的是对该资产享有权利的人，如担保人、抵押权人、商标权人、专利权人等，对于资产的转让，必须要先得到相关权利人的同意或者必须履行对相关权利人的义务，否则交易可能无法进行
变更方式	因为股东发生变动，必须在公司住所地的市场监督管理部门办理股权变更登记手续	部分资产收购一般不需要办理此类变更手续，但需要对各类资产的权属、资质进行变更，变更程序较股权变更来说更为复杂，变更时间周期更长，成本更高
或有债务	股权收购后，收购方成为目标公司股东，收购方作为新股东将以出资额或认购的股份为限对目标公司承担责任，目标公司的原有债务仍然由目标公司承担，因此，股权收购存在一定的或有负债风险	资产收购中，通常资产相关的债权债务状况比较清晰，或有负债风险较小，收购方购买的是纯粹的资产，即使存在或有负债，也由原资产公司承担
税收差异	股权收购纳税义务人是收购方和目标公司股东，而与目标公司无关，股东是自然人时，收购方一般承担代扣代缴义务；股权收购主要涉及所得税及印花税	资产收购的纳税义务人是收购方和目标公司本身，根据目标资产的不同，纳税义务人需要缴纳不同的税种，主要有增值税、所得税、契税和印花税等

续表

股权收购		资产收购
监管审批	股权收购中，因目标公司性质不同，所涉及的监管部门和审批事项亦有所不同：①收购不涉及国有股权、上市公司股权并购，仅涉及普通有限责任公司或非上市股份有限公司股权的，通常只需到市场监督管理部门办理股权变更登记；②收购涉及外资的，通常情况下需要经有管辖权的商务部门审批并经市场监督管理部门变更登记，审批要点主要是外商投资是否符合我国利用外资的政策；③涉及国有股权并购的，还需要经过国有资产管理部门的审批，并且经过资产评估、备案、进场交易等程序，审批要点是股权转让价格是否公允、是否可能导致国有资产流失；④涉及上市公司股权的，并购交易还需要经过证监会的审批，审批要点是上市公司是否仍符合上市条件、是否损害其他股东利益、是否履行信息披露义务等；⑤如并购使市场竞争份额达到国务院规定的标准，根据《反垄断法》等相关规定，并购交易可能还需要经过省级或者国家反垄断审查机构的审批，否则不得实施并购	资产收购中，需要根据拟转让资产所属目标公司的性质决定完成何种审批。通常包括四种情况：①不涉及国有资产、上市公司资产的，通常不需要相关政府部门的审批或登记；②涉及国有资产的，还需要经过资产评估、备案、产权交易中心挂牌转让等手续；③涉及上市公司重大资产变动的，上市公司还应报证监会批准；④对于外商投资企业，如标的资产属于曾经享受过进口设备减免税优惠待遇并仍在海关监管年限内的机器设备，根据海关总署《对外商投资企业进出口货物监管和征免税办法》的规定，必须首先得到海关的许可并且补缴关税后才能转让

由上述差别可以看出，股权收购和资产收购有着很明显的差异，其中最核心的区别在于风险。股权收购不改变目标公司的主体资格和经营连续性，收购完成前和收购完成后对公司的业务独立性而言是无差异的，这对于稳定公司的经营管理和团队士气具有重要作用；并且，恰恰是由于这种连续性，也会使得目标公司原有的债务及各种处罚等风险持续延续，投资人要做好这方面的应对措施准备。资产收购在这方面就干净许多，收购人不用担心风险包袱。所以，具体采用哪种交易形式，需要投资人结合上述差异进行综合判断。

（三）增资、转股及实务要点

在《公司法》框架下，能够导致公司股权变动的方式只有两种：增加注册资本和股权转让。一项股权交易可能采取增资的形式，也可能采取股权转让的形式，还可能同时采用这两种形式。每一种股权变动方式都有自身的特点，股权交易需要结合交易目的、各方需求等因素确定具体的交易形式。[①] 在决定采用何种交易形式前，先考虑每种股权变动方式的特性。

1. 增资

（1）增资的缴纳方式。在公司出资形式中，现金也是最常用的一种方式，操作简单，不存在价值评估问题。大多数的增资也是采取缴纳现金的方式完成，也可以用知识产权、土地使用权等无形资产作价出资。如果用无形资产出资，必须先进行评估作价，同时需对目标公司资产作出审计。2018 年《公司法》修改后，取消了原来针对无形资产出资比例

---

① 姜卫东. 外资股权并购国有控股股份有限公司方式的选择——股权转让和增资扩股的比较分析 [J]. 现代商业，2012（24）：161-162.

的限制（最高不超过 70%），目前可以 100% 用无形资产出资，这对于促进科技成果产业化具有极大的推动作用。

（2）同比例增资。在不引进新投资人的情况下，目标公司原股东可以按照原股权架构的持股比例，进行同比例的增资。增资完成后，所有股东的股权不会被稀释，权益份额保持不变。这是一种最常见的增资形式。

（3）不同比例增资。如果部分原股东不同意继续增资，或者公司为了融资引入外部投资者，为了增强投资人的信心只有小部分股东同意继续跟投的，公司增资过程中，部分原股东的股权比例将被稀释，这种增资即为不同比例增资。虽然从每个被稀释股东的权益绝对值来看，他们的权益没有受到影响，但从未来公司整体市值来看，他们的份额是下降的。因此，不同比例的增资，需要股东事先有内部共识和心理准备。

（4）增资的程序性要求。增资是公司股权架构变动的核心事件，必须要合规地完成相关程序，才能不给后续的公司资本运作埋下隐患。合规程序通常如下：

（1）公司全体股东作出决议，同意公司进行增资；不认缴增资的股东放弃本次增资的优先认缴权；

（2）签署交易文件；

（3）修改或补充公司章程，可以采取公司章程修正案的形式，也可以更新公司章程；

（4）认缴增资的股东/投资人投入增资资金，以实物/无形资产形式认缴公司增资的，需要聘请评估公司进行实物/无形资产的评估，按评估值入账；

（5）特殊行业的公司，如商业银行、资产管理公司、财务公司等，仍需要聘请会计师事务所出具验资报告；一般行业的公司无须进行验资；

（6）到主管税务部门办理税务变更登记；

（7）到市场监督管理部门办理股权变更登记。

需要注意的是，按照《公司法》规定，公司增资属于法定重大事项，应当经过 2/3 以上表决权的股东通过方可办理。但是在实际操作中，各地市场监督管理部门出于防范股权纠纷的考虑，经常会要求全体股东一致同意公司增资，股东会决议上必须由所有股东签字。这给公司增资增加了很多工作，如果有部分股东不同意增资，股权变更手续将遇到障碍，也给权力寻租留下了空间。股权变更只要符合公司法的规定，应当办理变更登记手续。不过，作为两全之策，也可以由同意增资的股东在股东会决议中作出说明，或者单独以承诺函的形式向市场监督管理部门作出说明，将来由此产生的纠纷由股东内部解决，不会涉及登记主管部门。因为，从法律效力上看，公司的变更登记仅具有公示效力，股权变动的法律后果仍然可以结合股东或股东与投资人之间的投资协议、股东名册、实际分红记录等进行判断。

2. 转股

转股是继受取得股权的主要方式，也是公司股权变动的重要形式之一。转股相关的问题很多，也比较容易发生争议。常见的注意事项如下：

（1）主体的适格性。关注某些情况下相关主体不得直接持股，或者需要满足一定条件后才能持股，避免出现交易障碍。

（2）内部决策程序。目标公司内部需要就股权转让进行决议，不同意股权转让也不购买拟转让股权的内部股东，要放弃同等条件下的优先购买权，防止未来出现股权纠纷，尤其要关注导致交易被撤销的情形。

（3）签署交易文件。就股权转让的相关细节，如股权作价、价款支付、过渡期安排、过户登记、或有风险承担、保证和承诺等先决条件进行约定。

（4）外部审批程序。关注交易各方在股权的持有、对外转让方面的限制，特别是涉及国有股权、外商投资股权、特殊行业公司的股权等方面，需要满足特定的审批/备案要求才可以进行交易。

（5）股权交割及交割后管理。按照交易文件约定完成股权交割，同时，也要避免重谈判轻履行的做法，倾注精力加强股权的投后管理。

3. 实务要点解析①

从目标公司和股东角度，增资和转股仍然有很大区别，各方交易主体在考虑股权交易的形式时，应当注意以下因素对股权交易形式的影响：

（1）实际收款主体。增资缴纳的款项直接进入目标公司的实收资本，而转股的价款直接支付给出让方股东，如果目标公司目的是融资，显然不能采取股权转让的交易形式。

（2）或有出资风险。转股应当注意的一项重要风险是，交易股权如果在此前没有完成实际出资，即使股权转让完成后，受让方股东也可能会承担补缴出资义务②；而增资购买的是目标公司的新股权，不存在这个问题。

（3）共同绑定。首先，从投资人角度看，肯定希望所投资金用于公司的业务运营，不希望原股东借此机会套现走人，因而他们更希望采用增资的形式完成股权投融资；但是，在某些情况下，也可能是为了清理原股东中因与公司价值观、理念不一致而退出公司的股东，投资人愿意进行配合，一般情况下投资人不会倾向于让原股东套现。其次，从博弈论角度看，转股是一次性博弈，出让方股东套现离场；而增资是多次重复性博弈，投资方与目标公司及其股东的利益绑定在一起。因此，增资方式更能避免套现股东的短期行为和信息不对称可能给投资方造成的损害。

（4）特殊情况下的增资处理。考虑到增资需要完成的一系列程序，而目标公司又面临资金严重短缺时，公司的大股东/创始股东有时会跟投资人商量，先借一笔资金用于救急，后续再转为增资价款。后续增资时，对这笔资金可以有两种处理方式：第一，投资人的债权转为股权，目标公司无须再偿还借款；第二，增资文件签署后，投资人再向公司投入一笔资金，目标公司收到资金后用该笔资金偿还先期的投资人借款。从与股权变更登记主管部门的沟通及操作的便利性来看，实践中采用第二种处理方式的做法比较常见。

（四）交易主体的风险承受能力

股权交易的环节多，程序复杂，周期也不短，交易过程中面临一系列的风险因素。这

---

① 张婷. 股权转让后认缴资本实缴义务法律实务分析［J］. 发展，2020（9）：94-97.

② 最高人民法院《关于适用〈中华人民共和国公司法〉若干问题的规定（三）》第19条规定，有限责任公司的股东未履行或者未全面履行出资义务即转让股权，受让人对此知道或者应当知道，公司请求该股东履行出资义务、受让人对此承担连带责任的，人民法院应予以支持。

些风险因素与风险投资不同,风险投资会带来潜在的大额回报,而这些风险因素是纯粹的技术环节风险,除了可能的缩短交易周期、尽快取得股东身份等利好以外,一般不会带来潜在更多的回报。因此,交易的首要因素是要考虑如何将这些不确定性降到最低,尽快完成股权交易。各相关股权交易主体应当对交易过程中的风险进行定性或定量评估,结合自身的风险偏好和风险承受度,作出相应的风险决策,确定采用哪一种股权交易形式。一般来说决定股权交易形式时需要考虑的风险要素包括但不限于以下七个方面:①

（1）投资者的投资目的。

（2）投资者对管理层的期望。

（3）股权的估值作价。

（4）股权对价的支付形式、支付周期。

（5）股权交易的审批风险。

（6）税收成本及可能的税务筹划考虑。

（7）投资人未来退出的渠道。

（五）交易主体的支付能力

交易主体的支付能力对交易形式也有一定的影响。从投资人角度来看,如果缴纳增资价款有财务压力,可以充分利用增资可以认缴的法律规定,分期分批缴纳增资。虽然股权转让价款也可以分期支付,但出让方一般不太能接受在数年的时间里分期收到支付价款,增资在这方面相比股权转让就具有明显优势。

（六）交易成本影响交易形式

这里所说的交易成本主要是指税务成本,许多情况下,税务成本会直接决定交易能否进行以及交易的具体形式。比如,在股权收购中,如果能够达到适用财政部、国家税务总局《关于企业重组业务企业所得税处理若干问题的通知》（财税〔2009〕59号）（以下简称59号文）的特殊性税务处理条件,可以缓解很大的财务成本压力。按照59号文规定,如果收购方以股份方式支付的对价,其比例超过总体对价的85%,并且收购的目标公司股权超过其全部股权的50%,就可以进行特殊性税务处理,实质上可以取得递延纳税的效果。所以,各方交易主体在设计交易结构、确定股权交易形式时,尽量创造条件（主要是要达到收购的股份比例、支付形式中以股份支付并要达到规定的比例等）能够适用59号文,减轻被收购方股东的当期纳税压力。另外,在公司内部重组中,如果被重组公司的股权当期价值比初始价值高出很多,将会带来高额的重组所得税成本甚至可能使重组无法进行,这种情况下将不得不采取其他交易形式完成重组。

二、投资阶段的风险管理

完成资金的募集之后就要进入项目投资的环节,在符合基金合同约定投资方向的前提下筛选符合条件的投资项目。在进行项目筛选的时候首先要了解被投资企业的经营管理团

---

① 史雪花.内控视角下企业股权投融资的风险管理对策 [J].企业改革与管理,2021（23）:23-24.

队、经营状况、财务状况等，这个环节一定要实地考察，不能只看书面报告，这样掌握的信息才会更加精确。其次，要对被投资企业所处的行业有所了解，拜访同行业其他的企业深入了解行业投资的潜力和发展有可能存在的问题。另外，在项目投资的时候一定要与企业高级管理人员和掌握关键技术的员工进行交流，从而更好地了解将要投资企业的基本情况。在做判断或决定的时候一定要结合企业的销售数据、财务数据、产品技术水平等方面进行综合分析，从而选出更好的投资项目。决策可以按照以下步骤进行：

第一步，项目组根据尽职调查的实际情况撰写《投资建议书》，部门领导和主管领导对《投资建议书》《尽职调查报告》进行审核。

第二步，风险控制部门对审核通过的项目进行风险及合规性审核。

第三步，由投资决策委员会对项目经理提交的项目进行决策。提交决策的时候，项目经理不仅需要提交《尽职调查报告》《风险意见书》，同时还要提交《项目立项申请表》《投资协议（草案）》等材料，项目经理所提交的材料应该包含各个方面，这样既能够有效控制风险，同时也能提高项目审核的效率。

股权投融资风险管理，详见本书第十五章。

三、上市公司破产重整业务投资[①]

在上市公司破产重整过程中，资本公积转增股票是最为常见的出资人权益调整的方式，转折的股票经常调整至战略投资者作为其重整的对价，或调整至债权人用意抵偿债务。

（一）资本公积转增股票的普适规定

1. 在法律层面

根据《公司法》规定，超过股票票面金额的发行价格发行股份所得的溢价款以及国务院财务部门规定列入资本公积的其他收入，应当列为公司的资本公积，资本公积不得弥补亏损。根据《企业会计制度》（财会〔2000〕25号）第82条规定，资本公积项目主要包括：资本（或股本）溢价（即企业投资者投入的资金超过其注册资本中所占份额的部分）；接受非现金资产捐赠准备（企业因接受非现金资产捐赠而增加的资本公积）；接受现金捐赠（企业因接受现金捐赠而增加的资本公积）；股权投融资准备（企业对被投资单位的长期股权投融资采用权益法核算时，因被投资单位接受捐赠等原因增加的资本公积，企业按其持股比例计算而增加的资本公积）；拨款转入（企业收到国家拨入的专门用于技术改造、技术研究等的拨款项目完成后，按规定转入资本公积的部分，企业应按照转入金额入账）；外币资本折算差额（企业接受外币投资因所采用的汇率不同而产生的资本折算差额）；其他资本公积（除上述各项资本公积以外所形成的资本公积，以及从资本公积各准备项目转入的金额。债权人豁免的债务也在本项目核算）。

2. 在会计层面

记入"资本公积"总账所属以下明细账的资本公积项目，是不能用于转增股票的：

---

① 何巧超. 上市公司破产重整案例研究［D］. 南昌：江西财经大学，2020.

"接受捐赠资产准备""资产评估增值准备""股权投融资准备""被投资单位接受捐赠准备""被投资单位评估增值准备""被投资单位股权投融资准备"等。这些项目属于所有者权益中的准备项目，是未实现的资本公积，因此不能用于转增股票。记入"资本公积"总账所属的"资本（股本）溢价""其他资本公积转入""外币资本折合差额"等明细账的资本公积项目，是所有者权益中的已实现的资本公积，可按规定程序审批后转增股票。其中"其他资本公积转入"项目，是指企业从前述各资本公积准备明细科目转入的已实现的各项准备的金额。

3. 在工商登记层面

按我国企业法人登记管理条例规定，企业实收资本比原注册资金数额增减超过 20%时，应持资金使用证明或者验资证明，向原登记主管机关申请变更登记。如果擅自改变注册资金或抽逃资金等，要受到工商行政管理部门的处罚。可见，企业增加实收资本，包括将资本公积转为实收资本，必须办理必要的手续。其一，应对历年资料进行初步审查，确认是否具备增加实收资本的条件；其二，将增资方案交由股东大会讨论，经股东大会决议，同意增加资本并修改公司章程中的注册资本；其三，需要向社会增发股票，还须报请国务院证券管理部门批准；其四，资本公积转为实收资本所引起的实收资本增加超过原注册资本 20%时，则应先向原登记主管部门申请变更登记，获得批准后才能进行相应的会计处理。

（二）破产重整项下资本公积转增业务结构①

1. 上市公司破产重整采用资本公积转增股票的方式进行纾困的优势

上市公司破产重整采用资本公积转增股票的方式进行纾困的优势主要集中在三个方面：

（1）管理人可将其公开处置变现，获取资金用于支付重整费用、偿还债务或补充流动资金。

（2）通过折价转让，可吸引战略投资人入股。据不完全统计，对目前上市公司破产重整采用资本公积转增股本吸引投资者的方式，可以让战略投资人取得股票的成本要比重整计划公告前一日收盘价平均低 46%左右。

（3）转增新股可作为偿债资源，向债权人抵债以提高清偿率。据不完全统计，抵债股票的平均溢价率高达 91%左右，即假设重整计划公告前一日收盘价为 1 元，为使普通债权人名义受偿率达到 100%的平均以股抵债价格为 1.91 元。

2. 高溢价率与普通债权人在破产清算状况下模拟清偿率低有着直接关系

清算状态下的模拟清偿率越低，以股抵债的溢价率就越高；反之亦然。但是上市公司破产重整项下，通过资本公积转增股票方式进行引战或抵债，应当关注如下问题：

（1）应明确破产重整中资本公积的来源及转增股票的对象。资本公积转增股票能够在不减少原出资人股票数量的情况下通过新增股票的分配达到上市公司出资人权益调整的目

---

① 李明宇. 上市公司破产重整资本公积转增股本适用除权调整：争论与选择 [J]. 审计观察，2021（8）：51-57.

的。如果资本公积不足以转增股票，则需要根据《企业会计制度》的规定通过债务豁免、现金赠与等方式先充盈资本公积。然后将转增的股票分配给重整投资人或债权人，用于换取提供投资款以支持重整费用、清偿债务或补充公司流动资金，在具体业务模式上可参考定向增发和债转股模式进行运作。

（2）关注上市公司资本公积转增股票的除权行为。[①] 除权是由于公司股份数量增加，每股股票所代表的企业实际价值（每股净资产）有所减少，需要在发生该事实后从股票市场价格中剔除该因素，从而形成除权行为。

按照正常逻辑，资本公积转增股票致使股票数量增加，在负债与资本不变的情况下，每份股票对应的净资产降低即每份股票所对应的权益被稀释，因此需要通过除权下调股票价格。根据《上海证券交易所交易规则》《深圳证券交易所交易规则》的规定，上市证券发生权益分派、公积转增股本、配股等情况，本所在权益登记日（B股为最后交易日）次一交易日对该证券作除权除息处理，本所另有规定的除外。

除权（息）参考价＝［（前收盘价−现金红利）＋配股价格×股份变动比例÷（1+股份变动比例）（上海证券交易所该"股份变动比例"参数为"流通股份变动比例"）］

在上市公司破产重整实务中，转增股票是否应按照交易规则进行除权并未明确规定，《上海证券交易所交易规则》《深圳证券交易所交易规则》规定了"证券发行人认为有必要调整上述计算公式时，可以向本所提出调整申请并说明理由。经本所同意的，证券发行人应当向市场公布该次除权（息）适用的除权（息）参考价计算公式"，对公积转增股票预留了空间。

在破产重整中，新进股东往往通过债务减免、资产注入等方式支付对价，实质增厚了公司的权益，按照一般除权参考价格计算公式得到的除权参考价格，对重整后企业价值的反映可能不尽合理。对于这些情况，公司可以按照交易所的规定，根据实际情况申请对除权参考价格计算公式进行调整，以使除权结果尽可能客观地反映公司股份的内在价值。

（3）区分投资目的进行差异化管理。如果作为财务投资人，一般只需要支付投资对价款，由管理人按照重整计划用途使用资金（一般用于清偿债务、补充流动资金、解决股东占用等历史遗留问题），再设定一个股份锁定条款（锁定期一般不少于6个月），除此之外，一般不会再附带其他条件（如搭售条款）。

如果是作为战略投资人，则应参与更多上市公司的后续重整工作，具体而言：

1）如果是面临产能效率较低，业务分散的情况，就应识别核心业务，进行主辅分离，建立各个业务板块之间防火墙，以提升产能效率和盈利能力。

2）如果是面临账面资产不实、资产权属不清的，则应夯实资产价值，识别优质资产，完善产权手续，处置冗余资产，从而界定重组资产范围并保证核心资产产权的完整。

3）如果面临的是负债规模大，资产抵质押查封严重的情形，应结合债务情况设计债务重组方案（留债、债转股等），测算偿债能力、降低债务规模、解决诉讼和表外负债。

---

① 卢祖新，彭海波. 上市公司重整中资本公积金转增股本除权问题研究——以重庆钢铁重整案为研究视角［J］. 法律适用，2019（5）：66-72.

用以调整负债结构、恢复健康资产负债水平，缓解财务负担及偿债压力。

4）如果面临的是关联方互保多，资金占用多的情形，则应明确重组主体或设立 SPV，设立法人主体之间的防火墙，完善管理制度及内部控制制度，以解决历史包袱，轻装上阵。

5）如果面临的是现金流紧张的情况，则应发现痛点，快速变现部分资产，积极引入财务投资者解决营运资金问题，使企业快速恢复正常经营，抓住市场回暖窗口期。

6）如果面临的是人员负担重，涉及社会维稳等重大问题，则应分析重组后有效人员结构及规模，寻找政府资源及政策支持，在维稳前提下对冗余人员进行逐步清理，从而平稳解决冗员问题，提高质效，建立健全公司治理架构和人力资本问题。在面临税费、合法合规、可利用的政府资源及优惠政策支持等问题上，则应平衡各方利益，获取各方支持，以便后续顺利推进破产重整，实现退出。

破产重整项下资本公积转增业务结构流程，如图 7-8 所示。

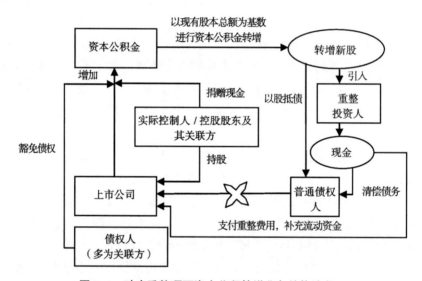

图 7-8　破产重整项下资本公积转增业务结构流程

（三）债项投资——共益债投资

共益债务是在破产程序中为债权人、债务人的共同利益所负担的债务。所以，共益债投资能够最大化破产财产价值的同时，深度参与破产企业重整、债务重组、不良资产经营等工作，不仅可以有效化解内生不良，在传统投后处置的基础上，化废为宝，变被动处置为主动投资，而且还能够在资产荒的市场环境中，发掘特殊机会投资领域，寻找适合的投资模式，为未来的投资补充新的投资方向，储备资产。有鉴于此，如资产管理总部、风险合规部、业务审查部三部联动，对共益债投资业务进行系统地梳理，现将此类业务模式梳

理如下：[①]

1. 共益债与其他类似概念的区分

一是合理界定共益债与破产债权、破产费用的区别。在我国《企业破产法》2006 年修订时，将共益债务与破产费用进行分离，考虑到两者均是为债权人的共同利益而负担且均由债务人财产随时清偿，清偿顺序均优先于大部分破产债权。二是为更好地厘清共益债范围，需对破产费用、破产债权和共益债进行对比分析，才能更好的明确业务导向，通过对《企业破产法》和破产法司法解释等相关法律法规的整理，三者区别主要集中于范围和清偿顺序两大方面，具体如表 7-2 所示。

表 7-2　共益债务与破产债权、破产费用的区别

维度	破产债权	破产费用	共益债务
法条	《企业破产法》第 46 条至第 56 条	《企业破产法》第 41 条、43 条"破产法司法解释三"第 2 款	《企业破产法》第 42 条、43 条
范围	破产宣告前成立的无财产担保的债权；放弃优先受偿权的有财产担保的债权；破产宣告时尚未到期的债权；因破产宣告而解除经济合同造成对方当事人经济上损害的部分；虽有财产担保但其债权数额超过担保物价款且未清偿部分；票据发票人或背书人被宣告破产而承兑人已付款或承兑的；被保证人被宣告破产前，保证人代替被保证人清偿债务的部分都列为破产债权	破产案件的诉讼费用；管理、变价和分配债务人财产的费用；管理人执行职务的费用、报酬和聘用工作人员的费用	因管理人或者债务人请求对方当事人履行双方均未履行完毕的合同所产生的债务；债务人财产受无因管理所产生的债务；因债务人不当得利所产生的债务；为债务人继续营业而应支付的劳动报酬和社会保险费用以及由此产生的其他债务；管理人或者相关人员执行职务致人损害所产生的债务；债务人财产致人损害所产生的债务
清偿顺序	根据债权人会议上讨论决定的清偿方案进行清偿；清偿顺序一般是有担保债权、税收债权、劳动债权和普通债权；破产债权大都劣后于破产费用和共益债务，但有担保债权优先于共益债	由债务人财产随时清偿；清偿顺序优于共益债务	由债务人财产随时清偿；清偿顺序劣后于破产债权和有担保债权，优先于税收债权、劳动债权和普通债权

2. 共益债的构成要件

（1）时间要件。共益债务产生主要分布于破产程序存续期间，即人民法院受理破产申请以后到破产程序终结之前的这段时间。根据《企业破产法》第 42 条规定，共益债务的形成必须在人民法院受理破产申请后，结束于法院裁定终结之日。但上述区间并不是绝对

---

① 周瑶．论破产案件中共益债务认定问题的新发展——以破产企业债权融资模式与风险防控为视角 [J]．中国商论，2019（17）：211-213．

的，司法实践中存在将破产受理之前发生的债权确认为共益债务的情形。

（2）目的要件。共益债务系为全体债权人的共同利益而发生，即所谓共益，相较于破产费用这种常规性和程序性支出来说，共益债务的这种共益性决定了其运作更有积极的能动性。

（3）原因要件。以债务人财产和管理人履行职务为主要发生原因，如管理人或债务人请求对方当事人履行双方均未履行完毕的合同、为债务人继续营业而应支付的劳动报酬、社会保险费用以及由此产生的其他债务，都是为了债务人财产的保值增值。

3. 共益债投资的业务结构

共益债的本质是为破产企业提供享有一定优先权的借款，因此，共益债的投资人可在满足一定条件下，将相应的款项借给破产企业，具体交易结构如图7-9所示。

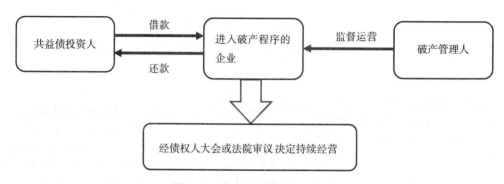

图7-9　共益债投资的业务结构

经对市场相关案件的梳理，可发现目前共益债融资案例大多集中在房地产业务领域，之所以如此，一方面，是因为近年来房价稳中有涨且交易火热，能够保障投资人高效、足额收回本息；另一方面，是因为房地产行业属于典型的资金密集型行业，房产项目建设对资金需求量大，容易出现资金链断裂情形；而且房产项目后续建设、销售及相应税费成本基本构成了资产变现前的全部资金缺口，较易于核算，便于把控投资风险。通过对市场上共益债投资业务的梳理，其交易结构如图7-10所示。

需要注意的是，在房地产项目中，因为房地产项目续建形成的债务往往金额巨大，且需要从建成后的商品房销售收入中清偿，对于资金的需求量较大，但共益债具有随时清偿的特征，在很大程度上改变在先债权的受偿顺序，因此在方案设计时需与其他债权人、破产管理人、法院进行充分沟通，在获得债权人会议和人民法院的认可之后，方可循序推进共益债投资业务。

4. 业务方案设计要点①

（1）设置严格准入标准。濒于破产或已被申请破产的债务人，如能获取现金流，或将重新启动、激活生产建设，最大化资产价值，但也有可能沉淀更多资金，价值进一步下

---

① 雷雨. 共益债务融资——另类投行视角下的企业纾困方式 [J]. 金融市场研究，2022（5）：100-109.

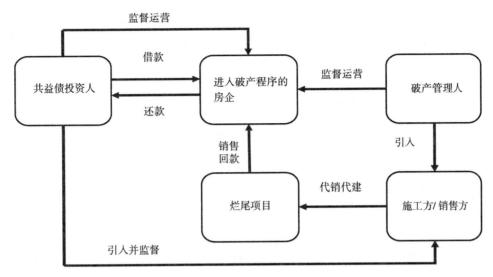

图 7-10　共益债投资业务交易结构

跌，亏空进一步扩大，因此筛选合格投资项目是共益债投资方案首先要关注的重点，具体而言，至少要满足如下四点要求：

1）项目具有重组价值及可行性。在投资前需对项目的社会价值、重整成本、市场发展前景，以及项目本身的经济效益进行全方位的评估，明确项目的自身优势并确保共益债的投资可支撑项目的盘活并产生收益。如为房地产项目，需统筹考虑区域性房地产市场环境及相关政策规定，并对工程质量、周边地势和价格、改造周期、市场定位、销售方案等进行全方位的评估，在兼顾工程质量以及产品可接受的风险程度基础上测算后续房地产项目的投资及销售预期，进而判断项目是否有投资价值。

2）投资至形成销售的周期不宜过长。考虑到企业已进入破产程序，债权债务关系复杂，不可预见事件较多，为降低投资风险，应选择"短、快"型开发项目进行投资。如为房地产项目，应选择投资前期工作准备充分，项目无工程质量方面的问题，并在半年至一年时间可完成项目改造并上市交易的项目，并以该项目的销售回款保障共益债投资的退出。

3）追加投入的资金量占项目可变现价值比小。为确保投入资金的安全性，应尽量选择前期追加投入资金相对较小、可通过项目自身销售回款滚动开发建设的方式来实现项目的整体盘活。前期投入资金量的大小可根据投入资金量占项目重组成功后可变现价值的比例来判断，原则上该比值越小，项目投资的安全系数越高。

4）优先选择地方政府支持的项目。启动项目后续开工建设工作，牵涉的利益广泛、维稳任务繁重，法院只能解决破产重组中所涉及的法律问题，而更为复杂的社会问题和维稳问题则需要依靠政府的支持。如为房地产项目，后续建设还会涉及土地延期手续、消防规划重新审核、施工许可证变更或重新办理、预售许可证办理等一系列手续，优先选择得到地方政府重点关注和支持的项目，由其协助解决历史遗留、各项缺陷手续的补办等问题，通过"府院联动"的方式促成各方利益最大化、实现共赢。

（2）选择恰当的投资时点。如前所述，共益债的产生区间跨度为企业申请破产前至破产程序终结之日这段时间，该区间又可细分为企业申请破产前至人民法院受理破产申请之日以及人民法院受理破产申请之日至破产程序终结之日两个区间。所以投资的共益债建议集中在人民法院受理破产申请之日至破产程序终结之日这个区间。其主要原因如下：

1）如果选择在破产前介入，利息设置上可能会受到限制，根据《企业破产法》第46条第2款规定"附利息的债权自破产申请受理时起停止计息"，据此，部分法院认为一旦进入破产程序后，所有的债权都停止计息，即使共益债务也不例外。

2）因为已进入破产程序的项目，破产管理人已基本锁定破产企业对外负债总额（含或有负债），在破产中介入可以随时与破产管理人交流沟通，以破产管理人为渠道与府院及其他利益相关人沟通，能够及时将"共益债"的方案提呈各方，及时掌握各方对共益债投资方案的态度，对于反对方及时充分沟通，并以适合的方式说服。

（3）制定合理的投资方案。测算共益债投资预算额度时，要对项目进行详尽的调查并充分考虑市场的各类变化因素，必要时可引入审计、评估等第三方中介机构提供专业的意见。考虑到市场上的各种变化因素，建议投资预算额度要相对宽松，具有可调节的空间，实际放款时可根据项目的进展分期放款，既要保证投入资金能够用于共益债约定用途，做好风险防控，又要避免因额度不充分无法满足重整续建的需要，导致重组的再一次失败，进而影响共益债投资收益的实现。

（4）审慎选择劣后合作方。受限于公司自身对项目的运营管理能力以及人员委派等系列问题，建议投资者应联合相关专业机构共同作为共益债的投资方（但项目已完成的工程量占总工程量占比较大的除外），并进行结构化分级（投资方作为优先级投资）。在选择合作方时，应对其过往项目的运营管理、销售等进行综合评估，并关注其对投资方优先级资金及收益的担保能力。

如为房地产项目，共益债的首要还款来源于房产的销售回款，项目的后续施工进度以及销售进度、销售价格等将直接影响共益债权的实现，因此可考虑引入代建代销公司作为共益债共同投资方，并在合作中明确如下三个方面的问题：

1）明确复工后的各个重要时间节点，并针对每个时点设置相应的考核标准，确保后续复工的顺利进行。

2）制定详细可行的销售计划及降价方案，确保销售回款进度与共益债投资期限保持一致。

3）设置明确的违约责任，明确未按期完成施工或未按销售计划实施的，代建代销方应承担的违约责任，且该违约行为将触发投资方作为共益债优先级投资人行使处置资产的权限。

5. 共益债投资项目风控措施

（1）锁定共益债投资的"超级优先权"。《企业破产法》第42条对共益债务范围作出了规定，但采取的是列举式且未设定兜底条款的立法技术，意在限制对该条款的扩大解释。最高院民二庭也在对《破产法解释三》第二条的理解与适用观点中提到："《破产法解释三》第二条主要适用破产程序中债务人为维持或保存营运价值进行的借贷融资，资金主要用于维持营业的常态性、流动性，解决暂时资金周转困难的"。考虑到《企业破产法》中对共益债务的认定也缺乏前置程序，故直接认定为共益债务可能会损害债权人程序权利和实体权利。因此在进行共益债投资过程中，应通过如下措施锁定共益债投资的"超级优先权"：

1) 在合同文本的设计中，要明确融资方案的具体金额、年化利率、借款期限，明确该投资方案列为共益债务，在今后清偿时与破产费用在同一顺位，优先于《企业破产法》第113条清偿顺序（首先清偿破产人所欠职工的工资和医疗、伤残补助、抚恤费用，所欠的应当划入职工个人账户的基本养老保险、基本医疗保险费用，以及法律、行政法规规定应当支付给职工的补偿金；然后清偿破产人欠缴的除前项规定以外的社会保险费用和破产人所欠税款；最后清偿普通破产债权）进行清偿。

2) 在破产重整程序中，该方案的共益债性质应获得债权人会议审议通过或者在第一次债权人会议召开前经人民法院许可。

3) 通过破产管理人加强与府院沟通，由破产案件管辖法院裁定确认投资行为的共益债务性质。在法院裁定中应明确无论破产企业重整或是破产清算程序中，该笔投资业务均适用于共益债务的相关规定，用债务人财产随时清偿，并争取在破产清算程序中，共益债偿还顺序应优先于抵押债权。之所以如此，是因为根据《企业破产法》的相关规定，当重整失败进入到破产清算程序后，共益债务的受偿顺序劣后于抵押债权。在实践中，破产清算案件中在偿还有财产担保债权后，大部分已无法保证共益债务的偿还。因此要求法院裁定确认若后续破产企业进入到清算程序中，共益债务仍优先于有财产担保的债权清偿，方可确保投资的本息收益。

(2) 增加抵押担保增厚安全垫。《企业破产法》第75条规定，在重整期间，债务人或者管理人为继续营业而借款的，可以为该借款设定担保。因此在共益债上设定担保并不存在法律障碍。但为共益债增加抵押担保应关注如下两个方面的问题：

1) 如果债务人企业在此之前已经对特定财产设定抵押或其他物的担保，共益债务的清偿不得损害此前已就债务人特定财产设定担保的债权的清偿利益；如果为共益债设定了抵押，而抵押物在破产申请受理前已为其他债权人设定抵押的，要根据《民法典》第414条（即原《物权法》第199条）规定的顺序清偿（即同一财产向两个以上债权人抵押的，拍卖、变卖抵押财产所得的价款依照下列规定清偿：抵押权已登记的，按照登记的先后顺序清偿；顺序相同的，按照债权比例清偿；抵押权已登记的先于未登记的受偿；抵押权未登记的，按照债权比例清偿）。

2) 在共益债上设定担保，应遵守法定的程序，即需经债权人会议决议通过，或者在第一次债权人会议召开前经人民法院许可。

6. 共益债投资的存续期及退出管理

共益债投资的存续期管理工作主要以实现共益债的超级优先权及过程管控为主。具体而言，主要集中在如下四个方面：

(1) 对共益债投资资金进行全程管控。通过设立监管账户、在银行预留印鉴、共同保管U盾及财务专用章等方式对资金进行管控，根据制订资金使用计划对资金使用进行审批，确保资金用途符合约定。

（2）对破产企业和资产经营管理进行监管。可采取委派董事（重大事项一票否决权）、修改公司章程限制对外借款、担保权限、聘请中介机构监督工程建设、审计项目成本核算、公司资金往来和财务管理等。

（3）对项目销售进行监管。如为房地产项目，应根据已制定的代销方案，对销售进度实时跟踪，要求破产管理人至少按月披露销售面积及回款情况。项目产生销售回款后，需进行资金归集并设定销售回款达到一定金额后，按约定比例留存一定的经营所需款项，剩余部分可提前申请清偿。

（4）建立健全项目退出方案。共益债的投资一般是通过所投资项目产生的现金流（如为房地产项目，则为房地产销售现金流）实现退出；如果项目运营失败，也应确保共益债投资的本金和利息应在清偿时与破产费用在同一顺位的清偿顺序上进行清偿。

四、提高股权投融资管理水平的相关措施

市场经济体系下，股权投融资可以使企业更好地满足市场发展需求，进而有效提高企业的经济收益，但由于股权投融资风险较大，企业在进行股权投融资时，应强化股权投融资管理的相关措施，不断提升自身股权投融资管理水平。

（一）加强股权投融资管理制度建设，合理设置治理结构

近年来，我国企业股权投融资规模不断扩大，在此背景下，通过细化和完善股权投融资管理制度，不仅能够从宏观上为股权投融资管理提供帮助与指导，也能够为各类管理工作提供参考。同时，加强股权投融资管理制度建设，能够帮助企业明确认知自身经营发展情况，确定股权投融资方向，并规范股权投融资行为流程，这样既可以有效避免投资行为产生的浪费投资、重复投资等问题，而且还可以确保企业资本的稳定性、安全性，提高企业股权投融资效益。

合理设置治理结构。被投资公司的治理结构决定了公司是否能持续健康发展，决定了股东的合法权益是否被充分保障。对投资公司股权治理结构的设计，要以股东风险最小化、利益最大化为原则。一是合理设计股权架构。首先企业要明确对被投资公司的控制程度，即实质控制还是参股。如果是参股，投资企业的股权比例不宜超过40%，避免出现大资金、小权益或无权益的结局[①]。二是严谨设计表决机制。对实质控制的投资，除了股权比例达到控股以上，在设计股东大会、董事会表决机制时，还要慎重防止重要事项被小股东牵制。如果是参股，话语权弱的情况下，重点关注一票否决权的设计方案。三是慎重选择企业高管。企业高管是股东对被投资企业管理的代表，管理企业的一切经营活动和财务活动，对企业的发展具有引领作用。高管中财务总监的选择一定要慎重。国有股东合资，高管一般从股东单位推荐的人员选聘，因此建议股东单位按照同股同权原则，推荐好公司的高管，尤其是财务总监。

---

① 刘武. 从投资管理环节谈国有企业股权管理体系再构 [J]. 商业时代，2011（28）：65-66.

（二）科学全面评估投资对象，加强投资决策

在企业进行股权投融资前，开展细致的尽职调查工作，对投资对象进行全面的科学评估，能够帮助企业充分了解和全面认知投资项目的实际经营情况，并对投资进行合理预测与分析。在必要时还可以根据自身实际情况聘请专业机构来全方位调查投资对象，以便从市场前景、资本收益、法律法规、项目盈利能力、资源整合等方面开展股权投融资项目分析工作。在股权投融资中，企业要对交易方式、投资风险及项目价值等要素给予综合考虑，以期为股权投融资决策方案的制定奠定良好基础。

加强投资决策。企业股权投融资是一项重大经济行为。一是企业要充分评估自身发展情况及投资能力，量力而行，杜绝盲目投资或冲动投资。二是在投资决策时，要充分明确企业投资目的，收益性或产业链需求。三是要有大成本意识。计算需多大的投资额才能拥有必要的经营控制权及权利如何实现。四是谨慎选择合作对象。股东合作，必须有高度的文化认同、战略认同、管理认同，否则容易产生风险隐患。五是要严格按照企业"三重一大"管理制度、公司章程约定等决策程序执行。

（三）法律尽职调查前置，做实可行性研究

现代市场经济下，产品结构多元化，对外投资种类多元化，从谈判专业性和对抗性讲，依托公司内部法务部门资源已不能满足现状。企业要善于寻找优质的外部专家、律师团队资源等，建立咨询顾问或相对稳定的战略合作关系，在项目前期介入，全过程参与项目策划与谈判。一方面代表公司便于谈判，另一方面在项目前端最大限度规避风险。

做实可行性研究。可研分析是经济行为的决策依据。很多企业在进行项目或投资可行性分析时，仅仅是为了履行经济行为报批程序而分析，为了投资获批而分析。市场调研不充分，脱离投资环境、数据取值不科学，敏感性分析不到位，财务指标倒算等一系列因素导致可研分析不真实、投后效益不达预期，甚至亏损。因此，投资行为前的可研分析是否真实客观极其关键。一是市场分析要充分。对投资市场要深入调研，要敏锐地捕捉市场信息。形成不同情况的大数据库。二是产品定位要准确。充分分析投资环境、市场需求、持续时间、同行业能力、自身产能、功能定位等因素，尤其对紧跟国家大发展战略及阶段性产品需求的投资。三是做好敏感性分析。对变化因素、替代方案、政治、技术、原材料价差、利率、外汇等风险应对都要考虑周全。

（四）加强股权投融资过程管理与后期监管

加强过程管理。股东对被投资企业要保持密切关注，纳入企业日常化管理。可以通过年度股东大会或董事会、高管定期或不定期述职制，实现动态管理。随时掌握被投资单位运营情况、财务状况及重大经济事项，发现问题，及时采取有效措施。尤其是股东结构发生变动时，要及时办理工商变更登记手续。

在完成股权投融资后，企业需要加强后期监管工作，采取多样、有效的措施对投资对象企业进行管理，这样既可以确保其持续健康发展，还可以提高投资对象的经济效益。作为企业，在股权投融资管理中，可以委任或选举董事、监事等职位，以此确保董事能够参与到被投资企业的实际管理运营决策中，并可以充分发挥监事的监督职责，进而使企业的

合法权益得到有效维护。同时，企业还应充分利用现代科学技术，诸如大数据、云计算等，推动股权投融资管理一体化、智能化、信息化，进而提高股权投融资管理水平。此外，完善退出机制，避免企业遭受投资风险，进而使企业资产利用率实现最大化。

随着市场经济的发展，企业对外投资成为企业经营活动及财务活动的主要行为。股权投融资是企业常见的对外投资类型。

股权投融资是企业追求经济效益或调整产业结构的一种经常性经营活动。企业多数股权投融资，并没有发挥效益最大化，部分甚至一直处于低效、无效、放之任之状态，造成企业资产投资效益低，资源浪费[①]。如何做好企业股权投融资管理，发挥效益最大化，是现代市场经济下企业投资管理者们应认真研究的问题。例如，对连续三年无效、低效的股权投融资，企业要认真分析原因，分类处置。预计未来不符合市场需求或切实不会产生效益的，要及时果断退出，防止成本增加。对一些特殊行业，如企业产业链延伸或需要一定时期才能产生效益且未来一定能产生效益的投资，可以保留。

（五）创建项目团队，完善奖惩机制

对于企业而言，在进行股权投融资时，建立投资项目团队是十分关键且必要的。良好的项目实施团队能够显著地提高股权投融资效率，在选择与建立投资项目团队时，必须要考虑项目的特征特点，建立具有管理经验的项目团队，在投资管理项目团队建立后，要明确具体职责，以确保其得到有效落实。同时还需要完善奖惩机制，根据绩效考核结果来确定股权投融资目标。通过完善奖惩机制的方法，将投资项目管理团队的收益、风险与项目公司的发展经营情况相结合，从而保障企业获得良好的投资效益，推动企业的快速发展。

（六）不断提升股权投融资管理水平

在经济形势复杂多变及竞争不断增加的情况下，企业出现破产、并购、重组等情况都是常见的，在并购、重组等情况下股权投融资更是不可避免，故股权投融资不仅是企业应重视的投资行为，以后可能会成为企业必须面对的情况。不论是哪种不可预见的情况出现，企业应该真正地加强股权投融资管理，因为投资流程、风险管理等环节出现不利情况都直接影响企业收益并使企业面临一定的投资风险，故加强股权投融资管理是企业必须重视的。

1. 遵守当前投资法律法规规定开展股权投融资活动

虽然当前我国相关部门出台的规定制度并不完善，未能完全规定投资行为的各个方面，但法律法规的完善是必然的且能有效降低企业投资风险的。目前的法律法规是企业实行股权投融资管理的法律依据，对重要环节、关键点等有规范要求，不论是出于防范法律、税收等宏观层面的风险的目的，还是从保护企业整体和所有者合法权益出发，企业均应依据《公司法》、股权投融资有关规定等法律法规、监管要求等开展股权投融资活动。

2. 建立完善的股权投融资管理机制

其一，统一企业股权投融资管理方式。有相对完备的管理方式是开展投资活动的前

---

① 胡青. 国有企业股权投融资风险管理策略分析［J］. 企业改革与管理，2017（1）：34-35.

提，企业应明确股权投融资管理负责机构或者部门，并应组建包括法务、财务、审计等相关部门领导或者人员的管理决策队伍，由机构及人员对法律法规、国家政策、所投资公司经营情况及发展潜力等进行综合评价论证，进而做出合理的投资决策，提高决策收益率并降低投资风险，这样也才能避免多部门间的相互推诿情况的发生。其二，要规范股权投融资流程，将流程制度化促进执行效果。规范的股权投融资流程有助于企业正确合理进行对外投资，并具体体现在投资方案中，方案内容应包括投资项目概述、项目投入、投资回报、后续管理及投资风险控制等，并结合经济形势等因素进行综合考虑。

3. 对股权投融资活动进行全面管理

股权投融资是一项系统性强的投资行为，包括投资前、投资期间管理及投资收回等环节，不能只重视最初投资环节（指关注投资对象、投资领域、投资方式等），更应对投资持有期间的所投资企业的经营情况进行监督，要对被投资企业的财务状况进行动态监管，重视被投资公司半年报、年报披露数据的分析，关注被投资公司的现金流量情况、资产质量等重要信息。监督过程中可以设置重要指标体系并运用科学的方法进行评价判断，及时发现投资期间出现的问题或者可能出现的潜在情况，为股权投融资管理部门及人员提供决策有用信息，保证股权投融资健康。对股权管理退出环节，可以设置预警指标体系，对严重影响股权投融资收益的情况启动投资退出机制，以保证投资安全性降低投资风险。

4. 加强股权投融资管理过程中的财务分析

不论是投资前还是投资存续期间，企业都需要及时掌握被投资企业的财务状况，对其经营状况、生产销售管理等保持密切关注。作为投资主体企业需要对所投资公司加强财务了解，对股权投融资进行专项分析，密切关注被投资公司的财务状况，关注被投诉公司是否有重大涉诉、潜在重大风险等或有事项，为进一步的投资后续行为提供财务支撑。当然，也要选择合理的股权投融资核算方法。根据投资对象为子公司和外部公司合理选择成本法和收益法，准确掌握投资收益的确定规律，加强对投资收益的分析。

5. 适当创新管理方法

每个公司治理机构、财务实力、管理能力不同，而且所处行业不同、投资对象特点也各异，故应根据自身情况制定适合的股权管理方法。比如对子公司的股权投融资，母公司可以建立外派人员管理机制，从外部选用与企业集团经济利益、社会关系联系较少的管理人员，对子公司股权投融资进行专项、客观、独立管理，避免人情世故的影响。再如实行定期分析、专项分析为主的静态管理与不定时分析被投资企业情况为辅的动态管理相结合的管理方式等，以达到对股权投融资公司保持密切后续管理的目的。

综述，做好企业股权投融资，要从事前调研、事中管控、事后评价三个层面做好管理工作，将股权管理常态化、动态化，及时发现问题解决问题。同时还要有市场发展的敏锐度，灵活调整投资战略。如此才能防范投资风险，切实发挥投资价值，提高国有资产效益。

第四节　股权投融资运营管理——并购重组

一、企业并购重组相关概念与形式

企业并购的基本知识主要包含三大方面：其一，并购重组的相关概念；其二，企业并购形式，它包含协议并购、要约并购、竞价并购；其三，并购重组，它包含托管重组、债务重组、股权重组。

（一）并购重组的相关概念

并购重组是指企业在经营过程中，企业控制权、资产规模与结构等发生重大变化的行为。在这个过程中，一部分权利主体让出自身拥有的部分或全部控制权，从而获得相应的受益，另一部分权利主体依靠付出相应的代价而获取这部分控制权。它涵盖了收购、合并、重组、剥离、分立、破产、清算等，具体分类如下：

1. 并购行为

并购行为主要指对企业股本与股权架构进行调整，其导致的结果是企业实际控制权与主体资格的变化，如收购与兼并。

2. 重组行为

重组行为主要指对企业资产与负债进行调整，其导致的结果是企业资产状况、上市资格与法律地位的变化。

3. 并购与重组混合行为

并购与重组混合行为指对企业的股权与资产同时进行调整，它包含前两种行为，如商业联盟、剥离、破产、清算等活动。

（二）企业并购形式

企业并购包括兼并和收购两层含义、两种方式。国际上习惯将兼并和收购合在一起使用，统称为 M&A，在我国称为并购。即企业之间的兼并与收购行为，是企业法人在平等自愿、等价有偿基础上，以一定的经济方式取得其他法人产权的行为，是企业进行资本运作和经营的一种主要形式。企业并购主要有三种形式。

1. 协议并购

协议并购是指收购人在证券交易所之外，直接与目标企业取得联系，以谈判、协商达成共同协议，从而实现收购目标企业股权的方式。协议并购容易获取目标企业的信任，有利于降低收购的风险与成本，但谈判时的契约成本较高。

协议并购的一般程序为：明确并购目的、目标企业的选择、并购战术的策划、并购小组成立、并购交涉开始、意向书的缔结，以及并购企业的资产、负债等情况调查和最终并购方法的确定、合同的缔结。

2. 要约并购

要约并购是指收购人向被收购目标公司发出收购的公告，等到目标公司确认后，方可采取收购行为。这是国际上最常见的收购形式，其收购对象为上市公司依法发行的所有股份。

要约并购的主要内容如下：

（1）价格条款。要约并购的价格条款主要有自由定价主义与价格法定主义两种方式。

（2）要约并购的支付方式。我国《证券法》中并未对要约并购支付方式进行明确规定，而《收购办法》中相关规定允许投资人采用现金、证券等方式支付收购价款。《收购办法》对支付方式做出约束：当收购人以终止上市公司的上市地位而发出要约并购，或向中国证监会提出申请但未获得豁免而发出要约并购时，应当以现金支付收购价款；以依法可以转让的证券支付收购价款时应当同时提供现金方式供目标公司的股东选择。

（3）收购要约的期限。根据我国《证券法》第 90 条第 2 款，以及《收购办法》第 37 条规定，要约收购的期限不得低于 30 日、超过 60 日，但如果出现竞争要约时除外。

（4）收购要约的变更和撤销。要约一经发出便对收购人具有约束力，但由于收购过程的复杂性，一旦出现特定情形，收购人有改变想法的可能。因此，我国《证券法》第 91 条规定，在收购要约确定的承诺期限内，收购人不得撤销其收购要约。收购人需要变更收购要约的，必须事先向国务院证券监督管理机构及证券交易所提出报告，经批准后，再予以公告。

要约并购的程序如下：

（1）我国《证券法》第 79 条规定，当收购人持有目标公司已发行的 5% 股份时，需要在该事实发生之日起三日内，向国务院证券监督管理机构、证券交易所做出书面报告，通知目标公司，并予以公告。

（2）当收购人持股达到 30%，并准备继续并购时，收购人须向国务院证券监督管理机构提交上市公司并购报告书，附注规定事项。在收购要约的有效期限内，收购人不得撤回其收购要约。

（3）收购要约的期限届满，收购人持有目标公司股份达到 75% 以上时，该目标公司的股票需在证券交易所终止上市。

（4）收购要约的期限届满，收购人持有目标公司股份达 90% 以上时，其余持该目标公司股票的股东，向收购人以要约的同等条件出售其股票，收购人应当接受。收购完成后，被收购公司如果不具备《公司法》规定的条件时，应当依法变更其企业的形式。

（5）要约收购要约期间排除其他方式收购。

（6）收购目标公司的行为结束后，收购人需在十五日内将情况报告国务院证券监督管理机构和证券交易所，并予公告。

3. 竞价并购

竞价并购的过程与要约并购的过程类似，参考要约并购过程即可。而它本身也具有以下特点：

（1）竞价并购以现金为支付方式，因此，收购方需要准备足够的现金。

（2）一般在现金出价过程中，目标公司的大部分股票可能会被风险套利者所购买。对于风险套利者手中所囤积的股票，收购方如果利用得当，可以降低敌意收购者的出价。

（3）竞价并购会使收购方承担极大的资金风险，尤其是大规模的收购交易。而降低收购成本的办法一般有两种：一种是双层出价；另一种是依靠发行高收益债券获得融资。

其中，双层出价有两个阶段：第一阶段，收购方以现金收购股票，使其达到控制权比例；第二阶段，利用非现金收购剩余部分的股票。在第二阶段，收购方已提前取得目标公司的控制权，所以无须担心敌意收购者的竞争性出价。此外，这种方式还可以促使目标公司股东尽早出让其手中持有的股票。

（三）重组

1. 托管重组

托管重组是指企业资产所有者以契约形式，在一定期限与条件约束内，将自身拥有的所有或部分资产的经营权、处置权，委托给其他法人进行管理。托管重组的过程中，委托方将有效的经营机制、科学管理的方式、优质品牌等引入企业，而受托方凭借自身的管理与资金优势获取经济回报。托管重组的实质是资产所有权与经营权的分离，这种方式有利于促进企业政企分开明晰企业产权关系。一般来说，托管重组有以下三种模式：

（1）企业产权的托管重组。委托方依据相关法律和政策，用合同的形式约束受托方，并付出一定代价作为补偿，将企业的财产权交给受托方处置。它实质上是一种非公开市场的企业产权交易。

（2）国有资产的托管重组。这种托管重组是指国有资产管理部门，将自身的国有资产以合同形式委托给受托方。在这种托管重组中，只能托管企业的经营权，不能托管企业的财产权。这种短期产出的经济行为，受托方只能在合同约定的范围内，进行经营机制的转换以及采取其他手段，运营国有资产。

（3）国有企业的托管重组。该模式一般由特定的部门或机构，接管部分亏损的国有中小企业，并对原有的企业、资产结构进行改造，实现资源的再配置。受托方接受的内容，包含企业的全部财产、全部职员与债务。

严格地讲，托管重组是指委托人通过信托协议，将企业资产或企业法人财产的经营权与处分权转让给经营管理能力强，且能够承担相应风险的受托人。所以，企业托管重组实质上源于信托。

2. 债务重组

债务重组是指债权人依据其与债务人达成的协议，或法院的判决，同意债务人对债务条件进行修改。换句话说，只要债务重组时债务偿还条件与原协议有不同之处，均视为债务重组。

但以下情形不属于债务重组：

（1）债务人发行的可转换债券依据规定条件转为其股权（条件未发生更改）。

（2）债务人破产清算时的债务重组（这时应按清算会计处理）。

（3）债务人改组（权利与义务未发生实质性变化）。

（4）债务人借新债偿旧债（旧债偿还的条件并未发生改变）。

债务重组的方式如下：

（1）以低于债务账面价值的现金清偿债务。

（2）以非现金资产清偿债务。

（3）债务转为资本。

（4）修改其他债务条件。

其中，前三种属于即期清偿债务，后一种属于延期清偿债务。

通常情况下，债务人与债权人以非现金资产、修改负债条件等方式进行债务重组后，债权人会做出一定让步，以便债务人可以安排财务资金，或得以清偿债务。因此，假如在债务重组中，债务人以非现金资产、发行权益性证券的价值超过债务人应偿还的债务，这时也可不视为债务人因暂时性财务困难而进行的债务重组。

债务重组从本质上来讲，其实是一项法律活动。它旨在通过某种方式改变债权人与债务人之间原有合同关系。

与同样具有改变债权债务关系的破产程序相比，债务重组则主要表现债权人与债务人之间的谈判与协议的过程，法律干预较少，与破产程序的"法定准则""司法主导"两大特征形成鲜明的对比。但是，债务重组也应当贯彻、体现法律所要求的平等、自愿诸原则，以平衡双方当事人的利益。

3. 股权重组

股权重组主要包括股权转让与增资扩股两种形式。

（1）股权转让。它是指企业的股东将自身拥有的股权或股份，部分或全部转让给他人。

（2）增资扩股。它是指企业发行股票、新股东投资入股、原股东增加投资，从而增加企业的资本金。

股权重组无须清算程序，其债权、债务关系重组后依然有效。股权重组过程中，只有企业的股东或股东持有的股份发生变更。

此外，股权重组还有以下特征：

（1）参股、控股企业以其股份的占比，实现对目标企业产权占有的权利和义务。

（2）股权重组会导致目标企业的经营管理层发生变动。投资人常常以其所拥有的股份，要求目标企业对经营管理层进行改组，并调整成更符合自身利益的经营决策。

（3）在股权重组中，企业组织形式也容易发生改变。例如，传统的企业改组成为股份公司，以明确界定投资者各自的权益。

（4）股权重组可以发生于股份公司，也可以发生在非股份公司与股份公司之间，从而组成利益攸关的命运共同体。

二、企业并购方案设计

（一）科学选择并购标的[①]

并购标的不同，并购各方的主体就不同，相应的权利和义务也不同，从而使各方主体所面临的风险也不同。因此，并购前根据不同的需求考察相应的风险、选择并购标的是非常必要的。一般而言，并购的标的包括股权和资产。

收购股权就是并购方获得目标公司的股权，成为目标公司的股东。这样，并购方就获得了在目标公司的获益权、表决权等股东权，可目标公司的资产并没有变化。由于这种交易方式的主体是并购方和目标公司的股东，并购中的权利和义务也只在并购方和目标公司的股东（注意是股东）之间发生，这样就可以"曲线"解决一些难题。例如：目标公司章程规定，并购前公司已经签署的专利许可合同不得因并购而移转给他人。如果并购方对目标公司的专利感兴趣，采取购买专利的方式就会受到公司章程的限制，因此就可以选择并购股权的形式。因为股权交易涉及债权债务的概括承担，因此可以规避资产并购过程中关于资产移转限制的规定。

收购资产是对目标公司的实物资产或专利、商标、商誉等无形资产进行转让，目标公司的主体资格不发生任何变化，也就是说，这两个公司是各自独立的，并购方对目标公司自身的债权债务也无须承担任何责任。特别注意的是，应注意及时将所收购的资产，特别是无形资产作适当的变更或移转登记，避免发生"一女二嫁"的风险。举例来说，如果海天公司收购甲乙丙丁投资的康腾公司的资产。收购后，康腾公司的股东仍为甲乙丙丁，海天公司作为并购方并不承担康腾公司的债务。康腾公司仍应当对自身的债务承担责任。假如海天公司收购的是康腾公司的股权，则海天公司就成为康腾公司的股东，海天公司就必须与其他股东共同对康腾公司承担责任，但承担责任的范围以其投资额为限。

（二）审慎设计支付方式

1. 在支付形态上

所谓"支付的形态"就是支付什么，我国公司法只规定了五种出资形态，即货币、实物、工业产权、非专利技术、土地使用权，除了上述五种形态资产以外，不允许以其他形式的资产出资。比如"商誉"，目前在国内是不允许用作出资的，如果以"商誉"投资，实际上面临虚假出资的法律风险。但像"全聚德"在国外某些国家就可以以其"商誉"作为资产投资。在我国，其他如股权、劳务等也不允许用作出资。这种规定，在一定程度上限制了企业资源的保值增值。正是这种限制，使得许多投资人绕过直接投资入股的障碍转而寻求通过并购的方式进行企业资本运营和整合。例如：

（1）以资产置换股权。并购方将自己的资产评估确值——这种资产价值中自然包含了商誉等无形资产的因素，然后以该资产投资或者置换目标公司的股权，成为目标公司的股

[①] 徐晓.并购标的公司的特征及选择研究［D］.天津：天津大学，2015.

东，从而达到并购的目的。根据《公司法》规定，并购方的对外投资额累计不得超过其净资产的50%。但在投资后，接受被投资的目标公司以利润转增的资本，其增加额不包括在内。

（2）以资产置换资产。并购方与出让方互相置换资产，达到优良资产整合的目的。但各方均不承担对方的任何义务和责任。

（3）以股权置换资产。并购方以自己拥有的股权为价款转让给出让方，取得对出让方资产的所有权。出让方成为并购方转让的该部分股权的持有人。

（4）以股权置换股权。并购方与出让方互换股权，互相成为对方原持股公司的股东。

需要注意的是，在实践中往往几种模式综合利用，如一方出资收购另一方的资产或者股权，另一方以获得的资金收购一方所在公司股权或者向所在公司增资扩股。这样，并购方无须对资产进行鉴证评估，只要双方商定价格，无须支付大量资金即可实现增资扩股，比资产置换更为方便。

2. 在支付方式上

（1）分期支付。采用这种方式，出让方可以享受"税负递延"，并购方可以防范并购进程中的种种风险，特别是可以起到稳定出让方的作用，使其继续保持目标公司的正常运作，降低并购后因经营效益不佳而带来的风险。

（2）利润分享。由并购方先行支付并购的基础价格，然后按目标公司实际经营业绩的一定比例分期支付对价。如果目标公司未达到预定业绩，则出让方只能以更低价出售。这样可以保证并购方以相对合理或者更低的成本完成并购。

（3）资本性融资。可以采取融资式兼并（如LBO、MBO等）、资本性融资租赁、抵押式并购、承担债务式收购、债权转股权式收购等等。

在并购方选择支付方式时，应充分了解自身及目标企业的财务状况、现金流量、所有权结构等基本条件，考虑经理层、所有者及债权人等各利益相关者对控制权、财务杠杆比率等方面的要求，并结合可行的融资渠道和偿还方式来进行研究，所选支付方式除对自身有利之外，也应考虑支付计划是否有能力达成，以及目标方是否能接受；选择时需考虑的因素（见表7-3、表7-4），此外，选择支付方式也应把握时机，迅速做出支付相关的决策能避免竞争者抢占先机，节约并购成本，也可以降低敌意收购中目标方制定反并购措施的可能性，提高并购活动的成功率。

表7-3　并购支付方式比较

支付方式	具体支付方法	特点	选择时需考虑的因素
现金支付	向目标方所有者一次性或分期偿付现金	迅捷性；可能在短期内给并购方带来资金压力	目标公司中长期货币资金的流动性；并购方公司短期货币资金的流动性；筹资成本；税收问题；跨国并购中还需考虑汇率风险

支付方式	具体支付方法		特点	选择时需考虑的因素
股票支付	并购方以自身股票换取目标方股票（可以发行新股、母子公司之间交叉换股或以库存换股）		不会影响并购方现金状况，可能造成并购景气；目标方股东的所有权未丧失，并可能享受税负递延的好处	并购方的股权架构；当前公司股价水平；财务杠杆比率；并购方管理层的需求；并购成本的不确定性；当前股息收益率；相关证券法规的限制；信息效应的影响
综合证券支付	除现金、股票外，并购方还采取了其他支付形式进行并购	公司债券	资金使用成本一般低于股票方式；对经理层更有利	公司原有债权人对公司财务杠杆率的要求；我国《公司法》中关于公司债券发行的规定和限制
		优先股	税后支付股息，因此可能增加公司所得税负担	可能产生的负财务杠杆作用
		认股权证	可延期支付股利；与公司债券一起发行更能降低成本	对目标方风险控制更有利
		可转换债券	具有债券的特点，可被用于降低并购成本；与附有的认股权证不可分割	由转换前公司的负债变成转换后的所有者权益；利率水平和发行条件应与其他方式作比较
递延支付	按照双方的协议，购买方承诺在未来一定时期内按照并购完成后新公司的经营业绩，分批支付并购价款		减少交易初的现金负担；享受税负递延；降低估值及支付的风险	仅适合于特定目标公司；注意人才流动性；支付期限；未来公司利润的计算方式应在协议中明确

表 7-4　不同支付方式的特征比较

	现金支付	股票支付	混合支付
并购时间	较短	较长	较长
并购程序	程序简单，监管要求低	程序烦琐，监管要求高，条件严苛	程序烦琐，监管要求高，条件严苛
主并方股权架构	不改变	改变	改变
并购收益	主并方原股东收益不稀释，被并方股东获得即时确定的收益	主并方股东权益稀释，被并方股东收益受企业未来经营影响	需根据混合的组合方式具体分析
支付价格	较高	较低	适中
税负	即期纳税	延期纳税	结合了股票支付与现金支付的特点
财务风险	现金支出压力较重，风险相对较大	无须支付现金，风险相对较小	风险介于两种方式之间
适用类型	小额交易、恶意并购	大额交易、协议并购、关联方并购	大额交易

总之，不同的并购方案所设定的权利义务关系是不同的，不同的权利义务关系意味着不同的利益和风险。并购没有固定的模式，任何一个并购案例都是诸多并购技巧的综合运用。但无论何种模式，并购的目的都是通过资本运营实现低成本扩张和利润最大化。因此，作为正处于活跃期的成长型企业在并购过程中通过法律程序的规范运作和并购模式的合理设计最大限度地减少成本、防范和规避法律风险，应是资本运营的基本方略之一。

（三）企业并购基本流程

并购的基本流程包括：并购决策阶段、并购目标选择、并购时机选择、并购初期工作、并购实施阶段、并购后的整合六个流程。[①]

1. 并购决策阶段

企业通过与财务顾问合作，依据企业经营状况、资产状况以及发展战略找出自身的定位，确定并购战略。也就是说，对并购的需求进行分析从而找出并购目标的特征，以及并购方向的选择。

2. 并购目标选择

并购目标的选择有两种模式：定性选择模型、定量选择模型。

（1）定性选择模型：结合目标企业的资产状况、规模大小，以及产品品牌的影响力，与本企业在市场、地域等方面进行比较。同时，通过其他的信息渠道收集目标公司的信息，进行进一步的分析，避免陷入并购陷阱。

（2）定量选择模型：通过对企业数据的收集整理，以静态分析、ROI 分析等方式最终确定目标企业。

3. 并购时机选择

通过对目标企业不间断地关注与信息积累，对并购的时机进行预测，并运用定性、定量分析模型进行可行性分析，最终确定并购时机。

4. 并购初期工作

与企业所在地的政府沟通，争取获得他们的支持，这一点对于并购的成功非常重要。同时，还应当对企业进行深入的审查。

这时要核查的主要内容是被并购企业的资产情况，尤其是对土地权属的合法性、债权债务情况、诉讼情况、税收情况、雇员情况、抵押担保、认股权证等条件的核查。核查这些情况时，会计师、律师的作用十分关键。

最后，如果目标企业属于国有企业，在并购前，必须先取得负责管理其资产的国有资产管理局或国有资产管理办公室的批准同意。否则，并购不可以进行。而集体企业、私人企业、外商投资企业、股份制企业等则无此要求。

5. 并购实施阶段

与目标企业谈判，确定并购方式、并购的支付方式（现金、资产、股权等）、法律文件的制作，确定并购后主要管理层人员的人事安排、原有职工的安置等相关问题，直至股权过户、交付完成。这其中主要包括以下五个方面的内容，如图 7-11 所示。

---

① 陈露璐. 内部控制制度在我国企业并购流程中的运用研究［D］. 昆明：云南大学，2019.

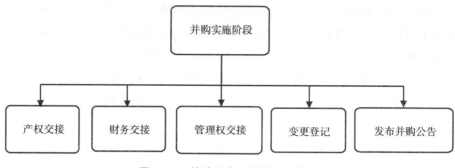

图 7-11　并购实施阶段的五个步骤

（1）产权交接。并购双方的资产交接，需在银行等部门的监督下，依据协议办理移交手续并进行验收、造册。目标企业遗留的债券、债务，依据协议进行清理，并据此办理更换合同债据等手续。

（2）财务交接。并购后双方财务会计报表需要依据并购后产生的不同结果进行相应的调整。例如，如果被并购一方的主体结构完全消散，则应当对被并购企业的财务账册进行保管，而并购方企业的财务账册也要做出相应的调整。

（3）管理权交接。管理权移交是每一个并购实施阶段必须交接的事宜，这完全取决于并购双方签订的协议。如果并购后，被并购的企业还能继续由原有的管理团队主持工作，只要对外发布公告即可，但如果并购后，涉及被收购企业管理层的去留、新管理成员的驻入、管理权的分配等问题时，交接就比较烦琐。

（4）变更登记。续存公司需要进行变更登记，新设公司则需要进行注册登记，被解散的公司登记解散。这些登记只有在政府有关部门确认后，并购才正式有效。并购一经登记，因并购合同而解散公司的所有资产与债务，都由续存公司或新设公司承担。

（5）发布并购公告。并购双方要将兼并与收购的情况向社会公布，让社会各方面知道并购事实，方便他们随时调整与之相关的业务。

6. 并购后的整合

对于企业而言，并购成功并不意味着结束。只有最后实现被并购企业与自身资源的成功整合与充分调动，促进公司的发展，产生预期盈利，这才算是真正完成并购。

（四）并购实务要点

这是由并购交易的特性决定的。企业并购与商品买卖或资金拆放不同，后者一般具有标准化的属性。即交易活动中，买卖双方只需对一些要点如规格、数量、价格或金额、利率、期限等进行谈判即可。

企业并购全过程通常包括六大环节：制定目标、市场搜寻、调查评价、结构设计、谈判签约、交割接管。

如果把企业并购作为一个系统，那么结构设计就是核心环节，是关键程序，投资银行在企业并购中不论代表买方还是卖方，都要为客户进行结构设计以促成交易的成功，并最大限度地维护客户的利益。

1. 结构设计的综合效益原则

企业开展并购活动，虽然直接动因各不相同，但基本目的却是一致的，即通过资本结合，实现业务整合，以达到综合效益最大化，包括规模经济，财务税收，获得技术、品牌，开发能力，管理经验，营销网络等，并购的成功与否不只是交易的实现，更在于企业的整体实力、盈利能力是否提高。所以，在为企业设计并购结构时，不单要考虑资本的接收，更要顾及资本结合后业务的整合目标能否实现。

业务整合常见的有三种方式：

（1）垂直整合：即通过并购上下游企业，形成从初级原料到最终产品的生产体系。

（2）水平整合：则是通过收购同类企业迅速扩大生产能力，以取得某种产品的市场主导地位。

（3）混合整合：又称多角化经营策略，即通过收购不同行业的企业，避免资产过分集中于某一产业的风险，以取得稳定的利润。此外还有市场整合、技术整合、网络整合、人才整合等。

2. 系统化原则

结构设计通常要涉及六个大的方面：

（1）法律：包括并购企业所在国家的法律环境（商法、公司法、会计法、税法、反垄断法等）、不同并购方式的法律条件、企业内部法律（如公司章程等）。

（2）财务：包括企业财务（资产、负债、税项、现金流量等）和并购活动本身的财务（价格、支付方式、融资方式、规模、成本等）。

（3）人员：包括企业的高级管理人员、高级技术人员、熟练员工等。

（4）市场网络：营销网、信息网、客户群等。

（5）特殊资源：包括专有技术、独特的自然资源、政府支持等。

（6）环境，即企业所处的关系网：股东、债权人、关联企业、银行、行业工会等。

这六大方面中，法律和财务通常是结构设计的核心。事实上，在有些收购活动中，人员、市场或专有技术亦可能成为结构设计的最关键内容。

3. 稳健原则

并购活动通常是企业经营发展中的战略性行为，其成败得失对交易双方均有重大影响，甚至决定公司的存亡。因此，投资银行作为企业的经纪人或财务顾问，在帮助企业设计并购结构方案时，一定要把握稳健原则，把风险控制到最低水平。

一般而言，战略性并购活动属于处心积虑之行为，往往处置慎重，考虑周详，务求圆满成功。

而机会性并购活动，常常会因为某一方面的利益诱因（财务、技术等某一方面有利可图）而忽略了潜在风险。

通常并购活动中，在未完全搞清目标企业真实情况（有些方面很难在短期了解清楚）或交易双方对未来经营策略可能难以达成共识情况下，结构设计一般考虑分段购买或购买选择权的方案，以有效控制交易风险。

并购的财务评价环节有内部收益率法，亦有净现值法。与这些环节相比，结构设计过程所使用的方法通常不能用某一种或某几种已知的方法概括，尽管运筹学和计量经济学中的一些方法如优选法、线性及非线性规划、概率论等是结构设计人员在方法论方面的必备知识，但远远不够。

若收购目的是多元化的战略性行为，则通常要借用计量经济模型、多元非线性规划，博弈论去解决并购结构的基本框架设计问题。然而，不论结构设计的约束条件多与少，通常都不能单纯凭借一般的数学工具或模型完成，它更多依赖的是人的智力和经验，而不是既定的规范和流程。

（五）并购的主要形式①

1. 购买企业与购买企业财产

虽然企业并购通常被理解为企业的买卖，但在现实中，存在两种不同的情况，一种最终交割的是企业，另一种最终交割的是企业资产，收购企业和购买资产不仅在法律上是两个不同的概念，在财务、税务、操作程序中亦有很大区别。

从法律角度看，所谓购买企业就是将企业或公司作为一个整体来购买。作为法人，企业或公司不仅拥有一定法人财产，同时也是多种契约的承担者，购买企业不仅是法人财产产权的转让，也是有关契约之权利、责任的转让。购买资产一般只包括企业的固定资产、工业产权、专有技术、经营许可、营销网点等。

购买资产时，契约的转让要经过认真选择。若收购过程中，法律评价认为该企业在某些合同或契约中处于不利地位，可能会导致法律纠纷或涉及诉讼，买方就应该选择购买财产而不是购买企业。购买财产后重新注册一家公司即可有效规避与原公司相关的法律诉讼。

从税务角度来看，购买企业与购买资产的主要差别在印花税和所得税上。若购买企业，原则上可享受原来的累计亏损，以之冲减利润，减少现期所得税支出。在我国，所购买企业若保留法人地位，则其累计亏损要用以后多年经营利润抵补，而不能用收购企业的利润抵补，因此，所得税方面的好处不能在现期实现。购买企业和购买资产的印花税在国外按不同税率执行，前者很低，一般为价格的 0.5%，后者则高达 5%~6%。

从流动资产的处置角度看，购买企业通常要包括流动资产，如应收账款、应付账款、库存、产成品、原料等。购买资产则不包括流动资产，由于此部分资产与生产过程密不可分，因而通常采取买卖双方签订委托代理协议，由买方代卖方处理应收库存、收取手续费，或以来料加工方式处理卖方的原料、收取加工费。

2. 购买股份

通过购买股份兼并企业是发达商品经济中最常用的方式，买方既可以从股东手中购买股份，亦可通过购买企业新发行的股份来获得股权，但两种购买结构对买方有不同的影响。

购买股份可以买控股权，也可以全向收购。而购买新股只能买到控股权而不能全向收购。从买方支付的资金情况看，同样是收购控股权，购买新股比购买现股东卖出的股份要

---

① 贾宸. 企业并购动因、方式及后果研究 [D]. 苏州：苏州大学，2016.

多花一倍的钱。

但购买新股对买方的益处在于投入的资金落在企业，仍由自己控制和使用，而购买原股份，则买方投入的资金落在股东手中。因此，购买原股东手中的股份易为大股东接受，购买新股则比较受小股东和股市的欢迎。在我国各类股份流通的方式不同，价格差异也很大，这使结构设计更加复杂，也更为重要。

购买股份模式的一种特殊方式是吸收兼并。所谓吸收兼并是指被兼并企业以净资产作为股金投入买方，原企业以"壳"公司的形式存在并成为买方的股东。在我国，被吸收的企业消失，其原行政主管部门或国有资产管理部门成为吸收方的股东，目前，地方政府为充分利用"扩大上市规模，限制企业数量"的上市政策，通常会采用吸收合并方式"包装"企业。

3. 购买部分股份加期权

企业在实施并购过程中往往对目标企业某些方面不甚满意，或认为存在若干不确定因素可能导致并购后的业务整合难以实现，如管理人员的潜质及合作态度、新产品的市场前景、区域性经济环境对企业的影响等，特别是对于初次进入某一领域（行业或地区）的公司而言，他们对行业总体供求、市场周期、竞争者情况等缺少判断把握的能力，若贸然接手，可能导致巨大风险。

出于稳健的原则，购买部分股权加期权正是为解决上述问题而设计的购买结构，此结构实际上是一种分步收购方案。具体做法是：在与卖方签订购买部分股份协议的同时，订立购买期权的合约（明确数量、价格、有效期、实施条件等）。

控制权拿不到，已买股权又退不掉，这已违背了买方的初衷。尽管如此，这种结构安排毕竟使买方避免了更大的风险。与买方期权相对，卖方期权（Put Option）控制实施的主动权在卖方，换而言之，卖方要实施期权时，买方只能接受。尽管此种安排对卖方有利，但若买方认为并购可实现更大的利益亦可采用此种购买结构。

在并购交易中，当买卖双方实力相当、地位相近时，单纯的买方期权或卖方期权难以达成交易，此时可选用混合结构（Put and Call Option）。此结构下，双方均有权要求实施期权，当实际条件不能同时满足双方约定条件时，通常在期权价格中寻找利益平衡点。

4. 购买含权债券

含权债券是一种公司债，其性质是发行人在其发行的债券上附加一定的权利，买方可在一定时期享受这种权利。

含权债券有两种形式：可转换债和股权性债。其中，所谓可转换债（Convertible Loan）指债券持有者可根据自己的意愿在一定时期内，按规定的价格或比例将债券转换为发行公司股票。发行公司通常是在重大项目建设期或经营调整期，预期将来效益良好或担心未来通货膨胀加剧时，以此防范财务风险。可转换债兼备了债券的相对安全性和股票的投机性。企业通过大量购买一家公司发行的可转换债来实施并购是一种较为保守的做法。

5. 利润分享结构

利润分享结构（Earnout Sharing）是一种类似"分期付款"的购买结构。由于买卖双方所处地位不同，对企业的现状和未来做出的评价与判断会存在很大差别。买方多持保守态度，卖方则偏于乐观。由此导致买卖双方对企业的价值认定相去甚远。此时宜采用利润分成的购买方式来解决双方的分歧。

此种结构安排的内容是，双方首先对基础价格达成共识，并于成交时支付这部分款项，对于使用不同假设条件而产生的分歧部分，采用与实际经营业绩挂钩、分期付款的方式。当然，这部分资金的计算基础要事前界定清楚，一般而言，不宜采取以税后利润作为基数。这是因为并购交易后企业资本结构、资本状况，乃至固定资产折旧计提基数、方式都发生了变化，相应地税后利润也会有很大变动。

6. 资本性融资租赁结构

所谓资本性融资租赁结构（Financial Capital Leasing Structure）是由银行或其他投资人出资购买目标企业的资产，然后出资人作为租赁方把资产出让给真正的投资者，投资人作为承租方负责经营，并以租赁费形式偿还租金。

就法律意义而言，在租金及残值全部偿还之前，租赁方是资产的所有者；租赁费偿清后，承租方才能成为资产所有者。但事实上，承租方从一开始就是资产的实际拥有者，并拟成为最终所有者，甚至租赁方也清楚地知道这一点。

之所以采用租赁结构，一方面可能其不具备一笔支付全部资产价格的能力，另一方面也可能是最重要的，即希望从这种结构安排中得到税务方面的好处，因为租赁费于税前支付可计入成本，这相当于税前归还贷款本金，投资人无疑可从中获得很大利益。

当然，在国外此种安排一般也须经税务当局批准，此外，这种结构安排亦可用于政府对某些产业发展的鼓励政策中。

7. 承担债务模式

我国企业兼并中出现的一种购买结构。其做法是在目标企业资产与债务等价情况下，买方以承担目标企业债务为条件接受该企业资产，卖方全部资产转入买方，法人主体消失。这种购买结构就其本质而言是零价购买企业，其设计的初衷是保障债权人利益，从现实看，这种结构对买方而言可能存在巨大利益差别。

若目标企业设立时资本充足，因经营不善造成资不抵债，那么买方以承担债务方式购买所支付的价格可能远远高于企业的真实价值，即使目标企业有某种特殊资源为买方所需，那么它也要考虑是支付很高的代价，还是寻找替代资源。

另一种情况下，企业原有资本不足，几乎单纯靠银行贷款发展起来的（此种情况在我国很普遍），在此情况下，企业早处于负债经营状况，当其现金流量不足以支付利息时，企业将陷入破产境地。若按自有成本或市价法评估，企业资产价值可能远远大于其债务额，此时以承担债务方式收购，买方获利很大，这正是此购买结构不科学之处。

8. 债权转股权模式

债权转股权式企业并购，指最大债权人在企业无力归还债务时，将债权转为投资，从而取得企业的控制权。此种方式的长处在于，既解开了债务链又充实了企业自有资本，增加了管理力量，可能使企业从此走出困境。

事实上，由于企业之间债务连锁（三角债）的日益加重，债权转股权已成为现阶段我国最常见的一种并购方式。特别是下游企业或组装企业无力支付上游企业或供货企业大量货款时，以债权转股权方式收购控制下游企业便成为纵向兼并最便捷的途径，但此方式可能有害于债权人，当企业严重资不抵债时，以 1：1 的比例将债权转股权，就会损失很大的一块利益。

由于债权转股权多是迫不得已而选择的并购方式，成交价格以债务为准而非以评估后的企业实际价值为准，因此买卖双方均可能获利亦可能蒙受损失。承担债务模式和债权转股权模式都属于特定经济环境下的企业购买结构，从发展趋势看，它们将逐步让位于更规范、更合乎市场经济要求的购买结构。

三、并购方案的策划

并购方案策划中需要完成并购价值的分析，项目评估定价方法的选择，找出影响估值的因素等工作。

（一）并购价值的分析

并购价值是指当多个权益的合并价值超出单个权益价值和的溢价价值。通过对并购价值的分析，可以找出被并购企业中有哪些值得收购的产业资本，如战略价值的分析；找出如何降低收购成本的因素，如重置成本和市值比较；行业情况分析使得企业做出更符合政策的收购决策，如行业情况分析；让企业的收购更加顺利，如股东和股东结构分析。

1. 战略价值分析

战略价值是影响产业资本并购或回购相应目标的重要因素，常常是由产业资本战略目标与上市公司独特资源所决定的，是并购方案考虑的最主要方面。独特资源常常是并购的首要目标，它具有不可替代性，其他试图进入该行业的资本只能通过收购来完成。而已经占有该资源的大股东也不会随意放弃，如上市公司的门店、土地、品牌、矿产等具有明显垄断性的独特资产。

2. 重置成本和市值比较

对于并购方来说，如何尽可能地降低收购成本是其重点考虑的问题。而通过比较重置成本与市值之间的差距，就可以找出影响收购成本的因素，从而做出相应的应对。市值越小于重置成本，对并购方的吸引力越大。不同行业的重置成本具有较大的差别，需根据不同情况采取不同的策略。

3. 行业情况分析

行业情况分析分为两个方面：政策门槛和行业集中度。

（1）政策门槛。金融行业的并购就难以发生，这是因为相关的政策对金融行业的并购进行了很多约束。一般而言，与国计民生密切相关的行业，由于相关政策的约束并购成本会变得非常高，也很难发生市场行为模式下的并购。

（2）行业集中度。行业集中度越低，并购时常常会发生控股权的争夺，反之则不然。

4. 股东和股权架构

股权架构与股东情况也常常是决定并购方案方向的重要因素。

（1）股权架构。目标企业的股权架构越是分散，越容易出现并购行为，也越容易引发大股东回购。反之股权较为集中，发生并购难度一般较大。大股东有回购承诺或表态回购意愿的也必须要关注。

（2）大股东情况分析。大股东的资金紧张情况，或该行业资金普遍紧张，都有可能促使大股东引入新的投资方，或者对恶性并购行为减少对抗，从而引来其他产业资本的关注。

（3）股东行为。对股东抛售或增持的历史记录进行分析，获悉大股东对该公司实业价值的看法。

（4）股本规模。股本规模较小的上市公司，并购所需的资金成本一般较小。所以，小规模上市公司更容易出现并购或者回购。尤其是当中一些有价值的龙头企业，其被并购的概率往往较大。

（二）项目评估定价方法

项目评估定价方法，本书的第九章将对其进行更为详细的介绍。

（三）影响估值的因素

评估目标公司的并购价格时，无论哪种评估方法都是以公司的财务数据、公司业绩、市场表现等条件为依据，而最终的估值是在评估结果的基础上经过双方协商确定的。除此之外，并购的动机、评估人员的专业程度等都会对估值产生影响。

1. 并购动机

依据并购的动机，收购方可以采取以下三种并购方式：如果收购方仅是想要得到目标企业的某些设备，而无意经营该企业，同时目标企业的财务资料翔实，那么可采用账面价值法。如果收购方是为了增加盈利，那么可选用现金流量贴现法。如果收购方是为了降低企业的风险，重置成本法可以较全面地考虑到市场价格因素、价格周期波动因素、有形资产的价值等因素。所以，它可以作为主要的评估方法。

2. 目标企业行业成熟度

行业成熟度决定了当市场上规模相同、盈利状况相同时的上市企业数量，而这是运用市盈率法评估目标企业价值的前提条件。只有找到与目标企业条件接近的样本企业，市盈率法才能实现合理的评价。

3. 目标企业发展前景

依据目标企业发展前景，收购方可以采取以下两种并购方法：一种是如果目标企业已经丧失了发展壮大的潜力或已经没有存续价值那么可选用清算价格法。另一种是如果目标企业具有极大发展潜力，且行业竞争压力小，可采用账面价值法。

4. 评估人员专业程度

任何一个成功的企业并购，与评估人员的专业素质也息息相关。一个专业的评估人员应该具备以下几点特质：

（1）审查企业的商业计划，检查企业完成产品生产的成本，依据实际情况对其财务进行预测。

（2）关注关键技术人员、关键管理岗位人员的能力，并判断他们是否会流失，对替代他们的成本进行预算，研究相关的保密协议和不竞争协议。

（3）对于有技术专利的企业，对其进行批量生产的成本与时间进行分析。

（4）对企业获利的价格进行了解，并对有关的分销渠道进行分析。

（5）分析企业期权激励措施的安排情况。

5. 其他不可控因素

除了上述因素外，世界经济形势的变化、国家宏观经济的发展状况、法律法规的健全程度等来自外界的诸多不可控因素，也会对目标企业的价值评估产生影响。收购方在对目标企业价值评估时，需要考虑这些不可控因素的影响，从而对评估体系进行优化和修正。

（四）并购交易设计的关注要点及核心条款

在并购交易结构设计当中，不仅要考虑双方权利、义务与风险之间的平衡，还要把握好风险、成本与复杂程度之间的平衡。系统考虑法律法规、行业监管、证券监管、交易各方利益诉求、合并方式、估值与作价、对价支付、股份锁定期安排、业绩补偿与超额利润分配安排、标的债务债权处置、治理结构安排、同业竞争及关联交易安排、资产权属瑕疵处理方案、过渡期安排及损益归属等因素的影响。[①] 因此，在交易结构设计当中应当关注哪些风险？在交易结构设计中又有哪些核心条款呢？

1. 在交易结构设计当中应当关注的风险

（1）与并购交易本身有关的风险，包括但不限于：一是卖方陈述与保证是否真实；二是其他投资者是否被允许参与竞争性报价；三是交割条件是否充分、合理。

（2）并购交易完成后的风险，包括但不限于：或有负债、潜在诉讼及税务问题等是否会爆发，整合是否会成功，关键人员是否会外流，关键技术是否会外泄，PE 是否会丧失对企业的实际控制力，预期的收入增长能否实现，能否顺利退出等。

2. 交易结构设计中的核心条款

（1）估值倍数与未来业绩增长承诺。交易初期一般根据未来业绩增长预测情况约定估值倍数区间，后续根据尽职调查、审计、评估结果确定交易对价。高估值需要有较高的利润增长承诺匹配，可以此降低交易对方的预期。

（2）对价中现金支付的比例。根据标的的特点及对方诉求，灵活调整现金支付比例。现金的支付节奏也可根据利润实现情况分期支付。

（3）业绩承诺及补偿。上市公司向控股股东、实际控制人或者其控制的关联人之外的特定对象购买资产且未导致控制权发生变更的，已不再强制要求盈利补偿，但是基于保护上市公司的需要，对赌仍将普遍存在。交易估值倍数较高时，可要求对方延长承诺年限。重大资产重组时，后续不得变更业绩补偿承诺。

（4）超额完成业绩时的奖励对价。虽然法律没有禁止，但大多数交易未约定。如需设置奖励对价，应约定上限金额，并尽量避免交易对方的短期行为。针对上市公司重大资产重组的业绩奖励安排应基于标的资产实际盈利数大于预测数的超额部分，奖励总额不应超过其超额业绩部分的100%，且不超过其交易作价的20%。上市公司应在重组报告书中披

---

① 李哲莉. 企业并购后财务整合实践及问题研究 [J]. 中国集体经济，2019（17）：126-128.

露设置业绩奖励的原因、依据及合理性，相关会计处理及对上市公司可能造成的影响。

（5）股份锁定期。符合中国证监会规定的法定锁定期的前提条件下，控股股东、核心管理层尽量锁定期较长时间，如需分批解禁也应当保证解禁速度慢于其利润实现速度。

（6）交易标的滚存利润的分配。原则上可以分配，但应保证分配后本次交易的市净率倍数合理。

（7）基准日至交割日的期间损益。盈利归上市公司所有，亏损时应由交易方补足。

（8）交易对方中核心管理层的任职期限及不竞业承诺。核心管理层承诺的任职期限越长越好，至少不应短于盈利承诺的年限。任职期间及离职后的一定年限内，不得从事相同类似业务，如违反应当进行补偿。

（9）交易完成后标的公司的管控。关于董事会席位和董事会权限，因为涉及承诺业绩利润的实现，交易完成后往往由双方友好协商确定。

（10）交易中的税费。双方各自承担其应缴的税费。

3. 不同的交易结构和交易手段对公司并购产生的影响

①股份支付程序较为复杂，操作周期长。②发行股份的方式使得股本扩大，控股权稀释，每股收益摊薄。③股份支付可以使得上市公司节约资金、降低财务风险。④特殊的、复杂的交易结构容易引起监管机构的审核关注，甚至导致障碍。⑤合理的交易结构可以避免复杂的监管审批。

（五）并购交易谈判及实施关注要点

并购交易中企业与目标公司达到双方利益最大化，形成共同的价值体系并形成企业发展的战略协同，贯穿始终的关键环节就是与目标公司进行谈判磋商。通过深入的了解目标公司的基本情况、详细拟定谈判问题清单，包括但不限于目标公司发展及经营的瓶颈以及并购需求；目标公司交易的可能要求及谈判底线，目标公司与企业是否存在战略协同点，以及双方利益最大化的平衡点在哪里等方面。最终通过谈判团队切实地把握住并购交易的实质条件，进而取得目标公司的认同。[①]

1. 并购谈判中重点关注的问题

（1）并购交易价格的谈判。由于并购双方处于信息不对称的地位，在价格谈判中并购方通常处于不利地位：目标公司基于自身利益的考量，一般不愿意多透露信息给收购方。所以收购方只能通过必要的尽职调查尽可能详细地了解目标公司，判断目标公司的潜在的收购价值。因此并购价格的谈判和合理确定是一个至关重要的环节。在此环节中，收购方既要根据目标公司未来的盈利能力、发展前景、财务成本等方面确定收购价格的上限，也要与同行业企业相比较参照重置价格，结合同行业的并购交易情况，以及目标公司存在的各种风险和不确定因素来合理确定收购价格的上限。此外在重大资产重组过程中，目标公司的收购价格还需要参考市场可接受的评估价格或其他的估值价格进行综合确定。

（2）并购条件的谈判。并购条件主要包括支付方式、支付期限、并割、交易保护、损害赔偿，违约责任、税负、人员安排、公司管控等问题。收购条件也是确定并购价格的一

① 许倩. 我国上市公司并购交易模式研究 [D]. 北京：北京交通大学，2013.

个重要部分。在收购协商陷入僵局时，为促成交易，谈判双方必须在并购价格或某些并购条件上做出一定的让步。并购条件的谈判是否顺利也会对最终谈判结果产生重大影响。

（3）并购谈判的技巧与方式。

1）营造良好的谈判氛围与条件。

2）通过开放式的问题，逐步了解对方的实际情况。仔细倾听，尽量鼓励对方多说，真实了解对方诉求和目的。

3）把控好谈判的节奏。尊重目标公司，平等谈判，合作共赢。发现双方的共性问题和价值融合度。

2. 在并购谈判的过程中，并购各方需共同对洽商及阶段性成果进行确认

并购协议签署前通常采取备忘录、保密协议、框架性文件、意向书与约束性报价等形式签署意向性的文件。上市公司重大重组主要披露的协议和内容包括披露资产出售或购买协议，如果还有业绩补偿安排和配套融资的，还应一并披露业绩补偿协议、募集配套资金股份认购协议，存在其他协议的也应一并披露。

资产出售或购买协议的主要内容包括但不限于：合同主体、签订时间、交易价格及定价依据；支付方式（一次或分次支付的安排或特别条款、股份发行条款等）资产交付或过户的时间安排；与资产相关的人员安排；合同生效条件和时间；合同附带的任何形式的保留条款、补充协议和前置条件；违约责任条款。

发行股份购买资产协议是并购重组中最常用的一个协议，较资产出售或购买协议增加了发行方式、发行对象和认购方式、发行股票的种类和面值、发行股份的价格和数量、锁定期等与增发股份相关的条款。该协议是整个交易的核心，不仅是披露和上报中国证监会的材料之一，也是在取得证监会批文后，去登记公司办理新股登记、工商部门办理过户的重要依据。

业绩补偿协议也是并购重组中较为常见的协议，一般会约定交割后出售方对于标的资产的业绩承诺，并对业绩承诺达不成的补偿措施等进行了明确的约定。一般而言，对于标的公司是否需要做盈利预测主要取决于选择何种评估方法。如果采用基于未来收益的评估方案，如收益现值法、假设开发法等，则需要对标的公司进行盈利预测。盈利预测报告可以根据上市公司自愿选择是否披露，如果选择披露的，盈利预测报告应当经具有相关证券业务资格的会计师事务所审核。

上市公司重大资产重组中，重组方的业绩补偿承诺是基于其与上市公司签订的业绩补偿协议做出的，该承诺是重组方案的重要组成部分，因此，重组方应当严格按照业绩补偿协议履行承诺。

3. 并购实施主要包括的内容

（1）并购双方确定并购实施小组；并购双方制订并购实施工作计划；确定基准日并开展尽职调查活动；根据尽职调查结果进行洽商并拟订并购交易的相关协议；根据并购交易的相关协议约定确定并购交割的范围、并购交割的时点；履行并购承诺和并购协议约定的内容；对并购交易实施的情况进行信息披露等。

（2）并购实施的关键在于并购交割。并购交割一般包括以下内容：资产（债务）；财

务；权证印章；文件合同档案资料；人员；管理；权证变更（工商变更）。

（3）股份登记、上市公告等程序。

4. 并购实施过程中资产交割的主要内容

资产交割包括流动资产和长期资产的交割。对于不需要办理变更登记手续的资产（如流动资产和机器设备等），于交割日由交割双方清点确认、转移占有后，即为交割完成；对于需要办理变更登记手续的资产（如长期股权投融资、房屋建筑物、土地、无形资产和部分运输工具等），于交割日双方清点确认、转移占有后，相关资产的权利义务归属即发生转移，但要待权属登记完成后，交割才最终完成。交割双方要积极配合，完成相关的权属登记变更工作。对于应收款项的交割，要向债务人履行相应的告知或通知程序。

5. 并购实施过程中人员交割的主要内容

人员交割，是并购交易中最难把握的内容，涉及人员的稳定和未来的并购整合工作。人员交割，包括法律上的交割和管理上的交割。对于不涉及劳动合同变更（如股权收购行为）的人员交割，不需要办理相关的法律手续。对于需要办理劳动合同变更的，主要交割工作包括：继续聘用人员劳动合同的文本交割、解聘人员劳动合同的解除；解聘人员的补偿工作；离退休人员的后续管理安排工作。管理上的交割，主要是基于并购双方在人力资源管理体系的差异和差异解决措施，包括被并购方续聘人员的岗位职级安排、工龄的连续安排、薪酬考核体系等，也包括并购方派驻人员的管理安排。

6. 并购实施过程中如何有效完成管理交割

过渡期期间交易标的仍然在出售方的控制下，通常并购协议对该期间出售方的行为进行约束和限定，要求其履行善良保管义务和重大事项告知程序，如不得进行重大资产处置，不得签订重大合同，不得借贷和对外担保等，对于日常经营活动以外的重大事项告知收购方并获得其同意，以确保交易标的资产和运营状况不发生重大变化。通常，在交割日，对重大支付和采购的岗位要进行更换和交割，以防范收购方的风险。交割日后，收购方要尽快进行董事会的改选和主要经营团队的改选，并实现对交易标的的经营控制。

在过渡期内，收购方不得通过控股股东提议改选上市公司董事会，确有充分理由改选董事会的，来自收购方的董事不得超过董事会成员的1/3；目标公司不得为收购方及其关联方提供担保；目标公司不得公开发行股份募集资金，不得进行重大购买、出售资产及重大投资行为或者与收购方及其关联方进行其他关联交易，但收购方为挽救陷入危机或者面临严重财务困难的上市公司的情形除外。

7. 并购过渡期需要关注的问题

（1）就过渡期目标公司或标的资产所产生的盈利和损失的承担进行约定。

（2）就过渡期目标公司的经营及其股东的义务进行约定，就标的资产的维护及其所有人的义务进行约定。

四、并购实务：并购运作方案框架①

（一）关于签订收购意向书

1. 关于收购意向书的约束力

收购双方有初步意向后，应当签署收购意向书，签署意向书的目的，主要是为表明交易诚意、约定交易流程和交易中某些重要条款。

2. 关于排他性条款

排他性条款主要约定，收购双方只与对方进行磋商和谈判，不与任何第三人进行磋商和谈判。未经对方同意，不得与第三方以任何方式再就收购事项进行任何形式的接触或磋商，否则视为违约并且需要承担违约责任。为避免收购长期无法谈成，影响目标公司的融资，排他条款可以约定一个期限，在该期限内不与第三方接触或磋商。

3. 关于意向金/保证金条款

在对被收购方开展尽职调查之前，为保证商业秘密不泄露或者收购方随意改变收购的意向，体现收购方的收购诚意，可以在意向书中约定先收取收购方一定金额的意向金/保证金，在尽职调查结束后，无论是否最终达成收购协议，均无息退还；或在签署正式收购协议时转化为收购方的收购对价款。

4. 关于尽职调查过程的时间和效率

为了提高收购交易效率，也为了避免尽职调查持续时间过长干扰目标公司正常经营，可以在意向书中约定尽职调查持续时间，要求尽职调查方提供明确的尽职调查清单，目标公司按照尽职调查清单提供材料，避免陷入冗长的交易过程。

（二）关于目标公司商业秘密的保护

被收购方在并购交易中可以有以下四点防范措施：②

（1）在收购方对被收购方开展尽职调查之前，根据目前市场的惯例，被收购方可以要求与收购方以及收购方的中介机构签署保密协议或者由收购方出具保守目标公司商业秘密的保证函，通过双方签署保密协议的方式禁止收购方以及中介机构将获悉的商业秘密外传。

（2）被收购方对尽职调查所提供的文件和材料均应当制作交接目录，由收购方和中介机构签收确认；若在尽职调查后未达成收购协议的，应当按照交接目录回收已提供的文件和材料。

（3）涉及目标公司最核心商业秘密的文件或材料，目标公司应当审慎决定是否提供给收购方或者中介机构。

（4）对于目标公司核心商业秘密文件，但是又涉及收购方本次收购的关键文件的，可以允许收购方现场查阅，但是不得拍照、复印和摘录。

---

① 黄春燕. 企业并购战略与操作实务［J］. 财会学习，2019（12）：129+131.
② 王正. 投资并购法律风险控制研究［J］. 法制与社会，2018（18）：73-74.

（三）关于反向尽职调查

企业并购中尽职调查一般是收购方对被收购方进行的。所谓的"反向尽职调查"恰恰反过来，是被收购方对收购方的一种调查。反向尽职调查的目的也是在一定程度上避免信息的不对等，帮助被收购方对本次收购进行决策。

反向尽职调查根据收购人的收购方式分成两种情况，一种是通过股权/股份或者其他资产作为收购支付对价的（也就是通常理解的换股收购），被收购方其实也是投资方，所需要的尽职调查与"正向尽职调查"无异。另一种是以货币作为收购支付对价的，一般来说，尽职调查较为简单，尽职调查投资方或者收购方主要包括以下四个方面：

（1）投资主体或者收购方主体的合规性，如私募股权投融资基金的基金备案、管理人资格，收购上市公司或者三板公司的收购方应当满足法律法规和交易所的规定等。

（2）对于投资方的团队，可要求其提供从投资经验、投资策略、行业研究、专业背景、成功案例、项目渠道、资源整合、增值服务等方面进行的归纳描述。了解该投资人的投资逻辑、行业喜好，以便未来真正可以实现对目标企业的赋能及管理。

（3）尽职调查投资方或收购方的资金来源，以及该等资金来源是否有稳定性。

（4）对投后增值服务能力的尽职调查，除为被收购方带来资金外，收购方往往也会承诺给目标公司带来投后的增值服务。

（四）关于目标公司原股东的优先认缴权和优先购买权

如果目标公司是有限责任公司，根据《公司法》的规定，以股权转让方式收购目标公司的，原股东在同等条件下有优先购买权。以增资扩股方式成为目标公司股东的，原股东有优先认缴权。以优先认购权为例，为避免发生不必要的纠纷，目标公司应当书面形式通知公司其他股东关于股权转让事宜。

（五）关于收购方对本次收购的审议与批准

（1）收购方收购目标公司的，根据收购方的内部决策权限，一般需要经过收购方内部董事会或股东会的审议与批准。收购方内部的章程或者对外投资管理办法如有明确规定董事会和股东会的审议权限的，本次收购应当经过相应权限的审议与批准。

（2）收购方为国有独资公司或者具有以国有资产出资的公司时，还应注意：根据国有资产管理法律法规的要求对目标公司资产进行评估，收购价格不得高于评估价格；收购项目经国有资产管理部门审查和批准。

（3）如果本次收购双方的营业额达到"国务院关于经营者集中申报标准的规定"的标准，经营者应当事先向国务院反垄断执法机构申报经营者集中，否则不得实施经营者集中。

（六）并购重组的方案设计基本框架①

1. 估值定价

标的公司估值是一个相对复杂的过程，最终取决于上市公司对标的价值的判断和双方

---

① 王春晖．创业板企业并购重组中的创新性及框架性方案研究［D］．济南：山东大学，2015.

之间的博弈。同时还需要考虑市场和监管机构对标的公司估值的心理底线。合理估值也是兼顾各方利益和要求的最优估值。估值定价包括两个方面，一个是标的资产价格，另一个是上市公司的股票定价。

2. 交易的支付方式及其安排

并购业务中，支付对价主要来自以下途径：

在重大资产重组中，一般以发行股份、可转换债券、现金等支付方式居多。

3. 关于过渡期条款

过渡期指的是在对目标公司审计或者评估的基准日至股权交割日的期间。收购方对目标公司的估值往往以该审计或者评估基准日作为时间节点，而后过渡期之间如果有发生重大损益的，损失由谁承担，收益由谁归属，往往容易被忽略，因此，需要在正式的收购协议明确约定。一般而言，精明的收购方一般会在收购协议中要求目标公司在过渡期间不发生重大的损失，否则需要承担相应责任。出于公平而言，若在过渡期发生重大利得时，如获得利润等，也应当约定原股东享有该等利得的分配权。

4. 业绩承诺及补偿安排

业绩承诺及补偿安排在交易结构中是非常重要的一个方面，主要是指在标的公司无法达成承诺业绩时，业绩承诺方如何补偿上市公司，主要涉及承诺覆盖率、补偿期间、补偿对象、补偿支付方式等核心要素。

5. 业绩奖励

为了激励被收购的目标公司实现业绩承诺，同时激励目标公司管理层和核心员工提升盈利水平，在重组方案中设置对目标公司管理层和核心员工超额完成业绩的奖励较为常见。以下是几种常见的业绩奖励模式：

单一比例的业绩奖励：奖励的比例为10%～50%，也有设置更高比例奖励系数的案例，但构成重大资产重组的，需要遵守最高奖励金额的限制。

分段模式的业绩奖励：分段设置的奖励系数更为灵活，但同样如若构成重大资产重组，则需要遵守最高奖励金额的限制。

实施上市公司股权激励：并购重组当时未设置业绩奖励条款，但后续通过上市公司的股权激励计划对核心骨干人员进行激励。

6. 股份锁定的安排

为保证后续业绩承诺方的履约能力，除了法律规定外，交易对方会根据标的实际情况及方案其他条款的个性化约定，制定个性化的股份锁定安排。

股份锁定安排的相关规定、一些个性化的安排及背后的考虑因素我们也会以专题的形式在后续的技术帖中进行阐述。

7. 其他条款的约定

其他条款比如过渡期损益安排、公司治理安排、原职工安置和安排、核心员工竞业禁止安排、保密条款、违约责任等都是交易结构的重要组成部分。

（七）发行股份购买资产

《上市公司重大资产重组管理办法》在总结和吸纳相关经验的基础上，专门设立"发行股份购买资产"予以制度化规范，并通过陆续发布相关监管指引和适用意见予以完善。①

1. 运用广泛的原因

（1）流动性溢价。被收购对象的 PE 估值一般为 8~12 倍，特殊高成长性行业不超过 15 倍，而上市公司的 PE 一般均高于 15 倍，收购有助于改善上市公司业绩。

（2）支付能力考虑。发行股份购买资产可大幅降低现金收购压力，重组、收购同时完成。在老股东不愿转让股份退出上市公司的情形下，发行股份收购资产可同时满足新老股东要求，实现重组收购一步完成。

（3）税收考虑。在传统重组方式下（如股权转让），涉及当期需要缴纳巨额所得税，而通过发行股份购买资产，可以暂时免缴所得税。

（4）有利于提高上市公司资产质量、改善财务状况和增强持续盈利能力。

（5）有利于减少关联交易和消除同业竞争、增强上市公司独立性。

2. 运用的基本条件

（1）上市公司最近一年及一期财务报告为标准无保留意见审计报告。若为非标准无保留意见审计报告，须经会计师专项核查确认，所涉事项的重大影响已经消除或通过本次交易予以消除。

（2）发行股份购买的资产，应为权属清晰的经营性资产，并可在约定期限内办理权属转移手续。

3. 整合的路径

发行股份作为支付方式向特定对象购买资产，目的是股权/业务整合，而不仅是募集资金。通过向特定对象发行股份购买资产，分别可以实现整体上市、引入战投、挽救财务危机、增强控股权等目的（见图 7–12）。同时，与现金认购形成互补，进一步丰富了上市公司做强做大的手段。

4. 发行价格及对象

证监会最新规定，上市公司发行股份购买资产时，可以同时募集部分配套资金（不超过交易总额的 25%）。

发行股份购买资产：

（1）发行价格：不低于董事会决议公告日前 20 个交易日股票交易均价；

（2）发行对象：不超过 200 人。

5. 募集配套资金

（1）发行价格：不低于董事会决议公告日前 20 个交易日股票交易均价的 90%；

（2）发行对象：不超过 10 人。

6. 股份锁定期

（1）特定对象以资产认购而取得的上市公司股份，自股份发行结束之日起 12 个月内不得转让；

---

① 李峥 . Y 公司发行股份购买资产的定价方案设计 [D]. 长沙：湖南大学，2017.

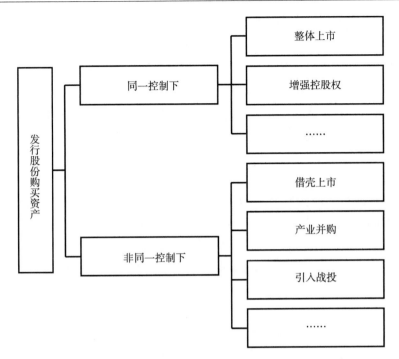

图 7-12　发行股份购买资产

（2）属于下列情形之一，36 个月内不得转让：

1）特定对象为上市公司控股股东、实际控制人或其控制的关联人；

2）特定对象通过认购本次发行的股份取得上市公司的实际控制权；

3）特定对象取得本次发行的股份时，对其用于认购股份的资产持续拥有权益时间不足 12 个月。

7. 借壳上市

（1）认定标准：自控制权发生变更之日起，上市公司向收购人购买的资产总额，占上市公司控制权发生变更的前一个会计年度经审计的合并财务会计报告期末资产总额的比例达到 100%以上。

目前，借壳上市的审核标准已与 IPO 审核标准实质性趋同。证监会除按照《上市公司重大资产重组管理办法》审核借壳重组外，同时还参照《首次公开发行股票并上市管理办法》的相关规定。即重大资产重组完成后，上市公司应当符合上市公司治理与规范运作的相关规定，在业务、资产、财务、人员、机构等方面独立于控股股东、实际控制人及其控制的其他企业，与控股股东、实际控制人及其控制的其他企业间不存在同业竞争或者显失公平的关联交易。

发行对象要求，不属于《上市公司收购管理办法》第 6 条关于禁止收购的情形：

有下列情形之一的，不得收购上市公司：收购人负有数额较大债务，到期未清偿，且处于持续状态；收购人最近 3 年有重大违法行为或者涉嫌重大违法行为；收购人最近 3 年有严重的证券市场失信行为；收购人为自然人的，存在《公司法》第一百四十七条规定情形；法律、行政法规规定以及中国证监会认定的不得收购上市公司的其他情形。

（2）购买资产要求：上市公司购买的资产对应的经营实体持续经营时间应当在 3 年以上，最近两个会计年度净利润均为正数且累计超过人民币 2000 万元。

8. 产业并购

为促进行业或者产业整合，增强与现有主营业务的协同效应，在其控制权不发生变更的情况下，上市公司可以向控股股东、实际控制人或者其控制的关联人之外的特定对象发行股份购买资产：

发行股份数量不低于发行后上市公司总股本的 5%；

发行股份数量低于发行后上市公司总股本的 5% 的，主板、中小板上市公司拟购买资产的交易金额不低于 1 亿元，创业板上市公司拟购买资产的交易金额不低于 5000 万元。

第八章　投融资估值

企业价值评估是一项综合性的资产权益评估，股权交易的估值是股权投融资决策环节的核心问题，有关交易谈判、收益测算、投后权利义务安排等交易事项，主线都是基于估值而展开的。本章主要讨论股权估值的体系与流程、估值方法、科创板适用估值方法，探讨用科学的方法及弹性的博弈要素去发现或者逼近股权的真实价值，从而为股权定价找到依据。

第一节　估值的体系与流程

一、被估值的六大元素

企业估值我们往往能想到很多种估值方法，但是对于初创公司来说，因为其特性，有很多关键材料数据缺失或者不完全，往往不能直接用现有的方法进行具体的估值，投资人更倾向于选择如根据团队价值、商业模式、核心竞争力等情况来综合评估的估值方式。在公司价值接近于零的早期阶段，需要我们先了解公司被估值的六大元素。[1]

（一）现金

现金作为初创企业最具体的估值要素，又被称为资产。一家初创企业往往没有什么固定资产，换言之就是不值钱。即便如此，也需要把公司的大到房产租金，小到办公用品一起核算进去，这就是这家公司第一部分的估值。

（二）资源

在融资过程中，创业者需要面对各种类型的投资企业，有的钱多，有的经验丰富，有的资源丰富。在挑选的过程中，考虑到项目的发展速度与资源需求，降低估值从而选择更有利于公司发展的投资方也不失为一种策略。

（三）股权

有价值的股权可以给投资人带来更高的收益。对于创业者而言，需要关注三点：资金需求、发展规划和股权设计；而投资者只需关注两点：退出时的股权价值，以及可以获得

---

① 汪志刚，马凡，孙柏杨. 新创企业投融资估值体系构建 [J]. 科技创业月刊，2021，34（9）：52-55.

的收益率。因此，相比于创业者而言，投资者更为看重股权的设计。而任何一家企业在发展过程中，不论是战略、品牌，还是管理体制，其根基都在股权架构、顶层设计的变动上。出让股权并不是一个轻松的决定，但仍然需要找到一个平衡点：在不丧失公司控制权的情况下，出售一部分股权。

（四）劳务

劳务是指以活劳动形式为他人提供服务的劳动。这种服务既可以满足人们物质上的需求，也可以满足人们精神上的需求。如果创业者企业的服务是全新的，且市场空白多，其估值自然会有所提高。反之，如果市场已经充斥着相同的服务，低估值也是正常的。

（五）技术

在早期投资中，由于公司切实的业绩少，投资者们难以对创业者的公司做出全面的判断。此时，如果公司拥有先进的技术，可以使得公司的强大潜力不被低估，如近年来火热的虚拟现实 VR 技术、增强现实的 AR 技术、混合现实的 MR 技术等，这些热门的技术有助于公司的价值被合理地估计。投资人都喜欢看到发展势头，热门先进的技术自然是吸引投资人的重要砝码。

（六）知识产权

知识产权不仅指技术专利，而且还包括公司的名称、商标等人们智力劳动所得的成果。随着科学的发展，时代的进步，社会对知识产权的保护意识日渐提升，知识产权的重要性也日益凸显。由此可见，知识产权成了企业的重要资产，初创企业尤甚。因此，创始人更需了解如何对知识产权进行估值。投资人在投资前，往往会对投资对象的优势、弱点、资产等状况进行详尽的调查。其中，投资人对目标企业的知识产权状况也要有个大致了解。

知识产权的估值方法一般为收益现值法，假设企业在未来持续经营的情况下，以适当的折现率核算知识产权在经济寿命期内预估出的合理预期收益来折算出现值，用以确定其价值。这个方法的核心是产权年限、收益额和折现率。收益现值法评估注重知识产权的未来收益。不仅需要通过给知识产权赋予实质价值对企业价值进行评估，而且也需要初创企业意识到知识产权的重要性，为知识产权做好保护措施。作为初创企业，知识产权是增强自身竞争实力的途径，能够充分利用这些无形资源，可以让企业在竞争中立于不败之地。

二、估值相关的主要概念

在讨论估值方法之前，先了解与估值密切相关的基本概念，理解这些概念有助于准确掌握估值的含义以及影响估值的关键要素。

（一）价值类型

价值有多个类型，它是选择估值模型的基础。

1. 投资价值/市场价值

这是一个相对的概念，某公司的股权对投资者而言是否具有投资价值要结合投资者的交易目的来看，比如是否反映了投资者的要求和预期，是否对投资者具有潜在的经营协同效应等。

2. 公允市场价值

公允市场价值（Fair Market Value）是资产/负债在自愿的买方和卖方之间交易的价格，买方没有受到任何强迫要买，卖方也没有受到任何强迫要卖。并且，公允市场价值的概念通常包含了买卖双方都熟悉所有重要投资相关信息的假设。公允市场价值是在税务估算、会计处理中常用的一个概念。

3. 持续经营价值

持续经营价值（Going-Concern Value）是假设企业在可以预见的未来都一直维持生产、销售产品或提供服务的情况下，经计算得出的企业价值。本章讨论的估值都是在假定企业持续经营的情况下估算的价值，相关的模型也是基于企业持续经营的基本前提，如果公司处于财务困境或可能破产清算，就不能使用这些估值模型。

4. 清算价值

在企业面临财务困境，持续经营存疑时，代替持续经营价值的概念是企业立即解散并将资产单独销售后实现的价值，即清算价值（Liquidation Value）。对于持续亏损的企业来说，立即解散清算能够实现的价值可能高于持续经营价值，但是对于其中一些企业而言，如果将资产组合起来并恰当地管理和运营这些资产，估值计算的持续经营价值可能还高于清算价值。

（二）市场价值与内在价值的区别

在企业资本运营中，经常涉及企业金融的核心问题——对金融资产与实物资产价值的估值，在财务成本管理中也叫财务估价。财务估价是指对一项资产价值的估计。这里的"资产"可以是金融资产（股票、债券等），也可以是实物资产，甚至是一个企业。这里的"价值"是指资产的内在价值，它与资产的账面价值、市场价值既有联系，又有区别。

1. 账面价值

账面价值（Book Value）分为两种：资产的账面价值，指资产入账的成本价值减去累计折旧；公司的账面价值，指资产负债表上所列示的资产价值，即资产总额减去负债总额与优先股之和。账面价值以交易为基础，使用历史成本计量。

2. 内在价值

内在价值（Intrinsic Value）也称经济价值，是指在考虑了影响价值的所有因素后决定的资产的应有价值。影响资产内在价值的因素包括资产状况、营运收益、盈利预期和管理等。

3. 市场价值

市场价值（Market Value）是指资产在公开交易市场上的价格，它是买卖双方交易竞价后产生的双方都能接受的价格。如果市场是有效的，即所有资产在任何时候的价格都反映了公开可得的信息，则内在价值与市场价值应当相等，或市场价值应围绕其内在价值上下波动。对于一种活跃证券，其市场价值是证券交易的最后一个报价。对于一种交易不活跃证券，就必须去估计其市场价值。价值估计的基本方法是折现现金流量法，即采用适当的折现率计算资产预期未来现金流量的现值来评估资产的内在价值。

（三）价值评估目的及评估方法的客观程度

企业价值评估简称价值估价或企业估值，其作用是分析和衡量一个企业或一个经营单位的公平市场价值，并向投资者和相关交易各方提供有关信息。企业价值评估是前述财务估价和股票定价的延续。

企业价值评估的目的是确定一个企业的公平市场价值，帮助投资者或买卖双方对被评估对象作出投资和融资决策。公司金融的决策依据是市场价值或经评估得出的内在价值，而不是账面价值，账面价值与金融决策基本无关。

价值评估是一种经济"评估"方法。评估不同于纯粹的财务计算，评估是一种定量分析方法，它使用许多定量分析模型，因而具有一定的科学性和客观性；同时，模型只是一种工具，它也使用许多主观估计的数据，带有经验估计性质。

（四）价值评估提供的信息

价值评估提供的信息不仅是企业价值一个数据，还包括评估过程产生的大量信息。例如，企业价值是由哪些因素驱动，销售净利率、增长率对企业价值的影响有多大，提高资本报酬率对企业价值的影响有多大等，不能过分关注最终评估结果而忽视评估过程产生的上述中间信息。

企业价值受企业状况和市场状况的影响随时都会发生变化，价值评估依赖的企业信息和市场信息也在不断流动，新信息的出现会随时改变评估的结论。因此，企业价值评估提供的结论具有很强的时效性。

（五）区分现时市场价值与公平市场价值

公平市场价值是指在公平的交易中，熟悉情况的双方自愿进行资产交换或债务清偿的金额。资产的公平市场价值实际上就是未来现金流入的现值。现时市场价格是指按现行市场价格计量的资产价值，它可能是公平的，也可能是不公平的。首先，作为交易对象的企业，通常没有完全有效的市场，非上市公司也没有现成的市场价格；而上市公司每天交易的只是少数股权，多数股权不参加日常交易，因此市价只是少数股东认可的价格，未必代表公平价值。其次，以企业为对象的交易双方，存在比较严重的信息不对称。人们对于企业的预期差距很大，成交价格未必公平。最后，股票价格经常波动，人们不知道哪一个公平。

三、企业价值评估体系

企业价值评估体系既包括定量评价指标，即反映企业实力的一些硬指标，包括财务指标和可以量化的非财务指标；又包括定性评价，即不可量化的非财务指标。对一个企业的估值应以企业价值创造能力为主线，根据企业盈利因素和风险因素，确定关键的价值驱动因素，建立起以盈利能力和风险水平为主体的价值评估体系框架。①

在投资企业过程中所思考的问题是如何在确定投资风险的前提下获得最大收益，因此对于企业的投资价值的评估归结为对企业盈利能力和风险水平的评估。究其原因，一个企业只有在盈利这一前提下，才能在市场竞争中生存下来，企业才有价值，作为投资者的股权投资才能获得预期的投资回报。

而企业的投资价值虽然表现在各个方面，但最终应该集中反映在企业盈利能力以及承担的相关风险上。因此，我们将企业价值评估体系分为企业盈利能力评估与风险水平评估两个方面，如图 8-1 所示。

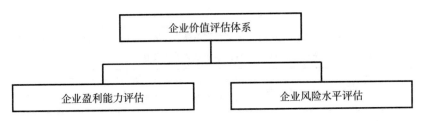

图 8-1　企业价值评估体系框架

（一）企业盈利能力评估指标

企业盈利能力评估指标包括当前盈利能力评估与持续盈利能力评估，如图 8-2 所示。②

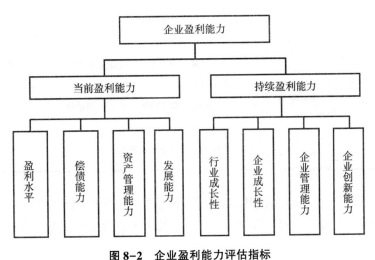

图 8-2　企业盈利能力评估指标

1. 当前盈利能力评估

当前盈利能力评估主要反映企业现有的经营成果，是对企业未来盈利评估的历史基

---

①　杨海忠. 风险投资行业全生命周期估值体系创新研究 [J]. 商业 2.0（经济管理），2021（6）：1-3.
②　刘亚飞. 基于财务视角的企业盈利能力自动评估方法 [J]. 国际商务财会，2022（8）：28-31.

础，包括企业盈利水平、偿债能力、资产管理能力和发展能力。

（1）盈利水平。盈利水平反映企业主营业务及总资产的获利能力，盈利水平的主要构成指标如表8-1所示。

表8-1 盈利水平指标

指标	公式	意义
销售毛利率	（毛利润/销售收入净额）×100%	创造销售净利率的保障，只有较高的毛利率才能获取更大的净利
销售净利率	（净利润/销售收入净额）×100%	销售净利率高，表明企业获利能力强
资产回报率	［（净利润+利息+所得税）/平均总资产］×100%	企业包括负债、净资产在内的全部资产的获利能力，是评价企业资产运营效果的重要指标
净资产收益率	（净利润/净资产）×100%	反映股东进行投资活动获得报酬的高低，体现自有资本的获利能力，是综合性、代表性最强的一个指标

（2）偿债能力。偿债能力反映了企业承担风险的能力及偿还债务的能力，偿债能力的主要决定因素如表8-2所示。

表8-2 偿债能力指标

指标	公式	意义
流动比率	（流动资产/流动负债）×100%	反映短期偿债能力
速动比率	［（流动资产-存货）/流动负债］×100%	衡量流动资产中可以立即变现用于偿还流动负债的能力
负债比率	（总负债/总资产）×100%	反映账面资本结构，代表长期偿债能力
利息保障倍数	［（净利润+利息+所得税）/利息］×100%	反映支付债务利息的能力

（3）资产管理能力。资产管理能力是用来衡量企业资源使用效率的。一般情况下，资产管理能力越强，表明企业的经营状况良好，并处于正常的发展状态。资产管理能力的构成指标如表8-3所示。

表8-3 资产管理能力指标

指标	公式	意义
应收账款周转率	（销售收入净额/应收账款平均余额）×100%	反映应收账款转化为现金的平均次数，说明应收账款流动的速度

续表

指标	公式	意义
存货周转率	（销售成本/存货平均余额）×100%	反映存货在购、产、销过程效率的尺度，存货周转率越高，表明存货资产变现能力越强
流动资产周转率	（销售收入净额/流动资产平均余额）×100%	反映流动资产周转速度，周转速度快会相对节约流动资产，等于相对扩大资产投入，增强盈利能力
固定资产周转率	（销售收入净额/固定资产平均余额）×100%	反映固定资产周转速度
总资产周转率	（销售收入净额/总资产平均余额）×100%	综合评价全部资产的经营质量和利用效率的指标，周转率越大，反映销售能力越强

（4）发展能力。发展能力体现了企业现有盈利能力的稳定性和坚实性，同时又对企业潜在盈利能力和持续盈利能力的状况给予侧面印证。一个具有较大发展潜力的企业，通常都在短期内表现出企业规模迅速扩大、销售金额明显增长、市场占有率稳步提高的特点。这一特点对于创业板上市的企业来说尤为明显，它们往往都具有较高的增长率，并且能够迅速发现市场机会并扩大自己的市场份额。企业发展能力的决定指标如表8-4所示。

表8-4 发展能力指标

指标	公式	意义
营业收入增长率	$\dfrac{当年营业收入增长额}{上年营业收入总额} \times 100\%$	该指标越高，表明营业收入增长速度越快，市场前景越好
资本保值增值率	$\dfrac{扣除客观因素后的期末所有者权益}{期初所有者权益} \times 100\%$	反映所有者投入企业资本的保全性和增长性
资本积累率	$\dfrac{当年所有者权益增长额}{年初所有者权益} \times 100\%$	反映当年资本的积累能力，评价企业发展潜力
总资产增长率	$\dfrac{当年总资产增长额}{年初资产总额} \times 100\%$	该指标越高，表明企业一定时期内资产经营规模扩张速度越快
营业利润增长率	$\dfrac{当年营业利润增长额}{上年营业利润总额} \times 100\%$	反映企业营业利润的增减变动情况
技术投入比率	$\dfrac{当年科技支出合计}{当年营业收入} \times 100\%$	反映企业在科技进步方面的投入，在一定程度上可以体现企业的发展潜力

2. 持续盈利能力评估

持续盈利能力评估主要反映企业投资价值在现有基础上实现增值的可能性或空间，重点体现企业可持续竞争力对企业价值作用的产业效应与位势效应强度。它由行业成长性、企业成长性、企业管理能力和企业创新能力所决定。

（1）行业成长性。行业成长性主要从企业外部环境角度进行说明，包括行业竞争强度，如竞争对手实力变化、替代品的威胁、互补品的变化等，以及行业发展前景两个方面。由于不同行业的成长性以及企业未来发展空间通常有较大差异，私募股权投资机构对处于不同行业的企业估值也会差别很大。受成长空间的限制，传统行业的企业在私募股权估值时要低于新兴行业的企业。此外，行业发展的外部环境也会影响企业的估值，如受国家政策扶持的新能源、新材料和信息技术等行业常受到私募股权投资机构的青睐。

（2）企业成长性。企业成长性主要从企业内部条件角度进行说明，涉及企业主营业务的成长性、内部业务流程的效率（强调对顾客灵活、及时、有效和连续地提供产品和服务的能力）、与顾客关系以及与供应商和销售商的关系网络（反映了企业能否及时、有效、低成本进行生产以及高效率地销售产品和提供服务）。

（3）企业管理能力。企业管理能力由企业学习、组织和战略规划能力所体现，它涉及企业管理层综合素质、企业是否具有核心价值观、管理和业务流程是否科学等多方面要素。管理团队的素质是决定企业成败至关重要的因素。从某种角度来看，管理团队也是一项影响企业价值的重要"资产"，管理团队的管理能力在估值过程中也要有所考虑。

（4）企业创新能力。企业创新能力包括技术、组织、制度和市场创新四个方面内容，它成为企业持续发展的动力源。对于现代企业的竞争（尤其是高新技术企业）而言，技术是重要的竞争因素。当企业所处的领域具有较高的技术壁垒，企业无疑是拥有一道深深的"护城河"。如果企业拥有某种独占技术，那么，竞争优势将尤为明显。同样，一个企业若拥有竞争者无法模仿的商业模式，那么这种别具一格、胜人一筹的运作模式和盈利模式将使企业具备独特的竞争优势并实现持续盈利。

（二）企业风险水平评估指标

股权投资之所以不同于一般意义上的投资，主要原因是由其高风险性决定的。风险不仅存在于被投资企业特定的生产经营环节，而且贯穿整个发展的全过程。因此，对风险水平的确定是股权投资决策过程中最重要的环节之一。[①]

企业的风险大体可分为两大类：系统风险与非系统风险，如图8-3所示。系统风险是指与外部客观条件有关，超出了项目自身范畴的风险；非系统风险是指可由项目自身控制和管理的风险。然而，这种风险的划分并不是绝对的。

1. 系统风险

企业的系统风险是指私募股权投资过程中的各种社会的、政治的、法律的、自然的变化所引起的风险。这种风险的一个基本特点就是私募投资参与者不可控制。

2. 非系统风险

企业的非系统风险包括技术风险、市场风险、融资风险和管理风险。

（1）技术风险。私募投资是否可行，关键要看是否有值得投资的技术，包括具有自主

---

① 闵剑，李佳颖. 生命周期视角下中小企业财务风险评估研究——基于生存分析模型 [J]. 财会通讯，2021 (4)：146-150.

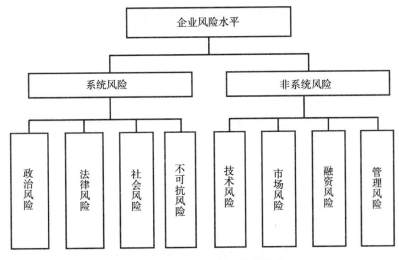

图 8-3　企业风险水平评估指标

知识产权的非专利技术或服务体系。至于技术是否可行，预期与实践之间是否出现偏差，这其中存在着巨大的风险。技术风险就是指企业在产品创新中受到多方面因素的影响，不可能对创新技术的成果和投入市场做出完全准确的预测，同时受自身技术装备水平、科研力量的限制，致使许多因素处于不确定状态，而产生的风险。技术风险的大小由技术成功的不确定性、技术前景的不确定性、技术寿命的不确定性以及配套技术的不确定性等因素决定。

（2）市场风险。市场风险是指市场主体从事经济活动所面临的盈利或亏损的可能性和不确定性。市场风险是导致新产品、新技术商业化和产业化过程中断甚至失败的核心风险之一。市场风险主要包括难以确定市场容量、市场接受时间、市场价格因素、市场战略因素等。

（3）融资风险。企业如果拥有了具备增长潜力和广阔市场空间的产品或技术，接下来的问题就是如何筹集资金进行投资了。企业在融资过程中也会经常出现风险，主要表现在经济衰退、信用危机、利率风险、外汇风险等。

（4）管理风险。管理风险是指被投资企业在接受投资过程中因管理不善而导致投资失败所带来的风险，主要表现在决策风险、组织风险、人力资源风险等。

（三）股权投资项目评估内容与标准①

1. 项目评估的信息基础

股权投资项目评估需要包含的信息包括投资规模、投资行业、投资阶段选择等，因此，在项目初评阶段，基金经理通常根据直觉或经验就能很快判断。常见的项目评估信息如表 8-5 所示。

---

① 刘友余 . 私募股权基金项目投资风险分析 [J]. 中国总会计师，2020（12）：86-87.

表 8-5 项目评估的信息基础

评估对象	评估内容
投资规模	投资项目的数量 最小和最大投资额
行业	是否属于基金募集说明书中载明的投资领域 私募股权基金对该领域是否熟悉 私募股权基金是否有该行业的专业人才
发展阶段	种子期 初创期 成长期或扩张期 成熟期
产品	是否具有良好的创新性、扩展性、可靠性、维护性 是否拥有核心技术或核心竞争力 是否具备成为行业中的领先者/行业规范塑造者的潜力
管理团队	团队人员的构成是否合理 是否对行业有敏锐的洞察力 是否掌握市场前景并懂得如何开拓市场 是否能将技术设想变为现实
投资区域	是否位于私募股权基金公司附近城市 是否位于主要大都市

2. 项目评估的主要内容

（1）宏观经济形势。宏观经济因素的变动对企业的创业活动有着深刻的影响。比如GDP、贷款利率、通货膨胀率、货币供应量等。GDP 的增长不仅提高了对创业资本的需求，而且给企业提供了更多的融资渠道，给投资者创造了更好的投资环境，这些都促使了创业资本金供给的增加。

此外，贷款利率反映了债务市场的广度和深度以及内在的风险溢价。高利率意味着借贷环境风险较高，贷款渠道有限，创业企业通过债权市场获取投资资金的渠道较少，企业面临着较高的风险溢价。

一国的实际贷款利率反映了持有货币的机会成本和获得资金的实际成本。较高的贷款利率意味着提供资本的机会成本较高，因此，无论是机构投资者还是个人投资者，都会尽量避免承担创业资本的投资风险，从而导致创业资本供给的减少。

研究人员通过研究美国私募股权基金的融资过程，指出影响股权投资行业发展的主要因素有资本收益税、养老金基金规模、GDP 增长率、股票市场收益率、研发支出、公司业绩和声誉等。其中 GDP 增长率对股权投资行业的影响最大。

（2）行业因素。行业地位分析的目的是判断公司在所处行业中的竞争地位，如是否为领导企业，在价格上是否具有影响力，是否有竞争优势等。企业的行业地位决定了其盈利能力是高于还是低于行业平均水平，决定了其在行业内的竞争地位。衡量公司行业竞争地位的主要指标是行业综合排序和产品的市场占有率。

产业和资本的强强联合是上策。私募股权基金不可能对所有行业精通，也不可能对一个行业内的新项目了如指掌。因此，私募股权基金投资者常常选择行业中的领导公司，直接嫁接产业和行业的优势。在优势行业中发掘、寻找优势企业。优势行业是指具有广阔的发展前景、国家政策支持、市场成长空间巨大的行业；优势企业是在优势行业中具有核心竞争力，细分行业排名靠前的优秀企业，其核心业务或主营业务要突出，企业的核心竞争力要突出，要超越其他竞争者。

如私募股权基金选择目标企业最终目的是通过这些标准预测企业的价值增值空间、评估从该投资项目中可能获得的投资回报。企业价值增长是私募股权基金获得高额投资回报的基础，而企业在生命周期不同阶段、不同的行业，面临不同的风险，具有不同的价值驱动因素和价值构成，也就是说不同行业阶段，企业的价值增长空间不同。因此，私募股权基金必须充分了解企业价值增长的一般规律，以选择投资价值增长较快的行业以及所提供的资金和增值服务对促进企业价值增长边际效应较高的投资阶段。

（3）商业模式。商业模式决定了企业的命运。成功的企业必须拥有成功的商业模式，不管它们对外是如何解释成功的，但是商业模式一定是导致其成功的关键因素。商业模式就是为了实现客户价值最大化：把能使企业运行的内外各要素整合起来，形成一个完整的、高效率的、具有独特核心竞争力的运行系统，并通过提供产品和服务使系统持续达成盈利目标的整体解决方案。

对于被投资企业，一定要弄清三个模式，包括其业务模式、盈利模式和营销模式。业务模式是企业提供什么产品或服务，业务流程如何实现，业务逻辑是否可行，技术是否可行，是否符合消费者心理和使用习惯等，以及企业的人力、资金、资源是否足以支持。盈利模式是指企业如何挣钱，通过什么手段或者环节挣钱。营销模式是企业如何推广自己的产品或服务：销售渠道、销售激励机制如何等。好的业务模式必须能够盈利，好的盈利模式必须能够推行。

（4）企业团队。投资就是投人，投资就是投团队。因此，所有私募股权基金都非常重视对项目公司管理团队的考评，以至于业界一直流传着"一流团队、二流项目远远好于一流项目、二流团队"的说法。这句股权投资的口号足以见得企业管理团队的重要性。对企业的领头人也即企业家的评估中要求其必须具备以下素质：

1）战略思想，企业家的战略思想一般体现在企业文化和经营理念中，所以，选择具有长远发展战略眼光的企业家，对保障投资的未来预期收益将起到非常重要的作用。

2）整合资源能力，包括经营管理能力、市场营销能力、市场应变能力、公共关系能力、风险预见和防范能力以及技术创新能力等。

3）个人品质，一个具有良好个人品质的企业家应该是忠诚正直、敢于承担责任、机智敏锐、信念坚定、坚韧不拔、精力充沛、乐观豁达而又务实的人。

对于被投资企业的管理团队来说需要具有以下素质：

1）公司法人治理结构。

健全的公司法人治理机制至少应体现在以下七个方面：规范的股权架构；有效的股东

大会制度；董事会权力的合理界定与约束；完善的独立董事制度；监事会的独立性和监督责任；优秀的职业经理层；相关利益者的共同治理。

2）公司经理层的素质。

一般而言，企业的经理人员应该具备如下素质：一是从事管理工作的愿望；二是专业技术能力；三是良好的道德品质修养；四是人际关系协调能力。

3）公司从业人员素质和创新能力。

公司从业人员应具有如下素质：专业技术能力、对企业的忠诚度、责任感、团队合作精神和创新能力等。对公司从业人员的素质进行分析，可以判断该公司发展的持久力和创新能力。

3. 股权投资项目评估标准

关于目标企业的选择方法，行业内目前还没有形成一套统一的标准体系，每家股权投资机构的标准不尽相同。具体来说，私募股权基金选择目标企业的标准不仅与股权投资机构自身的投资理念、投资风格、投资策略有关，同时也与被投资企业所在行业的发展前景及企业的阶段性特性有关。不过，虽然具体的操作细节不同，但本质上还是殊途同归。我们可以把这些标准分为三类：财务标准、市场标准和无形资产价值标准。

（1）财务标准。由于我国私募股权基金起步较晚，国内投融资环境及股权投资理念不够成熟，部分私募股权基金过度强调短期利益，把未培育成熟的公司推向 IPO 市场，这种做法非但不是为企业提供增值服务，反而增加了企业的融资成本，从而进一步导致公司 IPO 后经营业绩和市场业绩的恶化。

所以，目前大多数财务状况良好的中小企业都不愿意引入私募股权基金。如没有特殊的目的，这样的企业可以申请到条件很低的银行贷款或直接寻找投资银行安排证券发行。除非私募股权基金肯开出一个很高的价格，才能获得投资机会。在这种情况下，了解企业真实的财务状况具有重要的意义。

了解目标企业财务状况的最终目的是：了解企业现在存在哪些问题，这些问题如何才能得到解决，解决这些问题后企业会发生怎样的变化，这些问题进一步决定了私募股权基金能从该投资项目中获得多少收益。但是，从企业获取的财务报告也不一定是真实的，企业为了获得资金，也有可能修饰甚至编造它的财务报告。因此，虽然了解目标企业的财务状况具有重要的意义，但不是决定性的意义。企业的实际发展潜力比企业的现状更值得期待。

（2）市场标准。企业价值的提升既与外部的市场环境有关，也与自身的管理能力有密切关系。然而，对于私募股权基金而言，企业的管理是可以通过调整企业的管理层获得改善，而企业面对的客观竞争环境却无法改变。因此，对于私募股权基金而言，企业所面对的市场情况就会成为判断企业投资价值的一个重要标准。

市场标准主要是用来分析企业面对的市场环境以及企业在行业中的竞争地位。通过考察目标企业的潜在对手、客户、供应商、产品替代品以及行业竞争等情况，有助于投资者形成一个关于被投资企业竞争环境的整体印象。接下来，就可结合对市场环境的分析，对被投资企业自身的竞争能力进行更为明确的分析，找到被投资企业应该发扬的优势和去除的劣势，对自身经营做出改进。

（3）无形资产价值标准。财务标准和市场标准仅构成了对企业有形方面的选择标准。只要投资者有兴趣收集资料，总会找到相对完全的信息，并得出一般化的结论。这是企业选择过程中技术性的环节，也是企业选择的基础，但是，仅有技术性的标准还不够。如果只能看到其他人都能看到的有形的企业现状，那么最终也只能获得平均的投资收益。在投资过程中需要考虑的无形价值主要包括：股权投资者提供的配套服务对企业需求的满足能力、企业的能力和权利、无形资产等。无形资产的价值很难评估，但确实存在。在选择企业时，投资者应注意挖掘企业的无形资产。无形资产有形化所带来的价值增值，是投资者最安全的收益空间。

通过以上分析，关于私募股权基金选择目标企业的标准，无论是财务标准、市场标准等对于企业有形方面的选择标准，还是对于企业无形价值的选择标准，其最终目的还是通过以上标准预测企业的价值增值空间，评估从该投资项目中可能获得的投资回报。

四、估值的流程方式

股权交易中的股权估值，多数情况下先以简单的市场法进行相对估值，获得大致的价值区间，各方有初步合作意向后，再通过收益法进行详细估值，获取相对比较准确的股权价值，少数情况下也会选择资产基础法进行价值的评估分析。需要说明的是，这种情况下的股权估值，主要是基于目标公司提供的财务数据及相关信息进行评估，因此估值结果的准确性很大程度上依赖于这些数据信息的真实性、准确性。二级市场股票分析师或其他有估值需求的专业人士，通常按照以下流程方式进行估值（见图8-4）。[①]

图8-4　估值流程

（一）了解公司业务

估值的第一步是了解目标公司业务。首先要熟悉公司所处的行业以及在行业中的地位和影响力，公司的战略规划和战略定力，以往的财务表现、财务业绩等，一般通过以下方面获取相关信息：

1. 行业和竞争力分析

相似的经济技术因素往往会影响一个行业里的所有企业，所以行业知识十分有助于评估目标公司所在市场的特征和公司的经济状况。同时，行业内在的盈利性是决定公司盈利能力的一个重要因素，也就是通常所谓的"大河有水小河满，大河无水小河干"。在进行行业分析时，理解行业结构和影响行业结构的变动趋势是非常重要的。并且，需要时常关

---

① 路子强. 私募股权基金项目投资估值研究［D］. 北京：首都经济贸易大学，2019.

注公司所处行业的新闻和变动趋势，包括管理、技术或财务等方面的新进展。

"波特五力模型"，就五种竞争力量如何影响行业营利性方面进行相关解释：第一，行业内竞争。行业参与者之间竞争较少时，可以提高行业的潜在营利性。第二，新进入者。如果某行业具有相对较高的进入成本（或有其他进入的壁垒限制），则会导致较少的新进入者和较少的竞争，从而提高行业的潜在营利性。第三，替代品。如果没有替代品，或者专用替代品的成本很高时，行业参与者提价的限制较少，从而能够提高行业的潜在营利性。第四，供应商力量。当行业参与者需要的物品存在大量的供应商时，供应商提价的能力就会受到限制，从而不会影响行业的潜在营利性。第五，购买者力量。当行业的产品有大量买家时，顾客讨价还价的能力受到限制，从而不会影响行业的潜在营利性。

另外，公司所占市场份额的大小和变动趋势也可以说明它在行业中的相对竞争地位。一般来说，公司价值的高低取决于它能够创造和维持多大程度的竞争优势。

波特指出了获得优于平均业绩水平的三种基本公司战略：第一，成本领先。做低成本的生产商，提供与其他公司相似的产品并按行业平均价格或接近于平均价格的水平进行定价。第二，差异化。公司在某些方面能够为客户提供独一无二的产品或服务，并可以因此收取较高的价格。第三，集中目标。公司能够在目标领域或行业领域内，集中寻求基于成本领先或差异化的竞争优势，并坚持下去。

2. 财务报告分析

财务报告反映了公司当前的资产状况、盈利能力和现金流情况，是快速了解目标公司的最直接的途径。同时，通过阅读审计报告，还会对公司财务报告的真实性、可靠性、风险因素以及会计政策的恰当性等，依据审计师的意见作出判断。不过，对于一些刚创立的新公司，或者刚开创新产品、新市场的公司，财务数据及报告可能不那么诱人，甚至有些难看，这时，非财务指标对准确预测公司的前景可能更重要。例如，对于生物科技类医药公司，它们的临床试验结果会对估值结果有很大影响；再如互联网支付公司，它们成立后多年可能都达不到盈亏平衡，前几年一直是烧钱的，对这类公司的估值而言，它们掌控的交易场景、客户数量及黏性、市场对互联网支付的需求等因素，对最后的估值结果就有重大影响。

3. 多渠道获取信息

除上述途径以外，估值分析师还可以从其他渠道获取估值所需要的信息。包括目标公司依据监管规定公开披露的定期报告（如行业信息和竞争信息）、业绩预测、新闻公告、投资者关系资料等，以及行业组织、监管机构（如目标公司上市所在地的证券监督管理机构、证券交易所等）、行业分析师等提供的信息。对于非上市公司而言，因为它们不是公众公司，没有信息披露义务，能够获取信息的来源比较少，即使可以从一些来源查到信息，如市场监督管理机关的公司年报，但可信度不高，一般没有参考价值。对这类公司的估值，可公开获取信息的来源一般是舆情监测、新闻报道、同行业分析师的相关报告等。

（二）预测公司业绩

在收集了相关信息资料的基础上，结合目标公司所处的经济环境和自身财务经营现状，开始对目标公司进行估值分析。常见的有两种预测分析方法：

1. 自上而下的预测方法

首先对国际、国内的宏观经济进行预测，其次再进行行业预测，最后再对目标企业的资产和价值情况进行预测。例如，对一家大型医药生产商的销售收入预测可以从基于国内生产总值预测的行业销售量预测开始。企业的销售量等于行业的预计销售量乘以该医药企业的预计市场份额，收入预测将取决于预计的销售量和销售价格。

2. 自下而上的预测方法

这种方式与前一种方式相反，它通过对目标公司设定一些假设条件，从微观层面开始预测，最后综合为更大范围的结果预测。例如，一家快消品零售商有几间正在经营和五间即将开业的店铺。利用现有店铺每平方米销售额的信息，分析师能够预测新店的每平方米销售额。加上对现有店铺的类似预测，分析师就能得到对整个公司的预测。沿着这个思路继续，可能就能够预测出该类快消品的行业销售额结果。

在进行估值预测时，分析师通常需要定量分析与定性分析相结合，综合判断目标公司的价值。在行业和竞争力分析、财务报告分析、其他渠道信息分析的基础上，分析师可能还会对目标企业管理层的商业敏感度、诚信度、会计信息的质量等方面有自己的看法，这些看法也不可避免地会对最后的估值结果带来一定的影响。

（三）选择估值模型

通常情况下，分析师会选择多种模型进行估值，以评估和验证估值的相对准确性。无论采用哪种估值模型，都是基于目标企业在未来若干年内将会持续经营的基本假设，这也是股权估值区别于其他类别估值最明显的地方。选择估值模型时应当遵循三个基本的原则：

（1）模型应当与被评估的企业特征相一致。例如，银行资产大部分是由市场化或可以市场化的资产和证券组成的，因此，基于资产的相对估值法就比较符合银行的估值特征。

（2）数据的可获得性及质量适合拟选择的模型。例如，一家从未发放过股利的企业，就可能没有足够的信息支持分析师预测未来的股利。

（3）模型应当与估值目的相一致。例如，打算获得控股权的投资者会选择预期自由现金流模型，而不是预期股利为基础，因为这些现金流可以被投资人重新分配而不影响收购价值。

（四）预测转化估值

将预测转化为估值一方面需要在选定的模型中输入预测值，然后得到对公司或股权的估值；另一方面也需要在此基础上进行敏感性分析和情景调整。

1. 敏感性分析

这是投资项目的经济评估中常用的分析不确定性的方法之一。即从多个不确定性因素中逐一找出对投资项目经济效益指标有重要影响的敏感性因素，并分析、测算其对项目经济效益指标的影响程度和敏感性程度，进而判断项目承受风险的能力。若某参数的小幅度变化能导致经济效益指标的较大变化，则称此参数为敏感性因素，反之则称其为非敏感性因素。

在估值实践中，绝大多数的估值会进行敏感性分析。比如，目标企业的竞争对手计划推出一个竞争性产品，考虑到目标企业竞争性回应的不确定性（企业可能降低价格保住市场份额，给经销商折扣、增加广告或改变产品的特点等），分析师可能会作出一个基本的预测，然后分析不同的竞争性回应将怎样影响预测的财务数据，进而影响估值，以列表方式进行比较。

2. 情景调整

在某些特殊情况下，通过模型估算出来的股权价值，需要剔除一些非正常因素的影响。常见的特殊因素包括两类：

（1）控制权溢价。拥有控股权的股东，将会控制公司的董事会，决定资产的重新配置或者改变公司的资本结构，在某些情况下还会给控股股东带来好处，比如关联交易、借款担保等，这些能够给控股股东带来好处的股权，其价值通常会反映了控制权溢价。考虑了控制权溢价的估值通常会比没有考虑控制权溢价的估值要高。

（2）流动性折价。普通有限公司或者未上市股份有限公司的股权，比上市公司股权的流动性要差很多，股东或投资人要变现手中的股权，难度是很大的。这种情况下的股权估值，要考虑股权缺少流动性所带来的流动性折价。考虑了流动性折价的估值通常会比没有考虑流动性折价的估值要低。

（五）应用估值结论

经过收集和分析信息、预测公司业绩、选择估值模型等工作后，得出的估值结论，可以帮助交易双方作出更加理性的买卖决定，使交易股权的价格更加准确地反映股权的价值，使各方获益，从而协助实现交易目标。

第二节　估值方法

实务中，投资人往往会根据被投资企业所处行业、所处生命周期和发展阶段、行业地位、商业模式和财务情况等，选取一个主要的估值方法，再加上一些辅助性的方法，从而得出企业的合理估值区间。

企业价值评估是一项综合性的资产权益评估。目前国际上通行的评估方法主要分为收益法、成本法和市场法三大类。从技术角度来看，企业估值的基本角度有：着眼于历史，着眼于现在或着眼于未来。着眼于历史的是基于资产的评估方法，着眼于现在的是基于市场的评估方法，着眼于未来净收入的是基于盈利能力的评估方法。具体如表8-6所示。[①]但不同发展阶段评估方法也存在差异，比如不同发展阶段的生物医药企业估值方法优缺点

---

① 杨婷. 企业价值评估指标体系研究［D］. 长安：长安大学，2015.

和适应性如表8-7所示。[①]

表 8-6　企业价值评估方法

大类	具体方法	常用方法	适用环境
收益法	现金流量贴现法（DCF）	DCF，EVA	收益法关注企业的盈利潜力。考虑未来收入的时间价值，是立足现在、放眼未来的方法，因此，对于处于成长期或成熟期并具有稳定持久收益的企业较适合采用收益法
	内部收益率法（IRR）		
	资本资产定价模型（CAPM）		
	经济增加值法（EVA）		
成本法	账面价值法	重置成本法	成本法是考虑企业现有资产负债，是对企业目前价值的真实评估，所以在涉一一仅进行投资或仅拥有不动产的控股企业以及所评估的企业的评估前提为非持续经营时，适宜用成本法进行评估
	重置成本法		
	加权平均资本成本		
市场法	参考企业比较法	市盈率法	市场法较之其他两种方法更为简便和易于理解，其本质在于寻求合适标杆进行横向比较。在企业具有发展潜力的同时未来收益又无法确定的情况下，适用市场法
	并购案例比较法		
	市盈率法（DE）		
	市净率法（PB）		
	市销率法（PS）		
	PEG估值法		

表 8-7　不同发展阶段的生物医药企业估值方法优缺点和适应性

估值方法	优点	缺点	适用阶段
现金流量贴现法	最为详尽、彻底，考虑了公司未来的现金流，分类估值较为合理清晰	短期的财务预测很难支撑整体的市场估值；未来现金流预测具有较大的不确定性；WACC不好确定；其他非财务因素未考虑	初创阶段、成长阶段和成熟阶段
市盈率法（PE）	比较通用，数据容易取得，容易计算，适用于连续盈利的生物医药企业估值	由于初创期医药企业的前景不明朗，多数企业处于经营亏损状态，市盈率无意义；寻找合适可比企业存在一定难度	成长阶段和成熟阶段

① 赵振洋，张渼．科创板生物医药企业价值评估研究——基于修正的 FCFF 估值模型［J］．中国资产评估，2019（11）：8-16．

续表

估值方法	优点	缺点	适用阶段
市净率法（PB）	适用于拥有大量资产且净资产为正的医药企业估值；多以产业链上的收购为主，股权投资很少利用该方法估值	以净资产为估值参考忽视了企业的盈利能力、未来现金流等，对于成长期和成熟期企业不适合	初创期重资产型，实际中很少采用
市销率法（PS）	适用于销售成本率较低的服务类企业及销售成本率接近的传统行业	利用收入对医药企业估值不大合理	任何阶段较少采用
PEG 估值法	适用于对高成长性行业企业进行估值，如医药、通信等；将市盈率和企业成长性结合起来，反映全面；要求至少对未来 3~5 年的业绩作出详细预测，业绩预测结果越精准估值结果更可靠	寻找适合可比公司、估计未来合适盈利增长率等存在难度	初创阶段和成长阶段
成本分析法	基于历史账面成本估值，数据容易取得	忽视了企业的盈利能力、未来现金流等，对于成长期和成熟期企业不适合，估值不合理	任何阶段很少采用
实物期权法	适用于对陷入困境的公司、拥有大量自然资源的公司和拥有技术专利的高新技术企业进行估值；经营者可以通过灵活的市场决策和随机应变的政策调整	该方法所需要的参数很难取得，尚处于探索阶段	初创期（但较少采用）

一、收益法

收益法关注企业的盈利潜力。考虑未来收入的时间价值，是立足现在、放眼未来的方法，因此，对于处于成长期或成熟期并具有稳定持久收益的企业较适合采用收益法。

采用收益法进行估值是最常用的估值方法。本部分内容我们将介绍收益法估值中四种常见的估值模型。

（一）现金流量贴现法

1. 现金流折现模型

在收益法估值中，现金流量贴现（Discounted Cash Flow，DCF）是专业评估师使用最多、最常用并且可以独立使用的估值模型。[①]

现金流量贴现法是内在价值法的一种形式，指对企业未来的现金流量及其风险进行预期，然后选择合理的贴现率，将未来的现金流量折合成现值对企业进行估值。其基本理念是"企业的价值等于未来自由现金流量的现值求和"，用公式（8-1）表示：

$$企业价值 = \sum_{t=1}^{\infty} \frac{FCFF_t}{(1+WACC)^t} \qquad (8-1)$$

---

① 王惠昕. 企业价值评估方法研究——现金流量贴现法 [D]. 天津：天津财经学院，2004.

式（8-1）中：$FCFF_t$ 代表 t 年的自由现金流量。

自由现金流是指企业的全部现金流入扣除成本费用和必要的投资后剩余的部分，并排除了非主营业务收入。其中既包含了股东，又包含了债券投资人的税后现金流量，详细计算公式如式（8-2）所示：

FCFF = 营业利润+折旧和摊销-营运资本增加-资本支出

= 债权人的自由现金流+股东自有现金流

$$加权平均资本成本\ WACC = \frac{E}{V}r_e + \frac{D}{V}r_d\ (1-T) \tag{8-2}$$

其中，$\frac{E}{V}$ 代表权益资本比例，$\frac{D}{V}$ 代表债务资本比例；r_e 代表权益资本成本，r_d 代表债务资本成本，T 为企业所得税率。r_e 可以利用 CAPM 模型计算得出：$r_e = R_f + \beta\ (R_m - R_f)$。

现金流量贴现法是西方企业价值评估方法中使用最广泛、理论上最健全的一种方法，但是，现金流量贴现法中要求对未来现金流量做出预测，而我国现行的企业会计制度很难准确地做到这一点。因此，国内在股权投资中使用该方法对企业进行估值的还很少。

现金流量贴现法反映企业整体的未来盈利能力。现金流量贴现法最符合价值理论，能通过各种假设，反映企业管理层的管理水平和经验。但是，使用这种方法主观性强，评估的公允性完全取决于对企业未来获利能力的预测和评估师的职业判断能力。如果预测不准确，那么结果也就毫无意义。此外，对于处在成长期的企业，它的现金流量通常是负数，即使将来会获得高利润，预测其今后一定时期的业绩也将有一定风险，而且贴现率的确定也是十分复杂且困难的。

在企业价值评估中，通常采用实体现金流量折现模型来对企业估价：

$$企业实体价值 = \sum_{t=1}^{\infty} \frac{实体自由现金流量_t}{(1+加权平均资本成本)^t} \tag{8-3}$$

式（8-3）中，加权平均资本成本是计算现值的折现率，它是以各种资本占全部资本的比重为权数，对各种资本成本进行加权平均计算而确定的。折现率是现金流量风险的函数，风险越大则折现率越大，因此，折现率与现金流量要匹配。股权现金流量用股权资本成本来折现，实体现金流量只能用企业的加权平均资本成本来折现。

t 是指产生现金流量的时间，通常用"年"数来表示。实务中大多将预测时间分为两个阶段：第一阶段是详细预测期，一般 5~7 年，此阶段通常为高速非稳定增长期，每年增长率可能不同，此期间需要对每年的现金流量进行详细预测，并根据现金流量模型计算企业预测期价值。第二阶段是预测期以后的无限时间期，称为后续期或永续期，在此阶段假设企业进入稳定状态，有一个稳定的增长率，可以用简便的方法直接估计后续期价值。这样，企业价值被分为两部分：

企业实体价值 = 预测期价值+后续期价值

后续期价值 = 后续期终值×后续期折现系数

$$= \frac{现金流量_{t+1}}{资本成本-现金流量增长率} \times 折现系数_{t+1} \tag{8-4}$$

估算出企业实体价值后，即可得出企业的股权价值：

企业股权价值=企业实体价值-净债务价值　　　　　　　　　　　　　　　（8-5）

式（8-5）中，净债务价值=债务价值-金融资产价值。

金融资产通常指企业的下列资产：现金、银行存款、应收账款、应收票据、贷款、股权投资、债权投资等。

净债务价值通常按照账面价值法估计，账面价值法是以财产的账面价值为标准来对清算财产作价的一种方法，是一种静态的估价标准，以资产负债表为基础，不考虑现时市场价值波动，也不考虑资产收益情况。但这里应该注意的是，金融资产中的部分资产的减值处理，如部分应收账款已经无法收回，需坏账处理。

计算实体现金流量现值：用加权平均资本成本12%作为折现率对实体现金流量折现（见表8-8），在稳定增长的后续期，现金流量增长率实际上与销售增长率相等，即后续期现金流量增长率也为5%。

表8-8　×××公司的实体预计现金流量折现表

项目 ＼ 年份	基期	2020	2021	2022	2023	2024
实体现金流量（万元）		3.00	9.69	17.64	26.59	32.18
平均资本成本（%）		12.00	12.00	12.00	12.00	12.00
折现系数（12%）		0.8929	0.7972	0.7118	0.6355	0.5674
预测期现金流量现值（万元）	58.11	2.68	7.73	12.55	16.90	18.26
后续期现金流量增长率（%）						5.00
后续期终值（万元）	482.70					
加：后续期现金流量现值（万元）	273.88					
企业实体价值（万元）	332.00					

预测期现金流量现值=Σ各期现金流量现值

　　　　　　　　　　=58.11（万元）

$$后续期现值=\frac{现金流量_{t+1}}{资本成本-现金流量增长率}×折现系数_{t+1}$$

　　　　　　=32.18×（1+5%）（12%-5%）×0.5674

　　　　　　=482.70×0.5674=273.88（万元）

企业实体价值=预测期现金流量现值+后续期现值

　　　　　　　=58.11+273.88

　　　　　　　=331.99（万元）

企业股权价值=企业实体价值-净债务价值

　　　　　　　=331.99-96

　　　　　　　=235.99（万元）

（1）DCF 模型为什么深受欢迎。在估值实践中 DCF 模型大受欢迎是有原因的，主要是以下四点：

这一模型在理论上是正确的，并且与财务理论和其他资本市场模型，如资本资产定价模型（CAMP）和货币的时间价值是相互匹配的。

这一模型对所有公司都适用，无论是小公司还是跨国公司。

这一模型的使用，要求评估者必须对目标企业和所处的行业有深入了解，必须掌握能够给公司创造价值的基础因素，因此估值偏差相对比较小。

DCF 模型不受所谓的财务报表粉饰的影响，只关注现金流量，任何不影响现金流量的会计准则都不会对该模型造成影响，利润相对容易操控，而现金流操控的难度极大。而且，利润和现金流之间也没有很直接的关系。

（2）DCF 模型的逻辑。公司当前的价值，等于将未来所有现金流用一个可以反映折现现金流内在风险水平的折现率折现后的总额。如果折现后的价值高于股权当前价格，则有利可图，可以买入，如果低于当前价格，则说明当前价格高估。DCF 模型下，公司价值由两部分组成：其一，明确的预测期内，对每年的自由现金流和 WACC 进行预测，进行折现计算，各年的总和即为明确预测期内的公司价值；其二，从明确的预测期之后的第 1 年，在此后的整个终值期内，假定现金流和 WACC 按照一定的增长率保持不变，将各年度折现后加总计算的总额。

该模型的计算公式如下：

$$EV = \frac{FCF_1}{(1+WACC)} + \frac{FCF_2}{(1+WACC)^2} + \cdots + \frac{FCF_n}{(1+WACC)^n} + \frac{TV}{(1+WACC)^n}$$

$$TV = \frac{FCF_{n+1}}{(WACC-g)} \tag{8-6}$$

式（8-6）中，EV 表示公司价值（Enterprise Value）；FCF 表示未来特定某年的自由现金流（Free Cash Flow）；WACC 表示加权平均资本成本（Weighted Average Cost of Capital）；TV 表示终值（Terminal Value）；g 表示 n 年后自由现金流的增长率（Growth Rate）；n 表示明确的预测期的年数。

（3）DCF 模型的估值过程。总体上，DCF 模型的估值包含下述四个步骤：

1）估算资本成本。估值的第一件事就是计算未来现金流量折现所需要的资本成本，也是所谓的折现率，折现率要能够反映预测的未来现金流量的内在风险。计算公司资本成本的方式有很多种，最常用的就是 WACC。WACC 的计算步骤分为三步：

第一步，分析目标公司的资本结构。资本结构是指公司筹集经营资本的途径及其比例，通常来说，经营资本由自有现金、股本和对外债务构成。分析资本结构的核心在于研究目标公司的负债权益比率。管理层和股东在决定资本结构时，一方面要考虑债务成本及风险，如果债务成本低于股本成本，则倾向于多进行债务融资，而且这种方式下支付的债务利益还可以抵税，所以债务越多股本回报率越高；另一方面要考虑平衡经营风险和财务风险，大量举债会显著增加财务风险，必须要与经营风险相平衡，比如房地产公司，杠杆率一般很高，与此对应的就是它们的经营风险要相对不高，否则就会带来整体风险。衡量财务分析的一个重要指标是利息保障倍数（企业生产经营所获得的息税前利润与利息费用之比），倍数越高，债务违约的风险就越大。一个良好的资本结构，应当既能使 WACC 达到最低，又能享受足够多的利息抵税，并同时保证经营风险与财务风险的平衡。

第二步，计算股权融资的成本。股权融资的成本又称为股本成本，是指公司从股东/投资人那里拿到资金所要支付的成本，对应股东要求的投资回报率。股本成本由两部分组成：一是投资者在无风险投资中所得的无风险利息（无风险投资通常参照同期政府债券或国库券投资）；二是股权风险溢价，该溢价可以参照市场调查给出的同期可比数据然后再进行一定的系数调整，即可得出数值区间。

第三步，计算非股权融资的成本。非股权融资的成本是指目标公司支付给外部债权人的利息成本，外部债权人既可以是银行，也可以是其他具有资质的贷款机构。这些利息成本可以税前扣除，具有一定的抵税效应。需要注意的是，资本成本是按照债务成本的市场价值计算出来的，不是简单地将利息费用除以资产负债表里负债的账面成本计算出来的。非股权融资的成本由两部分组成：其一，无风险回报率；其二，合理的风险溢价。如果公司的资本结构相对复杂，比如公司使用了更复杂的利率结构、外币贷款、可转债或者夹层融资等，还要使用一些其他的计算方法。

2）计算自由现金流。自由现金流是指公司支付所有经营费用（包括所得税）、必须的营运资本（如存货）和固定资本（如设备）投资已经完成后，企业资本提供者可以得到的现金流。它是可以满足股东和债权人要求的现金流量，与净利润不同，净利润考虑了一些会计科目的影响，如折旧、递延税负债，而这些科目不会影响公司的自由现金流。在持续经营的假设前提下，有的经营活动现金流是"不自由"的，而是必须用于资产的更新和新资产的投资，自由现金流概念反映的就是这种实际情况。在计算自由现金流时，通常需要将公司的未来分成两个阶段：明确的预测期阶段、终值期阶段，后者也常被称为隐性预测价值期。在明确的预测期阶段的少数几年中，现金流预测具有一定的准确性，而且是逐年预测，在终值期阶段，逐年预测现金流很难，所以通常会计算一个终值的现值，它等同于明确的预测期阶段后到无穷期间的自由现金流的现值。明确的预测期阶段长短，取决于公司自身、行业状况、整体的经济形势，以及对成长率的估计。随着预测期的增加，时间越久，预测的准确度就越低。

只要目标公司增长率高于 WACC，就可以进行明确的价值预测估算，当增长率趋于稳定时，即可开始进行终值期的预测。例如，假定目标公司的增长率在 6 年内都处于无规律状态，那么明确预测期就需要从第 1 年一直持续到第 6 年，从第 7 年开始，就可以用稳定的增长率（或称永续增长率）持续计算到期末，这段时间的价值就是终值。

明确预测期内，在逐年计算现金流时，要从该年度的资产负债表和损益表数据开始，然后根据需要调整账面数据，使其变成"真实的"数据来反映公司的现金流量状况。特定年度的自由现金流量的计算步骤如图 8-5 所示。

上述数据都可以在特定年份的资产负债表和损益表中找到，因此不需要任何计算或者分析。最终，我们通过计算得到逐年的自由现金流量，用下面的公式将这些现金流折现到当前即可。可明确预测期内 FCF 的现值：

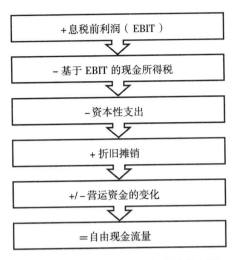

图8-5　特定年度自由现金流计算步骤

$$FCF = \frac{FCF_1}{(1+WACC)^1} - \frac{FCF_2}{(1+WACC)^2} + \cdots + \frac{FCF_t}{(1+WACC)^t} \qquad (8-7)$$

式（8-7）中，FCF_1表示第1年的现金流量；FCF_t表示未来第t年的现金流量；WACC表示加权平均资本成本；t表示可明确预测期间的年数。

3）计算终值。明确预测期最后1年开始，到无穷期的自由现金流量，折现到当前的价值就是终值。通常情况下，终值占公司价值的很大一部分，占到70%～80%也是常见的。

终值的计算分为三步：

第一步，估算从终值开始的第1年期到之后无穷年间的持续增长率g；

第二步，使用估算的可明确预测期最后1年的自由现金流乘以持续增长率（1+g）；

第三步，使用恰当的折现率并减去持续增长率。公式如下所示：

$$TV = \frac{FCF_{t+1}}{(WACC-g)} \qquad (8-8)$$

式（8-8）中，FCF_{t+1}表示可明确预测期后第1年的自由现金流量；t表示可明确预测期的年数；WACC表示加权平均资本成本；g表示未来期间自由现金流量的期望增长率。

按照这个公式计算出来的终值，是可明确预测期的最后1年的价值，而不是当前的价值，要能计算出当前的终值，还需要从可明确预测期期末折现到当前，所适用的公式如下：

$$TV_0 = \frac{TV_1}{(1+WACC)^t} \qquad (8-9)$$

这样计算出的终值，就是所谓的终值的现值，相当于从可明确预测期之后到无限期的所有自由现金流合计的现时价值。

4）折现并计算公司价值。将上述计算得出的预测期自由现金流现值和终值的现值相加，再进行必要的调整之后，即可计算出所有自由现金流的现值，也即公司价值，步骤如图8-6所示。

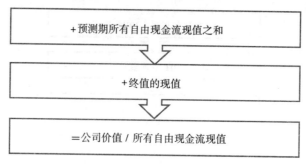

图 8-6　公司价值计算步骤

公司估值的目的一般是为了计算股东的股权价值，即计算出来的公司价值要进行调整，减去公司债务的市场价值后，剩余部分才是股权价值。计算过程如图 8-7 所示。

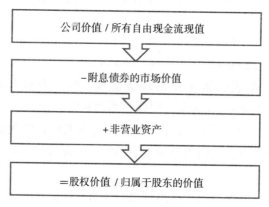

图 8-7　股权价值计算步骤

股权交易的各方可以此作为初步参照，确定交易结构中的股权比例及股权交易价格等谈判要点。

至此，我们已经完成了一个完整的 DCF 估值模型。从估值过程可以看出，最后输出的股权价值结果是建立在合理的假设和预测指标的基础上，其中，对估值结果影响最大的指标包括：资本性支出、税收、折旧、营运资本的变化以及 EBIT（息税前利润），尤其是 EBIT，本质上与目标公司的销售收入相关，与预测公司的销售收入相比，预测成本会更加准确、可控。所以说，从某种程度上讲，DCF 估值模型仅仅是一个计算工具，通过模型得到的数值完全取决于我们输入的变量，对这些变量进行的基础性研究和分析，才是估值工作的核心，也是决定估值是否准确的核心。

变量对估值结果影响的敏感性分析可以从表 8-9 中比较清晰地得到结论。

表 8-9　变量对估值结果影响的敏感性分析

方案	WACC（%）	FCFt	FCFg（%）	终值	占基本方案价值比例（%）
基本方案	15	40822	5	40822	100

方案	WACC（%）	FCFt	FCFg（%）	终值	占基本方案价值比例（%）
方案 1	15	45000	5	450000	110
方案 2	15	35000	5	350000	86
方案 3	20	40822	5	272147	67
方案 4	10	40822	5	816440	200
方案 5	15	40822	10	816440	200
方案 6	15	40822	3	340183	83

估值实践中，为了验证估值结果，大多数分析师还要通过其他方式（比如相对乘数法）进行估值的二次校验。所有估值模型从数学角度来讲都有相关性，只要前提假设相同，不同模型推算出的结果应该是相同的。

2. 股利折现模型

股利折现模型（Dividend Discount Model，DDM）是股票估值中最简单和最古老的现值模型。它是指股票的价值应当等于目标公司未来所有股利（股息分红）折现后的现值，即 DDM 模型是通过预测目标公司未来的股东分红并将其折算为现值来估算公司当前的股权价值。[①]

一般来说，适用 DDM 模型需要具备三个条件：第一，目标公司一直在向股东支付股利（分析师有股利记录可分析）；第二，董事会确立了股利政策，而且股利政策与企业的盈利状况有明显的稳定联系；第三，股票持有人对目标公司不拥有控制权。

DDM 模型以两个部分之和计算出股票的价值：持有期内预期股利的现值、持有期末的预期股票价格。每增加一年的持有期，就会有多一期的预期股利，在极限情况下，如果持有期向未来无限延伸（永久持有），股票的价值就是所有预期未来股利的现值。根据约翰伯尔·威廉姆斯（1938）提出的观点，即使投资者选择有限投资年限，股票的价值仍然取决于所有未来的股利。对该投资者来说，股票目前的价值直接取决于投资者预期在股票销售以前可以获得的股利，并间接取决于股票销售以后的预期股利，因为未来股利会决定股票的预期销售价格。但是，如果将股票价值定义为未来无限期预期股利的限制，将会对估值工作带来巨大挑战。要有效适用 DDM 模型，就必须将预测工作简化。

为了解决这个问题，估值实践中的通常做法是：预测某个终点以前的有限期内每一期的股利（通常为 3～10 年），然后再预测在终点以后目标公司按照某种永续的固定增长率增长的股利，或者直接用某种方法估计股利预测终点的股票价格。最终，股票的 DDM 价值通过将股利（如果有预测销售价格就加上此销售价格）折现后得出。

如果投资者打算购买股票并持有一年，股票当前的价值应该等于预期股利的现值加上预期一年后股票销售价格的现值，公式如下：

$$V_0 = \frac{D_1}{(1+r)^1} + \frac{P_1}{(1+r)^1} = \frac{D_1+P_1}{(1+r)^1} \tag{8-10}$$

---

① 刘娜. 三种企业估值模型及其对股票价格解释力的比较研究［D］. 重庆：重庆工商大学，2016.

式（8-10）中，D_1 表示第 1 年的预期每股股利，假设在年末 $t=1$ 时支付；r 表示股票的要求回报率。

如果投资者打算购买股票并持有两年，股票的价值等于第 1 年和第 2 年的预期股利的现值，加上第 2 年年末的预期销售股票价格的现值，公式如下：

$$V_0 = \frac{D_1}{(1+r)^1} + \frac{D_2}{(1+r)^2} + \frac{P_2}{(1+r)^2} = \frac{D_1}{(1+r)^1} + \frac{D_2+P_2}{(1+r)^2}$$

相应地，我们可以很容易地将上述公式扩展成任何持有年限的 DDM 估值，如持有期是 n 年，则估值公式如下：

$$V_0 = \frac{D_1}{(1+r)^1} + \cdots + \frac{D_n}{(1+r)^n} + \frac{P_n}{(1+r)^n}$$

如果投资者永久持有股票（理论假设），估值公式如下：

$$MV = \frac{D_1}{(1+K)} + \frac{D_2}{(1+K)^2} + \cdots + \frac{D_n}{(1+K)^n} + \frac{TV}{(1+K)^n}$$

$$TV = \frac{D_{n+1}}{C_E - g} \tag{8-11}$$

式（8-11）中，MV 表示股本的市场价值（Market Value）；D 表示特定年份的年股利额（Dividend）；K 表示资本成本（Cost of Capital）；C_E 表示股本成本（Cost of Equity）；g 表示 n 年后股利的永续固定增长率；TV 表示终值（Terminal Value）；n 表示明确预测期的年数。

在上面 DDM 模型估值的实践中，最大难点在于为股票未来的股利选择恰当的输入变量，包括预测的明确年限数，每年发放股利的数额，明确年限结束后股利的永续增长率、资本的成本等，每一个数值的变化都会对估值的最终结果带来影响。所以，选择和应用估值模型简单，真正难的是进行基础分析后如何选择变量参数。

3. 剩余收益折现模型

传统的财务报表，特别是利润表，是为反映所有者的盈利而编制的。净利润扣除了债务资本的成本（利息），而没有扣除股权资本的成本（股利）。剩余收益这一经济概念明确地扣除了估算的股权资本成本，相对于会计利润而言，是一家公司创造的真正利润。剩余收益折现模型（Residual Income valuation Model，RIM）的隐含意义在于，公司不仅需要达到盈亏平衡点，还需要创造出足够的价值来弥补股东/投资人的资本成本。剩余收益的计算公式如下：[①]

$$RI = (R_E - C_E) \times BV_t \tag{8-12}$$

式（8-12）中，RI 表示剩余收益；R_E 表示股本回报率；C_E 表示股本成本率；BV_t 表示 t 年初时股本的账面价值。

RIM 模型使用公司股本权益的账面价值和预期剩余收益的现值来估算公司价值。公式如下：

---

① 唐斌. 关于中国 A 股市场 IPO 定价机制与剩余收益估值模型的实证研究［D］. 上海：上海交通大学，2016.

$$公司价值 = BV + \frac{RI}{(1+C_E)^1} + \frac{RI}{(1+C_E)^2} + \cdots + \frac{RI}{(1+C_E)^1} + \frac{TV}{(1+C_E)^1} \tag{8-13}$$

式（8-13）中，BV 表示公司当前股本的账面价值；RI 表示公司未来剩余收益，剩余收益是公司净利润与股东要求回报率之间的差额；C_E 表示股本成本率；t 表示预测期内的年数；TV 表示预测期后剩余收益的终值。

式（8-13）中，TV 的计算公式如下：

$$TV = BV_t \times \frac{RI_t}{C_E - g} \tag{8-14}$$

式（8-14）中，BV_t 表示 t 年时股本的账面价值；RI_t 表示 t 年时的剩余收益；C_E 表示股本成本率；g 表示从 t 年起直到之后无穷年剩余收益的增长率。

【例 8-1】剩余收益估值模型的应用

BAKE 房地产公司未来三年的预期 EPS 分别为 2.00 美元、2.50 美元和 4.00 美元。分析师预计 BAKE 公司未来三年会分别发放 1.00 美元、1.25 美元和 12.25 美元的股利。最后一年的股利预计为清算股利，分析师估计 BAKE 公司在第三年会终止营业。BAKE 公司的当期账面价值为每股 6.00 美元，股权要求回报率为 10%。

问题 1：计算未来三年的每股账面价值和剩余收益如表 8-10 所示。

表 8-10　BAKE 房地产公司未来三年每股账面价值和剩余收益统计

单位：美元

年度	1	2	3
期初每股账面价值	6	7	8.25
每股净利润（EPS）	2	2.5	4
减：每股红利（D）	1	1.25	12.25
留存收益变动（EPS-D）	1	1.25	-8.25
期末每股账面价值	7	8.25	0
每股净利润（EPS）	2	2.5	4
减：每股股权费用	0.6	0.7	0.825
剩余收益（EPS-股权费用）	1.4	1.8	3.175

问题 2：用剩余收益估值模型计算股票的价值：

$$V_0 = 6.00 + \frac{1.40}{(1.10)} + \frac{1.80}{(1.10)^2} + \frac{3.175}{(1.10)^3}$$

$$= 6.00 + 1.2727 + 1.4876 + 2.3854 = 11.15（美元）$$

问题 3：用股利折现模型计算的股票价值：

$$V_0 = \frac{1.10}{(1.10)} + \frac{1.25}{(1.10)^2} + \frac{12.25}{(1.10)^3} = 0.9091 + 1.0331 + 9.2036 = 11.15（美元）$$

RIM 模型不同于股利折现模型和自由现金流折现模型，其终值在总估值结果中所占的比重很小。这种模型用到的数值多数都是近期或未来几年的估值，因为公式中重要组成部分是股本的账面价值。在估算终值时，多数情况下时间越长必然导致误差越大，RIM 模型在很多时候将终值考虑为 0，这也是剩余收益模型的一个明显优势。但是这个模型也有一个缺点，就是计算中用到的数据都是基于标准的会计报表科目获取的，数据本身不能准确体现公司资本和现金流量的真实经济价值，所以在模型使用时需要注意这一点。

（二）经济增加值法

经济增加值模型（Economic Value Added，EVA），是 Stern Stewart 咨询公司开发的一种新型的价值分析工具和业绩评价指标。EVA 是基于剩余收益估值模型稍作改动而成的新型价值模型。EVA 模型认为，公司价值等于公司当前权益资本与所有未来经济增加值折现后的现值之和。指定年份的经济增加值等于公司收入减去其运营成本和资本成本后所获得的超额收益。其算法为，用年初资本总额乘以投入资本回报率和资本成本的差额。[①]WACC、资本回报率与价值创造之间的关系如图 8-8 所示。

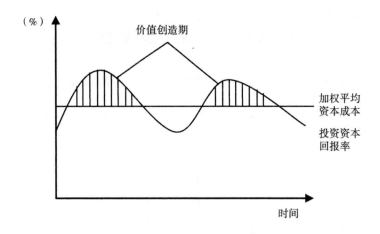

图 8-8　WACC、资本回报率、价值创造关系示意图

经济增加值是对剩余收益和经济利润微调后的变量，对财务报表中的一些数据进行调整使其转化为可供估值的统计数据。具体来说，就是要对税后净营业利润（Net Operating Profit After Taxes，NOPAT）和年初资本总额进行调整。通常来说，需要调整的项目可以归类如下：

将权责发生制转换为收付实现制→从清算观念转换为持续经营观念→剔除非正常状态下的损失或收入，则年经济增加值的计算公式为：

$$EVA = NOPAT - (WACC \times K) \tag{8-15}$$

式（8-15）中：EVA 表示经济增加值；NOPAT 表示税后净营业利润，即不包括融资成本和除折旧外的非现金支出科目；WACC 表示加权平均资本成本；K 表示年初资本总

---

① 孙圣雪. 基于 EVA 的新三板企业价值评估研究——以江苏 Y 公司为例 [D]. 南京：南京财经大学，2016.

额，通常为股本账面价值加上有息负债之和。

EVA 模型的使用具有非常广泛的意义，它的主要用途在于当现金流折现模型不能很好地发挥作用时，EVA 指标可以作为公司各个时期经营状况的衡量标准。由于 EVA 指标可以独立用于计算不同的企业、部门、生产线或者同一个企业内不同地区分公司的经营状况，其在薪酬管理方面也能够发挥很大作用。[①]

（三）内部收益率法

最常用的折现相对分析方法是内部报酬率法。内部报酬率法也称回收报酬率法，它是通过计算项目的财务内部收益率，并与预期的目标收益率比较，判断投资项目是否可行的财务评价方法。财务内部收益率是国家发展改革委规定的项目财务评价最重要的指标之一，在项目可行性研究报告的财务评价中得到广泛应用。

财务内部收益率是指使投资项目的净现金流量的现值（净现值）等于零的折现率，即用该折现率对投资项目未来的现金流入量、流出量进行贴现，使流入量现值恰好等于流出量现值。它取决于项目本身的现金流量，而没有考虑其他外部因素的影响。

财务内部收益率采用试算法多次计算才能得出最后的结果。它是根据估计的内部收益率分别计算出现金流入和现金流出的两项现值，并用现金流入现值减去现金流出现值，如果得出的现值净额为正，说明内部收益率估计过低，应调高再试算；反之，如果得出的现值净额为负，说明内部收益率估计过高，应调低后重新试算；如此循环往复，直至算出现值净额 NPV 等于零为止。[②]

财务内部收益率的计算公式如下：

$$\sum_{t=0}^{n} A_t \cdot (1+IRR)^{-t} = 0$$

$$\sum_{t=0}^{n} (CI-CO) \cdot (1+IRR)^{-t} = 0 \tag{8-16}$$

式（8-16）中，IRR 为财务内部收益率，A_t 为第 t 期的现金净流量，CI 为第 t 期现金流入量，CO 为第 t 期现金流出量；t 从建设期最开始的一年 t = 0 算起，算至经营期第 n 年，n 为项目寿命期（计算期）。

【例8-2】试求该项目所要求的财务内部收益率 IRR 是多少？

解：第一步：先计算现金流量和现金净流量累计数额（略）。

第二步：取不同的收益率 i 试算投资项目的净现值，如选取 i = 10%、15%、20% 分别试算，当取两个相邻的 i 值计算净现值结果分别出现正负数后，用插值法（或在该两个相邻的 i 值中间继续取值试算）求得 i 值，使 NPV 等于零，这个 i 值就是所要求的 IRR（见表8-11）。

---

① 谢清河.EVA 与我国商业银行业绩评价机制问题研究［J］.金融与经济，2005（7）：39-40.

② 唐铮.中国私募股权项目投资中估值方法运用的研究——以 X 公司为例［D］.上海：上海交通大学，2015.

表 8-11　财务内部收益率多次试算结果

项目＼年	0	1	2	3	4	5	合计
现金流入合计	0	1600	1800	2000	2000	2000	9400
现金流出合计	3500	640	720	800	800	800	7260
现金净流量	−3500	960	1080	1200	1200	1200	2140
现金净流量累计	−3500	−2540	−1460	−260	940	2140	
现金净流量现值	−3500	817	782	739	628	534	0
现金净现值累计	−3500	−2683	−1902	−1163	−534	0	
$(1+17.55\%)^n$	1	1.176	1.382	1.624	1.909	2.244	
$1/(1+17.55\%)^n$	1	0.851	0.724	0.616	0.524	0.446	
试算收益率（%）		10	15	20	17.55		
试算净现值		731.6	223.2	−194.6	0		

经多次试算得出：当 IRR = 17.55% 时，NPV = 0。

应用 Excel 电子计算表格，在对应的数据格中输入公式并点击相关数据格可以直接求得 IRR，也可以直接求得给定 i 值下的财务内部收益率，可减少许多试算工作量。

当然，财务内部收益率本身并不能说明投资项目是否可行，只有把项目预期的目标利润率与计算出的财务内部收益率 IRR 进行比较，才能判别投资项目是否可行或方案优劣。比如，项目预期利润率要求 15%，则该项目可行；但如果项目预期利润率要求 20%，则该项目就不可行。如果有两个以上方案，则应选择 IRR 最大的投资方案。

（四）资本资产定价模型

1. 资本资产定价模型的用途

资本资产定价模型（Capital Asset Pricing Model，CAPM）由美国经济学家杰克·特雷诺（Jack Treynor）于 1961 年首次提出，并由威廉·F.夏普（William F. Sharpe）、约翰·林特纳（John Lintner）、简·莫辛（Jan Mossin）等于 20 世纪 60 年代发展起来用于测算投资回报，后由诺贝尔经济学奖获得者、著名投资大师威廉·F.夏普在他的著作《投资组合理论与资本市场》《投资学》中完善计算方法后，确定为应用性的资本资产定价模型。

资本资产定价模型的主要用途为：一是用于确定权益资金的行业财务基准收益率或投资项目基准收益率；二是用于估计普通股的成本，这里普通股成本是指未来筹集普通股资金所需的成本（不含发行费用的影响）。[①]

2. 资本资产定价模型——CAPM 公式

按照资本资产定价模型原理，某种证券的期望收益率（预期报酬率）等于无风险收益率加上这种证券的系统风险溢价（系统风险是不能通过分散投资而避免的）。或者说，权

---

① 金梦影. 资本资产定价（CAPM）模型在中国证券市场的适用性研究 [J]. 中国乡镇企业会计，2020（6）：9-10.

益资金成本等于无风险利率加上风险溢价。[①] 用公式表示如下：

$$K_s = R_f + \beta \times (R_m - R_f) \tag{8-17}$$

式（8-17）就是著名的资本资产定价模型，即 CAPM 公式。

式（8-17）中，K_s 代表权益资金成本、普通股成本，通常用百分数表示，其实质上就是股东要求的资本回报率、投资项目基准收益率，即资本资产的风险调整贴现率；R_f 代表市场无风险收益率；R_m 代表市场平均风险收益率；β 是该股票（资产）的贝塔系数；（$R_m - R_f$）代表投资于资本市场的风险溢价，即投资于一只股票（一个项目或行业）的风险报酬率，它是由于承担了资本市场的风险而得到的超额回报；$\beta \times (R_m - R_f)$ 代表该股票（该项目）的风险溢价。

3. 无风险收益率和市场风险溢价的估计

无风险收益率 R_f 通常采用长期政府债券，一般取 10 年期上市交易的国债利率作基准，并选择该债券到期收益率作为无风险利率的代表。

市场风险溢价（$R_m - R_f$）通常可对证券市场上投资基金多年的风险溢价加以统计和分析后得到，如 2005 年，美国在过去 60 年里平均风险溢价为 8%，而全球证券市场平均风险溢价则为 5% 左右。

【例 8-3】市场无风险利率为 10%，平均风险股票报酬率为 14%，某公司普通股的 β 值为 1.2。用百分比表示的普通股的成本为：

$$K_s = R_f + \beta \times (R_m - R_f)$$
$$= 10\% + 1.2 \times (14\% - 10\%) = 14.8\%$$

4. β 值的计算

式（8-17）中的 β 值反映的是某项资产（项目、行业）收益的变动相对于平均风险的资本市场变化的风险系数（敏感度），在数学上表述为某只股票的收益率与股票市场平均收益率的协方差与市场平均收益率方差的比值。用公式表示为：

$$\beta = \frac{\text{Cov}(R_i R_m)}{\sigma^2 m} \tag{8-18}$$

式（8-18）中，$\text{Cov}(R_i R_m)$ 是股票收益与市场指数收益的协方差；$\sigma^2 m$ 为市场指数的方差。β 可以通过采集某一行业中典型的上市公司的投资回报率，与（$R_m - R_f$）作线性回归分析后得出，或对若干个别公司的 β 加权平均后得出。β 越大，系统性风险越高，要求的报酬率越高；反之，β 越小，要求的报酬率越低。

【例 8-4】假设已知通用工具公司 4 年的股票收益率和市场平均收益率如表 8-12 所示，可分 6 步计算出 β 值。

---

① 张家宝. 基于三因素资本资产定价模型的股票收益研究 [D]. 杭州：浙江大学，2019.

表8-12　通用工具公司股票的收益率和市场平均收益率

项目年数	公司股票收益率（R_i）	市场平均收益率（R_m）	股票收益率偏差	市场收益率偏差	协方差	市场收益率偏差平方
	(1)	(2)	(3)	(4)	(3)×(4)	(4)×(4)
1	−10%	−40%	−17%	−30%	0.05	0.09
2	3%	−30%	−4%	−20%	0.01	0.04
3	20%	10%	13%	20%	0.03	0.04
4	15%	20%	8%	30%	0.02	0.09
合计	28%	−40%			0.11	0.26
年均	7%	10%				

（1）计算股票收益率的平均值为0.07，市场平均收益率的平均值为−0.10；

（2）计算股票各期收益率与其平均收益率的偏差和市场各期收益率与其平均收益率的偏差；

（3）将以上两个偏差相乘得出公司股票收益率与市场收益率的协方差；

（4）计算市场收益率偏差的平方得出市场收益率的方差；

（5）将各期协方差累加得出总协方差为0.11，同理计算市场收益率方差之和为0.26；

（6）利用β值计算式（8-18），得出该通用工具公司股票的β值为：

β = 0.11 ÷ 0.26 = 0.419

5. 工业平均β值的使用

使用公司的历史数据来估算β值看起来比较符合常理。然而，实务中也经常参照整个行业的情况来估算公司的β值。一个简单的原则是，如果自己公司的操作与行业中的其他公司操作相似，那么该公司应当使用行业β值以减少估算的错误。但如果公司的操作完全不同于行业中的其他公司，那么就应该使用自己公司的历史数据计算出的β值。

根据前述方法，国际上已测算了不同行业的β值，如数字设备行业β=1.4、汽车行业β=0.5、炼油行业β=0.71。目前，国内沪深股市的上市公司年报公布各个企业的系数，可以通过这些数据统计各个行业的β系数值。又如，石油化工行业相对于香港恒生指数的β值在0.85左右。这些β值也随时间推移而变动。

6. 资本资产定价模型在投资项目决策中的应用

在确定行业分类的基础上，基于行业内抽取有代表性的企业样本，以若干年企业财务报表数据为基础，进行权益资本成本和行业风险系数的测算，用资本资产定价模型测算的行业最低可用折现率，作为确定权益资本的行业基准收益率下限，再综合考虑采用其他方法测算得出的行业财务基准收益率并进行协调后，确定权益资本的行业财务基准收益率的取值。

二、资产基础法估值（成本法）

按照国内评估准则，企业价值评估中的资产基础法又称为成本法，是指在合理评估企业各项资产价值和负债的基础上确定评估对象价值的评估思路。

成本法是考虑企业现有资产负债，是对企业目前价值的真实评估，所以在涉及一个仅进行投资或仅拥有不动产的控股企业以及所评估的企业的评估前提为非持续经营时，适宜用成本法进行评估。

按照《国际评估准则》（International Valuation Standards，IVs）的《指南 6 企业价值评估指南》（以下简称《指南 6》），企业价值评估中的资产基础法类似于其他资产类型评估中使用的成本法，其主要思路是将以历史成本编制的企业资产负债表替换成以市场价值或其他适当现行价值编制的资产负债表，反映所有有形和无形资产和负债的价值。《指南 6》明确规定除非是基于买方和卖方通常惯例的需要，资产基础法不得作为评估持续经营企业的唯一评估方法。

资产基础法估值的实质。无论是确定市场公允价值还是清算价值，资产基础法的实质是通过调整公司资产负债表中的相关科目，把基于会计准则计算的账面价值调整到市场价值。在这些科目调整的过程中，要包括加上不在资产负债表上的资产，删除所有资产负债表中缺乏市场价值的资产，通过调整最终得出资产的价值估值。这种调整背后的原因是：通过账面反映的净资产值，仅仅是一种会计记录的简单加减，与企业的未来收益能力或内在真实价值不相干，通过修正账面净资产值，能够相对准确地反映资产的真实价值。

资产基础法估值的场景。对于缺乏经营价值的资产密集型目标公司，通常采用资产基础法或成本法进行估值。但是应当注意，这种方法更适合评估控股权益，因为它有权促成为股东创造现金利益的股权出售行为。无论是采用账面价值调整法确定"在岗"资产的价值，还是使用清偿价值法确定它们的价值（在有序清偿或强制清算条件下），总之，这些方法都涉及把资产负债表的相关科目，从账面价值调整到市场价值。

（一）账面价值法

账面价值法是指用公司总资产扣除股东权益部分，作为目标公司的价值。账面价值法是对目标公司现有的资产进行估值分析，不能着眼于目标公司的未来价值进行评估。一般影响账面价值法的准确程度的原因有三个方面。其一，通货膨胀使某项资产的价值不等于它的历史价值减折旧；其二，技术进步使某些资产出现过时贬值的情况；其三，由于组织资本的存在，使得资产组合超过各单项资产价值之和。[①]

在目标公司持续经营假设下，一般采用以下步骤调整账面价值：

（1）获取原始信息。首先收集目标公司截至评估日的资产负债表或在此之前尽可能最近日期的资产负债表，从报表质量来看，经审计的报表要优于未经审计的报表，权责发生制的报表要优于收付实现制的报表。

（2）调整报表项目。把报表中的每项资产、负债和权益科目，从账面价值调整到评估的市场价值。

（3）调整不在资产负债表中的项目。评估并增加在资产负债表上列出的特殊有形资

---

① 钟冰. 现行价值法对同一控制下企业合并交易的影响分析——基于 A+H 股上市公司的证据［J］. 中国注册会计师，2021（2）：90-96.

产、无形资产和负债。

（4）税收影响。考虑税收对资产负债表调整影响的合适性，同时，也要考虑是否应该取消资产负债表上的递延税收。

（5）获取结论。从调整的角度出发，编制以市场价值反映所有科目的资产负债表，以这种金额为基础，确定已投资本或股本的调整价值。鉴于账面价值调整涉及的科目繁多，方法各异，有兴趣的读者朋友可以参考这方面的专业书籍，这里不再赘述。

（二）重置成本法

该估值方法的理论基础是企业的研发成本与其经济价值之间存在直接关系。

成本分析法关注企业各项资产历史成本和重置成本之间的差异，适用于非常早期或者初创期企业的价值评估。

成本分析法包括构建成本法和重置成本两种。

构建成本法是指股权投资通过收集标的公司购买或者开发过程中的相关成本，即采用原来的成本去构建一个一模一样的企业所需支付的部分为企业的估值；重置成本法是指在现实条件下获得等值功能的公司资产花费的成本。

实务中一般多采用重置成本法，其计算公式为：

被评估企业估值=重置成本−实体性损耗−功能性损耗−经济性损耗或者被评估企业估值=重置成本×成新率

股权投资在利用成本法对医药企业进行估值时，实际上是对企业的账面价值进行调整得出的，但是对于生物医药企业来讲，研发专利的垄断意味着技术和资本密集程度高，其整体的价值远高于成本法评估出来的企业价值结果。所以，成本分析法不大适合对生物医药企业的价值评估。

重置成本法将被评估企业视为各种生产要素的组合体，在对各项资产清查核实的基础上，逐一对各项可确指资产进行评估，并确认企业是否存在商誉或经济性损耗，将各单项可确认资产评估值加总后再加上企业的商誉或减去经济性损耗，就可以得到企业价值的评估值。[①] 即企业整体资产价值=单项可确指资产评估值+商誉（或−经济性损耗）。

重置成本法认为企业价值就是各个单项资产的简单加总。因此该方法的一个重大缺陷是忽略了不同资产之间的协同效应和规模效应，企业的整体价值是要大于单项资产评估值的加总的。

账面价值模型如下：

企业价值=有形资产+无形资产−企业负债

重置成本模型

评估价值=重置成本−实体性贬值−功能性贬值−经济性贬值

由于上式右边三者的贬值率之和称为总贬值率或综合贬值率，因此有：

评估价值=重置成本×（1−综合贬值率） (8−19)

---

① 贵瑞洁. 基于环境重置成本法的森林生态补偿价值计量研究 [J]. 黑龙江生态工程职业学院学报，2020（1）：8−9.

（三）加权平均资本成本[1]

1. 资本成本

资本成本是指企业投资资本的机会成本。这种成本不是实际支付的成本，而是一种失去的收益，是将资本用于本项目投资所放弃的其他投资机会的收益，因此称为机会成本。

资本成本有两个含义，即资金筹集成本与资金占用成本。一方面，资本成本与公司的筹资活动有关，它是公司筹集和使用资金的成本，即筹资的成本；另一方面，资本成本与公司的投资活动有关，它是投资必须获得的最低报酬率，以补偿取得和使用资金而付出的代价。资本成本是企业的投资者（包括股东和债权人）对投入的资本所要求的收益率，属于投资特定项目（或特定企业）的机会成本。

2. 资本成本的主要计量形式和具体用途

资本成本主要用于筹资决策、投资决策、评估企业价值和企业业绩评价。

（1）在筹资决策中比较各种筹资方式，直接使用个别资本成本，如优先股成本、普通股成本、留存收益成本、长期借款成本、债券成本等，而在筹资中进行资本结构优化决策时，使用加权平均资金成本。

（2）当投资项目与公司业务相同时，公司资本成本是计算净现值的折现率；在进行追加投资决策时，则使用边际资金成本。

（3）在企业价值评估时，使用公司资本成本作为公司现金流量折现率。

（4）在评价企业业绩时，用资本成本与公司实际报酬率进行比较即可，因为资本成本是投资者要求的报酬率。

3. 加权平均资本成本的计算

加权平均资本成本是以各种资本占全部资本的比重为权数，对各种资本成本进行加权平均计算而确定的，故此又称为综合资本成本。加权平均资本成本的计算公式为：

$$WACC = \sum_{j=1}^{n} K_j \cdot W_j \tag{8-20}$$

式（8-20）中，WACC 为加权平均资本成本，K_j 为第 j 种个别资本成本，W_j 为第 j 种个别资本占全部资金的比重。W_j 根据个别资本成本及其权重即可计算出加权平均资本成本，以此为基础还可计算投资项目的基准收益率。下面举例说明项目资金的加权平均成本的计算。

【例8-5】某项目的投资额为6000万元，由融资租赁、银行贷款、项目公司股东的优先股和普通股资本金（项目资本金占30%）四种资金构成，其中融资租赁年利率为14%，银行贷款利率为8%，优先股股息率为12%，普通股股东的期望收益率为15%；此项目研发阶段曾遭遇试验失败，已有700万元损失。求该项目的加权资金成本。

解：

第一步：先计算各种资金占总资金的比重，将个别成本与其占资金比重相乘求得各种资金的加权平均成本，求和取得四种资金组成的运行资金的综合成本为11.15%，这实际

① 杨丹. 股权架构对资本结构动态调整速度及效果的影响研究 [D]. 合肥：安徽大学，2018.

上可设定为运行资金要求的基本收益率。

第二步：分别求出沉没成本和运行成本占项目总投资 6700 万元的比重，由于沉没成本收不回来，其个别成本应为 100%；分别用两者各自的比重乘以其个别成本，得出项目运行资金加权成本和项目沉没加权成本分别为 9.99% 和 10.45%；最后将两者相加求得整个项目的综合资金成本为 20.43%。如果评估该项目全部投资的收益，项目资金的基本收益率应该设定为 20.43%（见表 8-13）。

表 8-13　项目资金的加权平均成本计算

资本形式	金额（万元）	比重（%）	个别成本（%）	加权平均成本（%）
1. 运行成本				
融资租赁	1200	20.0	14.0	2.80
银行贷款	3000	50.0	8.0	4.00
优先股	300	5.0	12.0	0.60
普通股	1500	25.0	15.0	3.75
合计	6000	100.0		11.15
2. 综合成本				
运行成本	6000	89.55	11.15	9.99
沉没成本	700	10.45	100.00	10.45
总计	6700	100.00		20.43

可见，该项目投资者在自有资金为 30% 的情况下（300 万元+1500 万元＝1800 万元），通过融资租赁和银行贷款取得全部项目资金，运行资金加权平均成本仅为 11.15%，但由于项目试验失败已损失 700 万元，该沉没资金导致项目的综合资金成本大幅增加，该投资项目的基本收益率必须达到或超过 20.43%，否则项目资本金根本无法收回。

4. 加权平均资本成本法在项目投资决策中的应用

（1）用加权平均资本成本法确定基准收益率的原理。

加权平均资本成本法的原理是通过测定加权平均资金成本，得出全部投资的加权平均资本成本作为最低可接受的财务折现率，即财务基准收益率的下限，再综合考虑采用其他方法测算得出的财务基准收益率并进行协调后，确定权益资本财务基准收益率的取值。

加权平均资金成本在项目投资决策中的作用主要体现在以下两个方面：

1）计算净现值指标时作为折现率。

2）利用内部收益率指标决策时作为基准收益率。

（2）考虑债务资金和权益资本的加权平均资金成本公式。

通常情况下，项目或企业的资本结构由债务资金和权益资本所构成，而债务资金的利息在所得税前扣除，可抵减一部分所得税债务，因此，对于债务资金成本的计算要扣除所得税的影响。所以，根据式（8-20），加权平均资金成本的计算公式演变为：

加权平均资金成本=权益资本成本×权益资本占总资本比重+税前债务资本成本×（1-

所得税税率）×债务额占总资本比重

用公式表示如下：

$$WACC = K_e \cdot \frac{E}{E+D} + K_d \cdot (1-T) \cdot \frac{D}{E+D}$$

$$K_e = i_f + \beta (i_m - i_f) \tag{8-21}$$

式（8-21）中，K_e 为股东权益成本，E 为股东权益，D 为负债，K_d 为贷款利率，T 为所得税税率，i_f 为市场无风险收益率（可取同期国债利率），β 为项目相对于资本市场平均风险的风险系数，i_m 为资本市场平均风险的投资收益率。

在投资项目的财务评价过程中，个别资本占全部资本的比重可按资产负债表中的长期和短期债务以及权益资本占全部资本的比例确定，数据比较容易取得。债务资金成本根据项目长期和短期负债的贷款利率确定，权益资金成本的确定参照企业对于股权资本的内部投资回报率标准设定。权益资金成本确定的合理与否对加权平均资金成本即基准折现率的合理性影响重大，因此合理确定权益资金成本尤为重要。在确定权益资金成本时可以适当参考可比上市公司权益资本收益率或通过上述资本资产定价模型计算确定，只是 β 系数和证券市场的预期回报率 i_m 都是相对权益资本而言。

【例8-6】某石化企业乙烯项目总投资中负债占总投资的比重大约为36%，权益资本占总投资的比重大致为64%、贷款利率6.3%、所得税税率25%、同期国债利率为7%、β 取0.85、i_m 取市场投资组合平均报酬率17%，结合前述资本资产定价模型以及加权平均资金成本计算公式，推算该石化企业用于乙烯项目评价的基准收益率。

解：根据加权平均资金成本的计算公式（8-21）可得：

$$WACC = K_e \cdot \frac{E}{E+D} + K_d \cdot (1-T) \cdot \frac{D}{E+D}$$

$$= [i_f + \beta (i_m - i_f)] \cdot [E/(E+D)] + K_d \cdot (1-T) \cdot [D/(E+D)]$$

$$= [7\% + 0.85 \times (17\% - 7\%)] \times 64\% + 6.3\% \times (1-25\%) \times 36\%$$

$$= 15.5\% \times 64\% + 6.3\% \times 75\% \times 36\%$$

$$= 9.92\% + 1.7\%$$

$$= 11.62\%$$

经计算，该石化企业用于评价项目经济上是否可行的基准收益率为11.62%，考虑到企业面对的经营风险和财务风险，基准收益率可确定为12%。有了基准收益率就可以对项目进行财务评价，并以此对项目进行投资和融资决策。

在介绍了前述相关的内容后，再举例说明采用现金流量折现法评估企业的股权价值。

【例8-7】ABC 公司预测期的财务测算表如表8-14、表8-15和表8-16所示，该公司20×6年及之后各年的销售增长率均为5%，公司加权平均资本成本是12%，账面净债务价值为96万元。用现金流量折现法评估 ABC 公司的股权价值。

表 8-14 ABC 公司的预计利润表

单位：万元

项目 ＼ 年份	基期	2××1	2××2	2××3	2××4	2××5	2××6
1. 销售收入	400.00	448.00	492.80	532.22	564.16	592.37	621.98
减：销售成本	291.20	326.14	358.76	387.46	410.71	431.24	452.80
销售费与管理费	32.00	35.84	39.42	42.58	45.13	47.39	49.76
折旧与摊销	24.00	26.88	29.57	31.93	33.85	35.54	37.32
2. 税前经营利润	52.80	59.14	65.05	70.25	74.47	78.20	82.10
减：所得税	15.84	17.74	19.52	21.08	22.34	23.46	24.63
3. 税后经营利润	36.96	41.40	45.54	49.18	52.13	54.74	57.47

表 8-15 ABC 公司的预计资产负债表（部分数据）

单位：万元

项目 ＼ 年份	基期	2××1	2××2	2××3	2××4	2××5	2××6
经营现金	4.00	4.48	4.93	5.32	5.64	5.92	6.22
其他经营流动资产	156.00	174.72	192.19	207.57	220.02	231.02	242.57
减：经营流动负债	40.00	44.80	49.28	53.22	56.42	59.24	62.20
净经营营运资本	120.00	134.40	147.84	159.67	169.24	177.70	186.59
经营长期资产	200.00	224.00	246.40	266.11	282.08	296.18	310.99
减：经营长期负债	0.00	0.00	0.00	0.00	0.00	0.00	0.00
净经营长期资产	200.00	224.00	246.40	266.11	282.08	296.18	310.99
净经营资产总计	320.00	358.40	394.24	425.78	451.32	473.88	497.58

表 8-16 ABC 公司的预计现金流量表

单位：万元

项目 ＼ 年份	基期	2××1	2××2	2××3	2××4	2××5	2××6
税后经营利润	36.96	41.40	45.54	49.18	52.13	54.74	57.47
加：折旧与摊销	24.00	26.88	29.57	31.93	33.85	35.54	37.32
经营现金毛流量	60.96	68.28	75.11	81.11	85.98	90.28	94.79
减：净经营营运资本增加		14.40	13.44	11.83	9.57	8.46	8.89
经营现金流量		53.88	61.67	69.28	76.41	81.82	85.90
减：净经营长期资产增加		24.00	22.40	19.71	15.97	14.10	14.81
折旧与摊销		26.88	29.57	31.93	33.85	35.54	37.32
实体现金流量		3.00	9.69	17.64	26.59	32.18	33.77

评估计算如下：

根据上述财务预测数据，可得到各年销售收入、经营利润和投资资本，并算出销售增长率和期初投资资本回报率（见表 8-17）。从预测期财务数据看，ABC 公司当前处在较高速增长时期，2××1~2××5 年销售增长分别为 12%、10%、8%、6% 和 5%，2××6 年及以后各年按 5% 的比率稳定增长，期初投资资本回报率稳定在 12.13%，它们分别与宏观经济预期增长率、企业的加权平均资本成本比较接近。该企业的预测期可以确定为 2××1~2××5年，2××6 年及以后各年为后续期。

表 8-17　ABC 公司的销售增长率和投资资本回报率

年份 项目	基期	2××1	2××2	2××3	2××4	2××5	2××6
销售增长率（%）	12.00	12.00	10.00	8.00	6.00	5.00	5.00
税后经营利润（万元）	36.96	41.40	45.54	49.18	52.13	54.74	57.47
投资资本（万元）	320.00	358.40	394.24	425.78	451.32	473.88	497.58
期初投资资本回报率（%）		12.94	12.71	12.47	12.24	12.13	12.13

这里应当注意的是，如果销售增长率与宏观经济预期增长率差别较大，或者投资资本回报率与资本成本差距较大，就需要找出公司长期保持竞争优势的原因（如核心竞争力、新建项目投产或通过收购迅速增加产能，且市场销售前景良好）。如果找不到原因和理由，就可能是预测数据或预测方法存在错误。

计算实体现金流量现值：用加权平均资本成本 12% 作为折现率对实体现金流量折现在稳定增长的后续期，现金流量增长率实际上与销售增长率相等，即后续期现金流量增长率也为 5%。

预测期现金流量现值 = $\sum$ 各期现金流量现值

= 58.11（万元）

后续期现值 = $\dfrac{现金流量_{t+1}}{资本成本 - 现金流量增长率}$ × 折现系数$_{t+1}$

= 32.18 ×（1+5%）(12%-5%) × 0.5674

= 482.70 × 0.5674 = 273.88（万元）

企业实体价值 = 预测期现金流量现值 + 后续期现值

= 58.11 + 273.88 = 331.99（万元）

企业股权价值 = 企业实体价值 - 净债务价值

= 331.99 - 96

= 235.99（万元）

（四）资产基础法估值的利弊分析

作为国内股权交易中经常使用的估值方法，资产基础法有利也有弊，在使用时需要多

加注意:①

1. 优势

成本法和账面净资产值直观、确定、容易理解，数据容易获取，对于熟悉财务报表的人来说容易把握。

资产基础法在评估过程中，分别对每一种资产估算其价值，将每一种资产对企业价值的贡献全面地反映出来，便于交易后评估各项资产对公司的价值贡献。

这种方法对于作为诉讼依据和争议解决是有用的。该方法便于解决企业解体和重大资产分割产生的纠纷。

这种方法获得的评估结果便于进行账务处理。

2. 劣势

采用成本法模糊了单项资产与整体资产的区别。凡整体性资产都具有综合获利能力，它由单项资产构成，却不是单项资产的简单加总，而是经过企业有效配置后作为一项独立的获利能力而存在。用成本法来评估，只能根据单项资产加总的价格而定，而不是评估它的获利能力。实际上，企业的各单项资产，需投入大量的人力资产以及规范的组织架构来进行正常的生产经营，成本法显然无法反映这种单项资产组织起来的无形增值，最终会产生遗漏。可以说，采用成本法确定的企业评估值，只包含了有形资产和可确指无形资产价值，作为不可确指的无形资产——商誉，却无法体现和反映出来。

采用成本法难以真实反映资产的经营效果，不能很好地体现资产评估的评价功能。

资产评估可以通过对资产未来的经营情况、收益能力的预测来评价资产的价值。而成本法是从投入的角度，即从资产构建的角度，而没有考虑资产的实际效能和企业运行效率。在这种情况下，无论其效益好坏，同类企业中只要原始投资额相同，则其评估值趋向一致。而且，效益差的企业的资产可能不是满负荷运转，甚至是不使用，其损耗低，成新率高，可能导致效益差的企业的评估值还会高于效益好的企业，违背客观事实。

表外资产难以完整、准确反映。会计上确认资产的标准与评估确认资产标准的差异，是评估现实性原则产生的基础，但往往由于现实性原则体现得不充分，使不能完整体现企业资产。从评估师的视角，会计上的费用性支出，是应当通过现实性处理原则体现的；对收益贡献的所有有形、无形资源，都应体现为企业的价值。但因会计核算原则的限制，而形成评估赖以估值的资产负债表，表外资产难以完整、准确反映。

难以全面地估算资产的经济性贬值。

以资产为基础的价值评估法及其使用的价值类型无法在以财务决策为目的的企业价值评估中运用：它缺乏资产未来收益的前瞻性，无法准确把握一个持续经营企业价值的整合效应。

基于上述原因，在以持续经营为前提对企业进行价值评估时，资产基础法一般不应当作为唯一使用的评估方法。资产评估师对同一评估对象采用多种评估方法时，应当对形成的各种初步价值结论进行分析，在综合考虑不同评估方法和初步价值结论的合理性及所使用数据

---

① 王永鑫. 并购中目标企业的价值评估研究［D］. 北京：中国财政科学研究所，2015.

的质量和数量的基础上，形成合理评估结论，避免产生评估价值与交易价格的过度分离。

三、相对估值法（市场法）

相对估值法是早期创业投资基金较常用的方法。初创阶段和成长早期企业的未来业绩不确定性较大，对这类企业的估值参考标准为相对估值乘数。传统的估值指标包括市盈率、市现率、市净率和市销率等。用相对估值法来评估目标企业价值的工作程序包括：第一，选定相当数量的可比案例或参照企业；第二，分析目标企业及参照企业的财务和业务特征，选择最接近目标企业的几家参照企业；第三，在参照企业的相对估值基础上，根据目标企业的特征调整指标，计算其定价区间。[①] 如表 8-18 所示。

表 8-18　相对估值法

模型	计算公式	应用
P/E （市盈率）	Price/EPS＝每股股价/每股税后利润	多适用于盈利稳定的公司和行业，如食品、投资品、石油石化、公用事业等
PEG （市盈率与增长比率）	PE/Growth ratio＝市盈率/增长率	适用于成长型公司，如医药、TMT 等行业
P/B （市净率）	Price/BVPS＝股价/每股净资产	适用于如银行、保险、钢铁、农林渔牧、采掘等
P/S （市销率）	Price/Sales＝股价/每股销售收入	适用于如服务业、零售业、传媒、交运、投资品等
EV/EBITDA （息税前利润）	EV/EBITDA＝企业价值/税息折旧及摊销前利润	适用于如电信运营商、化工、社服、食品饮料等

资料来源：根据相对估值法模型分类整理。

相对估值法是利用同行业或者类似业务的可比上市公司的已知市盈率（PE）、市净率（PB）、市销率（PS）、PEG 估值法来计算目标企业的估值。相对估值法利用"无套利定价原理"，即具有相同现金流或者相似现金流的企业的价格会相等，不会出现套利机会。相对估值法可以用以下公式来表示：

$$V_a = L_a \times \left(\frac{V_b}{L_b} \right) \qquad\qquad (8-22)$$

其中：V_a 表示标的资产市场价格；L_a 表示标的资产的比较指标；V_b 表示对比企业的市场价格；L_b 表示对比企业的比较指标；$\dfrac{V_b}{L_b}$ 表示估值乘数。

利用相对估值法估值，估值乘数的确定是关键。根据价值乘数标的资产比较指标的不同，价值乘数法有市盈率法、市净率法和市销率法等。下面分别对各价值乘数估值模型进

---

① 张耀丹. 市场法在企业价值评估中的应用研究 [D]. 昆明：云南大学，2019.

行分析。

（一）市盈率法（PE）

市盈率是指每股市价与每股收益之比，利用 PE 模型估值的基本公式如下：

目标企业的每股价值 = 可比企业的平均市盈率 × 目标企业的每股收益私募股权投资

如在生物医药企业的实际估值操作中，经常采用生物医药行业的平均市盈率作为可比企业的平均市盈率，将目标企业的 N 年目标利润乘以行业的平均市盈率作为行业总估值。[①]

所以，PE 法适用于连续盈利的生物医药企业估值，不适用初创期估值。

【例 8-8】M 企业为一新三板生物原料药医药生产企业，计划 2021 年申报中小板 IPO 材料，2022 年在中小板上市。假设私募股权投资 A 拟接其部分老股转让股权，具体情况如下：

材料申报时间：2021 年；预计上市时间：2022 年；2022 年预计净利润为 8730.48 万元。

假设 A 投资退出时间 5 年（2023 年退出），当前的注册资本为 11257.2726 万元，该次老股转让股数 11257.2726 万，该次老股转让价格 7.5 元/股，老股转让投资金额 6000 万（假设 800 万全部投资），定增发行股数 722 万股，IPO 融资 25% 股权 3752.4242 万股，考虑定增及 IPO 后的总股本 3752.4242 万元，IPO 后 A 投资 244 万股占股本稀释后比例 5.09%。

假设 2018～2022 年预计净利润分别为 3778.51 万元、4990.01 万元、6734.74 万元、8528.06 万元和 8730.48 万元。

另外，根据同花顺化学原料药行业分类，34 家上市公司中按照中小板共筛选出 7 家上市公司，近两年的平均 PE 倍数处于 40～60，则私募股权 A 对 M 企业的情景估值如表 8-19 所示。

表 8-19 私募股权投资 A 关于老股转让估值收益计算

	估值 PE	2023 年企业整体估值（万元）	投资金额（万元）	2023 年投资部分估值（万元）	5 年投资回报倍数年投	至 2023 年 IRR（%）
情景 1	40	349219.2		17775.26	2.96	24.26
情景 2	45	392871.6		19997.16	3.33	27.22
情景 3	50	436524		22219.07	3.7	29.93
情景 4	55	480176.4	6000	24440.98	4.07	32.43
情景 5	60	523828.8		26662.89	4.44	34.76
情景 6	65	567481.2		28884.79	4.81	36.93
情景 7	70	611133.6		31106.7	5.18	38.98

资料来源：根据相关资料整理。

---

① 徐博治，刘鹏扬，汪泽昕，等. 论企业成长性的市盈率、市净率和市售率股票（股权）估值方法 [J]. 中国市场，2022（11）：8-12.

市盈率法的优缺点。与其他方法相比，市盈率法的优点是：计算简单，容易从股票市场上获得相关数据；便于比较，直接确定企业的价值。但是应用市盈率法的前提是资本市场比较发达，市场越发达，企业的评估价值就越准确。如果市场发育不充分，就很难找到参照企业。而且在一定程度上，一家企业的市盈率并不能反映该企业的目前业绩或未来业绩，而更多反映的是投资者对投资市场的未来前景的信心。所以，使用市盈率法对被评估企业价值的准确性有一定的影响。

（二）市净率法（PB）

市净率是指每股市价与每股净资产之比，利用 PB 模型估值的基本公式如下：

目标企业的每股价值＝可比企业的平均市净率×目标企业的每股净资产

PB 法适用于拥有大量资产且净资产为正的医药企业估值，这种情况多以产业链上的收购为主。私募股权投资很少投资净资产过高而没有收入的生物医药企业。例如，A 医药研发企业拥有好的技术但缺乏生产厂房，为了尽快达到生产销售的目的，寻找到某制药公司 B 公司，其集团股东以房地产经营为主业，由于制药板块缺乏核心产品连连亏损，集团现拟战略性放弃该板块，而 B 公司前期投资巨额的资金建成 GMP 生产基地。所以，A 医药收购 B 制药公司时通过核实 B 企业的净资产采取 PB 法更合适。[①]

（三）市销率法

市销率是指每股市价与每股销售收入之比，利用 PS 模型估值的基本公式如下：

目标企业的每股价值＝可比企业的平均市销率×目标企业的每股销售收入

PS 法适用于销售成本率较低的服务类企业及销售成本率接近的传统行业企业估值，所以，私募股权投资在对生物医药企业估值时一般不会利用该方法。[②]

（四）PEG 估值法

PEG 是 PE to Growth 的简称，将市盈率和企业成长性结合起来对公司估值，弥补了市盈率估值忽视成长性的缺点。PEG 的计算公式如下：

$$PEG = PE/Gf \tag{8-23}$$

其中，PE 代表公司市盈率，Gf 为预测未来每股收益增长率。PEG 估值方法要求至少对未来 3~5 年的业绩做出详细预测，业绩预测结果越精准，PEG 估值结果越可靠。当 PEG>1 时，一般认为股票被高估；当 PEG<1 时，认为股票被低估。PEG 估值法主要适用于对成长型行业的企业进行估值。[③]

（五）参考企业比较法和并购案例比较法

参考企业比较法和并购案例比较法通过对比与被评估企业处于同一或类似行业和地位的标杆对象，获取其财务和经营数据进行分析，乘以适当的价值比率或经济指标，从而得

---

① 江北. 市盈率与市净率宏观预测能力的比较研究 [D]. 上海：上海交通大学，2014.

② 林妍. 我国科创板上市公司市场价值评估分析 [J]. 会计之友，2020（23）：140-143.

③ 万乃嘉. 股票买方估值模型的去未来化与逻辑检验——以 PEG 估值法为例 [J]. 湖北第二师范学院学报，2020，37（3）：46-50.

出评估对象价值。[①]

但是在现实中，很难找到一个跟被评估企业具有相同风险和相同结构的标杆对象，因此，参考企业比较法和并购案例比较法一般都会按照多重维度对企业价值表现的不同方面进行拆分，并根据每一部分与整体价值的相关性强弱确定权重。

四、估值的溢价和折价

通过上面的介绍我们可以发现，每种估值方法都是建立在不同的标准之上，被评估的股权是否含有控制权、可变现程度、参数的选取是否合理等因素都会影响股权的最终评估价值。所以，估值的结果需要进行溢价或折价调整，才能相对接近目标股权的真实价值。我们可以对上述三种估值方法进行列表回顾（见表 8-20）。

表 8-20 收益法、相对估值法、成本法

收益法	相对估值法	成本法
公司的大部分价值源自它的经营业绩	有足够数量的与目标公司类似的可比公司	公司拥有大量的有形资产
有正向收益或现金流	对标的公司与目标公司所处环境类似，有可比性	公司经营几乎无法带来价值
无形资产价值很大	能够获得充足的可比公司数据	资产负债表包括了它的大部分有形资产
公司风险可以通过回报率精确计量	估值倍数能够充分反映截至评估基准日的市场条件和价格	有可能准确评估公司资产的价值
通过预测，可以准确评估公司未来业绩	目标公司规模足够大，能更好地与相对估值法中所用的类比公司进行比较	所评估的所有者权益拥有控制权或能获得相关资产的价值

对表 8-20 进行简单总结：收益法的估值基础是未来回报率的贴现；相对估值法的估值基础是公开市场、公平交易中为取得股权权益而支付的价格；成本法的估值基础是假设目标公司会出售各项资产所能带来的公允市场价值。因此，在使用每种方法进行评估时，需要特别关注每种方法是如何考量评估所需的关键变量，要识别因被某种方法忽视或者考虑不当而给股权估值带来影响的重要因素。下面我们简单讨论对估值结果带来影响的因素。

（一）控制权溢价

股东权益的价值并不必然等于股东全部权益价值与股权比例的乘积，应当考虑由于控股权和少数股权等因素产生的溢价或折价。控制权不仅指持股比例超过50%时的绝对控制权，也包括虽然未超过50%，但在所有权益结构中属于最大份额股东情况下，对公司拥有

---

① 刘晓莹. 基于市场法的 H 路桥集团公司价值评估研究 [D]. 长沙：湖南大学，2014.

的某些控制权（重大决策、影响董事会及其人选等）。[1]

在美国，有一项每年都要做的研究，内容是上市公司股价的比较研究，即收购公告发布之前上市公司股票的非控制权价格，与上市公司控制权收购后的股票价格的比较研究，这种比较研究的结果就是控制权溢价的推导来源。因为上市公司必须向 SEC（美国证券交易委员会）报告这类交易的结果，所以，可以得到用于查阅和分析的相关数据。

无论是哪种类型的控制权，都会给控股股东带来一些收益，包括货币性收益和非货币性收益。前者比如控制上市公司进行过度融资、关联交易等，后者比如控制公司进行灵活的经营安排等。正常的股权估值结果，不能反映因控制权利益而带来的上述价值增值，因此，需要增加一个控制权溢价来反映这个增值部分。

国内股权交易中，有关控制权溢价的比较，数据来源相对较少，尤其对于非上市公司，更多情况下是依据交易双方的谈判地位、购买方的战略需要等因素进行确定。

（二）非控制权折价

根据控制权溢价的研究结论或者谈判结果，就可以推导出缺乏控制权的折价率。在没有公开市场数据时，需要谈判双方直接计算折价率，该折价率反映了因缺乏控制权而导致的股权价值减值。这一折价通常用于缺乏控制权的少数股东权益的交易。

（三）流动性折价

流动性折价反映了因不能将所有者权益快速变现而导致的价值减损。通常情况下，这种折价也与缺乏控制权有关。对于流动性折价的研究，通常也是来自市场公开数据，在没有公开数据的情况下，大多数是由交易双方依据各自的交易目的谈判而得出折价率。对于因流动性而折价的公开数据，最常见的来源是限售股研究报告。限售股是根据监管要求，在一定期限内不得公开上市流通的股票，限售期限因不同类型股票、不同国家的证券市场而有差异。这类股票虽然不能公开交易，但不妨碍通过变通形式进行私下交易，但买家仍然面临一定期限内的限售问题，因此，他们只愿意为无法及时变现的股票支付一个折扣后的价格。研究结果和实践操作表明，因缺乏流动性而给予的折价幅度，将随着限售期的缩短而降低，直至为零。这一事实也表明：市场对可变现具有强烈的需求，变现相关的流动性也跟持有风险相关，因此，在股权估值结果的基础上，给予相应的流动性折价对交易各方而言也是公平的。[2]

对于上述溢价和折价调整，在某些情况下将会产生乘数效应，而不是简单相加的过程。例如，如果最初确定的具有控制权的某项股权，其可变现价值是 1000 万元，因缺乏控制权而给予的折价率是 20%，因缺乏流动性而给予的折价率是 30%，那么最终的估值调整结论将会不同。如表 8-21 所示。

① 洪正，袁齐. 高控制权溢价是否提升公司债务融资成本 [J]. 华南金融研究，2018，33（5）：82-94.
② 傅媛. 中小板公司并购中股份流动性折价研究 [D]. 北京：北京交通大学，2014.

表 8-21 非控制权折价与流动性折价对估值影响统计

最初确定的包含控制权的可变现价值	1000 万元
20%缺乏控制权折价率运用	（1%~20%）
	800 万元
30%流动性折价率的运用	（1%~30%）
调整后非控制权的可变现价值	560 万元

（四）控制权溢价及非流动性折价[①]

现金流贴现计算的是未来收获的投资回报。

现金流贴现=未来现金流×［1/（1+贴现率）n 年数］

根据这一公式可以计算出总的当前价值P₀。

然后再计算永久价值。

永久价值=［第 5 年或第 10 年的现金流×（1+预期增长率）］/（贴现率-预期增长率）。

需要注意的是，这里的预期增长率不是现金流增长率，而是公司的长期增长率。然后根据现金流贴现的计算公式计算这个永久价值贴现到第 0 年的结果Pₙ。将P₀和Pₙ相加，得出公司总的现值。

在对创业公司进行贴现现金流估值时，还需要考虑溢价和折价等关键因素。溢价来自控制权，控制权是能产生价值的。

上市公司的融资通常只涉及股权交易，而创业公司的融资却常常伴随着控制权的转移。如果创业公司管理较差，投资者可以利用控制权来更换管理层以提升财务表现，这就是所谓的控制权溢价。

上市公司股权交易的成本几乎为零，而创业公司的融资则需要投入大量的资源和时间，贴现现金流估值法应该将这部分成本考虑进去。

市场通常会给创业公司 20%~30%的非流动性折价。如果贴现现金流法运用合理，将会是非常强大的工具。不过，现金流增长率或者贴现率的任何微小改变都会造成估值的极大变动。

在谈判时，大部分投资者在初始阶段就会针对公司未来增长的假设进行攻击。创业者如果能够认识到哪些东西是高度可预测的，哪些东西具有较强的不确定性，将可以更好地与投资者谈判并获得更好的估值。

五、互联网企业常见估值法：用户数、流水

目前，互联网企业并购呈现爆炸式增长，但互联网企业估值仍处于探索阶段。对于互联网企业的常见估值方法需要从两个方面着手：用户数和流水。

---

① 朱琪.上市企业并购重组中控制权溢价及其影响因素研究［D］.北京：首都经济贸易大学，2021.

【案例】智明星通游戏

智明星通游戏营业收入预测方法为：游戏流水＝付费用户数×付费玩家月均消费值＝活跃用户数×付费率。

游戏推出后，付费用户在测试期、成长期增长速度较快，并逐渐将游戏营业收入推到高点，此后若能维持高流水的用户推广量，就能维持相对较平稳的收入，直到游戏进入衰退期，付费用户数量开始下降，并最终退出运营。互联网产业的创新模式频出，企业发展周期短、更替速度快，且企业变化幅度较大，这使得互联网企业的估值难度大，并使得评估机构难以参与到互联网企业估值的工作之中。因此，与一般企业的估值方法不同，互联网企业的估值方法需要不断摸索与创新，而用户数、流水这种估值方法便是近年来较为完善的互联网企业估值方法之一。

六、股权定向增发模式下的发行定价

股权定向增发模式下的发行定价直接关系着发行公司、认购投资者和其他投资者三方的利益。过高的定价能够帮助发行公司募集更多资金，也可能向市场传递更正面的信息，但是却意味着认购投资者需要付出更高的成本。过低的定价显然利于认购投资者，而发行公司和其他投资者利益则可能会受到损失。[①]

股权价格的定价方式包括折现法、市场比较法和询价法。我国对股权定向增发的发行价格做了比较明确的规定，即基准日平均价格的90%以上。在允许的范围内，发行价格遵循市场自由定价的原则。在自由定价的前提下，发行价格与发行主体公司的信息环境特征以及公司控股股东行为等因素有关。而对这些因素产生影响的资本市场参与者则间接影响发行价格。

基于股权定价理论，定价方法可以分为三类：第一类是折现法，主要是将公司未来收益等财务指标折现至发行日的方法来定价。包括股利折现法、现金流折现法、剩余收益估值法。折现法存在的问题在于需要对折现率进行估算，但现实上这是比较困难的操作。第二类是市场比较法，即使用市场上与发行公司相近的上市公司股价来估计发行价格。包括采用配对公司价格定价、采用历史价格定价。市场比较法的主要问题在于能否找到完全匹配的上市公司，即收益和风险相似的上市公司。第三类是询价法，这种方法是股权发行实践中常用的定价方法。包括上网竞价法、网上累计投标询价法。询价法需要建立在其他定价法基础之上，询价实际是在使用其他定价法确定发行价格区间后，进一步缩小这个区间。

第一类，折现法。由于股权是股权投资者对上市公司未来剩余收益的索取权，因此可以通过计算公司未来剩余收益等财务指标在发行之日的现值的方法来定价。

第二类，市场比较法。可为定价的目标公司匹配与之相似度较高的已上市公司，使用匹配公司的股票价格作为其定价；对于再融资股权的价格，根据《上市公司证券发行管理办法》《上市公司非公开发行股票实施细则》的规定使用增发日前期股价作为定价参考。

---

① 吴井峰．股权定向增发的融资模式研究［D］．长春：吉林大学，2016.

第三类，询价法。即对潜在的股权投资者进行询价，从众多反馈中确定股权的参考价格区间。

下面，分别对三类定价方法进行详细的介绍。

（一）折现法

1. 股利折现法（Dividend Discount Model，DDM）[1]

股权投资者持有上市公司股权，对公司未来剩余收益享有索取权，从上市公司持续获得现金股利。因此，根据这一特点，假设公司无限期存续，股权的价值就等于未来现金股利折现之和。

股利折现法是一种思路直观且计算简便的股权定价方式，但是在实践中的操作存在一定困难，由于更长期的股利是不可预知的。因此，为了方便计算，股利折现法通常假设公司股利在长期里，或者至少在一段时期里按照固定的增长率进行增长。但是，这种假设对于大多数公司而言，尤其是处于上市初期的公司，财务状况不稳定，股利很难做到按照固定增长率进行增长。因此，股利折现法所计算得到的股权价格与真实价格之间有一定差距。

上述计算困难在于股利增长率的不确定性，另一个严重的问题在于公司如果不发放现金股利，怎样计算股价？以我国上市公司为例，在上市的若干年内均不进行现金分红，对于这样的公司，其以后从哪年进行分红，股利比率多少等问题都不得而知，因此也就无法利用股利折现法来计算其股权价格。

2. 现金流折现法（Discounted Cash Flow，DCF）[2]

现金流折现法与股利折现法的思想类似，可以说股利折现法是现金流折现法的一种。其思想是，投资者对一家公司投资的回报是公司在未来获取的现金流净额的折现值之和，因而股权价格可以采用折现公司未来现金流的方式计算得到。虽然现金流折现法也是一种简单直观的股权定价方式，但是同股利折现法一样，其实践困难在于对现金流的预测方面。不同于应收账款、利润等会计数据，现金流量的波动更大，因此对现金流量的预测更加困难。

3. 剩余收益估值法（Residual Income Valuation Model，RIM）[3]

上市公司剩余收益是指超过正常收益的利润，即公司净利润减去股东所要求的报酬之后剩余的部分。从数学角度看就是净利润减去资本成本，但是这一资本成本是经过调整后的账面资本成本，其中调整依据是考虑会计账目未反应但是实际存在的机会成本。得到剩余收益后，股权价格就等于股东权益的账面价值加上未来剩余收益折现值之和。剩余收益估值法的计算依靠会计数据，但是由于会计信息容易被上市公司操纵造假，尤其是内部控制缺失的公司的会计信息更容易被造假，外部对其股权价格进行准确估计的难度就更大。

对于上述三种折现法，在实践操作中除了上述各自存在的问题外，三种方法还面临一个共同的问题，即对折现率的估算问题。折现率不能单纯地使用无风险利率或者债券收益率，因为股票与债券等产品的风险存在较大差异，而对于未上市公司，其股票收益率无法

①②③ Ross S A，Wester field R W，Jeffe J F. Corporate Finance：6th Edition ［M］. Columbus：Mc Graw-Hill，2002.

得知，因而没有现成的折现率可用。一个替代办法是使用与该公司相似的其他已上市公司的股票收益率作为折现率进行模拟估计。

（二）市场比较法

1. 采用配对公司价格定价[①]

对于首次发行上市的公司，可以根据已上市且与之相似的其他上市公司的价格，或其他相似的若干公司的平均股价来确定其股权价格。这一方法得以实行的关键在于一价定律的假设，即对于相似的公司股票，投资者的看法应该相似，其价格也就应该相似。这就要求市场是有效的，理性的投资者对于公司股票的偏好仅依赖于公司风险的差异，而非公司名称等的差异。

在实际应用中，相似的含义包括所处宏观环境相似、所处行业环境相似以及公司特征相似。对于同属于国内的公司，宏观环境可被认为是相似的，但是各公司与经济周期的关系却是存在差异的；此外，行业环境相似要求同属于一个行业，根据前两种环境，相似公司应在同一行业中进行寻找，这样能够同时控制住宏观环境和行业环境因素的影响。公司特征相似具体包括公司所处的发展阶段、公司规模、公司财务状况等因素相似。

使用这种方式对股权定价面临两个主要问题：一是有时无法找到精确的配对公司，如同一行业内的各公司竞争力可能存在差异，所处发展阶段可能存在差异；或者，有的公司所在行业无上市公司，其就更难找到相似的配对公司。二是市场的非有效性。尤其是在我国这样的新兴资本市场中，市场被证明是弱有效的，投资者不理性因素占主要地位，对于即便是特征和风险相似的两家上市公司，股票价格也存在较大差异。赵静梅和吴风云（2009）对上海证券交易所上市股票的研究发现，相对于股票代码尾数不是 8 的股票，股票代码尾数为 8 的股票的市盈率在上市当日及后 12 个月内都最高。[②]

这一直接证据证伪了我国股票市场有效以及投资者理性的假设。

2. 采用历史价格定价。[③]

对于已上市公司进行股权再融资时，可以使用其历史股权价格进行定价。由于持续经营假设，上市公司在一定时期内的经营环境和公司特征不可能发生显著变化，因而可以使用历史的市场信息对当前股权进行定价。这种方式可以被看作配对公司定价方法的一种特例，即配对公司为历史上的本身。但是这种方式只对股权有历史交易数据的公司适用。

（三）询价法

询价法是一种股权发行实践中常用的定价方法，这种方式通常建立在上述两种方式基础之上，即通过其他方式确定价格区间或者价格底线，再通过向投资者征询价格的方式缩小发行价格区间或者直接确定发行价格。询价法又包括上网竞价法和网上累计投标询价法。[④]

---

①③ Ross S A, Wester field R W, Jeffe J F. Corporate Finance：6th Edition ［M］. Columbus：Mc Graw-Hill, 2002.

② 赵静梅，吴风云. 数字崇拜下的金融资产价格异象 ［J］. 经济研究，2009（6）：129-141.

④ 方净植. 注册制下新股破发的警醒 ［J］. 中国金融，2022（16）：71-72.

1. 上网竞价法

即通过网上交易系统以竞标的方式确定价格。具体操作流程：股权发行人与股票发行主承销商利用股票交易系统，以主承销商作为股票的卖方，由于是发行过程，因此该卖方是唯一的，且该次卖方的报价为发行人宣布的发行底价，卖出数量为发行的总股数。

主承销商在股票交易系统中报出上述交易后，投资者就可以在规定的时间内通过竞价的方式委托申购，发行人和主承销商最终以价格优先的原则确定发行价格并发行股票。

发行人和主承销商报出的发行底价通常是由前述两种方法确定下来的发行价格，如使用股利贴现法或者历史数据法来确定发行底价。因此，上网竞价法是建立在其他定价法的基础之上，通过实践方法形成满足市场需求的价格。虽然上网询价法的优势在于其确定的价格能够体现股票市场对该股的需求，但是该方法使得价格容易被少数大投资者操纵，因而使最终确定的价格事与愿违，与股票发行人和主承销商的初衷相悖。因此，在《新股发行上网竞价方式指导意见》（以下简称《指导意见》）中，证监会规定了上网竞价发行必须遵循"三公"（公开、公平、公正）原则，并明确制止少数机构、个人利用资金优势或者合谋方式操纵发行价格。《指导意见》还建议数额较少（如 1 亿股以下）的发行不使用上网竞价法，这也在一定程度上降低了投资者操纵发行价格的可能性。

2. 网上累计投标询价法

网上累计投标询价法与上网竞价法的操作流程相似，即主承销商作为将被发行股票的唯一卖家，投资者利用股票交易系统在规定的时间内足额缴纳预缴款并进行申购。最终的卖出价为根据网上累计投标询价结果确定的发行价格，在询价区间之外的申购为无效申购，最终不能够参与认购本次发行的股票。投资者缴纳足额的预交款是根据发行公告规定的申购价格乘以申购数量来计算。

通过网上累计投标询价法来确定发行价格需要遵循一个要求，即发行价格要根据申购总量和发行量对比情况来确定。如果申购总量低于或等于发行量，则发行价格为询价区间的下限，投资者按此下限价格购得申购的股份，余下的部分由承销商包销。如果发行量低于申购总量，且申购总量低于认购数量的 N 倍，则仍然以询价区间的下限作为发行价格，而投资者是否购得股份，以及购得多少股份需要根据摇号抽签的方式来确定。如果申购总量超过超额认购数量的 N 倍，则从申购最高价格开始逐笔向下累计计算，直到申购总量低于或等于超额认购的 N 倍为止，该价格则为发行价格，投资者购得股份仍然采用摇号抽签的方式决定。如果上述方式无法使申购总量低于或等于超额认购的 N 倍，则使用询价区间的上限作为发行价格，投资者购得股份也同样采用摇号抽签的方式决定。超额认购 N 倍中的 N 由发行人和主承销商在发行公告中确定。

七、普通股的估价

（一）普通股估价的基本公式

股票价格是市场供求关系的结果，不一定反映该股票的真正价值，而股票的内在价值应该在股份公司持续经营中体现。因此，公司股票的价值是由公司逐年发放的股利所决定的，而股利多少与公司的经营业绩密切相关。说到底，股票的内在价值是由公司的业绩决定的。通过研究一家公司的内在价值而指导投资或股权融资决策，这就是普通股股票估价模型的现实应用意义。

股票带给持有人的现金流入包括两部分，股利收入和出售时的售价。股票的内在价值由一系列的股利和将来出售时售价的现值所构成。

如果股东永远持有这个股票，那么他只获得股利，是一个永续的现金流入。那么，逐年从公司获得的股利的现金流入的现值就是这个股票的价值，即股票的内在价值等于其逐年期股利的现值之和，其基本公式如下：

$$P_0 = \sum_{t=1}^{\infty} \frac{D_t}{(1+k)^t} \tag{8-24}$$

式（8-24）中，P_0 是每股股票的内在价值，D_t 是第 t 年每股股票股利的期望值，k 是股票的期望收益率。

上述对股票内在价值进行估价的方法称为股利贴现模型（DDM）。根据一些特别的股利发放方式，DDM 模型还有以下几种简化公式。[①]

（二）零增长股利的股票估价

假定股利增长率为零，未来各期股利按固定数额发放，则股价计算公式为：

$$P_0 = \frac{D_0}{k} \tag{8-25}$$

式（8-25）中，P_0 为公司价值，D_0 为当期股利，k 为投资者要求的投资回报率、市场资本报酬率或资本成本。

例如，假定持有期为 1 年，A 公司的股票预期的每股股利为 5 美元，假定风险调整贴现率（投资者要求的投资回报率）为每年 15%，则 A 公司的股票价格为：

$$P_0 = \frac{5}{15\%} = 33.33 \text{（美元）}$$

（三）稳定增长股利的股票估价

假定某公司股票的股利按照固定的增长率 g 增长，则永续股利现金流的现值，也即公司股票价格的计算公式为：

$$P_0 = \frac{D_1}{k-g} \tag{8-26}$$

注意，此处的 D 为下一期的股利，而非当期股利。

【例 8-9】假定市场资本报酬率为 15%，平稳发展公司的每股股利预期为每年增长 10%，该公司的未来股利的预期现金流为：$D_1 = 5$，$D_2 = 5.5$，$D_3 = 6.05$…把该平稳发展公司的数据代入式（8-26），得到该公司股票价格为：

$$P_0 = \frac{5}{0.15-0.10} = 100 \text{（美元）}$$

---

① 支毅敏.基于现金流估值模型的股票估值研究［D］.南宁：广西大学，2018.

稳定增长股利贴现模型的内涵如下：

其一，如果预期增长率为零，则估价公式简化为永续年金现值公式。

其二，假定D_1和k保持不变，则g越大，股票的价格越大。但在理论上当g趋近于k时，股价趋向于无限。所以，只有当股利的预期增长率g小于市场资本报酬率时，该模型才是有效的。

其三，只要股利稳定增长，股票价格每年的上涨比率等于股利稳定增长率g：

$$\frac{p_1-p_0}{p_0}=\frac{p_0\left(1+g\right)-p_0}{p_0}=g \tag{8-27}$$

如上例中A公司的每股股利每年增长10%，股票价格的增值也为每年10%。

（四）二段、三段、多段增长股利的股票估价

在现实中，有的公司的股利是不固定的。例如，在一段时间里以增长率g_1高速增长，在另一段时间里以正常固定增长率g_2稳定增长或者零增长。在这种情况下，就要分段计算。

【例8-10】某投资机构持有ABC公司股票，该机构的投资必要报酬率为15%。预计ABC公司未来3年股利将以20%高速增长，此后转为12%正常增长。公司最近（上年）支付的股利为2美元，计算该公司的股票内在价值。

首先，计算出非正常增长期的股利现值，如表8-22所示。

表8-22 某投资机构非正常增长期的股利现值计算

单位：美元

年数＼项目	上年每股股利	股利增长率（g）（%）	当年股利（R_t）	现值系数（15%）	现值（P_t）
1	2	20	2.4	0.870	2.088
2	2.4	20	2.88	0.756	2.177
3	2.88	20	3.456	0.658	2.274
合计（3年股利的现值）					6.539

其次，计算第3年年底的普通股内在价值：

$$P_3=\frac{D_4}{k-g}=\frac{D_3\left(1+g\right)}{k-g}$$

$$=\left(3.456\times1.12\right)\div\left(0.15-0.12\right)$$

$$=129.02（美元）$$

计算其现值：

$$PVP_3=129.02\times\left(P/F_{15\%,3}\right)$$

$$=129.02\times0.6575$$

$$=84.831（美元）$$

最后，计算股票目前的内在价值：

P=6.539+84.831

=91.37（美元）

（五）未来盈利与投资机会的评估

运用现金流贴现方法进行普通股股票估值的第二种方法，是评估未来的盈利和投资机会。这种方法关注的核心因素不是股利，而是盈利能力以及投资机会。

假设不发行新股，那么股利增长与盈利留存和投资收益的关系是：

增长公司的股利增长率 g=盈利留存率×净投资的收益率　　　　　　　　　　（8-28）

根据公式：股利=盈利-新的净投资，得出股票价值的总公式为：

$$P_0=\sum_{t=1}^{\infty}\frac{D_t}{(1+k)^t}$$

$$=\sum_{t=1}^{\infty}\frac{E_t}{(1+k)^t}-\sum_{t=1}^{\infty}\frac{I_t}{(1+k)^t}　　　　　　　　　　（8-29）$$

式（8-29）中，E_t 是第 t 年的盈利，I_t 是第 t 年的净投资。

式（8-29）表明，公司的价值等于它未来预期盈利的现值减去被公司用于再投资的盈利即新的净投资的现值。如果仅用公司未来预期盈利的现值来计算公司的价值，就会高估或低估公司价值，这是因为新的净投资额可能为正，也可能为负。

【例8-11】B 公司是一家零增长的公司，其每股股利为 15 美元。B 公司每年的投资额正好补充被消耗的生产能力，也就是说它每年的净投资额为零。假定 B 公司每年都把盈利分给股东作股利，而且股利每年保持不变。如果资本化报酬率为每年 15%，零增长公司的股票价格应为 100 美元，即

P_0=15÷0.15=100（美元）

【例8-12】假定增长公司 A 与零增长公司 B，两者最初的盈利相同，但增长公司 A 每年把 60% 的盈利用于新的投资项目，这些投资项目的收益率为 20%（比每年 15% 的市场资本报酬率高 5 个百分点），估算其股价。

开始时增长公司 A 的股利会低于零增长公司 B 的股利，因为增长公司 A 每年分配的股利不是 15 美元，而是 15 美元的 40%，即每股 6 美元，其余的 9 美元用于再投资，以获得 20% 的盈利。

尽管开始时增长公司 A 的每股股利会低于零增长公司 B，但它的股利会随着时间的推移而增加，而且增长公司 A 现在的股价也会高于零增长公司 B，证明如下：

根据式（8-28）可得：

g=60%×20%=12%

按照稳定增长股利型的股票估价公式可得出增长公司 A 的股价：

$$P_0=\frac{D_1}{k-g}=6÷（0.15-0.12）=200（美元）$$

增长公司 A 的股票价格高于零增长公司 B 的原因并不在于增长本身，而在于新投资项

目的收益率高于市场资本报酬率：再投资的收益率为每年20%，而市场资本报酬率只有每年15%。

如果再投资的收益率与市场资本报酬率相同（均为15%），按照上式计算，则A公司与B公司的股价相等：

$$g = 60\% \times 15\% = 9\%$$

$$P_0 = \frac{D_1}{k-g} = 6 \div (0.15 - 0.09) = 100 （美元）$$

这是由于A公司后来增长的股利与开始减少的股利正好抵消了。

（六）企业实体价值与股权价值的关系

企业全部资产的总体价值称为"企业实体价值"。企业实体价值与股权价值的关系如下：

企业实体价值＝股权价值＋净债务价值　　　　　　　　　　　　　　　　（8-30）

式（8-30）中，股权价值是股权的公平市场价值，净债务价值是债务的公平市场价值。大多数企业并购是以购买股权的形式进行的，因此评估的最终目标和双方谈判的焦点是卖方的股权价值。

买方的实际收购成本＝股权购买成本＋承接的全部债务

八、企业实施股权激励的估值方法

在股权激励的实操中，股权的定价是个关键因素，定价太高，激励对象买不起；定价太低，公司股权激励成本太高。影响公司股权定价的核心是公司的估值和股权激励其他要素，以下介绍企业实施股权激励的估值方法。

估值的背后是公司的实际价值和股权价值的体现。公司的估值，也就决定了企业在授予员工股权时的价格。企业做股权激励不同于对外部吸引投资者的逻辑，所以一般可采用的方式，建议有以下七种：[①]

（一）以注册资本金为参照

当公司的注册资本金等于或者略小于其净资产时，公司可以选择以注册资本为基准确定公司的基础估值，从而确定股权激励授予的价格。

公司注册资本金略小于其净资产时，以注册资本金为基准确定股价可以兼顾现有股东和激励对象的利益，双方都有积极性实施股权激励。

（二）以净资产为参照

首先对公司的每项资产进行评估，得出每项资产的公允市场价值，其次将各类资产的价值进行加总，得出公司的总资产价值，最后减去各类负债的公允市场价值总和，就得到公司股权的公允市场价值。

用公允市场价格除去公司总股本，就得到股权激励授予时的公平价格。即公平价格＝

---

① 李苗，扈文秀. 股权激励，高管货币报酬与盈余管理的实证 [J]. 统计与决策，2020，36（13）：159-161.

公司股权的公允市场价值/公司总股本。

（三）以净利润为参照

净现金流折现法是资本投资和资本预算的基本模型，被看作企业估值定价在理论上最有成效的模型，又称获利还原法，是把企业整个寿命周期内的现金流量以货币的时间价值为贴现率，据此计算出公司净现值，并按照一定的折扣比例折算来确定公司的股票价格。

使用这种方法的要点：一是要科学合理地预测企业未来存续期间各年度的现金流量；二是找出一种对各方都合理的公允折现率。折现率的大小取决于未来的现金流量的风险，风险越大，要求的折现率就越高；风险越小，要求的折现率就越低。

（四）以销售额为参照

把公司连续三年的平均销售额作为公司的估值也是可以的。如果公司的财务净利润、净资产不是太清晰或者核算不准确，也可以参照销售额的估值方式，这个数据是全体员工都能显而易见的。

（五）以资本市场估值为参照

这种方法实际上就是相对业绩评价在股权定价中的应用，主要思想是在定价过程中，一定要找几家同行业具有可比性的上市公司或挂牌公司进行比较，从而算出本公司的股份价格。相对于其他几种方法来说，这种方法更加客观和准确。

（六）以原有股东转让或增资的价格为参照

如果公司在实施股权激励的时候，刚好近期有过股东股权的转让或者进行过增资，那么可以参照这时股东转让的价格，或者增资时的价格，来做一个参考。

（七）结合各定价因素综合确定

如果公司发展时间长，情况比较复杂，也可以综合以上定价因素、行业发展前景、外部经济环境等确定授予股权的价格。

以上各种公司估值的方式，具体使用起来，还是要结合公司的实际情况，以及发展阶段，不可盲目的使用。

公司估值确定好，就是确定股权的价格，也就是每股多少钱，一般初期公司做股权激励的时候，会采用公司估值=公司总股本，即当下股权的价格，为每股1元。

假设公司的估值为1000万元，则公司的总股本可以设置为1000万股。在对员工进行股权激励时，股权的价格可以在1元以内进行打折，比如0.8、0.5，具体要看公司的实际情况。或者采用员工买一赠一、买三赠一等方法。

相当于确定了公司的实际价值和每股价格，而员工在实际行权或者获得股权的价格时，是可以有一定的折扣的，这样也能起到一定的激励性。

正确估值的背后，是让员工从市场的角度正确认识股权的价值，认知到公司的价值，从而能够更激励参与公司的激励，能够在获得股权后，更加努力成为一个合格的股东。

九、常用估值方法的适用性分析

按照企业生命周期理论，企业可以分为初创期、成长期、成熟期和衰退期四个阶段。对 PE 机构而言，投资的目标企业是能够通过持有其股权而获得增值的，而衰退期的企业显然不在其投资的范围内。由于处于不同生命周期的企业所具有的特点不同，估值时所采用的方法也不同。[①] 以下就处在前三个阶段的企业的特点进行分析，找到适合的估值方法。

（一）不同发展阶段企业估值方法的选择

1. 初创期企业

初创期企业大都具有收入较少、现金流不稳定、企业亏损等特点，而且商业模式刚成型，存在较多问题，未来发展风险较大。但此类企业常常拥有新兴技术或新兴模式，未来发展潜力巨大，因此，获得投资的初创期企业大都是以高科技创新型企业为主。对于该类企业的估值应该从两个方面进行，一方面对于企业拥有的净资产进行评估，采用资产评估法，一般按照资产的账面价值进行估值，如账面价值的估值有失公允，也可采用重置成本进行估值；另一方面对于企业拥有的技术专利等核心无形资产的评估，由于这些无形资产具有明显期权的特征，可以采用期权法进行估值。同时，估值还可以参考企业最近融资的估值情况，首先应判断最近融资价格的合理性；其次应当充分考虑企业所处行业发展变化情况对企业自身的影响。

2. 成长期企业

处于成长期的企业大都占有一定的市场份额，有较稳定的收入，经营模式进行了改善，具有一定的盈利能力。随着企业进入成长期，企业的产品已经过市场的检验，被市场接受，能够占有一定市场，公司的商业模式也逐渐完善，开始具有行业的特点。公司的收入、利润等财务指标已具备与同行业企业对比分析的基础，因此，对成长期的企业进行估值，可采用市场法，选取市盈率、市净率、市销率等倍数进行估值分析。同时，成长期的企业具备了盈利能力，开始形成稳定的现金流，且能够合理预测未来现金流量，故也可以采用现金流贴现法进行估值。

3. 成熟期企业

进入成熟期的企业通常市场份额稳定，收入增长变缓，商业模式成熟，盈利水平更稳定，管理更规范，预测未来数据更准确。因此，可以采用市场法和现金流贴现法对成熟期企业进行估值。

综上所述，对于处在不同发展阶段的企业进行估值，结合其发展阶段的特点，采用合适的估值方法，[②] 具体情况如表 8-23 所示。

---

① 李应楠. 中医药行业上市公司价值评估方法适用性研究 [D]. 上海：东华大学，2019.
② 郑征，朱武祥. 高科技企业生命周期估值方法选择与风险管理策略 [J]. 中国资产评估，2019 (7)：4-12.

表8-23　不同发展阶段企业估值方法的选择

公司	资产评估法	现金流量折现法	市场法	期权定价法
初创期	√			√
成长期		√	√	
成熟期		√	√	

（二）股权投资中企业估值的影响因素

企业估值是以一定的假设条件为前提，随着不断发展，企业面对的内外部环境不断发生变化，造成假设前提变化进而影响估值结果。西方发达国家对私募股权投资的研究较为深入，通过多样统计和个案研究的方式，确定私募股权投资中影响企业估值的因素。翁媛媛（2011）通过对已有研究成果的整理归纳，总结影响企业估值的主要因素，[①] 具体如表8-24所示。

表8-24　部分国家私募股权投资中影响企业估值的因素

地区	影响因素	内容
美国	管理能力	管理技能、管理者综合素质
	市场吸引力	市场容量等
	产品差异度	产品的唯一性、可替代性等
	抵御环境威胁的能力	竞争者进入壁垒
	变现能力	投资者退出难易程度、变现等
欧洲	技术层面	技术独特性、应用能力等
	管理层面	市场能力、财务水平等
	商业层面	竞争优势、增长潜力等
亚洲	市场吸引力	市场规模、增长潜力等
	管理能力	管理者特征、经验等

由表8-25可知，影响私募股权投资中企业估值的因素主要是管理、市场及产品三个方面，上述方面出现变化必然对投资标的企业的估值产生影响。参照国外研究成果，并结合我国私募股权投资实践，确定影响企业估值的主要因素，具体如表8-25所示。

表8-25　私募股权投资中影响企业估值的主要因素

因素层面	影响因素	内容
行业层面	行业规模	行业前景及成长性
	竞争格局	行业竞争对手情况

---

① 翁媛媛，高汝熹. 中国经济增长动力分析及未来增长空间预测 [J]. 经济学家，2011（8）：65-74.

续表

因素层面	影响因素	内容
行业层面	行业壁垒	进入行业的难易程度
	产业链	产业链情况及上下游情况
产品和技术	研发能力	标的企业研发能力及创新能力
	技术壁垒	核心技术的先进性及可替代性
	产品属性	产品的市场份额，是否存在替代产品
经营管理	管理团队	管理团队的战略眼光、管理能力及管理业绩
	财务管理	企业成本控制及资本运营能力
	商业模式	公司研发、生产及销售组成的商业模式

总之，影响私募股权投资中的企业估值的因素是多样的，企业的价值是由多种因素共同决定的。传统估值方法对企业的估值大都是建立在财务数据的基础上，对非财务因素考虑较少，因此，为了对企业进行更全面合理的估值，应该综合考虑财务因素和非财务因素两方面。

【例 8-13】某公司在建设期投资 3500 万元建设新项目，投产后第 3 年达到设计产量。建设期及投产后 5 年内的现金流进和流出如表 8-27 所示，假设贴现率 i = 12%，问该项目是否可行？

解：根据净现值公式 $NPV = V_0 = \sum_{t=0}^{n} A_t \cdot (1+t)^{-t} = \sum_{t=0}^{n} A_t \cdot (1+12\%)^{-t}$

计算该项目的现金流量表，其中 $\dfrac{1}{(1+12\%)^n}$ 可以计算或查表取得，计算结果 NPV = 516（万元），由于 NPV>0，方案可行。如果有两个以上方案，选取 NPV 值最大的即可，计算过程如表 8-26 所示。

表 8-26　现金流量表的计算结构

单位：万元

项目 ＼ 年	0	1	2	3	4	5	合计
现金流入合计	0	1600	1800	2000	2000	2000	9400
现金流出合计	3500	640	720	800	800	800	7260
现金净流量	−3500	960	1080	1200	1200	1200	2140
现金净流量累计	−3500	−2540	−1460	−260	940	2140	
现金净流量现值	−3500	857	861	854	768	681	516
现金净现值累计	−3500	−2643	−1782	−928	−165	516	
$(1+12\%)^n$	1	1.120	1.254	1.405	1.574	1.762	
$1/(1+12\%)^n$	1	0.893	0.797	0.712	0.636	0.567	

（三）常用的非折现相对分析方法

1. 非折现方法判断项目盈利能力的指标

（1）总投资收益率。总投资收益率表示总投资的盈利水平，是指项目达到设计能力后正常年份的息税前利润或运营期内年平均息税前利润与项目总投资的比率，计算公式为：

$$ROI = \frac{EBIT}{TI} \times 100\% \tag{8-31}$$

式（8-31）中，EBIT 为项目正常年份的年息税前利润或运营期内年平均息税前利润，TI 为项目的总投资，总投资包括建设投资、建设期利息和流动资金。

（2）项目资本金净利润率。表示项目资本金的盈利水平，系指项目达到设计能力后正常年份的年净利润或运营期内年平均净利润与项目资本金的比率，计算公式为：

$$ROCE = \frac{NP}{EC} \times 100\% \tag{8-32}$$

式（8-32）中，NP 为项目正常年份的年净利润或运营期内年平均净利润，EC 为项目资本金（即股东资本或自有资金）。

$$净利润 = EBIT - 利息 - 所得税 - 少数股东权益 \tag{8-33}$$

（3）投资净收益率。投资净收益率是指单位时期内（通常为一年）投资项目预期的净收益与投资总额的比率，反映投资项目盈利能力的大小。计算公式为：

$$投资净收益率 = \frac{投资收益}{投资成本} \times 100\% \tag{8-34}$$

当投资收益率超过预期目标利润率时，投资方案可行。预期目标利润率一般要高于银行贷款利率。

2. 非折现方法判断项目偿债能力的指标

（1）利息备付率。利息备付率是指在借款偿还期内的息税前利润与应付利息的比值。它从利息资金来源的充裕性角度反映项目偿付债务利息的保障程度和支付能力。计算公式如下：

$$ICR = \frac{EBIT}{PI} \times 100\% \tag{8-35}$$

式（8-35）中，EBIT 为息税前利润，PI 为计入总成本费用的应付利息。

利息备付率要分年计算，一般情况下，利息备付率应不低于2。

（2）偿债备付率。偿债备付率是还本付息的资金与应还本付息金额的比值。它从还本付息资金来源的充裕性角度反映项目偿付债务本息的保障程度和支付能力。计算公式为：

$$DSCR = \frac{EBITDA - TAX}{PD} \times 100\% \tag{8-36}$$

式（8-36）中，EBITDA 为息税前利润加折旧和摊销，TAX 为企业所得税，PD 为应还本付息金额，包括还本金额，计入总成本费用的全部利息。运营期内的短期借款本息也应纳入计算。

偿债备付率按年计算。一般情况下，偿债备付率应不低于1.3。

（3）资产负债率。企业在某一时点（一般指会计年度末）的负债总额与资产总额之比，反映企业总体负债情况，是金融机构为项目融资和企业投资决策的重要参考依据。计算公式为：

$$LOAR = \frac{TL}{TA} \times 100\% \tag{8-37}$$

式（8-37）中，TL 为期末负债总额，TA 为期末资产总额。

（4）流动比率。流动比率反映企业或项目偿还流动负债的能力。计算公式为：

$$流动比率 = \frac{流动资产}{流动负债} \times 100\% \tag{8-38}$$

流动资产包括现金、短期投资、应收账款、其他应收款、存货、预付账款、应收票据等。流动负债包括短期借款、应付票据、应付账款、预收账款、应缴税费、应付利息、其他应付款等。流动比率越高，短期偿债能力越强，一般 2∶1 较为适宜。

（5）速动比率。速动比率反映企业在短时间内偿还流动负债的能力。计算公式为：

$$速动比率 = \frac{速动资产}{流动负债} \times 100\% \tag{8-39}$$

速动资产包括现金、短期投资、应收账款等。速动比率在 1 以上较为稳妥。

3. 投资回收期法

投资回收期法分为静态法和动态法，是以项目未来产生的净收益偿还全部投资所需要的时间来分析评价项目是否可行或比较建设方案优劣的分析评价方法，即投资决策分析的时间法，实际上也就是投资偿还期法。

（1）静态投资回收期。静态投资回收期是指项目实施后从开始产生净收益直至累计净收益总和等于总投资所需要的时间，是在不考虑货币时间价值的前提下计算的投资回收期，它是反映在不贴现情况下投资回收能力的重要指标。静态投资回收期的公式可表示为：

$$\sum_{0}^{P_t} A_t = 0 \tag{8-40}$$

$$即 \sum_{0}^{P_t} (CI-CO)_t = 0 \tag{8-41}$$

在【例 8-13】中查出数据，投产后第 3 年现金净流量累计为 -260 万元，第 4 年现金净流量为 1200 万元，用插值法可得投产后的静态投资回收期：

$$P_t = 3 + 260 \div 1200 = 3 + 0.22 = 3.22 （年）$$

（2）动态投资回收期。动态投资回收期是指计算项目各期的净现金流入，其现值累计总和等于总投资现值所需要的时间，是在考虑货币时间价值基础上计算的投资回收期，它是反映在贴现情况下投资回收能力的指标。动态投资回收期的公式可表示为：

$$\sum_{t=0}^{P_t} A_t \cdot (1+t)^{-t} = 0 \tag{8-42}$$

在【例 8-13】中查出数据，投产后第 4 年现金净现值累计为 -165 万元，第 5 年现金净流量现值为 681 万元，用插值法可得投产后的动态投资回收期：

$$P_t = 4 + 165 \div 681 = 4 + 0.24 = 4.24 （年）$$

投资回收期本身并不能单独判断投资方案是否可行，用项目的计算投资回收期与目标投资回收期比较时，才能判断项目是否可行。比如要求项目预期投资回收期不得超过5年，则本项目可行。在多个投资项目方案比较时，选择投资回收期最短的方案。

4. 贷款偿还期

贷款偿还期项目投产后用可还款的净利润、折旧及其他收益金额偿还固定资产投资借款本金及建设期和经营期的利息所需要的时间。这里需要注意的是建设期滚存的本息合计应计入经营期连续计算复利后，再用收益去偿还全部贷款本金和利息，累加到第P_d期偿还完毕。

$$ID-\sum_{t=0}^{P_d}\left(R_p+D+R_0-R_r\right)_t=0 \tag{8-43}$$

式（8-43）中，ID为建设期投资借款本金和建设期加经营期利息之和，P_d为借款偿还期，R_p为每年未分配利润，D为用于还款的折旧额，R_0为可用于还款的其他收益（如有），R_r为还款期间每年的企业利润留成。

（四）不确定性分析

在对建设项目进行评价时，所采用的数据多数来自预测和估算。由于资料和信息的有限性，将来的实际情况可能与此有出入，这对项目投资决策会带来风险。为避免或尽可能减少风险，就要分析不确定性因素对项目经济评价指标的影响，以确定项目的可靠性，这就是不确定性分析。

根据分析内容和侧重面不同，不确定性分析可分为盈亏平衡分析、敏感性分析和概率分析。在可行性研究中选择哪种更为适合，可视项目情况而定。

1. 盈亏平衡分析

盈亏平衡分析是通过盈亏平衡点（BEP）分析项目成本与收益平衡关系的一种方法。各种不确定因素（如投资、成本、销售量、产品价格、项目寿命期等）的变化会影响投资方案的经济效果，当这些因素的变化达到某一临界值时，就会影响方案的取舍。盈亏平衡分析的目的是找出这种临界值，即盈亏平衡点，判断投资方案对不确定因素变化的承受能力，为决策提供依据。

盈亏平衡分析的平衡点是多方案相对评价指标，此值越低越好。但说"此点为保本点"，很容易引起误解。这是因为盈亏平衡点的计算是假定在这一点上的销售利润为零，这对于投资者来说不仅根本无利可图，而且仅靠折旧及摊销偿还借款本金和收回投资本金的时间漫长，必然失去自有资金的机会利润或白白赔上作为自有资金的资金成本。可见，对于投资者来说，BEP仅仅是利润临界平衡点，实际上仍然是亏损点。盈亏平衡点越低，说明项目盈利的可能性越大，亏损的可能性越小，因而项目有较大的抗经营风险能力。因为盈亏平衡分析是分析产量（销量）、成本与利润的关系，所以也称量本利分析。[①]

盈亏平衡点的表达形式有多种。它可以用实物产量、单位产品售价、单位产品可变成本以及年固定成本总量表示，也可以用生产能力利用率等相对量表示。其中产量与生产能力利用率，是进行项目不确定性分析中应用较广的。

---

① 方成德. 关于盈亏平衡分析应用的几点建议［J］. 会计师，2020（22）：10-11.

（1）产量盈亏平衡点。产量盈亏平衡点是指在设计产品价格和设计成本不变的条件下，使设计方案的利润刚好为零的产量（或产量负荷），即指全部销售收入等于全部成本时（销售收入线与总成本线的交点）的产量（负荷），产量负荷用百分比表示。在项目财务评价计算中，由于各年的借款利息不同导致固定成本逐年变化，因此即便是满负荷时各年的盈亏平衡点也不同，通常可以采用投产后满负荷生产第二年的预测财务数据来计算盈亏平衡点，且固定成本应包括该年的应计利息。

产量负荷盈亏平衡点（生产能力利用率）的公式为：

$$BEP = \frac{年固定成本}{年含税销售收入-年可变成本-年销售税金及附加} \times 100\% \qquad (8-44)$$

产量盈亏平衡点的公式为：

$$BEP = \frac{年固定总成本}{单位产品价格-单位产品可变成本-单位产品税金及附加} \qquad (8-45)$$

根据产量盈亏平衡点的公式计算出盈亏平衡点后，用对应的固定成本、可变成本、含税销售收入、产量负荷等参数，就可以绘制项目的盈亏平衡分析图，图中的阴影区域为亏损区，如图8-9所示。

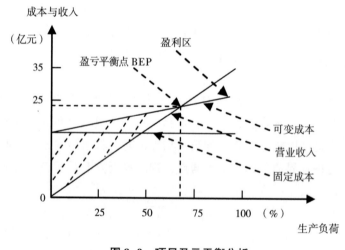

图8-9　项目盈亏平衡分析

（2）价格盈亏平衡点。价格盈亏平衡点是指在设计产量和设计成本不变的条件下，使设计方案的利润刚好为零的产品价格，其简单公式如下：

$$价格盈亏平衡点 = \frac{可变成本+固定成本}{设计产量} \qquad (8-46)$$

它表示只要产品价格低于本公式计算得出的结果，就出现亏损。

（3）成本盈亏平衡点。成本盈亏平衡点是指在设计产量和设计产品价格不变的条件下，使设计方案的利润刚好为零的产品成本，其简单公式如下：

$$成本盈亏平衡点 = 销售收入-可变成本 \qquad (8-47)$$

它表示只要固定成本超过本公式计算得出的结果，就出现亏损。

2. 敏感性分析

敏感性分析是指从众多不确定性因素中找出对投资项目经济效益指标有重要影响的敏感性因素，并分析与测算其对项目经济效益指标的影响程度和敏感性程度，进而判断项目承受风险能力的一种不确定性分析方法。敏感性分析应用广泛，主要是在求得某个投资方案的最优解后，研究方案中某个或若干个参数允许变化到多大仍能使原最优解的条件保持不变，或者当参数变化超过允许范围，那个最优解已不能保持最优性时，提供一套简洁的计算方法重新求解最优解。

在量本利关系的敏感性分析中，主要包括两个部分：

（1）研究分析有关参数发生多大变化时盈利转为亏损，每次计算时令一个参数为变量，其他为常量。基本方程式为：

$$销量×（单价-单位变动成本）-固定成本=0 \tag{8-48}$$

（2）个别参数变化对利润变化的影响程度。主要采用敏感系数计量：

$$敏感系数=目标值变动百分比÷参量值变动百分比 \tag{8-49}$$

例如计算利润对单价的敏感度，假设单价变动20%，利润为 r，单价为 s，单位变动成本为 c，销量为 q，固定成本为 f。

单价变动前：

$$r_1=q×（s-c）-f$$

单价变动后：

$$r_2=q×[s×（1+20\%）-c]-f$$

则：$k=（r_2÷r_1）÷20\%$

上式中，k 为利润对单价的敏感系数，它表示的含义是单价每变动1%，利润变动多少个百分点。

在实际工作中，为了让分析报告内容更直观、更充实，可以附上敏感性分析图表。所谓敏感性分析表，就是假定单价、单位变动成本、销售量、固定成本等上浮或下浮5%、10%、15%、20%时（这些间距可以自由设定），净利润的绝对额是多少、财务内部收益率是多少，以此来弥补敏感系数，只能反映利润随项目变化而变化的相对量的缺陷。敏感性分析图则能够连续表示变量间的关系，在绘制时，参照敏感分析表的数据绘出点，然后连线即可。

第三节 科创板适用估值方法

为了更加深刻地理解和运用估值，以下简要介绍一下与科创板适用估值相关的实务问题，供读者在估值及谈判过程中参考。

传统估值方法可分为相对估值法和绝对估值法，各类估值方法都有一定的优缺点，但大多适用于业务成熟度高、营收利润稳定的公司。

一、科创板制度

（一）重点覆盖高新科技领域

设立科创板并试点注册制是提升服务科技创新企业能力、增强市场包容性、强化市场功能的一项资本市场重大改革举措。根据上海证券交易所发布的科创板企业上市推荐指引，科创板将重点推荐新一代信息技术、高端装备、新材料、新能源、节能环保和生物医药六大高新科技领域。如表 8-27 所示。

表 8-27　科创板重点推荐领域

重点推荐领域	具体行业
新一代信息技术领域	半导体和集成电路、电子信息、下一代信息网络、人工智能、大数据、云计算、新兴软件、互联网、物联网和智能硬件等
高端装备领域	智能制造、航空航天、先进轨道交通、海洋工程装备及相关技术服务等
新材料领域	先进钢铁材料、先进有色金属材料、先进石化化工新材料、先进无机非金属材料、高性能复合材料、前沿新材料及相关技术服务等
新能源领域	先进核电、大型风电、高效光电光热、高效储能及相关技术服务等
节能环保领域	高效节能产品及设备、先进环保技术装备、先进环保产品、资源循环利用、新能源汽车整车、新能源汽车关键零部件、动力电池及相关技术服务等
生物医药领域	生物制品、高端化学药、高端医疗设备与器械及相关技术服务等

资料来源：根据相关资料整理。

（二）重视估值，标准更灵活

从具体上市标准来看，科创板更加注重公司估值，采用市值与利润、营收、现金流等财务数据绑定的模式，多种上市标准也给予了新兴科技公司更多的可行空间。如表 8-28 所示。

表 8-28　科创板具体上市标准

类别	标准	要素
第一类	预计市值不低于人民币 10 亿元，最近两年净利润均为正且累计净利润不低于人民币 5000 万元，或者预计市值不低于人民币 10 亿元，最近一年净利润为正且营业收入不低于人民币 1 亿元	市值、利润、营收
第二类	预计市值不低于人民币 15 亿元，最近一年营业收入不低于人民币 2 亿元，且最近三年累计研发投入占最近三年累计营业收入的比例不低于 15%	市值、营收、研发投入
第三类	预计市值不低于人民币 20 亿元，最近一年营业收入不低于人民币 3 亿元，且最近三年经营活动产生的现金流量净额累计不低于人民币 1 亿元	市值、营收、现金流
第四类	预计市值不低于人民币 30 亿元，且最近一年营业收入不低于人民币 3 亿元	市值、营收

续表

类别	标准	要素
第五类	预计市值不低于人民币 40 亿元，主要业务或产品需经国家有关部门批准，市场空间大，目前已取得阶段性成果。医药行业企业需至少有一项核心产品获准开展二期临床试验，其他符合科创板定位的企业需具备明显的技术优势并满足相应条件	市值、产品

资料来源：根据相关资料整理。

二、科创板估值方法

（一）传统估值方法存在局限

传统估值方法可分为相对估值法和绝对估值法，各类估值方法都有一定的优缺点，但大多适用于业务成熟度高、营收利润稳定的公司。如图 8-10 所示。

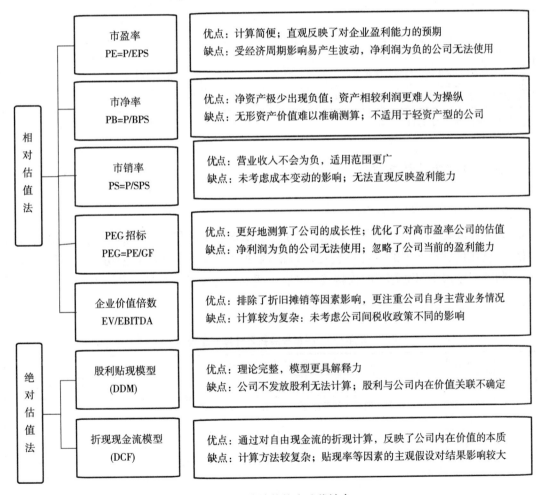

图 8-10　传统估值方法优缺点

资料来源：根据相关资料整理。

（二）适用科创板估值方法：需根据实际"量体裁衣"

企业生命周期可分为初创期、成长期、成熟期和衰退期四个阶段。处于不同时期的企业有自身的营运特性，因此不能简单采用目前二级市场常用的 PE 估值法。[①] 如表 8-29 所示。

表 8-29 企业生命周期、特性及适用估值方法

阶段	特性	适用估值方法
初创期	行业空间和客户黏度是评估关键。大多还未开始盈利，规模不大且业绩具有高度不确定性	期权定价中的 BS 模型，VM 指数，实物期权法以及 PS 估值
成长期	营收快速增长是关键。企业面临的风险较初创期小，营收增速往往会大于净利润增速，其中对于研发支出相对较高的高科技或医药行业，其净利润往往被研发支出所抵消，此时的企业会有大量的无形资产和尚处研发中的技术。因此要关注企业能否跨越盈亏平衡点	PS，EV/SALES，PEG，同时对高新科技产业可以采用一些非财务指标，如研发人员比重，研发支出占比等反映公司的未来竞争力
成熟期	业绩和现金流是关键。进入成熟期的企业产品销售进入稳定流程，因此营收和净利润增速放缓，市场占有率基本定型，着重分析其净利润的增速变化	多种估值最为常用时期，DCF、PE、PB、PS、EV/EBITDA、RNAV 等估值方法均可使用
衰退期	当下重于未来，需要注意公司的资产情况	重置成本法

资料来源：根据相关资料整理。

三、科创板估值方法

（一）云计算公司适用估值方法

云计算行业根据所提供的服务不同，可分为 LaaS、PaaS 和 SaaS 三种模式（见图 8-11），当前有望在科创板上市的云计算公司多以前两种模式为主。云计算公司大多仍处于成长期，随着市场需求逐渐打开收入持续增长，但受高额研发投入影响，公司难以实现稳定盈利（见表 8-30）。[②]

表 8-30 科创板潜在云计算概念公司

	独角兽	参股或合作的上市公司	业务
云计算	电科华云	华东电脑	LaaS、PaaS
	华云数据	红豆股份、智慧能源、广发证券、海通证券、东方证券	LaaS、PaaS
	金山云	易华录	LaaS、PaaS、SaaS
	六度人和	麦达数字	SaaS

资料来源：根据相关资料整理。

[①] 吉红云，王淞．科创板上市公司估值方法与高估值成因研究 [J]．生产力研究，2022（8）：136-140.

[②] 李思．云计算企业价值评估方法研究 [D]．沈阳：东北财经大学，2020.

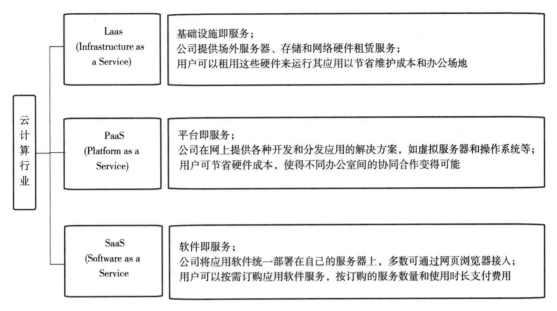

图 8-11　云计算的三种服务模式

资料来源：根据相关资料整理。

（二）半导体公司适用估值方法

根据科创板公布的五套上市标准，选入科创板的半导体公司存在以下三种可能性：其一，一种技术相对雄厚，具有自主可控前景，但仍未上市的公司。其二，海外上市的半导体公司回科创板增发上市。其三，已上市的公司分拆其半导体业务部门在科创板上市。由此可见，科创板的半导体公司可能处于初创期或成长前期，如寒武纪；也可处于成熟期，如收购从港股退市的先进半导体的积塔半导体。因而需要对公司的发展阶段进行分析，不可直接统一采用 PE 估值（见表 8-31）。[①]

表 8-31　科创板潜在半导体概念公司

	独角兽	参股或合作的上市公司	业务
半导体	寒武纪	科大讯飞、中科曙光	芯片设计
	嘉楠耘智	富通鑫茂、瀚叶股份、达意隆	芯片设计，矿机生产
	澜起科技	华西股份、新华文轩、中原高速、中信证券	芯片设计
	天津飞腾	中国长城、振华科技	芯片设计
	无锡新洁能	上海贝岭	芯片设计
	新昇半导体	上海新阳、兴森科技	硅片生产
	御渡半导体	TCL集团	封测设备生产
	中微半导体	可立克、四川双马	设备生产

资料来源：Wind。

---

① 程伟. 科创板公司估值方法研究——以中微公司为例［J］. 中国商论，2020（21）：50-55.

（三）金融公司适用估值方法

当前有望上科创板的金融独角兽企业主要是以提供支付、借贷业务等线上业务为主的互联网金融企业，如蚂蚁金服、微贷金融等。

对于此类将互联网与部分银行业务相结合的互金企业仍处于一个快速成长期，因此不能简单地采用传统银行类的 PB 估值法来衡量企业。因此我们可以根据企业不同的业务线，在 STOP 估值的基础上，对不同业务采用如市值/有效交易规模、市值/发债贷款规模的分步估值（见表 8-32）。

表 8-32　科创板潜在金融概念公司

	独角兽	参股或合作的上市公司	业务模式
金融	蚂蚁金服	海泰发展、张江高科、合肥城建、万向德农、城市传媒、永安行、朗新科技、恒生电子	互金综合平台类公司
	微贷金融	汉鼎宇佑	汽车抵押借贷服务的网贷平台

资料来源：根据相关资料整理。

1. 融资公司：市值/贷款规模估值

目前主流的互金公司分为五类模式：融资企业、资管企业、支付企业、科技输出类企业以及综合性平台企业（包含前四者）。

（1）融资企业：消费信贷、网贷平台、金融超市。三者的盈利模式、贷款规模、发展历程均存在差异。但三者均是融资业务，核心点均是贷款量（利润来源）、费率差（贷款费率—融资成本差）、风控（资产质量情况）（见图 8-12）。

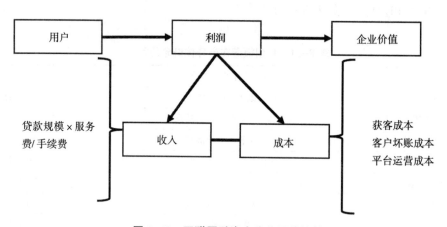

图 8-12　互联网融资企业公司价值基础

资料来源：根据相关资料整理。

（2）估值方法：基于用户流量的基础上，可以结合传统金融企业 PE 方法与互联网企业的市值/贷款规模进行估值，如图 8-12 所示。此外，在坏账率低、用户数量大的情况下存在估值溢价空间。一般消费信贷企业因房贷量和坏账率均较网贷平台好，市值/贷款规模也更高，一般多在 0.2X~0.4X。[①]

2. 资产管理公司：PE、市值/AUM 估值

（1）资产管理企业：基于业务差异主要分为管理型公司、渠道型公司、顾问型公司。核心点均是 AUM 规模与增速、费率结构（稳定性）、费率水平（AUM 的效率）。互联网企业多为渠道型公司。

（2）估值方法：

1）管理型公司：由于采取固定费率的公司规模较大、个体 ROE 稳定；采用浮动费率的规模较小，盈亏差异大。因此分别对应不同的估值方法，固定费率型适用"PE 结合 AUM 增速"方法，浮动费率型 PE 取决于业绩表现和稳定性。

2）渠道型公司：采用薄利多销的策略，以量取胜，在费率稳定的前提下 ROE 也相对稳定，因此建议采用 PE 估值。

3）顾问型公司：在高费率、费率稳定的前提下，适用市值/AUM 估值方法（见图 8-13）。

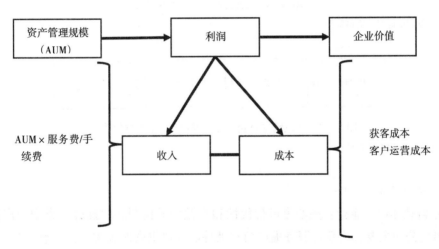

图 8-13　资产管理公司价值基础

资料来源：根据相关资料整理。

3. 支付企业：市值/交易规模、PS 估值方法

（1）支付企业：核心是对金钱的转移。一般也可分为三类：卡组织（作为连接机构，提供清算、支付网络服务，属寡头行业，如银联），收单机构（基于"银行卡+POS 机"模式，为商户提供收单和数据处理服务，行业集中度相对较高），互联网支付机构（基于线上购买场景收结款机构，行业头部效应明显）。

（2）核心要素为：支付场景、交易规模、费率。行业 PS 多为 2X~10X，市值/交易规模为 0.03X~0.37X，一般市占率高、安全性能高的公司估值处于区间偏上位置（见图

---

① 彭丽. 我国互联网金融企业估值研究［D］. 上海：华东理工大学，2017.

8-14和图 8-15）。

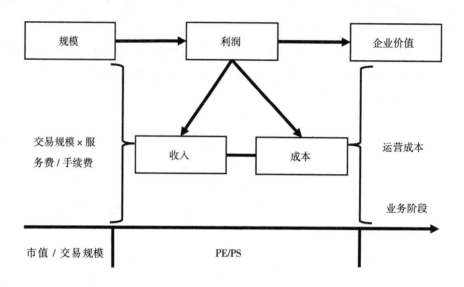

图 8-14　支付企业公司价值基础

资料来源：根据相关资料整理。

图 8-15　互联网支付企业公司基础（低/免支付费率）

资料来源：根据相关资料整理。

4. 金融科技企业：PS 估值

（1）科技输出类企业：核心是可替代性和收益分成机制。根据客户类型和产品属性，科技输出类公司主要分为软件服务提供商和硬件服务提供商两大类。其中软件输出型业务的整体毛利较高，头部企业的盈利表现突出。而硬件提供商的毛利率整体偏低，盈利水平也相对偏低。整体来看科技输出类企业适用于 PS 估值体系，PE 值存在过高情况一般不适用。但根据具体产品体系和收益模式等方面可能存在估值溢价空间，前者关键在于可替代性，后者关键是收益分成机制。

（2）软件企业：恒生电子、同花顺等高毛利率企业，市销率在 15X~35X。

（3）硬件企业：国民技术、民德电子等相对高毛利率企业，市销率在 3X~10X。

5. 互金平台类企业：STOP 估值

（1）平台综合类企业：常覆盖上述全部或部分业务，多是互联网巨头布局金融业务的产物，通常由场景引流结合变现业务（以电商、社交场景为基础，开展支付、融资、资管业务），数据收集/沉淀（利用业务数据作为风控和定价基础），技术支持/输出（利用企业自身技术优势，开展金融创新，运营维护）等部分组成。例如：蚂蚁花呗 = 支付+融资业务。

（2）估值逻辑与方法：在采用STOP估值让覆盖业务分步累计估值基础上，还需要考虑以下溢价空间：客户数量、市占率、技术水平、业务协同等。

（3）覆盖业务估值方法和水平：

1）融资业务：市值/发放贷款规模，参考区间0.2X~0.4X。

2）资管业务：市值/AUM，参考渠道型机构区间0.02X~0.18X，安全性能高，市占率高的公司可取区间偏上位置。

3）支付业务：市值/有效交易规模，卡组织和支付机构参考区间0.03~0.2X，收单机构可达至0.37X；市销率2X~10X。

4）技术业务：PS估值，软件服务市销率在10X~17X（见图8-16）。

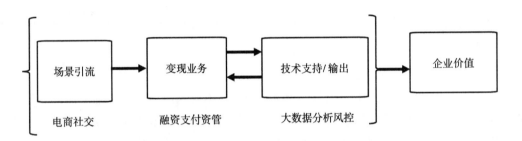

图8-16 互联网金融平台类价值逻辑

资料来源：根据相关资料整理。

（四）人工智能公司适用估值方法

当前有望在科创板上市的人工智能公司可分为两类，一类侧重于技术研发（如人脸识别、语音识别），另一类侧重于技术应用（智能机器人、广告智慧营销）。这些公司的技术或产品部分仍处于概念期，尚未有稳定的收入来源，因此PE和PS估值均无法适用（见表8-33）。[①]

表8-33 科创板潜在人工智能概念公司

	独角兽	参股或合作的上市公司	业务
人工智能	光年无限	江南化工、奥飞娱乐	儿童机器人、虚拟智能问答
	出门问问	歌尔股份	智能手表、智能耳机、智能音箱
	康力优蓝	康力电梯、紫光股份	商用服务机器人、智能教育机器人
	悠易互通	粤传媒	广告营销设计
	商汤科技	立昂股份、东方网力、东方证券、苏宁易购	人脸识别技术及解决方案

---

① 蒋丹. 我国科创板上市公司估值方法的适用性研究 [J]. 中国商论，2022（16）：94-97.

续表

	独角兽	参股或合作的上市公司	业务
人工智能	旷视科技	信雅达	人脸识别技术及解决方案
	优必选	华金资本、科大讯飞、民生银行、工商银行	各类智能机器人
	深兰科技	绿地控股、新华传媒	自动车系列、机器人系列
	云知声	双环传动、全志科技、全新好、三六零	语音识别技术及解决方案
	廊坊智通	赛象科技	自动化生产线
	影谱科技	东方明珠、建设银行、东方证券、华泰证券、银河证券、粤传媒	广告植入、互联网文娱
	依图科技	神思电子、熙菱信息、绿地控股、长虹美菱、兴业证券	人脸识别技术及解决方案
	云从科技	佳都科技、越秀金控	人脸识别技术及解决方案

资料来源：根据相关资料整理。

1. 人工智能：产业链分层各有侧重

从完整产业链来看，人工智能可分为基础层、技术层和应用层。基础层提供数据及计算资源，技术层致力于具体问题的解决方案，应用层将相关技术应用于商业场景。考虑到以芯片厂商为代表的基础层公司估值可参考半导体行业，应用层公司的估值需考虑具体细分领域的行业特征，因此主要关注技术层公司的估值方法。如图 8-17 所示。

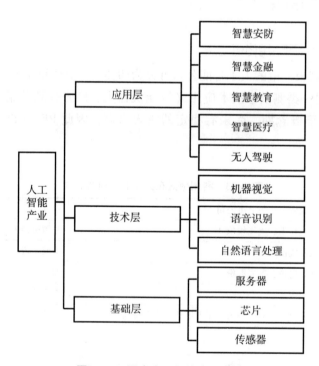

图 8-17 国内人工智能产业图谱

资料来源：艾瑞咨询。

2. 人工智能：VM 估值——以人脸识别独角兽公司为例

以人脸识别领域为例，商汤科技、旷视科技、依图科技与云从科技是国内人脸识别的四大独角兽公司，主要为金融、安防等领域提供算法技术与解决方案。由于当前上述公司尚未公开披露财务数据，因此主要参考如表 8-34 的几家公司在一级市场的融资情况，采用 VM 指数进行估值。VM 指数=本轮投前估值/前轮投后估值/两轮之间间隔月数。

表8-34　国内人脸识别独角兽公司概况

	商汤科技	旷视科技	依图科技	云从科技
成立时间	2014 年 10 月	2011 年 10 月	2012 年 9 月	2015 年 3 月
融资进程	D 轮（2018 年 9 月）	D 轮（2018 年 7 月）	C++轮（2018 年 7 月）	B+轮（2018 年 10 月）
应用领域	金融、安防、移动互联网	金融、安防、零售	金融、安防、医疗	金融、安防、交运
合作伙伴	分众金融、上海公安局、微博、苏宁、OPPO、vivo	小米金融、北京银行、天津公安局、北京公安局、鲜生活	京东金融、招商银行、中国边检、中国海关、华西医院	中国银行、农业银行、广东公安厅、首都机场、白云机场

资料来源：各公司官网，IT 桔子。

3. 人工智能：VM 估值——以人脸识别独角兽公司为例

计算了 4 家公司最近两轮融资的 VM 值，其中商汤与旷视的 VM 值小于 0.5，云从的 VM 值也较为接近 0.5，依图的 VM 值较大的主要原因是两轮融资仅相隔一个月（VM 参考值为 0.5）（见表 8-35）。

表8-35　国内人脸识别独角兽公司最新融资及 VM 值

公司	轮次	投资时间	融资金额	投后估值	VM 值
商汤科技	C+轮	2018 年 5 月	6.2 亿美元	45 亿美元	0.33
	D 轮	2018 年 9 月	10 亿美元	60 亿美元	
旷视科技	C+轮	2017 年 10 月	4.6 亿美元	23 亿美元	0.14
	D 轮	2018 年 7 月	6 亿美元	30 亿美元	
依图科技	C+轮	2018 年 6 月	2 亿美元	20 亿美元	1.20
	C++轮	2018 年 7 月	1 亿美元	24 亿美元	
云从科技	B 轮	2017 年 11 月	5 亿人民币	40 亿人民币	0.52
	B+轮	2018 年 10 月	数亿元人民币	230 亿人民币	

资料来源：各公司官网，IT 桔子。

（五）互联网公司适用估值方法

当前有望在科创板上市的互联网公司业务分布较广，涵盖餐饮、教育、娱乐、资讯等多个领域。从共性来看，这些互联网公司多为平台型公司，拥有规模巨大的用户群体。虽然成长期的互联网公司拥有较为稳定的持续收入，可采用 PS 估值方式，但考虑到公司的平台特征，用户数可作为公司估值时更好的参考指标（见表8-36）。[1]

表8-36 科创板潜在互联网概念公司

	独角兽	参股或合作的上市公司	业务
互联网	饿了么	大众公用、华联股份	在线外卖订餐平台
	沪江教育	新华传媒、皖新传媒	互联网教育平台
	凯米网络	星网锐捷	KTV 在线服务系统、KTV 增值娱乐服务
	快手	日出东方	短视频内容分享平台
	喜马拉雅	城市传媒	在线音频分享平台
	字节跳动	引力传媒、天龙集团、先进数通、科达股份	新闻资讯分发服务（今日头条）短视频内容分享平台（抖音、西瓜视频）

资料来源：Wind。

1. 互联网：用户数是核心指标

DEVA 模型是互联网公司估值的早期经典理论之一。该模型将用户贡献作为公司价值的主要驱动因素，可表示为：

$$E = MC^2$$

（E 为被评估公司的经济价值，M 为投入的初始成本，C 为单个用户的价值）。

由于互联网的开放性及用户间的互动将产生巨大的网络效应，互联网公司不仅能获得用户群体的直接贡献，也能获得用户互动产生的潜在贡献，在模型中表现为用户价值的平方。

2. 互联网：市值/MAU 估值——以哔哩哔哩为例

对于成长期的互联网公司，虽然用户数量快速增长，且具备了较为清晰的盈利模式，但短期内仍未跨过盈亏平衡线。对于此类互联网公司，用户数的提高反映了公司的成长性，因此市值/用户数是较为合理的估值方式。[2]

【案例】哔哩哔哩公司（B 站）估值分析[3]

哔哩哔哩公司（英文名称：bilibili，简称 B 站），作为中国年青一代高度聚集的文化社区和视频平台，该网站于 2009 年 6 月 26 日创建，被粉丝们亲切地称为"B 站"。B 站早期是一个 ACG（动画、漫画、游戏）内容创作与分享的视频网站。经过十多年的发展，围绕用户、创作者和内容，构建了一个源源不断产生优质内容的生态系统，B 站已经涵盖 7000 多个兴趣圈层的多元文化社区。2018 年 3 月 28 日，哔哩哔哩在美国纳斯达克上市。

根据自由现金流模型，B 站的股票估值主要过程如下：

第一，评估公司现状。

---

① 周汉超. 互联网企业估值方法应用研究 [J]. 全国流通经济，2019（8）：116-117.
② 刘一凡. 初创互联网公司价值估值研究——以哔哩哔哩公司为例 [D]. 大连：大连理工大学，2019.
③ 梁涵书. 基于自由现金流模型的哔哩哔哩股票估值案例分析 [J]. 商讯，2020（4）：3-5.

根据哔哩哔哩在 2018 年 1 月 26 日提交给美国证券交易委员会的招股说明书，由于哔哩哔哩上一财务年度收入不到 10.7 亿美元，因此，哔哩哔哩是一家新兴成长型公司。哔哩哔哩处于业务的早期阶段，盈利模式正在不断发展。哔哩哔哩主要通过为用户提供有价值的内容（如手机游戏和直播）来创造收入。哔哩哔哩还通过广告和其他服务产生收入。作为 B 站目前的主营收业务，游戏业务收入在 2018 年四季度实现稳健同比增长的同时，非游戏业务收入占比从 2017 年同期的 16% 上升至 38%，推动哔哩哔哩营收结构进一步优化。2018 年 12 月 1 日，恒大集团首席经济学家兼恒大经济研究院院长任泽平预言 2027 年前后，中国有望取代美国成为世界第一大经济体，因此本次评估选取 2027 年作为终端年份。

第二，销售额增长率估算。

哔哩哔哩公司在 2015 年营业收入只有 1.31 亿元人民币，经过 2016 年、2017 年 299% 和 371% 的增长，2018 年的营业收入为 41.2893 亿元人民币。哔哩哔哩致力于手机游戏开发、视频发布和直播等娱乐服务，行业潜在市场巨大，预计它在未来能够继续保持强劲的增长势头。预期 9 年后，其营业收入的增长率会逐渐线性下降至新常态下国家 GDP 的增长水平，即 6%。统计其从 2019 年至 2027 年每一年的预期销售额增长率和销售额。预测在 2027 年营业收入能够达到 304.8199 亿元人民币，但哔哩哔哩仍然属于中小规模的企业。

第三，可持续经营利润率估算。

基于估算分析，哔哩哔哩公司自 2015 年来营业利润一直处于亏损状态，2018 年营业利润率为 -17.66%。由于哔哩哔哩公司是一个新兴成长型公司，处在一个新兴成长型行业，因此其在开拓业务中造成负的利润率也可以理解。为了估计哔哩哔哩进入稳定状态后的经营利润率，考察了美国市场（11 家）和沪深股市（10 家）同行业公司在 2016~2018 年的营业利润率。根据整理数据后发现，2018 年美国市场和沪深市场营业利润率的中位值分别为 13.47% 和 12.57%。由于哔哩哔哩是在中国经营但在美国上市的企业，因此，采取两个市场的均值——13.02% 作为终端年份的目标利润率。假设随着营业规模的不断扩大，营业利润率也会随之逐渐上升，据此统计，营业利润率和营业收入的预测值。从中可以发现，营业利润的亏损近两年会进一步加大，一直到 2024 年开始才转而为正。在税务方面，由于哔哩哔哩的注册地为开曼群岛，因此所得税只包含了管辖范围内执行的文书的印花税。假设所得税、利息、折旧与摊销都线性的上升，就可以估算出未来 9 年的息税前利润 EBIT、税后经营性收入 EBIT（1-t）和作为关键财务指标的 EBITDA。

第四，再投资率估算。

伴随增长，哔哩哔哩公司需要巨额的再投资。为了估算再投资，需要使用"销售额—资本"比率。由于哔哩哔哩财务数据的局限，通过观察行业数据来选定销售额—资本比率。本次评估利用负债和股权账面价值、资本化研发支出、现金计算出投入资本，结合营业收入得到了美国市场（11 家）和沪深股市（10 家）同行业公司在 2018 年的销售额——资本比率。由于哔哩哔哩是一家国内公司，因此采用沪深股市中位值 1.68 作为终端年份的销售额——资本比率，并且因为收入状况逐渐变好，销售额——资本比率也逐渐线性上升。这意味着，想要营业收入增加 1.68 元人民币，就必须追加投资 1 元人民币，分析哔哩哔哩在每一年的预测再投资额。利用哔哩哔哩历年年报数据计算出投入资本，再根据预测的营业收入和销售额——资本比率计算出再投资额，逐年累加到投入资本中。

结合前面计算得到的 EBIT（1-t），就可以计算出未来 9 年的预计资本报酬率，可以观察到资本报酬率增速逐渐放缓。最后再将税后经营性收入和再投资相结合，就可以得到未来 9 年每一年的自由现金流。在未来 7 年，公司的自由现金流仍然为负值，直到 2026 年才会转为正值，在此期间哔哩哔哩需要 261.8879 亿元人民币的新资本。

第五，风险参数和贴现率估算。

显然，哔哩哔哩目前面临着巨大的风险而且处在经营亏损的状态，但是仍是国内最知名的视频网站。根据 Wind 数据可以得到哔哩哔哩近 100 周的 β 值为 1.52。假设 4 年内哔哩哔哩的风险没有出现重大变化，因此 β 值保持不变。2023 年后企业经营利润转而为正，因此企业风险逐渐下降，β 值也逐渐下降。由于哔哩哔哩在美国纳斯达克上市，受到的市场风险主要还是美国股市的风险，因此以美国股市 β 值的中位值 1.19 作为终端年份的值，并逐年下降。结合财通证券在 2019 年 3 月为猫眼娱乐估价过程中使用的无风险报酬率 3% 和风险补偿率 8%，计算得到未来 9 年的股权成本。

由于哔哩哔哩尚未获得信用评级，因此债务成本的估计也存在一定的困难。哔哩哔哩和猫眼娱乐都属于新兴成长公司，获得信用评级的水平应该没有较大差距，因此参考财通证券在 2019 年 3 月为猫眼娱乐估价过程中使用的债务成本 4.68%。由于哔哩哔哩不需要缴纳所得税，因此其债务减免税务的能力也不需要考虑。通过哔哩哔哩历年财报计算出 2015~2018 年的债务比率。由于哔哩哔哩是一家在美国上市的中国互联网企业，因此参考同样在美国上市的中国互联网企业——百度、网易，它们 2018 年的债务比率均为 69% 左右，因此采用 69% 作为终端年份的债务比率，并且逐年线性上升。结合股权成本、债券成本和债务比率，就可以计算出未来 9 年的平均资本成本。预测，在 9 年后哔哩哔哩的资本成本会达到 7% 左右的稳定性水平。

第六，公司价值估算。

为了估算哔哩哔哩的公司价值，先利用累计资本成本对估算的自由现金流进行贴现，得到的历年自由现金流的现值总和为 -132.9323 亿元人民币。为了估算哔哩哔哩的资本报酬率，利用税后经营利润率和资本周转率来进行估计。运用货币资金、短期投资、应收票据与长期负债的比值可以计算出预计的资本周转率，乘预计的税后经营利润率，就可以得到资本报酬率。根据预测的结果，预测稳定期资本报酬率 ROC 为 30%。由此可以结合资本成本，计算出稳定期的再投资率为稳定增长率和稳定期 ROC 的比值，计算结果为 16.67%。运用 2027 年的经营性收入，可以计算出终端年份的企业价值。再利用累计资本成本对计算出来的终端价值进行贴现，再加到未来 9 年自由现金流现值上，就可以得到公司的经营性资产价值为 396.1466 亿元人民币，再加上 2018 年的货币资金 35.4 亿元，就可以得到公司价值为 431.5469 亿元人民币。

第七，股权价值和每股价值估算。

为了从公司价值得到每股价值，首先减去债权，可以得到股权价值为 398.5586 亿元人民币。根据 2018 年哔哩哔哩年报，可以得到公司共有已发行普通股 311 股、687 股、889 股，并且不存在未实施期权。因此，可以直接使用股权价值和普通股数量计算得到估计的每股股价为 127.87 元/股；结合 6.8717 的人民币汇率（2019 年 7 月 25 日汇率），可以得到估计的每股估价为 18.61 美元/股；结合当时市价 16.34 美元/股（2019 年 7 月），市场对于哔哩哔哩股票的估价略微偏低。

评析：

哔哩哔哩公司股票的上述估值分析过程，比较典型地代表了以自由现金流方式进行估值的通行做法。通过估值的每个步骤可以看出：

一方面，终端年份的选择对估值结果的确定具有结构性影响，如本次评估中选择的终端年份 2027 年，在估值模型中就起到十分关键的作用。在前面"收益法估值"部分讨论 DCF 模型时提到，计算自由现金流通常需要将公司的未来分成两个阶段：明确的预测期阶段、终值期阶段。在明确的预测期阶段的少数几年中，现金流预测具有一定的准确性，而在终值期阶段，逐年预测现金流很难，所以通常会计算一个终值的现值。明确的预测期阶段长短，取决于公司自身、行业状况、整体的经济形势，以及对成长率的估计。随着预测期的增加，时间越久，预测的准确度就越低。本次评估的明确预测期是自评估之日到 2027 年，在此期间的每年现金流对最终估值结果的影响是比较大的。

另一方面，FCF 模型中需要的数据，需要评估人员基于可收集的财务数据及行业报告数据等进行预测。如本次评估涉及的销售额增长率、可持续经营利润率、再投资率、贴现率等都需要评估人员结合经验进行判断，评估参数的假设将会直接影响最终输出的估值结果。所以，要使估值结果相对接近于真实价值，就要在这些参数的计算和选择过程中投入更多精力。但是，应当看到，无论怎样选择，许多前提数据都只具有逻辑上的正确性，它们在数学模型中是能够闭环的。实际应用这些估值结果的时候，需要注意到它们自身的局限性，并且，尽可能地多尝试其他方式进行评估，以便验证和降低估值结果的偏差。

第九章 股权投融资交易管理

价格围绕价值上下波动是价值规律作用的表现形式，股权交易也不例外。在实践中，不同阶段现代股权投资的动机是存在差异的，且可能会受到公司内外环境的影响，每一项股权交易特定的交易背景和交易目的，多将影响股权交易定价策略。本章以税务筹划视角分析股权投融资交易的支付结构与模式、定价模式与影响交易价格的若干因素，重点探讨支付方式与支付结构设计、股权投资出资方式与涉税处理、股权并购的涉税处理、股权内部交易与跨境交易的涉税处理等股权交易管理实务要点。

第一节 支付结构与模式

一、支付结构

支付结构是股权交易中非常重要的履行安排，它是指交易各方商定的交易价格、支付手段及支付进度等支付要素的综合构成。支付结构影响股权定价，股权定价有时也会反过来影响支付结构，因此，支付结构在整体的股权交易中扮演着极其重要的角色，它在实质上象征着股权交易已接近尾声。

（一）持股形式与交易的架构设计

股权架构设计和构建的过程中税务筹划具有重要意义。因此，企业应按照税务筹划的特点和股权架构设计构建的基本原则，将税务筹划融入股权架构设计中，完善股权激励设计方面、根据地域性特点进行股权架构设计方面、持股形式设计方面的税务筹划方案，以有效的税务筹划方式提升股权架构设计的科学性和合理性，减少企业的税负成本，促使企业效益提升。

企业在股权架构构建的过程中应考虑到股权形式的设计直接影响税务筹划工作，从企业运营角度进行分析可以发现，首先，企业在实际运营期间，我国境内运营的所得税率为25%左右。其次，在股权分配方面和红利回流方面，居民类型的企业将资金投入到其他居民类型企业，所获得的投资效益在税务法律规定的免税政策范围内。最后，企业在投资退出的环节，税务法律法规中强调，个人投资退出期间缴纳20%的个人所得税，如果是间接性持股，在投资退出方面可能会发生重复纳税的现象，导致企业的纳税成本增加。

因此，企业在持股形式设计的过程中应全面分析不同持股形式的纳税情况，以此为基础制定税务筹划方案，科学合理选择持股的形式①。

1. 企业间接持股的纳税特点

此类持股形式的设计，持股平台企业属于资本扩张的主体和流通运作的主体，在资本扩张的过程中，不会对股权架构产生影响，企业可按照具体状况和政策制度等，申请进行特殊类型税务的处理，降低税务的成本和负担，促使资本的良好运行。但是，此类持股形式的设计还存在一定的不足之处，主要是企业在投资退出期间可能会发生重复纳税的现象，如企业对限制售卖股进行转让期间需缴纳25%的所得税，而自然人股东在获取分红的过程中也要缴纳20%的所得税②。

2. 合伙企业间接持股的纳税特点

此类持股形式的设计和直接持股形式存在相似之处，主要是合伙企业和投资主体独立性，承担企业与个人的所得税缴纳责任，其中合伙企业在纳税的过程中，纳税计算按照分配给所有合伙人的所得和企业留存利润的总体数据值进行计算分析，简而言之就是计算企业本年度需要缴纳的所得税额度，无须将对外投资的所得税额度计入其中。而投资主体在纳税的过程中，按照个人投资获得的利息收益、股息收益、红利收益的20%进行纳税。与企业间接持股形式相互对比之下，合伙企业间接持股形式的设计，可以避免在投资退出的过程中出现重复纳税的现象，只需要进行个人所得税的缴纳即可。

3. 个人直接持股的纳税特点

我国企业最初的股权架构主要就是个人直接持股的形式，企业运营的过程中个人能够获得分红，所缴纳的所得税比例为20%。而在企业资本运作的过程中，自然人股东会按照实际情况进行并购重组等，开展有关的经济活动，交易双方不在税务法律法规中特殊类型税务处理的范畴，所以不能享受递延纳税的政策制度。而企业投资退出的过程中，个人进行股权的转让，需要根据法律规定缴纳所得税，根据财产转让所得的总体金额缴纳20%左右的额度。

通过上述不同持股形式纳税特点的分析，企业在税务筹划的过程中，需明确自身在未来阶段是否需要进行新一轮融资、是否会开展资金运作活动、是否会制定拟上市投资退出的方案等，合理设计企业间接持股的形式与合伙企业间接持股的形式，确保企业在未来发展阶段进行资产变现的过程中，可以通过间接性持股的方式，使得拟上市公司股份可以与融资贷款要求、信托的要求相符。如若企业的投资主体具有多元化特点，主体的数量很多，就可设计企业间接持股的形式，不仅能够预防企业在未来阶段出现法律层面的问题，还能在企业扩张阶段出现自然人股东投资退出现象或是新投资主体进入现象的情况下，留下充足的节约税负空间，同时也不会对投资企业股权架构造成不利影响③。

此外，企业要想在新时期的环境下合理进行股权架构的构建，有效将税务筹划和税收

① 严美琴. 股权架构构建中的税务考量 [J]. 经济研究导刊, 2022 (30): 97-99.
② 董沛. 私募股权投资基金组织架构设计与税收筹划研究 [J]. 纳税, 2020, 14 (20): 41-42.
③ 李星辰. 探析财务人员股权激励对降低企业税负影响——基于有效税务筹划理论 [J]. 当代会计, 2020 (10): 136-138.

规划融入股权架构的构建中，制订能够降低企业纳税成本和纳税负担的方案计划，为股权架构的设计和优化提供准确决策依据及参考依据，充分发挥纳税筹划工作的价值和作用。交易的架构设计需要注意以下三个方面的问题：

其一，交易实施过程中的税负，如股权收购、资产收购的税务考虑。

其二，在日常经营产生的经营利润、资本利得、股息分配等税负。

其三，退出投资过程中的税负等。

税务筹划工作是企业广泛运用的合法降低税务成本的重要措施，将其融入企业的股权架构内，能够促使企业税后利益的最大化发展，因此建议企业在股权架构构建的过程中，积极采用税务筹划方式，降低企业的税负成本，提高经济效益水平，增强竞争实力。

（二）付款方式与税务筹划

交易双方所采用的付款方式不同会导致其纳税义务的时间不同。因此，对于企业来说，如果付款方式选择得当，可以拖延入账时间，达到延缓纳税，获得货币时间价值的目的。[①] 支付方式的种类有很多，下面主要介绍现金支付方式、股权支付方式、资产置换支付方式、承债式支付方式、无偿划拨支付方式、综合证券支付方式六种付款方式。

1. 现金支付方式

现金支付是最快捷的一种支付方式。具体来说，它是指收购方通过支付现金来获得目标企业的资产或控制权。

（1）现金支付的优势：其一，现金收购只涉及目标企业的估价，简单明了；其二，现金支付便于交易尽快完成；其三，支付金额明确界定，收购后不会影响并购后的目标企业资本结构，有利于股价的稳定。

（2）现金收购的缺点：对并购方而言，现金支付方式需要筹集大量现金，这会给企业带来巨大的现金压力；对目标企业股东而言，当无法推迟确认资本利得，会承担较重的税务。

2. 股权支付方式

股权支付是指收购方将自身股权支付给目标企业股东，依据一定比例换取目标企业股权，从而完成收购。

（1）股权支付的优点：其一，无须大量现金，收购方现金支付压力小。其二，分散估价风险。一般而言，由于收购方对于目标企业的了解不一定全面，因此很难事先发现目标企业内部存在的全部问题。采用股权支付，卖方获得收购方控股公司的股权，双方利益捆绑在一起，估价风险由收购方与卖方共同承担。其三，延期纳税。对目标企业股东而言，股权支付方式可延迟收益的时间，获得延期纳税的好处。

（2）股权支付的缺点：其一，卖方不能立刻获得流动性资金；其二，收购人的股权被稀释。

在实际操作中有以下几种：①并购企业可通过发行新股来完成支付。②并购企业可通过支付非流通库存股来完成此次并购。③并购企业用自身现有股票来完成支付。总之，不

---

① 陈海．股权投资企业税收筹划研究［J］．企业改革与管理，2019（5）：127-128．

管用哪一种股票支付方式都避免了现金支付方式下并购企业流动资金短缺造成的风险。并且由于股票不仅具有当前价值，还存在长期的股权收益，对被并购企业带来一定的好处。但股票支付方式在实际操作中还存在很多问题，这些问题都导致这一种支付方式在我国适用范围不广，大多数收购交易并不会单独采取股权支付方式，而是采取组合方式，即在交易过程中，部分采用现金方式支付，部分采用股权方式支付。这种组合方式有利于收购双方以灵活的方式管理现金。①

3. 资产置换支付方式

资产置换支付是指上市企业的控股股东以优质资产、现金等置换上市企业的呆滞资产，或以主营业务资产置换非主营业务资产等情况。资产置换常常发生在公司上市的过程中，母公司在子公司收购完成后，将自己的优质资产卖给子公司，之后子公司将不良资产或项目卖给第三方或自己。如此一来，母公司就可以借子公司的壳实现间接上市的目的。

（1）资产置换的优点：其一，支付过程中无现金，减少了收购方的现金压力；其二，收购方在买入优质资产时剥离了不良资产，可一举两得；其三，收购方在置换资产时可以获得一笔可观的投资收益或营业外收入。

（2）资产置换的缺点：由于资产置换近似于物物交换，往往难以成交。

4. 承债式支付方式

承债式支付方式是指收购方不向目标企业支付任何现金及有价证券，而是以承担目标企业所有债务作为支付方式，从而取得目标企业的股份。债券支付是指并购企业向被并购企业支付约定金额的债券来完成并购活动。该支付方式需要较为成熟的资本市场支撑，在一些西方国家较为适用。而由于我国的资本市场较不成熟，并且由于金融市场的不稳定性，导致债券支付在我国的企业并购活动中并没有得到采用。该种方式在濒临破产的国有企业及连续几年亏损的上市公司并购中常常被采用。

5. 无偿划拨支付方式

无偿划拨支付方式是指国家以行政命令将国有企业的控股权从一个国有资产管理主体划拨给另一个国有资产管理主体，而接受方无须给予出让方现金、证券等补偿。这种支付方式交易成本低、速度快、产权整合力度大，且收购方常常可以享受到当地政府给予的政策优惠，但这有可能会使收购方背上沉重的负担。

6. 综合证券支付方式

综合证券支付方式是指收购方在收购过程中，采用现金、股票、认股权证、可转换债券等多种支付形式共同支付。这种方式可以将多种支付方法组合在一起使用，不仅可以避免现金支出过多而造成的财务结构恶化，而且还能有效防止收购方由于股权稀释而造成的控制权转移。

二、上市公司控制权交易模式

控制权是指拥有公司一定比例以上的股份，或通过协议方式能够对其实行实际控制的

---

① 刘敬雯. 企业生命周期下支付方式对战略性新兴企业并购绩效的影响［D］. 大连：东北财经大学，2021.

权利。即对公司的一切重大事项拥有实际上的决定权。理论上，如果拥有了公司50%以上的股份，就必然能对该公司实行控制。但实际上由于股份的分散，只要拥有一定比例以上的股份就能获得股东会表决权的多数，即可取得控制的地位。除基于股权的占有取得控制权外，还可通过订立某种特殊契约或协议而获得控制权。上市公司控制权交易的十大操作模式:①

1. 二级市场增持+一致行动

收购方从二级市场买入目标上市公司股票，再通过资管通道签署一致行动人协议，即约定股东行使投票权时采取一致行动，当意见不一致时，以某个股东的意见为准。"入侵者"通过不断增持目标企业股票，举牌再举牌，直接拿下第一大股东之位。曾经轰动一时的"万宝之争"，宝能系就是以这种"买买买"的方式不断步步紧逼，直至将万科逼入绝境。

2. 爬行增持

爬行增持是相对于大比例快速增持而开发出来的民间概念，具体是指取得上市公司控股权或者30%股权的股东，为了避免触发要约收购义务以及其他目的，每12个月买入不超过上市公司已发行总股份的2%的增持行为。

3. 要约收购

要约收购是指收购人向被收购的公司发出收购的公告，待被收购上市公司确认后，方可实行收购行为。这是各国证券市场最主要的收购形式，通过公开向全体股东发出要约，达到控制目标公司的目的。要约收购是一种特殊的证券交易行为，其标的为上市公司的全部依法发行的股份。

4. 协议收购

协议收购是指投资者在证券交易场所之外与目标公司的股东（主要是持股比例较高的大股东）就股票价格、数量等方面进行私下协商（相对公开市场而言，而非黑市交易），购买目标公司的股票，以期达到对目标公司的控股或兼并目的。

5. 表决权委托

在有限责任公司或股份有限公司中，股东按其持有的股份对公司事务进行表决的权力。股东表决权的大小，取决于股东所掌握的股权。在有限责任公司中：股东会会议由股东按照出资比例行使表决权；在股份有限公司中：股东出席股东大会会议，所持每一股份有一表决权。普通股一般每股代表一票。优先股有优先取得股息和分得剩余财产的权利，但这部分股东在股东大会上一般没有表决权，或者要受到种种限制；但是若优先股的股息被拖欠，这部分股东通常具有表决权。表决权可以由股东委派他人行使。大股东往往只要集中掌握30%~40%的普通股票就能左右股东大会的表决权，从而控制该股份公司。

6. 间接收购

公司股东以外的收购方通过投资者关系、协议、其他安排导致其拥有权益的股份达到或者超过上市公司发行股份5%或者30%的按照一般收购持有股份的行为，或者按照继续

---

① 张媛春．制度环境，交易规则与控制权协议转让效率［D］．广州：中山大学，2009.

收购则取得股份的行为。间接收购中收购人并未直接成为被收购公司的控股股东，往往是实际控制人。

7. 换股收购

换股收购是指收购公司将目标公司的股票按一定比例换成本公司股票，目标公司被终止，或成为收购公司的子公司。根据具体方式，可有三种情况：其一，增资换股。收购公司采用发行新股的方式，包括普通股或可转换优先股来替换目标公司原来的股票，从而达到收购的目的。其二，库存股换股。在美国，法律允许收购公司将其库存的那部分股票用来替换目标公司的股票。其三，母公司与子公司交叉换股，其特点是收购公司本身、其母公司和目标公司之间都存在换股的三角关系。通常在换股之后，目标公司或消亡或成为收购公司的子公司，或是其母公司的子公司。

8. 定向增发

定向增发是指向有限数目的资深机构（或个人）投资者发行债券或股票等投资产品。有时也称"定向募集"或"私募"。发行价格由参与增发的投资者竞价决定。发行程序与公开增发相比较为灵活。一般认为，该融资方式较适合融资规模不大、信息不对称程度较高的企业。中国在新《证券法》正式实施和股改后，上市公司较多采用此种股权融资方式。中国证监会相关规定包括：发行对象不得超过 10 人，发行价不得低于市价的 90%，发行股份 12 个月内（大股东认购的则为 36 个月）不得转让，募资用途需符合国家产业政策、上市公司及其高管不得有违规行为等。

9. 借壳上市

借壳上市又称"后门上市"或"逆向收购"，是指非上市公司购买一家上市公司一定比例的股权来取得上市的地位，然后注入自己有关业务及资产，实现间接上市的目的。借壳上市主要是把非上市的企业或者资产置入到已上市的公司中，彻底改变上市公司的主营业务、实际控制人及名称，上市后在一定条件下再通过增发股份。

10. 特殊回购条款

被收购企业可以提前做好被恶意收购的准备，在公司章程中设置特别回购条款，规定了在遭受收购时可由公司立即回购公司在市场上的流通股份并转让于特定对象，如上市公司大众公用就在其公司章程中 32 条规定，若发生"单独或合并持有公司 10% 以上的股东继续收购公司股份"的情况，公司可以立即收购本公司股份并将该收购股份定向转让给特定对象而无须另行取得许可或授权。

第二节　交易价格

价格围绕价值上下波动是价值规律作用的表现形式，股权交易也不例外。在实践中，受限于各种交易环境的影响，股权交易价格的确定仍然是十分困难的。下面着重探讨股权定价的几种常见模式，以及在确定交易价格时，哪些因素在起重要作用。

一、定价的六种模式

当前公司实务中，除了对国有股权的转让定价作了限制性规定以外，对一般公司的股权转让，依据当事人意思自治原则，只要不违反法律的禁止性规定，不损害国家和第三人的合法权益，法律允许股东自由确定股权转让价格。[①] 实务中股权交易价格的确定主要有以下几种方法：

（一）以出资额进行作价

出资额作价，是指以目标公司登记的注册资本额作为股权转让价格的方法。这种方法的优点是简单明了、操作方便，缺点是此种方法确定的股权价格可能并未准确反映股权的真实价值。因为公司设立完成后在经营过程中，资产、债务一直处于动态变化的状态，并且时间越久原始出资额与股权真实价值的偏离度越大。特别是在公司经营良好、净资产值远大于出资额的情况下，以出资额作价还可能带来低价转让股权的税务风险，税务机关可能会认定股权转让作价不公允，并按照同类股权转让作价或类似股权转让作价的平均值或目标公司的净资产值等方法重新核定股权价值并征收所得税。

（二）以净资产值进行作价

即以目标公司资产减去负债后的净资产额作为股权转让作价的方法。此种方法避免了出资额作价的缺点，将股权的实际价值与公司账面净资产挂钩，具有一定的准确性，因而在实践中被广泛采用，相对而言也能被税务机关接受。但是，这种方法反映的只是公司历史沉淀的价值，没有考虑公司未来的成长性因素，是一个静态的概念，也具有一定的局限性。在以净资产值作为股权作价基准时，通常采用两种方法确定最终价格：

其一，固定价格。即在审计确定的净资产基础上，双方商定一个固定价格，并且除非出现双方约定的调整情形，此价格不得改变。

其二，预约价格。即在审计确定的净资产基础上，双方仅商定初步价格，同时约定最终价格的计算公式，并在转让协议中进行明确。相较而言，预约价格更具有灵活性，更能够反映接近交割时点股权的真实价值，因而在实践中应用较多。

（三）通过评估进行作价

即对目标公司的资产和负债进行评估，并根据评估值确定股权价格的方法。在实践中针对不同类型企业具体应用时，评估方法也不同，比如：重资产型企业（如钢铁、水泥、煤炭等传统制造业），应当以成本法为主，收益法为辅；轻资产型企业（如文化、教育等服务业），应当以收益法为主，成本法为辅；互联网企业（如 BATJ、美团、今日头条等），应当以用户数、点击数和市场份额为远景考量，以市销率为主，新兴行业和高科技企业，应当以市场份额为远景考量，以市销率为主等。需要注意的是，评估方法的不同可能对股权交易带来以下影响：

[①]　杨洁. 控股权溢价的存在性及其影响因素研究——兼论我国上市公司控股权评估的改进 [D]. 上海：上海交通大学，2012.

其一，采用成本法评估的，在股权转让协议签署后至交割完成前的过渡期间，目标公司股权产生的收益一般归股权转让方所有；采用收益法评估的，过渡期间目标公司股权收益一般归股权受让方所有（上市公司重组亦同），因为通过此方法确定的股权价格包含了股权未来的收益，对受让方而言是一个含权的概念。

其二，在上市公司重大资产重组中，采用收益法评估的，应当对标的资产进行业绩承诺，采用成本法评估的，可以不用承诺业绩。

（四）通过拍卖进行作价

即依据拍卖法对目标公司股权进行作价的一种方法。一般而言，采用拍卖进行作价的往往是处于法院执行程序中的股权，或者为了某些特殊目的进行的交易。这种方法在一般股权交易中采用较少。第一次拍卖最高应价未达到保留价时，应当继续进行拍卖，每次拍卖的保留价应当不低于前次保留价的90%。经三次拍卖仍不能成交时，人民法院应当将所拍卖的股权按第三次拍卖的保留价折价抵偿给债权人。人民法院可以在每次拍卖未成交后主持调解，将所拍卖的股权参照该次拍卖保留价折价抵偿给债权人。[①]

（五）通过协商进行作价

协商作价是实践中运用比较广泛的一种方法，以上各种方法中都会涉及协商的内容，诸如净资产溢价倍数、可比市盈率、市净率等，协商经常与其他方法结合使用。有时候，协商也可以是不基于任何标准的协商，实践中经常有企业家出于各种目的或直觉拍脑袋决定价格，似乎没有直接的理论依据，但是从股权交易效果来看，也很难评判孰对孰错。企业每时每刻都在发生变化，通过理论模型计算得出的股权价值往往有许多假定的前提条件，但这些条件在经济现实中又不可能一成不变，所以某种程度上讲，股权价值是谈出来的，而不是算出来的。

另外，需要注意的是，集团公司内部进行股权重组时，有时为了操作便利，可能会安排股权无偿在成员公司之间划转。这样操作可能会给受让方股东带来税务负担，因为按照法律规定，无偿划转即为赠与，受赠人需要依据税法缴纳所得税。这种情况通常的处理方法是，将股权按照1元的象征性价格进行转让，尽管价格可以忽略不计，但在法律上构成有偿转让，可避免按照接受赠与的税率缴纳所得税，即使对将来股权再次转让时的计税基础有影响，但也取得了递延纳税的效果。

（六）国有企业股权转让作价的特殊性

国有资产的管理有独立的法律法规体系，比普通民营企业的管理更加严格、规范。按照《中华人民共和国企业国有资产法》、国有资产监督管理委员会、财政部《企业国有资产交易监督管理办法》等法律法规，转让国有股权时，必须进行评估和审计，股权转让作价一般不低于评估和审计确定的股权价值，并由国有资产监督管理机构负责审核。因股权转让致使国家不再拥有所出资企业控股权的，须由国有资产监督管理机构报本级人民政府

---

① 最高人民法院《关于冻结、拍卖上市公司国有股和社会法人股若干问题的规定》（法释〔2001〕28号）第13条规定，股权拍卖保留价，应当按照评估值确定。

批准。因此，在处理涉及国有股权交易的定价时，一定注意不能违反有关国有资产管理的法律、法规和规范性文件的规定。

【案例1】关联方股权转让价格过低被税务机关核定征缴案[①]

案情概况：

中国境内A公司成立于1999年11月，注册资本500万美元，为香港B公司100%持股，主要生产销售塑料包装袋制品。2009年4月，B公司将其持有的A公司75%的股权以375万美元的价格转让给中国境内的关联公司C公司，并取得有关部门的批复。

税务机关在税务稽核中发现了本次交易的异常，并对本案的股权转让行为进行了调查分析，通过研究A公司2007~2008年各类财务报表及相关数据后发现：A公司经过近十年的发展，注册资本和资产规模均有了较大幅度的增长，企业销售毛利率、营业利润率、净资产收益率等各项经济指标也实现了平稳增长，所以企业具有较高的经营水平和较强的获利能力。B公司从该企业获得了丰厚的投资回报，已经累计分回投资利润569万元。截至2008年12月31日，A公司净资产为5279万元，75%股权对应的净资产约为3959.25万元，约合579万美元。

根据上述调查结果，税务机关认为，在A公司具有良好发展能力和成长性的情况下，B公司股权转让价格明显偏低，明显不符合商业常理。税务机关有权对不符合独立交易原则的股权转让价格进行调整。

经过多次协商，确定了以2008年年末A公司净资产为股权转让的作价基础，同时计算出企业2006~2008年净利润增长率的平均水平，并以此来预测企业未来三年的收益，最后将2008年末公司净资产与企业预计未来三年收益相加得出公司价值为7330万元。在此基础上，综合考虑企业面临的汇率因素、政策因素，再对股权价值作出适当调整后，最终确定企业股权转让所得1156万元，缴纳企业所得税115.6万元。[②]

案件评析：

关联方之间的股权转让价格需要遵循独立交易原则，即需要采用合适的股权价值评估方法对股权转让价格进行合理的评估，税务机关在这方面拥有对股权价值进行调整的权力。

进行股权估值，并且按照合理方法对股权转让价格进行调整的前提是关联交易本身的合理性，即在本案中，B公司向C公司转让A公司股权的行为是符合合理商业目的的，这一点需要结合交易涉及各方的经营状况、风险承担以及资产情况来把握。

通常情况下，企业委托第三方评估机构进行股权价值评估时，虽然在理论上有多种股权估值方法，但在具体案例中，需要结合企业自身实际情况选择一种恰当的估值方法。例如在本案中，目标企业A公司具有良好的发展能力和成长性，根据其经营和收益的稳定状况、未来收益的可预测性及其他条件，收益法就是适合评估其股权价值的合理方法。

---

① 张阳. 股权转让价格公允性税理分析［J］. 注册税务师，2020（4）：25-27.

② 《企业所得税法》《税收征收管理法》《国家税务总局关于加强非居民企业股权转让所得企业所得税管理的通知》《内地和香港特别行政区关于对所得避免双重征税和防止偷漏税的安排》，该项所得应在中国境内按照10%的税率交税，税务机关有权对不符合独立交易原则的股权转让价格进行调整。

二、影响定价的技术性因素

股权交易的场景不同，影响股权交易定价的因素会有很多，除了一些技术性因素以外，还有许多非技术性因素（比如心理因素、供需关系等）都会对最终的交易定价带来影响。[①] 本部分将主要选取影响定价的四个技术性因素进行介绍，不讨论非技术性因素。

（一）流动性

在我们国家《公司法》环境下，无论是有限公司还是股份有限公司，股权的流动性都是交易定价时需要考虑的重要因素。流动性差的股权，因持有期的不确定性风险因素影响，在交易定价时一般会考虑折价，折价幅度的大小与流动性的强弱有关。

有限公司受到的证券监管较少，股权转让的限制主要体现在公司章程及股东投资协议等法律文件中；股份公司因涉及公众投资者的利益，有关流动性的法律法规及政策性文件规定较多。目前，对股权流动性有影响的因素主要体现在三个方面：转让主体和期限（锁定期/限售期）、转让方式、转让场所。

（二）支付方式

股权交易对价的支付方式有很多，包括货币支付、股权支付、承担债务式支付等，不同支付方式对于股权购买方来说，意味着不同的成本和风险，因此反映在股权交易定价中，必然会考虑这种成本和风险带来的影响。比如，货币支付的成本是最高的，股权支付对收购方的压力较小，承债式支付在利用重组税收优惠政策方面灵活性差一些。考虑到各种支付方式在交易中都各有利弊，在确定具体的支付方式时，交易各方会求同存异，寻求最佳的某一种支付方式或者某几种支付方式的组合，完成最终的股权交易。

（三）支付进度

支付进度也会影响交易价格。对支付进度的谈判，通常主要围绕着交易风险的控制和资金成本的计算等进行考虑。不同于普通的商品交易，股权交易的周期一般不短，股权对应的目标公司在最终交割完成之前一直处于动态的变化之中，价值也在变化，尤其是购买方通过前期尽职调查，如果发现一些问题，还需要时间进行观察和消化。如此一来，从签署股权转让协议到最后完成股权变更登记，可能会经历少则几周，多则几年的交易周期。在这个过程中，能够控制交易节奏的方式，唯有支付最有效。但是问题总是相对的，一方控制了风险等于另一方承担了风险，在两者之间进行平衡的工具，就是支付进度的安排。通过谈判，交易各方最终达成一致的支付进度，反映了各方在承担交易风险方面的妥协。当然，交易是由一系列条件构成的，支付进度也必然随着各方设置的一些前提条件，如交易过渡期间的权益归属安排、交易完成后的保证期设置、交易价格的增减、支付方式中现金部分的占比等。

（四）控股/参股

通过股权交易取得对目标公司控股权的，相比仅取得参股权将取得更多的、超出按比

---

① 章子夏. 我国上市公司重大资产重组交易定价影响因素的研究 [D]. 上海：上海社会科学院，2016.

例持股的额外收益。比如在取得控股权的情况下，此项股权交易还可以为购买方带来协同效应、规模效应，可以对目标公司施加更灵活的运营管控、实施关联交易等，即取得了所谓的"控制利益"；而参股权则没有这些额外收益，只能老老实实地等待按持股比例分红。鉴于这些差别，在股权交易定价时，取得控股权和取得参股权在每股定价上就会有所区别，反映在股权估值环节，就是会考虑控股权溢价和非控股权折价带来的影响。本书在第八章"估值方法"部分已经对此作了介绍，这里不再赘述。

第三节　支付方式

一、支付结构设计的实务要点

（一）支付结构设计考量的因素

每一种支付手段都有自身的优势，同时也对应着不同的应用场景。在股权投融资交易结构设计中，考虑如何安排支付股权对价时，至少需要充分考虑以下因素：[①]

1. 成长预期

对接受支付对价的股权出让方而言，现金意味着交易的结束，而如果接受股权支付（无论是普通股、优先股还是认股权证），就有可能获得超过原始对价金额的超额回报。但是这也取决于出让方对股权购买方的成长预期，在预期比较乐观时，接受股权支付的可能性就大一些。当然，由于股权支付的价值评估不如现金那么简单直接，这种方式还需要双方对估值的合理性、未来成长的预测、现金流的压力等多种方面的因素达成一致才可采用，程序会相对比较烦琐。

2. 现金流压力

现金流是企业的命脉，一旦出现问题将导致严重的后果，甚至公司破产。因此，在各种支付方式中，现金一般是要慎重使用的（当然，也取决于跟股权出售方或目标公司的谈判），而股权交易的退出过程又相对比较漫长，在持股期间一定要保证公司的现金流运转正常。因此，在考虑支付方式时，对现金流的预测和规划十分重要，前提是必须保证现金流不能出问题。

3. 资金成本

这是确定支付方式时首先要考虑的因素。从总体类别来看，购买股权的一方主体，要么是用自有资金进行投资，要么是通过结构化的设计，用募集而来的资金进行投资。无论是哪一种类型的投资，都要以资金成本作为参照，考虑各种费用和风险因素后，对比期望的 IRR 值，预测一下未来收益是否能够涵盖资金成本。在确定资金成本时，不仅需要考虑

---

① 程楠. 收购方股权架构对并购支付方式选择的影响——基于终极控制视角的实证研究 [D]. 北京：北京大学，2012.

资金构成中来自债权人的利率要求，还要考虑股东的投资收益率要求，这样计算出来的资金成本才能真正反映完整的资金成本。

4. 外汇监管

在涉及跨境股权投资或收购时，股权价款或投资款项的支付就必须要考虑外汇监管对款项支付的影响。实践中，要完成资金的跨境转移，最合规的方式就是进行外汇审批，然后再进行资金支付，其他不合规的方式都有法律风险，严重的还有刑事责任风险。[①]

5. 交易风险控制

控制交易风险的一个重要手段就是支付进度的安排，即是否分期及分几次、在什么节点进行支付。控制交易风险主要包括：

其一，支付方的自身风险承受能力控制，即假如该投资或并购项目中途出现风险，或者将来无法顺利退出，支付方是否能够承受此种风险；而且，还要判断股东是否具有持续保证公司资本金充足的义务（如保险类公司），以此来协助判断支付的具体形式以及投资购买股权的比例份额。

其二，项目中途风险控制，特别是股权交割周期比较长的，目标公司的经营风险不可预测，在选择支付手段时也要相应考虑风险抵消，尽量避免选用货币支付，多用股权类支付工具。

其三，交易对手的风险控制，如果不是一些特殊类型的交易场景（比如转让方股东目的明确，就是为了套现离场），在一般情况下，股权出售方能够继续在目标公司持股的，起码可以借助他们持续持有的股权有一个风险控制的抓手，如果他们完全套现走人，相应的约束作用就会弱一些。从这个角度而言货币支付就是一次性的博弈，而股权支付是持续性的博弈，显然在持续性博弈的情况下，股权出售方在交易过程中进行隐瞒或欺诈的风险就更低，更有利于整个交易的风险控制。

因此，基于风险控制的考虑，除了支付手段的选择之外，在支付进度安排上，各方也会进行协商和谈判。包括分期支付的次数、支付的里程碑、交割后担保等。

（二）支付结构设计的实务要点

实务中，每一项股权交易都有特定的交易背景和交易目的，在安排支付结构的时候，均需权衡考虑的诸多因素，既有来自支付方的支付能力因素，也有接受支付一方的税筹考虑，还有来自资金监管、外汇管制等客观环境的要求，每一项因素都会对支付结构带来影响。考虑到交易的复杂性，此处重点介绍设计支付结构时比较重要的实务操作要点：[②]

1. 融资结构的安全性

融资结构要以现金流的安全为前提。举债扩张是很危险的，虽然债务的利息成本具有税前扣除的优势，但是公司的财务风险尤其是现金流的安全，是在考虑债务融资时必须要

---

① 《刑法》第 190 条规定，公司、企业或者其他单位，违反国家规定，擅自将外汇存放境外，或者将境内的外汇非法转移到境外，数额较大的，对单位判处逃汇数额 5% 以上 30% 以下罚金，并对其直接负责的主管人员和其他直接责任人员，处 5 年以下有期徒刑或者拘役；数额巨大或者有其他严重情节的，对单位判处逃汇数额 5% 以上 30% 以下罚金，并对其直接负责的主管人员和其他直接责任人员，处 5 年以上有期徒刑。

② 严美琴．股权架构构建中的税务考量［J］．经济研究导刊，2022（30）：97-99．

首先考虑的要素。比如，当年曾经在资本市场叱咤风云的德隆系，由于资金链断裂，于2004年4月13日彻底崩盘。它们当时的典型手法是通过二级市场收集"老三股"，拉高股价，然后利用高股价进行质押贷款，贷款后再进行实业收购。但是风险已经在这个过程中积累起来，因为质押贷款及坐庄的成本已远远高于实业的盈利水平，现金流随时都会出现风险。所以，无论采用哪种方式进行融资及支付股东对价款，现金流问题是投资人/收购方必须要牢牢把住的底线。

2. 股权价款与股权比例

股权价款与股权比例是首先要确定的核心问题。在股权交易结构中最重要的两个要素标的物及其对价，是整个交易结构中的核心，它们分别对应着股权比例、股权价款。从交易目的来看，交易结构中的每个元素都是相互关联的，不是孤立的。比如，股权比例影响着交易估值，交易估值决定着股权价款，而支付方式、融资成本、支付进度等又进一步影响着股权价款。因此，投资人与目标公司或其股东进行的股权交易，首先要对投资的股权比例以及大致对应的价格有一个框架性的意向，在此基础上，再考虑相关周边因素对它们的影响，以及在交易谈判中如何争取到对己方最有利的方案。当然，作为收购方或投资人角度而言，要购买多少比例的股权，也是基于自身的融资成本、支付能力和风险承受能力确定的。所有这些因素，都需要在交易之前"一揽子"进行考虑，避免顾此失彼。

3. 跨境支付方式的合规性

要充分关注跨境支付方式的合规性。近年来，境内企业在海外直接投资过程中遇到了种种障碍，在资金无法直接出境的情况下，越来越多的企业开始转向内保外贷①这种间接出境的模式。因此内保外贷业务逐渐成为了市场上关注的焦点。根据《跨境担保外汇管理操作指引》，未经外汇局批准，债务人不得通过向境内进行借贷、股权投资或证券投资等方式将担保项下资金直接或间接调回境内使用。

2017年1月26日，国家外汇管理局发布了《关于进一步推进外汇管理改革完善真实合规性审核的通知》（汇发〔2017〕3号）（以下简称3号文），作为其中最大的亮点，3号文明确放开了29号文中关于未经外管局批准，禁止将内保外贷项下资金直接或间接调回境内使用的限制。根据3号文，内保外贷项下的债务人可以以发放外债、股权投资等方式将内保外贷中的境外融资资金直接或间接调回境内使用，需要注意的是，资金仍然不得以证券投资形式回流。资金回流限制的放开，将更加有助于便利跨境融资，鼓励境外资金流入境内。

【案例2】西王食品收购加拿大公司内保外贷支付安排②

案情简介：

A股上市公司西王食品股份有限公司（以下简称"西王食品"）跨境收购加拿大非上市公司 Kerr Investment Holding Corp. 时，就采用了内保外贷的支付安排。股权交易的基

---

① 2014年5月12日国家外汇管理局发布的《跨境担保外汇管理规定》（汇发〔2014〕29号）（以下简称29号文），内保外贷是指担保人注册地在境内、债务人和债权人注册地均在境外的跨境担保。

② 参见 http://www.sohu.com/a/127170925_618568? sec＝wd.

本架构如下：

西王食品首先与 PE 基金春华景禧（天津）投资中心（有限合伙）（"Primavera Capital"）合资成立西王食品（青岛）有限公司（以下简称"西王青岛"），西王青岛在加拿大设立 SPV1 和 SPV2，并由 SPV2 购买目标公司原股东持有的目标公司股份；首期交割以收购价款 80%购买目标公司原股东持有 80%的股份。

对于本项目的首期收购价款，西王食品和其引入的 Primavera Capita 以股权出资方式共计出资约 225700 万元人民币，其中西王食品的股权出资款项来源为自有资金、西王集团财务公司借款，以及宁波梅山保税港区信善投资合伙企业（有限合伙）（以下简称"信善合伙企业"）提供的 100500 万元人民币的借款。

除股权投资款外，西王青岛作为借款方向信善合伙企业债务融资 167500 万元人民币，西王食品以其持有的西王青岛的 75%股权提供质押担保，西王青岛以其全部资产为西王食品提供反担保。

为了解决资金出境的问题，西王青岛还通过内保外贷方式进行了支付，即加拿大 SPV2 向招商银行股份有限公司离岸金融中心申请不超过 2.5 亿美元贷款，西王青岛提供连带责任担保。

案件评析：

这是比较典型的通过内保外贷形式完成跨境支付的一个案例。内保外贷在执行上要保证合同签署和内保外贷外汇登记的合规性，确保将来如果要履行合约时能够被顺利执行。

另外从商业角度看，是否采用内保外贷，还需要关注人民币和外币的利率差，如果境内人民币定期存款利率高于境外外币的同期贷款利率，在不考虑人民币升值或贬值的因素下，内保外贷是有利可图的；反之，就会加大境外融资的成本。

二、支付方式[①]

（一）货币支付

货币支付是股权交易中使用频率较高的支付方式，指股权购买方通过向目标公司缴付增资价款，或者向目标公司股东支付一定数额的货币，以取得目标公司股权的支付方式。货币支付可以用自有资金，也可以通过融资进行。按照支付速度不同，货币支付可以分为一次性支付与分期支付。货币支付比较灵活，但相关的风险也不容忽视。

1. 货币支付的优点

（1）操作简单，计量方式准确；

（2）股权出售方能够尽快获得流动性；

（3）股权购买方可以在交易的其他条件上获得谈判优势；

（4）货币支付可迅速直接达到并购目的，确保并购公司控制权固化；

（5）现金是一种支付价值稳定的支付工具。

---

① 李向昇. 企业并购的筹资与支付方式选择研究 [J]. 新经济，2016（24）：37-38.

2. 货币支付的缺点

虽然有诸多优点，货币支付的缺点也很明显：

（1）股权购买方短期内现金流的压力较大；

（2）股权出售方取得收益后面临即时付税的问题；

（3）货币支付使卖方可以迅速"套现走人"，和股权支付方式相比，不利于形成后续的交易效果监控，购买方对出售方失去了抓手；

（4）在跨国投资并购中，采用货币支付方式，还会面临货币的可兑换性风险、汇率风险以及外汇监管出境的风险，有时甚至会因为资金出境困难导致交易搁浅，或者不得不采取其他违规的支付方式。

因此，在决定采用现金方式支付股权价款时，股权收购方要结合自身状况充分评估，尤其是通过融资获得资金完成货币支付的，要避免由此带来的财务风险。不过，与一般的战略投资者不同，私募股权投资基金（PE）收购股权时，更多地采用货币支付方式。这一方面取决于PE业务的性质，另一方面是因为PE可以灵活地运用杠杆收购，资金的成本和风险已经通过结构化设计进行了转移和分散。

（二）股份支付

该支付方式在股权并购的实践操作中较多地采用，尤其是在上市公司股权收购中更为常见。非上市的股份有限公司和普通有限责任公司的股权收购中或重组中，有时候也采用股份支付的方式完成股权价款的支付。由于这种方式从形式上来看，是用收购方持有的股权/股票换取目标公司股东的股权/股票，所以有时这种方式也被称为"换股交易"。在换股交易中，用于支付的股份，既可以是普通股，也可以是优先股，还可以是认股权证。

1. 操作方式和常见类型

"换股交易"的具体操作方式是：如果股权购买方采用的是股权兼并方式，那么由购买方出资购买目标公司的全部股权，而目标公司的股东在取得资金后用这部分资金再认购购买方发行的现金增资股，因此双方的股东不需另行筹集资金就可以将资本予以集中。在中国，"换股交易"通常有两种方式：一种是发行人发行股份购买资产，以股换股；另一种是发行人以现金购买子公司小股东股权，小股东收到现金后，再通过认购发行人增资的方式成为发行人股东。

2. 股份支付的优点

其一，采用股份支付方式，购买方不需要筹集大量的资金，免受还本付息的压力。

其二，目标公司的股东将会获得税收利益，因为现金收入必须在本年度内申报所得，而如果以股票支付，则只有在出售时才对所得进行征税，从而取得递延纳税的好处。

其三，如果收购方公司有成长潜力，业绩优良，目标公司股东将能够获得比货币支付更大的获利机会。

3. 股份支付的缺点

股份支付方式也有明显弊端，表现在：

其一，标价方式不如货币支付方式直观，需要进行换算。

其二，实施过程复杂，目标公司股权的持有者必须考虑并购方公司股票目前的市价与未来潜力，并购方公司也要对目标公司的价值进行评估，并通过艰难的谈判来确定换股率，如果双方不能就换股率达成一致，换股支付便无法进行。

其三，如果并购方公司用发行的新股与目标公司股权持有者进行互换支付，也会对目标公司的所有者造成一定损害，因为，并购方公司新股发行后必然稀释其现有股票的每股盈余，从而会导致目标公司所有者所换取股票价格的下跌。

4. 股份支付的财务处理

（1）作为收购方来说，换股时一般按以下方式进行会计处理：一般换股，应按照《企业会计准则第 2 号——长期股权投资》的规定进行账务处理：

1）按换入股权的约定价格或公允价值，借记"长期股权投资"（成本法）"长期股权投资——成本"（权益法）"可供出售金融资产——成本"等科目。

2）按换出股权的账面价值，贷记"长期股权投资"（成本法）科目，贷（或借）记"长期股权投资——成本、损益调整、其他权益变动""可供出售金融资产——成本、公允价值变动"科目，按支付的相关税费，贷记"银行存款"等科目，按其差额，贷记或借记"投资收益"科目。

（2）作为被收购方来说，换股时一般按以下方式进行会计处理：按换入股权协议作价或公允价值，借记"长期股权投资"或"长期股权投资——成本""可供出售金融资产成本"等科目，按定向发行用于换股的股票面值总额或约定计入实收资本的金额，贷记"股本"或"实收资本"科目，按其差额，贷记"资本公积（股本溢价或资本溢价）"科目；如果为借方差额，则依次借记"资本公积（股本溢价或资本溢价）""盈余公积""利润分配——未分配利润"科目。

5. 股份支付的注意事项

股份支付的交易过程比较复杂，这里提示几个需要注意的核心事项：

（1）交易双方对收购方股票的价值估计是否一致是交易能否成功的关键。价值的估计并不仅仅局限于目前股票价格的估计，更重要的是在收购方发行新股后，股价的下降幅度将有多大，因为股票总额的增加会稀释每股盈余（EPS）而使股价下降。在这个问题上，双方的一致程度将决定股份支付方式能否成功，因此，收购方应当利用一切方式增强目标公司股东对自己股票的信心。

（2）用股份进行支付应高度关注对自身控制权的稀释。在某些股权交易中，特别是资产数额较小的公司兼并规模远大于自己的公司时，在采用换股支付后兼并方最大的顾虑就是自身所有权的稀释，担心会失去对公司的控制权。在这种情况下，兼并方在发行新股时可以选择发行没有表决权的优先股来支付价款，这样就不用担心公司控制权的丧失。当然，由于优先股没有表决权，如果想得到目标公司股东的同意就必须在股息偿付上作出一定的让步。

（3）在集团内部换股重组时，要对子公司的外部股东进行分类和预判。因为，换股完成后，子公司的外部股东将在更上一级甚至顶层母公司的层面持股，如果个别股东不能与集团母公司现有股东在经营理念方面达成一致，尽量考虑不对他们进行换股，即他们仍然保持在子公司层面持股不变。以防将来母公司在进行资本运营时，股东之间出现分歧或纠纷。

（4）上市公司以换股方式吸收合并其他上市公司时，交易价格以双方股票市价、独立财务顾问估值、净资产账面价值等为定价依据，中国证监会审核时主要关注以下内容：

1）申请人是否提供独立财务顾问对交易定价的意见；

2）交易价格是否充分考虑合并双方的股票市价、公司估值（资产和盈利能力）、盈利预测以及隐含资产价值（土地、无形资产）等因素；

3）是否充分考虑市盈率、市净率的市场平均值等参数；是否充分揭示交易价格的影响和风险并确保投资者在知悉该风险的情况下，严格履行法定表决程序。

（三）承债式支付

承债式支付在股权收购价款的支付中也比较常见。即指收购方与老股东约定，通过收购目标公司股权并承担目标公司股东债务的形式取得对目标公司的控制权，或者收购目标公司股权并承担目标公司债务的方式取得控制权。在这种支付方式下，常见有两种支付类型：实际完成的债务支付、承诺完成但尚未实际进行债务支付。从税收角度而言，承债式支付不是节税效果最好的一种方式，收购方、老股东、目标公司也都有一些税务风险。[①]

（四）资产置换

资产置换是一种重要的资本运作形式，在我国资本市场实际运作中已广泛运用，但对资产置换没有统一的概念。通常认为，资产置换是企业为了使资产处于最佳配置状态、获取最大收益或出于其他目的（如实现借壳上市），将控制的资产与其他企业（常为上市公司）的资产进行交换的一种交易行为。[②] 资产置换完成后，置入资产往往相比置换之前能够产生更大的价值。

1. 资产置换的场景

在资本运作实践中，资产置换常见于两种应用场景：

（1）上市公司大股东为了提升上市公司盈利能力并改善公司的业绩表现，主导向上市公司注入更加优质的其他类型的资产，将部分业绩欠佳的资产置换出上市公司。这种情况下的资产置换，大股东仍然保持对上市公司的控制权不变。

（2）如果上市公司整体业绩欠佳，面临退市风险，或者大股东出于其他目的，想退出上市公司时，往往会在市场上寻找优质的资产项目，整体置入上市公司，同时将上市公司的全部资产置出上市公司，从而既保留住了上市主体资格（俗称"壳资源"），又使置入的资产项目实现了间接上市（"借壳上市"）。这种情况下的资产置换，大股东失去对上市公司的控制权，资产项目的实际控制人成为上市公司的新任大股东，上市公司控制权发生改变。

第二种情况的资产置换在前几年的证券市场中比较多见，花样百出，由于这种形式的

---

① 尹春月. 企业并购的筹资与对价支付方式选择研究——以平安入主深发展为例 [D]. 长春：吉林财经大学，2015.

② 姜美子. 企业并购的筹资与支付方式选择 [J]. 中外企业家，2018（23）：48-49.

交易会给各方（包括上市公司大股东、置入项目的控制人等）都带来巨大利益，一些中介机构（券商、律师等）也都乐于参与这些交易。不过，借壳上市本身的机制设计是为了优化资源的配置，但是后来发现，很多交易方偏离了这种制度设计的初衷，甚至有的上市公司在 IPO 完成后还未过锁定期，募集资金还没有花完，大股东就急于寻找项目进行置换，带着置换出的资产另立门户。

2. "壳公司"与"借壳"

所谓壳公司，是指拥有和保持上市资格，但相对而言，其业务规模小或停止、业绩一般或无业绩、总股本和可流通股本规模小或停牌终止交易、股价低或趋于零的上市公司。通常分为"实壳公司""空壳公司""净壳公司"。借壳上市，是指私人公司（Private Company）通过把资产注入市值较低的已上市公司（壳，Shell），得到该公司一定程度的控股权，利用其上市公司地位，使母公司的资产得以上市。

3. 对"借壳方"的要求

鉴于借壳上市的特殊情况，能够借壳的资产项目必须要达到一定的条件，核心条件包括：

（1）产权清晰：股东要能够追查到自然人；

（2）资产实在：由具有证券业务资质的评估机构对资产进行评估；

（3）财务规范：由具有证券业务资质的会计师事务所进行审计；

（4）利润丰厚：拟置入上市公司的资产，须有良好的持续经营能力和盈利水平。

4. 借壳上市的益处

（1）借壳方能快速实现资产证券化，提升资产的流动性；

（2）打通资本市场的渠道，有利于通过上市公司的平台进行横向收购兼并，进一步做强做大；

（3）有利于提升借壳方的品牌和商誉；

（4）上市公司原大股东摆脱上市公司的经营连累，同时，还能够收入一笔不菲的"壳费"，置换出的资产一般通过运营还可以产生很大的价值。例如，曾经号称"中国铁矿第一股"的金岭矿业，就曾于 2006 年 6 月正式启动借壳 ST 华光陶瓷（000655），成为当时国内唯一铁矿石资源类上市公司；金岭矿业通过非公开增发将拥有的优质矿山类资产及部分辅助设施注入了上市公司（000655），基本达到整体上市目标，增强了企业的盈利能力和可持续发展能力。重组完成后，自 2006 年 2 月 24 日至 2008 年 4 月 24 日，公司股价从 4.37 元涨至 32.6 元，涨幅高达 645%。

5. 借壳上市的流程和模式

借壳上市基本上都有三个流程：

（1）借壳。即发现并取得壳公司控制权。

（2）置换。即用非上市的优质资产将壳公司已经有的不良资产置换出来，实现优质资产进入上市公司。

（3）再融资。取得优质资产的壳公司，满足再融资条件的时候，通过发行新股而获得融资。

这三个流程并非一成不变。实践操作中，某一个环节可能会与其他环节合并或者缺失。三个流程的不同操作，形成了不同的借壳上市模式。目前，市场上的借壳上市模式分为三种：

第一，集团公司借壳上市，即集团公司借助下属的某一上市公司，而将集团公司的其他非上市资产予以置入，从而实现非上市资产上市的模式。

第二，正向并购借壳上市，即非上市公司通过收购作为壳资源的目标上市公司，取得目标上市公司的实际控制权，然后通过资产置换，实现非上市公司资产的上市。

第三，反向并购借壳上市，即作为壳资源的目标上市公司，通过向非上市公司的股东增发新股的方式，取得非上市公司的全部或者大部分股权，以此将非上市公司资产置入上市公司，同时，通过获得增发股份，非上市公司的股东获得上市公司的控制权。

典型的资产置换环节，包括上市公司的资产出售和购买两种行为，资产出售环节是将上市公司原有的资产置出，从而使上市公司变成一个空壳（"清壳"），同时通过资产购买，将控股股东所持有的非上市资产置入（"注壳"），将空壳的上市公司填充进盈利能力较强的非上市资产。

随着上市公司证券发行管理办法对于定向增发方式的确定，也产生了新的资产置换方式。新的资产置换方式中，仍然是包括置入和置出两种交易，但是，上市公司不再以现金方式进行出售和购买的结算，而是计算置入和置出资产的差额，而以定向增发股票的方式来支付该差额，其结果是，上市公司与收购方完成了资产置换，同时，收购方也进一步取得了对上市公司的股权。许多上市公司重组方案中披露的"定向增发+资产置换"，就是基于此种置换方式而确定的重组模式。

6. 资产置换的税务筹划

资产置换在税法上称为以物易物，视同销售和购买两个环节，因此会涉及流转税和所得税。当资产置换交易规模比较大时，不得不考虑税收负担对交易的影响。合理的税务筹划不仅能够控制税收风险，还能够大大降低交易成本。充分利用好国家的税收优惠政策，比如，想办法使交易结构符合59号文规定的特殊性税务处理条件，取得税收收益。

例如，2010年5月14日，上海锦江国际酒店发展股份有限公司（以下简称锦江股份）发布了《重大资产置换及购买暨关联交易报告书》，同上海锦江国际酒店（集团）股份有限公司（以下简称锦江酒店集团）进行了重大资产置换。交易的核心是公司以星级酒店业务资产与锦江酒店集团的"锦江之星"经济型酒店业务资产进行置换，以达到专业经营的目的。在该案例中，锦江酒店集团以自己旗下锦江之星71.225%的股份、旅馆投资80%的股份、达华宾馆99%的股份，以及3915.17万元现金去收购锦江股份11家公司（其中2家分公司，9家子公司）的权益。标的资产公允价值为306703.41万元，股权支付比例为89%超过了85%的股权支付比例；收购资产达到锦江股份的95.32%，达到了75%的比例（当时的比例要求，现在已经修改为50%）。因此，锦江股份和锦江酒店集团的资产重组行为符合59号文特殊性税务处理条件，可以享受特殊性税务处理。如果锦江股份的重组不符合特殊性税务处理条件，则重组双方需要缴纳企业所得税9.3亿元。

7. 税务筹划

税收筹划的本质是一种合理的避税方式。它起源于英国一宗税务案，当时参与此案的汤姆林爵士对税收筹划做出这样的定义："任何一个人都有权安排自己的事业。假如依据法律的某些安排可以少缴税，那就不该强迫他多缴税。"经过半个多世纪的发展，税收筹划的定义演化成："在法律规定的范围内，通过对经营、投资、理财等行为的提前筹划与安排，尽可能取得节税的经济利益。"下面将对税收筹划中的五种方式进行探讨。①

（1）股权外部交易的税收实务问题。这里定义的股权外部交易，是指两类情况。第一，不涉及控制权转移的普通股权投资，包括新设投资和增资投资（股权的原始取得）、股权受让（股权的继受取得）；第二，涉及控制权转移的股权投资，即并购（在操作形式上，可以通过增资或转股方式取得控制权，因此既可以是原始取得股权，也可以是继受取得股权）。这两种类型的投资，涉及的投资主体主要是目标公司原有股东以外的外部投资人（新设立公司情况除外），核心区别是股权比例是否因此而导致控股股东发生变化。

（2）不同的并购融资方式税务成本不同。一般来说，并购融资方式分为增资扩股、借贷和发行债券三种。增资扩股无须偿还本金，但是会稀释控股权，减少每股的收益。而以借贷或发行债券进行并购融资时，相关的借款或债券利息符合税法规定的可视为财务费在税前扣除，降低企业税负。但贷款或债券到期时并购方需要偿还本金，企业可能面临较大的资金压力。假如并购方发行可转换公司债券，相关利息也可以在税前抵扣。

如果企业业绩出色，转股价低于市价，债券持有人往往都会将债券转换为股份。此时，并购方可以免除债券到期还款的压力。所以，发行可转换债券具有一定的灵活性，且风险小，税务成本也相对较低。此外，如果债权人为海外企业，作为国内企业的并购方还需要代其扣缴预提所得税及营业税等，具体税率视中国与其他国家签订的双边税收协定内容而定。

（3）并购存在大量关联交易的企业，应关注税务风险。如果被收购企业存在大量的关联交易，并购方在收购时需额外注意其关联交易转让定价的税务风险。依据现有的企业所得税法规要求，企业与其关联方的业务往来定价应与该企业同其他独立企业间的业务定价相当，并将有关文件向税务机关备案。任何与该要求不相符的安排都可能导致企业产生关联交易，从而被税务机关调整转让定价，补征企业所得税。

因此，并购方需要对相关风险做出评估，并在定价、并购协议中妥善考虑和安排。同时要求被并购方妥善准备与保管有关关联交易的文档，如定价政策、可比信息、预约定价安排等。

（4）被收购企业存在股权激励计划。应考虑哪些税务风险依据相关税法规定，企业可将股权激励成本按照一定的计算方式当作工资薪金支出，并且在企业所得税税前扣除。被授予股权激励的员工，企业需要为个人代扣代缴个人所得税。

一些企业由于对税法了解不够全面，而未能及时在税前扣除股权激励成本，或未做好

---

① 因股权交易问题较复杂，为了讨论方便而选择的一个维度进行的划分，能够相对体系化地把股权交易中涉及的税务问题说清楚，不当之处，请读者指正。

个人所得税的代扣代缴义务，由此会引发相关的税务风险。此外，股权激励的会计处理会增加相关的支付成本，从而影响企业利润。

（5）海外并购的税务筹划需要考虑的问题。海外并购的税务筹划通常考虑的问题有以下五个方面。

1）海外并购架构是否有合理的商业目的。如果企业并购不具备合理的商业目的而减少其应纳税收入，税务机关有权依据合理方法调整。

2）是否能利用税收协议/安排。在选择海外架构公司的地点时，应该考虑该国家、地区是否与中国有相关的税收协议；申请享受股息、利息等税收协定待遇时，需提供能证明其"受益所有人"身份的相关资料。

3）受控外国企业的税务风险。对于由中国居民企业设立在实际税负明显低于我国法定税率水平50%的国家、地区的企业，假如境外企业没有对利润不作分配或减少分配的，中国税务部门有权对相关利润中属于中国居民企业做部分征税。

4）境外中资企业被判定为中国税收居民的税务风险。设立在境外的公司，是否在境内拥有实际管理机构，是否被认为是中国居民企业，其判定依据来源于中国境内、境外企业所被征收的所得税。

5）汇回收入的境外税负抵扣问题。一般企业若其境外投资架构过于复杂，致使汇回收入无法完全抵扣境外已缴税负，此时需进行适当的重组。

（五）无偿划转

无偿划转指的是不支付股权转让对价，而将股权转让给另外一个主体持有的情形。股权的无偿划转主要应用于国有企业股权的重组和调整，在民营企业（即使是同一个实际控制人控制之下的不同企业）股权重组场景中不多见，其中的主要原因是税务问题。但是，在一些民营企业集团化改制过程中，有时也会出现股权的划转，特别是在母子公司之间换股的情况下，因权利义务主体都混同集中于实际控制人一个人之下，所以形式上看起来也类似于无偿划转，不过在实质上，仍然是基于换股思维的股权交换。[①]

国有企业的股权无偿划转，主要依据是国务院国有资产监督管理委员会于 2005 年 8 月 29 日印发的《企业国有产权无偿划转管理暂行办法》（国资发产权〔2005〕239 号）。依据该办法，被划转企业国有产权的权属应当清晰。权属关系不明确或存在权属纠纷的企业国有产权不得进行无偿划转。被设置为担保物权的企业国有产权无偿划转，应当符合《民法典》的有关规定。有限责任公司国有股权的划转，还应当遵循《公司法》的有关规定。

因无偿划转的性质特殊，企业国有产权在同一国有资产监督管理机构所出资企业之间无偿划转的，由所出资企业共同报国有资产监督管理机构批准。企业国有产权在不同国有资产监督管理机构所出资企业之间无偿划转的，依据划转双方的产权归属关系，由所出资企业分别报同级国有资产监督管理机构批准。

---

① 董国福. 集团企业内部会计主体无偿划转之账务及涉税处理探讨［J］. 中小企业管理与科技（中旬刊），2018（3）：75-76.

第四节 股权投资出资与涉税处理

股权投资包括两个层面的含义。在广义上，股权投资包括一切形式的股权交易，以最终取得目标公司股权（股票）为标志，既包括新设立公司的投资和对已经设立的公司进行增资，也包括从目标公司原股东受让股权而形成的投资；在狭义上，仅指新设立公司的投资和对已经设立的公司进行增资。在会计科目上，两种含义的股权投资都被设置为"长期股权投资"，属于资产类科目，没有实质性的区别。这里为了讨论的方便，我们先从狭义上的股权投资开始，站在投资人角度探讨有关税务问题。下面我们逐个探讨在不同出资形式下，[①] 投资人缴纳出资时涉及的税务相关问题。

一、货币出资的涉税处理

在各种出资方式中，以货币为对外出资是最常见的一种出资形式，也是税收成本最低的一种出资方式。从投资人角度，根据现行税法和会计准则，投资公司以货币为对外出资的，除发生印花税外，不发生其他纳税义务，但需要对投资形成的资产进行会计确认，这涉及未来投资人转让股权或进行重组时的纳税义务计算基数问题。从目标公司角度，接受货币形式出资的，在目标公司平价发行股份的情况下，不会发生企业所得税的纳税义务；在溢价发行股份（股权）的情况下，目标公司虽获得资本溢价的"收益"，但根据会计准则，应依法确认为资本公积金，不确认为收益，所以也不发生所得税的纳税义务。因此，在以货币方式出资的情况下，无论是投资人还是目标公司，除了要缴纳少量印花税（按0.5‰的税率）之外，不涉及其他类型的纳税义务。

二、房地产出资的涉税处理

房地产是一个统称，包括土地使用权、房屋建筑物以及地上附着物等。"房地一致原则"，这也就是业界俗称的"房随地走、地随房走"土地使用权和房屋建筑物在出资时所涉及的税种和税率是一致的，所以本部分我们将土地使用权和房屋建筑物等合并分析其出资的税收成本相关问题。即建筑物、构筑物及其附属设施出资的，该建筑物、构筑物及其附属设施占用范围内的建设用地使用权一并处分。[②]

投资方以房地产对外投资的，将会涉及增值税及其附加税、土地增值税、印花税和所得税，但不会涉及其他税种和税负问题。

---

① 《公司法》（2018 年修订版）第 27 条规定，可以用作出资的财产形式包括货币、实物、知识产权、土地使用权及其他可以用货币估价并可以依法转让的非货币财产（法律、行政法规规定不得作为出资的财产除外）。

② 《民法典》第 356 条、第 357 条规定的"房地一致原则"，建设用地使用权转让、互换、出资或者赠与的，附着于该土地上的建筑物、构筑物及其附属设施一并处分；建筑物、构筑物及其附属设施转让、互换、出资的或者赠与，该建筑物、构筑物及其附属设施占用范围内的建设用地使用权一并处分。

1. 增值税及其附加税

按照目前的税收文件，以房地产作为出资的，尚无增值税优惠政策，会被视同转让（或销售）房地产征收增值税。无论是企业还是个人用房地产出资都需要缴纳增值税，一般纳税人作为出资人的，需要缴纳9%的增值税，并作为增值税的销项税处理，个人作为小规模纳税人出资的，需要缴纳3%的增值税，不过，个人只能开具增值税普通发票，因而只能进入成本处理，无法进行抵扣。同时，纳税人还要缴纳相应的附加税，包括城建附加税和教育费附加，其税额以增值税额乘以适用的税率计算后得出（注意：附加税不能抵扣，直接进入投资人的成本，构成将来转让股权时税基的一部分）。

2. 土地增值税

针对房地产形式的出资涉及的土地增值税问题，目前需要注意三个要点：第一，无论是企业还是个人用房地产出资，都暂不需要缴纳土地增值税。第二，如果交易双方有一方是房地产开发企业的，则需要按照规定缴纳土地增值税。第三，此税收政策有期限限制，但是根据目前宏观经济形势和以往经验此文件到期后，财政部和国家税务总局可能还会出台类似文件，该项税收优惠政策可能继续递延，后续我们需要持续关注。[①]

3. 所得税及其优惠

由于以房地产形式进行出资，将会被视同销售房地产，因此投资人无论是自然人还是公司，都会涉及所得税问题。不同的是，两种类型的投资主体计算所得税的方式和税率不同。对自然人而言，应纳税所得额为房地产出资作价金额减掉初始购买价格（原值）及合理税费，适用20%的个人所得税税率计算缴纳税款。对公司而言，应纳税所得额为房地产出资作价金额减掉房地产的账面净值及合理税费，适用相应的企业所得税税率汇算清缴税款。

2014年12月31日，财政部、国家税务总局出台了《非货币资产对外出资企业所得税优惠政策》。其主要内容：第一，居民企业以非货币性资产对外投资确认的非货币性资产转让所得，可在不超过5年期限内，分期均匀计入相应年度的应纳税所得额，按规定计算缴纳企业所得税。第二，企业以非货币性资产对外投资，应对非货币性资产进行评估并按评估后的公允价值扣除计税基础后的余额，计算确认非货币性资产转让所得。企业以非货币性资产对外投资，应于投资协议生效并办理股权登记手续时，确认非货币性资产转让收入的实现。第三，企业以非货币性资产对外投资而取得被投资企业的股权，应以非货币性资产的原计税成本为计税基础，加上每年确认的非货币性资产转让所得逐年进行调整。被投资企业取得非货币性资产的计税基础，应按非货币性资产的公允价值确定。第四，企业在对外投资5年内转让上述股权或投资收回的，应停止执行递延纳税政策，并就递延期内尚未确认的非货币性资产转让所得，在转让股权或投资收回当年的企业所得税年度汇算清缴时，一次性计算缴纳企业所得税；企业在计算股权转让所得时，可将股权的计税基础一

---

① 财政部、国家税务总局《关于继续实施企业改制重组有关土地增值税政策的通知》（财税〔2018〕57号）第4条规定："单位、个人在改制重组时以房地产作价入股进行投资，对其将房地产转移、变更到被投资的企业，暂不征土地增值税。"第5条规定："上述改制重组有关土地增值税政策不适用于房地产转移任意一方为房地产开发企业的情形。"第9条规定："本通知执行期限为2018年1月1日至2020年12月31日。"

次调整到位。企业在对外投资 5 年内注销的，应停止执行递延纳税政策，并就递延期内尚未确认的非货币性资产转让所得，在注销当年的企业所得税年度汇算清缴时，一次性计算缴纳企业所得税。①

2015 年 3 月 30 日，财政部、国家税务总局下发《关于个人非货币性资产投资有关个人所得税政策的通知》（财税〔2015〕41 号，以下简称 41 号文），纳税人一次性缴税有困难的，可合理确定分期缴纳计划并报主管税务机关备案后，自发生上述应税行为之日起不超过 5 个公历年度内（含）分期缴纳个人所得税。41 号文赋予了纳税人递延纳税的优惠待遇，对于鼓励个人投资具有很大的支持力度，尤其是那些现金流不太充裕的自然人投资人更是如此。不过在税务实践中，纳税人要想获得 5 年内分期纳税的待遇并不容易。有关非货币财产出资的所得税优惠政策，同样适用于下文所述的货物出资、知识产权出资和股权出资。

4. 印花税

以房地产出资将会涉及产权转移书据，包括土地使用权出让合同、土地使用权转让合同、商品房销售合同等转移书据，将由立据人按合同所载金额 0.5% 贴花。

三、货物出资的涉税处理

根据现行税法的有关规定，以货物出资涉及增值税及其附加税、印花税、企业所得税和个人所得税，但不会涉及契税和土地增值税。

1. 增值税及其附加税

将货物类资产用于对外出资的，将被视同销售货物而征收增值税。同时，纳税人还要缴纳相应的附加税，包括城建附加税和教育费附加，其税额以增值税额乘以适用的税率计算后得出。②

2. 印花税

以货物出资视同货物销售，应当按照购销金额 0.3% 贴花，由立据人缴纳印花税。

3. 所得税及其优惠

与房地产出资一样，以货物形式缴纳出资的，无论是自然人还是公司，都会涉及所得税问题。投资人是自然人时，按照货物作价金额与货物原值及合理税费之间的差额，适用 20% 的税率计算缴纳个人所得税；投资人是公司时，按照货物作价金额与货物净值及合理

---

① 2014 年 12 月 31 日，财政部、国家税务总局发布《关于非货币性资产投资企业所得税政策问题的通知》（财税〔2014〕116 号）（以下简称 116 号文），该文是在 59 号文之后为贯彻落实《国务院关于进一步优化企业兼并重组市场环境的意见》（国发〔2014〕14 号），首次出台的非货币资产对外出资企业所得税优惠政策。在此之前由于 59 号文将股权出资和资产出资企业所得税的优惠政策包含在股权并购和资产并购名下，一直没有明确非货币资产对外出资企业所得税优惠政策。

② 《增值税暂行条例》第 1 条规定："在中华人民共和国境内销售货物或者加工、修理修配劳务（以下简称劳务），销售服务、无形资产、不动产以及进口货物的单位和个人，为增值税的纳税人，应当依照本条例缴纳增值税。"《增值税暂行条例实施细则》第 4 条规定，单位或者个体工商户将自产、委托加工或者购进的货物作为投资，提供给其他单位或者个体工商户的，视同销售货物征收增值税。这里的货物既包括企业为生产经营持有的存货，也包括企业为生产经营持有的货物类固定资产。

税费之间的差额，适用相应的税率汇算清缴企业所得税。① 关于税收优惠，同上述房地产出资。

四、知识产权出资的涉税处理

《公司法》意义上可以用作出资的知识产权包括商标权、专利权、著作权、专有技术、商业秘密和字号权等，它们可以用货币估价并可以依法转让，因此具有投资价值，可以用作新设公司投资，也可以用作对目标公司的增资出资。根据现行税法，投资人用知识产权对外投资会涉及增值税及其附加税、印花税和所得税，但不会涉及土地增值税和契税以及其他税种。

1. 增值税及其附加税

用知识产权出资会被视同转让（销售）征收增资税，目前执行的税率为6%。现在尚没有关于知识产权作价出资增值税的优惠政策，所以无论是企业还是个人用知识产权作价出资的，都会引发增值税的纳税义务，并相应地缴纳附加税。②

2. 印花税

以知识产权出资将会涉及产权转移书据，包括版权、商标专用权、专利权、专有技术使用权等转移书据，将由立据人按合同所载金额0.5%贴花。

3. 所得税及其优惠

与其他非货币出资一样，以知识产权形式缴纳出资的，无论是自然人还是公司，都会涉及所得税问题。投资人是自然人时，要扣除原始成本及合理税费（如有）后，对增值部分适用20%的税率计算缴纳个人所得税；投资人是公司时，要扣除摊销后的净值及合理税费（如有）后，对增值部分在进行汇算清缴后适用相应税率计算缴纳企业所得税。选择技术成果投资入股递延纳税政策的，经向主管税务机关备案，投资入股当期可暂不纳税，允许递延至转让股权时，按股权转让收入减去技术成果原值和合理税费后的差额计算缴纳所得税。企业或个人选择适用上述任一项政策，均允许被投资企业按技术成果投资入股时的评估值入账并在企业所得税前摊销扣除。该非货币资产出资所得税优惠政策，不仅优惠力度大，而且不会加重融资公司的税收负担。③

关于税收优惠，同上述房地产出资。

---

① 《企业会计准则第7号——非货币性资产交换》的有关规定，当投资人以货物类资产对外出资时，应当以公允价值和应当支付的相关税费确定换入资产的计税成本，换出资产公允价值与换出资产账面净值的差额计入当期损益。《企业所得税法实施条例》第75条规定："除国务院财政、税务主管部门另有规定外，企业在重组过程中，应当在交易发生时确认有关资产的转让所得或者损失，相关资产应当按照交易价格重新确定计税基础。"

② 根据《关于全面推开营业税改征增值税试点的通知》（财税〔2016〕36号）附件一《营业税改征增值税试点实施办法》第1条的规定，在中华人民共和国境内销售服务、无形资产或者不动产的单位和个人，为增值税纳税人，应当缴纳增值税，不缴纳营业税。单位，是指企业、行政单位、事业单位、军事单位、社会团体及其他单位。个人，是指个体工商户和其他个人。

③ 2016年9月20日，财政部、国家税务总局发布《关于完善股权激励和技术入股有关所得税政策的通知》（财税〔2016〕101号）（以下简称101号文），该文第3条规定，企业或个人以技术成果投资入股到境内居民企业，被投资企业支付的对价全部为股票（权）的，企业或个人可选择继续按现行有关税收政策执行，也可选择适用递延纳税优惠政策。

五、股权出资的涉税处理

在实务中，股权出资方式不仅要履行投资方对目标公司的股权转让手续，还要履行出资股权指向公司的股东变更手续。[①] 根据我国现行税法的有关规定，在投资方以股权出资的情况下，只涉及印花税及企业所得税或者个人所得税，不会涉及增值税及其附加税、土地增值税、契税等其他税种。

1. 印花税

以股权出资将会涉及签订产权转移书据，包括股权转让协议等转移书据，将由立据人按合同所载金额 0.5‰ 贴花。

2. 所得税及其优惠

与其他非货币出资一样，以股权形式缴纳出资的，无论是自然人还是公司，都会涉及所得税问题。投资人是自然人时，要扣除原始成本及合理税费后，对增值部分适用 20% 的税率计算缴纳个人所得税；投资人是公司时，要扣除账面净值及合理税费后，对增值部分在进行汇算清缴后适用相应税率计算缴纳企业所得税。所得税是否缴纳及缴纳的数额大小，主要看股权估值与股权原始成本之间的差额，若为负值则无须交税，若为正值则要交税，并且增值越多交税越多。

股权出资所得税的优惠政策相对复杂，为方便记忆，将投资人涉及的税收列表如下（见表 9-1）：

表 9-1　各种出资形式涉及税种

出资形式 \ 涉及税种	增值税及其附加	土地增值税	印花税	所得税	契税
货币			√		
房地产	√	√	√	√	
货物	√		√	√	
知识产权	√		√	√	
股权			√	√	

需要说明的是，在新设投资和增资投资这两种投资形式中，接受投资的目标公司除了契税和印花税之外，不会涉及其他类型的税务问题，税务问题比较简单，这里就不再展开讨论了。

六、股权转让中税收风险的规避

对于股权转让中因财务问题引发的税收风险，企业通过建立规范的转让流程、约定清

[①]　原国家工商行政管理总局于 2009 年 1 月 14 日发布的《股权出资登记管理办法》（国家工商行政管理总局令第 39 号）、商务部于 2015 年 10 月 28 日发布的《关于涉及外商投资企业股权出资的暂行规定》（2015 年修订）（商务部令 2015 年第 2 号）等文件曾经做出过明确细致的规定，不过这些文件目前已经失效。但是，根据《公司法》第 27 条，股权能够用货币估值并可以依法转让，仍然能够作为出资的有效形式。

晰的权责划分、控制付款环节可以化解大多数的基础性问题。然而，通过前面的分析可知，在股权转让中税收问题是必然存在的，而且对于企业也会带来重要的影响。为了更好地应对股权转让中的税务问题，企业需要不断加强相关的税收规划工作，找到更加有效的应对策略。

1. 选择合适的股权转让策略

股权转让方式比较多，既有内部转让、外部转让，也有全部转让和部分转让。企业所选择的股权转让方式与策略，对于企业在股权转让过程中的税负有重要的影响。通过税收规划确定合适的股权转让策略，能够使企业充分利用国家相关的税收优惠政策，从而在合法、合规的前提下达到减税、免税的目的。例如，企业可以采取先分配后转让的策略，将未分配的利润全额分配后，再进行转让，这样分得的利润可以免予补税，减少在股权转让中的税负负担。

2. 综合全面的考虑股权转让方案

一方面税收规划不能仅关注于某个方面、某个环节，进行单方面的规划，而应该进行整体系统的规划，另一方面要注意利润分配可行性。税收筹划方案涉及股权转让中的利润分配问题，如果转让方具有控股权则税收筹划中的利润分配具有可行性，否则，就必须进一步考虑该方案得到各方同意付出的代价是否高于税收筹划获得的收益，如果高于则会得不偿失。同时也要确保该税收筹划方案下的利润分配不会影响企业的经营。以股权投资为目的的企业，谨慎使用自然人当股东。

3. 确定合适的股权转让时机

在合适的时机下进行股权转让，可以实现部分赋税的减免。在间接投资方式下，如果在股权持有时间不超过 12 个月以上进行转让，红利和股息等权益性投资收益属于应税所得，在股权转让中需要缴纳企业所得税。而在股权连续持有超过 12 个月，则投资收益就可以计入免税收入。因而，在税收规划中，针对间接投资方式应该在连续持有时间超过 12 个月后进行股权转让，从而享受免税优惠。

4. 借力专业中介设计合理交易架构

企业税收管理作为一项高难度的财税管理技能，相关纳税人除了在企业内部设置专职、兼职的税收风险管理岗位外，还可以充分向外部借力借智，聘请专业的财税服务机构作为股权转让等并购活动的专业税务顾问，设计专业的股权交易架构和交易方案，以规避股权转让的税收风险。

第五节　股权并购的涉税处理

股权并购是最常见的公司控制权变更形式，是指投资方通过与目标公司股东签署股权受让协议，或者与目标公司及其股东签署增资认购协议等方式，取得对目标公司的控制权，从而能够对目标公司施加决定性影响的一种并购形式。这里比较特殊的是增资这种形式，它可以是非并购意义上的增资，比如母公司向自己控制的子公司增资，也可以是股权并购意义上的增资，比如投资方向目标公司增资，增资后投资方成为目标公司的控股股东，两者的区别仅在于是否变更目标公司的控制权。但两者在会计处理上、税收负担和税收优惠政策上并无区别。本部分我们聚焦于股权转让形式的并购交易中，出让方和受让方的有关税务问题。

通常情况下，影响交易各方税收成本的因素，主要就是股权对价款的支付方式。这里讨论股权并购交易双方的税收成本仍然沿用这种方式，结合股权转让价款的支付方式展开。

一、股权并购——货币支付涉税处理

在货币支付的情况下，并购方以股权转让价格和合理税费确定取得长期股权投资的计税成本，不会直接发生所得税的纳税义务，除印花税外也不会涉及其他税负。对股权出让方来说，以股权转让价格减除股权的计税成本和合理的费用后，确认股权转让的损益，可能会发生所得税的纳税义务，但除印花税外也不会涉及其他税负。所得税分为企业所得税和个人所得税，因此视股权出让方的主体性质不同，适用的所得税税法和税率也不同。[①]

这里需要说明的是，股权出让方缴纳所得税额度的大小，由于税前扣除的税基是固定的，所以直接取决于股权作价金额的大小，作价金额越高纳税越多；反之则越少。股权最终作价金额一般是在股权估值的基础上，由买卖双方谈判后确定，这个环节是双方利益博弈的关键点之一。但是股权作价由于直接涉及所得税监管，也必将是在税务变更登记环节的审查重点。[②] 从有关文件规定及税务机关的把控尺度看，税务机关对股权转让价格的监管标准大致如下：

（1）一般情况下股权转让价格不能低于股权对应的目标公司的净资产份额，以净资产作价是税务监管的底线。

（2）如果目标公司拥有土地使用权、房屋、房地产企业未销售房产、知识产权、探矿权、采矿权、股权等资产的，股权转让价格应当等于股权对应的目标净资产公允价值的份额。

（3）除去目标公司严重资不抵债、亏损等情况以外，股权转让价格低于初始投资成本或低于取得该股权所支付的价款及相关税费的，会被重点监管。

（4）股权转让价格不能低于相同或类似条件下同一企业同一股东或其他股东股权转让股权的价格；但是企业如果实施股权激励、并且数量不多的，可以跟税务机关解释作价原因，在会计处理上也要进行股份支付费用的计提，冲减当期损益。

（5）如果上一次股权转让与本次股权转让时间相近，但本次价格明显低于上次价格的，在公司经营业绩未发生重大变化的情况下，除非能够提供十分强有力的理由，否则将会被重点监管。

---

① 马军丽. 企业股权收购所得税国际经验借鉴 [J]. 财会通讯，2022（1）：155-159.
② 邱静. 企业股权并购支付方式的涉税成本分析 [J]. 时代金融，2012（15）：64.

（6）无偿或者以象征性对价（比如1元）转让股权或股份的，要有充足的理由，诸如同一控制下的企业内部重组、相关主体未取得所得等，否则将会被重点监管。

二、股权并购——股份支付涉税处理

股权并购中，收购方可以用股权作价支付受让股权的价款。在股权并购方以股权支付其受让目标公司股权的对价时，税法上将其分解为两个平行的股权转让行为：一个是并购方向目标公司股东出让股权同时又购买目标公司股权的行为（既是卖方又是买方）；另一个是目标公司的股东向并购方出让股权同时又购买股权的行为（既是买方又是卖方）。因此，双方就其出让股权而言都可能直接发生应税所得。与前文所述股权出资一样，股权支付只涉及印花税及企业所得税或者个人所得税，不会涉及增值税及其附加税、土地增值税、契税等其他税种。

根据《企业所得税法》和财税2009年59号文的规定，居民企业以股权支付①受让股权的价款，企业所得税的处理方式有两种：一种是一般性税务处理，按公允价值确认损益并纳税，无税收优惠；另一种是特殊性税务处理，按原值确认并递延纳税，是一种税收优惠。多数情况下的外部股权并购采用一般性税务处理，只有少数符合条件的企业股权并购才能选择适用特殊性处理，这是一项有关所得税的优惠政策。

（一）一般性税务处理

股权收购方用自己持有的其他公司的股权支付受让股权的对价，不仅需要对收购的股权进行长期股权投资资产的会计确认，同时还需要对用作支付手段的股权进行损益确认，因为他在这一个交易中扮演了两个角色，股权的收购方和股权的出让方。同时，作为被收购股权一方来说，也需要对出让股权按照公允价值与初始成本的差额进行确认损益，并对受让的股权进行长期股权投资资产的会计确认，在这个过程中他也是同时扮演了两个角色，股权的出让方和股权的收购方。双方因股权出让和受让发生的纳税义务，取决于按照一般性税务处理确定的损益额大小。②

（二）特殊性税务处理

如果选择适用企业所得税的特殊性处理，交易双方从对方取得的股权，都按照被收购股权原有的计税基础进行会计确认，这会使交易双方特别是股权出让方实现递延纳税的效果，递延的期限将持续到该股权完成出让并确认收入实现时为止。这对于因股权支付而没

---

① 财税2009年59号文所称的股权支付，是指企业重组中购买、换取资产的一方支付的对价中，以本企业或其控股企业的股权、股份作为支付的形式；所称非股权支付，是指以本企业的现金、银行存款、应收款项、本企业或其控股企业股权和股份以外的有价证券、存货、固定资产、其他资产以及承担债务等作为支付的形式。

② 财税2009年59号文第4条第（3）项的规定，股权收购的一般性税务处理方式：一是被收购方应确认股权的所得或损失；二是收购方取得股权或资产的计税基础应以公允价值为基础确定；三是被收购企业的相关所得税事项原则上保持不变。

有实际取得现金流入的投资人来说，可以大大减轻当期的纳税负担。①

（三）特殊性税务处理的适用条件

由于特殊性税务处理是一项税收优惠，它的适用有严格的条件限制。根据 59 号文第 5 条及其他相关税务文件的规定，选择适用特殊性税务处理必须要同时满足以下条件：②

（1）具有合理的商业目的，且不以减少、免除或者推迟缴纳税款为主要目的。③

（2）被收购部分的股权比例符合规定的比例。指被收购的股权不低于被收购企业全部股权的 50%。59 号文刚出台时此项规定是被收购股权不低于被收购企业全部股权的 75%，2014 年底财税 109 号文将其调整为不低于 50%。

（3）企业重组后的连续 12 个月内不改变重组资产原来的实质性经营活动。根据国家税务总局公告 2010 年第 4 号《企业重组业务企业所得税管理办法》（截至 2020 年 3 月该文件大部分条款已失效，但部分仍有效）第 29 条规定，当事各方应在完成重组业务后的下一年度的企业所得税年度申报时，向主管税务机关提交书面情况说明，以证明企业在重组后的连续 12 个月内，有关符合特殊性税务处理的条件未发生改变。

（4）重组交易对价中涉及股权支付金额符合规定的比例。指收购方用于向出让方支付股权转让价款的资产中，股权不能少于 85%，这也意味着收购方用货币、不动产等非股权方式支付的收购对价不得超过 15%。

（5）企业重组中取得股权支付的原主要股东，在重组后连续 12 个月内，不得转让所取得的股权。根据上述国家税务总局公告 2010 年第 4 号文件第 20 条的规定，"原主要股东"是指原持有转让企业或被收购企业 20% 以上股权的股东，即在企业股权并购中原持有被收购企业 20% 以上股权的股东，在出让股权取得股权支付后的连续 12 个月之内不得出让所取得的股权。持股比例不超过 20% 的股东取得的股权不受此限。

（6）适用特殊性税务处理的主体要符合特定条件。即股权收购方、股权出让方、被并购企业和用于支付对价的股权所在公司必须全部是居民企业，不能是自然人，不能是适用个税的企业，也不能是非居民企业。

（7）股权交易各方的税务处理方式要保持一致。即股权收购方和股权出让方必须采取一致的处理方法，不能一方适用所得税的一般性处理，另一方适用所得税的特殊性处理。因此，采取哪种所得税处理方法应当协商一致，并在有关合同或者协议中约定。

从上面各项条件可以看出，对于股权支付没有达到 100% 的，超过 85% 的部分应当属于一般性税务处理的范畴，交易各方仍然必须按照一般性处理的规定确认相关股权转让的

---

① 财税 2009 年 59 号文第 6 条第（2）项的规定，股权收购的特殊性税务处理方式：一是被收购企业的股东取得收购企业股权的计税基础，以被收购股权的原有计税基础确定；二是收购企业取得被收购企业股权的计税基础，以被收购股权的原有计税基础确定；三是收购企业、被收购企业的原有各项资产和负债的计税基础和其他相关所得税事项保持不变。

② 邢冰黎. 特殊性税务处理在企业重组纳税筹划中的应用 [J]. 纳税，2018，12 (34)：48-49.

③ 2015 年 6 月 24 日国家税务总局《关于企业重组业务企业所得税征收管理若干问题的公告》（国税总局 2015 年第 48 号）第 5 条的规定，企业重组业务适用特殊性税务处理的，申报时，应从以下方面逐条说明企业重组具有合理的商业目的：重组交易的方式；重组交易的实质结果；重组各方涉及的税务状况变化；重组各方涉及的财务状况变化；非居民企业参与重组活动的情况。

所得,并履行纳税义务。

(四)所得税处理的实务要点

股权并购的所得税处理比较复杂,实务中需要注意以下要点:①

在一般性税务处理中,因不能享受税收优惠,交易各方可以在适当的范围内协商趋低作价,这样一方面不损害各方的交易利益,另一方面还可以降低纳税成本,起到节税的效果。但是,对于价格的降低要保持在一个合理的范围内,并有充足的基础依据,否则将会受到税务机关的监管核查。

【案例3】 一般性税务处理协商作价节税案②

案情概况:

A公司持有B公司40%的股权,该40%股权为A公司以3000万元的价格受让取得。C公司出资2000万元持有D公司100%的股权。现A公司拟股权并购D公司,经与C公司协商,提出了两种转让方案:

方案一:A公司以其持有的B公司的40%股权作价向C公司支付收购D公司股权的价款。双方同意,A公司对B公司40%股权作价4000万元,C公司对D公司100%的股权作价5000万元,A公司在股权之外支付给C公司现金1000万元。如果按照一般性税务处理,A公司因出让股权获得1000万元收益,在不考虑汇算清缴因素下适用25%税率需缴税250万元;C公司因出让股权获得3000万元收益,在不考虑汇算清缴因素下适用25%税率需缴税750万元。

方案二:双方为了节税考虑,共同协商同意降低20%对股权进行作价,则A公司对B公司40%股权作价3200万元,C公司对D公司100%的股权作价4000万元,A公司在股权之外需另行支付给C公司现金800万元。

案件评析:

按照一般性税务处理,A公司因出让股权获得200万元收益,在不考虑汇算清缴因素下适用25%税率需缴税50万元;C公司因出让股权获得2000万元收益,在不考虑汇算清缴因素下适用25%税率需缴税500万元。对比第一种方案,A公司节税200万元,B公司节税250万元。

从最终成本看,A公司付出了B公司股权加850万元现金(800万元对价+50万元税款),C公司收到了B公司股权加300万元现金(800万元对价-500万元税款);若选择第一种方案,A公司需付出B公司股权加1250万元现金(1000万元对价+250万元税款),C公司收到B公司股权加250万元现金(1000万元对价-750万元税款)。可以看出,通过降低交易价格,A公司额外节省400万元现金支出(1250万元-850万元),C公司额外增加50万元收益(300万元-250万元),双方的交易利益都没有受到损害。

总之,在特殊性税务处理中,无论是被收购企业的股东取得收购企业股权的计税基

---

① 杨义莹. 企业并购所得税税收筹划研究——以KE医疗为例 [J]. 中国管理信息化, 2019, 22 (2): 37-38.

② 胡君玉. 企业并购环节中所得税税收筹划的研究——以HD集团并购TK企业为例 [D]. 广州: 广东财经大学, 2020.

础，还是收购方取得收购企业股权的计税基础，均以被收购股权的原有计税基础确定。这就意味着，计税基础越低，递延纳税的效果越好。而具体以哪一方作为税法意义上的被并购方，是可以进行商榷的，税法相关文件没有明确的规定。所以，实务中可根据税收最优的原则，确定股权计税基础较低的一方作为被并购方，以达到适用特殊性处理最大化递延纳税的效果。

【案例4】选择合适的交易方作为被并购方进行特殊性税务处理（1）①

案情概况：

A公司出资2000万元持有B公司100%的股权，C公司出资1000万元持有D公司100%的股权。A公司与C公司达成B公司股权与D公司股权对换的一致意见。在互相尽职调查和评估的基础上，双方同意A公司对B公司的股权和C公司对D公司的股权都作价3000万元。交易完成后，A公司的投资收益为1000万元，C公司的收益为2000万元。在一般性税务处理的情况下，A公司所得税为250万元（不考虑汇算清缴因素且假定适用25%的税率），B公司所得税为500万元（不考虑汇算清缴因素且假定适用25%的税率）。

如果以D公司作为被并购方，则股权的计税基础为1000万元，A公司潜在投资收益2000万元可以递延纳税；如果以B公司作为被并购方，则股权的计税基础为2000万元，A公司潜在投资收益1000万元可以递延纳税。从税收递延的效果来看，显然选择D公司作为被并购方，对A公司来说税收效益更明显。

案件评析：

通过上例可以看出，选择计税基础较低的股权公司作为并购的被并购方，可以有效降低并购方的税务负担，递延纳税的效果比较好，作为被并购企业股东来说，计税基础没有发生变化，还是原来的股权成本，只不过不能因本次交易提高计税基础，但提高税基也是以纳税为代价的，所以本质上并没有利益损失。

其一，设计股权交易结构时，尽量创造条件达到能够符合特殊性税务处理的要求，核心是两个比例（50%、85%），包括调整股权收购的比例、股权支付的比例以及变更交易路径等，如将原本是资产收购的交易，通过将资产分立设立独立公司，再全资收购，以达到适用特殊性税务处理的要求。

其二，对于特殊性税务处理，即使能够达到前述各项适用条件，交易各方也并非一定要使用这种处理方式。如果股权受让方和股权出让方都有有效的亏损可以抵扣，即使具备特殊性税务处理的条件，各方也可以考虑不选择适用企业所得税的特殊性处理，通过公允作价并适用所得税的一般性处理，双方均确认股权转让的所得，并弥补前述亏损。决策时需要进行对比分析计算，以便确定适用特殊性税务处理还是直接用亏损弥补更为合适。

其三，股权出让方是公司时，如果被并购企业账面有大量未分配利润，可以先分配利润再进行股权转让，能够节省大量税收成本。根据《企业所得税法》第26条规定，符合条件的居民企业之间的股息、红利等权益性投资收益，属于免税收入，免征企业所得税。并且，依据国家税务总局《关于贯彻落实企业所得税法若干税收问题的通知》（国税函

---

① 管锶锶. 企业并购所得税税收筹划研究——以骅威股份为例 [J]. 经贸实践, 2019 (6)：125，127.

〔2010〕79号）第3条："企业转让股权收入，应于转让协议生效、且完成股权变更手续时，确认收入的实现。转让股权收入扣除为取得该股权所发生的成本后，为股权转让所得。企业在计算股权转让所得时，不得扣除被投资企业未分配利润等股东留存收益中按该项股权所可能分配的金额。"

可见，股权出让方为公司时，可以充分依据上述规定，在转让股权之前先对股权公司进行分红，一来可以降低自己的所得税纳税额，二来实际收入并没有减少。不过，在股权出让方是自然人时，这样操作就没有意义了，因为分红的税率与股权转让的税率相同。

【案例5】选择合适的交易方作为被并购方进行特殊性税务处理（2）[①]

案情概况：

A公司投资M公司的初始投资成本为4000万元，占M公司股份的40%，B公司出资6000万元占M公司的60%股份，由于双方持股比例接近，公司治理屡屡引发矛盾，因此A公司萌生去意，准备将其持有股份全部转让给B公司。截至股权转让前，M公司的未分配利润为5000万元，盈余公积为5000万元。2009年，A公司将其股份作价12000万元全部转让给B公司，股权转让完成后，M公司成为B公司的全资子公司。A公司转让方案有四个。

第一种方案：直接转让股权。

A公司股权转让所得为12000-4000=8000（万元）。应缴企业所得税=8000×25%=2000（万元），A公司在M公司享有的未分配利润、盈余公积份额不能直接扣减。

第二种方案：先分红后转让。

M公司先分红，A公司根据持股比例可以分得5000×40%=2000（万元），分红后A公司股权转让所得只能是12000-2000=10000（万元）。A公司分得股息红利2000万元免税，股权转让所得为10000-4000=6000（万元），股权转让所得缴纳企业所得税为6000×25%=1500（万元），比较起第一种方案来，少缴税500万元。

第三种方案：先分红，然后将盈余公积转增资本后再转让。

M公司先分红，分红后A公司股权转让收入只能是10000元，由于盈余公积无法分红，可以采取盈余公积转增资本的方式，增加股权的计税基础从而降低税负。M公司的盈余公积5000万元，恰恰是注册资本1亿元的50%。[②] M公司可以2500万元盈余公积转增资本，转股后公司的注册资本增加至1.25亿元，其中A公司的投资成本变为4000+2500×40%=5000（万元）。[③]

因此，A公司股权转让所得为10000-5000=5000（万元），应缴企业所得税为5000×25%=1250（万元），比较起第一种方案来，少缴税750万元，比较起第二种方案，少缴税250万元。

---

① 参见https：//wenku. baidu. com/view/85e9fa19dd88d0d233d46a8a. html. 2020-03-17。

② 《公司法》第166条规定，公司分配当年税后利润时，应当提取利润的10%列入公司法定公积金。公司法定公积金累计额为公司注册资本的50%以上的，可以不再提取。

③ 《公司法》第168条规定，法定公积金转为资本时，所留存的该项公积金不得少于转增前公司注册资本的25%。

当然该方案中，不分红而是以未分配利润以及盈余公积全部转增资本，再行转让股权，最终结果是相同的。同先分红的方案相比较，区别只是股权转让资金由 M 公司出，还是由 B 公司出。

第四种方案：清算性股利。

A、B 公司商讨认为即使按照第三种方案，缴纳税款依然过多，因此决定运用清算性股利来避税。

M 公司修改公司章程，约定 A 公司可以优先分红，公司章程规定，A 公司可以优先分红，直至 5000 万元为止，以后公司取得利润，B 公司再进行分红。因为公司有股息红利5000 万元，因此约定 A 公司可以全部分走，A 公司分红 5000 万元后，股权转让价格变为12000-5000=7000（万元）。[①]

2500 万元盈余公积再转增资本，转增后 A 公司的投资成本变为 4000+2500×40%=5000（万元）。

因此，A 公司股权转让所得为 7000-5000=2000（万元），应缴企业所得税=2000×25%=500（万元），比起第一种方案节税 1500 万元，比起第二种方案节税 1000 万元，比起第三种方案节税 750 万元，节税效果非常明显。

案件评析：

股权转让时进行税收筹划的空间非常大，但这种筹划不应当理解为逃税，而是在法律法规允许的范围内，通过改变交易路径和方式，合理地进行节税。从上述四种方案可以看出：

1. 股转直接转让的所得税成本最高。

2. 先分红再转让确实可以节省大量的企业所得税，但这种操作仅限于出让方是法人股东的情况，如果出让方是自然人，这样操作没有实质意义；并且，在操作时，这种定向分红的安排也需要有公司章程条款的支持，要有明确依据。

3. 第四种方案存在一定的税收风险。国家税务总局《关于企业股权投资业务若干所得税问题的通知》（国税发〔2000〕118 号）（已失效）第 2 条第 1 款第（2）项规定，被投资企业对投资方的分配支付额，如果超过被投资企业的累计未分配利润和累计盈余公积金而低于投资方的投资成本的，视为投资回收，应冲减投资成本，超过投资成本的部分，视为投资方企业的股权转让所得，应并入企业的应纳税所得，依法缴纳企业所得税。虽然该文件现已废止，但从税收原理上看，A 公司分红所得的 5000 万元，已经超过了原始投资成本，虽然没有超过被投资企业的累计未分配利润和累计盈余公积金，但仍有可能被税务机关认定为超比例分红，并视为投资的冲回，不认同为股息红利所得，从而有一定的税收风险。如果股权交易时想采用此种策略，建议操作前通过合适形式取得当地税务机关的监管态度，避免带来操作风险。

---

① 《公司法》第 34 条规定，股东按照实缴的出资比例分取红利；公司新增资本时，股东有权优先按照实缴的出资比例认缴出资。但是，全体股东约定不按照出资比例分取红利或者不按出资比例优先认缴出资的除外。即一般情况下，按照持股比例分红，但是全体股东也可以约定分红。

三、承债式支付

通过代替目标公司或其股东承担债务，也可以在实质上视为支付股权收购对价款的一种形式。承债式收购常见类型主要是承债式资产收购和承债式股权收购。对于承债式资产收购，因交易实质是目标公司向收购方出售资产，涉及的相关税种及其纳税主体主要是：目标公司承担增值税及其附加税、土地增值税、印花税和所得税，收购方承担契税和印花税；对于承债式股权收购，涉及的相关税种及其纳税主体主要是：收购方承担印花税，股权出让方承担印花税和所得税。

承债式收购涉及的交易主体比较多，包括收购方、股权出让方（老股东）、目标公司、债权人等，税务问题比较复杂。这里我们主要从权利义务关系最为密切的三方主体（收购方、老股东、目标公司）角度，分别探讨相关税务风险以及在实践中的操作要点。

（一）收购方的税务风险及操作要点

在承债式收购中，收购方往往通过清偿目标公司的债务而最终以较低价格取得转让方的股权。承担债务的这一项经济行为使收购方在收购中面临两项税务风险：一是收购方为完成收购，承担目标公司债务的这一部分款项能否计入成本；二是收购方承担目标公司的债务是否属于非股权支付。[1]

针对上述风险，在实务操作中需要注意以下要点：

1. 建议将代偿债务资金直接汇入目标公司，再支付给债权人

对于承担债务的款项能否计入股权购买成本的问题，建议收购方与当地主管税务机关做好沟通，可将代偿债资金直接汇入目标公司作为投资处理，而不是将这笔款项支付给债权人。在完成承债式收购前，也就是在股权变更为新股东前的代偿债资金，应计入实收资本；在股权变更登记后的代偿债资金，可以计入实收资本，也可以计入资本公积。这样就避免了收购方承担目标公司负债而无法计入购买股权成本的问题。

2. 慎用承担债务的方式作为股权收购价款的支付方式

关于非股权支付，对股权收购的主要影响是能否使交易适用 59 号文规定，进而进行特殊性税务处理。实务中，一种观点认为，59 号文第 2 条明确规定非股权支付包括承担债务，因此受让方承担的负债自然属于非股权支付。另一种观点认为，59 号文的上述规定应理解为在所收购资产包之外额外承担的债务，即需要强调承担的债务与所收购资产的相关性，对于与资产紧密相关、需要和资产一同转至收购方的债务，债务承担不应认定为非股权支付。鉴于此，建议相关企业在资产（股权）收购时如果想适用特殊性税务处理办法，尽量不要承担债务，如果确实有债务要处理，可以在收购完成后，通过目标公司收到的增资款进行偿还。

（二）老股东的税务风险及操作要点

在承债式收购中，老股东作为股权转让法律关系中的一方，主要面临两项涉税风险：

---

① 陶俊梅. 企业资产收购中的税务风险管理［J］. 中国民商，2020（6）：178-179.

一是收购方支付给老股东的偿债款项是否确认为老股东的收入；二是老股东替目标公司偿还债务的行为如何定性，如何确定股权转让的计税基础。

针对上述风险，在实务操作中需要注意以下要点：①

1. 老股东应避免被税务机关认定对债务负有清偿责任

根据税法规定，收购方支付给老股东的所有款项都应当确认为老股东的收入，其中包括收购方支付的用于偿付债务的款项。对于其中用于偿债部分的款项，老股东与目标公司尽量将双方关系处理为"目标公司委托老股东偿还债务"这个模式，来进行相关事项的处理，才能避免不必要的税收风险。

2. 股权转让计税基础的确定要视代偿资金是否偿还而定

关于老股东的计税基础，其税务风险主要分两种情况：其一，老股东为目标公司代偿债务，不需要目标公司偿还。其二，老股东为目标公司代偿债务，需要目标公司偿还。

在第一种情况下，用于偿还目标公司对其他公司的债务时，可能存在还债资金不能作为股权计税基础扣除的问题。向目标公司投入资金且目标公司无须偿还给老股东时，此资金应该作为老股东向目标公司的投资。老股东和目标公司需要分别按规定履行投资法律程序，如股东会决议、章程修订、股权变更登记等。在会计处理上，老股东计入长期股权投资或其他会计科目，目标公司计入实收资本或资本公积，否则，老股东会面临多缴税款的风险。

在第二种情况下，当目标公司无法偿还款项，老股东实际承受目标公司无法偿还该款项的损失时，很有可能被认定为与老股东生产经营无关的支出，无法在企业所得税税前扣除。建议老股东可以在股权转让协议中，明确约定老股东代目标公司偿债，是收购方收购目标公司的先决条件，这样可将该代偿债支出与股权转让收入相关联，定性为与老股东生产经营收入相关的支出。当目标公司最终无法偿还该款项，老股东确认形成损失时，股权转让协议中的相关内容就可作为老股东企业所得税税前扣除的有力依据。

（三）目标公司的税务风险及操作要点

承债式收购中，是否应当缴纳企业所得税是目标公司最主要的税务风险。对收购方或老股东拨款给目标公司用于偿还债务的问题应当如何进行税务处理，税务机关在对目标公司进行纳税评估时，主要存在以下两种不同意见：②

1. 对此项债务清偿不应征收企业所得税

主要原因有以下四点：其一，从会计核算原则上讲，"资本公积"科目允许包含来自原股东的拨入款项，"资本公积"是资本类科目，不应征税。其二，原股东所拨款项实际是股本金，是增加注册资本之用，只是因为时间紧迫等原因尚未通过工商部门办理增资手续。因此，根据实质重于形式原则，并结合企业实际情况，应将所拨款项认定为资本金，不应征收企业所得税。其三，新股的拨款实际上是扣除应付给原股东的股权转让款部分，用来偿还债务。其四，所收到的来自新、老股东的拨款均已用于偿还债务，进出金额

---

① 李磊. 股权转让中的税收风险及规避 [J]. 税收征纳, 2020 (4)：17-18.
② 冷钦. 我国企业并购重组中的涉税风险问题研究 [D]. 武汉：中南财经政法大学, 2021.

基本一致，故不应征税。

2. 对此项债务清偿应当征收企业所得税

主要原因：其一，"债务的豁免""有关权益"的获得分别属于取得收入的货币形式和非货币形式。原股东承担目标公司债务，对目标公司而言，属于债务的豁免和有关权益的流入，应当计入收入征收企业所得税。其二，从会计角度来看，资本公积主要包括资本溢价、接受捐赠、股权投资准备、拨款转入、外币资本折算差额、关联交易差价、其他资本公积等。从税法角度来讲，资本公积虽属于投入资本范畴，但并非不涉及企业所得税纳税义务，如接受捐赠就必须缴纳企业所得税，而拨款转入若不及时转增注册资本或股本，也面临着相应的纳税义务。其三，由于目标公司将拨款记入资本公积，且有新股东加入，并有约定用于偿还债务，此拨款不需要再向股东偿还，因此属于税法规定的其他收入。

对此问题的判断应遵循实质重于形式原则，按照经济实质判断是对目标公司的捐赠还是资本性投入。从经济实质来看，原股东替目标公司清偿债务是为了厘清目标公司的债务关系，便于进行股权交易。同时，捐赠具有无偿性，而原股东的偿债行为并非真正的"无偿"，其偿还债务的支出通过新股东"债务清偿+股权转让款"予以弥补。因此，原股东拨付给目标公司用于偿债的款项属于资本性投入，属于原股东的再投资行为，应当计入资本公积。①

综上所述，对于实务中存在的上述两种不同观点，在目标公司接受代为偿债是否需确认为收益、缴纳企业所得税的问题上，税务机关的争议主要来自法律定性的模糊。如果原股东在拨付偿债资金时办理股权变更登记手续，从法律上将投入的资金定性为资本性支出，就可以避免相关争议。此外，可以在合同中明确约定由原股东接替的债务范围和金额大小，即使在签订合同时不能明确偿债金额的大小，也应当通过规范的会计分录和会计摘要注明所清偿债务与股权转让的相关性，以便在日后计算投资收益的金额大小时正确地确认股权投资成本的金额。最后，老股东和目标公司应当保留好股权转让的原始凭证，包括股权转让协议、债务清偿说明、付款凭证、债权人书面确认材料等，以便税务机关在进行判断时准确确定投资收益的金额大小。

四、资产置换

资产置换是以物易物的交易，是并购方用土地使用权、房屋建筑物、机器设备、知识产权、存货等资产中的一种或几种与被并购方的交换，是作为资本运作中很重要的一种支付形式。在这种支付方式中，并购方既是资产的购买者，又是资产的出让者，同样，被并购方既是资产的出让者，又是资产的购买者。因此，无论是并购方还是被并购方，作为资产的购买者，需要对购买的资产进行会计确认，作为资产的出让者，也需要对出让资产进行损益确认。

---

① 《企业会计准则解释第 5 号》第 6 条规定，企业接受代为偿债、债务豁免或捐赠，按照企业会计准则规定符合确认条件的，通常应当确认为当期收益；但是，企业接受非控股股东（或非控股股东的子公司）直接或间接代为偿债、债务豁免或捐赠，经济实质表明属于非控股股东对企业的资本性投入，应当将相关利得计入所有者权益（资本公积）。前者为当期收益，后者为资本性投入，计税标准有重大差异。

1. 增值税及其附加税

资产置换中，交易双方都会涉及增值税，因资产的构成不同，其所适用的增值税税率也不同。这种情况下，双方都将被视为销售资产，都需要给对方开具增值税发票，都会增加销项税。在资产置换中，选择合适的一方为被并购方，享受不征收增值税的优惠待遇。如果有一方享受了免征增值税的优惠政策，该方就不会发生附加税的纳税义务。双方可以就此协商具体的操作方式和路径，并在交易条件中予以体现。[①]

2. 土地增值税

资产置换时，如果一方或者双方的资产中包含土地使用权或房屋建筑物，就会涉及土地增值税。换出土地使用权和房屋建筑物的一方或者双方会被认定为转让土地使用权和房屋建筑物，被征缴土地增值税。但是根据财政部、国家税务总局《关于继续实施企业改制重组有关土地增值税政策的通知》（财税〔2018〕57 号）的规定，对符合规定的公司重组，土地使用权和房屋建筑物的转移暂不征收土地增值税。所以，资产置换中，如果有一方符合重组条件，可以享受土地增值税的优惠政策。

3. 契税及印花税

资产置换时，如果有一方或者两方换入的资产中包含土地使用权和房屋建筑物，该一方或者两方就会发生契税的纳税义务。并且交易双方会因书立合同、办理证照等发生印花税的纳税义务。

4. 所得税

资产置换交易中，双方都会被认定为资产的购买者和资产的出让者，都需要按照公允价值对购入资产进行初始成本的会计确认，同时，对出让资产也要进行损益的会计确认，而且没有所得税优惠政策。不过，需要注意的是，在一般的买卖交易中，卖方都会争取将自己的资产卖一个好价钱，而在以物易物的资产置换交易中，如果交易标的已经确定，最好都趋低作价，至少不要高作价，这样不仅双方实际获得的利益没有减少，双方的纳税负担也会降低。

五、资产支付

这里说的资产支付，是指以土地使用权、房产、货物、知识产权等作为支付手段，以获取股权的一种交易形式。与资产置换不同，资产置换是资产换资产，资产支付是资产换股权。实质上，资产支付与以资产进行出资是一样的，涉及的相关税收种类也完全相同，这里就不再赘述了。

---

① 财政部、国家税务总局于 2016 年 3 月 23 日发布的《关于全面推开营业税改征增值税试点的通知》（财税〔2016〕36 号）的附件 2《营业税改征增值税试点有关事项的规定》"一、（二）5"之规定，在资产重组过程中，通过合并、分立、出售、置换等方式，将全部或者部分实物资产以及与其相关联的债权、负债和劳动力一并转让给其他单位和个人，其中涉及的不动产、土地使用权转让行为，不征收增值税。

六、案例分析

（一）股权对价支付形式进行分析

为了说明股权对价支付形式的影响，下面通过 2017 年 A 公司收购 B 公司的并购资料，对各种股权对价支付形式进行分析。具体并购资料如下：A 公司于 1988 年在江苏省 S 市成立，经 30 年发展已成为国内男装的龙头企业。受"全面二孩政策"的影响，为了获得婴幼儿服装市场的发展空间，拟于 2017 年 5 月用自有资金以 2.6 亿元人民币从未上市 B 公司原股东处收购其 54% 的股份，成为其第一大股东（见表 9-2）。下面就会计处理及税务处理进行比较说明。

表 9-2 A 公司 2017 年末资产负债表

单位：元

项目	期末余额	期初余额
货币资金	2652874116.12	2160172103.47
应收账款	321422912.21	218103401.71
存货	407891834.24	197725547.03
划分为持有代售的非流动	0.00	0.00
长期股权投资	11519565579.96	11519565579.96
划分为持有待售非流动资产	0.00	0.00
……	……	……
资产合计	17750371279.29	17766419668.98
短期借款	0.00	0.00
应付职工薪酬	11901872.85	20854914.12
应交税费	24589852.73	161536980.44
……	……	……
负债合计	454921100.30	592307689.15
股本	4492757924.00	4492757924.00
资本公积	9586182168.22	9586182168.22
盈余公积	753267458.68	753267458.68
未分配利润	2355162261.31	2229593994.90
……	……	……
所有者权益合计	17295450178.99	17174111979.83

注：A 公司为一般纳税人，对所有增值税项目均采用一般计税方法，且无留抵税额。适用的城市维护建设税及教育费附加税率分别为 7%、3%、2%。

【案例 6】存货、不动产、债权作为股权投资的对价

当 A 公司以 26000 万元人民币作为 B 公司的股权时，需要按照股权转让协议上标注的金额缴纳万分之五的产权转移书据印花税，税金共 13 万元。会计上，长期股权投资按照

为取得目标股权发生的直接相关的费用、税金及必要支出作为初始成本。因此，长期股权投资科目增加 26013 万元，银行存款减少 26013 万元，此事项使资产一增一减，资产总额未发生变化，对利润表项目没有影响。

下面分别就 A 公司用存货、不动产、债权作为股权投资的对价，分析其对会计及应纳税额的影响。

1. 采用存货作为支付对价

若 A 公司以一批不含税价 26000 万元的存货作为支付 B 公司的股权的对价，签订产品购销合同。已知，该批存货的账面成本为 16538 万元。A 公司的会计分录如下：

借：长期股权投资	26013 万元
银行存款	4407 万元
贷：主营业务收入	26000 万元
应交税费——应交增值税（销项税额）	4420 万元
借：主营业务成本	16538 万元
贷：原材料	16538 万元
借：税金及附加	538.2 万元
贷：应交税费——城市维护建设税	309 万元
——教育费附加	133 万元
——地方教育费附加	88.4 万元
银行存款	7.8 万元
借：所得税费用	2230.95 万元
贷：应交税费——企业所得税	2230.95 万元

此笔业务需要缴纳城市维护建设税和教育费附加共 530.4 万元，印花税 20.8 万元。

（其中 13 万元因股权转移产生的印花税计入长期股权投资成本，7.8 万元因签订购销合同计入税金及附加），企业所得税 2230.95 万元。由于增值税所缴纳的税额向下转嫁，所以此处不予考虑，A 公司用存货交换股权共交税 2769.15 万元。

2. 采用不动产作为支付对价

若 A 公司以一幢 2014 年外购的不含税价为 26000 万元的房产作为支付 B 公司的股权的对价，该房产原价 20000 万元，已使用三年，净残值率为 5%，已计提折旧 300 万元的，A 公司的会计分录如下：

借：固定资产清理	19700 万元
累计折旧	300 万元
贷：固定资产	20000 万元
借：长期股权投资	26013 万元
银行存款	2847 万元
贷：固定资产清理	19700 万元
应交税费——应交增值税（销项税额）	2860 万元
营业外收入	6300 万元

借：税金及附加　　　　　　　　　　　　　　　　　　　　356.2 万元

　　贷：应交税费——城市维护建设税　　　　　　　　　　　200.2 万元

　　　　　　——教育费附加　　　　　　　　　　　　　　　85.8 万元

　　　　　　——地方教育费附加　　　　　　　　　　　　　57.2 万元

　　　　银行存款　　　　　　　　　　　　　　　　　　　　13 万元

借：所得税费用　　　　　　　　　　　　　　　　　　　　1485.95 万

　　贷：应交税费——企业所得税　　　　　　　　　　　　　1485.95 万元

此笔业务需要缴纳城市维护建设税和教育费附加共 343.2 万元，印花税 26 万元（其中 13 万元因股权转移产生的印花税计入长期股权投资成本，13 万元因房屋产权变更计入税金及附加），企业所得税 1485.95 万元。由于增值税所缴纳的税额向下转嫁，所以此处不予考虑，A 公司用不动产交换股权共交税 1842.15 万元。

3. 采用债权作为支付对价

若 A 公司的应收账款中包含 B 公司所欠的原材料款 2.8 亿元。由于 A 公司拟进入婴幼儿童装市场，现决定放弃其 2.8 亿元债权去换取 B 公司 54%的股权。A 公司的会计分录如下：

借：长期股权投资　　　　　　　　　　　　　　　　　　　26013 万元

　　营业外支出——债务重组损失　　　　　　　　　　　　2000 万元

　　贷：应收账款——B 公司　　　　　　　　　　　　　　28000 万元

　　　　银行存款　　　　　　　　　　　　　　　　　　　13 万元

在此次债权转股权的交易中，A 公司需要按股权转让书据缴纳 13 万元印花税，并因债务重组损失冲减当年应纳税所得额 2000 万元，少缴纳企业所得税 500 万元。

综上，通过各种支付形式的对比，可以看出：当企业以某一单一资产作为股权对价时，由于债务重组损失的存在，使得债权支付税负最轻，其次是货币资金，再次是不动产，最后是存货。而且根据会计分录，不难看出除货币资金外，其他资产均会导致资产负债表总额的变化，进而造成对企业财务管理指标的影响。为了更清楚地展现单一资产支付对价的优缺点，笔者进行了归纳概括，具体如表 9-3 所示。

表 9-3　各种出资方式优、缺点对比

出资方式	缺点	优点
货币资金	造成投资企业大量的现金流出，引发自身的现金周转困难	税负较轻
存货	税负最重	提高营运能力和偿债能力指标，美化利润表
不动产	税负仅次于存货①	提高偿债能力指标，美化利润表
债权	一般情况下，会对债务人做出让步，会产生债务重组损失	由于债务重组损失的确认，导致企业应纳税所得额的减少，税负最轻

① 此结论存在于符合条件免征土地增值税的情况。

需要注意投资企业在进行股权收购时，可以根据公司的未来战略确定支付形式，而不仅是将某一种单一资产作为股权的支付对价，还可以是某几种资产的组合。税收筹划方案需要企业结合自身所处的行业及市场地位进行深度剖析。譬如：当投资企业处在成熟低速增长的市场行业中，相对于其他企业本身市场占有率高、盈利水平较强，本身不需要巨额投资，而能够创造出较多的现金流入。此时，为了规避行业未来不确定的风险、提高资金利用率，投资企业便可采用现金对其他公司进行投资。相反，如果企业属于朝阳产业，本身对现金需求较大，却存在良好的对外投资机会，则可以通过货币、存货或股权等组合的形式进行支付，一方面可以减少现金的流出，另一方面可以美化利润表和资产负债表，方便后期融资需要。

【案例7】长期股权投资成本法与权益法核算的选择

根据【案例6】分析资料，假设2020年1月A公司以公允价值20000万元将手中以现金方式取得的B公司股权的50%转让给C公司。已知，B公司2017年实现净利润600万元，未分配股利；2018年末实现净利润800万元，分配现金股利1000万元，已实际收到现金股利；2019年实现净利润500万元，未分配股利；2020年实现净利润400万元，未分配股利。股权转让后A公司虽不能对B公司实施控制，但仍构成重大影响。

A公司于每年年末均会对B公司的投资进行减值测算并未发现减值迹象。下面就会计处理及纳税义务分别进行阐述。

因A公司在B公司投资所占比例较大，能够实施控制，因此采用成本法进行核算。2017年B公司实现净利润，但成本法核算下，A公司不因B公司实现净利润而调整股权成本，会计上不进行处理，按税法规定也未发生纳税义务。

2018年B公司分配净利润1000万元，A公司会计分录为：

借：应收股利 540万元

　　贷：投资收益 540万元

借：银行存款 540万元

　　贷：应收股利 540万元

借：所得税费用 138万元

　　贷：应交税费——企业所得税 138万元

税法上按照被投资单位实际宣告发放股利时产生纳税义务。但《企业所得税法》规定，我国居民企业连续投资于其他居民企业大于或等于12个月，因持有权益性投资而从被投资单位获得的股息、红利收入免征企业所得税。因此，该笔来源于B公司的现金股利并不会增加A公司的企业所得税支出。

2019年B公司实现股利，但未分配股利，因此A公司在会计上不做处理，税法上也未发生应纳税义务。

2020年A公司转让B公司27%的股权后仅能对B公司构成重大影响，应由成本法转为权益法核算，并进行追溯调整，转让时A公司会计处理如下：

借：银行存款 20000万元

　　贷：长期股权投资——成本 13006.5万元

投资收益 6993.5 万元

借：长期股权投资——损益调整 243 万元

　　贷：盈余公积 24.3 万元

　　　未分配利润 218.7 万元

借：税金及附加 10 万元

　　贷：银行存款 10 万

2020 年末，A 公司应按 B 公司实现的净利润结合自己所占比例，调整长期股权投资的账面价值，会计处理如下：

借：长期股权投资——损益调整 108 万元

　　贷：投资收益 108 万元

借：所得税费用 1745.88 万元

　　贷：应交税费——企业所得税 1745.88 万元

按照税法规定，2020 年 A 公司因转让 B 公司股权增加企业所得税 1745.88 万元。而权益法核算方式下，确认的投资收益并未发生税法规定的纳税义务。

综上，无论投资方在会计上对长期股权投资采用成本法还是权益法进行核算，我国税法只按被投资单位股东会或股东大会宣告分派现金股利或利润的时间确认收入的实现。从表面上看，不同长期股权投资的核算方法不会导致企业税负的增加。但是，权益法核算方式下投资单位会在被投资单位不分配利润的情况下按照净利润确认投资收益，因此会导致利润表投资收益的增加，间接导致资产负债表长期股权投资和未分配利润的增加，影响外单位对本单位的长期偿债能力的分析。虽然成本法和权益法的核算范围是固定的，企业必须依照会计准则对长期股权投资进行核算，但投资方可以通过控制被投资方的持股比例达到选择核算方法的目的。

（二）长期股权投资转让环节的税收筹划分析

在股权收购过程中，投资企业可以采用股权支付，也可以采用非股权支付，以及两种支付手段的结合。下面主要对企业所得税进行分析。

1. 不同税务处理方式的税收政策分析

根据财政部和国家税务总局在 2009 年发布的《关于企业重组业务企业所得税处理若干问题的通知》，企业重组过程中按不同条件分别适用一般性税务处理和特殊性税务处理。符合条件的特殊性税务重组可选择适用一般性税务处理，进行企业所得税的汇算清缴。在股权支付中，投资企业可以用本企业自身的股权进行支付，也可以用其控股企业的股权进行支付。当投资企业用其自身的股权进行支付时，相当于企业增发股份，并不会发生股权转让增值的事项，无须确认所得。因此，本环节企业所得税一般性税务处理与特殊性税务处理只针对投资企业用其控股企业的股权作为支付的情形。

一般性税务处理情况下，投资方对取得的股权应按初始直接成本进行计量。被投资单位应在股权转让协议生效且完成股权变更手续时，确认权益性投资的股权转让所得或损失。在确认股权转让所得时，除取得股权时发生的成本外，不得扣除被投资单位未作出利润分配决议可能分配的留存收益金额。

除了一般性税务处理，当企业重组满足以下条件时，可选择适用特殊性税务处理方法。具体条件如下：

（1）具有合理的商业目的，且不以减少、免除或者推迟缴纳税款为主要目的。

（2）投资单位购买被投资单位股权不低于其全部股权的 50%。

（3）企业重组后的连续 12 个月内不改变重组资产原来的实质性经营活动。

（4）投资企业在该股权收购过程中，股权支付的比例不低于其交易支付总额的 85%。

（5）企业重组中取得股权支付的原主要股东，在重组后连续 12 个月内，不得转让所取得的股权。

考虑到股权收购环节，股权支付比例过大，致使纳税人没有缴税所需的必要资金，投资企业可以按被转让资产的原计税基础确定取得股权的计税基础。对被投资单位取得的权益性投资应以其换出资产的原计税基础进行确定。对于股权支付部分可以暂缓确认权益性资产的转让所得或损失，而对于非股权支付应确认资产转让所得或损失。计算公式如下：

非股权支付部分资产对应的转让所得或损失 =（被转让资产的公允价值−被转让资产的计税基础）×（非股权支付金额÷被转让资产的公允价值）。特殊性税务处理情况下，被投资单位就股权支付的部分可以暂缓确认股权转让所得，但对于非股权支付部分仍需确认资本利得或损失。企业应当意识到特殊性税务处理仅是一种递延纳税政策，并不是实际意义上的免税。

2. 不同税务处理方式的案例分析

现假设【案例7】中，2020 年 A 公司在转让 B 公司 27% 股份时，收到的资产为 C 公司 100% 的股份。已知该转让处于规避行业风险，拟实现产业多元化，且双方均计划持有期间大于 1 年。A 公司的会计处理及税务处理分析如下：

（1）A 公司选用一般性税务处理。

一般性税务处理情况下，股权转让所得不允许扣除被投资单位未作出利润分配决议可能分配的留存收益金额，但由于我国税法规定，居民企业取得连续投资于其他居民企业大于或等于 12 个月，其从被投资单位中获得因权益性投资而取得的股息、红利等投资收益免征企业所得税。因此，股息、红利是否分配必然会影响股权转让价格及企业所得税的纳税义务。因此，本部分将区分股息、红利分配情况对一般性税务处理进行讨论。

1）股息、红利转让前未分配。A 公司转让 B 公司股权换取 C 公司股权的会计处理如下：

借：长期股权投资   20010 万元

 贷：长期股权投资——成本   13006.5 万元

  银行存款   10 万元

投资收益   6993.5 万元

借：税金及附加   10 万元

 贷：银行存款   10 万元

借：所得税费用   1745.88 万元

　　　　贷：应交税费——企业所得税　　　　　　　　　　　　　　　　　1745.88 万元

　　按照税法规定，转让上市公司股票需要按照"金融服务——金融商品转让"缴纳增值税，但转让未上市公司的股票不属于增值税征税范围，故 A 公司不需缴纳增值税。但会发生印花税纳税义务，需缴纳印花税 20 万元，企业所得税 1745.88 万元。最终，因持有 B 公司 27%股权获得收入为 5237.62 万元。

　　2）股息、红利在转让前分配。若 A 公司在股权转让前从 B 公司分得经营净利润 200 万元，B 公司 27%股权所对应的公允价为 19800 万元，差价 A 公司以现金的形式补给 C 公司股东。A 公司的会计处理如下：

　　　　借：长期股权投资　　　　　　　　　　　　　　　　　　　　　20010 万元
　　　　　　贷：长期股权投资——成本　　　　　　　　　　　　　　 13006.5 万元
　　　　　　　　投资收益　　　　　　　　　　　　　　　　　　　　 6793.5 万元
　　　　　　　　银行存款　　　　　　　　　　　　　　　　　　　　　 210 万元
　　　　借：税金及附加　　　　　　　　　　　　　　　　　　　　　　　 9.9 万元
　　　　　　贷：银行存款　　　　　　　　　　　　　　　　　　　　　　 9.9 万元
　　　　借：所得税费用　　　　　　　　　　　　　　　　　　　　　　1695.9 万元
　　　　　　贷：应交税费——企业所得税　　　　　　　　　　　　　　1695.9 万元

　　按照税法规定，转让未上市公司的股票 A 公司不需缴纳增值税。但会发生印花税纳税义务，需缴纳印花税 19.9 万元，企业所得税 1695.9 万元。最终，因持有 B 公司 27%股权获得收入为 5287.7 万元。

　　（2）A 公司选用特殊性税务处理。特殊性税务处理情况下，A 公司用 B 公司 27%的股权换取 C 公司 100%的股权，由于公允价值可取得，具有合理的商业实质，会计上属于非货币性资产交换，按照公允价值入账，会计处理与股息、红利未分配前的一般性税务处理无差别。

　　为了规避税收对市场正常行为的干扰，保持税收中性，企业对符合条件的股权收购可选择特殊性税务处理。由于上述案例中 A 公司用 B 公司股份换取 C 公司股份符合特殊性税务处理要素，因此 A 在与 C 公司协商一致后，双方均按照特殊性税务处理方法进行换入资产的核算。A 公司按 B 公司 27%的股份的原计税基础确认 C 公司的股份，初始计量成本为 13006.5 万元。待 A 公司再次转让 C 公司股权时，才确认此笔权益性投资的股权转让所得或损失。

　　综上，通过对一般性税务处理和特殊性税务处理的对比可知，无论企业采用何种税务处理核算方式，由于会计准则的规定与税收法规的差异，该笔业务对会计报表的影响均是固定不变的。当企业进行股权转让采用一般性税务处理时，由于股权转让当期需要确认转让收入，而我国税法规定符合条件的居民企业间的股息、红利免征企业所得税。因此，在股权转让前将股权份额内应享有的股息、红利提前分配，可减少企业的纳税义务，增加企业股权投资实际享有的收益。而采用特殊性税务处理能够使企业享受递延缴纳税款的待遇，减少企业现时的资金流出。

第六节 股权内部交易与跨境交易的涉税处理

在股权投融资业务的各种应交税种中，所得税是对交易影响最大的一种税，不仅会影响到交易的路径设计，也会影响到投资人的最终受益。本节重点探讨股权内部交易和股权跨境交易的涉税实务问题。

一、股权内部交易的税收实务要点

对于符合条件的内部重组，很多税是递延或免除的。这是因为，从税法原理上分析，给予符合条件的是因为这类交易虽然在法律形式上会产生资产/股权的所有权变化，符合征税的构成要件，但往往缺乏现金流，从经济实质观察，交易前后没有改变，有别于正常的交易。如果对其进行征税，有违税收中性，也会阻碍企业通过重组的方式优化组织和业务结构。另外，在股权激励时，也会涉及被激励对象的税务成本及其缴纳，税务成本如果过高，也将会显著降低激励效果。合理的税务筹划对于保证股权激励的吸引力具有十分重要的作用。

（一）合并

公司合并[①]过程中最主要的两个核心问题是合并双方的股权估值、交易股东的持股分配。当然，伴随交易始终的还有税务问题。从总体上看，公司合并中的交易各方主要涉及增值税及其附加税、土地增值税、契税、印花税和所得税。[②]

1. 增值税及其附加税

公司合并过程中，将会涉及土地使用权、房屋建筑物、机器设备、存货资产等转移到存续公司或者新设公司，此过程一般会被认为视同销售，需要缴纳增值税。根据2013年11月19日国家税务总局发布的《关于纳税人资产重组有关增值税问题的公告》（国家税务总局公告2013年第66号）规定，纳税人在资产重组过程中，通过合并将全部或者部分实物资产以及与其相关联的债权、负债经多次转让后，最终的受让方与劳动力接收方为同一单位和个人的，仍适用《国家税务总局关于纳税人资产重组有关增值税问题的公告》（国家税务总局公告2011年第13号）的相关规定，[③] 其中货物的多次转让行为均不征收增

---

① 财政部、国家税务总局《关于企业重组业务企业所得税处理若干问题的通知》（财税〔2009〕第59号）的规定，公司合并是指一家或多家公司（以下称为被合并公司）将其全部资产和负债转让给另一家现存或新设公司（以下称为合并公司），被合并公司股东换取合并公司的股权或非股权支付，实现两个或两个以上公司的依法合并。公司合并是公司重组的一种重要方式，包括新设合并和吸收合并等形式，都会经常用于集团内部的重组，以及某些特定情形下的股权并购。

② 夏雨佳. 企业合并中的会计和税收筹划处理分析 [J]. 投资与创业，2021（3）：99-101.

③ 2011年2月18日国家税务总局发布的《关于纳税人资产重组有关增值税问题的公告》（国家税务总局公告2011年第13号）规定，纳税人在资产重组过程中，通过合并将全部或者部分实物资产以及与其相关联的债权、负债和劳动力一并转让给其他单位和个人，不属于增值税的征税范围，其中涉及的货物转让，不征收增值税。

值税。资产的出让方需将资产重组方案等文件资料报其主管税务机关。由此可见，在公司合并过程中，涉及的相关资产转移，目前不征收增值税，当然，相应的附加税也就不再征收。

2. 土地增值税

根据 2018 年 5 月 16 日财政部、国家税务总局发布的《关于继续实施企业改制重组有关土地增值税政策的通知》（财税〔2018〕57 号）第 2 条规定，两个或两个以上企业合并为一个企业，且原企业投资主体存续的，对原企业将房地产转移、变更到合并后的企业，暂不征土地增值税。该文件的有效期为 2018 年 1 月 1 日至 2020 年 12 月 31 日，但是根据企业重组的交易实质及现金流情况判断，文件到期后可能将会继续延续，以促进资产的优化配置和重组。

3. 契税

根据 2018 年 3 月 2 日财政部、国家税务总局发布的《关于继续支持企业事业单位改制重组有关契税政策的通知》（财税〔2018〕17 号）第 3 条规定两个或两个以上的公司，依照法律规定、合同约定，合并为一个公司，且原投资主体存续的，对合并后公司承受原合并各方土地、房屋权属，免征契税。第 10 条规定，本通知所称投资主体存续，是指原企业、事业单位的出资人必须存在于改制重组后的企业，出资人的出资比例可以发生变动；投资主体相同，是指公司分立前后出资人不发生变动，出资人的出资比例可以发生变动。该文件的有效期为 2018 年 1 月 1 日至 2020 年 12 月 31 日，但是根据企业重组的交易实质及现金流情况判断，文件到期后可能将会继续延续，以促进资产的优化配置和重组。

4. 印花税

根据 2003 年 12 月 8 日财政部、国家税务总局发布的《关于企业改制过程中有关印花税政策的通知》（财税〔2003〕183 号）第 1 条规定，以合并方式成立的新企业，其新启用的资金账簿记载的资金，凡原已贴花的部分可不再贴花，未贴花的部分和以后新增加的资金按规定贴花。第 2 条规定，企业改制前签订但尚未履行完的各类应税合同，改制后需要变更执行主体的，对仅改变执行主体、其余条款未作变动且改制前已贴花的，不再贴花。第 3 条规定，企业因改制签订的产权转移书据免予贴花。可见，公司内部重组时进行合并的，也无须缴纳印花税。

5. 所得税

根据 59 号文的规定，企业合并的所得税处理区分不同条件分别适用一般性税务处理规定和特殊性税务处理。企业合并凡不符合适用特殊性税务处理条件的，一律适用一般性所得税处理。

（1）公司合并企业所得税的一般性处理规则：

1）合并企业应按公允价值确定接受被合并企业各项资产和负债的计税基础；

2）被合并企业及其股东都应按清算进行所得税处理；

3）被合并企业的亏损不得在合并企业结转弥补。

（2）公司合并。合并企业接受被合并企业资产和负债的计税基础，以被合并企业的原有计税基础确定；被合并企业合并前的相关所得税事项由合并企业承继；可由合并企业弥补的被合并企业亏损的限额＝被合并企业净资产公允价值×截至合并业务发生当年年末国家发行的最长期限的国债利率。

被合并企业股东取得合并企业股权的计税基础，以其原持有的被合并企业股权的计税基础确定。

（3）特殊性处理。规则的适用条件：股东在企业合并发生时要达到适用特殊性税务处理的目的，就必须要满足59号文规定的各项重组条件，包括合理的商业目的、支付比例、持有期限等。具体可参见第五节"股权并购的涉税处理"。需要补充的是，同一控制下且不需要支付对价的企业合并，也可以使用特殊性税务处理。有关所得税特殊性税务处理的其他规定，以及非股权支付部分的一般性税务处理，与"股权并购"部分的所得税处理方法一致，这里就不再赘述了。

（4）未弥补亏损的结转。弥补需要注意的是，59号文的规定，采用一般性税务处理的公司合并，或者没有选择特殊性税务处理的公司合并，解散公司的亏损一律不得由结转合并后的公司进行弥补。选择特殊性税务处理的公司合并，合并后的公司可以在税法规定的年限内对解散公司的亏损在税法规定的年限内税前弥补，但是弥补的份额受到严格的限制，即在税法规定的可税前弥补的年限内，每年"可由合并公司弥补的被合并公司亏损的限额＝被合并公司净资产公允价值×截至合并业务发生当年年末国家发行的最长期限的国债利率"。

（二）分立

根据59号文的规定，公司分立是指一家企业（以下称为被分立企业）将部分或全部资产分离转让给现存或新设的企业（以下称为分立企业），被分立企业股东换取分立企业的股权或非股权支付，实现企业的依法分立。从总体上看，公司分立中的交易各方主要涉及增值税及其附加税、土地增值税、契税、印花税和所得税。[①]

1. 增值税及其附加税

公司分立过程中，将会涉及土地使用权、房屋建筑物、机器设备、存货资产等转移到新设公司，此过程一般会被认为视同销售，需要缴纳增值税。根据2013年11月19日国家税务总局发布的《关于纳税人资产重组有关增值税问题的公告》（国家税务总局公告2013年第66号）规定，纳税人在资产重组过程中，通过分立将全部或者部分实物资产以及与其相关联的债权、负债经多次转让后，最终的受让方与劳动力接收方为同一单位和个人的，仍适用《关于纳税人资产重组有关增值税问题的公告》（国家税务总局公告2011年第13号）的相关规定，[②] 其中货物的多次转让行为均不征收增值税。资产的出让方需将资产重组方案等文件资料报其主管税务机关。由此可见，在公司分立过程中，涉及的相关资产转移，目前不征收增值税，当然，相应的附加税也就不再征收。

---

① 杨梅. 企业分立的税务处理［J］. 注册税务师，2019（10）：49-50.
② 2011年2月18日国家税务总局发布的《关于纳税人资产重组有关增值税问题的公告》（国家税务总局公告2011年第13号）规定，纳税人在资产重组过程中，通过分立将全部或者部分实物资产以及与其相关联的债权、负债和劳动力一并转让给其他单位和个人，不属于增值税的征税范围，其中涉及的货物转让，不征收增值税。

2. 土地增值税

根据 2018 年 5 月 16 日财政部、国家税务总局发布的《关于继续实施企业改制重组有关土地增值税政策的通知》（财税〔2018〕57 号）第 3 条规定，按照法律规定或者合同约定，企业分设为两个或两个以上与原企业投资主体相同的企业，对原企业将房地产转移、变更到分立后的企业，暂不征土地增值税。该文件的有效期为 2018 年 1 月 1 日至 2020 年 12 月 31 日，但是根据企业重组的交易实质及现金流情况判断，文件到期后可能将会继续延续，以促进资产的优化配置和重组。这里需要注意的是，公司分立适用该通知规定的土地增值税优惠政策时，一定要注意分立后的企业与被分立企业的投资主体必须相同，持股比例可以变化。

3. 契税

根据 2018 年 3 月 2 日财政部、国家税务总局发布的《关于继续支持企业事业单位改制重组有关契税政策的通知》（财税〔2018〕17 号）第 4 条规定，公司依照法律规定、合同约定分立为两个或两个以上与原公司投资主体相同的公司，对分立后公司承受原公司土地、房屋权属，免征契税。该文件的有效期为 2018 年 1 月 1 日至 2020 年 12 月 31 日，但是根据企业重组的交易实质及现金流情况判断，文件到期后可能将会继续延续，以促进资产的优化配置和重组。

4. 印花税

根据 2003 年 12 月 8 日财政部、国家税务总局发布的《关于企业改制过程中有关印花税政策的通知》（财税〔2003〕183 号）第 1 条规定，以分立方式成立的新企业，其新启用的资金账簿记载的资金，凡原已贴花的部分可不再贴花，未贴花的部分和以后新增加的资金按规定贴花。第 2 条规定，企业改制前签订但尚未履行完的各类应税合同，改制后需要变更执行主体的，对仅改变执行主体、其余条款未作变动且改制前已贴花的，不再贴花。第 3 条规定，企业因改制签订的产权转移书据免予贴花。可见，公司内部重组时进行分立的，也无须缴纳印花税。

5. 所得税

根据 59 号文的规定，企业分立的所得税处理区分不同条件分别适用一般性税务处理规定和特殊性税务处理。企业分立凡不符合适用特殊性税务处理条件的，一律适用一般性所得税处理。

（1）公司分立企业所得税的一般性处理规则。

1）被分立企业对分立出去资产应按公允价值确认资产转让所得或损失；

2）分立企业应按公允价值确认接受资产的计税基础；

3）被分立企业继续存在时，其股东取得的对价应视同被分立企业分配进行处理；被分立企业不再继续存在时，被分立企业及其股东都应按清算进行所得税处理；企业分立相关企业的亏损不得相互结转弥补。

（2）公司分立企业所得税的特殊性处理规则。公司分立时，对其交易中的股权支付部分，满足规定条件的，可以按以下规定进行特殊性税务处理：

1）分立企业接受被分立企业资产和负债的计税基础，以被分立企业的原有计税基础确定。

2）被分立企业已分立出去资产相应的所得税事项由分立企业承继。

3）被分立企业未超过法定弥补期限的亏损额可按分立资产占全部资产的比例进行分配，由分立企业继续弥补。

被分立企业的股东取得分立企业的股权（以下简称新股），如需部分或全部放弃原持有的被分立企业的股权（以下简称旧股），新股的计税基础应以放弃旧股的计税基础确定。如不需放弃旧股，则其取得新股的计税基础可从以下两种方法中选择确定：直接将新股的计税基础确定为零；或者以被分立企业分立出去的净资产占被分立企业全部净资产的比例先调减原持有的旧股的计税基础，再将调减的计税基础平均分配到新股上。

有关所得税特殊性税务处理的其他规定，以及非股权支付部分的一般性税务处理，与"股权并购"部分的所得税处理方法一致，这里就不再赘述了。

（3）未弥补亏损的结转弥补。需要注意的是，如果公司分立适用一般性税务处理，被分立公司的亏损无论是税前弥补期限内的，还是超过税前弥补期限的都不得分割结转弥补；如果公司分立适用特殊性税务处理，被分立企业未超过法定弥补期限的亏损额可按分割资产占全部资产的比例进行分配，由分立新设企业在法定年限内继续税前弥补。

（三）减资

减资是公司通过履行法定程序后，减少注册资本，免除股东的出资义务或者向股东返还出资财产的行为，也是公司重组的一种重要形式。减资过程中，比较难处理的是减资作价问题，作价金额的大小直接关乎股东的切身利益，也涉及相关税务成本和代价。[①]

1. 减资的程序

减资是公司的重大事项，需要经过股东会/股东大会代表 2/3 以上表决权的股东通过才可以实施。一般来说，要经过以下程序：

（1）股东会/股东大会作出决议，其内容大致有：

1）减资后的公司注册资本；

2）减资后的股东权益、债权人利益的安排；

3）有关修改章程的事项；

4）股东出资及其比例的变化等。

（2）编制资产负债表及财产清单。

（3）通知或公告债权人。公司应当自作出减少注册资本决议之日起 10 日内通知债权人，并于 30 日内在报纸上公告。债权人自接到通知书之日起 30 日内，未接到通知书的自公告之日起 45 日内，有权要求公司清偿债务或者提供相应的担保。

（4）公告期满后，办理减资登记手续。自登记之日起，减资生效。

2. 减资的类型

在实务中，根据不同标准可以将公司减资区分为不同类型：

（1）依据是否向股东支付减资对价，可以分为名义减资和实际减资。所谓名义减资，

---

① 戚丽萱. 公司减资若干问题研究［D］. 上海：华东政法大学，2019.

是指公司减少自己的注册资本，但股东并不从公司取得减资对价的减资，比如通过减资程序消灭股东认缴尚未实缴的资本，名义性减资只核减公司账面上的资本总额，并不减少公司财产。所谓实际减资，是指公司减少自己的资本，股东从公司取得减资对价，公司财产也会减少。

（2）依据是否按照原持股比例进行等比例减资，可以分为交易性减资和非交易性减资。所谓交易性减资，是指公司股东不按照原股份比例减资或者仅有公司的个别股东减资，其他股东不减资，比如公司只有部分股东减资退出公司，其余仍保留在公司。所谓非交易性减资，是指公司的全体股东统一按照持股比例以相同的价格从公司减资，比如两个各持有公司 50% 股权的股东各减少对公司出资的一半，或者独资公司的股东从公司减资等。这里所说的"交易"，是指股东之间的交易，只有股东达成一致，减资才能顺利进行。

从减资公司的角度看，交易减资和非交易性减资都属于实际减资。交易性减资需要对公司进行评估协商作价，即确定公司的估值，根据公司估值来计算减资对价。非交易性减资不需要签订减资协议，只要权力机构批准并履行法定通知公告程序就可以，而交易性减资不仅需要评估作价，经公司权力机构批准，履行通知公告义务，还需要订立减资协议。

3. 减资的税务相关问题

公司减资的税务问题，主要是因向股东支付减资对价形式的不同而产生的。一般来说，公司可以用来向股东支付减资对价的资产既包括货币财产，也包括房地产、股权和存货等非货币财产。其中涉及的税种、税收优惠等也有差别。①

（1）货币支付减资对价。如果公司以货币方式支付减资对价，主要涉及减资股东的收益确认，如有所得额，个人要按照"财产转让所得"适用 20% 的税率就所得额计算缴纳个人所得税，法人要根据企业类型对应的税率就所得额计算缴纳企业所得税（考虑汇算清缴因素）。需要注意的是，两种纳税主体的"所得额"计算方式是不同的。

1）个人股东的所得额计算方式。个人转让股权时，应纳税所得额＝个人取得的股权转让收入、违约金、补偿金、赔偿金及以其他名目收回款项合计数－原实际出资额（投入额）及相关税费。②

2）法人股东的所得额计算方式。在计算减资所得额时，减资价格首先扣除减资公司的未分配利润和盈余公积金中减资股权对应拥有的份额，其次再减掉减资股权的计税成本。这与一般的股权转让时直接以转让价格减除计税成本有一定区别，其内在原因是，公司减资企业股东所得额的计算方法体现了企业所得税法关于居民企业向法人股东分配利润

① 李怀继．公司减资的财税分析［J］．中国管理信息化，2018（9）：6-7．

② 2011 年 7 月 25 日国家税务总局发布的《关于个人终止投资经营收回款项征收个人所得税问题的公告》（国家税务总局公告 2011 年第 41 号）第 1 条规定："个人因各种原因终止投资、联营、经营合作等行为，从被投资企业或合作项目、被投资企业的其他投资者以及合作项目的经营合作人取得股权转让收入、违约金、补偿金、赔偿金及以其他名目收回的款项等，均属于个人所得税应税收入，应按照'财产转让所得'项目适用的规定计算缴纳个人所得税。"

时，法人股东免征所得税的规则。① 对于此类问题，在实务操作时，建议多与当地的主管税务机关沟通，争取其认同后再实施，避免税务调整的麻烦。

（2）非货币支付减资对价。如果公司用货币以外的资产向减资股东支付减资价款，在税法上公司会被认定为这些资产的卖方而被课税。如果用于支付减资对价的资产是减资公司对其他公司的股权，减资公司会因为出让股权发生印花税，并涉及所得税；如果用于支付减资对价的资产是房地产，减资公司会发生增值税及其附加税、土地增值税、印花税，并涉及所得税；如果用于支付减资对价的资产是货物类资产，减资公司会发生增值税、附加税、印花税，并涉及所得税。

（3）非交易性减资的税收优惠。非交易性减资的最大特点就是股东之间按照持股比例、以相同价格进行减资，减资前后公司的股权架构不变，股东之间没有利益冲突，也不涉及交易内容，所以称为非交易性减资。在实施非交易性减资时，如果减资公司向其股东以股权形式支付减资对价，就会涉及股权的转让，相关的税收优惠政策，适用《国家税务总局关于资产（股权）划转企业所得税征管问题的公告》（国家税务总局公告 2015 年第 40 号）第 1 条第（二）至（四）项规定：

100%直接控制的母子公司之间，母公司向子公司按账面净值划转其持有的股权或资产，母公司没有获得任何股权或非股权支付。母公司按冲减实收资本（包括资本公积，下同）处理，子公司按接受投资处理。

100%直接控制的母子公司之间，子公司向母公司按账面净值划转其持有的股权或资产，子公司没有获得任何股权或非股权支付。母公司按收回投资处理，或按接受投资处理，子公司按冲减实收资本处理。母公司应按被划转股权或资产的原计税基础，相应调减持有子公司股权的计税基础。

受同一或相同多家母公司 100%直接控制的子公司之间，在母公司主导下，一家子公司向另一家子公司按账面净值划转其持有的股权或资产，划出方没有获得任何股权或非股权支付。划出方按冲减所有者权益处理，划入方按接受投资处理。

可以看出，这些税优惠政策的实质都是原值划转，并且都是针对非交易性减资，只有这种纯粹的重组项目才能适用这种所得税优惠政策。

（4）关于支付减资对价的个税疑问。公司减资时，如果对减资退出的股东仅支付实收资本作为减资对价，不分配其他股东权益，是否涉及个税？实践中各地做法不一，有的认为，减资应当向退出的股东支付公允对价，超过原始出资成本及相关税费的部分，应当缴纳个人所得税。有的认为不涉及个税缴纳，因为：

1）国家没有税源流失，税基没有损失，退出股东如果只按实收资本收回原始投资，未对增值部分缴纳的个税，将由继续留在公司的其他股东缴纳个税，站在税收征管角度而言效果是一样的。

---

① 2011 年 6 月 9 日国家税务总局发布的《关于企业所得税若干问题的公告》（国家税务总局公告 2011 年第 34 号）第 5 条规定，"投资企业从被投资企业撤回或减少投资，其取得的资产中，相当于初始出资的部分，应确认为投资收回；相当于被投资企业累计未分配利润和累计盈余公积按减少实收资本比例计算的部分，应确认为股息所得；其余部分确认为投资资产转让所得"。

2）减资退出的股东，多数是为了公司内部重组的需要，没有发生现金流动，不涉及所得额，所以不存在所得税的问题。对于这类问题，在实践操作时，建议多与当地的主管税务机关沟通，争取其认同后再实施，避免税务调整的麻烦。

（四）清算

清算有两个含义，金融意义上的清算和法律意义上的清算。金融意义上的清算是指金融机构之间办理资金调拨、划拨支付结算款项，并对由此引起的资金存欠进行清偿的行为；法律意义上的清算是指公司清算，即当出现法定解散事由或章程约定解散事由时，依法清理公司的债权债务关系，并最终使公司法人资格归于消灭的过程。[①]

1. 公司清算的类型

公司清算大致可以分为两类：一类是终止清算，即以彻底消灭相关民事法律关系、注销民事主体为目的的清算，包括解散清算和破产清算；另一类是存续清算，即在公司合并中对被解散公司的清算和在新设分立中对被分立公司的清算。

这两类清算是有差别的，具体如下：

（1）清算程度不同。存续清算由于民事权利义务关系可以继承，财产可以转移，主要是财税上的清算。而终止清算需要结清全部民事权利义务关系，处分及分配公司的剩余资产，因此需要对解散的公司进行全面彻底的权利义务清算。

（2）财税处理方式不同。存续清算的财税处理方式包括一般性处理和特殊性处理两种，在一般性处理时视同以公允价值转让资产和债务，需要确认所得并可能发生纳税义务；在特殊性处理时无须确认转让所得，不会发生纳税义务。终止清算在所得税的处理上无一般性处理和特殊性处理之分，一概为一般性处理需要确认清算损益，照章纳税。

（3）清算所得形式不同。存续清算情况下，清算所得主要表现为股东获得的存续公司或者新设公司的股权（公司合并发生的清算），或者主要表现为分立公司取得的资产和利益（公司分立发生的清算）；而终止清算情况下，清算所得直接表现为解散公司后各股东取得的剩余财产收入。

（4）税收优惠程度不同。对存续清算而言，均有税收优惠政策，一般不会发生纳税义务；而终止清算则无税收优惠政策可谈，均需照章纳税。

2. 清算所得税问题

公司清算期间，不得开展与清算事务无关的新业务，只能清理和终结原有业务。因此，在清算过程中因处分财产、清收债务、清偿债务等事务，可能会有损失，也可能会产生收益，因而必然会带来所得税问题。[②]

根据《企业所得税法》（2018年修订版）第53条规定，企业所得税按纳税年度计算。纳税年度自公历1月1日起至12月31日止。企业在一个纳税年度中间开业，或者终止经营活动，使该纳税年度的实际经营期不足12个月的，应当以其实际经营期为一个纳税年

[①] 陈战方，尹爱东，张丽媛，等. 关于优化企业注销清算环节税收征管工作的探讨 [J]. 天津经济，2022（1）：48-51.

[②] 李晓光. 企业清算会计与所得税业务处理分析 [J]. 注册税务师，2016（5）：48-49.

度。企业依法清算时，应当以清算期间作为一个纳税年度。

根据财政部、国家税务总局《关于企业清算业务企业所得税处理若干问题的通知》（财税〔2009〕60号）规定，企业在不再持续经营，发生结束自身业务、处置资产、偿还债务以及向所有者分配剩余财产等经济行为时，应当对清算所得、清算所得税、股息分配等事项进行处理，企业应将整个清算期作为一个独立的纳税年度计算清算所得。

（1）清算所得税处理。企业清算的所得税处理包括以下内容：

1）全部资产均应按可变现价值或交易价格，确认资产转让所得或损失；

2）确认债权清理、债务清偿的所得或损失；

3）改变持续经营核算原则，对预提或待摊性质的费用进行处理；

4）依法弥补亏损，确定清算所得；

5）计算并缴纳清算所得税；

6）确定可向股东分配的剩余财产、应付股息等。

（2）股东纳税义务。企业全部资产的可变现价值或交易价格减除清算费用、职工的工资及社会保险费用和法定补偿金、结清清算所得税、以前年度欠税等税款、清偿企业债务后，按规定计算可以向所有者分配的剩余资产。被清算企业的股东分得的剩余资产的金额，其中相当于被清算企业累计未分配利润和累计盈余公积中按该股东所占股份比例计算的部分，应确认为股息所得；剩余资产减除股息所得后的余额，超过或低于股东投资成本的部分，应确认为股东的投资转让所得或损失。被清算企业的股东从被清算企业分得的资产应按可变现价值或实际交易价格确定计税基础，并相应计算缴纳企业所得税/个人所得税。

（五）股权激励

有关股权激励的税务问题，以下六个方面值得关注：[①]

1. 股权激励不同时点的纳税义务

国内实践中主要采用三种形式实施股权激励：股票期权、限制性股票、股票增值权（以下统称激励股权）。依据财政部、国家税务总局《关于个人股票期权所得征收个人所得税问题的通知》（财税〔2005〕35号）规定，涉及的纳税相关时点及性质如下：

（1）授予激励股权。公司向员工授予激励股权时，除另有规定外，一般不作为应税所得征税，此时不发生纳税义务。

（2）行权取得激励股权。被激励对象从企业取得的行权价与公平市场价之间的差额，是因员工在企业的表现和业绩情况而取得的与任职、受雇有关的所得，要按照"工资、薪金所得"税率纳税。应纳税额的计算公式为：应纳税所得额＝（行权股票的每股市场价－员工取得该股票期权支付的每股施权价）×股票数量。

（3）行权后转让。员工将行权后的股票再转让时获得的高于购买日公平市场价的差额，是因个人在证券二级市场上转让股票等有价证券而获得的所得，应按照"财产转让所得"适用的免征规定计算缴纳个人所得税。

---

① 吴育坚. 上市公司股权激励的会计处理与税务处理差异问题分析［J］. 注册税务师，2020（3）：65-67.

（4）持有期分红。员工因拥有股权而参与企业税后利润分配取得的所得，应按照"利息、股息、红利所得"适用的规定计算缴纳个人所得税。另外，需要注意以下两个问题：

1）限制性股票的纳税义务时点。依据国家税务总局《关于股权激励有关个人所得税问题的通知》（国税函〔2009〕461号）第3条，按照个人所得税法及其实施条例等有关规定，原则上应在限制性股票所有权归属于被激励对象时确认其限制性股票所得的应纳税所得额。即限制性股票的纳税义务时点是在所有权实际归属给被激励对象时，而非授予限制性股票时，否则将给激励对象带来现金流出的压力。

2）非现金行权的收益性质。依据国家税务总局《关于个人股票期权所得缴纳个人所得税有关问题的补充通知》（国税函〔2006〕902号）第4条，凡取得股票期权的员工在行权日不实际买卖股票，而按行权日股票期权所指定股票的市场价与施权价之间的差额，直接从授权企业取得价差收益的，该项价差收益应作为员工取得的股票期权形式的工资薪金所得，按照财税〔2005〕35号文件的有关规定计算缴纳个人所得税。

2. 纳税义务的履行

根据财政部、国家税务总局《关于个人股票期权所得征收个人所得税问题的通知》（财税〔2005〕35号）第5条规定，实施股票期权计划的境内企业为个人所得税的扣缴义务人，应按税法规定履行代扣代缴个人所得税的义务。员工从两处或两处以上取得股票期权形式的工资薪金所得和没有扣缴义务人的，该个人应在个人所得税法规定的纳税申报期限内自行申报缴纳税款。限制性股票及股票增值权与股票期权的纳税处理方式相同。

另外，根据《股权转让所得个人所得税管理办法（试行）》（国家税务总局公告2014年第67号）第5条规定，个人股权转让所得个人所得税，以股权转让方为纳税人，以受让方为扣缴义务人。根据国家税务局的解释，受让方无论是企业还是个人，均应按个人所得税法规定认真履行扣缴税款义务。如果未履行扣缴义务，根据《中华人民共和国税收征收管理法》第69条规定，扣缴义务人应扣未扣、应收而不收税款的，由税务机关向纳税人追缴税款，对扣缴义务人处应扣未扣、应收未收税款50%以上三倍以下的罚款。

3. 股权激励公司的会计处理

依据国家税务总局《关于我国居民企业实行股权激励计划有关企业所得税处理问题的公告》（国家税务总局公告2012年第18号）第2条，对股权激励计划实行后立即可以行权的，上市公司可以根据实际行权时该股票的公允价格与激励对象实际行权支付价格的差额和数量，计算确定作为当年上市公司工资薪金支出，依照税法规定进行税前扣除；对股权激励计划实行后，需待一定服务年限或者达到规定业绩条件（以下简称等待期）方可行权的，上市公司等待期内会计上计算确认的相关成本费用，不得在对应年度计算缴纳企业所得税时扣除。在股权激励计划可行权后，上市公司方可根据该股票实际行权时的公允价格与当年激励对象实际行权支付价格的差额及数量，计算确定作为当年上市公司工资薪金支出，依照税法规定进行税前扣除。

4. 股份支付

根据《企业会计准则第11号——股份支付》（以下简称11号准则），股份支付是指企业为获取职工和其他方提供服务而授予权益工具或者承担以权益工具为基础确定的负债的交易。11 号准则第 4 条、第 5 条、第 6 条规定，以权益结算的股份支付换取职工提供服务或其他方提供类似服务的，应当以授予职工和其他方权益工具的公允价值计量。授予后立即可行权的以权益结算的股份支付，应当在授予日按权益工具的公允价值计入相关成本或费用，相应增加资本公积。授予后分期行权的以权益结算的股份支付，在等待期内的每个资产负债表日，应当以对可行权权益工具数量的最佳估计为基础，按照权益工具授予日的公允价值，将当期取得的服务计入相关成本或费用和资本公积。

基于此，如果向激励对象授予激励股份价格低于授予日的公允价值，则差额部分将会计入当期损益，从而冲减公司当期的会计利润。实践中，有的公司因授予激励股份的数量较大，且大大低于公允价值，在进行股份支付费用调整时，大幅度降低了公司的期间利润，如果公司有上市计划，报告期内出现这种情况时，则需要审慎评估对上市的影响。因此，如果公司有上市计划且打算低价实施股权激励的，有关股权激励的安排要及早完成，避免对报告期内的利润数据产生影响。

5. 外汇登记

外汇登记问题也间接对股权激励的纳税有影响，关系到未来资金能否顺利入境及完税。公司在境外上市时，有关股权激励外汇监管的文件主要是国家外汇管理局《关于境内个人参与境外上市公司股权激励计划外汇管理有关问题的通知》（汇发〔2012〕7 号）（以下简称 7 号文）、国家外汇管理局《关于境内居民通过特殊目的公司境外投融资及返程投资外汇管理有关问题的通知》（汇发〔2014〕37 号）（以下简称 37 号文）及国家外汇管理局《关于进一步简化和改进直接投资外汇管理政策的通知》（汇发〔2015〕13 号，部分条款失效），37 号文登记要求自然人必须在境内相关实体持有权益，而股权激励方案中国内的激励对象数量可能很多，要完全将他们的权益体现在境内，有时是不现实的。所以，大多数情况下在上市前仅对少量核心人员进行 37 号文登记，上市后再安排统一进行 7 号文登记。

6. 相关税收优惠

有关股权激励的税收优惠主要是以下两个方面：

（1）递延纳税。根据财政部、国家税务总局《关于完善股权激励和技术入股有关所得税政策的通知》（财税〔2016〕101 号）规定，对符合条件的非上市公司股票期权、股权期权、限制性股票和股权奖励实行递延纳税政策。即员工在取得股权激励时可暂不纳税，递延至转让该股权时纳税；股权转让时，按照股权转让收入减除股权取得成本以及合理税费后的差额计算缴纳个人所得税。

（2）税收返还。根据 35 号文，在激励股权行权时，被激励对象从企业取得的行权价与公平市场价之间的差额，要按照"工资、薪金所得"适用 3%～45% 的超额累进税率征税。在激励股权转让时，员工获得的高于购买日公平市场价的差额，应按照"财产转让所得"适用 20% 的税率征税。实践中，为了节省税收成本，有的项目选择国内一些税收洼地设立有限合伙企业（如珠海横琴、宁波梅山保税区等），与当地政府商定先征后返的比例，股权激励行权及转让交税后，再由当地财政部门返还。这种模式要考虑的主要问题是，当地返还政策的连续性是否可以有保障，是否因政府换届等发生变化，以及当地的财政能力是否能够保障及时履约等。

另外，在跨境股权激励的税务筹划中，许多项目也会考虑先行权并在国内交税，以整体降低未来股权转让的税务成本。但这种做法也要考虑公司上市的可行性、时间进度周期、税务成本数额及缴纳压力等因素，另外也会有一定的税务合规风险。

二、股权跨境交易的税收实务要点

随着经济全球化的不断深入，中国企业参与跨境股权并购交易的机会越来越多。跨境交易通常涉及两个及以上不同税域的居民企业，须根据不同国家/地区的税收政策制定税负成本最小的税收筹划方案。本部分讨论的跨境交易，是指相关交易发生在中国居民企业和非居民企业之间，或者虽然发生在非中国居民企业之间，但交易的企业价值或者利益包括中国居民企业。

（一）跨境交易涉及的税务问题处理

跨境交易税务问题较为复杂，其中最主要的、对交易各方影响最大的就是所得税。通常情况下，跨境交易需要在境内和境外同时进行和完成，如果交易一方取得了源于中国"境内的所得"，[①] 应当向中国税收机关缴纳所得税，这就是我们常说的"源泉扣缴"，[②] 缴纳的税收也称为对非居民企业征收的"预提所得税"。[③]

1. 预提所得税

预提所得税（Withholding Tax）是指预先扣缴的所得税，它不是一个税种，而是世界上对这种源泉扣缴的所得税的习惯叫法。在跨境交易场景下，预提所得税指当非居民企业从本国取得收益时，本国依据源泉扣缴的国际通则按照一定税率先征收所得税。预提所得税有两个特点：一是税率一般会低于本国居民企业税率，以体现国家之间的友好；二是它依据单项行为征税，而不考虑企业的期间损益，所以叫"预提"。[④]

（1）预提所得税的计算。非居民企业取得规定的所得，按照下列方法计算其应纳税所得额：

1）股息、红利等权益性投资收益和利息、租金、特许权使用费所得，以收入全额为应纳税所得额；

2）转让财产所得，以股权转让收入全额减除股权净值后的余额为应纳税所得额；

3）其他所得，参照前两项规定的方法计算应纳税所得额。

计算预提所得税时，股权转让收入是指股权转让人转让股权所收取的对价，包括货币

---

① "境内的所得"，根据《企业所得税法实施条例》第7条规定，权益性投资资产转让所得按照被投资企业所在地确定，即如果目标公司是中国企业，因股权转让产生的所得即为"境内的所得"。

② 关于"源泉扣缴"，根据《企业所得税法》第19条规定，主要包括两类源于中国境内的所得：①股息、红利等权益性投资收益和利息、租金、特许权使用费所得；②转让财产所得包括转让股权和转让资产所得。

③ 王艾东.企业重组中税务风险的控制——股权收购案例分析［J］.注册税务师，2017（2）：11-14.

④ 尹磊，孙丽梅，秦国宝.涉外重组主体多元综合研判防控风险——从一例跨境股权收购案看特殊性税务处理的应用［J］.国际税收，2022（2）：75-79.

形式和非货币形式的各种收入。股权净值是指取得该股权的计税基础。股权的计税基础是股权转让人投资入股时向中国居民企业实际支付的出资成本，或购买该项股权时向该股权的原转让人实际支付的股权受让成本。股权在持有期间发生减值或者增值，按照国务院财政、税务主管部门规定可以确认损益的，股权净值应进行相应调整。企业在计算股权转让所得时，不得扣除被投资企业未分配利润等股东留存收益中按该项股权所可能分配的金额。

多次投资或收购的同项股权被部分转让的，从该项股权全部成本中按照转让比例计算确定被转让股权对应的成本。

例如：境外 A 企业为非居民企业，境内 B 企业和 C 企业为居民企业，A 企业经过前后三次投资 C 企业，合计持有 C 企业 40% 的股权，第一次投资人民币 100 万元，第二次投资人民币 200 万元，第三次投资人民币 400 万元。2016 年 1 月 8 日，A 企业与 B 企业签订股权转让合同，以人民币 1000 万元的价格转让其持有的 C 企业 30% 的股权给 B 企业。则 A 企业持有 C 企业 40% 股权的全部成本为 700 万元（100+200+400），本次交易转让比例为 75% 该被转让的 C 企业 30% 股权对应的成本则为 525 万元，本次股权转让交易的应纳税所得额为 475 万元（1000−525）。

（2）预提所得税的扣缴。根据《企业所得税法》，对非居民企业取得的所得应缴纳的所得税，实行源泉扣缴，以支付人为扣缴义务人。税款由扣缴义务人在每次支付或者到期应支付时，从支付或者到期应支付的款项中扣缴。

根据国家税务总局《关于非居民企业所得税源泉扣缴有关问题的公告》（国家税务总局公告 2017 年第 37 号），扣缴义务人应当自扣缴义务发生之日起 7 日内向扣缴义务人所在地主管税务机关申报和解缴代扣税款。扣缴义务人发生到期应支付而未支付的，依据国家税务总局《关于非居民企业所得税管理若干问题的公告》（国家税务总局公告 2011 年第 24 号）第 1 条规定，应当在企业所得税年度纳税申报时按照企业所得税法有关规定代扣代缴企业所得税。扣缴义务人未依法扣缴或者无法履行扣缴义务的，由纳税人在所得发生地缴纳。纳税人未依法缴纳的，税务机关可以从该纳税人在中国境内其他收入项目的支付人应付的款项中，追缴该纳税人的应纳税款。扣缴义务人每次代扣的税款，应当自代扣之日起 7 日内缴入国库，并向所在地的税务机关报送扣缴企业所得税报告表。

2. 所得税税收优惠

有关预提所得税的税务优惠，主要是 59 号文的规定。根据 59 号文第 7 条除了满足第 5 条规定的特殊条件以外，税收优惠适用于以下三种股权交易模式：

（1）非居民企业之间转让股权。即非居民企业向其 100% 直接控股的另一非居民企业转让其拥有的居民企业股权，没有因此造成以后该项股权转让所得预提税负担变化，且转让方非居民企业向主管税务机关书面承诺在 3 年（含 3 年）内不转让其拥有受让方非居民企业的股权。这种情况下，可以适用特殊性税务处理，享受原值划转的待遇。这主要是针对跨国企业集团内部重组的一种税收优惠，重组实施的结果是居民企业由非居民企业的子公司变成该非居民企业的孙公司。这种形式的重组在 VIE 架构调整中经常被使用。在适用条件中，"预提所得税负担不变化"是指两方面含义，一是扣除额未发生变化（原值划转），二是税率没有发生变化，如果为了避税将股权从税率高的国家转到税率低的国家，就不能享受企业重组特殊性税务处理给予的优惠。另外，之所以规定 3 年内不得转让非居民企业的股权，也是为了防止交易方以获得税收优惠为目的，人为设计符合特殊重组条件的交易框架，重组后再迅速变卖股权套现以实现避税。

（2）非居民企业向居民企业转让股权。即非居民企业向与其具有 100% 直接控股关系的居民企业转让其拥有的另一居民企业股权的情况下，可以适用特殊性税务处理，享受原值划转的待遇。《企业所得税法》修改后，取消了对外资企业的一系列优惠政策，不仅终结了再投资退税政策，而且改变了分配给未在中国设立机构场所的非居民企业股息红利免税的规定，转而按 10% 税率征收预提所得税。相比之下，我国居民企业之间股息红利所得却适用免税优惠。这使得原来很多在避税地注册离岸公司以享受外资税收优惠的假外资丧失了原始动力，开始考虑在税率过渡优惠结束后将股权转回国内。由于 59 号文限定只有受让方是转让方的 100% 直接控股子公司才能享受特殊重组待遇，如果不符合此条件，建议先由境外非居民企业在中国设立全资子公司，由该子公司收购目标公司股权，再采取以股换股形式将拟受让方股权注入该子公司，完成境外股权的境内回归。

（3）居民企业向非居民企业转让股权。即居民企业以其拥有的资产或股权向其 100% 直接控股的非居民企业进行投资的情况下，其资产或股权转让收益如选择特殊性税务处理，可以在 10 个纳税年度内均匀计入各年度应纳税所得额。

该模式的税收优惠之所以区别于上述两种模式，主要是防止利用跨境重组将境内资产潜在增值转移至境外避税。例如，我国居民企业甲公司将持有的居民企业乙公司的 100% 股权转让给 100% 直接控股国外丙公司，该股权计税基础 2 亿元，评估价 7 亿元，增值 5 亿元。如适用 59 号文第 6 条第（2）项进行税务处理，甲公司不确认股权转让收益，该收益的纳税义务递延由丙公司股权再转让时承担。由于丙公司股权再转让时只按 10% 缴预提所得税，我国可征收税款为 5000 万元，而如由甲公司负担税款，则可征收税款 1.25 亿元。显然，这将导致我国税收权益的流失。再如，我国居民企业将持有的非居民企业股权转让给境外非居民企业，适用境内股权收购特殊重组规则，将导致我国税收管辖权的丧失。因此，59 号文规定，此种模式跨境重组的征税主体仍为转让方居民企业，但允许将股权转让所得均匀计入 10 个纳税年度内的应纳税所得额。

实践中，如果跨国集团重组时达不到 100% 直接控股的要求，但重组的确有合理商业目的，并且确不存在避税动机的，企业可向税务主管机关申请适用 59 号文第 7 条第（4）项 "财政部、国家税务总局核准的其他情形" 的规定适用特殊性税务处理或 10 年内进行分期纳税。

（二）CRS 信息交换对跨境股权投资的影响

CRS（Common Reporting Standard）中文为 "共同申报准则"，即 "金融账户涉税信息自动交换标准"（以下简称标准）。简单地说，就是各国政府之间相互通报对方公民在自己国家的财产信息，以避免偷漏税、洗钱等。受二十国集团（G20）委托，经济合作与发展组织（OECD）于 2014 年 7 月发布此标准，获得当年 G20 布里斯班峰会的核准，为各国加强国际税收合作、打击跨境逃避税提供了强有力的信息工具。在 G20 的大力推动下，目前已有一百多个国家（地区）承诺实施"标准"。

2015 年 7 月，《多边税收征管互助公约》由十二届全国人大常委会第十五次会议批准，于 2016 年 2 月对我国生效，为我国实施标准奠定了多边法律基础。2015 年 12 月，国家税务总局签署了《金融账户涉税信息自动交换多边主管当局间协议》，为我国与其他国家（地区）间相互交换金融账户涉税信息提供了操作层面的依据。2017 年 5 月 9 日，《非居民金融账户涉税信息尽职调查管理办法》由国家税务总局、财政部、中国人民银行、原中国银行业监督管理委员会、中国证券监督管理委员会、原中国保险监督管理委员会联合发布，并于 2017 年 7 月 1 日正式实施。经国务院批准，我国向 G20 承诺实施"标准"，首次对外交换信息的时间为 2018 年 9 月。[①]

1. CRS 的基本要求

金融账户涉税信息自动交换是各国（地区）之间加强跨境税源管理的一种手段，不会增加纳税人本应履行的纳税义务。交换的信息是源于境外的第三方信息，主要用于各国开展风险评估，并非直接用于征税。对评估列为高风险的纳税人，税务机关将有针对性地开展税务检查并采取相应后续管理措施。依法诚信申报纳税的纳税人无须担心因信息交换而增加税收负担。

根据中国内地版 CRS，个人在境外持有的存款账户、托管账户、证券账户、期货账户、现金价值保单、年金合同、离岸信托、金融机构的股权/债权权益等金融资产，以及在境外税收优惠的国家或地区设立的公司开设的境外账户，都将会被进行信息交换。

账户持有人为中国税收居民个人的，金融机构不会收集和报送相关账户信息，也不会交换给其他国家（地区）。账户持有人同时构成中国税收居民和其他国家（地区）税收居民的，其中国境内的账户信息将会交换给相应税收居民国（地区）的税务当局，其境外的账户信息交换给国家税务总局。

2. 跨境股权投资的信息交换

跨境股权交易中，涉及以境外金融账户支付股权对价款时，需要注意信息交换带来的影响。如果都是阳光合法收入，CRS 税务信息交换并无可怕之处，但如果来源模糊，在符合信息交换条件时，可能就会纳入监管的视野。关于信息交换的金额，根据规定，中国内地版 CRS 不是 100 万美元以上才被交换，100 万美元以下也会被收集，区别是 100 万美元以上的金融账户优先收集交换。

3. 重点监控的人群

在中国大陆与海外 CRS 执行地区信息交换中，九类人将被重点监控：

（1）在海外 CRS 执行地区有巨额财产并未合法纳税的客户；

（2）在海外 CRS 执行地区隐藏资产的大陆高官及其家属；

（3）红通滞留海外 CRS 执行地区人员及其家属；

（4）获得海外 CRS 执行地区身份的高净值人群；

---

① 王亚红. 我国国际税收情报交换问题研究 [D]. 武汉：中南财经政法大学，2019.

（5）绕过外汇管制转移资金到海外 CRS 执行地区的客户；

（6）利用海外 CRS 执行地区空壳公司转移利润的企业主；

（7）协助资金在海外 CRS 执行地区藏匿的金融机构从业人员；

（8）配置了海外 CRS 执行地区家族信托的客户；

（9）购买海外 CRS 执行地区投资理财产品的客户。

4. 信息交换对纳税人的影响

对于拥有多国金融账户的高资产人群，由于其面临多个账户分别被认定为非居民账户而被交换回国籍国的可能，他们一方面担心被要求补税，另一方面则更担心被追溯境外资产的合法来源。如果要按受 CRS 影响程度分类，影响度从大到小排序大致如下：

（1）海外持有非法所得；

（2）海外持有合法所得但未完税；

（3）海外拥有合法所得已完税但属隐匿或被追索资产；

（4）海外持有合法所得已完税。

2018 年 9 月 1 日，中国进行了第一次 CRS 金融信息交换。面对信息交换，目前各种应对策略也层出不穷，大致可以分为两类：一是通过各种方式直接规避信息不被披露和交换；二是通过合法方式来规避信息被交换后所产生的法律和税务风险。在 CRS 的影响下，今后想继续通过离岸金融工具达到隐藏财产逃税、避税等将变得更加困难。如果金融账户信息没有披露或者不正确披露，不但资产会被冻结，也将面临税务机关的补缴税款、罚款、诉讼等，涉及欺诈、造假、逃税等情形情节严重的，还可能会承担刑事责任。

综上可见，对于跨境股权交易来说，账户信息的披露合规性以及由此带来的资金合规性等问题，也会间接影响交易的顺利进行，交易各相关方应当高度关注并遵守 CRS 信息交换对居民纳税人的管理要求，持续合规地进行金融资产的海外管理，以便在发生股权交易需求时，保障交易不受影响。[①]

---

① 巴海鹰，谭伟. 中国企业跨境并购的税务风险识别与应对 [J]. 国际税收，2021（9）：73-79.

第十章 境外与境内股权投融资的策略

我国"走出去"资源战略的不断实施，为国内企业开展境外投资提供了便利，通过科学的资本运营以及股权投融资来扩大经营范围，提高盈利水平。然而，随着近年来海外市场对中资股监管日益严厉，为了降低风险，企业需要不断更新管理理念，适时对股权投融资过程中涉及的所有风险进行评估，结合企业实际经营情况来制定完善的股权投融资策略。本章在概述境内外股权投资监管与中国企业境外上市方式的基础上，重点分析境内外股权投融资形式与股权交易形式差异，比较境内和境外上市的优劣与香港上市流程和实务要点，并探讨境内企业"走出去"资源战略下股权投融资的策略。

第一节 境内外股权投资概述

一、境内外股权投资监管

（一）境外投资人直接在境内股权投资形式与监管

目前，用于规范外商投资企业组织形式的法律及文件主要为：《中华人民共和国外商投资法》《中华人民共和国外商投资法实施条例》《关于外国投资者并购境内企业的规定》《关于外商投资企业境内投资的暂行规定》等。境外投资人直接在中国境内进行股权投资（Foreign Direct Investment，FDI）是常见的外商投资形式。外商投资企业的性质为境内企业，适用中国法律并受中国司法管辖。以合资公司（Joint Venture，JV）和外商独资企业（Wholly Foreign Owned Enterprise，WFOE）形式存在的外商投资企业是目前最为常见的形式，在法律层面二者最主要的区别为：①是否包含中资成分；②最高权力机构不同（JV不设股东会，其最高权力机构为董事会）。如果境外投资人部分收购被投资的非外商投资企业，则被投企业需变更为JV；如果属于100%收购被投资企业的情形，则被投资企业应变更为WFOE；境外投资人也可以直接在中国境内设立WFOE，用于再投资或开展经营业务。①

1. 境外投资主体境内间接股权投资形式

境外投资主体除了采用在境内直接进行股权投资的形式外，还可以采用下面三种形式

---

① 沈力伟. 红筹架构拆除方案的选择和财务影响分析［D］. 上海：上海交通大学，2015.

在境内间接进行股权投资：

（1）外商投资创业投资企业。根据《外商投资创业投资企业管理规定》的规定，"外商投资创业投资企业"是指外国投资者或外国投资者与根据中国法律注册成立的公司、企业或其他经济组织，在中国境内设立的以创业投资为经营活动的外商投资企业；创业投资是指主要向未上市高新技术企业进行股权投资，并为之提供创业管理服务，以期获取资本增值收益的投资方式。外商投资创业投资企业需要具备特定的条件，且可采取非法人制或公司制的组织形式。

（2）外商投资举办投资性公司。根据《关于外商投资举办投资性公司的规定》的规定，"外商投资性公司"是指外国投资者在中国以独资或与中国投资者合资的形式设立的从事直接投资的公司。公司形式为有限责任公司或股份有限公司。在设立出资时需要注意，外国投资者须以可自由兑换的货币、其在中国境内获得的人民币利润或因转股、清算等活动获得的人民币合法收益作为其向投资性公司注册资本的出资。中国投资者可以人民币出资。外国投资者以其人民币合法收益作为其向投资性公司注册资本出资的，应当提交相关证明文件及税务凭证。

（3）外商投资股权投资试点企业（QFLP）及R-QFLP。QFLP（Qualified Foreign Limited Partner）是合格境外有限合伙人的缩写，在QFLP制度下设立外商投资股权投资试点企业（QFLP基金），是境外投资人参与境内投资的重要渠道。QFLP基金是以对未公开上市的股权进行投资为主营业务的企业，即典型的私募股权投资基金，接受中国证券投资基金业协会或相关部门的备案监管。QFLP基金可以采取公司制或者有限合伙制，但目前比较常见的是有限合伙制的QFLP基金。

QFLP试点于2010年底在上海首开先河，随后北京、天津、深圳、青岛、重庆、贵州（贵阳综合保税区）、福建平潭等地均出台相关的QFLP试点政策。其中，深圳市金融办、市经贸信息委、市市场和质量监管委及前海管理局联合于2017年9月22日发布的《深圳市外商投资股权投资企业试点办法》，在此前的"外资管外资"模式（"外商投资股权投资管理企业"管理"外商投资股权投资基金"）基础上，允许"外资管内资"和"内资管外资"的新QFLP模式，一度让深圳QFLP制度成为焦点，引发了各界的热切关注和讨论。

2018年3月27日，福建省平潭综合实验区管委会办公室发布了《开展外商投资股权投资企业试点工作的实施办法（试行）》，在境外投资人自有资产规模及管理资产规模、股权投资企业认缴出资额方面，该实施办法对港澳台投资者相较于非港澳台境外投资人提出了更加优惠的条件。

此外，基于QFLP试点延伸出的人民币合格境外有限合伙人（R-QFLP）试点也是境外投资人设立境内基金的一种途径。迄今为止，已有一些企业陆续在上海、深圳、重庆、青岛等地获得了R-QFLP试点资格。相较于QFLP基金，R-QFLP基金最大的区别在于其境外投资人以离岸人民币资金（而非外币资金）投资于外商投资股权投资企业，跨境人民币在监管体系上与外币有所不同，受中国人民银行系统而非外汇管理局系统的监管。R-QFLP基金的币种和所受监管体系的区别，有时使其在实务操作中相对于QFLP基金可能更为灵活便利。

2. 境外到境内股权投资的监管

（1）行业准入。外资行业准入限制主要适用《关于外商投资企业境内投资的暂行规定》、《指导外商投资方向规定》、《外商投资准入特别管理措施（负面清单）（2019 年版）》（以下简称《负面清算》）等法规文件。根据这些文件的要求，境外投资者不得投资《负面清单》中禁止外商投资的领域；投资《负面清单》之内的非禁止投资领域，须进行外资准入许可；投资有股权要求的领域，不得设立外商投资合伙企业。

（2）安全审查。除上述一般性外资行业准入限制外，根据《关于外国投资者并购境内企业的规定》《关于建立外国投资者并购境内企业安全审查制度的通知》，重点行业、敏感行业的投资将受到特殊审查和监管。首先，根据《中华人民共和国反垄断法》（以下简称《反垄断法》）第 31 条规定，对外资并购境内企业或者以其他方式参与经营者集中，涉及国家安全的，除依照规定进行经营者集中审查外，还应当按照国家有关规定进行国家安全审查。其次，根据《关于外国投资者并购境内企业的规定》第 12 条：外国投资者并购境内企业并取得实际控制权，涉及重点行业、存在影响或可能影响国家经济安全因素或者导致拥有驰名商标或中华老字号的境内企业实际控制权转移的，当事人应就此向商务部进行申报。最后，《关于建立外国投资者并购境内企业安全审查制度的通知》建立了并购安全审查制度，明确安全审查的范围，并由发改委、商务部会同所涉行业和领域及相关部门共同组织的联席委员会进行安全审查，主要审查内容包括对国防安全、国家经济稳定运行、社会基本生活秩序及国家安全关键技术研发能力的影响等。

（3）反垄断。根据《反垄断法》第 21 条规定，经营者集中达到国务院规定的申报标准的，经营者应当事先向国务院反垄断执法机构申报，未申报的不得实施集中。所谓经营者集中，是指下列情形：经营者合并；经营者通过取得股权或者资产的方式取得对其他经营者的控制权；经营者通过合同等方式取得对其他经营者的控制权或者能够对其他经营者施加决定性影响。

（4）特殊行业管制。在一般性外资准入限制的原则下，特殊行业的主管部门一般会有其各自适用的外资准入限制细则，境外投资人在实施境内投资之前，需要了解并遵守这些限制，并取得行业主管部门的审批。境内投资领域常见的特殊行业外资限制包括金融、互联网、文娱、房地产、教育等行业，如在第三方支付行业，国外支付巨头近两年来掀起进军中国市场的热潮，先后有 PayPal、Wirecard 等取得中国人民银行批准，收购控制了中国的一些第三方支付企业。

（5）外汇登记。现行境内投资核准管理主要适用《国家外汇管理局关于改革和规范资本项目结汇管理政策的通知》《国家外汇管理局关于进一步简化和改进直接投资外汇管理政策的通知》（此文件中附件《直接投资外汇业务操作指引》1.5、1.6、1.10、1.11、1.12、1.13、1.14、1.16、1.17、1.18、1.19 部分已被废止）的规定，其中的主要内容包括外汇登记和结汇的外汇管理。

根据附件《直接投资外汇业务操作指引》的规定，银行直接审核办理境内直接投资项下外汇登记和境外直接投资项下外汇登记，外汇管理局不再受理外汇登记，而是通过银行对直接投资外汇登记实施间接监督。《国家外汇管理局关于改革和规范资本项目结汇管理政策的通知》的相关政策已经明确实行意愿结汇的资本项目外汇收入（包括外汇资本金、外债资金和境外上市调回资金等），可根据境内机构的实际经营需要在银行办理结汇。境内机构资本项目外汇收入的使用应在经营范围内遵循真实、自用原则。尽管如此，在实践操作中，银行基本保持较为谨慎态度，仍限制一般外商投资企业外币资本金的结汇及用汇。

关于 QFLP 基金，国家外汇管理局实行前置性审批，QFLP 基金在设立后可以直接在托管银行办理结汇，因而可以在相对较短的时间内将境外投资人的外汇出资兑换成人民币进行投资。

（6）税务监管。根据现行《中华人民共和国企业所得税法》及相关规定，境外投资人从外商投资企业取得的收入，应由外商投资企业代扣代缴 10% 的企业所得税，除非税收协定或安排另有规定。2018 年 10 月 29 日，财政部、国家税务总局、国家发改委、商务部联合发布了《关于扩大境外投资者以分配利润直接投资暂不征收预提所得税政策适用范围的通知》，对境外投资者从中国境内居民企业分配的利润，用于境内直接投资暂不征收预提所得税政策的适用范围，由外商投资鼓励类项目扩大至所有非禁止外商投资的项目和领域。

QFLP 基金作为一个有限合伙企业，在基金层面可以作为透明纳税主体，享受税收穿透待遇。实务中有观点认为，有限公司形式的外商投资企业向境外股东分配股息红利时，要缴纳 10% 的预提所得税，这应该同样适用于有限合伙形式的外商投资企业。并且，根据中国与境外投资人所属法域之间的税收协定或税收安排，预提所得税在满足特定条件下可以进一步被降低到 5%。比如，《内地和香港特别行政区关于对所得避免双重征税和防止偷税漏税的安排》，对符合条件的企业可以按照 5% 的税率征收预提所得税。但是，如果境外投资人在中国境内设立机构、场所，则应就其所设机构、场所取得的来自中国境内的所得（以及与其所设机构、场所有实际联系的发生在中国境外的所得）缴纳 25% 的企业所得税。

关于有限合伙基金向个人合伙人分配被投项目退出的收益时应当使用何种税率，实务中仍有一定争议。按照《中华人民共和国个人所得税法》的规定，这些收益将被作为"财产转让所得"适用 20% 的税率，而按照财政部、国家税务总局《关于印发〈关于个人独资企业和合伙企业投资者征收个人所得税的规定〉的通知》（此文件已部分修改）的规定，应比照个体工商户的生产经营所得按照 5%~35% 的五级超额累进税率征税。

税务专家认为，合伙企业穿透征税不但意味着金额穿透（合伙企业本身不是纳税主体），还意味着属性穿透（合伙人所得金额的性质应当与合伙企业取得这些所得时的性质一致），个人合伙人应按照上位法《个人所得税法》规定的 20% 税率缴纳个人所得税，但是在税收征管实践中，不少税务机关倾向于按照 5%~35% 的五级超额累进税率征税。

（二）境内机构到境外投资

境外直接投资（Overseas Direct Investment，ODI）是指境内自然人或者法人通过设立、并购、参股等方式在境外直接投资，并以控制境外企业的经营管理权为核心目的的投资行为。中国境内投资人进行海外投资，主要需要取得三个主管部门的核准、备案或登记，包括国家或地方发展和改革委员会的核准或备案、商务部或地方商务部门的核准或备案以及国家外汇管理局地方分局（所在地银行直接办理，地方外汇管理局通过银行实施间接监管）的外汇登记程序。在顺序上，需先到发改委办理核准手续，然后到商务部门办理批准或核准手续，最后到银行（国家外汇管理局指定）办理外汇登记手续。其中，投资主体属金融企业的，需要获取行业主管部门的批复或无异议函；投资主体属国有企业的还需要取得国有资产监管部门的审批同意。[①] 境外投资流程如图 10-1 所示。

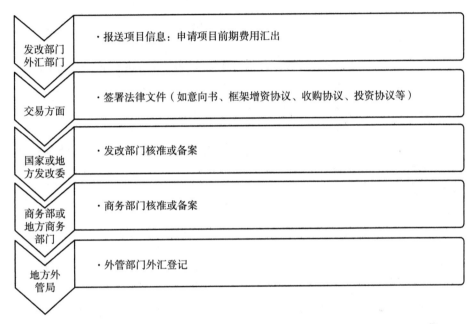

图 10-1　境外投资流程

下文将从机构投资主体、自然人投资主体两个角度分别阐述 ODI 涉及的相关监管程序及问题。

这里所讲的境内机构到境外投资，是指中华人民共和国境内企业直接或通过其控制的境外企业，以投入资产、权益或提供融资、担保等方式，获得境外所有权、控制权、经营管理权及其他相关权益的投资活动。在境外直接投资中，虽然项目所在地（东道国境内）是工作重心，但本国审批却是必须逾越的一道关卡。取得本国审批（核准或备案）是项目开始前的必要的基础性工作，本国政府不放行意味着任何一个跨境投资项目将被终止，从而引发协议无法执行问题及触发其他问题。如反向分手费（Reverse Break-up Fee），目前跨国并购的反向分手费可高达 35 亿美元（Halliburton vs Baker Hughes 并购案），这对于任

---

① 姜君臣，王满，马影 . 异质机构投资者与企业创新能力——基于境内外机构投资者的实证检验［J］. 国际商务（对外经济贸易大学学报），2021（3）：142-156.

何买家都是一笔负担。因此，政府审批通过与否，不只是"大不了就不做了"这么简单的问题，还会带来法律责任，值得引起投资方的重视。

1. 发改委核准或备案

按照 2018 年 3 月 1 日生效的《企业境外投资管理办法》（以下简称 11 号令）的规定，发改部门根据企业类型、投资金额和投资流向进行分类监管。11 号令对企业监管的类别可以总结如下（见表 10-1）。

表 10-1　发改部门分类监管项目

企业类型	敏感类项目	非敏感类项目			
		涉及直接投入资产、权益或提供融资、担保		通过控制的境外企业，投入资产、权益或提供融资、担保	
		中方投资额 ≥ 3 亿美元	中方投资额 < 3 亿美元	中方投资额 ≥ 3 亿美元	中方投资额 < 3 亿美元
中央企业	报国家发改委核准	报国家发改委备案	报国家发改委备案	项目实施前提交项目情况报告表	无须履行核准、备案和事前报告程序
地方企业	报国家发改委核准	报国家发改委备案	报省级发改委备案		

资料来源：根据相关资料整理。

2. 商务部门批准或核准

根据商务部《境外投资管理办法》与商务部、中国人民银行、国务院国有资产监督管理委员会《对外投资备案（核准）报告暂行办法》的规定，对外投资行为须根据对外投资金额和所属行业分别到商务部或商委办理批准或核准手续，并对不同企业类型和投资流向进行分类监管，如表 10-2 所示。

表 10-2　商务部门分类监管项目

企业类型	敏感类项目	非敏感类项目
中央企业	报商务部核准	报商务部备案
地方企业	报商务部核准，通过所在地省级商务主管部门向商务部提出申请	报省级商务主管部门备案

资料来源：根据相关资料整理。

3. 外汇登记

根据国家外汇管理局《境内机构境外直接投资外汇管理规定》《关于进一步简化和改进直接投资外汇管理政策的通知》（以下简称 13 号文）及其附件《直接投资外汇业务操作指引》的规定，已经取得外汇管理局金融机构标识码且在所在地外汇管理局开通资本项目信息系统的银行可直接通过外汇管理局资本项目信息系统为境内外商投资企业、境外投资企业的境内投资主体办理直接投资外汇登记。境内机构境外直接投资前期费用登记以及外汇登记的办理原则及其区别如表 10-3 所示。

表 10-3　境内机构境外直接投资前期费用登记与外汇登记统计

境内机构境外直接投资前期费用登记	境内机构境外直接投资外汇登记
（1）境内机构（含境内企业、银行及非银行金融机构，下同）汇出境外的前期费用，累计汇出额原则上不超过 300 万美元且不超过中方投资总额的 15%。 （2）境内机构汇出境外的前期费用，可列入其境外直接投资总额。 （3）银行通过外汇管理局资本项目信息系统为境内机构办理前期费用登记手续后，境内机构凭业务登记凭证直接到银行办理后续资金购付汇手续。 （4）境内投资者在汇出前期费用之日起 6 个月内仍未设立境外投资项目或购买境外房产的，应向注册地外汇管理局报告其前期费用使用情况并将剩余资金退回。如确有客观原因，开户主体可提交说明函向原登记银行申请延期，经银行同意，6 个月期限可适当延长，但最长不得超过 12 个月。 （5）如确有客观原因，前期费用累计汇出额超过 300 万美元或超过中方投资总额 15% 的，境内投资者需提交说明函至注册地外汇管理局申请（外汇管理局按个案业务集体审议制度处理）办理	（1）境内机构在以境内外合法资产或权益（包括但不限于货币、有价证券、知识产权或技术、股权、债权等）向境外出资前，应到注册地银行申请办理境外直接投资外汇登记。在外汇管理局资本项目信息系统中登记商务主管部门颁发的企业境外投资证书中的投资总额，同时允许企业根据实际需要按现行规定对外放款。金融类境外投资根据行业主管部门的批复或无异议函等进行相应登记。 （2）境内机构以境外资金或其他境外资产或权益出资的境外直接投资，应向注册地银行申请办理境外直接投资外汇登记。银行应审核其境外资金留存或境外收益获取的合规性，涉嫌以其非法留存境外的资产或权益转作境外投资的，不得为其办理境外直接投资外汇登记。外汇管理局资本项目管理部门应加强境内机构以境外资金和其他境外资产或权益出资的境外投资登记业务的事后核查，对涉嫌违规的移交外汇检查部门处理。 （3）多个境内机构共同实施一项境外直接投资的，由约定的一个境内机构向其注册地银行申请办理境外直接投资外汇登记；银行通过外汇管理局资本项目信息系统完成境外直接投资外汇登记后，其他境内机构可分别向注册地银行领取业务登记凭证。 （4）境内机构设立境外分公司，参照境内机构境外直接投资管理。境内机构应到注册地银行办理境外直接投资外汇登记。在外汇管理局资本项目信息系统中，开办费用应纳入投资总额登记。境内机构设立境外分公司每年应按规定办理境外直接投资存量权益登记。 （5）银行通过外汇管理局资本项目信息系统为境内机构办理境外直接投资外汇登记手续后，境内机构凭业务登记凭证直接到银行办理后续资金购付汇手续

目前，由于 ODI 手续涉及较多部门，且办理难度较大，所以存在无法办理 ODI 手续或者办理周期过长的情况。在这种情况下，境内投资机构如直接在开曼公司持股会存在监管合规风险，所以境内投资机构可以将资金直接注入境内运营实体并取得境内运营实体股权，同时通过境外关联方或指定方（代持人）以名义对价取得境外公司股份。

（三）境内自然人到境外投资

这里所讲的境内自然人到境外投资，不是指个人将资金交给机构，再由机构在境外购买银行外币理财产品、外国股市、海外基金，或者直接到国外购买房地产等。主要关注的是境内自然人在境外取得、控制公司股权的投资行为和过程。

目前，我国并没有法律禁止境内个人向境外直接投资，但在实操层面，由于缺少具体的管理办法，境内个人向境外直接投资实际上并没有完全开放。因此，境内自然人向境外投资仍然受到诸多限制。例如，相关外汇管理规则规定"境内个人向境外直接投资……应当按照国务院外汇管理部门的规定办理登记。国家规定需要事先经有关主管部门批准或者备案的，应当在外汇登记前办理批准或者备案手续"，但目前除特殊领域外，尚未有详细的规则予以规定。因此，中国法律允许的境内个人在境外直接投资的范围非常有限。境内个人投资者需要通过法律实体（一般是特殊目的公司 SPV）或者通过合格境内机构投资者进行境外直接投资。①

实务操作中，自然人在境外持股，特别需要注意的是涉及外汇登记的三类问题：

1. 境内个人参与境外上市公司股权激励计划外汇管理

2012 年 2 月 15 日发布的《国家外汇管理局关于境内个人参与境外上市公司股权激励计划外汇管理有关问题的通知》（以下简称 7 号文），对境内个人参与境外上市公司员工股权激励计划年度购付汇额度实行核定管理与专户管理。员工出售持股项下、认股期权等项下股票及分红所得外汇资金汇回境内外汇专用账户后，由银行将资金从境内代理机构专用外汇账户分别划入对应的个人外汇储蓄账户。外汇管理局目前已放宽核准手续，在结汇部分交由银行直接办理。

根据 7 号文，无论是个人以自有外汇资金参与股权激励计划，还是通过境内代理机构进行换汇汇出，都需先进行股权激励外汇登记，并在划转资金和申请换汇额度时提供该登记证明。而相比之下，申请购付汇的文件和程序则相对被简化。

2. 境内居民通过特殊目的公司境外投融资及返程投资外汇管理

国家外汇管理局于 2014 年 7 月 14 日发布《国家外汇管理局关于境内居民通过特殊目的公司境外投融资及返程投资外汇管理有关问题的通知》（以下简称 37 号文）。根据 37 号文，境内居民通过特殊目的公司在境外融资及返程投资的，必须要办理外汇登记。如果未办理 37 号文登记，届时自然人通过境外特殊目的公司持股分配的股息及转股获得的转股价款，将无法调回境内，远期上市也构成中国法律项下的瑕疵。

办理 37 号文登记时需要注意以下事项：

（1）登记主体。境内自然人股东必须先持有境内公司的权益，再完成 37 号文登记，不接受自然人个人以光杆司令的方式申请 37 号文登记。实践操作中，为了达到此效果，经常将准备进行 37 号文登记的自然人以增资或转股方式持有境内公司的股份。

（2）登记时间。37 号文登记必须在 WFOE 设立完成前，最晚至 WFOE 的营业执照颁发时要完成。因为 37 号文针对的是返程投资，如果 WFOE 已经注册成立，说明返程投资已经完成，此时为补登记，属于合规瑕疵。但是如果严格按照 37 号文的规定，登记应该在开曼公司登记完成之前完成，因为开曼公司向英属维尔京群岛（The British Virgin Islands，BVI）发股，视为 BVI 的境外投资行为，此时为补登记，实践中需要与备案银行提前沟通，各地执行尺度不完全一致。

（3）登记层面。根据 13 号文规定，取消境外再投资外汇备案，境内投资主体设立或控制的境外企业在境外再投资设立或控制新的境外企业无须办理外汇备案手续。因此，登

---

① 王佳宜. 海外投资管理权研究［D］. 重庆：西南政法大学，2017.

记仅限于境外第一层特殊目的公司，之下的第二层、第三层公司无须再办理 37 号文登记。

（4）登记类型。登记类型包括初始登记、变更登记、注销登记。VIE 架构可以直接办理登记，纯红筹只能通过补登记的方式办理。第一层特殊目的公司的股东、名称、经营期限变化时，需要进行变更登记。

（5）未登记的处罚。根据 37 号文第 15 条以及《外汇管理条例》第 48 条规定，境内居民未按规定办理相关外汇登记、未如实披露返程投资企业实际控制人信息、存在虚假承诺等行为，外汇管理局责令改正，给予警告，对机构可以处 30 万元以下的罚款，对个人可以处 5 万元以下的罚款。如果存在非法结汇，根据《外汇管理条例》第 41 条第 2 款规定，外汇管理局可处违法金额 30% 以下的罚款。

3. 境内居民个人以境外合法资产或权益向特殊目的公司出资

境内居民个人以境外合法资产或权益向特殊目的公司出资，应根据 13 号文的规定，向户籍所在地银行申请办理境内居民个人特殊目的公司外汇登记。具体材料可参考 13 号文所附《直接投资外汇业务操作指引》"2.5 境内居民个人特殊目的公司外汇（补）登记"的相关内容。

二、中国企业境外上市的方式

境外上市是指境内股份有限公司向海外投资人发行股票，在海外公开的证券交易所流通转让。境外上市有广义和狭义之分：狭义的境外上市是指境内企业向海外投资者发行股票或附有股权性质的证券，该证券在境外公开的证券交易所流通转让；广义的境外上市是指境内企业以自己的名义向境外投资人发行证券进行融资，并且该证券在境外公开的证券交易所流通转让一家在境外股票交易所上市的公司，能够使股东和公司本身获得很多优势，可以提高股票的可销售性，增加股东数量，抵押价值，获得更好的交易信用，促进贷款融资，提高企业的声望等。

目前，我国大量的中小企业面临着融资难的问题。在解决融资难问题上，上市融资是不错的选择，但是国内证券市场的上市条件较高，使得很多中小企业望而却步，进而选择去境外寻找合适的机会，去境外上市融资。

中国企业境外上市的途径大致可归为两大类：直接上市与间接上市。

（一）境外直接上市

境外直接上市是指公司的注册地在国内，将公司现有存量资产和业务进行重组，并设立股份有限公司，直接以该公司的名义向国外证券主管部门提出登记注册、发行股票的申请，向当地证券交易所申请挂牌上市交易，即通常所说的 H 股、N 股、S 股。H 股是指内地企业在香港联合交易所（以下简称香港联交所）发行股票并上市，N 股是指中国企业在纽约证券交易所（以下简称纽交所）发行股票并上市，S 股是指中国企业在新加坡证券交易所上市。

通常境外直接上市都是采取 IPO 方式进行，即首次公开发行方式。首次公开发行是指公司第一次将自己的股票向公众出售。上市公司的股票是根据向相应的证券管理机构出具的招股说明书或登记声明中约定的条款并通过经纪商进行销售。目前，多数大中型企业采取境外直接上市的方式。境外直接上市的程序较为复杂，需要经过境内、境外监管机构审批；成本较高；所聘请的中介机构也较多，花费的时间较长。但是，通过境外直接上市可以使公司股票达到尽可能高的价格，公司可以获得较高的声誉，股票发行的范围更广。①

境外直接上市的主要困难在于，国内法律与境外法律不同，对公司的管理、股票发行和交易的要求也不同。进行境外直接上市的公司需要通过与中介机构密切配合，探讨出符合境内、境外法规及交易所要求的上市方案。

（二）境外间接上市

由于境外直接上市程序复杂，上市的成本较高、时间较长；特别是受到中国证券监督管理委员会规定的上市条件的限制，即净资产不少于 4 亿元人民币，过去一年税后利润不少于 6000 万元人民币，并有增长潜力，按合理预期市盈率计算，筹资额不少于 5000 万美元。许多中小企业，尤其是民营企业很难通过这种方式实现境外上市融资。②

境外间接上市又分为：境外红筹上市和反向并购。所谓红筹上市，是指通过在境外设立特殊目的公司收购境内企业资产或权益，以境外特殊目的公司的名义在境外证券交易所上市交易。红筹上市又分为大红筹和小红筹：大红筹是指公司股票在境外证券交易市场的主板公开交易，包括国有控股公司和大中型民营企业，如中国移动、中国联通、蒙牛集团、无锡尚德、新东方教育集团等；小红筹是指公司的股票在境外证券市场的创业板或三板交易，高科技网络企业及中小型民营企业都采用小红筹方式在境外上市，如新浪、网易、百度等。

反向并购，也称买"壳"上市，是中小民营企业尽快实现境外上市的一种方式。间接方式在境外上市的主要特点就是需要在境外设立特殊目的公司，其本质是通过收购内地企业资产及业务注入特殊目的公司，达到内地资产在境外上市的目的。不同的是可以自己造"壳"以 IPO 的方式在境外上市，也可以通过借"壳"、买"壳"的方式上市。

1. 红筹上市（造"壳"上市）

红筹上市是指内地企业实际控制人以个人或以法人的名义在开曼群岛、维尔京群岛、百慕大等离岸中心设立特殊目的公司，该公司以收购、股权置换等方式取得内地企业的权益或资产，使内地企业变为外商投资公司，然后再以特殊目的公司名义到境外交易上市。由于其主营业务仍然在中国，境外投资者习惯将此类上市公司称作红筹上市公司，将它们的股票称为红筹股。

企业采取境外红筹方式上市，主要有两个方面原因：一是为了规避政策监控，使境内企业得以金蝉脱壳，实现境外上市；二是利用避税岛政策，实现合理避税。

2. 反向并购（买"壳"上市）

虽然有许多企业在境外通过造"壳"以实现上市，但是造"壳"上市也存在一些缺陷，主要有两个方面：一是国内企业首先必须拿出一笔外汇或其他资产到境外注册设立公

---

① 王璐瑶. 境外上市与企业投资效率 [J]. 工业技术经济，2022，41（3）：34-42.
② 周飞羽. 境外间接上市中协议控制模式的法律风险防范 [D]. 哈尔滨：黑龙江大学，2019.

司；二是在特殊目的的公司收购境内公司时仍需要大量的外汇，这对资金短缺的企业来说是很难做到的。加之我国严格的外汇管理，从境外设立控股公司到最终发行股票上市要经历一年多时间。同时，要面对证券市场对企业资产、利润、股东人数等方面的要求，并在法律、财务上对企业进行严格的审查，企业就很难保证百分之百上市成功。因此，有些有着强烈上市愿望的企业就会选择一种相对简单、快捷的方式——买"壳"上市。

买"壳"上市，又称反向收购，是指一家非上市公司通过购买一些业绩较差、筹资能力弱化的上市公司来取得上市的地位，然后通过反向收购的方式注入自己有关业务及资产，实现间接上市的目的。买"壳"上市的操作方式是：买"壳"公司与一家上市的"壳"公司议定有关反向收购的条件，"壳"公司向买"壳"公司定向增发股票，买"壳"公司的资产注入"壳"公司而成为其子公司，但买"壳"公司的股东是"壳"公司事实上的控股股东。与以IPO直接上市相比，买"壳"上市的优点在于：可以用很低的成本在很短的时间内百分之百保证上市；避免了直接上市的高昂费用与不确定性的风险；从时间上来讲，针对不同的市场，可以在2~6个月完成全部工作。

3. 借"壳"上市

与一般企业相比，上市公司最大的优势是能在证券市场上大规模筹集资金，以此促进公司的快速发展。因此，上市公司的上市资格已成为一种稀有资源。"壳"就是指上市公司的上市资格。由于有些上市公司机制转换不彻底，不善于经营管理，其业绩表现不尽如人意，丧失了在证券市场进一步筹集资金的能力，要充分利用上市公司的资源，就必须对其进行资产重组，买"壳"上市和借"壳"上市就是更充分利用上市资源的两种资产重组形式。

所谓借"壳"上市，是指未上市公司的母公司通过将主要资产注入到上市的子公司中，来实现母公司的上市。借"壳"上市和买"壳"上市的共同之处在于，它们都是一种对上市公司"壳"资源进行重新配置的活动，都是为了实现间接上市。它们的不同点在于，买"壳"上市的企业首先需要获得对一家上市公司的控制权，而借"壳"上市的企业已经拥有了对上市公司的控制权。

在具体操作上，境内企业如果已有分支机构在境外上市，则可直接操作。如果境外的分支机构没有上市，则可通过业务、股权的整合使其在境外上市后，再将母公司的资产注入上市公司实现借"壳"。如果一家企业根本没有境外分支机构而一定要采用借"壳"的方法，则可先剥离一块优质资产在境外并以适合的方式上市，然后上市公司大比例地配股筹集资金，将母公司的重点项目注入到上市公司中，以实现借"壳"。

4. APO方式上市

APO（Alternative Public Offering）即融资型反向收购，是近年来诞生于美国并逐步成熟起来的一种新的复合型的买"壳"上市方式，它创造性地将私募股权融资与反向收购两种方式无缝衔接。其操作模式是：建立一个境外控股公司，由该控股公司反向收购该公司，控股公司路演寻求定向私募获得融资，控股公司与该公司签订换股协议（控股公司付足够控股的股票给该企业，同时该企业将控股公司的全部股份转让给"壳"公司）。换股协议签署完毕，意味着APO的完成。这种模式主要针对美国资本市场和中国民营企业融资需求两者之间潜在的商机，创造性地将私募股权融资与反向收购两种资本市场的业务进行无缝衔接。它是在境外特殊目的公司向国际投资者定向募集资金的同时，完成与美国OTCBB市场"壳"公司的反向收购交易。私营公司通过这种间接方式向股票市场公众投资者销售公司的股票。

融资型反向收购是介于IPO和私募之间的融资程序，既有私募的特点，也有IPO的特点。首先，融资成本低且对企业的资质要求不高；其次，APO的过程中，融资和反向收购同时进行，为企业缩短了上市的时间，只要3~4个月就可以完成融资；再次，APO同时具有公募的特点，可以实现更好的估值；流动性强；最后，与单纯买"壳"上市不同，APO多了境外控股公司路演定向私募这一个环节，避免买"壳"上市之后无法实现融资的状况。这种模式主要适合规模小、自身条件不符合IPO上市的资质要求，退而求其次的企业。

APO模式在中国始于2005年深圳比克电池，比克电池以APO方式完成1700万美元融资，并且以11.7倍市盈率在OTCBB实现上市。此后，不少中国中小企业将其作为境外上市的开端，纷纷效仿，并最终成功转入美国主板市场上市。通过借壳OTCBB以APO模式达到曲线上市目的的中国企业有：安防国际（2005年7月在美国OTCBB上市，2007年10月转板至纽交所）；圣元国际（2006年5月买"壳"，2007年5月转板纳斯达克）；万得汽车（2007年8月9日由OTCBB转至纳斯达克），等等。

第二节　境内外融资比较

中国企业IPO（上市）有三种方式：一是境内上市，即在上海或深圳证券交易所上市；二是直接境外上市，即在香港联交所、纽交所、纳斯达克证券交易所或新加坡证券交易所等境外证券交易所直接上市；三是通过收购海外上市公司或者在海外设立离岸公司的方式，在境外[①]证券交易所间接上市。

一、境内上市

境内上市公司的市盈率大多为30~40倍，发行市盈率长期高于其他市场交易的同行业股票市盈率。可以说，能让上市公司发行同样的股份融到更多的钱，是境内上市的核心优势。

（一）制度改革：审批制—核准制—注册制

在我国，股票公开发行后就可以获得上市资格。股票发行共有三种制度，分别是审批制、核准制和注册制。通道制、保荐制同属于核准制。一个国家的市场发展阶段不同，所

---

① 境外是指中华人民共和国领域以外或者领域以内中华人民共和国政府尚未实施行政管辖的地域，香港、澳门特别行政区以及台湾地区均属于境外。

对应的股票发行制度也不一样。其中,审批制是完全计划发行的模式,注册制是成熟股票市场采用的模式,而核准制是从审批制向注册制过渡的中间形式。

审批制是股票市场发展初期采用的股票发行制度,主要使用行政和计划的方式分配股票发行的指标和额度,然后由地方或者行业主管部门推荐企业发行股票。审批制对于维护上市公司的稳定和平衡复杂社会经济关系有重要意义。在审批制下,企业发行股票的首要条件是取得指标和额度。只要获得了地方或者行业主管部门推荐的指标和额度,股票发行就没有什么问题了,其余仅仅是走一个流程。所以,审批制下股票发行指标和额度是竞争焦点。审批制的劣势非常明显,由于证券监管部门凭借行政权力行使实质性审批职能,证券中介机构进行技术指导,这样很容易出现发行公司为了发行股票进行虚假包装甚至伪装、做账等违规操作。

注册制是股票市场相对成熟时采用的股票发行制度。在注册制下,证券监管部门首先将股票发行的必要条件公布出来。如果企业满足了所公布的条件,就可以申请发行股票。发行人申请发行股票时,需要依法将公开的各种资料完全准确地向证券监管机构申报。证券监管机构承担监管职责,对申报文件的完整性、准确性、真实性和及时性做合规审查。至于发行公司的质量,需要由证券中介机构来判断和决定。注册制对发行公司、证券中介机构和投资人的要求都比较高。

核准制是审批制向注册制过渡的一种中间形式。核准制取消了审批制的指标和额度管理,引进了证券中介机构的责任,让证券中介机构判断企业是否达到发行股票的条件。另外,证券监管机构还需要对发行公司的营业性质、财力、素质、发展前景、发行数量和发行价格等条件进行实质性审查,有权否决发行公司发行股票的申请。下面总结了审批制、核准制、注册制的区别,如表 10-4 所示。

表 10-4 审批制、核准制与注册制的区别

对比项目	审批制	核准制	注册制
指标和额度	有	无	无
上市标准	有	有	有
保荐人	政府或行业主管部门	中介机构	中介机构
对发行做出实质判断的主体	中国证监会	中介机构和中国证监会	中介机构
发行监管制度	中国证监会实质性审核	中介机构和中国证监会分担实质性审核职责	中国证监会形式审核,中介机构实质审核
市场化程度	行政体制	半市场化	完全市场化
发行效率	低	一般	高

(二)交易币种:A 股和 B 股

A 股的正式名称为"人民币普通股票",是指中国境内企业发行的供境内机构、个人以及境内居住的港澳台居民以人民币认购和交易的普通股股票。简单来说,上海证券交易所和深圳证券交易所发行用人民币进行买卖的股票市场统称为 A 股市场。

相对 A 股而言，B 股是指人民币特种股票，又称"境内上市外资股"。它由中国境内公司发行，以人民币标明面值，以外币（在上海证券交易所以美元，在深圳证券交易所以港元）认购和买卖。B 股主要供中国港澳台地区及外国的自然人、法人和其他组织，定居在国外的中国公民等投资人买卖。下面对比 A 股和 B 股，如表 10-5 所示。

表 10-5　A 股和 B 股的区别

	名称	定义	交易币种	记账方式	交割制度	涨跌幅限制	参与投资者
A 股	人民币普通股票	指那些在中国内地注册、在中国内地上市的普通股票	以人民币认购和交易	A 股不是实物股票，以无纸化电子记账	实行"T+1"交割制度	10%	中国境内公司发行的供境内机构、个人以及境内居住的港澳台居民
B 股	人民币特种股票	指那些在中国内地注册、在中国内地上市的特种股票	以人民币标明面值，只能以外币认购和交易	B 股不是实物股票，以无纸化电子记账	实行"T+3"交割制度	10%	中国港澳台地区以及外国的自然人、法人和其他组织，定居在国外的中国公民

二、直接境外上市

直接境外上市是指中国企业以境内股份有限公司的名义向境外证券主管部门申请登记注册、发行股票，并向当地证券交易所申请挂牌上市交易。我们通常所说的 H 股、N 股、S 股分别指中国企业在中国香港联合交易所发行股票并上市、中国企业在纽约交易所发行股票并上市以及中国企业在新加坡交易所发行股票并上市。[①]

（一）H 股：注册在中国内地，上市在中国香港[②]

H 股也叫作"国企股"，是指那些注册在中国内地、上市在中国香港地区的外资股。由于香港一词的英文为"Hong Kong"，首字母为"H"，所以得名 H 股。H 股为实物股票，采用"T+0"交割制度，涨跌幅无限制。

在中国内地，个人投资者不能直接投资 H 股，只有机构投资者才能够投资 H 股。在天津，各大证券公司开办了"港股直通车"业务，个人投资者可以通过此业务直接投资于 H 股。但是，国务院还没有开放此项业务，个人直接投资于 H 股还需等待一段时间。

作为境外上市的去处之一，中国香港距离内地最近，很多企业将中国香港作为寻求境外上市的首选。中国香港的投资者对中国内地企业有着非常高的认知度，而且中国香港拥有全球最活跃的二级市场炒家，市场流动性非常好，两个方面的原因使得优质的中国内地

---

① 钟源宇. 中资企业不同境外上市模式比较研究［J］. 金融市场研究，2021（10）：79-90.
② 操颖. 中国企业 A+H 交叉上市行为研究［D］. 合肥：中国科学技术大学，2013.

企业在中国香港市场拥有令人满意的流动性。

通常情况下，到中国香港上市，从申请到发行需要 7 个月左右。在中国香港上市费用为主板 15 万~65 万港元（13 万~58 万元人民币），创业板 10 万~20 万港元（9 万~18 万元人民币），加上保荐人、包销商佣金和相关费用，总体约为 100 万港元（90 万元人民币）。根据香港联合证券交易所有关规定，内地企业在中国香港发行股票并上市应满足以下条件，如表 10-6 所示。[①]

表 10-6　内地企业在中国香港发行股票并上市应满足的条件[②]

项目	香港主板上市	香港创业板上市
财务要求	主板新申请人须具备不少于 3 个财政年度的营业记录，并须符合下列三项财务准则其中一项：1. 盈利测试：①股东应占盈利：过去三个财政年度至少 5000 万港元（最近一年至少盈利 2000 万港元，及前两年累计至少盈利 3000 万港元）；②市值：上市时至少达 2 亿港元。2. 市值/收入测试：①市值：上市时至少达 40 亿港元；②收入：最近一个经审计财政年度至少 5 亿港元。3. 市值/收入测试或现金流量测试：①市值：上市时至少达 20 亿港元收入：最近一个经审计财政年度至少 5 亿港元；②现金流量：前 3 个财政年度来自营运业务的现金流入合计至少 1 亿港元	创业板申请人须具备不少于两个财政年度的营业记录，包括：①日常经营业务有现金流入，于上市文件刊发之前两个财政年度合计至少达 2000 万港元；②上市时市值至少达 1 亿港元
会计准则	新申请人的账目必须按《香港财务汇报准则》或《国际财务汇报准则》编制。经营银行业务的公司必须同时遵守香港金融管理局发出的《本地注册认可机构披露财务资料》	同主板
是否适合上市	必须是联交所认为适合上市的发行人及业务。如发行人或其集团（投资公司除外）全部或大部分的资产为现金或短期证券，则其一般不会被视为适合上市，除非其所从事或主要从事的业务是证券经纪业务	同主板
营业记录及管理层	新申请人须在大致相若的拥有权及管理层管理下具备至少 3 个财政年度的营业记录，即在至少前 3 个财政年度管理层大致维持不变，在至少最近一个经审计财政年度拥有权和控制权大致维持不变。豁免：①在市值/收入测试下，如新申请人能证明下述情况，联交所可接纳新申请人在管理层大致相若的条件下具备为期较短的营业记录；②董事及管理层在新申请人所属业务及行业中拥有足够（至少 3 年）及令人满意的经验；③在最近一个经审计财政年度管理层大致维持不变	新申请人必须具备不少于 2 个财政年度的营业记录；管理层在最近 2 个财政年度维持不变；最近一个完整的财政年度内拥有权和控制权维持不变。豁免：在下列情况下，联交所可接纳为期较短的营业记录，及/或修订或豁免营业记录。但是拥有权及控制权要求维持不变。避免范围包括开采天然资源的公司或新成立的工程项目公司

① 李晞褆. 内地企业在香港上市概况及要求 [J]. 中国注册会计师，2010（8）：20-22.
② 林志佳. 内地与香港同时上市的股份公司股东权保护研究 [D]. 厦门：厦门大学，2012.

项目	香港主板上市	香港创业板上市
最低市值	新申请人上市时证券预期市值至少为 2 亿港元	新申请人上市时证券预期市值至少为 1 亿港元
公众持股的市值和持股量	新申请人预期证券上市时由公众人士持有的股份的市值须至少为 5000 万港元，无论任何时候公众人士持有的股份须占发行人已发行股本至少 25%。若发行人拥有一类或以上的证券，其上市时由公众人士持有的证券总数必须占发行人已发行股本总额至少 25%；但正在申请上市的证券类别占发行人已发行股本总额的百分比不得少于 15%，上市时的预期市值也不得少于 5000 万港元。如发行人预期上市时市值超过 100 亿港元，则联交所可酌情接纳一个介乎 15%～25% 的较低百分比	新申请人预期证券上市时由公众人士持有的股份的市值须至少为 3000 万港元；无论任何时候公众人士持有的股份须占发行人已发行股本至少 25%。若发行人拥有一类或以上的证券，其上市时由公众人士持有的证券总数必须占发行人已发行股本总额至少 25%；但正在申请上市的证券类别占发行人已发行股本总额的百分比不得少于 15%，上市时的预期市值也不得少于 3000 万港元。如发行人预期上市时市值超过 100 亿港元，则联交所可酌情接纳一个介乎 15%～25% 的较低百分比
股东分布	持有有关证券的公众股东须至少为 300 人；持股量最高的 3 名公众股东实益持有的股数不得占证券上市时公众持股量逾 50%	持有有关证券的公众股东须至少为 100 人；持股量最高的 3 名公众股东实益持有的股数不得占证券上市时公众持股量逾 50%
主要股东的售股限制	上市后 6 个月内不得售股，其后 6 个月内仍要维持控股权	管理层股东必须接受为期 12 个月的售股限制期，在这一期间，各持股人的股份将由托管代理商代为托管。高持股量股东则有半年的售股限制期
竞争业务	公司的控股股东（持有公司股份 35% 或以上者）不能拥有可能与上市公司构成竞争的业务	只要于上市时并持续地做出全面披露，董事、控股股东、主要股东及管理层股东均可进行与申请人有竞争的业务（主要股东则不需要做持续全面披露）
信息披露	一年两度的财务报告	按季披露，中期报和年报中必须列示实际经营业绩与经营目标的比较
包销安排	公开发售以供认购，必须全面包销	无硬性包销规定，但如发行人要筹集新资金，新股只可以在招股章程所列的最低认购额达到时方可上市

中国内地企业以中国香港为上市地的优点如下：

第一，中国香港具有国际金融中心地位。中国香港是国际公认的金融中心，业界精英云集，已有众多中国内地企业及跨国公司在交易所上市集资。

第二，有助于企业建立国际化运营平台。中国香港基础设施一流，政府廉洁高效，税率相对较低，还没有外汇管制，资金流出、流入不受限制。这些条件都有助于内地公司建立国际化运作平台，实施"走出去"战略。

第三，本土市场理论。中国香港的股票市场既达到了国际标准，又属于中国的一部分。如果境内上市企业计划在境外证券交易所双重上市，中国香港市场绝对是首选。

第四，中国香港具有健全的法律体制。中国香港的法律体制以英国普通法为基础，法制体制健全。对拟上市公司来说，健全的法律体制为上市融资奠定了坚实的基础，也增强了投资人的信心。

第五，国际会计准则。中国香港证券交易所不单单接受《香港财务报告准则》《国际财务报告准则》，特殊情况下也接受发行公司采用美国公认会计原则及其他会计准则。

第六，中国香港市场具有完善的监管架构。中国香港证券交易所的《上市规则》力求符合国际标准，对上市发行人提出高水准的披露规定。

第七，再融资便利。在中国香港上市 6 个月之后，上市公司就可以进行新股融资。

第八，交易、结算及交收措施先进。中国香港的证券及银行业以健全、稳健著称；交易所拥有先进、完善的交易、结算及交收设施。

第九，文化相同、地理接近。近年来，中国香港与内地往来越来越频繁、便捷，文化相同、语言相近，便于上市发行公司与投资人及监管机构沟通。总之，到中国香港上市的优势这么多，怪不得很多内地企业纷纷赴港上市了。

（二）N 股：注册在中国，上市在纽约[1]

N 股是指那些注册在中国、上市在纽约证券交易所的外资股，取纽约的英文单词"New York"的第一个字母"N"作为名称。美国有三大证券交易所，分别为纽约证券交易所、美国证券交易所、纳斯达克证券交易所。中国企业除了赴美 N 股上市以外，还可以在美国证券交易所或者纳斯达克证券交易所上市。在纽约证券交易所上市，企业需要满足以下条件，如表 10-7 所示。[2]

表 10-7　纽约证券交易所对非美国公司的上市要求

项目	纽约证券交易所上市
财务要求	上市前两年，每年税前收益为 200 万美元，最近 1 年税前收益为 250 万美元；或 3 年必须全部盈利，税前收益总计为 650 万美元，最近 1 年最低税前收益为 450 万美元；或上市前 1 个会计年度市值总额不低于 5 亿美元且收入达到 2 亿美元的公司；3 年调整后净收益合计 2500 万美元（每年报告中必须是正数）
最低市值	公众股市场价值为 4000 万美元；有形资产净值为 4000 万美元
最低公众持股数量和业务记录	公司最少要有 2000 名股东（每名股东拥有 100 股以上）；或 2200 名股东（上市前 6 个月月平均交易量为 10 万股）；或 500 名股东（上市前 12 个月月平均交易量为 100 万股）；至少有 110 万股的股数在市面上为投资人所拥有（公众股 110 万股）
企业类型	主要面向成熟企业

---

① 林日升. 中国企业境外上市的法律问题研究［D］. 天津：北方工业大学，2016.
② 郑志刚，金天，蔡茂恩. 中概股的挑战与未来［J］. 金融评论，2022（5）：1-12+123.

项目	纽约证券交易所上市
会计准则	美国公认会计原则
信息披露规定	遵守纽约证券交易所的年报、季报和中期报告制度
其他要求	对公司的管理和操作有多项要求；详细说明公司所属行业的相对稳定性、公司在该行业中的地位、公司产品的市场情况

北京时间 2014 年 9 月 19 日晚 9 点 30 分左右，阿里巴巴的开市钟在美国纽约证券交易所响起，标志着阿里巴巴在美国纽交所成功上市。根据阿里巴巴的上市发行价格，阿里巴巴上市融资额达到 250 亿美元，其市值达到 1680 亿美元。阿里巴巴在纽约上市是中国公司境外上市中影响最大的一次，掀起赴美上市的高潮。还有一些企业在纳斯达克证券交易所上市，在纳斯达克上市需要满足以下条件，如表 10-8 所示。①

表 10-8　纳斯达克证券交易所对非美国公司的上市要求②

项目	纳斯达克主板	纳斯达克创业板
财务要求	在最近 1 个财政年的收入不低于 100 万美元；或者在近 3 个财政年中有 2 个财政年的收入都超过 100 万美元；或者市场价值 7500 万美元或有不低于 7 500 万美元的资产及 7500 万美元的营业收入	在最近 1 个财政年中的净收入不低于 75 万美元；或者公司在最近 3 个财政年中有 2 个财政年的净收入不低于 75 万美元
净资产	公司的有形净资产不得低于 600 万美元	公司的有形资产不低于 400 万美元或者市场价值超过 5000 万美元
公众持股量和总价值	公众持股量不低于 110 万美元，总价值不低于 800 万美元	公众持股量不低于 1100 万美元，总价值不低于 500 万美元
申请时最低股票价格	股票首次发行的最低价格不得低于每股 5 美元，在之后的交易价格需维持在每股 1 美元以上，以此来避免上市公司有意低价出售，从而保护纳斯达克的信誉	首次发行价不低于每股 4 美元，且需一直维持在每股 4 美元以上
股东人数和做市商	至少有 400 个股东，不低于 3 个做市商	至少有 300 个股东和 3 个做市商

百度 2005 年在纳斯达克主板上市，成为在纳斯达克上市的中国公司范例。2005 年 8 月 5 日，百度在纳斯达克主板上市，股票代码为"BIDU"，公开发售美国存托凭证（ADS）404 万股，发行价为 27.00 美元，融资规模为 1.09 亿美元。

百度招股说明书显示，百度于 2003 年净亏损人民币 8883 万元，而在 2004 年已经扭亏为盈，并且有人民币 1.2 亿元（当时相当于 1340.1 万美元）营收，净利润为 145 万美元。2000~2004 年，百度的营业收入以平均每年 400%的速度增长，足以证明百度是一个

① 肖许民 . 境外上市同股不同权问题研究 [D]. 重庆：西南政法大学，2006.
② 徐瑞峰 . 美国纳斯达克上市的条件和程序 [J]. 市场论坛，2004（10）：61-62.

高成长、高发展潜力的高科技公司，完全符合纳斯达克市场的要求。

在美国证券交易所上市，企业需要满足的条件，如表 10-9 所示。[①]

表 10-9 美国证券交易所对非美国公司的上市要求

项目	美国证券交易所上市
财务要求	近 1 年或者近 3 年中的 2 年，每年的税前收入不低于 75 万美元
最低市值	公众股市场价值不低于 300 万美元；有形资产净值为 4000 万美元
公众持股量和总价值	公众持股量为 400 万，总价值不低于 300 万美元
申请时最低股票价格	首次发行价不低于每股 3 美元，股东的普通股不低于每股 4 美元
其他要求	对公司的管理和操作有多项要求；详细说明公司所属行业的相对稳定性、公司在该行业中的地位、公司产品的市场情况
特殊判断标准	公众持股市值达 1500 万美元首次发行价不低于每股 3 美元，股东的普通股不低于每股 4 美元的公司须有至少 3 年的经营时间

在美国证券交易所上市的中国企业有 8 家，分别是博迪森生化、美东生物、东方信联、北京科兴生物、天狮生物、沈阳爱生制药、海南金盘和新隆亚洲。其中，博迪森和美东生物的表现尤其好。以博迪森为例，其股价始终保持在 17 美元以上，市盈率在 38 倍左右。

为什么中国内地公司也热衷于到美国上市呢？除了公司在内地上市具有的融资、股权增值、规范公司经营发展、强化公司社会责任等好处，到美国上市还有其他特殊意义。

第一，赴美上市使得公司的价值证券化，有利于股东计算自己的财富。当然，企业不上市的情况下，股东也能根据公司的净资产数量计算出自己拥有的股权价值。但是如果没有人愿意购买，股东就无法退出变现。即便公司在国内上市，由于公司大股东持有的股票与上市流通股的价值不同，转让方式也受到很多限制，因此，大股东很难计算出自己拥有的财富。在美国上市则不一样，美国的资本市场不区分流通股与非流通股。上市后，大股东只要根据股票交易价格乘以持有的股数，就能计算出自己财富的价值。如果大股东想要退出变现，只需要委托证券交易商即可卖出。

第二，美国上市标准公开、明确，操作有章可循。我国公司上市发行采用的是核准制，而美国资本市场采用的是注册制。公开、明确的上市标准为拟上市公司提供了依据。公司只要找到合格的保荐机构以及合适的中介机构完成审计、法律等工作，企业就可以成功发行股票。

第三，在美国上市成本低，通过时间短。在国内主板上市的时间最少也要三年，而直

---

① 朱政宇. 中国互联网公司在纽交所和纳斯达克上市对比分析 [D]. 北京：华北电力大学，2016.

接到美国上市的时间一般为 9~12 个月。另外，国内上市花费的中介机构费用远远高于在美国上市的中介机构费用，有利于公司降低融资成本。

受经济一体化、金融全球化以及中国公司国际化战略推进的影响，越来越多的中国公司选择到美国上市。另外，A+N、A+H 等多地上市的现象也不再罕见。当然，前提是公司发展到一定规模，可以有效进行投资人关系管理。

（三）S 股：注册在中国，上市在新加坡

S 股是指那些注册在中国，但是上市在新加坡证券交易所的外资股。新加坡上市企业以制造业和高科技企业为主，尤其是在新加坡上市的外国企业中制造业占比超过 50%。新加坡交易市场的总市值相当于中国香港市场的 1/3，交易量却达到中国香港市场的 1/2。可以看出，新加坡市场的活跃度比中国香港市场还要高。新加坡证券交易所对国外公司的上市要求，如表 10-10 所示。[①]

表 10-10　新加坡证券交易所对国外公司的上市要求

项目	新加坡主板	新加坡创业板
营运记录	需具备 3 年业务记录，发行人最近 3 年主要业务和管理层没有发生重大变化，实际控制人没有发生变更；没有营业记录的公司必须证明有能力取得资金，进行项目融资和产品开发，该项目或产品必须已进行充分研发	有 3 年或以上连续、活跃的经营记录；所持业务在新加坡的公司，需有 2 名独立董事
盈利要求	①过去 3 年的税前利润累计 750 万新元（合 3750 万元人民币），每年至少 100 万新元（合 500 万元人民币）。②过去 1~2 年的税前利润累计 1000 万新元（合 5000 万元人民币）。③3 年中任何一年税前利润不少于 2000 万新元且有形资产价值不少于 5000 万新元。④无盈利要求	并不要求一定有盈利，但会计师报告不能有重大保留意见，有效期为 6 个月
最低公众持股量	至少 1000 名股东持有公司股份的 25%，如果市值大于 3 亿元，股东的持股比例可以降低至 10%	公众持股至少为 50 万股或发行缴足股本的 15%（以高者为准），至少 500 个公众股东
最低市值	8000 万新元或无最低市值要求	无具体要求
证券市场监管	如果公司计划向公众募股，该公司必须向社会公布招股说明书；如果公司已经拥有足够的合适股东，并且有足够的资本，无须向公众募集股份，该公司必须准备一份与招股说明书类似的通告交给交易所，以备公众查询	全面信息披露，买卖风险自担

---

① 吴寿元. 关于中国企业在新加坡上市问题研究 [D]. 北京：首都经济贸易大学，2008.

续表

项目	新加坡主板	新加坡创业板
公司注册和业务地点	自由选择注册地点，无须在新加坡有实质的业务运营	所持业务在新加坡的公司，需有2名独立董事；业务不在新加坡的控股公司，需有2名常住新加坡的独立董事，1名在新加坡全职的执行董事，并且每季开1次会议
会计准则	新加坡、美国或国际公认的会计原则	无

　　新加坡市场是充满活力的，吸引了无数中国企业到新加坡上市。自中远投资于1993年率先在新加坡上市以来，越来越多的中国企业选择到新加坡上市。这些中国企业在新加坡市场的换手率高达200%~300%，大多是一些制造业、交通、基建、通信、商业贸易、服务业和房地产公司。

　　其中，在新加坡上市的中国制造业公司有天津中新药业、亚细亚陶瓷、亚洲创建、鹰牌控股、百嘉力、源光亚明国际、大众食品、东明控股、中国软包装控股、新湖滨控股、化纤科技、亚洲药业等；交通、基建、通信类的公司有中远投资、亚洲电力、润迅通信等；商业贸易类的公司有中航油、妍华控股等；服务业的公司有电子科技软件、亚洲环保、金迪生物科技、联合环保技术、神州环石油科技等；房地产业的公司有中国招商亚太、龙置地等。

　　中国公司到新加坡上市优势如下：

　　第一，新加坡有着独立开放的公开市场，上市条件明确。公司寻求在新加坡上市的过程中可以随时与新加坡证券交易所联系，了解上市相关规定并讨论上市前后遇到的各种问题。

　　第二，中国公司在新交所上市可以融集外资，供公司进一步发展之用。新交所根据新型经济发展而设计的上市标准，有利于新兴而且具有潜力的中国公司在新加坡市场融资，在公司发展的最关键时期，给予公司最需要的资金。

　　第三，新加坡股票市场非常活跃，流通性好，换手率高。

　　第四，新加坡市场对制造业，尤其是高科技企业有深入的认识，股价较高。

　　第五，在新加坡上市售股，可以选择发售新股或由股东卖出原有股份。公司上市后也能够根据自身业务发展的需要及市场状况，自由决定在二级市场上再次募集资金的形式、时间和数量。

　　第六，新加坡对外汇及资金流动不设管制，发行新股及出售旧股所募集的资金可自由流入流出。

　　第七，新加坡是中西文化交融之地，在新加坡上市有利于中国企业树立更好的企业形象。在新加坡上市的中国企业既能够得到文化上的认同，又可以登上国际舞台。

　　上市对企业的意义重大，到底选择在哪一个市场上市需要慎重考虑。具体选择哪一个上市地应当由公司的具体情况决定。①

三、间接境外上市

与直接境外上市相对应，间接境外上市是大家通常所说的境内公司海外借"壳"上市。通过借壳上市方式实现中国境内公司境外上市，境内公司与境外上市公司的联系是资产或业务的注入、控股。境外借"壳"上市包括两种模式，一是境外买"壳"上市，二是境外造"壳"上市。两种模式的本质都是将境内公司的资产注入"壳"公司，达到国内资产上市的目的。下面介绍境外买"壳"上市和境外造"壳"上市。②

（一）境外买"壳"：收购海外上市公司

境外买"壳"上市行为中有两个主体，一个是境内公司，另一个是海外上市公司。首先，境内公司需要找到合适的海外上市公司作为"壳"公司。其次，境内公司完成对海外上市"壳"公司的注资，获得其部分或全部股权，这样境内公司就实现了海外间接上市的目的。

1. 反向收购上市（实质为买"壳"上市）

（1）交易步骤。以美国的反向收购上市（实质为买"壳"上市）为例，分为两个交易步骤。

其一，买"壳"交易，拟上市公司的股东通过收购上市"壳"公司股份的形式，绝对或相对地控制一家已经上市的股份公司。

其二，资产转让交易，拟上市公司将资产及营运注入上市"壳"公司，从而实现间接上市。

在反向收购上市交易中，上市"壳"公司向拟上市公司股东定向增发的股票数量远大于"壳"公司原来累计发行的股票数量。因此，表面上看是上市"壳"公司收购了拟上市公司，实际是拟上市公司因获得上市公司定向增发的控股数量的股票而控制了两家公司合并后的上市公司。

（2）"壳"公司的特点。对买"壳"上市的公司来说，找到一个干干净净的适合公司的"壳"是成功上市的关键。"壳"公司的股票可能仍在交易，也可能停止了；公司业务可能正常运营，也可能停止了。

一般情况下，"壳"公司已经背上负债，资产非常少，或者已经没有什么价值。例如，厂房已经抵押、中介费用和设备租用费用负债等。因此，选择"壳"公司之前一定要仔细调查和考虑。理想的"壳"公司应该有以下四个特点：

第一，规模较小，股价较低。这样可以降低购买"壳"公司的成本，有利于收购成功。

第二，"壳"公司的股东人数在 300~1000 人。股东如果在 300 人以下，则公众股东太少，没有公开交易的必要；如果股东超过 1000 人，那么，新公司需要与这些人联系并

① 陈雾. 企业境内外融资环境比较与选择 [J]. 中国金融, 2022 (4): 52-53.
② 曹玉涛. 我国上市公司海外并购融资模式创新研究 [D]. 济南: 山东大学, 2018.

递交资料报告，无形中增加了成本。另外，股东太多会给收购制造更多的困难。当然还不应涉及任何法律诉讼，否则会带来麻烦。

第三，最好没有负债，如果有，一定要少。负债越多，收购成本就越高。

另外，公司原股东因负债对公司的不满会因为新股东入驻而爆发出来。当然，"壳"公司不应当涉及任何法律诉讼案件，否则会给上市带来很多麻烦。

第四，"壳"公司的业务要与拟上市公司业务接近，结构越简单越好。如果条件允许，借助专业人士寻找"壳"公司是最好的方法。一般来说，投资银行常常会有好的建议。

2. 买"壳"上市的优劣势

买"壳"上市有两个优点：一是合法规避了中国证监会对申请境外上市公司的烦琐审批程序；二是买"壳"上市对于公司财务披露的要求相对宽松，可以缩短实际上市的时间。

与此同时，买"壳"上市有两个劣势：一是买"壳"成本高；二是风险比较大。因为对境外上市公司并不熟悉，在收购后发现买了垃圾股票，从而无法实现从市场融资的目的，反而背上了债务包袱的代价是非常大的。

3. 境外买"壳"或者直接上市的选择

关于境外买"壳"上市，最具有争议的问题无疑是境外买"壳"或者直接上市如何选择。下面对这一问题进行回答。需要明确公司的现状、股东的目标、对向市场融资的急迫性和计划采用的融资模式。

如果是已经满足上市要求的公司，那么，直接上市无疑是最好的选择。直接上市要求公司必须按照上市地区的监管法则和市场游戏规则，一些公司可能难以达到这一要求。例如，上市对公司的业绩有要求，一些公司的业绩可能处于长时间负增长状态而无法满足这一要求。此外，上市还需要选择正确的时机，市场气氛不好的时候很难成功上市。阿里巴巴在纽约成功上市之所以影响巨大，有一部分原因就是对上市时机的把握。

另外，如果公司需要短期向市场大规模融资，直接上市的漫长等待很容易拖垮公司。因此，境外买"壳"成为公司直接上市之外的后备方案。买"壳"的成本非常高，但是有些优点是其他上市方式无法替代的。境外买"壳"可以在最短时间内控制一家上市公司，然后等待最佳融资时机，不需要将大把时间花费在上市准备上。国美电器、盈科数码和华宝国际都是在香港买"壳"后等待融资时机，最后成功集资套现。

总体来说，境外买"壳"上市更适合股东的资金实力雄厚、可以先拿出一定资产再解决融资需求的公司。作为已经上市一段时间的"壳"公司，其股东基础可能比直接上市更广泛，股票更加活跃。关于境外买"壳"的成本，由低到高的排列是美国、新加坡、中国香港。公司应当根据自己的支付能力选择买"壳"地点。①

（二）境外造"壳"：海外注册中资控股公司

境外造"壳"上市是指境内公司在境外证券交易所所在地或其他允许的国家与地区开一家公司，境内公司以外商控股公司的名义将相应比例的权益及利润并入海外公司，以达

---

① 韩莹. 我国上市公司跨境并购的财务风险及对策研究［D］. 杭州：浙江大学，2018.

到境外上市目的。境内企业在境外注册公司的地区一般包括中国香港、百慕大群岛、开曼群岛、库克群岛、英属维尔京群岛等。

境外造"壳"上市不仅可以规避政策监控，实现上市的目的，还可以利用避税岛政策实现合理避税。境外造"壳"上市的四个优势如下：

1. 与境外直接上市相比，所用时间更短

与企业直接在境外上市相比，造"壳"上市的实质是以境外未上市公司的名义在当地证券交易所申请挂牌上市。这样避免了境外直接上市过程中遇到的中国和境外上市地法律相互抵触的问题，有效节省了上市时间。因此，很多中国内地企业都是先在境外注册一家公司，然后利用该公司的名义申请挂牌上市。例如，网易、新浪、联通等公司都是这么做的。

2. 与境外买"壳"上市相比，构造出的"壳"公司更满意

在境外购买"壳"公司是从现有上市公司中选择最适合自己公司的那一个，而境外造"壳"上市则是直接在目的地设立"壳"公司，然后申请上市。相对来说，拟上市公司在造"壳"上市过程中能够充分发挥主动性，上市的成本和风险相对较小。

从获得"壳"资源的路径来说，造"壳"成本比收购上市公司的成本低；从业务协同性来说，拟上市公司在境外注册的"壳"公司可以在最大限度上保证与国内企业业务有关。除了利用"壳"公司申请上市以外，拟上市公司还可以利用"壳"公司拓展境外上市地的业务。

3. 股权转让、认股权证及公司管理等法律与国际接轨

由于"壳"公司是在百慕大群岛、开曼群岛、库克群岛、英属维尔京群岛等英美法系地区成立，股权转让、认股权证及公司管理等方面的法律规定都与国际接轨，这对上市公司的发起人、股东以及管理层人员是非常有利的。国际投资者对这类公司的认识及接受程度更高。

4. 其他

在中国香港、百慕大群岛、开曼群岛、库克群岛、英属维尔京群岛等英美法系地区注册的公司没有发起入股限制，公司全部股份均可流通买卖，增强了上市公司资金流动性。

但是造"壳"上市也有两个不利之处：一是境内企业首先要拿出一笔资产到境外注册公司，很多企业难以做到；二是由于境外证券管理部门对公司的营业时间有要求，所以从境外注册公司到最终上市需要经过数年时间。

四、特殊目的收购公司

特殊目的收购公司（Special Purpose Acquisition Company，SPAC）是指利用 IPO 筹资及其他融资（包括近年来蔚然成风的 Private Investment in Public Equity，PIPE）收购一家私人运营公司而成立的一家全新公司。IPO 所筹集的资金会存入托管账户，而 SPAC 管理团队力求在 SPAC 治理文件规定的期限内收购一家在特定行业或地域营运的私人公司。[①]

---

① 卫以诺，彭丽芳. 全球 SPAC 上市模式的研究与探寻［J］. 金融市场研究，2022（1）：95-104.

（一）SPAC 上市模式和优势

SPAC（特殊目的收购公司）相较于传统 IPO（首次公开发行）和借"壳"上市，具备融资速度快、成本低、流程简单等优势，因而迅速成为美国上市公司的首选。

1. SPAC 上市模式

SPAC 一般是由发起人设立，通过 IPO 上市募集资金，用于收购不特定资产的特殊目的公司。该上市模式集中了直接上市、合并、反向收购、私募等金融产品特征和目的于一体。通俗地说，它是以投资并购为目的的"壳"公司，并以此上市实现 IPO，向公众募集资金（见图 10-2）。

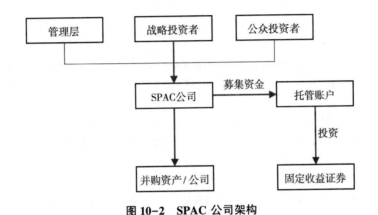

图 10-2　SPAC 公司架构

该模式一般由专业投资人发起，公开向市场合格投资者募集资金成立一家纯现金的空"壳"上市公司。上市之后，SPAC 会将募集资金归入相应的信托保管，并按照设立时约定的期限（通常为 18~24 个月）寻找合适的标的①，实现投资并购的目的。如果并购失败，则将资金返还公众投资者并解散 SPAC；如果并购成功，则标的企业以并购重组的方式上市，并以新的代码在二级市场流通。这个过程，按照国内 A 股的情况，类似过去借"壳"上市的操作。重组后的企业完全按照标的企业的业务进行运营和估值，SPAC 完成相关目的后解体。此时，通过 SPAC 并购重组实现上市的标的企业与其他通过传统 IPO 上市的企业没有任何差别。SPAC 的流程如表 10-11 所示。

表 10-11　SPAC 的流程

流程环节	主要工作事项
成立	SPAC 成立时，发起人及其管理团队会就 SPAC 股权支付相应的象征性金额而获得"发起人股份"。初始投资者获得的发起人股份通常不会超过 SPAC 并购交易完成前股份总数的 20%。这些股份旨在为初始投资者找出高潜力的目标公司和完成并购作出报酬。在此阶段，发起人通常会向 SPAC 借取资金以支付运营开支，而 SPAC 则会挑选法律顾问和包销商，并订下公司治理的条款

---

① 找到合适的并购标的后，SPAC 全体股东将投票决定是否合并。

流程环节	主要工作事项
IPO	在成立之后，SPAC 会开始进行公开发售，由发起人向香港联交所提交上市申请。 SPAC 通过发行单位（每单位由一股普通股和一份权证组成）筹集资金，所得的融资金额会存入封闭式托管账户直至并购完成。在中国香港，SPAC 须将股份和权证分发给予至少 75 位专业投资者，其中 20 位须为机构投资者。在完成 IPO 后，单位应拆分为普通股和可供交易的权证，后者作为对初始投资的额外报酬，通常可在并购完成后不久行使
搜寻目标公司	搜寻合适并购目标与典型并购交易的流程类似，是由发起人通过加快财务、法律和税务尽职调查来审查潜在目标公司。在中国香港市场，继承公司须满足所有主板上市的新要求，包括聘请 IPO 保荐人进行尽职调查，以及满足最低市值要求和符合财务测试 完成 SPAC 并购的时间取决于多个因素。由于持有异议的 SPAC 股东有权赎回股份，可用于支付目标公司股东及支持并购后运营的现金金额并不确定。SPAC 和目标公司通常会就"最低现金"进行磋商，作为完成交易的条件。因此，在 SPAC 并购完成时，往往同时伴随着 PIPE 投资。 在中国香港，必须在 SPAC 首次公开发售后的 36 个月内完成收购目标公司，最长可延期 6 个月。目标公司的市值至少须达到 SPAC 首次公开发售筹集资金的 80%
股东投票表决与 SPAC 并购	SPAC 并购交易须在股东大会上取得 SPAC 股东批准。在 SPAC 成立时，发起人及其他初始股东通常承诺以所持权益（通常占比不超过 20%）投票赞成交易，这会减少通过并购交易额外所需普通股的票数。因此，SPAC 发起人及其紧密联系人会被香港联交所视为于并购交易中有重大利益，从而须就并购交易的决议案放弃表决权。 继承公司须委聘至少一名 IPO 保荐人协助进行上市申请。SPAC 并购交易上市文件中的前瞻性陈述与 IPO 的相关规定相同，包括要求申报会计师及 IPO 保荐人就前瞻性陈述作出报告
完成收购	如经点算委任表格后确认并购交易获得通过，收购会以目标公司被合并入 SPAC 来完成，目标公司便成为上市公司。 发起人股份和权证将于 SPAC 并购交易完成后 12 个月内禁止出售

资料来源：根据相关资料整理。

2. 中国境内企业 SPAC 上市模式

中国境内企业如需通过 SPAC 方式上市，一般需搭建红筹架构，将境内运营实体和资产注入红筹架构下的境外控股公司中，由境外控股公司与 SPAC 公司进行交易，通过换股或者反向并购，将境外控股公司纳入 SPAC 公司或者收购 SPAC 公司，从而实现间接境外上市（见图 10-3）。红筹架构主要分为股权控制和 VIE 协议控制两种模式。

股权控制模式下，主要是境内企业的实际控制人以个人名义在离岸中心的避税地区设立特殊目的公司，通过相关股权或者资产对 SPV 进行增资扩股，再通过返程投资形式收购境内企业的股权或者资产。

VIE 模式下，境外离岸公司无须直接收购境内经营的实体企业，而是通过在境内设立

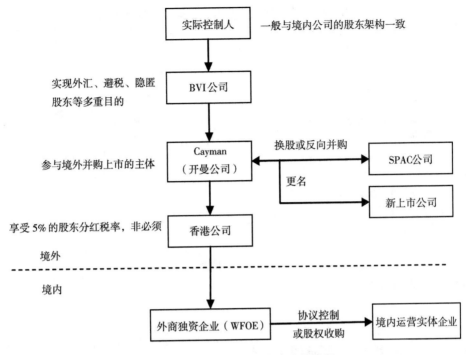

图 10-3 境内企业 SPAC 上市交易流程

一家外商独资企业（WOFE），通过 WOFE 与境内运营实体企业签署一系列相关协议，实现 WOFE 对境内实体企业的控制。

3. SPAC 上市主要优势

相较于传统 IPO 和"借壳上市"两种中国企业境外上市渠道，SPAC 在成本和可操作性方面具备明显优势。一是资金成本低。境内企业通过 SPAC 上市无须支付借"壳"费用，而 SPAC 本身上市的承销费用比普通 IPO 要低，且由 SPAC 的发起人支付，被收购企业无须支付相关费用。二是信息不对称风险较低。相较于"借壳上市"的"壳"公司可能存在隐瞒不利信息的风险，SPAC 更像是"造壳上市"，一般不存在复杂的债权债务关系和诉讼争议问题，提供了更加简单、优质的"壳"资源。三是资料准备相对简单，时间快。相较于传统 IPO 复杂的审核流程，由于 SPAC 企业只有现金流，没有实体经营，因此上市过程只需要进行资质和交易策略的审核，程序便捷，时间快。基于以上优势，SPAC 上市给予想要上市但又无法满足一般 IPO 标准的境内中小企业另外一种模式选择。

（二）中国香港、新加坡、美国 SPAC 对比

中国香港、新加坡、美国 SPAC 对比[①]，如表 10-12 所示。

---

① 卫以诺，彭丽芳. 全球 SPAC 上市模式的研究与探寻 [J]. 金融市场研究，2022（1）：10.

表 10-12　中国香港、新加坡、美国 SPAC 对比

项目	港交所主板	新加坡主板	美国纳斯达克①
发起人资格	须符合适合性及资格规定，至少一名 SPAC 发起人为持有以下两项的公司： (1) 由证监会发出的第 6 类（就机构融资提供意见）及/或第 9 类（提供资产管理）牌照； (2) 至少 10% 的发起人股份	无牌照要求：考虑创始股东过往业绩记录和声誉及其管理团队经验和专业知识	无牌照要求
投资人资格	仅限专业投资者认购和买卖。进行 SPAC 并购交易后买卖继承公司的股份将不受此限	未做要求	未做要求
集资规模	至少 10 亿港元	未设最低要求，但市值要达 1.5 亿新加坡元	最低 4000 万美元，纳斯达克要求最低净有形资产为 500 万美元
发行价格	每一股份单元认购的价格不低于 10 港元	最低发行价为 5 新加坡元	最低发行价为 4 美元，但通常发行价为 10 美元
SPAC 董事会	SPAC 董事会的大多数董事必须是（持牌或非持牌）SPAC 发起人的人员，代表提名他们的 SPAC 发起人行事	审计委员会、提名委员会及薪酬委员会过半数，以及主席均必须是独立董事	半数以上席位为独立董事；成立审计、薪酬和任命委员会；审计委员会所有成员需要具有独立性；审计委员会主席需要是有财务背景的"财务专家"
标的公司是否要求符合上市标准	继承公司须符合所有新上市规定，包括最低市值规定及财务资格测试	因 SPAC 并购交易而产生的继承公司应符合主板首次上市规定	继承公司须完全符合首次上市规定
独立第三方投资	有关投资须：①占继承公司预期市值的至少 25%〔或至少 15%（若继承公司于上市的预期市值超过 15 亿港元）〕；②使至少一家资产管理公司或基金（管理资产总值或基金规模至少达 10 亿港元）于继承公司上市之日实益拥有继承公司至少 5% 的已发行股份	未做规定	未做规定

① 张锐．美国股市 SPAC 的创新运作与价值评判［J］．对外经贸实务，2021（5）：5.

续表

项目	港交所主板	新加坡主板	美国纳斯达克
继承公司公众股东	SPAC 上市时由公众持有的证券中，由持股量最高的三名公众股东实益拥有的不可多于 50%；至少要有 SPAC 已发行股份总数的 25% 及至少要有 SPAC 已发行权证的 25% 是由公众持有。公众持股量规定并是一项持续规定	公众持股量须为 25% 且须至少有 300 名公众股东	至少 100 万或 110 万股公众持股及至少 300 或 400 名持有一手（100 股）的持有人
IPO 到完成并购的时间	36 个月，最多可延长 6 个月	24 个月，最多可延长 12 个月	36 个月，但一般约定 18~24 个月完成 De-SPAC
锁股期	由完成 SPAC 并购交易起计 12 个月内，SPAC 发起人不得出售其所持有的有关证券，并规定发起人权证条款须订明，发起人权证于该段期间内不可行使于继承公司上市后首 6 个月内，控股股东不得出售其所持有的股份，以及在该公司上市后的第二个 6 个月期内，不得出售其持股，以致出售持股后其不再是控股股东	须遵守由完成 SPAC 并购交易 8 期起计最少 6 个月至最多 12 个月的禁售期	美国上市的 SPAC 会对 SPAC 发起人及继承公司控股股东持有的证券施加禁售期（由 SPAC 并购交易完成起计 12 个月）
清盘及除牌：向股东退还资金	若未能在 24 个月内公布 SPAC 并购交易，或未能在 36 个月内完成 SPAC 并购交易，须清盘并将筹得的所有款项和另加应计利息退还股东，随后港交所会将 SPAC 除牌	限定期限为 24 个月，并有以下可将期限延长最多 12 个月的选项：①若 24 个月期限结束前已订立有关 SPAC 并购交易的具约束力协议，有关期限可在满足一定条件下延长而无须经股东批准；②除上文（1）所述情况外，SPAC 若拟延长期限必须分别寻求新交所批准及 SPAC 股东通过特别决议案批准	须在首次公开发售后 36 个月内完成 SPAC 并购交易，期限不予延长。但许多在美国上市的 SPAC 都会自行将期限定为 24 个月，若未能在规定的期限内完成 SPAC 并购交易，须从相关证券交易所除牌

资料来源：根据相关资料整理。

　　由表 10-12 可以看出，对于美国资本市场而言，SPAC 模式实际上是降低了企业公开上市的门槛，对于各类高科技企业和成长型企业上市融资有利，这给美股市场带来了活力，也持续吸引全球资金进入美股市场去"淘宝"。当然，对于 SPAC 模式同样不乏批评的声音。特别是 SPAC 上市后投资标的的选择阶段的各种不确定性可能会损害公众投资者的利益，使其受到监管机构和一些金融机构的批评。一些金融人士告诫投资者要对此保持谨慎，因为 SPAC 流程绕开了正常 IPO 流程中的严格调查。但对于中国资本市场而言，以上 SPAC 模式的特点表明，在市场效率不高、退市机制仍不够完善的情况下，在主板市场盲目引入 SPAC 模式，的确可能出现过去 A 股市场上"炒壳"的现象，相关改革仍需谨慎对待。但国内需要思考的是，在完善信息披露制度、保护投资者利益的前提下，如何实现鼓励高科技企业创新发展的资本路径，给市场带来活力和动力。例如，在新三板市场或者私募、信托等领域进行相关尝试，仍不失为一个大胆而创新的设想。① 因此，相关政策建议如下：

1. 加快完善 SPAC 上市相关监管制度

建立多层次的监管体系，逐步完善 SPAC 境外上市模式下相关的管理政策，进一步丰富境内企业投融资渠道，支持实体企业发展，实现融合开放型经济。对于已和境外 SPAC 公司达成并购意向的境内企业，除设立特殊目的的公司搭建红筹架构外，探索其他渠道，例如，允许符合国家政策导向的企业直接在境外投资设立子公司，从而实现 SPAC 上市。

2. 进一步明确参与 SPAC 上市模式下资金流出入的合法渠道

明确在 SPAC 上市过程中涉及新设、换股、并购以及解散、撤资等的操作流程和资金汇兑问题，通过外汇登记、账户管理、国际收支申报等手段，做好跨境资金流动管理，让境内企业参与 SPAC 上市的交易行为有规有法可依，进一步提高资金使用效率和合规性。

3. 关注 SPAC 上市企业异常跨境资金流动风险

由于 SPAC 属于新兴上市模式，在相关法规和管理政策逐步完善的过程中，需要及时关注已完成或即将通过 SPAC 模式上市的企业的资金出境和回流的合规性，避免出现投机和违法违规交易，防范异常跨境资金流动风险。

五、企业谋求跨境上市融资的动因

（一）以境外特殊目的公司作为上市主体，规避外资准入政策的限制

股权控制模式下的境外间接上市是以境外特殊目的公司作为上市主体，通过换股并购或资产并购持股境内实体权益，这就使得境内实体公司由完全内资转变为内外合资。作为国家进行宏观调控的一环，政府对不同产业实行有差别的外资准入政策。始于 1997 年的《外商投资产业指导目录》是审批外商投资项目的依据，该目录将产业划分为鼓励类、限制类和禁止类。最新 2017 年版《外商投资产业指导目录》以《外商投资准入特别管理措施（负面清单）》方式管理限制和禁止类产业，主要有以下三类：①关系国民经济健康安全的产业；②已有一定发展基础，需要重点扶持的民族产业；③国内产能已经饱和的产业。此外还有部分法规规章对外资主体资质等做出限制。② 表 10-13 为《外商投资准入特别管理措施（负面清单）》中所罗列部分主要限制、禁止类产业。

---

① 王勇，刘曼妮. 解析 SPAC 上市热潮 [J]. 中国外汇，2021（5）：37-39.
② 例如，《中华人民共和国中外合作办学条例》（2013 年版）要求合作主体为中外教育机构。

表 10-13　《外商投资准入特别管理措施（负面清单）》中部分限制、禁止类产业

限制类产业	禁止类产业
电信公司：限于 WTO 承诺开放的业务、增值电信业务（电子商务除外）、基础电信业务；保险公司、证券公司、期货公司；学前、普通高中、高等教育机构；医疗机构	邮政公司、信件的国内快递业务；互联网新闻信息服务、网络出版服务、网络视听节目服务、互联网文化经营（音乐除外）服务、互联网公众发布信息服务；禁止投资义务教育机构、宗教教育机构；新闻机构（包括但不限于通讯社）；图书、报纸、期刊、音像制品和电子出版物的编辑、出版、制作业务

资料来源：《外商投资准入特别管理措施（负面清单）（2018 年版）》。

由于我国外资准入政策的限制，股权控制模式下，处于限制、禁止领域内的境外间接上市架构可能会由于处于禁止引入外资领域、外资持股超过比例、外资主体资质不符等多种原因，无法通过外资审查或获得营运牌照。鉴于境外间接上市相关监管法规中大多数针对外资控股、合资或对持股比例有所限制，采用无直接股权控制关系的协议控制模式成为了受限领域企业境外间接上市的较优选择。

（二）协议控制模式，规避境外间接上市监管审批程序

协议控制模式诞生于受到严格外商投资限制的产业，用以规避外资产业准入监管。随着相关监管部门对境外间接上市管控趋严，人们发现非股权控制架构的另一妙用，即用于规避境外间接上市监管审批程序。2006 年出台的《关于外国投资者并购境内企业的规定》，对于此前外资监管不作区分的"一般外资并购""境内企业通过境外设立 SPV 进行返程并购"两类并购交易做区别对待，为涉及境外 SPV 返程并购设置了严苛的条件与繁冗的程序①，这对企业境外间接上市产生了实质性影响。更为关键的问题是，自从该文件及其配套细则颁布后，走完该规定所要求的审批程序，完成境外间接上市的企业寥寥无几，对境内企业境外间接上市几近形成"事实上的禁止"②。

但是，由于《关于外国投资者并购境内企业的规定》中对于返程投资的概念界定过于狭隘，仅限于"股权并购"或"资产并购"的方式③，而协议控制模式中并无直接的股权控制关系或资产并购交易，因此不适用于《关于外国投资者并购境内企业的规定》规制范围，也就无须接受相关部门审批。由此，从始于规避外资准入政策发展到规避境外间接上市监管审批程序，协议控制模式适用范围也从受限产业扩展到非受限产业，成为境外间接上市的主流架构。

（三）资本市场上市门槛较高，中小民企难以获得充足的发展资金

资金之于企业犹如血液之于人体，企业的发展离不开大量资金的支持。我国企业获得资金来源的渠道通常有两种，一般分为间接融资和直接融资。间接融资是指从金融机构获

---

① 根据其规定，境内公司在境外设立 SPV 返程并购境内公司，应报商务部审批；SPV 境外上市交易，则应报证监会批准。具体参见《关于外国投资者并购境内企业的规定》（2009 年版）。

② 李寿双，苏龙飞，朱锐. 红筹博弈——十号文时代的民企境外上市（修订版）［M］. 北京：中国政法大学出版社，2012：52.

③ 参见《关于外国投资者并购境内企业的规定》（2009 年版）第 2 条、第 39 条。

取贷款，主要是国有银行及各大商业银行。但较之于规模有限且固定资产单薄的民营企业，银行明显更青睐资金雄厚、有政府背景做担保的国有企业。直接融资主要是指在资本市场发行股票或债券，我国资本市场经过多年发展，虽已形成主板中小板、创业板上市的双层资本市场①，但相对于美国、中国香港等发达的资本市场来说，境内资本市场上市门槛较高且不稳定，民营中小企业难以获得充足的发展资金。

表 10-14、表 10-15 为中美两国主板及创业板主要上市条件比较。

表 10-14　中美两国三地主板主要上市条件

	美国纽交所	中国香港主板	中国内地主板
财务标准	上市前两年每年税前收益 200 万美元，最近一年税前收益 250 万美元；或三年必须全部盈利，税前收益总计 650 万美元，最近一年最低税前收益 450 万美元	三年累计盈利 ≥ 5000 万港元，市值 ≥ 5 亿港元；或最近一年收入 ≥ 5 亿港元，市值 ≥ 40 亿港元；或最近一年收入 ≥ 5 亿港元，市值 ≥ 20 亿港元，经营业务有现金流入，前三年营业现金流合计 ≥ 1 亿港元	最近 3 个会计年度净利润均为正数且累计超过人民币 3000 万元；最近 3 个会计年度经营活动产生的现金流量净额累计超过人民币 5000 万元；或者最近 3 个会计年度营业收入累计超过人民币 3 亿元

资料来源：新浪财经。

表 10-15　中美两国三地创业板主要上市条件

	美国纳斯达克	中国香港创业板（GEM）	中国内地创业板
财务标准	最近一个财政年度或最近 3 年中的两年拥有 100 万美元的税前收入	经营业务有现金流入，前两年营业现金流合计 ≥ 3000 万港元，市值 ≥ 1.5 亿港元	最近两年连续盈利，最近两年净利润累计不少于 1000 万元，且持续增长；或最近一年盈利，且净利润不少于 500 万元，最近一年营业收入不少于 5000 万元，最近两年营业收入增长率均不低于 30%

资料来源：新浪财经。

通过分别对比中美两国三地主板、创业板上市主要财务要求可以看出，主板上市要求都较为严格，一般民企特别是新兴中小企业难以满足其条件；中国内地创业板相较于美国纳斯达克和中国香港 GEM 财务标准仍然较高，处于发展初期的企业很难达到国内资本市场上市门槛。证券发行制度的区别也是一个痛点，相对于美股、港股采用的注册制，中国内地证券发行采用发行审核制，且历史上曾多次暂停 IPO 发行审核，不仅使得众多企业排队待审，时间成本大为增加，更凸显出中国内地证券市场的不稳定，企业对上市结果及时间期限不能有一个明确的预期。除此之外，资本市场规模也是一个重要的参考因素。据财经 M 平方数据资料库统计，截至 2019 年 1 月，沪深两市总市值 452519.75 亿元，美股总

---

① "新三板"（全国中小企业股份转让系统）仅挂牌交易股份，不属于上市，因此未进行比较。

市值 439409.73 亿美元。美股市值几近中国内地股市的 6 倍，规模遥遥领先。[①]

随着国际金融往来联系日益紧密，当境内融资无法满足企业发展时，人们的目光自然投向了境外。不过境外直接上市受我国证券监管部门严格监管，要求严苛且程序繁冗[②]，虽然证监会于 2013 年取消了限制最多的"456 条"[③]，但除大型国企外少有民企能通过境外直接上市审核，不少企业基于自身发展的急迫需求，转而以境外间接上市方式谋求出路。

第三节　中国香港上市融资

中国香港证券市场是以机构投资者为主的成熟股票市场，市场稳定且流动性强，也是全球较大的首发市场之一。近年来，不少内资企业赴港上市，向国际资本市场进军。内资企业在香港证券市场上市，需要熟知香港上市规则，尤其是财务会计方面的要求。由于审批制度不同、法律体系不同、财务报告准则的差异以及多元化的投资者，内资企业赴港上市，面临更多的风险和挑战，尤其对于会计问题，是基础性问题，需要企业及早筹备与应对，为上市之路打好基础。

一、中国内资企业港股上市的优势

中国香港上市的最大优势在于上市时间可控、审批透明且多元化的融资渠道。香港证券市场是以披露为本的审批方向，上市标准高效透明，政策性风险低。据统计，2019 年香港上市申请至发出首次意见函平均所需时间为 23 天，上市前咨询至发出书面回复平均所需时间为 8 天，首先，上市时间可控，这是众多内资企业赴港上市的主要原因。其次，多元化及高效的再融资渠道。港股上市后，企业可通过增发（配股）、大宗交易、供股、发行股权认证等多融资方式，增强企业融资能力。上市公司再融资可于下一个交易日早上开市前公布而不用停牌。最后，通过多元化的衍生生态圈增进公司股票流动性，如股票期权、股票期货、衍生权证、牛熊证等。

二、香港上市基本条件与会计相关的要求

根据香港交易所新修订的《上市规则》，香港联交所上市基本条件中与会计相关的主要体现在营业记录期和盈利两个方面的要求，分主板和 GEM（原创业板），如表 10-16、

---

① 财经 M 平方：股市观测站［EB/OL］.（2019-01-19）. https：//www. macromicro. me/stocks.

② 参见《国务院关于股份有限公司境外募集股份及上市的特别规定》《关于股份有限公司境外发行股票和上市申报文件及审核程序的监管指引》。

③ 指《中国证券监督管理委员会关于企业申请境外上市有关问题的通知》要求，"（三）净资产不少于 4 亿元人民币，过去一年税后利润不少于 6000 万元人民币，并有增长潜力，按合理预期市盈率计算，筹资额不少于 5000 万美元"，现已失效。

表 10-17 所示。

（一）主板上市要求

主板上市要求：①营业记录期，新申请人会计师报告必须涵盖上市文件前至少三个财政年度的营业记录期。②盈利/市值/现金流要求，新申请人最近一年的股东应占盈利（盈利应扣除日常业务外所产生收入或亏损）不得低于 2000 万港元，且前两年累计股东应占盈利不得低于 3000 万港元。如果上市市值达到 40 亿或 20 亿港元，在无盈利情况下，营收/现金流达到 5 亿港元营收及 1 亿港元现金流亦可。为较成熟公司而设的市场，上市公司须符合财务和营业记录等要求。主板上市公司包括综合企业、银行、地产发展商、互联网公司及医疗服务提供者等。发行人可选择以股份或香港预托证券形式在香港主板上市，如表 10-16 所示。

表 10-16　主板上市各阶段主要工作要求

	流程环节	主要工作事项
1	委任保荐人及其他专业顾问	委任有经验的专业顾问团队是新股成功上市的关键。专业顾问一般包括保荐人及包销商、外国及本地律师、会计师等。上市申请人须于提交上市申请前至少两个月委任保荐人，并于委任后五个营业日内书面通知香港交易所。 公司无须征询专业顾问团队的意见，以商讨公司是否适合上市、上市所需之时间和费用及在上市后将面对的问题、挑战与持续责任
2	筹备上市流程	专业顾问对公司进行尽职审查，并协助拟备招股章程（此阶段的招股章程拟稿亦称"申请版本"）。招股章程须载有一切所需资料，能让投资者做出有根据的投资决定
3	向上市部提交上市申请	向上市部提交上市申请（"A1"，包括申请版本）。假若 A1 的资料大致完备，上市会会确认收悉，并在网站登载中英文申请版本
4	上市部审阅申请	上市部其后会对 A1 进行详细审核，评估公司是否符合上市资格、是否适宜上市、业务是否可持续、公司是否遵守规条以及作出充分披露。首轮意见会于接获申请后约十五个营业日内发出。上市时间并没有一个预设的时间表，主要取决于公司回复的时间及质量
5	上市委员会聆讯	上市委员会审阅新上市申请，确定申请人是否适合进行首次公开招股
6	推广期	包销商一般会协助公司筹备推广活动，包括投资者教育及新股路演
7	在香港联交所上市	成功定价及分配股份予机构投资者和散户后，公司便会在香港联交所上市及进行买卖

资料来源：根据相关资料整理。

（二）GEM（原创业板）上市要求

GEM（原创业板）上市要求：①营业记录期，新申请人会计师报告必须涵盖上市文件前至少两个财政年度；②盈利/市值/现金流要求，新申请人上市前两个财政年度经营活动净现金流合计须达 3000 万港元。上市门槛略低于主板，但上市后监管与主板类似，服务中小型发行人，如表 10-17 所示。

表 10-17　GEM（原创业板）上市各阶段主要工作要求

阶段		主要工作
上市前	重组阶段	准备策略规划及预测文件
		重组对投资者具有吸引力的业务
		剥离非核心业务
		评估各种重组方案的财务影响
		评估私募资金的财务影响
		资产减值和估值
		税务规划和税务效益
		处理税务问题
		关联交易/同业竞争
		员工培训
	筹备和审批阶段	解决国际财务报告准则，美国、中国内地和中国香港公认会计原则等不同会计准则之间的差异
		收集财务资料已编制及审验招股章程
		法律尽职调查
		保荐人尽职调查
		具体审计工作
		审定资本结构
		编制盈利/营运资金预测
上市流程	发起和筹备（2~3个月）	上市前检查
		完成上市前重组
		完成上市前投资（如有）
		项目启动并委任专业中介机构
	上市申请准备（2~3个月）	起草招股说明书
		准备 A1 申请表格及其他上市申请文件
		完成 A1 版本招股书验证工作
		完成 A1 前全部尽职调查工作，包括业务、财务、法律、第三方和内控尽职调查等
	监管审批（2~3个月）	递交 A1 申请表格等上市申请文件，刊发招股说明书
		回答联交所和证监会不时提出的所有问题/问询
		通过上市聆讯
		聆讯后继续回答上市委员会的问题，召开董事会，刊发聆讯后资料集
		获得初步上市批准

阶段		主要工作
上市流程	推介和定价 (1个月)	确认潜在战略/基石投资者
		发布交易前研究报告
		机构建档
		大量印刷及注册招股说明书
		发行招股书，进行国际路演
		进行告港公开发行、定价，进行新闻/媒体采访等
	上市和后市 (持续过程)	最终确定发售价格
		获得最终上市许可
		行使超额配售权（如有），稳定价格，进行首次权益披露
		持续合规

资料来源：根据相关资料整理。

（三）会计准则选取的要求

新申请人的账目必须按《香港财务汇报准则》《国际财务汇报准则》或财政部制定的《企业会计准则》编制；经营银行业务的公司必须同时遵守香港金融管理局发出的《本地注册认可机构披露财务资料》。[①]

主板。如属海外注册成立的主板新申请人正寻求于香港交易所作第二上市，香港交易所可接纳其按《美国公认会计原则》或在若干情况下按个别情况，接纳其他会计准则编制的账目。

创业板。创业板新申请人（其主要业务活动并不包括地产发展及/或投资）若已经或将会同时在纽约证券交易所或纳斯达克全国市场上市，则其按《美国公认会计原则》编制的账目可获接纳。

根据香港交易所《上市规则》规定，内资企业赴港上市可采用《香港财务报告准则》《国际财务报告准则》《企业会计准则》。同时规定，一旦选定，须持续应用该准则，而不得从一准则改变为另一准则。

内资企业在香港上市，一般采用《香港财务报告准则》或《国际财务报告准则》，而采用《企业会计准则》的极少。较少采用《企业会计准则》，主要基于以下考虑：①香港上市，投资者以海外投资者及港资为主，会计作为通用语言，大部分投资者更熟知香港或国际准则，以香港或国际准则编制的报表，也便于投资者对发行人会计信息的理解、分析和判断，进而做出投资决策；②尽管《企业会计准则》已由传统的会计核算向会计准则转变，并逐步与国际会计准则趋同，但在某些具体会计核算、信息披露中仍存在一定的差异。加之，香港交易所对于《企业会计准则》的熟知程度比不上香港或国际准则，在企业上市过程中，交易所所提的问题可能因会计准则的差异而涉及较多。为减少此类问题，内

---

① 徐卫永．新会计准则对企业财务管理实务影响研究［J］．投资与创业，2021（3）：105-107．

资企业倾向选择香港或国际准则，即在香港资本市场以香港或国际准则编制的报表披露，在内地则采用《企业会计准则》编制的报表披露。香港上市财务要求如表10-18所示。[①]

表10-18　香港上市财务要求

主板			GEM
财务要求：具备不少于3个会计年度的营业记录，并且符合下列其中一项测试			财务要求
盈利测试	市值/收入测试	市值/收入/现金流测试	
(1) 上市时市值≥5亿港元； (2) 最近一年的股东应占盈利≥3500万港元； (3) 前两年累计的股东应占盈利≥4500万港元	(1) 上市时市值≥40亿港元； (2) 经审计的最近一个会计年度的收益≥5亿港元	(1) 上市时市值≥20亿港元； (2) 经审计的最近一个会计年度的收益≥5亿港元； (3) 前三个会计年度的现金流入≥1亿港元	(1) 经营业务有现金流入，前两年营业现金流合计≥3000万港元； (2) 上市时市值≥1.5亿港元
(1) 最低公众持股量一般为25%（如上市时市值>100亿港元可减至15%）； (2) 至少300名股东； (3) 管理层最近三年不变； (4) 拥有权和控制权最近一年不变； (5) 至少三名独立董事，并必须占董事会成员至少1/3； (6) 要求每半年提交财务报告			(1) 最低公众持股量一般为25%（如上市时市值>100亿港元，可减至15%）； (2) 至少100名股东； (3) 管理层最近两年不变； (4) 拥有权和控制权最近一年不变

资料来源：根据相关资料整理。

香港与内地上市财务指标对比[②]，如表10-19所示。

表10-19　香港与内地上市财务指标对比

板块	财务指标及市值
上交所主板	发行人应当符合下列条件： (1) 最近三个会计年度净利润均为正数且累计超过人民币3000万元，净利润以扣除非经营性损益前后较低者为计算依据； (2) 最近三个会计年度经营活动产生的现金流量净额累计超过人民币5000万元或者最近三个会计年度营业收入累计超过人民币3亿元；

[①]　陈丽英. 内资企业港股上市会计要求的研究——以SW公司港股上市为例 [J]. 中国总会计师，2022（2）：99-101.

[②]　王保胜. 中国创业板IPO定价效率的实证研究——基于内地及其赴港创业板上市企业的比较 [D]. 北京：中央财经大学，2012.

板块	财务指标及市值
上交所主板	（3）发行前股本总额不少于人民币 3000 万元； （4）最近一期末无形资产（扣除土地使用权、水面养殖权和采矿权等后）占净资产的比例不高于 20%； （5）最近一期末不存在未弥补亏损。
港交所主板	具备不少于 3 个会计年度的营业记录，并且符合下列其中一项测试： 1. 盈利测试： （1）上市时市值≥5 亿港元； （2）最近一年的股东应占盈利≥3500 万港元； （3）前两年累计的股东应占盈利≥4500 万港元。 2. 市值/收入测试： （1）上市时市值≥40 亿港元； （2）经审计的最近一个会计年度的收益≥5 亿港元。 3. 市值/收入/现金流测试： （1）上市时市值≥20 亿港元； （2）经审计的最近一个会计年度的收益≥5 亿港元； （3）前三个会计年度的现金流入≥1 亿港元
深交所创业板	符合其中一项标准： （1）最近两年净利润均为正，且累计净利润不低于 5000 万元； （2）预计市值不低于 10 亿元，最近一年净利润为正且营业收入不低于 1 亿元； （3）预计市值不低于 50 亿元，且最近一年营业收入不低于 3 亿元
港交所 GEM	（1）无明确盈利要求； （2）前两个财政年度从经营业务所得的净现金流入总额必须最少达 3000 万港元； （3）上市时市值至少达到 1.5 亿港元

资料来源：根据相关资料整理。

除满足上述会计上的要求外，香港上市基本条件还有管理层、控制权相对稳定性及最低市值、公开认购等。

（四）会计差异问题的处理

不同会计准则下存在核算、披露的差异，在传统产业，中国内地企业会计准则和香港财务准则对于业务处理差异不大，但会计处理上主要存在以下差异，如表 10-20 所示。

表10-20　中国内地企业会计准则和香港财务准则差异

中国内地企业会计准则		香港财务准则
报表列报科目	核算项目	报表列报科目
预付账款	预付设备款、固定资产款	为固定资产支付的款项
	预付的土地款	其他非流动资产
财务费用	利息支出、其他	财务费用
	利息收入	其他业务收入
	银行手续费	管理费用
资产减值损失		管理费用
营业收入		营业收入扣除营业税金附加的净额
税金及附加	印花税、土地使用税、房产税等	管理费用
	附加税	营业税金附加
营业外收入		其他业务收入
营业外支出		其他业务支出

从表10-20可以看出，对于具体的核算项目，中国内地企业会计准则和中国香港财务准则存在一定的差异。会计差异的问题处理需要注意以下事项：

1. 会计期初处理的问题

这里的期初概念，是指报告期的第一年期初数。以主板为例，主板要求三年报告期，则第一年的期初数需要按香港或国际准则调整，则报表需要调整四期。例如，报告期为2016年度、2017年度和2018年度，既涉及2016年初的调整，也意味着对2015年期末数进行调整，审计师要对2015年年末数进行审计。

2. 不同审计师审计所产生的审计差异问题

基于费用、历史等因素，一些内资企业国内出具的审计报告和香港出具的审计报告选用不同的会计师事务所。由于审计师职业判断的差异，同一业务，即便在中国会计准则下，两家事务所审计师的处理方式也会存在一定的差异。

这就要求企业会计人员加强与两家审计师的沟通、协调，减少分歧，尽量使得双方取得一致的会计处理意见，将两家事务所对报表未调整事项控制在各自确定的"重要性"范围之内。对于由于香港财务准则所形成的差异，企业一般按照"调表不调账"的原则处理，做好报表的调整，同时，会计分录调整作为备查，以便下一年调整事项的延续。

3. 两种准则下报表数据使用的问题

根据使用对象的不同，决定使用何种准则下的报表数据。内资企业根据《中华人民共和国公司法》的要求，按照中国内地企业准则编制的报表进行纳税申报，其所得税按《企业会计准则》核算，经纳税调整后的数据上报，而不采用香港或国际准则下的所得税数据。企业召开的年度股东大会，所决议的财务决算报告、财务预算报告等数据，也采用企业会计准则核算口径的数据。在香港联交所网站公布的企业年报、中期报告、业绩公告、ESG报告等需要面向资本市场公开的数据，则一律采用香港或国际准则下的报表数据。

（五）盈利预测的准确性

递交香港联交所 A1 表（俗称上市申报材料），包含申请人的盈利预测文件。该盈利预测需要审计师发出函件确认，以及经审计师审阅该盈利预测所采用的会计政策、计算方法等。编制盈利预测文件是企业的责任，需要经过审计师审阅。

1. 盈利预测的期间及内容问题

《上市规则》要求，上报盈利预测的数据为上市后一年的预测数。需要提供的盈利预测内容主要为：预测期内的每月利润表、每月现金流量表及盈利预测备忘录。备忘录包含公司介绍、盈利预测的假设前提、预测期与上一年度的敏感性分析等。企业在编制盈利预测时，已经发生月份数据按实际数，未发生月份按预测数，并根据实际情况持续修改盈利预测数据至招股书定稿。企业在香港联交所聆讯前，也要持续修改盈利预测。根据实际情况修改盈利预测数据，确保了盈利预测的准则性。

2. 具体编制需要注意的问题

（1）预测模型的设计。预测模型的设计是盈利预测的关键。企业可自行设计模型，或由审计师、财务顾问提供模板，企业根据自身业务模式修改预测模型。交易所只要求提供一年的盈利预测数据，但为增强数据的准确性，企业一般预测未来三年的盈利数据，因此设计的模型需要计算三年的数据。在设计预测模型时，第一，模型的设计者要熟知本企业的业务模式。例如，合并报表范围内的所有成员企业，收入、成本、费用等如何产生，各个付款、收款的周期、资本性支出等。第二，模型的设计者熟知 Excel 表格操作功能，可由专业技术人员辅助。这要求企业关键财务人员要熟知业务，使得模型尽量贴近企业业务实际，通过数据之间的勾稽关系，自动验算，提高模型数据的准确性。

（2）关键数据的选取。根据业务的不同性质获取不同途径的预测数据。①从行业报告中获取数据。招股书中有专门的"行业概览"章节，该章节是根据行业顾问出具的行业报告撰写，其间披露了未来五年的行业发展概况。企业在预测营业收入时，涉及销量、增长率等问题，可参照行业概览披露的数据进行预测。②根据历史数据所揭示的规律预测。根据选定的香港或国际准则审定的三年报告期的历史数据变化情况，寻求规律性变化，预测未来三年的数据，如成本类、费用类的数据。③根据未来三年情况预判的数据，如利息费用、工程款支付等。以工程款支付为例，该数据的取得，需要熟知工程的技术人员，根据工程预算、已签订的工程承包合同、现有工程量及未来需要完成的工程量，在预测期内分月排出工程投资额和工程支付额，这是填列现金流量表投资活动"购买物业、厂房及设备"项目的基础，也是计算项目融资额的依据，据此可计算出资本化利息和费用化利息。

（3）重大特殊事项的处理。盈利预测期内，企业可能出现了重大事项，导致预测期内盈利或亏损发生变化，区分不同情况进行处理。①盈利预测期间发生某些重大事项，企业在编制盈利预测时已经知悉该事项会导致盈利预测假设发生重大变化，企业应及时公布该事项，公告中指出对盈利预测产生的影响，以及对该事项的看法等。②盈利预测中预期的非经常性业务产生的盈利或亏损事项在盈利预测期内未发生，该事项导致盈利预测发生变化，企业要及时公告，说明非经常性盈利或损失在盈利预测中所占的比重。③一旦盈利预测期内盈利或亏损大幅变化，企业要及时公告，披露盈利或亏损变化在盈利预测中所占的比重。

三、香港交易所上市方式

必须是香港交易所认为适合上市的发行人及业务。如发行人或其集团（投资公司除外）全部或大部分的资产为现金或短期证券，则其一般不会被视为适合上市，除非其所从事或主要从事的业务是证券经纪业务。香港上市财务要求如表 10-21 所示。

表 10-21　香港上市财务要求

发售以供认购	由发行人或其代表发售其证券，以供公众人士认购
发售现有证券	由已发行或同意认购的证券的持有人或获配发人或其代表向公众人士发售该等证券
配售	由发行人或中间人将证券主要出售予经其选择或批准的人士或主要供该等人士认购
介绍	已发行证券毋须作任何销售安排而申请上市所采用的方式
创业板转板	创业板上市发行人可以通过简化的程序申请转主板上市

资料来源：根据相关资料整理。

四、中介机构主要工作及费用

中介机构主要工作及费用如表 10-22 所示。[①]

表 10-22　中介机构主要工作及费用

主要参与方	服务费用（港元）	具体工作
保荐人	300 万~700 万	负责统筹安排参与上市的各专业机构工作，并负责与香港联交所沟通公司上市事宜
承销商	筹资额 3.5% 的佣金	负责承销公司股票，保荐人一般也是承销商，公司除了聘请保荐人作为承销商以外，还可以与保荐人协商，加入其他投资银行作为承销商
申报会计师	250 万~450 万	负责审计工作
公司律师	250 万~450 万	对公司做尽职调查，对公司管理层进行合规培训，代表公司准备拟提交给香港联交所的文件，起草部分招股书，出具香港法律意见书等
保荐人律师	350 万~600 万	代表保荐人对公司进行尽职调查，起草部分招股书，对招股书做验证，代表保荐人与香港联交所沟通联络等
公司中国内地律师	100 万~250 万	为公司做重组并搭建红筹架构，对公司进行尽职调查并出具法律意见书，起草招股书中中国内地法律相关的部分，回复香港联交所关于中国内地法律方面的问题，代表公司就相关中国内地法律问题与政府部门进行沟通等

---

① 吕丛平．简析 IPO 公司上市费用财务处理常见的几个问题 [J]．中国注册会计师，2022（3）：82-84.

主要参与方	服务费用（港元）	具体工作
保荐人中国内地律师	60 万~120 万	审查公司中国内地律师出具的法律意见书，并向保荐人出具一份同样内容的法律意见书，就上市过程中的中国内地法律问题向保荐人出具法律意见等
估值师	不超过 50 万	负责公司物业及业务估值工作
内控审计	不超过 60 万	负责对公司进行内部监控审计及编写规章制度
行业分析专家	不超过 50 万	负责对公司所处行业出具市场调研报告
公关顾问	不超过 100 万	负责统筹上市相关的公关工作
印刷商	不超过 200 万	负责印刷、排版及翻译招股书以及为各专业机构开会提供会议场地及其他会议服务
股份过户处	不超过 20 万	负责上市股份过户工作
收款银行	不超过 20 万	负责收取投资者的股票认购申请

资料来源：根据相关资料整理。

五、H 股与红筹股

中国内地企业在香港上市主要有两种模式：H 股和红筹股。[①]

（一）H 股

H 股指中国境内（不包括港、澳、台地区）的中国股份公司，直接向香港联合交易所（以下简称"香港联交所"）申请发行境外上市外资股（H 股）股票并在香港联交所上市交易的境外上市模式，此种上市模式，需要获得中国证监会的批准，主要的监管法规是《关于股份有限公司境外发行股票和上市申报文件及审核程序的监管指引》。

（二）红筹股

红筹股指公司注册在境外，通常在开曼群岛、百慕大群岛或英属维尔京群岛等地，适用当地法律和会计制度，但公司主要资产和业务均在我国内地。红筹一般有两种模式，一种是股权模式，另一种是 VIE 模式。对于红筹模式，主要的监管法规为《关于外国投资者并购境内企业的规定》《国家外汇管理局关于境内居民通过特殊目的公司境外投融资及返程投资外汇管理有关问题的通知》《境内居民通过境外特殊目的公司融资及返程投资外汇管理操作规程》。

---

① 王映玥. 内地企业香港上市的监管合作研究 ［D］. 成都：西华大学，2013.

第四节 "协议控制+VIE"企业的运营模式

一、"协议控制+VIE"模式的结构

"协议控制+VIE"模式通常是用来上市的特殊目的公司在海外注册,其主要功能是提供在 VIE 规则下的财务运作。该模式的最大特点是,海外的特殊目的公司不具有任何实体业务,而是通过其在国内设立的全资子公司与国内实体运营公司以协议的形式捆绑在一起,在不存在任何股权关系的两家主体公司间,将利润以服务费等形式转移给特殊目的公司在国内设立的全资子公司,再利用 VIE 规则与境外特殊目的公司合并报表,以达到国际投资者实现利益最大化的目的。该模式搭建基本步骤如图 10-4 所示。

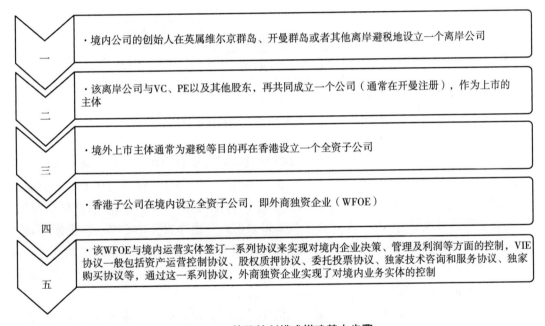

一
· 境内公司的创始人在英属维尔京群岛、开曼群岛或者其他离岸避税地设立一个离岸公司

二
· 该离岸公司与VC、PE以及其他股东,再共同成立一个公司(通常在开曼注册),作为上市的主体

三
· 境外上市主体通常为避税等目的再在香港设立一个全资子公司

四
· 香港子公司在境内设立全资子公司,即外商独资企业(WFOE)

五
· 该WFOE与境内运营实体签订一系列协议来实现对境内企业决策、管理及利润等方面的控制,VIE协议一般包括资产运营控制协议、股权质押协议、委托投票协议、独家技术咨询和服务协议、独家购买协议等,通过这一系列协议,外商独资企业实现了对境内业务实体的控制

图 10-4 协议控制模式搭建基本步骤

"协议控制+VIE"架构搭建,首先由国内实际运营公司的创始人单独或与国际风险投资者共同在境外注册一个离岸的 A 公司,再由 A 公司在国内设立一家全资的外商独资 B 公司,从事中国现行法律体系中外商投资不受限制的行业,如技术、咨询服务类,B 公司和国内实际运营公司签署相关涉及公司利益分配、经营管理、股权表决权代理、借款以及股权质押等协议,使 B 公司能够对国内实际运营公司全面掌控,通过 B 公司的桥梁作用,达到国内实际运营公司的财务报表可以和境外注册的 A 公司合并,符合 VIE 规则中的合并报表条件要求,最终达到 A 公司实现境外上市的条件。"协议控制+VIE"架构搭建过程,

如图 10-5 所示。

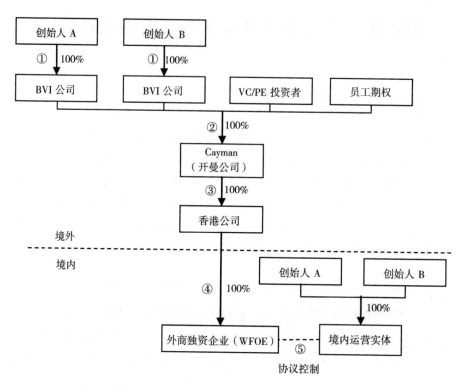

图 10-5　"协议控制+VIE"架构搭建过程①

第一步，在海外设立离岸公司。国内实际运营公司的创始人在海外设立离岸公司，在有关海外设立离岸公司的地点选择上，国际上通常选择一些海外离岸投资中心，如英属维尔京群岛、开曼群岛、纽埃岛、巴哈马群岛和中国香港等地。② 以英属维尔京群岛为例，英属维尔京群岛英文缩写 BVI，是世界上发展最快的海外离岸投资中心之一。根据当地政府的相关法律规定，在英属维尔京群岛注册公司手续简单，税率低，甚至可以免税，同时当地法律规定公司可以自由地进行各种财务调度，如外汇结算及信用证押汇，并享有高度的保密性，如图 10-5 中①所示。

第二步，在海外设立特殊目的公司。国内实际运营公司的创始人在海外设立离岸公司的目的是掌控海外的特殊目的公司，与国际风险投资者形成利益共同体。这期间国内实际运营公司的创始人会根据国内实际运营公司的财务、管理情况，有针对性地进行一轮融资，以确保海外上市过程中短期资金充裕，增强现金流动性。相当一大批高科技公司也会将公司核心技术、管理团队的未来期权进行预留。以保证国内实际运营公司的有序发展。海外特殊目的公司则由国内实际运营公司的创始人、国际风险投资者及国内实际运营公司的核心技术、管理团队员工共同设立，如图 10-5 中②所示。

---

① 最全图解 VIE 架构的搭建 [EB/OL]. http://www.toutiao.com/a6314962215523647746/.
② 高喜僚. 中国公司如何在境外上市 [J]. 现代企业教育，2013（7）：26-31.

第三步，设立多层级的海外特殊目的公司控制上市"壳"公司。在技术上不同个案的实际情况略有差异，其中有一些"协议控制+VIE"模式中会多设立一个或几个层级的特殊目的公司，以确保国内实际运营公司在创始人更迭、业务实体发生变更或各个主体间股权变动等情况出现时，可以减少对海外特殊目的公司资本运作过程中稳定性的影响。当然也存在着出于商业行为中对实际创始人信息的保密需要，设计结构时，人为地在多个离岸金融中心设立特殊目的公司，或设立多层级的海外特殊目的公司控制上市"壳"公司，如图 10-5 中③所示。

第四步，设立全资的外商独资公司。特殊目的公司在国内严格按照中国现行法律体系，设立全资的外商独资公司，经营外商投资不受限制的行业，如技术、管理咨询类行业。通常情况下被设立的外商独资公司的经营范围需要非常广泛，如"四方信息公司"就涉及技术服务、管理咨询、信息咨询服务等服务业。同时，此类公司在内部治理结构中也要做出专门的规定，如在公司章程中明确约定特殊的财务会计机制，方便外汇的进出，便于财务上的调配和商事上的安排，如图 10-5 中④所示。

第五步，签署一系列相关协议。外商独资企业与国内实际运营公司签署独家业务服务类、股东表决权委托类、股权优先收购类、借贷类、股权质押类等相关协议。其目的是通过协议对国内实际运营公司形成控制，以各种服务费的形式向外商独资企业输送利润，在符合 VIE 规则的处理后，使得国内实际运营公司的报表可以与特殊目的公司形成合并，整体被纳入境外上市的"壳"公司体系中，如图 10-5 中⑤所示。

二、"协议控制+VIE"模式的运作机理

（一）"协议控制+VIE"模式的搭建步骤

协议控制模式的搭建主要涉及三方主体架构：境外上市主体（SPV）、境内外商独资企业（WFOE）以及境内营运实体（VIE）。[①] 其简要架构如图 10-6 所示。

在图 10-6 中，协议控制模式简要架构构建的基本流程是：第一，为方便股东持股及股权转让，境内营运实体的中国股东在境外设立一个股东持股公司。基于较少政府干预、信息保密及避税等因素考虑，该离岸公司通常会选择在英属维尔京群岛（The British Virgin Islands，BVI）设立。第二，由股东持股（BVI）公司与境外战略投资者再共同设立一个 SPV 作为拟上市主体。基于政治稳定，拥有较为健全的公司法律制度，更易于被美国、中国香港等主要上市地证券交易所接受等因素考虑，该离岸公司通常设立于开曼群岛（Cayman Islands）。[②] 第三，由拟上市主体在境内设立外商独资企业。第四，由 WFOE 与 VIE 及其中国股东签订一系列控制协议，通过协议安排实际控制 VIE 的决策管理、利润分配等，将 VIE 的利润层层传递到境外拟上市 SPV。通过可变利益实体报表合并规则将 VIE 的财务报表合并到拟上市 SPV 中，使其满足境外证券交易所上市标准。

---

① 刘燕. 企业境外间接上市的监管困境及其突破路径——以协议控制模式为分析对象 [J]. 法商研究，2012，29（5）：13-21.

② 伏军. 境外间接上市法律制度研究 [M]. 北京：北京大学出版社，2010：72-73.

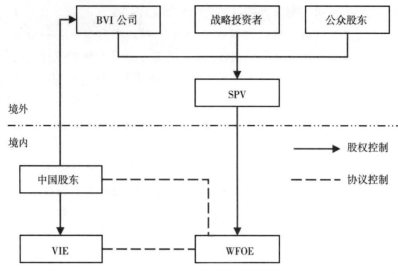

图 10-6　协议控制模式简要架构

（二）国内"协议控制+VIE"模式的相关协议

协议控制模式中 WFOE 与 VIE 及其中国股东所签订的具体协议根据不同企业类型有所差异，但为实现控制支配及利润转移两个基本目的（见表 10-23），主要包括以下一系列协议：

表 10-23　VIE 架构包含的一系列协议①

协议名称	作用
资产运营控制协议	通过该协议，由 WFOE 实际控制目标公司的资产和运营
借款协议	由 WFOE 贷款给境内运营实体的股东，股东将其股权质押给 WFOE
股权质押协议	当法律允许 WFOE 进入境内运营实体所在的领域时，WFOE 提出收购境内运营实体股东的股权，成为正式控股股东
委托投票权协议	通过该协议，WFOE 可以直接控制境内运营实体的决策
独家服务协议	该协议约定境内运营实体生产经营所需的知识产权由 WFOE 提供，境内运营实体所获得的利润以服务费、特许权使用费的方式支付给 WFOE

1. 贷款协议

由外商独资企业与国内实际运营公司的股东签订。外商独资企业根据贷款协议向国内实际运营公司的股东提供贷款，然后该等股东将这笔贷款通过增资的方式注入国内实际运营公司；根据中国现行法律体系中有关金融监管规定，外商独资企业通过银行委托贷款的方式对国内实际运营公司的股东发放贷款。在进行财务处理后以合法方式注入国内实际运营公司，国内实际运营公司的股东将资金以增资等合法方式用于国内实际运营公司的常规

---

① 最全图解 VIE 架构的搭建［EB/OL］.（210-10-09）http：//www.toutiao.cona6314962215523647746/.

经营运作。通过贷款类相关协议，打通资金在国际投资者和国内实际运营公司之间的流动渠道，同时也保障了国内实际运营公司的利润或国际投资者资金在这个渠道内来回转移。简而言之，获得境外融资是协议控制模式的核心目的，但境外上市主体融得资金后不能直接注入 VIE，而是通过免息贷款方式将资金转移给 VIE 的中国股东，再由中国股东以出资形式把资金注入 VIE。

2. 股权质押协议

由外商独资企业与国内实际运营公司的股东签订。根据股权质押协议相关条款，国内实际运营公司的股东将其在国内实际运营公司的股权质押给外商独资企业，以担保该类相关协议的履行，即为担保贷款协议以及其他控制协议的有效履行，VIE 的股东同意将其所持有的 VIE 股权全部出质给 WFOE。

3. 独家服务协议

由外商独资企业与国内实际运营公司签署。根据独家业务服务协议相关条款，外商独资企业向国内运营实体公司提供独家的业务咨询和技术服务，国内实际运营公司支付服务费，并以此方式将利润转移到外商独资企业。[1] 以 2007 年 12 月 18 日在港交所上市的太平洋网络为例，国内实际运营公司聘请外商独资企业为独家商事业务咨询服务机构，服务内容包括独家业务服务协议、表决权委托协议、独家期权协议以及员工培训等。同时，协议双方约定：国内实际运营公司需要向外商独资公司支付对价，实际操作上这个对价基本上等于国内实际运营公司的年的净利润。这样一来，国内实际运营公司太平洋网络有限公司的主要利润全部以"服务费"方式转移给境内的外商独资公司，最终间接实现将净利润以报表形式纳入了在港交所上市的"壳"公司，即由 WFOE 与 VIE 签署独家服务、委托管理、资产运营等协议，将 VIE 的剩余收益和利润以服务费或管理费的名义转移到 WFOE，进而传输给境外上市主体。

4. 股东表决权委托协议

由外商独资企业与国内实际运营公司的股东签订。根据股东表决权委托协议相关条款，国内实际运营公司的股东委托外商独资企业行使其在国内实际运营公司的股权表决权。外商独资企业经合法授权后全权代理国内实际运营公司相关股东权利，包括国内实际运营公司法人治理结构中董事会、监事会的议事规则；董事、监事及主要管理层人员的提名、任免；日常管理及重大业务的经营；相关知识产权权利等一切相关涉及国内实际运营公司的管理事务。与此同时，有的协议还要求做出这样的规定，即作为国内实际运营公司及其股东还需要单独向外商独资企业做出承诺，在未经书面授权的情况下，不做出任何有关公司的重大性决策。此举旨在通过协议控制，获得国内实际运营公司的全部经营控制权，即股权委托协议。VIE 的股东与 WFOE 签署股权委托协议，将其依据中国法律及公司章程所享有的股东权利长期授予 WFOE 行使，由 WFOE 支配境内经营实体股东会的表决、董事会成员的选任和决策，以实现 WFOE 对 VIE 的全面控制。

---

[1] 《浅析协议控制+VIE：模式相关法律问题》[EB/OL].[2014-05-18] http://www.docn.comp-726755728.html.

5. 独家股权转让协议

由外商独资企业与国内实际运营公司的股东签订。根据独家股权转让协议相关条款，外商独资企业可以根据中国现行法律法规的规定，随时要求国内实际运营公司的股东与自己或者指定任意第三方转让所持股权的条款。同时，双方约定若国内实际运营公司对外转让股权，外商独资企业享有排他的优先独家购买权。① 独家股权转让协议的目的是为日后中国法律法规对有关外商投资企业进入或者收购国内特定敏感行业预留一个通道，一旦中国法律允许外资进入，可以随时通过外商独资企业收购行为将国内实际运营公司真正纳入上市公司体系内，完成最终的股权支配。

6. 资产运营控制协议

（1）担保类协议。由外商投资企业与国内实际运营公司或其股东签订的。这类协议通常会约定，国内实际运营公司将其所有的股权、不动产等作为担保物，为该公司如期向外商独资企业支付"服务费"以及该公司股东向外商独资企业的借款提供财物担保；有些情况下，这类担保协议会经过国家公证部门公证，通过公证后的担保类协议具有一定的强制执行效力，有利于提高担保物权执行效率。这类担保协议有力保障了国际投资者的投资利益，同时也为国内实际运营公司的利润转移到海外上市的"壳"公司进行了物权背书。

（2）排他性认购期权协议。VIE 股东与 WFOE 约定，当国内法律法规、外资政策允许外资进入相应领域时，WFOE 对于 VIE 的股权或其他资产，有权以法律所允许的最低对价进行购买。

通过签署以上相关协议，海外上市的"壳"公司实现了对国内实际运营公司经营、利润等方面的有效控制，以 VIE 规则为依据做相应的合法性处理后，国内实际运营公司的财务报表可以合法地被海外上市的"壳"公司所合并，在会计操作层面，这些协议使国内实际运营公司的利润并入外商独资企业从而最终并入海外上市的"壳"公司，表面上看海外上市的"壳"公司从一个空"壳"变成拥有营业收入和业绩的实际运营公司。不可否认，这一系列协议的设计体现了国内资本市场的无限创造力，但伴随着国际资本市场的变化，协议中的各要素不断发生变化，"协议控制+VIE"模式中最重要的一环"协议控制"也需要随之改进。

综上，协议控制模式的架构相对比较复杂，涉及境内外数家公司，这就为其避税提供了条件。例如，在境内运营实体向 WFOE 企业转移利润的过程中，就存在利用关联企业进行转移定价以减轻税负的行为；在 WFOE 企业向境外上市主体转移利润的过程中，所设立的香港子公司也是为了利用我国内地与香港的税收优惠协定来减少 WFOE 企业向境外上市主体支付股息时的预提所得税。VIE 架构企业的各种避税行为严重侵害了我国的税收利益，因此我们结合我国的基本国情，并借鉴国外的有益实践，制定出了特别纳税调整制度，专门用来打击企业的避税行为。

---

① 陈光磊. 论有限责任公司的股权转让——《公司法》第 72 条问题探究 [J]. 法制博览，2012（3）：73-75.

（三）普通红筹架构拆除案例

1. 普通红筹架构的一般化案例背景

实现境内上市的监管条件，从持股角度，需要在境内建立或将现有的运营实体改造成中外合资企业，作为拟上市实体，同时保留创始股东和境外财务投资人的权益即可，境外财务投资人无须退出投资[①]。现基于构造的一般化普通红筹架构拆除方案假设：

（1）创始股东通过设立在英属维尔京群岛的特殊目的公司并购间接持有境内运营公司股权，原始投资成本和后期自有资金注入共计2000万元人民币。

（2）境内公司在寻求私募基金融资时估值相当于3亿元人民币的美元，私募基金以增资方式认购特殊目的公司增发的股份相当于2亿元人民币的美元，占增发后公司总股本的40%（即2/5），创始股东的权益被稀释为60%。

（3）公司计划实施红筹架构拆除方案时估值达到相当于6亿元人民币的美元。

（4）假定特殊目的公司账面资产除了对境内运营公司的投资外，没有其他资产。

此外，运营公司正处于发展过程中，尚未进行过分红，通过特殊目的公司向管理层有签订股权激励计划。

2. 普通红筹架构拆除方案分析

方案1：创始股东直接移除对特殊目的公司持股。

该方案是将境外特殊目的公司持有的境内运营公司的股权还给创始股东，当特殊目的公司出售境内运营公司60%股权给创始股东时，作为中国非居民纳税人的特殊目的公司需要对股权转让价格和归属于该60%股权的投资成本间的差额确认资本利得作为来源于中国境内的所得，向中国税务机关缴纳10%预提所得税。[②] 此外，由于特殊目的公司回购创始股东的股权，作为中国居民纳税人个人的创始股东需要就回购价格和投资成本的差额确认资本利得，向中国税务机关缴纳20%个人所得税。该方案对创始股东的影响还是比较大的，其基本的拆除后的架构如图10-7所示。

流程Ⅰ：特殊目的公司将境内运营公司股权中原应归属于创始股东的60%的权益转让给创始股东。

基于流程Ⅰ，特殊目的公司转让境内运营公司是以现金支付作为对价的，并不满足"特殊重组"的条件[③]，因此需要按照运营公司的股权公允价值的60%确认交易的计税价格。

虽然企业尚处于累计亏损阶段，但其未来的盈利能力已足以使其拥有6亿元的估值，因此该项交易需要按照60%股权的公允价值3.6亿元（6亿元×60%）作为交易价格，将境内运营公司60%的股权转让给创始股东。

特殊目的公司持有境内运营公司的投资成本为当初创始股东投入的2000万元和私募

①　陈杰. FDI 中的返程投资：现状、成因及规制［J］. 西南金融，2007（1）：48-49.

②　根据 59 号文件的规定，企业所得税体系下，一般涉及企业重组的，应按照交易资产的公允价值定价确认应税收入（除非该项重组符合"特殊重组"的条件，就可以按照标的资产或股权的计税基础确定交易的计税价格，从而暂不需缴纳企业所得税）。

③　李石. 企业并购支付方式税务筹划［J］. 财会通讯，2015（11）：121-123.

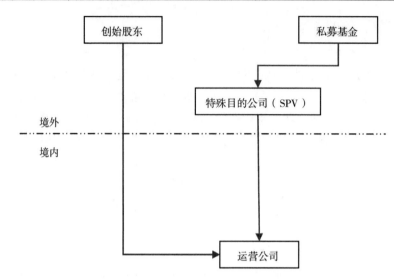

图 10-7 方案 1 普通红筹架构拆除后的持股结构

基金投入的 2 亿元之和，即 2.2 亿元，则：

特殊目的公司应纳税额 =（3.6 亿 - 2.2 亿×60%）×10% = 2280 万元

创始股东通过过桥贷款筹措 3.6 亿元借款，支付完对价后，特殊目的公司可以以取得的现金对价先完税。

流程 Ⅱ：特殊目的公司回购创始股东所持有的 60% 的股份。

基于流程 Ⅱ，按照上述交易对价扣除缴纳的资本利得税后的全部现金余额 3.372 亿元 [即（3.6 亿元 - 2280 万元）] 作为回购价格回购创始股东持有特殊目的公司的股权，而作为自然人的创始股东在取得回购资金时，需要对超过当初投资成本 2000 万元的部分缴纳 20% 个人所得税，由此得出：

创始股东税负 1 = 2280 万元

（特殊目的公司的应纳税额已经全额从回购价格中扣除，因此相当于创始股东承担了这部分税负）

创始股东税负 2 =（3.372 亿元 - 2000 万元）×20% = 6344 万元

创始股东实际取得的税后回购款为 27376 万元 [即（3.372 亿元 - 6344 万元）]，还需另外筹措 8624 万元尚可还清 3.6 亿元过桥贷款。创始股东现金支出为 8624 万元。

私募基金在该方案结束后继续通过特殊目的公司持有境内运营公司的股权，没有受到财务影响。

方案 2：境内新设拟在国内上市控股实体。

基于投资控股和未来业务拓展的需要，投资人往往希望回归境内资本市场的上市主体是一家投资控股企业。很多情况下，由其控股下属各业务板块的运营实体，即使未来业务拓展，也能够享受到整体上市的融资功能。该方案是对方案 1 的进一步优化，引入了投资控股这一产业整合的后续考量。由于控股公司是由创始股东和私募基金共同出资设立的，所以该方案对私募基金也会产生财务影响，这是和方案 1 有所区别之处。因此，该方案的股权架构重组后如图 10-8 所示。其流程如下：

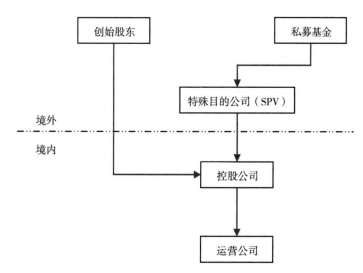

图 10-8　方案 2 普通红筹架构拆除后的持股结构

流程Ⅰ：创始股东和特殊目的公司在境内新设立一家合资企业（"控股公司"）作为未来的拟上市主体，双方约定的持股比例分别为 60% 和 40%。

基于流程Ⅰ，为了能使新设的控股公司有足够资金在流程Ⅱ中收购境内运营公司的股权，控股公司的注册资本至少 6 亿元人民币（因为运营公司的股权估值为 6 亿元），由创始股东和特殊目的公司分别出资 3.6 亿元和 2.4 亿元，持股 60% 和 40%。创始股东需要筹措过桥贷款 3.6 亿元用于出资，私募基金向特殊目的公司注入 2.4 亿元用于出资（该出资由部分债务融资和部分股权融资混合构成，具体的构成将在后面部分详解）。

流程Ⅱ：特殊目的公司将境内运营公司股权全部转让给控股公司。

基于流程Ⅱ，特殊目的公司转让境内运营公司的股权给新设控股公司应按公允价值 6 亿元定价，则：

特殊目的公司应纳税额 =（6 亿元 – 2.2 亿元）×10%＝3800 万元

根据创始股东和私募基金在特殊目的公司中的持股比例，计算投资方的实际税务负担：

创始股东税负 1＝3800 万元×60%＝2280 万元

私募基金税负＝3800 万元×40%＝1520 万元

流程Ⅲ：特殊目的公司回购创始股东所持有的 60% 股份。

基于流程Ⅲ，特殊目的公司回购创始股东的持股，那么，创始股东需要对回购款和投资成本 2000 万元间的差额缴纳 20% 个人所得税。

创始股东税负 2＝（6 亿元×60%-2280 万元 – 2000 万元）×20%＝6344 万元

创始股东实际取得的税后回购款为 27376 万元 ［即（3.6 亿元 – 2280 万元-6344 万元）］，另需筹措 8624 万元尚可还清 3.6 亿元过桥贷款。创始股东现金支出为 8624 万元。

特殊目的公司在支付给创始股东回购款 3.372 亿元后还剩余现金 2.248 亿元〔即（6亿元 - 3800 万元 - 3.372 亿元）〕，用于偿还私募基金的贷款。

所以，对私募基金而言，其针对整个重组交易的实际现金支出为增资给特殊目的公司用于支付归属于其负担的预提所得税。

私募基金现金支出为 1520 万元。

由此可见，之前私募基金向特殊目的公司注入的 2.4 亿元资金，应由 2.248 亿元短期贷款和 1520 万元股权增资组成。

3. 基于上述可选拆除方案的财务影响比较

基于一般化普通红筹架构拆除方案，经过上述的讨论，现做出财务影响比较汇总表，如表 10-24 所示。

表 10-24　普通红筹架构可选拆除方案财务影响比较

	方案 1	方案 2
创始股东		
税务负担	8624 万元	8624 万元
净现金流影响	−8624 万元	−8624 万元
总体现金流变动	+36000 万元（过桥贷款） −36000 万元（支付股权收购对价） +27376 万元（税后回购款） −27376 万元（偿还过桥贷款）	+36000 万元（过桥贷款） −36000 万元（缴付新设控股公司注册资本） +27376 万元（税后回购款） −27376 万元（偿还过桥贷款）
对直接投资实体的投资成本	36000 万元（投资运营公司）	36000 万元（投资新设控股公司）
私募基金		
税务负担	无	1520 万元
净现金流影响	无	−1520 万元
总体现金流变动	无	−22480 万元（贷款给特殊目的公司） −1520 万元（向特殊目的公司增资） +22480 万元（收取特殊目的公司偿还的短期贷款）
对直接投资实体的投资成本	20000 万元（投资特殊目的公司）	21520 万元（投资特殊目的公司）

由表 10-24 可见，执行方案 1 和方案 2 对创始股东的财务影响是完全一样的。

对私募基金而言，方案 1 没有财务影响，但方案 2 会负担一定的税收成本，这也是合理的，因为方案 2 下对特殊目的公司的投资成本也比方案 1 增加了 1520 万元，理论上以后再处置特殊目的公司股权时，方案 2 下私募基金会比方案 1 少缴纳 1520 万元。一般税收筹划的目标包括降低税负或延迟纳税义务发生时间。

因此，从财务视角分析，方案 2 相对于方案 1 提前了纳税义务发生时间，方案 1 应该更佳。

4. 基于上述可选拆除方案的商务事项①执行效率比较

由于商务事项的执行效率是管理层选择具体拆除方案时的考虑因素之一，因此普通红筹架构可选拆除方案商务事项执行效率比较如表 10-25 所示。

表 10-25　普通红筹架构可选拆除方案商务事项执行效率比较

序号	方案 1	方案 2
1	创始股东与特殊目的公司签订关于转让运营公司股权的协议，该股权转让需取得商务部门审批	创始股东与特殊目的公司签订合资协议，设立境内控股公司，该项设立需取得商务部门审批
2	特殊目的公司完成向创始股东回购股权的决议	境内控股公司与特殊目的公司签订关于转让运营公司股权的协议，该股权转让需取得商务部门审批，外汇资本金结汇用于收购运营公司股权需取得外汇管理部门核准
3		特殊目的公司完成向创始股东回购股权的决议

由表 10-25 可见，方案 2 的商务执行手续比方案 1 要繁复很多，关键在于多了设立境内控股公司这一步骤。

（四）VIE 红筹架构拆除案例

1. VIE 红筹架构的一般化案例背景

相对普通红筹架构，VIE 架构需要额外考虑如何打破外商投资企业对境内运营公司的协议控制，并实现境内运营公司和外商独资企业间的整合。由于 VIE 架构下境外特殊目的公司设立的目的更多是引入外资和作为境外上市主体，所以私募基金在拆除 VIE 架构中所能做出的资本运作的选择应该比拆除普通红筹架构的选择要更多样化和更具复杂性。由于经营的行业对外商投资的限制，可能还会涉及美元基金等境外财务投资人的退出，并引入境内人民币基金接盘②。现对普通红筹架构下的一般化案例的相关要素稍作调整，假设如下：

（1）计划实施红筹架构拆除方案时，整个运营项目的股权估值达到相当于 6 亿元人民币的美元。

（2）创始股东原先在境内出资 2000 万元人民币设立并运作境内运营公司。

（3）为吸引美元私募基金投资，并实现后续在海外上市的目的，创始股东和私募基金通过设立在英属维尔京群岛的特殊目的公司在境内成立一家外商独资企业。该架构搭建前，境内运营公司估值相当于 3 亿元人民币，创始股东出资相当于 1 元人民币的美元投资

---

① 商务事项是指在完成各可选拆除方案过程中涉及的公司并购、新设、注销等行为所需的协商、审批等程序的执行。

② 刘燕. 企业境外间接上市的监管困境及其突破路径——以协议控制模式为分析对象 [J]. 法商研究，2012（5）：13-21.

特殊目的公司，私募基金出资相当于 2 亿元人民币的美元注入特殊目的公司。双方约定，私募基金持股 40%（即出资 2 亿元/募资后的 5 亿元），创始股东持股 60%。

（4）外商独资企业通过协议控制方式与境内运营公司签订管理服务协议，约定向境内运营公司收取相当于运营公司税前利润的服务费作为收入。与此同时，外商投资企业与创始股东签订贷款协议，将特殊目的公司投入的资本金贷给创始股东，并由后者以增资方式投入境内运营公司，该贷款以运营公司的股权作为质押①。

（5）特殊目的公司账面资产除了对外商独资企业的投资外，没有其他资产。

（6）运营公司正处于发展过程中，尚未有盈利，也就暂时没有向外商独资企业支付过创始股东私募基金特殊目的公司原外商独资企业境外境内运营公司管理服务费。通过特殊目的公司向管理层有签订股权激励计划。

2. VIE 红筹架构拆除方案分析

VIE 方案 1：美元基金不退出，创始股东境外撤资，入股外商独资企业。

如果所投资的行业仍允许外资持有一定比例的股权，美元私募基金可以考虑采取延续通过特殊目的公司持股的方式投资到境内的拟上市实体中，但创始股东为达到拆除红筹架构的目的就必须退出对特殊目的公司的持股。该方案的股权架构重组后如图 10-9 所示，其流程如下：

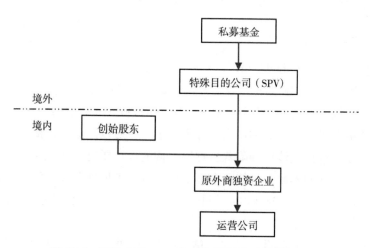

图 10-9　VIE 方案 1VIE 红筹架构拆除后的持股结构

流程 I：解除一系列 VIE 控制协议，创始股东将对特殊目的公司 60% 的持股全部转让给私募基金。

流程 I 中，当创始股东向私募基金出售其持有的特殊目的公司 60% 股权时，作为中国居民纳税人个人的创始股东需要针对股权转让价格和其原始投资成本间的差额确认资本利

---

① 根据《贷款通则》的规定，非金融企业间是不得从事贷款业务的，所以如果需要由外商独资企业直接向运营公司贷款，必须通过金融机构以委托贷款的方式进行。为避免麻烦，很多 VIE 架构中财务投资人都选择将款项贷给创始股东作为向运营公司的出资。企业向个人提供借款没有明确的限制性规定。

得，向中国税务机关缴纳 20% 个人所得税。

关于股权转让价格的定价问题。根据相关个人所得税法规的规定，股权转让收入应当按照公平交易原则确定，对申报的计税依据明显偏低（如平价和低价转让等）且无正当理由的，主管税务机关可参照归属于个人股东在被投资企业中享有的净资产份额核定。这个规定和企业转让股权时被要求按照股权公允价值转让存在显著差异。

（1）由于被转让的特殊目的公司的资产完全由向境内的外商独资企业的投资构成，而境内运营公司尚处于亏损状态，从未向外商独资企业分配过管理服务费，因此理论上特殊目的公司的账面净资产值还是等于当初创始股东和私募基金投资时的投资成本甚至更低（因为维持外商独资企业的日常合规运作还是需要花费少量成本的），所以通常在特殊目的公司层面的股权转让可采用被转让股权对应的净资产份额的金额定价。

（2）由于特殊目的公司的总净资产为私募基金当初投入的 2 亿元人民币和创始股东象征性投入的 1 元人民币，按照创始股东享有 60% 投资份额对应的净资产份额应为人民币1.2 亿元。在个人所得税法规下，只要股权转让价格没有低于股权对应的净资产份额和当初的投资成本，就不会被视为"股权转让收入明显偏低"而被税务局要求调整。

所以从税务角度，按 1.2 亿元人民币的价格作为应税收入也是合理的。

创始股东税负 =（1.2 亿元 – 1）×20% = 2400 万元

流程 II：特殊目的公司向创始股东转让持有的外商独资企业 60% 的股权，外商独资企业变更为中外合资企业。

流程 II 中，特殊目的公司再向创始股东转让持有的外商独资企业 60% 的股权。由于该重组不涉及投资退出，一般交易定价可以由交易各方协商确定。

出于对现金流安排的考量，转让定价还在 1.2 亿元为宜，创始股东只需将从流程 I 中取得的交易对价直接购买外商独资企业的股权即可。该项交易转让的股权的定价在 59 号文的规定下就需要按照被转让股权的公允价值来计量应税转让收入了。

（1）虽然运营公司的股权在考虑到未来现金收益（即预计从境内运营公司取得的管理服务费收入扣除少量自身的运营成本）和盈利能力后得出的公允价值为 3.6 亿元人民币（即估值 6 亿元 ×60%），但因为 VIE 控制协议已经在流程 I 中解除，外商独资企业的股权价值和运营公司的未来盈利能力已经没有关系。

（2）外商独资企业本身并没有经营性项目，因此外商独资企业的股权公允价值近似于当初的投资成本 2 亿元，则用于交易的 60% 股权的公允价值为 1.2 亿元。

因此交易定价在 1.2 亿元是合理的。由于计税交易价格和当初特殊目的公司对外商独资企业对应股权比例的投资成本相同，所以流程 II 下该特殊目的公司不存在额外的税务负担。

流程 III：由中外合资企业向境内运营公司收购全部业务或吸收合并运营公司，运营公司清算注销；或由中外合资企业向创始股东收购其持有的运营公司的全部股权。

流程 III 中，由外商独资企业变更产生的中外合资企业，作为拟上市主体，收购运营公司业务可能出现三种可以操作的方式：

（1）由中外合资企业（原外商独资企业）向创始股东收购运营公司 100% 的股权；

（2）由中外合资企业向运营公司收购其全部业务，包括承继其所有资产、负债和人力资源等，运营公司清算注销；

（3）由中外合资企业吸收合并运营公司。

其一，方式（1）下，理论上创始股东应就转让运营公司的资本利得缴纳 20% 个人所得税。

创始股东投入运营公司的资金中只有 2000 万元是自有资金，剩下的资金是私募基金投资到特殊目的公司并通过外商投资企业贷给创始股东投入运营公司的，通过创始股东个人投入运营公司的投资成本合计 2.2 亿元。

由于原外商独资企业本身账面没有现金支付收购款，在投资各方尽可能不对原外商独资企业注资用于支付收购款的情况下，该项收购的定价不应超过 2 亿元（该项对价可以正好抵消创始股东对原外商独资企业所欠的借款）。由于境内运营公司尚处于亏损状态，其账面净资产值不会超过该创始股东历史上投入的全部投资成本。

在个人所得税法规下，个人转让股权的定价如果低于在目标企业中归属于其享有的净资产值或低于取得该股权所支付的注资或对价，就会被认为作价"明显偏低"而被调整计税收入，但鉴于境内运营公司的亏损状态，即使 2 亿元的对价按照 2.2 亿元核定计税转让价格，创始股东的实际应税资本利得仍为零，从而无须缴纳个人所得税。

交易结束后，创始股东对原外商独资企业的借款也已偿清。

其二，方式（2）下，由中外合资企业收购运营公司的全部业务，那么，相当于运营公司向中外合资企业出售全部资产负债。

根据中国流转税法规的有关规定，如果纳税人在并购置换等资产重组过程中将有关债权债务和劳动力随同交易资产一并转让的行为，不属于营业税和增值税的征收范围。因此上述业务整体收并购不会导致流转税税负。

但是上述业务转让过程中转让的资产和负债如果涉及收益（即转让收入高于该等资产负债的计税成本），运营公司作为中国税收居民企业，应就该收益缴纳 25% 的企业所得税。根据 59 号文的规定，该项业务收购如果不能满足特殊重组条件，应按照重组资产的公允价值确定计税收入，也就是说，无论实际交易作价是否低于整体业务的公允价值，计算企业所得税时的收购价格都应按照公允价值确定[①]。由于中外合资企业是向运营公司收购整体业务，该项业务的公允价值应近似于运营公司的股权公允价值。

私募基金一般更倾向于将该项交易的对价直接以现金形式支付，因为运营公司取得对价后清算注销，创始股东就可以收回对运营公司的投资，回款中的 2 亿元用于偿付原外商独资企业的债权后，就可以将 VIE 架构下不得已采用的债务融资名正言顺地转化成股权融资，彻底清除 VIE 架构带来的影响。

运营公司的整体业务估值近似 6 亿元，假定其形成资产的计税基础近似于当初投入的资本金 2.2 亿元，那么，运营公司应缴纳的企业所得税约为 9500 万元〔即（6 亿元－2.2 亿元）×25%〕，因为运营公司前期还存在未弥补完的亏损，实际缴纳的所得税金额可能还

---

① 杨健，钟红英. 浅谈企业并购的税务筹划［J］. 税务与经济（长春税务学院学报），2001（5）：27-28.

略低于该金额。此后，运营公司清算注销，要保证最后分配到创始股东手中的投资款至少还有2亿元用于偿还对原外商独资企业的欠款，还要考虑到投资款最后分配时需要对可分配财产金额超过创始股东投资成本2.2亿元的部分缴纳20%个人所得税，但是，如果可分配财产金额低于投资成本，就无须缴纳个人所得税了。

根据上述思路，可以倒推出方式（2）下原外商独资企业支付给运营公司的对价。

假设支付的对价为A，则（A－9500万元）－max［（A－9500万元－2.2亿元）×20%，0］≥2亿元，得A≥2.95亿元

因此，支付的对价至少为2.95亿元人民币，创始股东没有因为运营公司清算而缴纳个人所得创始股东私募基金特殊目的公司原外商独资企业境外境内运营公司税。考虑到创始股东可以偿还2亿元贷款，那么，关于该项业务整体收购交易，原外商独资企业必须额外筹措9500万元现金，按照创始股东和私募基金通过特殊目的公司在外商独资企业中的持股比例，由创始股东和私募基金分别注资原外商独资企业用于税款缴纳，通过增资方式实现。

创始股东现金支出＝9500万元×60%＝5700万元

私募基金现金支出＝9500万元×40%＝3800万元

实务操作中，运营公司在没有取得2.95亿元的现金对价支付的情况下，是无法完成清算注销的，因此原外商独资企业还应获得一笔2亿元的过桥贷款，先支付业务收购对价，待创始股东偿还贷款后再偿付过桥贷款。

其三，方式（3）下，直接由原外商独资企业吸收合并运营公司。

根据59号文的规定，因为该项合并不能满足"特殊重组"关于对价形式的条件，同样必须按照公允价值确认合并资产和负债，运营公司和创始股东按照运营公司清算来处理相关税务事项，那么，相关的税务和现金流安排就和方式（2）应该是一致的。

值得注意的是，在方式（2）和方式（3）下，运营公司必须清算注销，其累计税务亏损也就无法再用于结转抵扣将来的盈利，导致递延所得税资产的浪费。

因此，流程Ⅲ更合理的重组方式应该是由外商独资企业通过换股收购运营公司的股权，而非吸收合并运营公司。

VIE方案2：美元基金不退出，创始股东境外赠股，境内企业整合。

和VIE方案1一样，美元私募基金不需要退出投资，但又不希望安排额外资金，则需要尝试和创始股东协商，由创始股东"无偿"将持有特殊目的公司的股权转让给自己。这一方式很大程度上也是可能达成的，因为创始股东对特殊目的公司的投资成本本身就不大，在本案例中仅为象征性的相当于1元人民币的美元。该方案的股权架构重组后如图10-10所示，其流程如下：

流程Ⅰ：解除VIE控制协议，创始股东将对特殊目的公司60%的持股全部"无偿"转让给私募基金。

基于流程Ⅰ，在中国的所得税体制下，只有企业纳税人无偿转让资产需被视同销售缴纳企业所得税，而对个人纳税人的无偿转让行为，"视同销售"概念并不适用。为了控制自然人转让股权时的避税行为，个人所得税法规将"不具合理性的无偿让渡股权或股份"视为股权转让收入"明显偏低"的一种形式，税务机关可以按照无偿让渡股权对应的净资

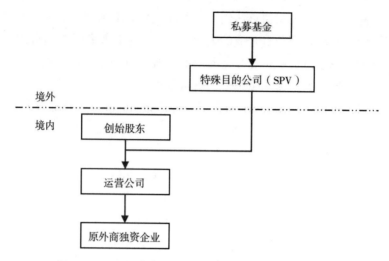

图 10-10　VIE 方案 2VIE 红筹架构拆除后的持股结构

产值核定股权转让计税收入。

因此，即便创始股东将所持有的特殊目的公司的 60% 股份无偿赠与私募基金，仍需按照特殊目的公司 2 亿元注册资本额的 60%（即 1.2 亿元）核定为计税转让收入，扣除投资成本 1 元后缴纳 20% 个人所得税。

创始股东税负 =（1.2 亿元 - 1）×20% = 2400 万元

创始股东现金支出 = 2400 万元

流程Ⅱ：特殊目的公司以所持有的外商独资企业股权作为出资方式向境内运营公司增资，运营公司因此变更为中外合资企业，作为拟上市实体。原外商独资企业因此成为运营公司的全资子公司，很显然，该方案相对于 VIE 方案 1，现金流安排上很占优势，不存在现金交易对价的给付，交易各方只需要考虑交易带来的管理成本和税收负担即可。

流程Ⅱ中，特殊目的公司再以其持有的外商独资企业的股权作为出资向境内运营公司增资。这一步骤具有其特殊性，实质上达到了两个目的，即①私募基金可以通过特殊目的公司合法地延续其在运营公司中的权益；②同时运营公司因此获得了原外商独资企业的权益。

根据 59 号文件的规定，该项交易属于运营公司收购特殊目的公司所持有的外商独资企业的股权的行为，原则上特殊目的公司作为股权转让方应按所持有的外商独资企业股权的公允价值确认应税转让价格，则需对该公允价值和其投资成本间的差额确认资本利得缴纳所得税。特殊目的公司作为非中国税收居民企业，适用资本利得预提所得税税率 10%。

虽然 59 号文件规定了可以适用"特殊重组"的条件，该项交易能满足大部分条件，但是由于该交易属于跨境交易（卖方为非中国税收居民企业，买方为中国税收居民企业），并不能满足对跨境交易享受"特殊重组"处理的额外条件"非居民企业卖方必须 100% 直接控股居民企业买方"。由于运营公司并非由特殊目的公司 100% 直接控股，特殊目的公司对于转让外商独资企业股权的行为需按公允价值确认转让外商独资企业股权所得。然而，因为 VIE 控制协议已经解除，外商独资企业股权的公允价值与投资成本 2 亿元一致，所以该步骤下的换股收并购不会对特殊目的公司造成实际的税负。

该方案看似比较理想,尽可能避免了不必要的税负支出,但是也有弱点,即外商独资企业出借给创始股东的 2 亿元资金并没有收回,该款项仍需由运营公司通过其日后经营所得从分配给创始股东的利润中或从上市后创始股东处置股权所得中偿还,延迟了款项偿还时间。

根据《首次公开发行股票并上市管理办法》的规定,发行人必须有严格的资金管理制度,其资金不能被控股股东、实际控制人及其控制的关联方以各种名义和方式占用。创始股东未及时偿还欠外商独资企业款项的情况,会造成上市申请的实质性障碍,届时可能还需要通过过桥贷款周转。

VIE 方案 3:美元基金不退出,直接增资运营公司。

该方案下,私募基金不再利用境外特殊目的公司间接持股境内运营公司,而是直接作为运营公司股东。通过特殊目的公司持有外商独资企业的架构不变,相当于被弃用了。该方案的股权架构重组后如图 10-11 所示,其流程如下:

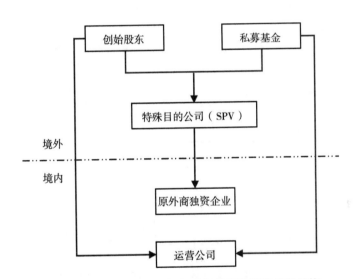

图 10-11　VIE 方案 3VIE 红筹架构拆除后的持股结构

流程 I:私募基金在海外筹措资金准备第二轮融资。

该重组方案直接明了,优点很明显。

由于前期投入外商独资企业的资金都已经通过抵押贷款给创始股东的方式投入到境内运营公司,特殊目的公司和外商独资企业本身就是没有额外现金流的"壳"公司了,弃用之并无价值损失。

但是该方案因为涉及私募基金增资运营公司,需要额外现金流投入,所以该方案有其固有限制,即正好运营公司需要进行新一轮融资。

流程 II:解除 VIE 控制协议,私募基金用筹得的资金向境内运营公司增资。

流程 II 下,该轮融资额取决于运营公司实际所需资金,例如,如果私募基金想要通过增资而在运营公司中名义持股比例达到20%，融资额需达到1.5亿元（即运营公司股权的估值6亿元×20%/80%），然而，由于私募基金前期通过外商独资企业将注入的第一轮融资额2亿元贷款给创始股东，并投入到运营公司中，私募基金在进行第二轮融资前已经变相占有了运营公司40%的权益，即运营公司本身6亿元估值中已经有40%（即2.4亿元）变相归属于私募基金的权益，但该40%的权益以债权形式存在，仅为风险较低的固定收益。

私募基金在第二轮融资继续投资1.5亿元后，实际享有运营公司的权益可以达到52%［即（2.4+1.5）／（6+1.5）］。

然而，无论第二轮融资额为多少，私募基金的增资行为不会对其自身和创始股东带来税负影响。

VIE方案4：美元基金不退出，创始股东境外赠股，基金收购运营公司。

该方案下，私募基金可以循环利用现金流，因为在收购运营公司一定比例股权后，创始股东可以用对价偿还欠外商独资企业的贷款，并通过外商独资企业和特殊目的公司逐级将偿款汇回私募基金。该方案的股权架构重组后如图10-12所示，其流程如下：

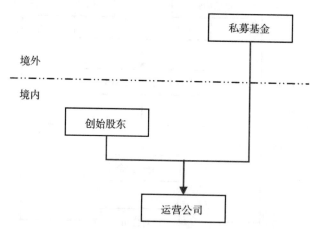

图10-12　VIE方案4VIE红筹架构拆除后的持股结构

流程Ⅰ：解除VIE控制协议，创始股东将对特殊目的公司60%持股全部"无偿"转让给私募基金。

流程Ⅰ同VIE方案2的流程Ⅰ情形一致。创始股东税负1为2400万元，创始股东现金支出为2400万元。

流程Ⅱ：私募基金向创始股东收购境内运营公司40%的股权。

流程Ⅱ下，私募基金向创始股东收购运营公司40%股权。该项收购本身并未扩大运营公司的融资，而只是为拆除现有的红筹架构而进行重组，问题就在于股权收购款的定价。对于私募基金而言，其收购款的定价应该为在相关税款支付完毕后能够由创始股东偿付向外商独资企业的贷款2亿元。如果定价高于这个数字，那么，创始股东会提前从私募基金处实现投资收益；如果低于这个数字，那么，意味着私募基金变相收回了部分当初的2亿元投资额，除非投资各方另有约定，不能仅因为拆除红筹架构的重组行为而触发投资收回。

因此，如果税后对价为 2 亿元，那么，私募基金应实际支付给创始股东的含税对价需要在税后对价的基础上加上创始股东对此项交易应缴纳的 20% 资本利得个人所得税。

由于运营公司尚处于亏损状态，2 亿元的税后对价不会被认定为明显偏低。创始股东对运营公司的投资成本为当初自有资金投入 2000 万元和从外商独资企业贷款用于投入的 2 亿元，共计 2.2 亿元人民币。

设含税股权转让价格为 x，则：

税后对价 = x – (x – 2.2 亿元×40%) ×20% = 2 亿元

计算得：

x = 2.28 亿元

创始股东税负 2 = 2.28 亿元 – 2 亿元 = 2800 万元（该税负实际已包含在含税对价中由私募基金负担）

流程Ⅲ：外商独资企业和境外特殊目的公司先后清算注销。

创始股东将 2 亿元贷款偿还给外商独资企业后，外商独资企业和特殊目的公司在流程Ⅲ中相继清算注销，2 亿元最终回到私募基金手中。该方案的整个执行过程相当于将创始股东替私募基金代持的运营公司的股权真正转变成私募基金对境内运营公司的持股。

私募基金现金支出 = 2.28 亿元 – 2 亿元 = 2800 万元

值得注意的是，由于私募基金支付交易对价给创始股东到最后 2 亿元回到私募基金手中存在先后顺序和时间间隔，私募基金需要先通过自有资金或依靠过桥贷款事先筹备好2.28 亿元的交易对价款项。

VIE 方案 5：美元基金不退出，直接投资外商独资企业，境内企业整合。

该方案有点类似 VIE 方案 1 和 VIE 方案 2，最终需要通过整合外商独资企业和境内运营公司，以达到创始股东和私募基金共同延续对境内拟上市实体的权益，只是该方案下私募基金直接持股境内拟上市实体，不再通过境外特殊目的公司间接持股。该方案的股权架构重组后如图 10-13 所示，其流程如下：

流程Ⅰ：解除控制协议，私募基金向特殊目的公司收购全部外商独资企业的股权，特殊目的公司清算注销。

流程Ⅰ下，私募基金向特殊目的公司收购外商独资企业的全部股权，特殊目的公司需要因此确认股权投资资本利得缴纳 10% 预提所得税。外商独资企业本身除了将 2 亿元资本金全部贷款给创始股东外，并无其他资产，那么，在 VIE 控制协议没有解除的情况下，股权的公允价值即相当于直接投资运营公司的股权的公允价值 6 亿元；而在控制协议解除后，外商独资企业不再享有运营公司的利润分配权，其股权公允价值即为 2 亿元人民币，和特殊目的公司对外商独资企业的投资成本一致。

因此，特殊目的公司转让外商独资企业全部股权的交易并没有资本利得。特殊目的公司清算由于应收私募基金股权转让款 2 亿元，所以也没有剩余财产可以分配给私募基金，流程Ⅰ的重组不涉及现金流影响。

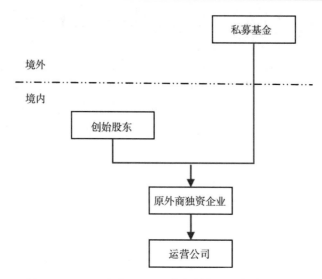

图 10-13　VIE 方案 5VIE 红筹架构拆除后的持股结构

　　流程Ⅱ：外商独资企业以向创始股东定向增发股权的方式收购创始股东持有的运营公司的全部股权或吸收合并运营公司，外商独资企业变更为中外合资企业；也可以考虑由运营公司向私募基金增发股权，同时收购外商独资企业的股权或吸收合并外商独资企业。

　　流程Ⅱ下，外商独资企业通过吸收合并或股权收购运营公司可以使创始股东在重组后对作为拟上市实体的原外商独资企业的权益得以延续，但该项并购必须是外商独资企业以自身的股权支付作为对价的，所以也不涉及与交易对价相关的现金流影响。

　　由于创始股东是自然人，流程Ⅱ中的交易除了不适用流转税外，无论如何都无法享受到"特殊重组"这一企业所得税范畴的重组税收优惠，即针对转让运营公司股权或由外商独资企业吸收合并运营公司而产生的资本利得，无论对价的形式是什么，都应缴纳 20% 资本利得个人所得税，即不被认为价格"明显偏低"。公允价值属于关注企业未来盈利能力的价值评估机制，而显然在个人所得税体制下认定的合理交易价格是按照企业的历史收益来度量的。

　　因此，由于运营公司尚处于亏损状态，创始股东按照其名义投资成本 2.2 亿元作为定价基础不会被认为定价明显偏低。交易完成后，创始股东和私募基金仍旧约定双方在新的中外合资企业（原外商独资企业）中的持股比例分别为 60% 和 40%。

　　当然，流程Ⅱ中也可以考虑反过来由运营公司吸收合并外商独资企业或收购外商独资企业的股权，并以运营公司自身股权作为对价支付给私募基金。然而，由于涉及跨境重组，运营公司在重组前并非由私募基金全资控股，该项交易并不满足"特殊重组"的条件，因此，私募基金作为非中国税收居民，需要针对资本利得缴纳 10% 预提所得税。

　　根据 59 号文件的规定，一旦无法适用特殊重组，相应的交易计税价格应按照标的的公允价值确定，而解除控制协议后的外商独资企业股权的公允价值仍为 2 亿元，和私募基金投资成本一致，因此，该交易结构同样没有税负影响。

　　值得注意的是，该方案同 VIE 方案 2 类似，创始股东并没有解决向外商独资企业偿还

2亿元借款的问题，会一定程度上延迟申请境内上市获批的时间。

VIE方案6：美元基金退出，人民币基金收购外商独资企业，境内企业整合。

需要人民币基金承接美元基金对境内被投资实体的股权的最根本出发点还是回到当初构建VIE架构的用意上。建立VIE架构的目的一般有两种：其一，为了规避《关于外国投资者并购境内企业的规定》限制境内单位和个人通过境外特殊目的公司并购其控制的境内企业所带来的不利影响；其二，为了能够去海外市场融资并吸引美元基金等外资投资，但运营公司实际运作的产业又是外商投资产业指导目录中限制或禁止外资投资的，对于美元基金而言，它们必然关注上述第二个搭建VIE架构的目的，如果所投资的产业在中国是受限的或者禁止的，那么，拆除VIE架构后美元基金将无法延续在境内运营实体的权益，将不得不退出投资。退出投资的典型方式就是将通过特殊目的公司持有的外商独资企业的股权转让给境内的人民币基金。该方案的股权架构重组后如图10-14所示，其流程如下：

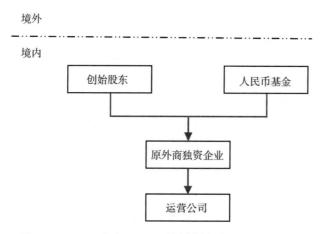

图10-14　VIE方案6VIE红筹架构拆除后的持股结构

与美元基金不退出投资的方案不同，人民币基金接盘投资项目的方案中如果涉及转让外商独资企业股权，VIE控制协议不能事先解除，因为一旦解除控制协议，外商独资企业的估值将瞬间下降到特殊目的公司对其的投资成本。美元基金退出投资时需要获取前期投资收益，因此，正常情况下，控制协议不会事先解除，而由美元基金按照运营公司的估值作为股权转让定价的基础。

流程Ⅰ：特殊目的公司将持有的外商独资企业的股权全部转让给境内人民币基金，外商独资企业变更为内资企业。

在流程Ⅰ下，美元基金转让外商独资企业股权需要就转让所得缴纳10%预提所得税。

在没有解除控制协议的情况下，外商独资企业的股权公允价值为6亿元，特殊目的公司持有外商独资企业股权的投资成本是2亿元，因此，特殊目的公司需缴纳预提所得税4000万元［即（6亿元－2亿元）×10%］，实际收到的税后对价为5.6亿元，按照创始股东和美元基金各持股特殊目的公司60%和40%的比例分配给创始股东和美元基金后，特殊目的公司同时清算注销。

创始股东和美元基金因此分别获得 3.36 亿元和 2.24 亿元，美元基金退出投资，在整个投资中实际获利 2400 万元。

特殊目的公司的预提所得税税负分别由创始股东和美元基金按照各自持股比例承担：

创始股东税负 1 = 4000 万元 × 60% = 2400 万元

美元基金税负 = 4000 万元 × 40% = 1600 万元

创始股东作为中国税收居民，取得的清算分配资金 3.36 元还需缴纳 20% 个人所得税，因此：创始股东税负 2 = （3.36 亿元 - 1）× 20% = 6720 万元

创始股东将实际取得的 2.688 亿元（即 3.36 亿元扣除 6720 万元），先偿还欠原外商独资企业 2 亿元的贷款后，将余额 6880 万元向境内运营公司进行增资，加上其原始投资成本 2.2 亿元，增资后创始股东对运营公司的投资成本达到 2.888 亿元。

运营公司实际股权公允价值也在 6 亿元的基础上新增 6880 万元，达到 6.688 亿元。

流程Ⅱ：解除控制协议，原外商独资企业以向创始股东定向增发股权的方式收购创始股东持有的运营公司的全部股权或吸收合并运营公司；或由运营公司以向人民币基金定向增发股权的方式收购原外商独资企业的全部股权或吸收合并原外商独资企业。

流程Ⅱ中，一旦控制协议解除，原外商独资企业的股权价值又恢复到账面价值 2 亿元。到底选择由原外商独资企业并购运营公司还是由运营公司并购原外商独资企业，是值得思考的，但无论选择哪种方向的并购，都不会产生税负影响。由于创始股东作为自然人，无法适用"特殊重组"带来的递延纳税效应，但是运营公司的亏损现状使原外商独资企业并购运营公司的换股收购按照创始股东对运营公司的投资成本 2.888 亿元定价合理，所以以原外商投资企业增发股权给创始股东换取运营公司股权或吸收合并运营公司的行为不会产生额外的个人所得税税负。

如果倒过来由运营公司并购原外商独资企业，由于人民币基金已经控股原外商独资企业，该项重组不涉及跨境，因此，满足全部"特殊重组"的条件如下：

（1）重组以合理的商业目的为基础，且不以规避税款缴纳义务为主要目的（该项重组是以整合境内控股结构为目的，为日后在境内上市做准备）；

（2）被收购的资产或股权不低于目标企业资产或股权总值的 50%（收购全部股权或吸收合并的行为已经达到原外商独资企业资产或股权的 100%）；

（3）重组后连续 12 个月内，重组资产的实质性经营活动不发生改变（原外商独资企业在解除 VIE 控制协议后，并没有什么实质性经营活动）；

（4）至少 85% 的重组交易对价以股权的方式支付（100% 交易对价的形式都是运营公司的股权）；

（5）取得股权支付的主要股东在重组后连续 12 个月内，不得转让所取得的股权（重组后人民币基金在上市前一般不会轻易转让取得的股权对价）。

因此，如果以运营公司向人民币基金增发股权方式并购原外商独资企业，人民币基金暂免对处置原外商独资企业的资本利得缴纳企业所得税。由于原外商独资企业资产的计税基础为 2 亿元，运营公司向人民币基金的股权支付作价的计税基础也应为 2 亿元。上述两步重组完成后，运营公司股权价值达到 8.688 亿元。

VIE 方案 7：美元基金退出，人民币基金增资运营公司收购外商独资企业。

同样是美元基金借拆除红筹架构退出投资的方案，但该方案和 VIE 方案 6 的步骤相反，由人民币基金先在境内运营公司中持有股权，再通过运营公司收购外商独资企业，实现美元基金的退出。该方案的股权架构重组后如图 10-15 所示，其流程如下：

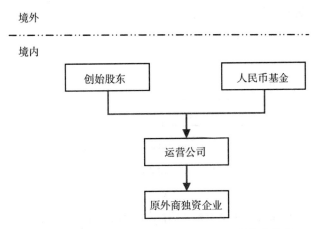

图 10-15　VIE 方案 7VIE 红筹架构拆除后的持股结构

流程 Ⅰ：人民币基金向境内运营公司进行增资。

流程 Ⅰ中，人民币基金的增资行为相当于又一轮融资，融资额取决于人民币基金和创始股东的协商结果。

流程 Ⅱ：运营公司利用新增资金向特殊目的公司收购外商独资企业的股权，收购后解除控制协议。

流程 Ⅱ中，运营公司向特殊目的公司收购外商独资企业的定价应按照运营公司自身的股权公允价值 6 亿元作为基础，方可实现美元基金获取合理的投资收益退出。

特殊目的公司需对处置外商独资企业股权的资本利得缴纳 10% 预提所得税，考虑到其对外商独资企业的投资成本为 2 亿元人民币，则其税负为 4000 万元 ［即（6 亿元﹣2 亿元）×10%］，分别由创始股东和美元基金按照各自持股比例承担：

创始股东税负 1＝4000 万元×60%＝2400 万元

美元基金税负＝4000 万元×40%＝1600 万元

同 VIE 方案 6 一样，创始股东和美元基金因此分别获得 3.36 亿元和 2.24 亿元。

流程 Ⅲ：特殊目的公司向创始股东和美元基金清算分配并注销，美元基金获利退出。

创始股东作为中国税收居民，取得的清算分配资金 3.36 亿元还需缴纳 20% 个人所得税，因此，创始股东税负 2＝（3.36 亿元﹣1）×20%＝6720 万元

创始股东实际取得的 2.688 亿元（即 3.36 亿元扣除 6720 万元），先偿还欠原外商独资企业 2 亿元的贷款后，将余额 6880 万元向境内运营公司进行增资。美元基金退出投资，在整个投资中实际获利 2400 万元。

相对于 VIE 方案 6，该方案其实在执行前就已经确定下来会由运营企业收购外商独资

企业，因此，也不失为一种简洁的 VIE 架构拆除方案。

VIE 方案 8：美元基金退出，人民币基金收购外商独资企业，增资运营公司。

该方案可以被视为 VIE 方案 6 的变体，只是最后没有再对境内的原外商独资企业和运营公司进行整合，直接采取由人民币基金对运营公司增资而放弃了原外商独资企业。该方案正是暴风科技拆除 VIE 架构所采纳的，人民币基金收购外商独资企业的目的只是促成美元基金的成功获利退出。该方案的股权架构重组后如图 10-16 所示，其流程如下：

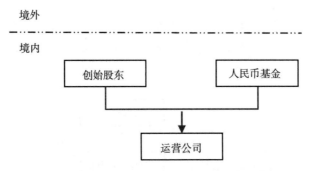

图 10-16　VIE 方案 8 VIE 红筹架构拆除后的持股结构

流程 Ⅰ：特殊目的公司将持有的外商独资企业的股权全部转让给境内人民币基金，外商独资企业变更为内资企业。

流程 Ⅱ：特殊目的公司向创始股东和美元基金清算分配并注销，美元基金获利退出。

流程 Ⅰ 和流程 Ⅱ 对创始股东和美元基金的财务影响与 VIE 方案 6 的情况是一致的，人民币基金以 6 亿元人民币作价，收购特殊目的公司持有的外商独资企业的股权。

创始股东税负 1＝4000 万元×60%＝2400 万元

美元基金税负＝4000 万元×40%＝1600 万元

创始股东税负 2＝（3.36 亿元 - 1）×20%＝6720 万元

流程 Ⅲ：解除控制协议，原外商独资企业清算注销，人民币基金以其从外商独资企业收回的投资款向运营公司增资，以获取运营公司的股权。

流程 Ⅲ 中，原外商独资企业清算注销，人民币基金可以收回的投资款即当初特殊目的公司投入的 2 亿元，若以此金额向运营公司增资，则运营公司估值达到 8.688 亿元。

3. VIE 红筹架构可选拆除方案下财务利益比较

基于 VIE 红筹架构可选拆除方案，财务影响比较汇总如表 10-26 所示。

表 10-26　VIE 红筹架构可选拆除方案财务影响比较

	VIE 方案 1 美元基金不退出，创始股东境外撤资，入股外商独资企业；流程 Ⅲ 采取股权收购	VIE 方案 1 美元基金不退出，创始股东境外撤资，入股外商独资企业；流程 Ⅲ 采取业务整体收购或吸收合并	VIE 方案 2 美元基金不退出，创始股东境外赠股，境内企业整合

续表

创始股东		
税务负担	2400 万元	2400 万元	2400 万元
净现金流影响	-2400 万元	-8100 万元	-2400 万元
总体现金流变动	+9600 万元（转让特殊目的公司股权税后对价） -12000 万元（支付外商独资企业股权收购对价） +20000 万元（转让运营公司股权） -20000 万元（偿还原外商独资企业贷款）	+9600 万元（转让特殊目的公司股权税后对价） -12000 万元（支付外商独资企业股权收购对价） -5700 万元（注入原外商独资企业用于支付并购运营公司税款） +20000 万元（运营公司清算税后投资款收回） -20000 万元（偿还原外商独资企业贷款）	-2400 万元（支付转赠特殊目的公司股权的税款）
对直接投资实体的投资成本	12000 万元（投资原外商独资企业）	17700 万元（投资原外商独资企业）	22000 万元（投资运营公司）
私募基金		
税务负担	无	无	无
净现金流影响	0	-3800 万元	0
总体现金流变动	-12000 万元（收购创始股东持有的特殊目的公司股权） +12000 万元（特殊目的公司转让外商独资企业股权对价分回）	-12000 万元（收购创始股东持有的特殊目的公司股权） +12000 万元（特殊目的公司转让外商独资企业股权对价分回） -3800 万元（通过特殊目的公司注入原外商独资企业用于支付并购运营公司税款）	0
对直接投资实体的投资成本	20000 万元（投资特殊目的公司）	23800 万元（投资特殊目的公司）	20000 万元（投资特殊目的公司）
	VIE 方案 3 美元基金不退出，直接增资运营公司	VIE 方案 4 美元基金不退出，创始股东境外赠股，基金收购运营公司	VIE 方案 5 美元基金不退出，直接投资外商独资企业，境内企业整合
创始股东		
税务负担	无	5200 万元（实际转嫁给私募基金 2800 万元）	无

续表

净现金流影响	0	−2400 万元	0
总体现金流变动	0	−2400 万元（支付转赠特殊目的公司股权的税款） +20000 万元（转让运营公司股权税后对价） −20000 万元（偿还外商独资企业贷款）	0
对直接投资实体的投资成本	22000 万元（投资运营公司）	13200 万元（投资运营公司）	22000 万元（投资原外商独资企业）
私募基金			
税务负担	无	无	无
净现金流影响	0	−2800 万元	0
总体现金流变动	视第二轮融资额而定	−22800 万元（收购创始股东持有的运营公司 40% 股权对价） +20000 万元（特殊目的公司和外商独资企业清算投资款收回）	0
对直接投资实体的投资成本	视第二轮融资额而定	22800 万元（投资运营公司）	20000 万元（投资原外商独资企业）
	VIE 方案 6 美元基金退出，人民币基金收购外商独资企业，境内企业整合	VIE 方案 7 美元基金退出，人民币基金增资运营公司收购外商独资企业	VIE 方案 8 美元基金退出，人民币基金收购外商独资企业，增资运营公司
创始股东			
税务负担	9120 万元	9120 万元	9120 万元
净现金流影响	0	0	0
总体现金流变动	+26880 万元（特殊目的公司清算税后投资款收回） −20000 万元（偿还原外商独资企业贷款） −6880 万元（增资运营公司）	+26880 万元（特殊目的公司清算税后投资款收回） −20000 万元（偿还原外商独资企业贷款） −6880 万元（增资运营公司）	+26880 万元（特殊目的公司清算税后投资款收回） −20000 万元（偿还原外商独资企业贷款） −6880 万元（增资运营公司）

续表

对直接投资实体的投资成本	2.888 亿元（投资原外商独资企业或运营公司）	2.888 亿元（投资运营公司）	2.888 亿元（投资运营公司）
美元基金			
税务负担	1600 万元	1600 万元	1600 万元
净现金流影响	+2400 万元	+2400 万元	+2400 万元
总体现金流变动	+2400 万元（特殊目的公司清算投资款收回）	+2400 万元（特殊目的公司清算投资款收回）	+2400 万元（特殊目的公司清算投资款收回）
对直接投资实体的投资成本	0	0	0
人民币基金			
净现金流影响	−60000 万元	−60000 万元	−60000 万元
总体现金流变动	60000 万元（收购外商独资企业股权）	−60000 万元（增资运营公司）	−60000 万元（收购外商独资企业股权） +20000 万元（外商独资企业清算投资款收回） −20000 万元（增资运营公司）
对直接投资实体的投资成本	60000 万元（投资外商独资企业或运营公司）	60000 万元（投资运营公司）	20000 万元（投资运营公司）

　　VIE 架构的拆除方案比普通架构拆除方案复杂多样，总体来看，VIE 方案 1 到 VIE 方案 5 是针对美元基金继续在重组后的架构中持有权益的方案，VIE 方案 6 到 VIE 方案 8 是适用于因为外商投资行业严重受限等美元基金退出而由人民币基金接盘的方案。

　　在美元基金不退出投资的情况下，VIE 方案 5 似乎在财务效果上是最佳的，因为没有任何额外现金流支出和税负影响，但该方案的缺点就是美元基金原先通过境外控股公司投资境内外商投资企业，变成了直接投资境内拟上市公司，更易暴露投资人身份，且在将来退出对境内公司的投资时无可避免地需要缴纳中国预提所得税。

　　VIE 方案 3 和 VIE 方案 4 因为重组后直接投资境内公司导致以后处置投资时会产生不可避免的中国税务负担。不过值得注意的是，由于近年来中国对境外非居民企业通过转让境外控股公司股权间接处置境内公司的案例日益关注（参见《国家税务总局关于非居民企业间接转让财产企业所得税若干问题的公告》，在境外控股公司处于低税率地区的情况下，中国税务机关仍然有权对间接处置境内公司股权的行为征税。[①] 所以，在境外控股公司设立在开曼群岛或英属维尔京群岛等不征税地区的情况下，境外财务投资人是否直接持股境内公司对日后处置投资产生的税负影响区别不大。此外，VIE 方案 3 似乎也没有什么财务影响，但是要正好在运营公司需要进行第二轮融资的当口才能执行该方案，要遇上这一机会具有偶然性。

抛开直接投资境内公司的影响，对比 VIE 方案 2 和 VIE 方案 4 发现，VIE 方案 2 对创始股东似乎更有利，在承担同样税负的情况下，VIE 方案 2 下创始股东的投资成本更高，日后投资退出时税负水平会更低一些。对于美元基金而言，VIE 方案 2 和 VIE 方案 4 的区别不大，虽然 VIE 方案 4 美元基金因为收购运营公司股权而承担了创始股东一定的税负，但其相应的对运营公司的投资成本也较 VIE 方案 2 要高，意味着以后处置投资时缴纳的税负会少于 VIE 方案 2。

VIE 方案 1（股权收购）的财务效果必然优于 VIE 方案 1（整体业务收购或吸收合并），但相较 VIE 方案 2 就存在劣势了，美元基金的财务效果在两种方案下一致，但 VIE 方案 2 下创始股东对境内拟上市主体的投资成本更高，有利于日后退出投资时降低税负。

另外值得注意的是，VIE 方案 2、VIE 方案 3、VIE 方案 5 下创始股东未提及偿付外商独资企业的 2 亿元借款，导致股东占用拟上市公司资金，会延迟申请境内上市获批的时间。

综上分析，不考虑投资各方特定偏好的情况下，就上述提及的财务影响判断：

对 VIE 方案 1 到 VIE 方案 5 的优劣程度排序如下：VIE 方案 5>VIE 方案 3>VIE 方案 2>VIE 方案 4>VIE 方案 1（股权收购）>VIE 方案 1（整体业务收购或吸收合并）。

若投资各方希望尽快解决股东占用拟上市公司资金的问题以完成境内上市，优劣程度排序如下：VIE 方案 4>VIE 方案 1（股权收购）>VIE 方案 1（整体业务收购或吸收合并）>VIE 方案 5>VIE 方案 3>VIE 方案 2。

VIE 方案 6 到 VIE 方案 8 这三种方案对创始股东和美元基金的财务效果都没什么差异，但对于新进的人民币基金而言，VIE 方案 8 是最不利的，因为从外商投资企业取得的清算所得款项是很低的，相应降低了人民币基金对拟上市主体的投资成本，从而提高了日后投资退出时的税负。

4. VIE 红筹架构可选拆除方案下商务事项执行效率比较

拆除 VIE 红筹架构的商务事项会比拆除普通红筹架构更繁复一些，因为还需要考虑解除 VIE 控制协议和涉及境内外商投资企业和运营公司整合的事项。[②] 总体而言，拆除 VIE 架构的商务事项需要考虑以下几个方面问题：

（1）解除一系列 VIE 控制协议涉及协议当事各方的确认。

（2）涉及外商独资企业或境外特殊目的公司清算注销的，需要履行相关清算手续，尤

---

① 参见国家税务总局《关于加强非居民企业股权转让所得企业所得税管理的通知》。
② 赵波，白银卉，郭金凤. 红筹架构拆除过程中应注意的几个问题 [J]. 财务与会计（理财版），2013（3）：59-60.

其是境内外商独资企业的清算程序非常复杂，可能耗时半年以上到一年。

（3）涉及创始股东向美元基金转让股权或赠与股权的，需签订相关协议；涉及转让境内运营公司股权的，还需提交商务部门审批。

（4）美元基金向特殊目的公司收购外商独资企业股权的，需签订股权转让合同，涉及商务部门审批。

（5）涉及美元基金向运营公司增资的，需获得商务部门审批，资本金结汇需获得外汇管理部门核准。

（6）境内运营公司和外商投资企业整合的，需视整合方式（整体业务收购、股权收购、吸收合并）签订相关协议，并履行税务认定手续；如果境内企业间因为通过换股交易进行整合符合"特殊重组"规定，需要向税务机关申请备案，但税务机关实际会执行审核程序，耗时也需数月；此外，由于外商独资企业并无实质运营，在成立时申请的经营范围一般都是以咨询业务为主，如果需要在合并运营公司后经营原运营公司的业务，需要申请扩大经营范围。

（7）人民币基金向特殊目的公司收购外商独资企业股权的，需签订股权转让合同。

（8）人民币基金向运营公司增资的，需更新运营公司登记信息。

总体而言，最耗费时间的商务事项是涉及外商独资企业清算注销的步骤，如 VIE 方案 4 下，外商独资企业清算完成后相应款项才能通过特殊目的公司汇回美元基金，会延长美元基金前期为收购运营公司出资的资金占用期；又如 VIE 方案 8 下，人民币基金如果急于增资运营公司，而来不及等外商独资企业清算完毕缴回投资款，就需要另行自筹资金，增加了资金占用的压力。

（五）红筹架构拆除方案的选择

1. 判断和归类拟拆除的红筹架构

对于一个已经搭建完成红筹架构的公司，无论是否已经在海外市场完成上市，如果想回归国内资本市场，都必须考虑拆除红筹架构事项。

对于决定拆除红筹架构的企业而言，首先需要识别自身所采用的红筹架构到底属于哪一类，即属于普通红筹架构还是属于 VIE 红筹架构，在这个基础上再判定所属红筹架构类别与一般化形式的红筹架构的差异在哪里。

两类红筹架构最常见的衍生特征表现在：

（1）有好几层特殊目的公司，可能包括拟在境外上市的实体、创始股东和境外财务投资人投资拟上市实体所使用的境外投资平台、拟在境外上市实体在投资境内运营实体时所设立的境外控股公司。[①] 对于这样的架构，创始股东考虑处置特殊目的公司股权的，都应考虑直接处置其在最上层的特殊目的公司（即创始股东的境外投资平台）的股权，因为如果创始股东保留任何境外控股公司持股境内运营公司，都可能被认为"股权架构不清晰"，而造成日后境内上市申请的障碍。在 VIE 架构下，美元基金需要退出并由人民币基金接盘的，都应选择由最下面一层境外特殊目的公司处置境内外商投资企业股权，因为人民币基

---

① 参见商务部《关于外国投资者并购境内企业的规定》。

金作为境内投资机构，直接投资境内企业（而非通过境外企业持股境内企业）才是最有效率的。

（2）存在多个境内运营公司。在普通红筹架构拆除过程中，多个运营公司都需要被创始股东购回，或者通过设立境内控股公司整合多个运营公司，可以参考普通红筹架构拆除VIE方案3。在VIE红筹架构拆除过程中，需要考虑解除所有VIE控制协议，同时，在进行境内企业整合时考虑原外商独资企业和所有运营企业，形成境内企业间互相直接控股或资产持有的关系。

2. 平衡创始股东和财务投资人的财务影响和执行效率

财务影响在单纯的拆除红筹架构的重组决策过程中是一个非常重要的考量因素，没有人希望因为一项不会给公司带来价值增长的重组产生过多的负面财务影响。然而，单纯考虑财务影响并不完善，因为有些方案可能几乎没有负面财务影响，但是商务事项的执行效率非常低，甚至存在很大的障碍（如可能难以获得审批），那么，这一方案也未必会被决策层采纳。

3. 遴选合适的拆除方案

遴选方案的步骤一般可以遵从如下顺序和方法：

（1）根据公司发展战略方向的需要，排除不符合发展方向的拆除方案；

（2）比较各方案的财务影响，结合自身对持股结构的特殊偏好，按偏好从大到小对方案进行编号，赋予权重70%；

（3）比较各方案的商务事项执行效率，从高到低对方案进行编号，赋予权重30%；

（4）最终选择（2）和（3）加权后的编号加总值最小的那个方案。

上述赋权比重的大小取决于决策层的风险偏好、效率偏好、财务偏好，可以做出一定调整。

根据分析结果发现，拆除普通架构的方案比较直观，各方案的财务效应差异度并不明显。拆除VIE红筹架构的方案多样而复杂。在美元基金不退出投资的情况下，可以考虑通过美元基金直接投资境内外商投资企业的方式，或者通过由创始股东在境外向美元基金赠予其持有的特殊目的公司股权，再由美元基金收购一定比例境内运营公司股权的方式，达到财务影响最小化的目标。在美元基金退出投资的情况下，需人民币基金接盘，直接收购外商独资企业，出于对人民币基金利益的考量，不宜采用收购后清算外商独资企业的方案。

综上，针对两大类典型的红筹架构（即普通的股权收购型架构和特殊的VIE架构）一般化形式的拆除方案进行了探讨，提出了多种拆除方案，并给出了各种方案的财务影响分析，并辅以简要的商务事项执行效率的考量，为方案的选择决策提供了基础。

三、"协议控制+VIE"模式的改进

国内"协议控制VIE"模式的本质是一种融资用途的法律工具，模式本身的设计是根据个案要素的不同，由存在事实与法律分析组合而成的综合体。所以，在建立模式或评估

模式合理性时，必须根据个案中不同的要素不断调整、改进。① 近几年，随着融资市场各要素的不断变化，"协议控制+VIE"模式也可以做出相应的改进：

1. 从"规避"到"遵守"法律

在特定历史条件和经济复杂背景下产生的"协议控制+VIE"模式，从产生的那一刻起，对中国现行法律的态度就应该是"遵守"而非"规避"。中国的资本市场从无到有，从小到大，与之相配的法律法规也在不断完善。现行的中国法律体系对资本市场的立法越发完善，配备着各有关行政管理机关的审批、许可、备案制度，特别是国家外汇管理局和商务部对特殊行业不同的管理规定和取得相关的资质的条件，商业活动一旦违反这些行政规章、条例和命令，不仅会导致公司的商业计划无法有效实现，更有可能承担法律上的不良后果。因此，我们认为，最大限度上符合中国法律法规的要求是设计法律模型的正确思路，也是"协议控制+VIE"模式的改进的内在规则。

2. 使国内实际运营公司的利润真实回流到海外上市的"壳"公司

搭建"协议控制+VIE"模式过程中至关重要的一部分就是，在 VIE 规则下将国内实际运营公司的利润与海外上市的"壳"公司进行合并报表。正如前文所述，国内实际运营公司是通过协议而非股权被海外上市的"壳"公司所控制。② 所以这种"合并报表"并不是真实的利润流动或者说仅仅是报表形式上数字的流动。在资本市场运作中，这种没有资产或实际运营业务、以融资或上市为目的而设立的空"壳"是极容易被国际投资者所质疑的。这就对"协议控制+VIE"模式提出了更高的要求，要切实履行"控制协议"中的相关协议使国内实际运营公司的利润真实回流到海外上市的"壳"公司。

3. 遵守美国、新加坡、中国香港等国家（地区）相关法律，加强海外上市的"壳"公司在其所在的国际证券市场上的涉外商业活动能力

"协议控制+VIE"模式中相关控制协议的撰写除需满足中国现行法律、法规和各项行政规章的规定外，还要符合相关国家（地区）的法律或国际法的要求。境外投融资活动（如私募融资、公开上市发行股票、债券等），不仅要遵守适用上市所在国家（地区）的法律要求，还要接受有管辖权的境外政府机构或交易机构会所制定的一套规范的监管，如美国证券委员会、新加坡交易所、中国香港联合交易所等。"协议控制+VIE"模式的改进不仅需要在表面上满足了境外法律的要求，而且还要顾及对境外投资者的保护，减少境外监管机构对"协议控制+VIE"模式的审查。

4. 确保海外上市的"壳"公司对国内实际运营公司的真正掌控

采用"协议控制""股权控制"相叠加的方法，对国内实际运营公司的内部治理结构进行改造。改进后的"协议控制+VIE"模式则最大限度将协议控制的不稳定性所产生的风险降到最低，因为国际投资者对于一个存在着潜在控制风险的公司是永远不可能完全信赖的。

---

① VIE 结构的合法性及公司治理［EB/OL］．（2012-08-01）．http：//www. fortunechina. com/management/c/2012-08/01/content_ 110402. html.

② 王立春．浅谈北模式在我国互联网行业中广泛应用的原因［J］．时代金融（下旬），2013（10）：249-249+267.

5. 海外上市的"壳"公司的股东和国内实际运营公司创始人或其他委托代理股东的利益应当具有"共同利益"的特性

海外上市的"壳"公司的股东是由国内投资者（即创始人股东和国际风险投资者）所组成的。从纯法律角度定义，协议控制的本质导致海外上市的"壳"公司和国内实际运营公司是相互独立的法律主体，协议控制为两个主体间协议义务提供了依据，再根据 VIE 规则使两个主体间财务报表提供了纽带，但纽带仅仅能从外部进行"协议绑定"，需要进一步改进已形成内部的"共同利益"体。具体而言，创始人股东和投资股东的共同利益仅体现在海外上市的"壳"公司上，而没有充分体现在国内实际运营公司的实际利益上。这就产生了不均衡的股东利益关系。笔者认为，境外各主要的证券交易市场都将上市公司的股东在各个层面的共同利益作为批准是否挂牌交易的重要评判标准之一。因此，一旦存在不均衡的股东利益关系，创始人股东利用其权益优势损害投资股东的利益就大量存在。[1]这就要求"协议控制+VIE"模式通过结构设计加设托管人等中间环节，制约创始人股东的优势地位，保证海外上市的"壳"公司不能出现创始人股东滥用支配地位的情形。

综上所述，我们必须全力维护我国的税收主权，绝不能损害我国的税收利益。我国的税收立法和政策由我国自主决定，不受其他国家的干涉和控制。我国有权自主决定与其他国家订立国家税收协定，共同打击协议控制模式下企业的偷税、避税行为。

【案例】 九号机器人有限公司保留 VIE 结构在科创板成功发行 CDR [2]

案例概况：

九号机器人有限公司（以下简称九号机器人或公司）成立于 2012 年，总部位于北京，是小米公司生态链中的重要公司，雷军控制的小米及顺为资本分别通过 BVI 主体持有九号机器人 10.91% 的股权。公司长期专注于智能短交通和服务类机器人领域，为全球知名的代步、移动服务机器人制造商，公司主营业务为各类智能短程移动设备的设计、研发、生产、销售及服务。经过多年的发展，公司产品已形成包括智能电动平衡车、智能电动滑板车、智能服务机器人等在内的品类丰富的产品线。截至 2018 年底，公司智能电动平衡车、智能电动滑板车等核心产品销售区域覆盖全球 100 多个国家和地区，其中在美国、德国等具备限制性竞争优势。凭借持续的技术创新优势、稳定可靠的品质优势以及良好的售后技术支持服务，公司赢得了客户和广大消费者的认可和信赖，与国内外出行领域众多知名企业建立了合作关系，如 BIRD、Uber 等。[3]

九号机器人进行 A 轮融资时搭建了 VIE 架构，此后又进行了多轮融资。2019 年 4 月 17 日，公司首次申报上市。作为全球智能短交通和服务类机器人领域的创新企业，九号机器人集"首家发行 CDR""红筹架构""小米生态链企业""智能出行独角兽"等多个标签为一体。其中最为引人注目的是带着红筹架构（不拆除 VIE 结构）申请境内上市，

---

① 杜娟，王云. 论中小股东权益的保护 [J]. 法制与社会，2008（18）：280.

② 黄杨. CDR 的发行分析与实践经验——以九号公司为例 [J]. 全国商情·理论研究，2021（12）：130-133.

③ 参见《九号机器人有限公司公开发行存托凭证并在科创板上市招股说明书（申报稿）》。

公司在招股书的风险提示部分也就 VIE 结构的风险作了说明：

（1）目前中国法律法规尚未明确允许外商投资企业通过协议控制架构控制境内实体，且存在类似的协议控制架构被法院或仲裁庭认定为无效的先例，因此，如中国法律法规发生变化使得司法机构明确判定公司控制 VIE 架构无效，则公司可能面临无法继续通过协议控制结构控制 VIE 公司，导致公司需要调整相关 VIE 架构及 VIE 公司因此被处罚的风险，进而可能对公司的经营业绩有不利影响。

（2）如果 VIE 公司或其工商登记的股东未能履行其各自 VIE 协议下的义务与责任，则发行人可能须花费巨额费用及资源以执行该等 VIE 协议，以及诉诸诉讼或仲裁，并依赖于中国法律下的法律救济。如果公司无法执行该等 VIE 协议或在执行过程中遭到重大延误或遭遇其他困难，公司可能无法对该等 VIE 公司（及其下属公司）的股权及拥有的资产实施有效控制，从而可能会对公司的经营业务及财务状况产生重大不利影响。

尽管如此，公司仍于 2019 年 4 月 2 日召开董事会及股东大会，审议通过了《关于公司申请公开发行存托凭证并在上海证券交易所科创板上市的议案》，拟发行不超过 7040917 股 A 类普通股股票，作为发行 CDR 的基础股票，占 CDR 发行后公司总股本的比例不低于 10%，基础股票与 CDR 之间的转换比例按照 1 股/10 份 CDR 的比例进行转换，拟公开发行不超过 70409170 份 CDR，最终以有关监管机构同意注册的发行数量为准。

2020 年 6 月 12 日，上海证券交易所科创板股票上市委员会审议通过了九号机器人的上市申请。

案件评析：

九号机器人的成功上市，为国内众多带有 VIE 架构的公司回归境内上市进行了非常有益的一次尝试。VIE 这种原本是美国会计准则下的财务处理方式，目前并没有获得中国财政部相关规范性文件的认可，其曾经给那些外商投资受到限制的行业公司在境外上市做出了重大贡献，但现在境内仍然面临一定的挑战。随着中国证监会的制度创新，《存托凭证发行与交易管理办法》及之后一系列有关 CDR 的规范性文件的出台，为境外的中概股企业回归境内上市开辟了一条新的路径。不过，在外汇监管、税收缴纳等方面，红筹企业仍可能面临一些监管压力，期望监管部门尽快出台操作细则，便于后期落地实施。[①]

---

① 刘李青. 九号公司发行 CDR 的融资案例研究 [D]. 北京：北京交通大学，2021.

第十一章　投融资后期管理

投后管理是为了帮助投资管理能够获得成效和降低风险，投融资后项目公司是否能够产生良好的经营业绩，直接决定股权投资的成败。投后管理的加强，树立投后管理目标，明确投后管理内容，有效对投后管理内容进行分类，设立投后管理部门，并分不同阶段、不同类别情况来进行管理，整体进行投后管理详尽的规划和管控，帮助公司投资项目投后管理工作的落实，降低项目未来在运作过程中的风险系数，也是整个股权投资运作过程最为关键的环节。规范、监督、合作是投后管理中最棘手的问题，也是企业创造新的未来的基础。本章重点探讨投后管理整体逻辑与体系、投后管控内容与实施路径、持有项目经营管理，以实现企业价值迅速增值后得以成功退出。

第一节　投后管理的整体逻辑与体系

一、投后管理界定及其实施效果影响因素

（一）投后管理界定

投后管理是一个实务概念，在国内法律法规及学术著作领域，还未见到对它的概念和内涵作出的权威准确定义，业界对此也没有形成统一的认识，实践中比较容易产生纠纷。因此，规避风险、对投资者进行权益保护尤为重要，并且贯穿投资运作的全部过程。为保证投融资双方都按照协议规定提供资金、管理和运作，需要一个专业的管理团队，降低投资风险、提高收益，实现价值增值。从目前实际操作的大致分类来看，投后管理包括金融资管领域的投后管理和风险投资领域的投后管理两个大类，它是风控体系的一个重要环节。

金融资管领域的投后管理是指金融资管机构（包括银行、信托、证券、保险、基金等机构）通过资管产品募集资金并实际向目标企业投放后，至本金及其收益全部收回之前，所采取的风险监控、风险预警以及风险处置等一系列管理手段的集合。

风险投资领域的投后管理是指股权投资机构（包括产业投资者、财务投资者、私募股权基金等）通过向目标企业进行股权投资，至目标公司以上市、并购及回购等方式收回投资之前，所采取的风险监控和帮扶增值等手段的组合。这两种类型的投后管理，在管理理

念及管理手段方面有很大的不同。

金融资管领域的投后管理更注重被投企业的"过去"和"现在"，资管机构没有太多动力去帮扶被投企业，如果出现风险，他们的首要任务是止损，决定提前终止项目及收回资金。而风险投资领域的投后管理更加注重被投企业的"未来"，风投机构通过实际持股、向被投企业派驻董事和财务负责人等方式介入他们的经营管理，甚至动用自身资源为被投企业在规划战略、招聘核心人才、对接重要资源等方面进行实质性帮扶，目标是使被投企业尽快获得下一轮融资及完成最后的上市或第三方并购。因此，业内不少知名风投机构认为，私募股权基金的核心竞争力其实在于对目标企业的投后管理和增值服务，成就被投企业的最终目的也是成就自己。

本章讨论的投后管理，主要是针对风投机构的股权投资类型的投后管理，金融资管领域的投后管理不是本章的重点。

第五章讨论的"尽职调查"的主要作用和目的是在投前锁定交易风险，并在交易谈判及签署法律文件时，作为交易条件由双方通过博弈达成交易。

（1）实践中比较常见的是，融资方为了获取投资人的资金，往往会对项目进行包装，在投前尽职调查阶段，表面上看起来配合调查，但实际上戒备心理很强，有意或无意地不披露相关信息、少披露信息甚至故意隐瞒或变造有关信息的做法，在股权投资中并不罕见。而交易前的尽职调查，受到时间和成本的限制，往往不能无限期进行，这就为项目可能存在的法律风险及其他商业风险留下了空间。

（2）被投企业的内部经营、外部市场环境和政策环境处于持续动态的变化之中，项目从谈判到交割的过程中，许多风险会发生积聚和变化，这些因素都会对股权交易的最终成败产生影响。可以看出，投前尽职调查天生存在这些"短板"，从交易顺序上来说，有可能对股权交易结构带来交易风险的敞口。投后管理在封堵这些风险敞口方面具有一定的作用，特别是那些已经完成交易的股权投资，在事后复盘、评估交易效果的时候，可以通过对在投后管理阶段发现的问题进行梳理，查找问题根源，总结提炼经验和教训，并应用于下一次的股权交易结构设计，少走弯路。

（3）投后管理不仅仅是投资项目风险控制流程的一个环节，它还可以用作交易结构的反哺，将投后阶段容易出现的问题，通过机制化的设计和安排，在投资交易结构中进行细化，有利于提高投资的效益和效率。

（二）投后管理实施效果影响因素

投后管理在对不同企业有几个特点，即专业性、长期性和不确定性。而影响投后管理的实施及效果的因素也来自不同方面。

1. 投资机构的实力

投资机构投后管理能否取得成效，影响因素不仅包括投资机构对投后管理的重视程度，还包括投资机构投后管理能力以及品牌影响力。通常来说，投资机构的品牌效应较好，在市场上有着较好的投资业绩和口碑，能够相对获得更多的投资机构的信任，可以极大地提高企业的行业关注度，同时，也为企业的再融资提供有力支持。而如果投资机构自身品牌效应不好或有负面的投资历史，不仅对企业达不到相应的宣传和支持作用，而且还会增加来自被投资企业的警惕和防备，使得投后管理效果难以显现，甚至会出现负面作用，会对后期投后管理工作的顺利开展产生不利影响。

2. 基金的投资人结构及其与管理人的关系

私募股权投资基金投资人的结构，也会影响投后管理的实施效果。如果投资者是银行、保险机构、养老基金及母基金等，大多追求获得长期且稳定的投资收益。若投资者为高净值个人投资者、专业投资机构，大多偏好较高的短期收益。国内私募基金在实际操作中通常会更倾向于选择项目短期退出，以匹配基金投资人的短期收益偏好，这也使得投资基金和被投资项目之间长期合作的动力不足。

另外，基金管理人与投资人的关系也会影响投后管理的实践效果。良好的关系不仅有利于资本增值的后续融资，还能最大限度发挥投资人、基金管理人与被投资企业的协同效应。

3. 对被投资企业的持股比例

投资机构在所投资企业的占股比例是投融资双方都非常关注的问题。如果投资机构占比较高，虽会为投资机构进行投后管理提供支持，但也易使企业管理者因担心上市主动权而产生对立，不利于投后管理效果的充分发挥；而如果占比较低，则会使投资机构在投后管理中难以充分发挥作用，而使投后管理效果不明显。通常来讲，如果在被投资企业的股权架构中投资基金持有的股权比例较大，投资时可以争取到更多的董事会席位，从而通过董事会话语权的增强影响投后管理效果。与此同时，投资基金还可以向被投资企业委派财务总监，对被投资企业实施有效监管。

目前我国私募股权投资机构在企业的占股比例一般不超过10%，达到参股而不控股的目的，但一般也会在投资协议中要求对企业重大决策具有一票否决权，以有效控制风险，同时也为充分发挥投后管理的效果提供支持。如果在被投资企业的股权架构中投资基金持有的股权比例较小，无法通过董事会席位或其他人员委派参与被投资企业经营管理，容易导致投后管理无法顺利开展，加大信息不对称风险。

4. 被投资企业的发展阶段及所处行业

被投资企业所处的发展阶段不同，投资机构在进行投后管理时的参与和介入程度也有明显不同。如果被投资企业处于早期发展阶段，企业资源比较稀缺，治理结构还不完善，上下游供应链还不完整。这种情况下，投资机构能否帮助被投资企业发展显得至关重要。如果被投资企业处于成熟发展阶段，无论在市场的竞争能力上、企业管理的规范性上，还是在后期战略规划、技术革新上都具备较多的经验和市场认可，投资机构通常会给予被投资企业更大的发展空间，在必要时提供与其需求匹配的增值服务。投资机构通常根据被投资企业所在行业确定投资方式和参与程度。投资机构会选择自己擅长和熟悉的领域进行投资，更易形成良好生态圈，对上下游资源进行优化和整合，促进被投资企业良好发展。

5. 被投资企业对投后管理的接受意愿

投后管理工作的复杂性和效果的实现程度，并非由投资机构来掌控，被投资企业经营管理层的接受程度也会对投后管理效果产生重要影响。如果被投资企业对投资机构非常信任，且愿意将企业发展过程中遇到的问题与投资机构沟通，那么，将会得到更多且有针对性的投后管理服务。我国中小企业的管理者大多为第一代创业者，他们对企业有着特殊的情感，如果企业的创业者或管理者愿意接受投资机构的指导和服务，为企业更有效适应市场的需要而做出经营管理和治理观念上的改变，则投后管理的效果将会得到充分的发挥和体现；而如果管理者对投资机构不信任，或不愿意接受投后管理的增值服务，则会使投后管理的效果难以有效发挥，因此被投资企业的接受投后管理的意愿也直接影响投后管理效果的实现。

6. 对被投资企业所处的行业研究

投资机构一般对投资企业所处的行业有较多的了解、分析和研究。对于被投资企业而言，投资机构可以充分利用在该行业所积累的研究成果，对企业进行投后管理的增值服务，同时也可以为企业的上下游资源提供更多的了解和介入机会，以达到投后管理的效用。而如果投资机构对所投资企业的发展领域不太熟悉，或者对企业的某一领域没有过多的积累和研究的话，则在投后管理上难以达到理想效果。

二、投后管理的意义及投后管理改进的目标和原则

（一）投后管理的意义

在被投企业的发展过程中，投资机构有其稀缺的各方面战略资源，而被投企业的保值增值可以为投资机构带去超额回报，双方的利益出发点一致。因此，投资机构进行投后管理对被投企业和投资机构双方均有重要意义。

1. 对被投企业的意义

由于存在个体发展差异，企业会面临各自不同的问题。而被投企业作为行业中的一员，不一定拥有企业发展各个阶段需要的每种重要资源，但投资机构往往深耕某一行业或产业，且在众多的项目投资中积累了单一企业很难达到的资源水平。因此，投资机构的投后管理能弥补被投企业在各发展阶段存在的不足，有效助推企业的发展。

2. 对投资机构的意义

第一，投后管理作为项目投资退出前最长久的一个环节，可以从各个角度帮助企业更好地进行经营和管理，提升企业的价值，从而使投资机构自身获得超额收益回报。

第二，投后管理服务的水平越来越成为投资机构的核心竞争力，好的投后管理能够增加投资机构品牌的价值，提高其在私募股权投资领域的影响力。

第三，考虑到未来推出渠道的多元化，投资机构需要构建自身的产业生态圈并加以深耕，以更好地立足于行业。良好的投后管理可以维护与被投企业之间的关系，从而有利于投资机构的产业深耕。

（二）公司投后管理改进的目标和原则

1. 公司投后管理改进的目标

（1）提高公司投资回报率。注重企业投后管理，是提高公司投资回报率的一种重要方

式。随着股权投资机构不断增多，资本市场体量持续增长，相较而言，优质项目体量供不应求，资本市场活跃度持续上升，企业对投资机构的需求已经从资金需求上升到持续服务需求。在募资难、优质项目缺乏的市场状态下，公司应该将主要精力转向已有项目的投后管理。一方面，改善现有项目综合质量，为被投企业带来更多的增值服务，提升项目估值。另一方面，提升自身的投后管理能力和管理经验，吸引更多的优秀企业，最终达到提高项目投资回报率的目标。

（2）降低投资风险。项目投资会经历很多阶段，从前期的资金募集到后期的项目退出，每一个阶段都可能出现经营风险，这些风险不仅包含了公司自身的经营风险，还涵盖了被投企业的经营风险和外部市场、政策变动风险。公司持续加强项目投后管理，不仅能监督被投企业的发展动态，还能及时了解、分析外部环境因素变化方向，降低被投企业风险出现概率，减少试错成本，推动企业朝着健康、安全的目标不断前行。

（3）扩大投资范围。公司选择性地扩张到合适的投资领域，能够迅速地令公司受益，相反，将时间、资本和人才投入到过于单一领域的战略，可能会直接影响业绩。公司在项目选择上，需遵循以下几点原则：一是被投企业所属行业的颠覆性风险较低，企业的自由现金流较稳定；二是该行业有足够多具有吸引力的目标公司可被收购，通过汇聚一系列高度相关的公司，实现规模效应；三是被投企业具有强大的管理团队和较完善的管理制度，如可复制的财务和运营模式等。公司在提供投后管理服务过程中可甄选优质项目，扩大公司的投资范围，为公司创造更高的利润，为投资者带来更高的投资回报率。

（4）增加多元化的退出方式。公司现阶段的项目退出方式主要以股权转让和管理层回购为主，此种投资方式相对于IPO投资、并购投资收益低，但同时风险也比较低，管理层回购条件大多数情况已在《项目投资协议书》中做好相关约定，但私募股权投资机构的特性是风险投资，在私募股权投资机构有效的管理下，获取超额的投资收益，这是私募股权基金行业存在的意义。被投企业在运营过程有太多的不确定因素，公司在持续的投后管理中一方面可以随时了解被投企业的运营情况及市场方向，根据实际情况，随时调整项目退出时间；另一方面有助于提升被投企业的核心竞争力，获取上市或并购的机会，从而增加公司多元化的退出方式。

2. 投后管理改进的原则

（1）持续督导原则。投资情况发生以后，公司投后管理负责人应将投后管理纳入日常工作，严格按照规定定期或不定期地对被投企业进行实地考察，公司应时刻关注投资安全性，及时了解被投企业关联方的经营状况、财务状况、抵押品状况甚至质押品状况，这些关联因素有可能在某个时段对被投企业产生积极或消极的影响。公司在督导的同时，也应及时关注国家宏观环境政策、行业情况、市场竞争状况、上下游状况，对这些状况进行及时的深入分析，持续地为被投企业进行全方位的督导。

（2）谨慎性原则。被投企业经过长期的发展，已经形成独有的管理理念及规章制度，而对于被投企业的日常经营及管理，在专业性上企业原有的管理层远远高于公司，所以公司在投资被投企业之后不要试图强制改变他们的管理方式，过重地获取管理权而干预被投企业的日常经营状况，而是作为被投企业的顾问，为被投企业提供建设性的意见。当然，如果发现被投企业发生严重失误或决策错误，公司应及时告知被投企业，共同协商应对方案，降低潜在的投资风险。

（3）及时性原则。公司投后管理负责人应定时检查投后管理工作，同时也要突访被投企业，避免发生道德风险，及时发现问题，发现问题后及时向公司的管理层和相关机构汇报，降低风险发生的可能性，起到防患于未然的作用。

（4）真实性原则。公司投后管理负责人应真实记录被投企业的经营情况，保存好会议记录和重要文件，做到任何事情都有据可依。

三、建立健全的投后管理体系

（一）公司投后管理总体框架

优化公司投后管理问题是保证公司降低投资风险、推动被投企业发展、实现管理增值的前提，始终坚持持续督导原则、及时性原则、谨慎性原则和真实性原则，明确的投后管理内容，通过建立完善的制度和监管体系来保证公司快速成长（见图11-1）。

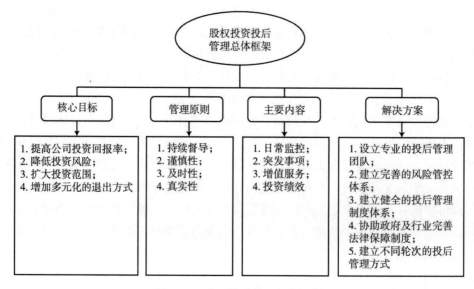

图11-1 公司投后管理总体框架

（二）构建科学的投后管理体系

公司优化组织架构、完善风险管理体系后须制定相应的管理体系来保证制度的执行，增值服务管理、投资绩效的管理模式，同时，完善投后管理制度，在原有的投资决策制度、风险监控制度上增加沟通协调机制、绩效考核机制、激励约束机制等管理制度。

1. 沟通协调机制

建立有效的沟通协调机制，可以有效防范由于信息不对称而引起的各种矛盾冲突和风险，公司主要投资高风险阶段的企业，大多数企业在发展的过程中创始人拥有绝对的控制权，很容易因为自己的主观想法引起经营风险或道德风险。而且由于初创期企业创始人的精神比较脆弱，承受不住创业带来的压力。企业经营能否成功，在很大程度上取决于创始人是否能坚持，创始人是否具备冒险精神、坚持的毅力、诚信与担当的责任。公司建立完善的沟通机制，不仅是为了有效化解被投企业的经营风险，更多的是了解企业创始人的心态，及时发现问题，进行心理疏导，防止由于创始人自身的原因或管理失败导致项目无法正常退出。公司投后管理服务人需与被投企业管理人保持密切联系，可通过电话、短信、邮件的方式定期或随机与被投企业管理层沟通，时时了解企业发展动态和相关市场、政策信息，避免由于信息不对称而引发矛盾，同时，针对将要发生或已发生的问题与风险，及时交流并提供最佳的解决方案。有些特殊情况无法通过电话沟通的，可以前往现场进行实地考察，必要时与管理层当面沟通，防止由于沟通不及时而引发的一系列问题。当然公司需把握监管力度，切不可反客为主，过于干涉被投企业的日常经营，导致被投企业产生抵触心理情绪。

2. 绩效考核机制

公司需要结合项目的运行情况、在"公平、公正、公开"的前提下制定员工激励和保障机制，建立激励的绩效考核制度和投后管理目标，既能吸引专业的投后管理人才，提升公司的投后管理水平，又能调动投后管理团队的工作积极性，可以通过分发目标奖金、分配股票等方式进行。通过对公司战略目标的分析，建议增加投后管理的权重，根据每个项目本身的情况，按照项目实际的完成情况制定考核指标，同时加强考核过程中的监督和指导，以保证绩效考核机制的有效落实。鉴于公司的投资项目阶段和类型，建议采用定量指标法来对投后管理绩效进行监控和管理，主要从被投企业的财务状况和风险管控能力进行分析。

目标企业的盈利值主要包含项目资本回报倍数（Multiple of Capttal Contributed, MOC）、内部收益率（Internal Rate of Return, IRR）和投资资本分红率（Distribution over Paid-In, DPI）三个评价指标（见表 11-1），MOC 是指投资收益与投资成本的比值，其计算方法为：MOC＝（投资收益/投资成本）×100%，是衡量被投企业经营结果的综合性指标。公司可以将公司投资的所有项目平均数作为 MOC 的参考指标，高于平均值 2 倍定为优秀的投后管理，介于 1 倍和 2 倍之间为良好，低于 1 倍为不合格的投后管理。IRR 是目前业界普遍采用的指标，是资金流入现值总额与资金流出现值总额相等、净现值等于零时的折现率。IRR 考虑了资金的时间价值，使用复利计算，减少了收益的波动，计算 IRR 的时期越长，结果越稳定。DPI 是项目的分红和已投入资本之间的比例，该指标是一个比较好的现金回报率指标，在基金前期可以较准确地体现投入收益，投入资本分红率等于 1 是损益平衡点，代表成本已经收回；大于 1 说明投资者获得超额收益；小于 1 表明还没有收回所有成本；如果没有任何分红的话，DPI 等于 0。可以根据评价指标的区间制定相应的奖励机制。

表 11-1 盈利评价指标

指标种类	优秀	良好	不合格
资本回报率（MOC）	MOC≥2.0	1.0≤MOC<2.0	<1.0
内部收益率（IRR）	IRR≥50%	20%≤IRR<50%	<20%
资本分红率（DPI）	DPI≥2.0	1.0≤DPI<2.0	<1.0

年度绩效考核指标包括资金募集完成率、投资计划完成率、基金设立完成率、项目增值完成率、项目运营完成率、项目退出完成率，根据对应的目标制定相应的考核标准，直至项目顺利退出（见表 11-2）。

表 11-2 年度绩效考核指标

项目阶段	经营指标	指标内容	考核标准	权重（%）
资金募集	资金募集完成率	依据项目制订资金募集计划，签订资金募集协议	基金募集规模比率在90%以下，每降低10个百分点，扣10分，满分100分	15
项目投前	投资计划完成率	项目储备计划、项目筛选、项目启动、项目立项和项目尽职调查，编写项目分析报告及执行情况，拟定投资框架协议	未完成一项工作计划，扣10分，满分100分	20
项目设立	基金设立完成率	基金交易结构的设计和发行方案、交易方案的签订、项目入资、风险的规避方案、重大事项的应对方案	未完成一项工作计划，扣10分，满分100分	15
项目投后	项目增值完成率	制定项目增值方案、实施细则、执行效果、重大事项处理	未完成一项工作计划，扣10分，满分100分	20
项目投后	项目运营完成率	追踪、分析项目运营情况，相关材料收集、制作分析报告、完善风险控制方案	未完成一项工作计划，扣10分，满分100分	15
项目退出	项目退出完成率	制定项目退出方案，评估执行效果	未完成一项工作计划，扣10分，满分100分	15

风险监管是私募股权投资重要的考核指标之一，主要体现在被投企业的公司治理体系、财务安全体系的是否完善，投资机构在被投企业董事会、监事会的人数占比，投后管理人员参与被投企业会议次数，以及流动比率、速动比率及资产负债率等相关财务指标，通过这些指标分析投后管理人员的风险监控能力，并制定相应的奖惩机制（见表 11-3）。

表 11-3　风险监控评价指标

等级	内容	标准	评价
一级	被投企业公司治理体系完善程度	完善程度高于 80%	优秀
		完善程度介于 60%~80%	良好
		完善程度低于 60%	不合格
	财务安全体系完善程度	完善程度高于 80%	优秀
		完善程度介于 60%~80%	良好
		完善程度低于 60%	不合格
二级	董事会成员占比、监事会成员占比	占比高于 1/3、介于 0~1/3、低于或等于 0	分别定为优秀、良好、不合格
	重大会议出席率	会议出席率 80%、介于 60%~80%、低于或等于 60%	分别定为优秀、良好、不合格
	流动比率	流动比率评定区间分为 ≥2.0、1.5~2.0、≤1.5	分别定为优秀、良好、不合格
	速动比率	速动比率评定区间分为 21.5、0.8~1.5、<0.8	分别定为优秀、良好、不合格
	资产负债率	资产负债率评定区间分为 ≤0.4、0.4~0.6、≥0.6	分别定为优秀、良好、不合格

3. 激励约束机制

激励约束机制是用于监督投后管理人员工作的方法，公司可依据被投项目的实际情况设立项目的投后管理目标，要求在某个节点必须完成达到某个指标，完成可以获得相应奖励；反之，会根据实际情况采取必要的处罚措施。公司也可采取投资经理和投后经理跟投制度，一方面，对投资经理寻找项目起到一定的把控，提高投资经理对项目的筛选精度；另一方面，激发投后管理负责人对投后工作的责任心，将项目负责人利益与公司的利益牢牢绑定在一起，这样不仅能有效降低风险、合理控制成本，还能极大地提高公司的投资收益。不管哪一种方式，最终的目的都是提升投后管理能力，为被投企业提供专业的指导和帮助。

第二节　投后管理内容与实施路径

随着全球金融环境的迭代更新，资产管理行业也呈现出日新月异的发展态势。投后管理作为资产管理产业的一个重要环节，在"募投管退"这个全流程中，扮演的是"中场""后卫"的角色，其重要性不言自明。

一、投后管理运作模式

（一）投后管理模式对比

国外顶尖投资机构在投后管理的运作模式上偏好于设立专职投后部门。与西方发达的投资机构相比，我国投资机构在投后管理运作模式上还较为传统。在具体的投后管理运作上，常见模式对比如表11-4所示。目前我国私募股权类投资机构多数是采用投资团队负责制的模式，虽然已设立投后管理部门的机构占少数，但投后管理专职化的趋势已经反映在投资机构设立相关投后部门的计划中，未来专职投后管理团队的设置将渐成趋势。

表11-4　投后管理模式对比

模式类型	模式描述	优势	劣势	主要代表
投资团队负责模式	由项目投资团队负责投后管理，即"谁投谁负责"。在该模式下，投资团队全程参与项目筛选、项目投放、投后管理，对所投项目负责到底并持续跟踪，对项目实施过程中的问题进行针对性的改进	1. 基于投资团队对项目的充分了解，能针对性地持续跟踪和改进； 2. 项目的经营与投资团队的绩效直接挂钩，对投资团队的投后管理工作有激励作用； 3. 降低了机构与被投资企业之间的沟通成本，有利于投资团队与企业高管之间的协作	1. 投后管理周期较长，需投资团队投入的精力较多，投资团队很难把控投前与投后管理之间的平衡； 2. 缺失完整项目投资周期中的合理分工，项目管理任务繁重时投后管理的作用会明显降低，且会出现投资经理离职后后续服务的连续性难以保障的情况； 3. 缺少系统性的投后管理安排，不利于投资机构整体服务水平的提升	中科招商、硅谷天堂等
投后团队负责模式	投后管理团队负责跟踪被投企业的风控、财务和业务发展，同时负责资源对接、定期回访、企业调查、增值服务等工作。在该模式下，投后管理团队的人员设置包括基金运营、法律风控、财务审核和专业的顾问团队	1. 分工明确，可提高专职投后人员的专业性，进而提高工作效率； 2. 在合理分工下，有利于投资全过程更具系统性，保障投后管理的连续性	1. 由于专职投后管理团队中途介入，投后团队对被投企业的经营环境、财务状况等不如投资经理熟悉，投后工作前期需要磨合，加大投后管理难度； 2. 随着被投资企业价值的提升，面临着绩效评估的界定问题，难以区分价值提升是归功于投前的战略选择还是投后的优良管理	国内领先的私募股权投资公司
投资+投后团队负责模式	结合投资团队负责制及投后团队负责制的优势，既有利用投资人员对于项目的熟悉，又能够弥补投资人员在时间及投后专业能力上的缺陷	1. 灵活度较高，实现项目投前投后的无缝对接； 2. 机构可根据自身发展需求配备不同职能的投后管理人员； 3. 一定程度上解决了人手和专业度的问题，也综合考量投后团队与投资团队绩效考核冲突的问题，能够实现投前与投后联动	1. 增加私募股权投资公司人力成本，若投资项目效益不佳，私募股权投资公司经营压力会增大； 2. 存在投资团队与投后管理团队各自权责利不明确问题，在实际过程中出现相互推诿和越界行为	高瓴资本

续表

模式类型	模式描述	优势	劣势	主要代表
外部专业化模式（或子公司模式）	针对投资行业的多元化，面对跨行业研究的风险挑战，逐渐探索出外部承包模式，将投后管理剥离出私募股权投资公司，或者将投后管理直接外包给专门的咨询公司，形成新的业态模式	1. 投资团队能够专心专注于投资板块，深度挖掘被投资企业价值； 2. 投后管理体系完善，服务专业化，分工及考核更精细	1. 对前期投资环节、投资逻辑的理解需要时间，不能及时了解被投资企业全貌，短期内增加私募股权投资公司时间成本和人力成本； 2. 增加投资机构的运营和协调成本	大中型PE、并购基金

总体来说，以上四种投后管理实施模式各有优劣，选择采取哪种模式的核心是平衡投后管理过程中的责权利，根据投资机构各自发展的实际情况选择合适的投后管理模式。清科研究中心数据显示，国内私募股权投资机构投后管理实施形式以投资团队负责模式和投后团队负责模式为主。相比之下，投资团队负责模式更适合规模较小且发展初期的私募投资机构，投后团队负责模式更适合规模快速增长且投后管理体系逐步完善的私募投资机构。

（二）投后管理模式选择

一般私募股权投资方根据其投资份额来决定其对被投资方的管理层次。投后管理模式可分为以下三个层次：

第一，若私募股权投资方持股10%以下或者投资金额在一定数额（如5000万元人民币）以下，可以进行财务管控，至少参与财务目标的制定与跟踪。

第二，若私募股权投资方持股10%～20%或者投资金额在一定数额间（5000万元至2亿元人民币），可以进行战略管控，成为积极的董事会成员，帮助企业提升管理水平。

第三，若私募股权投资方持股达到一定比例（如20%以上）或者投资金额达到一定数额（如2亿元人民币）以上，可以进行运营管控，成为主要决策的积极参与者。

从目前普遍的行业做法来看，投后管理主要有三种模式：

1. 投资经理负责制

该投后管理模式的核心特点是，投资项目负责人既负责投前的尽职调查以及投中的交易谈判，也负责交易完成后对被投公司的持续跟踪和价值提升，通常广泛应用于中小型股权投资机构，尤其是风险投资基金。此模式的优势在于，投资经理对被投公司十分了解，通常能够积极、有针对性地跟踪和解决公司存在的问题及需求，特别是当项目收益与投资经理的绩效挂钩时，投资经理的主动性更高；但是，这种方式也有缺点，即如果投资项目过多，受到人手及专业能力的限制，投后管理工作可能无法深入开展，工作停留在收集财务报表和例行回访的层面，难以有效地为被投企业带来价值提升。

2. 投后团队负责制

该投后管理模式是第一种模式的升级版，主要是为了弥补投后工作"短板"而进行的改进。在这种模式下，投后工作由独立的投后管理团队承担，负责对被投企业进行资源对接、定期回访、内部管理提升、参与公司内部运营等，为被投企业赋能。从被投企业角度，这是一种实实在在的增值服务，可以充分解决第一种模式下被忽略的价值提升问题。不过，这种模式需要关注内部投前团队和投后管理团队的平衡问题：如果项目收益可观，到底是投前投得好，还是投后管得好？如果投资失败，是投前尽调不充分，还是投后管理不到位？因此，在内部团队绩效评估公平性方面，需要股权投资机构解决好内部的平衡。

3. 专业化投后管理

该模式既解决了第一种模式中人手不足和专业度欠缺的问题，也解决了第二种模式中投前团队和投后团队的绩效考核冲突问题，是一种相对比较折中的投后管理解决方案。近年来，随着股权投资项目的积累以及投后管理工作的深入，一些投资机构逐渐探索出一种新的投后管理模式，即将投后管理的部分工作，尤其是管理提升任务交给外部咨询公司，或者将投后管理团队分离，独立成立管理咨询公司，使其在绩效考核、费用核算等方面与投资组合脱钩，转而向被投企业收取咨询服务费。

二、投后管理具体路径

投后管理是创造价值的重要环节，投后管理的具体路径为：建立投后管理评价体系；完善投后管理配套制度；实行业务风险分类管理；建立不同轮次的投后管理方式，并谋取项目多种退出方式等，从而实现与被投资企业共同成长、价值共享、持续发展，不断发掘产业价值，促进管理的良性循环，助力被投资企业与本公司的财富增值，努力达成投后管理成功带动实体经济的健康有序发展。

（一）建立投后管理评价体系

建立投后管理评价体系从行业角度、私募股权投资公司角度以及投后管理人员角度来看，都十分有必要。[①]

从行业角度来看，在私募股权投资行业建立具有普遍适用性的投后管理评价体系，能够推动行业标准和工作规范的形成，是未来私募股权投资行业投后管理发展成熟的一个重要标志。从私募股权投资公司角度来看，投后管理评价结果可以帮助其合理评判投后管理人员的工作效果，建立相应的激励机制，推动投后管理团队人员队伍的壮大。从投后管理人员角度来看，只有建立健全评价体系才能精准科学地衡量投后管理工作的优劣，通过体系指标进行量化打分，实现对投后管理人员工作的日常考核、年度考核，督促提高投后管理工作的积极性以及效率。在投后管理评价体系建设过程中，应从投后管理评价主要内容、评价主体、评价模型三个方面综合考量，具体情况如下：

---

① 清科研究中心. 国内首份投后服务评价体系研究报告［EB/OL］.（2020-01-10）. https://news.pedata.cn/582000.html.

1. 明确投后管理评价主要内容

从实践来看，可将投后管理评价的主要内容分为三个方面：一是对投后管理整体的评价，包括投后管理制度建设情况、投后管理团队人员情况、投后管理资源投入情况以及投后管理工作开展的广度与深度；二是对投后管理各项工作内容的评价，包括公司治理上是否帮助被投资企业优化治理结构、提升财务管理，业务发展上是否为被投资企业拓宽上下游渠道，资本运作上是否帮助被投资企业对接投融资、辅导上市等，日常管理上是否定期为被投资企业提供培训与交流，是否帮助被投资企业寻找合适人力，是否为被投资企业提供品牌宣传、危机处理等方面的服务；三是对投后管理各项工作效果的评价，包括公司治理效果、业务发展效果、资本运作效果、日常管理效果。

2. 覆盖投后管理评价所有涉及的主体

为了建立全面、客观、公正的投后管理评价体系，在投后管理评价由谁来评方面，建议覆盖所有涉及的主体，即私募股权投资公司、投后管理人员、被投资企业。

（1）私募股权投资公司对投后管理执行的评价，主要有建立健全投后管理制度，投后队伍建立情况，投后管理资源的倾斜程度，等等。

（2）投后管理人员对投后管理开展情况的自评，主要为对投后管理开展的覆盖广度和管理深度的评价。

（3）被投资企业对投后管理效果的评价，可对比其他私募股权投资公司开展的投后管理、目标机构提供投后管理的效果进行评价。例如，被投资企业评价、投后管理人员自评、私募股权投资公司评价三者权重分别为50%、30%、20%。

3. 设置投后管理评价模型

结合各公司实际情况，在建立投后管理评价模型时将投后管理评价三个方面内容全部纳入其中，由被投资企业、投后管理人员及私募股权投资公司按照投后管理评价三方面内容对应的每项具体完成情况分别进行打分，然后按照设定的权重系数得出最终得分。核算过程涉及两个计算公式，分别为：

投后管理评价内容综合得分=整体评价×权重+内容评价×权重+效果评价×权重

(11-1)

投后管理评价最终得分=投后管理评价内容综合得分×被投资企业评价权重+投后管理评价内容综合得分×投后管理人员自评权重+投后管理评价内容综合得分×私募股权投资公司评价权重

(11-2)

在设计该模型时应把握三大原则：一是全面性，从投后管理内容指标向下细化，做到全面覆盖投后管理各个事项；二是合理性，在整体框架下，通过调整指标内容、评价标准、指标权重，来区别不同行业、不同阶段的投后管理；三是可操作性，先打分，再设置加权，得出总体得分，实现可供量化的操作性。

公司在建立科学的投后管理评价体系过程中，应把握以下应用要点：一是根据自身投后管理特点，综合选取评价指标。二是合理设置指标权重，指标核算均采用打分制；指标权重要突出被投资企业对投后服务效果的评价；各项指标可设置不同权重，最后各项指标加总，即为此部分总分。三是设置投后管理的评价周期，如月度、季度、半年度、年度等。实现客观反映市场上投后管理的具体工作内容和工作效果，为提升投后管理水平提供指导。

（二）完善投后管理配套制度

在项目庞杂的情况下，更需要建立完善的投后管理体系，实现投后管理流程化操作。由于投后管理专业性、长期性、复杂性的特征，做好投后管理离不开投后管理人员付出大量汗水和心血，但在实践中，投后管理人员既流汗也流泪，因为他们的工作没有一个好的绩效考核制度，工作量化难，难以让投后管理享受到合理的收益分配。如何有效地制定投后管理配套制度，激励投后管理人员，提高其工作积极性是私募股权投资公司需要思考的问题。

制定有效的投后管理配套制度，包括但不限于投后管理制度、投后管理绩效考核制度等。

1. 制定投后管理制度

制度是基础、是根本，对投后管理来说同样如此。一个健全科学的投后管理制度可以最大化地防范投资风险，提高投资收益。公司建立投后管理制度要重点关注被投资企业处于什么发展阶段，是否有成熟的运营模式，从而建立差异化的投后管理服务。重点考虑将以下几点纳入其中：

（1）明确投后管理的核心内容，对被投资企业进行日常监控，提供增值服务、退出管理。

（2）约定投资完成后，由本公司投资总监或投后管理负责人负责组织召开被投资企业投后管理对接会，对接会上宣导本公司投资理念和投后管理的基本要求，加强日常沟通衔接。

（3）细化日常性监控，包括收集经营数据、定期察看企业经营善、处理突发事件、分析被投资企业竞争力、评估项目总体运行状况具体要求。投后管理人员实现日常监控管理一般通过以下四种途径：

1）保持定期联系，关注财务指标。保持日常联络和沟通工作，如与被投资企业管理人员微信电话、实体考察等，定期联系获取财务、业务、经营、人员等信息，以便对被投资企业提供有针对性的辅导。

2）派驻董监高代表，参与三会审批。采取委派董监高代表形式，参加审议相关议案，借以获取与被投资企业发展相关的重要信息。

3）定期进行项目复盘，掌控整体运行状况。对投资项目进行风险评估，分析研判，制定专项方案，发挥监控作用。

4）紧盯所投资金去向，确保款项专款专用。关注每笔投资款项与每个被投资企业申请融资的用途是否一致，落实及监控资金使用情况，发挥资金使用效益，避免资金出逃或用于非指定用途。

（4）着重阐述增值服务，及时了解被投资企业对增值服务的需求。

（5）重视风险分类管理，及时识别业务风险，科学系统管理在管项目，提高投资项目成功概率。

（6）妥善保管投后管理档案，所有项目的投后管理资料建立独立档案，以便随时查阅、跟踪管理和评估。

2. 制定投后管理绩效考核制度

在制定投后管理绩效考核制度时，可采取"固定+浮动"方式进行综合考量，简单而言，从固定日常工作指标和浮动创收绩效指标综合统计，得出投后管理人员的绩效得分及对应工资和奖金。固定日常工作考核可按月度、季度、年度统计投后管理部每月对被投资企业的日常性监控、增值服务、业务分级管理、档案归档及保管等情况，将以上贯彻执行情况作为对投后管理员工考核指标的重要内容。浮动创收绩效指标将投后管理人员所得利益与被投资项目收益进行绑定，如开展持股，提取项目收益的 20%~50% 不等激励投后管理员工，为后续项目的顺利退出保驾护航。

在公平、公开、公正的投后管理配套制度下，综合考量投资团队和投后管理团队贡献比，公司投后管理团队定能统筹安排好投后管理日常具体事项，保证股东合法利益，实现不断发掘产业价值，提升本公司投资价值回报。

（三）实行业务风险分类管理

作为投资者，要减少或消除信息不对称，实现有效的业务风险分类管理，主要应从两个方面着手：一方面，设置基础指标监控；另一方面，对业务风险进行分类管理。

1. 设置基础指标监控

在设置基础指标监控上需要重点关注被投资企业所在行业指标数据、经营情况指标数据、财务指标数据三大指标，而三大指标具体设置情况如下：

（1）所在行业指标数据。主要包括行业内部环境、行业外部环境及行业发展前景。

1）行业内部环境指标数据建议从两个方面进行分析：一是供需方面，分析行业生产供给总量和市场需求总量及未来变化情况，预测和判断行业未来增长水平；二是竞争格局方面，分析行业进入壁垒、竞争结构和行业竞争程度，在关键运营指标方面对比分析企业与行业龙头。

2）行业外部环境指标数据建议从行业政策方面和行业上下游方面设置，如产业政策、行业准入政策、行业产业链整体情况等。

3）行业发展前景指标数据建议从三个维度进行分析，一是行业周期维度：分析行业周期性特征；二是商业模式维度：了解行业特有的商业模式并分析其优劣势；三是行业技术维度：通过收集行业内技术相关资料，了解行业技术水平、特点、趋势等。

（2）经营情况指标数据。

1）跟踪经营策略及变化，企业是否跨行业经营，是否主营业务不清、非主营业务过度投资等。

2）跟踪盈利模式和竞争力及变化，选择一家行业龙头、三家相似公司的行业均值、各自市场份额，了解企业盈利模式和行业地位；跟踪企业产品技术或经营模式创新能力、成本控制能力及市场营销能力，分析行业地位的稳定性及盈利模式的可持续性。

3）跟踪上下游交易情况，特别是近几年来企业前五大客户的变化情况，经营模式有无变化，精确判断交易成本是否合理控制、是否公允。

4）跟踪发展规划执行情况，了解拟重点发展和支持的业务板块，分析企业未来整体发展趋势；对未来几年的发展规划的可行性、合理性进行判断，形成对企业未来业务发展及业绩表现的预测；对比企业以前年度计划与实际完成情况，评价企业在规划期间制定的计划安排是否合理；落实资金使用到指定用途上，实现专款专用，发挥资金使用效益。

（3）财务指标数据。

1）资产负债表重点项目。对资产负债表重点科目进行分析，研究企业的财务状况、资产质量、资产负债结构和偿债能力等。例如，应收账款科目：跟踪企业应收账款比重、企业应收账款的前十大客户变化等情况。

2）利润表重点项目。跟踪主营业务收入近三年的趋势分析，判断是否出现异常波动，关注如主营业务成本与存货的勾稽关系。

3）现金流量表。对经营活动、投资活动、筹资活动的现金流进行分析。在经营活动中，了解企业的行业特征、生命周期等，判断经营活动净现金流的方向和持续稳定性，对偿债能力的影响；在投资活动中，跟踪大额现金流进流出，如分析企业正常经营活动是否存在持续经营风险；在筹资活动中，关注筹资规模是否超过了企业的承担能力，是否存在企业经营现金流缺口持续扩大等情况。

4）财务比率。包含但不限于偿债能力、营运能力、盈利能力。在分析偿债能力时，计算企业各年度资产负债率、流动比率等，分析企业偿债能力，重点关注指标的变化以及与行业平均或可比公司的比较；在分析盈利能力时，计算企业各年度毛利率、净资产收益率等，分析企业各年度盈利能力及变动情况，与行业平均或可比企业进行对比。在分析营运能力时，计算和比较存货周转率，与行业平均或可比企业进行对比，判断企业经营能力。

2. 动态进行业务风险分类识别

有了基础监控指标的设置、不同类型企业的横向划分后，才可以纵向分析每个业务风险等级情况。建议公司将业务风险等级划分为三类，分别为高风险、中风险及低风险，并在信息系统中以红、黄、绿三种颜色对应显示，有利于迅速发现业务风险情况，做出相应投后策略。以上三种类别风险管理的特点及对应投后策略如下：

（1）高风险业务。

特点：行业急剧变化；企业经营情况迅速恶化；现金流枯竭；法人治理严重缺失等。投后策略：每月汇报情况；投后管理人员专项追踪、专项检查；在进行投后管理指导后仍未改善的，执行回购或估值调整，尽快选择退出；严控高风险业务项目数量。

（2）中风险业务。

特点：经营情况明显低于预期；经营情况逐步恶化；公司治理出现较大问题。投后策略：作为机构投后管理的重点，可以把该档业务风险降为低风险正常业务，谨防升级到高风险业务，机构需要实时把握行业动态，为其提供针对性的增值服务，每季度和被投企业沟通，及时提示风险和应对建议；投后管理人员进行专项监控；提供全公司饱和式服务。

（3）低风险业务。

特点：被投资企业商业模式成熟、团队完善、盈利能力良好、经营正常，符合投资预期；退出进度基本符合预期；两年内可 IPO 或被并购。投后策略：投后管理人员每半年汇报情况；重点在管理咨询、资源整合、合规指导和资本运作；投后管理只需要日常监管，采用标准化的投后管理。

公司要真正实现实时动态监控这三类业务风险等级变化，要有完备先进的信息管理系统，借助系统对低、中、高风险进行全方位分析，最终运用分析结果对对应风险等级项目进行正确的投后策略。而在制定投后管理业务风险等级指标过程中，应注意三个要点：一是完整性，从投前投后逻辑、运营等维度设计指标体系，覆盖投后管理所有维度；二是一致性，回顾投前尽调重点，确保投前目标能在投后管理中贯彻执行；三是持续性，指标体系应具备内外部环境指标，设置动态监控进行动态监控，使业务实施与投后管理紧密相扣，在风险溢出前及时获得预警，从而采取相应的业务风险管控措施。

（四）建立不同轮次的投后管理方式，并谋取项目多种退出方式

1. 建立不同轮次的投后管理方式

被投企业的成长大致会经历初创、成长、成熟、蜕变等几个阶段，每个阶段企业自身的管理规模、管理体制、人才架构、客户需求等都不同，因此，从项目投资的轮次角度来看，公司提供的项目投后管理侧重点也不一样，如 A 轮、B 轮关注企业生存能力，C 轮关注企业业务扩张能力，Pre-IPO 则关注企业能否上市。因此，公司要根据企业投资阶段制定相应的投后管理机制，同时依据被投企业的不断发展，适时、准确地调整管理方式。

（1）天使轮。

1）梳理商业模式。企业初创期要确定核心业务，了解竞争对手状态和行业发展，在现有的基础上不断进行试验和自我调整，提升企业的核心业务竞争力，在下一轮时达到产品形态和模式的基本稳定状态。公司需要深入研究各方面的外在影响因素，协助企业创立更精准的商业模式，减少被投企业的试错成本。

2）优化团队，对接再融资渠道。被投企业面对融资市场时，往往缺乏专业的评判，不能及时、有效地做好各项准备，在企业的发展过程中，公司与被投企业需要未雨绸缪，提前规划好投资计划，梳理投资方案，确定企业估值等，此时，公司不单单扮演股东的角色，代表企业与投资机构谈判，也可以通过自身多元化的网络关系直接引进投资机构，让整个融资过程变得快速、清晰、专业、完整。帮助企业获取更好发展的良机。

（2）A+轮到 C 轮。

1）发掘盈利模式。在这个阶段，被投企业已经走向自身独有的发展轨迹，此时公司应协助被投企业在原有基础上完善商业模式，扩大行业占有份额，进一步提升核心业务竞争力。独一无二的商业模式可以为企业带来巨大的造血功能，让企业打通变现渠道，获取更多的商业流量和利润。

2）战略融资。虽然 A+轮到 C 轮企业的发展已经趋于稳定，并能独立造血，但企业为

了自身更高、更快地发展，扩大市场占有率，需引进投资机构，但此阶段的融资不再是单纯的资金投入，而是战略融资，在带来资金的同时为企业提供资源上的支持，公司此时需要更深入地了解企业文化和未来战略规划，为企业连接符合自身未来发展的投资机构。

（3）D轮。

1）推进战略布局。到Pre-IPO轮阶段，企业已经到达了成熟阶段，商业模式稳定，企业利润和客户体量都得到了快速增长，不管是从资金体量还是从专业程度方面考虑，被投企业都将引进大型知名私募股权投资机构，此时公司应配合大型知名机构协助被投企业进行更深层次的战略布局，完善产业布局，扩充业务并购，为接下来的上市做好充分准备。

2）推进战略融资与并购。在这一阶段，投后管理的运营管理工作逐渐淡化，工作的中心转向资源补充和对接，公司应不断为被投企业物色符合自身产业格局的中小型企业，通过并购不断补齐被投企业短板，扩大企业规模是这一阶段的工作重点。当然，如果由于企业自身或政策环境的原因导致企业的发展到达了瓶颈，也可以选择被并购，此时公司应协助被投企业对接相关资源，并协助办理并购程序，被并购也是PE实现退出的方式之一。

（4）IPO及以后。被投企业上市之后，投后管理工作的价值和内容减少了很多，但为了保证企业健康的发展，定期的回访、财务的跟进以及重要事项的披露仍然不可缺少。同时，公司的投后管理部门应就此次投资案例进行详细的分析和研究，为下一次投资提供参考价值。我国越来越多的私募股权投资机构已经意识到投后管理的重要性，是企业规模化发展的前提，强化投后管理不仅是投资机构也是被投企业提升企业竞争力的客观需要。

2. 谋取项目多种退出方式

公司在存量项目较多的情况下，除了采取传统的IPO退出、并购退出、二级市场交易等方式，还可以大胆探索新的退出方式。例如，私募股权投资基金等机构以一般合伙人的角色与上市公司共同设立产业并购基金，寻求适合上市公司未来扩张的优质项目进行投资，加以扶持，最后再通过把股权转让给上市公司从而实现退出。这一创新模式使得投资新三板的私募机构多了一个退出的渠道。因此，公司要积极转变思维模式，适应市场变化，构建多元化的退出方式，主动挖掘退出机会，在项目投资后，主动设计估值模型，预测项目投资收益，以此作为退出时机的重要依据，抓住退出的最佳时机，尽可能地保留胜利果实。被投资企业必须更加聚焦自身的核心价值，聚焦技术优势，聚焦客户服务，聚焦创新的商业模式，才能在私募股权投资运作资本中找到相应的市场位置。

三、管控方法要点

许多人可能认为，投后管理主要在投资后发生，在交易前阶段无须关注太多，这个观念是不对的。尽管投后管理工作主要在投资完成后才实际展开，但它不是一个与交易结构完全不相关的概念。恰恰相反，在股权投融资交易的结构设计阶段，深入了解投后管理的要点和方向，事先评估投后管理对交易风险的覆盖程度和深度，将十分有利于把控交易的整体风险，并在关键节点上通过法律文件进行规避或设计，对交易结构的科学设计是有利的。

（一）投后管理与投前尽调的联动机制

在投前尽调阶段，律师通过发送尽职调查清单、高管访谈、供应商访谈、外部第三方机构核查验证、专家论证等多种渠道和方式，对目标企业进行一次或多次详细的查验。这个阶段发现的问题，有的是可以通过处理在交易前解决的，有的需要通过股权交易协议、专门的承诺函等方式对未能处理的风险进行兜底和担保，也有的属于理论可能性大、实际发生概率小的风险，投资方有时会选择承受。对于后面这些兜底和担保风险以及小概率风险，就需要有一套机制进行持续跟踪、观察和及时处置。

将投前尽调与投后管理打通的联动机制，主要依赖交易文本及专门的承诺函、担保函等法律文件来实现。在内容上，这套联动机制应当至少覆盖以下几方面：

（1）投前尽职调查过程中发现的风险，在交易作价、交割进度、过渡期安排等方面需要做出安排，以及在交易完成后的一定时期内，明确责任方及其处理完成风险问题的时间表。

（2）投前尽职调查过程中没有发现的风险，作为或有事项，由明确的责任方在交割完成后的一定时期内负责跟踪落实，并约定清楚交易各方的配合机制，这也是投后管理阶段的核心工作之一。

（3）投前尽职调查虽然已经收集了相关信息并进行了确认，但信息来源是基于不真实的资料或访谈误导，也要赋予投后管理阶段进行纠错的机制，主要载体形式就是约定明确的违约责任条款，确定违约责任的具体数额或者计算方法。

围绕具体项目的投后管理目标，投资机构应根据实际情况采取不同的投后管理内容组合，实现投资机构有效资源的合理配置及收益最大化。私募股权投资基金投后管理具体实施路径如图11-2所示。

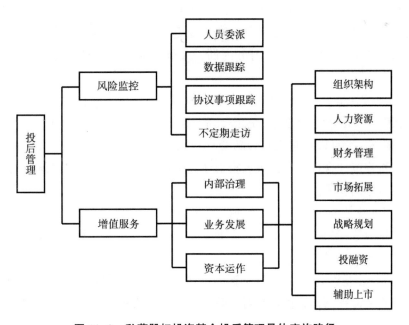

图11-2 私募股权投资基金投后管理具体实施路径

（二）财务管控

根据被投资企业的特点，确立分层管理、适度集中、差异化管理的财务管理模式。即由四个不同层面上的决策主体（私募股权基金管理公司董事会→私募股权基金管理公司→被投资企业董事会→被投资企业财务部）实施财务管理，把握好"集分权"的程度，明确规定各层面的财务权限和责任，包括各自在筹资决策、投资决策、收益分配决策等各项财务活动中的权限和责任，以实现财务管理的制度化和程序化。

考虑私募股权基金的战略要求、行业、地域、投资额、股权比例、组织形式、企业所处阶段、会计制度、投资管理现状等因素，实施不同的财务管理力度。不同类型企业的管理模式如表 11-5 所示。

表 11-5 不同类型企业的管理模式

企业类型	财务管理模式
子公司	以集权为主、适当分权
合营企业	分权管理
联营企业	分权管理
参股企业	分权管理

1. 整合期的财务管理

整合期的财务管理一般为 3~6 个月。按照合同章程、协议、基金管理公司的要求进行如下工作：

（1）财务总监选派，按照财务负责人委派制度，为被投资企业选派财务总监，并确定其职责。对资产交易后续跟踪、了解资产权属变更、重大事项报告。

（2）企业文化融合沟通，包括财务内训、人员互动、财务经验方向，政策法规知识共享。

（3）财务管理评价，了解财务管理现状，确定提升方向，具体评价内容如下：

1）财务组织，机构与岗位设置是否合理，人员配备是否到位，岗位职责是否明确。

2）会计审核，会计政策是否符合新会计准则和公司上市的要求，会计科目设置及会计核算流程是否规范、合理，会计报表报告体系是否完善，会计信息系统能否满足会计信息准确性、及时性的要求。

3）财务制度，是否制定了基金管理制度（如资金计划、银行账户、票据管理、印鉴管理、支付审批流程）、资产管理制度（如存货、应收款、固定资产、长期投资）、成本费用管理制度（费用标准审批权限及流程）、财务内控制度等重要制度。

4）预算管理，是否建立了全面预算管理体系，财务预算组织、编制、审核、批准、修订是否有完善的流程，预算执行是否有效（定期的分析报告、明确的控制标准、合理的考核办法）。

5）内部控制，是否建立起财务内部稽核制度，是否设置了专门的内部审计岗位定期或不定期进行财务收支审计、经营业绩审计、工程项目审计、风险预警评估。

（4）财务整合计划，包括财务组织体系（岗位设置、岗位职责）、会计核算体系（会计政策、核算流程、基本报表报告体系、会计信息系统评估）、财务制度体系（资金管理制度、资产管理制度、投资管理制度、成本费用管理制度、财务内控制度等重要制度需要先完善）、预算管理体系、会计信息系统、内部控制体系。根据股权比例情况和被投资企业的管理需求，编制财务管理建议书。参与制定被投资企业财务管理制度，帮助改善股东财务结构，结合生产经营特点和管理要求，完善财务管理体系，建立有利于上市的财务治理结构、财务监管体系和财务制度。

（5）全面预算管理，包括财务预算、资本预算、资金预算等管理。

（6）经营目标监控，包括经营目标、资本预算、风险预警等方面的监控。

（7）财务服务支持，包括团队建设、经验共享、财务咨询服务、知识资源共享、政策与法规等。

（8）收集企业发展规划和固定资产投资计划。

（9）投资效益分析，具体内容可参照表11-6进行投资效益分析。

表11-6 被投资企业效益分析

序号	投资项目名称	产品	年产量	基金已支付金额	基金投资完成程度	估计基金收益状况

制表：   制表日期：   年　月　日

（10）督促被投资企业向私募股权基金出具财务报告（含出资证明书）。

（11）督促被投资企业向私募股权基金提供交易清单，无论是股权交易还是资产交易，均需附资产、负债明细，如果后期经营中发现交易前期存在虚假不实情况，应及时报告被投资项目负债人；对于土地、房产、车辆、重要机器设备及无形资产，应在交易完成后及时办理资产权属转移手续。

（12）督促被投资项目负责人在私募股权基金注入完成后，将被投资企业的营业执照、企业组织机构代码证、税务登记证（国税、地税）、银行开户证明、特殊行业许可证等资料复印件送至基金管理公司相关部门备案。

（13）督促被投资企业的股东代表、董事、监事以及外派高级管理人员及时将投资项目的年度经营目标、生产经营情况、项目建设情况以及利润分配情况反馈给基金管理公司；监督投资项目财务状况及经营情况，并定期编制投资项目经营情况分析报告或经营简报，分析、评价投资项目收益及风险。

被投资企业的外派财务总监或高管需要按照规定时间提供以下信息：

1）阅读会计报表（利润表、资产负债表、现金流量表）及报表附注；

2）阅读财务管理报表、财务分析报告；

3）股东权益变动表、年度财务预算报告；

4）年度财务审计报告；

5）重大事项报告、风险预警报告（经营风险、税务风险、资产风险）。被投资企业的股东代表、董事、监事需提供以下信息：外派董事、监事应在接到被投资企业董事会、监事会会议召开通知 3 日内，将被投资企业董事会、监事会提请表决事项中有关财务部分的内容、背景说明材料、个人资料等书面文件交私募股权基金管理公司财务部门并征求其意见。在被投资企业董事、监事会会议结束后 15 日内将会议材料、会议纪要、决议和相关领导批复（复印件或电子版）交私募股权基金管理公司财务部门，具体内容包括：股东会决议；董事会决议；年度财务预决算；年终利润分配方案；资本预算执行情况；固定资产投资建设进展情况；其他重要资料。

2. 运作期的财务管理

帮助被投资企业获得财务管理协同效应，在较短的时间内改善被投资企业的收入和成本结构，提高企业的核心竞争力并最终提升被投资企业的业绩，规避或减少基金投资的风险，使私募股权基金投资得以保值、增值。

（1）主要内容（半年时间完成）。

1）实施财务整合计划，包括财务组织体系、会计核算体系、财务制度体系、预算管理体系、会计信息系统、内部控制体系。

2）全面预算管理，包括财务预算、资本预算、资金预算。

3）经营目标进展跟踪，包括经营目标（产量、营业收入、净利润、现金流、毛利率）、资本预算、风险预警。

4）财务服务支持，包括团队建设、咨询服务、知识共享、政策与法规。

5）编制财务快报，包括财务简报和会计报表。

6）审核基本报表、财务管理报表、财务分析报告、年度预决算报告。

7）编制价值评估报告。

另外，对子公司需增加以下内容：

1）预算管理制度设计（年度经营计划、财务预算、资本预算、资金预算）。

2）内部管理报表设计（资产负债表项目、利润表项目、现金流量表项目）。

3）经营分析报告设计（财务状况、经营成果、现金流量、风险预警）。

4）风险预算体系设计（资产风险、经营风险、税务风险、内控风险）。

5）税务筹划咨询服务（所得税、增值税、税务风险防范与优惠政策利用）。

6）财务制度体系完善。

（2）财务管理要求。

需要提交的财务管理要求相关的报表、报告，如表 11-7 所示。

表 11-7　财务管理要求

名称	财务报表	财务报表分析	年度预算报告	审计报告	重大风险报告	价值评估报告
内容	利润表 资产负债表 现金流量表 股东权益变动表 经营简报	利润表分析 资产负债表分析 现金流量表分析	年度预算报告	审计报告	重大风险报告	价值评估报告

（三）增值服务管理

1. 增值服务能力

增值服务能力直接反映了私募股权投资基金管理人的水平，主要表现在帮助被投资企业在发展早期进行规范管理，协助被投资企业健康快速发展，开拓业务，在被投资企业发展相对成熟时进行重组收购，推动上市。总结起来，增值服务主要有三大核心内容：

（1）公司治理方面，提升被投资企业内部运行效率。私募股权投资公司为被投资企业提供人力资源支持，帮助被投资企业引荐、招聘管理人才，如财务总监、人力总监等核心岗位，搭建更有战斗力的管理团队。协助被投资企业完善组织架构，建立内控制度，利用掌握的大量企业成功案例资源，帮助被投资企业吸取经验，协助解决被投资企业前期组织架构和运营管理上存在的弊端，实现被投资企业公司规范化治理。

（2）业务发展方面，帮助被投资企业整合市场资源。私募股权投资公司可以利用全行业的上下游资源，梳理过往被投资企业股东背景和已有的人际关系网络，引荐合作伙伴，参与制定被投资企业发展战略，导入产业链上下游资源，帮助被投资企业开拓市场，提升企业生产、销售和售后服务水平，提高被投资企业知名度。

（3）资本运作方面，帮助被投资企业实现资本扩张。私募股权投资公司具有丰富的资本运作经验，如私募股权投资公司的自身投资和所在行业资源，能够为后续轮次再融资提供示范，为企业再募资寻找到资金方；再如私募股权投资公司通常和中介机构（律师事务所、会计师事务所）保持着密切的业务联系，能够在企业制订上市计划、实施上市方案时向企业推荐合适的中介机构，帮助被投资企业及时排雷，提升被投资企业成功上市概率。

一般而言，增值服务的三大内容在被投资企业实施路径的优先顺序如下：第一，完善被投资企业公司治理，调整组织架构，完善内控、采购、销售等各项制度；第二，助力被投资企业开拓营销渠道，积极引导行业各类资源；第三，进行资本运作，发挥金融力量，谋求跨越式发展。

2. 增值服务内容的逻辑

一是从宏观层面整体把握被投资企业的发展战略，从股权配置、结构优化的角度完善公司治理；二是通过财务系统规划管理以及引进投资人才、战略人才，打好内部基础；三是对接外部资源、上市指导、并购整合和拓展海内外市场，借助资本力量谋求更大的发展（见图 11-3）。

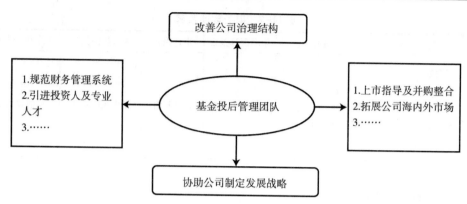

图11-3 股权投资基金投后管理团队的增值服务体系

私募基金管理人通过投后管理对所投资企业进行增值服务，来更好地提升企业价值，进一步提高投资的收益。增值服务主要包括以下具体内容：

（1）完善公司治理结构。企业的治理结构和组织架构是完善公司治理的两个主要方面，而私募基金管理人一般会在这方面有较多的研究和分析，并会为企业管理者提供更多的合理化意见和建议，以使被投资企业能够建立更为规范和具有市场竞争力的公司治理结构。

（2）规范财务管理系统。建立规范的财务管理系统一方面可以使企业标准化营运，另一方面也可以控制财务风险。基金管理人大都会与合作审计机构共同为企业提供规范化的财务管理系统，同时也能更有效控制所投资金的风险。

（3）为企业提供管理咨询服务。私募股权机构在投资企业或项目之前都在该行业做了大量的分析和研究，对行业的发展方向、技术更新、市场情况等都进行了充分的调研，因此，在投资企业之后，可以利用前期积累更好地为企业发展服务，提供更合理的发展规划、技术革新和人才引进等方面的咨询服务。

（4）提供再融资服务。企业的发展壮大需要不断的融资，而资金的延续性和再融资能力也是企业在市场上具有竞争力的表现。私募基金管理人或投资人大都在资本运作方面有着丰富的资源或经验，可以为企业提供合理的融资建议和方案。而无论是后续的直接融资还是间接融资，都需要企业的规范化和标准化，基金管理机构可以充分利用各自优势，不断为被投资企业的再融资提供多方位的支持。

（5）上市辅导及并购整合。基金管理人为了实现所投资金的增值，需要为企业在资本运作方面提供更多的支持，无论是建立企业规范化的治理机构、标准化的财务制度还是各项战略规划，都是为这一最终目的服务的，而被投资企业的上市或并购整合是目前我国股权投资退出较为理想的方式，为实现这一共同目的，私募机构应做充分的准备和前期沟通工作，同时，利用其他渠道（如证券公司、会计师事务所等）为企业上市或并购提供资源。

第三节　持有项目经营管理

一、持有项目管理的组织形式

股权投资方在企业花费的时间取决于股权投资的额度。因此，持有项目管理的组织形式是股权投资方必须做出的决定。投资金额越大，股权投资者给予的关注也就会越多。企业需要的帮助越多，股权投资方花费的时间也越多，关注形式也将越接近公司业务。如果企业拥有优秀的管理团队，他们需要的只是投资方的资金和外部渠道，而在企业内部的管理方面并不需要太多的协助，那么，股权投资方就不需要在企业管理上花太多的时间，只需要以"股东"的身份参与管理。反之，如果企业不仅外部渠道缺失，而且内部的管理团队涣散，那么，股权投资方将不仅是"股东"的身份，而且还要作为"管理层"参与管理。

（一）作为股东参与企业管理

股东作为投资者享有所有者的分享收益、重大决策和选择管理等权利。股权投资方拥有的重大权利如下：

1. 知情质询权

有权查阅、参照公司章程、股东会决议记录、董事会决议、监事会决议和财务会计报告；股份有限公司股东有权查阅公司章程、股东名册、公司债券存根、股东大会会议记录、董事会会议决议、监事会会议决议、财务会计报告，对公司的经营提出建议或者质询，董事、管理层人员应当如实向监事会或者不设监事会的有限责任公司的监事提供有关情况和资料，不得妨碍监事会或者监事行使职权；有权知悉董事、监事、高级管理人员从公司获得报酬的情况；股东（大）会有权要求董事、监事、高级管理人员列席股东会议并接受股东的质询。

2. 决策表决权

股东有权参加（或委托代表参加）股东（大）会，并根据出资比例或其他约定行使表决权、议事权。《中华人民共和国公司法》还赋予对违规决议的请求撤销权，规定：股东会或者股东大会、董事会的会议召集程序、表决方式违反法律、行政法规或者公司章程，或者决议内容违反公司章程的，股东可以自决议作出之日起60日内，请求人民法院撤销。

例如，私募股权投资方对被投资企业的表决权不由股权的性质决定。在通常情况下，虽然私募股权投资方持有的可能是被投资企业的可转换优先股，但同样可以行使与普通股相同的表决权，即使作为长期的债权也可以在企业内拥有一定的话语权。对表决权的这种分配确保了私募股权投资方对表决权的实施，而不管私募股权资本是以何种形式进入被投资企业。

（二）作为管理层参与管理

私募股权投资方派出的外来董事相对于原管理人员来说，看问题可能会更客观。而且，他们长期从事投资业务，在企业资本运营方面具备更为丰富的经验，在培育公司成长和鉴别管理层素质等方面拥有专业水平，并且有着广泛的人脉关系。私募股权投资方凭着投入到企业的资本和投资后向该企业提供的咨询服务，而在董事会上具有很大的影响力。由于董事会要对被投资企业的经营业绩负责，有权任命或解聘企业总经理，并指导、监督项目企业的运营情况，所以私募股权投资方通常会发挥其在董事会的影响力，对项目企业管理层实行监督。

公司通常会给管理层以股权和期权激励，然而，股权和期权安排的不足在于，会诱发管理层在经营管理企业过程中的道德风险，即过度从事那些收益很高但风险也很大的项目或企业。从私募股权基金的角度来看，这些项目和业务不符合私募股权基金对于投资企业"持股—增值—出售"的投资目的。因此，私募股权基金需要督促企业制定相关条款，以抑制管理层过于冒险的经营倾向。管理层雇佣条款一般有解雇、撤换管理层并回购其股份等形式。

私募股权基金对于企业的控制还可以通过指派项目企业财务负责人的方式。在企业中，财务负责人直接参与企业的财务管理，帮助企业在基础会计核算和财务管理工作中做出改进。财务负责人可以相对独立地整理企业的财务信息，如实汇报给董事会，并向私募股权基金反映相关信息，从而对企业的管理层进行有力的监督。私募股权基金注资企业后，往往会指派一个自己人担任该企业的财务负责人，这既可以发挥私募股权基金的财务能力优势，帮助企业改善管理，又可以使私募股权投资方获取关于企业经营的最直接信息，对企业运营管理进行监督。

通常，财务负责人具有以下六大职能：对董事会批准的重大经营计划、方案的执行情况进行财务监督；拟定财务管理规定及其他经营管理制度并落实相关规定，监督检查企业财务运作和资金收支情况，组织实施财务预算、决算报表、编制工作；对企业投资、融资及资产负债、重组等活动提出意见和建议，并参与制订企业利润分配方案和弥补亏损方案；与企业总经理联合审批限额范围内的企业经营性支出、融资、投资、固定资产构建支出和担保贷款等事项；检查企业财务会计的合法性、真实性和有效性，防范违反财务记录或不规范的财务行为；有权对财务人员提出任免、晋升、调动、奖惩的方案，有权根据工作需要设定财务工作岗位。

在企业创立初期，创业团队融合所有者和经营者为一体的做法，确实可以发挥相当大的作用，但随着企业的发展壮大、市场的开拓，其弊端就暴露出来了，直接导致企业经营管理问题比较突出，从而影响了企业的健康发展。美国的一项研究结果表明，在企业成立后的前 20 个月中，由创业家之外的职业经理人担任公司总裁的比例为 10%，到了第 40 个月，这个比例上升为 40%，到了第 80 个月上升到 80%。

（三）管理监督技巧

私募股权基金在资本进入目标公司后，一般通过设立项目组来完成对被投资企业的监控。自资金投入至变现退出，项目小组对项目实行从谈判、投资、管理到收益全过程的动态管理。项目小组行使该项投资全过程协调与管理职能，全方位实施项目管理。为便于开展工作，通常项目组成员会兼任被投资公司董事、监事、财务总监、副总经理等相关中高层职务。项目小组的具体职责如下：

1. 关注经营团队的设立

私募股权投资方在投资之前，必须商议在多大程度上参与企业的经营管理，形成什么样水平的管理团队。许多私募股权投资方都会在一定程度上积极参与企业的管理，有时通过在被投资公司内部设立专门的部门进行监督，并协助整个企业进行管理，或者聘用专门的管理咨询人员负责这项工作，以积极帮助企业成长。

例如，帮助企业组建。通过组建、加强董事会，强化管理团队、管理架构，确定战略方针，实现强化公司治理结构和管理架构的目标。管理团队的建设是公司治理的关键，压缩的治理结构能够使得公司治理实现扁平化、效率化。股东、董事、经理以及私募股权基金作为公司的管理团队，要直接参与到办公会议中来，私募股权基金要获得管理层的第一手资料。

2. 退出

私募股权基金帮助公司达到 IPO 标准，决定 IPO 的时间、地点和中介机构，以确保成功退出，以及被投资方成功 IPO、M&A 的目标。私募股权资本进入以后，需要从改善资产布局、负债结构、融资渠道、成本控制、预算管理、现金流量等方面进行优化管理。

（1）改善资产负债状况及融资渠道。资产负债表反映企业在某一特定日期的财务状况：拥有或可控制的经济资源（资产）及其结构；负债及其结构；所有者拥有的权益总额及其构成情况；为使用者提供基本的财务资料。

（2）实施预算管理和成本控制。利润表反映了在一定会计期间的经营成果，包括收益、成本费用、利润三类项目，其作用有：提供基础的企业财务成果分析资料；与资产负债表结合，可分析企业经营管理能力等；帮助预测未来收益和发展变化趋势。

（3）提高企业现金流动水平。现金流量表反映企业财务变动情况，以现金变动为基础而编制，描述企业在一定会计期间现金和现金等价物的流入和流出情况：有助于预测企业未来现金流变化情况；有助于分析企业经营收益的质量；有助于分析企业理财活动对经营成果和财务状况的影响。

3. 股权被稀释，创始人如何掌握公司控制权

企业创始人的股权被稀释时，创始人可以通过有限合伙、双重股权架构、一票否决权、董事会成员提名权等方法重新掌握公司的控制权。

（1）有限合伙。假如股权激励的对象所获得的股权只参与利润分享，并不参与企业的经营管理，就可以实现控制权的把控。而有限合伙企业这种模式也可以帮助创始人实现这一目的。有限合伙企业由普通合伙人与有限合伙人组成，有限合伙人以出资为限，对合伙企业债务承担有限责任，普通合伙人则对合伙企业债务承担无限连带责任。图 11-4 为某个有限合伙企业的股权架构。

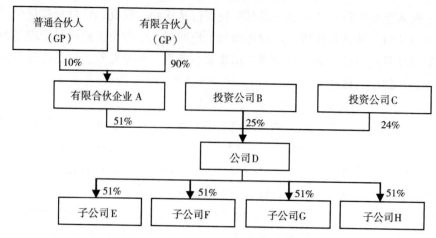

图 11-4 某个有限合伙企业的股权架构

通过图 11-4 可以看出，普通合伙人（GP）虽然只占有限合伙企业 A10% 的股份，但由于有限合伙人无法参与日常经营，所以，有限合伙企业 A 的控制权把控在普通合伙人的手里。然后通过有限合伙企业 A 控制子公司 D 以及旗下众多的子公司。也就是说，普通合伙人 GP 虽然实际只持有子公司 D5.1% 的股份，但却能掌握子公司 D 的控制权以及下游子公司。

（2）双重股权架构。所谓双重股权架构，其实是"同股不同权"的一种表现形式，如京东股权架构便是采用了这种模式。它通常的做法是将公司的股票分为两类：A 类股和 B 类股，两种股票在利益分配上是对等的，所有者拥有多少股权，就可以享受多少比例的分红；但在股权表决上，A 类股 1 股只能代表 1 票，而 B 类股 1 股可以代表 10 票——这可以保证，即便 B 类股股东持股比例不足 50%，也能维持对公司的绝对掌控。

双重股权架构是为了适应现代科技企业发展的一种创新模式。如今大多数科技企业创立时间都较短，但科技企业常常需要在短期内进行大规模扩张，这就需要大量资本的注入，但资本的大量进入，很容易稀释创始人及其团队的股权比例，致使控制权旁落他人，最终影响企业未来的发展。而双重股权架构就能避免这一问题的出现，阿里巴巴、京东都有这样的结构，使得马云和刘强东可以继续完全掌控企业的经营。

关于双重股权架构的争议其实比较大，因为它与一般的市场经济理论相违背，大家都是股东，为何你股票的投票权就是我的 10 倍？对于上市公司来说，这种股权架构可能会导致企业经营的一系列问题。例如，企业发展高度依赖创始人的决策，其他股东难以制衡，创始人的失误决策无人可以规避，创始人"损公肥私"等情况。

正是为了避免此类情况的发生，香港联交所、上海证券交易所及深圳证券交易所都不同意双重股权架构上市交易。阿里巴巴最开始打算在香港上市，但由于政策限制，阿里巴巴只能远涉重洋到美国上市。

但恪守"一股一权"原则已无法适应公司自身发展和国际趋势。双重股权架构可以保持创始人团队对公司的绝对控制权，同时满足公司融资需要，规避恶意收购，有利于公司的长远发展。此外，企业通过对高级投票权进行限定、完善监督机制、保障股东知情权等措施，可以化解双重股权架构带来的弊端。企业采用双重股权架构具有如下优点：

一是化解创始人与核心管理层争夺控制权的矛盾。

二是防止恶意收购，如 2015 年的万科股权争夺战。

三是避免外部股东在做决策时过于追求短期利益，给公司带来长远利益的损害。

（3）一票否决权。一票否决权属于投资条款清单中的保护性条款，目的是保护投资人的利益不受到创始人股东的侵害。拥有一票否决权后，投资人可以直接否决那些损害自己利益的公司行为。那么，创业者应当如何对待这一条款呢？首先，要限制一票否决权的范围。通常情况下，一票否决权的范围包括股东会决策和董事会决策两类，如表 11-8 所示。

表 11-8　一票否决权的范围

项　目	具体内容
关于公司最重大事项的股东会决策	融资导致的股权架构变化，公司合并、分立或解散；涉及股东利益分配的董事会以及分红；股东会决策通常会涉及公司章程变更等
关于公司日常重大事项的董事会决策	终止或变更公司主要业务；高层管理人员的任命与免职；对外投资等预算外交易；非常规借贷或发债；子公司股权或权益处置等

从整体来看，股东会决策范围仅限于涉及股东权益的最重大事项，而董事会决策范围则涵盖了公司日常运营中的各种问题。至于最终的一票否决权条款是什么，就看创业者与投资人谈判的结果。

（4）董事会成员提名权。选举董事不仅是股东大会的一项重要权利，也是公司控制权争夺战中最为关键的一役。万科控制权之争后，众多公司纷纷修改公司章程，添加反收购条款，以对抗外来"野蛮人"的入侵。不过，选举董事的前提便是提名董事。因此，如何设计董事提名权成为各方关注的焦点。创始人应如何通过应用董事提名权维护权益？

下面通过分析《万科企业股份有限公司章程》，对设计董事提名权的要点提出建议。

《万科企业股份有限公司章程》（2014 年 6 月版）第 98 条规定：董事、监事候选人名单以提案的方式提请股东大会决议。非独立董事候选人名单由上届董事会或连续 180 个交易日单独或合计持有公司发行在外有表决权股份总数 3% 以上的股东提出。

多家上市公司章程中类似的规定也都近似，其类型主要包括以下四种：

1）仅规定股东提案权，不对董事提名权做出特殊规定。《深圳机场股份有限公司章程》（2016 年 10 月版）第 83 条规定：董事、监事候选人名单以提案的方式提请股东大会表决。

2）规定单独或合计持有公司股份 3% 以上的股东享有提案权。少数公司章程规定的持股比例高于 3%。

《东北制药集团股份有限公司章程》（2016 年 6 月版）第 82 条规定：董事、监事候选人名单以提案的方式提请股东大会表决。董事、监事候选人分别由董事会、监事会提出，合并持有公司股份总额 10%以上的股东可以书面方式向董事会提名董事、监事候选人，并附所提候选人简历等基本情况。

3）规定拥有提名权的股东需持有公司股份一定的期限。《方大集团股份有限公司章程》（2016 年 9 月版）第 84 条规定：除职工代表董事以外的非独立董事候选人由上届董事会、单独或合并连续 365 日以上持有公司发行在外有表决权股份总数 5%或以上的股东提出。

4）不同持股比例的股东可以提名董事的人数不同。《徐工集团工程机械股份有限公司章程》（2016 年版）第 82 条规定：董事、监事提名的方式和程序为：董事会、监事会或者单独或合并持有公司 3%以上股份的股东可以提名董事，提交股东大会选举。单独或合并持有公司 10%以下股份的股东最多可以提名一名董事，单独或合并持有公司 10%以上股份的股东提名董事的人数不得超过公司董事会人数的 1/3。

公司章程对董事会成员提名权进行规定的意义在于：选举董事是获得公司控制权的关键所在。而选举出代表董事的前提是提名董事。对于中小股东来说，借助董事提名权可选举出代表自己利益的董事。对于控股股东及创始人来说，通过公司章程中的董事提名条款，可有效建立收购方进入董事会、获取公司控制权的壁垒，预防公司被恶意收购。

董事会成员提名权的延伸内容为有关股东提名董事、高层管理人员等的案例。

二、对持有项目经营的持续关注

在做完尽职调查、签署投资协议后，投资方面临着更为严峻的考验。投资后项目公司是否能够产生良好的经营业绩，直接决定股权投资的成败。项目管理是股权实现增值的必然阶段，也是整个股权投资运作过程最为关键的环节。规范、监督、合作是投后管理中最棘手的问题，也是企业创造新的未来的基础。虽然私募股权投资方与被投资企业的目的都是改善企业经营管理，实现股东价值提升，但是，这两方利益相关者的发展目标的重点是不一样的。私募股权投资方目标更为短期化，意在赚取利差。而被投资企业原股东的目标较长远，希望企业能够得到持续、平稳的发展。因此，在企业随后的运营中，难免会出现企业控制人的行为与私募股权投资方相左的情况。为了使企业能够更快、更迅速地成长，投资方需要迅速介入企业运营管理，以实现企业价值迅速增值后得以成功退出。双方之间就企业如何运营会进行充分的沟通、协调，这就意味着私募股权投资方要花一定的精力持续关注企业的经营。

（一）关注树立正确的公司治理管理理念

规范的公司治理结构是投资的基础，投资选择从注重企业技术和市场向注重企业的管理者的能力和诚信转移，投资后的公司治理结构要求更加规范和完善，其核心是创业股东与私募股权投资方共同关注被投资企业，共同到资本市场去实现利益，而不是与创业股东相互算计。投资后管理的理念要做到如下"五要""五不要"，如表 11-9 所示。

表 11-9　投后管理理念"五要""五不要"

五要	五不要
积极帮助公司发展	投资后就坐等收获
帮助公司建立治理结构和管理系统	仅仅依赖少数几个人
帮助公司市场拓展、融资、寻找合作伙伴	盲目帮助，没有针对性
给经营团队自由发挥的空间	过度限制经营者，使自己成为经营者
定期召开董事会	等问题发生了才想到要去解决

（二）关注企业发展过程中常见问题

私募股权投资方往往受限于自己的专业背景，在项目管理过程中显现出一定的局限性。例如，具有技术背景的投资方往往对市场营销、财务数据等环节缺少判断、分析能力，具有经济、管理学背景的投资方往往对业务相对生疏，对项目企业的分析缺乏灵活性和前瞻性。当然，上述不足是可以通过工作实践不断弥补的。为此，私募股权投资方应首先关注被投资企业经营管理中可能产生的一些问题，并及时做好预备工作。

显然，私募股权投资方看重处于成长期的企业。但往往这些企业是在缝隙中成长起来的，因此，企业在经营管理中或多或少都存在问题。其特点表现为：

（1）规模小、成长速度快；

（2）创新能力强，有需要就有产品，嗅觉灵敏，捕捉市场能力强；

（3）变化迅速，发展快，淘汰也快；

（4）以技术导向或市场导向型企业为主；

（5）人员稳定性差；

（6）管理层一般为股东；

（7）大多缺钱，管理存在不规范。

（三）关注经营团队的设立

我国成长型企业有着家族式管理的传统：相信血缘不相信团队；相信公关不相信程序；相信技术、市场不相信管理；相信威信不相信制度。但随着企业规模扩张，管理渐渐复杂化并日益显现出其重要性。

投资就是投人，很多问题追根溯源还是经营团队的问题。在创立期和生存期，占至关重要地位的技术创新问题已经退居第二位。此时，传统管理模式存在的一些问题日益暴露出来，并成为影响企业发展的关键因素。

1. 经营团队的经营管理能力较弱

表现为产品决策和市场决策失误率较高，以及不懂或不重视财务管理，使企业的现金流出现严重问题。

2. 自以为无所不能的信心膨胀

盲目追求高速增长，急功近利，追求轰动效应。盲目追求跨行业、跨地区、跨国家。抱有"只有想不到，没有做不到"的心态，结果企业两三年就销声匿迹了。

3. 经营团队思维僵化

如认识模式刚性化，缺乏知识创新能力，只听好消息罔顾不利消息。经营团队成员缺乏创新意识，个人权力欲强，决策风险大。

4. 经营团队核心成员的不良个人因素

某些核心成员品德、心理素质差，任人唯亲，贪污腐败，都会严重影响企业的健康成长。

私募股权投资方在投资之前，必须商议在多大程度上参与企业的经营管理、形成什么样水平的管理团队。许多私募股权投资方都会在一定程度上积极参与企业的管理，有时通过在被投资公司内部设立专门的部门进行监督，并协助整个企业进行管理，或者聘用专门的管理咨询人员帮助企业解决以上问题，从而使企业更加稳步、快速成长。

（四）关注各种大小会议

私募股权投资方在定期召开的股东大会、董事会上具有重大决策的参与权与否决权，讨论企业经营管理问题中的重要事项，包括经营方向、对外投资、资产重组、重大资产购置、团队选择与薪酬制度等。

在办公会上听取企业相关的重大信息，如企业管理层进行了市场研究或客户调查，市场竞争对手的重大事件，企业关键岗位员工的聘请与离职，大额的资本性支出，订单的重大变化。也可以与管理层人员单独接触，并且对每个管理层人员进行提问。

同时，私募股权投资方可以对重要投资委派财务总监或其他高管人员；每周与被投资企业联系一次；每季度提交项目跟踪管理报告及企业季度财务报表；须对被投资企业的股东会、董事会或监事会会议预案提出意见；（不定期）向被投资企业提供《管理建议书》；每月对企业进行一次走访，召开投资人会议，首要内容是对企业近期财务报表的讨论。管理层都应该对前期报表和未来预测进行分析和解释。如果管理层正在制订新的计划，那么，对该计划应该有详细的解释和充分的论证。

总体而言，整个会议应该主要以财务问题为导向，而不是以营销或生产为导向。作为一名投资者，私募股权投资方应该特别关注财务数据，因为财务数据比文字更有说服力。企业管理层应该告知私募股权投资方目前企业的现金存量及可用的银行信用额度。在早期的投资中，被投资方也应该做一个现金对账单，以说明私募股权基金投入的资金流向。

（五）关注企业财务报表

在缺乏定期财务报表的情况下，投资者很难对企业的经营状况做出理性的判断。需要特别注意的是，被投资企业往往是成长型企业，其最主要的是盈利能力与资金流动性。投资者往往重资产实力，而不重视盈利能力：流动性决定盈利性；重销售收入，不重视现金流动：活得越久做得越大；重技术研发不重视市场开拓：卖得越多，长得越快。因此，在分析其财务报表时要注重对盈利能力、资金流动性，以及市场开拓水平的研究。同时，要注意很多被投资企业往往也明白私募股权投资方的分析要点，往往在年底对财务报表进行"调整"，做出良好运作的效果，让私募放松警惕。所以私募股权投资方也应该关注可调整程度的范围。任何年末财务报表中出现重大调整的原因，企业都应该对私募股权投资方进行详细与合理的解释。

（六）关注文书的全面记录

私募股权投资方的投资记录是把握企业和行业最新动向的信息与加深对企业理解的关键。必须保证下列信息被准确记录下来，同时做好归类入档并制定目录索引，以备日后查阅。这些档案文书若是电子版的，除了电子信息储存外，还要打印保留；若是纸质版的，要进行扫描做电子储存。

对于被投资企业的各种定期或者不定期的财务报表、审计报告等，私募股权投资方需要做好完备的保存工作。此外，还应保存有关被投资企业的真实数据以及财务部门做的相关预测分析等报告。

1. 股东大会、董事会文档

股东大会、董事会记录了企业重大事项决策的过程和内容。私募股权投资方不管是作为董事会成员还是监事人员，以及相关的管理人员，都可以获取到股东大会、董事会的相关决策信息，应该做好单独记录、单独备案的工作。这将使私募股权投资方把握企业是否在向其所规划的方向发展。

2. 基础法律文件文档

法律文件是私募股权投资方的投资圣经。因此，投资方必须保管好记录完整的全部法律文件档案、公司章程、授权文书、转让契约、抵押文件等。

3. 与企业管理层的往来通信

私募股权投资方应该按照时间顺序，保存归档专门的文档来记录与企业管理层的往来通信（包括电子邮件），并记录事件发生的时间、地点等。这些往来文书可以帮助私募股权投资方梳理、了解企业的过往状况，以便及时追踪、调阅。

三、项目管理内容

作为一种财务性投资，私募股权投资对于投资项目的管理活动主要包括战略管理、管理提升、改善治理、财务重组、项目管理方式等内容。

（一）战略管理

投后管理部门的职能定位是"管理+服务"，其管理服务对象既对内又对外。在公司战略规划上应将其纳入，用战略眼光审视投后管理工作，满足迅速扩张的管理规模和投资组合的多样性。同时，该部门能够实现在公司跨部门、跨团队的沟通与协调，需要设定好投后管理业务流程，进行制式化管理。

通过投资和投后等职能部门的构建，尤其是投后管理队伍的建设，逐步完善支撑战略的人才管理体系，以绩效手段促进公司业务组织绩效目标的实现。因此，在为了业务风险等级划分引进先进技术方法的同时，更需要引进专业的投后管理人才，组建更加充实有力的投后管理团队，加强风险管理的专业知识培训，不断提升人员投后管理水平和专业能力，为投后管理提供强有力的保障。通过人力资源的有效管理与规划，可以使组织获得远高于竞争对手的优势，通过不断调整投资与投后人员情况，确保人力资源管理活动能够与组织实现更好的兼容，实现投入与产出的有效配比。

（二）管理提升

在实操层面，建议从以下几个方面入手：

（1）投后管理队伍。建议招聘投后管理岗要求：专业为金融、财经、法律等；具有负责或深度参与过股权类投资基金设立和运营工作的经验；掌握私募股权基金的募集、投资、投后管理、退出等操作流程；熟悉股权类投资基金运作模式，具备牵头组织基金运营管理全流程工作的能力。公司应不断搜罗高层次人才，建立人才库，为企业不断输送新鲜血液，加强管理架构，同时还应包括公关活动、资源开拓、创业指导等服务。

（2）建立内部专家顾问及咨询团队。把控监督政策风险、财务风险、环境风险、上下游风险、企业自身风险；为企业发展提出规划和建议，协助制定战略方向，加强财务控制。

（3）上下游关系梳理及对接。帮助企业不断开拓市场，带来客户资源，贯通上游和下游产业链，提升被投企业营业额。

（4）后续融资对接。无论企业处于哪一个发展阶段，都会需要大量的资金，公司需要未雨绸缪，在预留企业18个月的运营成本时，就协助被投企业准备融资方案，对接投资机构，开启下一轮的融资计划。

（5）帮助企业走向资本市场，进行行业整合。公司可以利用自身丰富的资源帮助被投企业搭建平台，让企业能快速有效地对接各种资源，获取更大的发展空间。公司在提供投后管理增值服务时应注意先后顺序，在投资企业初期，应先帮助协议梳理公司管理机制，优化组织架构，完善被投企业的内部因素后再对接外部上下游资源，帮助企业拓展客户，协调供应商等。等被投企业规模达到一定程度时，再协助企业对接资本市场，帮助企业实现资本对接，让企业的发展更上一层楼。

（三）改善治理

私募股权基金在投后管理模式治理过程中主要是建立符合现代企业制度的激励机制、约束机制，使投资项目的治理结构日趋完善，逐步达到上市公司的要求。

公司治理结构是公司制企业的核心，具体表现为公司的组织制度和管理制度。组织制度包括股东大会、董事会、监事会和经理层各自的分工与职责，建立各负其责协调运转、有效制衡的运行机制。管理制度包括公司基本管理制度和具体规章，是保证公司法人财产始终处于高效有序运营状况的主要手段。

（四）财务重组

为保证经营者的行为符合股东利益最大化，私募股权投资方一般在谈判过程中会要求通过派驻财务总监等方法，加强对企业的财务监管，促进其运作规范化。其可以对经营管理层的各项经营活动进行监督，并通过建立连签和审批等财务制度对企业的财务运作进行有效的监控，以防止资金运作不当，发生重大浪费和损失。同时，通过审核、查询，保证会计报表真实、可靠，为董事会进一步决策提供依据。其主要工作职责包括：

（1）对董事会批准的重大经营计划、方案的执行情况进行监督落实。

（2）检查企业财务会计活动的合法性、真实性和有效性，及时发现违反财务纪律及不规范的财务行为。

（3）组织实施财务预算、决算报表的编制工作，对企业投资、融资及资产债务、重组等活动提出意见和建议，并参与制订企业利润分配方案和弥补亏损方案。

（4）根据制度规定，与企业总经理联合审批限额范围内的企业经营性支出，融资投资、固定资产构建支出和担保贷款等事项。

（5）拟定企业财务管理规定及其他经济管理制度并落实相关规定，监督检查企业财务运作和资金收支情况。

（6）对财务人员有权提出任免、晋升、调动、奖惩等方案，有权根据工作需要设定财务岗位工作内容。

（五）项目管理方式

1. 自营

自营是由私募股权投资方的自身成员及其团队来完成上述投资项目的管理活动。自营的好处是亲自参加项目的管理，可以及时、准确地引导企业的发展方向，为企业的平稳发展提供更加有力的保障。其弊端在于，私募股权投资方的人力资源是极其有限的，成本也是比较昂贵的，如果投资项目多，就难以保障人员安排的合理性。

2. 外包

外包是由私募股权投资方同优秀的中介机构实行战略合作，通过它们的帮助实现其管理目的。

外包的好处是可以缓解私募股权投资方的人力资源压力，并充分利用中介机构所拥有的其他资源，同时有着更加专业的管理水平。外包的弊端是，由于增加了中间环节，可能造成对被投资方管理监督的放松、成本的增加、信息的滞后等。同时，中介机构也有可能与被投资方串谋，存在故意导致私募股权投资方利益受损的道德风险。私募股权投资方是采取自营还是外包的形式，需要依据其自身的人力资源状况、对被投资方的行业认知程度，以及是否有合适的中介机构可以委任等多方面因素综合考量。

四、精选层机制对国资投后管理的借鉴意义

就国资国企的股权投资等投资行为而言，完成资金投放不是目的，更在于投资以后的价值呈现，而投后管理阶段是价值管控的重要环节，对于实现国资的投资意图、达成战略目标，以及实现国资投资的保值增值都有重要的意义。

当前国资国企投后管理也面临着一些困境，主要包括以下几种情况：一是存在重前期投入、轻投后管理的现象。在前期投资过程中，对风险的识别不足，不但缺少预见性，而且对风险的防范和应对措施薄弱，甚至未作有效的约束，导致后期投后管理阶段风险暴露后难以有效应对。二是管理边界和责权不明晰。有的管控过度，令出多头，影响公司运营效率，有的又管控缺位，相互推诿，对于风险事项应对不力。三是缺乏有效的激励措施，在国资国企背景下，对于投资企业的经营管理团队和投后管理团队激励举措的局限，也在

一定程度上限制了经营效益的释放。①

面对国资国企投后管理的诸多困难，有不同的优化提升切入角度。笔者认为，从资本市场对投资标的的培育发展目标为视角切入，结合上述新三板精选层改革企业的业绩要求、信息披露制度、治理规则制度等，都可以给我们提供一些有益的思考和借鉴。

（一）科学合理评价，注重经营成效

国资国企在投后管理上，要更关注投后企业的经营成效，如何科学合理地进行投后评价，对国资国企的投后管理提出了很高的要求。对于国资国企的股权投资项目，如果能实现上市将是投资价值增值的极佳渠道，但由于项目体量等问题，多数投后企业难以直接主板上市，那么，精选层改革后的新三板就成为一个很好的选择。国资国企的投后企业，可以通过进入精选层谋求转板上市，这将成为一条新的路径。②

我们可以适当借鉴新三板精选层对入层企业的要求，对国资国企的投后管理评价体系进行完善。精选层提出了 4 套标准，综合考虑市值、收入、现金流、研发投入等，以支持不同成长阶段、不同类型企业的上市需求，如表 11-10 所示。

表 11-10 四套精选层入层标准

标准一：已有稳定高效盈利模式的盈利型公司			
2 亿元市值	近两年	净利润（每年）1500 万元	ROE8%（两年加权）
	近一年	净利润 2500 万元	ROE8%
标准二：盈利模式清晰、业务快速发展的成长型公司			
4 亿元市值	近两年	营业收入 1 亿元	最近一年营业收入增长率 30%	最近一年经营活动现金流净额为正
标准三：具有一定研发能力且研发成果已初步实现业务收入的研发型企业			
8 亿元市值	营业收入 2 亿元（最近一年）		研发投入占营收比例 8%（两年合计）
标准四：市场认可度高、研发创新能力强的创新型企业			
15 亿元市值	近两年研发投入合计 5000 万元		

注：市值是指以挂牌公司向不特定合格投资者公开发行价格计算的股票市值。

标准一：着重遴选已有稳定高效盈利模式的盈利型公司，该标准可以概括为"市值+收入+增值能力"，在增值能力方面，尤其关注了企业的 ROE，明确提出了 8% 的考核数值，值得重点借鉴及关注。

标准二：侧重关注盈利模式清晰、业务快速发展、已初步具有盈利能力的成长型公司，该标准可以概括为"市值+收入+现金流"，在现金流上，明确要求"最近一年经营活动现金流净额为正"，在营收增长上，"近一年营收增长率 30%"。

标准三：主要针对具有一定的研发能力且研发成果已初步实现业务收入的研发型企

---

① 刘猛，张晨宇，叶陈刚等 . 国企高管晋升激励与超额现金持有价值 [J]. 外国经济与管理，2020（2）：97-110.
② 陈辉，吴梦菲 . 新三板资本市场质量评估与改革政策研究 [J]. 金融监管研究，2020（2）：67-84.

业,该标准可以概括为"市值+研发投入",尤其值得关注的是,明确提出"研发投入占营收比例8%(两年合计)"。

标准四:主要面向市场高度认可、研发创新能力强的创新型企业。该标准面向市值较高的企业(不低于15亿元),对其研发投入提出了明确的金额要求,"近2年研发投入累计不低于5000万元"。

可以看到,精选层对入层企业的增值能力、成长性、现金流、研发投入等都有分类的细化要求。以上述为借鉴,国资国企的投后管理也可以按企业的发展阶段和类型分类评价,设置更完备、更有针对性的考评体系。我们考评的关注要素和评价体系,一方面,是对投后管理企业的合理评价依据;另一方面,也是结合企业的实际,帮助企业设立科学的发展目标。

(二)结合信息化手段,顺畅传导管控信息

国资国企对于投后企业的运营管控的要求更加规范,对于控股和参股类投后企业,都需要定期收集相关信息,也要求投后企业定期报告相关运营信息。而在管控信息的传递上,要顺畅传导。我们可以适当参考新三板精选层改革后,对于各层企业的信息的不同要求。如表11-11所示,可以看到,对精选层企业提出了更高的信息披露要求,定期报告增加了季度报告,临时报告的事项内容也更加细化。我们可以借鉴新三板分层级的信息披露规则,建立适用于国资国企各类投后企业的信息披露要求。

表 11-11 新三板分层级信息披露规则

要求	精选层	创新层	基础层
定期报告	年度报告、中期报告、季度报告	年度报告、中期报告	无
审计要求	执行财政部关于关键审计事项准则的相关规定		无
临时报告	交易涉及的资产总额 成交金额 交易标的资产净额 交易标的营业收入 交易产生的利润 标的最近一年度净利润 行业特有重大事件	交易涉及的资产总额 资产净额 成交金额 行业特有重大事件	交易涉及的资产总额 资产净额 成交金额

投后管理的信息化建设也是很重要的工作,有条件的国资国企,可以考虑适当结合信息化手段,例如,建立投资管理或投后管理的信息化系统,将项目从投前尽调阶段到投中阶段的相关分析信息、风险警示信息等及时上线留存,以及投后阶段的发展关键信息定期报送,既便于信息化管控,又便于数据挖掘分析。尤其对于投后管理企业较多、行业和地域较分散的大型国资国企,通过投后管理信息化系统建设,便于投后企业关键数据的留存、提取及分析,可以结合分析,及时进行风险预警和回溯。

(三)建立合规有效的激励制度,健全市场化经营机制

在国资国企投后管理业务范畴内,如何结合企业实际建立一套合规有效的激励制度,

是需要不断思考和突破的。一方面，符合国资国企合规管理要求，更重要的是能在激励力度上，给予有效的正向激励，是促使投后企业的经营管理团队积极作为，激发企业活力的一个重要途径。可以结合上市公司包括新三板企业职业经理人的绩效体系，包括借鉴经理层成员任期制和契约化管理等相关制度。我们关注到，国家也发布了《关于支持鼓励"双百企业"进一步加大改革创新力度有关事项的通知》《"双百企业"推行经理层成员任期制和契约化管理操作指引》等相关文件，鼓励国资国企建立健全市场化经营机制。

另一方面，在建立激励制度时，我们想强调一点，正向激励的同时更要有必要的负向激励。此次新三板精选层改革，也设立了"降层机制"，对于进入精选层的企业，后续若公司触发降层情形，则根据创新、基础层的各自条件将其调入。可以说，进入精选层并不是一劳永逸的。以此为借鉴，对于国资国企所投资企业在投后管理过程中设立一定的负向激励举措和手段，也是非常有必要的。

需要强调的是，无论正向激励还是负向激励，在制度探索的过程中，要给政策空间，要允许试错，配合建立一定的容错机制。

（四）加强投后管理队伍建设，实现股权投资的保值增值

加强投后管理工作队伍建设，对国资国企的投后管理工作有重要的意义。需要有专门的队伍，跟进关注投后管理工作。一方面，做投后管理工作的直接投入，包括投后企业运营管控信息的跟踪，以及必要的资源协同和赋能。值得一提的是，在投后赋能方面，除了专职的投后工作人员外，也需要国资国企的高层人员参与，在资源导入和协同方面，发挥更大的调动作用。

另一方面，投后管理工作队伍也需要建立一支综合型的协同队伍，除了专门的投后管理人员外，还需要涵盖前期投资团队、风控、财务、法务、人力等各条线部门，一起联动，综合协同。尤其在出现投后企业经营偏离和风险事件的情况下，需要及时有效地协同应对。

新形势下，国资国企的股权投资需要完善有效的投后管理，这对于实现国资的投资意图、达成战略目标，以及实现国资投资的保值增值都有重要的意义。

以此为参考和借鉴，持续优化提升国资国企股权投资的投后管理，进而助力国资国企的持续健康发展，服务我国国资国企改革的整体工作。

五、投后管理经典案例

【案例1】湘潭市中级人民法院审理的《上诉人湖南胜利湘钢钢管有限公司与被上诉人湖南盛宇高新材料有限公司公司决议纠纷一案二审民事判决书》认为：本案中，对于被上诉人而言，其通过安排的副总经理和董事各一人，对公司的经营状况进行了解并参加公司经营管理，行使股东权利。上诉人的两名大股东通过公司决议的方式随意剥夺被上诉人提名副总经理和董事各一人的权利，是一种滥用股东权利损害其他股东利益的行为。涉案公司决议系滥用资本多数决作出，因此，该决议内容因违反法律，行政法规无效。原审法院并没有否认资本多数决原则，原审判决涉案公司决议无效正确。

【案例2】 盐城市中级人民法院审理的《南通市恒祥置业有限公司与友创投资江苏有限公司、响水恒祥置业有限公司决议撤销纠纷二审民事判决书》认为：根据双方合作协议约定，南通恒祥公司享有响水恒祥公司总经理人选的提名权。现友创公司在未能提供证据证明南通恒祥公司放弃总经理人选的提名权或南通恒祥公司存在怠于提名等不利于公司发展的行为的情况下，任命张如华担任响水恒祥公司总经理明显违背了双方合作协议的约定，对此亦应予以撤销。

【案例3】 上海市静安区人民法院审理的《平湖九龙山海湾度假城休闲服务有限公司与海航创新（上海）股份有限公司决议撤销纠纷一审民事判决书》认为：根据《九龙山股份协议转让的框架协议》的约定，董事会的候选人由受让方推荐四名董事候选人、两名独立董事候选人，其他董事由出让方推荐，一方推荐的董事候选人应事先商对方征求意见。也即原告作为出让方中的成员，可以推荐两名董事候选人、一名独立董事候选人。上海大新华实业有限公司提议免去由股份出让方推荐的董事，且未征求对方的意见，违反了协议约定。

【案例4】 某电脑公司是一家科技应用性企业，创办一年即受到私募股权基金方的关注，得到相应的投资，基金方作为管理层参与管理。公司创办时，赵先生担任电脑服务部经理，在电脑应用及智能化工程实施方面的技术水平很高，是该领域的专家，董事会破格聘任他为公司总经理。赵先生上任三个月，工作积极、勤奋，带领员工刻苦钻研技术业务，但他不懂经营和管理，公司经营停滞不前。董事会决定将其撤换掉，但处理方法不当会挫伤他的工作积极性，并对其他各方面产生负面影响。经过权衡，基金方外派董事提出以下建议：董事长提出设总经理，由董事长兼任。设两个总经理助理，拟聘任刘先生为其中一位助理，负责公司日常的经营管理工作，赵先生亦任总经理助理并兼任技术部经理。这样对年轻优秀员工赵先生采取积极培养的方针，通过传、帮、带，使他既在业务上保持较高水平，又在经营管理方面能有所突破。通过一段时间运作，公司业绩取得快速发展。[①]

【案例5】 衡量一个CEO是否称职，唯一的标准就是看他是否能给投资者带来回报，不能带来回报的CEO就不是一个好的CEO。2001年新浪第一季度报表显示，收入大幅度下降了30%，预计在下季度还会有至少10%的下滑。在这种背景下，2001年6月新浪董事会对外宣布王志东因"个人原因"辞职，同时新浪网将裁员15%。由于当时其他股东与王志东存在较大分歧，王志东依然滞留新浪，许多人认为，王志东的离职是一场资本与资本的较量，实际上搞企业不是搞政治，权力之争只是表象。无论何时都要清楚一个最基本的游戏规则：衡量企业成败的第一标准就是是否盈利，烧钱的企业即使有再好的概念也是股东无法接受的。[②]

【案例6】 蒙牛选择私募股权融资，私募股权投资方丰富的管理经验和专业的投资水平，在蒙牛提供自身发展所急需的资金的同时，还带来了先进的管理方法。私募股权投资方引入股权激励机制、董事会结构权力有效制衡等方式，优化了公司治理。另外，私募股

---

① 刘兴业，任纪军. 中国式私募股权投资私募基金的创建与投资模式 [M]. 北京：中信出版社，2013：77-79.
② 李晓峰. 中国私募股权投资案例教程 [M]. 北京：清华大学出版社，2010：80-83.

权投资方都助蒙牛重组了企业法律结构与财务结构，并帮助蒙牛在财务、管理、决策过程等方面实现规范化。不可否认的是，摩根的加入提升了蒙牛的信誉以及影响力。蒙牛的成功离不开私募股权基金的助力，我们可以从以下几个方面分析私募股权基金对蒙牛的帮助：①

第一，公司所有权结构合理布局。

公司的股权架构是公司治理结构中的重要组成部分，应该说它是公司治理中的基本问题，对于企业的经营业绩、代理权竞争以及监督机制的建立都有非常大的影响。纵观中国的企业，其绝大多数在股权架构上都存在着很大的弊病，而蒙牛的多元股权架构有效避免了制度上的弊病。蒙牛的高管成为公司控股股东，蒙牛的兴衰与每一个蒙牛人紧密联系。新的大股东的加入发挥了监督职能，可以制约管理层的行为，防止发生侵害其他投资者利益的行为。另外三家有实力的投资者股东背景也给其他投资者带来了信心。

第二，董事会结构和其他公司治理机构更加完善。

董事会结构是公司治理的重要方面。在蒙牛股份成立初期，蒙牛的董事会成员均是当初蒙牛的创业者。在三家国际投资机构投资后，虽然三家私募投资机构所拥有的股权比例不高，但都委任一名董事作为非执行董事进入了蒙牛董事会，比例占到董事人数的1/3。三家机构委任的董事均是其部门高管，有着丰富的管理经验。

第三，治理结构要求有专业化的技巧。

这些技巧必须通过董事会各层次的委员会得到最佳执行。摩根等金融机构进入蒙牛后，立刻成立或完善了企业的薪酬委员会（5名）、审核委员会（3人）、提名委员会，这些委员会的成员主要由非执行董事和独立董事组成，把国际上对企业的风险管理机制、财务监控机制、对人力资源的激励机制引进蒙牛内部，帮助蒙牛建立领先的企业治理机制。

第四，提升蒙牛激励管理水平。

摩根在两次投资时都采取了有效的激励机制，通过强化牛根生的权力来控制"蒙牛"的管理团队，从而确保原发起人和溢价股东的投资收益。

其一，作为首轮投资的一部分，三家私募股权投资机构为了激励管理层股东改善蒙牛集团的表现，设定了表现目标，若管理层股东能够达到有关表现目标，便有权转换其所持A类股份成为B类股份，实现控股权和收益权的一致；若蒙牛没有完成目标，外资系将以极大的股权比例获得收益权。

其二，私募股权投资方和蒙牛管理层签订"对赌协议"。使用这样的"对赌协议"是私募股权基金比较常用的一个手段。当双方对出资价格本身达不成完全一致时，那么，价格就一定要跟公司未来的增长挂起钩来。如果公司要求投资人给出较高的价格，那么，就会对公司的增长率提出相应的要求，以保证现在付出的这个价格是合理的；如果公司没有达到这个增长率，投资人就会多占一些股份。

其三，摩根为了激励蒙牛帮助蒙牛设计了"权益计划""牛氏信托"。"权益计划"几乎为蒙牛的老股东提供了8倍的升值空间，激励力度相当大。牛根生通过"牛氏信托"掌

① 李昕. 私募股权投资基金理论与操作 [M]. 北京：中国发展出版社，2008：25-28.

握了这些权益计划的绝对控制权，以此作为建立激励机制的资源，同时也强化了他在企业内部最高管理者的地位。

其四，三家私募股权投资机构为了肯定牛根生以往对蒙牛业务的贡献，以及日后对本集团业务的重要性，分别赠与牛根生 5816 股、1864 股和 1054 股开曼群岛公司的股票。这激励了牛根生，从而无形中激励管理者努力工作。

第十二章 股权投资退出管理

资本退出作为股权投资运营环节最难也是最重要的一环，能否成功退出是衡量股权投资运营业绩的标准。它一方面通过被投资企业 IPO 上市等方式实现资金的收回和增值服务创造价值的兑现，并为下一笔资金的筹集和后续投资项目的投后管理提供经验积累和信誉保证；另一方面也是融资企业面临投资方施加压力最为集中的阶段，如果投资退出不畅，它们自然会把这种风险转嫁到融资企业身上。本章在概述股权投资退出方式、路径及其特点的基础上，重点探讨被投企业 IPO 退出、并购退出、股权转让退出、公司回购退出、清算退出等实务要点。

第一节 股权投资退出方式概要

一、股权投资的退出方式分类

所谓退出是指股权投资机构或个人在其所投资的创业企业发展相对成熟后，将其持有的权益资本在市场上出售以收回投资并实现投资收益的过程。中国股权投资历经 20 余年的蓬勃发展，资产管理规模已经超过 5 万亿元，每年投资项目数量近万个，投资金额超 4500 亿元。常见的退出方式主要有 IPO、并购、新三板挂牌、股转、回购、借"壳"、清算等。

退出方式的正确选择有助于提高私募股权退出的效率，有效促进私募股权投资的循环发展。由于被投资企业内部成长过程和结果的多样性，以及所依赖外部环境与条件的差异性，私募股权投资的退出路径也呈现出多样化的特点（见图 12-1）。一般而言，传统的私募股权投资退出主要包括首次公开募股（IPO）、并购（M&A）、股份回购和清算退出（Write-off）四种方式，融资型反向收购（APO）则成为近年来私募股权投资退出的一种新模式。在一定程度上，以何种方式退出将成为私募股权投资成功与否的重要标志。在做出投资决策之前，基金管理人就应当制定出具体的退出策略。对于私募股权投资而言，退出决策就是利润分配决策，以什么方式在什么时间退出可以使投资收益最大化则成为最佳退出决策的选择。[①]

---

① 万文静. 我国私募股权投资基金退出方式选择的影响因素研究 [D]. 南京：东南大学，2018.

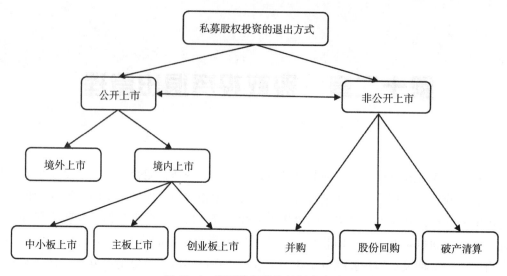

图 12-1　私募股权投资的退出方式

资料来源：笔者整理。

无论投资人还是创始股东，有很多可以从公司退出的方案。按照美国公司法实践，可用的退出方式包括：①IPO 上市发行股票；②分拆上市；③出售给第三方；④出售给员工和外界投资者；⑤出售给家族；⑥出售给管理层（MBO）；⑦股份回购计划；⑧分拆出售部分股份（Carve-out）；⑨债务再融资；⑩资产剥离（Divestitures）；⑪牛卡计划（Dual-Class Recapitalization）；⑫合资企业；⑬杠杆资本重组；⑭赠与慈善事业；⑮赠与雇员；⑯赠与家庭成员；⑰清盘（有选择的、有序的或者强制性的）；⑱再资本化；⑲战略联盟；⑳雇员持股计划（ESOP）。

IPO、并购、股份回购、清算是目前我国市场上四种主要的 PE 退出方式。IPO 是我国 PE 最愿意选择的退出方式，其投资回报率最高。并购退出更为灵活、高效，已逐渐成为 PE 退出的主流方式。股份回购，在目标企业发展前景与预期变数较大的情况下，能够快速收回资本，确保了 PE 已投入资本的安全性。清算是 PE 项目投资失败之时的无奈之举，防止损失的扩大化。

二、退出方式的优缺点比较

股权投资常见的退出渠道主要包括 IPO、兼并收购、股权转让、管理层回购、清算等五种（见表 12-1）。

从表 12-1 可看出，五种国际通行的退出方式，各自都存在优缺点，不存在绝对的优点。

首次公开发行退出是私募机构意愿最强、成功实现后回报率最高的退出方式，不过由于难度大、名额少、障碍多和耗时长，能够真正实现该种退出方式的私募股权投资不多。

并购退出是另外一种私募机构意愿较强的退出方式，虽然不如成功实现 IPO 退出回报率高，但相比之下并购退出实现的可能性更大，耗时较短，不确定性要少于 IPO 退出，如

表 12-1　五种退出方式的优缺点比较

	优点	缺点
IPO	易获得高投资收益；增加了市场价值，使得流动性变强；提高投资机构和上市公司信誉和知名度；减少道德风险，内部激励效应最优	准备工作较多，程序复杂；花费时间和资源；资金链循环周期长；受宏观政策环境影响较大
兼并收购	可缓解流动性压力；资金一次性完全退出，剩余风险较小；协同效应，扩大市场份额；退出费用不高，操作便捷，适用广泛	降低原来管理层的控制权；私募机构的收益受到限制，具有不确定性；不利于私募股权基金的知名度；潜在的购买对象比较少
股权转让	门槛低，操作灵活；实现部分收益；二次选择的机会，根据企业的实际情况决定剩余股权的处置	有些时候并没有实现完全退出，实现的收益有限；可能错失良好的退出机会；股权变动过于频繁会影响目标企业声誉
管理层回购	企业的控制权比较集中；有助于企业长远发展；操作手续简单，成本低	收益率比较低；不利于企业进一步筹资
清算	在确定投资失败的情况下，将损失尽可能减少的退出方式	通常收益率为负值，较为费时，面临烦琐的法律程序

资料来源：笔者整理。

果运作顺利，也能够为投资者带来可观的回报。

股权回购是在私募机构没有办法实现 IPO 退出和并购退出的前提下所选择的退出方式，无论是积极的股权回购退出还是消极的股权回购退出，虽然回报率不高，至少保证了私募股权投资是盈利的，避免了投资的损失。

破产清算是私募股权投资机构和投资者最不愿意面对的一种退出方式，不过由于私募股权投资的高风险性，却是发生概率最大的一种投资方式。

总体而言，各种退出方式各有优缺点，具体方式的选择还要根据市场情况、投资策略等进行决定。对于广大投资者而言，最重要的还是关注团队的整体实力、投资理念及投资项目，才能获得最满意的投资回报。投资者退出是实现资金回收或者投资止损的有效措施，需要投资者重视退出机制。在决定退出策略时，一定要结合实际情况，选择最适当、最能获得高收益的方式退出。[1]

三、影响退出方式选择的因素

在中国投资市场环境下，最常用的退出方式是被投企业 IPO 退出、并购退出、股权转让退出、公司回购退出以及清算退出。对于私募股权基金而言，在整个投资的过程中，退出方式和退出时间的选择是关键的一步，资金能否实现增值并顺利退出是衡量投资是否成功的首要标准，对其今后的发展将起到举足轻重的作用。退出是关键环节，这直接关系到

[1]　陈溪泉，林楠，温千惠. 私募股权投资基金退出方式选择影响因素研究［J］. 科技经济市场，2020（4）：109-110.

他们的生存和发展。① 理想化的私募股权投资基金管理者在考虑选择何种退出方式时，通常是倾向选择使得基金退出回报最高。然而现实中由于资本市场环境、市场规则和法律法规的限制，私募股权投资基金的管理者往往需要进行权衡。以下从成本和收益两方面来分析，探讨影响退出方式选择的因素。

（一）成本因素

1. 信息不对称导致的成本

依据"柠檬市场"理论，在信息不对称的情况下买方愿意支付的价格会明显低于市场公允价格，使得卖方收益受损。在不同的基金退出方式下，信息不对称的程度存在差异，因此买卖双方能够达成交易的价格也存在区别。当私募股权投资基金退出时，选择更少信息不对称的场景才能获得比较高的估价，下面对几种不同退出方式由信息不对称引起的成本影响进行分析。②

（1）IPO。通过交易所公开上市，能最有效解决信息不对称，但其成本也相应最高。

1）私募股权投资基金通常投资的都是有成长潜力的创新型公司，在企业成长到一定阶段前往往不被公众关注，公开信息少，且没有第三方研究公司的公开研究报告对其进行分析。在公司通过交易所申请上市时，需要花费大量的时间成本、金钱成本来聘请投资银行、会计师事务所、律师事务所等专业中介机构提供一系列针对公司的业务营收、财务状况、组织架构、市场预期等说明性的报告，这些报告一定程度上解决了信息不对称的问题。

2）交易所公开上市，企业股票的购买者中存在大量没有信息收集分析能力的散户，买卖双方间信息不对称问题最大。在这种情况下，理性人往往选择"搭便车"，而不是进行有效的信息收集分析工作。因此市场常常出现"买涨卖跌"的现象，对卖方来讲这种不稳定的股价会对企业经营和私募股权投资基金的退出构成风险。解决这种中小投资散户的信息不对称问题是极为困难的。

3）二级市场的投资机构也会对企业信息和其所经营的业务进行分析，通过公开交易所平台的集合竞价对企业股票给出价格，即使是缺少专业分析能力的散户购买者也可以通过分析公开市场的信息和股价指标最大限度地解决信息不对称问题。因此，IPO的基金退出方式最能有效解决信息不对称的问题，可以破除"柠檬市场"对企业股价的影响，提高私募股权投资基金的退出回报。

（2）并购。并购中的买方通常是战略投资者，通过交易获得企业100%的股权，使私募股权投资基金得以退出。

一般并购行为都发生在同一行业领域或是上下游行业，这意味着收购方通常是了解市场的，对被收购企业的经营状况有足够的了解，并且对被收购企业所掌握的产品价值、技术价值、行业前景、市场前景等信息进行了充分的收集和分析。对企业股权价格的分析通常由买方承担，买方可以亲自进行调研，或者委托第三方进行尽职调查以获得被并购企业

① 万文静. 我国私募股权投资基金退出方式选择的影响因素研究 [D]. 南京：东南大学，2018.
② 朱伟英. 私募股权投资基金退出方式的选择研究 [D]. 厦门：厦门大学，2018.

的真实信息，所以，在并购活动中，被收购企业及其私募股权投资基金通常支付很少的成本以消除信息不对称。

（3）股权转让。股权转让过程中，买卖双方对股权价值的判断往往存在分歧，信息不对称的成本较高。

2. 公司治理成本

私募股权投资基金在设计退出方式时必须考虑该种方式下被投资公司的公司治理成本，公司治理是通过对所有权和经营权的制度安排来协调股东和公司管理层之间的权利分配，既保护管理层的经营权又保护股东的收益权，避免在私募股权投资基金退出时出现管理层以股东利益的损失为代价谋求自身利益的情况发生。公司治理中的两个核心要点是激励机制和约束机制。其中激励机制是以金钱利益来激励管理层为股东利益最大化或企业价值最大化而努力。约束机制是用来监控管理层的经营管理行为，迫使管理层为企业和股东利益做出努力，同时防止其为个人利益或管理层利益损害股东利益。

（1）IPO。公司股东为了使管理层与自身的利益取得一致，一般都是通过股权和期权安排或者直接的现金奖励使得管理层积极为企业增值和股东利益的增长努力，私募股权投资基金作为股东，通常要考虑三方面来平衡激励的成本与效果：管理层持股比例；公司的业绩受管理层表现的影响弹性；管理层股权是否上市流通。如果管理层持股比例低，那么企业的整体业绩变化将无法反映在管理层的收益上，这会导致管理层缺乏积极性。如果管理层持有的股份无法上市流通，那么其提升公司价值来增加自身收入的效果也会大打折扣。在IPO时，管理层的持股比例也会受到稀释，通常股东会规划一定比例的公司股权和股票期权在IPO后补偿给管理层，这也增加了股东通过企业上市获利的成本。

因此，IPO方式的公司治理成本比较高，且在退出过程中有逐渐升高的可能。

（2）并购。公司股权全部出售给买方后，被收购公司的管理层通常不再拥有公司的控制权而获得资金补偿或是持有一定比例的买方公司股权。通常只有在买方是上市公司时，管理层获得的股权才能用市场价格衡量并可以方便地交易获利，否则并购不能给管理层带来直接的奖励将导致激励效果大大减低，激励成本上升。一般而言，买方公司的资产规模往往大于卖方，因此被收购公司的营收难以推动买方公司业绩实现大幅度的提高从而影响股价上涨。所以管理层获得股权的激励效果有限，激励成本难以降低。从激励成本的影响力来分析，并购不是最好的选择。

（3）回购。实务中，回购往往发生在企业业绩没有达到目标无法上市，缺少潜在的战略收购者，而私募股权投资基金达到年限需要退出的时候。此时管理层为实现MBO有可能进行举债，公司的负债将大幅增加。迫于债务压力，管理层会努力增加营收，因此回购的方式降低了激励成本。同时债权人对管理层的约束能力有限，导致代理管理成本上升。这些都使得管理层在回购时倾向于更低的股权价格。

3. 流动性成本

对于资本投资者而言，流动性往往是他们最关心的。投资者对流动性的偏好主要是基于两个原因：一是私募股权投资基金有期限限制，基金到期时，LP通常希望可以获得投资回报（流动性强的现金），由自己来决定用于消费还是进行下一轮的投资，这样更灵活；

二是如果私募股权投资基金的管理者在基金到期前持有的投资收益流动性强，其可以立即将其变现进入下一轮投资来增加资金的使用效率，为 LP 创造更多的收益。因此退出方式所导致的股权流动性变化将对退出收益产生影响。[①]

（1）IPO。通过 IPO 方式退出可以使私募股权投资基金以上市公司股票形式获得企业股权最强的流动性。但是在实务中，由于受到法律法规和交易所交易规范的限制，通常不能立刻获得流动性完成基金的退出。一般交易所都会为首发前股票设置六个月到三年不等的限售期，保障企业资金链的稳定和交易所中小散户股民的利益。这使得 IPO 退出的流动性受到质疑，很多学者甚至认为 IPO 退出的流动性不如并购退出。然而，通常限售期到后私募股权投资基金也不会立刻全部退出，主要原因是避免信号传递效应，当私募股权投资基金大量减持企业股份，将向其他投资者传递私募股权投资者对企业前景缺乏信心或者企业股价被高估，这不利于企业的持续融资，也会损害私募股权投资基金的收益。

（2）并购。私募股权投资基金通过并购退出时需要区分不同的情况进行讨论。如果并购退出的买方为上市公司，则其支付的现金或上市公司的流通股份的流动性是优于 IPO 的，如果并购退出的买方不是上市公司，且其不具备充足的现金需要用部分股份置换，那么私募股权投资者的退出收益流动性会大大降低，此时其流动性成本就高于 IPO。

（3）股权转让。通常股权转让是以现金方式进行的，其流动性可以获得充分的保障，因此股权转让的流动性最高。

4. 交易成本

交易成本主要存在于几个过程之中：一是寻找买方和过程中发生的费用；二是买卖双方谈判的过程费用；三是修订公司章程的手续费用。

（1）IPO。在公司进行 IPO 准备的过程中需聘请投资银行、律师事务所、会计师事务所等一系列中介机构为上市准备各种材料和必要的活动，这笔费用均需企业支付。有时承销商根据专业经验，会建议拟上市公司降低首次发行的股票价格，通过降低投资门槛的方式吸引更多投资人，确保股票发行顺利。这些都构成了 IPO 时的交易成本。不同上市地点的交易成本也不同，我国很多企业会到美国、香港、新加坡等境外市场进行 IPO，其交易成本也各不相同，但是鉴于增加了文件翻译费用和更高的人力成本，境外上市比境内上市的交易成本明显要高。

（2）其他方式。私募股权投资基金通过 IPO 以外的方式退出时，都基本不需要花费各种费用面对证券监管部门的程序要求。通常只需要签订相关的股权转让协议，完成交割并向工商部门进行报名登记即可，相比股权交易的整体数额，交易成本几乎可以忽略。

（二）收益因素

1. IPO 市场周期

影响 IPO 价格的因素不仅包括企业经营效率、盈利水平、管理水平及未来发展潜力等微观方面的因素，还包括整个 IPO 市场的经济周期影响。当整个社会经济环境处于繁荣时期时，企业的投资机会增多，广大的投资者可支配资金也多，推动二级市场股票价格的同

---

① 于峰. 我国私募股权投资基金退出方式研究 [D]. 北京：北京邮电大学，2020.

时也推高了一级市场的价格，此时退出就可以获得更多的收益。然而当社会经济处于衰退期时，企业的投资机会减少，投资者持币观望，导致股票价格降低也拉低了一级市场的价格。私募股权投资基金此时退出就难以获得高收益。

总之，随着IPO市场周期的波动，私募股权投资基金的管理者也会选择不同的退出方式。当预测到经济上行，管理者会倾向于选择IPO退出方式获得高收益。反之，当经济下行，二级市场为熊市，买方持币观望，则管理者必须依据市场实际，选择合适的退出方式。

2. 市场声誉

市场声誉既包括企业的声誉，又包括私募股权投资基金管理者的声誉。对于私募股权投资基金管理者，其在行业内的声誉极为重要。该行业的参与者都是精英人士，往往都在一个社交圈中，彼此熟悉。一个业绩差的私募股权投资基金经理很难从机构投资者、高净值人士或大企业筹集资金，同时获得投行、会计师事务所、律师事务所等中介服务机构的合作也变得困难。私募股权投资的圈子内往往以谁投出了几个上市公司或者其基金业绩高低来衡量经理人的成功与否，同时其对退出方式的选择处理能力也会构成影响，企业的声誉通常可以为企业带来供应链服务、市场销售以及融资方面的便利，对企业股权价格有正向的影响。

很明显，IPO推出方式的"宣告效应"能最大限度地提升企业和私募股权投资基金管理者的声誉，从而使各方获得额外收益。

3. 融资能力

最能体现企业发展潜力和市场认可度的就是企业的融资能力，投资者往往愿意对未来盈利希望大的企业股权支付更高的价格。

（1）IPO。企业能够成功在交易所IPO，意味着其面对的投资者包括了机构投资者和广大中小散户。企业要通过IPO的方式进行融资，首先要满足证券监管部门的相关要求，必须向投资者说明融资的目的与用途，证明企业的营收健康，筹集资金可以帮助公司加快发展并为投资者带来回报。企业一定要有足够的发行规模来保证发行的规模效益和股票的流动性。当然，只要通过监管顺利完成IPO，资本市场通常都能满足其未来的融资需求，因此IPO对有发展潜力、高成长性并且资金需求大的企业来说是比较好的退出方式。

（2）并购。并购的目的通常是为了实现协同效应。如果收购方是上市公司，则其可以通过收购被投企业实现自身规模和经营能力的快速提升，可以使投资者增强对企业的信心从而提高融资能力。如果收购方不是上市公司，它也可以通过收购被投企业来巩固自身的市场地位或实现上下游的资源整合，这也可以提高买方公司的融资能力。两家企业合并后，其资产规模和营收的增加显然可以带来融资能力的提高。这一点也会在合并后企业的股权价格上做出反应。

（3）股权转让。通常股权转让中的买家都是战略投资者或对冲基金管理者，其交易价格可以作为企业估值的参考，高于市场预期价格的转让行为能够提高企业的融资能力。

4. 协同效应

协同效应指两个企业在合并后可以产生比原来两家企业独立时产生的绩效水平之和更

高的业绩。这种效果的产生来自两个方面：一是合体后的企业提高了获取自由现金流的能力；二是整合后经营成本降低。协同效应使整合后的企业具有规模经济、范围经济、管理提升、成本下降等突出优势，比其他竞争对手更具竞争力，为获得以上的竞争优势，买方愿意支付更高的价格，可以使私募股权投资基金获得更高的退出收益。

（1）IPO。显然 IPO 退出的方式没有形成企业的合并，并没有直接的协同效应产生。但是公开上市的企业股权是在市场上分散的，如果有渴望协同效应的恶意收购者，其收购行为导致的市场价格变动也会使得私募股权投资基金退出时获得协同效应的间接收益。

（2）并购。并购最能体现协同效应的影响。企业的整合可以在多个方面产生协同效应的影响，经营的协同、管理的协同、财务的协同等。经营的协同可以产生规模经济和范围经济，管理的协同使合并前管理能力较差的企业迅速改善，财务的协同提高了资金的使用效率。总之，并购能使合并后的企业具有多项竞争优势，提高合并后企业的市场地位，获得股权估值溢价。从这个角度考虑，并购退出的协同效应溢价优于 IPO 退出。

（3）回购。从协同效应的角度看，回购是最差的退出方式，既不能获得其他优势，还增加了退出后企业的债务负担。

综合以上分析，私募股权投资基金的退出方式选择是受多方因素影响的，基金管理者在选择退出方式时，既要考虑股东收益，又要考虑退出后企业的生存发展，需要平衡多因素的影响，并提前规划退出。

第二节　被投企业 IPO 退出

一、通过 IPO 退出

通过 IPO 退出是指企业具备上市条件以后，通过在证券市场挂牌上市使投资资金实现增值和退出的方式。企业上市主要分为境内上市和境外上市，境内上市主要是指深交所或者上交所上市，境外上市常见的有港交所、纽交所和纳斯达克等。在所有类型的退出方式中，IPO 的投资回报率通常是最高的，因此深受投资人喜爱。

在证券市场杠杆的作用下，IPO 之后，投资机构可抛售其手里持有的股票获得高额的收益。对企业来说，除了企业股票的增值，更重要的是资本市场对企业良好经营业绩的认可，可使企业在证券市场上获得进一步发展的资金。[①]

（一）境内 IPO 退出

我国境内首次公开上市退出的市场有主板市场、中小板市场、创业板市场、新三板市场、科创板市场等，每个市场对企业的上市条件有不同的规定。在公司的股本总额、盈利

---

① 文娟. 风险投资退出方式选择及其经济后果研究：以达晨创投退出兆日科技园为例［D］. 蚌埠：安徽财经大学，2020.

能力、财务状况等方面，要求最严格的是主板市场；中小板市场和创业板市场上市的要求比主板市场低得多；新三板市场要求较低，但由于缺乏流动性，目前许多公司已经退市。科创板市场实行注册制，要求相对较低。但国内大部分投资者所投资的公司主要是中小企业，这些中小企业要达到主板市场上市的条件会比较难，因此现在投资者通过 IPO 退出的市场主要集中在中小板和创业板。科创板的出现助力了中国多层次资本市场的发展，为 VC/PE 手中囤积的大量高科技项目提供了新的退出通道。①

1. 境内 IPO 退出的优势

（1）股权的投资方可获得高额回报，实现投资者、企业管理层、企业自身三方的利益最大化，是投资人最青睐的退出方式。

（2）退出成本相对较低。相比境外上市，境内 IPO 聘请券商、律师事务所、会计师事务所、评估事务所等中介机构所花费的费用更低，给股权公司带来的财务成本更少，有利于股东权益的最大化。

（3）既能为投资者和企业赢得信誉、提高知名度，又能帮助企业拓宽融资渠道以得到更多的资金支持。公司上市的要求比较高，需要提前一两年做很多准备，相应的业绩和资本要求等指标都得达到上市标准，这些准备过程中企业会向市场公开一些信息，这样也为企业打出了广告，提高了知名度，待企业上市后，投资者能够以满意的价格出售股权，证券市场也为企业将来的发展提供持续的资金支持。

2. 境内 IPO 退出的劣势

（1）监管越来越严格，要通过 IPO 实现退出变得比较困难。公司境内上市受中国证监会发行审核的政策变化影响较大，在上市节奏上经常会面临不确定性。

（2）上市成功后，企业和投资者也都将面对较大的不确定性。《中华人民共和国公司法》和上交所、深交所的上市规则中对股东持有的原始股份交易都有锁定期限制。资本市场风云多变，受到国际资本市场和国内宏观政策等多方面因素的影响，投资者在锁定期届满后能否满载而归是需要承受一定的风险的，导致退出价值可能与预期有差异。

3. 境内退出实务要点分析

（1）企业要慎重评估自身是否适合 IPO。虽然股市飙升的股价和更高的估值会催生公司的上市热潮，但就境内 IPO 而言，证监会审批公司上市的速度时快时慢，再加之高标准的上市要求和繁杂的上市手续，还是将绝大多数中小企业拒之门外。

（2）充分预估退出的时间风险。IPO 固然是好，但相比其他退出方式，IPO 对企业资质要求较严格，手续比较烦琐，IPO 成本过大。据不完全统计，境内企业 IPO 的成本均价在 3500 万元人民币左右是比较常见的（含券商、律师、会计师等中介机构费用）。此外，IPO 成功之后存在禁售期，加大了收益不能快速变现或推迟变现的风险。

（二）境外 IPO 退出

根据投中研究院的数据分析，自 2018 年以来，A 股市场受监管影响，IPO 规模和数量双双下降，尽管 A 股行情惨淡，但港股和美股上市企业有增无减，在 A 股上市无门的获

---

① 梁国珠. 我国私募股权投资基金 IPO 退出制度研究 [D]. 广州：华南理工大学，2019.

投企业纷纷赴港上市或海外上市寻求出路。港股市场因其推行的改革制度吸引众多 Pre-IPO 公司涌入，在 2018 年全球募资规模最高，IPO 数量规模反超 A 股。[1]

1. 境外 IPO 退出的优势

（1）上市门槛低。例如，在美国上市，因实行披露制，对财务数据的要求比境内低，只要遵守美国证券交易委员会（SEC）和交易所的规定，并按照美国通用会计准则（US-GAAP）的要求进行审计，即可申请上市，比国内审核制的要求要低得多。

（2）制度成本低。国内证券市场还处于新兴和转轨期，市场规模小、发行机制市场化程度低、信息披露机制不健全。然而中国香港、美国等市场 IPO 的国际化程度高，承受大规模融资的能力高于内地市场，发行上市机制也更市场化，制度成本比较低。

（3）时间成本低。由于不实行严格的审核制，以及上市程度的市场化、透明化，因此境外 IPO 的周期相对较短。以美国为例，拟上市公司一般 6~12 个月便可以挂牌上市，而境内主板上市则需要两年左右。

（4）上市周期短。由于是以离岸公司为主体在境外上市，因此，可以不经过国内 A 股上市所需的漫长审批程序和过程，即先进行企业内部重组和股份制改造，再由券商进行辅导，辅导验收通过后再经过保荐机构上报中国证监会申请上市、排队等待发行审核委员会审核、出具批复等，上市周期可以大大缩短。

（5）上市后股份经过锁定期，可以实现全流通。以离岸公司形式在海外上市，只要经过当地交易所规定的锁定期，所有股份都可以实现全流通，包括创始人股份、风险投资人的股份以及战略投资人的股份等。当然，锁定期满后，并非立即全部流通，尤其是创始人的股票，还要配合市值管理的需要，决定股票出售的具体时机。

（6）境外资本市场估值方式有利于高成长型科技企业。根据证监会 2014 年 1 月 12 日发布的《关于加强新股发行监管的措施》，新股发行市盈率 23 倍是红线，主要为了确保申购新股的投资者利益不受到损害。但是，在境外上市尤其像纳斯达克这种高效率的市场，投资人对高成长企业的价值认同程度很高，上市公司得到的估值通常也比较高。

（7）外汇自由兑换无限制。对国际风险投资机构而言，境外上市的另一个好处是不受外汇兑换的限制。如果在国内 IPO 退出，外汇的汇出会比较麻烦。投资人虽然也可以在境内进行再投资，但是以人民币投资形成的股权就是内资股，即使可以上市，如何流通、如何变现及如何将人民币转为外币偿还境外股东等，仍然面临很多政策性约束和限制。

2. 境外 IPO 退出的劣势

（1）上市成本高。申请美股或其他境外地区上市时，公司需要聘请的中介机构比境内上市要复杂得多。一般需要两家或以上在国际上有知名度的投行牵头，涉及境内外多家律师事务所（境内外公司律师、境内外承销商律师）、国际知名的会计师事务所（为便于后期销售股票，一般选"四大"之一作为审计师）、评估师事务所、DR Bank、股票登记管理人、担保银行、ESOP 管理机构、信托管理人、D&O 保险等，涉及的费用往往是境内上市的好几倍。

---

[1] 王靖萱. 大行其道：境内企业境外 SPAC 上市模式及政策研究 [J]. 金融市场研究，2021 (6)：80-85.

（2）上市后维护成本高。公司上市后每年的审计费、律师费等虽然可以部分被 DR Bank 的费用返还覆盖（具体数额与 DR Bank 谈定），但是一旦公司遇到集体诉讼，将会牵涉大量的时间精力和成本，相比国内上市，维护成本要高很多。

3. 境外退出实务要点分析

（1）境外上市，尤其是美国 IPO，信息披露要求比较高，违法成本大。SEC 对公司上市递交的申请不像国内 IPO 一样进行实质性审批，但是如果出现信息披露不充分、不真实，上市后可能会面临投资者的集体诉讼，如果财务造假，公司高管还可能承担刑事责任。

（2）对公司的合规性要求非常高。公司决定到境外上市后，要聘请专业机构协助建立完整的内控及合规管理体系。

例如，美国的《反海外腐败法》（*Foreign Corrupt Practices Act*，FCPA），赋予了美国对境外公司的"长臂管辖权"，凡是跟美国有关联关系的外国公司在海外有腐败行为时，美国都可以依据该法进行管辖。这部法律于 1977 年制定，其间经过 1988 年、1994 年、1998 年三次修改，原本旨在限制美国公司利用个人贿赂国外政府官员的行为，并对在美国上市公司的财会制度做出了相关规定。但近年来，逐渐成为美国扩张其域外管辖范围的重要工具。

又如，美国财政部海外资产控制办公室（OFAC），会对其管理范围内的经济和贸易制裁不定期地进行重新评估和更新，根据评估的结果并结合美国的国家安全和外交政策，会发表一系列的制裁名单。这些名单上的全部国家、地区或个人或是被认为可能对美国的国家安全和外交政策造成威胁的，或是认为其行为已经触犯国际法、属于国际犯罪。

为了避免来自美国政府的政治压力和法律风险，所有美国的金融机构在进行交易时，都被要求必须首先要对自己的交易对手进行 OFAC 名单的审查，只有当交易对手不在 OFAC 的名单之内时，才可以与之交易；反之，必须中止交易。

所以，在美国申请 IPO 时，应确保公司自身以及有实质性技术合作（包括采用了美国技术或者采购了美国产品等）的伙伴，没有被列入制裁名单，否则上市将会遇到障碍。比如，2019 年 10 月 8 日，美国商务部将包括海康威视、大华科技、科大讯飞、旷视科技、商汤科技、美亚柏科、溢鑫科技和依图科技等在内的 28 家中国机构和公司列入美国出口管制"实体名单"（又称黑名单），限制这些机构从美国购买零部件。其中旷视科技正在申请美股 IPO，这项管制措施直接导致了公司上市进程的中止。

二、上市后股权转让退出

对于股权投资机构而言，只有当所持有的股份在锁定期（限售期）届满或服务约定条件通过二级市场减持完毕后，才标志着项目退出的完结，项目投资退出过程才结束。设置锁定期的目的在于保护中小投资者的利益，预防公司实际控制人、控股股东、董监高等利用信息优势获得不当利益，或者利用资本市场实现快速套现。锁定期结束后，股份上市转让还需遵循证券交易所的交易机制和规则，我们证券交易所的交易机制主要包括竞价交易、大宗交易、要约收购和协议转让四种基本模式。①

境外上市的一般操作流程如图 12-2 所示。

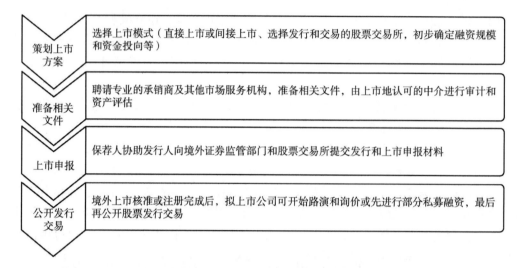

图 12-2　境外上市的一般操作流程

资料来源：笔者整理。

竞价交易又称为委托驱动制度，主要包括集合竞价和连续竞价两种基本方式。集合竞价是对一段时间内接受的买卖申报一次性撮合，连续竞价是对买卖申报逐笔连续撮合。证券交易所每个交易日的开市价格一般是由集合竞价形成，随后进入连续竞价阶段，按照价格优先和时间优先的原则排序，将不断进入的投资者的买卖指令竞价成交。交易实行涨跌幅限制，股票买卖在一个交易日内交易价格相对上一个交易日收市价格的涨跌幅不得超过10%，其中 ST 股票和 *ST 股票价格涨跌幅不能超过 5%。

大宗交易也称为大宗买卖，是指达到规定最低限额的证券单笔买卖申报，买卖双方经过协议达成一致并经交易所确定成交的证券交易。特点在于定价灵活（买卖双方可以就交易价格和数量等要素进行协议议价，卖方更容易取得更满意的价格。大宗交易不会竞价交易的股票价格形成巨大冲击，有利于稳定市场）；高效率、低成本（大宗交易转让通过委托中介机构按照交易所规定的大宗交易业务办理流程办理，其交易经手费比集中竞价交易低，且会有不同比例的下浮）。

要约收购是收购人向所有的股票持有人发出购买上市公司股份的收购要约，收购该上市公司股份，股权投资基金可以借此实现转让退出。根据我国相关法律法规规定，投资人（收购人）自愿选择以要约方式收购上市公司股份等，可以向被收购公司所有股东发出收购其所持有的全部股份的要约，也可以向被收购公司所有股东发出收购其所持有的部分股份要约；我国《上市公司收购管理办法》规定，通过证券交易所的证券交易，收购人持有

---

① 杨月英. 私募股权投资基金股权转让退出方式研究 [D]. 石家庄：河北经贸大学，2016.

一个上市公司的股份达到该公司已经发行股份的30%时，继续增持股份的，应当采取要约方式进行，发出全面要约或部分要约。

协议转让是买卖各方依据事先达成的转让协议，向股份上市所在证券交易所和登记机构申请办理股份转让过户的业务。根据转让股份类型的不同，分为流通股协议转让和非流通股协议转让；根据转让主体类型的不同，分为国有股协议转让和非国有股协议转让；根据转让情形的不同，分为协议收购、对价偿还和股份回购。

（一）主板和中小板上市转让的相关规定①

1. 持有 IPO 前股份的股东减持的

根据《中华人民共和国公司法》第一百四十一条规定，一般情况下，上市交易之日起1年内不得转让；根据交易所《股票上市规则》规定，控股股东、实控人自发行人股票上市之日起36个月内不得转让或委托他人管理，转让双方存在控制关系或受同一实控人控制的，自发行人股票上市之日起1年后，经交易所同意可以解除限售（没有或难以认定实控人的，股东按照持股比例从高到低依次承诺自上市之日起锁定36个月，直至锁定股份的总数不低于发行前股份总数的51%）。

2. 持有 IPO 前股份的股东减持行为

根据《上市公司股东、董监高减持股份的若干规定》及交易所的规定，在3个月内通过集中竞价交易减持股份不得超过1%，通过协议转让方式减持股份后的6个月内，出让方、受让方在3个月内通过集中竞价交易减持股份不得超过1%；通过大宗交易方式减持的，转让方（一致行动人所持股份合并计算）在任意连续90日内减持不得超过2%，受让方在受让后6个月内不得转让。

3. 针对控股股东和实控人减持的

根据《上市公司股东、董监高减持股份的若干规定》及交易所的实施细则，控股股东（一致行动人所持股份合并计算）在3个月内通过集中竞价交易减持股份不得超过1%；通过大宗交易方式减持，转让方（一致行动人所持股份合并计算）在任意连续90日内减持不得超过2%，受让方在受让后6个月内不得转让；根据《上市公司收购管理办法》第七十四条的规定，收购人（一致行动人所持股份合并计算）收购的被收购公司的股份，在收购完成后的18个月内不得转让。同一实际控制人控制的不同主体之间进行转让不受前述18个月的限制。根据《中国证监会关于进一步推进新股发行体制改革的意见》，公司上市后6个月内如公司股票连续20个交易日的收盘价均低于发行价，或者上市后6个月期末收盘价低于发行价，持有公司股票的锁定期限自动延长至少6个月。

4. 针对认购非公开发行股份的股东减持

根据《上市公司非公开发行股票实施细则》第七条至第八条的规定，如认购股份的股东是控股股东、实控人及其控制的关联方，或认购后成为实控人，或者是战略投资者，则其认购股份自发行结束之日起18个月内不得转让。其他股东认购的股份，自发行结束之日起，6个月内不得转让。

---

① 汤伊铃，汤新华. 主板与创业板上市公司再融资效率研究［J］. 中国注册会计师，2022（5）：38-44.

5. 以资产认购股份的股东减持

根据《上市公司重大资产重组管理办法》第四十六条的规定，一般情况下，以资产认购而取得的股份，自股份发行结束之日起 12 个月内不得转让；如果以资产认购股份的股东是控股股东、实控人及其控制的关联方，或者认购后成为实控人，或对其用于认购股份的资产持续拥有权益的时间不足 12 个月的，则其认购股份自发行结束之日起 36 个月内不得转让。如果构成重大资产重组的，以资产认购而取得的股份，自股份发行结束之日起 24 个月内不得转让；如果以资产认购股份的股东是控股股东、实控人及其控制的关联方，以及所持股份的受让方，自交易完成后的 36 个月内不得转让。

（二）创业板转让的相关规定①

1. 持有 IPO 前股份的股东减持

一是根据《中华人民共和国公司法》第一百四十一条规定，在一般情况下，自发行人股票上市之日起 12 个月内不得转让；二是根据《深圳证券交易所创业板股票上市规则》第三节规定，控股股东、实控人自公司股票上市之日起 36 个月之内，不得转让或委托他人管理。转让双方存在控制关系或受到同一实控人控制的，锁定期为 12 个月。

2. 突击入股股东减持

申报前 6 个月内增资入股的，自发行人完整增资扩股工商变更登记手续之日起锁定 3 年；申报前 6 个月内从控股股东或实控人处受让的股份，应当比照控股股东或实际控制人所持股份进行锁定。

3. 控股股东、实控人（一致行动人所持股份合并计算）减持

根据《深圳证券交易所创业板股票上市规则》第三节规定，公司上市时未盈利的，在公司实现盈利前，控股股东、实控人自公司股票上市交易之日起 3 个完整会计年度内，不得减持首发前的股份，子公司股票上市之日起第 4 个会计年度和第 5 个会计年度内，每年减持的首发前股份不得超过公司股份总数的 2%。公司实现盈利后，可以自当年年度报告披露后次日起减持首发前股份。

4. 认购非公开发行股份的股东减持

根据《创业板上市公司证券发行管理暂行办法》第十六条规定，如认购股份的股东是控股股东、实控人及其控制的关联方，则其认购股份自发行结束之日起 18 个月内不得转让；其他股东认购的股份，自发行结束之日起，6 个月内不得转让。

5. 新三板转板上市公司股东减持的

根据《中国证监会关于全国中小企业股份转让系统挂牌公司转板上市的指导意见》，原则上可以扣除在精选层已经限售的时间。

（三）科创板转让的相关规定②

1. 持有 IPO 前股份的股东减持的

一是根据《中华人民共和国公司法》第一百四十一条，一般情况下，上市交易之日起

---

① 邵伟. 风险企业绩效研究：基于股份转让系统与创业板的分析 [D]. 济南：山东大学，2014.

② 张利国. 完善法律框架 助力科创板和注册制平稳发展 [J]. 清华金融评论，2019（6）：40-42.

1 年内不得转让；二是根据《上海证券交易所科创板股票上市规则》第四节规定，控股股东、实控人自公司股票上市之日起 36 个月之内，不得转让或委托他人管理，转让双方存在控制关系或受同一实控人控制的，锁定期为 12 个月。

2. 突击入股股东减持的

根据《上海证券交易所科创板股票发行上市审核问答（二）》，一是申报前 6 个月内增资入股的，自发行人完成增资扩股工商变更登记手续之日起锁定 3 年；二是申报前 6 个月内从控股股东或实控人处受让的股份，应比照控股股东或实际控制人所持股票进行锁定。

3. 控股股东、实控人（一致行动人所持股份合并计算）减持的

根据《上海证券交易所科创板股票上市规则》第四节，公司上市时未盈利的，在公司实现盈利前，控股股东、实控人自公司股票上市之日起 3 个完整会计年度内，不得减持首发前股份；自公司股票上市之日起第四个会计年度和第 5 个会计年度内，每年减持的首发前股份不得超过公司股份总数的 2%。公司实现盈利后，可以自当年年度报告披露后次日起减持首发前股份。

4. 向特定对象发行的股票减持

根据《科创板上市公司证券发行注册管理办法（试行）》第五十九条，如果发行对象是控股股东、实控人及其控制的关联方，或认购后成为实控人，或者是战略投资者，则其认购股份自发行结束之日起 18 个月内不得转让。其他发行对象认购的股份，自发行结束之日起，6 个月内不得转让。

5. 询价转让股份减持的

根据《上海证券交易所科创板上市公司股东以向特定机构投资者询价转让和配售方式减持股份实施细则》第六条，转让方为控股股东、实控人的，不得在科创公司定期报告公告前 30 日内，业绩预告或业绩快报公告前 10 日内，价格敏感重大事件发生至披露后 2 个交易日内，或处于年度报告披露期内但尚未披露等情形下进行询价转让。根据《上海证券交易所科创板上市公司股东以向特定机构投资者询价转让和配售方式减持股份实施细则》第二十一条规定，受让方通过询价转让受让股份的，在受让后 6 个月内不得转让。

6. 科创板转板上市公司股东减持的

根据《中国证监会关于全国中小企业股份转让系统挂牌公司转板上市的指导意见》，原则上可以扣除在精选层已经限售的时间。

（四）优化首次公开退出机制

在私募股权投资中，最受投资者青睐的退出方式就是首次公开募股（IPO）退出机制，有助于私募股权投资者以及被投资企业提高经济效益，实现资本回流和企业经济效益攀升。在私募股份投资过程中，如分众传媒、携程网和如家快捷等企业首次公开上市之后给投资者带来了极大的经济回报，同时也实现了企业经济效益的最大化，受到了企业管理层的广泛欢迎，其表明经济市场对企业成绩的认可，同时也提高了企业的运营效率，使企业获得证券市场上的持续融资渠道。

但是，《中华人民共和国公司法》中规定上市公司股东首次公开发行之前所持有的股份为发行当天起的 12 个月，深沪两交易所规定，实控人锁定期是自股票上市起 36 个月，与发展较成熟的国家相比，我国锁定期过长，可调整上述规定，将锁定期减少至 6 个月。缩短锁定期的主要原因是资本市场不稳定，因此，选择合适的上市时机十分重要，这与公司上市股票发行定价、退出后是否获得投资效益具有直接关系，过长的锁定期难以让公司准确把握上市时机，股市波动性较大，不确定性较长。缩短锁定期，可以确保私募股权投资能够在收获预期收入后选择合适时机退出。

（五）新三板退出：最受欢迎的退出方式

新三板的转让方式有做市转让和协议转让两种。协议转让是指在股转系统主持下，买卖双方通过洽谈协商，达成股权交易；做市转让则是在买卖双方之间再添加一个居间者"做市商"。

2014 年以前，通过新三板渠道退出的案例极为稀少，在 2014 年扩容并正式实施做市转让方式后，新三板退出逐渐受到投资机构的追捧。新三板挂牌数和交易量突飞猛进，呈现井喷之势，新三板已经成为中小企业进行股权融资最便利的市场。

对企业来说，鉴于新三板市场带来的融资功能和可能带来的并购预期，广告效应以及政府政策的支持等，是中小企业一个比较好的融资选择；对机构及个人来说，相对主板门槛更低地进入壁垒及其灵活地协议转让和做市转让制度，能更快实现退出。

（六）借"壳"上市：另类的 IPO 退出

所谓借"壳"上市，指一些非上市公司通过收购一些业绩较差、筹资能力弱化的上市公司，剥离被购公司资产，注入自己的资产，从而实现间接上市的操作手段。

相对正在排队等候 IPO 的公司而言，借"壳"的平均时间大大减少，在所有资质都合格的情况下，半年内就能走完审批全流程，借"壳"的成本方面也少了庞大的律师费用，而且无须公开企业的各项指标。

但证监会于 2019 年 6 月 17 日就修改《上市公司重大资产重组办法》向社会公开征求意见，这是重组办法继 2014 年 11 月之后的又一次修改，旨在规范借"壳"上市行为，给"炒'壳'"降温。国家监管政策的日趋完善和"壳"资源价格的日益飙升也导致借"壳"上市日渐困难。

第三节　并购退出

并购的时代已经来临，并购是未来主要的退出方式。我们认为 80% 会通过并购退出，并购相比上市会容易一点，难度也要小一点，并购的速度会比较快。成熟的市场如美国，20% 才能上市，所以几百倍、几千倍、几万倍的收益率，这个概率在并购的时代可能会越来越小了。

一、并购退出的优势与劣势

（一）并购含义

并购（Merger & Acquisition，M&A）即兼并收购的简称，指一个企业或企业集团通过购买其他企业的全部或部分股权或资产，从而影响、控制其他企业的经营管理，其他企业保留或者消灭法人资格。相对于受让方来说叫兼并收购，而相对于出让方来说叫股权出让，所以，我们常说的并购其实是站在股权受让方角度而言的概念。投资人作为企业的股东，可以通过出让所持股份给收购方以谋求资本增值后退出企业。这也是一种常见的股权退出方式。

并购实际上是一种产权交易，需要依赖发达的产权交易市场。并购包括兼并与收购两种行为。狭义的兼并是指企业通过产权交易获得被兼并企业的产权，但被兼并企业的法人主体资格并不会因此而丧失的行为。广义的兼并是指企业通过产权交易获得被兼并企业的产权，同时被兼并企业的法人主体资格也因此丧失的行为。收购是指为获得某企业全部或部分资产或经营管理控制权而以现金或有价证券购买该企业的资产或股票的行为。

兼并收购是私募股权投资基金在时机成熟时，将目标企业的股权转让给第三方，确保所投资金顺利地撤出。作为私募股权投资最终资本退出的一个重要方式，实际上就是私募股权基金和目标公司管理层认为企业的价值已达到预期目的，把企业作为一种产品推介，将其出售给其他 PE 或者另一家公司。

在我国，股票市场尚不成熟，投机性炒作行为大量存在，企业公开上市后的股票价格可能远远高于其所代表的资产净值。因此，并购只是在股票市场低迷或者 IPO 退出受阻时的次位选择，PE 更愿意选择公开上市的方式退出，以实现较高的资本增值。然而在美国、英国等资本市场成熟的国家，股票二级交易市场的价格也较为公允，通过 IPO 方式退出并不一定能获得比并购退出更多的资本溢价。因此，在这些国家，并购已成为一种主要退出方式，能够有效缩短退出时间，减少时间成本和机会成本。

根据投中集团数据显示，我国并购退出的回报率近几年一直维持在 5 倍以下，与 IPO 高达 10 倍以上的退出回报相比较低。但随着国内资本市场的成熟，未来并购退出渠道的逐步完善，国内 PE 的并购退出也将成为主流。[①]

（二）并购退出的优势

并购因其独特的优势已成为私募股权基金最为活跃、最有发展潜力的退出方式。

1. 并购退出更高效、更灵活

相比较 IPO 漫长的排队上市苦等窗口期、严格的财务审查、业绩的持续增长压力，并购退出程序更为简单，不确定因素小。并购退出在企业的任何发展阶段都能实现，对企业自身的类型、市场规模、资产规模等都没有规定约束，双方在经过协商谈判达成一致意见以后即可执行并购，迅速实现资本循环，有利于提高基金公司的资本运作效率，减少投资

---

① 李萌，陈子凤，赵欣，等."PE+上市公司"模式的优劣势分析 [J]．金融理论与教学，2018（3）：44-46.

风险。

2. 操作简单，费用较低

并购退出只要在并购交易完成后，即可一次性全部退出，交易价格及退出回报较为明确。IPO 退出则要等待 1~3 年的上市解禁期，即使到了解禁期也要考虑到被投公司上市后的股价波动，可能要分批次才能够实现全部退出，届时上市公司股价也不得而知，增加了退出回报的不确定性。

3. 退出时间成本低，受市场周期影响小

并购可以使私募股权基金实现全面、快速的退出，收回现金资本，尤其在宏观经济形势不确定的情况下，IPO 退出通道受市场经济周期影响较大，相比较而言并购更为理想。并购退出可缓解 PE 的流动性压力。对于 PE 机构来讲，相对于单个项目的超高回报，整只基金尽快退出清算更具吸引力，因为基金的众多投资组合中，某一个项目的延期退出将影响整只基金的收益率，如若没有达成当时与投资者间的协议承诺，后续基金募集等将受到重大影响。

（三）并购退出的劣势

通过并购方式退出的弊端主要表现在以下四个方面：

1. 潜在的实力买家数量有限

并购资金量较大，市场上潜在的购买者数量有限，目标企业不容易找到合适的并购者，或者出价可能不具有吸引力。

2. 收益率较 IPO 低

由于市场的变化甚至是信息的不对称，为了能迅速退出可能导致企业价格被低估。

3. 企业管理层可能对并购持反对意见

并购成功后，企业的产权或者控制权可能会发生转移，原先的管理层需要让渡一部分权利与利益。从自身利益考虑可能会出现抵制并购的情况，使原先简单的过程复杂化。

4. 并购退出风险

并购退出也存在一定的风险，尤其在 2015 年国内资本市场出现"牛市"后，国家通过政策的调整使得这种并购更加难以获批。和其他风险相比，并购风险主要体现在国家政策的不确定性上。西欧、北美、日韩等的资本政策相对成熟和稳定，国内的政策则通常处于动态当中，在经济相对萎靡之时，国家会放松对金融体系的监管，使得资本容易被炒作，并购行为也被倡导。如果资本市场过于火热，这种并购申请就会被限制。2016 年以来，国内并购案例频繁度急速下降，这就影响了私募股权投资中的并购退出。另外，这种接近"高压"的管控实际上也使得投资的成本变相提升，使得私募股权投资公司不敢使用杠杆融资，降低了资金回报率。

二、改进股份并购退出机制

针对并购退出的方式，在改进机制的过程中，企业需要充分考虑经济市场的实际情况，依照市场情况定制优化措施。①

第一，针对各个类型的场外交易进行整合管理。例如，产权交易市场、股权交易市场等，随后构建统一的交易市场，从而保证整个并购过程都能符合法律规范，防止投资者的经济效益受到影响。另外，通过以上方式可以有效打破地域限制，实现互通互联，科学整合资源，实现全方位立体交易，确保整个交易流程更加规范，充分保证投资者在退出期间的效益不受影响。

第二，积极应对反垄断审查。企业在并购时始终面临反垄断审查缺少具体实施细则的问题，目标企业在退出并购中，可能与上下游产业链或具有竞争关系的企业进行合作，也可能出现垄断情况，使企业受到反垄断审查。在反垄断审查中，企业应量化指标，保证相关立法的完善性。同时，在外资并购方面，也存在立法不一致情况，需要完善相关立法规定，以明确含外资并购的法律效力，提高透明度与可预测性，保证并购操作可行。

第三，完善场外交易市场。目前，我国仍以场内市场为主，缺乏完善的场外交易市场交易制度，且各地监管规则、交易所交易细则也不一致，导致管理混乱，造成恶性竞争。因此，我国不能忽视场外交易市场的作用，应在法律上提高其合法地位，确定场外交易市场原则。在设计基本制度方面，则要保证统一交易规则，完善整体机制。

【案例1】通化金马并购圣泰生物实现投资人退出②

太盟投资集团（以下简称PAG）成立于2002年，现为亚洲最大的独立的多元化投资管理集团之一，旗下管理的资产总额逾110亿美元。2015年，PAG收购圣泰生物的退出堪称并购基金在境内退出的典范。PAG于2012年12月收购了圣泰生物100%股权。圣泰生物的唯一股东PAGAC Sparrow Holding I（HK）Limited（以下简称PAGAC）是PAGAsia成立的一家并购基金。PAG通过改革管理体制、提升管理效率、改善营销渠道等措施，也进一步提高了管理团队的凝聚力和管理效率，提高了员工积极性，使圣泰生物生产经营各方面得到全面提升。③

1. 案例概况

（1）通化金马药业集团股份有限公司（以下简称通化金马）成立于1990年，注册资本4.49亿元。通过股份制改造于1997年在深交所上市（公司代码：000766）。产品主要集中在风湿骨病、消化、肿瘤、妇科等领域，现有品种109个，其中处方药80个、OTC 29个；列入国家医保目录品种49个；列入国家基本药物目录品种11个、独家品种15个；有壮骨伸筋胶囊、风湿祛痛胶囊、龙骨颈椎胶囊、治糜康栓、清热通淋胶囊、熄风通络头痛片、清肝祛黄胶囊等8个专利品种。公司的主导产品主要包括壮骨伸筋胶囊、风湿祛痛胶囊、消癌平注射液、治糜康栓、乳酸亚铁口服液、清热通淋胶囊、脑心舒口服液、复方嗜酸乳杆菌片等。

（2）哈尔滨圣泰生物制药有限公司（以下简称圣泰生物）成立于2011年8月29日。

---

① 王瑞雪. 我国私募股权投资基金并购退出行为及效果研究：以红杉中国退出饿了么为例［D］. 北京：对外经济贸易大学，2016.

② 巨潮资讯网.

③ 孙梦雨. 医药企业并购的风险识别及防范：基于通化金马的案例分析［D］. 北京：北京交通大学，2020.

设立时，圣泰生物的注册资本为 1000 万元，系由哈尔滨圣泰制药股份有限公司以货币出资设立。生产大容量注射剂、小容量注射剂（含抗肿瘤药）、冻干粉针剂、片剂、胶囊剂、颗粒剂、口服溶液剂、口服液、原料药（七叶皂苷钠、羟喜树碱、穿琥宁、维库溴铵）、中药提取（禁止生产《外商投资产业指导目录》中禁止类项目，限制类项目需取得相关部门审批）。

经过两次增资以及两次股权转让，PAGAC Sparrow Holding I（HK）Limited 于 2012 年 12 月 27 日取得圣泰生物 100% 的股权，交易价格为 77440.00 万元。

股权转让完成后，圣泰生物的股权架构变更如表 12-2 所示。

表 12-2　2012 年圣泰生物股权架构

股东名称	出资金额（万元）	出资比例（%）
PAGAC Sparrow Holding I（HK）Limited	10000	100.00
合计	10000	100.00

2. 评估作价

根据北京中同华资产评估有限公司于 2015 年 8 月 5 日出具的"中同华评报字（2015）第 490 号"《通化金马药业集团股份有限公司发行股票购买资产涉及的哈尔滨圣泰生物制药有限公司股权评估项目资产评估报告书》，本次评估分别采用收益法和市场法两种方法对圣泰生物股东全部权益价值进行评估。圣泰生物经审计后资产账面价值 52060.98 万元，负债为 12617.80 万元，净资产 39443.17 万元。

（1）收益法评估结果。在持续经营假设条件下，圣泰生物股东全部权益评估价值 226100.00 万元，比审计后账面净资产增值 186656.83 万元，增值率为 473.23%。评估结果如表 12-3 所示。

表 12-3　资产评估结果汇总表（收益法）

单位：万元，%

项目		账面价值	评估价值	增减值	增值率
		A	B	C＝B−A	D＝C/A×100
流动资产	1	16606.37	—	—	—
非流动资产	2	35454.61	—	—	—
其中　长期股权投资	3	—	—	—	—
投资性房地产	4	—	—	—	—
固定资产	5	29012.73	—	—	—
在建工程	6	3494.86	—	—	—
无形资产	7	2450.85	—	—	—
其中：土地使用权	8	—	—	—	—
其他非流动资产	9	496.16	—	—	—

项目		账面价值	评估价值	增减值	增值率
		A	B	C＝B－A	D＝C/A×100
资产总计	10	52060.98	—	—	—
流动负债	11	9697.64	—	—	—
非流动负债	12	2920.17	—	—	—
负债总计	13	12617.80	—	—	—
净资产（所有者权益）	14	39443.17	226100.00	186656.83	473.23

（2）市场法评估结果。采用市场法确定的圣泰生物股东全部权益评估价值为279600.00 万元，比审计后账面净资产增值240156.83 万元，增值率为608.87%。评估结果如表 12-4 所示。

表 12-4　资产评估结果汇总表（市场法）

单位：万元,%

项目		账面价值	评估价值	增减值	增值率
		A	B	C＝B－A	D＝C/A×100
流动资产	1	16606.37	—	—	—
非流动资产	2	35454.61	—	—	—
其中　长期股权投资	3	—	—	—	—
投资性房地产	4	—	—	—	—
固定资产	5	29012.73	—	—	—
在建工程	6	3494.86	—	—	—
无形资产	7	2450.85	—	—	—
其中：土地使用权	8	—	—	—	—
其他非流动资产	9	496.16	—	—	—
资产总计	10	52060.98	—	—	—
流动负债	11	9697.64	—	—	—
非流动负债	12	2920.17	—	—	—
负债总计	13	12617.80	—	—	—
净资产（所有者权益）	14	39443.17	279600.00	240156.83	608.87

由上可见，收益法的评估值为 226100.00 万元，市场法的评估值为 279600.00 万元，两种方法的评估结果差异 53500.00 万元，差异率 23.66%。评估师认为，收益法较市场法更能准确反映被评估企业的股权的市场价值，故本次评估确定采用收益法的评估结果作为圣泰生物股东全部权益最终评估价值。于评估基准日 2015 年 4 月 30 日，在持续经营的假设条件下，哈尔滨圣泰生物制药有限公司股东全部权益的市场价值为人民币 226100.00 万元。

3. 交易框架

PAGAC 作为一家国际化运营的并购基金，依据国际并购市场一般惯例，对本次交易设置了全款以货币方式支付，签订交割协议后 3 个月内支付 80%，且不接受以包括中国证监会在内的行政部门审批为前提条件等较为严苛的交易条件。由于通化金马自有资金无法满足 PAG 的交易诉求。经与 PAG 反复谈判，拟确定了通化金马拟引入过桥资金先行收购圣泰生物股权，再通过通化金马发行股份并募集配套资金将圣泰生物最终收购的总体交易架构。

4. 交易路径

为了完成 PAG 的退出，各方设计了以下交易路径：

（1）通化金马与第三方中合盛资本、山西信托股份有限公司设立融泰沣熙，其中中合盛资本担任 GP，通化金马出资 4.10 亿元任 LP，山西信托股份有限公司（为中合盛资本关联方）出资 8 亿元任 LP，并由融泰沣熙收购圣泰生物 54.55% 股权；通化金马大股东北京晋商出资 8 亿元收购圣泰生物 36.36% 股权，另一第三方仁和汇智出资 2 亿元收购圣泰生物 9.09% 股权。

（2）通化金马向北京晋商等 4 家机构发行股份募集配套资金，约为 16.88 亿元。配套资金发行股份价格为通化金马第八届董事会第五次临时会议决议公告日前二十个交易日均价的 90%，即 7.01 元/股。

（3）考虑各交易对方的诉求及交易对价方式不同，本次交易采取了差异化定价。本次交易标的资产的交易价格中，10 亿元（43.85%）以发行股份方式支付，其余（56.15%）以现金方式支付。

（4）在本次交易中，北京晋商及仁和汇智取得的对价为股份。北京晋商及仁和汇智在本次交易实质上是为通化金马提供过桥融资，且其持有圣泰生物股权的时间较短，因此北京晋商及仁和汇智以平价转让圣泰生物股权给通化金马。同样提供过桥融资的融泰沣熙本次取得的对价为现金，不具备股权对价的潜在升值空间，所以取得 8000 万元作为固定回报。

（5）通化金马拟通过发行股份及支付现金相结合的方式购买融泰沣熙等 3 家机构合法持有的圣泰生物合计 100% 股权，同时，通化金马拟向北京晋商等 4 家机构非公开发行股份募集配套资金。

（6）2015 年 6 月 13 日，PAG 与北京晋商、融泰沣熙、仁和汇智签订《股权转让协议》，PAG 决定将其持有的圣泰生物 100% 出资额以 22 亿元的价款转让给北京晋商、融泰沣熙、仁和汇智。

5. 案例评析

PAG 从圣泰生物的退出，各个交易环节都设计得比较到位。通化金马的融资能力、对交易规则的理解与把握、风险评估与控制能力等也都比较出色。在交易结构的安排上，包括灵活地对过桥融资方的差异化定价、动荡的资本市场行情中引入调价机制、业绩承诺的安排以及对一致行动关系和不构成借"壳"上市的解释等都有亮点。

自 2012 年底收购圣泰生物至 2015 年 6 月退出，PAG 并非简单地通过资本注入寻求投资回报，而是通过资产梳理与优化、指导和参与企业的经营管理、培养职业经理人团队推动新的增长策略和运营效能等价值创造手段，使企业的盈利能力在两年得到较大改观与释放，然后在企业处于成长后期时二次出售给产业投资者，最终获得丰厚的财务收益。他们的原始投资成本7.7亿元，退出对价22.6亿元，在两年多的时间里，收益率高达193%，获得了约2倍于投资成本的回报，收益相当可观。

第四节　股权转让退出

股权转让指的是投资机构依法将自己的股东权益有偿转让给他人，套现退出的一种方式。常见的如私下协议转让、在区域股权交易中心（即四板）公开挂牌转让等。

股权转让是指有限责任公司的股东依照法律或公司章程的规定将自己蕴含股权、股东地位或资格的股份移转给他人的民事行为，股权转让后，股东基于股东地位对公司所取得的全部自益权与共益权一并转让给受让人；受让人因此成为公司新的股东或者是改变了自己的股权。[①] 在私募股权投资的退出机制中，股权转让是指私募股权投资机构可以将其股份转让或出售其股份，并按照合同获取现金。该方法可分为两大类：股票收购和出售给第三方。股票回购是企业按照由私募股权投资机构既定的程序和价格回购其持有的股份；出售给第三方意味着私募股权投资机构向除了被投资企业之外的第三方出售股份，然后获取利润。

股权转让主要优势：①出售的费用成本低，面临的对象少；②法律约束较少，适用于各类公司，简便快捷。

股权转让的劣势：可能会受到管理层的反对，同时由于信息不对称，难以找到合适的买家。

就股权转让而言，证监会对此种收购方式持鼓励态度并豁免其强制收购要约义务，虽然通过协议收购非流通的公众股不仅可以达到并购目的，还可以得到由此带来的价格租金；但是在股权转让时，复杂的内部决策过程、烦琐的法律程序都成为影响股转成功的因素，而且转让的价格也远远低于二级市场退出的价格。

一、挂牌转让退出

挂牌转让退出主要在场外市场进行。我国场外市场主要包括两种，分别是全国中小企业股份转让系统（NEEQ）和区域性股权交易市场。[②]

全国中小企业股份转让系统（NEEQ）简称全国股权系统，即通常所说的新三板，是经国务院批准设立的公司制全国性证券交易场所，全国中小企业股份转让系统有限责任公

---

① 赵旭东. 现行公司法疑难释解 [M]. 北京：法律出版社，2006：133.
② 张义斌. 区域股权市场和全国股转系统的联动合作机制研究 [J]. 清华金融评论，2021（2）：75-80.

司为其运营管理机构。全国中小企业股份转让系统（NEEQ）主要是服务于创新型、创业型、成长型的中小微企业。旨在发挥主板和创业板的孵化器和蓄水池的作用，为企业提供前期融资、估值、股权流动以及企业展示的平台，是我国多层次资本市场的重要组成部分，全国股转系统挂牌股份转让退出成为股权投资基金的重要退出方式。①

区域性股权交易市场，是为市场所在地省级行政区域内的企业，特别是中小微企业提供股权、债权转让和融资服务的场外交易市场，接受省级人民政府监管，中国证监会及其派出机构为区域性市场提供业务指导和服务。其作用主要是促进企业特别是中小微企业的股权交易和融资，鼓励科技创新和激活民间资本，加强对实体经济薄弱环节的支持，是多层次资本市场的重要组成部分。②

（一）全国股转系统挂牌的基本要求

股份有限公司申请股票在全国股转系统挂牌，不受股东所有制性质的限制，不限于高新技术企业，除财务要求外，应当符合如下条件：一是依法成立且存续两年，有限责任公司按照原账面净资产值折股整体变更为股份有限公司的，存续时间可以从有限责任公司成立之日起算；二是业务明确，具有持续经营能力；三是公司治理机制健全，合法规范经营；四是股权明晰，股票发行和转让行为合法合规；五是主办券商推荐并持续督导；六是全国股转系统要求的其他条件。

（二）全国股转系统挂牌的基本流程

全国股权系统挂牌的基本流程主要分为四个阶段，分别是决策改制阶段、材料制作阶段、反馈审核阶段和登记挂牌阶段，各个阶段的工作重点各有差异。③

1. 决策改制阶段

主要工作是选聘中介机构，配合中介机构进行尽职调查，选择改制基准日，整体变更为股份有限公司。在这一阶段，最重要的工作莫过于股份改制，其具体工作包括召开股东会并作出同意改制的决议；到工商管理机构办理名称预核准；出具改制审计报告；出具改制评估报告；聘请律师审查重大法律事项；召开股东会并形成确定股改内容的股东会决议；签署发起人协议；验资机构验资并出具验资报告；召开股份公司创立大会；召开第一届董事会第一次会议；召开第一届监事会第一次会议；办理股份公司的设立手续。

2. 材料制作阶段

一是召开股东会和董事会，审议通过申请在全国股转系统股票的相关决议和方案；二是制作挂牌申请文件；三是主办券商启动内部审核机制；四是向全国股权系统报送挂牌申请及相关材料。

3. 反馈审核阶段

主要工作是配合全国股转系统的审核，对全国股转系统的审核意见进行反馈。在工作流程上，首先通过接收申请材料服务窗口向全国股份转让系统提交挂牌（或股票发行）申

① 姜建朋. 全国股份转让系统（NEEQ）监管的法律问题研究 [D]. 青岛：青岛大学，2015.
② 唐璐曦. 区域性股权市场挂牌公司财务审查风险点 [J]. 国际商务财会，2022（15）：45-47.
③ 李彦斌. 解读"新三板"的挂牌条件和执行流程 [J]. 注册税务师，2014（7）：14-16.

请材料，全国股转系统检查申请材料的齐备性、完整性，出具接收确认单（审查材料应当符合《全国中小企业股份转让系统业务规则（试行）》和《全国中小企业股份转让系统挂牌申请文件内容与格式指引（试行）》等有关规定的要求）；然后到全国股转系统审查反馈阶段，在这一阶段要对已审查中需要补充披露、解释说明或进一步核查落实的问题，审查人员撰写书面反馈意见，由服务窗口告知、送达申请人及主办券商；申请人在反馈意见要求的时间内向服务窗口提交回复反馈意见。接着，由全国股转系统出具审查意见，全国股转系统出具同意或不同意挂牌或股票发行（包括股份公司申请挂牌同时发行、挂牌公司申请股票发行）的审查意见，由服务窗口将审查意见送达申请人及相关单位。

4. 登记挂牌阶段

挂牌申请审核通过后的工作主要包括分配股票代码，办理股份登记存管、公司挂牌，这些工作均是由券商协同企业完成。

（三）全国股转系统挂牌后的退出方式

全国股权系统挂牌后的退出方式主要包括协议转让、做市转让或中国证监会批准的其他转让方式。其中，协议转让又可以分为委托方式和成交方式两种，委托方式需要定价委托（投资者委托主办券商设定股票价格和数量，但没有确定交易对手，交易信息将公开显示于交易大盘中），成交确认委托（买卖双方达成成交协议，委托主办券商向指定对手发出确认成交的指令）；成交方式包括点击成交（完成上述定价委托），互报成交确认申报（双方通过约定价格、数量和约定号，统一提交到股转中心，完成交易），收盘自动匹配成交（在每个收盘日 15：00，将盘中价格相同、交易方向相反的交易对手自动撮合）。

做市转让是做市商在全国股转系统持续分布买卖双向报价，并在其报价价位和数量范围内履行与投资者成交义务的转让方式。做市商为挂牌公司提供相对专业、公允的估值服务和报价服务，为挂牌公司引入外部投资者、申请银行贷款、进行股权质押融资等提供重要定价参考，为提升投融资效率，为挂牌公司融资、并购等创造更多的便利条件。[①]

（四）全国股转系统股权转让的相关法律规定[②]

1. 发起人股东减持的

根据《中华人民共和国公司法》第一百四十一条规定，自股份有限公司成立之日起 1 年内不得转让股权。

2. 持股 10% 以上的股东减持的

根据《非上市公众公司收购管理办法》第十三条规定，持股 10% 以上的股东（一致行动人所持股份合并计算）每减持 5% 的股份，应当在 2 日内披露，并自该事实发生之日起至披露后 2 日内不得再行买卖该股票；根据《全国中小企业股份转让系统股票向不特定合格投资者公开发行并在精选层挂牌规则（试行）》第十七条规定，本次发行前直接持有 10% 以上股份的股东，虽未直接持有但可实际支配 10% 以上股份表决权的相关主体持有

① 张钞. 私募股权基金退出问题研究：兼论新三板挂牌退出机制［D］. 成都：西南财经大学，2017.
② 王小军，杜坤伦. 试论全国股份转让系统监管体系的构建［J］. 证券市场导报，2015（8）：52-59.

或控制的股票，自在精选层挂牌之日起 12 个月不得转让或委托他人代为管理。

3. 控股股东、实控人减持的

根据《全国中小企业股份转让系统业务规则（试行）》第 2.8 条规定，挂牌公司控股股东及实际控制人在挂牌前直接或间接持有的股票分三批转让限制，每批解除转让限制的数量均为其挂牌前所持股票的 1/3，解除转让限制的时间分别为挂牌之日、挂牌期满 1 年和 2 年。根据《非上市公众公司收购管理办法》第十八条，收购人（一致行动人所持股份合并计算）成为公司第一大股东或者实际控制人的，收购人持有的被收购公司股份，在收购完成后 12 个月内不得转让。同一实际控制人控制的不同主体之间进行转让不受前述 12 个月的限制。根据《全国中小企业股份转让系统股票向不特定合格投资者公开发行并在精选层挂牌规则（试行）》第十七条规定，控股股东、实控人持有或控制的股票，自在精选层挂牌之日起 12 个月内不得转让或委托他人代为管理。

4. 突击入股股东减持的

根据《全国中小企业股份转让系统业务规则（试行）》第 2.8 条规定，挂牌公司控股股东及实际控制人在挂牌前直接或间接持有的股票分三批转让限制，每批解除转让限制的数量均为其挂牌前所持股票的 1/3，解除转让限制的时间分别为挂牌之日、挂牌期满 1 年和 2 年。

5. 精选层战略配售股东减持的

根据《全国中小企业股份转让系统股票向不特定合格投资者公开发行并在精选层挂牌规则（试行）》第十七条规定，参与战略配售取得的股票，自在精选层挂牌之日起 6 个月内不得转让或委托他人代为管理。

6. 以资产认购股份的股东减持的

根据《非上市公众公司重大资产重组管理办法》第二十六条规定，一般情况下，以资产认购而取得的股份，自股份发行结束之日起 6 个月内不得转让。如果以资产认购股份的股东是控股股东、实控人及其控制的关联方，或者认购后成为实控人，或者对其用于认购股份的资产持续拥有权益的时间不足 12 个月的，则其认购股份自发行结束之日起 12 个月内不得转让。

二、协议转让退出

（一）协议转让退出含义

协议转让退出是未上市企业股权的非公开协议转让，通常包括并购和回购，其中，并购退出时股权投资基金向目标公司投资后，其他收购方购买股权投资基金所持有目标公司的全部或部分股权，使股权投资基金实现退出。

回购退出是被投资企业大股东或创始股东、管理层、员工等出资购买股权投资基金持有的企业股份，从而实现股权投资基金退出。根据回购意图的不同，当股权投资基金管理人认为所投资企业效益未达预期或被投资企业无法达到投资协议中的特定条款时，可根据投资协议要求被投资企业股东及其他当事人回购股权；当公司发展到一定阶段时，被投资企业股东对企业未来的潜力看好，可通过协商主动回购股权投资基金持有的股权，使股权投资基金实现退出。

（二）未上市公司的股权转让退出

未上市公司的股权转让，包括未上市股份有限公司和未上市有限责任公司，其中，有限责任公司的并购退出，根据《中华人民共和国公司法》的有关规定，其股权转让可以分为内部转让和外部转让两种类型。内部转让是现有股东之间相互转让股权；外部转让是现有股东向股东以外的人转让股权，除非公司章程另有约定，有限责任公司股权的外部转让需征得其他股东过半数同意。在具体流程上：

（1）股权转让交易双方协商并达成初步意向。股权转让方与受让方就股权转让事宜进行初步谈判，并签署股权转让意向书，约定受让方对目标公司开展尽职调查的相关安排，受让方在一定期间内的独家谈判权，双方的保密义务等。

（2）受让方让目标公司进行尽职调查，根据股权转让意向书的约定，股权受让方可以聘请法律、财务、商务等专业机构对目标公司进行尽职调查。

（3）履行必须的法律程序，转让方股权转让必须符合《中华人民共和国公司法》的规定，且部分股权并购交易需经政府主管部门批准后可实施。

（4）转让方与受让方谈判并签署股权转让协议。

（5）股权转让协议签署后，目标公司应当根据所转让股权的数量、注销或变更转让方的出资证明书，向受让方签发出资证明书，并相应修改公司章程和股东名册中的相关内容。

（三）投资标的股权转让

1. 有限责任公司股权转让

股东之间的转让，根据《中华人民共和国公司法》第七十一条规定，转让规则应当以公司章程为准，如果公司章程没有规定，则股东之间可以自由转让全部或部分股权。

（1）股东的对外转让。根据《中华人民共和国公司法》第七十一条规定，转让规则应当以公司章程为准，如果公司章程没有规定，须书面征求其他股东意见并获得过半数同意（30日未答复视为同意，不同意又不购买的视为同意），其他股东在同等条件下享有优先购买权。

（2）标的公司的回购。根据《中华人民共和国公司法》第七十四条及《全国法院民商事审批工作会议纪要》规定，回购规则以对赌协议约定为准，但必须通过依法履行减资程序实现，如果没有相关对赌协议，则仅在标的公司符合分红条件但连续五年不分红，标的公司存续期限届满或解散事由出现但通过修改公司章程继续存续、标的公司分立、合并或转任主要财产等情形下，股东才能要求公司回购股权。

2. 股份有限公司（不含上市公司、非上市公众公司）股权转让

（1）股东之间转让或对外转让。根据《中华人民共和国公司法》第一百三十七、第一百三十八、第一百四十一条的规定，转让规则以公司章程规定为准，如果公司章程没有规定，一般可以自由转让，发起人股东自标的公司成立之日起一年内不得转让股权。

（2）标的公司的回购。根据《中华人民共和国公司法》第一百四十二条规定，回购规则以对赌协议约定为准，但必须通过依法履行减资程序实现，如果没有对赌约定，则股东仅在股东大会作出的公司合并、分立决议持有异议时才可以要求标的公司回购其股份。

（四）股权转让协议被认定无效的几种情形①

1. 忽视股权性质导致协议无效

【案例2】2006年12月26日，某自来水公司形成董事会决议，决定将其持有的100万股某银行的国有法人股，全权委托某水务公司办理转让事宜。所转让的法人股已经过资产评估公司评估并报国资委备案

2007年1月24日，水务公司以委托人身份与拍卖公司签订委托拍卖合同，同年2月6日，拍卖公司对上述股权进行了拍卖，并由某投资公司以最高价买受。根据拍卖结果，水务公司与投资公司签订《股权转让协议》。在履行过程中，双方发生争议，投资公司起诉，要求自来水公司履行《股权转让协议》，转让银行的100万股国有法人股。②

（1）评析。水务公司取得自来水公司的授权，代理自来水公司转让诉争股权，由于诉争股权的性质为国有法人股，属于企业国有资产的范畴，应当按照国家法律法规所规定的程序和方式进行。企业未在依法设立的产权交易机构中公开进行企业国有产权转让，而是进行场外交易，其交易行为违反公开、公平、公正的交易原则，损害社会公共利益，应依法认定其交易行为无效，故投资公司的诉讼请求不能支持。

（2）提示。国有资产（包括国有股权）的转让，应当严格按照《中华人民共和国企业国有资产法》规定的程序进行。该法第五十三条规定国有资产转让由履行出资人职责的机构决定；第四十七条规定国有独资企业、国有独资公司和国有资本控股公司合并、分立、改制，转让重大财产，以非货币财产对外投资，清算或者有法律、行政法规以及企业章程规定应当进行资产评估的其他情形的，应当按照规定对有关资产进行评估。

本案中，虽然诉争股权已经过评估且报国资委备案，但按照《中华人民共和国企业国有资产法》第五十四条规定，除按照国家规定可以直接协议转让的以外，国有资产转让应当在依法设立的产权交易场所公开进行。规定企业国有产权转让应当进场交易的目的，在于通过严格规范的程序保证交易的公开、公平、公正，最大限度地防止国有资产流失，避免损害国家利益。本案中通过场外拍卖程序转让股权，与上述规定不符，故被认定为无效。

2. 受让人主体资格限制导致合同未生效

【案例3】2006年6月10日，美籍华人王先生与中国公民孙先生签订《股权转让协议》，由王先生受让孙先生在北京某贸易公司的50%股权。贸易公司亦召开股东会，形成股东会决议，同意股东孙先生将其持有的公司50%的股权转让给王先生。同时约定，为简化股东变更手续，王先生同意其股份以其兄名义持有。随后，王先后依约支付股权转让

---

① 汤海琴. 股转系统挂牌企业"协议转让"到"做市转让"的效果分析：基于境内企业的案例分析［D］. 杭州：浙江大学，2017.

② 王瑞. 上市公司股权转让无因性问题研究［D］. 重庆：西南政法大学，2019.

款，但贸易公司未在工商部门办理股东变更，孙先生也没有履行股权转让协议中的协助办理工商登记的义务，导致发生纠纷。[①]

（1）评析。本案名为股权转让纠纷，实际上，王先生作为美籍公民，其购买中国公民孙先生持有的境内公司股权的行为，应当认定为外国投资者并购境内企业的投资行为，按照我国关于外国投资者并购境内企业的相关规定，外国投资者并购境内企业，应当经审批机关批准。股权转让协议中约定的"为简化股东变更手续，王先生同意其股份以其兄的名义持有"，实质是合同当事人双方共同规避行政审批的行为，属于无效约定，此无效约定致使合同无法继续履行，导致合同效力属于未生效状态。

（2）提示。《最高人民法院关于适用〈中华人民共和国合同法〉若干问题的解释（一）》第九条规定，法律、行政法规规定合同应当办理批准手续，或者办理批准、登记等手续才生效，在一审法庭辩论终结前当事人仍未办理批准手续的，或者仍未办理批准、登记等手续的，人民法院应当认定该合同未生效；法律、行政法规规定合同应当办理登记手续，但未规定登记后生效的，当事人未办理登记手续不影响合同的效力，合同标的物所有权及其他物权不能转移。

本案中的股权转让协议，即为需经批准才能生效。当事人约定的，以王先生之兄的名义持有股份，实际上是掩盖外国投资者收购境内企业的行为，按照《中华人民共和国合同法》第五十二条第（三）项，以合法形式掩盖非法目的的，合同无效，故本条约定无效，当事人在诉讼中均未能办理批准手续，故王先生要求办理工商变更登记的请求，不能支持。

3. 未经股东会批准导致协议未生效

【案例4】2005年10月杨先生到龚先生任法定代表人的北京某科技有限公司工作，被任命为该公司副总经理兼总工程师，出于杨先生对公司的贡献，龚先生在2006年5月24日与其签订《股权转让协议》，约定龚先生同意将所持科技公司的股份25万元转让给杨先生。《股权转让协议》签订后，杨先生支付股权转让款，但科技公司未办理工商登记变更手续。

另查明，科技公司另有股东王先生、陈女士。龚先生出资70万元，占出资总额的70%。科技公司章程关于股东转让出资规定：股东转让出资由股东会讨论通过；股东向股东以外的人转让其出资时，必须经全体股东过半数同意；不同意转让的股东应当购买该转让的出资，如果不购买该转让的出资，视为同意转让。杨先生起诉龚先生要求其履行《股权转让协议》中的义务。[②]

（1）评析。有限责任公司的股东向非股东转让股权的，需经其他股东过半数同意，且其他股东在同等条件下具有优先购买权。未经过其他股东过半数同意的，股权转让协议未生效。故杨先生的诉讼请求不能支持。

（2）提示。《中华人民共和国公司法》第七十二条第二款规定股东向股东以外的人转

① 王瑞. 上市公司股权转让无因性问题研究［D］. 重庆：西南政法大学，2019.

② 资料来源于北京市第一中级人民法院。

让股权，应当经其他股东过半数同意。股东应就其股权转让事项书面通知其他股东征求同意，其他股东自接到书面通知之日起满三十日未答复的，视为同意转让。同时该条第三款又规定，经股东同意转让的股权，在同等条件下，其他股东有优先购买权。两个以上股东主张行使优先购买权的，协商确定各自的购买比例；协商不成的，按照转让时各自的出资比例行使优先购买权。

有限责任公司具有人合性的特点，股东之间具有一定的信任与合作基础，上述规定，就是维持有限责任公司股东关系的稳定性，同时又保障了股东退出的自由。未经其他股东过半数同意的，股东与非股东签订的股权转让协议不生效。如果公司章程对股权转让作出特殊规定的，依照公司章程的规定。

总之，在法律适用上，股权转让协议原则上可以适用合同法调整，与一般的商事合同具有相似性，但也应当注意到，股权转让涉及团体的稳定，应当遵守团体法（《中华人民共和国公司法》）上的特殊规定，尤其是程序性规定。在签订股权转让协议时，应当先按照公司法的规定，履行股权转让的程序性要求，在协议的具体权利义务设置上，可依据合同法的具体规定。

（五）股权转让协议法律风险

股权是有限责任公司或者股份有限公司的股东对公司享有的人身和财产权益的一种综合性权利，是现代公司制度的产物。股权转让行为在优化资源配置中发挥着越来越重要的作用。然而，由于对"股权"的理解存在偏差、条款设计存有严重缺陷等，近年来涌现出大量的股权转让纠纷案件。本部分拟围绕股权转让协议/合同（以下统称为"协议"）的签署、履行等问题，提示读者在协议订立之初应当考虑的部分法律风险点，希望能最大限度降低股权转让过程中的法律风险，减少纠纷。[①]

1. 混淆"股权转让"与"资产转让"

实务中，经常有客户将股权转让与资产转让相混淆，混淆的结果通常有两种：一是双方旨在股权转让，但最终签订一份"店铺转让协议"，约定将股权、房屋剩余租赁期限、装修、固定资产、字号等全部转让；二是双方旨在转让资产，却签订了"股权转让协议"，两种做法均会产生法律关系争议。股权转让的主体为公司股东，是股东权益的整体继受；资产转让的主体为公司或个体工商户，是财产所有权的转移。对于想在股权转让过程中一并受让公司相应资产的，可以在股权转让协议中设计资产交接条款。

2. 混淆"股权转让"与"认缴增资"

股东与受让方签订股权转让协议，约定"股权转让"，但将股权转让价款约定为"出资款"，且收款主体为公司非股东，而标的公司此前又未形成任何增资决议。此种情况容易产生入股形式及入股效力等争议。同上，两种交易的主体不同，产生的法律效果也不同：股权转让的主体为公司股东，受让方将对应价款支付给该股东，而认缴增资的主体为标的公司与出资方，出资方将出资款支付给目标公司；股权转让只需转让方与受让方达成

---

① 吴飞飞. 论股权转让合同解除规则的体系不一致缺陷与治愈：指导案例 67 号组织法裁判规则反思 [J]. 政治与法律，2021（7）：121-132.

合意，而出资人未按照约定履行出资义务，需要承担出资瑕疵的法律后果。

3. 错将标的公司列为股权转让方

股权转让的主体为标的公司股东而非公司本身，标的公司并不享有股权，错将标的公司列为股权转让方的情况，在一人有限责任公司尤为多见，此种情况容易产生转让主体及协议有效性等争议。

4. 条款设计存在严重缺陷

有些客户为提高交易效率，将重要条款一笔带过，如价款金额、支付方式、支付时间、办理工商变更登记时间、违约责任等。此种做法容易引发履行标准及转让合意是否实际达成、违约条款是否具体可行等争议。

5. 隐名与代持风险

除存在《中华人民共和国合同法》第五十二条规定的情形外，转让股权一方是隐名股东或显名股东并不影响股权转让协议的效力，但常常会导致股权转让关系复杂化，使股权转让协议存在履行风险。例如，隐名股东显名是股权转让协议得以实质性履行的前置条件，而依照《最高人民法院关于适用〈中华人民共和国公司法〉若干问题的规定（三）》第二十五条第三款规定："实际出资人未经公司其他股东半数以上同意，请求公司变更股东、签发出资证明书、记载于股东名册、记载于公司章程并办理公司登记机关登记的，人民法院不予支持。"即隐名股东显名依法必须经其他股东过半数同意；又如，隐名股东与受让方签署股权转让协议后，名义股东拒绝承认存在代持股关系、不配合办理股权变更登记、名义股东擅自转让代持股权，实际出资的隐名股东对该股权提出权利主张，此时如受让方不符合善意取得的条件，则面临不能取得股权的风险等。

6. 股权转让方出资瑕疵或股权已设立权利负担

受让方往往前期未仔细审查标的股权，在协议履行过程中才发现转让方存在出资瑕疵或已将股权设立质押等权利负担等情形。对于出资瑕疵，因股东出资与股权转让分属不同的法律关系，转让方的出资义务履行对象为公司非受让方，受让方无权要求转让方补足出资，且转让方出资瑕疵原则上不能成为拒绝足额支付股权转让款的正当理由。[①] 如转让方转让股权时未取得质权人同意，容易引发股权转让无效的诉讼，且质押登记撤销前，股权变更登记也存在障碍。

7. 未经其他股东过半数同意

转让方在转让前未向其他股东发送书面通知，取得其他股东的意见，则存在股权转让无效的风险。此外，股东收到书面通知后，如对转让提出正当异议的，在异议处理完毕

---

① 《中华人民共和国物权法》第二百二十六条规定："以基金份额、股权出质的，当事人应当订立书面合同。以基金份额、证券登记结算机构登记的股权出质的，质权自证券登记结算机构办理出质登记时设立；以其他股权出质的，质权自工商行政管理部门办理出质登记时设立。基金份额、股权出质后，不得转让，但经出质人与质权人协商同意的除外。出质人转让基金份额、股权所得的价款，应当向质权人提前清偿债务或者提存。"

前，受让方要求继续履行股权转让协议也存在障碍。①

（六）股权转让协议纠纷②

【案例5】翁××与胡××、胡××、上海××置业策划（集团）有限公司股权转让纠纷案

【案情】原告向目标公司（置业发展有限公司）增资，目标公司调整股权架构并承诺给原告现金补偿。置业策划公司给予了现金补偿，原告诉请被告进行股权回购。

1. 现金补偿方式

在原股东（三被告）于2009年9月30日前成功引进新投资者的条件下，股权调整及补偿方案为××置业策划公司（原股东）将合计持有××置业发展公司10.4690%的股权补偿给新股东（包含原告在内）；同时，××置业策划公司对新股东的投资成本以现金24750684.93元进行补偿（其中原告投资本金为1000万元……），现金补偿支付应当在2009年10月31日前完成……原告获得现金补偿金额为12778082.19元……现金补偿的主体是原股东。

2. 回购方式

（1）回购条件：目标公司2010年8月31日前成功在A股市场公开上市。

（2）回购主体：原股东（三被告）。

（3）回购权的行使：新股东须在2011年6月30日前将回购决定以书面形式送达原股东，逾期将视为新股东放弃回购权。

（4）回购价格：如果原股东未对新股东实施现金补偿方案的情况下，回购金额为新股东原始投资金额的1.5倍或回购决定日公司经审计确认的每股净资产乘以新股东的持股数（如新股东在投资后发生转让行为的，按其转让后的持股比例计算），以两者中较高者为准。

如果原股东对新股东实施了现金补偿方案，则回购金额中应扣除原股东对新股东的现金补偿部分的价款，同时原股东支付新股东现金补偿金额中新股东原始投资金额本金部分的利息不再计算。

【法院判决】没有认定对赌协议的效力，直接运用协议中的约定：新股东必须在一定日期前书面通知原股东回购，否则视为放弃回购权利。由于原告没有书面通知，因此败诉。

【案例6】苏州香樟一号投资管理中心与山东瀚霖生物技术有限公司、曹务波与公司有关的纠纷案

---

① 《中华人民共和国公司法》第七十一条规定："有限责任公司的股东之间可以相互转让其全部或者部分股权。股东向股东以外的人转让股权，应当经其他股东过半数同意。股东应就其股权转让事项书面通知其他股东征求同意，其他股东自接到书面通知之日起满三十日未答复的，视为同意转让。其他股东半数以上不同意转让的，不同意的股东应当购买该转让的股权；不购买的，视为同意转让。经股东同意转让的股权，在同等条件下，其他股东有优先购买权。两个以上股东主张行使优先购买权的，协商确定各自的购买比例；协商不成的，按照转让时各自的出资比例行使优先购买权。"

② 吴飞飞. 论股权转让合同解除规则的体系不一致缺陷与治愈：指导案例67号组织法裁判规则反思 [J]. 政治与法律，2021（7）：121-132.

【案情】原告向被告公司增资，700万元为增加的注册资本，4200万元进入资本公积金。原告诉请被告进行股权回购和现金补偿。

1. 股权回购

（1）回购条件：甲方在2013年底没有公开发行A股股票；甲方2011年实现的经审计扣除非经常性损益后的净利润低于16000万元。

（2）回购主体：被告公司的董事长或被告公司。

（3）回购价格：乙方、丙方、丁方根据上述规定行使回购权时，回购对价为乙方、丙方、丁方拟转让股权对应的甲方上一年度经审计净资产值与乙方投资额加年资金成本8%计算孰高者为准（单利计算，但应减去乙方、丙方、丁方已分配利润）。

2. 现金补偿

若2011年会计年度结束后，甲方2011年实现的经审计后的净利润低于20000万元的90%，在甲方股票公开发行材料申报前7日或2012年6月30日孰早，戊方应一次性给予乙方、丙方、丁方占本次投资额7%的现金作为补偿。

【法院判决】关于公司回购股权的条款违反法律强制性规定而无效，其他条款有效，即股东回购股权的条款以及返还所有资金加资金成本的条款有效。

因此判令被告公司的董事长承担返还4900万元+资金成本的责任。被告公司在4200万元+资金成本的范围内承担责任。

【案例7】首都信息发展股份有限公司与北京亿思瑞德科技发展有限公司、北京华夏永鑫信息技术有限公司股权转让合同纠纷案

【案情】原告A公司受让被告B、C两公司持有的D公司的股权，对赌协议只规定了股权回购。A诉请被告回购股权。

1. 回购条件：D公司截至2009年会计年度连续2年发生亏损或在3年中2年发生亏损。

2. 回购主体：B、C两公司（原股东）。

3. 回购价格：无条件以现金方式回购首都信息公司持有的20%的股权，返还首都信息公司给付之全部转股对价并加算同期银行存款利息。

【法院判决】对赌协议是双方意思表示，不是格式条款，也不违反法律、法规强制性规定，应为有效。股份回购、股东持有股份数额的变化并不影响目标公司的资本维持和法人人格。

另外，协议条件成就，被告应回购股权。原告胜诉。

【案例8】深圳中科汇商创业投资有限公司、大庆市中科汇银创业投资有限责任公司与汪××、杨××股权转让合同纠纷案

【案情】

1. 现金补偿

原告A、B两公司与C公司以及C公司原股东签订《增资协议》，约定C公司未来三年的业绩为2007年、2008年、2009年的净利润分别不少于人民币5000万元、8000万元、11000万元，否则C公司将予以现金补偿。

2. 股权回购

（1）回购条件：在 30 个月内上市，若逾期将不能上市。

（2）回购主体：C 公司（目标公司），原股东提供担保。

（3）回购价格：回购价格为 A、B 的原始投资加年 15% 的投资收益。

不能上市的条件成就之后，A、B 又与 C 公司的实际控制人 E、F（被告）签订《股权转让协议》，约定由 E、F 受让股权，但 E、F 未履行协议。

之后 A、B 又与 E、F 签订《补充协议》，约定股权转让的具体方式（包括 E、F 违约应支付 15% 违约利息），但 E、F 仍未履行，A、B 诉请 E、F 履行补充协议。

【法院判决】一审、二审法院未认定《增资协议》的效力，但都认为《股权转让协议》和《补充协议》是合法有效的。

《增资协议》与《股权转让协议》《补充协议》是相互独立的。在 C 公司不履行回购义务的情况下（A、B 已依据增资协议请求回购），A、B 有权根据《股权转让协议》《补充协议》请求 E、F 受让股权。

关于《补充协议》约定的 15% 的违约利息，一审、二审法院都认为是当事人之间的自由约定，不违反强制性规定，应当允许。

二审维持原判，原告胜诉。

三、股权转让税收筹划方案

近年来，随着并购重组等交易的增加，股权转让越来越多，特别是包括 VC、PE 在内的各类投资者，公司实现成功上市（挂牌）后，也大都通过股权转让套现一跃成为亿万富翁的。在此背景下，税务机关加大了对限售股等股权转让的税务稽查力度，股权转让中的涉税事项再也不能像以前那么"任性"了。

（一）股权转让税务筹划的操作方式

对于个人而言，税法上又区分自然人和其他个人（合伙企业合伙人、个人独资企业等），自然人股权转让是按次征收，因此相比较而言，个人股权转让的筹划空间会小一些。无论是企业还是个人，在股权转让过程中出现了各式各样的"税务筹划方案"。合法的税务筹划途径有四条：[①]

1. 正当理由低价转让个人股权

何为"正当理由"，国家税务总局公告 2014 年第 67 号《股权转让所得个人所得税管理办法（试行）》给出的四个情形，典型的如相关法律、政府文件或企业章程规定，并有相关资料充分证明转让价格合理且真实的本企业员工持有的不能对外转让股权的内部转让。

股权低价转让，本质上是为了让交易价值更加符合实际，需要注意的是，该种情形适合特定的企业，同时提交的材料应符合实际。

---

① 刘菁. 股权转让过程中所得税税务筹划探析［J］. 纳税，2018（10）：19-20.

2. 恰当运用"核定"法

国家税务总局公告2014年第67号《股权转让所得个人所得税管理办法（试行）》第十七条规定："个人转让股权未提供完整、准确的股权原值凭证，不能正确计算股权原值的，由主管税务机关核定其股权原值。"但是，对于核定方法，没有给出具体的规定，实际上是把权限给了各地税务机关，从之前的各地实践来看，如陕西省税务机关会结合验资报告、银行询证函、银行存款日记账、实收资本（股本）账面记录、公司章程等进行审核对比以核定原值；海南省按申报的股权转让收入的一定比例（15%）核定计税成本。

3. 变更被转让公司注册地，争取税收优惠或补贴

为了招商引资，发展地区经济，国家及地方层面都出台了一系列的区域性税收优惠政策，多数经济开发区都出台了财政返还政策。各地出台的区域性的税收优惠政策或财政返还政策，实际上是降低了实际的税负率。2010年以来，针对上市公司限售股减持，更是一度出现了所谓的"鹰潭模式""林芝模式"等，一大批股权转让方实现了成功避税，涉及金额高达数十亿元。

4. 通盘考虑企业所得税和个税

对于间接持股的股东，应该通盘考虑企业所得税和个税，而不是就个税论个税，可以积极争取行业性、区域性优惠政策，降低企业所得税税负，实现个人整体税负的降低。

（二）股权转让方案

【案例9】股权转让——合理降低税负案例。假定A公司投资M公司的初始投资成本为6000万元，占M公司股份的60%，B公司出资4000万元占M公司的40%股份，A公司准备将其持有股份全部转让给自然人C。自然人C持有N公司股权。截至股权转让前，M公司的未分配利润为5000万元，盈余公积为5000万元。2018年A公司将其股份作价13000万元全部转让给自然人C。[①]

第一种方案：直接转让股权

A公司股权转让所得：13000-6000=7000（万元）。应缴企业所得税：7000万×25%=1750（万元），A公司在M公司享有的未分配利润、盈余公积份额不能直接扣减。

第二种方案：先分红后转让

M公司先分红，A公司根据持股比例可以分得5000×60%=3000（万元），分红后A公司股权转让收入是13000-3000=10000（万元）。A公司分得股息红利3000万元免税，股权转让所得：10000-6000=4000（万元），股权转让所得缴纳企业所得税：4000×25%=1000（万元），比较起第一种方案来，少缴税750万元。

第三种方案：先分红，然后盈余公积转增资本，再转让

M公司先分红，分红后A公司股权转让收入是10000万元，由于盈余公积无法分红，可以采取盈余公积转增资本的方式，增加股权的计税基础从而降低税负。《中华人民共和国公司法》第一百六十六条规定，公司分配当年税后利润时，应当提取利润的10%列入公

---

① 莫丹妮. 关于非居民企业间接转让股权反避税问题的研究：以某市国税局"X集团反避税案"为例［D］. 广州：广东财经大学，2018.

司法定公积金。公司法定公积金累计额为公司注册资本的 50% 以上的，可以不再提取。因此 M 公司的盈余公积 5000 万元，恰恰是注册资本 1 亿元的 50%。《中华人民共和国公司法》第一百六十八条规定，法定公积金转为资本时，所留存的该项公积金不得少于转增前公司注册资本的 25%。因此，M 公司可以 2500 万元盈余公积转增资本，转股后公司的注册资本增加至 1.25 亿元，其中 A 公司的投资成本变为 6000+2500×60% = 7500（万元）。

因此，A 公司股权转让所得：10000−7500 = 2500（万元），应缴企业所得税：2500×25% = 625（万元），比较起第一种方案来，少缴税 1125 万元，比较起第二种方案，少缴税 375 万元。

第四种方案：先撤资，后增资

A 公司和 B 公司达成协议，按照《中华人民共和国公司法》的规定先从 M 公司撤出 60% 的出资，获得 13000 万元的补偿，然后再由自然人 C 和 M 公司签订增资协议，规定由 C 出资 13000 万元，占 M 公司 60% 的股权。按照国家税务总局 2011 年第 34 号公告《关于企业所得税若干问题的公告》，A 公司获得的 13000 万元补偿，其中 6000 万元算投资资本的收回，不交企业所得税，按撤资比例 60% 应享有的 M 公司盈余公积和未分配利润的份额（5000+5000）×60% = 6000（万元）应确认为股息所得，不缴纳企业所得税，其余部分 13000−6000−6000 = 1000（万元）应确认为股权转让所得，应交企业所得税 1000×25% = 250（万元）。C 的出资行为除了增资印花税外不涉及其他税种。

第五种方案：清算性股利（第三种方案的极端化）

如果 A 公司是 B 公司的关联方，B 公司同意不参加分红的情况下，可以采取清算性股利来进行避税。根据《中华人民共和国公司法》第三十四条规定，股东按照实缴的出资比例分取红利；公司新增资本时，股东有权优先按照实缴的出资比例认缴出资。但是，全体股东约定不按照出资比例分取红利或者不按照出资比例优先认缴出资的除外。一般情况下，按照持股比例分红，但是全体股东也可以约定分红。

因此，M 公司修改公司章程，约定 A 公司可以优先分红，公司章程规定，A 公司可以优先分红，直至 5000 万元为止，以后公司取得利润，B 公司再进行分红。因为公司有股息红利 5000 万元，因此约定 A 公司可以全部分走，A 公司分红 5000 万元后，股权转让价格变为 13000−5000 = 8000（万元），再将 2500 万元盈余公积再转增资本，转增后 A 公司的投资成本变为 6000+2500×60% = 7500（万元）。

因此，A 公司股权转让所得：8000−7500 = 500（万元），应缴企业所得税：500×25% = 125（万元），比较起第一种方案节税 1625 万元，比较起第二种方案节税 875 万元，比较起第三种方案节税 500 万元，比较起第四种方案节税 125 万元。

第六种方案：延迟纳税义务时间

国税函〔2010〕79 号文件《国家税务总局关于贯彻落实企业所得税法若干税收问题的通知》规定：企业转让股权收入，应于转让协议生效且完成股权变更手续时，确认收入的实现。转让股权收入扣除为取得该股权所发生的成本后，为股权转让所得。国家税务总局 2010 年 19 号公告《国家税务总局关于企业取得财产转让等所得企业所得税处理问题的公告》规定：企业取得财产（包括各类资产、股权、债权等）转让收入、债务重组收入、接受捐赠收入、无法偿付的应付款收入等，不论是以货币形式还是以非货币形式体现，除另有规定外，均应一次性计入确认收入的年度计算缴纳企业所得税。

可以看出，对于股权转让，税法注重转让的法律形式，在完成股权变更手续时才发生纳税义务。所以在股权转让款分期收取的情况下，企业可以约定收到全部或绝大部分股权转让款方办理股权变更手续。这样可以延迟缴纳企业所得税。虽然总纳税额并不减少，但是资金的使用价值是个不得不考虑的方面，尤其对于现金流紧张的企业。

第七种方案：以股权进行投资

财税〔2014〕116号《财政部　国家税务总局关于非货币性资产投资企业所得税政策问题的通知》第一条居民企业（以下简称企业）以非货币性资产对外投资确认的非货币性资产转让所得，可在不超过5年期限内，分期均匀计入相应年度的应纳税所得额，按规定计算缴纳企业所得税。

所以如果A公司转让股权后本就打算投资自然人C目前投资的N公司，那么可以采取以持有的M公司的股权入股N公司。虽然也需要缴纳企业所得税，但是可以分5年平均缴纳。

第八种方案：股权收购/股权置换

如果A公司转让股权后本就打算投资自然人C目前投资的N公司。那么A公司和自然人C之间可以采取"企业重组——股权收购"的方式进行避税，即A公司以持有的M公司的股权换取自然人C持有的N公司的股权。财税〔2009〕59号《财政部国家税务总局关于企业重组业务企业所得税处理若干问题的通知》第5条同时符合下列条件的，适用特殊性税务处理规定：

（1）具有合理的商业目的，且不以减少、免除或者推迟缴纳税款为主要目的。

（2）被收购、合并或分立部分的资产或股权比例符合本通知规定的比例。

（3）企业重组后的连续12个月内不改变重组资产原来的实质性经营活动。

（4）重组交易对价中涉及股权支付金额符合本通知规定比例。

（5）企业重组中取得股权支付的原主要股东，在重组后连续12个月内，不得转让所取得的股权。

所以只要自然人C以持有的N公司的股权为对价收购A公司持有的M公司60%的股权就可以适用特殊性税务处理规定，A公司对于出售的M公司的股权免交企业所得税。这样既达到从事计划从事的行业又避免了现金流出，同时还避免了纳税。当然，税务机关在审核该项策划商业交易实质的时候，对于这种策划也可能会不予审核通过，因此该项策划是否成功取决于税务机关对商业交易实质审查的严格程度。

第九种方案：企业分立→企业合并→分配利润

采用此方法，第一步，对M公司进行分立，A持有X公司，B持有Y公司。第二步，N公司吸收合并X公司，X公司注销，A公司持有N公司股权。第三步，N公司修改公司章程，只对A公司进行股利分配，A公司一次性获得现金流。按照财税〔2009〕59号《财政部　国家税务总局关于企业重组业务企业所得税处理若干问题的通知》N公司吸收合并X公司后，只要A公司取得N公司的股权占N公司总支付对价比例达到85%就可以适用特殊性税务处理，免企业所得税。当然，税务机关在审核该项策划商业交易实质的时候，对于这种策划也可能会不予审核通过，因此该项策划是否成功取决于税务机关对商业交易实质审查的严格程度。

重要提示：

税务筹划必须要合法，这是开展税务筹划的法律底线。可以看出，"阴阳合同"的做法弊大于利，股权转让中当事人可能为了一时的利益，将自己置于巨大的风险中，事后追悔莫及。有时遵守法律的规定看似"费时费钱"，但从长久和风险控制来看会让当事人避免很多不必要的风险。

在全面推进税收法治化、税收执法规范化的背景下，税务筹划越来越需要专业背景人士来完成，在税务筹划中可以充分将涉税法律风险考量进去，使得税务筹划的方案真正合法合规无隐患地实现落地。[①]

（三）股权转让常见的税务筹划方法

通常来说，转让方会特别关注如何降低或延迟缴纳所得税。股权转让业务，涉及的税种是印花税和所得税，其中，个人股东转让缴纳个人所得税，企业股东转让缴纳企业所得税。

常见的股权转让都是围绕着所得税来进行筹划的，筹划的方法主要有八种：[②]

1. 企业股东利用特殊性税务处理实现递延纳税

关于特殊性重组的条件，如表 12-5 所示。

表 12-5　关于特殊性重组的条件

财税〔2009〕59 号《财政部　国家税务总局关于企业重组业务企业所得税处理若干问题的通知》关于特殊性重组的条件	
企业重组同时符合下列条件的，适用特殊性税务处理规定	（一）具有合理的商业目的，且不以减少、免除或者推迟缴纳税款为主要目的
	（二）被收购、合并或分立部分的资产或股权比例符合本通知规定的比例
	（三）企业重组后的连续 12 个月内不改变重组资产原来的实质性经营活动
	（四）重组交易对价中涉及股权支付金额符合本通知规定比例
	（五）企业重组中取得股权支付的原主要股东，在重组后连续 12 个月内，不得转让所取得的股权
企业重组符合本通知上条规定条件的，交易各方对其交易中的股权支付部分，可以按以下规定进行特殊性税务处理	（二）股权收购，收购企业购买的股权不低于被收购企业全部股权的 75%，且收购企业在该股权收购发生时的股权支付金额不低于其交易支付总额的 85%，可以选择按以下规定处理： 1. 被收购企业的股东取得收购企业股权的计税基础，以被收购股权的原有计税基础确定 2. 收购企业取得被收购企业股权的计税基础，以被收购股权的原有计税基础确定 3. 收购企业、被收购企业的原有各项资产和负债的计税基础和其他相关所得税事项保持不变
	重组交易各方按本条（一）至（五）规定，对交易中股权支付暂不确认有关资产的转让所得或损失的，其非股权支付仍应在交易当期确认相应的资产转让所得或损失，并调整相应资产的计税基础。非股权支付对应的资产转让所得或损失 =（被转让资产的公允价值被转让资产的计税基础）×（非股权支付金额被转让资产的公允价值）

资料来源：笔者整理。

---

① 艾乐陈. 中小型企业股权转让过程中的税务筹划 [J]. 经济管理文摘，2019（4）：69-70.
② 靳万一，任二营. 股权转让纳税筹划实例分析 [J]. 注册税务师，2017（1）：36-37.

满足上述条件下的企业股东股权转让，转让方可以适用特殊性税务处理，暂不缴纳企业所得税。

2. 企业股东股权划转实现递延纳税

如果股权转让双方满足财税〔2014〕109 号《财政部 国家税务总局关于促进企业重组有关企业所得税处理问题的通知》中规定的前提条件，划转股权可以适用特殊性税务处理，暂不缴纳企业所得税。①

3. 企业股东可先转增股本，分配利润，再转让股权

企业股东在转让股权之前，可首先将目标公司的盈余公积转增为股本，转增行为无须缴纳企业所得税。另外将未分配利润予以分配，也不需要缴税。②

经过上述操作后再转让股权，可以降低股权转让价款，降低税负。

4. 企业股东可以先减资，受让方再增资

转让方减资收回投资中，相当于初始出资、盈余公积和未分配利润的部分都无须缴纳企业所得税。③ 但此方案的缺点是公司法对于减资有严格要求，程序比较繁复。

5. 利用股权过户时间延迟缴纳企业所得税

转让方完成股权变更手续才确认收入实现，所以对于分期支付股权转让价款的情况，可以约定付清大部分价款后再办理股权变更手续，以实现延迟缴纳所得税。④

6. 将持股平台注册至"税收洼地"

为了招商引资，发展中西部地区的经济，国家及地方层面都出台了一系列的区域性税收优惠政策，多数经济开发区都出台了财政返还政策。企业提前搭建持股平台，将持股平台注册至具有区域性税收优惠政策的地点，转让持股平台的股权或份额以实现对目标公司股权的转让，可以有效降低税负。

7. 个人股东利用"正当理由"进行低价股权转让

《股权转让所得个人所得税管理办法（试行）》（国家税务总局公告 2014 年第 67 号）第十三条规定，"符合下列条件之一的股权转让收入明显偏低，视为有正当理由：（一）能出具有效文件，证明被投资企业因国家政策调整，生产经营受到重大影响，导致低价转让股权；（二）继承或将股权转让给其能提供具有法律效力身份关系证明的配偶、父母、子

---

① 财税〔2014〕109 号《财政部 国家税务总局关于促进企业重组有关企业所得税处理问题的通知》规定："三、关于股权、资产划转……股权或资产划转后连续 12 个月内不改变被划转股权或资产原来实质性经营活动，且划出方企业和划入方企业均未在会计上确认损益的，可以选择按以下规定进行特殊性税务处理：1. 划出方企业和划入方企业均不确认所得。2. 划入方企业取得被划转股权或资产的计税基础，以被划转股权或资产的原账面净值确定。3. 划入方企业取得的被划转资产，应按其原账面净值计算折旧扣除。"

② 《中华人民共和国企业所得税法》第二十六条规定："企业的下列收入为免税收入……（二）符合条件的居民企业之间的股息、红利等权益性投资收益……"

③ 《国家税务总局关于企业所得税若干问题的公告》（国家税务总局公告 2011 年第 34 号）规定："五、投资企业撤回或减少投资的税务处理投资企业从被投资企业撤回或减少投资，其取得的资产中，相当于初始出资的部分，应确认为投资收回；相当于被投资企业累计未分配利润和累计盈余公积按减少实收资本比例计算的部分，应确认为股息所得；其余部分确认为投资资产转让所得……"

④ 《国家税务总局关于贯彻落实企业所得税法若干税收问题的通知》规定："企业转让股权收入，应于转让协议生效且完成股权变更手续时，确认收入的实现。转让股权收入扣除为取得该股权所发生的成本后，为股权转让所得。企业在计算股权转让所得时，不得扣除被投资企业未分配利润等股东留存收益中按该项股权所可能分配的金额。"

女、祖父母、外祖父母、孙子女、外孙子女、兄弟姐妹以及对转让人承担直接抚养或者赡养义务的抚养人或者赡养人；（三）相关法律、政府文件或企业章程规定，并有相关资料充分证明转让价格合理且真实的本企业员工持有的不能对外转让股权的内部转让；（四）股权转让双方能够提供有效证据证明其合理性的其他合理情形"。

例如，企业因政策原因被政府要求关停并转，相关转让方可以借用上述第（一）条进行筹划；对于家族企业内部股份转让则可以通过第（二）条进行筹划；尤其值得关注的是第（三）条，具有很大的筹划空间，可以通过修改公司章程、相关协议进行"内部"低价转让；第（四）条则赋予了税务机关很大的自由裁量权，也为部分企业提供了一定的筹划空间。

需要提醒的是，该筹划方法的运用，依然面临实质课税被纳税调整的风险。

8. 个人股东恰当运用"核定"法

国家税务总局公告 2014 年第 67 号《股权转让所得个人所得税管理办法（试行）》第十一条规定了核定股权转让收入的四种情形，并明确了核定的具体方法；对于转让股权原值，第十七条规定："个人转让股权未提供完整、准确的股权原值凭证，不能正确计算股权原值的，由主管税务机关核定其股权原值。"但是，对于核定方法，没有给出具体的规定，实际上是把权限给了各地税务机关，从之前的各地实践来看，如陕西省税务机关会结合验资报告、银行询证函、银行存款日记账、实收资本（股本）账面记录、公司章程等进行审核对比以核定原值；海南省按申报的股权转让收入的一定比例（15%）核定计税成本。

因此，对于部分近年来迅猛发展的行业而言（如房地产等），如果按照上述方式进行核定的成本大于实际成本，可以适用这一方法进行税务筹划，以降低应纳税所得额。然而，由于核定适用情形通常是在会计账册、相关计税凭证不完整的情形下，被转让股权公司面临相关会计制度、税收征管法处罚的风险。

上述只是一些常见的筹划手段，实践中还有很多更为复杂的方法。

总的来说，企业进行税收筹划一定要有法可依，尽量符合税收优惠条件或政策不够明朗的区间。不能采取阴阳合同、虚假申报的方式，这就属于偷税而非筹划，最终是得不偿失。

第五节　公司回购退出

一、股份回购含义与特征

（一）股份回购含义

股份回购是指企业或者公司管理人员按照约定的价格将公司的股份购回，从而使私募股权投资基金退出的方式。对于私募股权基金来说，选择以股份回购的方式退出：①在被投资企业出现投资协议中约定的情形时，私募股权基金可以按照投资协议中所明确的价格和方式要求企业回购其所持股份；②如果企业家在不能接受私募股权基金以某种价格将企业出售以退出资本时，被投资企业为避免被并购也可以选择主动回购私募股权投资基金所持有的公司股份。

通常情况下，股份回购是一种不理想的退出方式，私募股权投资协议中回购条款的设置其实是 PE 为自己变现股权留有的一个带有强制性的退出渠道，保证当目标企业发展不达预期时，为确保 PE 已投入资本的安全性而设置的退出方式。

（二）股份回购特征

股份回购包括公司回购、股东回购、管理层回购和员工回购。由于股份回购涉及的权利主体少，法律关系和产权关系清晰；程序简单，被投资企业也可因此将外部股权全部转化为内部股权获得真正的独立，其预期利益非常可观。因此，股份回购成为私募股权投资基金越来越偏爱的退出方式。[①]

第一，与并购相同，回购的本质也是一种股权转让，两者的区别在于股权转让的主体有所不同。

若企业具有较好的发展潜力，则企业的管理层、员工等有信心通过回购股权对企业实现更好的管理和控制，于是从 PE 机构处回购股权，属于积极回购；若 PE 机构认为企业发展方向与其私募基金的投资增值意图不相符合，主动要求企业回购股权，则对企业而言，属于消极回购。

第二，股份回购，即企业或公司管理人员按约定价格将公司的股份回购，从而使私募基金退出。其优势为交易过程简单、资本安全得到保障，缺点则为可能存在较多法律障碍等。

股份转让退出与 IPO 退出相比，虽然回报率较低；但是股份转让能够在较短的时间内收回投资，同时实现较为满意的回报。

第三，以股份出售对象划分，股份转让分为三类：二次出售（TS）、管理层回购（MBO）和企业并购（M&A）。

二次出售是指被投资企业发展到一定阶段后，原私募股权投资者因为某些原因需要变现收益，将其股份转让给另一个投资者，从而退出投资。从私募股权者的角度来看，二次出售的优势主要体现在：①变现迅速，可以较快拿到现金或可流通证券，并能够从被投资企业一次性完全退出，同时风险很小；②出售的费用成本低，其对象只是少数个体而非整个市场，所受法律约束较少，并且适用于各种类型和规模的公司，简便快捷。

二次出售的劣势：①可能会受到管理层的反对，因为新的投资者进入又需要新的磨合期，而且可能影响公司原有规划，削弱管理层对企业的控制力；②由于信息不对称，找到合适的买家并不容易。

---

① 顾小龙，辛宇．中国式股份回购：制度变迁、结构特征与类型辨析［J］．中山大学学报（社会科学版），2022（1）：195-206．

（三）管理层回购

1. 含义

管理层回购（MBO）主要是指被投资企业管理层利用借贷所融资本或股权交易收购本公司的一种行为，通过收购使企业的管理层变成了企业所有者。

管理层回购是指把私募股权投资基者的股权出售给被投企业管理层，从而使投资资本顺利退出的行为。这种退出方式较为保守，由于私募股权投资者担心在被投公司业绩不佳时难以退出，而公司管理层担心私募投资者为实现退出而出卖公司和管理层的利益，越来越多的私募股权投资合同中加入了回购条款。管理层回购分为两种：积极的管理层回购和消极的管理层回购。积极的管理层回购一般发生在企业发展情况良好时，当私募股权投资者有退出之意时，企业管理层考虑到第三方购买股权会产生磨合期以及控制权变动等问题，从而会根据合同回购企业股份。消极的管理层回购一般发生在当企业发展不甚明朗时，私募股权投资者可根据合同要求企业管理层回购股份，以达到退出目的。[①]

2. 优点

（1）产权交易过程简单。当事人的主体较少，权利和责任主体一般都非常清晰明确。产权交易的过程和程序相对简单。

（2）私募股权投资机构保障自己退出的手段。私募股权投资机构最终一定要实现对投资企业的退出，并尽可能多地获得理想的资本增值，以便能给予投资人更好的利益回报。如果企业发展波澜不惊，投资企业在投资期间价值不能凸显，私募股权投资机构只能通过股份回购这一条有保障的方式退出。

（3）私募股权投资机构可以较小的风险顺利、便捷退出。在投资企业难有大作为的情况下，股份回购如果顺利进行，私募股权投资机构能够成功退出投资企业，将获得的资产增值投入市场上更有价值的项目中，这未尝不是一件好事。

3. 劣势

（1）错失未来潜在的投资机遇，私募股权投资的企业多为新技术、新模式、新机遇的成长类型。在市场发展环境下往往不确定因素很多，如果私募股权投资的退出正好在被投资企业市场机遇爆发的前期，往往错失了投资企业的大好投资机会。

（2）股份回购变现风险较大。股份回购的退出意味着企业经营并不是非常理想，故一般采用长期应付票据等非现金的结算模式，在此期间就很有可能会存在变现的风险问题。

（3）股份回购法律障碍较多。股份回购存在诸多法律障碍，回购交易必须符合《中华人民共和国公司法》的相关规定，同时也必须符合公司法有关股权架构、股份减持及资产权益的相关规定。

（四）对赌协议

一般来说，私募股权投资机构在与被投资方（或控股股东）的投资协议（或股权转让协议）中会有对赌协议条款。对赌协议是随着经济尤其是金融产品的发展而产生的，它

一方面可以保障投入大量资金的私募股权基金的利益，另一方面也可以激励进行融资的企业家，从而最大化双方的权益。[①]

1. 对赌协议含义

所谓的对赌协议，国外称之为估值调整机制（Valuation Adjustment Mechanism），简言之，就是投资方与被投资方（或控股股东）在协议中为了更好地保护自己的利益而对未来不可预料的经济境况进行法律层面上约定的一种合议机制。如果约定的条件能实现，投资方可以行使某种权利；如果约定的条件不能实现，则被投资方（或控股股东）可以行使某种权利。[②] 实际上，"对赌协议"是投行在投资或并购项目时常用的一种金融工具和约定的条款，可以看成期权的一种形式。

私募股权投资的对赌协议通常涉及以下几方面内容：

（1）财务业绩。例如，销售额、总利润或税前利润、净利润或利润率等。如果企业符合年增长率不低于50%，则投资人把相应股份奖励给企业管理层；如果低于50%，则管理层需要把相应股份让与投资人；如果某年度企业净利润在人民币5亿元以上，则投资人需要进行第二轮注资等。

（2）企业上市。如果企业在某约定时间不能成功上市，则投资人需要增加相应股权或所有权将企业出售；如果企业在某约定时间成功上市，则投资人给予管理层股权奖励。

（3）赎回补偿。如果在某种情况下企业无法回购投资人股份，则投资人有权再委派若干选事或者把累计股息提高等，当然，投融资双方可以在法律的框架下约定其他事项。

对赌协议除了给融资方提供了资金抑或平台的同时，也会给公司带来难以预料的未来。我国目前对对赌协议的法律定性没有明确规定，对其所产生的法律纠纷也没有统一的解决路径。

对赌协议名称中的"赌"字，常会让人联想到我国法律明令禁止的赌博，然而对赌协议并非赌博，对赌协议是一种"零和"博弈，是一种解决信息不对称、实现合作双方共赢的有效手段。

2. 对赌协议的法律特征

由于目前对赌协议主要存在于私募股权投资的活动中，所以下面结合当前国内资本市场上已有的案例对对赌协议的法律特征进行分析。

（1）对赌协议的主体。对赌协议的主体有两个：投资方和融资方。其中：投资方主体大多为机构投资，尤其是具有外资背景的国际风投机构，如已与我国本土企业合作过的知名美国风投机构高盛、摩根士丹利等。它们资金实力雄厚、业务经验丰富；在获得理想的投资回报之后通常会选择不再观望，直接退出。融资方的主体希望企业取得卓然发展后管理层能继续控股企业。梳理对赌协议的发展，可以发现，除了早期在对创业之初企业的投资中会发现对赌身影。例如，蒙牛乳业2003年成立之初，在全国乳业企业排名中居于800位之后，而在获得了摩根士丹利等机构投资者的丰厚资金支持后，企业飞速发展，曾达到

---

① 王志煊. 风险投资股份回购退出机制中对赌协议的法律问题研究 [D]. 济南：山东大学，2018.
② 潘林. "对赌协议第一案"的法律经济学分析 [J]. 法制与社会发展，2014（4）：171-181.

过平均每天超越一个对手的速度。成熟企业的投资活动中也有对赌协议。又如，太子奶和英联、摩根士丹利和高盛三家投资机构签订的对赌协议；甚至在徐工和凯雷合作的案例中，也会看到企业并购中对赌协议的存在。

（2）对赌协议的内容。对赌协议的内容主要有五个板块，分别为财务绩效、管理层走向、股票发行、赎回补偿企业行为、非财务绩效。其中，财务绩效（例如，以某一时段的盈利、销售额、净利润或者复合增长率）多被当作对赌标准的主要指标，用来确定对赌双方的权利和责任。

（3）对赌协议的投资工具。对赌协议的投资工具常表现为可转换优先股或可转换债。投资方在合同订立的初始阶段，对企业多以可转换优先股或可转换债的形式进行首次投资。私募股权基金本身并不干涉企业的日常管理，企业家拥有被投资企业日常经营的控制权。如果企业家的能力通过未来业绩体现出来，他将继续拥有控制权，投资方也会以继续投资或出让股权的形式来分享收益回馈管理层；但如果企业经营不善时，私募股权基金此时将不再进行亏本投资，会按照协议约定，运用清算权介入，或介入管理和日常经营，或更换职业经理人，甚至在获得企业绝对股权后把企业直接转让出去，从而保护自身利益。

（4）对赌协议的实施主体。对赌协议的实施主体多设为离岸公司。离岸公司是指在离岸区域内设立的公司，离岸公司通常具有高度的保密性、税务负担轻、无外汇管制三大特点。① 其中离岸区域的意思是指在特定的国家及地区，如维尔京群岛、开曼群岛、中国香港等，以特别宽松的经济政策吸引非本国（地区）的自然人和法人到其区域内设立公司，并在其辖区外经营运作。对赌协议存在于企业海外融资的整个资本运作中，所以它的设置可以尽可能地选择有利的融资平台。以离岸公司为平台实施对赌协议，主要可分为以下四步：注册离岸公司、风险投资公司投入资本、投融资双方业绩对赌、海外上市和外资退出。对赌协议作为英美法系下的产物，其实施是要与特定的法律制度联系在一起的，如优先股的发行、股份回购的约定、股权转让等。面对对赌协议这一较新生的事物，我国的法律在此方面的相关规定多有欠缺不说，甚至有些时候条款的设计也有与法规相冲突的地方，以至于在对赌协议的实务操作方面，目前大多数合作者都选择以离岸公司为实施平台，离岸法域以相对宽松的法律制度、较低的企业上市要求为实施对赌协议提供独特的价值。

3. 对赌协议的成因

对赌协议在私募股权投资中的存在有四个原因：②

（1）可以解决新进投资方与被投资方以及控股股东之间的信息不对称问题。投资企业的过程本就存在不能完全预知的风险，双方对于未来的盈利都只是基于目前的经营业绩以及对未来业绩的预测，私募股权基金和融资方都会站在不同的立场看待被投资企业，这必定对企业的估值产生分歧。为了消除这两者之间的分歧，促进投资的发生，那么将事后的估值调整机制以契约的形式来规定责、权、利则是双方都可以接受的方式。

---

① 张萌. 论私募股权投资中的对赌协议 [D]. 成都：西南交通大学，2013.
② 俞素梅. 私募股权投资中对赌协议的风险防范 [J]. 法制博览，2021（15）：100-101.

（2）为了保证其投资物有所值，也为了更好地保障退出机制通畅，同时为了解决双方企业信息不对称的问题，也为了解决投资人作为小股东无法参与实际管理的问题，私募投资人要求企业进行一定的业绩承诺，以此作为投资估价的调整。

（3）防止被投资方管理层的道德风险。对赌协议能够极度激发企业管理层的热情，提升企业价值。例如，蒙牛实现复合年增长率不低于50%的目标，管理层功不可没，从另一个角度来说，对赌协议起到的促进作用也很大。

（4）在中小企业融资难这个难题未解决的情况下，私募股权投资对中小企业来说是重要的融资渠道，而私募投资人对风险的防范必将导致对赌协议的盛行。只要企业管理层的风险控制得当，对赌协议是一种能够有效保护投资者权益和激励管理层的最优的制度安排。

4. 对赌协议分类

对赌协议的简要分类有不同的依据。

（1）以是否争夺被投资方控股权为目的，对赌协议分为恶意对赌与善意对赌。恶意对赌以苛刻的业绩设定为限，并从控股股东手中夺取控股权为最终目标，一般可在强势外资私募股权投资机构制定的条款中得以体现，典型案例如湖南太子奶集团董事长和高盛、英联以及摩根士丹利之间签署的对赌协议最终导致了太子奶集团控股权易位。善意对赌则以提升被投资方综合能力使业绩达标从而达到双赢为目的，即使业绩不达标也是大多以私募股权投资机构的妥协退让为结局，目前内资私募股权投资机构较多采用的是善意对赌条款。

（2）按照对赌协议订立双方所处的主体地位来分，可以分为新进投资方与被投资方之间的对赌协议、新进投资方与控股股东之间的对赌协议。

（3）按照对赌协议内容的经济性质来分，对赌协议分为现金对赌和股权对赌，即业绩未达标时被投资方以现金弥补新进投资方，或者控股股东是以现金弥补或将部分股权划归新进投资方。当然，由于被投资方的情况千差万别，以及对衍生金融工具的熟练运用程度的不同，中外私募股权投资机构在设计对赌协议的内容与种类上匠心独运，穷尽智慧。

5. 签订对赌协议的注意事项

对赌协议是对未来的不确定的调整，在宏观经济环境下行的情况下，其高风险更是让人对其产生几分畏惧，因而需要在签订的时候充分考虑以下五个方面：①

（1）投融资双方要充分考虑宏观经济环境、整个行业趋势。

（2）融资企业要认清自己的行业地位，对企业的团队协作、人才储备、市场占有率、资金到位、竞争对手、管理能力等方面做全面自查，使制度合乎企业自身的发展目标。另外结合融资环境的情况为企业定出合理的价格，避免漫天要价，不至于引发投资方对未来盈利提出苛刻的要求。

（3）合理商定未来某一时间点企业经营业绩上下浮动的弹性标准：约定标准到达时，投资人对融资人的奖励方式和数额；未达到业绩标准时，投资人获得的补偿方式和额度。

---

① 俞素梅. 私募股权投资中对赌协议的风险防范［J］. 法制博览，2021（15）：100-101.

这是对赌协议的核心部分，对于如何判定业绩的完成情况，投融资双方应事先做好详尽约定，如双方认可的计算方式、中立的审计单位、股权调整幅度等。

（4）融资方应在协议中锁定风险，保证其对企业的必要控股地位，尽量避免发生丧失企业控制权的情况。投资方则可以约定企业回购、强制卖出权等多种退出方法来保证其资金的安全。

（5）对赌协议中的有些条款是国际大型投资银行或私募股权基金作为投资的附加条件，硬性施加给企业的。有的企业在履行对赌协议时，为了达到协议约定的业绩指标，重业绩轻治理，重发展轻规范，结果导致对赌失败；或者虽然对赌成功，但企业缺乏后劲，影响了企业的长远发展。对赌的投资方多为国际财务投资者，他们为企业提供资金，帮助企业上市，然后通过出售股权的方式套现，退出企业。因此，更长的路需要企业自己走，即使企业在对赌期间也要加强内部机制的调控，增强企业抵御风险的能力，不断增强核心竞争力。

二、通过目标公司及原股东回购实现退出

回购条款经常出现在对赌协议中，因此很多人称之为对赌条款，这其实是对回购的一种简单理解。我们通常说的回购，包括法定回购①和约定回购②两种情况。回购权条款仅属于设定投资人、目标公司以及实际控制人或原始股东之间的合同条款，是特定民事主体之间的法律关系，并不指向不特定的第三方。

目标公司或者原股东回购投资人的股权实现投资退出，是一种比较常见的退出方式。与并购相同，回购的本质也是一种股权转让。站在目标公司/原股东角度，如果目标公司具有较好的发展潜力，则目标公司的原股东或者目标公司有信心通过回购股权对企业实现更好的管理和控制，于是从投资人处回购股权，这属于积极回购，若投资人认为企业发展方向与其投资增值意图不相符合，或者目标公司没有实现约定的目标（经常是一定期限内完成上市），则主动要求目标公司回购股权和/或股东回购股权，这属于消极回购。无论是哪种形式的目标公司回购，都可能对公司带来一定的现金流压力。③

（一）公司可以回购公司股东的股权

公司只能在特定情况下收购股东的股权。对于有限责任公司，有下列情形之一的，对股东会该项决议投反对票的股东可以请求公司按照合理的价格收购其股权：①公司连续五年不向股东分配利润，而公司该五年连续盈利，并且符合本法规定的分配利润条件的；②公司合并、分立、转让主要财产的；③公司章程规定的营业期限届满或者章程规定的其

---

① 法定回购是指《中华人民共和国公司法》第七十四条和第一百四十二条规定的特定事由回购，只有符合规定情形的回购，才能得到公司法的认可。

② 约定回购是公司融资时，投资人与目标公司/大股东约定的，目标公司在一定期限内没有达到特定目标时（如一般规定当投资协议约定的期限届满时，公司首次公开发行上市失败或者企业的发展没有达到所预期的水平，投资者有权利要求回购股权），由目标公司/大股东按照各方事先约定的价格计算方式购买投资人股权的一种回购方式。

③ 吴靖 . PE 语境下目标公司回购条款效力研究 [D]. 厦门：厦门大学，2019.

他解散事由出现，股东会会议通过决议修改章程使公司存续的。[1] 对于股份有限公司而言，公司不得收购本公司股份。

但是，有下列情形之一的除外：①减少公司注册资本；②与持有本公司股份的其他公司合并；③将股份奖励给本公司职工；④股东因对股东大会做出的公司合并、分立决议持异议，要求公司收购其股份的。公司因前款第①项至第③项的原因收购本公司股份的，应当经股东大会决议。公司依照前款规定收购本公司股份后，属于第①项情形的，应当自收购之日起十日内注销；属于第②项、第④项情形的，应当在六个月内转让或者注销。公司依照第一款第三项规定收购的本公司股份，不得超过本公司已发行股份总额的百分之五；用于收购的资金应当从公司的税后利润中支出；所收购的股份应当在一年内转让给职工。另外，公司不得接受本公司的股票作为质押权的标的。

（二）公司在何种情况下可以回购股东股权

除非法律规定的特殊情况，公司不得回购股东股权。

对有限责任公司而言，在三种情况下股东不满股东会决议可以请求公司回购股东股权：①公司连续五年不向股东分配利润，而公司该五年连续盈利，并且符合本法规定的分配利润条件的；②公司合并、分立、转让主要财产的；③公司章程规定的营业期限届满或者章程规定的其他解散事由出现，股东会会议通过决议修改章程使公司存续的。

对股份有限公司而言，在四种情况下可以回购股东股权：①减少公司注册资本；②与持有本公司股份的其他公司合并；③将股份奖励给本公司职工；④股东因对股东大会作出的公司合并、分立决议持异议，要求公司收购其股份的。

（三）实务要点与注意事项

1. 把握好回购对赌的边界

投资人与目标公司或者原股东约定的回购条款，最终能否被执行，不再取决于到底是由目标公司实施回购，还是由原股东实施回购，而是需要考虑两个关键因素：一是要确保合同有效，不存在《民法典》规定的无效情形；二是关注债权人利益是否可能被损害。回购案的实质是通过减资程序，在保全债权的基础上完成回购，不是无条件地同意回购。在当前的公司法体系下，保护债权人利益仍然是司法考量的重要因素，虽然在很多情况下，债权人利益是否需要保护以及怎样保护仍然是一个具有争议的问题。

2. 慎重考虑回购期限的设置

回购是否要设定期限？站在投资人角度，肯定希望有更多主动权，包括目标未达成时随时要求回购，或者回购的固定利率回报持续计算直至退出为止。站在目标公司或原股东角度，则希望限制投资人的主动权，包括设定期限、锁定回购成本等，这是一对矛盾体，究竟谁占上风，要看融资时双方的谈判地位是否对等。从实际操作来看，未附期限的回购权条款，使各方当事人之间的法律关系处于严重的不确定状态，投资人有权在长达数年的

---

[1] 《中华人民共和国公司法》第七十四条规定："自股东会会议决议通过之日起六十日内，股东与公司不能达成股权收购协议的，股东可以自股东会会议决议通过之日起九十日内向人民法院提起诉讼。"

时间里随时要求目标公司回购其股权而实现退出公司的目的，更为极端的情形是将会因为回购权的行使，给目标公司的资本运营造成很大障碍（如案例1）。因此，在投资合同目的不能实现时，以行使回购权的方式终止双方的投资关系尤其是其行使期限的限制，对于尽早明确各方当事人之间的权利义务关系，减少合同履行的不确定性，具有十分重要的意义。

3. 考虑资管新规对回购的影响

2018年4月27日，中国人民银行、中国银保监会、中国证监会、国家外汇管理局联合印发《关于规范金融机构资产管理业务的指导意见》（以下简称"资管新规"），资管新规之后，回购条款如果触及"刚兑"将面临监管制裁。违反资管新规的相关回购合同1条款的交易设计，在民事效力上存在无效风险、监管风险及诉讼风险。为了规避这些风险，建议如下：

避免为资产管理产品投资的非标准化债权类资产或者股权类资产提供直接或间接、显性或隐性的回购增信措施。

承诺要体现回购的交易性质，避免出现保证担保的语义或措辞。尽量采用资产转让协议的方式，详细约定回购的期限/条件、标的、价格以及方式尽量采用"转让/受让""购买/出售""价格/价款""交割/结算"等术语，避免"确保""保证""担保""保障""第三方代为清偿义务"等表述。避免出现容易被认定为"兜底""刚兑"的文字描述。

【案例10】ABC公司境外股东要求回购导致IPO受阻案

[案情概况]

ABC公司是国内领先的第三方支付企业，是中国行业支付的先行者，深耕行业支付和交易服务，主要为B端客户提供量身定制的行业解决方案。早期受到中国人民银行对外资进入支付领域的产业政策限制，该公司在境内、境外搭建了VIE架构，并通过境外的离岸公司在境外进行融资和资本运作。在Pre-IPO轮次融资时（F轮），F轮投资人与公司约定，如果ABC公司未能在本轮融资交割完成后3年内实现IPO，则投资人有权在任何时间要求公司按照20%的收益率进行回赎（Redemption），目标公司应当按照此约定进行回赎。通过此轮融资，F轮共有两名投资人（A公司、B公司）实际出资1亿美元，其中A公司投资人取得了目标公司10%的股权，B公司投资人取得了ABC公司5%的股权，ABC公司的估值达到历次融资以来的最高水平。为了取得对ABC公司更多的话语权，F轮投资人在公司章程中约定，特殊类型的重大事项（包括但不限于IPO、M&A、重大对外投资等）必须要进行分类表决，其中要单独获得F轮股东70%以上的表决权同意，才可以实施重大事项。①

2018年，ABC公司开始筹备在NASDAQ上市，在经历了多次密交及SEC反馈后，公司招股书基本获得SEC的认可。不幸的是，在决定公开递交上市申请前的最后一次董事会和股东会上，F轮股东中的B公司投了反对票，理由是ABC公司上市估值预计大幅度低于F轮融资估值，如果ABC公司不能按照当时的融资文件确保20%的收益，B公司将不配合

---

① 张敏. 上市公司护盘式回购法律规制研究［D］. 北京：中国政法大学，2020.

实施公司上市。最终，ABC 公司因不能与 B 公司就回购与补偿问题达成一致，导致上市计划搁浅。

[案件评析]

这是一个非常可惜的结局，ABC 公司和 B 公司最终都没有能够实现利益的最大化，甚至不排除将来双方出现僵局和对立的可能。案例中存在的下面三个问题值得我们在将来进行股权融资和资本运作时慎重考虑：

（1）回购是否需要设定期限。本案中约定了 ABC 公司如果在投资完成后三年内没有成功实现 IPO，B 公司在任何时间有权要求公司按照 20%的收益率进行回赎。站在投资人角度，这是没错的，相当于在放贷。但是对于 ABC 公司来说，如果同意接受这样的条件，就要合理预期相当于按照 20%的利率借贷了一笔资金，公司将来是否有能力偿还按照此利率计算的金额，将会直接影响公司的现金流。如果在融资谈判时，能够锁定利率计算的期限，或其以其他条件进行交换，则尽量避免这种财务负担。

（2）要慎重设置分类表决。分类表决机制可以更加充分地保护投资人，也可以给予创始人更多的权利。在决定是否采用分类表决，以及确定哪些事项需要分类表决，采用何种表决权比例时，要充分评估表决事项的发生概率、是否会导致出现局面失控等因素。本案中，各方约定的需要分类表决的重大事项（包括但不限于 IPO、M&A、重大对外投资等），要单独获得 F 轮股东 70%以上的表决权同意才可以实施，而 F 轮两个股东中，A 公司占66.7%，B 公司占 33.3%，要想获得 70%以上同意，意味着两位股东必须要一致同意，否则其中的任何一位都可以有一票否决权。事实上，B 公司正是凭借这种一票否决权，向 ABC 公司提出补偿要求，并最终导致了 ABC 公司的资本运营失败。从公司治理的角度，这也是很滑稽的一个做法，一个持股 5%的小股东竟然可以狙击一个公司的 IPO，让全体股东一起为他们埋单，这种方式值得我们深思。

（3）设置融资条件时原股东要有动态的风险意识。中国的民营企业家往往具有很强的赌性思维，这与改革开放以来中国社会变化的速度、法治环境的逐步完善、民营企业的融资难等问题密切相关，但是市场环境是变化的，超额红利的时代逐步结束，规范运营、合规发展是大势所趋，企业家在融资时需要有比过去更强的风险意识，不可过度自信，否则可能是引狼入室、饮鸩止渴，贻误更好的机会。

第六节　清算退出

一、清算退出含义与特征

（一）清算退出含义

清算是企业结束经营活动，处置资产并进行分配的行为，清算退出是指股权投资基金通过被投资企业的清算实现退出，主要是投资项目失败后的一种退出方式。清算退出主要有两种方式，一是解散清算，二是破产清算。

解散清算时公司因经营期满，或因经营方面的其他原因致使公司不宜或不能继续经营时，自愿或被迫宣告解散而进行的清算。

破产清算则是公司不能清偿到期债务，并且资产不足以清偿全部债务或明显缺乏清偿能力时，公司被法院宣告破产，并由法院组织进行的清算。

（二）清算退出特征

解散清算的原因主要包括公司章程规定的营业期限届满或公司章程规定的其他解散事由出现；股东大会决议解散；公司依法被吊销营业执照，责令关闭或者撤销；公司经营管理发生严重困难，继续存续会使股东权益受到重大损失，通过其他途径不能解决时，持有公司全部股东表决权 10% 以上的股东请求人民法院解散，并获得法院支持。在解散清算中，如果是有限责任公司，清算组大都是由股东组成，如果是股份有限公司，清算组则是由董事会或股东大会确认的人员组成。

破产清算是私募股权投资迫不得已选择的一种退出路径。由于私募股权投资是一种高收益、高风险的投资方式，部分或完全失败是很普遍的。破产清算是指投资企业在市场环境中经营不善，不再拥有持续发展的可能性，私募股权基金通过启动清算或者破产程序，通过司法程序将投资企业全部资产列为清算资产，获得财产清偿从而收回部分或全部投资的退出方式。破产清算属于司法强制解散，需使用诉讼程序。一般来说，选择破产清算的退出方式就意味着私募股权基金此次投资的失败。私募股权基金投资是高风险和高收益的投资模式，在获得巨额收益的同时必须做好承担巨额风险的预期，破产清算退出既是私募股权基金明智的选择，又是无奈的选择。①

（三）破产清算的优劣势

1. 优势

破产清算的优势主要表现在以下两个方面：

（1）最大限度减少损失。私募股权基金投资的风险从市场角度衡量是无法预计的，项目投资的失败不可避免，一旦投资企业的财务严重恶化，无法通过努力改变经营困境，破产清算是减少损失的无奈之举。

（2）控制风险的最后选择。与其使资本在失败项目中苦苦挣扎，不如早日忍痛割爱。控制风险，及时退出，撤退投资，终止继续损失的可能，进入更有前途的投资项目中，这符合优胜劣汰的市场规律。在市场环境中剔除劣质的投资项目，为优质的投资项目清除障碍，对于整个市场环境的良性发展具有积极的推进作用。

2. 劣势

破产清算的不足主要表现在三个方面：第一，破产清算的法律程序烦琐。在我国破产清算一般要符合《中华人民共和国公司法》《中华人民共和国企业破产法》《中华人民共

---

① 孙般. 公司型私募股权投资基金清算型退出方式的实现 [D]. 上海：华东政法大学，2014.

和国民事诉讼法》的有关规定，同时目前实行的破产法并不利于私募股权基金的顺利退出。第二，私募股权的市场品牌影响较大。破产清算退出就意味着此项投资的彻底失败，不但要承担很大的资产损失，在投资市场上更会对其今后投资的品牌发展非常不利。第三，法律实施不同，容易错过合适的退出时机。不同国家或地区的公司法的相关规定对于不同的破产清算实施的方式不同，从而可能会导致错过最合适的退出时机，放大风险投资者的损失。

二、清算退出的流程

契约型基金、合伙制基金及公司制基金三种不同类型的私募基金的清算注销流程，如表 12-6 所示。

表 12-6　契约型基金、合伙制基金及公司制基金清算注销流程

	步骤	契约型	合伙制	公司制
1	发起基金到期清算通知	由基金管理人按照基金合同的规定，向基金份额持有人发送到期清算通知	普通合伙人按照合伙协议的约定，向各合伙人在合伙协议约定的到期日前发送通知，通知内容为基金到期进入清算程序	由基金管理人按照基金合同的规定，向基金投资人发送到期清算通知
2	确定清算人	私募基金财产清算小组成员由私募基金管理人和私募基金托管人组成	清算人可以由普通合伙人担任，除非代表实际出资额 2/3 以上的合伙人决定由普通合伙人之外的人士担任（例如，管理人），如果普通合伙人根据第一步发送清算通知后各合伙人对于制定普通合伙人作为清算人没有异议则继续推进，如果出现异议则需要视情况确定清算人	根据公司章程确定清算组组成，有限责任公司的清算组由股东组成，股份有限公司的清算组则由董事或股东大会确定的人员组成，逾期不成立清算组进行清算的，债权人可以申请人民法院指定有关人员组成清算组进行清算
3	企业清算审批，办理清算批复（如需）	企业清算审批，办理清算批复	根据实际情况，确认是否需要与各自的金融主管机关确认是否需要报备或批准	
4	企业清算备案手续	—	清算人应当自被确定之日起十日内，根据基金注册地所在的地方工商局的要求将清算成员名单向企业登记机关备案，并按要求提交办理清算备案所需的书面材料	

	步骤	契约型	合伙制	公司制
5	通知债权人	—	由清算人在基金确定终止之日起十日内（根据《中华人民共和国合伙企业法》和《中华人民共和国公司法》对于合伙型与公司型基金的清算应当履行债权人申报的程序，清算组应当在成立之日起十日内将基金终止事项通知债权人，并于六十日内在报纸上公告，债权人应当自接到通知书之日起三十日内，未接到通知书的自公告之日起四十五日之内，向清算组申报对基金的债权，基金应当对债权进行登记）将解散事项通知债权人	
6	清算公告	—	根据地方市场监督部门的要求，在指定报刊刊登清算公告	
7	债权申报登记	—	债权人应当自接到通知书之日起三十日内，未接到通知书自公告之日期四十五日之内，向清算人申报期债权，债权人申报债权，应当说明债权的有关事项，并提供证明材料，清算人应当对债权人进行登记	
8	制定清算方案、清理基金财产、开展清算审计	清算人在清理企业财产，编制资产负债表和财产清单后，应当制定清算防范，并进行清算审计，由会计师事务所出具清算审计报告		
9	制作清算结束报告	清算审计结束后，清算人应当制作清算结束报告		
10	完成中国证券投资基金业协会（以下简称"中基协"）基金清算备案	出具清算报告后，清算人需要在 AMBERS 系统中完成私募基金产品的清算备案，包括由管理人盖章并上传清算报告，按照 AMBERS 系统的模版更新投资者信息并填写基金清算情况表，并填写系统中的其他清算信息		
11	税务注销手续	—	根据基金所在地国税部门、地税部门的要求办理税务注销	

续表

	步骤	契约型	合伙制	公司制
12	办理其他注销手续	—	至财政局、统计局、外汇局等办理注销登记手续	
13	关闭基金账户	至各开户银行办理银行账户注销手续		
14	办理中基协基金备案注销手续	在 AMBERS 系统中办理产品登记注销		
15	注销营业执照	—	自清算结束之日起 15 日内办理营业执照自注销登记	
16	保存基金清算材料	基金管理人、基金托管人及基金销售机构应当妥善保存私募基金投资决策、交易和投资者适当性管理等方面的记录及其他相关资料，保存期限自基金清算终止之日起不得少于 10 年		

三、清算退出的相关规定

（一）基金清算退出要求

根据《私募投资基金备案须知》，基金合同应当明确约定基金合同终止、解除及基金清算的安排。对于协会不予备案的私募投资基金，管理人应当告知投资者，及时解除或终止基金合同，并对私募投资基金财产清算，保护投资者的合法权益。管理人在私募投资基金到期日起的 3 个月内仍未通过 AMBERS 系统完成私募投资基金的展期变更或提交清算申请的，在完成变更或提交清算申请之前，协会将暂停办理该管理人新的私募投资基金备案申请。上述规定明确对于中基协不予备案的私募基金产品以及已于中基协备案且即将到期的私募基金产品，其基金管理人负有及时清算义务。实践中，基金管理人对于不予备案的私募基金或已逾期基金的清算通常采用拖延战术，清算积极性不高，通过明确上述情况下基金管理人的清算义务，将极大促进管理人在投后管理以及基金清算工作中的投入，有利于维护投资人的合法权益。[①]

（二）不同组织形式的清算退出方式

根据组织形式的不同，私募基金可以分为契约型基金、合伙制基金及公司制基金三种不同类型。就不同类型的基金产品应根据其组织形式适用不同的法律规范进行调整，不同组织形式的清算退出对比如表 12-7 所示。[②]

---

① 张盈.私募股权投资基金退出方式的研究［D］.大连：东北财经大学，2016.

② 王新伟.中国私募股权投资基金退出方式研究［D］.武汉：华中科技大学，2017.

表 12-7　不同组织形式的清算退出方式

	契约型	合伙制	公司制
适用规则	《中华人民共和国合同法》《中华人民共和国证券投资基金法》	《中华人民共和国合伙企业法》	《中华人民共和国公司法》《中华人民共和国企业破产法》
解散触发条件	《中华人民共和国证券投资基金法》第八十一条，有下列情形之一的，基金合同终止：（一）基金合同期限届满而未延期；（二）基金份额持有人大会决定终止；（三）基金管理人、基金托管人职责终止，在六个月内没有新基金管理人、新基金托管人承接；（四）基金合同约定的其他情形	《中华人民共和国合伙企业法》第八十五条，合伙企业有下列情形之一的，应当解散：（一）合伙期限届满，合伙人决定不再经营；（二）合伙协议约定的解散事由出现；（三）全体合伙人决定解散；（四）合伙人已不具备法定人数满三十天；（五）合伙协议约定的合伙目的已经实现或无法实现；（六）依法被吊销营业执照、责令关闭或者被撤销；（七）法律、行政法规规定的其他原因	《中华人民共和国公司法》第一百八十条，公司因下列原因解散：（一）公司章程规定的营业期限届满或公司章程规定的其他解散事由出现；（二）股东会或股东大会决议解散；（三）因公司合并或分立需要解散；（四）依法被吊销营业执照、责令关闭或者被撤销；（五）人民法院依照本法第一百八十二条的规定予以解散
	在中基协 AMBERS 系统中列出基金清算原因如下： ①基金存续期届满且决定不展期； ②基金展期协议届满，结束运作； ③基金存续期间，所有投资者全部赎回； ④已触发基金合同约定的清算事件（包括止损机制等），导致基金提前终止； ⑤依基金合同约定，基金合同当事人协商一致决定终止； ⑥份额持有人大会/股东大会/合伙人会议决议通过，决定终止； ⑦基金管理人依法解散，被依法撤销或被依法宣告破产； ⑧基金管理人被依法取消私募基金管理人相关资质； ⑨托管人被依法解散，被依法撤销或被依法宣告破产； ⑩托管人被取消基金托管资格等		
清算人	《私募投资基金合同指引 1 号（契约型私募基金合同内容与格式指引）》规定私募基金财产清算小组成员由私募基金管理人和私募基金托管人组成，清算小组可以聘请必要的工作人员	《中华人民共和国合伙企业法》第八十六条，合伙企业解散，应当由清算人进行清算。清算人由全体合伙人担任；经全体合伙人过半数同意，可以自合伙企业解散事由出现后十五日内指定一个或者数个合伙人，或者委托第三人，担任清算人。自合伙企业解散事由出现之日起十五日内未确定清算人的，合伙人或者其他利害关系人可以申请人民法院指定清算人	《中华人民共和国公司法》第一百八十三条，有限责任公司的清算组由股东组成，股份有限公司的清算组由董事或者股东大会确定的人员组成。逾期不成立清算组进行清算的，债权人可以申请人民法院指定有关人员组成清算组进行清算，人民法院应当受理该申请，并及时组织清算组进行清算
清算期限	无明确规定		
工商注销	无须完成工商登记注销手续	需要完成工商登记注销手续	

（三）退出环节其他法律法规规定

清算退出是投资人在迫不得已的情况下选择的最不成功的一种退出方式，一般意味着此次投资不成功，在有些情况下，投资人甚至可能不能完全收回本金。根据清科研究数据分析，2019 年 11 月前的境内退出案例中，仅有 14 例通过清算退出，占全部退出案例总数量的 0.5%，在所有退出类型中，清算退出是占比最小的。

投融资领域的"清算"与《中华人民共和国公司法》意义上的"清算"不同，《中华人民共和国公司法》上的清算是指公司解散后，处分公司财产以及了结各种法律关系并最终消灭公司人格的行为和程序。这种清算包括非破产清算和破产清算，非破产清算适用《中华人民共和国公司法》，破产清算适用《中华人民共和国破产法》。投融资领域的"清算"并非公司法传统意义上的解散清算或破产清算，而是指"资产变现事件"，通常是由各方自行约定的，包括公司合并、被收购、出售控股股权，以及出售主要资产等，从而导致公司现有股东在占有续存公司已发行股份的比例不高于 50%，这些事件都可以被视为清算事件。在清算事件发生时，投资人有权按照事先约定的回报方式，优先从公司退出。

1. 有限合伙型基金份额转让

合伙人之间的转让，按照《中华人民共和国合伙企业法》规定，转让事宜应通知其他合伙人，转让规则以合伙协议约定为准，如果合伙协议没有约定，则合伙人之间可以自由转让全部或部分基金份额。

GP 的对外转让，根据《中华人民共和国合伙企业法》的规定，转让规则需要以合伙协议约定为准，如果合伙协议没有约定，则转让需经过其他合伙人一致同意，且其他合伙人在同等条件下具有优先购买权。

LP 的对外转让，根据《中华人民共和国合伙企业法》的规定，转让事宜应提前 30 日通知其他合伙人，转让规则以合伙协议约定为准，如果合伙协议没有约定，则一般可以自由转让全部或部分基金份额，且其他合伙人在同等条件下享有优先购买权。

2. 健全清算退出机制

清算退出方式是投资者为了降低自身投资亏损时采取的一种方式，是投资者最不喜欢的退出方式。由于在私募股权投资过程中企业的经营风险大，同时失败率也比较高，一旦出现失败则有可能出现血本无归的情况，所以投资者为了降低自身的资金损失，迫不得已申请破产清算退出。对于该种退出方式，在完善其机制时，一方面，要拓展破产法的使用范围，放宽破产标准，对无力清偿到期债务的企业，有确凿证据证明其暂时无法实现资金周转的情况，则法院不可立即宣告破产，而应维持企业存续，为其重新振作提供机会；如果有证据表明企业长期损耗且此局势无法扭转，彻底失去偿债能力，则企业尽管资产稍大于欠债，也应宣告破产。另一方面，要明确破产申请人的主体资格，《中华人民共和国企业破产法》中规定股东无法提出破产申请，为最大限度地降低损耗，则应使其成为申请破产的主体，为他们提供申请启动破产清算程序的机会。[①]

---

① 王志华. 私募股权投资基金退出机制的法律问题及其解决 [D]. 海口：海南大学，2017.

（四）清算：投资人最不愿看到的退出方式

如果被投资的标的企业发展十分不顺利，继续运营可能会有更多的亏损，就不得不采用清算的方式来实现投资的退出。对于清算来说，可能存在标的企业资产被低估、资产转移、时机选择不优而造成的各项风险。因此，清算也依然存在一定的风险。

对于已确认项目失败的创业资本应尽早采用清算方式退回以尽可能多地收回残留资本，其操作方式分为亏损清偿和亏损注销两种。近五年清算退出的案例总计不超过 50 家。

清算是一个企业倒闭之前的止损措施，并不是所有投资失败的企业都会进行破产清算，申请破产并进行清算是有成本的，而且还要经过耗时长，较为复杂的法律程序。破产清算是不得已而为之的一种方式，优点是尚能收回部分投资。缺点是显而易见的，意味着本项目的投资亏损，资金收益率为负数。这也是广大投资者最不愿意看到的退出方式。

总体而言，各种退出方式各有优缺点，具体方式的选择还要根据市场情况、投资策略等进行决定。对于广大投资者而言，最重要的还是关注团队的整体实力、投资理念及投资项目，才能获得最满意的投资回报。

四、清算退出的类型

投资人的清算权一般包括优先权和参与分配权，其中优先权是必备的，根据参与分配权的不同做法可以将清算优先权分为三种类型。[①]

（一）不参与分配清算优先权

不参与分配清算优先权即在清算事件发生时，投资人仅享有 N 倍于初始投资价格及应付但未付股利的回报，不享有其他权利。这时投资人的回报有三种计算方式：①当公司的清算价值低于优先清算回报（投资协议约定的属于投资人优先取得的金额）时，投资人拿走全部清算资金。②当投资人按持股比例分配的公司清算价值高于优先清算回报时投资人将优先股转换成普通股，跟普通股股东按比例分配。③当公司的清算价值介于上述两者之间时，投资人拿走约定的优先清算回报。

（二）完全参与分配清算优先权

完全参与分配清算优先权即投资人在获得清算优先权的约定回报之后，还要跟普通股一起按照转股后的持股比例分配剩余清算资金。这时投资人的回报有两种计算方式：①当公司的清算价值低于优先清算回报时，投资人拿走全部清算资金；②当公司的清算价值高于优先清算回报时，投资人先拿走优先清算回报部分；超过优先清算回报部分，投资人和普通股股东按股权比例分配。

（三）附上限参与分配清算优先权

附上限参与分配清算优先权即在支付给优先股股东清算优先权回报之后，剩余资产由普通股股东与优先股股东按相当于转换后股份比例进行分配；但优先股股东一旦获得的回报达到原始投资价格的约定倍数后，将停止参与分配。之后，剩余资产将由普通股股东按

---

① 宋佳欣. 我国私募股权投资基金退出机制研究［D］. 长春：吉林财经大学，2020.

比例分配。这时投资人的回报有三种计算方式：①当公司的清算价值低于优先清算回报时，投资人拿走全部清算资金；②当投资人按持股比例分配的公司清算价值高于优先清算回报时，投资人将优先股转换成普通股，跟普通股股东按比例分配；③当公司的清算价值介于上述两者之间时，投资人先拿走约定的优先清算回报，然后将其优先股转换为普通股，与普通股股东一起按比例分配剩余的清算价值。但是，如果其取得的回报达到约定的上限时，投资人将不能再继续参与分配剩余的清算价值。

对企业来说，最有利的条款是仅有固定倍数的优先清算回报权利，没有参与分配权；对投资人来说，最有利的条款是不仅有固定倍数的优先清算回报权利，还要有无上限的参与分配权；比较折中的条款是固定倍数的优先清算回报权利加附上限的参与分配权。

五、清算退出的常见做法

在谈判 A 轮融资的 Term Sheet 时，清算优先权通常比较容易理解和评估。但是随着公司发展，后续的股权融资将使不同系列股份之间清算优先权在数量上和结构上发生变化，清算优先权也会变得更为复杂和难于理解。实践中，一般包括两种做法：①后轮投资人将会把他们的优先权置于前轮投资人之上（称为层叠优先权），如 B 轮投资人先获得回报，然后才是 A 轮投资人。②所有投资人权利平等（称为等比例权益或混合优先权），如 A 轮和 B 轮投资人按比例获得优先回报。

具体采用哪种做法，一般取决于投资人的谈判实力、公司寻求其他替代融资的能力、当前资本结构的状态以及当前的经济周期等因素。但清算优先权是不同系列优先股之间的事情，通常不会影响创业者，因为创业者的普通股没有优先权。

第十三章 股权投融资会计[①]

股权投资作为我国企业会计管理的关键构成，是一项系统性工程。对股权投资确认与计量的探究，旨在规范股权投资的确认标准及计量方法，进而使会计信息真实地反映投资目的，准确计量价值变动。本章在概述股权投资会计体系基本框架的基础上，重点探讨企业会计准则的确认标准与会计计量、股权投资后续计量方法、股权投资会计与税务差异、股权投资业务的会计处理、企业股权投资中的财务报告、企业股权投资中的财务管控，并结合实务案例进行分析，以供读者参考。

第一节 股权投资会计核算概述

一、会计体系

会计是以提供财务信息为主的信息系统，提供的信息主要供有关各方进行经济决策和管理使用。企业会计主要反映该企业的财务状况、经营成果和现金流量，并对其经营活动和财政收支进行监督。企业会计准则主要由基本准则和具体准则构成，并辅之以相关解释和应用指南。会计准则体系主要包括如下四个方面的内容：

（一）基本准则方面

其主要包括《企业会计准则——基本准则》对企业会计的一般要求和对主要方面做出的原则性规定，即总则部分（主要说明企业会计准则的性质、制定的依据、适用范围、会计基本假设、记账基础及会计核算基础工作要求等）；关于会计信息质量要求的规定（可靠性、相关性、可理解性、可比性、实质重于形式、重要性、谨慎性、及时性）；关于会计要素准则的规定（企业在会计核算中对各项会计要素资产、负债、所有者权益、收入、费用、利润进行确认、计量、记录和报告时应遵循的基本要求）；关于会计计量的规定（包括企业在将符合确认条件的会计要素登记入账并列报于报表及其附注时，按照规定会计计量）；关于财务报告的规定（财务报表及其附注和其他应当在财务报告中披露的相关信息和资料，包括资产负债表、利润表、现金流量表、所有者权益变动表等）。

[①] 养殖业与农业齐飞（微信号：ibankclub）. 四万字实操手册：私募基金财务报表及募、投、管、退会计处理 [EB/OL]. http：//www. sohu. com/a/584853969_ 121123883.

（二）具体准则方面

其主要是对各类会计要素即资产、负债、所有者权益、收入、费用和利润及相关交易和事项的确认、计量、报告进行规范的会计准则。会计准则体系的具体内容见表 13-1。

表 13-1　会计准则体系的具体内容

序号	准则名称	序号	准则名称	序号	准则名称
1	存货	15	建造合同	29	资产负债表日后事项
2	长期股权投资	16	政府补助	30	财报报表列表
3	投资性房地产	17	借款费用	31	现金流量表
4	固定资产	18	所得税	32	中期财务报告
5	生物资产	19	外币折算	33	合并财务报表
6	无形资产	20	企业合并	34	每股收益
7	非货币性资产交换	21	租赁	35	分部报告
8	资产减值	22	金融工具确认和计量	36	关联方披露
9	职工薪酬	23	金融资产转移	37	金融工具列报
10	企业年金基金	24	套期保值	38	首次执行企业会计准则
11	股份支付	25	原保险合同	39	公允价值计量
12	债务重组	26	再保险合同	40	合营安排
13	或有事项	27	石油天然气开采	41	在其他主体中权益的披露
14	收入	28	会计政策、会计估计变更和差错更正	42	持有待售的非流动资产、处置组和终止经营

（三）解释

其对具体准则实施过程中出现的问题及具体准则条款规定不清楚或尚未规定的问题做出补充说明。

（四）应用指南

其对具体准则相关条款和有关重点难题提供解决途径的指南，以利于会计准则的贯彻落实和指导实务操作。应用指南包括：针对具体准则中难点重点提供可操作性指南；会计科目和主要账务处理；依据企业会计准则中确认和计量的规定制定会计科目，涉及每一会计科目的交易或事项的账务处理。

二、股权投资会计核算

（一）相关概念

1. 控制

控制是指投资方企业在被投资企业的经营管理、董事会决策、股东大会上具有绝对的控制权，能够直接干预被投资企业的经营模式及财务管理。长期股权投资的关键类型是投资方企业通过股权安排及经营权设置对被投资企业施加控制，该种情况主要为权益性投资。投资方企业通过施加控制来参与并决定被投资企业的经营管理，从而获取可变动的利润回报。此外，被控制企业的经营成效很大程度上取决于投资方企业的决策质量。[①]

2. 共同控制

共同控制是指参与投资的各方根据事前签订的合约共同拥有被投资企业的权益分配权，并共同参与被投资企业的业务运营及财务管理。共同控制下，被投资方企业的经营活动必须经过所有参与方的一致同意方可运作。投资方企业与其他合作企业根据某项合约安排对被投资企业施加共同控制，并享有被投资企业权益的分配权，共同控制主要涉及合营企业投资。

3. 重大影响

重大影响是指投资方企业对被投资企业的业务运营及财务管理有参与的权利，但是并没有单独控制或同其他投资方共同控制被投资企业经营决策的制定。一般而言，投资方通过直接投资或者通过合约安排及下属企业持有等间接投资方式持有被投资企业股权总数的20%～50%，则判定投资方企业能对被投资企业的存续经营、董事会及股东会施加重大影响。在企业长期股权投资管理中，较为常见的重大影响途径为投资方在被投资企业的董事会或监事会中占有席位，能够委派代表对被投资企业的经营管理及财务决策施加重大影响。

（二）长期股权投资的含义

根据企业会计准则，长期股权投资是指投资方对被投资单位实施控制、重大影响的权益性投资，以及对其合营企业的权益性投资。不具有控制、共同控制和重大影响的其他投资，适用于《企业会计准则第22号——金融工具确认和计量》。国际财务报告准则中没有直接对长期股权投资进行定义，而是在相关的准则中分别对企业具有实施控制、重大影响的权益性投资进行定义。总体来看，企业会计准则中对长期股权投资的定义基本与国际财务报告准则的定义一致。

（三）长期股权投资的分类

关于长期股权投资的分类见表13-2。

表13-2　长期股权投资的分类

准则名称	长期股权投资的分类
企业会计准则	对子公司的投资、对合营企业的投资、对联营企业的投资
国际财务报告准则	对子公司的投资、对合营企业的投资、对联营企业的投资

（四）企业合并方式下长期股权投资初始计量比较

如表13-3所示，对于通过企业合并方式形成的长期股权投资，《实施后审议：国际财

① 樊海波. 新会计准则下的长期股权投资核算［J］. 中国乡镇企业会计，2020（9）：11-12.

务报告准则第 3 号——企业合并》规定其初始投资成本与合并成本一致。

表 13-3　合并方式下长期股权投资初始计量的国际比较

项目	企业会计准则		国际财务报告准则
	同一控制下企业合并	非同一控制下企业合并	
长期股权投资初始确认和计量	按照取得被合并方所有者权益账面价值的份额作为长期股权投资的初始投资成本合并直接相关费用计入当期损益	以支付对价的公允价值作为长期股权投资的初始投资成本合并直接相关费用计入当期损益	以支付对价的公允价值作为长期股权投资的初始投资成本合并直接相关费用计入合并成本；不能直接归属于所核算的特定成本的相关费用则在发生时确认为当期费用

合并成本是指购买方为换取被购方的控制权而放弃的资产、发生或承担的负债及发行的权益性工具在交易日的公允价值，加上任何可直接归属于企业合并的成本。国际财务报告准则并未规范同一控制下企业合并的会计处理。[①]

（五）企业非合并方式下长期股权投资初始计量比较

对于通过非企业合并方式形成的长期股权投资，国际财务报告准则规定，与《国际会计准则第 28 号——对联营企业投资的会计》规定的适用权益法核算的范围一致，即"企业如果对被投资企业具有共同控制或重大影响，应当适用权益法核算"。而根据《国际会计准则第 28 号——对联营企业投资的会计》的规定，适用权益法核算的长期股权投资在初始计量时，应当以成本确认，包括取得所支付的对价和取得投资相关的直接费用，如专业服务费和税金，见表 13-4。

表 13-4　非合并方式下长期股权投资初始计量的国际比较

项目	企业会计准则	国际财务报告准则
长期股权投资初始确认和计量	以支付对价的公允价值作为长期股权投资的初始投资成本，取得投资直接相关费用计入投资成本。支付现金取得时，初始投资额为支付现金的实际价款；发行权益性债券取得时，初始投资额为权益性债券的公允价值	以取得成本确认作为长期股权投资的初始投资成本，包括取得所支付的对价和取得投资相关的直接费用

（六）长期股权投资后续计量的国际比较[②]

1. 成本法与权益法适用范围的比较

长期股权投资后续计量包括成本法与权益法，两种方法的适用范围有所差异。长期股权投资在准则体系内与企业合并、合并报表和金融工具之间相互衔接和关联，因此在会计

---

①　陈斯怡. 新会计准则下长期股权投资核算变化及对企业的影响研究 [J]. 中国外资，2020 (2)：86-87.

②　王天怡，宋夏云. 长期股权投资会计核算模式的国际比较 [J]. 审计与理财，2021 (10)：32-35.

处理上区分了合并报表和母公司个别报表两个层面。

表 13-5 列示了两种方法的适用范围，差异将在后文论述时具体说明。对于风险投资机构、共同基金及类似主体持有的、在初始确认时按照《企业会计准则第 22 号——金融工具确认和计量》的规定以公允价值计量且其变动计入当期损益的金融资产，应当按照金融工具列报准则规定进行列报。投资性主体对不纳入合并财务报表的子公司的权益性投资，以及其他权益性投资，也应按照《企业会计准则第 22 号——金融工具确认和计量》等相关准则进行会计处理。

国际财务报告准则与企业会计准则中关于成本法的使用范围存在区别。企业会计准则规定，投资方能够对被投资单位实施控制的长期股权投资应当采用成本法核算，即成本法仅适用于对子公司的投资。在个别财务报表中，应以成本法对子公司的投资进行核算（见表 13-5）；而国际财务报告准则不限于成本法。

表 13-5　长期股权投资成本法与权益法适用范围的比较

项目	企业会计准则		国际财务报告准则	
	母公司个别报表	合并财务报表	母公司单独报表	合并财务报表
对子公司的投资	成本法	权益法	不强制编制单独报表，可在成本法、权益法、公允价值计量中进行选择	成本法
对合营公司的投资	权益法	不适用		不适用
对联营公司的权益法投资				不适用

2. 权益法下长期股权投资后续计量比较

长期股权投资权益法的后续计量比较见表 13-6。

表 13-6　长期股权投资权益法的后续计量比较

项目		企业会计准则	国际财务报告准则
具体规定		长期股权投资应当按照应享有或应分担的被投资单位实现的净损益和其他综合收益的份额，分别确认投资收益和其他综合收益；同时，调整长期股权投资的账面价值。投资者按照被投资单位宣告分派的利润或现金股利计算应享有的部分，相应减少长期股权投资的账面价值	
适用范围	母公司个别报表	对合营企业、联营企业及有重大影响的长期股权投资	可用于对子公司、合营企业和联营企业长期股权投资
	合并财务报表	对子公司、合营企业、联营企业及有重大影响的长期股权投资	对合营企业和联营企业长期股权投资

通过比较企业会计准则与国际财务报告准则中有关长期股权投资的具体会计准则，总结出两者在长期股权投资会计核算模式上的异同。在长期股权投资相关准则的核心内容上，两者基本保持一致，而就具体准则内容来看仍然存在差异。不难看出，在我国会计准则与国际准则趋同的背景下，国际会计准则理事会对长期股权投资相关准则的修订，将影

响我国会计准则的相关规范。

通过长期股权投资在国际财务报告准则与企业会计准则的对比分析可以发现，我国的长期股权投资规定整合了国际财务报告准则中所有包括长期股权投资的内容。两者总体上没有本质区别，但具体来看仍然存在差异。初始计量方面，企业会计准则对同一控制下的企业合并的长期股权投资有额外规定，而国际财务报告准则没有相关规定。未来，在国际会计准则理事会出台同一控制下长期股权投资的规定后，我国相关准则将向国际准则趋同。①

后续计量方面，企业会计准则中规定母公司单独报表中的核算方法须使用成本法，而国际财务报告准则不仅允许使用成本法，还允许采用其他方法；对于权益法下股权被动稀释，我国有相关的规定，而国际财务报告准则中没有相关规定。可以看出：国际财务报告准则未来会对这些没有规范的内容进行讨论，若未来国际会计准则理事会颁布的内容与我国现有规定不一致，我国会计准则相关内容也面临是否要做出相应调整的选择。

第二节　企业会计准则的确认标准与会计计量

一、会计要素确认与会计计量

（一）会计要素确认

会计要素分为六大类，即资产、负债、所有者权益、收入、费用和利润。其中，资产、负债和所有者权益三项会计要素侧重反映企业的财务状况（资产负债表），收入、费用和利润三项会计要素（利润表）侧重于反映企业的经营成果。②

1. 资产

（1）资产的定义。资产是企业过去的交易或者事项形成的、由企业拥有或者控制的、预期会给企业带来经济利益的资源。一是资产应为企业拥有或者控制的资源，具体包括企业享有某项资源的所有权，或者虽然不享有某项资源的所有权，但该资源能被企业所控制。二是资产预期会给企业带来经济利益。是指资产具有直接或者间接导致现金和现金等价物流入企业的潜力。三是资产是由企业过去的交易或者事项形成的。过去的交易或者事项包括购买、生产、建造行为或者其他事项。

（2）资产的确认条件。将一项资源确认为资产，除符合资产定义外，还需同时满足下列条件：一是与该资源有关的经济利益很可能流入企业；二是该资源的成本或价值能够可靠计量。

（3）资产的分类。资产按流动性分类可以分为流动资产和非流动资产。流动资产指预

① 耿建新，靳琦琦. 长期股权投资准则的历史沿革与国际比较 [J]. 财会月刊，2020 (18)：39-45.
② 王益慧，王宝雷. 长期股权投资会计核算探析：以企业股权投资为例 [J]. 中国农业会计，2022 (2)：48-50.

计在一个正常营业周期中变现、出售或耗用，或者主要为交易目的而持有，或者预计在资产负债表日起一年以内变现的资产等。流动资产主要包括货币资金、应收票据、应收账款、预付款项、存货等。非流动资产指流动资产以外的资产，主要包括长期股权投资、固定资产、在建工程、工程物资、无形资产、开发支出等。

按经济性质分类，可以将资产分为金融资产和非金融资产。金融资产包括库存现金、银行存款、其他货币资金、应收账款、应收票据、贷款、其他应收款、股权投资、债权投资和衍生金融工具形成的资产等。根据新会计准则，金融资产又可以分为以摊余成本计量的金融资产，以公允价值计量且其变动计入其他综合收益的金融资产，以公允价值计量且其变动计入当期损益的金融资产。非金融资产指金融资产以外的资产，其主要包括存货、固定资产、无形资产等。

2. 负债

（1）负债的定义。负债是企业过去的交易或者事项形成的、预期会导致经济利益流出企业的现时义务。一是企业承担的现时义务（企业在现行条件下已承担的义务）；二是负债预期会导致经济利益流出企业；三是负债是由企业过去的交易或者事项形成的（只有过去的交易或者事项才形成负债，企业将在未来发生的承诺、签订的合同等交易或者事项，不形成负债）。

（2）负债的确认条件。将一项现时义务确认为负债，需要符合负债定义外，还要满足如下条件：一是与该义务有关的经济利益很可能流出企业；二是未来流出经济利益的金额能够可靠计量。

（3）负债的分类。按照流动性分类，可以将负债分为流动负债和非流动负债。流动负债指预计在 1 个正常营业周期中清偿，或者主要为交易目的而持有，或者自资产负债表日起一年以内到期应予以清偿，或者企业无权自主地将清偿推迟至资产负债表日后一年以上的负债，具体包括短期借款、应付票据、应付账款、预收账款、应付职工薪酬、应交税费、应付利息和其他应付款等。非流动负债指流动负债以外的负债，主要包括长期借款、应付债券等。

按照经济性质分类，可以将负债分为金融负债和非金融负债。非金融负债指企业在经营过程中除金融工具外的其他事项所承担的负债，主要包括应付职工薪酬、应交税费、专项应付款、预收账款。

金融负债是指企业符合下列条件之一的负债：一是向其他方交付现金或其他金融资产的合同义务（如银行借款、应付债券等）；二是在潜在不利条件下，与其他方交换金融资产或金融负债的合同义务（如发行以自身普通股为标的的看涨期权，并且期权将以现金净额结算）；三是将来须用或可用企业自身权益工具进行结算的非衍生工具合同，并且企业根据该合同将交付可变数量的自身权益工具（如发行以自身普通股为标的的看涨期权，期权将以普通股净额结算，将交付可变数量自身权益工具）；四是将来须用或可用企业自身权益工具进行结算的衍生工具合同，但以固定数量的自身权益工具交换固定金额的现金或其他金融资产的衍生工具合同除外（企业对全部现有同类别非衍生自身权益工具的持有方同比例发行配股权、期权或认股权证，使之有权按比例以固定金额的任何货币换取固定数量的该企业自身权益工具的，该类配股权、期权或认股权证应当分类为权益工具）。

金融负债可以分为三类：以公允价值计量且其变动计入当期损益的金融负债；金融资产转移不符合终止确认条件或继续涉入被转移金融资产所形成的金融负债；除上述各项外，其他金融负债分类为以摊余成本计量的金融负债（应付账款等）。

3. 所有者权益

（1）权益工具定义。权益工具是指能证明拥有某个企业在扣除所有负债后的资产中的剩余权益的合同。在同时满足下列条件的情况下，企业应当将发行的金融工具分类为权益工具：一是该金融工具不包括交付现金或其他金融资产给其他方，或在潜在不利条件下与其他方交换金融资产或金融负债的合同义务。二是将来须用或可用企业自身权益工具结算的该金融工具。如果是非衍生工具，该金融工具不包括交付可变数量的自身权益工具进行结算的合同义务；如果是衍生工具，企业只能通过以固定数量的自身权益工具交换固定金额的现金或其他金融资产结算该金融工具。

（2）权益工具的判定。判断一项合同义务是否属于权益工具的标准：一是是否存在无条件交付现金或其他金融资产。如果企业能够无条件地避免交付现金或其他金融资产，如能够根据相应的议事机制自主决定是否支付股息（股票如果是强制付息则属于金融负债），同时所发行的金融工具没有到期日且持有方没有回售权，或者虽有固定期限但发行方有权无限期递延，则此类交付现金或其他金融工具的结算条款构成权益工具。二是是否通过固定数量的自身权益工具结算。如果一项金融工具须用或可以用自身权益工具进行结算，企业需要考虑用于结算该工具的自身权益工具，是作为现金或其他金融资产的替代品，还是为了使该工具持有方享有在发行方扣除所有负债后的资产剩余权益。如果属于前者，该工具属于发行方的金融负债；如果属于后者，该工具属于发行方的权益工具。

综上所述，如果发行方只能通过以固定数量的自身权益工具交换固定金额的现金或其他金融资产进行结算，即"固定换固定"，则该衍生工具是权益工具。运用上述"固定换固定"的原则来判断会计分类的金融工具常见于可转换债券、转股型永续债、优先股等，见图13-1。

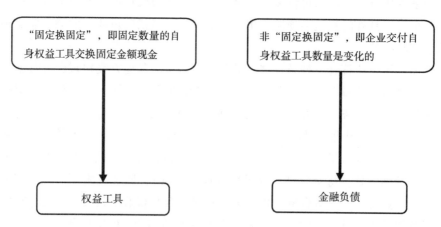

图13-1 权益工具的判定

（3）所有者权益的定义及其特征。所有者权益是企业资产扣除负债后，由所有者享有的剩余权益。所有者权益具有以下特征：一是除非发生减资、清算或分派现金股利，企业不需要偿还所有者；二是清算时，企业的资产只有在清偿所有的负债后，剩余的才能返还给所有者；三是所有者凭借所有者权益能够参与企业利润的分配。所有者权益的确认主要依赖其他报表要素，尤其是资产、负债的确认。在企业接受所有者投入资产且该资产符合企业资产确认条件时，就相应符合了所有者权益的确认条件；在该资产的价值能够可靠计量时，所有者权益的金额也就可以确定了。

就所有者权益的构成而言，主要包括实收资本（或股本）、资本公积（含资本溢价或股本溢价、其他资本公积）、其他综合收益、盈余公积、未分配利润等。其中，所有者权益的利得和损失计入其他综合收益（不包括其他资本公积）；留存收益包括盈余公积和未分配利润。

（4）收入。收入是企业在日常活动中形成的，会导致所有者权益增加的，与所有者投入资本无关的经济利益总流入。收入不包括为第三方或客户代收的款项。收入的特征在于：一是收入是在企业日常活动（企业为完成其经营目标所从事的经常性活动）中形成的；二是收入会导致经济利益的流入，但不包括所有者投入的资本；三是收入会导致所有者权益的增加（既可以表现为资产的增加，也可以表现为负债的减少，也可以兼而有之）。

收入的确认条件方面，收入只有在企业应当履行合同中的履约义务，经济利益很可能流入从而导致企业的资产增加或负债减少，并且流入的经济利益能够可靠计量时才予以确认。收入的确认至少满足以下条件：一是与收入相关的经济利益很可能流入企业；二是经济利益流入企业的结果会导致资产增加或负债减少；三是经济利益的流入金额能够可靠计量。

收入按照经营活动的内容分类，可以分为销售商品收入、提供劳务收入、让渡资产使用权收入；按照经营活动发生的频繁程度分类，可以分为主营业务收入和其他业务收入。

（5）费用。费用是企业在日常经营活动中发生的，会导致所有者权益减少的，与向所有者分配利润无关的经济利益的总流出。费用具有以下特征：一是费用应当是企业在日常活动中发生的，日常活动中所产生的费用通常包括销售成本、职工薪酬、折旧费、无形资产摊销费等。二是费用是向所有者分配利润无关的经济利益的总流出。费用的发生会导致资产的减少或负债的增加，虽然向所有者分配的利润也会导致经济利益流出企业，但是向所有者分配利润或股利属于企业利润分配的内容，不构成企业的费用。

费用的确认条件，除了应当满足费用定义之外，还应当满足费用只有在经济利益很可能流出企业，从而导致资产减少或负债增加，并且经济利益能够可靠计量的情况下才予以确认。因此，费用的确认至少应当满足如下条件：一是与费用相关的经济利益很可能流出企业；二是经济利益流出企业的结果会导致资产的减少或负债的增加；三是经济利益的流出金额能够可靠的计量。目前企业的费用主要包括主营业务成本、其他业务成本、税金及附加、销售费用、管理费用、研发费用和财务费用等。

（6）利润。利润是企业在一定会计期间的经营成果，如果企业实现利润，表明企业的所有者权益增加；反之，如果企业发生亏损，表明企业所有者权益减少，因此利润反映的是企业的经营业绩情况，是业绩考核的重要指标。利润的确认条件主要依赖于收入和费用及利得和损失，其金额的确定主要取决于收入、费用、利得、损失金额的计量。利润具体包括收入减去费用后的净额、直接计入当期利润的利得和损失等。其中，收入减去费用后的净额反映的是企业日常活动的业绩，直接计入当期利润的利得和损失反映的是企业非日常活动的业绩。直接计入当期利润的利得和损失，是指应当计入当期损益，会导致所有者权益发生增减变动的，与所有者投入资本或向所有者分配利润无关的利得和损失。

利润的计算公式为：

营业利润=营业收入−营业成本−税金及附加−销售费用−管理费用−研发费用−财务费用−资产减值损失−信用减值损失+其他收益（−其他损失）+投资收益（−投资损失）+净敞口套期收益（−净敞口套期损失）+公允价值变动收益（−公允价值变动损失）+资产处置收益（−资产处置损失）

利润总额=营业利润+营业外收入−营业外支出

净利润=利润总额−所得税费用

上述会计要素之间的关系可以表述为：

资产=负债+所有者权益

收入−费用=利润

其中，资产、负债、所有者权益等构成资产负债表要素，收入、费用、利润等构成利润表要素。

（二）会计计量

会计计量是为了将符合条件的金额会计要素登记入账，并列报于财务报表确定其金额的过程，企业在将符合确认条件的会计要素登记入账并列报于报表及其附注时，应当按照规定的会计计量属性进行计量，确定其金额。[①]

在会计计量属性方面，其主要分为历史成本计量、重置成本计量、可变现净值计量、现值计量和公允价值计量。

1. 历史成本计量

在历史成本计量下，资产按照购置时支付的现金或现金等价物的金额，或者按照购置资产所付出对价的公允价值计量。负债按照因承担现时义务而实际收到的款项或资产的金额，或者承担现时义务的合同金额，或者按照日常活动中为偿还负债预期需要支付的现金或现金等价物的金额计量。

2. 重置成本计量

在重置成本计量下，资产按照现在购买相同或相似资产所需支付的现金或现金等价物的金额计量。负债按照现在偿付该项债务所需支付的现金或现金等价物的金额计量。重置成本适用的前提是资产处于在用状态，一方面反映资产已经投入使用，另一方面反映资产能够继续使用，对所有者具有使用价值。资产存在重置成本是资产评估中重置成本法运用的前提。重置成本可分为复原重置成本和更新重置成本。复原重置成本是运用原来相同的

---

① 李仁秀. 长期股权投资计量方法变化及影响 [J]. 合作经济与科技, 2020 (2): 104-105.

材料、建筑或制作标准、设计、格式及技术等，以现行市价复原构建原来某项全新资产所发生的支出。

更新重置成本是指利用新型材料，并根据现代标准、设计和格式，以现行市价生产或建造具有相同功能的全新资产所发生的支出。

3. 可变现净值计量

在可变现净值计量下，资产按照其正常对外销售所能收到现金或现金等价物的金额扣减该资产至完工时将要发生的成本、估计的销售费用，以及相关税费后的金额计量。

4. 现值计量

在现值计量下，资产按照预计从其持续使用和最终处置中所产生的未来净现金流入量的折现金额计量，负债按照预计期限内需要偿还的未来净现金流出量的折现金额计量。

5. 公允价值计量

（1）公允价值，是市场参与者在计量日发生的有序交易中，出售一项资产所能收到或转移一项负债所需支付的价格。企业以公允价值计量相关资产或负债，应当考虑该资产或负债的特征，具体包括资产状况及所在位置，对资产出售或使用的限制等，公允价值计量时应该考虑的因素主要包括计量单元（相关资产或负债以单独或组合方式进行计量的最小单位）、有序交易（企业以公允价值计量相关资产或负债，应当假定市场参与者在交易日出售资产或转移负债的交易，是在当前市场条件下的有序交易）、交易市场（企业以公允价值计量相关资产和负债，应当假定出售资产或转移负债的有序交易在相关资产或负债的主要市场进行。不存在主要市场的，企业应当将该交易在相关资产或负债的最有利市场进行）。

（2）主要市场，是指相关资产或负债交易量最大和交易活跃程度最高的市场。最有利市场，是在考虑交易费用和运输费用后，能够以最高金额出售相关资产或负债的公允价值。在这其中，交易费用是指在相关资产或负债的主要市场（或最有利市场中），发生的可直接归属于资产出售或负债转移的费用。交易费用是直接由交易引起的，交易所必需的，而且不出售资产或不转移负债就不会发生的费用。

（3）市场参与者。企业以公允价值计量相关资产或负债，应当采用市场参与者在对该资产或负债定价时为实现其经济利益最大化所使用的假设。市场参与者，是指在相关资产或负债的主要市场中，同时具备以下特征的卖方或买方：市场参与者相互独立，不存在关联方关系；市场参与者应当熟悉情况，能够根据可取得的信息对相关资产或负债及交易具备合理认知；市场参与者应当有能力并自愿进行相关资产或负债的交易。

（4）企业采用公允价值计量时，应判断初始确认时的公允价值是否与其交易价格相等。在企业取得资产或承担负债的交易中，交易价格是取得该项资产所支付或承担该项负债所收到的价格（即进入价格）。公允价值是出售该项资产所能收到或转移该项负债所需支付的价格（即出手价格）。相关资产或负债在初始确认时的公允价值通常与其交易价格相等，但在下列情况中两者可能不相等：一是交易发生在关联交易方之间，但企业有证据表明该关联方交易是在市场条件下进行的除外；二是交易是被迫的；三是交易价格所代表的计量单元与按照公允价值准则确定的计量单元不同；四是交易市场不是相关资产或负债的主要市场（或最有利市场）。

（5）企业以公允价值计量相关资产或负债，应当采用在当前情况下使用并且有足够可利用数据和其他信息支持的估值技术。企业使用估值技术的目的是为了估计在计量日当前市场条件下，市场参与者在有序交易中出售一项资产或转移一项负债的价格。企业以公允价值计量相关资产或负债，使用的估值技术主要包括市场法、收益法和成本法。市场法是利用相同或类似的资产、负债或资产和负债组合的价格及其他相关市场交易信息进行估值的基数；收益法是将未来金额转换成为单一现值的估值技术；成本法是反映当前要求重置相关资产所需金额（通常是指现行重置成本）的估值技术。

（6）企业在估值技术的应用中，应当优先使用相关可观察输入值。只有在相关可观察输入值无法取得或取得不切实可行的情况下，才可以使用不可观察的输入值。在这里，输入值是市场参与者在给相关资产或负债定价时所使用的价格。不可观察输入值是指不能从市场数据中取得的输入值。该输入值应当根据可获得的市场参与者在对相关资产或负债定价时所使用假设的最佳信息确定。企业以交易价格作为初始确认时的公允价值，并且在公允价值后续计量中使用了涉及不可观察输入值的估值技术的，应当在估值过程中校正该估值技术，以使估值技术确定的初始确认结果与交易价格相等。企业在公允价值后续计量中使用估值技术的，尤其是涉及不可观察输入值的，应当确保该估值技术反映了计量日可观察的市场数据，如类似资产或负债的价格等，输入值包括三个层次：

第一层次输入值为公允价值提供了最可靠的证据，在所有情况下，企业只要能够获得相同资产或负债在活跃市场上的报价，就应当将该报价不加调整地应用于该资产或负债的公允价值计量。

第二层次输入值包括活跃市场中类似资产或负债的报价；非活跃市场中相同或类似资产或负债的报价；除报价以外的其他可观察输入值，包括在正常报价间隔期间可观察的利率和收益率曲线、隐含波动率和信用利差等；市场验证的输入值等。市场验证的输入值，是指通过相关性分析或其他手段获得的主要来源于可观察市场数据或经过可观察市场数据验证的输入值。

第三层次输入值是企业只有在相关资产或负债不存在市场活动或市场活动很少导致相关可观察输入值无法取得或取得不切实际的情况下，才能使用第三层次输入值，即不可观察输入值。不可观察输入值应当反映市场参与者对相关资产或负债定价时所使用的假设，如特定估值技术的固有风险和估值技术输入值的固有风险等。企业可以使用内部数据作为不可观察输入值，但如果有证据表明其他市场参与者将使用不同于企业内部数据的其他数据，或者这些企业内部数据是企业特定数据，其他市场参与者不具备企业相关特征时，企业应当对其内部数据做出相应调整。

二、企业会计准则的确认标准

（一）关于初始确认

在进行初始确认的时候，应当选择一个相对客观的标准来进行确认，这也是一个必要的前提条件。目前企业会计准则的确认标准：一是按照影响程度确定；二是按照是否以交易为目的持有进行分类；三是按照是否直接指定进行分类。

（1）根据投资企业对被投资企业的经营和财务状况的影响力，对投资股权进行分类：重大影响、控制、共同控制、"三无投资①"。其中，前三项适用长期股权投资准则，"三无投资"适用金融工具准则。②

（2）"三无投资"再按照"是否为交易目的而持有"和"是否直接指定"的标准进一步进行划分：①在计量的时候，如果以交易目的为基础，而且没有对投资的权益工具进行明确的指定，那么就可以将公允价值作为计量的基础，同时价值的变动应当计入到当期的损益当中。②如果不是为交易目的而持有同时又将其确认为其他权益工具投资，则在进行计量的过程中需要使用公允价值，同时其变动情况应在其他综合收益中有所体现。具体内容见图13-2。③

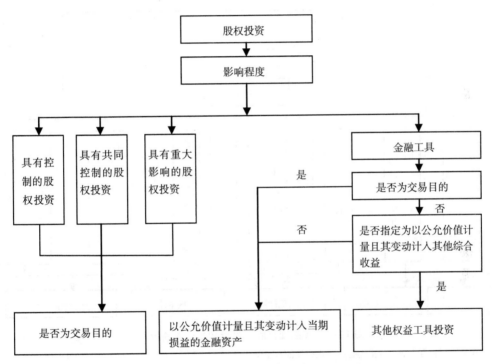

图 13-2　我国现行股权投资初始确认的流程

资料来源：根据企业会计准则有关股权投资的规定整理。

（二）关于初始计量

基于现有公司的会计准则，股权投资可以按照历史成本及公允价值两种方式完成初始计量。在使用公允价值核算并把其波动纳入当期损益的股权投资或者其他权益工具投资，

---

① "三无投资"具体指不具有控制、共同控制或重大影响的股权投资。
② 张欣．"三无"类投资会计处理问题思考［J］．财会通讯，2022（5）：5.
③ 曹雨晴．修订后长期股权投资准则对企业的财务影响［D］．大连：东北财经大学，2018.

则需以公允价值为计量准则；而对长期股权投资而言，在选择计量方法的时候，应当将形成的方式作为选择的依据。

（1）由于公司合并而出现的长期股权投资，需根据形成合并前控制渠道的不同区分非同一控制下形成的或同一控制下形成的长期股权投资，从而对两者分别采用历史成本或公允价值进行初始计量。

（2）如果是通过企业合并之外的方式形成的长期股权投资，需要根据形成的途径选择不同的计量方式对其进行初始计量。在这之中，长期股权投资通过非货币性资产交换产生的，需按公允价值或历史成本计算；但如果是通过发行股权证券或支付现金形成的，则需要选择公允价值①。具体内容见图13-3。

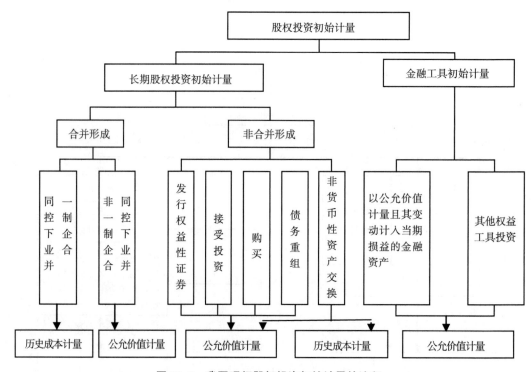

图13-3　我国现行股权投资初始计量的流程

资料来源：根据企业会计准则有关股权投资的规定整理。

（三）关于后续计量

现行准则下，存在着较多的股权投资的后续计量方法，其中涵盖了成本法、公允价值法与权益法。在这些方法当中，公允价值法又可以进行更详细的划分，划分的依据是计入的途径，一种是将变动计入到其他综合收益当中，另一种是将变动计入到当期的损益当中。在不同的情况下，可以选择不同的方法，权益法比较适合用在母公司对子公司的股权投资核算中。公允价值法下根据"持有目的"和"是否直接指定"划分为两类金融资产；

---

① 《企业会计准则实务讲解》编委会. 企业会计准则实务讲解［M］. 北京：地震出版社，2015.

此外，公允价值法还能够细分成两类计量手段，即把波动纳入至别的综合收益当中或者将变动计入当期的损益之中。具体内容见图 13-4。

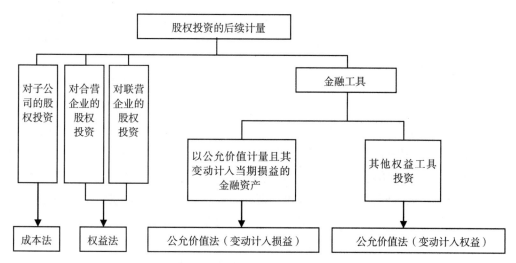

图 13-4　我国现行股权投资后续计量的流程

资料来源：根据企业会计准则有关股权投资的规定整理。

三、股权投资相关会计计量

（一）企业合并会计处理方法

历史上，企业合并的会计处理方法包括购买法和权益结合法。作为一项会计政策，两者之间的选择在企业合并的会计处理环节是极易被操纵的，并且影响股权取得日之后若干期合并报表的编报。

尽管从理论上来讲，购买法和权益结合法适合于不同的合并方式，即购买法适合于投资企业主要以现金或其他资产取得被投资企业的股权，而权益结合法适合于投资企业主要以发行股票的方式来交换被投资企业的股权。但是，在权益结合法下并购企业对被并购企业的投资是按较低的账面价值计价的，既不确认被投资企业可辨认资产的增值，也不确认商誉，而在购买法下则是按照被投资企业可辨认净资产的公允价值来对股权投资进行计价并确认商誉的。这样，采用购买法进行企业合并的会计处理，在合并以后年度，由于要对资产的增值进行转销或摊销和对商誉进行摊销或减值处理，母公司和集团报表中列示的成本费用要高于权益结合法，其收益相对减少，从而使股价管理变得困难，并且易于触发资本市场退市条件。权益结合法将被并购企业整个年度的收益都并入并购企业及集团当年的损益表，而且不确认被投资企业可辨认资产的增值和商誉，一般会使并购企业和集团在合并当年和之后若干年的收益高于购买法。采用权益结合法，按账面价值而不是按收购成本计价长期股权投资，一般会形成秘密准备，加之较低的折旧及无须摊销商誉和转销可辨认资产的增值，会为企业带来较高的报告收益。

购买法与权益结合法会计处理影响的不同，不可避免地诱使一些企业通过业务重构或与被并购企业股东进行桌下交易，制造采用权益结合法的条件，将本应采用购买法进行会计处理的企业合并打扮成符合条件的适用权益结合法的企业合并，以做高合并收益和维持股价高位。正是由于这样的原因，尽管美国财务会计准则原本设有权益结合法 12 项苛刻的应用条件，但权益结合法在美国仍然被长期严重滥用，成为合并企业及其集团操纵财务报告的一种手段。①

国际会计准则理事会（IASB）于 2020 年 11 月 30 日发布 *IFRS R Standards Discussion Paper Business Combinations under Common Control*②，就同一控制下的同一集团的企业合并，对可能的新会计要求开展公众咨询，征询意见于 2021 年 9 月 1 日截止。提出了 IASB 关于如何补充 IFRS 3 准则的初步观点。③国际会计准则理事会的目标是在实践中减少多样性，提高报告这些交易的透明度和可比性。国际会计准则理事会的初步观点是，当对投资者提供信息的利益大于成本时，公司应该提供类似的企业合并信息。具体地说，国际会计准则理事会建议在同一控制下的企业合并对集团之外的股东形成影响时，应该提供公允价值的信息。这个建议与 IFRS 3 对用于不相关公司之间的并购的现有要求一致。在所有其他情况下，国际会计准则理事会建议应提供一种基于 IFRS 准则的单一方法的账面价值信息。

在我国，按账面价值确认长期股权投资的会计处理方法，在同一控制下的企业合并中依然在使用。换言之，我国企业会计准则针对企业合并业务的会计处理并没有完全采用购买法。对于同一控制下的企业合并采用账面价值确认长期股权投资的方法，本身在逻辑上具有合理性，在实务上对于企业扩张来说也具有不可低估的作用，特别是对高新技术企业和新经济新业态平台企业的发展至关重要，没有在会计准则上形成掣肘。根据《企业会计准则第 2 号——长期股权投资》④，同一控制下的企业合并，合并方应当在合并日按照被合并方所有者权益在最终控制方合并财务报表中账面价值的份额作为长期股权投资的初始投资成本，与支付对价账面价值（或发行权益性证券面值总额）的差额，应当调整资本公积，资本公积不足冲减的，应调整留存收益。根据《企业会计准则第 20 号——企业合并》⑤，同一控制下的企业合并，合并方取得的资产和负债，应当按照合并日在被合并方的账面价值计量，合并方取得的净资产账面价值与支付的合并对价账面价值（或发行股份面值总额）的差额，应当调整资本公积，资本公积不足冲减的，应调整留存收益。

在我国，非同一控制下的企业合并的会计处理方法，与美国财务会计准则和国际财务报告准则相一致，即采用购买法。根据《企业会计准则第 20 号——企业合并》⑥，非同一控制下的企业合并，购买方在购买日应当按照确定的合并成本作为长期股权投资的初始成本。购买方在购买日对作为企业合并对价付出的资产、发生或承担的负债应当按照公允价值计量，公允价值与其账面价值的差额计入当期损益。购买方对合并成本大于合并中取得

---

① 杨文瑞. 长期股权投资后续计量方法转换及合并报表处理研究 [J]. 财经界，2018（5）：71-72.

②③ International Accounting Standards Board（IASB）. IFRS R Standards Discussion Paper Business Combinations under Common Control [R]. 2020.

④ 财政部《企业会计准则第 2 号——长期股权投资》。

⑤⑥ 财政部《企业会计准则第 20 号——企业合并》。

的被购买方可辨认净资产公允价值份额的差额，应当确认为商誉。初始确认后的商誉，在以后的会计期间，应当以其成本扣除累计减值准备后的金额计量。

可见，在我国，同一控制下的企业合并形成的长期股权投资的初始计量，是按账面价值入账，实际上采用的是权益结合法，因此并不产生商誉。尽管如此，非同一控制下的企业合并也是大量存在的。根据《企业会计准则第 20 号——企业合并》[①]，其会计处理则只能采用购买法，由此才会形成商誉。

（二）股权投资会计处理方法

股权投资的会计处理方法主要是成本法和权益法。两者对企业的损益影响不同，因此其适用条件就很重要。采用权益法会按持股比例将被投资企业的报告损益计入投资企业，因而会影响投资企业的资产和收益的报告金额。根据《企业会计准则第 2 号——长期股权投资》[②]，投资方对联营企业和合营企业的长期股权投资采用权益法核算；也就是说，权益法核算适用于投资企业对被投资单位具有共同控制或重大影响的长期股权投资。

投资方对被投资方的长期股权投资持股比例可能因为公司战略、财务或经营的需要增加或减少，从而使投资关系在控制、共同控制、重大影响或非前述三种情况下变化，因此是否符合适用权益法的条件便可以在投资业务环节进行操纵性选择。[③]

1. 是否对被投资企业形成重大影响的判断取决于管理层意图

虽然《第 18 号意见书：普通股投资会计核算的权益法》提出以直接或间接持股 20% 作为"重大影响"的判断标准，但近年来对控制、共同控制、重大影响和重要性不给定具体比重的做法已经成为通行的会计惯例。实践中，"重大影响"难免受管理层主观判断的影响。有研究表明，企业可以通过借助"重大影响"的判断，选择或变更长期股权投资核算方法[④]，因此准则的进一步细化和规范尤为重要。

2. 是否对被投资企业形成实质上控制、共同控制，需要职业判断

"实质上控制"是一个难以量化的标准，因此被滥用的情况时有发生，从而为企业管理当局进行盈余操纵提供了空间。

3. 滥用实质重于形式的会计原则

也表现在合并财务报表的合并范围确定环节，实务中也确实有一些企业在股权投资入账环节或股权投资存续期间以操纵利润为目的来选择或变更长期股权投资核算方法。

总体来说，现有会计准则仍然有许多值得我们深思和探讨的部分，不断地更新和细化准则与规范是证券市场健康发展的基础，更是时代发展的趋势和要求。与此同时，对企业管理层意图的准确把握，也是反观相关企业长期股权投资会计处理方法是否正确的一把钥匙。

---

① 财政部《企业会计准则第 20 号——企业合并》。

② 财政部《企业会计准则第 2 号——长期股权投资》。

③ 付雁薇. 新会计准则下的长期股权投资会计核算方法分析［J］. 中国集体经济，2022（25）：116-118.

④ Comiskey E E, Mulford C W. Investment Decision and the Equity Accounting Standard［J］. The Accounting Review, 1986，61（3）：519-525.

四、商誉及其确认与计量

商誉及其确认与计量，不但在企业估值方面具有特别重要的意义，而且直接影响财务报告的质量、审计和内控的相关风险，甚至影响公司治理的成败，因而是管理层监管、资本市场管制和投资者等其他企业利益关系人相关决策需要特别重视的一个因素。[①]

（一）商誉及其确认

学术界关于商誉内涵的争议不断，相继衍生出好感价值观[②]、超额盈利观[③]、总计价账户观[④]、协同效应观[⑤]等多种观点。人们对商誉本质观点的不统一，又引发了商誉确认及计量的一系列争议。

1. 商誉的会计确认

确认，是指将交易或事项记入财务报表的过程。根据我国《企业会计准则第 20 号——企业合并》[⑥]，购买方对合并成本大于合并中取得的被购买方可辨认净资产公允价值份额的差额，应当确认为商誉。如前所述，只有企业合并的会计处理采用购买法，才会在母公司账表和集团合并报表中体现商誉。按照中外会计惯例，自创商誉不予确认，即不能入账、记入财务报表或用财务报表附注披露。因此，一般的情形很可能是一个企业经过长期的成功经营形成诸多优势，如技术处于领先地位、产品不断创新、引领行业发展、市场占有率高、管理先进、总部经济环境优越、购货商长期稳定、供货商优质诚信，虽然账面上体现不出该企业的商誉，但确实具有长期获取未来超额收益的能力。即便如此，只要这家企业的股权没有售卖，确认商誉就无从谈起。于是，商誉的确认是且仅是企业并购的产物。

2. 商誉金额的计算

商誉金额的计算，理论上有多种方法，但共识是所并购股权的买价与所并购企业可辨认净资产被并份额公允价值之差，或者说是并购溢价。并购取得的股权，可能存在由于调研局限或经办人员舞弊而高价买入的情形，也可能存在并购方具有超凡的谈判能力，或被并购方生产经营及财务遭遇极大困难，抑或并购形成的协同效应可以带给被并购方超常发展机遇而低价买入的情形。因此，商誉资产虽然能够在一定程度上体现企业未来获得超额收益的能力，但也应该看到通过并购形成的股权投资初始成本和商誉的初始确认金额具有较强的主观性和不可证实性。

即使并购的买价不是问题，确定所并购企业股权份额的可辨认净资产公允价值也是一个非常棘手的问题。随着几十年来各国的会计准则正在趋同，会计处理方法的可选择性正在逐步削减，准则制定更多地采取原则导向，由此使得日常经济业务的会计处理过程存在

---

① 陈婵凤. 上市公司商誉确认与会计计量问题研究 [J]. 全国流通经济，2022（3）：169-171.

② 杨汝梅. 无形资产论 [M]. 上海：立信会计出版社，2009.

③ 葛家澍. 当前财务会计的几个问题：衍生金融工具、自创商誉和不确定性 [J]. 会计研究，1996（1）：3-8.

④ 冯卫东. 基于知识经济的商誉会计：理论研究与准则改进 [M]. 大连：东北财经大学出版社，2015.

⑤ 邓小洋. 商誉会计论 [M]. 上海：立信会计出版社，2001.

⑥ 财政部《企业会计准则第 20 号——企业合并》。

更多的职业判断，使得商誉很可能被过分高估而为企业并购埋下风险隐患[①]。同时，所并购企业可辨认净资产对应的资产负债的账面价值本身也有可能存在很多问题，更毋庸讳言企业经营宏微观环境变化和管理问题导致的资产及负债账面余额本身背离其价值的情形。

总体来说，作为基于并购买价倒挤出来的商誉金额确定的过程本身，充满了不确定性和职业判断所带来的操纵机会，由此导致的会计信息质量的降低，必将有损资本市场的公平与效率。目前，人们也许无法为商誉的确认提供更为科学有效的规范指导和监督，但商誉确认过程所衍生的不确定和风险并非无从应对，如高水平的会计稳健性、较高比重的机构投资者和管理层持股比例，以及较多的分析师关注等对商誉资产蕴含风险的控制作用[②]。因此，充分发挥会计监督功能及加强公司内外部治理未尝不是解决商誉确认问题的一个可行方案。

（二）商誉的计量

借鉴美国财务会计准则和国际财务报告准则的做法，根据我国《企业会计准则第8号——资产减值》[③] 规定，因企业合并所形成的商誉，无论是否存在减值迹象，每年都应当进行减值测试。

美国会计准则委员会（FASB）第 142 号准则《商誉和其他无形资产》[④] 发布实施之前，商誉在美国应不少于 40 年摊销完毕。第 142 号准则将商誉摊销改为减值测试，这是对第 141 号准则《企业合并》[⑤] 取消企业合并权益结合法的对应改变。然而，令人始料不及的是，商誉减值测试的处理方法，在实行过程中不断显现出其弊端。商誉减值测试取决于公司对未来盈利情况的预期，具有较大的不确定性。同时，出于股价管理、融资约束或监管红线的种种考虑，很多企业尽可能避免对商誉进行减值处理，以致理论界和实务界越来越关注由于商誉减值未能及时足额确认而引发财务和市场风险的问题，从而恢复商誉摊销会计处理的呼声不断加大。另外，商誉减值需要基于对公允价值的确认，但在不存在活跃交易的市场价格的情况下，公允价值无法得到证实，管理层披露商誉的机会主义动机增加，以致商誉资产成为盈余操纵的工具[⑥]。

（三）商誉的市场风险

《2018 年上市公司商誉审计分析》[⑦] 表明，在关键审计事项中，商誉减值为 1075 项，

① 傅超，王靖懿，傅代国. 从无到有，并购商誉是否夸大其实？——基于 A 股上市公司的经验证据 [J]. 中国经济问题，2016（6）：109-123.

② 王文姣，傅超，傅代国. 并购商誉是否为股价崩盘的事前信号？——基于会计功能和金融安全视角 [J]. 财经研究，2017（9）：76-87.

③ 财政部《企业会计准则第 8 号——资产减值》。

④ Financial Accounting Standards Board（FASB）. Statement of Financial Accounting Standards No. 142. Goodwill and Other Intangible Assets [R]. 2001.

⑤ Financial Accounting Standards Board（FASB）. Statement of Financial Accounting Standards No. 141. Business Combinations [R]. 2001.

⑥ Ramanna K. The Implications of Unverifiable Fair Value Accounting: Evidence from the Political Economy of Goodwill Accounting [J]. Journal of Accounting Economics, 2008, 45（2）：253-281.

⑦ 北京兴华会计师事务所. 2018 年上市公司商誉审计分析 [R]. 2019.

占比 14.5%。注册会计师将商誉减值确定为关键审计事项的主要原因：商誉对财务报表整体具有重要性；商誉减值测试及其使用的参数涉及管理层的重大会计估计和判断，这些判断存在固有不确定性并可能受到管理层偏向的影响。显然，商誉减值蕴含的风险比表面数字大得多。

由于近年来企业并购业务发展迅猛，上市公司累积了大量的商誉，而且被并购企业完成对赌协议之后出现业绩下滑趋势是常态，以致商誉隐含的风险极易爆发。关于目前实行的商誉减值测试的会计处理，业界一直存在忧虑。一旦商誉的会计处理由减值测试改为摊销，商誉余额对企业净资产占比较大甚至超越净资产总额的企业，其退市显然只是时间问题。这种情形下，在传媒、休闲服务、计算机、医药生物、家用电器这些商誉超过净资产 50% 甚至 100% 的行业来说，问题尤为严重。

（四）商誉会计相关制度

资本市场参与者尤其是上市公司，往往高度关注会计准则制定机构和证券监管机构的政策动向。在美国，最受瞩目的是美国证券交易委员会（SEC）和美国会计准则委员会（FASB），在中国是中国证券监督管理委员会和财政部。

2018 年 11 月，中国证监会会计部发布《会计监管风险提示第 8 号——商誉减值》[1]，对上市公司 2018 年报商誉减值行为进行规范，详细规范了上市公司、审计师、资产评估师的责任。商誉减值风险一直是监管层关注的一个重点问题。例如，财政部监督监察局 2019 年 3 月 29 日发布《关于进一步加强商誉减值监管的通知》[2]。2019 年，证监会及各地监管局惩处文件涉及 126 个商誉减值测试评估项目，这些监管案例中关于商誉减值测试评估提出以下问题：①商誉相关资产组辨识及核查验证问题；②评估方法及参数指标前后期一致性问题；③包含商誉资产组账面价值与预计现金流一致性问题；④预计未来现金流量评估依据核查验证问题；⑤预计未来现金流量现值模型计算错误问题；⑥预计未来现金流量预测依据不充分问题[3]。

根据我国现行会计处理规定，企业合并所形成的商誉，至少应当在每年年度终了时进行减值测试，减值一经确认则不得转回。企业会计准则（2006 年版）在 2007 年 1 月 1 日实施之前，我国的商誉会计处理采用直线摊销法，摊销年限一般不超过 10 年。从前述商誉相关数据不难看出，一旦商誉会计处理方法由减值测试回归直线摊销，对商誉金额和占比大的公司来说，必将带来巨大的风险。

我国上市公司 2018 年报出现的商誉减值"洗大澡"浪潮，从现象上看是由资本市场上关于商誉的种种讨论和监管部门的高度关注所引发，但从实质上看则是源自企业并购爆发式增长和诸多溢价并购行为的长期累积。从监管部门来说，需要进一步完善包括并购定价和对赌协议条款在内的相关制度。从投资者和债权人来说，应该高度关注商誉对净资产占比过高的公司和长期未做减值处理的公司，尽可能避免买入相关股份或对所持股份择时

---

① 中国证监会会计部《会计监管风险提示第 8 号——商誉减值》。
② 财政部监督监察局《关于进一步加强商誉减值监管的通知》。
③ 北京资产评估协会 . 风险管理委员会风险研究报告：商誉减值测试评估 ［R］. 2019.

减持。对上市公司来说，应当诚信稳健经营，坚守公平交易底线，及时客观地确认商誉减值，坚持相关财务信息的公允列报。从会计稳健性的优良传统和资本市场公平与效率的原则来说，商誉期末的会计处理方法应该由减值测试改回直线摊销。考虑到近年来信息技术革命和人工智能的广泛应用、产业结构持续调整、技术迅速迭代、国内外产品和服务市场的激烈竞争、消费偏好的迅速变化，也应该将商誉期末的会计处理方法改回直线摊销法。[①]

第三节　股权投资后续计量方法

一、股权投资三种后续计量方法辨析

根据我国股权投资后续计量的现状，以及不同方法的特点，表 13-7、表 13-8 详细阐述了不同核算方法的适用范围与具体核算方式，以及它们的优缺点。[②]

表 13-7　股权投资的后续计量方法之适用范围与具体核算方式

后续计量方法	适用范围	具体核算方式	
成本法	对子公司投资	①在股权的持有阶段，将确认的利润和现金股利都作为投资的收益；②如果没有收回投资或者追加投资，就不应该对账面上的股权投资进行调整	
权益法	对联营、合营企业的投资	①将股权投资的公允价值和初始的成本进行对比；②持有期间，根据被投资企业的净利润或亏损及两个企业进行的交易，对投资产生的收益进行确认，并且对账面上的股权投资进行调整，调整的依据是在持有股权时收到的利润；③持有期间，根据被投资企业确认的其他综合收益及其变动，增加或减少其他综合收益，相应调整股权投资的账面价值；④在持有期间，如果收益发生了变化，包括其他综合收益、利润分配外的其他所有者权益等，根据所持有股份的增加或减少资本公积，而且应当及时对账面上的股权投资进行调整	
公允价值法（变动计入损益）	按照公允价值核算，同时它的波动纳入当期损益的金融资产	在其持有股份的期间内，公允价值的波动纳入当期损益	在其持有股份的期间内，获得现金股利或者利润确认投资收益
公允价值法（变动计入权益）	其他权益工具投资	持有期间，公允价值变动计入其他综合收益	

资料来源：根据企业会计准则的相关规定整理。

---

① 李雪玲. 比较国内外会计准则对企业商誉减值处理的差异 [J]. 商场现代化, 2022 (13)：145-147.

② 向羽斯. 新会计准则下收入的会税差异研究 [D]. 北京：北京交通大学, 2019.

表 13-8　股权投资后续计量方法的优缺点比较

优缺点比较	成本法	权益法	公允价值法
确认基础	收付实现制	权责发生制	背离权责发生制与收付实现制
计量基础	历史成本	公允价值	公允价值
优点	①核算较为简单；②重视法律形式，具有法律依据；③收益和现金流在时间上相匹配；④提供的财务信息可靠性强	①财务信息相关性强；②更注重经济实质	财务信息相关性强
缺点	财务信息相关性不强	①核算较为复杂；②不注重法律形式，没有法律依据；③确认收益和现金流在时间上不匹配；④与资产的定义相冲突；⑤易成为盈余管理工具	①公允价值的取得较为困难，并且难以准确计量；②易成为盈余管理工具

资料来源：根据企业会计准则的相关规定整理。

如表 13-8 所示，三种后续计量方法的优缺点各有不同，成本法除提供的财务信息相关性较差外，优点较多，主要体现为其提供的财务信息有着较强的可靠性，保证现金流和投资收益能够匹配，并且核算过程相对简单；权益法和公允价值法除提供的财务信息相关性较好以外，它们提供财务信息的可靠性较差，并且易成为盈余管理工具。另外，权益法核算过程较为复杂，实务操作中难度较大，况且根据被投资企业的亏损或者净利润确认为投资产生的收益，从而对账面上的信息进行调整，这和企业会计准则中资产的定义不符。

（一）权益法下长期股权投资的会计和税法基本规定

长期股权投资是指企业在资本市场上，通过合并或者非合并方式形成的对另一个企业的股权投资。企业的长期股权投资一般是以长期持有为目的，而不是为了短期获利而持有。企业期望能够以现金购买股权或者发行股票的方式来对被投资方企业施加重大影响，或者达到对被投资方的控制，以此来扩大投资方企业的规模和影响力，同时也会因减少税收风险而产生长期股权投资。因此，长期股权投资具有投资额大、投资期限长等显著特点。

自从长期股权投资科目引入会计准则中，就按照对被投资方持股的比例来对被投资方的决策产生影响，权益法在实际应用上对于成本法来说更加广泛和复杂，涉及单个财务报表及合并财务报表。这些方法中也存在一些会计和税法上处理方式不一样的地方，给企业创造了盈余管理的空间，给税务部门造成了征收的困难和税收的流失。

权益法核算的长期股权投资，不仅能反映被投资单位的业绩情况，还能对投资方企业产生影响。优点就是可以反映被投资方的经营情况和盈利情况，时刻调整长期股权投资明细科目的变动。因为长期股权投资的存在，投资方在编制母公司个别财务报表和集团合并财务报表时涉及抵销和纳税调整，因此产生的税会差异会更多。理论中对权益法下税会差异的纳税调整分为投资、持有和处置。

（二）初始投资阶段基本规定

同一控制下企业合并形成的长期股权投资会计和税法规定见下文。

1. 会计规定

企业并购本集团同一控制的子公司取得的长期股权投资，在对初始投资成本进行计量时，如果投资者支付现金、转让非现金资产或承担债务作为并购对价的，不按实际取得成本计算初始投资成本，并且不符合公允价值计量的属性，其计量依据是按持股比例享有被投资单位净资产的账面价值份额。同时，资本公积和留存收益需要进行调整，即初始投资成本与投资对价之间的差额依次减少资本公积、盈余公积和未分配利润。

2. 税法规定

长期股权投资的计税基础按照支付的对价公允价值确定，即长期股权投资支付的对价，以现金支付方式取得的，按照实际现金总额确定其公允价值；以现金以外的方式取得的长期股权投资，如固定资产、无形资产或者债权资产等，以该项资产的公允价值和相关的税费确定。

初始投资阶段会计与税法差异见表 13-9。[①]

表 13-9 初始投资阶段会计与税法差异

会计	税法
分不同情况进行处理	税法上始终以初始投资成本，即付出对价公允价值作为计税基础
第一种情况：初始投资成本>被投资单位可辨认净资产的公允价值份额，不调整初始投资成本	
第二种情况：初始投资成本<被投资单位可辨认净资产的公允价值份额，差额计入营业外收入，调整初始入账价值	

因此，在投资阶段，表 13-9 会计处理第一种情况下，不会调整初始入账价值，因而此时在税法和会计上不会因为投资的金额不同产生税会差异，当然也就不用进行纳税调整。表 13-9 会计处理第二种情况下，需要根据被投资单位的净资产公允价值份额调整初始投资的入账价值，在税法和会计上不会因为投资的金额不同产生税会差异。但是，税法规定付出多少就以该价值为计税基础，所以会计和税法会产生差异，而该差异会在后面处置长期股权投资时消失。

（三）持有阶段基本规定

1. 持有期间投资收益会计与税法差异

在权益法下，长期股权投资在持有阶段的会计和税法存在两项差异。[②]

（1）会计和税法对投资方投资收益确认时间不同产生的差异。我国企业会计准则在

---

① 付雁薇. 新会计准则下的长期股权投资会计核算方法分析 [J]. 中国集体经济，2022（25）：116-118.

② 席君平. 探析新收入准则下收入确认的税会差异 [J]. 纳税，2020（22）：71-72.

2014 年修订中规定，投资收益确认时点由被投资方净资产的变化来确定，即将被投资单位实现的净利润或净亏损份额确认为当期投资收益；法律规定，投资者只有在股东大会做出利润分配决定时，才能确认投资收益。这样来看，两者对投资收益的确认时点不同，会计上注重权责发生制，税法上更符合收付实现制，但这项差异属于时间性差异。

（2）由于税收优惠政策的存在而使投资收益成为免税收入。根据《中华人民共和国企业所得税法》的规定，符合条件的居民企业之间的股息和其他红利收入属于税法规定的免税所得，可以在申报纳税时扣除，不计入应纳税所得额，而会计上对该利润不做任何调整。这样看来，该项差异属于时间性差异。

2. 减值准备的会计与税法差异

企业会计准则规定，长期股权投资在持有期间，企业会根据实际情况对长期股权投资的四个明细科目的变动来调整账面价值，这四个明细科目分别是投资成本、损益调整、其他综合收益、其他权益变动。在会计年度年末根据企业会计准则中的资产减值测试，在特定的资产评估机构评估的结果下，如果可收回金额低于按规定调整后的账面价值，则此时长期股权投资已经发生资产减值损失，根据资产减值的规定提取减值准备金额。

税法规定，未经核准的长期股权投资的减值准备不准在计算净利润时税前扣除。

持有期间会计与税法差异见表 13-10。

表 13-10　持有期间会计与税法差异

会计	税法
长期股权投资在持有期间，企业会根据实际情况对长期股权投资的四个明细科目的变动来调整账面价值，这四个明细科目分别是投资成本、损益调整、其他综合收益、其他权益变动。在会计年度年末根据企业会计准则中的资产减值测试，在特定的资产评估机构评估的结果下，如果可回收金额低于按规定调整后的账面价值，那么此时长期股权投资发生了资产减值损失，按照两者的差额计提减值准备	（1）税法规定只有在被投资方股东大会做出利润分配决定时，投资方才能确认投资收益； （2）居民企业之间的股息红利等权益性投资属于税法上的免税收入； （3）未经核准的长期股权投资的减值准备不准在计算净利润时税前扣除

（四）处置阶段及基本规定

1. 会计规定

当投资方全部或者部分处置持有的长期股权投资时，按照销售价格减去直接相关费用与长期股权投资在销售时的账面价值之间的差额，计入当期损益。如果存在剩余的长期股权投资，则剩余的长期股权投资按其权益法下的账面价值的比例计算。

2. 税法规定

投资方按照售价款减去直接相关费用和当初取得长期股权投资的计税基础的差额计入当期损益和应纳税所得额。但需要注意的是，还有其他特殊情况享受企业所得税中的免税规定，如投资方以撤资或减少投资方式而非股权转让方式收回投资，这时候就要考虑撤资时的比例。处置阶段会计与税法差异见表 13-11。[①]

表 13-11　处置阶段会计与税法差异

会计	税法
销售价格与相关直接费用和当时的账面价值之间的差额计入当期损益	销售价格与相关直接费用和长期股权投资最初取得的计税依据之间的差额，计入当期损益

通常情况下，当处置长期股权投资时，会计和税法上对处置取得的收益是一样的。税会差异也是因为前面两个阶段账面价值的调整导致的和计税基础不同，在确定投资成本时扣除数额的不同必然导致处置所得上的差异。前面两个阶段的时间性差异到此也会因持有长期股权投资的消失而消失。但需要会计工作者和税务部门关注的是，以撤资或减少投资方式收回股权投资，可能会出现免税收入，需要纳税调减，该永久性差异会一直存在。

综上所述，对长期股权投资初始投资、持有、处置三个阶段的会计和税法基本规定可以发现，税会差异贯穿于整个长期股权投资过程，不仅企业需要进行纳税调整，而且税务部门还要对企业的纳税调整进行核查，证实其真实性，给双方都带来涉税风险。总之，权益法下核算的长期股权投资的价值属性具有公允价值的某些特性。

1. 初始投资阶段

长期股权投资的初始投资成本和初始入账价值的确定，会计上应根据两者的差额调整账面价值，在税法上不做调整。

2. 投资阶段

投资收益确认时点和一些免税规定是导致税会差异的主要原因。会计上投资收益的确认更接近权责发生制原则，而税法上则接近收付实现制原则；未经核准的长期股权投资的减值准备不准在计算净利润时税前扣除。这些都会使投资方在持有阶段因为税会差异而相应地调整合并财务报表，既给企业增加纳税成本又给企业提供盈余管理策略的操作空间。

3. 处置阶段

税会差异也是因为前面两个阶段账面价值的调整导致的和计税基础不同，在确定投资成本时扣除数额的不同必然导致处置所得上的差异。前面两个阶段的时间性差异到此也会因持有长期股权投资的消失而消失。

因此，如何准确地确认和计量企业的长期股权投资对纳税人和征税人至关重要，采取有效措施来缩小企业会计准则和税法规定的差异对企业和税务部门都是有益的。会计信息的准确计量十分重要，不仅要满足企业财务报告使用者的需求，还要满足纳税申报的标准，符合税务部门税收征管的要求。

二、案例

通过对权益法下长期股权投资的案例研究，从会计和税法两个角度分别对公司的长期

[①]　沈淑姜. 新会计准则下长期股权投资会计核算方法分析 [J]. 中国乡镇企业会计，2020（6）：21-22.

股权投资进行细致分析。

S公司和T公司规模较大，并且内部管理制度较为完善，下面我们就通过同一控制下的S公司对T公司进行长期股权投资的案例分析权益法下税务与会计处理的差异。

（一）权益法下长期股权投资的会计和税法处理差异

2016年9月，S公司开始筹划发行股票来并购T公司。于是公司领导层开始发布招股说明书，向社会公开股权收购方案，S公司以定向增发股票的方式将发行股票36809万股，来达到收购T公司50%股权的目的。因为T公司与S公司的控股人同为D公司，所以该次收购属于同一控股母公司下的企业合并。从上市公司年报数据及招股说明书可知，T公司当时成立的实际注册资本为85683.93万元，此次股权收购以现金及其等价物公允价值64259万元收购了T公司。S公司股票增发价7.61元/股，最后使S公司通过控股合并成为T公司的控股人。本次股票发行还增加了限售型股票规定，参与此次收购股份发行的股东，自S公司股份发行结束之日起36个月内，不得转让、交易该股份。接下来本书便分析该股权收购后续业务的会计和税法差异。①

（二）投资阶段处理差异调整

在一项股权收购业务中，我们首先要确定的前提是该股权收购是同一个集团控制下（同一控制）的企业合并还是非同一个集团控制下（非同一控制）的企业合并。从该案例可知，S公司与T公司为同一控制下的企业，而且S公司仅仅收购了T公司50%的股权。②

对于这个问题，《关于企业重组业务企业所得税处理若干问题的通知》明确规定了一般性税务处理和特殊性税务处理的区别：一是收购目的合理，不能为了逃避税款缴纳而收购，收购的目的应是为了企业更好地发展，能更好地利用被投资企业的资源，以实现企业价值的最大化；二是被收购、合并或分立部分的资产或股权比例符合该通知规定的比例；三是重组中涉及的股权支付金额符合相关的比例，该通知规定企业重组业务中股权支付的比例不得低于其交易数额的85%；四是申请认购增发股票的主要股东在重组后的连续12个月内，都不可以转让其股权；五是企业重组后公司不改变其实质的经营活动。如果企业重组中同时符合以上五个条件的，可以按照特殊税务处理企业重组事项；否则，则按照一般性税务处理。案例中S公司通过定向增发股票来达到对T公司50%股权的收购，那么根据《关于企业重组业务企业所得税处理若干问题的通知》中对股权收购税务处理的规定，由于S公司只收购了T公司50%的股权，股权支付金额为64259万元，没有达到85%的要求，因此适用一般税务处理原则，即合并企业按照公允价值确定接受被合并企业资产和负债的计税基础；被合并企业及其股东应根据清算情况进行所得税处理；被合并企业的亏损不得在合并企业中结转弥补。

在对S公司取得的长期股权投资进行会计确认时，需要评估被投资单位的净资产公允价值，这样才能在会计上确认长期股权投资的初始入账价值。经过评估，T公司的可辨认

---

① 杨国伟. 关于长期股权投资财税核算差异的研究 [J]. 中国中小企业，2021 (9)：168-169.

② 周健. 长期股权投资财税处理差异分析：以同一控制下的企业合并形成长期股权投资初始计量为例 [J]. 中国市场，2019 (36)：27-28.

净资产的公允价值为 85683.93 万元。会计处理上的账面价值为 42841.97（85683.93×50%）万元；而计税基础应以实际支付的价款即公允价值来确定，因此计税基础为280116.49 万元（7.61 元/股×36809 万股）。可以看出初始投资阶段长期股权投资的税会计算存在差异，需要确认的暂时性差异为 237274.52 万元，递延所得税资产为 59318.63（237274.52×25%）万元，同时将差额计入当期损益（营业外收入）。

1. 会计处理

此时 S 公司应做会计分录如下（以下会计分录单位为万元）：

借：长期股权投资——T 公司	42841.97
贷：股本	36809
资本公积——股本溢价	6032.97

所得税处理为：

借：递延所得税资产	59318.63
贷：所得税费用	59318.63

2. 税务处理

从并购日开始，当 S 公司获得 T 公司的股本，初始投资成本应当按照权益法确认数额，而长期股权投资的账面价值则应当按照接受投资者净资产公允价值的投资份额确认。如果初始投资成本和调整后初始账面价值之间的金额不相等，此时投资方需要填写《纳税调整项目明细表》来对纳税调整事项进行记录，见表 13-12。

表 13-12 《纳税调整项目明细表》节选

单位：元

行次	项目	账载金额	税收金额	调整金额	调增金额
1	收入类调整项目	—	—	0	59318.63
2	按权益类核算长期股权投资并对初始投资成本调整，确认投资收益	—	—	—	59318.63

从表 13-12 中数据可知，由于税会差异确认的递延所得税资产 59318.63 万元，而递延所得税在《纳税调整项目明细表》中分类为投资收益。我们可以理解为在当年的所得税费用中，可以进行纳税调减，抵扣所得税费用 59318.63 万元。这对于 S 公司来说是一笔金额不小的纳税折扣，在当年进行所得税汇算清缴时，会因为递延所得税资产的存在而递减所得税费用，减轻了企业当年的税收压力，给税收创造盈余管理的空间。

（三）持有阶段处理差异调整

承接上述案例，在 2016 年 12 月 31 日 T 公司股东所有者权益总和为 85683.93 万元，其中 2016 年实现的净损益为 9499.94 万元，但 T 公司股东会尚未宣告分派股息和红利。

1. 会计处理

S 公司应该按照被投资方净损益对应收股利进行确认（9499.94 万元×50%），同时还要按照权责发生制在借方长期股权投资的明细科目"损益调整"下确认相应的投资收益，贷方同时确认投资收益 4749.97 万元。账务处理为：

借：应收股利	4749.97
贷：长期股权投资——损益调整	4749.97
借：长期股权投资——损益调整	4749.97
贷：投资收益	4749.97

2. 税务处理

从上面的会计处理中我们可以看到，会计上需要确认投资收益 4749.97 万元。税法规定，按照被投资方宣告分派股息、红利的时间来确认收益，但是在被投资方的年度报表摘要中，没有说明 2016 年底对实现的净利润进行股利分配，并没有发生税法上的纳税义务。此项税会差异属于暂时性差异，会随着长期股权投资的消失而消失。在向税务部门进行纳税申报之前，由于税法上不确认该笔投资收益，不能计入应纳税所得额中，会计上确认的投资收益暂时不做处理，要在纳税申报表中调减。所做调整在《投资收益纳税调整明细表》中呈现，见表 13-13。

表 13-13 《投资收益纳税调整明细表》节选

单位：万元

行次	项目	账载金额	税收金额	纳税调整金额	纳税调整金额
6	长期股权投资	—	4749.97	4749.97	4749.97

同理，由于投资收益的调整也涉及纳税差异的调整，也应将 4749.97 万元填入《纳税调整项目明细表》的"调减金额"栏目，见表 13-14。

表 13-14 《纳税调整项目明细表》节选

单位：万元

行次	项目	账载金额	税收金额	调增金额	调减金额
1	收入类调整项目	—	—	0	4749.97
4	投资收益	0	4749.97	4749.97	4749.97

但是当年 T 公司并没有宣告现金股利分配，这无疑会给税务部门增加税收征管上的难题，减少了当年税务部门的税收收入，提高了税收征管成本。

（四）2017 年 S 公司税务和会计处理

作为子公司——T 公司在 2016 年实现的净利润为 9499.94 万元。按照规定，应根据实现的净利润来提取法定盈余公积，然后再分配利润，如发放股利、股息。那么在 T 公司提取盈余公积之后，2017 年 5 月经股东大会批准分配现金股利 2500 万元，见表 13-15。

表 13-15　主要子公司及对公司净利润影响较大的参股公司情况

单位：万元

公司名称	注册资本	总资产	净资产	营业收入	营业利润	净利润
S 公司	500000000.00	89497015914.00	464194918.19	432842024.22	-5621287.93	4702835.70
T 公司	856839300.00	3246263728.93	2432120576.93	1147018064.18	95505361.82	94999482.81
P 公司	500416000.00	1227918743.14	680525340.52	490607833.58	50916531.37	67536426.21

资料来源：S 公司 2016 年年度报告。

同时，在 2017 年 12 月 31 日，还要对 S 公司所持 T 公司的长期股权投资确认资产减值损失，计提减值准备。

1. 会计处理

接下来，2017 年 5 月 10 日 T 公司股东大会经过讨论决策，做出利润分配决策，对于上年末实现的 2500 万元的可供分配利润进行股利分配。根据权益法，S 公司持有 50% 的股权会收到 1250 万元的股利，作为应收股利。紧接着 5 月 25 日，T 公司派发现金股利，S 公司相应地收到现金股利。T 公司做出利润分配决策时，S 公司的账务处理为：

借：应收股利　　　　　　　　　　　　　　　　　　　　　　　　　　　　　1250

　　贷：长期股权投资——损益调整　　　　　　　　　　　　　　　　　　　1250

S 公司收到股利时，账务处理为：

借：银行存款　　　　　　　　　　　　　　　　　　　　　　　　　　　　　1250

　　贷：应收股利　　　　　　　　　　　　　　　　　　　　　　　　　　　1250

2. 税务处理

2017 年 10 月 10 日，T 公司决定对实现的净利润进行分红。T 公司在股东大会上决定对实现的 2500 万元进行分红。按照税法规定，S 公司作为投资方，持股 T 公司 50% 股权应确认股息红利所得 1250 万元，作为投资收益。但是根据居民企业之间的股息所得属于免税收入，所以应对投资收益进行免税处理。在企业向税务部门进行企业所得税汇算清缴时，应将"应收股利"账户贷方 1250 万元填入下表中对应的纳税调整项目，即"符合条件的居民企业之间的股息、利息等权益性投资收益"金额栏，见表 13-16。

表 13-16　《符合条件的居民企业之间的股息、红利等权益性投资收益优惠明细表》节选

行次	被投资企业	投资性质	投资成本（万股）	投资比例（%）	被投资企业做出利润分配的时间	依决定归属于母公司的投资收益金额（万元）	......	合计（万元）
1	T 公司	直接投资	36 809	50	2017-05-31	1250	......	1250

（五）处置阶段处理差异调整

2017 年 12 月 31 日，S 公司对 T 公司持有的 50% 股权继续按长期股权投资的规定核算。T 公司管理层在 2018 年宣布决定考虑将 T 公司的长期股权投资转为持有待售资产，处于企业管理目的而出售部分长期股权投资。根据 2018 年 S 公司的年度财务报告摘要，

在 2018 年 7 月 1 日，S 公司在深交所股票市场将 30% 的股权以公允价值 200000 万元出售给投资公司——C 公司，不考虑相关税费，则 C 公司取得 30% 的 T 公司股权。根据规定，在权益法下，S 公司持有 T 公司 20% 的股权，仍对 T 公司的决策产生重大影响，所以仍然采用权益法对剩余的 20% 股权进行核算。S 公司收购 T 公司 50% 股权的对价为 280116.49 万元。自 2018 年 7 月 1 日 S 公司收购 T 公司股权起，确认的损益调整额为 1250 万元，相关综合收益为 200 万元（其中，175 万元的变化是按比例计算的可供出售金融资产的公允价值变动），享有 T 公司除净损益、其他综合收益和利润分配以外的其他所有者权益变动 50 万元。其他因素，如相关税收和费用不考虑，但要考虑企业所得税的影响。

1. 会计处理

（1）按处置比例结转账面价值。处置的 30% 长期股权投资的投资成本为 168069.89 万元 ［280116.49×（30%÷50%）］；损益调整为 750 万元 ［1250×（30%÷50%）］；其他综合收益为 120 万元 ［200×（30%÷50%）］；其他权益变动为 30 万元 ［50×（30%÷50%）］。计入投资收益的金额为 31030.11 万元 ［200000-（168069.89+750+120+30）］。

会计分录如下：

借：银行存款	200000
贷：长期股权投资——投资成本	168069.89
——损益调整	750
——其他综合收益	120
——其他权益变动	30
——投资收益	31030.11

（2）其他综合收益的处理。其他综合收益属于被投资单位重新计量设定受益计划净负债或净资产所产生的变动，按照规定，S 公司对 T 公司剩下 30% 的股权应根据权益法进行核算。因此，相应地其他综合收益变动按照比例结转为投资收益，其他综合收益属于被投资单位可供出售金融资产的公允价值变动，处置的长期股权投资占 30%。因此，相应的其他综合收益变动按照比例结转为投资收益，那么其他综合收益变动结转损益的份额为 105 万元 ［175×（30%÷50%）］。

借：其他综合收益	105
贷：投资收益	105

（3）其他所有者权益变动。按照规定，S 公司对 T 公司剩下 30% 的股权应根据权益法核算。那么对于 30% 长期股权投资采取部分处置，根据出售价款和账面价值的差额计入投资收益，其他所有者权益变动结转损益的份额为 30 万元 ［50×（30%÷50%）］。

借：资本公积——其他资本公积	30
贷：投资收益	30

2. 税务处理

股权转让所得＝股权转让收入-投资计税基础，即 31930 万元（200000-168069.89），纳税调增金额为 764.89 万元 ［31930-（31030.11+105+30）］。

第四节　股权投资会计与税务差异

一、权益法下长期股权投资税会差异产生的影响

（一）显著增加涉税风险

在初始投资阶段，我们需要对初始投资成本和初始入账价值的不同而分别确认暂时性差异。投资方应将初始投资成本较小时形成的差额确认为"营业外收入"，而营业外收入是会计利润的一部分，应合并计入会计利润并缴税。但实际上这部分"营业外收入"没有体现在货币资金科目上，因此差额计入"营业外收入"可能不够谨慎，会增加企业的税收负担。同时，当初始投资成本大于初始入账价值时，企业将这一差额确认为商誉，而这又是一项经济收益，但事实上对于初始投资成本小于初始入账价值计入收入时，初始投资成本大于初始入账价值时理应确认为一项损失。

在上述案例中，S公司取得50%T公司的股权，S公司通过对T公司的可辨认净资产公允价值进行复核，确认截至2016年9月T公司的可辨认净资产公允价值为85683.93万元。那么在取得T公司50%的股权时，确认该长期股权投资的账面价值为2841.97万元（85683.93×50%）。通过计算可得S公司在交易日应当确认237274.52万元的商誉（S公司确认的当期损益=280116.49-42841.97）。同时，还需要确认可抵扣暂时性差异237274.52万元，递延所得税资产为59318.63万元。我们再来结合S上市公司的年报来分析2014~2016年S公司的一些主要财务指标和数据，探讨S公司收购T公司50%股权给S公司带来怎样的影响，相关数据见表13-17。

结合表13-17我们可以清晰分析出，在主要资产负债表数据和利润表数据中的"归属于上市公司股东的净利润"项目中，其2015年的数值为负数，而在2016年该指标为正数。因此，我们得知，S公司在2016年对T公司进行长期股权投资之后，S公司当年的净利润为正数，使2015年归属于普通股的净利润-113196432.86元在2016年变为33457247.60元，在利润表上实现了经营成果扭亏为盈。分析S公司的年度财务报表、资产负债表和所有者权益变动表可知，是因为收购T公司股权形成了大量的投资收益才实现了财务报表的盈余管理，加权平均净资产收益率从2015年的-4.21%上升到3.16%，给管理者和投资者带来迷惑性。此外，还因在初始投资成本和持有阶段确认大量的递延所得税资产而降低了所得税费用，在这一步的投资计量上，S公司在企业会计准则上不存在错误应用的问题，但就2015~2016年属于普通股的净利润由负转变为正，该行为存在人为操作利润的嫌疑，通过股权收购的方式实现了经营利润扭亏为盈的局面，显著增加了纳税人的涉税风险。

表 13-17　主要资产负债表数据和利润表数据

项目	2016 年	2015 年	2014 年
营业收入（元）	2237958272.28	1974566290.64	2553106645.94
归属于上市公司股东的净利润（元）	84538922.11	-113724978.28	103667502.78
归属于上市公司股东的扣除非经常性损益的净利润（元）	33457247.60	-113196432.86	85603760.67
经营活动产生的现金流量净额（元）	539009164.64	311998003.21	720055768.98
基本每股收益（元/股）	0.11	-0.16	0.17
稀释每股收益（元/股）	0.11	-0.16	0.17
加权平均净资产收益率（%）	3.16	-4.21	4.11

资料来源：S 公司 2016 年财务报告。

现阶段，如果对企业会计准则和税收规定进行不明确而错误的应用，使之达到管理层想要的利润目标或者财务业绩，便会产生税收风险，被税务部门追缴少交税款和税收滞纳金，给企业带来严重的财务困境和声誉问题。

（二）加速企业实施盈余管理策略

S 公司按照权益法确认的投资收益并不体现在货币资金项目上，其取得有很大的不确定性。其最终能否从被投资企业获得相应的股利仍是未知数。在 S 公司收购 T 公司 50% 股权之后，对 T 公司达到了控制，成为关联方企业，两家企业涉及的内部交易的真实性难以确定。在 S 公司的合并报表中，净利润既包括企业实际实现的利润，还包括企业尚未收到的投资收益。在该案例中，2016 年 T 公司实现的 2500 万元净利润就属于这种情形，但需要在母公司财务报表中确认 1250 万元的投资收益。此时，利润表便不能真实反映企业实际生产经营业绩，同时，会对财务报表使用者的决策造成一定的影响。

案例中 S 公司仅仅因为持有 T 公司股权，在 T 公司确认本年净收益的同时在合并财务报表中确认长期股权投资的投资收益。其实这种投资收益不是因为资产的公允价值变动而产生的，和税法规定中的投资收益有所区别。在税务处理上，因为 T 公司尚未宣告利润分配，所以税法上不需要做财务处理，这样使 S 公司在会计利润表上增加了一笔投资收益，而这个由于会计和税务上的时间性差异会在最终处置长期股权投资时消除，但这种差异暂时粉饰了投资方的财务报表。

在 T 公司做出利润分配时，S 公司在会计处理上仍然要进行损益调整，确认投资收益。2017 年按照权益法的处理规则贷方确认投资收益 1250 万元，在进行纳税申报时，应收股利的金额 1250 万元符合免税收入的条件，进行纳税调减处理。

这样既在会计报表上显示了投资收益，又调减了纳税金额，因此使投资者根据本年度的利润情况，通过长期股权投资的投资收益税会差异来实现管理层或者经营者的目标，加速实施盈余管理策略。

（三）增加企业纳税成本

现阶段，企业会计准则不断变化完善，逐步和国际会计准则接轨，对不同的经济业务做了相应的调整，但是税法规定却没有做出相应的改变。这种情况下，企业的财务会计核算是无误的，但是因与税收政策不同导致每年需要对财务报表进行纳税调整。按照流程，S公司在向税务部门进行纳税申报时，纳税人即S公司不仅要出具财务报表，还要处理纳税调整事项表。因此，纳税人应就当期的应纳税所得额和应纳税事项整理上报给税务部门审理，审核无误后再缴纳本期所得税费用。母公司需要编制合并财务报表，对于子公司的一些纳税事项进行调整，在这一过程中，纳税人要投入更多的人力、财力、时间。针对长期股权投资这一复杂调整事项，S公司还需要聘请税务顾问，与主管税务部门进行详细的沟通。在本案例中，纳税调整也是S公司必须要做的工作，在2015年和2016年都需要向税务部门申报纳税并提供纳税调整表，这也在一定程度上造成了企业纳税成本的增加。

（四）对税务部门产生的影响

1. 显性造成税收流失

长期股权投资中产生的税收与会计处理上的差异，可能会减少本期所得税费用，给企业带来盈余管理的空间。会计和税法上确认投资收益时点的不同及时间周期的跨度，增加了税务管理部门的征税成本，在一定程度上造成了税收的流失。

如今，企业在进行经济业务处理时，会利用会计和税法之间的差异进行纳税规避，追求企业的利益最大化，这些差异给税务部门带来了损失，直接体现的就是税收的流失。当前税制的发展是根据我国的国情来演变和改革的，税法的制定强调税收的稳定性和政府宏观调控目标的实现，并在此基础上进行修改和评价，实际操作和执行中无法避免存在一系列的问题。现行的企业会计准则强调会计信息的真实性和公正性，所以从两者制定的角度来看，会计和税法之间的协调度还是不够，还存在一些制度和准则相互矛盾的地方。这不仅给纳税人增加了难度，而且为避税和逃税提供了可操作的空间。在实践上，对税收有两个负面影响：一是税收机关征收人员与企业之间存在信息不对称的情况，使税务部门很难有效地管理纳税人提供的纳税资料。二是纳税人通过对自己内部财务数据的掌握，人为操纵利润，从而实现了不支付或少缴税款。

从上述案例中，初始投资阶段在会计处理上的账面价值为42841.97万元；而计税基础应以实际支付的价款即公允价值来确定，所以计税基础为280116.49万元。可以看出初始投资阶段长期股权投资账面价值与计税基础存在不同，导致税会之间的差异。对于确认的递延所得税资产59318.63万元，在向税务部门进行所得税汇算清缴时，可以进行纳税调减，抵扣所得税费用59318.63万元。这对于S公司来说是一笔金额不小的纳税折扣，在当年进行所得税汇算清缴时，会因为递延所得税资产的存在而递减所得税费用；但对于主管税务部门来说，会显性造成税收的流失。

2. 直接增加税务机关征管成本

税收是必然存在的自然现象，税收成本的高低通常取决于税收收入和税收成本总额。对于税务部门来说，征税成本的影响因素包括内部影响源和外部影响源。内部影响源包含税制的复杂性、区域税源概况、税种结构、征税方式变化、税务机构的设置、税务部门的管理手段、税务部门的技术手段。针对本案例，S公司对T公司长期股权投资的税会差异核算体现了税制结构的复杂性，与企业会计准则存在一定程度的差异，如果税务部门工作人员的专业知识不能够胜任该岗位，税务部门的管理手段和技术手段没有与时俱进，税务部门的征税成本将增加。外部影响源主要包含当地政府部门的配合、社会其他部门的配合、社会纳税意识。对于企业来说，每个纳税人的本质都是理性的投资者，在市场上只想获得更多的利润，为了自己利益最大化而采取各种措施。正是因为这种心态的存在，管理层在资本市场上进行一系列操作，以达到少缴税款的目标。结合 S 公司 2016 年资产负债表中的数据，属于普通股的净利润由 2015 年的负数转变为正数实现了经营成果扭亏为盈。分析 S 公司财务报表可知，这是因为收购 T 公司而形成了大量的投资收益，实现了财务报表的盈余管理，这在一定程度上体现了纳税人意识的弱化，同时给税务部门增加了征税成本。税务部门对企业的纳税调整事项还需要借助社会其他部门的配合来调查其内容的真实性，保证税收征收公平。

二、会计准则与税法规定差异客观存在

由于企业会计准则和税法规定是两个不同的领域，做到完全一致不太可能，所以两者之间的差异是客观存在的。两者差异的根源主要是因为目标的不同，企业会计准则的存在是为了帮助企业的投资者、经营者及会计信息使用者获取更多的财务信息；而税法规定是为了税务部门收集企业的税收信息，保障国家财政收入的稳定。随着企业会计准则的国际化，财政部在制定会计准则时也会考虑国情而向税法靠拢，所以两者之间的差异并没有想象中的那么大。本书中的 S 公司和主管税务部门，两者是不同的主体，企业出于少交税款的目的进行盈余管理；相反税务部门的目的是确保税收收入，所以会联合其他部门，证实企业纳税调整事项的真伪性。

（一）税会差异会在一定程度上产生税收风险

通过本书的案例发现，税会差异会在一定程度上产生税收风险。权益法下核算的长期股权投资账面价值与计税基础不同，自然会在处置时存在差异并产生多缴税或少缴税的税收风险。税会差异在一定程度上给企业财务人员提供了财务数据的操作空间，将财务报表进行人为"美化"或者"演绎"，使之达到企业经营目的，给信息的使用者带来了使用障碍，不能按照财务报表的数据来判断企业的实际经营情况，相应地，这也增加了税务部门的征管难度和成本，不利于资本市场的稳定发展。权益法下投资方根据被投资方的净利润确认投资收益，但这并不是投资方的实际利润，没有体现在投资方的现金流量表上，与会计原则"可靠性"和"谨慎性"相违，这给税务部门的税务管理提出了挑战。企业的涉税风险就是纳税人未能正确的遵守税收法规，这会使税务部门依据相关税收征管规定对企业违法行为进行行政处罚，最终导致企业的整体利益受到损失，增加了纳税人的涉税风险。税务部门的风险就是由于自身管理水平和人员技术水平的不足，导致没有识别出企业规避税收的行为。

（二）协调税会差异建议

1. 一般性建议

实际上，财政部负责企业会计准则的修订，国家税务总局负责税收相关规定的修改。

这两个部门属于不同的领域，需要相互沟通和协调，以减少税法和会计之间的差异。随着计算机技术的快速发展，我们已经进入大数据时代，可以发现会计和税法的变化越来越快，因此规避差异的要求也就越来越高。

2. 对政府部门的建议

（1）财政部与税务部门加强沟通与合作。在我国，会计准则和税法制定及具体的管理和监督分别由财政部、全国人民代表大会、国家税务总局等执行和承担。会计制度和税法需要适当分开，这不可避免地需要部门之间的积极沟通与合作，主要体现在双方制定或修订相关制度方面，要统筹规划，兼顾双方的利益，优化顶层设计，减少矛盾。一是建议在以后修订会计准则时，要总体向税法规定靠拢，会计科目的设定要考虑税收政策的影响，如可以设置反映税会差异的相关会计科目，及时反映数据差异的调整事项。二是在修订税法规定时，也要考虑现有的会计准则规定，尽量将税法和会计准则相关的事项协调统一，减少企业工作者和税务部门工作者的工作量，尽可能减少税会差异。对于本书涉及的长期股权投资，税会差异主要是因为投资收益在会计和税法中的不同规定产生的，如投资方投资收益的确定是依据被投资方做出利润分配的时间而定，具体确定时间在会计和税法上有不同的规定，具有很大的人为操作空间，不符合企业会计准则中的"可靠性"原则。因此，建议对投资收益的相关规定做适当调整，在合适的时候可以考虑取消长期股权投资的投资收益会计规定，按税法规定不做任何调整。

（2）使会计准则向税法靠拢。会计报表和企业所得税纳税申报表的内容不同，税务部门要依据企业的财务报表信息和纳税调整表审查所得税纳税申报表，大大增加了税务部门的征税成本和企业的税收风险。会计准则向税法的协调，要求会计披露的信息在满足企业内部使用者和外部使用者的使用要求后，还要更多地披露纳税申报中要求披露的信息。例如，在企业内部设计税务会计岗位，为税务部门的审查提供更多的纳税调整信息。这需要企业会计准则的制定部门不仅要考虑国家税收收入，还要考虑企业参与者利益最大化的目标。

3. 对企业的建议

由本书案例分析可知，上市公司对会计信息和涉税信息的披露十分重要，这不仅有利于企业内部使用者判断企业经营业绩和盈利能力，还有利于外部投资者评估企业发展前景。在企业充分披露涉税信息的情况下，可以更好地与税务部门沟通，减少双方的征纳成本，也会逐步减少企业会计准则和税法之间的差异。这样做一方面可以减少企业因会计准则和税法不同导致少缴纳税款或延期缴纳税款的税收风险，另一方面可以减少税务部门税收流失的风险。

纳税申报表披露的是会计利润和应纳税所得额，纳税差异调整表揭示的是税会差异具体调整事项。只有对外披露这两项报表，才能使税务部门审核存在的税会差异，建立有效的税收征管体系，减少企业的涉税风险。

（1）真实地披露财务报表信息。税会差异的存在为公司的盈余管理提供了可操作的空间，就像本案例的 S 公司利用初始投资成本与初始入账价值、投资收益导致的税会差异，显性地造成了企业的盈余管理空间。盈余管理其实是企业为了达到少缴税款或者增加利润而对财务报表的数据进行人为的操作，将财务报表进行"美化"或者"演绎"，使之达到企业经营目的，给信息的使用者带来了使用障碍，不能按照财务报表的数据来判断企业的实际经营情况，对税务部门的征收管理造成了一定程度的困难。因此面对税会差异造成的不利影响，真实可靠的披露财务信息至关重要。

（2）降低企业的涉税风险。一般来说，企业的涉税风险就是纳税人未能正确地遵守税收法规，这会使税务部门依据相关税收征管规定来对不合理的行为或违法行为进行行政处罚，最终导致企业的整体利益受到损失，增加了纳税人的涉税风险。这主要存在两种情况，一种是错误应用税收优惠政策少缴、未缴、延迟缴纳税款；另一种是没有利用税收优惠政策多缴税款。该案例中，S公司面临的涉税风险就是少缴税款，或者延迟缴纳税款。因此，对上市公司的建议就是在规避涉税风险条件下合理地进行税收筹划，使企业在税收负担最低时降低企业的涉税风险，达到一种最优的状态。

（3）加强税企的沟通交流。税会差异的调整需要企业和税务部门双方的努力。企业为了降低税会差异的涉税风险，应及时与税务部门人员进行沟通协商，就其中存在的不确定性问题采取措施予以解决；同时税务部门应帮助企业更好地完成纳税申报，减少双方的疑惑，减少征纳双方的成本。

第五节　股权投资业务的会计处理

一、投资者对私募基金的并表管理

（一）投资者控制私募基金

《企业会计准则第33号——合并财务报表》第七条规定，控制是投资方拥有对被投资方的权力，通过参与被投资方的相关活动而享有可变回报，并且有能力运用对被投资方的权力影响其回报金额。因此，对于私募基金而言，投资方是否需要合并财务报表，一是判断投资方是否拥有对私募基金的权力，二是判断投资方能否参与私募基金的相关活动而享有可变回报，三是判断投资方是否可以通过行使权力影响回报金额。同时，《中华人民共和国合伙企业法》第六十七条、第六十八条规定，有限合伙企业由普通合伙人执行合伙事务，有限合伙人不执行合伙事务，不得对外代表有限合伙企业。但在实操层面，普通合伙人的执行事务合伙人的身份并不必然保证其在被投方的权力，具体控制权的归属还要通过投资决策委员会等决策机构来判断。

当出现如下情形时，投资者应对私募基金进行合并报表：一是私募基金设立投资决策机构（如投资决策委员会）时，投资者可以主导私募基金的相关活动，投资者在投资决策机构中的席位保证了投资者具有主导私募基金经营决策的权利。二是投资者在投资决策机构中的席位不足以直接主导投资决策，但能够单项否决决议（投票必须达到一定的比例或投资者拥有一票否决权），即可判断投资者对私募基金拥有控制权。三是投资者因与其他机构存在关联关系构成一致行动人，从而拥有主导私募基金相关活动的权利。

通过结构化安排实现控制也需要并表管理。具体情形包括：一是在设立私募基金时做出的决策及投资者对其设立活动参与度很高。二是统筹其他合同安排，赋予了投资者控制被投资方相关活动的权利。三是特定情况下开展的活动对回报具有重大影响，对相关活动具有决策权。四是投资者对私募基金承诺会放大私募基金的风险敞口，促使其获得更多的权利。

通过其他特殊合同安排导致投资者能够拥有控制权。例如，私募基金的成立是为了实现投资者的产业布局，投资者有权选择专业人员参与底层标的的资产管理，进而控制最终标的。

在确定投资者能够控制私募基金，将其纳入合并财务报表范围内的情况下，投资者需要用"长期股权投资——成本法"对私募基金进行核算。在个别报表层面，投资者对能够实施控制的长期股权投资采用成本法进行核算。初始计量时，投资者应当按照设立私募基金的实际出资额确认长期股权投资的初始投资金额；后续计量时，投资者持有私募基金份额期间，除计提减值准备外，个人财务报表层面不调整长期股权投资账面价值；持有期间收到的私募基金分红确认为投资收益。在退出时，应当以收回的金额减去初始投资成本确认投资收益。在合并报表层面，将私募基金纳入合并资产负债表、合并利润表、合并现金流量表、合并所有者权益变动表及附注。①

（二）投资者对私募基金构成重大影响或共同控制

《企业会计准则第 40 号——合营安排》规定，共同控制是按照相关约定对某项安排所共有的控制，并且该安排的相关活动必须经过分享控制权的参与方一致同意后才能决策，准则所称的相关活动，是对某项安排的回报产生重大影响的活动，通常包括商品或劳务的销售和购买、金融资产的管理、资产的购买和处置、研究开发活动及融资活动等。因此，共同控制是投资者与他方联合能够对私募基金形成影响力，私募基金的相关活动必须经过分享控制权的参与方一致同意后才能决策，投资者对私募基金就能形成共同控制。例如，在经营管理过程中，投资委员会设 6 个席位，甲占 3 席、乙占 2 席、丙占 1 席，决议需经 2/3 以上成员同意，对于甲而言，私募基金就属于共同控制。

重大影响是投资方对被投资单位的财务和经营政策有参与决策的权力，但并不能控制或与其他方一起共同控制这些政策的制定。在私募基金中，通常会设立投资委员会作为权力决策中心，如果投资委员会派出代表，但是不足以达到控制或共同控制，可以认为私募基金属于投资者的合营企业，可以采用"长期股权投资——权益法"进行核算。

投资者对私募基金构成重大影响的，应当采用"长期股权投资——权益法"进行核算，但是不纳入投资者的合并财务报表。在初始计量时，应当按照初始投资金额确定长期股权投资的账面价值，如果享有私募基金的权益份额高于初始投资金额，还应当调整初始投资价值，将差额部分计入营业外收入。在后续计量时，在每个资产负债表日，投资者应

---

① 喻亚敏 . 关于私募股权投资基金是否纳入合并范围的探讨［J］. 会计师，2021（15）：6-7.

当根据私募基金的经营情况确认投资收益，同时调增长期股权投资账面价值；持有期间收到基金分红，应当重建长期股权投资账面价值；当私募基金出现减值时，应当计提资产减值准备。在退出时，应当以收回的金额减去账面价值余额确认投资收益。[1]

（三）投资者对私募基金不构成控制

如果投资者对私募基金不构成控制、共同控制或重大影响的，目前主要按照《企业会计准则第 22 号——金融工具确认和计量》规定，作为可供出售金融资产核算。在初始计量时，上市公司按照初始投资金额确定可供出售金融资产的账面价值，后续计量时，由于私募基金公允价值难以估计，导致采用公允价值计量方法存在一定的困难，考虑到私募基金的权益份额不存在活跃的交易市场，其公允价值难以可靠计量，一般公司倾向于将历史成本作为公允价值的替代金额，如果收到基金分红，则将基金分红计入投资收益。在退出时，以收回的金额减去可供出售金融资产账面价值余额确认投资收益。

2017 年 3 月，财政部修订发布《企业会计准则第 22 号——金融工具确认和计量》，将私募基金指定为以公允价值计量且其变动计入其他综合收益的金融资产或以交易性金融资产进行核算。同时，考虑到公允价值计量方法所需的输入值，未来可能需要企业对私募基金公允价值评估做出更大的努力。2018 年 3 月中国基金业协会发布的《私募投资基金非上市公司股权投资估值指引（试行）》所明确的三种估值方法，也成为后续公允价值计量的整体方向。

二、合伙制私募基金会计处理[2]

（一）投资者出资环节的会计处理

不同类型的投资者对合伙型私募基金进行出资的时候，可以根据实际出资金额，做如下会计处理：[3]

借：银行存款等

　　贷：合伙人资本（合伙人出资/实收资本）——合伙人名称

与公司所有者权益类似，在合伙企业层面设置"合伙人权益"等类似的资本账户，在合伙人权益项下通过设立"合伙人资本"明细科目，反映每个合伙人出资的期初期末余额、增减变动情况等。

当合伙人不是通过分配、清算等方式退出私募基金，而是采取转让其持有的合伙份额方式退出时，一般情况下，转让合伙企业份额的公允价值（即市场价值）并不必然等于"合伙人初始投入成本+合伙企业账面上应分配而实际未分配"的金额（即账面价值），从而导致新加入的合伙人持有的合伙企业计税基础（外部计税基础）不等于合伙企业持有的项目资产的计税基础（即内部计税基础）。当合伙人转让合伙企业份额时（法人合伙人按照 25% 税率缴纳企业所得税，自然人合伙人按照 20% 缴纳个人所得税），合伙企业持有的

① 王湘萍. 私募股权投资基金合并财务报表范围界定难点 [J]. 经济研究，2021（27）：69-70.
② 阚吉娜. 我国有限合伙制私募股权投资基金税收政策研究 [D]. 成都：西南财经大学，2016.
③ 陈瑜. 私募股权投资基金相关会计核算及税务处理探讨 [J]. 经济管理文摘，2021（9）：148-149.

项目资产计税基础应做出调整（此时，法人是按照25%的比例缴纳企业所得税，自然人利息股息红利部分是按照20%的比例缴纳个人所得税，经营所得和其他所得部分是按照5%~35%的比例影响个人所得税），因此对于自然人合伙人而言，存在一定的税负差异，在内外部计税基础进行动态调整时，可能形成一定的避税空间。

在合伙型私募基金出资环节，可能存在部分合伙人没有按时出资或出资不到位等违约情形，按照事先协议约定可能需要支付赔偿金。在合伙型私募基金层面如何进行会计处理，取决于事先协议是如何规定的，如果是违约方补偿给守约方，通过合伙企业代收转付的话，则通过"其他应付款"科目进行处理；如果是违约方补偿给合伙企业的话，则需要在基金层面做收入处理。

在合伙人出资时，一些合伙协议中存在优先级、劣后级的结构化安排，如果只是规定分配顺序而不改变投资法律关系，则优先级投资者出资应该记入"合伙人资本"科目，当然，如果优先级合伙人和合伙企业之间的法律关系是借贷法律关系，则应该按照负债的方式记入合伙企业账目。

在出资环节发生的交易费用处理规范上，如果合伙企业发起设立成功的，合伙企业的开办费用应由合伙企业财产承担；如果执行事务合伙人为开办合伙企业垫付了费用，则在合伙企业成立后以合伙企业财产优先偿还。

（二）合伙制私募基金运营环节的会计处理

考虑到合伙企业目前没有明确、统一的会计规范，在实操层面最好尽量缩小会计口径与税法口径之间的处理差异。对收入、成本、费用等核算归集时，可以借鉴《个人所得税经营所得纳税申报表（A表）》《个人所得税经营所得纳税申报表（B表）》的相关内容。当合伙企业发生成本费用（如管理费、捐赠支出等）时：[1]

借：营业成本/各种期间费用/税金及附加/营业外支出等成本费用

　　应交税费——应交增值税（进项税额）

　　贷：银行存款等

在上述会计科目中，应关注如下问题：一是成本费用包括但不限于开办费、托管费、管理费、财务报表审计费、会议费、第三方中介费、银行手续费、诉讼仲裁费、税费等。其中，部分成本费用开支可以先计提，经过一段时间之后再支付，因此需要在账面上计提负债，在会计处理上，应该严格遵循权责发生制的基本原则。二是合伙制私募基金本身是增值税纳税主体，如果是增值税一般纳税人，那么在满足增值税相关财税政策条件时可以抵扣增值税进项税额。

合伙制私募基金对外投资运营时，相关会计处理如下：

借：具体投资资产（如长期股权投资或金融资产等）

　　贷：银行存款等

在合伙制私募基金对外投资时，发生的税金、评估费等交易费用是计入资产账面价值还是直接计入当期损益，需要根据企业会计准则相关规定做不同的处理。

---

[1]　孙丽辉. 合伙制私募股权投资基金投资业务会计及税务处理探讨［J］. 投资与创业，2020（18）：60-61.

在持有金融资产期间，需要考虑在资产负债表日时公允价值变动、资产减值、投资收益核算等情况，此时按照长期股权投资、金融工具确认和计量。常见的会计处理如下：

借：具体投资资产——公允价值变动/损益调整

　　贷：公允价值变动损益/其他综合收益/投资收益

借：资产减值损失/信用减值损失

　　贷：具体投资资产损失准备金等

在合伙企业层面，应按照企业会计准则的口径计算损益，包括但不限于利息股息红利收益（虽然在税法口径上不计入合伙企业收入，但是在会计口径上应计入企业收入）、处置资产对应的投资收益、公允价值变动损益、资产减值损失或信用减值损失、营业外收入等。具体的会计处理如下：

借：银行存款（或应收股利、利息等资产）

　　贷：投资收益/利息股利红利等损益

　　　　应交税费——应交增值税（销项税额）/应交税费——简易计税或待转销项税额

在实操层面，一是应根据《中华人民共和国增值税暂行条例》《关于全面推开营业税改征增值税试点的通知》《关于印发〈增值税会计处理规定〉的通知》等相关政策规定，处理好增值税纳税义务及会计计量的衔接；二是涉及金融商品转让的情况可参考《关于印发〈增值税会计处理规定〉的通知》，处理好增值税会计核算问题。

一般而言，在合伙企业层面需要按照权责发生制这一基本原则计算利润金额。相应的会计处理如下：

借：投资收益/利息股息红利等损益

　　贷：合伙人损益（可能在借方，也可能在贷方）

　　　　营业成本/各种期间费用/税金及附加/营业外支出等成本费用

对于该会计处理应关注如下问题：一是区分法人投资者和自然人投资者，法人投资者应缴纳企业所得税，即按季度预缴，按年度汇算清缴。季度预缴是按照会计口径处理；年度汇算清缴是根据持有合伙企业份额收益是否发生企业所得税纳税义务，通过企业所得税年度纳税申报表解决税会差异问题。自然人投资者按照先分后税的原则缴纳个人所得税。二是在收益属性上，合伙企业虽然是会计主体，但《国家税务总局关于〈关于个人独资企业和合伙企业投资者征收个人所得税的规定〉执行口径的通知》明确规定，对于合伙企业取得的利息股息红利不计入税法口径收入，并且需要代扣代缴个人所得税。由于这种特殊规定，对于自然人投资者而言，利息股息红利需要与其他性质的收益区分，而法人无须区分。三是在纳税申报方式上，对于法人投资责任也没有影响，但对于自然人合伙人而言，针对利息股息红利部分，合伙企业作为支付方需要代扣代缴；针对经营所得和其他所得部分，一般由合伙企业管理人代为申报，自然人合伙人自行缴款。这种纳税申报方式的差异，影响合伙企业层面的资金活动。四是根据《关于创业投资企业个人合伙人所得税政策问题的通知》，对自然人合伙人而言，涉及单一基金模式核算时，需要按照"财产转让所得"项目适用20%税率缴税、不能扣除管理费等，不能跨年弥补亏损，合伙企业代扣代缴等规定处理，会影响到合伙企业层面的会计处理。因此如果存在合伙企业代扣代缴个人所得税的情形，具体会计处理为：

借：其他应收款等

　　贷：应交税费——代扣代缴个人所得税——自然人合伙人

借：应交税费——代扣代缴个人所得税——自然人合伙人

　　贷：银行存款

在合伙企业层面收益应分配未分配及实际分配时的会计处理上，按照合伙协议等约定分配。考虑到合伙企业可能存在亏损，按照相关规定可往后 5 年弥补。此时，在会计处理上，可将这部分亏损在"合伙人损益"借方先行予以保留。如果是贷方余额，可以分到每个合伙人的明细科目上，增加外部投资成本与资产计税基础，以避免重复征税。如果是单纯会计口径损益，税法不予认可的部分，可以先保留在"合伙人损益"科目中，也可以通过在"合伙人损益"项下设立二级科目加以区分，明确哪些部分是存在当期所得税纳税义务的，哪些部分只是纯粹会计口径的损益（会计口径的损益不必纳税，因此也不需要转移到"合伙人资本"的科目中），具体会计处理为：

借：合伙人损益（净额）

　　贷：合伙人资本——合伙人

在合伙企业实际分配收益，或者可能发生合伙人款项往来时，可以通过设置"合伙人往来"科目处理，解决每一个合伙人与合伙企业之间的资产权属及流动问题，具体会计处理为：

借：合伙人往来——合伙人

　　贷：银行存款

　　　　其他应收款——合伙人（可能存在个税代扣代缴情况，最终冲销）

借：合伙人资本——合伙人

　　贷：合伙人往来——合伙人

三、私募基金对外项目投资会计处理

（一）私募基金会计处理

无论何种形式的私募基金，其本身都是一个独立的会计主体，对于私募基金会计处理的指导性规范政策和准则主要包括《证券投资基金会计核算业务指引》《企业会计准则第 22 号——金融工具确认和计量》《企业会计准则第 23 号——金融资产转移》《企业会计准则第 24 号——套期会计》《企业会计准则第 37 号——金融工具列报》《企业会计准则第 39 号——公允价值计量》《企业会计准则第 2 号——长期股权投资》。

在并表管理中，企业会计准则适用的依据多有不同，见表 13-18。

表 13-18　并表管理会计处理差异

并表管理会计处理		
1	控制	
	长期股权投资——成本法	
2	重大影响	
	长期股权投资——权益法	
3	其他	
	《企业会计准则第 22 号——金融工具确认与计量》《企业会计准则第 23 号——金融资产转移》《关于修订印发 2019 年度一般企业财务报表格式的通知》等，分类为交易性金融资产或其他权益工具投资	

　　新金融工具相关准则适用以来，对于私募投资基金而言，在对外投资不构成控制或重大影响的情况下，对金融资产分类可采用的方法见图 13-5。[①]

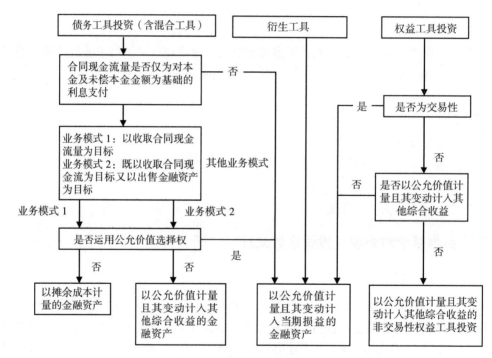

图 13-5　金融资产分类方法

　　由此可见，无论何种类型的金融资产，一般都需要根据合同现金流量特征和资产业务模式两个维度进行实质判断。在私募基金实操环节，如果金融资产的合同条款规定在特定日期产生现金流量，仅为本金及未偿付本金金额利息的支付（即基本借贷安排），并且以收取合同现金流量为单一目标，则分类为"以摊余成本计量的金融资产"。在私募基金自

---

①　孙卉. 合伙制私募股权基金财务核算及税务处理的探究［J］. 中国管理信息化，2021（2）：163-164.

身层面及其投资者层面，除少量标准债权投资、特殊明股实债项目等之外，一般基本难以通过合同现金流测试，最终往往需要分类为"以公允价值计量且其变动计入当期损益的金融资产"，具体到各个金融资产相关会计科目上见表 13-19。

表 13-19　各个金融资产相关会计科目各环节的安排

会计科目	持有环节	处置环节
以摊余成本计量金融资产的债权投资	利息收入/投资收益 信用减值损失	投资收益
以公允价值计量且其变动计入其他综合收益的金融资产：其他债权投资	利息收入/投资收益 公允价值变动：其他综合收益 信用减值损失	其他综合收益：当期损益 处置价差所得：投资收益
指定为以公允价值计量且其变动计入其他综合收益的金融资产：其他权益工具投资	公允价值变动：其他综合收益 分红等：投资收益	其他综合收益：留存收益 处置价差所得：留存收益
以公允价值计量且其变动计入当期损益的金融资产	公允价值变动：公允价值变动损益 股息/利息等：投资收益	投资收益

需要特别关注的是，如果在会计核算时将金融资产具体分类为"其他权益工具投资"，在持有期间因公允价值变动形成的其他综合收益和处置环节的转让价差，最终都只能计入留存收益，而不能计入当期损益。

（二）私募基金投资估值方法

基金管理人应当充分考虑市场参与者选择估值方法的因素，并结合自己的判断，采用不同的估值方法对非上市股权进行估值。

四、私募基金管理费收取的会计处理

私募基金管理人提供资产管理服务，一般需要按月度、季度或年度计提或收取管理费，根据《企业会计准则第 14 号——收入》的相关规定，会计科目可做如下处理：[①]

借：应收账款——应收管理费（银行存款/合同资产等）

　贷：营业收入——管理费收入

　　应交税费——应交增值税（销项税额）/应交税费——简易计税或待转销项税额

需要关注的是：

第一，在基金募集阶段，认购费和托管费的付款路径是通过募集账户还是托管账户，将会影响基金层面的会计核算。

---

① 金浪. 私募证券投资基金的会计核算问题研究 [J]. 北方经贸，2022（1）：101-103.

第二，根据《增值税会计处理规定》将私募基金管理人区分为一般纳税人和小规模纳税人，分别进行处理。

第三，对于私募基金收取管理费的行为，应根据《企业会计准则第 14 号——收入》的要求处理，对于按照权责发生制原则处理导致的税会差异应结合《增值税会计处理规定》，通过设置"应交税费——待转销项税额"或"应收账款"科目做过渡处理。

第四，超额业绩管理费的回拨机制，在私募基金投资多个项目时，投资者基于整体业绩考虑可能会设置回拨机制，前期优质项目退出时，管理人提取超额业绩奖励并缴纳增值税和所得税。在后期整体清算时，投资项目整体业绩可能下降，从而要求管理人返还部分业绩奖励，前期已经缴纳的增值税和所得税一般是难以返还的，管理人需要综合考虑整体税负成本。在会计处理上，如果确实发生超额业绩管理费返还情况，应当按照《企业会计准则第 14 号——收入》第 16 条的相关规定处理，即合同中存在可变对价的，企业应当按照期望值或最可能发生金额确定可变对价的最佳估计数，但包含可变对价的交易价格，应当不超过在相关不确定性消除时累计已确认收入极可能不会发生重大转回的金额。企业在评估累计已确认收入是否极可能不会发生重大转回时，应当同时考虑收入转回的可能性及其比重。

五、私募基金退出——股份回购会计处理

（一）股份回购的法定情形

2018 年 10 月 26 日第十三届全国人民代表大会常务委员会第六次会议通过的《全国人民代表大会常务委员会关于修改〈中华人民共和国的决定〉》中对第一百四十二条内容进行了专门的修订，主要是针对现行规定中股份回购实施程序复杂、回购后公司持有期限较短、难以适应当前公司治理需要等问题进行修订。

2019 年 1 月发布实施的《上海证券交易所上市公司回购股份实施细则》中明确，上市公司为维护公司价值及股东权益所必需，应当符合以下条件之一：①本公司股票收盘价格出现低于最近一期每股净资产；②连续 20 个交易日内本公司股票收盘价格跌幅累计达到 30%；③中国证监会规定的其他情形。根据当前最新规定，对于公司股份回购的法定情形梳理见表 13-20。

表 13-20　股份回购法定情形

1	减少公司注册资本
	审批权限及决策程序：应当经过股东大会决议
	回购后注销/转让股份的期限要求：自收购之日起 10 日内注销
2	与持有本公司股份的其他公司合并
	审批权限及决策程序：应当经过股东大会决议
	回购后注销/转让股份的期限要求：6 个月内转让或注销

续表

3	将股份用于员工持股计划或股权激励
	审批权限及决策程序：依照公司章程规定或股东大会授权，经2/3以上董事出席的董事会会议决议
	回购后注销/转让股份的期限要求：公司合计持有的本公司股份数不得超过本公司已经发行股份总额的10%，并应当在3年内转让或者注销
	交易方式：必须通过集中交易方式进行
4	股东因对股东大会做出的公司合并、分立决议持有异议，要求公司收购其股份
	回购后注销/转让股份的期限要求：6个月内转让或注销
5	将股份用于转换上市公司发行的可转换为股票的公司债券
	审批权限及决策程序：依照公司章程规定或股东大会授权，经2/3以上董事出席的董事会会议决议
	回购后注销/转让股份的期限要求：公司合计持有的本公司股份数不得超过本公司已经发行股份总额的10%，并应当在3年内转让或者注销
	交易方式：必须通过集中交易方式进行
6	上市公司为维护公司价值及股东权益所必需
	审批权限及决策程序：依照公司章程规定或股东大会授权，经2/3以上董事出席的董事会会议决议
	回购后注销/转让股份的期限要求：公司合计持有的本公司股份数不得超过本公司已经发行股份总额的10%，并应当在3年内转让或者注销
	交易方式：必须通过集中交易方式进行

注：公司不得接受本公司的股票作为质押权的标的；上市公司收购本公司股份的，应当依照《中华人民共和国证券法》的规定履行信息披露义务。

（二）投资方股份回购的会计处理

1. 法人投资者的股份回购会计处理

会计处理上，一般按照《企业会计准则第2号——长期股权投资》《企业会计准则第22号——金融工具确认和计量》《企业会计准则第23号——金融资产转移》等相关规定进行处理。法人投资者收到的股份回购对价金额高于或低于企业长期股权投资或金融资产账面价值的，一般作为会计意义上的投资收益。此外，法人投资者持有公司股份期间，由于公允价值的变动进入公允价值变动损益的，在股份回购时，也需要一并按照相应比例转入当期投资收益。在2017年金融工具相关准则调整后，对此情况没有做出明确要求；同时，如果按照《企业会计准则第22号——金融工具确认和计量》将公司股份划分为"非交易性权益工具投资"核算，在股份回购时，需要将持有期间的由于公允价值变动计入其他综合收益部分，直接转入盈余公积与未分配利润等留存收益科目中。

在企业所得税和增值税方面，需要区分所有权灭失（减少公司注册资本）及所有权转让（将股份用于员工持股计划或股权激励等）不同情形进行处理：

所有权灭失的，在企业所得税方面要按照法人投资者撤资或减资进行处理，可以依据《国家税务总局关于企业所得税若干问题的公告》的规定处理。该公告规定投资企业撤回或减少投资分为三步：一是将初始投资的部分确认为投资收回；二是将被投资企业累计未分配利润和累计盈余公积按减少实收资本比例计算的部分确认为股息所得；三是剩余部分确认为投资资产转让所得，即财产转让收益。

对于投资方持有的发行方公司股份，可以按照"长期股权投资"或者"金融资产"核算，除成本法核算的长期股权投资按照历史成本计量之外，其他均按照公允价值计量，导致资产的账面价值和计税基础之间存在一定的差异，因此在股份回购环节，法人投资者需要解决好税会差异，在企业所得税汇算清缴时，在收入类调整项目下"投资收益"中进行纳税调整。

针对所有权转让的情形，在企业所得税方面，股权转让可以按照《国家税务总局关于贯彻落实企业所得税法若干税收问题的通知》进行处理。企业转让股权收入，应于转让协议生效且完成股权变更手续时，确认收入的实现。转让股权收入扣除为取得该股权所发生的成本后，为股权转让所得；企业在计算股权转让所得时，不得扣除被投资企业未分配利润等股东留存收益中按该股权所能分配的金额。与此同时，在增值税的处理上，如果涉及上市公司股票转让，需按照"金融产品转让"项目缴纳增值税；如果是转让新三板挂牌公司的股票，实践中是否缴纳增值税存在一定的争议。

2. 自然人投资者的股份回购会计处理

如果是所有权灭失情形的，在个人所得税方面，当公司向自然人回购股份并减少注册资本时，可看作是自然人投资者的减资和撤资，可以根据《国家税务总局关于个人终止投资经营收回款项征收个人所得税问题的公告》进行处理。一是个人因各种缘由终止投资、联营、经营合作等行为，从被投资企业或合作项目、被投资企业的其他投资者及合作项目的经营合作人取得股权转让收入、违约金、补偿金、赔偿金、其他名目收回的款项等，均属于个人所得税应税收入，应按照"财产转让所得"项目适用的规定计算缴纳个人所得税。二是应纳税所得额等于个人取得的股权转让收入、违约金、补偿金、赔偿金、其他名目收回款项合计数减去原实际出资额（投入额）及相关税费。

如果是所有权转让情形的，在个人所得税方面，可以根据《股权转让所得个人所得税管理办法（试行）》处理，该办法明确当个人转让股权时，以股权转让收入减去股权原值和合理费用后的余额为应纳税所得额，按"财产转让所得"适用税率缴纳个人所得税，合理费用是指股权转让时按照规定支付的有关税费。另外，根据《财政部国家税务总局关于个人转让股票所得继续暂免征收个人所得税的通知》规定，从 1997 年 1 月 1 日起，对个人转让上市公司股票取得的所得继续免征个人所得税。在增值税方面，根据《关于全面推开营业税改征增值税试点的通知》的相关规定，自然人从事金融商品转让业务（包括上市公司股票等）免征增值税。[①]

（三）被投资方股份回购的会计处理

被投资方即股份发行方在股份回购的会计处理上应根据《企业会计准则第 37 号——金融工具列报》的相关规定处理：一是金融工具或其组成部分属于权益工具的，其发行（含再融资）、回购、出售或注销时，发行方应当作为权益的变动处理，同时发行方不应当

---

① 陈秧秧. 股份回购与库存股会计相关问题探析 [J]. 财务与会计，2020（12）：32-35.

确认权益工具的公允价值变动。二是企业发行或取得自身权益工具时发生的交易费用（如登记费，承销费，法律、会计、评估及其他专业服务费用，印刷成本，印花税等），可直接归属于权益性交易的，应当从权益中扣减。终止的未完成权益性交易所发生的交易费用应当计入当期损益。三是回购自身权益工具（库存股）支付的对价和交易费用，应当减少所有者权益，不得确认金融资产。[①]

因此，对于被投资企业而言，公司股份回购的会计处理应当遵循的具体原则：一是在注销或转让股份前作为库存股管理，在所有者权益的备抵项目（即冲减）中反映。二是公司应结合回购自身权益工具（库存股）支付的对价和交易费用，减少所有者权益，不得确认金融资产。三是库存股可由企业自身购回和持有，也可由企业集团合并财务报表范围内的其他成员购回和持有。四是库存股不得参与公司利润分配。

（四）不同股份回购情形下会计处理

不同股份回购情形下的会计处理[②]见表 13-21。

表 13-21　股份回购会计科目处理

1	减少公司注册资本
	（1）公司股份回购时，按照回购价格与发生的交易费用等做会计分录。 借：库存股 　贷：库存现金/银行存款等 （2）按照《公司法》法定程序报经批准减少注册资本时，按照股票面值和注销总股数计算的股票面值总额做会计分录。 借：股本/资本公积——股本溢价/盈余公积/利润分配——未分配利润 　贷：库存股/资本公积——股本溢价
2	将股份用于员工持股计划或股权激励
	属于权益结算的股份支付，应当进行如下处理： （1）回购股份时，按照回购股份的全部价格（包括股份回购价款、相关交易费用等）作为库存股处理，同时进行备案登记。 借：库存股 　贷：库存现金/银行存款等 （2）按照《企业会计准则第 11 号——股份支付》的规定，对于以权益结算换取职工服务的股份支付，企业应当在等待期内每个资产负债表日，按授予日权益工具的公允价值，将当期取得的服务计入相关资产成本或当期费用，同时增加资本公积（其他资本公积）。 借：管理费用 　贷：资本公积——其他资本公积 （3）职工行权时，公司应于职工行权购买本公司股份收到价款时，转销交付职工的库存股成本和等待期内资本公积（其他资本公积）累计金额；同时，按照其他差额调整资本公积（股本溢价）。 借：银行存款/资本公积——其他资本公积 　贷：库存股/资本公积——股本溢价（可能在借方）

①　陈爱华. 股份回购的会计与税务处理 [J]. 新理财，2019（1）：23-28.
②　陈爱华. 私募基金会计和税务 [M]. 北京：中国市场出版社，2020.

3	将股份用于转换上市公司发行的可转换为股票的公司债券
	（1）回购股份时（包含回购价格和交易费用等）应做以下处理： 借：库存股 　贷：库存现金/银行存款等 （2）公司按照合同条款约定将发行的可转换债券转换为普通股的，按该工具对应的金融负债或其他权益工具的账面价值做以下处理： 借：应付债券/其他权益工具等 　贷：库存股/资本公积（差额处理：转股时金融工具的账面价值不足以转换为普通股且以现金或其他金融资产支付的，需按支付的现金或其他金融资产的金额贷记"银行存款"等科目）
4	上市公司为维护公司价值及股东权益所必需
	（1）公司为维护公司价值及固定权益进行股份回购时，按照回购价格与发生的交易费用做以下处理 借：库存股 　贷：库存现金/银行存款等 （2）如果库存股注销时，按照注销的股份数量减少相应股本，库存股成本高于对应股本的部分，依次冲减资本公积、盈余公积、未分配利润；低于对应股本的部分应增加资本公积——股本溢价。 （3）持有的库存股将来重新出售时，根据《企业会计准则第37号——金融工具列报》第二十二条规定，金融工具或其组成部分属于权益工具的，其发行（含再融资）、回购、出售或注销时，发行方应当作为权益的变动处理。发行方不应当确认权益工具的公允价值变动。因此，无论库存股价值如何变动，公司应直接将支付或收取的所有对价在权益中确认，而不产生任何损益。库存股转让时，转让收入高于库存股成本的部分，增加资本公积——股本溢价；低于库存股成本的部分，依次冲减资本公积、盈余公积、未分配利润等。 借：银行存款 　贷：库存股；资本公积——股本溢价/应交税费——转让金融商品应交增值税（若为上市公司股票，税收政策仍待明确）

六、附有对赌协议的股权投资业务会计处理

（一）附有对赌协议的股权投资业务相关会计处理方式

随着我国资本市场的快速发展，私募股权投资业务也得到了快速发展，私募股权投资基金要想在保证资金安全的前提下获取保底收益，其可能在投资时签订对赌协议。目前，我国针对对赌协议的会计处理尚未形成统一的会计处理指南，实务中相关会计处理存在较大的差异。

鉴于对赌协议具有降低投资方交易风险的功能，在私募股权投资实务中，投资方在其投资协议中经常约定对赌条款。我国私募股权投资实务中的对赌协议种类繁多、形式多样，因此对赌双方在对赌协议签订与执行的过程中存在分歧。根据我国私募股权投资实践，结合企业会计准则的规定，对赌协议签订与执行过程中面临的会计问题可以分为两个层面，即对赌协议签订的会计问题与对赌协议执行的会计问题。[①]

---

① 张水茂.附回购条款股权增资事项的账务处理探究［J］.财会通讯，2021（17）：93-96.

1. 对赌协议签订时的会计处理

根据估值调整的权利享有方不同，对赌协议可分为单向对赌协议和双向对赌协议。实践中，对赌协议的签订双方是否在协议签订之后进行必要的会计处理呢？在过去的实践中，对赌协议签订之后，有些协议双方并不就对赌协议进行会计处理。但是，根据目前企业会计准则的规定，对赌协议签订后需要进行一定的会计处理。

根据《企业会计准则第13号——或有事项》规定，结合对赌协议的内容，可以得出以下推论：一是对赌协议的核心内容是协议双方互相或一方对另一方的业绩承诺，应该属于或有事项；二是协议双方中的任何一方，都不应当确认或有资产和或有负债；三是与对赌协议中的业绩承诺这一或有事项相关的义务同时满足企业会计准则第13号文件规定的条件时，承担义务的协议方应当将该义务确认为预计负债。

根据以上分析，笔者认为对赌协议签订之时，协议双方面临的都仅仅是或有事项，因此无须进行会计确认。对赌协议签订之后，融资方应该根据实际业绩与承诺业绩之间的差距情况，判断与或有事项相关的义务是否同时满足企业会计准则第13号文规定的条件；如果同时满足这些条件，就应该确认预计负债。尤其是在对赌协议将到期但尚未执行的情况下，如果承诺的业绩因无法实现而执行协议中的赔偿金额，那么融资方就应该确认预计负债。

若考虑对赌协议所包含的期权并结合主要合同条款，可以认为包含对赌协议的私募股权投资在会计处理上是嵌入主合同的一种衍生金融工具，对赌协议与主协议共同构成了混合工具。通常情况下，私募股权投资机构签订的对赌协议条款会导致投资金额中涉及负债内容；根据《企业会计准则第20号——企业合并》和《企业会计准则第22号——金融工具确认和计量》的相关规定，针对对赌协议与主协议构成的混合工具需要整体确认一项以公允价值计量且其变动计入当期损益的金融负债。此外，《企业会计准则第22号——金融工具确认和计量》针对嵌入合同的公允价值如何进行计量给出了明确规定，会计处理上嵌入合同的公允价值根据混合合同公允价值减去主合同公允价值进行确认。如果嵌入合同在取得日和各资产负债表日确认无法单独进行确认和计量的，会计处理上要求将混合合同整体确认为一项以公允价值计量且其变动计入当期损益的金融负债。《企业会计准则第22号——金融工具确认和计量》的这一规定，与国际财务报告准则第3号提出的"或有对价"这一概念保持了一致。根据国际财务报告准则第3号"企业合并"的规定，或有对价应当在取得日按照公允价值计量分为一项金融负债或者权益工具。当或有对价归类为金融负债时，会计处理上需要将或有对价在每个资产负债表日按照公允价值计量且其变动计入当期损益；当或有对价归类为权益工具时，或有对价在后续每个资产负债表日不需要进行会计处理。

在私募股权投资实践中，或有对价安排较多情况下是以净利润作为变量的。对于以被投资企业的净利润作为变量的对赌协议是否符合嵌入衍生金融工具进行会计处理和确认，目前理论界和实务界存在两种不同的观点。部分学者认为，以被投资企业的净利润作为变量的对赌协议不属于衍生金融工具，主要理由是企业会计准则中列举的典型金融变量中不包括净利润，故认为净利润是非金融变量。部分学者认为，以被投资企业的净利润作为变量的对赌协议属于金融变量，主要理由是企业会计准则中列举的典型金融变量中虽然没有包括净利润，但是企业会计准则中并未给出金融变量详细的定义和相关认定指南，净利润作为企业财务的基础指标，具有反映企业盈利能力的重要作用，其作为金融变量是合适的也是恰当的。

笔者认为，会计处理上应当将对赌协议所涉及的或有对价作为投资成本的一部分，按照投资日的公允价值进行确认和计量。投资方应当在购买日基于对被投资企业未来业绩预测情况、利率情况、货币时间价值等影响因素综合确定其公允价值。此外，除非是在购买日初始分类时被划分为以权益结算的或有对价，将不需要重新计量其后续的公允价值变动。根据我国金融工具准则的相关规定，只有当购买方没有义务交付非固定数量的自身权益工具进行结算，或者只有通过交付固定数量的自身权益工具换取固定数额的现金或其他金融资产进行结算时，才能被分类为权益工具。凡是被划分为以金融资产、金融负债结算的或有对价，其后续公允价值的变化将对后续期间的损益产生影响。综合上述分析与讨论，结合金融工具和企业合并准则对对赌协议进行会计处理更加符合企业会计准则的精神。①

2. 对赌协议执行的会计处理②

（1）投资方与目标公司之间的对赌执行。

1）现金补偿。投资方因执行对赌协议而从目标公司取得的现金补偿，实践中通常的做法是确认为"营业外收入"。这样的会计处理说明投资方将"私募股权投资"与"对赌执行"理解为两个相互独立的事件。如果将它们理解为同一份合同决定的相互关联事件，那么投资方取得现金补偿，就可以调减长期股权投资成本。如果将现金补偿确认为营业外收入而非调减长期股权投资成本，那么长期股权投资也应该按获得补偿金额计提减值准备，这是因为获得补偿的前提是业绩承诺没有达到，意味着私募股权投资是基于被高估的企业业绩定价的。

2）股权补偿。在投资方与目标公司之间的对赌协议执行时，投资方取得的股权补偿，是指当目标公司未实现对赌业绩时，目标公司现有股东同意投资方按照极低（象征性）的价格向目标公司进行增资。实践中通常的做法是将补偿所得股权的公允价值与实际投资支出的差额确认为"营业外收入"。这样的会计处理说明投资方将"私募股权投资"与"对赌执行"理解为两个相互独立的事件。如果将它们理解为同一份合同决定的相互关联事件，那么投资方取得股权补偿就应该按实际投资支出计入长期股权投资。如果将补偿所得股权的公允价值与实际投资支出的差额确认为"营业外收入"而非按实际投资支出计入长期股权投资，那么长期股权投资也就应该补偿所得股权的公允价值与实际投资支出的差额计提减值准备。

3）目标公司回购投资方股权。目标公司采取减资的方式回购投资方的股权，以完成对赌协议的执行。实践中，投资方的股权被回购完毕后，通常视为投资方转让其所持有的

---

① 谢清河. 我国金融衍生产品会计问题研究 [J]. 审计与经济研究，2004（3）：43-46.
② 王莉. 私募股权投资中对赌协议的会计处理研究 [J]. 财务管理研究，2021（12）：164-168.

目标公司的股权，其取得的超过投资本金的部分视为投资收益。

（2）投资方与目标公司股东之间的对赌执行。

1）现金补偿。同投资方与目标公司之间的对赌执行中的现金补偿情形。

2）股权补偿。投资方与目标公司股东之间的对赌协议执行时，投资方取得的股权补偿，是指目标公司现有股东需要将目标公司一定比例的股权无偿转让给投资方。实践中通常的做法是，根据该笔获赠股权的公允价值确认营业外收入。同前所述，如果将对赌协议和投资协议视为一个整体，投资方获赠股权时，就应该改变持股数量记录，但不改变长期股权投资账面价值。如果将获赠股权的公允价值确认营业外收入，就应该按同样的金额计提长期股权投资减值准备。

3）目标公司回购投资方股权。投资方的股权被目标现有股东回购，实践中视为投资方转让其所持有的目标公司的股权，其取得的超过投资本金的部分确认为投资收益。

（二）附有对赌协议的股权投资业务相关会计处理例析[①]

1. 案例简介

A公司是一家全国知名私募股权投资公司，主要经营股权投资及相关资讯服务业务。B公司是一家大型企业零部件拟上市公司，B公司的注册资本为38000万元，总股本为38000万股。B公司的控股股东为C公司。2018年1月1日，B公司拟进行Pre-IPO轮融资，融资股份为12000万股，增加注册资本12000万元，由A公司作为新增投资者按照本协议约定的条款和条件认购。A公司同意以12000万元认购公司增发的股份。本次增资完成后，A公司持有公司24%的股份（假设A公司对B公司具有重大影响）；B公司的控股股东仍然为C公司。

A公司与C公司签订了增资协议外，还针对未来业绩及回购情况签订了补充对赌协议；根据补充协议约定，B公司本次估值为50000万元，该估值是A公司进行本次投资的基本前提。作为公司投前估值的基础，公司预测将达到如下业绩目标：2018年经审计的税后利润（扣除非经常性损益）不低于8000万元；2019年经审计的税后利润（扣除非经常性损益）不低于10000万元；2020年经审计的税后利润（扣除非经常性损益）不低于12000万元；业绩补偿期内，若2018~2020年净利润分别低于上述承诺数额的90%，则A公司有权要求C公司以现金方式进行补偿；当期补偿金额=（截止当期期末累计承诺净利润数−截止当期期末累计实现净利润数）/补偿期限内各年度的承诺净利润数总和×本次交易金额−累计已补偿金额。

补充协议同时约定，出现下列情形，A公司有权要求B公司回购标的股份：B公司无法按照规定的期限内向证监会提交首次公开发行上市申报材料；B公司撤回IPO申请材料、申请被否决、被终止等情形；B公司控股股东、实际控制人、管理层重要成员或核心技术人员出现不履行竞业禁止义务的行为，或发生重大违法违规行为，并对公司后续发展或上市产生重大不利影响；B公司发生重大违法违规行为及其他对公司后续发展或上市产生重大不利影响的情形。回购价格=A公司认购标的股份的投资款（12000万元）×（1+

---

① 杨燕萍. 附有对赌协议的股权投资业务会计处理思考［J］. 财会通讯，2021（11）：103−105+110.

8%×T/365）－乙方累计取得的 B 公司分红（双方约定按 8% 的年利率作为利息补偿）。

问题：①A 公司对 B 公司的投资应如何进行会计处理？②当 B 公司业绩未达标时，A 公司收到 C 公司支付的补偿款如何进行会计处理？

2. 具体会计处理分析

本案例投资协议涉及 A 公司（投资方）、B 公司（增资方）及 C 公司（实际控制人），根据投资协议条款，该协议可以理解为 A 公司对 B 公司的投资协议及 A 公司与 C 公司之间的业绩补偿及股份回购协议。具体分析如下：

（1）判断 A 公司对 B 公司的投资是债权投资还是股权投资。根据金融工具相关准则的规定，对于金融负债和权益工具的区别，主要从 B 公司的角度进行确认。本案例中业绩补偿期内，若 2018~2020 年净利润数分别低于上述承诺数额的 90%，则 A 公司有权要求 C 公司以现金方式进行补偿，并且 B 公司在规定的期限内无法完成上市等情形下 A 公司可以要求 B 公司回购全部股份。增资协议和补充协议是 A 公司、B 公司及 C 公司之间的协议；承担现金支付和回购义务的是实际控制人 C 公司与 A 公司之间的协议。因此，从 B 公司角度可以视为权益工具。另外，从 A 公司角度来看，表面上来看在 B 公司业绩不达标时获得现金补偿具有某些债权投资的特征，但是现金补偿价格可以作为股东享受的超额分配，因此可以作为股权投资进行会计处理。

（2）股权投资及业绩补偿的会计处理。

1）将股权投资直接指定为以公允价值计量且其变动计入当期损益的金融资产。根据《企业会计准则第 2 号——长期股权投资》相关规定，风险投资机构这类主体持有的股权投资可在初始确认时直接指定为以公允价值计量且其变动计入当期损益的金融资产。

2）没有直接指定为以公允价值计量且其变动计入当期损益的金融资产。如果 A 公司没有将该类股权投资直接指定为以公允价值计量且其变动计入当期损益的金融资产，则 A 公司应根据《企业会计准则第 2 号——长期股权投资》的相关规定进行会计处理。本案例中 A 公司对 B 公司具有重大影响，因此 A 公司对 B 公司的投资应作为联营企业投资，按权益法核算。

C 公司对 A 公司的业绩补偿是源于 A 公司向 B 公司增资，涉及股权交易，可以参考《企业会计准则第 2 号——长期股权投资》应用指南中关于非同一控制下企业合并形成的长期股权投资的或有对价的相关规定。根据企业合并准则和金融工具准则的相关规定，A 公司应收 C 公司的业绩补偿款是现金补偿，属于一项金融资产，并且其在特定日期产生的现金流量并非仅为对本金和利息的支持，因此应当分类为以公允价值计量且其变动计入当期损益的金融资产。

当 A 公司对该投资按长期股权投资核算时，如果 B 公司的业绩未达标，很可能表明该长期股权投资存在减值迹象，A 公司应在资产负债表日按照《企业会计准则第 8 号——资产减值》的相关规定对长期股权投资进行减值测试，根据测试结果进行相关的会计处理。

3）C 公司对 A 公司的回购承诺的会计处理。根据协议规定，在一定条件下 A 公司可按照约定的公式计算的价款向丙方出售相关股权，这是一个典型的卖出期权，应作为一项衍生金融工具核算，并以公允价值计量且变动计入当期损益。

综上所述，国际会计准则理事会作为全球公认的、高质量的国际财务报告准则制定机构，其研究成果及准则发展动向代表了国际会计领域的发展方向；为实现全球会计准则的统一，提高企业会计处理的可比性，推动资本在全球的顺畅流动，国际会计准则理事会为制定一部高质量的国际会计准则倾注了大量的精力。目前针对对赌协议相关会计处理尚未形成统一的会计处理模式，我国现行的企业会计准则对对赌协议的会计处理也散见于其他各项准则，因此笔者认为，实务中对附有对赌协议的股权投资业务性质的理解及相关会计处理存在分歧。

①关于私募股权投资对赌协议签订的会计处理。综合分析我国企业会计准则的相关规定，应该将或有对价确认为衍生金融工具，以公允价值计量并将其公允价值变动计入损益。这与国际财务报告准则的要求一致。在我国过去的私募股权投资实践中，上述准则精神的执行情况不甚理想，应该加强企业会计准则相关规定的综合分析和研究，吃透准则精神，更好地理解和贯彻上述准则精神。

②关于私募股权投资对赌协议执行的会计处理。企业会计准则尚缺乏明确的规定。实践中，虽然投资方多将获得的业绩补偿确认为营业外收入，但是这种做法背后隐含的假设是对赌协议执行行为与私募股权投资行为是两个独立事件。事实上，它们之间具有很密切的关联性。因此，将业绩补偿作为长期股权投资价值调整处理或许更符合经济实质。从另一角度来说，投资方得到补偿的前提是目标公司没有达到业绩承诺。目标公司没有达到业绩承诺，就意味着私募股权投资是基于被高估的业绩进行定价的。因此，如果将获得的业绩补偿作为营业外收入确认，就应该同时计提长期股权投资减值准备。

③尽快针对对赌协议实务会计处理制定统一的会计处理原则。目前，我国关于附有对赌协议的股权投资业务主要通过《企业会计准则第2号——长期股权投资》《〈企业会计准则第2号——长期股权投资〉应用指南》《企业会计准则第37号——金融工具列报》《企业会计准则第22号——金融工具确认和计量》《企业会计准则第13号——或有事项》进行会计处理。实务中的会计处理模式不尽相同，而且实务中针对对赌协议相关的会计处理存在较大分歧。这造成了现行附有对赌协议的股权投资业务的会计处理不具有可比性，随意性较大。笔者建议相关准则制定部门结合我国实际国情尽快出台关于符合针对对赌协议的股权投资业务的会计处理操作指引，对对赌协议的签订和执行过程中相关会计处理提供详细的指南规定，在保证附有对赌协议的股权投资业务会计处理灵活性的同时，提高附有对赌协议的股权投资业务会计处理的适用性。此外，附有对赌协议的股权投资业务会计处理要按照权责发生制的要求进行相应的会计处理，提高会计信息的可比性和合理性。

（三）私募股权投资中涉及对赌协议的会计处理

随着私募股权投资的发展，对赌协议应用增多。对赌协议是投资方和目标企业双方对企业未来发展签订的契约，协议签订的目的在于降低投资方的投资风险，在我国已经形成了"无对赌、不风投"的一致意见。有一种基金是给一些特殊的投资者设计的，这种基金就是私募基金。特殊的投资者分为两类：第一类是该公司有资历的股东或者是特定的投资者；第二类是社会上的金融机构。

在融资方的会计处理中，当发生货币补偿和股权回购时，多为计入营业外支出和财务费用，但对初始确认的计量各有不同意见，如《监管规则适用指引——会计类第1号》，对于附回售条款的股权投资，"从被投资方角度看，由于被投资方存在无法避免的向投资方交付现金的合同义务，应分类为金融负债进行会计处理"。①

因此，企业在引进投资的时候，如果需要签订对赌协议，对于设定业绩指标要十分慎重。投资者签订对赌协议的主体分为三种：一是目标公司的股东或者实际控制人；二是目标公司；三是前两者均作为签约主体。选择签约主体，投资者应当考量以下因素：股东、实际控股人、目标公司的财务现状；目标公司经营项目的前景评估；目标公司管理层结构；目标公司有无实际经营；适用法律问题及政策规范；其他相关因素。一般来说，与目标公司股东"对赌"相较于目标公司，在法律约束上更少，操作程序更为简便和高效。

1. 融资方的会计处理

大部分学者认为，在融资方进行股权回购及现金补偿时应该对财务费用和营业外支出费用，分别进行针对性的处理。学者对于融资方初期投资时的确定也存在着不同的观点。部分学者认为，当融资方在进行会计处理时，其接受初始投资是在确认股本的同时冲减资本公积，并以此为依据确定交易性金融负债及长期应付款。

面对不同的看法，证监会的明确指引具有标志性意义。如果将其确认为金融负债，企业的净资产将会变为负数，影响多种业务的拓展，并且与工商登记出现出入。从投资方的角度来说，私募基金投资的目的并不是获得稳定的债权收益，而是促进企业的发展，通过长期投资来使企业资本增值并获得收益。

2. 投资方的会计处理

投资方在进行初始投资时，应进行系统的会计处理，将投资价款和期权的差额计入长期股权投资。部分学者认为，投资方在进行会计处理的过程中，可以将初始投资混合工具中的期权拆分为交易性金融资产，并将主合同作为融资企业的一项长期负债。投资方获得现金补偿时，则可以确认营业外收入；获得利息时，则可确认为投资收益。但部分学者也认为，企业之间的借贷行为并没有具体的法律依据，因此不被认可，不符合股权投资的实质。

综上所述，对赌协议在我国的应用范围越来越广泛，促进了私募股权投资活动的发展。在国内资本市场逐渐发展的过程中，对赌协议避免了一些私募股权投资可能出现的问题，在私募股权投资下进行对赌协议能够激励管理层和降低信息不对称的影响。

---

① 李雪轶. 探析对赌协议中金融工具的会计属性与分类 [J]. 会计之友，2020 (13)：42-46.

第六节 企业股权投资中的财务报告

一、财务报告目标

在我国，财务报告目标是向财务报告使用者提供与企业财务状况、经营成果和现金流量等有关的会计信息，反映企业管理层受托责任履行情况，有助于财务报告使用者做出经济决策。

企业的投资者、债权人、政府需要不同的会计信息，从总体上来说，财务报告基本上可以满足不同财务报告使用者的需求。一是通过资产负债表提供企业财务状况方面的信息。资产负债表可以提供某一日期资产的总额及其结构，即企业拥有或控制的资源及其分布情况；也可以提供某一日期的负债总额及其结构，即企业未来需要偿付的债务及清偿时间；还可以反映某一日期所有者拥有的权益，据以判断资本保值、增值情况，以及对负债的偿还能力。二是通过利润表反映有关企业的经营成果信息。利润表可以反映企业一定会计期间的收入实现情况和费用耗费情况，使投资者判断企业的资本保值、增值情况。三是通过现金流量表体现企业现金流量信息。现金流量表可以反映企业在一定会计期间现金和现金等价物流入和流出的具体情况，帮助使用者了解现金流量的影响因素，评价企业的支付能力、偿债能力和现金周转能力等，为其决策提供依据。四是通过所有者权益变动表反映所有者权益变动的情况。

二、资产负债表的制定

(一) 资产负债表概述

资产负债表，是指反映企业在某一特定日期财务状况的报表。该表设计的依据是：资产=负债+所有者权益。其中，资产和负债应当分别以流动资产和非流动资产、流动负债和非流动负债列示。

对于在资产负债表日起一年内到期的负债，企业预计能够自主地将清偿义务展期至资产负债表日后一年以上的，应当归类为非流动负债；不能自主地将清偿义务展期的，即使在资产负债表日后、财务报告批准报出日前签订了重新安排清偿计划协议，该项负债仍应归类为流动负债。

企业在资产负债表日或之前违反了长期借款协议，导致贷款人可随时要求清偿的负债，应当归类为流动负债。贷款人在资产负债表日或之前同意提供在资产负债表日后一年以上的宽限期，企业能够在此期限内改正违约行为且贷款人不能要求随时清偿，该项负债应当归类为非流动负债。

（二）资产负债表的编制①

（1）直接根据总账科目的余额填列的项目有交易性金融资产、固定资产清理、长期待摊费用、递延所得税资产、短期借款、交易性金融负债、应付票据、应付职工薪酬、应交税费、应付股利、其他应付款、递延所得税负债、实收资本、资本公积、库存股、盈余公积等。

（2）根据总账科目的余额计算填列的项目有货币资金、存货、未分配利润等。例如，"货币资金"项目，应当根据"库存现金""银行存款""其他货币资金"等科目的期末余额合计填列。

（3）根据有关明细科目的余额分析计算填列的项目有应收账款、预付账款、应付账款、预收账款等。例如，"应收账款"项目，应当根据"应收账款"和"预收账款"等科目所属明细科目期末借方余额的合计填列；"应付账款"项目，应当根据"应付账款"和"预付账款"等科目所属明细科目期末贷方余额的合计填列。

（4）根据总账科目和明细科目的余额分析计算填列的项目有长期应收款、持有至到期投资、一年内到期的非流动资产、长期借款、应付债券、长期应付款、一年内到期的非流动负债等。例如，"长期应收款"项目，通常应当根据"长期应收款"总账科目余额，减去"未实现融资收益"总账科目余额，再减去所属相关明细科目中将于一年内到期的部分填列；"长期借款"项目应当根据"长期借款"总账科目余额扣除"长期借款"科目所属明细科目中将于一年内到期的部分填列；"应付债券"项目应当根据"应付债券"总账科目余额扣除"应付债券"科目所属明细科目中将于一年内到期的部分填列；"长期应付款"项目，应当根据"长期应付款"总账科目余额，减去"未确认融资费用"总账科目余额，再减去所属相关明细科目中将于一年内到期的部分填列。

（5）根据总账科目与其备抵科目抵销后的净额填列的项目有应收账款、其他应收款、存货、持有至到期投资、长期股权投资、固定资产、无形资产、在建工程等。例如，"存货"项目，应当根据"原材料""库存商品""发出商品""周转材料"等科目期末余额，减去"存货跌价准备"科目期末余额后的金额填列；"持有至到期投资"项目，应当根据"持有至到期投资"科目期末余额，减去"持有至到期投资减值准备"科目期末余额后的金额填列；"固定资产"项目，应当根据"固定资产"科目期末余额，减去"累计折旧""固定资产减值准备"等科目期末余额后的金额填列；"无形资产"项目，应当根据"无形资产"科目期末余额，减去"累计摊销""无形资产减值准备"等科目期末余额后的金额填列。

（三）资产负债表日后事项

资产负债表日后事项，是指资产负债表日至财务报告批准报出日之间发生的有利或不利事项；包括资产负债表日后调整事项和资产负债表日后非调整事项两类。

资产负债表日包括会计年度末和会计中期期末。年度资产负债表日是指每年的12月

---

① 赵玉珍，郭雅哲，赵俊梅. 资产负债表项目填列存在的问题及改进建议［J］. 财务与会计，2020（19）：81.

31 日，中期资产负债表日是指各会计中期期末，包括各月的月末、季度末，以及作为半年度末的 6 月 30 日。财务报告批准报出日是指董事会或类似机构批准财务报告报出的日期。对于公司制企业而言，对财务报告承担法律责任的是董事会，因此财务报告批准报出日是指董事会批准财务报告报出的日期，而不是股东大会审议批准的日期，也不是注册会计师出具审计报告的日期。非公司制企业财务报告批准报出日是指经理（厂长）会议或类似机构批准财务报告报出的日期。有利或不利事项，如果该期间发生的某些事项对企业"有利"或者"不利"，那么不管该事项是否需要在财务报告中披露，都属于资产负债表日后事项；反之，如果资产负债表日后发生的某些事项对企业并无任何影响，那就不属于资产负债表日后事项。至于资产负债表日后事项涵盖的期间，则是指资产负债表日后至财务报告批准报出日之间。①

1. 资产负债表日后调整事项

资产负债表日后调整事项，是指对资产负债表日已经存在的情况提供了新的或进一步证据的事项。通常来讲，调整事项具有以下特点：一是有关情况在资产负债表日已经存在，资产负债表日后得以证实的事项。二是对按资产负债表日存在的状况编制的财务报表产生重大影响的事项。

企业发生的资产负债表日后调整事项，通常包括下列各项：一是资产负债表日后诉讼案件结案，法院判决证实了企业在资产负债表日已经存在现时义务，需要调整原先确认的与该诉讼案件相关的预计负债，或确认一项新负债。二是资产负债表日后取得确凿证据，表明某项资产在资产负债表日发生了减值或者需要调整该项资产原先确认的减值金额。三是资产负债表日后进一步确定了资产负债表日前购入资产的成本或售出资产的收入。四是资产负债表日后发现了财务报表舞弊或差错。如果是涉及损益的事项，通过"以前年度损益调整"科目核算。如果是涉及利润分配调整的事项，直接在"利润分配——未分配利润"科目核算。如果不涉及损益及利润分配的事项，则调整相关科目。同时，还应调整会计报表相关项目的数字（可能需要调整相关项目的年初数），如果涉及会计报表附注的，应当调整会计报表附注相关项目的数字。

2. 资产负债表日后非调整事项

资产负债表日后非调整事项，是指表明资产负债表日后发生的情况的事项。对于重要的非调整事项，如不加以说明，将会影响财务报告使用者做出正确估计和决策，因此应在附注中披露每项重要的资产负债表日后非调整事项的性质、内容，以及其对财务状况和经营成果的影响。无法做出估计的，应当说明原因。

企业发生的资产负债表日后非调整事项，主要包括：资产负债表日后发生重大诉讼、仲裁、承诺；资产负债表日后资产价格、税收政策、外汇汇率发生重大变化；资产负债表日后因自然灾害导致资产发生重大损失；资产负债表日后发行股票和债券及其他巨额举债；资产负债表日后资本公积转增资本；资产负债表日后发生巨额亏损；资产负债表日后发生企业合并或处置子公司；资产负债表日后企业利润分配方案中拟分配的及经审议批准

---

① 孙参运. 资产负债表日后调整事项会计处理的案例分析 [J]. 财务与会计，2022（19）：34-37.

宣告发放的现金股利或利润。

三、利润表的制定

(一)利润表概述

利润表是反映企业在一定会计期间的经营成果的报表。利润表的依据:收入－费用＝利润。在编制上,同样存在如下区分:一是利润表中大部分项目根据各损益类科目的发生额填列。例如,"税金及附加""销售费用""管理费用""财务费用""资产减值损失""公允价值变动收益""投资收益""资产处置收益""其他收益""营业外收入""营业外支出"等项目应根据相应损益科目的发生额填列。二是利润表中有些项目根据有关项目发生额填列。例如,"营业收入"项目应根据"主营业务收入""其他业务收入"发生额填列;"营业成本"项目应根据"主营业务成本""其他业务成本"发生额填列。三是利润表中有些项目需要根据报表项目填列。例如,"营业利润""利润总额""净利润"等项目需要根据报表项目金额填列。四是利润表有些项目应根据相应的报表项目填列,如"基本每股收益""稀释每股收益"等项目。

(二)每股收益

每股收益是指普通股股东每持有一股普通股所能享有的企业净利润或需承担的企业净亏损。每股收益包括基本每股收益和稀释每股收益。

1. 基本每股收益

基本每股收益只考虑当期实际发行在外的普通股股份,按照归属普通股股东当期净利润除以当期实际发行在外普通股的加权平均数计算确定。其计算公式为:

$$基本每股收益 = \frac{归属普通股股东的当期净利润}{当期实际发行在外普通股加权平均数}$$

其中,归属普通股股东的当期净利润是指当期实现的可供普通股股东分配的净利润或分担的净亏损,为当期实现净利润扣除分配给优先股股东的利润。当期实际发行在外普通股加权平均数是指期初发行在外普通股股数根据当期新发行或回购的普通股股数与相应时间权数的乘积进行调整后的股数。库存股不属于发行在外的普通股,计算时应扣除。其计算公式为:

$$发行在外普通股加权平均数 = 期初发行在外普通股股数 +$$
$$\frac{当期新发行普通股股数×已发行时间}{报告期时间} - \frac{当期回购普通股股数×已回购时间}{报告期时间}$$

2. 稀释每股收益

稀释每股收益以基本每股收益为基础,假设企业所有发行在外的稀释性潜在普通股均已转换为普通股,从而分别调整归属普通股股东的当期净利润及发行在外普通股的加权平均数计算的每股收益。潜在普通股主要包括可转换公司债券、认股权证、股份期权等。稀释性潜在普通股是指假设当期转换为普通股会减少每股收益或增加每股亏损的潜在普通股。归属于普通股股东的当期净利润为考虑当期已确认为费用的稀释性潜在普通股的利息和稀释性潜在普通股转换时将产生的收益或费用后的余额。

计算稀释每股收益时，当期发行在外普通股的加权平均数应当为计算基本每股收益的加权平均数与假定稀释性潜在普通股转换为已发行普通股而增加的普通股股数的加权平均数之和。

四、现金流量表的制定

现金流量表是反映企业在一定会计期间现金和现金等价物流入和流出的报表。现金是企业库存现金及可以随时用于支付的存款，包括库存现金、银行存款、其他货币资金。现金等价物是企业持有的期限短、流动性强、易于转换为已知金额现金、价值变动风险很小的投资。期限短，一般是指从购买日起 3 个月内到期。现金等价物通常包括 3 个月内到期的债券投资等。

（一）"经营活动产生的现金流量"各项目的内容

"经营活动产生的现金流量"各项目的内容见表 13-22。

表 13-22　经营活动产生的现金流量

1	"销售商品、提供劳务收到的现金"项目
	销售商品、提供劳务收到的现金＝"营业收入"项目＋销项税额－（应收票据项目期末余额－期初余额）－〔（应收账款项目期末余额＋坏账准备余额）－（应收账款项目期初余额＋坏账准备余额）〕－（预收账款项目期初余额－期末余额）－贴现息－坏账损失－非现金偿还的债权
2	"收到的税费返还"项目
	该项目反映企业收到返还的各种税费，包括收到返还的增值税、消费税、关税、所得税、教育费附加等
3	"收到的其他与经营活动有关的现金"项目
	该项目反映企业除了上述各项目以外所收到的其他与经营活动有关的现金流入，如罚款收入、流动资产损失中由个人赔偿的现金收入、经营租赁租金等。若某项其他与经营活动有关的现金流入金额较大，应单列项目反映。本项目可以根据"库存现金""银行存款""营业外收入"等科目的记录分析确定
4	"购买商品、接受劳务支付的现金"项目
	购买商品、接受劳务支付的现金＝"营业成本"项目＋进项税额＋（存货项目期末余额－期初余额）－（存货跌价准备期末余额－期初余额）－（应付票据项目期末余额－期初余额）－（应付账款项目期末余额－期初余额）－（预付账款项目期初余额－期末余额）－生产工人及车间管理人员工资－非现金支付的制造费用－非现金偿还的债务
5	"支付给职工以及为职工支付的现金"项目
	该项目反映企业实际支付给职工，以及为职工支付的现金。企业代扣代缴的职工个人所得税，也在本项目反映。本项目不包括支付给离退休人员的各项费用及支付给在建工程人员的工资及其他费用。企业支付给离退休人员的各项费用（包括支付的统筹退休金及未参加统筹的退休人员的费用），在"支付其他与经营活动有关的现金"项目中反映；支付给在建工程人员的工资及其他费用，在"购建固定资产、无形资产和其他长期资产支付的现金"项目反映

6	"支付的各项税费"项目
	包括企业本期发生并支付的税费，以及本期支付以前各期发生的税费和本期预交的税费，包括所得税、增值税、消费税、土地增值税、房产税、车船使用税、印花税、教育费附加、矿产资源补偿费等，但不包括计入固定资产价值的、实际支付的耕地占用税，也不包括本期退回的增值税、所得税
7	"支付的其他与经营活动有关的现金"项目
	如经营租赁支付的租金、罚款支出、支付的差旅费、业务招待费、保险费等

（二）"投资活动产生的现金流量"各项目的内容

"投资活动产生的现金流量"各项目的内容见表13-23。①

表13-23　投资活动产生的现金流量

1	"收回投资收到的现金"项目
	该项目反映企业出售、转让或到期收回除现金等价物以外的对其他企业的权益工具、债务工具和合营中的权益。收到债务工具实现的投资收益和处置子公司及其他营业单位收到的现金净额不包括在本项目内
2	"取得投资收益收到的现金"项目
	该项目反映企业除现金等价物以外的对其他企业的权益工具、债务工具和合营中的权益投资分回的现金股利、利息等，不包括股票股利
3	"处置固定资产、无形资产和其他长期资产收回的现金净额"项目
	该项目反映企业处置固定资产、无形资产和其他长期资产所收到的现金，减去为处置这些资产而支付的有关费用后的净额，包括因自然灾害所造成的固定资产等长期资产损失而收到的保险赔偿收入。如果所收回的现金净额为负数，则应在"支付其他与投资活动有关的现金"项目反映
4	"处置子公司及其他营业单位收到的现金净额"项目
	该项目反映企业处置子公司及其他营业单位所取得的现金，减去相关处置费用及子公司和其他营业单位持有的现金和现金等价物后的净额
5	"收到其他与投资活动有关的现金"项目
	该项目反映企业除了上述各项目以外，所收到的其他与投资活动有关的现金流入，如企业收回购买股票和债券时支付的已宣告但尚未领取的现金股利或已到付息期但尚未领取的债券利息。若其他与投资活动有关的现金流入金额较大，应单列项目反映
6	"购建固定资产、无形资产和其他长期资产支付的现金"项目
	该项目反映企业本期购买、建造固定资产、取得无形资产和其他长期资产所实际支付的现金，以及用现金支付的应由在建工程和无形资产负担的职工薪酬。但是不包括为购建固定资产而发生的借款利息资本化的部分，以及融资租入固定资产支付的租赁费。企业支付的借款利息和融资租入固定资产支付的租赁费，在筹资活动产生的现金流量中反映

---

① 王庆政．探究现金流量管理措施及其在企业财务管理中的作用 [J]．财经界，2016（6）：210．

	"投资支付的现金"项目
7	该项目反映企业取得除现金等价物以外的对其他企业的权益工具、债务工具和合营中的权益所支付的现金，以及支付的佣金、手续费等附加费用
	"取得子公司及其他营业单位支付的现金净额"项目
8	该项目反映企业购买子公司及其他营业单位购买出价中以现金支付的部分，减去子公司及其他营业单位持有的现金和现金等价物后的净额
	"支付其他与投资活动有关的现金"项目
9	该项目反映企业除上述各项以外所支付的其他与投资活动有关的现金流出，如企业购买股票时实际支付的价款中包含的已宣告而尚未领取的现金股利，购买债券时支付的价款中包含的已到期但尚未领取的债券利息等。若某项其他与投资活动有关的现金流出金额较大，应单列项目反映

（三）"筹资活动产生的现金流量"各项目的内容

"筹资活动产生的现金流量"各项目的内容见表13-24。

表13-24 筹资活动产生的现金流量

	"吸收投资收到的现金"项目
1	该项目反映企业以发行股票、债券等方式筹集资金实际收到的款项，减去直接支付的佣金、手续费、宣传费、咨询费、印刷费等发行费用后的净额
2	"取得借款收到的现金"项目
	该项目反映企业举借各种短期、长期借款实际收到的现金
3	"收到其他与筹资活动有关的现金"项目
	该项目反映企业除上述各项目外所收到的其他与筹资活动有关的现金流入，如接受现金捐赠等
4	"偿还债务支付的现金"项目
	该项目反映企业偿还债务本金所支付的现金，包括偿还金融企业的借款本金、偿还债券本金等。企业支付的借款利息和债券利息在"分配股利、利润或偿付利息支付的现金"项目反映，不包括在本项目内
5	"分配股利、利润或偿付利息支付的现金"项目
	该项目反映企业实际支付的现金股利、支付给其他投资单位的利润或用现金支付的借款利息、债券利息等
6	"支付其他与筹资活动有关的现金"项目
	该项目反映企业除上述各项目外所支付的其他与筹资活动有关的现金流出，如捐赠现金支出、融资租入固定资产支付的租赁费等

（四）现金流量表计算方法

直接法，即以本期净利润为起点，通过调整不涉及现金的收入、费用、营业外收支及经营性应收应付等项目的增减变动，据此计算并列示经营活动的现金流量的方法。对利润表中按照权责发生制确认计量的项目进行调整：一是当期存货及经营性应收和应付项目的变动；二是固定资产折旧、无形资产摊销、计提资产减值准备等其他非现金项目；三是属于投资活动或筹资活动现金流量的其他非现金项目。

采用间接法列报经营活动产生的现金流量净额时，主要需要调整四大类项目：一是实际没有支付现金的费用；二是实际没有收到现金的收益；三是不属于经营活动的损益；四是经营性应收应付项目的增减变动。在净利润的基础上调整，影响利润的、属于经营活动的、有现金流的不需要调整，没有现金流的才需要调整，比如折旧，它影响利润、属于经营活动但没有现金流，所以需要调整。其他内容原理相同。相关内容见图 13-6。

本年利润

主营业务成本	主营业务收入
其他业务成本	其他业务收入
营业税金及附加	公允价值变动收益
管理费用	投资收益
销售费用	营业外收入
财务费用	
资产减值损失	
营业外支出	
所得税费用	

净利润

图 13-6　本期净利润调整

五、所有者权益变动表的制定

所有者权益变动表，是反映构成所有者权益各组成部分当期增减变动情况的报表。其包括所有者权益总量的增减变动、所有者权益增减变动的重要结构信息。[1]

（一）"上年末余额"项目

"上年末余额"项目，应根据上年资产负债表中"实收资本（或股本）""资本公积""其他综合收益""盈余公积""未分配利润"等项目的年末余额填列，见表 13-25。

表 13-25　"上年末余额"项目

项目	本年金额							
	实收资本（或股本）	资本公积	减：库存股	其他综合收益	盈余公积	未分配利润	其他	所有者权益合计
一、上年末余额								

---

[1] 杨有红. 基于综合收益列报的报表勾稽关系重构 [J]. 会计之友，2020（6）：2-8.

（二）"会计政策变更"和"前期差错更正"项目

"会计政策变更"和"前期差错更正"项目，应根据"盈余公积""利润分配""以前年度损益调整"等科目的发生额填列，并在"上年末余额"的基础上调整得出"本年初金额"项目，见表13-26。

表13-26　"会计政策变更"和"前期差错更正"项目

项目	本年金额							
	实收资本（或股本）	资本公积	减：库存股	其他综合收益	盈余公积	未分配利润	其他	所有者权益合计
一、上年末余额								
加：会计政策变更								
前期差错更正								

（三）"本年增减变动金额"项目

1. "综合收益总额"项目

"综合收益总额"项目，反映企业当年的综合收益总额，应根据当年利润表中"其他综合收益的税后净额"和"净利润"项目填列，并对应列在"其他综合收益"和"未分配利润"栏，见表13-27。

表13-27　"本年增减变动金额"项目

项目	本年金额							
	实收资本（或股本）	资本公积	减：库存股	其他综合收益	盈余公积	未分配利润	其他	所有者权益合计
一、上年末余额								
加：会计政策变更								
前期差错更正								
二、本年初余额								
三、本年培养变动金额								
（一）综合收益总额								

2. "所有者投入和减少资本"项目

"所有者投入和减少资本"项目，反映企业当年所有者投入的资本和减少的资本。其中，"所有者投入资本"项目，反映企业接受投资者投入形成的实收资本（或股本）和资本公积，应根据"实收资本""资本公积"等科目的发生额填列，并对应列在"实收资本"和"资本公积"栏。"股份支付计入所有者权益的金额"项目，反映企业处于等待期中的权益结算的股份支付当年计入资本公积的金额，应根据"资本公积"科目所属的"其他资本公积"二级科目的发生额填列，并对应列在"资本公积"栏，见表13-28。

表 13-28 　"所有者投入和减少资本"项目

项目	本年金额							
	实收资本（或股本）	资本公积	减：库存股	其他综合收益	盈余公积	未分配利润	其他	所有者权益合计
一、上年末余额								
加：会计政策变更								
前期差错更正								
二、本年初余额								
三、本年增减变动金额								
（一）综合收益总额								
（二）所有者投入和减少资本								
1. 所有者投入资本								
2. 股份支付计入所有者权益的金额								

3. "本年利润分配"下各项目

"本年利润分配"下各项目，反映当年对所有者（或股东）分配的利润（或股利）金额和按照规定提取的盈余公积金额，并对应列在"未分配利润"和"盈余公积"栏。"提取盈余公积"项目，反映企业按照规定提取的盈余公积，应根据"盈余公积""利润分配"科目的发生额分析填列。"对所有者（或股东）的分配"项目，反映对所有者（或股东）分配的利润（或股利）金额，应根据"利润分配"科目的发生额填列，见表13-29。

表 13-29　"本年利润分配"下各项目

项目	本年金额							
	实收资本（或股本）	资本公积	减：库存股	其他综合收益	盈余公积	未分配利润	其他	所有者权益合计
一、上年末余额								
加：会计政策变更								
前期差错更正								
二、本年初余额								
三、本年增减变动金额								
（一）综合收益总额								
（二）所有者投入和减少资本								
1.所有者投入资本								
2.股份支付计入所有者权益的金额								
3.其他								
（三）本年利润分配								
1.提取盈余公积								
2.对所有者（或股东）的分配								
3.其他								

4. "所有者权益内部结转"下各项目

"所有者权益内部结转"下各项目，反映不影响当年所有者权益总额的所有者权益各组成部分之间当年的增减变动，包括资本公积转增资本（或股本）、盈余公积转增资本（或股本）、盈余公积弥补亏损等。其中，"资本公积转增资本（或股本）"项目，反映企业以资本公积转增资本或股本的金额，应根据"实收资本""资本公积"等科目的发生额填列。"盈余公积转增资本（或股本）"项目，反映企业以盈余公积转增资本或股本的金额，应根据"实收资本""盈余公积"等科目的发生额填列。"盈余公积弥补亏损"项目，反映企业以盈余公积弥补亏损的金额，应根据"盈余公积""利润分配"等科目的发生额填列（见表 13-30）。

表 13-30 "所有者权益内部结转"下各项目

项目	本年金额							
	实收资本（或股本）	资本公积	减：库存股	其他综合收益	盈余公积	未分配利润	其他	所有者权益合计
一、上年末余额								
加：会计政策变更								
前期差错更正								
二、本年初余额								
三、本年增减变动金额								
（一）综合收益总额								
（二）所有者投入和减少资本								
1.所有者投入资本								
2.股份支付计入所有者权益的金额								
3.其他								
（三）本年利润分配								
1.提取盈余公积								
2.对所有者（或股东）的分配								
3.其他								
（四）所有者权益内部结转								
1.资本公积转增资本（或股本）								
2.盈余公积转增资本（或股本）								
3.盈余公积弥补亏损								
4.其他								

六、合并财务报表的制定

（一）合并财务报表概述

合并财务报表，是指反映母公司和其全部子公司形成的企业集团整体财务状况、经营成果和现金流量的财务报表。其包括合并资产负债表、合并利润表、合并现金流量表、合并所有者权益变动表（或股东权益变动表）和附注。[①]

合并财务报表的合并范围以控制为基础予以确定。控制是指投资方拥有对被投资方的权力，通过参与被投资方的相关活动而享有可变回报，并且有能力运用对被投资方的权力影响其回报金额。实现控制须具备的基本要素：一是因涉入被投资方而享有可变回报；二

---

① 尹伯华．新会计准则下企业合并财务报表问题研究［J］．财政监督，2020（16）：99-104.

是拥有对被投资方的权力，并且有能力运用对被投资方的权力而影响其回报的金额。

（二）合并财务报表编制的前期准备事项

一是统一母子公司的会计政策；二是统一母子公司的资产负债表日及会计期间；三是对子公司以外币表示的财务报表进行折算；四是收集编制合并财务报表的相关资料。相关资料具体包括但不限于子公司相应期间的财务报表；与母公司及与其他子公司之间发生的内部购销交易、债权债务、投资及其产生的现金流量和未实现内部销售损益的期初、期末余额及变动情况资料；子公司所有者权益变动和利润分配的有关资料；编制合并财务报表所需的其他资料。

（三）合并报表的编制程序

（1）设置合并工作底稿。

（2）将有关个别报表数据并入合并工作底稿。将母公司、纳入合并范围的子公司个别资产负债表、利润表、所有者权益变动表各项目的数据并入合并工作底稿，并在合并工作底稿中对母公司和子公司个别财务报表各项目的数据进行加总，计算各报表项目的合计数。

（3）编制调整分录和抵销分录。

（4）计算合并财务报表各项目的合并数额。一是资产类项目的合计数，根据该项目加总的数额，加上该项目调整分录和抵销分录的借方发生额，减去该项目调整分录和抵销分录的贷方发生额计算确定。二是负债类项目和所有者权益类项目的合计数，根据该项目加总的数额，加上该项目调整分录和抵销分录的贷方发生额，减去该项目调整分录和抵销分录的借方发生额计算确定。三是有关收益类项目的合计数，根据该项目加总的数额，加上该项目调整分录和抵销分录的贷方发生额，减去该项目调整分录和抵销分录的借方发生额计算确定。四是有关成本费用类项目和有关利润分配项目的合计数，根据该项目加总的数额，加上该项目调整分录和抵销分录的借方发生额，减去该项目调整分录和抵销分录的贷方发生额计算确定。

（5）填列合并财务报表。

（四）编制合并财务报表需要抵销的项目

（1）编制合并资产负债表需要抵销的项目。母公司对子公司股权投资项目与子公司所有者权益（股东权益）项目抵销；母公司与子公司、子公司与子公司之间未结算的内部债权债务项目抵销；内部购进存货价值中包含的未实现内部销售损益抵销；内部购进固定资产价值中包含的未实现内部销售损益抵销；内部购进无形资产价值中包含的未实现内部销售损益抵销。

（2）编制合并利润表和合并所有者权益变动表需要抵销的项目。内部销售收入和销售成本项目抵销；内部投资收益抵销，包括内部利息收益、股权投资收益；资产减值损失项目抵销，包括内部交易相关的应收账款、存货、固定资产、无形资产等项目的资产减值损失；母公司对子公司投资收益与子公司当年利润分配抵销。

（3）编制合并现金流量表需要调整抵销的项目。

第七节　企业股权投资中的财务管控

企业股权投资是指企业根据自身的战略规划和当前的经济形势，对外进行股权投资的经济活动，通过股权投资，可以实现企业资本保值、增值，有助于提升企业的经济效益和社会效益。

企业在进行股权投资的过程中，需要遵循以下原则：一是严谨性原则，在如今的市场环境下，必须要遵循严谨性原则，谨慎地选择被投资项目及被投资企业。二是科学性原则，应该在投资项目开始之前，针对项目进行可行性分析，并且制订科学的投资方案和计划，形成合理严谨的投资报告，从而实现稳步投资。三是效益性原则，根据投资项目的收益比选择合适的投资项目，提高投资收益率，实现企业的资产保值增值。四是平衡性原则，企业在进行股权投资时，应该考量各个投资项目或者企业的经营情况，合理安排投资资金，将有限的资金投入各个项目中，以求产生最大收益，综合降低投资风险。[①]

一、企业股权投资财务管控必要性

在当前的市场环境下，企业股权投资风险频出，对企业的发展带来一定的隐患。目前，企业股权投资风险主要分为三类：

（1）股权运营风险。其包括管理风险和代理风险。管理风险是指在股权投资之后相关管理人员缺乏良好的管理经验，导致日渐增加的业务不能得到及时的处理，企业内部也不能建立完善的管理制度。代理风险是指被投资企业出于自身利益的考虑，故意隐瞒自身的经济情况，导致后续出现相应的经营风险，最终对企业运营产生不良影响。

（2）股权投资后退出风险。其主要是指企业在何时退出才能实现企业的利益最大化，企业在执行退出程序时，需要相关部门层层审批，周期较长，在退出之后很容易出现投资资金难以回收、资金链断裂等情况，影响企业的发展。

（3）股权投资决策风险。其主要是指在进行股权投资时，相关负责人并不能对投资项目开展尽职调查，从而无法做出专业的投资判断，决策科学性低，导致企业投资失败。目前来讲，投资决策风险是导致股权投资失败的关键性因素。

因此，对企业股权投资开展财务管控十分必要，一方面可以合理安排资金，另一方面可以提高投资决策的科学性，保证企业股权投资顺利进行。

（一）降低财务风险，保证股权投资活动顺利进行

财务风险管理是财务管控的重要内容。通过以上分析，我们可以知道在企业股权投资的各个阶段都会产生一定的风险。因此，必须通过有效的财务管控手段降低风险。例如，在股权投资决策阶段，提升相关负责人的职业道德与经验水平，及时对投资项目或者企业

---

① 黄继红. 风险控制在私募股权投资企业财务管理中的应用 ［J］. 企业改革与管理，2020（21）：187-188.

展开尽职调查，制定科学的可行性报告；在股权运营阶段，提升管理人员的管理水平，制定完善的管理制度与内控体系，选派专业人员在投资项目的各个阶段进行跟踪备案；在股权投资退出之前，要与被投资项目或者企业签订详尽合理的合同报告，并且在项目运营各个阶段展开资金监督管理，避免投资退出之后资金无法回收等情况发生。因此，通过有效的财务管控，可以在各个阶段制定详细的风险管理方案，降低财务风险发生的概率，保证股权投资活动顺利进行。

（二）深化企业改革，是企业发展的需要

企业股权投资财务管控是利用多种财务管理工具，对股权投资项目资金、管理制度、内控方法等进行管控，财务风险的降低有助于企业投资经营管理活动的进一步加强，有利于深化企业改革，它是企业现代化、制度化发展的必然要求。另外，有效的财务管控手段，对企业的经营管理也有着一定的促进作用，能够降低企业的财务风险，提升其决策能力和风险处理能力，这是企业改革发展的需要。

（三）提升经济效益，促进企业发展

财务管控是企业管理的重要范畴，包括财务风险管理、内部控制制定、资金管理、资产优化等内容。通过有效的财务管控，首先，可以实现对经济效益、资金等方面的全面管控，从投资角度来分析项目的可行性，进而降低企业的投资风险，避免了企业资产流失现象；其次，在股权投资中，通过有效的财务管控手段可以及时规范核算股权投资，对企业的财务状况全面掌握，定期对投资项目的收益情况进行对比分析，找出偏差进行纠正，为后续是否再进行投资做出合理的决策安排，减少决策失误等情况出现；最后，财务管控可以将企业投资的资金合理使用到投资项目的各个环节中，对资金进行合理的安排，从而实现最大的经济效益，促进企业的发展。

二、企业股权投资财务管控的建议

通过以上内容可以得知，在企业股权投资中进行财务管控不仅是深化企业改革的需要，也是企业提升经济效益、维持自身发展的需要。①

（一）重视财务风险管理，构建财务风险管理体系

财务风险管控是财务管控的重要组成部分，尤其是在企业股权投资中，由于投资金额较大，并且涉及企业资产安全，在股权投资的各个环节，都要重视风险管理。

第一，强化企业领导者风险管理意识，一些领导者或者决策者在企业股权投资中，存在着求大求全的偏向，偏向于风险性较高、收益性较高的投资项目，但缺乏专业的风险管理经验，没有实施可行性研究分析或者开展详细的尽职调查，这就很有可能导致投资项目失败。因此，企业领导者及股权投资决策者应该树立正确的投资管理观念。一方面，要根据企业的经营情况、战略发展目标、投资项目自身特点谨慎选择项目，做出科学决策，客观预测项目走向；另一方面，要积极扩充专业知识和风险管理经验丰富的风险管理人员，

---

① 王青. 风险控制在私募股权投资企业财务管理中的应用 [J]. 企业改革与管理，2020（9）：105-106.

保证股权投资各个环节都在管控范围内。

第二，构建完善的财务风险管理体系，在投资前阶段，保证决策的科学性，并且加强筹资阶段的资金管理，将长期筹资与短期筹资相结合，备足相应的资金，保证资金供应充足；做好详细的尽职调查，工作流程、各个环节都应该有详细的书面留痕，保证之后有据可查。

第三，加强对投资项目的信息调查。在投资决策之前，进行多方面的专家论证。在投资后阶段，应该落实责任制管理，投资项目的各个环节都需要配备合适的负责人进行管理，对合同订单、进展情况、应收账款、资金状况、盈利情况等进行实时跟踪报备，全面真实了解项目的进展情况，制定合理的风险应对措施。在人员管理方面，要引入富有经验的财务人员进行资金管理和收益研究，找出预期收益与实际收益存在差别的原因，为投资决策人员出具科学真实的财务分析报告，以便投资决策人员做出决断。此外，要加强财务人员的知识技能培训，定期提升其技能水平和职业道德，保证财务人员可以采用正确的财务核算方法进行分析与处理，最终降低整体的财务风险水平，实现股权投资项目顺利开展。

（二）加快改革进程，注重人才引进与培养

随着市场化的逐渐深入，企业改革势在必行，为了更好地吸引和培养优秀人才，做好股权投资工作，企业必须加快改革进程，在现有的体制下对财务管控体系进行深入思考。首先，重视财务管控在股权投资中的作用，由于其涉及资金管理、投资风险管理等，因此是股权投资各个环节中不可缺少的一环。其次，注重财务管控人员的引进与培养，根据市场化机制确定合理的财务管控人员薪酬和培训机制，广纳贤才，提升财务人员的综合业务水平。最后，应该建立科学有效的绩效考核办法，针对财务管控实施情况进行激励，扩展财务管控人员内部晋升渠道，帮助员工快速成长，形成能者多劳的局面，最终提升企业财务管控水平。

（三）加强资金监管，发挥预算作用

为了更好地发挥财务管控在股权投资中的重要作用，必须加强资金监管，合理安排、追踪资金。首先，夯实财务基础工作，提升财务信息化水平，成立财务共享中心降低沟通成本，保证财务人员可以高效处理相关财务工作，选择正确的财务核算方式，提高股权投资的收益率。其次，加强预算管控，建立导向性的预算体系与考核指标，对股权投资的资金进行整体规划，明确资金未来流向，预算的编制还应该反映企业的资产及股权投入分布等，预算的考核主要围绕资本的收益率、投资风险管理水平等，进而全面评估股权投资项目的运营情况。再次，应该注重资金的监督管理，实现资金集中监管，定期对投入的资金进行追踪，合理评估资金风险，制定有效的资金风险管理措施，积极利用内部资金管理优势，保证资金安全。最后，提升财务监管水平，制定切实可行的内部控制制度，针对股权投资的全流程实现财务监管。在股权投资决策阶段，清查有无可行性研究报告，是否进行尽职调查，项目的安全性与可行性是否有背书等。在股权投资之后，针对资金的流向、财务风险措施、股权投资收益率等进行调查，保证股权投资顺利进行，实现投资收益。

　　总之，企业是我国经济发展的支柱之一，而股权投资又是企业业务的重要内容，其规范化运营离不开有效的财务管控，只有做好财务管控，才能不断提高监管与核算水平，为企业发展提供更有利的帮助。笔者认为，在股权投资活动中，一方面政府要起到积极的主导作用，不断优化投资环境；另一方面企业要从制度设施、人员安排、资金监管、风险管理等方面提升自身水平，从而有效控制财务风险，提升财务核算与监督水平。

第十四章　股权投融资审计

由于股权投资方式受到内外部市场环境、经济周期、政府投资政策变化等多重因素影响，在复杂的宏观及微观因素相互作用下，使公司的股权投资运作过程充满风险。因此，借鉴风险导向审计的理念、技术和方法，主动介入股权投资风险控制，成为风险管理体系中的重要组成部分。本章重点探讨企业股权投资审计原则与必要性、股权投资风险导向审计股权投资后评价审计、权益法下长期股权投资审计、企业股权投资审计实务，以供读者参考。

第一节　企业股权投资审计原则与必要性

一、企业股权投资特点与审计范围

股权投资指以投资的方式获得被投资对象的股份。具体来说，是经济实体或个人以货币、实物或其他无形资产的方式直接投资其他企业或购买该企业股票的方式，其根本目的是为了获得更大的经济收益，这种收益既可以是股利又可以是利润分成或其他方式。

股权投资包括归属于金融资产的股权投资和以影响、控制为目的的长期股权投资。股权投资按照投资比例和对被投资单位的影响程度，分为完全控制（持股比例100%）、控制（持股比例>50%）、重大影响（持股比例20%~50%）、无控制（持股比例<20%）四种形式。股权投资所设立的公司，根据产权关系分为全资公司、控股公司、联营公司及参股公司四种类型，此处统称为股权投资企业。这些股权投资企业的主要特点有三个：

第一，管理的多层次性。企业在组织设计上具有多层次性，如母公司、子公司、孙公司等多个层次。各层次的公司出于战略需要，存在对外投资行为，从而对股权投资企业的管理产生了多层次性，如企业投资并直接管理、企业投资委托部门或下属子公司管理、子公司投资并直接管理、子公司投资委托其他子公司管理等。

第二，投资领域的多样性。在企业多元化经营战略下，集团下属子公司的股权投资项目往往涉及多个行业和领域，企业协调和控制的难度加大，管理成本和信息成本也相应上升。

第三，地理位置的分散性。在国际化经营及"走出去"发展战略下，企业及其下属子公司在国内、国际进行跨区域、跨国界的投资行为越来越多，这些股权投资企业远离总部，贴近市场，环境复杂，经营风险大，管理难度高。

按照影响程度不同，形成控制的长期股权投资后续计量采用成本法，形成共同控制或重大影响的长期股权投资后续计量采用权益法。由于合并、战略安排、策略调整等原因，影响程度则可能发生相应的变化，进而影响后续计量方法。追加投资或减少投资可能使上述影响程度增强或减弱，若由共同控制或重大影响转为控制，则应由权益法改为成本法；若反之，则应由成本法改为权益法。因此，股权投资项目是企业防范风险的重要领域，非控制股权投资项目更是日常监管的死角和盲区。践行审计全覆盖，以实际行动助力企业防风险为基础，发挥审计工作的增值作用。

二、企业股权投资审计原则

对企业股权投资行为进行内部审计：首先，需要遵循全面性原则，从行业状况、合法合规性、市场导向等多个角度进行评价，及时发现关联问题和风险，使投资行为得到规范。从审计范围来看，需要涵盖事前、事中和事后，能够实时全过程管理，全面系统进行投资行为评估，确保项目得到有序推进，使项目运行效能得到提高。其次，企业股权投资由内部投资部门实施，内部审计由独立部门负责，还要遵循专业性原则对投资行为进行审计评估，严格按照评审流程、规范等开展专项审计，确保审计结论有效，能够为投资决策、管理等工作开展提供指导。最后，需要强调内部审计工作补充性，通过强化企业内部监管推动内部投资管理工作的规范化发展，为项目开展提供参考性建议，使企业管理成效有所提升。

三、企业股权投资审计的问题

（一）立项审计问题

企业开展股权投资业务，需要实现具有吸引力的项目进行投资。但就目前来看，企业在投资决策前对项目进行的可行性研究并不充分，仅按照领导指示或出资需要编写立项报告，对项目行业前景、市场状况等情况未能进行系统调查①。出现这一问题，与企业内部审计未能有效发挥作用有关，造成业务开展初期投资行为未能得到严格约束。现阶段尽管企业建立了内部投资管理制度，但实际主要针对投资后的项目进行管控。然而在内部审计工作开展方面，主要进行投后审计监督，未能参与到投资决策中。此外，部分企业依然存在内部权力集中的问题，内部审计部门难以保持独立性，导致股权投资存在独断专行的问题，为追求利益贸然在无关领域进行投资，承担较大市场风险。

（二）投后管理问题

从投后内部审计工作开展情况来看，开展股权投资业务存在对被投资企业约束力不足的问题。按照企业管理制度，企业将通过向被投资企业派驻董事进行内部监管，根据获得的财务报表确定企业发展情况。但仅凭财务报表分析企业经营状况，只能对上一阶段企业

---

① 程昊．集团公司股权投资专项审计实践与创新［J］．中国石化，2020（8）：57．

财务状况进行了解，无法对投后风险进行实时监督和评估。被投资企业往往处于发展阶段，仍然存在一定经营缺陷，需要通过企业实现资源整合，在保证企业快速成长的同时，为企业带来更多利润。未能通过内部审计掌握被投资企业真实状况，造成母公司难以参与子公司经营管理，甚至直接被动等待投资回报。归根结底，与企业缺乏健全投资行为风险管控制度有关，使得负责股权投资业务人员行为未能得到有效监督，导致投后管理业务规范未能得到严格执行。①

（三）效益评价问题

企业对股权投资行为进行审计，较少涉及投资资产处置和效益评价。在获得投资回报后，企业将审计重心直接放在后续项目投资管理上，未能对审计工作开展前后投资效益变化进行评价。缺乏对投资失败或成功原因的分析，难以从中发现企业投资管理问题，造成项目管理水平始终难以得到提升，使得审计成果价值有限。在后续项目投资中，则难以从之前工作中吸取经验，无法为企业开拓市场提供科学指导。对投资效益评价不足，违背了基本的内部审计原则，不仅难以实现企业投资行为的闭环管理，还造成企业内部审计工作成效有限，无法起到优化内部组织流程、改进企业内控水平等作用，导致企业项目投资效能始终不高。此外，得到的审计结论也难以与投资管理人员业绩挂钩，造成人员在项目投资中缺乏积极性，难以有效防范存在的各种风险和隐患。

（四）企业股权投资风险管理

伴随企业股权投资活动的日益增加，由此所形成的各类股权投资企业越来越多，加之其具有的特殊性质，使企业对股权投资企业的控制难度越来越大，成为企业管理的高风险领域。近年来，国内部分企业因投资失误或投资管理不善，导致无效投资或投资失败的案例时有发生。企业在股权投资的风险管理方面仍较为薄弱，与飞速发展的客观经济形势不相适应，呈滞后状态。主要表现在以下三个方面：

（1）股权投资风险整体意识不强。企业决策者对股权投资风险的认识不够充分，对风险评价不够重视。企业缺乏规范的风险管理信息系统，风险责任不明确，投资风险评价方法简单，不能准确地评价复杂股权投资项目的风险大小。这样就不能进行有效的风险防范，导致企业股权投资失误或失败，从而给企业和社会带来损失。

（2）对股权投资全过程的风险控制缺乏系统化、科学化的安排。在股权投资前，企业决策者往往对投资前景非常乐观，对投资回报充满信心，而对投资风险、投资后期产生的弊端考虑较少，甚至出现"拍脑袋"定项目的现象。在投资项目可行性研究中，投资主管部门由于各种原因，也时常出现风险估计不足、盈利预期夸大的现象。另外，投资风险管理制度不健全，如投资后管理、投资资产处置、监督与评价等内容在相关管理制度中较少涉及，即使有也只是一些泛泛要求，并没有具体的控制措施，对投资效果缺乏考核指标体系及奖惩机制。

---

① 康鼎熙．国有企业开展股权投资后评价的思考及实践探析：以审计视角［J］．国际商务财会，2022（5）：84-88.

（3）对股权投资所形成的企业疏于风险管理监控。有的单位投资出去后，对股权投资企业疏于管理，只是坐等投资回报。有的单位在领导人员变更后，与股权投资企业甚至失去了联系，致使对外投资损失巨大。

四、企业实施股权投资风险导向审计的必要性

（一）信息不对称理论

在市场经济的股权投资活动中，投资方和被投资方对有关信息的了解是有差异的；掌握信息比较充分的一方，往往处在相对有利的地位，信息贫乏的一方，则处在比较不利的地位。该理论认为股权投资项目中被投资方比投资方更了解企业自身的各种信息；掌握更多信息的被投资方可以通过向信息贫乏的投资方传递可靠信息而在股权投资中获益；投资方要获得这些信息，需要付出的时间和资金成本往往较高。这也就能解释为何企业在进行股权投资时往往在股权投资前看起来很不错的股权投资项目，在投资之后亏损，成为受害者。尤其是在一个新兴的行业领域中，大多数的公司在知晓信息有限的企业看来似乎都是相同的，并且低质量（预期收益低）的公司会更乐意于得到融资或高价卖出股权，而高质量的公司可能由于股权价格被低估，本身就能产生不错的收益而对企业的股权投资的响应相对较消极。这就使企业的股权投资很可能产生很少的收益或亏损。因此，对企业的股权投资进行审计，对投资收益较差的项目进行责任鉴定是有必要的。

（二）企业风险管理最后的监控和保障

风险导向审计是指内部审计人员在审计过程中自始至终以企业风险为导向，综合分析和评估影响被审计单位经济活动的各项因素，对企业的风险管理、内部控制和公司治理程序进行测试和评价，并根据量化的风险水平来确定审计的范围和重点，针对存在的问题和疏漏，进而提出建设性意见和审计建议，帮助企业管理和控制风险，实现企业价值增值的一项具有独立、客观的审计监督和评价活动。风险导向审计既是基于降低审计风险，又是为了降低企业经营风险，是进行风险管理的一种有效手段，是对企业风险管理实施最后的监控和保障。

国有企业与其他企业在性质上有很大差别，大多数企业都带有垄断性质，而且所有权属于政府和国家，在国有经济中有着非常重要的地位，它们也是公众关注的焦点。因此，让企业数据信息更高效、透明有着巨大意义。要提高企业的公信力，企业股权投资审计至关重要。通常而言，企业股权投资为企业创造的经济收益较低，尤其是部分国企领导在做出投资决策时极不科学，只是将钱投资出去，对该笔资金的使用、管理等则完全不关注，投资亏损的现象频频发生，由此造成企业资产流失严重。各级审计机关，尤其是审计机构在进行如此重要的企业的股权投资审计任务时还存在一些问题和困难，如计划不合理、未抓住审计重点、未形成健全的股权投资审计体系、对于股权各时期的价值难以认定等，最终导致股权投资审计效果不佳。

因此，目前企业审计应该怎样深化改革，找准自身定位，规划好未来发展方向，让其发展适应公司治理目标，进一步提高工作效果，让企业审计发挥更大的作用，让其为公司

治理创造良好条件，是当前审计机构在企业股权投资审计方面必须要考虑的问题。

1. 帮助企业防范和化解股权投资风险

企业股权投资是一种典型的高风险活动，风险主要有政策风险、市场风险、行业风险、运营风险、财务风险、股东控制风险、法律风险等。企业内部审计部门作为维护公司内部机体健康，经济运行协调合理，主动抵御各种"病害"侵蚀的"免疫系统"，采用风险导向审计的理念和方法，对股权投资风险进行监控、检查、评价，提出改进建议，能够帮助企业防范和化解股权投资风险，提高投资回报率，维护企业合法权益，尤其是对于国有大型企业集团能够促进国有资产的保值增值。

2. 帮助股权投资企业降低运营风险

企业股权投资所形成的各类股权投资企业，由于股权架构、所处行业、管理水平等方面千差万别，企业面临的投资风险越来越复杂，而且随着投资企业数量的不断增加，企业的管理幅度越来越大，对投资企业的管理难度也越来越高。企业内部审计部门开展股权投资风险导向审计，不仅能够提高企业股权管理水平，增加投资回报率，而且还能促进股权投资企业完善法人治理结构，帮助股权投资企业降低运营风险，改善内部控制和公司治理，提高股权投资企业的管理规范化、科学化水平。

3. 把好审计监督关口，帮助企业提高抗风险能力

在企业内部管理体系中，内部审计既是企业内控体系的重要组成部分，又是企业内部控制的一种有效方式。虽然内部审计部门在股权投资的实施过程中并不扮演主要角色，但内部审计部门具有的专业优势是其他管理部门不能代替的。对股权投资项目开展风险审计，充分发挥内部审计的监督、评价和服务作用，把好审计监督关口，帮助企业提高抗风险能力，是内部审计部门的一项重要职责。同时，开展股权投资风险审计，也有利于合理配置审计资源，对风险较大的环节或区域实施重点审计，为防范和降低内部审计风险，提高审计效率和效果提供了有效路径。

第二节 股权投资风险导向审计

如何对股权投资进行审计监控，是摆在企业内部审计部门面前的一项既棘手又必须进行的重要工作。多年来的实践证明，每一个股权投资项目都离不开内部审计。但是，国内部分企业以往的做法是在发现投资出现问题后才要求内部审计介入，此时内部审计仅是一个滞后的查账工作，对投资活动所产生的结果已无法控制。近年来，内部审计部门借鉴风险导向审计的理念、技术和方法，主动介入股权投资风险控制，成为风险管理体系中的重要组成部分，为防范和化解股权投资风险发挥了积极作用。①

---

① 陈卓，鲍子涵.私募股权投资支持中小微企业发展的路径、风险与审计对策研究 [J].北方金融，2022（2）：36-43.

一、股权投资行为的审计流程

（一）股权投资审计业务流程阶段

股权投资审计业务流程分为审计调查阶段、风险评估阶段、审计实施阶段、审计终结阶段、后续整改阶段（见图14-1）。

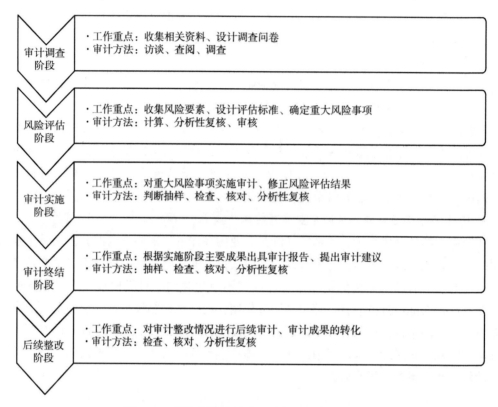

图14-1 股权投资审计业务流程及重点审计方法

资料来源：笔者整理。

（二）股权投资审计业务流程具体环节

1. 股权投资项目的审前风险调查

在进行股权投资审计的审前准备阶段，要全面了解被审计单位股权投资的相关内外部环境。由于审计资源的限制，要在较短时间内全面深入地了解被审计单位投资市场环境是不太客观的。为了防止发生由于对被审计单位业务流程特点了解不够造成遗漏重大风险事件，审计人员应在正式审计之前进行相关审计资料的收集工作，并设计出有针对性的调查问卷。

调查问卷内容包括国家经济工作会议中提出的鼓励投资的领域、当前国内外经济形势对产业类别的影响以及拟投资企业的公司治理情况。在股权投资审计中的资料主要包括被投资单位的管理组织模式、内部控制制度的设计及执行情况、股权投资比例、拟投资的股东大会或董事会决议、被投资单位的收益分配方案以及财务账表等相关资料。

在调查问卷的设计上，应突出被审计单位的业务特点。从投资项目的可行性研究开始，针对投资项目立项、项目启动、投资运营、投资收益、投资清算等多个环节设计风险调查问卷，对于收回的调查问卷中的主要风险项目进行风险排序，并列出风险控制措施，使审计人员对投资项目有一个全面的认识。可以把收集到的调查问卷中风险类别划分为投资项目战略风险、投资项目运营风险、投资项目的财务风险等几个小组，并对小组中的风险做进一步的细分，明确风险类别及主要风险点，为下一步进行风险评估奠定基础。

2. 股权投资项目的风险评估

风险评估是针对识别出的风险事件类型，通过一定的标准进行的描述，并给出定量的分析结果及定性描述，它是以风险为导向的内部审计模式的核心。风险评估应注重两方面的要素，即风险事项发生的可能性以及影响程度。审计人员需要根据风险发生的可能性及影响程度来建立风险事项的评估标准，并据此得出风险事项的评估得分，然后根据风险评估得分的大小进行风险排序，确定审计重点领域。[①] 集团股权投资风险要素评估如表 14-1 所示。

表 14-1　集团股权投资风险要素评估

投资阶段	股权投资前期可研阶段	股权投资运营阶段	股权收益情况
主要风险事项	被投资单位业务类型与集团公司的关联程度	被投资单位生产组织情况	被投资单位利润分配方案
	被投资单位法人治理结构是否科学	被投资单位各项财务指标情况	被投资单位财务报告真实性、合规性
	中介机构对被投资单位内部控制制度的评价结果	被投资单位预算完成情况	投资项目税务法律风险
影响程度（1~10分）	按量化标准评分	按量化标准评分	按量化标准评分
发生可能性（1~10分）	按量化标准评分	按量化标准评分	按量化标准评分
风险得分＝影响程度×发生可能性	—	—	—

注：影响程度的量化标准为影响投资收益 20% 以下得分为 1~2 分，20%~50% 得分为 3~6 分，50% 以上为 6~10 分。发生可能性的量化标准为事项发生的可能性在 30% 以下的风险评分 1~3 分，30%~50% 的为 4~7 分，50% 以上的为 8~10 分。

审计人员对表 14-1 所列风险事项进行综合评分，邀请被审计单位各级管理层及执行层面人员对风险事项进行打分，并对打分结果进行加权平均，得出风险事项的具体得分，据此计算风险水平。在风险评估这一环节，审计人员要依据职业判断，得出相应项目可行的建议。

在投资项目的风险评估过程中，审计人员可以通过访谈、询问、查阅相关文件的方式

---

① 郝瑞军．风险导向审计在集团公司股权投资审计中的运用 [J]．中国内部审计，2015（3）：69-72.

进行数据收集，通过审计组内部的充分讨论、沟通及交流的结果确定风险评分，必要时可以请投资专家对投资项目的关键风险点进行梳理和调研，以评估风险水平，确定重点审计领域。

3. 对重大风险事项实施详细审计并修正风险评估结果

（1）审计实施过程中对风险评估结果的修正。审计人员在股权投资审计中可以根据风险评估的结果进行具体的审计实施，并可以在实施过程中根据取得的审计证据不断修正风险评估结果，使真正的审计重点得到关注。例如，通过风险评估得分结果，审计组发现在一项投资业务中，被投资企业的营运能力指标风险程度较高，对企业投资收益有较大的影响。审计组需要查阅有关账目，计算被投资企业的经营现金净流量比、应收账款回收率以及流动资产周转率等资产运营指标，关注被投资企业的资产运营情况。

通过计算得出上述指标与同行业平均水平基本持平或略高，由于在对被投资企业资本运营效率指标的审计过程中，没有发现偏差，于是在风险评估阶段营运能力指标的风险评级，不再列为审计重点关注对象。在对该被投资单位偿债能力的审计中，由于通过检查、测试、计算而得出的资产负债率较前期有大幅度提高，资产流动比率明显低于同行业平均标准，发现被投资单位偿债水平不断恶化，投资风险激增，审计组可以据此调整审计重点，重点审计事项的符合性测试及延伸测试。

审计组在股权投资审计过程中，要对重点关注领域进行详细的检查和测试，并针对符合性测试的结果决定是否延伸测试范围，扩大抽样规模，达到详细检查重大风险领域的目的。通过相应审计技术进行分析性复核和控制测试，得出不予投资的审计建议。例如，调查发现，被审计单位全年新增应收账款规模出现快速增长，客户数量也出现了大幅增加，出现了许多中、小、新客户。由于企业片面追求加速扩张，对客户资信等级和信用状况了解不够，使得公司回收资金面临严峻的考验。审计组同时进行了延伸测试，向被审计单位90%以上的客户发送询证函，然而回函率不足50%，坏账损失风险正在逐步扩大，被投资单位面临资金链断裂的风险。据此情况，审计组提出了要求被审计单位执行的销售政策，对客户进行签订合同前的资信等级调查，对那些信用记录不良的客户避免合作以及要求对方提供预付款或采取资产保全措施的审计建议，减少被投资单位的坏账风险，进而保障股权投资的增值保值。

（2）结合常规审计方式依据。在股权投资审计中，风险导向理念应贯穿审计工作始终。审计组根据风险评估结果确定审计重点后，可以提出基于风险导向的审计建议供决策层进行投资参考。实际工作中，风险导向审计与各项常规审计类型并不矛盾，风险导向审计理论可能与经济责任审计、内部控制审计、专项审计等多种审计方式相融合，在实施常规审计项目的过程中，运用风险导向审计理论，得出有价值的审计建议。例如，审计组在利用风险导向审计方法审计股权投资企业的过程中，提出了有价值的审计建议，使被投资企业在依据审计建议整改的过程中提升了管理水平，增加了被审计单位的投资收益。

4. 依据风险导向审计方法得出审计结论

通过对重大风险事项的详细审计，审计组会对股权投资业务中的重要风险点得出正确的评价。审计人员应将发现的问题制作成审计发现问题清单，并根据风险导向审计理论将审计发现问题按风险大小进行排序，对于重大风险事项所发现的问题进行归纳总结，如果是内部控制设计方面的缺陷，应建议被审计单位及时修正现行制度，如果是运行方面的问题，就要督促被审计单位认真执行规章制度，对审计发现的问题进行认真整改。

在审计过程中，常常会遇到重要的需要及时解决的问题，应建立起审计要情及时递送机制，对审计过程中发现的特殊重大问题要及时与管理层沟通、报告以避免损失的扩大。在审计结果通告上，也应建立起公告机制，让被审计单位上下都知晓审计结果，对违反规定的行为有一定的震慑作用，也对审计建议的落实起到监督作用。

5. 在审计后续整改阶段完成

在基于风险导向的股权投资审计过程中，审计人员随时会发现许多重大风险因素，如果审计组及时地向企业决策层做出风险提示，列出重大风险的成因以及降低风险水平的方法，对相应责任人行为提出的整改建议以及对重大风险事项采取的跟进措施进行实时动态的跟踪，可以有效降低股权投资的风险水平，增加企业效益。

综上所述，以风险为导向的股权投资审计是当前内部审计工作中值得推广的方式，它克服了以往以账项制度为基础的审计方法的局限性，把风险管理理念贯穿于审计项目的始终。审计关口前移，加大了事前审计的力度，较好地控制了投资风险，但同时也应注意到，企业全面风险管理体系的建设明显滞后，制约了以风险为导向的审计技术的发展。风险评估的信息收集与加工基础比较薄弱，风险评级的准确度不高，使风险导向审计技术难以发挥最大优势。因此，要加强风险导向审计技术方法的研究，使以风险为导向的审计技术得以广泛地应用到企业的各项内部审计实务中，推动内部审计工作更好地为企业发展服务。

二、风险导向审计的内容与方法

（一）股权投资风险管理的内容

股权投资活动的全过程通常分为立项审查、投资运营、效果评估及变更解散四个阶段，各阶段存在的风险不尽相同。股权投资的风险管理是一种综合性的管理活动，它要求企业管理者在认识和管理错综复杂、性质各异的多种风险时，要统观全局，随时保持应有的职业谨慎，抓主要矛盾，创造条件，因势利导，将不利转化为有利，将威胁转化为机会，而不应仅仅在风险事件发生之后被动应付。

股权投资风险管理包括风险分析和风险管理两个过程，称为广义的风险管理。风险分析过程分为风险识别、风险估计和风险评价三个环节；风险管理过程分为风险规划、风险控制和风险监督三环节，如图 14-2 所示。

股权投资的风险管理是一个连续不断的过程，可以在股权投资活动的任何阶段进行。但是，在股权投资活动早期阶段就进行风险管理，产生的效果最好。审计人员在风险管理过程中可采用的技术方法，主要有头脑风暴法、德尔菲法、核对表法及问卷调查法等。

内部审计部门对股权投资进行风险管理一般分为识别、评估和管理三个步骤，称为"审计三部曲"。

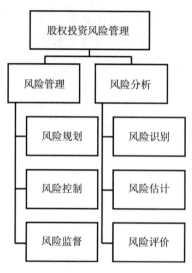

图 14-2　股权投资风险管理示意图

第一，在风险识别阶段。拟定风险调查表，进行主动预警的股权投资风险专项调查。

第二，在风险评估阶段。对已识别的投资风险加以分析、归类并鉴定风险性质，估计风险发生的概率和损失程度，预测风险发生的后果和损失额。

第三，在风险管理阶段。针对股权投资风险整合、风险完善和风险管理方案提出审计建议，寻找可行性方案，并根据已识别的风险及其风险分析，评价所采取应对风险管理措施的有效性，从而达到对股权投资风险的有效控制。

对各类型股权投资企业的影响程度和控制力是不同的。内部审计部门应结合被审计对象的实际情况和特点，在股权投资风险导向审计过程中采取不同的审计方法，选择应用一些常规审计类型如经济责任审计、投资效益审计、专项管理审计、绩效审计、监事会检查、委托中介机构审计等的方法和手段，提高股权投资审计的效率和效果。在股权投资风险导向审计模式下，各常规审计类型贯穿于风险导向审计之中，风险导向审计与各常规审计类型是兼容并包的关系，而不是并列平行的关系，如图 14-3 所示。

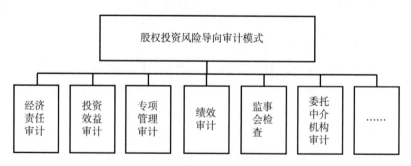

图 14-3　股权投资风险导向审计示意图

（二）股权投资风险导向审计的实务要点

以某集团公司内部审计为例，根据"要害部门年年审、重点部门重点审、一般部门抽查审、领导变动必须审"的方针，将股权投资活动纳入内部审计范围，并列入年度审计计划中，不断加大对股权投资的风险导向审计力度。集团公司内部审计部门兼具内部审计和派驻子公司监事会两大监管资源，实施股权投资风险导向审计具有得天独厚的优势。集团公司内部审计部门主动介入股权投资活动的全过程，参与股权投资的风险管理，帮助集团公司防范和化解股权投资风险；审计的触角覆盖到股权投资所设立的各类型企业，监控各类型股权投资企业的运营风险，实现集团公司投资收益最大化的目标。[①]

1. 介入股权投资的立项审查环节，关注股权投资决策的可行性和公司章程的合规性

在股权投资的立项审计环节，内部审计部门一是要参与股权投资项目的可行性研究。关注股权投资方向的科学性，既要考虑经济技术因素，又要考虑政策、法律因素，另外也要了解被投资方的资信情况是否可靠。二是要参与股权投资企业的章程、合同及法人治理结构的设计。关注公司章程的合规性和法人治理结构的有效性，结合集团公司发展战略和集团管控的要求，对股权投资企业的章程、合同及公司治理结构的设计提出建议。

2. 介入股权投资运营环节，关注股权投资企业营运风险和投资收益情况

股权投资企业在运营过程中，面对纷繁复杂的市场变化，企业的生产、经营及发展等具有很大的不确定性。股权投资运营环节管理的好坏，是股权投资项目成败的关键，也是内部审计应重点关注的环节。集团公司内部审计部门介入股权投资运营环节，一是针对不同类型的股权投资企业，制定不同的审计目标，采取差异化审计监管模式，实现对股权投资企业运营风险的控制。二是推荐审计人员兼任股权投资企业监事。监事每年末要向审计部递交年度履职情况报告，对股权投资企业的生产经营基本情况和年度重大经营事项进行简要评价和分析，并对当年履职事项进行统计和自评。

（1）以派驻子公司监事会为依托，实现对全资子公司实时动态审计监管。集团公司成立派驻子公司监事会，各监事会作为审计部的下设处级单位，对集团公司各直属全资子公司采取分片驻点的监管方式，促进全资子公司的规范化经营。派驻子公司监事会的成立，有力提升了集团公司内部审计部门的监管能力，内部审计与监事会之间形成了资源共享、协同监管的运作机制，产生了 1+1>2 的效果。进一步加强对全资子公司的风险管控，派驻子公司监事会强化了对全资子公司的实时动态监管，促进被监管企业控制运营风险，提高了集团公司的管控力度。

（2）以内部审计为主体，实施控股公司投资风险导向审计。集团公司投资的控股公司，按融资渠道分为上市公司和非上市公司两大类。上市公司的内部运作，有证监会、财政部的要求和明确的规章制度加以规范。集团公司对上市公司采取业务管控的模式，集团公司内部审计部门对上市公司投资风险导向审计，覆盖了上市公司的生产、营销、财务、工程、领导干部经济责任等全方位、多领域，将工程审计、营销审计、预算审计、专项管理审计、经济责任审计、兼并（收购）审计等多种审计类型贯穿于风险导向审计之中，取

---

① 崔玉静．浅论风险导向审计在内部审计中的运用 [J]．财经界，2021（30）：149-150.

得了显著的审计成效。

（3）借助联营公司董事会授权，实施联营公司投资风险导向审计。在企业横向经济交往中，联营公司是一种常见的组织形式。联营公司是指两个或两个以上企业，以各种生产要素进行联合而组成的、从事营利性活动的新的经济实体。根据公认的会计准则，若 A 公司对 B 公司的经营管理有重大影响，但未达到有效控制的程度，B 公司即 A 公司的联营公司，对联营公司的持股通常在 20%~50%。对联营公司实施投资风险导向审计是提高集团公司股权管理水平，增加投资回报率的需要。集团公司内部审计部门对联营公司风险导向审计，主要采取投资效益审计的方式，重点关注联营公司的法人法理结构及投资方参与程度、合作方是否有侵害股东利益的行为等。

（4）发挥股权事务代表作用，借助中介机构实施参股公司投资风险导向审计。集团公司出于战略发展需要，在对外股权投资中也有一部分持股比例小于 20% 的参股公司。对参股公司实施风险导向审计，是维护集团公司合法权益的需要。集团公司对参股公司采取的监控方式，一是向参股公司委派股权事务代表。股权事务代表在授权范围内参加股东会议、董事会议或监事会议，提出提案、发表意见、行使表决权，维护投资方的利益。股权事务代表向集团公司主管部门报告履职情况和管理结果。二是发挥股权事务代表作用，委托中介机构实施参股公司投资风险导向审计。集团公司内部审计部门对参股公司一般不单独开展审计项目，而是通过委托中介机构对参股公司实施投资风险导向审计，并对审计结果进行备案。对于因辅业改制成立的参股公司，集团公司内部审计部门不定期对其实施投资风险导向审计。

3. 介入股权投资项目后评估环节，关注投资项目的经济性、效率性和效果性

项目后评估是股权投资管理的延伸，开展股权投资项目后评估，有利于提高项目管理综合水平、有利于股权投资项目的最优控制、有利于提高股权投资项目决策的科学性。内部审计部门介入股权投资项目的后评估环节，对股权投资项目开展绩效审计，基于的是"股东价值最大化"原则，关注的重点有三个：一是以投资变动支出是否节约资源，评价其经济性；二是以投入产出的结果，评价其效率性；三是以是否达到预期目标，评价其效果性。选择的价值分析模型，如图 14-4 所示。

4. 介入股权投资注销清算环节，关注股权投资企业清算资产交付处置结果

股权投资企业因合同期满、产业调整、无法持续经营、企业兼并等原因，需要注销清算时，内部审计部门应参与清算小组。对拟注销的投资企业进行清理，重点做好资产清理，对可转让、可回收资产正确估价，并提出资产处置意见，保证资产的及时回收和及时入账。股权投资企业如属于全资公司或控股公司性质，内部审计部门还要组织对经营负责人进行离任经济责任审计。

三、股权投资审计面临的主要问题及其策略

（一）加强与投资主管部门的协调，做好立项全面审计

当前内部审计在股权投资立项环节还难以做到事前审计，需要加强与投资主管部门的

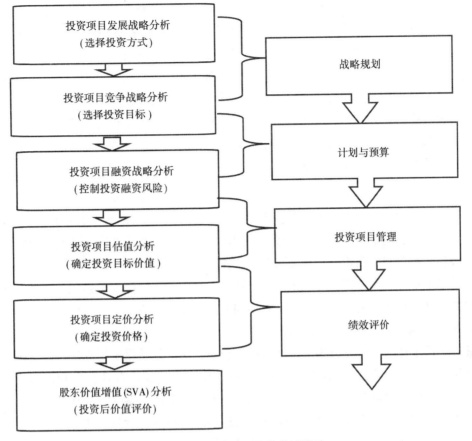

图 14-4　投资项目价值分析模型

协调。在股权投资活动的立项审查环节，投资主管部门往往不愿主动邀请内部审计进行监督，当前内部审计部门由于掌握的信息不充分，股权投资立项审查的参与程度有限，还常常难以做到事前审计。对此，内部审计部门不应被动地坐等项目上门送审，而应主动出击，加强与投资主管部门的协调和沟通，及时掌握公司股权投资动态，从源头进行审计介入。

因此，这必须取得公司最高决策层的支持，并形成公司股权投资管理机制，做好立项全面审计。

从股权投资立项开始，企业应树立全面审计理念，结合项目投资决策可行性分析要求，从政策法规、经济技术等多个角度加强项目可行性研究，参与前期风险管理工作。在实践工作中，还要加强市场调查和被投资企业调研工作，结合行业情况、市场发展动态、企业管理层情况、经营状况、股权架构等信息对立项报告进行审查，核实确认关键条件能够达到投资标准要求①。结合企业内部控制制度，还要确定是否达到国家政策法规要求，确保投资立项能够严格按照决策流程进行，经过专家讨论评估，以防发生企业资产流失风

---

① 吴娜德. 国有企业开展股权投资后评价的审计分析 [J]. 现代商业，2020 (21): 66-67.

险。根据企业投资管理规则还要对投资规模、期限等进行严格审查，确认报告分析得到的项目投资效益能够达到盈利目标。对被投资企业发展空间、行业地位等各项信息进行评估，结合企业战略布局进行项目价值评估，能够确保投资行为符合企业发展需求。此外，还要对企业主营业务盈亏进行分析，以便及时发现企业投资行为存在的运营风险。以风险管控为审计工作导向，需要成立风控组，辅助配合投资部门开展可行性研究工作，通过尽职调查对报告中的财务、业务等各项信息进行核实，确保报告结论经过投资委员会的多级论证，能够保证项目质量。为确保内部审计工作得以有效开展，内部审计部门工作由企业高层领导直接负责，避免受到其他部门干扰。①

（二）规范投后管理行为，促使企业项目投后管理能力得到提升

为使企业投后管理行为得到规范，还要做好投资部门投后评价，通过审计监督确认企业投后管理制度的编制情况，并从领导重视程度、部门配合情况等角度进行评估，能够使各级部门和人员严格按照投后管理要求开展工作。

开展专项审计工作，需要加强投后流程的规范性审查，确保人员在项目运营各阶段能够严格按照既定程序开展工作。实际针对不同的股权投资企业，企业需要采取不同的投后管理方案，完成对应流程、规范的编制。

开展审计工作，需要完成相应审计目标的制定，通过差异化监管确保投后管理工作得到有效执行，确保企业经营风险得到有效控制。投资管理涉及日常管理和评估管理两部分，前者需要对被投资企业生产、财务、销售等数据信息进行系统管理和分析，后者需要对项目投资不同阶段的管理情况进行评价，通过总结经验实现业务改进。

开展内部审计工作，需要对各项数据信息进行收集，保证信息真实、可靠，能够为企业实现保值增值目标提供保障。开展项目后评审工作，需要对投资部门绩效、股权投资程序合规性等进行评价，同样需要完成有关信息收集。采用大数据技术，能够通过互联网完成数据信息实时收集，在推动审计工作信息化发展的同时，实现内部审计全覆盖，从收集得到的大量数据中快速挖掘到有价值的信息，使审计工作得以高效开展。在信息技术支撑下，企业可以对股权投资各个项目运营状况进行实时监控，发现投后管理薄弱环节时要及时进行审计结果公示，督促相关部门和人员改进工作，促使企业项目投后管理能力得到提升。

（三）建立相应的奖惩机制，科学评估投资效益

对股权投资行为带来的效益展开评估，根据评估结果总结管理经验，提出业务改进措施，能够充分体现内部审计工作价值，实现股权投资行为的闭环控制。在实践工作中，可以将投后实际成效与立项预测目标进行对比，通过分析投入产出效益确定达到投资管理目标。如果存在较大变化，对引发变化的原因和问题进行查找，能够提出科学投资建议。与此同时，还要对同类投资项目进行比较，筛选出成效高的项目作为典型，从投资计划编制科学性、投后管理流程合理性、管理制度执行规范性等多个角度比较，分析总结项目投资

---

① 陶智南．国有投资运营平台股权投资审计中应重点关注的十个方面问题［J］．审计与理财，2022（9）：15-16.

管理经验，为后续投资工作开展提供参考。为使企业股权投资行为审计工作成效得到反映，还要对审计工作开展前后项目投资效益进行关联分析和比较，对审计监督工作影响进行评价。根据评价结果，可以对立项审计调查、投后审计监督流程等各角度提出完善措施，促使企业内控体制机制得到完善。将审计评价结果与项目管理绩效结合在一起，能够对投资管理部门工作进行评价，确认企业在投资管理工作方面存在的疏漏，为后续管理工作开展提供指导。建立相应的奖惩机制，使不合规的投资行为得到惩处，并使获得较好项目投资成效的人员得到奖励，能够使人员重视内部审计工作，积极配合审计监督人员进行工作整改。因此，有针对性地进行股权投资效益评估，能够使内部审计成效得到提升，使企业投资风险得到有效防范。

（四）需要培养高素质的内部审计人才队伍

随着我国进一步扩大对外开放和积极实施"走出去"战略，集团公司国际化、全球化的股权投资活动将逐步扩大，国际股权投资企业会越来越多。因不同国家之间政治经济、社会文化、法律、习俗的差异，国际股权投资不可避免地会遇到各种风险，包括政治风险、外汇风险、经营风险、法律风险等。受东道国政策、语言障碍、信息不对称等因素制约，对国际股权投资企业实施风险导向审计的难度很大，这需要集团公司积极制定国际化人才的培养选聘机制，培养、引进适应"走出去"战略的高素质内部审计人才队伍。

第三节　股权投资后评价审计

在企业改革发展的进程中加强企业资产评估是一项重要的基础工作，其中开展股权投资后评价审计工作是重要的一环，在开展相关工作的过程中需要严格按照政策的要求结合企业自身的实际进行全方位的审计评估，这样才能切实提升评审成效，进而及时发现问题或风险，提升企业股权投资的科学性和有效性。加强企业开展股权投资后评价的审计研究，具有重要的社会意义和现实价值。①

一、股权投资后评价审计的内涵

投资后评价，也称之为投资后评估，主要是指组织对已经投资的项目全过程（包括项目立项、项目实施、结果应用以及影响等）进行全面调查研究和总结，进而对照相关的战略目标以及具体的考核评价指标（包括经济效益、社会效益、环境效益等）进行差异化分析和对比研究的过程，便于及时发现相关的问题，进而总结经验，完善相关的措施，提升科学化决策水平和项目科学化管理成效的闭环管理体系。

在企业开展股权投资后评价工作的过程中通常需要内部投资或者资产管理部门来组织实施，但是开展投资后评价审计工作需要企业内部审计人员通过专业审计视角来进行评

---

① 刘佳成. 国有企业开展股权投资后评价审计的实践分析［J］. 大众投资指南, 2018（20）: 7.

价，对投资全过程等进行审计评估。通常情况下投资后评价审计有两层内涵：从微观层面看主要是对企业投资后评级机制开展的再评价，主要对企业开展后工作从系统性、规范性、真实性以及有效性等方面进行评估；从宏观层面看则是对投资后全部的情况或过程开展评价。股权投资后评价审计工作还可以细分为股权类和资产类投资后评价审计两大类型。

股权投资后评价审计工作的开展除了要对投资全过程开展专项审计以外，还需要对比工作开展前后发生的变化以及存在的差别，这也是非常重要的一个方面。该项工作的开展需要企业内部专职的审计人员在相关部门人员的指导下进行。

二、股权投资后评价审计的特征

企业开展股权投资后评价审计工作，有其自身的特点和属性，具体体现在客观性、全面性、补充性。

（一）审计工作的客观性

开展股权投资后评价审计工作需要内部审计人员和部门严格按照相关的审计评价流程和要求等独立有序开展各项工作，并充分结合相关的要求等开展专项审计，进而确保形成有效的审计结论和针对性的意见建议等，切实为企业相关领导开展项目决策、资产管理等工作提供重要的参考支撑。

（二）审计工作的全面性

加强企业股权投资后评价审计需要按照既定的规范进行审计评估，需要对投资项目等全过程的情况进行多维度的评价，同时需要把握市场导向，深入分析市场风险以及变化情况，进而更好地对投资项目、实施过程的合法合规性以及相关信息资源整合的系统有效性等进行评估分析，这样便于更好地结合市场发展形势等及时发现更多的关联问题或风险，最大限度引导企业进一步建立健全内部风险防控机制与投资管理体系，切实提高工作的规范性和有序性。

（三）审计工作的补充性

企业开展股权投资后评价审计工作，既是对项目的投资情况的制度要求进行分析和评估，又是一项延续性的工作，是企业投资管理系统中一项基础的项目，通过开展项目评估审计，可以更好地为后续项目的实施以及其他环节投资项目的开展等提供更多的指导性和参考性建议，进一步提升企业投资管理系统的成效，切实为企业市场开拓等提供更有效的指导参考。

三、股权投资后评价审计的功能

企业股权投资后评价审计工作的开展需要保证合规性、独立性和全面性，做好这项工作的主要目的是为了体现三个方面的功能。[①]

---

① 吴娜德. 国有企业开展股权投资后评价的审计分析［J］. 现代商业，2020（21）：66-67.

第一，通过全面加强股权投资后评价审计，可以对审计结果等进行分析，进而对投资项目在决策、实施等全过程的情况进行全面的了解和掌握，形成全面系统的投资分析评价结果，进而便于指导过程中相关工作的有序开展，提高项目规范化运行效能。

第二，通过全面加强股权投资后评价审计，可以对项目的整体实施运行情况等进行多维度的评估，在对项目基本情况进行专项审计的基础上，确保项目的有序推进，同时也可以更好地结合组织的发展战略、资产整合整体要求等进行深度分析，进而为优化组织管理流程、加强各项工作的整合融合、积极开发新的发展领域、完善组织治理结构等相关工作的开展提供重要的参考依据，切实提升组织内部控制成效。

第三，通过全面加强股权投资后评价审计，可以对投资项目运营情况及结果进行针对性评估，结合形成的审计结论等加强考核与问责，便于将相关的投资成效与工作业绩挂钩，进一步激发和调动相关人员的投资管理积极性，提高他们的工作效能，更好地提升审计监督成效，有效防范可能存在的风险与隐患，切实夯实企业改革发展基础。

四、股权投资后评价的审计方法及内容

对于企业而言开展股权投资后评价审计工作需要结合不同投资项目等情况科学选择相关的审计方法，明确审计内容，这样才能切实保证审计的规范性和专业性。①

（一）审计方法

开展企业股权投资后评价审计工作可以采用多种方法，主要包括三种。

1. 前后对比分析法

前后对比分析法主要是通过对项目投资完成后的实际成效和预测结果和项目立项决策确定的既定目标进行对比，同时对项目的投入产出效益等进行分析，进一步研究项目投资后是否达成了既定的目标要求，并对发生变化的原因、存在的问题等进行分析研究，以此找出具体的根源并提出相关的投资建议。这也是应用最为普遍的一种审计方法。

2. 有无对比分析法

有无对比分析法主要是对项目投资后实际完成的情况与没有进行投资之前发生的情况等进行关联分析，进而对项目取得的效益以及影响等进行评价分析和预测的一种模式。该方法主要在已经进行投资并且需要确定是否进行追加投资方面进行应用。

3. 横向对比分析法

横向对比分析法主要是将所投资的项目通过和国内外相关的同行进行比较，进而对照先进或者典型等对投资项目取得的成效进行多维度评估和分析的过程，更好地指导企业为下一步投资决策的制定以及投资方向等方面提出更可靠的依据。

（二）审计内容

开展企业股权投资后评价审计工作需要按程序对各项内容进行全面评估，这样才能确保评估的系统性，审计的主要内容包括两个方面：

---

① 黄刚.国有企业开展股权投资后评价审计的实践［J］.中国内部审计，2016（5）：68-71.

1. 开展企业投资管理部门实施投资后评价工作本身的审计监督

在实施股权投资后评价审计工作的过程中需要企业投资管理部门自身进行审计评价分析，同时还需要相关的组织对投资管理部门自身的开展情况进行专项审计，主要审计股权投资后评价机制的建立、编制以及系统开发情况，相关管理者对投资后评价工作的重视程度以及相关部门的协作配合情况，投资后评价工作组织保障情况，投资后评价工作取得的成效、经验以及和上级要求既定目标等方面之间的差异及不足。

2. 开展企业股权投资后相关流程的规范性审计监督

（1）要对股权投资后是否严格按照既定的程序和规范来进行实施等方面的情况进行审查和评估。主要涉及项目在立项阶段、决策阶段、审批阶段等方面相关的程序是否完善合法，是否严格按照国家相关的政策要求开展，项目资料是否完善和及时归档等。

（2）重点对外部和内部审批流程的系统性和合法性进行评估监督，如国资项目有没有及时将有关的情况向国资委、证监会、发展改革委等部门进行报送和取得相关的审批程序，投资是否和国家产业发展政策以及环保政策要求等相一致。

（3）需要对项目征集及审批程序是否规范；相关的财务与法律尽职调查工作有没有开展，是否符合规定；交易资产估值与交易方案审批以及登记备案和产权交易所挂牌交易等程序或手续是否齐全与真实等方面进行审计监督。

（4）需要对开展上述项目投资全过程的时间顺序的合理性进行评估，有没有未经过上一个阶段就开展下一个阶段活动的情况，是否严格按照每一步程序逐项开展项目审批和实施等情况进行流程化评估与检验。

（5）除了要按程序进行基础审计以外还应当对各类资料等方面的情况进行审计评估，如要对相关的资料（包含立项、尽职调查以及机构、技术预测等方面的数据）可靠性、精准性等进行评价，这也是重要的审计内容之一。尤其是针对尽职调查情况需要开展全面的监督调查，着重考察尽职调查结果对标的估值的影响、尽职调查对象潜在历史负债情况分析，收购对象有无收购黑洞或收购以后有潜在现金流出风险等方面的情况，这样才能据此判断相关的风险。

（6）需要对上述没有发现的情况等在合同条款中予以明确或约束，从而规避风险，完善担保机制。

（7）需要针对收购对象未来整合应当注意和纠正等事项或风险予以明确，这也是审计监督的一项重要内容。

（三）投资履约结果及投资后管理有效性评估

第一，需要对企业是否严格按照既定的程序和要求开展各项法定流程的履行进行评价。

第二，需要对股权投资后项目管理的有效性进行评估，这也是难度非常大的一项工作，重点审计的事项包括整合计划编制的科学性、全面性及实施效果，公司治理结构与组织架构和内部控制机制是否完善及按程序开展、项目建议书等方面的履行情况是否合规，以及与战略目标的关联性、管理理念与方法等方面的创新性与实施成效，被投资企业自身的管理运营情况与各职能履行的合规性和风险及相关政策的完善与实施情况等。

（四）开展经营绩效评估

开展经营绩效评估主要是对企业经营情况、预算考核完成情况、行业对标情况等进行评价分析。①

为了切实提升企业股权投资后评价审计工作成效，建议从四个方面入手：

1. 加强整体机制的完善

要围绕股权投资后评价审计工作的开展以及各个环节（投资准备阶段、尽职调查与方案磋商阶段、项目审批阶段、协议签署与后续管理阶段等）完善相关的机制，明确审计流程、内容以及重点等，切实保证过程规范、有序开展。

2. 强化反馈与整改

加强专业审计队伍建设，提高他们的综合素质，并着重围绕审计监督发现的问题等进行反馈，提前了解情况，加强深度动态的审计评估，重点关注审计监督后的整改情况及取得的成效。

3. 加强指标的优化

要围绕新时期企业投资改革发展的形势对相关的审计评价指标等进一步完善和补充，考虑组织不同发展阶段的战略目标和市场环境等，综合运用多维度的分析方法来进行研究，防风险夯基础，发挥审计工作的增值作用，从而切实提升评价审计的专业性、系统性和有效性。

4. 股权投资项目专项审计工作开展

收到良好效果，弥补了股权投资审计专业领域中案例和方法的空白，为今后再开展股权投资专项审计提供了大量翔实丰富的案例资料。

第四节　权益法下长期股权投资审计

根据《企业会计准则第 38 号——首次执行企业会计准则》及规定，在首次执行日长期股权投资涉及账面价值及留存收益变动的都要进行追溯调整，随后发布的《企业会计准则解释第 1 号》又对首次执行日追溯调整做了进一步规定。这些变化和追溯调整加大了企业权益法下股权投资核算的复杂程度，也就加大了企业财务报表发生错报的可能性。因此，我们对于权益法下长期股权投资的审计，应当将新准则的变化及新准则与旧准则的衔接中的会计问题作为重要的方面予以足够关注。

新会计准则实施，改变了权益法核算的长期股权投资的范围和会计处理，规定了首次执行日追溯调整要求，从而加大了企业财务报表发生错报的风险。本节从长期股权投资分类依据和采用核算方法的判断、权益法下长期股权投资初始成本确定和调整、投资损益及

---

① 吴杰. 国有企业开展股权的投资后评价审计分析 [J]. 财经界，2016 (36)：288-289.

超额亏损确认、首次执行日对长期股权投资的追溯调整几个方面，讨论审计时应重点关注的事项。[①]

一、关注企业对长期股权投资分类和方法

（一）新准则改变了权益法核算的长期股权投资范围

长期股权投资准则规定的长期股权投资包括四类：控制；共同控制；重大影响；不具控制、共同控制或重大影响。控制是指有权决定一个企业的财务和经营政策，并能据此从该企业的经营活动中获取利益；共同控制是指按照合同约定对某项经济活动共有的控制；重大影响是指对一个企业的财务和经营政策有参与决策的权力，但并不能控制或与其他方一起共同控制这些政策的制定。

长期股权投资准则规定，对于具有控制的权益性投资和不具控制、共同控制或重大影响，并且在活跃市场中没有报价、公允价值不能可靠计量的权益性投资两类长期股权投资应采用成本法核算；对具有共同控制和重大影响的两类长期股权投资应采用权益法核算。该准则明确了企业对联营企业及合营企业的长期股权投资采用权益法核算，而对子公司的长期股权投资在日常核算及个别财务报表中采用成本法核算，这是与原准则相比的一个重大变化。

（二）合理认定长期股权投资的分类和采用的核算方法

我们从特征方面理解控制与共同控制的区别，控制的主体是唯一的，而共同控制的主体是两方或多方；重大影响与控制、共同控制的区别在于，重大影响只在被投资企业有参与经营和决策的权力，但不能控制，也不能与其他方共同控制。

共同控制通常以合约约定，约定可能体现为不同的形式，可以通过在合营企业章程中规定，也可以通过制定单独的合同作出约定。重大影响较为常见的体现为在被投资单位的董事会或类似权力机构中派有代表，通过在被投资单位生产经营决策制定过程中的发言权实施重大影响。投资企业直接或通过子公司间接拥有被投资单位20%以上但低于50%的表决权股份时，一般认为对被投资单位具有重大影响，除非有确凿证据表明该情况下不能参与被投资单位的生产经营决策，不形成重大影响。在对"控制""共同控制"和"重大影响"有了较深的理解的基础上，我们通过取得企业对被投资单位投资的相关合同协议，或与其他投资者之间的协议、被投资单位的章程，以及被投资单位董事会或类似机构的人员组成情况等资料，特别应注意获取企业拥有20%~50%的表决权股份，但不形成重大影响的相关证据，进一步分析判断企业对被投资单位是否达到控制，是否为共同控制或只是具有重大影响，并据此检查企业对长期股权投资的分类和采用的核算方法是否正确。

二、关注企业对权益法核算的会计处理是否正确

权益法核算的长期股权投资包括两类：一是对合营企业投资；二是对联营企业投资。

---

① 杨洋. 长期股权投资权益法核算问题研究［J］. 中国市场，2020（7）：51+53.

新准则对权益法核算引入可辨认净资产公允价值的概念，可辨认净资产公允价值是指企业的所有可辨认资产的公允价值减去负债及或有负债公允价值后的余额。长期股权投资准则要求，比较初始投资成本与投资时应享有被投资单位可辨认净资产公允价值的份额，其中属于商誉的部分，不调整初始投资成本，对于初始投资成本小于投资时应享有被投资单位可辨认净资产公允价值份额的差额，应计入当期损益。与原准则相比，投资成本的计量和投资损益确认都有较大变化。[①]

（一）对长期股权投资初始投资成本的审计

1. 检查复核长期股权投资的初始投资成本

对企业以支付现金取得的长期股权投资，主要是通过查阅投资合同协议和投资的会计记录，检查复核投资成本中是否不包括支付款项中属于被投资单位已宣告未发放的现金股利或利润。对于企业以发行权益性证券方式取得的长期股权投资，主要是通过查阅投资合同协议、权益性证券发行承销合同和相关会计记录，检查复核投资成本中是否不包括支付给相关证券机构的手续费、佣金等费用。

对于企业的投资者以其持有对第三方的投资的投入企业的长期股权投资，主要是通过查阅投资合同协议和相关会计记录，检查是否按照合同协议中投资各方约定的价值确定投资成本；查阅第三方被投资单位会计报表等相关资料，判断是否存在约定的价值不公允的情形。

对于企业以债务重组、非货币性资产交换等方式取得的长期股权投资，通过查阅债务重组合同协议、非货币性资产交换合同协议和相关会计记录，检查复核长期股权投资成本的确认是否符合《企业会计准则第12号——债务重组》和《企业会计准则第7号——非货币性资产交换》的要求。

2. 检查复核长期股权投资的初始投资成本的调整

在对企业的联营投资或合营投资的初始投资成本检查确认后，还需要检查复核企业对初始投资成本的调整是否正确。根据股权投资准则的要求，对投资初始成本与取得投资时应享有被投资单位可辨认净资产公允价值份额之间的差额区分两种情况处理：投资初始成本大于投资时应享有被投资单位可辨认净资产公允价值份额的，该差额属于商誉，不对长期股权投资成本进行调整；反之，前者小于后者的差额，计入取得投资当期的营业外收入，同时调整增加长期股权投资的账面价值。

在审计过程中，很重要的工作是取得被投资单位可辨认净资产公允价值的信息，不能直接采用审计后的净资产价值，应当将其中不能确指的资产（如商誉）公允价值减相应负债公允价值的差额剔除后的净资产价值，作为被投资单位可辨认净资产公允价值，按企业的投资比例计算可享有份额，并将之与投资初始成本比较，复核计算企业的会计处理是否符合准则要求。

（二）被投资单位权益变动影响长期股权投资变动的审计

对持有投资期间由于被投资单位权益变动影响长期股权投资变动的审计，应当取得被

---

① 崔江涛．长期股权投资权益法核算存在的问题及其思考［J］．中国总会计师，2014（1）：84-86.

投资单位已经审计过的年度财务报表，如果被投资单位的财务报表未经审计，则应对被投资单位的财务报表实施适当的审计或审阅程序。在审计中应当重点关注企业对投资损益的确认以及超额亏损的处理是否正确。①

1. 投资损益的确认需考虑必要的调整因素

在检查采用权益法核算的长期股权投资，确认应享有或应分担被投资单位的净利润或亏损时，首先应关注企业是否在被投资单位经审计的净利润基础上，考虑了以下因素并进行了适当调整。

（1）如果被投资企业采用的会计政策或会计期间与投资企业不同，投资企业应当基于重要性原则，按本企业的会计政策及会计期间对被投资单位的损益进行调整，在此基础上确定被投资单位的损益。

（2）投资企业取得投资时被投资单位可辨认资产负债的公允价值与其账面价值不同，投资企业在计算归属于投资企业应享有的净利润或应承担的净亏损时，应按重要性原则，对被投资单位资产的折旧摊销及资产减值准备金额进行调整。

（3）确认投资收益时应当将投资企业与其联营企业及合营企业之间发生的未实现的内部交易损益，按照持股比例计算归属于投资企业的部分应当予以抵销，这些未实现的内部交易损益无论顺流交易还是逆流交易都应当抵销。

（4）投资企业与其联营企业及合营企业之间发生的无论是顺流交易还是逆流交易产生的未实现的内部交易损失，属于所转让资产发生减值损失的，有关的未实现内部交易损失不应予以抵销。通常企业应当对上述重要的资产调整事项建立辅助台账做登记备查，我们审计中可以通过对企业备查账的检查和计算复核确认调整内容和金额；对于将投资企业与其联营企业及合营企业之间发生的未实现的内部交易损益和未实现内部交易损失事项的检查，在审计中通过对企业关联交易的检查、查阅联营企业或合营企业的审计报告及向为联营企业或合营企业提供审计的注册会计师询问，或者通过对联营企业或合营企业的财务报表实施适当审阅程序获取适当证据。

2. 超额亏损的确认需关注其他长期权益项目和投资合约义务

长期股权投资准则规定，企业确认应承担被投资单位发生的亏损时，应当综合考虑长期股权投资及其他实质上构成对被投资单位净投资的长期权益项目账面价值（通常指长期应收款，但不包括投资企业与被投资单位间因日常经营活动产生的长期债权），当长期股权投资减记至零时，如果仍有未确认的投资损失，应以长期应收款账面价值为基础继续确认。此外，在投资合同中约定企业有承担额外损失义务的，还要按应承担的义务继续确认投资损失。

例如，去审计A企业，其对B公司的长期股权投资成本为1000万元，持有B公司30%股份，能够对B公司施加重大影响。A企业以前年度已确认的损益调整余额-600万元，20×9年度，B公司亏损3000万元。

A企业取得投资时，B公司各项可辨认资产、负债公允价值与其账面价值相等，双方

---

① 彭芸，林斌. 权益法下分享被投资单位净损益的会计处理 [J]. 中国商论，2019 (4)：166-167.

采用的会计政策和会计期间一致。企业当年确认了对 B 公司的投资损失 400 万元，在备查簿登记超额损失 500 万元。账务处理为：

借：投资收益 400

贷：长期股权投资——损益调整 400

在审计发现 A 企业尚有对 B 公司的长期应收款 300 万元，根据对款项内容性质的检查，该款项并非是日常经营活动产生，且没有明确的清偿计划。在对投资合同的查阅中，没有发现应承担额外损失的义务。据此应提请 A 企业进行调整：

借：投资收益 300

贷：长期应收款——B 公司 300

同时从备查簿减少超额损失 300 万元。

三、已持有长期股权投资追溯调整事项的审计

在新准则实施后，长期股权投资审计中应特别关注，企业是否按照《企业会计准则第 38 号——首次执行企业会计准则》和《企业会计准则解释第 1 号》的规定，对执行新准则以前已经持有的长期股权投资，在首次执行日进行了追溯调整；对于我们首次承接的审计业务，即使审计当年已经过了新准则的首次执行日，但由于这些相关的追溯调整事项仍然会影响当年财务报表项目，因此依然要予以重视。

（一）涉及的主要调整事项

1. 对子公司的长期股权投资的追溯调整

根据《企业会计准则第 38 号——首次执行企业会计准则》及《企业会计准则解释第 1 号》的规定，企业在首次执行日以前已持有的对子公司的长期股权投资，视同该子公司自取得时即采用成本法核算，对其原账面核算的成本、摊销的股权投资差额、按照权益法确认的损益调整及股权投资准备等明细科目全部进行追溯调整。

企业持有的对子公司按形成方式不同分为同一控制下合并形成的子公司、非同一控制下合并形成的子公司、非合并行为形成的子公司三种。由于准则对三种投资取得时投资成本的确定计价不同，因此，在追溯调整时对股权投资差额的调整存在差异。

（1）对同一控制合并形成子公司的长期股权投资，在首次执行日首先应按照《企业会计准则解释第 1 号》的要求，对长期股权投资明细科目和已确认损益进行追溯调整，同时，按照合并日应享有被合并企业账面所有者权益账面价值的份额作为长期股权投资的初始成本，初始成本与支付价之间的差额（原已确认有股权投资差额）全额冲销，调整留存收益。

（2）对非同一控制合并形成的子公司的长期股权投资，在首次执行日首先应按照《企业会计准则解释第 1 号》的要求，对长期股权投资明细科目和已确认损益进行追溯调整，同时，按照购买日支付的价款作为长期股权投资的初始成本。因此，应将原已确认有股权投资差额全额冲销，并入投资成本。

（3）对非合并行为形成子公司的长期股权投资在首次执行日的追溯调整，与非同一控

制合并形成的长期股权投资的调整相同。

2. 对联营企业及合营企业的长期股权投资的追溯调整

根据《企业会计准则第 38 号——首次执行企业会计准则》的规定，企业在首次执行日持有的对联营企业及合营企业的长期股权投资，应对其账面价值进行调整，存在股权投资贷方差额的，应冲销贷方差额，调整留存收益，并将冲销贷方差额后长期股权投资账面余额作为首次执行日的认定成本；存在股权投资借方差额的，应当将长期股权投资的账面余额作为首次执行日的认定成本。

特别值得注意的是，《企业会计准则解释第 1 号》还规定，在上述追溯调整中涉及的股权投资借方差额，在执行新准则后计算投资收益时，应当在享有或分担被投资单位净损益的基础上，扣除按原股权投资差额的剩余摊销年限直线摊销给股权投资借方差额。

（二）审计证据获取与记录应注意事项

（1）对于企业首次执行日对长期股权投资的追溯调整事项审计，应特别注重获取企业调整过程数据信息以及以前年度的与调整相关的重要资料，并通过对资料的检查复核，确认企业调整处理的正确性。

（2）对于企业认为对子公司的长期股权投资追溯调整不切实可行的，应获取相关不切实可行的证据及声明，但应检查企业已对长期股权投资的账面价值进行了正确调整。

（3）对于上述长期股权投资的追溯调整工作底稿应在永久类中备份留存，以备以后年度审计时查取数据信息。

因此，新准则发布与实施对企业采用权益法核算的长期股权投资的影响主要包括投资的分类与核算方法采用、投资初始成本的确定与调整、投资损益和超额亏损的确认以及新准则首次执行日对长期股权投资的追溯调整几个重要方面，在审计中将之作为重要的会计领域和会计问题予以关注，可以帮助我们更好地完成审计目标，降低审计风险。

四、长期股权投资审计技巧

成本法核算下，企业对外投资应按被投资单位宣告发放的现金股利或利润中属于本企业的部分，借记"应收股利"科目，贷记"投资收益"科目；在权益法核算下，企业应根据被投资单位实现的净利润或经调整的净利润计算享有的份额，借记"长期股权投资（损益调整）"科目，贷记"投资收益"科目。

由此可见，不管采用成本法还是权益法，不管被投资方是否宣告发放现金股利，只要被投资方的净利润发生变化，都影响到投资方的投资收益。[①]《企业会计准则》与《中华人民共和国企业所得税法》对投资收益的确认存在差异。

正是由于在投资及其收益核算上的复杂多变以及会计与税法对投资收益确认的差异，不仅使得企业长期股权投资科目的余额与初始投资成本常常不一致，而且也为一些企业将投资收益长期隐匿于长期股权投资科目提供了方便，下文案例具体详解此问题。

---

① 《中华人民共和国企业所得税法实施条例》第十七条规定："股息、红利等权益性投资收益，除国务院财政、税务主管部门另有规定外，按照被投资方作出利润分配决定的日期确认收入的实现。"

（一）投资收益长期隐匿于长期股权投资科目

【案例】A公司账面上反映投资的单位有20多家，且大多数采用权益法核算，其中，A公司曾于200×年前投资B公司（投资比例为45%，一直未变），并由B公司建造一高速公路，A公司采取权益法核算对B公司的投资。公路建成后B公司的股票成功上市，且股票涨幅很大，B公司的净资产每年的增幅也很大，但A公司每年并未按照当时执行的会计制度的规定及时核算投资收益。至被检查年度，A公司账面长期股权投资年初的上年余额与B公司前一年度经审计的会计报表上所反映的净资产按45%的持股比例计算的应拥有的股权份额相差近6500万元。A公司的账务处理肯定有误，且很可能是少计了投资收益。但是，由于A公司从当初对B公司投资，到中间成功上市，再到该次接受检查，已历经多年，A公司在这多年中并未严格按照会计制度及相关会计准则的规定及时核算每年的投资收益，相关情况如下，B公司自上市以来从未亏损，经营及盈利情况一直很好，那么，少反映的投资收益究竟是哪一年或哪几年的呢？

对被检查年度A公司对B公司长期股权投资和投资收益的核算情况进行了仔细检查。

第一，由于A公司账面对投资收益核算的不及时和多次进行了相关账务处理和账务调整；第二，由于长期股权投资科目上年余额就不正确，而且A公司未能提供B公司以前各年度完整的会计报表及利润分配方案。

因此，一时无法判断A公司对B公司长期股权投资和投资收益核算的正确性。

由于A公司的对外投资共有20多家，而且必要时可能还需去被投资方外调，所以要理清对20多家企业的长期股权投资及其收益情况。重点有两个：一是必须提供所有被投资方各年度业经审计的会计报表和利润分配方案；二是必须对各被投资方在被检查年度前一年应该拥有的股权及收益与A公司账面实际反映的差异额逐年、逐笔做出必要的说明，并检查复核。

A公司基本上按照相关要求进行统计和核实（特殊情况除外），最终查明了A公司对各被投资方应该拥有的股权份额和应收、已收及未收的投资收益，其中A公司对B公司的长期股权投资的账面差额固然也水落石出。其中最主要的问题是，A公司在B公司上市一段时间后，将其拥有的B公司的股票抛售了一部分，并将转让股票的收入全额冲减了对B公司长期股权投资科目的账面余额，账务处理为"借：银行存款，贷：长期股权投资"，这其中就包含了将应作贷记投资收益的转让股票的盈利6469万元，也一并冲减了长期股权投资（6469万元系转让股票收益，应全额调整为计税所得额），此问题是形成上述差额的主要原因。

该问题实际上是A公司将转让股票的收益长期隐匿于长期股权投资科目的贷方，A公司以为检查人员不会认真检查长期股权投资科目（实际上已藏匿多年），但没有想到还是被查了出来。另外，除B公司的情况外，A公司对其他主要投资单位的投资情况也基本查明，主要问题是没有及时核算投资收益（包括应税投资收益），金额从几万元至几百万元不等，但也有少数小额亏损的情况。

（二）会计信息质量检查评析

尽管上述是对会计信息质量检查的案例，但对包括税务检查和会计报表审计在内的以会计账项为基础的相关性质的审计实务都有一定的借鉴意义。

1. 审计人员要善于利用被审计单位对审计工作的配合

不是说对所有的审计计划和审计方法都要对被审计单位保密，也不是说审计中涉及的所有事项都由审计人员亲力亲为，类似于上述案例中遇到的情况，即使不请被审计单位配合，当审计人员检查完一两个被投资方的情况后，A公司肯定也会知晓审计人员的审计思路和审计方法，实际上对被审计单位对外投资的审计一般也不容易弄虚作假，更何况对A公司提供的资料肯定要进行复核。因此，笔者认为，在审计过程中，如果属于为审计提供服务的一些面广量大、耗时费力的基础工作，而且在让被审计单位预知审计方法不会影响审计顺利进行的情况下，审计人员不妨利用被审计单位为审计提供一些基础性的统计、整理及资料收集等工作（实际上有些基础工作也应该由被审计单位完成），此时，即使可能对审计工作产生一些未知的影响，但笔者认为，只要从总体上有利于审计工作的顺利开展，应该是利大于弊。

2. 审计人员要注意善于运用一些必要的审计方法

如上文案例中从A公司对外发生每笔原始投资开始，到每年应收、已收和未收的投资收益，再到最终对各被投资方应享有的股权份额与A公司账面反映的长期股权投资之间产生的差异及其情况说明，实际上是A公司对所有被投资企业对外投资及收益的全过程的反映和汇总，只要被检查单位按照该表填列，就可以全面反映A公司在长期股权投资及投资收益方面存在的问题。

第五节　企业股权投资审计实务

从理论层面来看，企业股权投资审计时，应该将重点放在其投资业务资金运行、企业内控制度建设情况、重大经济决策制定情况、资产处置情况、对内对外投资情况、股权转让情况、严重或持续亏损情况等方面。

一、企业股权投资审计的实务要点

（一）企业内部管理情况

企业的内部控制对其股权投资有一定的规范作用。对企业有没有建立完善的内控制度与法人治理结构进行检查，同时摸清其制度的落实情况，判断企业在这方面是否存在重大问题，同时要对管控薄弱的方面以及下属企业做一定延伸，研究企业有没有存在管理层级多、股权投资过于分散、管理人力与能力不高、业务牵扯面太广等可能给企业管理质量、企业资产保值增值造成不利影响的因素。审计人员可以通过调查问卷、检查审批流程、人员访谈、查看会议纪要、抽查凭证等方式对企业股权投资情况进行审计。

（二）企业业务板块设置及股权投资情况审核

研究企业股权投资项目及其企业的经营现状，同时根据企业的主营业务来对股权投资

项目进行研究，并判断其经营业绩。重点需要关注的问题有五个：[①]

1. 企业制定未来发展战略的情况

企业有没有根据国家经济政策来找准定位，制定未来发展规划；有没有按照规划来设置有助于实现规划目标的业务板块；有没有根据企业具体情况来制定科学、可行、有效的股权投资规划。

2. 股权投资决策制定情况

对企业做出的股权投资决策过程进行分析，判断在做出决策前企业有没有进行可行性论证、研究、讨论等环节，以此查看该决策的制定是否符合有关规定；判断企业有没有未经审核就盲目投资、低效投资、人情投资的情况。

3. 股权投资项目资金筹措、管理与使用情况

重点检查项目资金有没有落实到位，企业是不是存在违规对外借款或者股权投资项目资金被挪用的情况；在使用资金时有没有存在浪费和管理不当的行为并由此造成项目资金可能遭受损失风险等情况。

4. 股权投资效益分析

重点分析股权投资项目经济效益情况、各控股企业业务之间有没有发生重合、投资板块设置情况等。审计人员可以使用经济指标对企业其他股权投资项目收益情况进行评价，从而对本项目投资回报及其经济收益进行准确判断。

5. 掌握股权投资项目进展情况

如果股权投资项目没有落到实处、进展速度较慢，审计机关就要查找其原因，如是不是因为产业政策发生改变或者是因为项目投资前提没有经过科学论证，是不是因为项目资金没有落实到位，资金是不是被挪作他用等问题导致。

在进行该类审计时，审计人员可以要求被审计对象提供股权相关信息，通过查看股权明细来判断该项投资能不能达到预期目的，是不是造成了企业资产浪费或损失等。对经济效益不高或者已经造成损失的股权投资项目，要查找问题原因，看其是不是因为投资面太宽、重复投资等导致企业投资资金保值增值失败或资源有效整合不佳等。

（三）企业资本运营情况

1. 股权转让和并购情况

对并购、收购、股权转让等进行审查时要注意看其有没有存在弄虚作假、高买低卖、徇私舞弊等让公司财产蒙受损失的问题。对徇私舞弊、以公谋私等违规违纪行为要大胆揭露。

在开展审计时，要注意掌握与并购、股权转让有关的所有信息，对这些信息的客观性、真实性进行正确评估，同时还要分析在该过程中有没有存在以公谋私等违规违纪行为，同时还要核查被投资公司情况，看其是否有弄虚作假的部分。

2. 将企业资金运行作为中心，高度重视大额资金流向

审计人员要对股权投资项目资金的管理使用情况、相关企业的资金往来情况等进行检

---

① 张国铭.长期股权投资权益法核算问题分析［J］.全国流通经济，2018（5）：89-90.

查分析，掌握企业有没有出现转贷资金谋取暴利、违规对外出借资金等不法行为。

（四）企业股权处置事项

审计人员需要就股权的核销和处理有没有根据要求来进行审批和做出决策，有没有对股权投资项目进行评估，导致企业资产损失是不是存在主观故意等问题进行检查分析。在审计过程中，审计人员可以通过查阅资料如资产评估报告、会议记录、上级批复等来展开调查，同时也可以将其和国家政策法规对照来进行核实。

（五）企业股权投资活动相关的融资情况

有没有健全的融资制度，债务资本信息是不是完整真实，企业的偿债能力方面要重点检查企业有没有罚息、逾期等情况，从而准确判断企业可能面临的风险和融入资金可能产生的经济效益，揭露为进行股权投资的融资期间产生的重大损失或浪费问题或者有关人员的违规违纪行为。

（六）转移资金等违纪违规问题审核

审计人员要核实企业往来资金以及成本费等信息，如预付款、应收款、营业外支出、资产处置损失、应付款、其他业务成本等；重点关注与股权投资有较大资金来往并存在可疑的内容，判断在融资期间企业有没有出现虚列支出以转移资金等问题。例如，为了实现股权投资而支出的咨询费，审计人员需要对其具体内容进行核实，了解没有相应的咨询报告，咨询企业或有关工作人员是不是和投资企业有着利益联系等；对金融机构收取的财务顾问费、融资咨询费、服务费等要按照具体情况来追踪其资金流向，判断其是否存在违规违纪问题。

二、股权投资后续计量方法转换

（一）转换的具体情况

如前所述，股权投资后续计量方法转换会计核算问题主要有两个方面：一是金融资产中的股权投资与长期股权投资间的资产重分类问题；二是长期股权投资成本法与权益法的转换问题。具体转换有六种情况，如图 14-5 所示。

图 14-5 中：转换情况的①～③是减少投资的情况，④～⑥是增加投资的情况。其中①属于长期股权投资后续计量成本法转为权益法的情况，④属于长期股权投资后续计量权益法转为成本法的情况，②、③、⑤、⑥属于资产重分类的情况（长期股权投资与金融资产间的重分类）。[①]

（二）关键会计问题

1. 成本法与权益法转换的情况

成本法转为权益法的关键会计问题在于剩余投资部分应进行追溯调整，即假设剩余投资部分自初始取得日起采用权益法核算。追溯调整过程应重点关注成本法与权益法的差

---

① 赵英会. 股权投资后续计量方法转换的会计处理方法 [J]. 财务与会计，2019（7）：55-58.

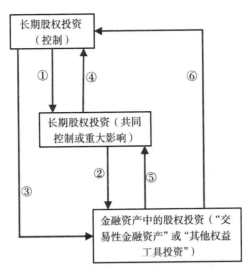

图 14-5　股权投资后续计量方法转换

异。两种后续计量方法的主要区别在于以下四个方面：一是初始成本是否需要调整，即是否存在商誉或利得；二是被投资方实现盈亏时是否需要确认投资收益或投资损失；三是对投资方宣告发放现金股利时是确认为当期损益还是投资的收回；四是被投资企业所有者权益其他变动时是否确认本企业所有者权益变动。

权益法转为成本法的关键会计问题在于区分形成的控股合并是否在同一控制下完成，即是非自愿的合并还是自愿的合并，从而确定是以账面价值为基础还是以公允价值为基础确定长期股权投资的入账价值。

2. 存在资产重分类的情况

减少投资使长期股权投资重分为金融资产的，关键在于金融资产的入账价值与长期股权投资账面价值差额的确认，以及原来若按照权益法核算存在的其他综合收益转出问题。

增加投资使金融资产重分为长期股权投资的，关键会计问题在于转换日长期股权投资的入账价值确定、原公允价值变动损益或其他综合收益的转出、转为按权益法核算的长期股权投资后初始成本是否需要调整等方面。

（三）股权投资后续计量方法转换的会计处理

1. 成本法转为权益法

对应图 14-5 中情况①，减少投资使持股比例下降。首先，对于处置的部分，先确认处置收益（损失）计入当期损益（"投资收益"）；其次，应假设剩余投资部分自初始取得日开始即采用权益法核算，按照如下四个方面对其进行追溯调整。

（1）初始成本调整。原成本法不进行初始成本调整，现转为权益法则需要对比两项金额进行追溯调整：一是剩余部分的投资成本，二是初始取得日在被投资方可辨认净资产的公允价值中所占份额对应的金额。若前者大于后者，则差额为商誉，不需进行初始成本调整；若前者小于后者，则差额为利得，应调增剩余部分投资成本，同时对期初留存收益追溯调整。

借：长期股权投资——投资成本

贷：盈余公积（10%）

利润分配——未分配利润（90%）

（2）累计净利或净亏的调整。原成本法下，被投资企业实现净利或净亏时不进行投资收益或投资损失确认，现转为权益法则需要追溯确认。由于自初始取得日至减资日存在以前年度和当年损益及利润结转会计处理的区别，所以追溯调整时也应注意，分别调整期初留存收益和当期损益。假定以前年度被投资企业的累计净利润（按照公允价值调整后的净利润，下同）为 P，转换当年被投资企业净利润为 P_1，剩余持股比例为 R（下同）。

借：长期股权投资——损益调整　　　　　　　　　　　　　　$(P+P_1) \times R$

贷：盈余公积　　　　　　　　　　　　　　　　　　　　　　$P \times R \times 10\%$

利润分配——未分配利润　　　　　　　　　　　　　　$P \times R \times 90\%$

投资收益　　　　　　　　　　　　　　　　　　　　　$P_1 \times R$

以上分录假定 P、P_1 均为正值。若为负值，或 $P+P_1$ 为负值，则将相应科目记入相反方向即可。

（3）累计现金股利的调整。在成本法下，将被投资企业发放的现金股利确认为当期损益（投资收益），而转为权益法后，则应视为投资的收回，冲减长期股权投资的账面价值。因此，应按照累计现金股利进行追溯调整。同样应注意以前年度和当年损益及利润结转会计处理的区别，分别调整期初留存收益和当期损益。假定被投资企业以前年度累计发放的现金股利为 D，转换当年被投资企业发放的现金股利为 D_1。

借：盈余公积　　　　　　　　　　　　　　　　　　　　　　$D \times R \times 10\%$

利润分配——未分配利润　　　　　　　　　　　　　　$D \times R \times 90\%$

投资收益　　　　　　　　　　　　　　　　　　　　　$D_1 \times R$

贷：长期股权投资——损益调整　　　　　　　　　　　　$(D+D_1) \times R$

（4）累计所有者权益其他变动的调整。在成本法下，不确认被投资企业所有者权益其他变动，而转为权益法后，应调整长期股权投资账面价值的同时，计入其他综合收益，因此同样要进行追溯调整。但与前两项调整不同，由于是计入了所有者权益，所以追溯调整时不存在以前年度和当年的会计处理区别。应按照自初始取得日至转换日被投资企业累计所有者权益其他变动金额进行调整。

借：长期股权投资——所有者权益其他变动

贷：其他综合收益

2. 涉及资产重分类的情况

（1）长期股权投资减资重分为金融资产。

对于处置的投资部分，按照实收价款与处置部分账面价值的差额确认为投资收益。对于剩余投资部分，会计处理应按照以下两个方面进行：

1）以重分日剩余投资的公允价值确认为金融资产的初始入账价值，该金额与剩余投资账面价值的差额确认为投资收益。

借：交易性金融资产/其他权益工具投资——成本

贷：长期股权投资（注意原按成本法或权益法明细科目的区别）

　　投资收益（借或贷）

2）原长期股权投资按照权益法核算过程中，若存在因被投资企业所有者权益其他变动确认到其他综合收益的金额，应转出至投资收益。

借或贷：其他综合收益

贷或借：投资收益

（2）金融资产增加投资重分类为长期股权投资。

1）确定投资成本。投资成本分为形成同一控制下的控股合并、形成非同一控制下的控股合并、未形成控股合并三种情况。前两种情况由金融资产重分类为按成本法核算的长期股权投资，第三种情况则由金融资产重分类为按权益法核算的长期股权投资。

若形成同一控制下的控股合并，应以被投资企业所有者权益账面价值为基础，乘所占份额作为长期股权投资入账价值。该入账价值若大于原金融资产账面价值与新增投资所支付对价的金额之和，则差额贷记"资本公积——资本（股本）溢价"；若相反，则调减资本公积，资本公积不足冲减的，冲减留存收益。相关直接费用计入"管理费用"。

借：长期股权投资——投资成本

　　管理费用

　　应交税费—— 应交增值税（进项税额）

　贷：交易性金融资产/或其他权益工具投资（转换日的账面价值）

　　　资本公积—— 资本（股本）溢价

　　　银行存款等

或

借：长期股权投资——投资成本

　　管理费用

　　应交税费—— 应交增值税（进项税额）

　　资本公积—— 资本（股本）溢价

　　盈余公积、利润分配（资本公积不足冲减时）

　贷：交易性金融资产/其他权益工具投资（转换日账面价值）

　　　银行存款等

若形成非同一控制下的控股合并或未形成控股合并，则应以原金融资产转换日公允价值加新增投资所支付对价的公允价值之和作为长期股权投资入账价值。两种情况的主要区别在于相关直接费用的会计处理，控股合并计入"管理费用"，而未形成控股合并则计入投资成本。另外，未形成控制合并的情况还由于后续计量采用权益法，所以还要考虑该入账价值与转换日在被投资企业可辨认净资产公允价值中所占份额的金额之间的大小关系。若前者大于后者，则差额为商誉；若前者小于后者，则差额为利得。原金融资产账面价值与转换日公允价值之间的差额确认为投资收益。

借：长期股权投资—— 投资成本

　　管理费用（控股合并的情况）

应交税费—— 应交增值税（进项税额）

    贷：交易性金融资产/其他权益工具投资（转换日账面价值）

        投资收益（借或贷，转换日金融资产公允价值与账面价值的差额）

        银行存款等

若未形成控股合并，且形成利得，则应调整投资成本。

    借：长期股权投资——投资成本

        贷：营业外收入

2）转出原金融资产持有过程中的公允价值变动损益或其他综合收益。若原按交易性金融资产核算，则应将公允价值变动损益转出至投资收益，体现公允价值未实现到实现的过程；若原按其他权益工具投资核算，则应将其他综合收益转出至利润分配，体现资产重分类对当期利润的影响。

    借或贷：公允价值变动损益

    贷或借：投资收益

    借或贷：其他综合收益

    贷或借：利润分配——未分配利润

3. 权益法转为成本法

对应图14-5中情况④，增加投资使持股比例上升，影响程度增强，会计核算过程应区分合并过程是否在同一控制下完成。

（1）同一控制下的控股合并。与前述金融资产增加投资重分为长期股权投资且形成同一控制下控股合并的原理类似，以被投资企业所有者权益账面价值为基础计算长期股权投资入账价值。

    借：长期股权投资——投资成本

        管理费用

        应交税费——应交增值税（进项税额）

        贷：长期股权投资——投资成本

                ——损益调整（借或贷）

                ——所有者权益其他变动（借或贷）

          资本公积——资本（股本）溢价

          银行存款等

或

    借：长期股权投资——投资成本

        管理费用

        应交税费——应交增值税（进项税额）

        资本公积——资本（股本）溢价

        盈余公积、利润分配（资本公积不足冲减时）

        贷：长期股权投资——投资成本

                ——损益调整（借或贷）

　　　　　　——所有者权益其他变动（借或贷）

　　　　银行存款等

（2）形成非同一控制下的控股合并。这种情况应以原长期股权投资账面价值加新增投资所支付对价的公允价值之和作为长期股权投资入账价值，相关费用计入"管理费用"。

借：长期股权投资——投资成本

　　管理费用

　　应交税费——应交增值税（进项税额）

　贷：长期股权投资——投资成本

　　　　　——损益调整（借或贷）

　　　　　——所有者权益其他变动（借或贷）

　　　银行存款等

同时，无论是否为同一控制下的控股合并，原按权益法核算过程中若存在被投资企业所有者权益其他变动确认的其他综合收益，则应转至当期损益（投资收益）。

借或贷：其他综合收益

贷或借：投资收益

（四）会计核算例解

根据以上分析可以看出，成本法转为权益法最为复杂，本部分就该情况举例说明其具体会计核算过程。例如，甲、乙公司均为股份有限公司，2016 年 1 月 1 日，甲公司以货币资金（银行存款）500 万元购入乙公司 70% 的股权，形成非同一控制下的控股合并。当日乙公司资本公积账面价值为 230 万元，可辨认净资产的账面价值为 700 万元，公允价值为820 万元。2018 年 12 月 31 日，甲公司将上述股权的一半出售给丙公司，收取价款 300 万元，剩余部分对乙公司形成重大影响。乙公司 2016～2018 年实现的净利润（按公允价值为基础调整后，下同）分别为 320 万元、380 万元、450 万元；分派现金股利金额分别为30 万元、40 万元、50 万元；累计所有者权益其他变动金额为 100 万元。不考虑企业所得税、增值税及其他费用。

2016 年 1 月 1 日，初始入账应以乙公司可辨认净资产的账面价值乘持股比例［700×70%＝490（万元）］作为入账价值，所支付价款与该入账价值的差额冲减资本公积（单位：万元，下同）。

借：长期股权投资——投资成本　　　　　　　　　　　　　　　　　490

　　资本公积——股本溢价　　　　　　　　　　　　　　　　　　　 10

　贷：银行存款　　　　　　　　　　　　　　　　　　　　　　　　500

2018 年 12 月 31 日，首先按照处置部分实收价款与账面价值的差额确认为投资收益。

借：银行存款　　　　　　　　　　　　　　　　　　　　　　　　　300

　贷：长期股权投资——投资成本　　　　　　　　　　　　　　　　245

　　　投资收益　　　　　　　　　　　　　　　　　　　　　　　　 55

对剩余投资部分按照权益法与成本法的四方面差异进行追溯调整。

对初始成本确认差异因素进行追溯调整。剩余投资入账成本为 245 万元,在乙公司可辨认净资产公允价值中所占份额对应金额为 820×35%＝287(万元),其差额为利得,应调增初始投资成本并追溯调整期初留存收益。

借:长期股权投资——投资成本   42

 贷:盈余公积   4.2

   利润分配——未分配利润   37.8

对累计净利润、累计现金股利、累计所有者权益其他变动追溯调整。根据前述分析,$P＝320+380＝700$(万元),$P_1＝450$ 万元,$R＝35\%$,$D＝30+40＝70$(万元),$D_1＝50$ 万元。

借:长期股权投资——损益调整 {〔700+450－(70+50)〕×35%} 360.5

       ——所有者权益其他变动(100×35%) 35

 贷:盈余公积〔(700-70)×10%×35%〕   22.05

   利润分配——未分配利润〔(700-70)×90%×35%〕 198.45

   投资收益〔(450-50)×35%〕   140

   其他综合收益(100×35%)   35

三、股权投资项目审计【案例】

(一)案例简况

2016 年下半年,某审计团队就辖区内的区属企业 2014 年至 2016 年 6 月的投资情况做了审计。本次审计是为了让决策管理层充分了解企业在投资决策与法人治理结构方面的整体情况,查找企业在做出投资决策与落实决策时出现的问题及产生的风险,并对其产生的原因进行分析,有针对性地提出改进意见,推动企业进一步健全法人治理结构,提高其管理能力与决策水平,切实保障企业资产安全。

1. 审计对象和范围

审计对象为 12 家区属企业。从审计范围来看,审计主要针对企业在 2014 年 1 月到 2016 年 6 月(对企业发生的重大事项可以将审计时间前移)制定的投资决策和投资的资金使用情况进行审查,主要包括项目投资(包括代建与在建项目)、基金投资、购房投资、股权投资、招商引资,以及由这些投资行为造成的借款担保和股权等资产处置情况。

2. 主要审计方式

在进行股权投资审计时,某审计团队以提高审计效率、查找问题与风险为目标,提前制定了审计方案、目标和重点,审计项目前期,审计人员根据股权投资需要了解的内容制定了股权投资的审计调查表和填表说明,与审计通知书一同送到被审计单位。该表格包括股权投资现状、决策、变更等多个指标内容。对股权投资决策而言,表格主要涉及会计核算科目、监事会履职情况、合作企业名称及其性质等内容;对股权投资变更而言,表格主要涉及股权变更前企业的持股情况及其证明材料,股权变更时的评估价格、交易价格、收付款情况等;对股权投资当前的情况而言,表格主要涉及预计收益额、被投资企业利润等内容。由于需要填写的内容较多，给被审计单位一周的时间预填股权投资审计调查表和准备齐审计时所需的全部资料。在这一周的时间里审计人员每人负责两个企业，现场指导其工作人员进行表格填写。

借助该表格，审计人员的工作效率大大提升。这是由于审计人员只需要根据表格内容让审查对象企业的财务工作人员将企业的股权投资情况依次填写即可，该企业所有股权投资的决策、现状以及变更等都可以通过表格一目了然。在掌握企业股权投资基本情况后，审计人员再对照表格内容检查企业填写内容的佐证材料，就可以快速弄清该企业的股权投资现状。

3. 审计目标

某审计团队在对股权投资进行审计时，主要关注点在于股权投资项目是否经过充分论证、是否进行可行性研究、有无风险预估和退出机制；投资决策是否经过公司董事会集体研究、民主决策；有无违反股权投资决策程序和审批程序的情况；股权投资项目是否按合同或计划取得预期的效益，投资回收期和投资效益是否达到预定目标；股权投资产权关系是否明晰，运营状况及效果如何，合资合作方有无侵占国有权益；有无企业领导人员搞人情投资并造成损失的情况；审计人员还要关注企业对被投资单位是否进行严格和规范的管理，有无个别股权投资项目部等单位游离于公司监管之外，各自为政擅自决策；收购或处置投资涉及的资产过程中，有无不按规定评估、审计、进场交易、高买低卖等问题。

4. 审计程序

针对上述审计目标，审计人员在对股权投资进行审计时，主要采取了八道审计程序：

（1）获取企业股权投资明细表，并与总账和明细账核对相符，结合股权投资减值准备科目与表格填数核对是否相符。

（2）根据股权投资合同和文件，确认股权投资的股权比例和持有时间，检查股权投资的核算方法是否正确。

（3）对于重大或舞弊风险较大的股权投资，向被投资单位函证被审计单位的投资额、持股比例及被投资单位发放股利等情况。

（4）检查股权投资决策相关的会议记录和可行性报告是否存在，股权投资决策是否符合规定。

（5）对股权投资收益重新计算，确定投资收益的准确性。

（6）检查股权投资的增减变动记录是否完整，相关会计处理是否正确。

（7）结合银行借款等检查，了解股权投资是否存在质押、担保的情况，如果有确定是否披露。

（8）对股权投资逐项检查，确定股权投资是否已经发生减值，是否正确计提减值准备。

5. 审计发现的企业股权投资存在的问题

通过对这 12 家区属企业股权投资情况进行审查，发现 12 家企业共有股权投资项目 30 个。进行了股权投资的企业均存在不少问题，而且这些问题有着较大的相似之处，如股权投资之前没有对项目进行前期论证或立项调查，决策的制定并非来自企业而是政府部门，没有对被投资企业进行较好的监控管理，企业对被投资对象的情况并不清楚，股权投资项目带来的经济效益很低，内控制度没有落到实处等。

其中问题最突出的是 F 水电开发公司的一项股权投资——LT 电站。2000 年，F 水电开发公司以实物出资的形式拥有了该电站 17% 的股份，股权投资额为 76 万元。2003 年，F 水电开发公司将自己拥有的共计 76 万元的股份以历史成本价格转让给 20 名公司职工。2006 年，F 水电开发公司又以回购的形式重新获得这 17% 的股份，此时这部分股权经过评估，其公允价值为 108 万元，不过在审计过程中并没有看到相关的评估报告。此外，在该电站股权发生如此频繁的变更时，电站一直没有修改章程，也没有进行工商变更登记。在审计过程时，能提供的资料也极少，存在必要的手续和资料缺失的问题。

2016 年，经过当地水利部门同意，当地国资委把 F 水电开发公司无偿划拨给 N 企业，让其身份变成该企业的全资子公司。F 水电开发公司原有工作人员全部都合并进入 N 企业，F 水电开发公司的工商注销手续正式启动。在对 LT 电站这一股权投资进行审计时，不论是 F 水电开发公司还是 N 企业都对被投资企业利润等问题并不清楚，因此存在着对被投资企业发展情况管理不到位的问题。此外，F 水电开发公司在持有 LT 电站股份十多年期间并没有获得任何投资收益。在审计时，该笔 76 万元的股份在 N 企业长期股权投资账户中仅仅只有 48 万元，有较为明显的企业资产流失现象。

（二）案例评析

1. 审计工作安排不合理

从审计工作的安排来看，由于审计组长与主审员在同一时间需要负责多个项目的审计工作，因此很难直接参与现场审计工作中，只能以巡视或者指导的方式来推动审计工作。从而造成直接参与现场审计工作的只剩下四名审计员和两名协审员。如此安排审计小组人员极不科学。

第一，被分成 A、B 两队的小组成员中有三名实习生，其中 A 队在现场审计时只剩下两名实习生与一名协审员，但是他们都没有政府项目的审计经验，对于该类审计工作开展的方法、流程等并不熟悉，对于当地区属企业的情况也并不清楚。在未能得到相关培训与指导的情况下对区属企业股权投资情况进行现场审计，可能引起审计风险。

第二，在选择审计中介机构与工作人员时，某审计团队并没有经过认真比对和思考，只是让中介机构推荐了两位协审员，但是这些协审员的专业素质、职业能力、道德品质等如何，某审计团队并不清楚，这也可能产生审计风险。

第三，将一个审计小组分成两个小队各自负责 6 家企业的审计工作，尽管提高了审计效率但是却可能导致审计口径不一致等问题。某审计团队进行该审计业务的科室原本仅有四名成员，加上实习生和中介机构的协审员也只有 9 人。但该科室在 2016 年下半年同时进行的审计项目有三个。该审计项目的实际时间安排不足 3 个月，包括前期制表、下发审计通知等前期准备工作。该项目涉及 12 家企业及其子公司，真正审计任务也不只是案例中的股权投资审计。

因此，该审计项目的时间非常紧，并且任务也相当重。这毕竟关系到企业资产保值增值的问题，在保证质量的前提下要按时完成该审计项目十分困难。

2. 被审计单位不配合审计工作

因为 LT 电站的股份并非主动转让，而是国资委无偿划拨给 N 企业的，所以 N 企业对该电站的情况并不了解，在资产对接完成后，N 企业也没有及时对电站的股份进行认真调查，只是在财务上进行了处理。同时 N 企业以合并时间较短为理由表示自己对下属子公司的股权情况并不清楚，对审计人员的调查不予积极配合。在审计人员提出查看相关档案时，N 企业以档案没有完全交接来搪塞；当审计人员提出想要获得 F 水电开发公司电话时，N 企业以没有联系方式为由予以拒绝；当审计人员提出前往 LT 电站进行实地考察时，N 企业又以电站原有职工已经离职或退休为由不予支持。由于审计工作没有得到被审计单位的积极配合，因此审计工作进展非常缓慢，作为 2016 年的重点审计项目，某审计团队高度重视现场审计情况。在进入现场审计之前，某审计团队与国资委共同召集了 12 家被审计单位的领导让其了解审计方案、安排及审计的重要意义，并要求 12 家企业必须以积极的、主动的态度支持审计工作。

在审计工作开展期间，某审计团队领导对现场审计情况进行实时跟进，同时加强人员管理，及时摸清问题，对审计工作进展要求审计人员定期进行详细汇报，汇报内容包括本周完成的审计内容、查找出来的问题、接下来的工作内容等。一旦审计期间发现重大问题，某审计团队领导则会到场指导，同时责令被审计对象领导主动配合完成审计工作。在 LT 电站的股权投资项目难以进行时，也是某审计团队领导到场督促被审计企业提供相关资料，才使得现场审计工作得以继续开展。

3. 股权价值难以进行评估

经调查可知，F 水电开发公司曾经以历史成本价格将持有的 LT 电站股份转让给下属职工，后来又按照公允价值标准从职工手中回购，因此存在着"低买高卖"的嫌疑，也就是在股权转让时按照成本价格，但是回购时则"名义上"按照公允价值来计算，存在把所得的利益输送给少数职工的嫌疑。通过一买一卖，形成企业资产收益并将其输送给职工个人，这显然是一种不符合国家法规要求的行为。但是因为该行为发生的时间久远，审计人员已经很难准确计量和管理股权投资价值。尽管这是股权投资审计工作的最重要的环节但是也是最难的环节。此外，回购之后股权投资的年收益计算方式也没有统一标准，再加上 LT 电站会计资料极不规范，真实性、完整性都存在问题，因此给股权投资审计带来了不小困难。从股权投资开始距离审计时过了 16 年，中间有转让过三次股权，再加上一些重要资料缺失，审计人员只能凭借现有资料进行审计，但是又很难完全掌握 LT 电站所有权转让的具体情况。

在新会计准则出台后，对长期股权投资的计量通常按照公允价值来确定，这对确认长期股权投资计量以及后续核算具有重要意义。要确定公允价值必须借助专业技术，因此长期股权投资评估方面的需求也大大增加。按照《企业会计准则》要求，在对企业账面价值进行调整时，可以借助资产评估结果来实现。同时股权投资评估还可以对企业计提股权投资减值准备进行参考评价。此外，通过对资产进行准确评估，能够为企业重大财务决策活动提供参考。在该审计案例中，对 LT 电站股权的确定重点在其当前价值与历史价值的核算，这在审计内容中占据着重要地位。不过在实际操作过程中，某审计团队并没有聘请专业机构对其资产进行评估。股权价值无法准确判断，股权由于正常原因和非正常原因造成的损失也无法判断。因此企业资产损失程度也无法准确计算。

4. 缺少对内部审计指导监督工作

在国家与社会审计体系中，内部审计一直具有基础性的地位。内部审计尽管独立性不足，但内部审计是否有效直接影响着企业股权投资与相关法律规定是否相符。企业审计必须对企业内部审计工作进行监督和指导，这是企业审计需要承担的重要职责。在企业审计案例中，企业的内部审计独立性并没有凸显出来，尽管发现企业股权投资不符合有关规定但是没有进行制止，也没有及时提醒管理层应该遵照有关程序来进行股权投资。但是这类履职报告在审计时并未见到。面对企业内部审计有失职行为，某审计团队也并没有对企业的内部审计做指导监督工作。从该案例的审计结果中可知，企业审计对企业内部审计的监督指导职责并没有很好履行。

5. 审计调查的表格设计复杂且部分不符合实际

在入场审计之前，某审计团队专门设计了股权投资调查表格以明确审计重点、目标等。这些表格牵扯到股权投资的各个方面，包括决策的制定、现状、变更等。不过这些表格太过复杂，与企业股权投资审计的具体情况有着不符之处。部分表格的设计未考虑到实际情况，因此这部分不符实际的表格成为多余的。例如，表格中的公开市场交易机构名称项目中，因为企业股权投资行为很多时候都受到政府部门干预，其股权的转移并没有公开市场交易这一环节，因此被审计对象根本无法填写。另外，调查表格中并没有明确填写说明，因此被审计单位的填写口径也不一致，再加上被审计对象不配合的态度因此很少按规定填写，造成所填的表格内容极不规范，从而增加了审计工作的难度。在现场审计时，审计人员还需要就表格规范填写问题与被审计单位的工作人员反复沟通，由此反而增加了审计工作量。

6. 未对重点项目进行专项审计

从企业审计案例中可以看到本次审计过程中存在的问题。某审计团队对每年的审计任务以及审计时间都有既定要求，因此很难在每个方面都做到及时审计，如对 LT 电站股权投资问题，尽管已经发现了问题，但是到 2017 年 3 月某审计团队还没有对其进行专项审计。就企业而言，国家审计属于外部审计，起到的是事后监督作用。由于资源有限，因此国家审计部门不可能对企业进行全方位的深入审计。再加上审计能力的问题，某审计团队在对区属企业的股权投资进行审计时缺少相应的专业素质，再加上审计资源有限，他们也不可能每年都对所有企业进行审计。

针对存在重大问题的事项，要对其进行深入审计而不能停留在表面。由于受时间、精力、水平等因素的影响，国家审计对企业股权投资审计的作用受到了限制，这也间接导致屡审屡犯的问题。

7. 审计成果综合运用不足

当前，我国还没有形成完善的审计公告披露机制，审计成果没有得到较好的转化。从实践来看，被审计单位接收到的信息一般是审计决定、审计报告等，党委、政府接收到的信息责任是审计要情、审计专报等；纪检监察部门等接收到的是移送处理书等；公众接收到的审计信息则是审计结果公告。目前，审计成果传递中最突出的问题是审计公告没有向公众进行充分披露，公众很难通过有效途径及时获得审计结果信息。由此造成社会公众获取审计信息渠道不畅的问题，并阻碍了社会监督作用的发挥。

案例中审计结果运用存在两个问题：第一，审计结果公开程度不足，公众对股权投资审计中发现的问题并不了解，最终的审计报告仅当地政府、国资委、某审计团队和被审计企业知晓，并未对公众进行公布。因此，各种监督力量分散，没有形成合力，减弱了审计成果效力的发挥。第二，没有与相关职能部门建立良好的合作关系，某审计团队单独开展工作，与国资委的合作仅限于发送审计通知和召集企业领导共同开会。审计成果运用方面只是局限在个别投资项目审计结果上，如将审计过程中发现的不法问题进行移交处理，向当地政府提交审计结果等，但是却没有对多个股权投资项目中出现的问题进行对比分析和总结归纳。

某审计团队对股权投资审计结果只知道处理却不分析原因，提出解决对策却不重视结果披露等。由此造成某审计团队知晓的问题，但是其主管部门和行业协会却知晓很少，进而导致部分问题屡审屡犯，屡禁不止。

（三）审计相关建议

1. 增强审计力量，提高审计工作质量

（1）引入社会审计力量。当前，审计团队工作人员少，但是需要审计的对象多，承担的任务非常重。在进行企业股权投资审计时，审计力量严重不足。审计团队可以建立审计中介机构备选库，保证审计机构的资质和能力。此外，将审计任务全部外包给审计中介机构导致审计效果不佳的问题。审计中介机构对于国家审计模式、审计目标、审计流程等并不清楚，很有可能产生偏离审计方向的问题。因此，面对该问题，审计团队可以从审计中介机构备选库中聘请审计人员，并将其临时编入审计小组，以此来共同完成部分企业股权投资审计任务。这样既可以满足企业股权投资审计所需，又可以化解任务重、人员少的矛盾。另外，国家审计与社会审计在程序、模式等方面存在较大差异，要结合实际情况，互相学习沟通、不断拓宽思路、提高自身能力，达到共同发展的目的，确保更高效率、更高质量地完成审计任务。但是，在审计时一旦出现徇私舞弊或审计风险，就要按照审计团队制定的处罚细则来追究审计人员的责任，以此来规范审计团队人员和参与股权投资审计项目的社会审计机构人员的行为。针对社会审计机构工作人员出现的重大违纪问题，要及时向公众披露，在此后的企业审计业务中不再聘用。

（2）提高审计人员素质。此外，必须不断提升审计人员聘请的中介机构人员的综合能力与素质，提高其对股权投资审计管理工作水平。对于审计中介机构人员，可以通过审前培训，主要让其了解某审计团队对企业股权投资审计的目标和重点，以及熟悉企业审计的审计方式。对于企业审计人员和长期从事某审计团队审计业务的审计中介机构人员，可以通过培训考核等方式来扩大审计人员的知识面，提高他们的工作能力，同时要努力增强审计人员在确保审计质量方面的意识。既要培训审计会计方面的知识，又要培训审计人员资产评估方面的知识，以此来尽量避免出现案例中无法确定股权投资造成的企业资产流失情况。

2. 选择合理的审计方法

选择合理的审计方法可以为更好地开展审计工作打下基础，只有选择与审计目标、审计程序等相适应的审计方法，才能更好地保证审计质量。审计团队在对企业的股权投资进行审计时，大多数情况下审计对象不止一家企业，涉及的年份也可能长达十多年。因此，要完成如此大任务量的审计工作就需要审计团队选择合适的审计方法。为了提高效率，可以主要采用设计调查表格的方法进行审计。在设计调查表格的过程中，一定要结合每个企业股权投资的具体情况，对调查表格进行增减。例如，根据不同的企业规模，设计关于上市国企、大型国企、中型国企、小型国企等四种调查表格。在条件允许的情况下，甚至可以根据每一个企业的情况，来设计调查表格，使得调查表格更具有针对性，更容易发现企业股权投资方面存在的问题。这种方法还有一个好处就是经过多次审计之后，数据有一个连续性，对于企业股权投资的历史变化有一个清楚的认识。即使在之后的股权投资审计中更换审计人员，也能使其快速掌握企业股权投资的情况。完成表格后还要形成与调查表格相匹配的填表说明，并可以针对填表说明召开一个培训会，邀请企业的填表负责人参加，现场指导他们如何规范填表。只有这样，才能让调查表格发挥真正的作用，提高审计效率的同时发现问题，而不是增加审计人员的工作量。运用审计调查表的方法对企业审计在地方某审计团队和审计署特派办对企业的审计工作中运用已较广泛，如上级审计机关对企业的资产管理情况审计和审计署驻当地政府特派办对企业的股权投资审计。因此，在某审计团队中推广这种审计方式，既能提高审计效率，又能更好地与上级审计机关合作或完成上级审计机关制定的审计任务。

此外，还可以在企业填报调查表格的基础上，对股权投资的相关数据进行汇总分析，查找审计线索，发现可能存在的问题并深入进一步审计。在有条件的情况下，还可以利用"大数据"审计方法进行审计，将某审计团队通过调查表格获得的数据，与企业资产监督管理委员会、国家和地方税务部门、工商行政管理部门等掌握的数据联合进行比较分析，如可以和企业资产监督管理委员会对比企业的股权投资决策等，可与税务部门对比发现股权投资的收益等，可以和工商行政管理部门对比股权架构等，从而更快地找出审计风险点。

3. 建立股权投资评价体系

此次审计团队的企业股权投资审计的目的只是尽量发现企业股权投资审计的问题，在制订审计计划和审计结果中都是以问题为导向。这就是只发挥了审计监督和鉴证的职能，而没有充分发挥其评价的职能，不能直观看出各个股权投资相对的优劣。因此，从长远的角度考虑，为了使对企业股权投资审计的效果不限于一时的整改，同时也为了使之后进行的股权投资审计更加有效率并具有连续性，审计团队可以在不过多增加工作量的情况下，利用经过审计的已掌握的数据对股权投资进行综合评价。对每个股权投资项目综合考虑，根据统一的标准进行打分。对股权投资进行评价，既能选出优秀的股权投资作为之后投资行为的标榜，又能减轻一定时间内（如一年内）的审计工作量。在这适当的有效期内再次对股权投资进行审计或者对股权投资整改情况审计时，可以对评价得分较高的股权投资进行抽查，而对于上次审计刚及格或是不合格的股权投资进行重点审计。

股权投资评价体系的建立，根据具体的审计案例可以从三个方面进行考虑：一是股权投资决策程序的合规性程度占30%（可逐年降低权重）；二是内部控制的有效性占20%；三是股权投资的收益性占50%。同时备选的还有公共服务效益、股权投资、收益的稳定性等方面。对股权投资进行全面的评价，才能更为直观地展示出每项股权投资的优劣，为企业未来进行股权投资提供参考，也能更好地指导企业进行股权投资。

4. 强化审计成果

（1）引导内部审计发挥作用。就股权投资而言，内部审计有着重要作用。但是当前企业内部审计往往出现不作为的现象。对于企业的股权投资的决策不合规，未进行可行性研究等问题，完全可以通过内部审计部门对企业领导进行提醒，减少此类问题的发生。因此，审计团队应该根据有关法律法规的要求对其进行监督和指导。具体而言，审计团队首先要切实增强企业内审系统工作人员的风险意识，不断完善其内审制度，增强内审约束力。同时还要对企业内审人员进行培训提升，作为企业股权投资问题的把关部门，内部审计人员一定要具有扎实的审计知识和技能，能够真实客观地对企业股权投资项目进行监督。在监督方面，某审计团队可以通过评价企业内审工作水平的方式对其进行约束和限制。为了加强对企业内审部门的指导与监督，某审计团队可以设置专门的机构来完成该项工作。让其专门负责指导、考核、培训企业内审人员的工作，切实提高内部审计人员的业务能力和执业水平。对那些没有建立完善的内审机制的企业，某审计团队要委派工作人员入驻企业，帮助其健全内部审计制度，监督其内部审计制度的落实情况。除了要对内审工作严格监督外，某审计团队还应该以激励的方式提高企业对内审工作的重视和关注，对那些内审工作有着优秀表现的企业予以表彰和鼓励。要宣传典型、树立榜样，以点带面，让企业内审部门对股权投资审计持有更积极主动的态度，为企业的股权投资把一道关。

（2）将股权投资审计结果纳入企业管理层绩效考核。企业股权投资决策不合规、投资收益低等问题在历年的股权投资中一直存在。企业股权投资的问题屡错屡犯，对于企业股权投资的整改措施也主要停留在企业的层面，没有落实到实际责任人，为处理好这一问题笔者主张在明确企业领导人的责任后，将股权投资审计的结果作为企业领导的绩效考核。目前，企业领导人的经济责任审计大多在其离任后，此时其已前往新的工作单位，经济责任审计对其约束力很小。但股权投资审计作为企业领导人的一项绩效考核，能让其认识到企业审计工作是严格的，并不是一纸空文，而且可以对疏忽职守的人员进行必要的惩处，避免部分管理者生成有恃无恐的心态。此外，做好企业股权投资审计工作也有助于反腐的发展。针对部分较为特殊的状况，企业出现重组或经济体制创新等，股权投资审计便可维护企业资产的安全，尽可能维护企业资产的公共性。完善股权投资审计的问责机制也有利于促进企业的稳定运营，提升企业审计工作的质量。

（3）加强股权投资审计报告的公布。审计团队在完成企业股权投资审计后需将总结的成果予以披露。信息披露的过程是对本次审计工作的总结，此外也可将审计信息向人民群众进行宣传教育。之所以对企业予以审计，便是希望确保企业资金运营的安全性，维护企业资产。因此审计机构披露的文件需是通俗易懂的，群众可理解的，必须涵盖本次审计的内容，同时需突出本次审计工作的关键部分、清晰明了。文件需阐明目前企业运营中含有的缺陷，并为各级政府的监管工作提供一定的依据。

综上所述，为类似的审计团队在开展企业股权投资审计项目提供一些参考，使其提升审计效率，提高审计质量。

第十五章　股权投资风险管理

作为 21 世纪的企业，要快速融入现代化企业的发展轨道，股权投资业务必将成为企业战略发展规划的重要组成部分，投资成效更事关企业未来发展成败。本章在概述股权投融资风险管理的理念与目标的基础上，重点探讨如何构建股权投融资的风险识别、评估与预警管控体系及其风险管控方法，为公司股权融资工作的开展提供一些参考。

第一节　股权投资风险管理的理念与目标

企业股权投资从最初的调研到最终落地，从投资决策到投资后整合的整个投资过程中涉及诸多风险，包括经营风险、法律风险、资本市场风险、执行风险等，需要采取诸如寻求外部专业机构协作，制定合理的内控制度及财务管控制度等手段进行严格管理，需要对各方面的风险进行严格把控，包括投资前的尽职调查、可行性研究、价值评估、融资方案是否详尽完善，投资过程中的战略、经营、人员、文化等方面的整合是否合理顺利，投资后的企业管理是否积极持续。

风险管理是股权投资的关键性内容，它直接影响着企业股权投资的方向和效果，重视对股权投资的风险管理，必须要完善股权投资中事前、事中、事后的一切行为，加强股权投资的风险管理，对风险进行系统评估，对风险的概率进行测算，对投资风险进行量化，以更好地规避风险，用最小的风险获取最大的收益。

一、风险管理的基本理念与股权投资管理目标

风险就是指不确定性对未来目标的影响，这种影响包括积极影响和消极影响两个方面。在 COSO-ERM 新框架理论中，风险被定义为事项发生的可能性和影响企业战略与业务目标实现的可能性。人们通常会不确定风险事件是否发生，以及会不确定风险事件发生后会造成什么后果。风险管理是指采取一系列方法和措施，尽可能减少风险事件发生的概率或降低风险事件发生带来的各种消极影响。与此同时，也必须考虑风险管理的经济性，只有当风险管理成本不高于风险可能造成的损害时，风险管理才有意义，才能够帮助提升企业价值。对于投资机构而言，以股权形式投资企业将面临更大的风险，因此必须加强对股权投资风险的管控。

（一）风险管理的基本理念

风险管理是指如何在项目或者企业这样一个肯定有风险的环境里把风险可能造成的不良影响降至最低的管理过程。无论是处于何种行业，都有各类风险存在，而风险的类型也是多元化的，表现在工作的各个环节中。但是，风险也具有一定的共同特点，比如可预知性、受内外环境影响大等，因此可以采取特定的手段进行风险的管理。通常来说，风险管理有多种方式，包括风险的预防、风险的规避、风险的转移、风险的自留等。其中，风险预防是指在项目开展之前就对可能出现的各类风险进行预估，根据定量和定性分析的方式合理地判断；风险规避和转移则是通过出售、转让、保险等方式将风险承接到别的主体；风险自留则是被动地接受风险。

1. 风险管理理论

早在 19 世纪，西方经济学家就提出了风险的概念，并指出风险来自对偏离预期的结果分析。潜在损失、程度及不确定性是构建现代风险管理的基础，其中潜在损失是整个框架的核心，因为潜在风险的发生，将给企业带来巨大的损失，而这些潜在损失背后的风险因素是私募股权投资项目评估要考虑的风险理论基础之一[①]。这些风险因素可能包括市场需求的变化、竞争对手及潜在竞争对手或替代性竞争对手的技术创新、产业链竞争博弈格局演变、生产经营及管理运营不善或政治法律政策等环境的重大变化等。

从风险管理的理论来看，客观存在性、不确定性、可预测性和动态性是现代风险管理理论的基本框架，后续的风险评估及处置，相应地也从这个框架出发来分析处理。总的来说，风险管理理论的核心就在于提出了风险的概念，并指出了风险是可以被预测、识别、评估、处置的。

2. 内部控制理论

20 世纪 90 年代初，美国科索委员会（COSO）发布了《内部控制—整体框架》[②]，并在该报告中明确提出了内部控制理论，虽然这并非唯一的内部控制框架，但却在全球受到高度认可，是应用最为广泛的内控框架。2008 年，我国首部《企业内部控制基本规范》发布并陆续开始执行。而后，《企业内部控制配套指引》发布并开始执行，标志着中国版企业内部控制规范体系初步落成[③]。

3. 行业生命周期理论

该理论起源于 20 世纪 60 年代，是指行业从诞生到彻底消亡所历经的时间区间，通常包括先期的幼稚、成长阶段，以及后期的成熟、衰退阶段。该理论在应用上具有明显的局限性，现实生活中的行业发展曲线远不可能像理论中那样规则，因此直接运用该理论对行业发展阶段进行判定是非常困难的，要么不好判断、要么容易判断失误，致使业务举措失误。为了尽可能贴近现实，在实际投资工作中应将行业生命周期理论作为基础，同时结合其他类周期规律，如技术成熟度曲线和创新扩散曲线等，一并使用，以提高认知准确性。

---

① 陈翔燕 . 突破风险管理的瓶颈 [J]. 上海国资，2014（8）：84-85.
② COSO. Internal Control Integrated Framework [S]. 1992.
③ 吴红丽 . 我国私募基金行业发展破局 [J]. 中国外汇，2019（16）：67-69.

（二）股权投资管理目标

1. 经营目标

对投资方案进行不断完善与调整，使得投资项目能够按照原有预期进行，并对其进行及时的干预和指导。在内部控制过程中，需要确保投资活动在整体上具有较强的系统性以及科学性，并严格按照预定方案进行，对投资管理加以规范，保证资金的安全性，确保各项活动能够按计划高效、有序地进行，以为后续获得资金回报奠定基础。对投资处理的程序以及方式加以规范化处理，具体处理过程需要与企业既定标准相符，对于已经到期的投资，需要按照合同抑或是协议的相关要求，进行资金的足额回收。如果投资提前终止抑或是在到期前转让，则需对其加以综合考量，确保处置价格能够具有更强的合理性。如若投资无法回收，则需要对原因进行核查，明确责任划分，在最大限度上确保企业自身利益不受损害。

2. 财务目标

确保企业投资收益与资本账面价值，能够在信息系统准确度、完备度和真实感等方面都具有较好的体现，因此企业需要增加对内部会计制度的关注程度，以保证企业所有投资业务均实现稳妥应对，有关消息的真实感和准确度得到保障，从而有助于对当前的企业财务数据、利润和流动资金等做出正确反映。

3. 合规目标

对于企业而言，无论是进行何种投资活动，均要与当前国家法律法规相关内容相符，无论是在签订协议、项目实施还是资金回收的过程中，均应该严格按照相关要求进行。

风险管理的目的在于"找好项目、投好项目、管好项目、退好项目"，其中心任务便是实现"发现价值、价值增值、价值实现"这样的一个目标。当然不做或少做不创造价值的事，以下两点值得考虑：①风险管理要坚持长期的价值投资理念，既要关注市场（资本市场、行业）和企业的历史现状，还应该考虑到 3 年、5 年或者更长时期的变化情况；②风险管理还要重视长期的整个投资过程中的管理控制，尤其是风险控制，以保证投资的良性循环。

风险控制是管理者通过不同的方法和手段减少风险事件发生后所产生的损失，或在风险事件发生之前采用适当的方法和手段避免该风险事件的发生。风险控制主要包括风险的识别、评估、控制、评价以及管理效果的评价。风险回避、风险转移、控制风险造成的损失等均是风险控制最基本的方法，这些方法的实施能够有效地回避风险或降低风险事件所产生的损失。

二、股权投资主要风险类别

从控制权的角度来讲，股权投资一般分为控股型投资和参股型投资；从投资目的来讲，为了取得利润分红而进行的财务性投资，为了延伸企业产业链、提升市场竞争力而进行的收并购类投资，或者如近些年为 PPP 类项目投资而设立的项目公司，专门负责特定项目的投融资建设及运营。企业特别是大型企业属于实体经营企业，并非专业的财务投资公司，除近些年大力拓展的 PPP 类项目投资外，股权投资大多是为了产业转型升级和创新发展，为了延伸产业链条或获取专业资质、专有技术，战略性质较为突出。[①]

在现代社会中，大多数企业非常关注股权投资工作，同时了解到会出现部分常见的风险，公司日常经营活动会存在相应的威胁，具体落实的时候没有适当的策略进行公司改善，就会带给企业巨大的经济损失。从风险的可控性角度，可以将股权投资公司面临的风险分为两大类：系统性风险和非系统性风险。

系统风险是指由于经济环境变化、国家政治政策改变以及社会发展等企业自身所不能控制的因素而带来的风险，一般称为系统性风险，这一类风险企业自身往往不能提前预估和规避，也称为不可分散风险。系统性风险主要包括政治政策风险和利率风险。

非系统风险是指来自企业内部的管理风险，一般称为非系统性风险，这些风险往往是企业内部管理因素导致的，可以通过完善管理来避免，因此又称为可分散风险。根据股权投资的主体和阶段不同，非系统性风险可以分为投资机构自身的风险和来自被投企业的风险。投资机构自身的风险主要有人员素质风险、信息收集风险和决策风险；来自被投企业的风险主要有法律风险、管理风险、经营风险、技术风险、市场风险、财务风险和道德风险等。

在进行股权投资时，应当对以上风险给予足够的重视，根据这些风险制定相应的投资方案条款。企业在股权投资管理过程中，可以进一步对股权投资内部控制的主要风险进行分类，具体如图 15-1 所示。

三、企业股权投资内部控制主要风险

（一）战略风险

股权投资风险中的决策风险主要是投资者的投资管理决策不够健全，存在一定的漏洞，比如在股权投资风险管理中投资者具有一定的盲目性，制定出来的投资方案中大多数都是与规划以及固定资产投资与市场开发等有关的内容，但是没有太多的实质性投资内容，制定出的方案也缺少一定的科学合理性。还有一些企业在进行股权投资之前没有做好相应的调查工作，没有进行充足的财务分析和调查工作，严重夸大项目收益，故意隐藏一些不好的事实，最终加大投资风险。

战略投资导向的股权投资面临的主要风险，除了与其他投资具有相似性之外，还由于其长周期、大资金的特点，因此具有一些特有风险。

1. 战略投资方向单一，行业集中度过高

与西方发达国家的完善建设体系相比，我国产业经济确实存在着巨大的发展空间。同时，我国的政策利好也是一个重要的催化剂。从行业上看，新能源、光伏、芯片等产业一片火热，而传统的钢铁行业却完全得不到眷顾。"不要把鸡蛋放到同一个篮子里"这句话一直是适用的。

---

① 史雪花. 内控视角下企业股权投资的风险管理对策 [J]. 企业改革与管理, 2021（23）：23-24.

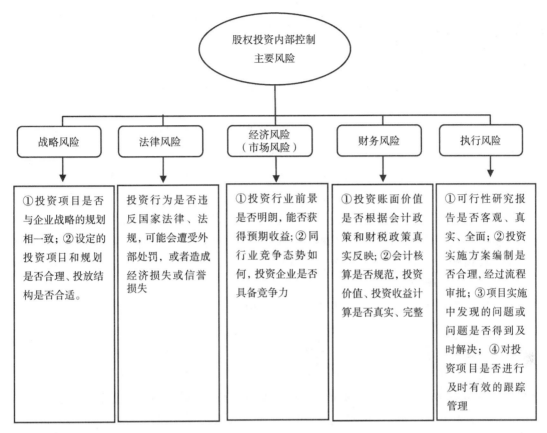

图 15-1　股权投资内部控制主要风险

2. 预期收益与机会成本不匹配

通常来说，战略投资的预期回报为数倍乃至数十倍，但从更长期的视角看，一旦预期之外的"黑天鹅"事件出现，该项投资的收益存在归零的可能。以 10 年期的投资为例，10 年期银行存款收益率作为该项投资的机会成本。当"黑天鹅"事件出现，真实的投资收益率可能为零，甚至可能损失投资本金。这两项是严重不匹配的。当然，许多著名的投资实例告诉我们，一般的成功投资带来的几倍乃至几十倍的投资回报，实际上也是与机会成本不匹配的。

3. 长周期、大资金带来的预测性难题

假设运用一笔资金（数额不大）进行投资，计算第二年的投资收益率，很容易就能得出结果。由于其本金的数额限制，因此其收益和损失的波动范围容易预测。如果把这笔资金数额扩大到某个国家的国民经济总额，并将投资周期延长至 10 年期，那么就很难保证 10 年以后这笔资金的收益了。

（二）法律风险

法律风险通常是指股权投资违反相关法律、法规、合同违约、侵权、怠于行使公司的法律权利等情况。其具体内容包括：债务拖欠，合同诈骗，盲目担保，公司治理结构软化监督能力；投资不进行法律可行性论证，项目运作缺少法定决策程序，企业决策人治化，轻易挪用资金，难以认识保险单、票据，信用证诈骗；在国际货物运输中有诈骗风险，国际投资与国际合作中引发的反垄断反倾销诉讼，重复引进技术，项目开发不进行商标专利检索，项目合作涉及房地产业务中不审查土地合法性不正当竞争给企业带来身败名裂等。潜在的法律风险和经济损失不计其数，股权投资者应该特别关注和管理这种风险。

1. 法律合同风险

股权基金与投资者之间签订的管理合同或其他类似的投资协议，往往存在保证本地安全、保证收益率等不受法律保护的条款。此外，股权基金投资协议缔约不能、缔约不当与商业秘密保护也可能带来合同法律风险。股权基金与被投资企业谈判的核心成果是投资协议的订立，这是确定双方权利、义务的基本法律文件。在此过程中可能涉及三个方面的风险：一是缔约不能的法律风险；二是缔约不当的法律风险；三是谈判过程中所涉及的技术成果与商业秘密保护的法律风险。这些风险严格来说不属于合同法律风险，而是附加义务引起的法律风险。

2. 股权基金的操作合规风险

在我国现有法律框架下，股权基金主要有三种形式：一是国家发展改革委特批的公司型股权基金；二是以有限合伙形式组建的私募股权基金；三是通过信托计划成立的信托型私募股权基金。除这三种类型外，还有各类以投资公司名义出现的、与私募股权基金运作方式相同的投资机构，而这种私募股权基金却处于监管法律缺失的状态。虽然我国私募股权基金的运作与现行的法律并不冲突，但在实施的过程中又缺乏具体法律和规章，导致监管层与投资者缺乏统一的观点和做法。另外，部分不良私募股权基金或基金经理暗箱操作、过度交易、对倒操作等侵权、违约或者违背善良管理人义务的行为，都将严重侵害投资者的利益。

3. 知识产权风险

投资项目如果看中的是被投资企业的核心技术，则应该注意此核心技术的知识产权是否存在法律风险。与知识产权相关的法律风险有以下几个方面：

（1）所有由被投资公司和其附属机构所有或使用的商标、服务标识、著作权、专利和其他知识产权。

（2）涉及特殊技术开发的作者、提供者、独立承包商、雇员和名单清单的有关雇用开发协议文件。

（3）为了保护专有性秘密而不申请专利的非专利保护的专有产品。

（4）公司知识产权的注册证明文件，包括知识产权的国内注册证明、省级注册证明、国外注册证明。

（5）正在向有关知识产权注册机关申请注册的商标、服务标识、著作权、专利的文件。

（6）正处于知识产权注册管理机关反对或撤销程序中的知识产权的文件。

（7）需要向申请知识产权注册管理机关申请延期的知识产权的文件。

（8）申请撤销、反对、重新审查已注册的商标、服务标识、著作权、专利等知识产权的文件。

（9）国内或国外拒绝注册的商标、服务标识权利主张，包括法律诉讼的情况。

（10）其他影响被投资企业或其附属机构的商标、服务标识、著作权、专利、专有技术或其他知识产权的协议。

（11）所有涉及商业秘密、专有技术秘密、雇用发明转让或其他被投资企业或其附属机构作为当事人并对其有约束力的协议，以及与被投资企业或其附属机构或第三者的知识产权有关的协议。

此外，创业者与原单位的劳动关系问题、原单位的专有技术和商业秘密的保密问题以及遵守同业竞争禁止的约定等，都有可能引发知识产权的纠纷。

4. 律师调查失误风险

一旦确定股权投资企业后，就应该聘请专业人士对目标企业进行专门的法律调查。在投资过程中，法律调查的主要作用在于，使股权投资方在投资开始前核实目标企业提供的各方面信息的情况，包括有关被投资企业的股份或资产在法律性质方面的全部情况，以及确认他们已经掌握的重要资料是否准确地反映被投资企业的资产负债情况，以避免因信息不对称而导致的投资决策失误。股权投资的被投资企业通常是信息披露程度非常低的非上市企业，股权投资方如想要掌握被投资企业的详细资料就必须进行全面的法律调查，以平衡双方在信息掌握程度上的不平等，明确该项投资决策存在哪些风险和法律问题。这样，双方可就相关风险和估值问题进行谈判，尽职调查的结果也是进行谈判的重要筹码。股权投资中因律师调查失误引起的法律风险，需要作为中介的律师事务所等机构与股权投资方及被投资企业共同面对。如果尽职调查不实，中介机构将承担相应的法律责任，则投资机构可能蒙受损失，而项目企业可能因虚假陈述而承担相应的法律责任。

5. 被投资企业管理中的风险

（1）日常经营运作中的风险：合同风险、合规风险、债权失效风险、损失诉讼风险。

（2）管理引起的法律风险：治理结构缺陷带来的决策风险、员工意外伤害风险、规章制度不健全导致的员工道德风险、公司印章管理不严带来的债务风险。

（3）资金运用引起的法律风险：投资合作风险、分支机构风险、借贷风险、担保风险。

6. 退出机制中的法律风险

目标企业股票发行上市通常是私募股权基金进行投资所追求的最高目标。股票上市以后，私募股权基金作为发起人在经过一段锁定期之后即可售出其持有的企业股票或者按照比例逐步售出其所持有的股票，从而获得巨额增值，实现成功退出。

可能选择的上市方式主要有两种：一种是直接在交易所上市；另一种是借"壳"上市。对企业来说，直接上市的门槛相对较高，因此，在我国企业普遍倾向于借"壳"上市。从表面上看，借"壳"上市可以不必经过一般申请改制上市的程序，而在较短的时间内实现上市融资的目标。但从实际情况来看，目前我国上市公司"壳"的资料大多数"不干净"，如债务或担保陷阱多、职工安置包袱重，如果私募股权基金没有对"壳"公司的历史进行充分的了解，没有对债权人索债请求、偿还日期和上市公司对外担保而产生的一些债务问题进行充分调查，就会存在债权人通过法律的手段来取得上市公司资产或分割私募股权基金已经取得的股权的风险，甚至导致私募股权基金失去对企业的控制权。

7. 反垄断风险与劳工风险

在同一法域中，股权交易各方对法律风险的理解和掌控相对比较容易，一般通过各自的律师团队就可以轻松实现。但是，在跨境股权交易中，由于社会环境、语言和法律体系的不同，往往存在较大的法律风险。其中最主要的就是两类风险：反垄断风险、劳工风险。

（1）反垄断风险。在跨境并购交易中，反垄断审查风险是在并购之前首先要研究和确定的重要事项。不重视反垄断规制风险的公司，往往会受到相关机构的调查，导致交易受阻，遭受诉讼甚至被刑事处罚，严重影响交易的顺利进行。

虽然各个国家的反垄断法在具体规定上并不完全一致，但是世界各国的反垄断法调查周期一般都是很长的，这种漫长的调查不仅会使企业无止休地应付调查的状态，增加并购成本，而且在无形之中消磨掉企业并购的耐心，使并购成功的可能性变得难以预测。以欧盟为例，欧盟在反垄断调查上分为初步调查和最终调查，即便是初步调查通过了，也要进行最终调查，这一过程最短也要 3 个月。长时间的调查，将会使并购方面临市场变化的风险，交易目的也因此会受到影响。因此，在开展股权并购交易之前，就东道国的反垄断法律环境进行详细研究不仅是必要的，而且对于确保交易顺利进行也是必需的。

（2）劳工风险。这里所说的劳工风险，是指中国企业在海外并购过程中或海外并购后，因目标企业所在国劳工法律法规发生变化或违反目标企业所在国劳工法律法规、违反与目标企业所在国劳工合同约定、怠于行使在目标企业所在国劳工方面的权利、实施不当的行为等而引发的法律风险。这些风险对股权交易完成后的整合有着十分重要的影响，尤其是对并购方可能造成一定的财务成本压力。

（三）经济风险（市场风险）

经济风险是指因经济前景的不确定性，私募股权基金投资者在从事正常的投资活动时，蒙受经济损失的可能性。一般来说，它是市场经济发展过程中的必然现象，也是一种正常现象。[①] 在经济全球化、一体化的今天，经济发展存在周期性变动，全球各个国家的经济早已千丝万缕地联系在一起，大多数经济体都会随着全球经济的变化而变化。尤其是当全球经济可能陷入衰退时，投资者将面临投资亏损的风险。尽管私募股权基金可能通过全球性的资源配置资产来分散风险，防范区域性的经济形势变化，但却无法避免全球经济整体发生逆转变化的风险。私募股权基金所从事的是金融业务服务，而金融风险是系统性风险，因此，资本市场发生动荡对私募股权基金收益的影响也将会是非常巨大的。总体来说，即使是在全球范围内配置资产，私募股权基金也不可避免地要面对资本市场动荡带来的风险。

所谓的市场风险主要包括三个方面：第一，融资市场不景气，企业股权投资的资金来源不仅包括企业内部资金，而且还会进行一定的融资。近年来，由于经济全球化以及全球疫情的影响，我国乃至世界的融资市场环境并不景气，主要原因还是因为大多数企业没有

---

① 隋平，蓝梅. 私募股权投资基金：操作细节与核心 [M]. 北京：中国经济出版社，2012：164-165.

充足的资金，再加上疫情影响全球经济下滑，进而导致融资市场出现低迷情况，这些都是企业投资者所担心的问题。第二，投资前景好的项目不多，投资回报难度较大。这主要是因为大部分比较成熟符合上市条件的将要上市的项目，早已被各个中介机构考察完了，进一步加大了市场的竞争力度，好的投资项目出现日益严重的溢价问题，进而导致投资行业面临前所未有的挑战和困难。第三，投资回报率不断下降。自从金融危机爆发以后，社会产能出现非常显著的过剩现象，再加上现如今疫情的影响，导致我国以及全球长时间出现低速经济增长的状态，这会进一步影响到投资效益，并且整个投资市场都会受到严重的影响，进而导致出现非常大的市场风险。

(四) 财务风险

财务风险存在于企业股权投融资的整个过程中，是股权交易中的核心风险。[①]

1. 估值风险

本书讨论的股权投融资估值，是股权交易的核心环节，也是决定交易各方利益安排的关键一环。估值过程的风险主要来自以下两个方面：

(1) 估值前提假设的可靠性。从估值的基本原理来看，它受限于许多数据假设，其中一些假设条件的变化可能会对估值结果产生影响，如在股利折现模型中，折现率的选择对估值结果有直接的影响；又如市场法估值中，市盈率（P/E）等也会直接影响估值结果。同时，不同的分析师基于自身知识结构和主观认知，对同一项股权交易的估值结果可能会有所差异。

(2) 财务数据的真实性。在使用资产基础法估值时，所采用的数据大部分都源于目标企业提供的财务报表，这些财务报表编制的基础及其采用的会计政策，收入确认、费用确认等，都会对数据的真实性产生影响。同时，如果公司存在表外融资，或者对公司价值有重要影响但很难有效在财务报表中反映的事项，如技术优势、人力资源优势等，也无法公允地反映到报表数据中。

这些风险带来的直接影响，就是要么定价偏高，要么定价偏低，目标公司的价值没有得到合理的反映。虽然从某种意义上讲，资产价值的大小取决于人们愿意为其支付的价格，但是在现有交易条件下，能够计算出一个相对合理的估值结果，仍然是交易各方愿意看到的结果。对于估值风险的处理，主要还是以预防为主，采用回避或者降低的风险管理策略。评估人员需要充分了解和掌握目标公司的财务资料、业务资料及其他相关信息，判断其真实性、可用性，在这个基础上，选择合适的估值方法，对公司的持续经营能力和盈利能力进行科学合理的预测，做出相对接近公允价值的估值结论。

2. 融资风险

股权交易中的融资风险主要包括两个方面，即资金供应风险和资本结构风险。资金供应风险主要是指在整个并购过程中，资金能不能及时到位且保证并购活动的顺利进行，是否导致交易受到影响。资金结构风险主要是指不同的融资结构所带来的风险，这类风险主要是由于融资方式不科学而产生的流动性风险。企业的资本结构包括债务资本和股权资本

---

① 李峥峥. 企业股权投资风险管理问题与对策研究［J］. 会计师，2022（11）：52-54.

及其比例构成，债务资本又包括长期债务和中短期债务，股权资本包括优先股、普通股等。

融资风险一旦爆发，将会严重影响股权交易的正常进行，也可能给企业带来重大损失。为了规避融资风险，企业应不断拓宽自身融资渠道，确保融资结构的合理化。这就要求企业在进行并购活动之前，应预备良好顺畅的融资渠道，这样才能够支撑并购活动的快速有效进行。而且，并购方还应该结合自有现金数量优化融资结构，考虑外部融资的偿还风险和并购成本，综合选择融资方式，全面考虑优先债务、次级债务、优先股、可转换债券、普通股等融资工具，合理平衡融资成本和风险，从而保证企业并购能够具有良好的融资结构。此外，如果是跨国并购，在融资过程中还需要注意，如果交割周期较长，国际汇率的变化将会对股权价款带来影响。这需要企业能够对国际汇率的变动进行相应的预测，采取措施避免或降低由于国际金融环境变化而产生的融资风险。

3. 支付风险

股权交易中的支付风险与支付方式有关。本书在支付部分详细介绍了货币支付、股份支付、承债式支付、资产置换等多种支付方式，并介绍了每种支付方式的优缺点及其风险，为节省篇幅在此不再赘述。从风险管理的角度，应当尽量减少货币支付，避免由于现金支付过多而产生流动性风险；另外，也要注意控制好股权支付的稀释效果，避免对企业控制权带来威胁；同时，还要考虑税收因素的影响，在合规范围内最大化地节省税收成本。在许多股权交易中，同时采用两种以上的支付方式也很常见，主要目的就是为了控制风险、节约成本的交易考量，充分利用各种相关支付方式的优点，避免其缺点和对股权交易的不利影响。

4. 税务风险——交易结构的必要考量

无论是境内股权交易还是跨境股权交易，税务风险都是对交易结构影响重大的一类风险。为此，这里专门就跨境股权交易进行简单讨论。

（1）跨境税务前期准备。近年来，由于跨国经营运作活动的大大增加以及不同国家税收法律和征管环境与中国存在巨大差异，对海外投资的税务风险管理带来很大挑战。

税务尽职调查是税务风险管控的第一道防线。需要调查评价目标公司的簿记是否完整真实地进行了记录，目标公司是否正常照章纳税，有无税务调整项，税务价格是否合理，是否有偷税漏税的嫌疑，相关审计报告是否按照国际通行准则对目标公司做了真实、科学的记录，以及成本、费用、利润、收入等各项列支是否全面真实等。核心重点还是关注目标公司的历史遗留税务风险，如果有这种风险，常见处理方式有：由股权出让方负责在交易完成之前解决，不解决不签署交易文件；将税务风险量化后直接扣减交易对价，或者采用 Escrow Account（托管账户，签署交易文件并进行交割，但预留部分价款不支付给卖方，将其放入买卖双方共同控制的账户，待税务问题解决后，再将价款支付给卖方）、Holdback（买方直接扣留部分交易价款，在约定的税务问题解决后，再将该部分价款支付给卖方）、Indemnity（赔偿，卖方就税务问题向买方做出单独的赔偿承诺，承诺在税务问题出现后赔偿买方税务损失）等安排，具体采用何种方式分配税务风险，需要根据具体情况和买卖双方的谈判地位选择适用。从已有案例看，税务风险一旦发生，往往数额很大，并且对买方造成一定的财务影响。

（2）税务结构设计风险。合理的海外投资架构对于降低交易成本、保证交易顺利进行是极为关键的，其贵在事先筹划、综合衡量。搭建海外投资架构时必须要考虑税务风险的影响因素。

1）直接投资与间接投资。中国企业在海外投资时，采用直接投资还是间接投资，将会对投资项目的税务框架、资金流动、退出方式、最终回报率等产生重大深远的影响。

直接投资结构简单，如中国企业直接投资海外项目企业，只需要考虑中国和东道国（被投资国）的相关规定及双边协议，因此变通空间较小。而在间接投资方面，由于设置中间控股公司，加入了灵活变量，极大地提升了税务筹划的空间。如果采用直接投资的架构，中国投资者退出时，往往需要由中国投资者直接将被投资企业的股权转让给第三方，这可能会直接导致投资东道国征收资本利得税。如果采用间接投资架构，选择在与东道国有优惠税收协定的国家设立中间控股公司，一方面可以获得较低的股息预提所得税税率待遇，另一方面退出时采取间接转让的方式，即转让中间控股公司的股权而不是直接由中间控股公司转让东道国公司的股权，这样就有可能避免东道国的资本利得税。

2）股息返还及投资退出的税率。研究投资方所在国、投资东道国之间的税率及其税收协定，对于跨境税务结构设计具有非常重要的意义。大部分国家（地区）对外商投资企业除了征收企业所得税以外，还对股息作为税后利润汇出征税（预提所得税）。例如，美国公司向海外支付股息时，如果相关国家没有和美国签订税收协定，则需缴纳30%的预提所得税；如果双方国家签署了税收协定，则适用协定的税率征税，如中美税收协定约定中国在美子公司向中国母公司汇出股息时，适用10%的预提所得税，而非没有税收协定时的30%。香港企业向香港非税收居民支付利息、股息，不用缴纳预提所得税。另外，当外国投资者转让东道国企业的股权即退出时，部分东道国还会对该股权转让所得征收资本利得税。比如，澳大利亚对外国投资者转让该国不动产公司股权所取得的资本利得，征收30%的资本利得税。

3）中间控股公司所在地的税务政策考量。中间控股公司在整个海外投资控股架构中起着承上启下的作用，往往没有实际经营活动，其主要作用是将境外募集的资金回流境内，或者将境内分红输出到境外。因此，在设立中间控股公司时，选择设立地具有很大的灵活性，一般选择税负低的避税地。对避税地的选择通常考虑两个因素：一是中间控股公司所在国是否与东道国存在税收优惠协定条款，以利用该条款降低股息与股权投资所得在东道国的税负；二是中间控股公司收到股息或者股权转让所得、汇出股息或母公司转让该中间控股公司的股权时，是否需要再缴纳所得税或预提所得税。通常，两方面都能享受低税率的中间控股公司所在地才是合适的选择。在实践中，中国与中国香港特别行政区、新加坡、毛里求斯、瑞士、爱尔兰等地签署的优惠税收协定较多，且股息分红和转股资本利得的相关税率较低，是比较常见的中间控股公司设立地。尤其是中国香港特别行政区，由于其实行收入来源地原则，税种少、税率低、税制简单，对跨境投资控股架构所涉及的资本利得、股息不予征税，且一般情况下免征预提所得税，因此，很多跨国公司偏爱在香港设立地区总部，并进一步在中国内地或者亚洲其他地区进行投资。国内许多有红筹架构的公司，在搭建海外上市架构时，大部分也会选择在香港设立中间控股公司。

4）关于中间控股公司的商业实质。优化及完备中间控股公司的商业实质在整个跨境股权交易架构设计中至关重要。跨国公司的投资构架设计一般在形式上都较为完备，但税务机关往往从商业实质的角度，透过形式看本质来对其进行整体评判。目前，我国很多海外投资企业中间控股公司的设计普遍"形式性"较强，仅起到"壳"的作用，而实际由国内的机构和团队实施管理，符合税法中国居民企业判断。一旦被中国税务机关判定为中国居民企业，中间控股公司则可能需向中国税务机关就其全球所有的收入申报纳税，相关的海外投资构架设计也就变得毫无税收意义。同时，中间控股公司一旦被认定为受控外国企业，其利润即便不分配也需在中国纳税，中间控股公司所期望达到的滞留利润于境外来节税和延迟纳税将无法实现，海外投资构架也将失去税务作用。因此，在跨境股权交易中，如果东道国税务机关否定了相关中间控股公司的存在，就刺穿了投资构架的层级，跨国公司将不能享受相关税务优惠。

（五）执行风险[①]

1. 资金募集阶段存在的风险

（1）宣传推介的风险。政府相关部门对私募基金募集宣传工作监管一直较为严格，在私募基金销售的时候宣传材料一定要明确私募投资基金有可能存在的风险，对于存在恶意隐瞒信息、误导陈述、虚假记载或存在重大遗漏的私募基金监管处罚均较为严格。根据有关监管要求，私募基金在宣传的时候不允许向投资者保证收益也不允许向投资者承诺保本。

（2）合格投资者认定的风险。比如，私募投资基金监管政策规定私募投资基金合格投资者为企业的，该企业审计净资产应该不低于 1000 万元，如果净资产低于该数值将不能被认定为合格投资人，也不具备认购私募基金份额资格。合格投资者为自然人的，该自然人合计拥有金融资产的金额应该超过 300 万元或连续三年年收入超过 50 万元，这类自然人一般拥有较强的抗风险能力，如果不能达到这个标准将不能被认定为合格投资者。私募基金管理人在发行私募基金的时候可以认购相应的份额，公司员工也可以跟投，这样可以将私募基金的业绩与公司相关人员的收入挂钩，保证基金管理人能够更好地履行职责。

2. 投资和管理环节存在的风险

（1）信息失真风险。私募基金管理人对企业的了解大多来自企业管理人提交的资料，对被投企业的真实情况了解并不全面，甚至部分企业为了融资甚至会出现财务造假、粉饰财务报表、美化销售数据等现象。例如，部分被投资企业为了获得投资与下游的企业虚构订单，从而增加企业的销售收入，但企业的实际经营状况并非如此，这样做的目的就是为了美化财务报表，使企业在谈判的时候获得更多的筹码。通过虚增订单进行财务造假并没有增加收入，这种情况被很多企业利用，虽然报表较为美观，但实际情况并非如此，被投企业也未从中获利，所产生的效益多是虚假记载，企业的真实情况往往会被造假数据掩盖，使得私募股权投资企业无法真实地了解企业的真实情况，也就直接影响了投资人的判

---

① 刘揽星. G 上市公司风险投资管理内部控制存在的问题与对策分析 [D]. 南昌：江西财经大学，2019.

断，增加了潜在的投资风险。不仅如此，被投资的企业有时候会存在违规修改财务报表、私自操作研发经费等现象，由于投资人与被投资企业之间存在严重的信息不对称现象，即使企业存在财务造假、虚增收入等现象，投资人也无法及时发现，这就导致私募基金的投资存在较大的风险。

（2）被投资企业发展不符合预期。被投资企业的发展与预期不相符合的因素多种多样，在分析的时候可以从内部和外部两个角度进行。外部因素主要包括国家宏观经济形势以及整个行业面临的瓶颈问题等，内部因素主要包括企业经营管理方面。

3. 退出环节存在的风险

企业的投资资金无法快速收回，若是出现资金缺口，容易出现经营风险，在专业领域中，这种风险被称为股权投资退出风险。近年来，国家以及各地政府都会对风险投资给予一定的鼓励和引导，不断推行各种相关扶持政策，进而最大限度地满足资产市场中各层企业投资需求。在这个背景条件下，不断兴起各个风险投资，进而为风险投资注入各种新鲜血液。但是，在我国的资本市场中还存在着一些非常显著的不足之处，有的企业对一些投资企业进行了一段时间的投资后，如果没有实现成功上市，那么投资企业若想将所有股份和资金全部退出，所选择的方式会受到各种各样的限制。假如风险投资机构因没有办法上市而退出投资，那么股权投资所获得的利益就非常有限。这样，就出现了股权投资退出风险，而且经常由于投资资金是否能够全部收回具有较强的不确定性而增加了退出风险。

（1）企业未能按计划 IPO。首先，企业的经营业绩要符合中国证监会公布的最低标准，并且盈利要具有可持续性以及一定的增长潜力。其次，企业想要 IPO 需要选择相应的辅导机构规范梳理企业生产经营及内部管理，同时要根据要求制作上市申报材料，说明资金募集后的用途，在证监会发审委审核通过后方可以上市。即使审核通过，上市交易还需要一定时间，并且大股东持有的股票一般均有时间限制。企业发行上市的时间并不能准确预测，即使是生产经营稳健、内部管理机制健全、自身发展能力较高的企业也有可能因为股票发行市场不佳等不可抗力因素导致 IPO 计划无法顺利进行。

（2）企业未被收购或兼并。被投企业被收购或者兼并也是私募股权投资基金退出的主要方式之一。私募基金管理公司投资的企业不可能全部顺利 IPO，一些没有在资本市场上市的企业也可以通过兼并重组等方式退出。一些企业虽然不具备上市条件，却有可能被大公司看中并收购。与 IPO 相比，被投企业被收购或者兼并可能获得的收益较低，但其投资周期也相对较短，面临的风险也相对较小。如果私募基金管理公司所投资的项目没有 IPO 也没有被收购兼并，该项目退出难度就相对较大，股权无法变现相应的投资风险也就会显著增加。

4. 被投资企业的风险因素

（1）经济风险。市场经济波动风险以及行业变动风险是被投资企业在经营管理的过程中可能面临的主要经济风险。被投资企业作为市场经济的一分子，其运行必然会受到整体经济环境的影响，如果遇到市场供需情况转变、消费者需求心理转移、行业周期变动等系统性风险，将不可避免地遭受损失，影响股权投资项目的收益性。

（2）政治与法律风险。政治与法律风险主要来源于不可预测性的政策法规变动以及法律体系不完善所可能形成的风险。政策法规预期之外的变化，可能会显著改变原有的投资环境与收益实现方式，对股权投资项目造成重大影响。而法律体系的不完善，可能会导致一些股权投资领域缺乏法律监管与约束，造成较大的风险暴露。

（3）经营管理风险。经营管理风险主要指被投资企业的运营风险，主要表现为经营决策不当、财务安排不合理、融资投资失败、管理团队不稳定、持续管理能力不足等，这些风险将显著影响股权投资项目收益的实现能力。

（4）信用风险。被投资企业的信用风险主要表现为不诚实经营、隐瞒不良信息、欺骗投资人等行为。信用风险也包含其他投资人无法按约定进行投资等风险，有可能导致被投资企业融资失败而造成项目破产。

（5）技术风险。股权投资项目的标的企业多为具有前瞻性技术优势的高新技术企业，会面临较高的技术风险。新技术往往存在较大的风险性，其在能否顺利实现规模化生产、投入产出比是否符合预期、产品质量能否达到要求等方面均具有较大的不确定性。同时，市场对新科技产品的接受能力以及市场规模也具有不确定性。如果被投资企业不能在高新技术的寿命周期内迅速实现产业化并将产品成功推向市场，则很有可能丧失获利机会，使投资人遭受巨大损失。

5. 政治风险

这里讨论的政治风险主要是指跨境并购时，东道国的政治环境对跨境并购带来的风险。主要是指被收购企业所在国的政府出于对企业收购可能会危害其国家安全的担心以及可能带来的政治利益的冲突，利用政府对并购的管理权限，阻碍或限制某一项并购所造成的风险。对于纯粹的境内股权交易而言，交易各方均处于同一国家，不存在所谓的政治风险。

（1）国家安全审查风险。由于国有企业体制的原因以及我国特有的国情，大部分行业中的核心企业都是国有资产控股或者全部是国有资产，国有经济控制着国民经济的命脉。因此，对于跨境股权交易来说，安全审查风险是进行交易前必须要评估的重大风险，建议通过国际大型咨询机构进行并购前的评估，避免政治阻力和交易障碍，确保交易避开那些不必要的"坑"。

（2）国有化及征收风险。国有化是指东道国出于公共利益的需要，根据本国法律程序将跨境并购者的投资全部或部分收归国有的一种强制性措施。在本质上，国有化及征收风险是主权国家为了社会公共利益的需要，在特定条件下行使国家主权的一种单方行为，不以并购者和并购国的意志为转移。跨境并购者的财产所有权归东道国所有，实现了财产性质从私有向国有的转变。这种风险一旦转化为现实，即可使跨境并购者的投资权益被东道国吞噬，从而给企业带来经济损失。

（3）战争内乱风险。当东道国国内发生社会革命、爆发战争冲突以及出现社会动荡等政治行为时，就会导致企业跨境并购项目的交易遭受巨大损失，且进一步面临被征收或被留置的风险，这些行为将会使跨境企业的投资遭受巨大损失。2011年利比亚内战爆发，多家中资企业，包括中海油等央企，都遭受了重大损失。

针对上述政治风险，投资人可以通过购买投资保险的方式进行风险转移。这类保险是以投资作为标的的一种保险，承保的责任是政治风险。保险人对被保险人的投资，由于政治原因和订约双方不能控制的原因而蒙受损失时，负赔偿责任。例如，中国人民保险公司承保该险的责任范围就包括战争或类似战争行为、叛乱、暴动及罢工；政府征用或没收；政府汇兑限制，使被保险人的投资遭到损失。出现这些风险时，投资人在提交符合要求的理赔材料后保险公司将负赔偿责任。

6. 互联网金融视角下股权融资发展面临的挑战

（1）股权融资发展存在法律障碍。随着我国股权融资的规模不断扩大，相关监管部门也制定了一系列的监管制度。但是，从整体发展上能够看出，这方面的法律体系并不完善。缺少完善的法律制度就会导致项目一旦出现问题，就没有相应的法律的支持，投资人自身的合法权益无法得到保障，也会影响到投资人的正常投资。[①] 比如，当前股权众筹业务中涉及的非法经营证券项目、投资者数量要求等，都需要进一步明确，通过完善法律才能够更好地解决股权融资发展中的问题。从实际了解中可以看出，在股权融资上的具体项目分类、投资者水平标准等要求，都还存在着一定法律盲点，那么一旦这些地方出现问题，就会在解决上浪费时间，还会影响到项目和投资者的利益，影响到股权融资项目的顺利开展。

（2）股权融资业务水平低，互联网金融融资有两种模式，即股权和债权，通过分析研究可以看出，这两种模式对于平台都有着较高的要求，需要有相应完善的体系来提供帮助。但是，由于缺少这方面的专业人才，在投资上就容易出现问题，而项目本身又需要具有丰富经验的人员来进行投资，两者在相互合作上存在着矛盾。从具体融资平台上也可以看出，债权这一类型所开设的项目时间并不长，对于相应项目的具体管理要求也不高，但是由于股权融资周期较长，而且大多都是刚发展起来，对相应信息都有着明确的要求。而我国大多数股权众筹平台都将重点放在投资者身上，对于投资者的后续情况没有深入了解，因此股权众筹平台的服务有待提升[②]。

（3）股权融资平台盈利模式不清晰。互联网金融具有很好的发展效果，这是由于我国互联网的发展水平较高，这样不仅能够为互联网金融提供帮助，而且在受众群体上也较为广泛，使股权融资平台能够通过互联网获取相关信息，不仅时间短，而且成本投入也不大，都有利于互联网金融的发展。[③] 对于股权融资本身而言，由于获取资金的方法比较简单，不需要太多成本，所以在发展上也有着很好的前景。从具体的经济收益上就能够看出，各平台针对费用收取都有着相应要求，需要根据实际情况采取相应的措施。而且如果处于推广期，那么佣金并不理想，这一情况需要引起人们的重视。

① 孙学津. 互联网非公开股权融资的法律问题研究 [D]. 唐山：华北理工大学，2019.
② 李榕森. 我国股权众筹运行的法律风险及完善规制 [D]. 福州：福州大学，2018.
③ 张惜. 互联网金融下房地产企业融资模式研究 [D]. 重庆：重庆理工大学，2018.

第二节 风险管理体系

一、管理风险的过程

股权投资是一项非常复杂的系统性的工作，同时也是长期性的追踪和管理，一招不慎，满盘皆输。一般来说，股权投资公司的风险控制主要从项目筛选、项目尽职调查、投后管理和退出管理四个阶段来开展的[①]，具体如图 15-2 所示。

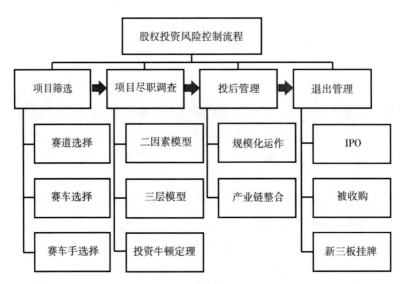

图 15-2 股权投资风险控制流程

风险管理的过程通常可以分为六个环节，如图 15-3 所示。

图 15-3 风险管理的基本流程

（1）初始信息收集。全面搜寻整理与基金投资机构的投资风险和风险管理相关的所有内外部信息，并进行整理，为后续工作做好准备。

（2）风险识别。对初始收集的信息进行风险初步判断，确认风险事件并对风险进行定义归类。

---

① 薛婉宁. 企业股权投资风险管理问题与对策研究［J］. 投资与创业，2022，33（10）：7-9.

（3）风险分析。对每种风险的表现、影响、动因及相互间的关系进行分析。

（4）风险评估。也称风险评价，是指对风险发生的可能性和风险影响程度进行评价，即确定各种风险的大小，并进行整理排序。风险管理者可以通过问卷调查、访谈研讨、投资流程检查、资料分析（财务报表、相关数据和文件）、实地调研等定性定量分析方法进行风险评估。

（5）制定风险管理策略。根据风险评估和诊断的结果，结合企业风险偏好和风险承受度，初步判断企业是否能够承受该风险，若能承受则可以暂时忽略，若不能承受则应该制定相应的对策来规避、转移或者控制风险，从而减少和控制风险发生带来的损害。

（6）实施、监控和改进。针对特定风险做出应对后，不能就此停止对此风险的关注，还应该持续跟踪观察，对风险控制的效果实时进行评测，并根据变化适时调整应对策略，确保风险不再出现，避免造成更大损失。

本章讨论的风险管理，主要是从股权交易结构的伴生风险角度展开的。接下来的讨论，笔者在借鉴风险管理整体理念的基础上，除了非诉风险因素的考虑之外，特别将诉讼风险作为专门的一项风险，以终为始地进行梳理和归纳，期望能够更加深入地理解风险，并有针对性地融入股权交易结构的设计之中。

二、管理模式

股权投资的管理主要形式如下：第一种是团队制，团队制主要指公司或者子公司成立专门的股权投资团队负责股权投资相关业务。团队制有结构简单、决策迅速、专业化程度高等特点。第二种是公司制，公司制主要指公司或者子公司成立专门的负责股权投资的子公司，专门负责集团整体的股权投资类业务。由于公司制公司为独立法人，因此具有组织架构完善、治理严谨、业务流程规范等优势。不过公司制对资本要求较高，目前国内只有大型集团公司成立了专门负责股权投资的子公司。鉴于团队制与公司制在组织架构、团队配置及风险控制等方面基本一致，而公司制相对完整清晰，以下主要介绍公司制投资模式的基本情况。[①]

（一）组织架构

与传统公司类似，在公司制投资管理模式下，公司制投资机构也会设置股东会，董事会，监事会以及管理委员会。股东会是公司的最高权力机构，董事会是股东会的直接执行机构。通常董事会下设股权投资委员会、风险管理委员会、股权投资立项委员会等专业委员会。分别负责审议决策股权项目方案、全面风险管理及项目立项等事宜。此外，专业平台公司还会设立投资业务、项目管理、信用评级、风险管理、法律合规、财务管理、综合管理等职能部门，负责各项具体执行工作（见图15-4）。

1. 有限合伙型组织架构

在我国，合伙制主要分为两种，分别是普通合伙型以及有限合伙型，随着《合伙企业法》的不断完善，从制度上来看后者的优势更大一些，如可以对重复征税选择有限合伙形

---

① 姜连梅. 私募股权投资基金组织架构设计与运作风险控制研究 [J]. 经济师, 2019（7）: 79-80.

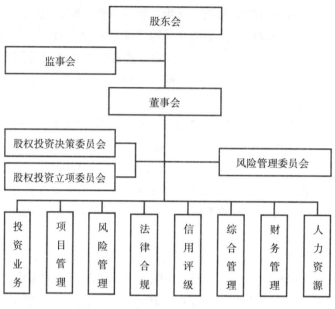

图 15-4　专业平台公司组织架构

式成立企业。有限合伙型的私募基金，是基于法律条文签订的合伙协议，对主体之间的法律关系进行确定，对双方的权利义务有非常明确的约束。有限合伙人属于基金投入者，只是出资，不会参与企业的经营管理。

2. 信托型组织架构

根据我国《信托法》和《信托管理办法》的规定，允许国内的私募股权投资基金通过信托的形式建立，主要从事的范围主要是权益类的投资业务。这一项规定也为信托业的发展提供了法律支持。信托型的私募股权投资基金，是通过契约的形式，对双方的义务和权益进行了明确。委托人在信托关系中投入资本，也就是投资者；受托人在信托关系中对这部分资产进行管理，也就是基金管理人；托管人在信托关系中的主要作用，是对资金进行监督和保管。三者履行自身的义务，相互监督，后两者只是收取一定的管理和托管费用。

3. 公司型组织架构

在我国的私募股权组织形式中，最具有代表性的就是公司型私募股权投资基金。现阶段，我国大多数的私募基金属于有限责任制公司。其中，该类型的私募基金设有股东会、监事会、董事会还有总经理等组织机构，通过召开会议的方式，对公司的业务执行措施和公司的组织架构进行确定。该类型的私募基金，资金来源主要是股东，但是股东并不会对公司的管理进行太多的干预，而是由董事会聘请的专业人才来管理基金。

（二）股权投资内部控制部门和职责

在设置组织机构的过程中，股权投资企业按照职能以及专业化进行划分，坚持职能管理的核心地位。与股权投资业务相关的部门及职责如表 15-1 所示。

表 15-1 股权投资业务相关的部门及职责

部门名称	主要职责
企务会	①企业中长期投资规划、年度投资计划及重大投资项目可行性研究报告的审议、审批。②在权限范围内负责企业股权投资项目的审议、审批。③在权限范围内负责企业被投资单位投资项目的审议、审批
投资管理部	①根据企业整体发展战略，组织编制长期股权投资产业规划，负责编制相关管理制度，建立健全公司法人治理结构。②组织实施企业股权投资项目、资产转让与交易、拟新设独立经营子公司的选项、立项论证工作。③负责企业股东事务管理，研究提出各子公司董事、监事的委派建议；建立健全董事会工作制度，并对执行情况进行检查与考核，承担各董事会秘书职责。④负责企业参股企业有关股权事务管理工作，负责组织协调企业控股子公司之间的并购、分立、改制、重组等，以及全资、控股子公司的对外投资等资本运作事宜。⑤负责企业及其全资、控股子公司上市运作策划与操作指导
财务部	①负责对企业股权投资项目分析报告或投资方案进行财务审核，并提出财务专业意见。②组织对企业股权投资项目资产的评估和价值确认工作。③负责被投资企业的财务状况和偿债能力的财务分析工作，并出具财务分析报告。④负责企业股权投资资金的筹措和投入。⑤参与拟定企业股权投资项目的处置方案
纪检监察审计法律部	①负责组织协调对被投资单位的财务审计工作，并对财务审计报告提出专业意见。②负责企业股权投资项目的论证，实施过程提供法律支持，并对相关投资协议进行法律审核。③参与企业股权投资方案的论证和评估。④参与企业全资、控股子公司章程的制定和修改
人力资源部	①负责企业股权投资项目实施人员的招聘和选派。②负责拟定企业全资、控股子公司的领导班子组建方案。③负责企业全资、控股子公司改制的人员安置方案的审核报批
经营计划部	①负责组织编制企业发展规划，拟定企业计划、经费管理制度。②负责拟定企业全资、控股子公司经营年度目标，编制下达经营计划，并负责监督、检查、考核，提出奖惩意见。③负责制定企业年度经济责任制实施方案，并与全资、控股子公司签订责任书，按责任书规定节点考核，提出奖惩意见

团队配置。股权投资涉及专业事务较多，监管机构对该类投资有人才要求的最低限制，一般来说，公司至少具有 5 名超过 3 年股权投资和相关经验的专业人员，如果开展重大股权投资，还必须拥有熟悉企业经营管理的专业人员。投资业务团队的主要职责包括：拟定股权投资管理制度、年度投资计划及相关调整方案；开展投资研究、项目储备、尽职调查、投资分析及论证、投资风险管理、投后管理等；股权投资信息及数据管理等。团队在岗位设置上，按照投资品种和行业领域划分投资团队，做到投前及投后管理相互协同、互相配合的团队管理体系。

三、股权投资内部控制的关键控制点

企业股权投入，是企业为参与或管理另一企业的活动，综合运用某些价值的资本，包括但不限于其他货币资金、人力资本、专利等，投资购入其股权的活动。借助股本融资，企业可以拓展各经营领域，获得运营活动中所欠缺的资源，使得企业的财富得以增加，使得资本可以有效运用，从而使得公司战略目标得以实现。①

股权投资内部管理问题，是指由于在公司的股权投资活动中，有可能会因出现一系列的管理失误，而造成投资资金无法回收或者发生损失的结果，因此需要将内部控制的相关理论应用于实处，在多个流程抑或是多个环节中将内部控制制度应用其中，以最大限度地防范投资业务风险，保证股权投资的安全，提高股权投资的效益。由此可以总结出股权投资内部控制的以下三个特点：

（1）具有单一性以及项目性，可以将企业股权投资视作是按照投资项目为单位完成的。根据项目类型的不同，往往也会对该制度的建成产生一定的影响。为了确保项目投资决策能够在有效性以及正确性方面具有较好的表现，需要建立相对应的投资内部控制制度，使得原有目标得以顺利实现。

（2）具有流程性。投资是有风险的，因此对于投资来说，不管在哪个阶段都会有许多不确定性因素，对公司管理层来说，必须对现有资讯进行综合并做出合理评估，避免投资失败，在最大程度上将投资风险降至最低。

（3）具有连续性以及阶段性。如果对资本内部管理过程进行分类，则可将其分为包括投资前期、投资中期和资本完成经营期三方面的内涵。在这三方面中，无论是在目的、内容抑或是原则和方法方面均具有较大差异，由此表现为连续性以及阶段性的特点，内容涉及多个环节。

（一）风险控制措施

与一般机构类似，投资股权的专业平台公司也会建立自上而下的全面风险管理体系。一般会在董事会层面下设风险管理委员会。在公司经营层面，通过风险管理委员会对管理风险管理职能部门进行直接管理，再由风险管理职能部门管理各业务部门的风险管理负责人，这样层层推进，明确每一层级的职责和权限。在业务流程层面，风险控制工作贯穿整个投资流程的始终，从投前研究与项目储备、项目立项、尽职调查、投资决策及投后管理等各阶段严格控制风险。

另外，在开展股权投资前专业公司会采取以下措施：一是在制度上进行完善，开展股权投资的企业一般会有配套健全的资金运用管理制度以及相关的内部控制制度，严格分离前中后台，明确各个岗位的职能及权限，定期进行内部控制评估，如有漏洞，及时修改相应的制度文件；二是建立重要事项及时反应机制；三是建设项目投资实施完成后的内部审计机制；四是设立责任追究制度。

综观股权投资内部控制活动，其流程主要分为五个环节，即股权投资内部控制的关键控制点，具体内容如图 15-5 所示。

（二）股权投资立项内部控制流程

企业股权投资项目的选择，要满足以下条件：一是与当前国家产业政策相符；二是与企业战略布局以及发展规划具有高度的一致性；三是与企业规划相符，能够对企业综合竞

---

① 魏晓东. 内部控制视角下企业股权投资的风险管理 [J]. 大众投资指南，2020（23）：92-93.

股权投资立项	①企业应当编制股权投资项目建议书，对投资项目进行分析和论证，对投资企业资信情况进行尽责调查；②企业应当对投资项目进行可行性研究，重点对投资项目的目标、规模、投资方式、投资风险等做出评价；③企业应当委托有相应资质的专业机构对可行性研究报告进行独立评估，形成评估报告
股权投资决策	①企业应当根据股东大会批准的年度投资计划，按照职员分工和审投权限，对投资项目进行决策审批；②有条件的企业，可以设立投资审查委员会，对达到一定标准的投资项目进行预审，只有预审通过的项目，才能提交上一级管理机构进行审批
股权投资实施	①企业应当制定股权投资实施方案，明确出资时间、金额、出资方式等内容，方案的变更应经董事会或其制授权人员审查批准；②股权投资业务需要签订合同的，应当征询法律顾问或相关专家，并经授权部门或人员批准后签订
股权投资监管	①企业应当指定专门的部门或人员对投资项目进行跟踪管理，掌握被投资企业的财务状况和经营情况，发现异常情况要及时采取措施；②企业应当对派驻被投资企业的有关人员建立报告、业绩评价和轮岗制度；③企业应当加强投资收益的控制，投资收益的核算要符合国家会计制度的规定，严禁账外设账
股权投资处置	①企业应当加强股权投资处置环节的控制，对投资收回、转让、核销等的决策和授权批准程序做出明确规定；②股权投资的收回、转让与核销，应当按规定权限和程序进行审批，并履行相关审批手续

图 15-5 股权投资内部控制流程的关键环节

争力的提高产生积极的影响；四是与当前国内同行业的平均水平相比，该项目的投资收益更高。

股权投资项目的立项工作由项目提出单位编制投资项目建议书，由投资管理部按照对外投资的审批程序规定进行立项审批。股权投资项目的发起单位依据投资项目可行性研究论证成果撰写项目的可行性汇报，由资金管理机构举办政府有关部门及社会咨询机构，共同对项目的可行性汇报实施审核，并提供审核建议。

在开展投资可能性调查工作的过程中，一般要求多部门联合参加，以财务、经营规划部为例，进而对包括投资收益在内的多项主要经济指标进行测算与分析，对投资风险给出看法与意见。在完成可能性研究论证工作后，再由投资管理部及有关部门共同开展评估（见图 15-6）。

图 15-6 企业股权投资立项内部控制流程

（三）股权投资决策内部控制流程

企务会是企业股权投资的最高决策机构，享有对外投资项目的直接决策权。投资管理部将投资项目评审意见与可行性论证报告一并提交企务会决策；企务会接到报告后按照规定程序，组织讨论以及审议工作，形成企务会决议，并将之进行上报以及备案。在上报过程中，所需要递交的申报材料种类繁多，如项目的法律意见书、项目所涉及各方基本情况和证明文件、项目所涉及的意向性文件等。如若在实际实施阶段出现下述情形则需要重新进行审批，如市场环境出现较大改变、股权架构变更抑或是投资方式改变等（见图 15-7）。

图 15-7　企业股权投资决策内部控制流程

（四）股权投资实施内部控制流程

企业股权投资项目的实施，由投资管理部组织开展，将实施结果向企务会报告，并上报集团公司备案。股权变动事项，由投资管理部提出股权变动方案，并经企业评审通过后，提交企务会决策，上报集团公司审批。股权完成变动后，由投资管理部将变动结果向企务会报告，并上报集团公司备案。股权投资的核算由财务部设置专门账户进行核算，并按投资的种类（项目）设置明细分类账。财务部对股权投资业务应严格按照国家会计制度规定进行账务处理，按照企业会计准则的要求编制合并会计报表，全面反映控股企业的经营情况。股权投资的合同管理须按照《合同管理制度》要求与相关方签署协议或合同，并积极履行合同评审及归档程序（见图 15-8）。

（五）股权投资监管内部控制流程

企业股权投资项目进入执行阶段后，由投资管理部按照国家法律法规和集团公司有关规定实施项目的过程监督和管理。对出现重大调整的项目，重新履行内部决策及审批程序。对于投资项目而言，在实际完成之后的两年时间内需要按照相关规定进行相应评价，除此之外还可进行定期或是周期性评价。投资管理部依据对投资项目的后评价结果提出调整产业发展战略、长期股权投资战略的建议，对项目实施及运营过程进行责任追究及奖惩。对于全资、控股子公司，企业通过委派董事、监事参加公司董事会、监事会，根据授权代表研究院针对公司的经营生产管理，提出有效建议，督促公司实现效益最大化，确保资产安全。而企业在参与公司管理方面，主要是由股东代表公司积极投入到相关事业中去，并由公司授权代表研究院针对企业的经营生产与管理工作，提供合理意见，以促使企业达到经济效益最优化，同时还要兼顾企业内部与各方股东之间的共同利益（见图 15-9）。

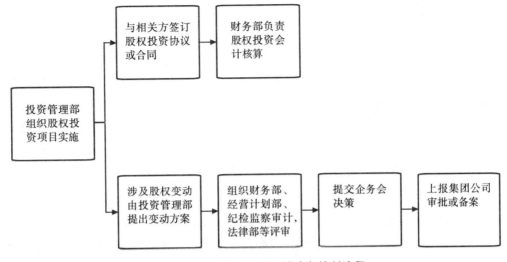

图 15-8　企业股权投资实施内部控制流程

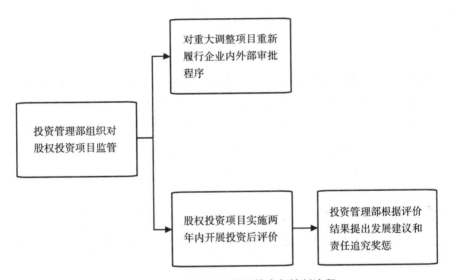

图 15-9　企业股权投资监管内部控制流程

第三节　风险识别、评估与预警

　　建立股权投资风险规避机制的前提是要对风险进行充分识别和评估。本节将股权投资项目作为研究对象，从宏观基本面（经济、法律、资本市场）、行业层面、企业层面和项目操作层面对股权投资风险进行分类和阐述，将风险通过多级指标进行量化，为建立股权投资风险评估体系奠定研究基础。[①]

一、风险识别

风险识别，是指发现、辨认和表述风险的过程，是对初始收集的信息进行风险初步判断，确认风险事件并对风险进行定义归类。风险识别包括对风险源、风险事件、风险原因和其潜在后果的识别。风险识别的目的是要建立一个基于风险事件的、综合的、广泛的风险清单，这些事件可能加速、阻碍或推迟目标的实现。需要注意的是，在风险识别环节，重点是对既有事实的描述，不对可能性进行定性或者定量的评价。

（一）识别方式

风险事件是风险的载体，一般通过风险清单梳理风险事件，进而确定风险。风险清单应力求广泛、全面，这是因为不被识别的风险将无法进入后续的风险评估过程。在本书第五章"尽职调查"中，核心目的也是通过调查识别相关风险，并以"尽职调查清单"、外围调查和访谈等多种方式持续收集相关信息，直到交易和交割完成。识别风险的方式有很多，要结合交易目的有针对性地收集、识别相关风险。

（二）风险描述

风险识别后，下一步就是如何描述这些风险。关于风险事件，风险管理理论认为，所有风险都是具体的，并一定与事件有关，事件是风险的载体。另外，也要明确风险的后果是什么，最好能够以定量的方式描述，比如，违反股权收购协议的约定逾期支付股权价款时，每日支付总金额5‰的违约金，就是明确的风险后果描述。风险所有者不是风险责任人，而是对某项风险负有责任的个人或机构。[②]

1. 宏观基本面风险

外部风险是指影响被投资企业经营的外部因素，与企业内部经营没有内在关系的不确定性。一般外部影响因素包括政策法律环境、经济基本面环境、金融与资本市场行情和行业发展环境等。

（1）政策法律风险。政策法律风险是指国家政策与法律的不完善或频繁调整对私募股权投资带来的冲击。我国资本市场发展仍处于初级阶段，规范股权投资市场的相关法律法规出台了不少，由商务部、发展改革委、国家金监总局、证监会相继推出。

然而，针对私募股权投资市场的法律体系仍不完善，没有形成系统的法律监管体系。我国现存法律条款没有明确规定股权投资可采用的投资方式、被投资公司管理方式等，并对私募股权投资的产品结构和投资范围有一定限制，很大程度上约束了我国私募股权市场的发展。我国政府为调控经济出台的临时性政策也影响私募股权投资发展，如2015年为调控股市，证监会暂定了新股发行，加大股权投资的退出风险。另外，我国政府对产能过剩产业的政策引导也给私募股权投资相关产业的收益带来不确定性。

① 何玉婷. 私募股权投资企业内部控制体系建设分析 [J]. 财经界，2020（6）：86-88.
② 于强伟. 股权投融资交易结构：设计要点与体系化考量 [M]. 北京：法律出版社，2020：396-398.

（2）经济风险。经济风险是指市场经济在运行中对私募股权投资造成的不确定性。如表 15-2 所示，经济周期以及经济发展趋势可以从经济增速、投资增速、通胀水平、工业发展等方面对被投资企业经营产生影响，从而给私募股权投资市场带来不确定性。

表 15-2　经济环境对私募股权投资的影响因素

一级指标	二级指标	三级指标
宏观经济基本面	经济周期	经济运行阶段
	经济趋势	经济增速：GDP 增速等指标
		投资增速：固定资产投资增速房地产投资增速等指标
		通胀水平：CPI、PPI 等指标
		工业发展：PMI 等指标
		出口与外汇：出口增速等
		货币与财政：货币供应量、金融机构新增贷款、社会融资规模增速、财政收支等
		经济政策：货币政策、财政政策

（3）金融与资本市场发展。资金股权投资是在资本市场中运行的，受到金融市场与资本市场其他金融工具的影响。银行利率、汇率、证券价格波动都会对保险资金大类资产配置决策产生影响，从而直接或间接地影响股权投资。其中，资金面既包括 M2 增速、社会融资规模增速等广义资金基本面指标，也包括国债和企业债多年期利率走势等债券市场资金面，上证指数涨跌幅等股票市场资金面指标和货币市场资金面等指标。另外，市场面包括项目供给情况、市场风险偏好和投资情绪、信用债利率、流动性等多项指标。

2. 行业风险

行业的发展周期与被投资企业未来的发展前景密切相关，行业的竞争结构也决定了企业的竞争优势。股权投资的行业通常是与企业业务相关产业（互联网、医疗健康、金融、汽车等）、基础设施项目、能源、房地产等国家支柱产业和新兴产业，与股权投资行业分布匹配度相适应。

股权投资机构更多地关注影响行业长期发展的基本因素，在对行业的长期发展前景做出分析后，再结合行业现状及中期、短期变动趋势对行业配置进行调整，在对行业基本面影响因素进行梳理的基础上，对不同行业特殊风险因素进行指标选择和量化处理。

3. 投资项目风险

投资项目风险包括被投资企业内部因素引发的财务和运营类风险，以及项目投资流程中可能出现的投资决策风险、信用风险和项目退出风险。

（1）被投资企业财务风险。被投资企业相关风险主要包括财务风险和运营风险两大类。现阶段股权投资主要以实现风险可控前提下的盈利为目标。因此，被投资企业未来的盈利能力和偿付能力是股权投资风险评估中最核心的因素之一。财务指标在股权投资评估领域中，经常使用杜邦分析中的指标，将财务风险细分为偿付能力风险、运营能力风险、现金支付能力风险、盈利能力风险和成长能力风险，本部分参考股权投资尽职调研中考察的财务指标用来衡量反映企业的财务风险（见表15-3）。

表 15-3　被投资企业财务风险层级划分

一级指标	二级指标	三级指标	描述
财务风险	偿付能力风险	流动比率	由被投资企业偿债能力带来的风险
		速动比率	
		资产负债率	
		负债/息税前利润	
	盈利能力风险	权益净利率	由被投资企业盈利能力带来的风险
		主营业务利润率	
		资产净利率	
	运营能力风险	总资产周转率	由被投资企业运营能力带来的风险
		存货周转率	
		应收账款周转率	
	现金支付能力风险	现金流动债务比	由被投资企业现金流情况带来的风险
		销售现金比	
	成长能力风险	销售增长率	由被投资企业成长能力带来的风险

（2）被投资企业经营风险。除了企业财务风险外，其他风险大多都是非定量指标。本部分在结合五力模型等经典理论的基础上，将公司运营风险分为市场风险、产品风险和管理风险三类。表15-4详细列举了影响企业经营绩效的二级和三级指标。

表 15-4　被投资企业财务风险层级划分

一级指标	二级指标	三级指标	描述
经营风险	市场风险	销售风险	由消费者对被投资企业产品的依赖度引发的风险
		供应链风险	由被投资企业对供应商依赖度引发的风险
		竞争力风险	自市场竞争激烈程度引发的风险
		市场开发风险	由开拓市场的难度引发的风险
	产品风险	产权风险	由与相关资产产权的确定情况引发的风险
		产品替代风险	由产品被模仿的可能性引发的风险
		技术环境风险	由产品对自然环境、社会环境的影响引发的风险
		产品技术风险	由技术壁垒引发的风险
		产品经济风险	由产品（技术）是否能量产、量产规模引发的风险

续表

一级指标	二级指标	三级指标	描述
经营风险	管理风险	管理者道德风险	被投资企业管理者诚信情况引发风险
		管理者素质风险	被投资企业管理者自身能力引发风险
		管理团队风险	由被投资企业管理团队的变动或由于管理团队的理念、学习能力、激励和约束机制等不能适应企业发展而引发的风险
		组织架构风险	由被投资企业的股权架构和关联方情况的合理性，以及改善结构所需成本等引发的风险
		战略发展风险	由企业战略目标的适应性和一致性引发的风险

4. 投资流程风险

（1）投资决策阶段风险。操作风险主要针对保险投资机构，是指投资过程中由于投资方投资能力和风险管理体制的不完善等原因，在前期投资决策阶段和中期投资谈判阶段和后期投资管理阶段形成的风险。投资决策前期风险具体体现在对项目尽职调研的彻底性、对被投资企业未来盈利能力的判断力以及对企业价值的估值的准确性等方面（见图15-10）。对企业的估值模型主要有可比公司分析、先例交易分析和现金流折现分析三种核心的估值方法，如果模型选取不当，将导致企业价值被高估，势必增加投资方的成本，影响股权投资未来的收益。另外，在投资决策阶段，投资机构面临信息不对称导致的逆向选择风险，在本节后面将详细介绍。

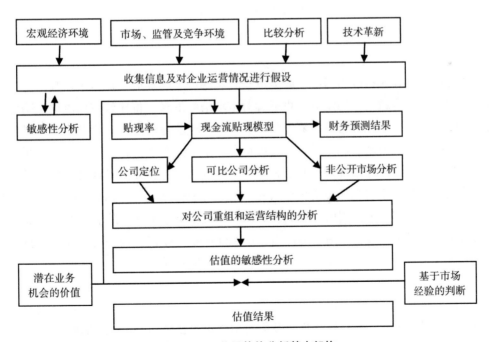

图 15-10 公司估值分析基本架构

（2）股权投资谈判阶段风险。投资中期谈判阶段的风险主要体现在投资双方就产品结构设计、退出方式和增信工具选择等具体条款的协定，以及针对价值认同和投资成本等方面的一致性沟通过程中可能出现的风险。具体而言，为降低股权投资的风险，投资者一般会选择投资3~5年期的股权投资期限，并与被投资公司签订协议，约定规定时间内如果公司无法通过上市实现股权退出，则被投资公司按协议回购该部分股权。类似"明股实债"等创新型股权投资产品的设计，在谈判中需要明确双方权责，并设定有效激励机制，以防范潜在风险的发生。另外，股权投资者要与被投资企业关于投资比例和投资金额等具体投资方案进行商定，如果在谈判期间双方出现意见分歧，也会导致投资方放弃对项目的股权投资。

（3）股权投资管理阶段风险。投资后期项目管理风险主要指影响股权投资项目管理绩效和项目退出的因素。其中，投后管理风险主要指被投资公司管理层的道德风险，以及对被投资公司投入积极介入管理的有效性等问题。退出风险主要指信用违约风险（企业破产等原因导致退出）、退出渠道风险（由金融市场的波动导致无法退出或退出困难）和退出时间风险（由金融市场的波动导致无法退出或退出困难）。

（4）信用风险。由于我国私募股权投资法律的不完善，对私募股权投资交易双方约束力并不到位，使私募股权投资在交易活动中容易引发信用风险，即投资双方中一方不按照合约规定执行而导致另一方利益受损。信用风险贯穿整个投资流程，包括项目决策、管理和退出阶段。信用风险分主观和被动两种类型，即交易一方主观发生违约行为或因企业经营不善引发的破产等行为。前者是由于信息不对称中的道德风险而产生的，后者是由于投资方投资决策判断失误或被投资企业管理经营不善而导致的。

（三）股权投资风险识别与控制

1. 系统性风险及其控制措施

系统性风险主要包括政治风险、政策风险和利率风险。政治风险是国家政治变革导致经济震动的风险，当政局不稳定时，投资者对市场信心下降，将导致市场流动性降低、资产价格下降，从而影响私募行业的募资和投资。政策风险是指国家政策发生变化导致经济金融市场产生相应的波动。利率风险是指市场利率水平的变动给私募股权投资公司造成的影响，一般而言，市场利率升高不利于私募股权投资公司的募资，但有利于其投资收益。

系统性风险是由于宏观环境变化导致的，因此对于行业内所有私募股权投资机构都会产生同等的影响，与每个公司的内控制度无关。防范化解系统性风险更多要求政府在制定相关政策时充分考虑到对行业造成的冲击，以及建议私募股权投资公司选择分散投资、组合投资的方式来进行规避，也要保持行业敏锐度及时应对风险。

2. 投资机构自身的风险及其控制措施

投资机构自身的风险主要可分为三大类，即人员团队的风险、项目选择阶段的风险以及投资决策阶段的风险，其具体表现以及应对措施可以整理如表15-5所示。

表 15-5　投资机构自身的风险及其应对措施

风险类型	具体表现	相应措施
人员团队的风险	人际关系	重视人力资源管理
	投资专业能力	加强招聘阶段专业能力审核
	职业素养	平衡激励与约束机制
项目选择阶段的风险	信息收集	聘请优秀的专业投资人员
	逆向选择	聘请第三方机构进行尽调
投资决策阶段的风险	决策程序偏差	设置多层风控措施
	决策方法偏差	建立完善决策体系

3. 被投企业引发的风险及其控制措施

被投企业引发的风险是多种多样的，这里尝试将这些风险归纳为 7 类，并提出相对通用的风险控制措施，具体如表 15-6 所示。

表 15-6　被投企业引发的风险及其应对措施

风险类型	具体表现	相应措施
法律风险	公司治理、独立性与关联交易、对外融资及担保、知识产权、诉讼仲裁及行政处罚、环保、安全等风险	设立专业风险控制委员会，由经验丰富的法律专业人士对项目进行风险梳理并提出预警；聘请专业第三方法律事务所对项目进行尽调
管理风险	管理团队的专业素质与决策能力缺乏；不良的股权架构（如股份平均、无实际控制人及缺乏适当的激励机制等）导致管理效率低下；决策失误等	投前调研阶段与管理团队做充分的交流，在投资条款中约定投后引入相应的专业人才，帮助原始团队构建完善的顶层架构，规避日常管理风险
经营风险	营业收入和净利润不达预期、未能按预期完成设计开发等关键节点、订单及业务开展情况不达预期、资金周转困难等	在投资方案中制定发展战略和执行方式；利用投资机构自身的社会关系网络，开拓上下游的市场，提供增值服务。在投资条款中设立和经营指标挂钩的对赌条款回购条款
技术风险	由于技术因素导致的创新失败；未在寿命周期内实现产业化，跟不上更新换代速度被市场淘汰等	在投前尽调阶段通过专家访谈等手段预估被投企业未来的发展，将技术风险控制在合理范围内；在投资条款中通过调整估值、设置对赌协议、回购协议为投资风险兜底
市场风险	新产品投放市场之前难以确定市场容量、市场反馈；缺乏合适的市场推广策略，在定价、用户筛选、细分市场等方面出现失误	在投前尽调通过详尽的市场调研预估被投企业未来的发展，将市场风险控制在合理范围内。在投资方案中约定将利用私募股权投资公司丰富的社会资源关系，打通上下游企业，寻找协同效应和跨界合作机会。同时也可以通过在投资协议中调整估值、设置对赌协议、回购协议等为投资风险兜底

风险类型	具体表现	相应措施
财务风险	盈利能力、资产质量、现金流情况、内部控制、会计核算等方面的风险	在投前尽调期间详细收集财务相关信息,以充分的市场调研为基础,合理预测估值。在投资条款中约定通过指派财务负责人等方式,加强被投公司内部财务管理制度,规范和统一账务处理情况
道德风险	投资执行人在尽职调查过程中不能完全尽职;被投资方伪造企业良好运营状态的假象哄骗私募股权投资机构以获取融资,如隐瞒成本、粉饰收益等	在投前尽调阶段加强人员管控,可聘请第三方机构进行尽调以减少项目粉饰产生的信息不对称风险。在制定投资方案时,充分识别各类风险点并对估值加以调整,约定在被投企业占据一定的董事席位、派驻高级管理人员、财务法律负责人等。还可以在投资方案中调整估值、设置对赌协议、回购协议为投资风险兜底

二、股权投资财务风险预警指标体系

财务危机预警体系由财务(预警)指标和非财务(预警)指标组成。相关的财务指标可量化,但非财务指标则难以量化①,对财务指标可确定各项财务指标的下限及权重。一旦企业的某项财务指标出现问题时或面临财务危机时,可结合非财务指标进行相关分析,找出原因。以下介绍私募股权基金财务危机的预警体系。②

(一)反映项目偿债能力的指标

企业的偿债能力一般包括稳定能力和活动能力两个方面。

1. 反映稳定能力的指标

稳定能力是企业生存、发展的基础,企业的偿债能力和资本结构反映了企业的稳定性。企业的资本结构合理;其偿债能力强,企业的经营与发展就处于稳定状态,财务处于良好的状态;反之,则可能发生财务危机。反映这种偿债能力(稳定能力)的指标主要有以下几种:③

(1)流动比率。

$$流动比率 = \frac{流动资产}{流动负债} \times 100\% \tag{16-1}$$

一般而言,国际上公认的流动比率的标准值为200%,而中国较好的比率在150%左右。

此指标过高,表明企业的资金利用率比较低。一般而言,行业的生产周期较长,则此指标较高;反之则较低。在实际操作时,应该将该指标与行业内部的平均水平进行相对比较与分析。

---

① 潘启龙.私募股权投资实务与案例 [M].北京:经济科学出版社,2011:152-159.
② 侯嵩.H酒业股份有限公司财务风险预警体系构建的研究 [D].蚌埠:安徽财经大学,2020.
③ 时莹莹.基于现金流的上市公司财务风险预警体系构建思考 [J].财经界,2019 (34):138-139.

（2）速动比率。

$$速动比率 = \frac{速动资产}{速动负债} \times 100\% \qquad (16-2)$$

这里的速动资产是指流动资产与存货之差。一般而言，国际上公认的速动比率的标准值为100%，而中国较好的比率在90%左右。

不同行业因其存货量不同，其相应的速动比率自然也不同，速动比率的标准值不能一概而论，其应该根据相关企业的实际经营情况来确定。流动比率与速动比率反映企业短期偿债能力，若这两个指标过高，说明企业的资金利用率过低，资金周转慢；若这两个指标过低，说明企业流动负债的保障程度过低，偿债能力差，短期支付能力被弱化，这也是形成企业财务危机的根源。

（3）资产负债率。

$$资产负债率 = \frac{负债}{资产} \times 100\% \qquad (16-3)$$

一般而言，国际上公认资产负债率为60%是比较好的情况。不同行业的资产周转率和偿债能力不同，故其资产负债率也有所不同。其中，交通、运输、电力等基础行业的资产负债率一般在50%左右，而加工业在65%左右，商贸业在80%左右。

在实际分析时，应该结合整个国家的经济状况、行业发展趋势、企业所处的竞争环境等因素进行综合且客观的评判。过高的资产负债率会使企业背上沉重的利息负担，弱化其资本结构，恶化其长期支付能力，最终为其财务危机埋下种子。

（4）现金到期债务比。

$$现金到期债务比 = \frac{经营现金净流量}{本期到期的债务} \qquad (16-4)$$

现金到期债务比是企业经营现金净流入与本期到期的当期债务和应付票据总额的比率，它反映了企业可用现金流量偿付到期债务的能力。本期到期的债务等于本期到期长期负债加上本期应付票据。通常作为企业到期的长期负债和本期应付票据是不能延期的，到期必须如数偿还，企业设置的标准值为1.5。该比率越高，说明企业资金流动性越好，企业到期偿还债务的能力就越强。

（5）已获利息倍数。

$$已获利息倍数 = \frac{息税前利润}{利息支出} \qquad (16-5)$$

国际上公认的已获利息倍数标准值为3。国外一般选择计算企业5年的已获利息倍数，以充分反映企业稳定偿付利息的能力。但企业所处行业不同，已获利息倍数这一指标也有不同的标准界限。若已获利息倍数下降或过低，说明企业的长期偿债能力低下，支付能力不佳，负债缺乏应有的保障。若此情形不加改进，该企业的财务危机将难以避免。

资产负债率、产权比率和已获利息倍数三个指标均反映了企业长期偿债能力。

2. 反映活动能力的指标

活动能力是指企业各项资产的新陈代谢的程度。若这种程度过快，则企业的资金周转快，资产运营状况好，企业经营效率高。反映企业这种能力的指标主要有以下几种：

（1）应收账款周转率。

$$应收账款周转率 = \frac{销售收入净额}{平均应收账款余额} \times 100\% \qquad (16-6)$$

应收账款周转率反映了账款的流动速度，即本年度内应收账款转为现金的平均天数。一般来说，该指标越大越好。但是，由于季节性经营、大量采用分期收款或现金方式结算等原因，这一指标也会失真。因此，在综合评价相关企业时，应该结合企业前后各期和行业的平均水平进行分析。一般而言，应收账款周转率高，应收账款转化为现金的时间短，应收账款富有活力，则企业不容易发生财务危机。

（2）存货周转率。

$$存货周转率 = \frac{销售成本}{平均存货} \times 100\% \qquad (16-7)$$

存货周转率反映了存货的周转速度、存货占用水平和销售实现的快慢等指标。一般来说，此指标越大越好。在运用这一指标时，还应该综合考虑进货批量、生产销售的季节性变动及存货结构等因素。一般而言，存货周转率高，存货销售畅通，存货充满生机，存货资金周转快，则企业不会发生财务危机。

（3）总资产周转率。

$$总资产周转率 = \frac{销售收入}{平均资产总额} \times 100\% \qquad (16-8)$$

总资产周转率反映了全部资产的经营质量和利用效率。该指标的对比与分析，不仅可以反映出企业年度及以前年度总资产的运营效率与能力，而且也可以发现企业与同类企业在资产利用上存在的差距。因此，这种方法能促使企业挖掘其潜力，积极创造收益，提高其产品的市场占有率，提高其资产的使用效率。一般情况下，该指标数值越高，总资产周转的速度越快，企业的销售能力越好，其资产利用效率就越高。因此，企业的资产活动能力增强，企业能够不断创造新价值，其财务风险就会很小。

（4）不良资产比率。

$$不良资产比率 = \frac{年末不良资产总额}{年末资产总额} \times 100\% \qquad (16-9)$$

不良资产主要指三年以上应收款、积压商品物质和不良投资等。该指标越低越好，0是其最佳水平。该指标反映企业资产的质量，提示企业在资产管理和使用上存在的问题。一般情况下，该指标越高，表明企业的沉淀资金越多，资产缺乏活力，企业易陷入财务危机。

（二）反映项目获利能力的指标

分析企业的获利能力，不仅要看到其利润的绝对量、相对量相应的构成，还要分析其利润的质量。由于社会上各种经济业务的确认采用权责发生制，有利润的年份不一定有现金流入，而利润的质量是指获取利润的同时伴随现金流入，现金流入越多，企业利润的质量就越高。一般来说，反映企业获利能力的指标主要有以下几种：

1. 销售利润率

$$销售利润率=\frac{利润总额}{营业收入}\times100\% \tag{16-10}$$

销售利润率表明单位销售收入创造的销售价值利润，反映企业主营业务的获利能力，也是评价企业获利能力的基本指标。该指标高，说明企业的产品定价科学，产品的附加值高，其营销策略也得当，主营业务竞争能力强，发展潜力大，获利水平高，因此企业也不易发生财务危机。

2. 成本费用利润率

$$成本费用利润率=\frac{利润总额}{成本费用总额}\times100\% \tag{16-11}$$

成本费用利润率表示企业为获取利润而付出的代价，从企业支出方面来评价企业的获利能力，有利于促进企业内部加强管理，节约支出，提高其经济效益。该指标越高，说明企业的投入—产出比就越高，单位成本费用创造的利润就越大，企业的财务状况就越好。

3. 净资产收益率

$$净资产收益率=\frac{净利润}{平均资产}\times100\% \tag{16-12}$$

净资产收益率反映投资与报酬之间的关系，是评价企业获利能力的核心指标。该指标的通用性强，适应范围广，不受行业局限。该指标越高，表明单位资产创造的利润越大，说明资产增值能力强，企业充满活力和生机，企业的财务状况较好。

4. 每股收益

$$每股收益==\frac{本年盈余}{流通股数} \tag{16-13}$$

每股收益反映普通股的投资收益水平。该指标越高，则企业的投资收益越好，股东对企业充满信心，企业的财务状况也相对安全。

5. 扣除非经常性损益后的净利润

非经常性损益=土地转让收益+财政补贴+债务重组收益+资产重组收益+汇总收益+会计变更影响 (16-14)

扣除非经常性损益后的净利润=净利润-非经常性损益 (16-15)

非经常性损益是偶然的、不稳定的，不能为企业提供稳定、可靠的利润来源，在分析时，应将其从净利润中扣除。因此，有人形象地将这种方法称之为"缩水"处理。该指标大，表明利润的质量高、较稳定、持续性强，企业不易陷入财务危机。

6. 主业鲜明率

$$主业鲜明率=\frac{主营业务利润}{利润总额}\times100\% \tag{16-16}$$

该指标越大，说明主业鲜明，企业的核心竞争力强，财务状况稳健；反之，则主业模糊，企业核心竞争力弱，财务状况不安全。

7. 每股经营活动产生的现金净流量

$$每股经营活动产生的现金净流量 = \frac{经营活动所产生的现金净流量}{年末普通股股数} \qquad (16-17)$$

每股经营活动产生的现金净流量反映每股经营活动所产生的现金净流量。每股经营活动产生的现金净流量大，说明企业的现金偿还能力强，企业不至于发生支付困难或财务危机。

8. 利润质量

$$利润质量 = \frac{经营活动产生的现金流量}{营业利润} \qquad (16-18)$$

由于会计上各种经济业务的确认采用权责发生制，有利润不一定伴有现金流入，利润只是"纸上的东西"，或者说是"潜在的货币"，而现金流量是"现实的货币"，现金流量与利润比越大，表明利润质量越高，债务就有丰厚的现金做后盾，因此企业就不会产生现金支付的危机。

（三）反映项目成长潜力的指标

反映成长潜力（成长能力）的指标，主要是用来反映企业的股权扩张和利润增长的能力，主要有以下指标：

1. 三年资本平均增长率

$$三年资本平均增长率 = \left[\sqrt[3]{\frac{年末所有者权益}{三年前年末所有者权益}} - 1 \right] \times 100\% \qquad (16-19)$$

该指标反映企业三年资本的平均增长率。该指标越大，说明企业的融资能力越强，企业的资本不断充实和壮大，负债权益比就会大大改善。由于资本不需返还，三年资本平均增长率越高，企业面临的支付压力就越小，财务危机就不易发生。

2. 三年利润平均增长率

$$三年利润平均增长率 = \left[\sqrt[3]{\frac{年末利润总额}{三年前年末利润总额}} - 1 \right] \times 100\% \qquad (16-20)$$

该指标反映企业三年利润的平均增长率。该指标越高，说明企业的积累越多，企业的可持续发展的能力越强，发展潜力越大，发生支付困难的概率就越小。而过低的企业三年资本平均增长率和三年利润平均增长率，则表明企业的成长能力不高或日益萎缩，财务危机就容易发生。

（四）非财务预警指标

一些难以量化的非财务因素也可能造成企业的财务危机。因此，需要检测这些非财务因素并进行定性分析。这些因素一般有以下几种：

1. 领导班子的基本素质

领导班子的基本素质是指企业的责任领导班子的智力素质、品质素质和能力素质等，具体包括相关知识结构、道德品质、敬业精神、开拓创新能力、团结协作能力、组织能力和科学判断决策能力。

若企业领导班子的素质高、责任心强、判断准确、决策正确，就能引导企业健康发展，并使企业的财务活动良性循环；反之，若企业领导班子的素质低、责任心差、判断失误、决策错误，就使企业发展缓慢或停滞，并使企业的财务活动陷入危机四伏的境地。

2. 基础管理水平

基础管理水平反映企业按照国际规范做法和国家政策、法规的规定，在生产经营活动中形成的维系企业正常运转及生存和发展的企业组织架构、内部经营管理的模式的状况，以及各项基础管理制度、激励与约束机制的建立与执行情况。

基础管理水平较高的企业，企业组织架构、内部经营管理模式合理，各项制度健全，系统功能得到充分发挥，激励士气，形成独特的企业文化，生产经营健康发展，财力状况良好，财务危机发生的可能性就不大。

3. 在岗员工素质

在岗员工素质是指企业普通员工的文化水平、道德水准、技术能力、组织纪律性、参与企业管理的积极性及爱岗敬业精神等综合状况。企业普通员工的素质高，企业的综合实力就强。市场经济下的竞争实质上就是人才的竞争，有了高素质的人才，企业的产品和服务质量就会提高，产品、服务的市场占有率就会提高，企业竞争力因此也会得到增强，企业发生财务危机的可能性也就会较小。

4. 技术装备更新水平

技术装备更新水平反映企业主要生产设备的先进程度和使用性、开工及闲置状况，以及企业新产品的研究和开发能力、技术投入水平等状况。

企业技术设备先进，开发新产品的能力强，产品更新周期短，产品的成长速度快，企业的竞争能力就强，可持续发展的能力也就会较强。因此，企业的收益就能稳定增加，财务危机发生的可能性也不会大。

5. 企业的经营发展策略

企业的经营发展策略反映企业所采用的包括增加科技投入、建立新的营销网络、实施新项目、兼并重组等各种中短期和长期经营发展战略。若企业的经营发展策略制定合适，营销网络广泛严密，产品升级换代快，产品科技含量和附加值高，企业的财务危机就很难发生。

6. 长期发展能力

长期发展能力是从企业的资本积累状况、利润增长情况、资产周转速度、财务安全程度、科技投入和创新能力、环境保护等方面综合预测的企业未来的发展前景与潜力。对于一个科技投入高、创新能力强、发展前景良好的企业来说，其发生财务危机的可能性将会非常小。

7. 企业文化

企业文化是指企业在长期生产经营过程中逐步形成的独特的企业价值观、企业精神，以及以此为中心形成的行为规范、道德准则、生活理念、企业习俗以及经营理念等。健康、团结、进取、向上的企业文化是企业逐步发展壮大的基石。若企业的文化健康，企业的凝聚力就较强，充满进取精神的企业发生财力危机的可能性也就会很小。

8. 银企关系

若企业的信誉好，融资渠道畅通，即使发生暂时的困难，企业也可能争取到银行的支持，企业与银行的关系较好，能够帮助企业渡过难关。但是，若企业的信誉差，融资渠道不畅，资金周转困难发生时，企业将很容易陷入无限的财务危机中。

（五）财务危机临界点及预警指标的确定

财务危机临界点是指预警系统所选用的每一项指标的下限。当某项指标低于下限时，说明该指标有问题。在一定时期内，达到下限的指标越多，说明企业发生财务危机的概率就越大。各项预警指标的下限可以根据同行业的正常水平或企业集团的历史经验来确定。

预警指标权重的确定，可选用某一国家或地区的同行业若干公司某一时期相关财务指标的数据来测算。[①]

COSO 委员会发布的《内部控制—整体框架》中提出风险评估是企业风险管理和内部控制的必备要素之一，而在风险评估时首先要识别风险并确定风险目标，然后评估被识别风险的后果和可能性。股权投资基金在评估项目时，首先需要识别项目面临的风险，对各种风险进行分类；其次需要判断各种风险发生的可能性，确定发生概率和影响程度。

股权投资市场的投资对象不是一个投资组合，而是单一的投资项目，无法使用证券投资组合来合理分散风险。股权投资市场也不像二级资本市场那样要求信息强制披露，存在很大的信息不对称问题。另外，股权投资一般是发展前中期的成长性企业，未来经营不确定性较高。因此，建立股权投资风险的识别、评估和规避机制尤为重要。下文将在此基础上，梳理股权投资的风险，运用现代风险评估理论和模糊综合评价方法，将定量指标和定性指标相结合，建立全面股权投资风险评估模型，并提出我国股权投资风险规避机制，有效防范和应对股权投资面临的日益复杂的风险。

1. 选择股权投资风险评估指标

在全面识别股权投资风险的基础上，要建立量化的风险评估模型就需要将这些风险转化为定量的数学计量指标，根据股权投资风险识别的结果，投资风险包括来自外部的经济风险、法律风险、行业风险、市场风险等，以及来自被投资企业内部的财务风险、运营风险和退出风险等。本部分采用德尔菲法，通过咨询研究股权投资领域学者和从事股权投资工作的专家，筛选以下几类相对重要的股权投资指标，设计我国股权投资项目风险评估体系（见图 15-11）。本部分对风险评估指标的选择是基于大类资产的股权投资风险，不针对具体行业和企业。在实际投资风险评估中，投资机构会针对不同行业和企业特点，调整评估指标的种类和权重。

对于财务指标，由于企业所处行业不同、类型不同、发展情况不同，财务指标的取值范围也必然不同。即使是同一企业，由于发展阶段、管理水平、社会环境等因素的变化，指标值域也不会保持不变。因此，应根据实际情况进行判断，及时、准确地调整指标值

① 刘兴业，任纪军. 中国式私募股权投资 [M]. 北京：中信出版社，2013：269-275.

域。指标风险等级划分详见表15-7。

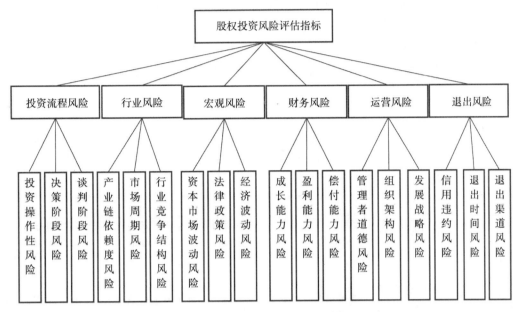

图 15-11 股权投资项目风险评估指标

表 15-7 指标风险等级划分

风险等级 风险指标	弱风险 V_1	较弱风险 V_2	一般风险 V_3	较强风险 V_4	强风险 V_5
投资操作性风险	风险内控机制成熟	风险内控机制较完善	刚刚建立风险内控机制	风险内控机制建设阶段	无风险内控机制
尽调、估值等风险	投资管理能力业内领先	投资管理能力高于业界整体水平	投资管理能力处于一般水平	投资管理能力低于业界水平	创建初期,无投资经验
谈判阶段相关风险	双方积极沟通,利益一致性强	双方积极沟通,利益一致	双方积极沟通,有利益分歧	有利益分歧	有重大利益分歧
经济波动风险	经济高速增长	经济增速减缓但仍处于上升期	经济处于增长末期	经济下滑	经济衰退
政策法规风险	项目受到国家的政策法规鼓励	行业完全符合国家的政策法规	项目没有违反政策法规但仍需完善	项目受到国家政策法规的限制	项目和国家的政策法规完全相违背
资本市场波动风险	股票市场、大宗商品市场等资本市场高涨	股票市场、大宗商品市场等资本市场景气	股票市场、大宗商品市场等资本市场走平	股票市场、大宗商品市场等资本市场震荡	股票市场、大宗商品市场等资本市场衰退
行业周期风险	朝阳产业,行业创新能力强,即"两高六新"	仍有创新空间的行业	成熟行业,创新较少	需要转型行业,创新能力弱	高排放、高污染、高能耗的落后产业

风险指标 \ 风险等级	弱风险 V_1	较弱风险 V_2	一般风险 V_3	较强风险 V_4	强风险 V_5
市场竞争风险	高度垄断的市场，没有竞争	寡头市场，只有几个企业相互竞争	中度竞争市场，十家以上企业均具有较强市场竞争力	相对完全竞争市场，多数企业市场竞争力较强	完全竞争市场，绝大多数的企业都具有很强的市场竞争力
产业链依赖度风险	供应渠道广泛，供应商处于绝对弱势地位	供应渠道较广，供应商处于相对弱势地位	供应渠道有局限性，供应商有一定议价能力	供应渠道较少，对供应商依赖性强	供应渠道单一，依赖某些特定供应商
企业财务风险	各项指标领先	各项指标高于市场平均值	各项指标处于市场平均水平	各项指标低于市场平均值	各项指标亏损，陷入财务危机
管理者道德风险	道德素养高，积极践行职业道德	道德规范，无不道德历史	道德一般，无重大舞弊行为	有道德瑕疵，有轻度舞弊历史	有道德劣迹，有严重舞弊历史
组织架构风险	股权架构明晰，无关联方交易	股权架构主体明晰，有很少不重大关联方交易	股权架构部分不明晰，有不重大关联方交易	股权架构不明晰，有重大关联交易	股权架构混乱，重大关联方交易多
发展战略风险	战略适用性强，双方具有协同一致性	战略适用性较强，双方协同一致	战略适用性一般，具有协同一致性	战略适用性一般，不具有协同一致性	战略适用性差，不具有协同一致性
退出时间风险	退出时间很短（一年以内）	退出时间较短（一年到两年）	退出时间中等（两年到三年）	退出时间较长（三年以上）	长时间内无法退出
退出渠道风险	资本市场高涨，政策支持	资本市场景气，政策支持	资本市场走平	资本市场震荡，政策限制	资本市场衰退，政策严控
信用违约风险	企业信用评级AAA，有增信担保	企业信用评级AAA，无增信担保	企业信用评级AA，有增信担保	企业信用评级AA，无增信担保	企业信用评级A以下，无增信担保

基于此，通过层次分析法得到股权投资项目各级风险评估权重。由此可见，资本市场波动和法律政策风险以及公司财务风险和管理者道德风险对股权投资绩效有比较重要的影

响作用。因此，根据得分的高低，股权投资基金可以了解到投资项目的风险情况（得分越高，风险越大；得分越低，风险越小），从而决定投资机构对该项目的投资决策。

2. 构建间接投资私募股权基金风险评估体系

同理，在间接投资私募股权基金时，除了需要评估投资项目风险之外，为降低私募股权基金公司的双重委托代理风险，还需要对私募股权基金公司委托——代理风险和私募股权公司基金投资管理能力指标进行评估。[①] 根据对私募股权基金公司业绩评估的文献研究并结合专家意见，提出私募股权基金公司评估指标，具体如表 15-8 所示。

表 15-8　私募股权基金公司评估指标

项目指标	指标描述	所占权重（%）
品牌发展	品牌信誉、在国内私募基金公司排名等	5（是）或 100（否）
历史业绩	历史基金业绩（主要指标为 IRR）、基金规模、市场份额等	30
管理团队	管理人素质、投资经验、社会资源、团队能力、管理协同性等	30
竞争优势	基金经理人投资经验、行业地位、行业资源等	10
内控管理	组织架构、运作模式、决策流程和风控措施等	20
投资战略	投资战略与未来经济发展契合度、与自身投资实力配比度	5（是）或 100（否）

由表 15-8 可知，建立声誉评估机制是约束私募股权基金公司代理人行为风险的重要手段。在私募股权市场中，由于信息严重不对称，投资委托人对于声誉资本高的基金公司具有显著的选择性偏好，产生皮格马利翁效应和马太效应。皮格马利翁效应，指期望会对人的行为产生巨大影响。应用到企业管理中，指利益相关者对声誉资本高的企业赋予更多期望和关注。马太效应指在某一领域获得成功会产生积累优势，将来更有可能取得进一步成功。相对企业经营发展而言，即便投资回报率相同，行业中的龙头企业也能更容易地获得更大收益。

因此，评估私募基金公司的首要因素为企业声誉，在信誉等指标符合投资者要求的基础上，再考察私募基金公司的企业指标。一旦私募基金出现信誉危机，委托——代理风险将严重损害投资者利益，此时应直接选择放弃与该基金公司合作。另外，如果基金公司的投资战略与国家政策或经济发展形势不匹配，如投资高污染产业或产能过剩行业等，将直接影响基金公司的发展前景和品牌声誉。若出现这种情况，应不予考虑。在此基础上，对私募股权基金历史业绩和管理团队等方面采用上述模糊的综合评价法进行评估，结合投资项目风险评估结果，选择符合投资战略目标的基金进行投资。

---

① 田天立. 财务视角下的私募股权投资风险防控研究［J］. 财会学习，2019（18）：223+225.

第四节　风险管控实务核心要点

一、风险控制策略制定导向和依据

（一）制定导向

对于股权投资公司的股权投资风险的控制策略来说，策略制定的导向如下：

1. 全面性

股权投资是一个复杂的过程，风险也是贯穿于投资的整个过程中，因此制定的风险控制策略应当具有全面性。

2. 可操作性

要求制定的策略符合实际情况，能够对前文所分析的问题有一定的针对性，且可以由现有的条件来完成，不空洞、不抽象。

3. 目的性

要求制定的策略是带有目的性的，即能够针对上述问题进行一一解决。

（二）制定依据

应根据风险控制相关理论制定相应的股权投资公司风险控制策略。风险控制是指人们通过一定的举措，降低风险出现的概率，以及发生风险的危害。毫无疑问，风险具有难以预料性，无论采取了多么严密的措施，都很难对未来的风险进行及时有效的预料和控制。因此，风险控制的目标并非消除风险，而是将其以较小的代价降低风险发生的概率和危害程度。

1. 风险回避

风险回避是指管理者认为一些风险发生的可能性比较大，为此应直接取消能够带来该风险的活动。通常来说，当风险发生概率较大或者风险发生后带来的危害较大时，就需要采取风险回避的措施。具体如下：①投资主体对风险极端厌恶；②存在可实现同样目标的其他方案，其风险更低；③投资主体无能力消除或转移风险；④投资主体无能力承担该风险，或承担风险得不到足够的补偿。

2. 损失控制

当风险发生时，会造成一定的损失，在此阶段就应当尽力降低风险的损失，因此需要在事情的前、中、后三个阶段来控制。

3. 风险转移

通过一定的方式将风险进行转移，在实践中通常使用合同与保险两种具体的措施，这两种方式均能够带来转移效果。

（1）合同转移是指在合同中制定协议，将风险转移给其他参与方。

（2）保险转移是指针对风险购买相应的保险，以一定的价格将风险转移给保险公司。

4. 风险自留

该方式是将风险留给主体承担。如果出现了损失，则自身将承担所有的责任。在实践中，分为无计划自留和有计划自我保险两种。

综合上述，股权投资公司尚处于发展期，而与此同时社会经济环境也处于较大的改革变动时期，再结合专家给予的思路，笔者认为风险控制策略的选择应该是：以风险回避和风险转移为主，在一定程度上控制损失，避免风险自留。具体来说，在募资风险的控制方面，要积极采用风险转移策略；在投资运作风险控制方面，要积极地采用风险回避策略；在投后管理风险控制方面，建议采用风险转移策略；而对于退出的风险控制，则优先采用风险转移策略，不得已时采用风险自留策略。

（三）风险控制策略的细化

在整体思路上，对于股权投资公司来说，应当遵循如下风险控制的细化策略：

1. 强化人员管理

人力是企业的核心竞争力，对于私募投资公司来说，投资方向、投资策略、投资措施以及股权投资风险的控制，都是由人完成的，因此需要从强化人员管理方面整体防控风险。如前文所述，私募股权投资是一项复杂的工程，是一项系统性的工作流，也具有系统性风险。系统性风险包括政策风险、经济周期性波动风险、利率风险、购买力风险、汇率风险等。系统性风险具有影响的普遍性，通常是由一个特定因素引起的，只对某个行业或个别公司产生的风险，此外，由于其风险的不可消除性，因此其也被称为不可分散风险。对于这类系统性的风险，我们只能尽量地回避和控制，而不可能完全规避。要想尽力回避系统性风险，就需要决策人员具有全面的知识储备，睿智的头脑，综合分析能力和判断能力。这说明我们需要公司的工作人员特别是决策层要有着非凡的综合素养。

此外，我们还需要工作人员有着忠诚的工作态度。对于私募投资工作来说，无论是募资还是投资，都涉及资金利益，责任重大，而如果出现不忠诚的员工，有意出卖信息，则会造成公司利益受损。为此，需要建立系统性的、基于信息技术和相互制约制度的管理机制，以能够对人员进行全面性的约束，维护公司利益，防止内部风险。

2. 防止信息不对称

信息不对称，是实践中私募股权投资公司的最大风险源，因此在风险控制方面，我们应当将防止信息不对称的工作放在重要的位置。对于股权投资公司来说，在寻找合适的投资标的时，对方为获得资金，都愿意将最好的一面展示出来，甚至通过财务造假等方式欺骗投资者。而为控制风险，就应当有效地防止信息不对称的情况。

3. 强化投融资结构管理

控制风险的另一个层面，就是保证资金的充足性。如果投资过多而同时募集的资金不够，就容易出现资金链断裂。因此，对于股权投资公司来说，需要根据宏观背景，系统性的风险判断，对投融资结构进行统筹管理，使资金具有协调性，使投资活动具有延续性，并防范公司经营的风险。

二、股权投资风险规避机制

为进一步降低股权投资风险，企业在进行股权投资时必须重视内部控制机制的建设。我国股权投资内部控制机制包含内部控制框架和具体的内部控制活动两部分，其中内部控制框架起指引作用，内部控制活动提供具体对策。

（一）内部控制机制设计思路

一套较为完善的内部控制机制对于解决上述的股权投资基金面临的内部控制问题起到十分重要的作用。现代的内部控制理论要求完善的内部控制体系必须包括五大要素，即控制环境、风险评估、控制措施、信息与沟通和监督。这五个要素也是股权投资基金的内部控制机制的基础。针对面临的内部控制问题，本书以前述的内部控制理论为基础，参考内部控制框架（COSO 报告），同时考虑我国股权投资在治理和运行上的特殊性，探讨一套完整的股权投资风险内部控制框架（见表 15-9）。

表 15-9　股权投资基金运行层面上的风险内部控制框架体系

	事前防范	事中控制	事后监督评价
业务控制	项目初步筛选 尽职调查 风控审核发表意见 投资总监审核 总经理审核 投委会表决 投资工具选择 分阶段投资	投资项目股权管理 投资项目经营监控 投资项目风险评价	投资项目风险评价
财务监督	经营计划 财务预算 资金审批	跟踪预算执行 监控敞口规模 资金集中配置 质询纠错机制	会计核算 绩效考核 激励奖惩
风险控制	重大投资合同审批 客户授权 风险评估	监控业务全程 经营监控 评估风险动态 提出止损要求 调查出险事故	合同清结 定期风险评估 处理事故
审计稽核	评估内部控制体系	定期抽查 专项审计	经理离任审计 经营责任审计

其一，该内部控制框架以内部控制的五大要素为基础；其二，股权投资基金内部控制的三个维度也包含在其中，即目标、内容和措施；其三，确定了内部控制构架组织架构层

面和运行流程层面两个层面；其四，确定了内部控制事前防范、事中控制和事后监督评价三个维度；其五，确定了内部控制业务控制、财务控制、风险控制和审计稽核四大主要措施。

（二）内部控制框架的层级

《企业内部控制基本规范》指出："企业内部控制是由企业董事会、监事会、经理层和全体员工实施的、旨在实现控制目标的过程。"可以看出，组织架构包含两个层面的含义：其一，公司治理层面，即在股东、董事会和管理层之间企业的决策权如何进行分配；其二，组织架构层面，即各个部门在组织内部的相互制约、协作的有机体系。因此，应构建股权投资内部控制架构体系（见图15-12），使权力分配和监督机制在股东、董事会和经理层之间得以合理安排，降低委托—代理问题带来的风险，同时合理安排各部门的权责分配，使各部门之间形成有效的相互监督机制。

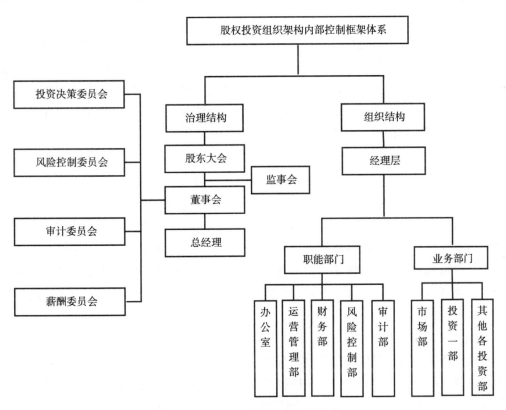

图15-12　股权投资内部控制架构体系

在这种架构下，股权投资的内部控制机制主要体现在公司治理结构、组织架构和公司运行三个层面。

（三）公司治理结构层面

2011年12月，COSO委员会发布内部控制新框架的征求意见稿，明确提出强化公司治理的理念。新框架包括更多有关董事会及审计委员会、薪酬委员会、提名与治理委员会等专门委员会内容。根据 COSO 发布的内部控制框架，其内部控制要素如下：

1. 确定董事会在股权投资内部控制治理结构中的核心地位

在构架股权投资基金的内部控制治理结构时，可以通过以下两个途径实现董事会核心地位：第一，在公司章程中明确规定董事会与管理层之间的权责划分，通过契约形式确定董事会的控制权和监督权。第二，在董事会内部设立审计专门委员会。审计专门委员会只接受董事会领导，并保持相对独立的地位。发挥监督管理层经营行为的职能，并将与管理层相关的内部审计事项及时向董事会汇报。审计专门委员会的设立使对管理层经营行为的监督能在第一时间进行，并及时采取措施解决问题，使董事会在股权投资基金内部控制治理结构中的核心地位得以真正发挥。

2. 建立以风险为导向的内部控制治理结构

COSO 报告明确提出，现代的内部控制体系应该以风险为导向，企业应该努力建立全面风险管理下的内部控制体系，投资委员会和风险控制委员会股权投资基金设立于董事会下，这两个委员会直接由董事会领导，独立于管理层。管理层的每一项投资决策都需要通过风险委员会和投资决策委员会审批。风险投资委员会从整个公司的层面对项目的风险进行评估和审核，项目的最后把关由投资委员会负责。投资项目的审核由投资委员会由董事长、总经理和投资经理，以及受邀的财务、法律和投资项目相关领域的专家共同完成，并最终作出投资决策。这两个委员会起到股权投资风险控制"双保险"作用，保证其能时刻坚守以风险为导向的内部控制原则。

3. 建立全面、有效的监督和约束机制

监事会是在股东大会领导下、与董事会并列设置的机构。股东大会授权监事会，负责监督董事会、各专业委员会和管理层的运行。由于法律规定，监事不得担任董事和经理，这就保证了监事会的独立性。监事会只需要向股东大会负责，就公司的经营状况、财务情况和业务状况进行全面的监督和审查，并直接向股东大会和董事会报告。通过监事会的设立，股权投资基金可以有效防止产生于董事会、各专业委员会和管理层之间的共谋行为。这样的治理结构建立起了全面、有效的监督和约束机制，为股权投资基金内部控制机制的有效运行奠定了基础。

4. 建立健全激励机制

现代经济学理论普遍认为仅仅依靠监督、约束机制是不够的，还需形成对管理层有效的激励机制。因此，完善有效的内部控制机制不仅包括控制措施，还包括激励措施，以促使管理层积极遵守各项控制措施。将合伙制的特点融入到公司制中的改革是有效实施激励的办法。具体来说，在董事会下设立薪酬委员会以针对公司管理层制定合理的薪酬制度，从而保证薪酬对投资经理的有效激励。另外，各个投资部的经理加入投资决策委员会，对投资项目承担一定的连带责任。通过设计这样的公司治理结构，可以在公司制的股权投资基金中建立起一个类似于有限合伙制的治理结构，从而实现对管理层的有效激励。

（四）组织架构层面

组织架构是企业内部机构之间的协作和运行机制。如果说构成企业运行框架的治理结构是企业的"骨骼",那么组织架构就是企业的"器官",具体开展企业的各种运行活动。在设计组织架构时,需要根据企业的性质、战略、文化等基础性要素,合理设置组织架构。明确划分各部门的责权,避免出现权责过于集中、权责错位、权责交叉和权责缺失等现象,要保证各部门各负其责、各司其职,相互协调和监督。另外,应当建立正确的权限指引和授权机制。权限指引可以在不同层级机构之间明确自己拥有的职权并承担相应责任,这有利于事后的绩效考核。授权制度是内部控制的一项重要机制,通过公司章程对部门权限和相应的决策权相匹配,每项业务和决策都必须得到相应的授权才能通过,严禁越权办理。

建议股权投资公司实行如图 15-13 所示的风险管理组织体系。

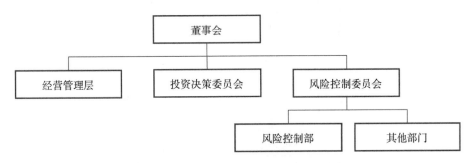

图 15-13　股权投资的风险管理组织架构

其中,董事会对风险控制负整体责任,而具体则由风险控制委员会以及其下属的风险控制部来负责,当然对于其他部门来说,尤其是投资决策委员会、经营管理层乃至全部其他部门,都应当负有其风险管理的职责,在有风险管理需求时应当全员尽职。科学的合规风控机制能够确保公司各项投资业务稳健开展,有效保障投资者的资产安全。

同时建议股权投资公司建立一整套规范的投资管理业务流程和严密的合规风控机制,建议其投资流程如图 15-14 所示。

（五）公司运行层面

投资基金内部控制的控制环境由组织架构层面的内部控制机制决定,因此,风险评估、控制活动、信息沟通和监督等多方面的具体控制内容均属于公司运行层面的内部控制机制。

公司运行层面的内部控制是针对股权投资基金的整个运作流程实施的。而这个运作流程又包含了两个维度的内容:第一,从时间阶段来看,股权投资运作要经历项目筛选与投资、项目跟进管理和项目退出三个阶段。第二,从工作范围来看,其包括业务、风险、财务及审计等多个方面的经营活动。因此,在设计公司运行层面的内部控制机制时,必须将这两个维度的特点考虑其中,根据四阶段各自不同的经营活动内容构建一个立体的公司运行层面的内部控制机制。[1]

---

[1]　曾劲郝. 基于财务视角的私募股权投资风险防控研究 [J]. 企业改革与管理,2021（4）:140-141.

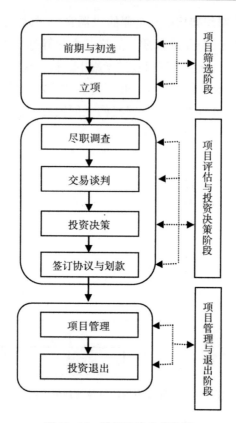

图 15-14　股权投资业务流程

股权投资基金公司运行层面的内部控制机制中包含了复杂的控制活动，以下只是从整个框架体系的角度予以介绍。

1. 加强规划审查控制

企业应根据"技术同源、市场同域、价值同向"的原则，从战略规划的高度把控股权投资方向，减少投资冲动，同时在此基础上，对控股子公司股权投资行为加以合理化管控，从而大幅降低投资风险。除此之外，还应该建立相应的投资项目规划审查小组，在项目实际实施过程中，按照实际情况，对其进行监管和审查。

（1）对于股权投资立项而言，其需要在整体水平上和企业投资战略目标具有高度一致性。投资项目要有利于确保。企业投资的持续、较快和稳定发展，在获得最大收益的同时，将风险降至最低，并使得投资资源能够合理利用。近年来，我国政府以及集团企业均对新能源投资给予高度重视，企业应抓住机会，扩大投资领域，努力取得较好的经济效益和社会效益。

（2）无论是在股权投资管理还是策划方面均应该坚持市场的导向作用。企业需要提高对市场分析以及市场调研的重视，使得自身能够对当前的行业状况加以了解，对行业趋势以及宏观政策进行合理化把控，培养竞争意识，以确保自身市场地位得以提高。

（3）合理确定股权策划和投资区域布局。企业应根据战略规划确定股权投资领域，有所为，有所不为。无论是企业股权投资中的哪个板块，都必须对核心竞争力予以高度关注，形成具备较强市场影响力的项目公司，以促进企业集团全面发展。

2. 加强投资项目可行性控制

之所以对投资建设项目开展可行性研究，主要是因为希望可以对初审结论加以证实，使建设项目可以顺利完成，并在内部管理流程中起到不可或缺的作用。对于企业而言，其投资的重大股权项目，往往需要经过可行性控制后方可进行。

（1）投资项目的合法性控制。企业应重点关注符合国家法律、法规的可采用的投资方式。投资项目还必须与国家一定时期的政策、规划，以及国家的产业与企业内部行业规划相一致。企业应响应国家号召，积极拓展相关产业，以有效地控制投资风险，降低投资损失。

（2）投资项目的效益性控制。从定义角度分析，可以将其视为是以财务视角出发对项目借款偿还能力抑或是盈利状况加以探究，并以财务收支情况为基础，对项目收益以及实际成本进行控制的过程。对企业来说，在效益性控制流程中需要从以下两个方面进行研究：一是项目获利能力指标，包括投资收益率、资本金回报率、投资回收期等，通过这些指标能够对项目的获利可行性作出评价；二是投资风险指标，一般包括投资的社会市场经营风险、科技经营风险、环保经营风险、企业管理风险和金融风险等，通过风险评估并确立统一的量化方法，对投资项目的成功与否至关重要。

对于重大投资项目而言，在对企业进行可行性研究的过程中，为了确保最终结果的准确性，通常情况下可以交由第三方专业机构进行。应确保论证人员的全面性，涵盖外聘专家以及单位负责人等，确保股权投资立项的稳健性。

3. 强化投资立项风险管理理念

（1）增强风险防范意识，做好投资立项论证的风险评估。企业应增强投资风险防范意识，加强对重大投资项目的立项论证和风险评估，将可行性研究程序以及投资尽职调查引入到相关工作中。对于重大投资项目，为了确保相关工作的顺利进行，需要委派专业机构抑或是组织专业人士对可行性研究报告加以评估，做好风险预案，提高股权投资的谨慎性，防患于未然。此外，企业还应该以自身实际情况为基础，建立相应的投资风险制约机制，进行职责划分，对股权投资行为加以规范，最大限度上避免资产流失现象的出现。

（2）建立相应的风险预警机制，可以风险预警机制视为一种监督检查系统。其一，在实际执行过程中，对企业的各个部门来说，均必须增强企业对经营中风险的预警意识，并及时地将部门现有信息和存在风险反映到预警部门中，由预警部门及时制定应对预案。其二，投资项目立项、申请、建设、经营管理等各个环节均须列入预警制度之中，以提高投资环节的有效性、科学性。其三，会计审计制度的预警机制。财务资金的支出、管理、使用等也要列入预警制度之中，公司应当针对企业的资本情况以及对抗经营风险的心理承受能力，合理设置预警阈值。同时，通过预警制度的建立，提升对其股权投资项目从立项环节入手的风险辨识与认知能力，以有效对抗变幻莫测的市场风险。

4. 优化股权投资决策内部控制

通过优化措施的实施，企业股权投资立项内部控制流程如图 15-15 所示。

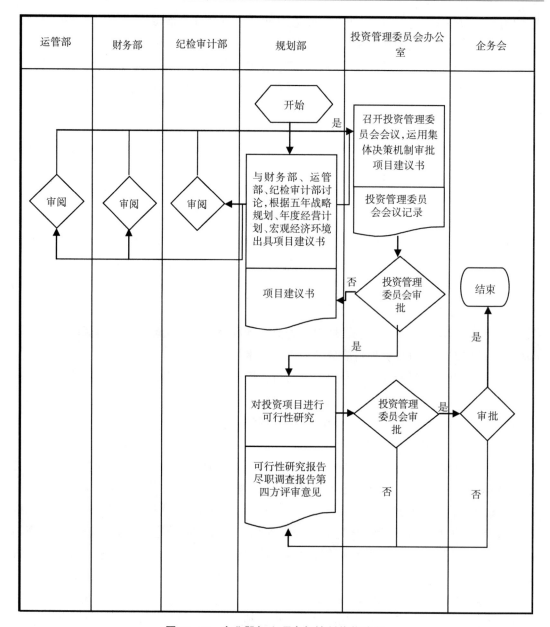

图 15-15　企业股权立项内部控制优化流程

在完成投资项目的评估以及分析后，需要进行股权投资决策。在此过程中，企业高层决策者为直接参与者。决策过程是否合理，将在极大程度上影响企业未来的发展走向和规模。决策失败是企业最大的失败，一次重大的决策失败常常会使企业陷入困境，甚至濒临破产。因此，在实际决策过程中，企业管理层应该以初审评估意见、可行性论证报告或投资建议书等为基础，严格遵循企业内部的相关决策方法以及决策程序，组织相关专家有针对性地进行评价以及审议工作，最终确定与企业发展最相符的投资决议。

5. 完善法人治理结构，促进科学投资决策

（1）确保董事会职权能够落到实处，对控股子公司董事会结构进行优化和调整。从整体水平上对董事会职权加以落实，改善董事会规范运作评价、董事会和董事绩效评定，对外派董事队伍进行专业化、多样化、年轻化建设。控股子公司全面依法落实董事会各项权利，履行董事会决策程序，建立董事会决议及要求事项的监督反馈机制，提升董事会影响力，强化所有权约束，对经营者实行有效的监督与激励。提高外部董事选聘和管理的重视程度，拓宽选聘渠道，聘请外部的技术、经营、管理专家在各公司担任独立董事，使得董事会结构更趋合理，确保其在企业内部的核心地位得以维持，强化对股权投资科学决策的可执行性。

（2）加强对控股子公司经理层选拔工作的重视，保障经理层依法行权履职。企业需要响应当前时代号召，顺应市场发展趋势，建立职业经理人制度。对公司现有招聘和任用激励机制加以调整，在职业经理人招聘的流程中，可通过开放招募的办法实施，从而形成与之相应的招聘、考核和激励等。除此之外，企业还应该提高董事会对经理层授权的重视，建立相应的规章制度，如事项范围和授权要求等，发挥经理班子经营管理功能，严格履行董事长对股东负责、向股东报告的职责制度，加强工作监管，增强董事长层的运营管理实力，促进经理班子对股权投资项目决策的管理动力。

6. 健全投资决策风险评估体系

为了确保项目能够顺利落实，需要进行风险评估。在实际施行过程中，借由此种方式能够对企业内部控制过程中可能存在的潜在问题进行及时预估，其在股权投资决策内部控制过程中发挥着重要作用。风险评估涵盖多项内容，以下以风险分析以及风险识别为例。

（1）全面识别风险。某企业股权投资案例资料显示，近年来，该企业在股权投资行业中涉及的风险事件较多，经过粗略梳理，风险点就达到了30多个，经营风险种类主要包括战略管理经营风险、法规经营风险、金融市场经营风险、政策执行经营风险等，情况不容乐观。

（2）认真分析风险。企业应以风险种类为依据，对其发生频率以及影响程度加以分析，以定量方式对其权重加以计算，并以此为基础，建立风险等级机制。为了确保能够合理地管控风险，可以事先对项目决策中潜在的风险种类加以划分。风险发生可能性高的判定标准为其每年发生次数不低于10次；可能性中的判断标准为发生频率每年介于5次至10次；可能性低的判定标准则为发生频率每年不高于5次。而在对程度进行判定的过程中，则可以将之划分为轻度、中度以及重度三种类别。重度判定标准为会对项目实际情况产生直接影响，致使项目失败；中度判定标准为会使得项目收益出现大幅度降低，幅度高于30%，但是仍然处于可控范围内；轻度的判定标准为使得项目收益出现一定程度的降低，通常低于30%。借由此种方式可以对风险等级加以划分，并以此为基础进行排序。如若风险影响较大，且发生可能性较高时，则需要对其给予重点关注。

（3）积极应对风险。企业在应对策略的选择过程中，需要以股权投资决策风险评估结

果为依据，完善风险应对措施。在实际应对措施的筛选过程中，需要对下述内容加以重视：其一，应从实际情况出发，对风险分析结果加以重视。风险级别不同其应对策略也不相同。其二，在选择应对措施的过程中，还需要对剩余风险加以重视，确保其能够在企业可承受范围之内。其三，在选择过程中，需要确保资源以及技术的可行性。其四，应对策略不得与企业效益目标相背离。其五，需要对员工风险偏好加以重视，最大限度上避免由于个人风险偏好而对企业经营以及战略目标的实现造成不利影响。

7. 加强授权审批控制

建议企业进一步梳理企业本部及各层级投资企业的决策权限及审批流程，从程序和机制上加强授权审批的控制与制衡。

（1）设置多个审核环节。股权投资项目首先由专业部门形成初步意见；在初步意见制定完成后，战略与投资管理委员会需要以此为基础进行探讨，并给出指导性建议；企务会召开决策审议；最终依据企业内部规章制度执行一系列的审批程序。

（2）借助专业机构提供审批依据。对于重大股权投资事项，为了确保最终决策的正确性，可以进行外部专家抑或是专业人士的咨询，委派第三方机构进行评估或是审计，并给出相应的专业报告。

（3）进一步完善股权投资的预算。企业还需要进一步增强财务部门与权益资本及业务部门之间的相关性。在全面预算管理体系上将权益资本纳入其中，以保证对投资资金的筹措工作得以顺利进行，并严格预算考核。

（4）设计投资控制流程。企业应明确，如若投资项目并未得到相关部门的审批，则对于投资单位而言，仅仅只能够进行附条件协议的签署，无论是产权登记还是工商登记手续均应在审批完成后方可进行。

（5）制定明确的授权审批制度。企业还需制定并执行《控股子公司"三重一大"决策管理制度》，对总裁办公会、董事会以及股东会的权力加以明确，规范控股子公司"三重一大"事项决策工作，避免授权审批出现漏洞。

8. 优化后的股权投资决策内部控制流程

通过优化措施的实施，企业股权投资决策内部控制流程如图 15-16 所示。

（六）股权投资内部控制方法

股权投资内部控制的主要方法有五个，具体内容如图 15-17 所示。

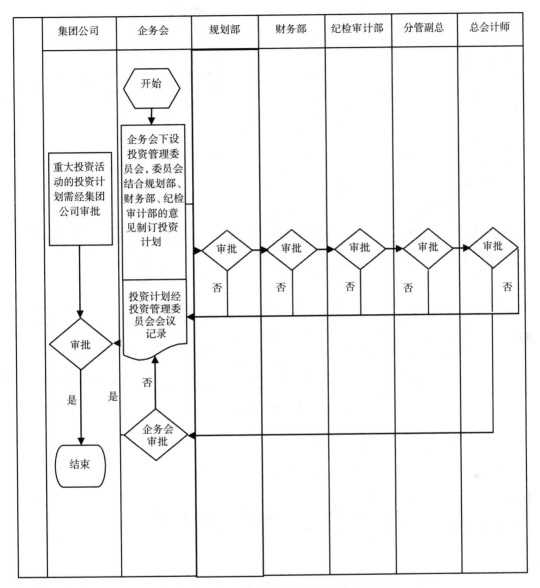

图 15-16　企业股权投资决策内部控制优化流程

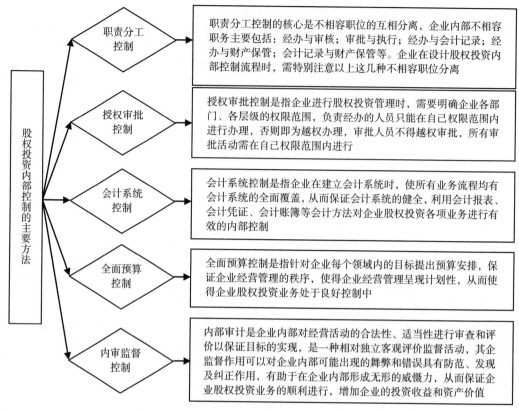

图 15-17　股权投资内部控制主要方法

1. 建立完善的评估和管理体系

建立完善的评估和管理体系的核心要点如表 15-10 所示。

表 15-10　建立完善的评估和管理体系的核心要点

组建专业团队	基金专业团队吸收多方面的专业人才，采纳多个领域的经验帮助基金降低行业、市场风险
严格投前尽调	严格执行投资前的尽职调查与分析，聘请外部专业的法律/审计人员全程参与投资过程，杜绝财务风险、经营风险、法律风险等
决策简捷、有效	建立简捷、有效的项目决策流程，减少由于内部决策拖延导致项目流失或者被提价的风险
风险利益分担	在平衡风险与收益的前提下，对某些项目可适当地引入其他投资机构、当地合资方或者政府机构，实现风险分担与信用捆绑
加强投后管理	加强投资后的管理与控制，帮助企业解决运营与财务风险，同时防止大股东或管理层的恶意隐瞒或欺骗

2. 制定完善的应对措施

潜在风险与应对措施如表 15-11 所示。

表 15-11 潜在风险与应对措施

风险因素		解释说明	应对措施
投资风险	投资地域集中	投资集中在中国境内，相对于更加多元化的国际投资组合而言，基金可能更容易受到国内政治、经济大政策、大环境或经济发展的影响	投资任何一家企业不超过承诺资本的20%
	投资机会的竞争	中国私募投资基金迅速发展，社会资本充足，面临在目标投资区域内争取投资机会的竞争	发展发起方的优势去寻找、运作项目，在行业中产生影响力
管理风险	缺少运营历史	新募集成立的基金，没有任何以往的可供投资人做出投资价值评估的历史，尽管发起方具有相关行业及投资运作的良好历史，但任何关联基金和管理的团队的以往业绩并不能保证基金投资未来的收益结果	本着"诚实、审慎"的原则，按照科学合理的方法进行有效率的投资，充分发挥基金团队中部分成员的丰富投资管理经验
	对投资组合公司管理团队的依赖	管理团队的离开，会对投资组合企业的日常运作产生负面影响	从薪酬激励制度和企业文化出发留住人才
操作风险	长期投资	为促成投资组合企业的阶段性飞跃，与所投企业实现共赢，一般会较长期持有投资组合企业的股权	派人员进入董事会，以至进入高管层，通过管理机制促进股息的分派和企业盈利的实际提高，在投资协议中增加保障条款

3. 股权交易纠纷要消灭在萌芽状态

检索法院的审判案例可以发现，有关股权事项的纠纷，大多数与股权转让和变动有关。因此，准确理解股权交易全过程的风险点，并从法律专业角度事先进行力所能及的、可行的条款安排，对于预防股权纠纷，降低股权纠纷发生后的解决难度，具有十分重要的意义。参照股权投融资业务流程，这里列举一些可以进行事先防范风险和驾驭风险的角度。

（1）交易主体。在境内股权重组时，选择恰当的交易主体，不仅可以节省税收成本，还可以避免二次重组的风险。比如，依据 2018 年 1 月 5 日发布的《商业银行股权管理暂行办法》（中国银行业监督管理委员会令 2018 年第 1 号）第二十五条规定，商业银行主要股东不得以发行、管理或通过其他手段控制的金融产品持有该商业银行股份。2020 年 3 月 1 日实施的《信托公司股权管理暂行办法》（中国银行保险监督委员会令 2020 年第 4 号）第 15 条也规定，信托公司主要股东不得以发行、管理或通过其他手段控制的金融产品持有该信托公司股份。再如，金融产品（三类股东）作为持股主体持有普通行业的公司股权，在申报 IPO 时有可能被监管要求更换股东或者进行还原，以防止存在委托持股、信托持股或代持股的情况存在。科创板目前虽然就三类股东持股上市问题相对宽松，但在目前环境下仍存在一定的清理风险。如果在进行股权交易时，不小心引入了这些金融产品作为股东，在清理时可能会存在障碍，导致交易延迟或成本增加，从而影响公司的资本运作计划。

（2）尽职调查。尽职调查是股权交易的基础，调查的深入程度及对法律风险相关问题确认的准确性、针对性，将会直接影响后期股权交易的成败，因此尽职调查是股权交易法律风险评估工作的核心。对交易主体的真实性及履约能力、历史沿革法律瑕疵、股权交易的或有风险负担等，都要进行详细调查，并有针对性地进行预先的条件约定安排，以合同、单方承诺函等形式予以固定，这些工作属于风险的事先防范。

（3）交易形式。选择哪一种方式进行交易，取决于每种方式本身的固有风险。比如，资产收购的风险类型相对简单，也不会涉及目标公司自身的存量风险，但缺点是税务负担重；股权收购的税务筹划空间大，但缺点是将会承受目标公司原有存量的各种或有风险。再如，以购买可转换债券方式进行交易，可以保证能够在到期时收回本息，规避公司业绩变动带来的股权价值波动风险，但保留转换为股权的权利，可以视到期时目标公司的表现决定是否参与转股，从而预留了一定的观察时间，适合于谨慎型的投资者。因此，结合实际交易场景的需求，论证并选择恰当的交易形式，本身就是对风险的预先控制。

（4）交易估值。估值有多种方法，每种方法各有利弊。这也就决定了估值方法并不能100%保证结果的准确性，因此，进行估值调整（俗称对赌）是一项非常重要的交易安排。但是，如何调整、采用什么标准进行对标等，这些交易条件都是要在交易前提前确定好，对相关的调整机制和方法要达成一致，而这种机制和方法本身也是有风险的。从目前产生的估值调整纠纷案例来看，多数认为当时设定的调整方式不合理，导致出现不公平的调整结果，因此才导致出现纠纷。因此，选定合适的估值方法，讨论合理的估值调整安排，同样也是在进行风险的事先控制。

（5）支付结构。在实务操作中，支付方式有很多，但其核心问题就两个：合规性和成本。设计股权交易结构时，对每种支付方式的利弊风险应当了然于胸，结合交易场景需求，确定合规优先、成本优先还是两者兼顾。比如，货币支付方式简单，但是税务筹划的空间小，在涉及跨境支付时还要受到外汇管制；股权支付方式灵活，现金流压力小，但股权本身对应目标公司的或然风险高；资产置换方式简单，但税费成本可能较高等。因此，对支付方式的论证和选择，也是在进行风险控制，甚至在某些情况下，还会对交易成败有严重影响。

（6）税收筹划。如果说能够直接对交易结构产生核心影响，甚至在某些情况下不得不改变交易路径的影响因素中，税收筹划应当是首选。无论是境内股权交易还是跨境股权交易，每一个交易类型都与税有关，税收风险的筹划和安排，是在制定股权交易结构时始终要考虑的因素。税务风险（包括税务合规性、税务成本负担）是股权交易结构设计阶段最重要的风险管理事项之一，熟知每种交易方式并深度理解背后的税务成本及风险负担，是胜任此项工作的重要条件。在大多数股权交易中，要聘请专业的税务师协助进行筹划，以达到合理合规节约税收的目的。

（7）退出机制。投资的最终目的是退出，因此在股权交易之初，将退出的渠道和保障进行全面的讨论和安排是十分必要的。在各种退出方式中，一般情况下 IPO 的退出收益最高，但周期也较长；并购的退出收益相对没有 IPO 高，但难度和周期较 IPO 低；老股东或者目标公司回购是比较现实的常见选择，对 IRR 的约定一般也能够有保障，但要关注他们的履约能力，杀鸡取卵式的回购往往会将一个公司推入万劫不复的深渊；清算则是迫不得已的止损措施，但也不见得能够收回多少收益。因此，在设计股权交易结构时，一方面要熟知这些退出的运作方式，另一方面也要对各自的风险有深入的理解和掌握，才能预先将投资者的退出风险控制在可接受的范围之内。

三、公司股权投资风险的控制对策

前文对股权投资公司股权投资中常见的风险进行了总结，并给出了风险控制的整体策略，在此基础上，给出对募资风险、投资运作、投后管理、退出多方面的具体管控对策。

（一）投资前期风险防范机制

1. 建立投资决策研究体系

按照现代投资学的基本原理，无论是证券投资基金，还是股权投资基金，一定要采取相应的风险管控措施以规避投资风险。证券投资基金所面临的风险主要来自市场价格的波动，而股权投资基金所面临的风险更多是企业本身的风险，前者可以根据公开信息和市场大势来评估风险，即使判断失误，还可以通过投资组合和设立恰当的止损点等方式来控制风险，后者由于风险多是企业本身的一些风险，如来自企业外部的行业风险、环境风险以及来自企业内部的财务风险、产品风险和管理风险，针对这些风险，投资者难以识别，只能通过深入企业内部去考察，因此一旦判断错误，就不可避免地陷入被动。

因此，股权投资者必须想办法主动控制风险，这就需要事先进行严格的项目筛选，从根源上排除企业内部风险。在项目筛选环节，股权投资者通过已经建立起的业务网络进行信息的收集和分析，同时为了筛选出风险在可控范围内且能为企业带来预期收益的项目，投资者还需要对备选项目进行更加深入的分析和论证。在初步圈定拟投资项目之后，下一步就是实地考察拟投资企业，进行"尽职调查"，重点考察其管理团队，接下来根据资料分析和实地考察的结果制定出最终的投资方案。在经过投资决策委员会或董事会的审查之后，才能最终实施投资计划。经过以上一系列评估和审查之后，才能更多地了解和考察到项目相关方的一些"隐藏信息"，尽可能地避免"逆向选择"问题的发生。构建投资决策体系包括以下几个流程：

（1）设计顶层投资战略目标，通过对宏观经济和资本市场发展趋势进行研究，结合公司实际情况设置大类资产配置方案，明确公司股权投资大致范围、比例、投资期限和预期收益，防止资产错配风险。具体而言，通过对宏观基本面（经济、政策、资本市场等投资环境）多层次指标定期评估，判断股权投资外部环境变动趋势，从而决定"投不投、投多少"的问题。

（2）通过对国家政策和产业经济进行研究，对筛选拟投项目的几大类行业进行长期周期性和短期波动性研究，并根据不同行业具体情况定期评估各类行业发展趋势，从而决定"投哪里"的问题。

（3）通过行业专家访谈和公开信息收集、处理等方式，对各行业中未上市企业信用评级，圈定信用评级较高的备选项目，构建资产池。

（4）根据备选项目融资需求，实地考察项目基础资产，开始"尽职调查"，重点考察管理层团队和企业盈利能力。可以通过与第三方审计机构或相关领域权威专家合作，提高"尽职调查"的准确性与客观性，从而决定"投给谁"的问题。

（5）对于通过初步筛选的项目，经过多次谈判，确定投资项目的增信方式、设计产品结构、投资期限等具体投资事宜，从而决定"怎么投"的问题。

（6）在投资双方利益一致的前提下，确定最终投资方案，并对投资项目风险进行充分评估，在确认风险可控的基础上，提交投资决策委员会或董事会审查，完成投资前期决策环节。

2. 选择附加投资工具

在间接投资私募股权基金时，极易产生双边道德风险问题。而建立债券设计模型是比较有效的解决办法，即利用可转换优先股降低股权投资基金投资初期的风险，防止股权被稀释。同时，股份期权也是常用的投资工具。证券投资基金可按照所投资证券的既定种类在市场上买进卖出以控制风险，而股权投资基金则可以与企业进行协商谈判，依据双方的实际情况，选择恰当的股权投资方式，进而实现通过特别股权安排以防范风险的目标。常用的特别股权安排主要有以下几种：

（1）可转换证券。可转换证券的投资对象通常是新生企业，其未来能否成功，以及能否获得融资，这些问题的关键都在于其管理人的人力资本投入情况和管理人所具备的能力。一方面，股权投资基金在签约的初期阶段完全不知道投资对象管理人的能力，需要经过一段时间的观察才能得到这方面的信息，而投资对象管理人很了解自身的能力，在这方面具有绝对的信息优势，双方存在明显的信息不对称问题。另一方面，经过签约初期的观察和磨合之后，即使股权投资基金可以为投资对象提供管理咨询方面的支持，签约后的股权投资基金也不可能全程监控投资对象日常的所有经营活动。因此，在这种情况下，就需要可转换债券这种约束机制来制约投资对象管理人的冒险活动了。

（2）股票期权制度。股票期权制度是一种投资对象发行认股权证，且表明该权证的持有人有权利根据实现约定好的价格在约定时期内购买一定数量的公司股票。这也是一种比较有效的以股权的形式将股权投资基金和投资对象管理人紧密联系在一起的制约机制。这种制度激励投资对象管理人通过自身的努力使创业企业取得成功，达到提高效益和提升股价的目的。该制度把企业命运和投资对象管理人的利益紧密联系在一起，可以有效地调动投资对象管理人的积极性，同时也很好地约束了投资对象管理人的行为。

除上述几种特别股权安排外，对赌协议也是投资协议中经常使用的一种安排。在对赌协议中，投资基金会与拟投资企业签署包含保留基金退股权和企业购回权的条款。其中，基金退股权是指当企业未达到合同中约定的预期业绩时，股权投资基金有权将其所持有的股份退还给企业，收回初始投资并且获得相应的投资回报，这种方式可以在一定程度上保证股权投资基金的利益。而企业购回权条款是指企业管理层有权在企业业绩超出合同中约定的预期业绩时以事先商定好的价格从股权投资基金手中购回企业股票，这种机制能够激励被投资对象管理人努力经营。

（3）分阶段投资。分阶段投资是指股权投资基金在拟投资企业发展的若干阶段分批地投入资本，并保留在任何一个阶段放弃投资和进行清算的权利。投资前，如果股权投资基金一次性地将全额资本都投入进去，就意味着要面临很高的代理人风险。在投资过程中，投资双方信息不对称的问题仍然存在，分阶段投资可以有效地将资金和信息资源结合起来。在每次投资前，股权投资基金通过对投资对象进行各项评估和考察，获得需要的各项信息和管理咨询，从而做出更稳妥的投资决策，进一步促进投资对象的发展。

另外，分阶段投资对被投资企业也具有很大的约束作用。这种方式降低了增量资本对被投资企业股份的稀释作用，增加了被投资企业管理人的收入份额，可以达到激励被投资企业管理人的目的。此外，鉴于股权投资基金有在被投资企业发展不顺利时彻底关闭企业的权利，这也会在很大程度上鞭策被投资企业管理人努力经营以确保投资基金持续投资。而且，如果股权投资基金不再对被投资企业进行投资，也向其他资本提供者传递了一个信号，即该被投资企业本身存在一些问题，从而导致其他资本提供者也不会对企业进行投资，使得企业再融资出现困难。因此，分阶段投资是一种在企业经营的整个过程中都能够对其进行有效约束的机制。

（4）特殊条款。对赌条款，也称估值调整机制，是解决股权投资基金和被投资对象之间委托—代理问题最为有效的一种方式。从股权投资基金的角度来看，采用对赌条款有以下好处：第一，通过价格优惠的股权转让来激励管理层，促使他们努力经营，达到预期的经营目标，并承诺在目标达成后给予一定的奖励。第二，当企业没能达成预期经营指标时，以优惠的价格收购管理层持有的部分股权，适当弥补投资方的损失。第三，可以适当控制被投资企业管理人"逆向选择"的动机。如果企业管理层都能准确把握和判断企业和市场的未来走向和前景，企业就可以在外部投资进入时获得较高的估值。表 15-12 列举了部分其他特殊条款的简要介绍，以供读者参考。

表 15-12　部分特殊条款介绍

条款	描述
强制分红条款	合约中约定在一定时期后，将所得利润的部分以现金的形式进行分配
清算优先权	在条款中约定自身享有比投资对象管理层优先的清算权
累积优先权	投资者要求将没有支付的股息被积累起来，等公司盈利后一并支付
反向特别保护权	原有股东被迫放弃最初持有股权，后期根据业绩表现逐步重新获得股权
拖带权	投资者出售股权时，要求其他股东随同自己将公司股权一起出售的权利
跟随权	投资者有权跟随公司原有股东出售其持有的公司少数股权
反稀释条款	投资者拥有企业股份的比例在将来某——特定的时期前不会降低，保证前期投资者的利益
特别投票权	赋予投资者对重大决策如公司出售、解雇高级职员的特别投票权

（二）募资风险的控制

根据前文的分析可以看出，对于股权投资公司来说，其募资阶段存在的风险主要表现在募资渠道和结构上，因此建议募资方式多元化，募资结构合理化。

1. 募资方式多元化

对于现代国家来说，资本对经济发展的重要性不言而喻，在资本先行的理念下，才有了更多的动能去做研发，去开拓市场，去改变人类的生活方式和状态。资金数倍于需求，才能带来社会的整体发展。在这种情况下，私募股权投资公司不仅是为了获得利益而存在，也一定程度上促进了社会的发展。在投资过程中，想要撬动更多的融资，应当通过各类专业的融资机构进行融资。对于股权投资公司来说，其在成立之初获得了母公司的支持，有较高的注册资金，具有一定的现金流；同时建立银企长期合作联系，使企业能够从银行渠道获得融资。在这个基础上，还有第三方理财公司、信托公司、券商、公司等多个募资渠道。私募公司常见的募资渠道如表 15-13 所示。

表 15-13　私募公司常见的募资渠道

募资方式	具体方式
自主方式	公司直接向其他公司与个人募集
银行渠道	通过私人银行部门寻求高净值客户
第三方理财机构	通过独立的理财机构寻求资金
信托公司	以信托投资基金形式募资
券商	由券商的资产管理部合作
保险公司	开放险资投资私募

对于股权投资公司来说，更应当寻求多元化的募资方式。募资阶段股权投资公司主要依靠自主募资。因此笔者认为，其一，应当积极地寻求债券发行的募资渠道，有效地降低募资成本；其二，有弹性地通过股权募资，可由母公司主导，进行股权方面的灵活转让甚至谋求上市；其三，寻求更多的银行开展合作，避免募资合作银行的单一化。

2. 募资结构合理化

对于股权投资公司来说，随着近年来经济持续下行压力持续加大和国际经济局势的恶化，以自主募资为主的募资结构应当得到改变，对此该公司应当适当提升银行渠道、券商渠道募资的比例，并以自主募资、中介机构募资、银行、券商四个渠道为主，且每个渠道募资比例都在 10%～40%，甚至也可以在适当的情况下谋求自身的 IPO，以使得在金融环境恶化时能够弹性地调整募资方式，降低募资风险。因此，融资渠道一方面需要多元化，另一方面其结构也应当合理，不能过度依赖某个融资方式，这也是国外很多资本市场案例的经验与教训。与欧美等国相比，我国的融资方式不够灵活，但也在进一步放宽政策，可见，组建综合性质的财务管理中心将成为未来的大趋势。

3. 强化募集资金环节的把控

（1）慎重选择投资人。募资阶段要慎重选择投资人，尽可能把募资阶段的风险降到最低。具体来看，在对合格投资者进行认定时一定要做到科学严谨，避免向一些不合格的投资者募资。股权投资公司募资部门应制定科学有效的调查方式，了解潜在客户的风险承受能力，在选定客户后一定要让投资者出具承诺，保证投资者为合格投资人。值得一提的是，合格投资者评估结果的有效期为三年，如果超过三年应该重新进行测评。未满三年的，出于风险防控的考虑，投资者也可以主动申请重新测评。合格投资者的认定与所采用的评估方法息息相关，股权投资公司应该科学合理地设计调查问卷，尽可能了解投资者的风险识别和承受能力，尽量减少募资阶段的风险。另外，公司设计的调查问卷应该具有针对性并较为简单。

具体来看，调查问卷应该包括以下几点内容：其一，投资者的基本信息。投资者包括个人投资者和机构投资者，两者的信息调查内容存在明显的差别。个人投资者要了解其年龄、学历、职业、联系方式等；机构投资者需要了解公司工商信息、办公地址、联系方式等。其二，财务信息。在对财务信息进行调查时，对个人投资者和机构投资者要设计单独的问题。个人投资者不仅需要提供近三年平均收入证明，而且需要提供目前持有的金融资产等情况。机构投资者不仅要了解公司的资产规模，而且要了解其负债情况。其三，投资经验。对于投资人的投资经验，不仅需要了解投资者的投资年限，而且需要了解投资者的投资理念和擅长的投资类型，以便更好地控制有可能出现的风险。其四，风险偏好。投资者风险偏好主要是指投资者对风险的承受能力和风险喜好。众所周知，高风险的投资往往会带来高收益，高收益的金融产品往往会伴随着高风险。了解投资者的风险偏好能够更好地了解其风险承受能力。其五，投资知识。投资知识主要包括对私募基金投资产品和相关市场的了解，同时也包括对金融市场和投资风险的了解。

（2）完善和优化资金募集流程。股权投资公司制定了较为完善的资金募集阶段风控目标（见图15-18），但是无论采用哪种募集资金的方式，均要符合国家监管部门的相关规定（私募基金管理人内部控制指引等）。在宣传推介时要严格按照法律程序走，对投资者不能允诺保本收益。此外，股权投资公司资金募集还要符合企业资金管理战略规划。股权投资公司制定的资金管理战略规划明确了募资时间、规模、用途等内容，确保资金的募集能够实现公司目标资本结构。

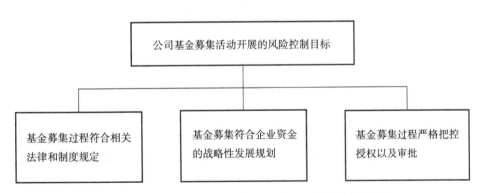

图15-18　股权投资公司基金募集活动开展的风险控制目标

私募股权投资金额普遍较大，股权投资公司在募资时一定要严格监管，采用书面审批、分级授权等方式防控有可能存在的风险和舞弊现象。结合股权投资公司的业务开展流程，对私募股权投资的资金募集流程进行了优化和调整，具体如图15-19所示。

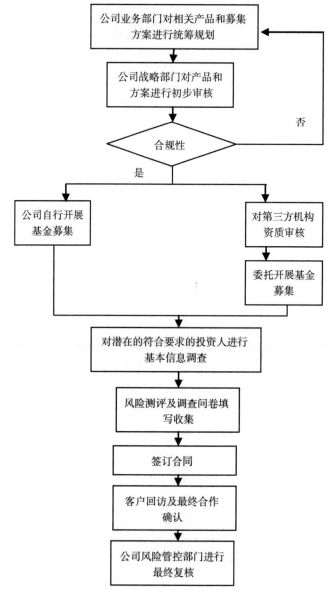

图 15-19 股权投资公司基金募集流程优化

（三）投资运作风险的控制

信息不对称导致的风险是以股权投资公司为代表的私募股权基金在投资阶段所面临的主要风险，因此私募股权基金投资运作的风险重点在于如何通过风险自留来实现风险控制。对此本节认为，需要发挥企业自身的优势，更多地开展了 A 轮投资，从而降低投资成本，进一步加强行业尽职调查，选择复合型的投资工具，同时也在投资的择时上，尽量分阶段进行投资。①

① 刘唐音. 基于流程优化的私募股权基金公司内部控制研究［D］. 杭州：浙江工商大学，2019.

1. 发挥自身优势注重

根据前文的分析我们可以看出，由于公司以及合作公司广发证券、广发银行等集团内部拥有较好的资源优势，能够及时发现初创企业并与其开展合作，因此开启天使或者 A 轮投资的可能性更大。

股权投资公司基于自身的资源优势，能够及时地了解并与负责的组织人进行联系，有进一步建立投资的可能。对于一些具有影响力的大企业，比如华为、比亚迪、中兴、腾讯、大疆、大族等，它们在新的科技领域也有研发计划，为了分担风险，也愿意引入战略投资方。与此同时，在这些企业所主导的产业链中的其他企业，也会根据自身的发展，具有引入投资者的需求。股权投资公司都应当及时地与之对接，并开展了 A 轮投资。

毫无疑问，进行 A 轮甚至天使轮的投资，能够有效地降低投资成本，最可能获得一本万利的投资收益。同时，也能够对投资标的具有更强的把控能力，甚至在投资退出时，也具有优先权。

2. 加强行业尽职调查

在股权投资公司进行运作投资之前，虽然现阶段已经做了很多尽职调查工作，但仍然不够充分，需要进一步在时间和空间上对标的企业进行调查，依据调查结果决定投资与否、投资的形式以及时间点。具体内容包括：判断目标公司是否符合私募股权投资的投资准则；评估目标公司的价值；评估潜在的交易风险；预测企业发展前景；探讨合适的交易结构；考虑收购后的整合问题；等等。因此，股权投资公司采取委托第三方专业机构的方式开展部分尽职调查，并承担相应的费用。这里建议将如下几个方面委托给第三方机构进行调查，包括财务与财税尽职调查、法律尽职调查、商业尽职调查、环境尽职调查、运营尽职调查、管理层尽职调查和技术尽职调查等。

3. 选择复合型投资工具

对于股权投资公司来说，在投资中还需要尽量使用复合型的投资工具，该方式的具体优势是可以全面预测可能带来的收益，甚至能够在标的企业之间进行有效的转换，由此获得最大的收益。在复合型投资工具中，应当设置较为合理的回购条款，尽量保证投资者的权益。因此，对于股权投资公司来说，要根据具体的形式，在法律政策的规范之下，有效地将投资工具进一步创新，结合大数据技术对投资标的有更加全面的了解，更合理地进行工具的创新。如果被投资企业的效益不佳，可以选择将投资形式转换为债券，并具有可转股的性质。在这种情况下，如果标的企业经营状况好转，还可以获得相关的成长收益，分享价值成长。

4. 分阶段投资

分阶段投入资金既可以收集信息，又可以监控企业进程，并保留定期退出低质投资项目的选择权，从而对所投资企业施加强有力的控制。

当选择分阶段投资时，股权投资公司可以选择在未来一段时间内选择继续投资或放弃投资。在具体实施时，应当通过如下几个阶段：

（1）对被投资标的企业的经营情况进行有效监督，对其未来的发展前景进行一定的估量，判断是否需要进一步投资。

（2）在决定进一步投资时，需要基于标的企业的核心价值、发展预期，选择下轮投资的时间点。

（3）在决定是否投资、投资的时间节点后，再根据具体情况选择合理的投资工具，比如前文提及的复合型投资工具，以及是否需要在董事会保留席位，如何进行股权变更等。

对于企业的成长来说，会经历初创期、成长期、快速发展期、稳定发展期和上市后，这几个时期都可以介入并开展投资，但风险是随着企业的成长而减小的，收益则随着企业的成长而降低，如图15-20所示。因此，股权投资公司应当把握好投资机会，根据具体的情况分散投资阶段，进一步降低风险。

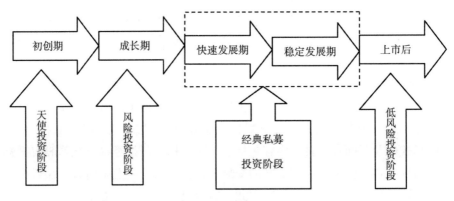

图15-20　阶段化投资

以投资一个具有前沿科技项目为核心价值的企业为例，企业可以将投资分为三个阶段，即第一阶段投入资金的一半，并约定在研究专利成功申请后投资剩余资金的一半，在产品确定量产后再投入后续资金。这样一来如果研究成果不稳定，就可以有选择地进行退出。

（四）提升项目投资环节的风险控制

1. 多样化风险控制手段并行

（1）通过尽职调查，控制风险。在选择投资项目时，股权投资公司要进行全面系统的尽职调查，掌握被投资企业的运营情况。尽职调查简称尽调，主要包括财务尽调、法律尽调、投资可行性调查等，尽调是私募投资基金控制投资风险的第一步也是较为关键的环节。在尽调环节不仅需要对已经发生事项进行核实，同时也要预测将来有可能发生的事项，综合评估被投企业的整体情况。尽调涉及的内容包括企业的生产经营情况、人员组织架构、技术实力、财务状况、销售情况等，在调查的时候还要了解企业是否有其他未解决的法律纠纷等，着重调查企业财务状况最能反映企业的基本情况，也是企业能否生存下去的关键。因此，在对企业进行投资时，私募股权投资公司应安排自己的财务人员分析被投企业的财务报表，全面了解被投资企业的财务状况。在分析的时候，首先要整体评估被投资企业财务报表的真实性，重点关注有无虚假记载或粉饰报表的现象。其次要结合被投资企业所处行业特点以及公司自身经营情况分析其债务结构、盈利构成等。最后要详细分析被投企业的盈利预期是否可行，财务指标的勾稽关系是否合理，避免因财务报表问题造成投资决策失误。

（2）走访拟投企业的关联单位。在调查被投企业时一定要走访拟投企业的关联单位。这里的关联单位主要是指与被投企业在工商注册上有关联的企业或者是与该企业有业务往来的企业。工商关联单位核查重点为被投资企业实际控制人以及其经营管理的其他企业的基本情况，由此判断实际控制人的领导能力、综合实力、信用状况等。在进行关联企业调查时一定要特别关注这些企业之间不正常的资金调动，避免出现关联企业之间的财务造假。针对那些有业务往来或者经济往来的关联企业要重点分析其业务情况，查清是否存在联合造假的情况。被投企业常用财务造假和业务造假的手段主要有虚增收入、降低成本、变更首付款等，这些弄虚作假的手段通过仔细核查并不难发现。核查数据集等有很多成熟的经验可以借鉴，在调查时要重点调查与被投企业有较多资金和业务往来的企业，或者运用统计学抽样的方式进行调查分析。对于那些与企业同处一地区的企业一定要采用实地走访调查的方式，这样获得的一手资料更加真实，对于外地的客户可以选择随机走访的形式进行调查，当然也可以借助函证的方式对外围数据进行仔细核查。

（3）走访被投资企业的竞争对手。核查被投企业外围信息时可以调查了解被投资企业竞争对手，这样可以从另一个角度了解被投企业的真实情况。竞争对手之间所面临的市场环境和行业环境基本相似，两者之间有更多的共同点，同时由于两者之间存在竞争关系，对彼此的认识往往更加真实。私募股权投资基金调查被投企业的时候，对其竞争对手进行走访极为重要，不仅可以获得详细的行业信息，而且能够对被投企业存在的问题以及在经营中有可能存在的困难等情况有一个详细的了解，从而来验证被投企业所提供数据的真实性。另外，在对被投企业进行调查了解时有可能发现更有价值的投资标的，这样也能够极大地提高投资效率。

2. 完善和优化投资流程

开展股权投资时，应综合各方的实际情况和多方面因素，进一步改进与完善股权投资公司投资流程，具体如图 15-21 所示。

3. 公司的风险因素管理措施

（1）注重人才培养与体系建设，提高自身的投资管理能力与核心竞争力。企业应该在现有的资产管理团队与管理体系的基础上，有针对性地大力发展股权投资等另类投资能力，根据另类投资的特点与特殊监管环境，构建专业的另类投资团队，通过内部培养与外部聘任相结合的方式积极储备专业人才，增强公司的股权投资研究与管理能力。

（2）建立完善的风险管理体系，树立牢固的风险意识。公司应该在监管政策的指引下，结合自身投资管理的经验建立符合股权投资等另类投资特点的针对性风险管理体系，优化投资管理流程，明确各方职权与责任，建立完善的内控机制。同时，在公司内部树立牢固的风险意识，增强公司员工的风险自我管理意识与能力，全方面防范操作风险。

（3）以合理的资产负债管理工作为核心，做好保险资产的流动性管理工作。公司风险管理的核心在于保证充足的偿付能力，因此公司的投资业务必须以资产负债匹配为出发点，选择偿付周期较长的保险资产用于股权投资，同时充分考虑到突发事件、集中出险等

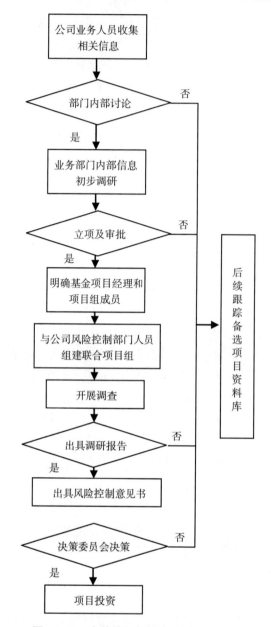

图 15-21　完善的股权投资公司投资流程

极端因素的巨大影响，实现偿付能力压力测试的常规化，保证偿付能力的充足性。

4. 投资管理机构的风险因素管理措施

（1）利用自身资源打破信息不对称壁垒，建立信息传递机制。面对信息不对称问题造成的委托代理风险，公司应该充分利用自身资产规模效应优势、信息收集整理能力优势、产业结合紧密优势、风险敏感性与管控优势，通过外部咨询与内部研究等多种方式打破信息不对称壁垒，建立完善的信息传递机制，改善信息不对称问题。

（2）充分利用市场机制遏制逆向选择问题。在投资管理机构的选择问题上，公司应该充分利用市场化因素，引入竞争机制，采用招投标或历史业绩对比等方式多方面、多维度筛选投资管理机构，通过市场机制选择管理能力较强的投资管理机构，并通过长期合作机制督促投资管理机构增强自我约束能力，形成市场化的声誉约束机制。

（3）建立健全监督机制，通过合理的约束机制与奖励机制抑制道德风险。公司应充分重视并保护自身的知情权，通过建立定期报告制度、规范报告形式与内容要求、积极参与公司监管等方式建立完善的监督机制。同时，通过设计合理的约束机制来规范投资管理机构的投资管理范围与决策职权，并建立奖励机制，鼓励投资管理机构通过实现投资项目的高收益来提高自身收益。

5. 被投资企业的风险因素管理措施

（1）执行深入细致的行业研究与尽职调查。公司应该利用其信息收集整合能力强以及与各行业结合比较紧密的优势，在股权投资项目实施之前进行深入完善的行业研究与尽职调查，以安全性为前提筛选具备广阔市场容量的行业，稳定且经营管理能力出色团队的企业，以及具备前瞻性且产业化能力出众的高新技术，提高股权投资项目的盈利能力。

（2）签订完善的股权投资合同。在股权投资项目的初期，公司应该在充分考虑各方面因素以及利益诉求的基础上，与多方签订完善的股权投资合同，详细列明各方参与者的权利与义务，通过在合同中详细约定否决性条款、股份比例调整条件条款、违约补偿条款、退出方式条款等内容，保护各方参与者的合理利益。

（3）改善投资方式，采用分段注资的形式完成股权投资。为有效控制被投资企业的各类风险，公司可以采用分段注资的形式，将股权投资行为在时间序列上进行优化配置，依据被投资企业的实际需求与市场实际情况分批、分段注资，在保证企业获得当前阶段发展所必需的资金的同时，充分保留放弃追加投资的权利，将风险损失控制在最低水平，并在被投资企业市场表现良好的情况下努力争取优先认购被投资企业增发股票的权利。

（4）采用多样化的投资工具，实现投资项目权益比重的动态调整。公司在进行股权投资的过程中，可以综合采用债券、普通股、优先股、债转股、股转债等多种投资工具，依据投资项目的发展情况以及被投资企业的经营管理状况动态调整所持投资项目的权益比重，在合理有效保证安全性的条件下充分获取被投资企业发展所产生的收益。

（5）充分利用自身资源，提高被投资企业经营管理水平。公司具备完善的公司治理结构与健全的风险管理体系，可以利用自身资源改善被投资企业的经营管理水平与风险管理能力，在公司治理、资源配置、风险管控等方面实现协同效应，助推被投资企业健康成长。

6. 风险控制措施实务要点

（1）慎重选择投资项目，做好行业调查、财务调查、法律调查。私募股权投资人首先要把握国家宏观经济形势，对标的项目所处行业、地域、经济周期、市场环境等进行充分调研，减少因宏观政策等的变化造成投资战略定位失误的风险。其次，认真分析、充分了解项目企业的所处行业发展趋势、企业自身生产技术水平、竞争能力以及目前企业处于的发展阶段和发展前景，并进行充分论证，避免造成投资类型选择的风险。最后，投资程序科学严谨。经过一系列如投资意向书、尽职调查、财务和法律审计等投资程序，努力使人才、资金、设备等资源配置最优化，以尽可能地避免投资前期就因投资决策失误造成不可预知的风险。

（2）项目组合投资、分阶段投资，降低非系统性风险。私募股权投资单个项目风险较大，风险集中不易化解。如果私募股权投资资金实力较强，可按照分散投资原理，把资金投放到不同的项目中去，从行业组合、区域组合、投资阶段组合三个层面构建科学合理的项目投资组合，使投资风险最小化。为有效控制风险，不是一次性将所有资金投入，而是根据企业发展阶段情况，确保在不影响企业正常经营发展的前提下，对所投资项目分阶段按计划分次投入，如果企业无法达到预期的盈利水平或者出现重大不确定因素，投资人应当保留放弃追加投资的权利和优先购买企业追加融资时发行股票的权利。投资人不断跟踪评估项目，根据企业发展情况，调整下一阶段投资比例，直至全部退出以避免遭受更大损失，这是监督企业经营和降低经营风险的一种方式。在投资过程中，私募股权投资基金将资金投资于多个不同地区、不同的行业、不同的发展阶段的企业，从而降低非系统性风险，减少投资的不确定性，实现资本稳定增值。

（3）合同制约，防范信用风险。在投资过程的每个环节，每个阶段都会受到信用风险的影响，直接关系到投资活动的成败。为了防止目标企业做出不利于投资方的行为，保障投资方利益，投融双方将各自责任、权利、义务等要素进行事前法律约定。在签订投资合同时，双方详细制定各种条款，将投资方调整、增减股份比例，追加投资优先权或退出投资的权利和方式详细落实到条款中，规范企业职责、权利、义务，尽可能堵住漏洞，防止因企业失信行为给投资人造成不可挽回的损失。

（4）通过股权激励和期权协议，防范管理层的道德风险。为了防止企业管理层因利益驱使形成故意违约，谋取不正当利益，损害投资方权益，私募股权投资方事前制定激励目标企业管理层的措施，按照目标企业的经营业绩达标完成情况，给予一定的奖励或惩处。其中，运用期权产品对企业管理层实行股权激励，进行对赌协议的约定与操作是一种重要方式。当项目未来发展出现不确定情况时，根据投融双方事前制定的协议，按照实际情况，行使各自的权利和义务。所有这些措施都是为了激励管理层勤勉尽责，降低投融双方因利益冲突给投资方造成的风险。

（5）充分利用资本市场退出机制，降低投资资金流动性风险。私募投资引入新管理理念和方法提升企业内在价值，然后再通过资本市场运作成功退出，完成一次完整的投资。退出程度、退出时机、退出策略直接决定了私募股权投资的综合收益。目前我国资本市场发展越来越完善，国家正大力推动创业板、科创板、地方股权交易市场的发展，增加资本流动性，完善退出机制，私募股权投资可以通过多种渠道企业发行上市、股份回购、股权交易市场等退出机制完成股权转让退出，完善且顺畅的股权退出机制解决了私募股权投资资本的后顾之忧，大大降低了投资方的流动性风险。

总之，股权投资只有在整个投资过程中，不断完善有效的风险控制方法，细化应对措施，形成完整、有效、可操作的风险控制体系，以此控制和化解在投资过程中出现的各种风险，从而保障投资项目顺利进行和资金安全退出，实现私募股权投资的预期收益目标。

四、内部控制视角下股权投资处置的风险管理策略

（一）开展内部控制审计

在股权投资处置与退出阶段，管理审计是对投资项目做出全面评价的重要抓手，建议企业内部审计紧紧围绕"提质增效"主题，结合企业经营情况，突出重点，积极实践，大力开展股权投资管理审计项目。超越账簿，深入流程，提升运营规范性和经济运行质量，促进内部审计价值增值。

1. 健全内部审计机制

其一，组织的独立性问题。对企业来说，其对内审核职能必须与纪检监察职能区别开，设立专门的对内审机关，要求内部审计组织必须能够具备较强的独立性。其二，对领导机制加以调整与优化，根据企业内部审计工作的具体职能，采用双重领导制度，即董事长与总经理的双重领导，董事长主要承担企业内部结构评价职能和财务管理审核职能，而总经理则主要承担企业财务管理审核和业务审计的职能。其三，对涵盖范畴进行拓展，从内控评价领域、管理审计以及业务审计方面着手对财务审计进行扩展，使得内审监督能够参与到项目的全部流程中。其四，对内审人员进行扩展。要意识到与业务部门和财务部门相比，内部审计部门应与两者具有同等地位，只有这样才能够使得其作用得以真正发挥出来。其五，建立审计派驻模式。在母公司和子公司分别建立不同的运行体制，使内部审计在权威性和独立性方面具有更好的表现。

2. 完善退出评价机制

在完成股权投资项目后，企业相关负责人还需要对项目后续情况进行调研。财务部门和项目组等需要对项目开展至验收并回顾和评价，判断预设目标与实际情况是否存在显著性差异，对项目成功或是失败的原因进行探讨，进而使得企业自身管理水平和决策水平实现一定程度的提升。确保股权投资内部管控生态系统趋于完善，使得企业经营环境能够朝着良性方向发展。

（二）建立投资处置反舞弊机制

建立投资处理反舞弊机制，在预防的同时还需要对舞弊案件的相关人员进行问责，对相应的举报、处理以及补救程序进行调整和完善。舞弊主要包括如下内容：

（1）并未得到授权或是通过不法途径对企业资产进行非法侵占以及挪用。

（2）在信息披露抑或是财务会计报告中，存在虚假记录行为抑或是严重疏漏之处。

（3）包括监事在内的高级管理人员出于自身利益考量进行职权滥用。

（4）相关机构或人员串通舞弊。

为了确保企业利益不受非法侵害，建议企业明确举报人保护制度和股权投资举报投诉制度，完善举报途径，同时明确办理要求和办理时限等，使得企业能够对违规违纪行为进行有效把控。

（三）加强投资资产的处置控制

1. 投资资产处置的流转管理

如果必须对所投资资产做出转让处置，则需要对包括转让时机以及交易方式在内的多个环节进行严格监管，以确保其能够按照合理的方式有序进行。在实际执行过程中，应首先做好可行性研究工作，然后以发展阶段性的投入要点、发展方向及其战略发展目标为基准，对交易细节及其在地投入安排等内容做出详细的研究计划，最后按照土地转让程序及其批准权限，经企务会审议决策，制定最终的转让价格，并进行相应的审批流程。为了确保评估结果的准确性，还可以将相关的评估工作交由专业机构进行。

2. 关于投资及资产处理方面的会计处理制度

企业若核销股权投资，须取得因被投单位倒闭而无法收回投入的法律证明文件，并经审查通过后，如对业务管理不良或有重大损失，或者实际已经资不抵债的被投资公司，一般按照《破产法》和公司条例中的相关条款提出破产清算，而对于实际出现的重大损失，可通过管理公司抑或者项目主管机关做好核销工作的方式申请。如果投资项目已经终止，则需要依据国家现有规定，从全方位着手，对其债务、债权抑或是财产等进行清查。在实际清算阶段，不得转移资金、私分资产以及乱发奖金。在完成清算后，对于应取得的债权以及资产应回收并做好相应的入账工作。对于在回收以及资产处置过程中存在争议之处，如若不能通过协商处理，则需要通过诉讼途径解决，进而将企业资产损失降至最低。

（四）股权投资处置内部控制流程

通过优化措施的实施，企业股权投资处置内部控制流程图如图 15-22 所示。①

要实现公司运营管理的顺利进行，需要建立完备的内部控制制度。在实际监督阶段，各项经营活动均需要与内部控制具有紧密的关联性，在经营活动中，企业股权投资是至关重要的一环，其会对资金走向以及企业发展产生至关重要的影响。因此，股权投资内部控制需要不断改进与完善。

笔者认为，一个完善的私募股权投资基金管理体系，应该包括健全投资与风控双管理体系、完善的法律尽职调查流程、专业的投资方案与审慎的投资决策、合理的激励约束机制、持续有效的投后管理机制等，在下文中具体进行分析。

1. 健全投资与风控双管理体系

一个风险可控的投资流程应贯穿投前、投中、投后全流程，全方位镶嵌在业务体系内，避免风险管控与现实操作相脱节。其核心应至少涉及以下三个方面：

一是建立清晰的投资决策及风控体系。重点是厘清业务部门、风控部门以及投资决策层在投资环节的职责，做到责任清晰明确，权责利对等；强调业务部门的主体责任，提升风险意识，避免凡事靠风控部门把关的被动思想；设立清晰的风险报告路径，确保发生问题第一时间报告，妥善处理；抓好授权管理，做到"分级授权、有限授权"，通过逐级审批机制，防范业务操作层面可能出现的问题；深化风控与业务部门之间的"防火墙"，保

① 史雪花. 内控视角下企业股权投资的风险管理对策［J］. 企业改革与管理, 2021 (23): 23-24.

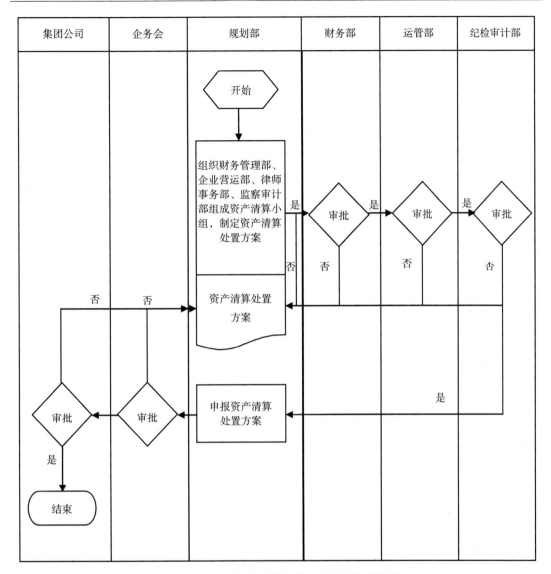

图 15-22　企业股权投资处置内部控制优化流程

证风控部门独立运作，不受外部干预，对投资业务系统进行监督、检查、评价、报告和建议，在最大限度上防控风险。

二是建立配套的规范化制度管理体系。对基金企业而言，严格按章办事是规范运营的保障，也是防控合规风险的基础，所谓企业管理，制度先行。因此，要根据国家相关法律法规、规章制度及监管文件等要求，制定自身对应的规章制度，并根据政策变化情况及时进行修订，确保与时俱进；要重点制定风控管理办法、投资管理办法和"三会"（立项会、讨论会、投决会）工作指引，细化各个环节的管理要求，抓好制度的执行及对应的监督检查，避免产生"盲目投资""跟风表决"等现象，切实防范操作风险。

三是深化风控与业务部门的有效沟通机制。风控部门应根据所投项目风险情况，对业务部门优化投资目标及投资策略提出意见，对于可能影响投资业绩的"风险硬伤"果断进行风险提示，对于可予以规避的"风险瑕疵"应要求业务部门针对性排除，业务部门应全面抓好落实，切实保护投资人及管理人的相关权益。

2. 完善法律尽职调查流程

尽职调查（Due Diligence，简称尽调）既直接影响到后续投资的方向和谈判的角度，也关系到基金的可得收益及管理人的投资业绩，是开展私募股权投资的关键环节。一个有效的尽职调查流程应至少包括以下三个方面：

（1）尽调工作要有前瞻性。在现实操作中，尽调工作相对复杂，面对一个新的项目，尤其是崭新的投资领域时，必须要改变固有传统思维，提前对该领域的发展现状、市场竞争状况、发展前景、行业政策等进行分析，尤其是涉及 IT 软件开发等高科技初创企业，其典型特点是轻资产、重技术，因此，必须提前进行研究，必要时咨询行业专家，理顺尽调的要点，提高尽调工作的前瞻性，以更好地进行投资决策。

（2）尽调工作要有针对性。基金公司应根据拟投资企业的设立年限、发展情况、财务及合规状况、已投轮次、投资金额等因素分类尽调项目，其中对于设立年限短、发展起步晚、财务状况相对简单、已投轮次少、拟投金额低的项目可划分为种子期、初创期类别；对具有拟投金额大、估值高、发展进入扩张期及成熟期、经营情况相对复杂等特点的项目，应划分为发展期、扩展期、成熟期等类别。基金公司应根据不同项目所处的不同阶段，确定不同的尽调范围和重点，贯彻勤勉尽责、审慎专业的原则，使尽调发挥应有的作用。

（3）尽调工作要体现风险为先原则。对于拟投资项目而言，可能存在的风险无疑是多元化的，笔者认为，被投资的非上市企业，其信息透明度相对较低，因此，基金公司相关部门在开展尽调时，更应做好风险的识别与研判，以评估被投资项目是否与自身风险偏好和风险承受度等相匹配。

3. 专业的投资方案与审慎的投资决策

专业的投资方案与审慎的投资决策是基金公司发展的生命线，应重点做好以下三方面工作：

（1）抓好"两个平衡"。基金公司确定投资方案时，要根据尽调结果、项目类型、风险程度确定最有利的投资及运作方式，平衡好风险和收益的关系，既不能一味讲求收益漠视风险，导致后续出现兑付危机，又不能所有的事情只看到风险的一面而无法做出投资决策，重点是要做到"风险可控、预防为主"。在投资协议谈判阶段，基金公司既要站在投资人及自身权益的角度设置必要的保障机制，又要站在项目方的角度设置相对可接受的风控措施，以此促成商务合作，平衡好基金及项目各方的共同利益，实现双赢。

（2）审慎做出投资决策。在做出投资决策前，项目组应全面向投委会报告项目的定价依据、亮点、财务情况、投资风险、退出方案、风控措施等关键事项，投委会在听取项目组意见的同时，给出自己的专业意见，做到民主集中，科学决策。对判断不准的项目，投委会应聘请外部专家顾问协助进行投资可行性分析，防范决策风险。特别强调的是，投委会成员应尽职地履行投资决策义务，避免"形式决策""无效决策"等现象。

（3）投资决策过程依法合规。基金公司做出投资决策，必须符合公司相关规定，业务部门应落实好投委会及风控部门的各项工作意见，风控部门应关注投资流程的合规性，项目实际投出前应确认是否满足投资协议中的先决条件，存在问题及时进行报告，相关文件应留档备查，确保其符合证监会及中基协监管的各项规定。

4. 合理的激励约束机制

完善的激励机制有利于激励员工的工作积极性，有利于引导员工做好风险管控，有利于提高团队的战斗力，由此，应予以重视，重点做好以下三方面工作：

（1）健全薪酬管理体系。根据基金业的特点，建立相应的薪酬管理体系，包括基本薪酬、福利薪酬、绩效薪酬、中长期激励等，强调抓好绩效薪酬管理，如不仅应将"成功投出"作为业务人员的考核指标，更要将风险管理情况纳入业绩考核，科学衡量从业人员的各项工作，确保各考核主体在维护企业利益和基金权益的基础上有序竞争，提高团队的凝聚力、战斗力和向心力。此外，还应按照强化风险管理的工作导向，对风控人员实施更加个性化的薪酬政策，激发风控人员的工作积极性。

（2）强化合规导向。加强从业人员的合规培训及考核，将风险合规意识嵌入日常投资业务中，提高从业人员落实监管要求的自觉性；加大内部监督检查力度，推行风险导向型内部审计，对发现的问题，无论大小都要一查到底，严肃追责，特别是要通过问题剖析，完善公司相应管理体系；不间断开展案例警示教育活动，学习证监部门有关监管通报，吸取出现重大风险的基金公司的经验教训，举以反三，引以为戒，不断提高从业人员的责任意识和使命意识，降低人为因素导致风险的可能性。

（3）完善中长期激励措施。私募股权投资往往短期内不能变现退出，需要一个相对较长的投资周期，而这正在一定程度上考验了从业人员前期的工作情况。因此，有必要建立对应的中长期激励措施，项目顺利退出达到预期收益的，对相关人员予以激励，对出现严重风险的，进行对应惩罚，做到风险共担，防范因不当激励导致从业人员忽视风险、片面追求短期业绩，损害企业利益，同时保证基金在投后管理中顺利退出。

5. 持续有效的投后管理机制

私募股权投资在推动金融体系从间接融资向直接融资转型的同时，其长期投资的特点更是考验管理人投后管理的能力，并逐渐成为吸引优质项目及最终顺利变现的关键因素。投后管理至少需要从以下三个方面进行深化：

（1）配备专门的投后管理人员。要持续加强企业的管理体系建设，成立专门的投后管理部门，配齐人员；加强对投后管理人员的培训及考核，确保其专业能力和水平与被投资项目相匹配；投后人员应从商务、财务及法律三个方面持续跟踪项目的业绩情况、经营情况、合规情况、融资情况及未来发展情况等，及时向管理人报告，确保所投项目持续健康发展。

（2）建立重大事项报告制度。当涉及须由被投企业股东大会、董事会决策的重大事项，如主营业务变化、注册资本变化、对外担保、对外债务、重大并购或重大投资等，以及其他可能触发投资协议中回购条件而影响投资业绩的事项，投后管理人员应及时向风控部及投委会报告，按流程审慎地做出决策。与此同时，对符合条件的事项，要及时向投资人进行信息披露。

（3）分类做好管理项目。管理人应定期统计项目情况、划分项目类型，从项目发展阶段及发展情况等维度进行考核，并研究不同的管理策略，如对于发展阶段相对成熟且具有核心竞争力的项目应予以重点关注，协助被投企业进行资源整合、对接资本市场以及拓宽销售渠道等；再如针对性地提供增值服务，包括优化项目公司内部股权架构、制定股权激励计划、协助项目公司调整经营方针等，该服务不仅有助于被投企业的长远发展，也为后续私募股权的顺利退出打下了坚实基础，可谓一举两得。

在当前我国金融领域持续深化改革的大背景下，私募股权投资公司只要紧随国家政策导向，全面落实各项监管要求，致力于完善内控与全面风险管理体系，致力于维护投资者的合法权益，就一定能取得更加长远的发展，成为我国多层次资本市场的重要组成部分，在中国特色社会主义新时代发挥更大的作用。

（五）股权投资实施内部控制流程

通过优化措施的实施，企业股权投资实施内部控制流程如图15-23所示。①

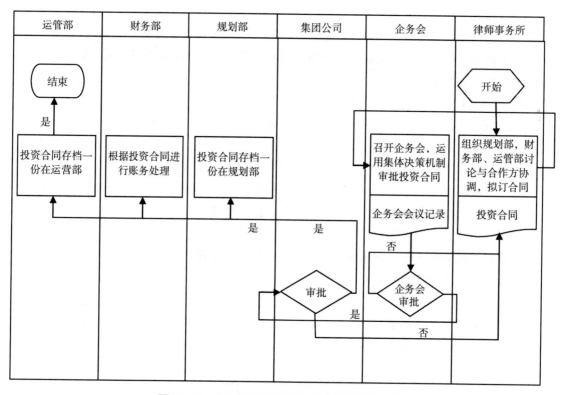

图15-23　企业股权投资实施内部控制优化流程

1. 股权投资监管内部控制优化

（1）建立日常监督机制。对于企业而言，在选派控股子公司相关财务负责人员的过程

---

① 马广存. 私募股权投资基金企业内部控制体系建设分析［J］. 全国流通经济，2021（13）：157-159.

中，可以通过负责委派制进行，进一步规范和加强控股子公司财务监管，实现企业履行产权监督的职能。第一，在委派模式上采取一对一委派制，在控股子公司财务经营管理过程中可按照直管模式进行；第二，在薪酬关系和人事关系方面，划分至企业本部中。对其报告、考核以及问责加以强化，采取定期轮岗以及财务监督的模式，以产生较好的日常监管效果。此外，为了强化控股子公司财务负责人在企业内部控制中的作用，建议企业将子公司财务负责人作为企业中层干部进行管理，进入子公司经营班子，通过提高财务负责人话语权和管理能力，进一步发挥其在公司内部控制中的作用。

（2）健全监事会工作机制。企业应设置监事会工作办公室，向下属子公司委派专职监事。结合实际需要，进一步明确专职监事选聘条件，重点选聘经验丰富的领导人员，财务、审计或其他紧缺专业的优秀领导人员任专职监事，优化充实专职监事队伍。定期开展专业培训，做好履职情况监督，构建全流程标准化监督机制，促进监事人员更好地履职，进一步发挥控股子公司监事会的监管作用。

2. 强化内部控制评价

企业应逐步将内部控制评价工作固化在企业风控管理委员会的职责中，成立由财务部门、内部审计部门以及法律部门共同组成的评价工作组，制定和完善股权投资内部控制评价工作方案，并开展相应的评价工作。在年度内控评价工作中，对企业股权投资业务进行自评价，并对重点控股子公司、重大投资参股公司以及重点二级以下投资项目开展现场评价工作。借助内部控制评价可以对重大缺陷或是一般缺陷加以明确，并及时做出处理。通过内部控制评价，进一步保障股权投资内控体系的有效性。必要时聘请专业机构开展评价工作，出具改进意见，以不断完善股权投资管理，加强自身内部控制监督，防范投资风险。

3. 加强绩效考评控制

在股权投资实现后的监管阶段，为了确保可以在整个层面上对投资活动做出评估，可以依靠注册会计师抑或者内部审核人的帮助，通常依据平衡计分卡理论进行评估，或者从定性和定量两个方面着手做出评价。前者以股权投资内在风险性评估为例，而后者则包括年现金净流量以及成本回收期等。企业还可依据自身实际情况，对评价内容或是评价指标等进行调整。

如若在股权投资阶段发生失误，则需要对相应的责任人进行追责。对于因重大决策失误所产生的巨大经济损失，还需要对公司董事长等主要决策人员进行问责。如果经济损失是由违规操作所造成的，那么执行人就必须承担一定的民事责任。承担的民事责任包括但不限于经营责任和撤销职务等。

4. 加强运营分析控制

（1）夯实股权投资持有期管理。其一，企业应"一企一策"，对控股子公司在战略指导、政策层面上提供相应的支持，对参股企业加强经营管控。其二，总部加强对股权投资财务信息的管控，不断优化和调整股权投资核算方法，使财务报告能够高效及时地披露股权投资价值。其三，股权投资公司高层管理者需要定期进行重大经营事项以及经营业绩报告。其四，在专项审计过程中，可以借助内部审计部门或是专业机构进行。其五，派驻董事和监事等高层管理者需要定期参加重大经营会议，对已发现的问题进行及时干预。

（2）对投资运营分析加以不断强化。该企业应定期对当前项目实际进展进行调研，并撰写相应的分析报告，内容以投资完成情况为例。除此之外，在分析报告中还应该体现投资实际执行情况与原有预期是否存在偏差等多项内容。

5. 优化后的股权投资监管内部控制流程

通过优化措施的实施，企业股权投资监管内部控制流程如图15-24所示。

6. 聘请富有经验的顾问，包括财务顾问、法律顾问、税务顾问等

私募的专业化程度较高，仅依靠中小企业自身的财务人员难以胜任。私募过程中需要的财务技术与企业日常的财务技术有所不同，有经验的顾问，包括财务顾问、法律顾问、税务顾问等，可以为企业提供全方位、专业化的帮助，如风险把控、税务筹划、投资方的推荐等。

7. 投后管理风险控制

从发展之初，我们就陷入了股权投资公司发展的一个误区，即对收益率的关注致使我们忽略了对管理的重视，失去了管理的约束，行业最终会走向恶性竞争或是出现死循环的现象，这是世界各国都存在的一个事实，也是一个客观现象。通常情况下，针对投后的企业，私募公司应该从财务监控、信息跟踪、参与管理三个方面来进行风险的监控，同时也需要利用多元化的增值服务来进一步降低风险，包括人力资源、运营管理、战略规划、技术研发、市场营销、资本运作、资源网络等方面，如图15-25所示。此外，还应从完善信息收集渠道、完善管理架构等方面强化投后风险控制。

（1）建立对被投资企业董事和管理层的监督机制。被投资企业董事会承担着对被投资企业进行管理的最终责任，其主要作用包括做出重大决策，评估和监控被投资企业管理人的活动，制定被投资企业管理人的薪酬，并在必要时更换被投资企业管理人，引入新的管理者等职能。被投资企业经理层通常是极有影响力和执行能力的董事，他们能承担必要的开支来监控公司，同时他们可以在尽职调查过程中获得信息。当被投资企业经营上出现问题，不能达到股权投资基金要求的目标时，股权投资基金会要求增加其代表在董事会中的比例。当被投资企业的经营业绩与股权投资基金预期的目标相差太远时，股权投资基金将在必要时更换被投资企业管理人。

（2）建立对被投资企业经营的监督、约束机制。通常股权投资基金会通过很多方式迫使被投资企业进行自我约束和加强监控，主要的方式有签订并实施董事会席位安排、人事配置策略以及控制追加投资等。

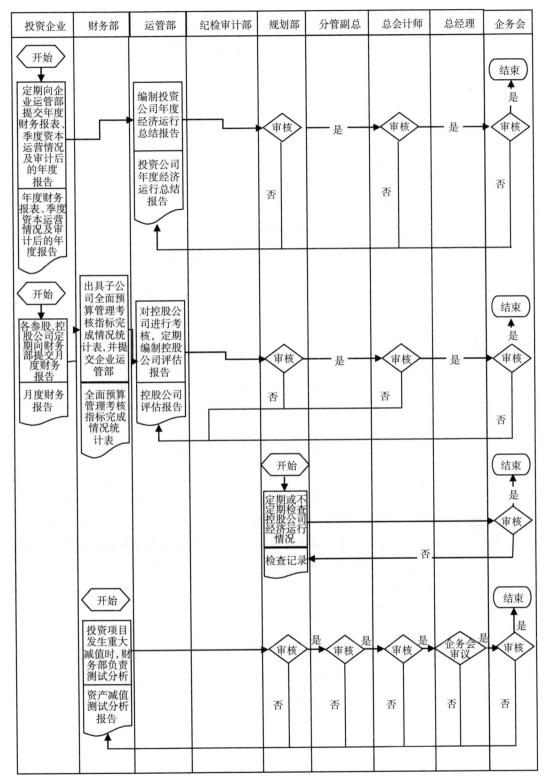

图 15-24 企业股权投资监管内部控制流程

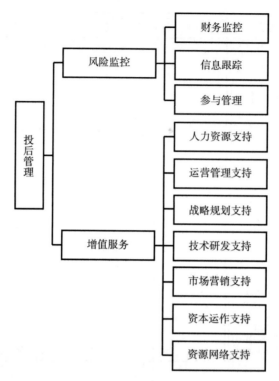

图 15-25　投后管理的要点

1）董事会席位。

一般来说，股权投资基金不会直接参与被投资企业的具体经营，但是由于委托—代理问题的存在，为获得被投资企业更为详细准确的经营信息，较全面地了解被投资企业，进而为被投资企业提供更有效的管理服务，股权投资基金通常会在被投资企业的董事会中寻求一个或更多的席位。如果出现涉及其利益的经营行为，股权投资基金就有权利要求董事会召开临时会议决定是否进行交易。股权投资基金的特别投票权可以在关键时刻保障股东权益。由于股权投资基金在被投资企业中往往只是小股东，只能有限参与企业的日常经营，因此，股权投资基金通常会设置一些保护性条款，如"一票否决权"就是其中比较有效的一条，这样就可以很好地保护自身利益了。

2）人事配置策略。

当股权投资基金进入企业之后，经常会要求对董事会和高级管理人员进行改组。选用自己的财务总监，监督、管理和汇报被投资企业的财务状况。同时派驻高级管理人员进入被投资企业，对该企业内部环境进行深入了解，以期在分段投资时能够较好地控制投资风险。

8. 增强项目投后的监管

（1）强化对关键性决策的监督。私募基金一般不直接参与被投资企业的日常管理工作，更多的是扮演股东角色。但由于股权投资公司人员的限制，其股东权利的履行也并不全面，甚至会存在较大的缺位，公司应该加强这方面的管理，加强在被投资公司股东会和董事会中的作用，强化对关键性决策的监督，充分履行股东权利。在召开股东大会时，股权投资公司参与人员应该对被投资企业的长期发展规划和发展路径提出有建设性的建议，防止被投企业管理人盲目业务扩张。在董事会选举时，公司相关人员应该参与被投资企业董事会成员的选举。在董事会召开时，相关管理人员应该积极主动地了解被投资企业的生产经营状况以及中长期的发展规划等重要信息，从而更好地对投资项目进行完善的风险评估，以便于更好地管控相关风险。股权投资公司应该利用自身的先进管理经验和开阔的视野协助被投资企业建立完善现代化的企业管理制度和先进的管理框架，从而为企业的快速稳定发展奠定坚实的基础。

（2）实施分阶段投资方式。企业在生产经营的各个阶段均需要持续稳定的现金流，在不同的发展阶段，企业对现金流的需求也存在较大的差异。针对这种情况，股权投资公司进行投资时，可以在不同发展阶段提供相应的资金支持，分阶段投资也可以提高风险控制的能力，更好地防控投资风险。在投资之前，股权投资公司可以与被投资企业协同制定不同阶段的企业发展规划和目标，根据企业制定的发展规划按不同阶段向企业拨付投资资金，在控制风险的同时，也能够在一定程度上降低股权投资公司的资金压力。在投资款项支付计划中，可以约定当企业完成相应的经营目标后由投资人支付下一阶段投资款项，如果没有达成经营目标，投资款项可以延期支付甚至选择退出不再对企业进行投资，通过这种方式控制投资风险，督促企业经营管理者更加尽职尽责地经营企业，多方形成合力促进企业更快更好地发展。

（3）构建项目问责制机制。通过调查可以发现，股权投资公司业务管理人员对投后管理工作缺乏足够的重视，在对企业进行投资后就放松了管理，认为只需要等企业发展壮大后将股权处置获取收益即可。要想解决这种现象必须要建立全面系统的问责机制，对公司业务人员采取"项目经理负责制"的原则，如果出现问题，首先追究投资经理的责任。另外，在进行项目投资后一定要加强对被投资企业的监督，规范其经营和管理行为，避免其因获得投资导致生产经营积极性降低。投资方应该制定相应的约束措施，促使企业经营管理人员在资金注入后承担更大的责任，同时也要给经营管理人员一定的压力，保证被投资企业经营层勤勉程度只增不减。问责制的建立不仅针对股权投资公司业务人员，同时也应该督促被投资企业建立相应制度规范，这样才能有效避免相关人员思维懈怠和道德风险等问题的发生。

五、财务视角下的风险防控策略[①]

（一）在资金募集阶段，做好充分的投融资预算

面对上述问题，基于财务视角开展私募股权投资，在设立相关基金之前，就要做好应对相关融资问题的投融资预算，要做好详细的私募股权投资基金规划方式。通过控制基金架构设计和投资运作等方式实现量化控制，而这种投融资预算至少应该有现金流量预算、投资收益预算以及风险因素分析等。只有对基金的总规模以及对投融资有一个总体的把

---

① 朱丽丽. 基于财务管控视角下的私募股权投资业务风险防范 [J]. 财经界, 2020 (25): 168-169.

握，投资收益测算以及风险因素分析才能够得当适合，这也是财务人员必须掌握的专业技能。只有真正做好相关的分析测算，才能够在募集资金的过程中做好渠道选择以及基金架构设计，确定最终成本，决策也才有依据、有价值。

（二）在项目投资阶段，强化财务尽职调查作用

对于私募股权投资运作而言，尽职调查十分关键。通过专业方式进行详细的尽职调查能够真正了解被投资企业内部的法人结构、产业前景、发展状况以及企业内部领导和管理团队的能力，而这些都是私募股权投资过程中企业价值评估和设计投资方案的关键，也是财务尽职调查的核心关注点。只有真正掌握了企业的经营状况，才能够真正发现企业内部存在的风险，也才能够真正做出合理的价值判断。因此，在财务尽职调查过程中，基金管理人的配备要求是很高的，不仅要有优秀的财务人员，还需要通过第三方会计师事务所了解和挖掘企业长期的真正经营情况及企业本身的盈利能力。只有在了解这些基本信息之后，才能够从企业盈利模式的创新、现实竞争情况以及技术创新潜力等多个标准进行判断，找到企业在行业中的定位，把握风险，实现投资价值。

（三）在投后管理阶段，加强财务跟踪管理力度

私募股权投资本身存在很大的风险，其本身面对的是非上市公司，投资的也是非上市公司的股权，而这种投资往往周期长，资金流动性差，如何确保资产保值增值十分重要。为了加强投后管理能力，基金管理人应对被投资企业进行专业化的管理，随时掌握其财务状况，加强对被投资企业的财务跟踪管理能力，这样才能够及时了解被投资企业的发展状况、财务信息、资金的使用情况及其经营水平和能力，这样也才能够帮助被投资企业更好地制订未来的发展计划和相关执行策略。私募股权投资基金管理人可以通过向被投资企业派遣财务总监等，借助他们的财务管理经验和经营管理能力，更好地协助被投资企业进行资本运作和并购重组。

（四）在项目退出阶段，制定完备的财务策略

私募股权投资基金管理人需要对产业有深入的研究，才能挖掘寻找相关产业的优秀企业，设计合理的退出方案，以项目退出的方式实现资本的最大化增值。由此可见，项目退出本身更像是财务策略问题，而不单单是资金投资问题，基金管理人在其中扮演着十分重要的角色，需要制定有效的项目退出财务策略，根据被投资企业的运行状况和收益水平，结合宏观经济环境等，找到适合的退出时期，通过有效评估等方式实现私募股权的投资收益最大化。

在整个私募股权投资运作过程中，注重各个阶段的风险防控是私募股权投资基金良性发展、提高资产保值增值能力的关键和重点。为了做好私募股权投资的风险防控，需要从财务的视角，结合"募、投、管、退"四个阶段的特点，制定出相应的财务策略，提升私募股权投资基金管理人"募、投、管、退"的能力和水平。

1. 选择合适的市场 IPO

企业股权融资多会选择 A 股市场，但企业在 A 股发行上市的条件较为苛刻，并且 IPO 也会根据市场经济变化出现不同的调整，不论是企业还是项目投资者均不能对企业 IPO 进

度做出准确的预测和判断。企业登陆资本市场，不仅可以获得生产经营急需的资金，同时也是基金退出的重要途径，对于投资人和被投资企业来说登陆资本市场是实现双赢的重要手段。企业在上市融资时也需要对全球资本市场有一定的了解，可以选择纳斯达克、香港、新加坡等境外的资本市场，也可以选择创业板、新三板、中小板等，这样可以在一定程度上避免因 IPO 不确定性带来的潜在风险，从而提高被投企业资本运作进程的可控性。不仅提高了退出进程的可控性，同时也为被投资企业提供了更多的投资者认定，为股权投资公司顺利退出提供了更多选择。

2. 打造核心竞争优势

政府监管部门针对企业上市设定了较多的硬性规定，因此并不是所有的企业都能成功 IPO，那些没有登陆资本市场的企业也不乏优秀企业，这些企业虽然不能 IPO 但也完全可以走更适合自己发展的道路。被投企业不能 IPO 的，其可以构建独特的竞争优势从而吸引其他大型企业收购兼并。被投企业的核心技术、产品市占率均是提升竞争优势的重要内容，股权投资公司也要不断地挖掘与运作，运用手中的资源帮助被投企业被收购兼并。例如，社交软件探探 APP 累计注册用户 4 亿，在社交玩法和体验上不断推陈出新，同时，探探也正在 AI 方向展开尝试，提高用户体验和黏性，而高黏性带来的就是更好的转化。在这样的情况下，探探虽未完成 IPO，但是打造了自己的核心竞争力，最终被陌陌收购，探探的用户群体和发展模式正好弥补了陌陌的不足，被收购对于投资企业和企业本身可以说是双赢。

3. 明确回购条款

为防范退出环节的风险，私募股权投资机构在投资前可以与相关方签订回购协议，并明确股权回购的相关条款。目前，很多投资方为防范被投企业不能登陆资本市场的风险选择在投资协议或者补充协议中签订回购条款，明确被投企业需要回购投资方所持股份的具体情形。进行股份回购的情况包括被投企业自身发展不符合上市条件、被投企业没有按约定时间成功上市等，在出现这些情况后被投企业要履行回购条款，从而保证投资方可以从该项目中顺利退出。

回购条款不仅需要明确回购的情形，同时也要明确股份回购的价格，回购价格一般是结合预期收益率制定的。通常来讲，股权投资私募基金整体收益不足 8% 的公司不收取基金盈利分成，每年只收取 2% 的基金管理费。因此，公司回购条款中一般规定被投资企业要以不低于年化 10% 的利率水平回购股权投资公司持有的相应股权，回购条款情形的明确和价格的确定可以在一定程度上避免股权投资公司遭受重大损失。例如，2010 年鼎晖资本投资俏江南，约定如果 2012 年末不能上市，有权要求回购股份，之后俏江南 A 股上市计划夭折，又于 2012 年 4 月启动赴港 IPO，但因 2012 年末未能够实现 IPO，触发了"股份回购条款"，虽然后期回购过程并不一帆风顺，但是通过回购协议，鼎辉还是拿回了投资额。

六、互联网金融视角下的股权融资管控①

(一) 提升融资企业实力

从经济发展的角度来看，投资人往往是按照风险分散原则来进行投资，在投资过程中一直存在风险，而风险并不能通过一些手段来消除。但是，可以采取相应方法来进行规避，将资金投资到不同的项目中，能够更好地保证投资人能够获得理想的经济收益。从当前我国融资发展来看，并不一定风险高，所能够获得的利润就多，特别是一些新型企业，更加需要人才，只有更好地优化人才，才能够获得理想的发展效果。② 因此，积极引进人才才是有效解决区域发展不平衡的重要方法，更好地提高资源利用率，合理分配人才，有效提高企业的竞争力，这才是能够更好吸引投资人进行投资的方法。

(二) 提高准入门槛条件

私募股权对于人数有着一定要求，不能超过 200 人，但是当前投资者自身的专业水平较差，可以根据实际情况深入设定不同层次的准入条件，通过这样的方法来保证投资者的充足，减少风险出现的可能性，也能够降低由于平台而吸引投资者进行投资产生的问题。

(三) 建立高标准信用机制

投资者如果想要获得理想的投资效果，选择合适的融资企业非常重要，其中信用就是评价企业的重要标准。政府可以与相应的担保机构，通过对信用体系的完善，了解融资者的信用，这样不仅能够让投资者对融资者更加信任，也能够减少一些非法融资问题，推动平台能够更加严格地审查项目，有效保护投资者自身利益，促动平台更好发展。

(四) 多角度监管

监管部门应该通过多个方面来开展监管，以此推动股权融资的健康发展。互联网融资在增加投资渠道的同时，也要注重加强监管制度建设。当前，我国互联网金融下的股权融资正在快速发展，应加大监管力度，可以通过成立融资协会的方式，提高行业的专业水平。

(五) 制定相关法律法规

在股权融资过程中，为了更好地监管平台，应制定相关的法律法规，从而有效地保护知识，防止融资者的创新被盗用，避免恶性竞争。与此同时，还要求股权众筹的经营、管理等相关信息要能够保持公开和透明，这样也能够确保平台的运行不会受到外界因素的影响，确保在融资过程中各投资者都能够获得良好的效益，获得理想的经济收益。由于监管主要对象为平台，因此要完善平台制度，针对在平台中存在的各类问题，对其进行合理监管，推动平台更好地发展，减少问题的出现，有效地保证项目成功，减少项目的难度，吸引更多投资人员进行投资，推动互联网金融更好发展。对于股权众筹的投资人员，要事先

---

① 郭彦廷. 互联网金融视角下股权众筹融资问题研究：以京东东家为例 [J]. 中国集体经济，2020 (28)：90-91.

② 刘俊逸. 互联网非公开股权融资面临的主要法律风险及防范措施 [J]. 时代金融，2017 (35)：222-223.

建立相应标准，如投资者的准入要求等，避免由于投资者自身问题而带来的风险，让投资人员在投资后，能够取得理想的效果。

总而言之，在互联网金融视角下，要深入分析股权融资中存在的风险问题，更好地保护投资者的权益，提高项目成功率，推动我国金融行业向前发展。针对在股权融资中存在的问题，不仅需要平台能够加以重视，还需要监管部门提高监管力度，更好地管理平台，严格审核融资项目，并根据实际情况制定投资者的标准，通过这样的方法来更好地减少融资中的风险问题。

股权交易的过程始终随着风险，这些风险一旦爆发，在法律上就表现为诉讼或仲裁，并最终表现为由交易相关方承担民事责任、行政责任或者刑事责任。风险管理的基本理念就是"治病于未病""防患于未然"，如果能够从未来风险发生的角度审视当下的股权交易结构，在对风险进行评估后采取恰当的风险应对策略，就可以最大限度地避免纠纷，以最小的成本和代价获得最佳的风险管理效果。

第十六章　股权投融资合规与监管

近年来随着国家大力倡导金融服务实体，股权投资的要素配置价值愈加突出，各种新型股权投资途径应运而生。但是立法不完善、监管技术欠缺和监管组织架构落后使得股权投资领域乱象频发，少数股权投资行为不规范、信息披露不彻底、股权架构复杂等问题使得股权投资领域集聚了较大风险，可能带来跨机构、跨市场和跨行业的风险累积与传染。本章在概述股权投资监管理念的基础上，重点探讨私募股权基金监管、上市公司股权融资监管、对赌协议的效力及监管、股权众筹监管、互联网非公开股权融资监管，并在借鉴国际经验的基础上结合国情统筹考虑，既发挥其对行业发展的促进作用又要合理控制风险。在监管制度设计上应把握有利于资本形成、投资者保护、创新发展的原则，一方面完善法律制度、信用制度等外部监管制度；另一方面建立跨部门联合监管机制、完善公司股权监管、强化自律监管作用等具体建议。

第一节　股权投资监管理念

一、股权投资监管的含义

股权投资监管主要指监管部门采取一定的法律和行政手段对股权投资进行监督和管理，其内涵是指如何对股权投资业务加以监管，以及监管制度体系如何构建。

投资股权在监管时必须遵循依法监管、保护投资者利益、防范系统性风险、资产负债匹配管理的监管原则。

二、股权投资监管的理念

在我国一贯的金融监督管理过程中，主要是在"机构监管"的基础上，严格依据分业经营、分业监管的具体要求，各部门在自己分管的监督管理范围内尽各自的职责。这种监管模式要求每个监管机构限制其业务。金融机构的运作能够更好地满足监管部门的目的和相关政策的规定，并能够促进行政要求的实施。然而，我国金融一体化的程度不断加深，金融业发展呈现出综合经营的趋向，分业监管的条件发生了变化。

明确股权投资的监管理念是监管的着眼点，也是制定股权投资监管相关法律法规的主要依据。"功能监管"理念认为应以金融行业的整体体系所具有的功能来构建监督管理的框架，也最终使得金融行业存在跨行业、跨产品、跨市场的统一。

由于我国放宽了资金运用渠道，企业资金可以通过直接或间接的方式投资股权，这使得此行业与其他金融行业的联系更加的紧密，客观上使金融分业监督管理的难度加大。在这一趋势下，应及时引入"功能监督"理念，调整我国金融监管法律体系。"功能监管"更适合金融行业产品多元化的、业务一体化的发展趋势。由于金融产品的密切联系，穿透式监管能够穿透现象，看到金融活动的本质，最大限度地规避监管真空和监管套利空间。

第二节　私募股权基金监管

一、制定专门的规范性法律文件

1. 制定《私募股权投资基金法》

用来规范我国私募股权投资基金的条文，主要散见于各类法律规章中，对私募股权投资基金的法律地位不明确，一些政策文件的效力水平和地位较低，而且依据不同的组织形式而建立起来的私募股权投资基金具有不同的特征，我们应该对其适用不同的监管标准。基于此，迫切需要制定《私募股权投资基金法》，从而推动整个金融市场合理有序的发展。对私募股权投资基金的主体资格、治理结构、管理人信赖义务等方面进行强制性规范，对如何有效地保护投资者权益做出统一的规定，避免监管部门只从其本身的职权出发，没有考虑整个市场的利益，使得监管措施无法有效实现。

2. 制定配套法规以完善监管法律体系

我国还应在对现有相关规范进行合并、调整、修订或废止的前提下，在统一的基础上制定私募股权投资基金法，如现行的创业投资公司的相关规定可以转化为创业私募股权投资基金扶持政策的配套法律法规，中国银行业监督管理委员会对集合资金信托计划的规章可转化为具体适用的这类私募基金指导规则的统一准则，详细调整，将各种规章制度混乱的场景尽快解决。

二、完善对私募股权投资基金运作方面的监管

1. 建立基金管理人保证金制度

任何一种投资都会伴随着风险，当基金管理人在面对利益带来的巨大诱惑而失去了冷静的判断，那么这种风险就会进一步被放大。因为管理人其本身的收益与投资效益是息息相关的，在追求过度的利益时，就会出现投机现象，而基于我国是一个没有信托传统的国家，诚信方面的建设比较落后，当出现以上投机现象时，投资者的利益就会处于一个危险的境地。由此可知，建立基金管理人的保证金制度是十分有必要的，让管理人用他自己的财产进行投资，与投资者一起进行投资活动，将他们的利益捆绑起来。当基金投资失利时，如何保障投资者的利益不经受较大的风波，此时就需要在基金份额上由管理人来进行

弥补，使得投资人安然度过风险。

2. 建立第三方存管制度

在筹集资金方面，许多私募股权投资基金的经理将资金存入自己的账户，不受第三方的限制，他们自由地使用资金，有些还会将资金挪作他用，来满足其欲望，这就会导致巨大的资金安全隐患，那些进入市场来投资的人，他们的利益就无法保障。目前，组织形式为契约型的以及需要备案的私募股权投资基金，就明确规定了资金存管制度，实操经验丰富的管理人也会将投资者的财产和管理者的投资分开。资金存管制度的好处在于，当管理人为了掩盖基金的真实盈亏情况，利用不同账户进行资金转账时，可以保障投资者的利益不会受到严重影响，同时基金管理人对其管理的资金流向是否符合运营规定，也更为人知。以上种种可见，建立第三方存管制度非常有必要。

3. 构建信息披露制度

有一个健全完善的信息查询和披露制度显得尤为必要。比如有些国家，私募股权投资基金的管理人是不用向投资者进行披露的，但在他获得管理人资格时所提供的登记信息是要向外界公布的，不得提供虚假信息，给投资者带来误判。投资者会根据所提供的信息来判断，自己是否要对他进行投资。不仅如此，为了保障公民的知情权，保证财务的透明，管理人需提供年度业务报告和财务报告，对其进行过的交易记录也需登记造册，定时接受监管机构的检查。这样监管机构才能更好更充分地对其进行监管，掌握其动态。这种做法是对投资者负责，也是对行业负责，只有这样才能更好地保护投资者的权益，促进行业的发展。

管理人参照上市公司向公众公开披露的程度来确定自己提供信息的程度。对于涉及增减基金所持股份、更换基金管理人、重大投资决策等诸如此类的基金的重大事项时，基金投资者若想减少基金管理人随意决策给投资者造成投资损失的风险，就必须要依据个人的合理判断，通过投票表决机制来给予否决或通过。①

4. 规范收益分配顺序

投资者进行投资的目的就是为了收益，如何来共享利益，需要有合理的分配规则，才能不断促进私募股权投资基金的发展。所以，有关法律应当把在获取利益后如何进行利益的分配这一问题，用具体的规定将其规范起来解决。投资所带来的收益，不能像其他投资一样由投资人和管理人之间达成合意进行分配。因为投资的风险很大，为了降低风险，平衡收益与风险，所以必须先把往年的亏损补上，然后看剩余多少，剩余的部分才能按比例或其他约定进行分配。如果投资者与管理人之间不是按比例提取收益，而是采用业绩报酬机制，业绩越好，报酬越高，相反，业绩越低，报酬则越低。如果是采用这种方式，也要规定先补亏损，补完后盈利的多少视为业绩的高低，这样管理人才不会为高额业绩报酬，采用虚报收益的方式，把已经产生的亏损，变换一下形式，又通过其他的一些手段转移到投资者身上，增加投资者的风险。

---

① 王荣芳. 论我国私募股权投资基金监管制度之构建 [J]. 比较法研究，2012（1）：48-58.

5. 设立风险准备金制度

如何有效规避风险，有力地保护投资者的利益，此时，风险准备金的有关制度就显得尤为关键，需要在法律中进行规定。风险准备金的提取办法可以规定为：募集到基金的投资后，在一定时期内的净收入中，按某个比例提取。但具体怎么提、提多少，这就让投资者与管理人自行约定，法律不做具体规定，给予其自由裁量的权利，只要双方达成合意即可。此外，提出的这笔准备金除上述作用外，还可以在私募股权投资基金投资失败遭遇亏损时用于弥补部分亏损，可有效地降低投资风险。这笔风险准备金不应该是固定的，投资风险有大有小，因此可以考虑设计出不同的风险准备金率，当投资的风险越过投资前规定好的底线时，就启动储备系统风险，向外投资的风险每上升一个档次，那么风险储备比例提取比例也相应地增加，这可以有效地限制管理人去冒险。

6. 完善损失赔偿制度

在有关私募股权投资基金监管的法律中，必须对该制度有所涉及，要进行明确的说明。如果私募股权投资基金出现亏损，而该亏损是基金管理人的过失导致的，这种情况基金管理人一定需要负责任，首先用他的出资来平衡给投资者带来的亏损，如果他的出资不能让投资者的亏损得到完全清偿，那么剩余的亏损将用基金管理人的财产来清偿。管理人作为有限责任合伙的普通合伙人，应当承担无限责任。依据中国银行业监督管理委员会曾出台过的规定，私募股权投资基金依照其契约性质应当订立"信托合同"，其首页右上角应以粗体字要有内容：信托公司应履行信托财产管理职责，履行诚实信用义务，审慎有效对待。信托公司违反信托合同或者在处理信托事务的时候，因为其运作失误，导致被保管的财物减损或财物价值减损，在这种情况下，信托公司要进行赔偿，赔偿的限额是其固有财产，如果其固有财产不够赔偿的，剩余部分投资者自己承担。[①] 该条款也可视为私募股权基金管理人的合同赔偿责任。投资者以股东身份参与公司的公司制私募股权投资基金，根据现有的法律，不是基金经理行为的过错导致损失，因此，需要统一的私募股权投资基金法律来监管，避免采取不同的组织形式而导致无法平衡当事人之间的权利和义务。

7. 完善私募股权投资基金退出机制

当前私募股权投资基金的退出方式主要有三种：其一，IPO。目前市场上三大板块进入的门槛都太高，创业公司中属于中小型规模的想要上市是十分困难的。其二，通过股权转让的方式，但想要找一个合适的且愿意接手的人，如大海捞针。因为大多数人对基金的好坏是相信自己的判断，所以别人选择的基金一般人都是不信任的，所以很难找到有人接手而退出。其三，清算或破产清算。这是最后不得已的选择，同时也是最不利的选择，以这种方式退出的多半是亏损。

因此，要完善制度，让私募股权投资基金更好地发展，不断地去寻找和探索更多更好的退出机制。比如，给予其一定的自由空间，不去过多地限制私募股权投资基金在其他地方上市，基金退出的时候减少不必要的束缚，让其退出有更多的方式方法；各个地方的产权交易所密切联系，无缝对接，使交易更加方便快捷。我国法律明确公司可以发行优先

---

① 参见《信托公司集合资金信托计划管理办法》第十四条的规定。

股，但是，优先股有些什么种类，它的内容如何，这些问题都是没有解决的，导致在实践中没有具体明确的对照规则，无法按规则进行发行。所以现阶段要对有关优先股的问题进行细化和明确，这样优先股的发展才能依仗法律的照顾。

三、发挥行业协会的作用

我国要完善私募股权投资基金的监管体系，行业协会必须发挥其应有的职能，既要听从政府的指导工作意见，协助政府进行监管；又要自己主动承担自己的职责，主动进行行业自我监管、行业规则制定。当前我国首先应尽快建设全国性的私募股权投资基金行业协会，总领全国的私募股权投资基金的行业自律监管工作。要学会借鉴国外成熟资本市场的行业自律监管的优点，构建一个企业信用和商誉为核心的行业自律监管体系，由行业协会制定基金管理人准入标准，建立基金管理人信用档案体系，通过网络进行全国范围的信息共享，从而形成对私募股权投资基金管理人的多层次监管。

行业协会要发挥好自身的优势，去弥补一些法律监管上的不足，地方行业协会可以对本区域内的私募股权投资基金进行备案，对于规定的应该公开的运作资料监督其公开情况，对于区域内私募股权投资基金进行信息上的汇总，然后由全国协会进行统一管理。私募股权投资基金行业协会做到行业自律监管，并且行业协会还要做到跟私募股权投资基金的投资者和基金管理人的信息沟通，及时了解它们对监管上的诉求，然后对反映的问题进行信息收集、汇总，集中向监管部门反映。

同时作为行业自律组织的基金业协会也可以在一些引导性、指导性规范上发挥更大的作用，相对于政府直接发文的"刚性"规范，行业协会可以做出一些调整空间更大的引导性、意见性规范，这样的规范具有更大的调节性，便于适应市场的变化。在不违反法律这样的"刚性"规范的前提下，遇见法律尚未明确规定的事由，可以由行业协会牵头，集结整个行业的智慧对行业中发展遇到的事项和共性问题以及法律的整体监管原则，提出一个合适的"最佳方案"，供市场主体根据自身实际情况来选择适用。这样的指导和意见，区别于法律的刚性和滞后性，是柔性的、即时性的，可以完善市场内部的流程和管理，降低违反市场主体法律合规风险。这一举措可以方便对市场的整体监管、推动市场的健康稳定发展，也可以对相关立法带来实质性帮助。

四、加强对私募股权投资基金外部环境的监管

1. 建立健全基金管理人的信用体系

私募股权投资基金内部信息不透明，投资者很难知道自己投资出去的钱最终流向了哪里，而且还需付出一笔价值不菲的代理费，这时完善的信用体系就显得尤为关键。我国现在已经形成的信用体系十分薄弱，对于市场的运行存在随心所欲的情况，对于投资者投资出去的财产也没有登记造册，隐藏的风险巨大。在创业板刚出来的时候，很多以前在金融机构工作的经理们，在短期时间内跳槽去从事私募股权投资基金的工作，准备用募集到的资金去投资一些有潜力、能赚钱的好公司。但是，这就使该行业出现了一个问题，这些管理人鱼龙混杂，业务能力和职业素质高低不一，投资者很难分辨管理人的能力究竟如何。

如果发生职业素质低下的管理人欺诈投资者的事件，那必将引起投资者的恐慌，引发连锁反应，损害私募股权投资的稳定进程。因此，要在整个国家范围内，让每个投资者和管理者树立诚信意识，打造诚信体制，构建一个和谐的诚信体系。另外，要对管理人的私人财产登记造册，并进行公告，提起大众注意。最后，要让大众有途径查询到基金管理人的信息，如个人基本信息、从业经历、历史业绩等，并且要保证所查到的信息真实可靠，这样就能降低管理人欺诈的风险。

2. 合理引导私募股权投资基金资金投向

目前投资者可投资的品种十分繁杂，不会固定在某一个行业或某一个品种。高科技产业的前景和发展不确定性太多，虽然刚出来时发展前景一片大好，但风险太高，所以并不是私募股权投资基金所青睐的品种和行业。相反，私募股权投资基金更青睐传统产业，因为他们风险不高，在产生利润的时候可以轻易被人感知到。私募股权投资基金的投资对象最初主要是针对非上市公司进行投资，发展到目前已经向并购和重组方面发展。[①] 哪个行业能赚钱，钱就会大额地流入哪个行业，因为这种流动特性的存在，导致一些中小科技公司得不到私募股权投资基金的青睐，所以私募股权投资基金很少会将钱投资于这些公司。因此，政府要制定符合这种情况的税收政策，对投资于这部分公司的私募基金给予一定的补偿和扶持，让这些私募基金大胆入场，这样更有利于中小公司和创业公司的发展。

五、将海外私募股权投资基金纳入监管

对于海外私募股权投资基金的监管缺失，导致出现外资大规模并购从而垄断我国相关市场、利用信息不对等操纵市场损害中小投资者的利益等问题。要解决海外私募股权投资基金给我国市场带来的问题，就必然要将海外私募股权投资基金纳入我国的监管范畴，不能让它游离于我国监管体系之外。建立完善的反垄断审查机制和安全审查机制，通过立法来达到对海外私募股权投资基金的合理合法监管，使得海外私募股权投资基金按照法律规范在我国进行投资活动，成为推动我国经济发展的助力。

第三节　上市公司股权融资监管

对上市公司股权再融资行为进行监管的目标是多样性的。对投资者而言，通过对上市公司再融资进行监管，可增加上市公司信息披露的准确性和规范性，从而缓解投资者和公司管理层之间的信息不对称，并减少逆向选择和道德风险的发生，最终降低投资成本提高投资效率；对上市公司而言，合法合规经营对其长期可持续发展具有重要意义，虽然造假行为可在短期内为公司赚取大量利润，但这种违法行为长期而言不利于公司的可持续发展；对于资本市场而言，上市公司业绩的稳步提升会使得公司股票价格持续稳健上涨，从

---

① 樊志刚，赵新杰. 全球私募基金的发展趋势及在中国的前景 [J]. 金融论坛，2007（10）：3-8.

而避免股市波动过大，这降低了投资者的风险。

一、上市公司的五大监管机制

上市公司的五大监管机制包括内部监管机制、审计监管机制、债权人监管机制、政府监管机制和市场体系监管机制。下面具体介绍五大监管机制。

（一）内部监管机制：董事会、股东、监事会

在内部监管机制的要求下公司内部人员必须遵守公司的各项规章制度。与此同时，内部监管机制还规定对公司管理人员的提名、选举和维持进行细致管理，以此来规范和约束他们的行为。

上市公司的董事和一般的董事是不同的，前者不仅要具有优秀的品质讲诚信、做事合规，能够促进公司健康发展，还要有专业的管理素养，能够胜任管理职位。董事主导型公司监管有两个重要支撑，分别是独立董事和执行董事。在上市公司中，独立董事有着极其重要的监管作用，可以使公司的监管得到进一步加强。

1. 强化独立董事的作用

从监管实践出发，需要重点从以下几个方面入手强化独立董事的作用：

（1）要从监管上确保独立董事的知情权。首先要从程序和内容上保证独立董事知晓公司章程和专项规定。同时，独立董事要以身作则，充分发挥自己的作用。

（2）独立董事可以决策公司的重大事项，尤其是对那些需要独立发表意见的重大事项，公司必须详细地记录并予以公开。

（3）独立董事必须在董事会中发挥具体作用，具体来讲，就是要通过公司建立审计委员会、薪酬委员会、风险控制委员会等，让这些部门相互制衡，以此来达到监管的目的。

除了独立董事以外，执行董事也是董事主导型公司治理的重要依据，所以必须要明确执行董事的内部义务。首先，诚信对待每一位股东，当然也包括独立董事和外部董事；其次，确保公司内部重大决策内容真实、准确、公开地让其他人员知晓；最后，必须建立完善的内部监管程序，主动履行各项职责。

上市公司中还涉及外部董事。外部董事多数是大股东或实际控制人兼职，少数是由股东或实际控制人操纵的人员担任。董事比例通常有着严格的规定，因此公司需要对外部董事的数量进行控制。在行为上，公司要让这些外部董事明确自己应尽的责任和义务，同时还要强化其诚信意识，培养其按照规定做事的习惯。

2. 《公司法》对上市公司股东权利的相关规定

上市公司的所有者是股东，为了充分保护股东的利益，《公司法》对其权利进行了规定，具体内容如下所述：

（1）股东有对其资产进行分配管理的权利，即股东参加股东大会，对公司经营方法和投资计划、公司合并或者扩张、资产估计、债券发行，以及规章制度的修改等有最终的决定权。

（2）股东有权对其资产进行监管，有权对董事会的代理人、董事的行为进行监督约

束。在每年股东大会上，股东审议批准董事会报告，若董事任期满则进行换届投票选举，若董事会、董事违法，侵害股东利益，股东有权提出控诉并请求赔偿。

（3）股东行使对监事会、监事的监督约束。这体现在每年在股东大会上审议批准监事会报告，每3年任期届满时换届投票选举监事等方面。

（4）股东对经营者的监督约束体现在股东可以随时查阅公司章程、股东大会会议记录和财务报告，对公司经营提出建议或者质询，对经营者违法或损害自身利益行为提请诉讼和请求赔偿等。

（5）股东"用脚投票"的监督约束表现在当股东对公司经营不满或对某些负责人不满时，通过抛售股票来对公司进行监督约束。

3. 《公司法》中监事会可以行使的权利

由于绝大多数股东主动放弃监督权，公司实权往往落入董事会手中，股东大会常以承认或通过董事会提案而告终。这样董事、经理就有可能合谋，从而对股东、公司产生不利影响，具体行为包括贪污、滥用权力、欺骗广大股东、损害广大股东和公司利益。为此，公司内部设立了监事会，专门对董事会、董事、经理进行监督约束。根据《公司法》，监事会可以行使以下权利：

（1）监督董事、经理及其所属机构活动，定期和随时听取董事会的报告，阻止董事、经理人员违反法律、法规、公司章程及股东会决议，当董事、经理行为损害公司利益时，要求其予以纠正。

（2）监事会有权审核公司业务、财务状况，核查公司账目和其他会计资料，有权要求执行公司业务的董事、经理如实汇报公司的情况。

（3）监事会有权审核公司的决算表册和清算表册，核对董事会拟提交股东会的报告、利润分配等财务资料，出现问题可以以公司名义委托注册会计师、执业审计师进行复审。

（4）代表公司与董事、经理交涉或对其起诉。由于监事会成员不参与公司重大决策，这可能导致公司出现很多的财务问题及其他大问题。因信息的缺失和专业知识的缺乏，可能导致公司难以得到有效监督。监事会成员与董事会经理层长期共处，容易形成同谋，导致公司利益受损。因此，监事会的监督约束也通常没有效力。

（二）审计监管机制：有效防止合谋与作弊

审计监管机制是防止上市公司内部人员合伙转移财产或者会计作弊的一种手段。中介服务机构必须通过监管提升上市公司的审计监管效能，不断强化功能。在具体操作时，应该重点注意以下三个方面：

1. 进一步发挥审计机构的作用

审计机构在上市公司中发挥着重大作用，能够支撑上市公司信用，是上市公司合规和风险的核心。我国证券市场审计机构的功能越来越重要，监管机构依靠独立审计，能在更大范围内发挥作用，防止出现合谋和作弊现象。例如，对"问题"上市公司，要求审计机构对公司管理内容进行专门的财务相关审查，并发表具体的审计核查专项意见。

2. 对上市公司法律顾问提出监管要求

现实中法律顾问的角色比较尴尬，有的甚至形同虚设。同时，他们通常忽视对监管功能的中介维护，有的还与他人合谋损害公司的利益。因此，应当审核上市公司法律顾问在合规方面的执业监管要求是否合格，这也能体现其独立的专业地位。

3. 对财务顾问、价值评估机构的行为进行监督和评估

财务顾问、价值评估机构作为我国证券市场的关键部分，发挥着重大作用。要让中介机构和市场发挥好各自的作用，强化各自的责任，就要让其对公司的事务承担相对应的责任。

审计机构要确保审计结果的公平性和真实性，就必须有一个完整的约束审计人员的相关机制，以防止审计人员与上市公司经营者合谋损害公司利益。首先，要使会计师事务所、审计师事务所独立经营。其次，审计机构与公司合谋要承担法律责任，包括审计人员必须对经其审核并确认的财务状况出现的问题承担连带责任，并受到相对应的处罚，严重者还要承担刑事责任。

（三）债权人监管机制：以债权人为主体

债权人监管机制是为了防止出现内部人员合伙或以其他方式使债权人利益受损的行为发生。上市公司的债权人可以行使监督职能，对公司进行监督约束。

（1）债权人可以对涉及公司财产变动如合并、分立、减资的重大行为提出异议，债权人必须按规定履行保护手续，否则不得实施相关行为。对已经实施的行为，债权人有权提起诉讼，请求法院予以撤销。

（2）债权人可以翻看董事会的记录，可以查阅公司的财务报表及其附属资料，并有权要求公司按照法律规定真实、及时、准确地说明有关公司的内部情况。

（3）发债公司必须按照国家要求进行法定的资信评估，并且要公开信息，以便让债权人充分了解情况。国家建立债券市场，不仅让公司感到债券市场带来的约束压力，而且也让债权人有机会转移风险，并且为变现创造条件。

（4）对于严重亏损及资产不能抵偿债务的公司，债权人有权提出申请破产或破产保护。

在建立债权人监管机制时，应该以债权人为主体，合理保护债权人的利益，赋予债权人应有的权利。同时，也不可以太过死板，而是要符合上市公司和债权人的实际情况。

（四）政府监管机制：检察院、法院等

政府监管机制的功能是规范上市公司的运行。通过信息公开制度和审计制度的不断改善，可以提高上市公司经营管理的透明度。但是上市公司只有与政府监督执法机构相结合，才能实现行之有效的监督和管理。只有建立一个对上市公司负责人进行监督的完整体系，对查处的内部人员进行民事或刑事处罚，才能真正有效地防止上市公司内部出现腐败现象。建立行之有效的政府监管机制具体要从以下三个方面着力：

（1）政府需要有解决公司内部问题的法律法规，以保证上市公司的行为规范以及证券市场的合理运作。上市公司需要明确什么事情可以做，什么事情不可以做。通常，政府的监督执法力度越大，上市公司和证券市场的发展就越好。

（2）政府要对证券市场中的交易所、经营机构、从业人员、管理人员、信息披露、交

易行为等进行监督约束。

（3）政府要对和上市公司有关联的中介机构，如律师事务所、审计师事务所、资产评估机构等进行监督，约束其行为。

上市公司必须在政府的监督约束下经营和发展，这不仅符合相关的法律规定，也是在激烈竞争中生存下来的重要策略。当然，政府也要加强自身的监督执法能力，以维护整个证券市场的公平、安全。

（五）市场体系监管机制：商品、证券、经理

市场体系监管机制主要是对上市公司各利益主体（尤其是董事、经理）形成竞争压力约束，包括商品市场约束、证券市场约束、经理市场约束。

1. 商品市场约束

通过市场的监督可以规范投资者、债权人和经营者的行为。

第一，在公平的市场竞争条件下，利润率被当作考核和监督公司经营的一种信息指标。通过比较平均利润或平均成本与实际利润水平或实际成本水平的差距，可以看出公司的经营状况和盈利能力。

第二，在公平的市场竞争条件下，公司高层以利润率的高低为依据对经理人员进行奖励或惩罚，可以使经营者与所有者的利益达成一致，这有利于商品市场约束力的不断增强。

2. 证券市场约束

证券市场可以约束和制裁证券发行以及股票交易中出现的欺诈、虚假交易等行为。

第一，经营者的收购兼并活动可以通过证券市场来约束。公司业绩差，股票的价格会走低，外来股东可以以较低的成本大量购入，实现控股，从而以控股股东的身份将原来的董事和经理人员替换掉，以方便控制董事会。

第二，对使用股票、股票期权计算报酬的经营管理人员，可以通过证券市场进行约束。例如，可以付给经营管理人员少量的现金工资和大量的股票或股票期权，将其个人利益与公司的市场表现紧密联系起来。股票的价格低就会导致经营管理人员的收入降低，股票的价格上升，经营管理人员的收入也会随之增加，这样可以督促经营管理人员努力提高自身管理水平。

第三，股东可以对公司经营管理人员的管理行为进行约束，假如公司效益无法得到改善，股东便会向经营管理人员发出警告，并在必要时对其进行撤换。另外，假如股东撤离，可能会对公司造成严重的后果。如果股东在市场上抛售股票，可能会让公司丧失大笔业务，并且影响股票的价格，进而使经营管理人员面临巨大的压力。在这种情况下，经营管理人员必须为了维护自己和公司的利益而更勤奋地工作。

3. 经理市场约束

在经理市场完善的条件下，经理人员绩效的高低将影响其经营管理能力的价值。经理市场或者说代理人市场，实际上是通过竞争进行选聘的机制。一个良好、经营完善的经理市场，不仅加快了经理人员的流动，也对在职经理人员造成了一种压力。这种压力迫使经

理人员努力做好公司的经营管理，否则就会被其他经理人员所取代。

加强对上市公司的监督和规范上市公司的行为，已经成为当下不可回避的重要社会问题。如果想解决这个问题，除了需要完善市场体系以外，还需要集聚上市公司、审计机构、政府等多方的力量，形成和谐共赢、互帮互助的良好局面。

二、上市公司面临的违规处分

上市公司如果违规就会遭受违规处分，包括风险警示、纪律处分、停牌和复牌以及暂停、恢复、终止和重新上市、申请复核等。无论是哪一种违规处分，都会对上市公司造成严重的损害，所以一定要避免这种情况的发生。

（一）风险警示

一般来说，上市公司如果出现财务问题或者其他异常情况，很可能会面临被终止上市的风险。此外，如果投资者难以判断上市公司的前景，并且无法保证自己的利益不受到损害，证券交易所也会对该上市公司发出风险警示。一旦上市公司被实施风险警示，其股票简称前就会加上"ST"字样，以区别于其他上市公司的股票。风险警示一共有两种：一种是终止上市的风险警示，即退市风险警示；另一种是重大不良行为的其他风险警示。

通常，证券交易所会明确不同风险警示的判断标准，以上海证券交易所为例。通过《上海证券交易所股票上市规则》可以知道，上市公司出现以下情形之一的，上海证券交易所就会对其股票实施退市风险警示。例如，①因财务会计报告存在重大会计差错或者虚假记载，被中国证监会责令改正，但未在规定期限内改正，且公司股票已停牌两个月；②未在法定期限内披露年度报告或者中期报告，且公司股票已停牌两个月；③因首次公开发行股票申请或者披露文件存在虚假记载、误导性陈述或者重大遗漏，致使不符合发行条件的发行人骗取了发行核准，或者对新股发行定价产生了实质性影响，受到中国证监会行政处罚，或者因涉嫌欺诈发行罪被依法移送公安机关（以下简称"欺诈发行"）；④本所认定的其他情形。

（二）纪律处分

如果上市公司出现违规行为，证券交易所可以对其实施自律监管措施以及纪律处分。例如，《上海证券交易所股票上市规则》中就有相关的规定，上市公司、相关信息披露义务人和其他责任人违反本规则或者向本所作出的承诺，该所可以视情节轻重给予以下惩戒，无论是董事、监事、高级管理人员还是证券服务机构，只要违反了证券交易所的规则，就要受到相应的惩戒。一旦受到惩戒，上市公司的信誉和形象就会受损，进而对上市公司的未来发展产生不良影响。

（三）停牌和复牌

停牌是指暂时停止股票买卖。如果上市公司因一些消息或正在进行的某些活动而使股票的价格大幅度上涨或下跌，该上市公司就可能会被停牌。等情况得到澄清或股票价格恢复正常后，该上市公司可以再次挂牌交易，即所谓的复牌。

对于停牌，每个证券交易所都有相关的规定。对于复牌，各大证券交易所也会做出规定，但通常是根据上市公司停牌的原因和严重程度而定。当然，只要上市公司及时改正违规行为，并让股票价格回归正常状态，那被复牌的可能性就比较大。

（四）暂停、恢复、终止和重新上市

暂停、恢复、终止和重新上市也是对上市公司做出的违规处分之一，《证券交易所股票上市规则》均对上述违规处分进行了详细说明。

三、内幕交易防范和股权交易的限制性规定

内幕交易是指内幕人员根据内幕信息买卖证券或者帮助他人买卖证券，这违反了证券市场"公开、公平、公正"的原则，严重影响了证券市场的正常秩序。

内幕交易使证券价格和指数的形成过程失去了时效性和客观性，证券价格和指数成为少数人利用内幕信息炒作的结果，最终证券市场丧失优化资源配置及作为国民经济"晴雨表"的作用。因此，《证券法》第四十七条规定禁止这种行为，具体内容如下：

"上市公司董事、监事、高级管理人员、持有上市公司股权百分之五的股东，将其持有的该公司的股票在买入后六个月内卖出，或者在卖出后六个月内又买入，由此所得收益归该公司所有，公司董事会应当收回其所得收益。"对于敏感期交易，最应该了解的就是认定标准。一般来说，不同的适用对象需要遵守不同的认定标准。如对于控股股东、实际控制人敏感期交易的认定，上海证券交易所和深圳证券交易所有较大的不同，具体如表16-1所示。

通过表16-1可以知道，上海证券交易所和深圳证券交易所关于控股股东及实际控制人敏感期交易认定的区别主要有：

（1）对于定期报告的敏感期，上海证券交易所强调的是"定期报告披露前10日内"；而深圳证券交易所的为"年度报告公告前30日内"，二者不仅时间上不一致，而且深圳证券交易所强调的仅是年度报告，并非所有的定期报告。

（2）上海证券交易所敏感期交易的限制仅限于"增持"，并未提及减持，而深圳证券交易所强调的是"买卖"，既包括增持也包括减持。

（3）上海证券交易所对于持股30%以上股东及其一致行动人也约定了与实际控制人、控股股东类似的敏感期交易限制，而深圳证券交易所未对此做出规定。

但需要注意的是，上海证券交易所关于此豁免规定的具体适用主体为"公司持股30%以上的股东、控股股东及其一致行动人"，而深圳证券交易所的具体适用主体为"上市公司控股股东、实际控制人及其配偶"。

表 16-1　上海证券交易所和深圳证券交易所的对比

上海证券交易所的认定标准	深圳证券交易所的认定标准
根据《上海证券交易所上市公司控股股东、实际控制人行为指引》第4.5条规定，控股股东、实际控制人在下列情形下不得增持上市公司股份： (1) 上市公司定期报告披露前10日内。 (2) 上市公司业绩快报、业绩预告披露前10日内。 (3) 控股股东、实际控制人通过证券交易所证券交易，在权益变动报告、公告期限内和报告、公告后2日内。 (4) 自知悉可能对上市公司股票交易价格产生重大影响的事件发生或在决策过程中，至该事件依法披露后2个交易日内。 (5) 控股股东、实际控制人承诺一定期限内不买卖上市公司股份且在该期限内。 (6)《证券法》第四十七条规定的情形。 (7) 相关法律法规和规范性文件规定的其他情形。 此外，第4.7条规定："控股股东、实际控制人在上市公司年报、中期报告公告前30内不得转让解除限售存量股份。" 根据《上海证券交易所上市公司股东及其一致行动人增持股份行为指引》第九条规定，持股30%的股东及其一致行动人在下列期间不得增持上市公司股份： (1) 上市公司定期报告公告前10日内上市公司因特殊原因推迟定期报告公告日期的，则自原预约公告日期前10日起至定期报告实际公告之日期间。 (2) 上市公司业绩预告、业绩快报公告前10日内。 (3) 自可能对上市公司股票交易价格产生重大影响的重大事项发生之日或在决策过程中，至依法披露后2个交易日内。 (4) 本所规定的其他期间。 因此，根据前述规定，除对于实际控制人、控股股东，上海证券交易所对于30%以上股东及其一致行动人的敏感期交易也做出了类似的规定，且限制交易的类型只规定了不得增持，未规定减持情形。	根据《深圳证券交易所主板上市公司规范运作指引》第4.2.21条、《深圳证券交易所中小板上市公司规范运作指引》第4.2.21条，以及《深圳证券交易所创业板上市公司规范运作指引》第4.2.18条规定，控股股东、实际控制人在下列期间不得买卖上市公司股份： (1) 公司年度报告公告前30日内，因特殊原因推迟年度报告公告日期的，自原预约公告日前30日起算，直至公告前1日。 (2) 公司业绩预告、业绩快报公告前10日内。 (3) 自可能对公司股票及其衍生品种交易价格产生较大影响的重大事件发生之日或者进入决策程序之日，至依法披露后2个交易日内。 (4) 中国证监会及本所规定的其他期间。 另外，需要特别关注，对于主板上市公司，前述认定标准的适用范围扩展至"控股股东、实际控制人及其配偶、未成年子女"；对于中小板、创业板的上市公司，前述认定标准的适用范围扩展至"控股股东、实际控制人及其配偶、未成年子女，以及控股股东、实际控制人直接或间接控制的法人、非法人组织。"

四、信息披露的相关规制

信息披露是通过报告或者说明书的形式，保障每一位投资者的利益，定期把公司的信息和相关情况向社会公众和投资者传达，以便社会公众和投资者可以了解公司的现状，做出投资选择。

（一）信息披露的基本内容

信息披露的基本内容包括：业绩快报，是对上年同期相关数据的整理汇报；定期报告，包括年度报告、半年度报告和季度报告；业绩预告，注重对时间的限制，需在规定时间内进行；临时报告，是对重大事件或者有影响事件的报告。

1. 业绩快报：上年同期相关数据

根据全国股转系统官网公布的《挂牌公司信息披露及会计业务问答业绩预告、业绩快报与签字注册会计师定期轮换》的公告，业绩快报适用于预计年度报告正式披露前年度业绩无法保密的，或预约在会计年度次年4月披露年度报告的创新层挂牌公司。

2. 定期报告：年度、半年度、季度

定期报告包括年度报告、半年度报告和季度报告。根据《证券法》的规定，上市公司和公司债券上市交易的公司，应当在每一会计年度的上半年结束之日起2个月内，向国务院证券监督管理机构和证券交易所报送中期报告，并予公告。

上市公司和公司债券上市交易的公司，应当在每一会计年度结束之日起4个月内，向国务院证券监督管理机构和证券交易所报送年度报告，并予公告。

3. 业绩预告：有严格的时间限制

根据《挂牌公司信息披露及会计业务问答——业绩预告、业绩快报与签字注册会计师定期轮换》的公告，业绩预告适用于在年度报告正式披露前，预计上一会计年度净利润发生重大变化的，或在下半年度预计当期年度净利润将发生重大变化的创新层挂牌公司。

根据《上海证券交易所股票上市规则》的规定，上市公司预计年度经营业绩将出现下列情形之一的，应当在会计年度结束后一个月内进行业绩预告，预计中期和第三季度业绩将出现下列情形之一的，可以进行业绩预告：

（1）净利润为负值。

（2）净利润与上年同期相比上升或者下降50%以上。

（3）实现扭亏为盈。

4. 临时报告：有深刻影响的重大事件

根据《证券法》的规定，发生可能对上市公司股票交易价格产生较大影响的重大事件，投资者尚未得知时，上市公司应当立即将有关该重大事件的情况向国务院证券监督管理机构和证券交易所报送临时报告，并予公告，说明事件的起因、目前的状态和可能产生的法律后果。

（二）信息披露的原则

上市公司进行信息披露时，必须保证信息的真实性，拒绝虚假记载及陈述；保证信息的准确性，不得夸大和误导；保证信息的完整性，做到文件齐备，格式符合规定；保证披露的及时性，不得超过规定期限；保证披露的公平性，不可以偏袒特定对象。上市公司要遵守信息披露的原则，保证公开、公平、公正。

1. 真实性：拒绝虚假记载及陈述

根据《上市公司信息披露管理办法》的规定，真实性是指上市公司及相关信息披露义务人的信息应当以客观事实或者具有事实基础的判断和意见为依据，如实反映客观情况，不得有虚假记载或不实陈述。[①] 要求各类传播媒介在其业务活动中要充分尽到审核义务，对各类信息的真伪度进行辨别，保证经其传播的信息真实、完整、可靠，同时应该禁止一

---

① 《证券法》第七十八条第三款明确要求，"各种传播媒介传播证券市场信息必须真实、客观，禁止误导"。

切形式的编造与误导。

2. 准确性：不得夸大和误导

根据《上市公司信息披露管理办法》的规定，准确性是指上市公司及相关信息披露义务人披露的信息应当使用明确、贴切的语言和简明扼要、通俗易懂的文字，引用的财务报告、盈利预测报告应由具有证券期货相关业务资格的会计师事务所审计或审核，引用的数据应当提供资料来源，事实应充分、客观、公正，不得含有任何宣传、广告、恭维或者夸大等性质的词句，不得有误导性陈述。公司披露预测性信息及其他涉及公司未来经营和财务状况等信息时，应当合理、谨慎、客观。

3. 完整性：文件齐备，格式符合规定

根据《上市公司信息披露管理办法》的规定，完整性是指上市公司及相关信息披露义务人披露的信息应做到内容完整、文件齐备，格式符合规定要求，不得有重大遗漏、忽略和隐瞒。

4. 及时性：不得超过规定期限

信息披露的及时性直接影响公司的发展，披露如果不及时就会造成公司的信息不对称，从而影响公司的经营。根据《上市公司信息披露管理办法》的规定，及时性是指上市公司及相关信息披露义务人应当在《上海证券交易所股票上市规则》规定的期限内披露所有对公司股票及其衍生品种交易价格可能产生较大影响的信息。一是不能超过定期报告的法定期限；二是要建立重要事实的及时报告制度，当原有信息发生实质性变化时，信息披露的责任人应及时更改和补充，使投资者获得真实有效的信息。

5. 公平性：不可以偏袒特定对象

根据《上市公司信息披露管理办法》的规定，公平性是指上市公司及相关信息披露义务人应当同时向所有投资者公开披露重大信息，确保所有投资者可以平等地获取同一信息，不得私下提前向特定对象单独披露、透露或者泄露。

五、IPO 的核心规制

（一）选择合适上市主体的核心规制

合适的上市主体应符合《首次公开发行股票并上市管理办法》规定的发行条件，主要包括主体资格、规范运行以及财务与会计等方面的一系列规定。企业在选择上市主体、确立上市架构时通常应重点考虑以下因素：①

1. 主体资格

实务中，公司实际控制人有时会经营多项业务，若各业务主体互不相关，可分别独立上市。若各业务之间有较强相似或相关性，根据整体上市的要求，企业一般需要对这些业务进行重组整合。被重组方重组前一个会计年度末的资产总额或前一个会计年度的营业收入或利润总额达到或超过重组前发行人相应项目 100% 的，发行人重组后运行一个会计年

① 高伟明，顾华晔，周玉敏. 境外上市公司利用内外监管主体差异偷逃税收 [J]. 财务与会计，2022（13）：41-43.

度后方可申请发行。此外，在选择上市主体时，建议将历史沿革规范、股权清晰、主业突出、资产优质、盈利能力强的公司确定为上市主体，并以此为核心构建上市架构。创业板要求上市主体应当经营一种业务，而主板和中小板的发行人可以多主业经营。

2. 独立性

上市主体的选择应该有利于消除同业竞争、减少不必要的关联交易，保持资产、人员、财务、机构、业务独立，并在招股说明书中披露已达到发行监管对公司独立性的基本要求。

3. 规范性

上市主体应建立健全完善的股东大会、董事会、监事会制度，相关机构和人员能够依法履行职责。上市主体最近三年不得存在重大违法违规行为，发行人的董事、监事和高级管理人员符合相应的任职要求。上市主体产权关系清晰，不存在法律障碍，在重组中应剥离非经营资产和不良资产，明确进入股份公司与未进入股份公司资产的产权关系，使得股份公司资产结构、股权架构规范合理。

4. 财务要求

上市主体的选择应使其经营业绩具有连续性和持续盈利能力，内控规范健全，关联交易价格公允，不存在通过关联交易操纵利润的情形，不存在重大偿债风险，并且符合财务方面的发行条件。

（二）IPO 需要具备的主要条件

企业首次公开发行股票并上市应具备的主要条件如表 16-2 所示。

表 16-2　企业首次公开发行股票并上市应具备的主要条件①

项目	主板和中小板	创业板	差异说明
主体资格	①股份有限公司；②持续经营 3 年以上；③主要资产不存在重大权属纠纷；④生产经营合法；⑤股份清晰		创业板在主业、实际控制人变化等方面的要求与主板和中小板不同，但创业板要求公司限于经营一种主业
	①近 3 年主业、董事、高管无重大变化，实际控制人没有变更；②允许多元化经营，但必须主业突出	①最近 2 年主业、董事、高管无重大变化，实际控制人没有变更；②经营一种主业	
规范运行	①股东大会、董事会、监事会制度健全；②董事、监事和高管符合任职资格要求；③内控制度健全且被有效执行；④无重大违法违规行为；⑤不存在违规担保情形；⑥资金管理严格	①包括主板中小板规定的条件；②控股股东、实际控制人最近 3 年内不得有损害投资者合法权益和社会公共利益的重大违法行为	创业板强化了发行人的控股股东和实际控制人的责任和要求

---

① 中国证监会官网。

项目	主板和中小板	创业板	差异说明
财务指标	①最近 3 个会计年度连续盈利，且累计净利润>3000 万元；②最近 3 个会计年度经营活动现金流量净额累计>5000 万元，或营业收入累计>8 亿元；③最近一期末无形资产占净资产比≤20%；④最近一期末不存在未弥补亏损；⑤发行前股本总额≥3000 万元，发行后股本总额≥5000 万元	①最近 2 年连续盈利，累计净利润≥1000 万元；或者最近 1 年盈利，最近 1 年营业收入≥5000 万元；②最近一期末净资产≥2000 万元，且不存在未弥补亏损；③发行后股本总额≥3000 万元	①创业板对盈利能力的要求有两个可选标准，与主板和中小板有所不同；②《创业板首发办法》规定：在创业板上市，保荐人应当对发行人的成长性进行尽职调查和审慎判断并出具专项意见

表 16-2 仅对企业在主板、中小板、创业板首次公开发行股票并上市应具备的主要条件进行了简要差异比较，具体条件可查阅中国证监会发布的《首次公开发行股票并上市管理办法》和《首次公开发行股票并在创业板上市管理办法》。

（三）IPO 上市地的选择

选择合适的上市地，对拟上市企业来说是一个非常关键的问题，因为这既关系到上市的时间和成本，更决定着上市的收益和企业的持续发展，需要董事会审慎抉择。选择上市地的核心并不是简单选择交易所，而是选择企业的股东和市场，这样才能使企业的发展与资本市场的发展相得益彰。

1. 企业选择上市地应考虑的因素

（1）一级市场的筹资能力、二级市场的流动性、后续融资能力；

（2）不同市场的估值水平（主要指境内外市场）；

（3）拟上市地是否与企业的行业地位和定位相适应；

（4）拟上市地是否为企业主要业务和核心客户所在地，当地投资者对企业的认同度；

（5）上市成本（包括初始上市成本以及后续维护成本）、上市所需时间；

（6）拟上市地的地理位置（往来交通时间成本）、文化背景、上市标准等；

（7）企业上市后的监管成本和监管环境等。

2. 境内外上市差异比较

企业选择在境内或者境外上市，应视各自具体情况而定。一般来说，企业在境内或者境外上市主要存在差异如表 16-3 所示。

表 16-3 境内外上市差异比较

项目	境内上市	境外上市
文化背景	对境内相关的法律法规、办事流程比较熟悉；语言沟通不存在障碍	企业不熟悉境外法律体系，要付出更高的律师费用，并且会面临诉讼风险；文化背景、语言等存在差异导致交流困难，与投资者信息沟通不畅，可能造成后续市场表现不佳。同时，因信息沟通不畅及语言文化等方面的问题，也使得国外投资者不能充分了解企业的投资价值
上市成本	上市初始成本和维持成本相对境外较低	上市初始成本和后续维护成本均为境内的数倍
融资环境	境内投资者对上市公司更为熟悉和认同，流动性充裕，企业发行市盈率相对较高，融资量大	由于我国企业的市场主要在境内，海外投资者对我国企业不够熟悉，因而企业一般难以较高的价格发行股票，发行市盈率较低，融资规模受限
投资者结构	境内交易所以散户投资者为主	境外交易所以机构投资者为主
品牌宣传	公司的主要市场、供应商和投资者如果在国内，境内上市有更强的宣传和广告效应	公司的主要市场、供应商和投资者如果在境外，或有意进一步开拓国外市场，则在境外主流交易所上市的宣传和广告效应更佳
政策风险	周期较长，对盈利能力要求多，面临的政策风险较高	TPO 规范性要求较细，审核要履行的境内外审批程序较复杂

3. 沪深交易所是否存在分工

目前，申请 IPO 的企业可自主选择在上海证券交易所或者深圳证券交易所上市，不受企业规模大小的限制。2014 年 3 月 27 日，证监会首次明确"首发企业可以根据自身意愿，在沪深市场之间自主选择上市地，不与企业公开发行股数多少挂钩。中国证监会审核部门将按照沪深交易所均衡的原则开展首发审核工作"。

2014 年 4 月 4 日，证监会又进一步明确，"为充分发挥沪、深两家交易所的服务功能，中国证监会将按照均衡安排沪、深交易所首发企业家数的原则，结合企业申报材料的完备情况，对具备条件进入后续审核环节的企业按受理顺序顺次安排审核进程"。

根据《首次公开发行股票并上市管理办法》，主板（中小板）对净利润和股本规模的要求为最近 3 年净利润均为正数且累计超过 3000 万元，发行后股本≥5000 万股（通常情况下，发行前股本≥3750 万股，公开发行股份≥1250 万股）。

允许企业自主选择上市地，是尊重企业自主选择上市地的体现，符合市场化和法治化原则，有利于沪深交易所提高服务效率与能力。目前，随着市场进一步稳定，沪深均衡发行得到较好的执行，沪深两个交易所过会企业数量大致相当，发行家数也大致相同。因此，沪深均衡发行原则是明确的，市场是可以预期的。

六、行业准入的特殊限制

在基础性合规问题中，首先需要考虑的是行业准入问题。在我国，行业准入性问题主要体现在内、外资区别，特定行业的要求等方面。在投资前缺乏行业准入的完善尽调，可能导致投融资交易的交割失败，或者投融资交割后项目遭受不必要的行政处罚等法律风险。

以内、外资为例，目前对于外资的产业开放主要以不时更新的外商投资产业指导目录和外商投资准入特别管理措施（负面清单）为准。

以《外商投资准入特别管理措施（负面清单）》（2019 年版）为例，其中第 7 条"信息传输、软件和信息技术服务业"第（21）项对外商投资部分互联网和相关服务作了限制："禁止投资互联网新闻信息服务、网络出版服务、网络视听节目服务、互联网文化经营（音乐除外）、互联网公众发布信息服务（上述服务中，中国入世承诺中已开放的内容除外）。"即外资不被允许进入前述行业。

值得注意的是，2019 年 3 月 15 日通过的《外商投资法》第四条明确了国家对外商投资实行准入前国民待遇加负面清单管理制度的原则，并确定负面清单由国务院发布或者批准发布。也就是说，在 2020 年 1 月 1 日《外商投资法》施行后，对外资准入的限制将集中于负面清单中。

为了规避我国法律对外商投资教育领域的限制规定，近年来许多民办教育机构都选择通过"VIE 架构"实现境外上市与融资的目的。[①] 因此，VIE 协议确实存在因涉嫌规避我国对外资禁止或限制的准入规定而被认定为无效的风险。值得注意的是，在［2015］民二终字第 117 号案[②]中，最高人民法院虽然没有直接对 VIE 架构或 VIE 协议的合法性作出认定，但肯定了 VIE 架构的境外上市公司收购存在特殊外商投资限制的境内资产行为的合法性，对于 VIE 架构的公司对外收购的交易安全提供了有力保障。[③]

互联网行业和特许经营项目属于较为常见、基础性法律法规较为单一的产业。实践中还存在基础性法律法规更为复杂的行业，比如三类医疗器械制造及经销领域。这些领域涉及相当数量的法规规定，也面临监管部门日益严格的监管。

此外，被投公司开创了一种全新的商业模式，在交易之时尚处于监管空白状态。例如，近年来出现的网约车服务，打破了原有的以线下扬招出租车为主的传统业态。传统出租车行业在我国主要受到《中华人民共和国道路运输条例》和《出租汽车经营服务管理规定》的规制。但在新兴的网约车服务中，很多运营主体并非来自传统出租车行业。如何规制该部分运营主体，提供网约车平台服务的主体又处于怎样一个法律地位，在行业发展初期并无明确的法律规定。对于新兴的商业模式，交易律师在投融资项目中讨论交易方案

---

① VIE 全称为 Variable Interest Entities，直译为可变利益实体，亦称协议控制。VIE 架构是指境外上市实体与境内运营实体相分离，境外上市主体通过协议的方式控制境内运营实体的运营模式。其中境内运营实体即为境外上市主体的可变利益实体。

② 见最高人民法院［2015］民二终字第 117 号民事判决书。

③ 吴文君，陈红彦.《外商投资法》出台背景下 VIE 架构的监管路径选择［J］. 海南金融，2020（1）：41-49.

和架构时，在是否必要搭建 VIE 架构，以及如何预判该等商业模式未来的主要监管要求等方面，需向投资方提供重要的法律意见。[①]

七、跨境股权投融资管理

跨境股权投融资分为"走出去"和"投进来"两种方式。"走出去"指我国投资主体向境外投资；"投进来"为境外投资主体投资我国运营实体。两种方式涉及不同的法律法规以及不同的交易架构。[②]

（一）"投进来"项目

对于"投进来"项目，由于行业涉及较严格的行业政策限制，通常会在第一次引入境外投资方时搭建红筹架构。对于搭建红筹架构的企业，其在重组时我国自然人股东需要办理境内个人境外投资外汇登记（俗称 37 号文[③]登记），以保证这些自然人合规持有境外离岸公司股权。而之后在境外离岸公司层面开展投资的我国背景股东，其也需取得相关投资许可，以便在红筹境外上市时通过合规性审查。一个典型的红筹架构如图 16-1 所示。

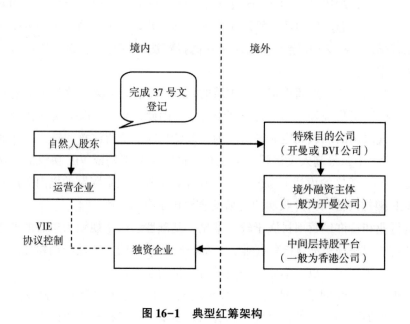

图 16-1　典型红筹架构

（二）"走出去"项目

对于"走出去"的投资项目，目前的基础性合规要求为完成商务部门及发改委的境外投资手续，并向外管局申请购汇额度。

---

①　黄贤文. VIE 结构的法律风险和监管 [J]. 法制与社会，2020（18）：59-60.

②　蒋雅冬. VIE 架构法律风险控制研究 [D]. 重庆：西南政法大学，2016.

③　该 37 号文全称为：《国家外汇管理局关于境内居民通过特殊目的公司境外投融资及返程投资外汇管理有关问题的通知》（汇发〔2014〕37 号）。

关于商务部门的监管，主要适用 2014 年 10 月 6 日起施行的《境外投资管理办法》及商务部、外管局等七部委于 2018 年 1 月 18 日颁布并施行的《对外投资备案（核准）报告暂行办法》。关于发改委的监管，主要适用 2018 年 3 月 1 日起施行的《企业境外投资管理办法》（以下简称 11 号令）。在目前的境外投资实践中，商务部门与发改委的境外投资审查原则上相互独立，不存在互为前提的情况，可以分别报送。

在获得商务部门的《企业境外投资证书》（样本见表 16-4）以及发改委的《备案通知书》（样本见表 16-5）后，我国企业方可到外管局办理境外直接投资的外汇登记，之后再持外管局颁发的《境外直接投资外汇登记证》，在指定银行办理境外直接投资资金汇出手续。

表 16-4　企业境外投资证书

企业境外投资证书（样式）

境外投资证第××号

×××公司右页所列境外投资符合《境外投资管理办法》（商务部令 2014 年第 3 号）有关规定，现予以颁发《企业境外投资证书》。

公司自领取本证书之日起 2 年内，未从事右页所列境外投资，证书自动失效。

公司开展境外投资业务应认真遵守境内外相关的法律法规和政策。

发证机关（盖章）

年　月　日

境外投资 （最终目的地）	名称		国家/地区	
设立方式	□新投　　□并购　　□变更			
投资主体	中方名称		股比	
	外方名称		股比	
投资总额	中方		万元人民币（折合　　　　万美元）	
	外方		万元人民币（折合　　　　万美元）	
中方境内现金出资 实际币种和金额	币种		金额 （单位：万元）	

续表

中方投资构成 （单位：万元人 民币）	境内	现金	自有资金	
			银行贷款	
		实物		
		无形资产		
		股权		
		其他		
	境外	自有资金		
		银行贷款		
		其他		
经营范围				
申报文号		核准或备案文号		
投资路径（仅 限第一层级境 外企业）	名称		国家/地区	
备注				

表 16-5　备案通知书

境外投资项目备案通知书格式文本

境外投资项目备案通知书

发改办_____备〔 　 〕第 　 号

（申报单位名称）：_____

报来《关于（项目名称）项目申请备案的请示》（文号或日期）收悉。根据《企业境外投资管理办法》（国家发展改革委令第 11 号），对（项目名称）项目（具体情况见背页）予以备案，项目代码：_____。本通知书有效期 2 年。

项目实施过程中，按规定需要履行变更、延期等手续的，请及时向我委提出；发生重大不利情况的，请按规定向我委提交重大不利情况报告表；不得违反我国法律法规，不得威胁或损害我国国家利益和国家安全。项目完成的，请在项目完成之日起 20 个工作日内提交项目完成情况报告表。

如对本通知书持有异议，可以在收到本通知书之日起 60 日内向我委申请行政复议，或者在 6 个月内向人民法院提起行政诉讼。

国家发展改革委办公厅

××年×月×日

注：备案通知书主送单位一般是申报单位；抄送单位一般包括项目各投资主体，商务、外汇、海关等有关部门，各投资主体注册地的省级政府发展改革部门，以及其他需要抄送的单位。

一、项目名称		
二、投资主体	涉及多个投资主体的，逐一列明投资主体名称、信用代码（如有）等	
三、投资地点	直接目的地	一般精确至一国的一级行政区
	最终目的地	一般精确至一国的一级行政区

四、项目总投资	万美元	
五、中方投资额	按美元计价的金额	如：×万美元/不超过×万美元
	实际使用币种和金额	如：×万欧元/不超过×万欧元
六、中方投资额构成		
一般应列明各投资主体的出资方式、出资金额和资金来源。如果项目不仅涉及投资主体直接投入资产、权益或提供融资、担保等，还涉及投资主体通过其控制的境外企业投入资产、权益或提供融资、担保的，则一般先列明投资主体的出资方式、出资金额和资金来源，同时简要列明投资主体控制的境外企业的出资情况（视为投资主体通过其控制的境外企业投入，该部分计入中方投资额）。比如： （一）境内企业 A 投入货币×万美元（其中，自有资金×万美元），实物（或技术、股权、债权等）折合×万美元，提供融资×万美元，提供担保×万美元； （二）境内企业 B 投入货币×万美元（其中，自有资金×万美元）； （三）其余部分由境内企业 A 控制的境外企业 a 投入（视为 A 通过 a 投入，该部分计入中方投资额，但不从境内汇出）		
七、项目主要内容和规模		
列明项目的主要内容和规模		
八、备注		
列明备案机关认为需要说明或强调的内容		

（三）投资意向书/条款清单管理

在投融资项目初期，专业投资方一般会要求被投企业、创始人共同签署投资意向书/条款清单（Letter of Intent / Term Sheet，为表述方便，本节中统称"投资意向书"），以确定交易文件中的核心条款要素，如估值和各项重要优先权利等。

投资意向书的大部分条款一般并无法律约束力，但对于少量条款，如保密、费用承担、排他期、管辖权条款等，会单独注明其具有法律约束力。

一般而言，针对投资意向书的争议比较少见。如果投资方和被投公司、创始人意见不合，交易可能无法开展下去，也不存在后续争议的可能性。如果交易进行下去，并签署了最终交易文件，那么各方将基于交易文件的约定解决争议。但即使如此，也不应小觑投资意向书中具备法律约束力条款的作用，以及可能发生的潜在争议。在这些条款中，有关排他期、保密信息的约定由于涉及实质商业利益，可能引发法律纠纷，且由于较为少见，容易忽略其法律风险。

对于跨境股权投融资项目，不少美元基金倾向于在投资意向书及交易文件中约定适用境外法律，并由境外仲裁机构仲裁。不少交易律师和投资方会选择适用我国香港特别行政区法律及香港的仲裁机构。

在相关 VIE 企业上市的法律意见书中，我国内地律师对其的法律意见一般为：相关禁止令的要求可能无法在中国内地法律体系下有效施行。但对于红筹架构而言，由于架构内公司的设立地通常涵盖英美法系国家/地区（如开曼群岛、英属维尔京群岛等）以及我国香港特别行政区，我国香港特别行政区法院所作的禁令虽可能无法在中国内地执行，[①] 但足以对其顺利开展融资活动造成影响。[②]

我国 2012 年修订的《民事诉讼法》首次引入了类似禁止令的行为保全制度，适用范围涵盖民商事诉讼及仲裁。仲裁程序的当事人亦可在仲裁前或仲裁中向法院申请行为保全。[③] 我国内地很多仲裁机构也在其仲裁规则中针对仲裁保全作出了与《民事诉讼法》相配套的规定。尽管我国内地诉讼和仲裁中存在行为保全的概念，但确实未能形成完善的行为保全制度一般性规定。就目前的相关规定而言，对于行为保全的细化规定主要是针对知识产权领域、海事领域以及信用证和保函纠纷。

在实践中，就上述约定排他期的"落日条款"（Sunset Clause）而言，仍然有向法院申请行为保全的可能性。此外，近年来我国部分仲裁机构也在其仲裁规则中引入了紧急仲裁员程序。[④] 紧急仲裁员程序是指在仲裁庭组成之前，仲裁机构可依据当事人的申请任命一位紧急仲裁员审理当事人提出的紧急救济申请，并作出决定。在我国内地，只有法院有权对仲裁当事人的临时措施申请作出决定。

因此，紧急仲裁员的决定在我国内地的执行力不确定。但是，一些国家和地区已经在其仲裁法律制度中承认了紧急仲裁员决定的可执行性，[⑤] 当事人可以向这些国家或地区有管辖权的法院申请强制执行由中国内地的仲裁机构作出的紧急仲裁员决定，我国香港特别行政区高等法院在 2018 年认可了一个北京仲裁委员会紧急仲裁员作出的决定便为例证。[⑥]

（四）企业会计准则对股权架构重组的规定

1. 对企业并购和股权投资处置的规定

根据中国企业会计准则的规定，企业合并分为控股合并、吸收合并和新设合并三种情况。在拆除红筹架构的过程中，一般会涉及控股合并，即股权的购买方在交易中取得对目标公司的控制权，目标公司在合并后仍保持其独立的法人资格并继续经营[⑦]，也就是说，控股合并可以理解为由购买方将目标公司纳入受控子公司的范围。通俗地讲，控股合并就是能够获得目标公司控制权的股权收购行为。特别地，在拆除 VIE 架构中还需要涉及境内运营公司和外商独资企业的整合，整合的方案还可能包括吸收合并，即境内运营公司或外商独资企业中的一方作为合并方取得另一方的全部净资产，合并后另一方的法人资格注销，由合并方承继被合并方的资产、负债。

---

① 例如，香港联交所在其对有关 VIE 企业上市决策（HKEX-LD43-3）的第 18 条 c（ii）中，明确要求 VIE 协议的争议解决条款中"须订立仲裁条款，以及给予仲裁员权力作出以 OPCO 公司的股份或土地资产作为补偿的颁令、禁止令或 OPCO 公司的清盘令"。

② 代兴茂 . VIE 架构的法律内涵特点和风险及监管建议 [J]. 现代企业，2022（10）：3.

③《民事诉讼法》第一百条第一款规定："人民法院对于可能因当事人一方的行为或者其他原因，使判决难以执行或者造成当事人其他损害的案件，根据对方当事人的申请，可以裁定对其财产进行保全、责令其作出一定行为或者禁止其作出一定行为；当事人没有提出申请的，人民法院在必要时也可以裁定采取保全措施。"

④《中国国际经济贸易委员会仲裁规则》第 23 条、《北京仲裁委员会仲裁规则》第 63 条。

⑤ 例如，我国香港特别行政区《仲裁条例》第 22B（1）条、新加坡《国际仲裁法》第 12（6）条。

⑥ 许捷 . 紧急仲裁员仲裁程序及临时措施在内地的实践 [EB/OL]. [2019-06-27]. http：//www.bjac.org.cn/news/view？id=3330.

⑦ 财政部《企业会计准则第 2 号——长期股权投资》（2006）。

在一般情况下，拆除方案涉及的合并都属于同一控制下的合并，因为只是涉及出售方将股权转让给自己的子公司或母公司，但特别地在整合 VIE 架构下境内企业时，因为已经解除了 VIE 控制协议，所以该整合可能会涉及非同一控制下的合并，导致境内运营公司和外商独资企业这两个整合企业间不存在关联关系。

在拆除架构的重组过程中，会涉及原股权持有方处置其对子公司长期股权投资的情况。根据企业会计准则的规定，转让股权投资的，按照长期股权投资的账面价值与实际取得价款的差额确认当期损益①。这一处置损益属于会计上所确认的，和税法体系下要求的损益可能有差异。关于税法要求的"损益"即计税资本利得的概念，会在本章后面提及。

此外，在拆除 VIE 架构的过程中，为了能在拆除后的新架构中有效吸纳投资人和整合境内拟上市主体，还可能涉及境内运营公司和外商独资企业间的合并或整体业务收购或换股收购。从会计确认角度而言，解除 VIE 控制协议后的外商独资企业和境内运营公司不存在控制关系和关联关系，所以涉及吸收合并的，作为合并方的境内运营公司或外商独资企业应在合并之日按照取得的被吸收合并一方资产、负债的公允价值入账，如果所支付的合并对价与被合并一方净资产公允价值存在差异的，该差异就形成了商誉或计入当期损益；涉及控股合并的，作为收购方的境内运营公司或外商独资企业应在合并报表时，对作为目标企业的另一方的资产、负债按照公允价值确认，同样地，如果所支付的购买对价与目标企业净资产公允价值存在差异时，前者大于后者的，差异部分确认为商誉；前者小于后者的，就需要调整合并报表中的留存利润了。

总体而言，会计准则对于"同一控制下"的合并交易采用"账面价值"基础，"非同一控制下"的合并交易采用"公允价值"基础，这和税法体系下的"计税基础"的确认标准存在一定差异。税法体系下的"计税基础"概念将会在本章后半部分进行阐述。

2. 对合并报表和可变利益实体的规定

在红筹架构尚存在的情况下，境外特殊目的公司通过控股或实际控制境内运营公司的方式，将境内运营公司的财务状况通过合并报表的方式吸纳到特殊目的公司中，实现境内资产在境外上市。

比较特殊的是，VIE 架构下境外特殊目的公司并没有直接控股境内运营公司，而是通过一系列控制协议控制运营公司，并通过境外证券交易所认可的会计准则对于可变利益实体（VIE）的会计处理的规定，将运营公司这一可变利益实体纳入合并报表。美国公认会计准则《FIN46 关于 VIE 合并的解释函》对可变利益实体定义为"该实体的投资方对其具有控制权，但该控制权所带来的利益并非来自于拥有多数表决权"，承担可变利益实体主要风险和收益的"主要受益人"需要将可变利益实体纳入合并财务报表范围②。根据该解释函的规定，满足以下任一条件都可以将相关实体视为"特殊目的实体"：

（1）实体中承担风险的权益资本很少，因为股东投入的承担风险的权益资本小，所以享有的投票表决权也很小；相应地，真正承担风险的投入资本来源于其他外部投资。

---

① 财政部《企业会计准则第 2 号——长期股权投资》（2006）。
② Financial Accounting Standards Board（FASB）. Consolidation of Variable Interest Entities ［R］. 2003.

（2）实体的股东无法控制该实体。

（3）实体的股东享有的投票权和其享有的实体利润分配权不匹配"主要受益人"实际控制着 VIE 的财务利益，承担着 VIE 的风险和收益，可以将 VIE 纳入合并报表范畴，但其并不一定是 VIE 的名义股东。可以发现，VIE 架构下的运营公司完全符合上述关于可变利益实体的界定，其本身名义股东就是创始股东，但运营公司的主要利益都分配给了外商独资企业，这与创始股东在运营公司中的持股权益并不匹配。因此，运营公司的损益状况应并入"主要受益人"外商独资企业的报表中，进而一并并入境外特殊目的公司的合并财务报表中。

因此，一旦 VIE 架构被拆除，要想将运营公司纳入拟在境内上市的实体的合并范围，就必须符合中国企业会计准则中关于合并报表需满足的条件，即合并范围应当以"控制"为基础。中国企业会计准则下的"控制"，是指对企业的财务和经营政策具有决策权，并能据以获取经营活动收益，如果能直接或间接拥有半数以上表决权的，就能通过"控制"测试，将被投资企业纳入合并报表范围。在完成红筹架构拆除后的股权架构中，因为拟在境内上市的主体已经从原先的境外特殊目的公司变更为境内企业，所以拟上市主体（无论是运营公司还是原外商独资企业抑或是另外在境内新设的控股公司）只要对其在境内投资的其他运营公司存在上述控制关系，就能纳入拟上市主体的合并报表范畴。

（五）VIE 架构企业税收的法律风险与规制

VIE 架构的企业在我国大量存在，VIE 架构也对我国税务机关的税收征收带来巨大挑战。根据 VIE 架构企业经营中的资金流动过程，税务机关将面临三个阶段的税收流失风险，即境内运营实体向外商独资企业转移利润阶段、外商独资企业向境外转移利润阶段和境外的利润转移阶段。对此，税务机关需要根据每个环节导致税收流失的不同原因，以特别纳税调整权的有效运用、"受益所有人"的实际认定和 CRS 体系的完善与拓展为着力点，构建防范 VIE 架构企业规避纳税的规制体系。

1. 个人所得税制下关于股权转让和投资清算的规定

拆除红筹架构的过程中会涉及创始股东个人从境外特殊目的公司中退出，转而在境内运营公司层面持股，会涉及个人转让股权的行为。根据《股权转让所得个人所得税管理办法》的规定，个人转让股权，以股权转让价格扣除股权投资原值和投资相关的合理费用（即股权投资成本）后的余额为应纳税所得额，按"财产转让所得"这一应税项目缴纳 20%个人所得税。股权投资原值既可以是设立公司时的原始投入，也可以是向前手股权转让方支付的股权受让价格。如果股权转让价格低于股权投资成本或无偿让渡股权而没有合理理由的，会被视为股权转让收入明显偏低，税务机关就有权按照股权对应的净资产份额核定计税股权转让收入。[①]

个人也可能通过由境外特殊目的公司回购股权的形式退出境外投资，所以还需要考虑个人取得股权回购款的税务处理。根据《国家税务总局关于个人终止投资经营收回款项征收个人所得税问题的公告》，个人因各种原因终止投资、联营、经营合作等行为，从所投

---

① 国家税务总局《股权转让所得个人所得税管理办法（试行）》（国家税务总局公告 2014 年第 67 号）。

资的项目或其他投资人处所取得股权转让收入及以其他名目收回的款项等，均应按照"财产转让所得"项目适用20%个人所得税。因此，个人无论通过股权转让还是股权回售的方式收回投资，都面临相同的所得税负担。

2. 企业重组和投资清算的所得税规定

从税务角度，一般情况下的企业重组都需要由取得重组收入的一方确认应税所得缴纳所得税。中国税收居民企业的企业所得税税率为25%，非居民企业取得来自中国的股息所得、股权转让所得的预提所得税税率为10%。境内运营公司和外商独资企业都属于中国税收居民企业，而在境外注册且实际管理机构在境外的财务投资人则属于非中国税收居民。在中国企业所得税体制下，财政部和国家税务总局早在2009年即出台了《关于企业重组业务企业所得税处理若干问题的通知》（财税〔2009〕59号文）和后续相关法规，规定了企业重组（合并、分立、收购等交易）在一般情况下都应按照"一般重组"的方式进行所得税处理。拆除红筹架构的过程除了涉及创始股东个人的股权变更外，剩下的财务投资人、境外特殊目的公司、境内运营公司、外商独资企业间的所有涉及股权转让、业务整体收购、吸收合并等交易全都适用59号文关于企业所得税纳税义务的判定。

对于股权收购（包括中国企业会计准则下的"控股合并"）、资产收购（拆除红筹架构过程中可能涉及）交易，作了如下规定：

（1）被收购方应对处置股权或资产的交易确认应纳税所得或损失；

（2）收购方按照收购所得股权或资产的公允价值作为其税务意义上的投资成本（即"计税基础"）；

（3）收购交易不会改变被收购方原来的相关所得税事项（如所得税优惠、可弥补的税务意义上的亏损等）。

对于企业合并交易（包括吸收合并或新设合并，拆除红筹架构过程中可能涉及），作了如下规定：

（1）存续方应按被合并方各项资产负债的公允价值作为这些资产负债税务意义上的入账成本或价值（即"计税基础"）；

（2）被合并方及其股东都应按企业清算进行所得税处理；

（3）被合并方未弥补完的税务意义上的亏损不能在存续方继续结转弥补。

然而，如果满足下列条件的，并购交易可以享受"特殊重组"的待遇，从而相应的标的可以按照原先的计税基础确定新的计税基础，从而暂缓对重组利得缴纳企业所得税（有点类似会计准则下关于"同一控制下"企业合并的理念）：

（1）重组的动机是出于合理的商业目的，而非为了规避税款缴纳；

（2）被收购的资产或股权不低于标的物总值的50%；

（3）被收购的资产或股权对应的原先的经营活动在重组后12个月内不能改变；

（4）至少85%的重组交易对价应以股权的方式支付；

（5）取得以股权方式支付的股东在重组后12个月内不能转让所取得的股权。

如果涉及跨境重组，还需符合一定的额外条件——股权受让方必须是股权转让方100%直接控股的子公司。在拆除红筹架构的过程中，由于境外私募基金和特殊目的公司为非中国税收居民，在判断其处置境内外商独资企业和运营公司股权是否符合"特殊重组"条件时，还需要结合考虑这一额外条件。①

拆除红筹架构的过程中除了常见的重组交易外，也可能涉及被投资企业回购财务投资人股权的情况。根据相关税务规定，投资企业撤回或减少投资而取得的资产中相当于归属于投资企业的被投资企业留存收益部分，应确认为股息所得（涉及股息所得税）；其余超过投资企业投资成本的部分确认为投资资产转让所得（涉及资本利得所得税）。

3. VIE 架构企业运营时的涉税阶段

依据我国的《企业所得税法》及其相关实施条例，企业来源于我国境内的利润都要缴纳企业所得税。如上所述，为实现境外的融资，境内运营实体（OPCO）必须将在境内所获得的利润向境外转移利润，以使得境内利润能够在境外上市公司的财务报表中呈现。其中，按照利润在境内主体间流动、境内和境外主体间的流动以及境外主体间的流动，其涉税环节可以细分为三个阶段：第一，境内运营实体向所处境内的外商独资企业转移利润阶段；第二，利润从外商独资企业向境外转移阶段；第三，利润在境外转移阶段。

（1）境内运营实体向外商独资企业转移利润阶段。第一阶段即利润流入外商独资企业，在这一环节中，境内运营实体与外商独资企业签订技术服务协议、贷款协议、投票权协议等系列的股权控制协议、交易协议，使得外商独资企业取得对境内运营实体的实际控制权和经营利润。具体是，当境内实际运营企业获利后，其并不保存利润，而是与境内运营实体签订一系列技术服务协议，内容包括提供技术服务的费用和专利技术使用费等，但外商独资企业并不提供实际的技术服务和专利，而实际运营实体却需要支付价款，因此，该协议是以境内运营实体向外商独资企业支付价款的名义，行转移利润之实质。同时，为境内运营实体能够用到外资，保证经营资金的充足，境内运营实体的大股东会与外商独资企业签订相应的借贷协议，该借贷是以企业对个人出借的形式，从而有效规避了税务机关的审查，其约定"由外商独资企业贷款给境内运营实体的大股东"，大股东再将接受的贷款以注资的形式，将其作为境内运营实体发展运营的资金，以满足发展运营的资金需求。为保证上述交易得以顺利进行和保证实际控制股东对境内实体的控制权，在明面上接受借款的大股东会与外商独资企业订立担保上述借款的股权质押协议，并签订优先认购股权协议和投票权协议，以使外商独资企业获得对境内运营实体的日常经营的管理控制权以及对其人事、财务的决策权，成为 OPCO 的实质控制者。综上所述，外商独资企业可以因此既成为境内实体企业的运营者，又可以享有来自该实体的全部利润，而由于该系列协议的隐蔽性，加重了税务机关的核查负担。

同时，从税收优惠的角度来看，各地为招商引资，扩大经济发展水平，总是会给予外商投资企业优惠税率、税收返还之类的优惠，所以当利润转移到外商独资企业的时候，相较于境内运营实体，被征收的企业所得税会相对减少，从而使得"同种行为，不同税收"的出现。除此之外，值得指出的是，在既定的境内运营实体架构设计目标中，通过技术咨询服务、特许权使用费等无形技术的关联交易，达到向外商独资企业转移全部利润的目

---

① 财政部国家税务总局《关于企业重组业务企业所得税处理若干问题的通知》（财税〔2009〕59 号）。

的。由于其所安排的这一系列交易协议标的的无形性、市场价格变动的多样性，实际价格难以核查，往往是以约定为标准，无法进行市场调研，且可以通过约定低价，支付高价的形式，减少增值税的纳税数额，这便是境内运营实体潜在的避税环节之一。

（2）向境外主体转移利润阶段。第二阶段就是境内的外商独资企业向境外公司转移利润资金。在这个过程中，境内的外商独资企业会将利润转移给自己在香港的母公司，再由该香港公司将利润转移至境外上市公司。一般情况下，VIE 架构的企业之所以如此大费周折地通过在我国香港境内设立子公司的形式，转移所获利润，其中自有玄妙之处。因为在香港设立公司，相较于没有设立香港公司而是直接由外商独资企业转移利润至设立在他国境内的上市公司，这就会因我国《企业所得税法》第三条以及《实施条例》第九十一条所规定的，该转移的利润会因其来源于境内，但由于其与境内没有业务或场所上的实际联系而被征收预提所得税。因此，如果通过在香港设立公司，则可以利用《内地和香港特别行政区关于对所得税避免双重征税和防止偷漏税的安排》（以下简称《安排》）中内地对于香港居民公司的特殊政策，当境内的外商独资企业（WFOE）向境外控股公司支付股息时可以得到相应抵免，当利润从香港公司转向境外上市主体时，通过抵扣和《安排》对股息征税的总税额限制，减少了本应缴纳的相应税款，如此一来，在现有法律法规之下，可算是合理避税的方式之一，但也因此使得国家的税源减少。

（3）境外主体利润转移阶段。第三阶段是在我国境外，资金在各离岸公司之间的流动。对于境外上市主体而言，其是否具有我国居民企业身份的认定影响着该企业的税负，因为对于一个企业是否是居民企业的身份判定在税法上是确定我国税收管辖权的基础。如前所述，VIE 架构企业在美国上市，一般先是在开曼群岛或者维尔京群岛设立离岸公司，后以该公司为主体进行上市。根据我国《企业所得税法》第二条的规定、第三条第二款和第三款的规定以及第四条的规定，境外的上市主体以及中间离岸公司在不被认定为居民企业的情况下，其需要缴纳的税款范围和适用的税率均是较低的。由于我国税务机关不会主动去认定境外上市主体的居民企业身份，所以该上市企业虽然是依靠我国境内运营实体进行实际运营的，但承担的是有限的纳税义务，且其在 BVI、开曼群岛等注册地通常不仅不征收所得税，还进行消息封锁，让有关联交易的实际运营企业所在国无法获取相关的税收信息，这就使得企业的利润明明是来自国内，却经过多层"洗白"后变了性质，造成我国税收的严重流失。

（六）政府防范税收风险的策略

1. 境内利润转移阶段规制措施

境内利润转移的避税策略主要是实际运营实体向 WFOE 转移利润的过程中，将利润转移到享受税收优惠的企业主体，即利用转移定价的方式进行避税。在境内实际运营实体（OPCO）向外商独资企业转移利润阶段，如上文所提到的，多是以双方签订系列技术服务提供协议、知识产权排他性使用协议等形式，支付数额如实际经营所得之全部或大部分的利润，达到转移利润的目的。利用关联交易避税的具体方式是，境内运营实体（OPCO）向外商独资企业（WFOE）支付非市场标准的对价，以利用我国对香港和其他关境的企业所得税税率的差异进行避税。需要注意的是，由于该关联关系以及其下的转让定价行为难以被发现，这就需要税务机关克服信息不对称的劣势，强化企业如实进行关联申报的义务和责任，与金融机构、外汇管理机构加强合作，建立起信息交流互换的监控网络，对企业的流水和交易行为实施全方位、全时段的监控，及时发现、挑选异常行为，并对该行为进行持续性监控和分析，为最后的判定提供信息基础。

2. 对香港中间公司的实质性认定

外商独资企业向香港中间公司转移利润的方式主要是采取分配股息、支付利息等形式。由于外商独资企业是香港中间公司的全资子公司，因而在实践中主要采用股息分配方式。

内地与香港的《安排》，是随着两地经贸往来的需要和税收层面的合作而发展来的结果。由于香港的税收征收采取属地原则，如果香港公司所获得的股息、利息等来自内地，那么这部分无须缴纳所得税，且相较于内地，香港中间公司如果向 BVI 的公司以支付股息的形式转移利润时，也无须预提所得税，流进和流出的阶段均减少了被征税的环节，因此香港公司的设立既可以减少从内地流入时所交税的数额，也可以减少从香港母公司流出到 BVI 公司时所交税的数额，如此的架构设计，可以使得 VIE 架构企业的整体税负得到明显的降低。

从内地和香港的《安排》可知，如果要适用税收优惠，那么首先要认定该企业是否属于"受益所有人"。[①] 判断某一香港公司只是 VIE 架构的一个子公司，否定其"受益所有人"身份的时候，应该着重围绕以下四点进行：其一，该香港公司并未直接拥有支付股息的公司的资本，或者拥有的资本少于 25%（抑或是 10%），甚或是拥有符合标准的资本但股息收入并不符合税收规定的比例；其二，该香港公司有约定的义务或者事实上的义务在收到所得的 12 个月内将所得的 50% 以上支付给第三国（地区）居民；其三，结合具体的实际情况，构建交易信息、金融账户信息的分享网络，在此基础上按照实质重于形式的原则否定该公司有从事实质性的经营的活动；其四，为实现内地和香港之间的公平税收制度，建议香港实行协议控制实际人备案制度，承认 VIE 系列合同的有效性，但需要其履行相应的备案手续，以获得当局的认可。

3. 加强共同申报准则的覆盖面和运行机制

为进一步推动国与国之间税务信息自动交换，经济合作与发展组织早些年便提出了 Common Reporting Standard（CRS），中文译名为共同申报准则，共同签署该文件的国家将在通过金融机构之间的合作，彼此之间交换一国税收居民在另一国的收入、持股情况、金融账户等信息，以完成对税收居民符合法律规定的收入等资金流入的征税。与之前的一般信息交换不同，该"统一申报准则"在信息交换时，秉持自动的、无须提供理由为原则而作为的信息交换系统，这不仅提高了中国税务机关对相关的海外金融账户进行税务核查的

---

① 根据《安排》的第十条第二款、《国家税务总局关于执行税收协定股息条款有关问题的通知》（国税函〔2009〕81 号），以及《国家税务局关于税收协定中"受益所有人"有关问题的公告》（国家税务总局公告 2018 年第 9 号）的规定。

效率，还提高了其覆盖面，从而大大减少中国税收居民利用将资金转移海外而逃避税收的机会。因此，在 CRS 全面建成之后，中国税务机关将可以通过该机制掌握中国税收居民在海外的资产情况。对于中国税务机关而言，CRS 有助于实现中国境外税源的有效监管。对于 VIE 架构的企业而言，中国的金融机构便可以对境内运营实体的金融账户进行实时监控，发现与其有"可疑"交易的企业，并实施联动监控，建立起关于该企业资金流动的信息库，后将他国（地区）所提供的关于该企业的境外金融账户的相关信息，以及关联企业的境外金融账户信息进行综合分析，据此判定 VIE 架构企业的居民企业身份，同时对来源于境内的收入予以重新核查、征收相应税款。

目前 VIE 架构企业在我国大量存在，伴随着大量的税收征收风险。在境内运营实体向外商独资企业转移利润阶段，两个企业会因同一控制权下所形成的关联关系而采取转让定价的方法进行交易，该情形下的交易极为隐蔽，税务机关要想进行特别纳税调整，就必须与各机构、机关建立完善的监控、分析网络，克服信息不对称，实现准确认定。在 WFOE 向境外转移利润阶段，我国的税务机关要用实质重于形式的原则，否定该香港子公司的"受益所有人"地位，从而判定该公司不享受税收协定的优惠。在境外利润转移阶段，我国应加强 CRS 的合作面和信息网络的构建，加大信息交换的力度，减少关境间协作上的困难，防止 VIE 企业利用跨境逃避税收征收的监管。目前，我国需要着重注意 VIE 企业在前述三个阶段的税源流失问题，才能对其形成有效的规制体系。

第四节　对赌协议的效力及监管

对赌协议在我国私募股权投资中是比较普遍存在的，它是一种不完全契约，是双方对于未来风险防范的一种射幸合同。由于在我国现行的股份转让限制制度方面有特别的规定，对赌协议在我国实践中存在很多问题。监管部门不应该全面禁止对赌协议的存在，而应该引导对赌协议在私募股权投资中发挥更多的积极作用。从市场角度出发，从中小企业立场出发，积极引导对赌协议，让对赌协议在阳光下运行。加强对赌协议的监管研究，从而促进我国中小企业稳定健康的发展。①

一、对赌协议的监管方式

（一）证监会的监管方式

1. 证监会的监管背景

目前国内私募股权投资退出被投资企业的主要方式是通过推动企业被并购，或者通过企业 IPO 上市之后售卖持有的股票而退出，这也反映了我国私募股权投资的退出渠道比较匮乏。投资机构投资目标企业后，只能等到目标企业收并购或者 IPO 上市，这个难度非常

---

① 刘津宏. 以目标公司为主体的对赌协议法律效力问题研究 [D]. 成都：西华大学，2020.

大，因此只能通过对赌协议来保障自己能够退出。实务中，在企业申请 IPO 的过程中，很多都有以股份调整为内容的"对赌协议"的存在。

证监会的窗口指导意见认为，这样以股份调整为内容的"对赌协议"会使得企业的股权处于不确定状态，会使得企业在 IPO 前股权架构不稳定。根据《首次公开发行股票并在创业板上市管理暂行办法》可以看出，在创业板上证监会仍然认为以股份调整为内容的对赌协议会让目标企业股权机构不稳定。该暂行办法第十三条规定，发行人董监高和主要业务都不能发生重大改变。虽然没有关于对赌协议的法律规定，但是由于证监会"窗口指导意见"的存在，很多企业与投资机构对赌时，往往会把对赌协议隐藏地下。因此在实际中存在 70% 的企业对赌，但是披露的却只有 10% 不到。正是由于各种隐蔽对赌协议的存在，往往成为企业和投资方出现各种纷争的原因。随着企业自身实力的增强，一些有实力的大企业在和私募股权投资基金进行对赌时，为了防止自己因为违背政策规定而受到不利影响，可以和投资机构约定"一旦企业申请 IPO，该对赌协议就不发生效率"，这样可以化被动为主动。[①]

2. 证监会的功能作用

证监会自成立以来，承担着以下职责：根据市场发展情况，建立完整统一的证券市场监管体系，对所有的证券期货监管机构建立比较完整的垂直管理系统。对市场的证券期货业进行全面的监管，全面加强对证券期货交易所、上市公司以及各大中介业务机构的监管，严格规范相关机构信息披露标准，灵活应对证券金融市场风险。加强对上市公司及其有信息披露义务股东的证券市场行为的监管。监控证券期货市场信息传播活动，并对相关信息进行统计和整理。加强对审计师事务所、会计师事务所、资产评估机构等中介机构的监管，并对其从业资格进行审查。[②] 可以看到证监会之所以对对赌协议实行"一刀切"的政策，主要是由于其监管范围太广，监管职责太多，承担的责任导致其一切从严的政策。

3. 证监会对对赌协议严厉监管

（1）严厉监管原因分析。虽然对赌协议在实务中有巨大的吸引力，并且被各行业广泛运用，但是证监会对其合法性一直没有承认。在公司首次发行股票并上市交易，证监会对对赌协议态度始终是禁止的。为什么对赌协议，在国外属于合法的机制，而证监会却始终不承认。主要是因为很多对赌条款违反了我国法律规定，比如优先受偿权条款、一票否决权等，违反了公平等价原则。因为对赌协议随时可能执行，对赌企业的股权架构随时可能变化，这样各种纠纷就很容易发生。[③]

监管层对 IPO 中的对赌协议仍延续着从严把控的审核政策，坚决不允许对赌协议存在主板市场。在实践中几乎 70% 的企业在 IPO 阶段涉及对赌，然而真正披露的却不到 10%，并不是对赌协议就不存在了，只是隐藏起来了。首例对赌协议诉讼案，虽然否定了创投和公司之间的对赌，但是却肯定了对创投与股东之间的对赌。[④]

---

① 郭锋. 金融发展中的证券法问题研究 [M]. 北京：法律出版社，2010：98.
② 潘江河. 我国私募股权投资基金监管法律制度研究 [D]. 重庆：西南政法大学，2018.
③ 李寿双. 中国式私募股权基金：募集与设立 [M]. 北京：法律出版社，2009：111.
④ 傅穹. 对赌协议的法律构造与定性观察 [J]. 政法论丛，2011（6）：66-71.

海富投资案作为国内首次因对赌协议诉讼的案件，最高人民法院不是从对赌协议的法律属性出发，而是以对赌协议是否侵害公司及债权人利益作为主要依据进行判决。一方面，最高人民法院认为甘肃世恒股东与海富投资之间的对赌没有损害公司及债权人的利益，当事人的意思表示是真实的，因此是合法有效的。另一方面，认为两者对业绩的对赌超过了正常范围，并且损害了公司和债权人利益为由，而认为海富投资与甘肃世恒之间的对赌不符合法律规定。

实际上，证监会虽然在 IPO 阶段对对赌协议"严防死守"，但如果在股权分置改革、定向增发、重组等领域出现对赌协议还是比较宽容的。这说明，证监会对于对赌协议的重要作用还是比较清楚，而主要考虑到一旦对赌失败，其对国内企业毁灭性的打击也是显而易见。

证监会在 IPO 阶段之所以一刀切，笔者认为可能有以下原因：其一，在定向增发阶段允许对赌因为受益的是股东，而 IPO 中对赌收益的主要是投资机构；其二，保护我国并不成熟的中小企业和资本市场。国内资本市场监管机制相比美国而言，还是比较落后的。数不清的国内大企业对赌失败，而被其他公司收购，可见无论企业实力多么强大，一旦涉及对赌就会不堪一击。证监会本着保护广大中小股东利益，以维护国内资本市场的稳定为初衷。国外投行们会以千奇百怪的对赌协议，让国内企业防不胜防。所以宁可背负骂名，证监会还是要防止国内的企业成为国外投行的猎物。

（2）证监会对对赌协议的关注点。

第一，股权可靠真实、股权架构稳定。[1] 以股份变动为内容的对赌协议，可能对中小股东利益造成重大损害，证监会不允许这样的协议存在。

第二，存在现金补偿的对赌协议。对赌协议会约定对赌企业失败后会给投资方进行现金补偿，如果是用大股东自有资产来补偿还好，但是如果是用企业资金来进行补偿的话，会严重影响企业的生产经营，从而损害中小股东的利益。

第三，对赌协议内容是否完整，是否完全披露所有对赌内容，比如实务中的股份代持问题。

因此，证监会设置这个条款的目的主要是想通过对对赌协议的完全披露，通过阳光化的运作从而规避对赌给企业带来的各种不确定性的风险。[2]

综合分析上述情况可以看出，证监会只是对涉及股权变动的对赌协议完全禁止，但是对其他方面还是比较宽松的。

（3）证监会全面禁止对赌协议所面临的问题。

第一，不利于中小企业健康成长。科技创新型企业发展的关键就是资金，许多科创企业就是因为资金链的断裂而被扼杀在摇篮中。由于我国中小企业往往企业规模弱小，大部分企业由于轻资产属性，所以很难通过间接融资从银行获取贷款。目前我国中小企业可以通过直接、间接两种融资方式融资，直接融资主要是股权、债权融资。由于我国债务融资

---

①　汤谷良，刘辉. 机构投资者"对赌协议"的治理效应与财务启示 [J]. 财务与会计，2006（20）：33-36.

②　李磊. 私募股权投融资指引 [M]. 北京：经济科学出版社，2009：190.

市场起步很晚，发展非常缓慢，我国债权市场基本上很难向民营企业开放。中小企业融资渠道有限，间接融资的成本太高，创投不仅能够解决企业的资金问题而且有利用加强企业的经营管理，所以企业希望在投资机构的帮助下实现企业快速发展。当然由于资本市场融资难，创投为了降低因信息不对称而带来的投资风险，往往会采取一些保险措施。于是，投融资双方就约定一定期限的对赌。在西方资本市场，基本上所有的投资都会涉及对赌协议，对赌协议非常合法合理地存在于西方的资本市场中。① 如果不承认对赌协议在资本市场的合法地位，将让大量的企业难以生存，也让我国私募股权市场很难发展，这也违背了资本市场建立的主要目的。

第二，强堵不疏会引发更大麻烦。如果对对赌协议只是禁止而又不加以引导，很可能使得企业为了能够符合上市要求，只好隐藏对赌协议，或者通过各种形式来规避法律，这样只会让风险不受控制，最终引发各种社会危机。拟上市公司和投资机构会采取一些方法来逃避证监会的监管，比如股份代持、隐瞒不报或者表面上终止对赌协议实际上依然执行，这反而会引起更多的经济问题。因此，我们不能否定对赌协议的存在，边管理边引导，使得对赌协议产生更多积极效应。证监会在创业板上应该做一些突破尝试，让对赌协议阳光化，使对赌协议在创业板发挥更大的作用。保荐机构、律师事务所根据实际情况对对赌条款发表独立的意见供市场参考。因为如果不承认对赌条款的合法性，则当对赌条件实现时，融资企业与投资机构会通过股份代持来实施对赌条款，逃避证监会的监管，这反而增加了企业未来的经营风险。② 因此，对赌协议在创业板应该有一个突破口，让对赌协议在阳光下运行，发挥创业板在培育创业企业方面的作用。③

第三，不利于资本市场的活跃。一刀切的做法危害企业创新，并不会让对赌协议消失。企业在监管部门的高压下要么通过股份代持来绕过监管，要么选择法制更宽松的国家上市，国内大量的民营企业携手外国投资机构到海外上市已经是一个比较普遍的现象。④

监管部门这样的强压政策无疑会让大量国内优秀的企业走上这两条路，也使得国内的投资者失去很多很好的投资机会。股权变动在证券市场上是经常发生的，其实只要对变动信息进行及时披露，保障投资者的知情权，投资者对对赌协议还是可以接受的。

在香港以及欧美资本市场是允许对赌协议在拟上市公司中存在的。它们认为，在企业信息披露真实完整的基础上，投资者应该自己判断是否进行投资。考虑到对赌协议可能让目标企业股权发生变化，但是股权变化从一定程度上也会促进股票市场交易，全盘否定对赌协议的合法性是不应该的。我国证监会、上交所在建立创业板初期，也考虑过让对赌协议阳光化，最后还是担心由于我国目前资本市场还不成熟，运行对赌协议会造成不良的后果，而没有实行。国家总是扮演监护人的角色，只会造成企业对政府严重依赖，这样也严重扼杀了我国企业的创造性。即使监管机构打压禁止对赌协议，投融资双方会采取各种方法来掩人耳目。这样，一旦对赌失败，中小投资者将会遭受更大的损失。如果对对赌协议

---

① 谷志威.公司 IPO 上市操作指引［M］.北京：法律出版社，2015：117.

② 李雨龙.私募融资经典案例［M］.北京：法律出版社，2009：60.

③ 谢清河.我国创业板平稳运行和机制完善问题探讨［J］.现代经济探讨，2011（10）：44-48.

④ 刑军.中国民营企业融资状况发展报告［M］.北京：中国经济出版社，2012：2.

进行及时披露，给予中小投资者打个预防针，他们将能更好地应对风险。建立健全的信息披露机制，是我国证券市场走向成熟、稳定首先要解决的事情。

（二）股转公司的监管方式

1. 监管背景

对赌协议其实是投资机构对被投资企业的一种价值评估方式，对它应该客观全面地看待，不能偏激。由于信息不对称创投机构并不总是处于优势地位，创投不仅要给企业投入资金，而且还要在后续投入精力和经费来改善企业管理。很多企业利用对赌协议获得了巨大的成功，因此对赌协议并不是真正意义上的赌博，关键看企业如何运用它。全国股转系统也正是看到对赌协议对中小企业的作用而采取和证监会完全相反的政策。

目前全国股转系统允许对赌协议在挂牌公司中存在，这在很大程度上对中小企业融资的成长发展起到重大的作用，这表示全国股转系统公司认识到中小企业发展过程中遇到的问题，同时表示对中小企业的重大作用已经意识到。相比于证监会的"一刀切"政策，体现了全国股转系统对中小企业的包容和理解。由于存在对赌协议的企业往往是成长空间很大的企业，所以投资人也愿意冒一定程度的风险，因为这些成长空间巨大的企业如果挂牌成功，将会帮助投资人实现资本的几何倍增值。在实践中，国外投行对国内企业的投资已经广泛地使用对赌协议，尤其在一些初创企业中有许多成功的案例。全国股转系统挂牌公司大部分为初创期企业，对赌协议公开化也得到了各方的承认。很多已挂牌公司在定向增资过程中也存在对赌协议。可见股份转让系统对对赌协议是非常宽容的。

2. 股转系统的功能作用

1992年7月成立的法人股流通市场STAQ（全国证券交易自动报价系统）和1993年4月成立的法人股市场NET（全国证券交易系统），简称"两网"，现在的股份转让系统就是起源于此。后来"两网"于1999年9月正式停运，主要为了防范金融危机，规范法人股问题。后来成立了"股权代办转让系统"，之前的退市公司，并为"两网"系统挂牌公司流通股转让提供通道，这个系统后来被称为"旧三板"。后来，中关村科技园区非上市股份公司为了股份转让，进入了代办转让系统，称为"新三板"。中关村科技园区开始了代办股份转让的试点工作，和之前的股份转让系统不同，这些挂牌企业是以高科技企业为主，故形象地称为"新三板"。2013年1月，北京中关村证券公司代办股份转让系统改名为"全国中小企业股份转让系统"，全国中小企业股份转让系统正式成立。继沪深交易所之后，全国股份转让系统是第三家全国性证券交易场所，作为我国多层次资本市场的一部分，与证券交易所的功能定位是相同的。

全国股份转让系统和沪深交易所由于功能和定位相同，都受中国证监会的相关监管。全国股份转让系统在服务对象、制度规则方面与沪深交易所不同。全国股份转让系统主要服务于创新创业型的企业，其挂牌企业与上市公司相比比较小。企业处于成长早期，有的盈利模式还是非常清晰成熟，并且很多在所属的细分行业占据领先地位，发展前景比较好。这类企业很多具有"轻资产"的属性，很难从银行获得信用贷款或者抵押贷款，而沪深交易所较高的市场准入门槛，也让中小企业可望而不可即。全国股份转让系统为解决这些初创企业的难题，让更多优秀的企业提前进入资本市场，让资本的进入来加速中小企业的发展。从而促进我国大众创业、万众创新的局面。因此，全国股份转让系统的出现，扩大了我国资本市场容量，也促进了我国资本市场的发展完善。

3. 股转系统对对赌协议监管全面升级

（1）股转系统关注对赌协议的主要方面。股转系统对对赌协议在以下三个方面比较宽容：

第一，挂牌主体之间不能存在对赌协议，及时清理可能损害挂牌主体的条款。

第二，控股股东和投资方之间的对赌协议可以存在。

第三，对于已经存在的对赌协议，应该在挂牌之前解除责任和义务，如果不能解除的，中介机构需要发表独立的意见证明对赌条款不会对挂牌主体的控制权、持续经营能力产生任何影响，这样才能保证公司和中小股东的利益不受损害。

市场上已挂牌公司签订对赌协议的，要么已经在挂牌前清理了，或者对自己的部分对赌义务进行了解除，或者直接通过大股东签署协议，来撇清同上市主体的直接关系。但是，由于新三板公司股权相对集中，控股股东往往决定着公司的命运，很难保证控股股东对赌对公司不会造成影响，道德风险和合法合规风险还是存在的。

（2）股转系统监管全面升级，募资新规严控对赌协议。随着交易的规模的扩大，股转系统也开始加强对新三板的监管，并且开始"全面升级"。股转系统发布《挂牌公司股票发行常见问题解答（三）》，对很多特殊条款都做出了具体规定。笔者认为，这些规定将在一定程度上遏制新三板募资违规使用的乱象。股转系统开始加大对对赌协议的监管，投资方只能和大股东或者实际控制人之间对赌，并且开始收紧挂牌企业定增融资中的对赌协议。

未来投资机构不能和目标企业对赌，只能和大股东对赌，虽然能和大股东对赌，但是股转系统对目前对赌协议中的很多特殊条款都明令禁止，包括反稀释条款、强制分红权、最优权、清算优先权。虽然不是完全禁止对赌协议，但是不允许以下内容存在：

第一，挂牌公司作为对赌的主体。

第二，对挂牌公司发行股票进行融资的价格进行规定。

第三，有权决定挂牌公司是否进行权益分派。

第四，如果挂牌公司未来需要再融资，新投资方与挂牌公司约定了优于本次发行的条款进入目标公司的，只能按照目前的认购方条件来执行。

第五，投资方有权不经挂牌公司内部决策程序，直接派人进入挂牌公司董事会或者享有一票否决权的规定。

第六，优先清算权条款。

第七，其他可能损害挂牌公司或者其股东利益的特殊条款。

其实从目前市场上对赌协议的类型上看，以上7条包括了所有的对赌协议的类型。在财务业绩、非财务业绩、上市时间和企业行为四个方面进行对赌是对赌协议的基本内容，其中在财务业绩和上市时间上比较普遍。如果对赌失败，对赌企业将会在现金补偿、股份补偿、股份回购等方面给投资机构进行弥补。其实在对赌协议中除了设定补偿条款之外，还会在股权转让限制、优先分红权、优先清算权、共同售股权等方面做出特殊规定，主要是保障投资机构的特权。随着新规定的出台，涉及以上对赌条款的对赌协议都被禁止。

（3）股转系统监管带来的影响。虽然在新三板市场上对赌失败的案例很多，但是对赌协议的作用，实际上是一种中小企业获得投资机构投资的催化剂。投融资双方通过一定的约定来保障双方的一些利益。合理的设计对赌条款，投资人的风险被大大缩小。当然随着监管新政下发，对赌协议的范围将大大缩小，企业定增会受到各种限制。此次监管层在很多方面对签署定增协议进行了限定，也会使企业的定增更加困难，投资机构也不会像之前那样轻易投资。虽然不是说私募股权投资非对赌不可，但是对赌协议此前还是对投资人来说起到重大的保障作用。

（三）证监会与股转公司监管方式的差异

股转系统是经国务院批准、证监会设立的，由证监会直接管理，基于沪深交易所之后的第三家全国性的证券交易场所，这是国务院给这个市场做的定位。中国证监会是监管规则的制定者，指导协调、监督检查各派出机构和全国股转系统的工作。全国股份转让系统的基本监管框架由证监会搭建，全国股份转让系统公司自律监管的同时，中国证监会依法对其实行统一监管。

股转系统的主业是服务中小企业，坚持以多元化的市场为导向，以创新产业链完善资金链为目标，为中小企业融资提供对接平台，实现投融资的对接，建立与沪深资本市场不一样的运营体制。这几年，中国证券市场的发展一直在创新，制度和机制创新是主要，比如，证监会一直全力探索和推动的注册制改革，也在业务和产品上努力创新，如沪港通、优先股等。其中，体制创新的重要成就就是新三板。

因此，股转系统其实就是证监会对中小企业发展提供的专业化交易平台，是证监会突破自身家长主义制监管方式的重大举措。证监会和股转公司两者的监管政策的差异也是由于中国目前多元化不成熟的资本市场所决定的。

二、完善对赌协议监管①

（一）制定示范合同，明确对赌协议地位

对赌协议不属于民事合同的范畴，应该属于金融投资合同。按照金融投资合同的理论，当在签订完对赌协议之后，投资方应该就是投融资合同的权利人。投资机构有权享受投资权益，因而投资合同是这个权益的凭证。作为一种金融投资合同，对赌协议存在的金融股权投资市场存在信息不对称的情况。私募股权投资是一个高风险的行业，对赌协议是这种风险的防范措施之一。② 为规范对赌协议的应用，我们按照其他有名合同的形式为对赌协议制定一种示范合同。不仅能够对投融资双方在签订对赌协议的时候起到指导作用，也防止对赌协议被误用，减少时间和经济成本投入，相关的法律纠纷也会大大减少，使我

---

① 彭晓晓. 以目标公司为主体的对赌协议典型案件研究 [D]. 合肥：安徽大学，2019.
② 李磊. 私募股权投融资指引 [M]. 北京：经济科学出版社，2009：13.

国私募股权投资就会更加健康稳定地发展。

由于我国属于大陆法系国家，虽然目前很多法院判例肯定股东和创投之间的对赌，但是依然没有制定对赌协议相关的法律条款。然而，美国相关法律规定，金融投资合同必须向证券和交易委员会备案并进行相应的信息披露才能获得相应的权益保障。因此，我们可以学习美国的经验，从证券法律中来解释对赌协议，按照证券化的方式来管理对赌协议。有关部门在总结国外先进经验的基础上，推动司法部门加强对对赌协议的司法解释，从法律上认可公司股东与创投之间对赌的合法性。

（二）完善对赌规则，确保对赌协议公平合理

由于大量中小企业在与投资机构对赌的过程中，设定巨额补偿标准，严重违背了企业发展规律，也增加了不稳定因素，这样长期下去会对我国经济发展造成重大影响。[1] 对赌协议的实质是作为一种金融估值工具，其也是投资机构对融资企业进行估值的一种方式，因此相关机构在对目标企业进行资产评估的过程中应该客观科学合理评估，使企业的资产评估尽量接近企业的实际价值。在对企业科学估值之后，可以对对赌协议的补偿标准进行规定，笔者建议限定在投资额度的 100%。即使企业对赌失败之后，也不会给投资机构带来超过投资额两倍的赔偿，这样不仅能够减少企业估值的误差和降低因股东对赌失败而带来的不利影响，也有利于我国中小企业积极健康的发展。

为了尽量减少我国中小企业对赌的风险，更加科学地建立对赌标准，笔者建议中小企业在与投资机构签订对赌协议的过程中可以分阶段对赌。这样企业会以一种更加稳定的速度发展，投资机构也不会承担很大的投资风险。而且能很好地激励管理层，减少企业代理人道德风险的同时减少企业盲目扩展的风险，使企业制定长远发展战略，而不是急于求成，按部就班地让企业发展壮大，而不是为了完成对赌目标而不顾企业真实情况，只顾眼前利益，损害企业长远利益。因此，笔者建议中小企业在与投资机构对赌时，一定要立足长远发展，与投资机构多次签订对赌协议，分阶段执行对赌。

（三）适用情势变更，完善信息披露与担保制度

通过完善对赌协议信息披露的相关规定，融资企业债权人就能及时获取企业发展信息，也能防止企业做出损害债权人利益的决策，更好地保护债权人的利益。让投资者来判断公司未来是否值得投资，对赌协议也是这个道理。笔者建议证券监管部门制定有关对赌协议的格式准则，要求公司对对赌协议内容完整及时的披露。保荐机构、律师事务所需要发表独立的意见，这样会让投融资双方自己做出选择，由市场做出最后决定。

通过建立债权人提前请求偿权制度，要求对赌企业在给投资机构兑现对赌承诺之前，先偿还债权人债务。但是如果因为偿还债务而严重影响企业的生存时，对企业和投资机构来说都是不公平的。同样如果因为执行对赌协议而给投资机构进行了补偿，但是又没有考虑到债权人和中小股东的利益同样是不公平的。因此通过让对赌企业为债权人、中小股东、投资机构提供责任担保，可以使这个问题得以解决。

---

① 李磊. 私募股权投融资指引 [M]. 北京：经济科学出版社，2009：209.

情势变更是指合同有效成立后，由于发生了不可预测的原因导致合同无法继续履行，如果继续执行合同对一方显失公平，这种条件下双方变更合同内容或者解除合同。投融资双方可以根据企业所处的行业特点和企业本身的状况，在对赌协议中设定情势变更的具体条款，对情势变更的条件和补偿给付比例都做出一些具体规定，这样就能减少很多纠纷，通过这些规定对赌协议会更加的公平合理，企业不会因为对赌失败而倾家荡产，有利于我国企业健康稳定的发展。

（四）建立科学规范的企业估值标准，完善多层次资本市场

1. 建立科学规范的企业估值标准

应该学习国外的"动态调整评估法"，以企业未来的发展潜力和营业能力作为判断。通过这种方法，对目标企业进行客观公正的评价，双方会更加清楚地认识企业目前的状况和未来的成长空间，更不会盲目冒进而不考虑企业的系统性风险。通过科学的价值评估系统来对企业进行科学估值，从而大大减少企业因估值不合理而带来的经营风险。对赌企业要全面分析自身的优势和弱势，从企业的市场占有率、企业所处行业位置、企业的管理能力、企业的市场销售能力等方面做全面审查，这样才能制定出科学合理的企业发展战略，避免企业因对赌高压而做出不合理的发展策略。作为专业的私募股权投资机构，投资方应该通过科学合理的企业价值评估体系来对目前企业进行全面分析，尽量对企业进行合理科学的估值，减少因企业信息不对称而给双方带来的不利影响，通过分析目标企业的会计报表和订单情况，对目标企业进行全方位、多角度的剖析，来减少投融资双方的决策失误，避免双方承受巨大损失。

2. 完善多层次资本市场

在目前资本市场融资难的情况下，中小企业尤其是中小型民营企业基本很难在资本市场融到资。在目前市场上存在着许多不怀好意的私募股权投资者，想通过对赌协议而实现对很多优秀民营企业的恶意收购，这种情况下的对赌协议反而成为我国资本市场发展的障碍。只有积极完善多层次的资本市场，使中小企业的融资渠道多元化，才能从根本意义上解决中小企业融资难的问题。只有当中小企业有各种融资渠道选择时，中小企业才不会被投资机构用各种不合理的对赌协议来要挟，也增加了中小企业的谈判筹码。这样才能最终解决融资企业与私募股权投资机构双方这种不平等的地位，实现投融资双方风险共担。

在对赌协议的司法判决中，主要的判决依据是以对赌协议是否损害了公司与债权人的利益为原则，从而判断对赌协议是否合法，对不合法的必须强制清理。对于公司股东与创投之间的对赌，如果存在优先分配权、优先清偿权和董事会一票否决权等特殊条款，这些违反了《公司法》中同股同权的相关规定，必须在上市之前进行强制清理。除此之外，公司股东与创投之间的对赌没有任何法律障碍，并且在一些司法判例中也对对赌协议表示认同。因此，证券监管部门可以通过制定关于对赌协议的负面清单，将所有违法的对赌协议列入清单之内，包括公司与创投之间的对赌，违反同股同权的对赌都列入负面清单之内。其他法律没有禁止的对赌协议不需要列入清单之内，再配合充分的信息披露制度将对赌条

款予以公开，将会对赌协议带来的风险最小化。

三、上市公司股权再融资监管

（一）上市公司股权再融资监管必要性

1. 证券市场中的信息非对称将致使市场作用失灵，扰乱金融市场秩序

当前，我国证券市场仍在快速发展阶段，证券市场中存在诸多问题，而在此环境中部分中小投资人追涨杀跌现象突出，因此需要政府对此进行管制，以保证金融市场稳定。而对于上市公司而言，上市公司股权再融资通常都是利好消息，因此会引起投资人广泛关注。但是普遍而言，投资人缺乏对再融资上市公司质量信息的了解，因而需要加强监管。此外，我国对于上市公司再融资有关信息披露方面的机制体制也存在缺陷，如证监会过度关注上市公司的初始信息披露，但是却忽视了证券市场中的长效机制，缺乏上市公司信息持续披露的供给，因此难以保证上市公司信息披露的自觉性，会使得证券市场中的信息非对称问题严重，而信息非对称将致使市场作用失灵，误导市场资金流向，将对投资人的经济利益造成损失，甚至部分上市公司会利用虚假信息开展"恶性圈钱"行为，扰乱金融市场秩序。

2. 上市公司再融资需要政府对其进行监管，以保证再融资的合法与合理性

上市公司再融资有其自身的特性与属性，需要政府对其进行监管，以保证再融资的合法与合理性。例如，证券市场中投资人所交易的股票证券产品其本身并没有内在价值，只表示投资人对现实资本的占有量，因此股票证券产品具有虚拟性，需要政府对其进行监管。同时，我国上市公司股权架构较为复杂与特殊，其中不能流通的法人股权比例需要达到60%以上。因此，股权再融资在一定程度上可以改善上市公司内部股权架构，但是单一式的股权架构变化无法达到财务管理中对于最优资产结构的要求，存在不合理问题，同样需要政府加强监督与管制。

3. 证券市场法律法规有待完善，仍需要监管部门作为指引者角色来规范证券市场发展

根据不完全契约理论，当法律法规较为完备时，采用司法形式进行规制是一种高效的策略，一切市场失灵问题都可以通过法律途径得到纠正。我国证券市场法律法规有待完善，仍需要政府监管部门作为指引者角色来规范证券市场发展。现实状况是社会中不存在完备的法律法规，任何法律法规都存在一定缺陷，因此需要政府的行政监管与其进行互补，以协同手段共同治理证券市场，规范上市公司再融资行为。例如，我国上市公司再融资的资格审核环节使用的是核准制，主要通过证监会采用复杂的标准和过程进行审核，审查内容众多、程序较为烦琐，因此审查的周期长，容易导致融资公司无法在最优时间内获得融资。对此，上市公司为了最小化损失往往采用超额融资策略，而这会导致资金闲置浪费问题，降低了资金使用效率。同时，超额的融资量也将对融资企业造成额外成本压力，增加上市公司的融资成本。

（二）上市公司股权再融资监管策略选择

1. 拓展监管主体，以协同监管模式提升监管效率

当前，上市公司再融资的资格审核由证监会全权负责。但是，现实状况表明该种审核

策略效率不高。因此，对于政府监管而言，除了基本的法律法规之外，政府监管部门还可以利用其他监管资源获得与法律法规相当的监管效果。但同时需要注意的是，对于融资监管这种具有高度敏感性的监管而言，也不能完全依赖市场，因为市场在一定"度"之外也会存在市场失灵问题，需要政府对其失灵现象进行纠偏。因此，建议上市公司再融资监管由政府及市场采用协同监管模式共同对其进行监管。但是，政府监管与市场监管之间存在一定的界限，必须明确二者职责。由于监管是一项严肃而缜密的行为，因此需要国家法律为其授信，由政府职能部门为监管主导，以提升其权威性。

2. 完善改进上市公司再融资监管机制

（1）加强对上市公司再融资资格的审核力度，完善股权再融资公开业绩承诺监管。业绩承诺是基于重组公司与上市公司所签订的业绩补偿而向社会做出的公开承诺，虽然我国已有相关法律法规，例如，《上市公司重大资产重组管理办法》要求公司对补偿信息进行必要的信息披露，但是信息的披露完全依靠公司自觉性，因此监管部门有必要对其不兑现补偿承诺进行监管。对此建议：其一，加强业绩承诺兑现的保障性制度建设，需要采取必要措施保证公司履行业绩补偿承诺。[①] 例如，上市公司在使用股权回购形式对投资人补偿的情况下，监管部门要禁止股权质押，以防止因所有权变更导致无法进行回购。其二，加强政府与第三方监管机构的合作力度，通过第三方监管机构的专业性及时发现潜在问题及风险，防止潜在风险进一步扩大。例如，赋予第三方监管机构随机抽查的权利，通过经验和技术手段对上市公司履行承诺的可能性及未来运营过程中的可靠性进行评估，最大化投资人利益。其三，建立相应的惩戒制度，对于无法履行承诺或者恶意违约行为进行严肃处理。尤其是对合谋或者故意透露虚假信息的公司，误导市场投资人而导致恶劣后果的公司，应当处以行政处罚、强制退出等处罚。

（2）加强事中监管，加强对股权再融资行为的监管。重点加强对上市公司再融资敏感期的监察力度，一旦出现异常行为则需要进一步检查。同时，为了确保上市公司所提供的信息的真实性，建议相关监管部门还应当对上市公司申请再融资之前的一段敏感时期进行复查，从源头中消除潜在风险与问题。[②] 事中监管由于耗时周期较长，从发现问题到解决问题需要一定的时间。因此，为了保证查处机制的灵活性，建议将上市公司违规次数以及违规后果大小作为衡量惩处标准，可以通过数案并罚等方式，减少违规案件的累计，为后续顺利进行监管提供必要空间。公司发展到一定规模后，需要将上市落实到战略层面，以指导自身不断进步和壮大。上市不仅可以给公司带来生机和活力，还可以提升公司竞争力和知名度。

（三）上市公司股权再融资监管的改进路径

1. 政府完善对资本市场的监管

政府应该通过制定相关的融资政策和法律来加强对中小企业融资的支持与保障，营造

---

① 刘海明，王哲伟，曹廷求. 担保网络传染效应的实证研究 [J]. 管理世界，2016（4）：81-96+188.

② 陈险峰，胡珺，胡国柳. 董事高管责任保险、权益资本成本与上市公司再融资能力 [J]. 财经理论与实践，2014（1）：39-44+102.

更加稳健和规范的营商环境，同时加强政策引导和监督，建立健全多层次的资本市场，从而推动资金使用效率的提升。

（1）监管体制应随监管模式的改变而调整，行政监管与自律监管各自归位。进一步改进和完善新三板市场的相关制度及规范，加强主板市场的巩固，发展中小板市场，加强创业板市场的壮大，健全中小企业经营数据的信息披露机制，并加强对信息的审查和管理，以便私募股权投资机构可以充分掌握被投资企业的发展动态，对其发展做出评估，从而进行科学的决策。

（2）为了完善我国资本市场功能，使之更好地服务于实体经济，并解决股权再融资监管中存在的问题，以"上市公司股权再融资市场化改革"为监管改进的总体方向。一方面，淡化盈利与分红指标要求，放松定价管制，确保各类股权再融资工具发行条件与机制设置的平衡性。另一方面，准入审核领域实行注册制。2018年2月，股票发行注册制改革获准延长两年。鉴于此，在包括我国上市公司股权再融资在内的股票发行领域，注册制已明确成为监管改革的方向。注册制下，发行申请的实质性审查将交由证券交易所开展，监管部门的职责将主要集中于规则制定、发行准入环节的信息披露监管、发行的事中事后监管，以及对交易所审核工作的监督，这有利于解决我国上市公司股权再融资监管存在的问题和矛盾，从而进一步强化市场在上市公司股权再融资中的资源配置作用。

2. 上市公司股权再融资监管的模式转变与体制调整

（1）要结合目前我国上市公司股权再融资发展情况，转变监管模式。考虑到注册制推出创造的有利条件，建议当前阶段我国上市公司股权再融资监管模式应从以准入审核为主的事前监管逐渐向以信息披露为主的事中事后监管转移。股权再融资法规体系的完善是股权再融资监管模式转变的前提。在法规体系存在重大缺失和漏洞的情况下，监管的后移可能会带来市场秩序的混乱和违规行为的增加。

（2）监管模式向事中事后的转移必然要求监管组织体制的对应调整。建议构建"三位一体"的监管体制，从而合理配置行政监管与自律监管的权力，充分发挥中介机构市场约束功能。

（3）要明确证券交易所承担信息披露而非现场监管的职责。股权在融资相关监管职责设置方面的不足体现为证券交易所和派出机构都负有信息披露监管监督职责，但具体职责的划分并不清晰。

3. 上市公司股权再融资各类工具的监管改进

（1）平衡定向增发与其他融资工具的发行条件及其他主要制度安排，逐步解决融资工具结构失衡问题。

（2）弥补当前各种融资工具自身设计缺陷，避免因工具设计漏洞带来的监管套利和其他不合理情况。

（3）形成监管预判，通过前瞻性制度安排防范未来可能出现的相关风险。对此，一是要提高财务指标设计的灵活性。目前，在实施配股的财务性指标方面，主板和中小板要求连续三年盈利，创业板要求连续两年盈利。对此建议适当降低企业盈利要求，可通过对企业设置收入性指标或成长性指标，适当放宽配股的发行范围。二是要降低主板和中小板上市公司公开增发财务指标门槛。公开增发的财务指标要求要与公开发行可转债的要求相近，并在各类股权再融资工具中标准最高。

4. 强化企业自身建设，提高其市场融资能力与效率

中小企业需要对融资中可能出现的问题有充分的认识和充足的准备，积极探索多元化的投资融资渠道；建立自身完善的信息披露机制，充分规范自身经营信息的处理，减少信息不对称程度，避免潜在的道德风险，以树立良好的企业形象，提高其自身的融资能力；合理设计股权架构，不断完善企业治理机构和加强企业迎新能力，以提高企业的治理效率、经营绩效和核心竞争力。

第五节　股权众筹监管

我国股权众筹在快速发展的同时，也暴露出一些风险和问题，在平台定位、投资者保护、纠纷解决等方面亟须相应监管制度的完善。我国股权众筹监管制度建设尚处于探索阶段，需要在借鉴国际经验的基础上结合国情统筹考虑，既发挥其对行业发展的促进作用又要合理控制风险。在监管制度设计上应把握有利于资本形成、投资者保护、创新发展的原则，一方面完善法律制度、信用制度等外部监管制度；另一方面强化平台准入、信息披露、投资限额、资金托管、行业自律等内部监管制度。

一、股权众筹监管的国际做法

（一）将股权众筹发展纳入法律框架约束之下

股权众筹发展较好的国家都及时将股权众筹这一金融创新纳入法律框架约束之下，有的出台了针对性的法律，有的则对原有法规进行微调，与本国监管制度有效衔接，从而保证创新与监管的平衡。美国在《工商初创企业推动法》（即 JOBS 法案）出台前，股权众筹主要在私募发行框架下进行，接受美国金融业监管局和美国证券交易委员会（SEC）监管。2012 年 JOBS 法案出台后，创设了"众筹公开发行豁免"制度，在增加发行的便利性、降低发行成本和信息披露义务、帮助新兴成长企业顺利低成本出售证券实现融资三个方面体现出创新。英国对股权众筹监管并未制定新的规则，主要是在《2000 年金融服务与市场法》之下进行微调。[①]

（二）美、英股权众筹融资市场监管的相关借鉴

我国证券业协会及相关部门所出台的一系列相关文件实际上是参照美国与英国对于股权众筹融资市场监管的相关法律制定的。其有以下三个方面的要点：

（1）逐步明晰了股权众筹融资的法律定义，虽然在证券业协会发布的《私募办法》

---

① 辛欣. 境外股权众筹的发展与监管简述 [J]. 清华金融评论, 2015（3）: 99-104.

中明确了股权众筹发行股份的方式为"非公开发行"，但是在后续的一些法律文件里，股权众筹融资"公开性"的特质得到了相关部门的支持和认可。

（2）将股权众筹平台定义为"通过互联网平台为股权众筹投融资双方提供信息发布、需求对接、协助资金划转等相关服务的中介机构"。《私募办法》的第7条和第8条分别规定了股权众筹平台的法律性质、平台准入条件以及平台的职责。同时，第9条也列举了平台禁止的行为，主要是防止平台进行非法活动，在经营业务方面也规定股权众筹平台不得兼营个人网络借贷或网络小额贷款。

（3）对合格投资者进行具体的标准设定，范围上增加了"金融资产不低于300万元人民币或最近三年个人年均收入不低于50万元人民币的个人"，在第15条中对投资者职责进行了规定。为了加强投资者的权益保护，《私募办法》也做出了不同的制度安排，其中涉及要求投资者具有必要的风险认知和承受能力，加强平台自律，融资者适当进行信息披露等。

结合上述要点，随着经济全球化的趋势，任何国家、地区及城市都不能脱离全球经济发展而独立进行。有效地借鉴域外国家关于股权众筹融资法律的发展历程，有利于提高当前的立法水平和金融监管质量，为我国股权众筹融资的可持续发展增砖添瓦。笔者认为我国股权众筹融资市场监管可以借鉴国外的地方有以下两点：

第一，有效地借鉴美国（JOBS）法案中关于"小额发行人注册豁免"制度的规定，不管是立法者的立法层还是监管部门的监管层，都可以借鉴这一制度。这种制度，对于筹资者来说，挣脱了现行法律法规中对于融资者主体要求的"枷锁"，能够鼓励有融资意向的创新型企业加入股权众筹融资中来，有利于实现股权众筹融资市场的繁荣发展。在我国股权众筹行业日渐低迷的今日，重新唤起该行业的活力是对该行业进行市场监管的前提。所谓的"巧妇难为无米之炊"，股权众筹融资市场如果无法继续发展，相应的监管也会淡出人们的视线。因此若想要将股权众筹融资的市场监管水平提高一个档次，需反其道而行之，从问题的根源入手，进一步鼓励股权众筹融资行业的发展。

第二，参照英国《众筹监管规则》对于投资者权利及义务的规定，进一步完善投资者权益的保护制度。虽然英国对于投资者的资金实力和投资额度有要求，但是也给了我们一定的投资者保护的启示。由上文可以看出，虽然我国相关部门在股权众筹融资市场监管做出了对应努力，但是在股权众筹融资过程中投资者的权益无法得到完全的保障。不管是上文提及的投资过程监管还是投资主体的监管，依旧存留的法律问题都是与投资者利益相关的，这也是目前我国股权众筹融资市场监管应当关注的重点。如可以制定相关的法律文件对股权众筹平台和融资者的义务进行详细规定，保证投资者的信息知情权等。毕竟在股权众筹法律关系中，投资者是能够顺利促进股权众筹融资项目完成的原始力量，在其完成了出资义务的同时自身的权利也应当得到相应的保护，我国应该倾入更多的研究精力在投资者的权益保护问题上。

二、以股权众筹平台为核心环节开展监管

无论采取何种监管框架，各国对股权众筹平台的监管都是核心环节，主要从平台准

入、平台功能、项目推介三方面予以规范和约束。在平台准入方面，从事股权众筹业务的中介机构要取得金融监管或证券监管机构的注册或许可。如美国、加拿大和意大利等实行注册制，美国的股权众筹中介机构必须在美国证券交易委员会注册为集资门户或经纪—交易商；英国、新西兰等实行许可制，英国股权众筹中介机构必须获得英国金融行为监管局的许可，才能向合格的投资者进行资金募集。此外，股权众筹平台或其运营机构普遍都被要求具备一定的条件，通常包括适当性、运营能力、运营基础设施、财务资源、治理结构以及赔偿保险等。[①] 在平台功能方面，一些国家监管机构规定了股权众筹平台要对融资项目进行必要的尽职调查和管理，这被视为股权众筹平台的核心服务内容，具体包括融资项目真实性核实、关联方和利益冲突调查、资金用途规范性和安全性等。在项目推介方面，要求股权众筹平台保持中立和客观，不得提供不实或有诱导性的投资建议，对平台从发行人等利益相关方获得的报酬要及时披露，为投资者的投资决策提供充分的信息参考。

（一）对发行人的监管兼顾融资便利和风险防范

由于各国经济发展与金融环境存在差异，对股权众筹发行人的类型、规模、范围等制定了不同的监管规则，但其中也有一些相似的做法值得借鉴。在发行的地域范围上，一般都要求发行人是本国企业或经济主体，美国、澳大利亚等国均有此要求。对筹资的额度和时间加以限制，如对一年内单个发行人累计融资额度，美国规定不得超过 100 万美元，加拿大资金限额为 150 万加元，法国规定不得超过 100 万欧元。这样，不但明确区分了股权众筹与资本市场其他类型的融资方式，而且能有效控制单个发行人出现项目运营失败时所波及的范围和对金融稳定的冲击。在发行主体方面，鼓励小微企业融资，体现出解决小微企业融资难的导向，而诸如投资公司、投资基金、房地产企业等一般不允许通过股权众筹进行融资。保持适当程度的信息披露要求，发行人在进行股权众筹融资时，虽然多数国家采取了豁免规则，大幅降低了发布招股说明书、财务数据的信息披露和审计要求，但仍规定需要提交融资计划书等必要的书面资料，以保持适度信息披露，减小由于信息不对称带来的风险。

（二）在投资者监管方面体现投资者保护理念

投资者是股权众筹中资金来源的重要主体，各国在对股权众筹实施监管过程中，力图寻求效率与安全之间的平衡，在投资额度、投资者教育、冷静期设置等方面采取措施保护投资者利益。主要做法包括：通过限制投资者投资额度来防范投资过度风险，如美国 JOBS 法案采用净资产或年收入的一定比例作为投资者限额指标，英国强调投资者适当性并做好投资者教育。很多国家通过让投资者在投资前填写风险测试问卷、签署风险揭示书等方式提示资金损失、流动性风险等投资风险。美国、意大利、日本、澳大利亚等国设置了投资者冷静期，允许投资者在冷静期期间无条件撤回投资，更好地保护自身权益。此外，在股权众筹融资成功后，针对"领投+跟投"模式中可能出现的跟投人利益受损风险，美国、韩国等国家通过对股权转售制定限制性条款来保护投资者，在转售期限及转售

---

① 樊云慧. 股权众筹平台监管的国际比较 [J]. 法学，2015（4）：84-91.

对象方面进行具体规定。如美国 JOBS 法案严格限制二级市场的股权众筹证券交易，规定自购买日起 1 年内投资者不得转售或售出股权众筹股份，转售对象严格限制在发行人和股权众筹投资者之间，以此防范领投人和发行人合谋套利。

（三）我国股权众筹监管制度设计原则

对于快速发展中的股权众筹行业而言，如何在创新和风控之间取得平衡，各国监管部门正在进行不懈的探索。其中，不断完善制度供给是股权众筹健康发展的根本保障。从我国股权众筹发展的情况看，在具体监管规则制定和制度建设过程中，应坚持有以下原则：

（1）有利于资本形成原则。股权众筹出现和快速发展的根本原因在于其借助互联网为投融资双方提供了新的渠道，给初创企业融资提供了一种新的解决方案。在我国当前创新驱动转型升级的关键阶段，如何发挥好其对小微企业的融资支持作用是制度建设的重要出发点。因此，相应制度设计须建立在帮助初创企业实现资本募集的基础上。立法机关和监管部门在对现有法律和监管规则进行调整时，一方面，要破除股权众筹业务开展的制度障碍，给予其法律地位；另一方面，要完善股权众筹的相关配套规则，有利于初创企业通过股权众筹募集资金。

（2）有利于投资者保护原则。对股权众筹发展而言，投资者保护不仅事关其切身利益，更关系行业发展的可持续性。因此，在相应制度设计中，要将投资者保护作为制度的基本价值旨向贯穿始终。[1]

（3）有利于创新发展原则。股权众筹在我国处于发展初期，其经营模式、盈利模式等尚在探索中，监管规则和制度应为这种新的金融业态预留充足的发展空间，充分发挥市场主体自治和行业自律管理的作用。监管机构对股权众筹行业风险要有一定容忍度，在相应制度建设中探索负面清单管理模式，以利于行业整体的创新发展。

（四）完善我国股权众筹监管制度

在一些发达国家和地区，股权众筹已发展成为一个较好的投融资渠道，也是各国金融监管的重点。我国股权众筹监管制度的建设应从内外两方面着力推进。一方面，强化平台准入、信息披露、投资限额、资金托管、行业自律等内部监管制度；另一方面，完善法律制度、信用制度等外部监管制度。

1. 健全股权众筹融资者准入机制

股权众筹作为普惠金融的代表，为因缺乏资金而发展受限的企业提供融资是其实现众筹价值的体现。众筹应体现融资的作用，而不应将此功能的运用依照企业资金规模的大小来决定。在股权众筹中，小微企业筹得"巨款"比比皆是，例如，Wi-Fi 万能钥匙股权众筹项目在股权众筹平台获得认购额超 77 亿元，认缴额 6500 万美元的募资，在促成该项目的正常运作的情况下也会造成一部分的资金闲置。

---

① 袁康. 资本形成、投资者保护与股权众筹的制度供给——论我国股权众筹相关制度设计的路径［J］. 证券市场导报，2014（12）：4-11.

依据企业规模决定其能否通过股权众筹进行融资，在现实中操作难度较大。无论是对融资者还是对股权众筹平台而言，都不利于股权众筹活动的开展。因此，应当取消将融资者范围限制于中小微企业的规定，将股权众筹融资者设定为依法成立因实施创意性项目需要融资的公司、企业或是团体，由股权众筹平台对其资质进行审核。这样既体现了股权众筹的价值，有利于更好地发挥其集资作用，也减轻了众筹平台的审核义务，可促进众筹行业的发展。

2. 实行适额公开发行豁免制度

2015 年 8 月证监会发布的《关于对通过互联网开展股权融资活动的机构进行专项检查的通知》也沿袭了十部委的定义：股权众筹融资主要是指通过互联网形式进行公开小额股权融资的活动。同时明确规定：未经国务院证券监督管理机构批准，任何单位和个人不得开展股权众筹融资活动。至此，股权众筹融资的性质可以说盖棺定论：公开募集。2016 年全国人大常委会将对《证券法》进行修改。在《证券法》中可以设置适额公开发行豁免制度，对符合要求的发行行为予以豁免，使融资企业能够享受到比普通公开发行更低的门槛要求。具体而言，只要符合特定的融资规模标准、业务标准和披露标准，发行人就能获得豁免权。例如，可以按照小微企业的公司财产规模，对其股权众筹融资额按照一定的比例进行豁免。规模标准不仅包括股权众筹的年筹资规模标准，也应包括单个投资者年累积投资总额标准，这样既能引导资金流向初创企业又能控制投资者的风险敞口。[①] 反之，如果不符合相关标准，那么就应与其他证券发行行为一样受《证券法》的调整。

3. 建立第三方支付清算体系

对于股权众筹中的融资者而言，为了保护其融资资金安全，也应当由第三方支付机构对融资资金进行管理。因此，应建立股权众筹中融资管理机制，设置第三方支付机构对融资进行专门管理。由众筹平台联合商业银行或者其他金融机构为融资者提供资金账户，这里需要注意的是众筹平台应与该第三方支付机构无任何隶属或是领导关系以实现资金管理与众筹平台管理相分离。在融资过程中，由股权众筹平台联合融资者在第三方支付机构开立支付账户提供支付服务，该账户用于记录交易资金余额、融资者凭借发起支付指令、反映交易明细等用途，该账户不得透支，不得出借、出租、出售。在融资完成后，可由第三方一次性将融资资金转入融资者的银行账户，也可由双方约定继续由该机构托管。倘若融资失败，则要求第三方支付机构返还投资人的投资。

4. 建立商业秘密保护机制

在股权众筹过程中，融资者通过股权众筹平台展示其创意项目信息，众筹平台或是其他投资者完全可能会泄露该商业秘密，如果不对其项目进行有效保护，那么就会给融资者造成损失。因此，在拟出台的《管理办法》中要加入对众筹项目商业秘密的保护条款，构建融资项目商业秘密保护机制。

---

① 彭岳. 众筹监管论［J］. 法治研究，2014（8）：71.

5. 健全股权众筹投资者准入机制

根据目前我国股权众筹投资者情况，有必要对《管理办法》投资者的资格作出调整，借鉴美国经验对投资者采取不同分类的方式界定适格的投资者，避免"一刀切"带来的门槛障碍。同时，应对领投人资格作出特殊要求。领投人的资格应当从从业经验、资产状况、认投数额、与融资者关系等几个方面做出限制。第一，从业经验方面。领投人应当具有担任公司高级管理人员、董事或实际控制人两年以上经验，或是从事融资、保险、证券等相关工作两年以上工作经验的人员。第二，资产状况方面。相比普通投资人应提出更高要求，将领投人的资产准入门槛设置为300万元人民币。第三，认投数额方面。根据融资规模的大小设置领投人5%～10%的最低认投比例，以保证领投人有足够的动力为了自己的利益做到审慎判断，而这同时也降低了跟投人的投资风险。第四，领投人与融资者关系方面。为降低融资者和领投人同谋侵害普通投资者的风险，应保证双方之间除该项目之外无其他利害关系，在跟投人受到双方欺诈时，领投人应与融资者承担连带责任。

6. 设置投资撤回制度

由于在股权众筹中，投资者的投资判断主要是依据融资者的信息披露，因此存在融资者为了完成融资而隐匿对其融资不利信息的情形。为此，国外许多国家设置了冷静期制度（Cooling-off Period Rule），在投资者由于信息不对称而难以完全知晓融资信息的情况下，对于其因信息不对称做出的误判投资可以按照规定撤回。我国应借鉴域外经验设置投资者投资撤回制度：投资者在筹资期限届满之日起7日内可以无条件撤回投资；在融资完成日之前，如果因产生新的事实或融资者和众筹平台信息披露不充分而导致重大误解影响投资者判断的，投资者也可以撤回投资。但应当在此期限内以有效方式通知众筹平台和融资者。为避免投资者滥用该权利给其他主体造成损失，应明确对于同一融资项目投资者仅有一次无条件撤资的权利，并且在一年之内每个投资者只有三次撤资的权利。另外，该制度适用的主体应将领投人排除在外，领投人获得撤资的权利只能来源于项目融资失败。

7. 完善股权众筹信息披露机制

在金融市场中，所谓保护投资者实际是保护其知情权，而公开作为保护投资者的手段，是证券法的核心和灵魂。因此，在众筹中为保护各方主体的知情权，要建立完善的股权众筹信息披露机制。要确保融资者和股权众筹平台履行信息披露义务就必须明确违反这一义务的法律责任。对于融资者而言，若其违反信息披露义务应对其就给投资者和股权众筹平台造成的损失进行相应罚款，并可以限制其在一定的时间内进入金融市场。对于众筹平台而言，在其具有重大过失未对融资者的信息披露进行审核而给投资者造成损失的情况下，在对其进行相应的行政处罚的同时支持投资者向其追究责任，与融资者按照各自过错承担相应赔偿责任；在其故意不披露、不完整披露或者披露虚假信息的情况下，为了严格规范股权众筹市场秩序应取消其众筹平台资格并就投资者的损失承担责任。

8. 建立领投与跟投制约机制

在完成融资后，投资者普遍采取设立有限合伙的方式由领投人作为普通合伙人代为行使其在目标公司的股权。这种模式下，领投人为了自己的利益，容易做出滥用身份与融资方进行不正当利益交换而损害跟投人利益的行为。为此，应通过在领投人和跟投人之间设定相应的权利义务来平衡跟投人相对弱势的地位。在以上的制度设计中，对领投人在主体准入资格、投资撤回权等方面作出了严格的要求。为更好保护跟投者的利益还应做到以下两个方面：

（1）领投人定期报告制度。在融资过程中，领投人要向已经投资的投资人按照一定的时间周期报告融资的进程，主要包括新进融资人、融资额，撤资人、撤资额等信息。在融资完成后，领投人对于项目公司的运行情况、市场反应、融资使用情况、公司财务状况等信息要通过定期汇报会或是网络通信工具向跟投人报告。

（2）明确跟投人对领投人的诉讼权。《公司法》第一百五十二条明确当股东发现公司管理层出现了违反忠实义务的情况，法律赋予股东诉讼权，以便能追究管理层的责任。在股权众筹中和项目运行过程中，领投人有与融资者同谋违反有限合伙协议损害投资人的情形，或者领投人明知融资者损害跟投人合法权益而不制止时，应赋予有限合伙人对普通合伙人的集体诉讼权利。如果法律认定领投人确有违法行为损害了跟投人的合法权益，应由融资者和领投人对跟投人的损失承担连带责任。

9. 建立投资者退出机制

要解决股权众筹退出的难题，就要解决好股权流动性的问题。因此，可以通过设立专门的股权众筹报价系统的方式，实现投资者的股权交易。

（1）融资者在融资完成后，要将其融资项目名称、融资金额、转让股权的比例、投资者人数以及项目运行过程中的资金使用情况等信息由股权众筹平台"复制"到该系统。各投资者在该系统上对其投资公司、所持股权比例、认投数额等信息进行登记备案。

（2）在"领投+跟投"模式中，投资者设立有限合伙企业，通过合伙协议对股权作了约定，因此可以以有限合伙企业的名义进行备案。如果投资者希望出让自己的股权，则通过该系统进行报价，由其他投资者接盘。

（3）在线上交易完毕后，退出投资者和新进投资者签订股权转让协议并告知融资者，融资公司更新股东名册。股权交易的转让比例和数额、新进投资者信息、项目公司股东名册则随即在该交易系统上进行信披公示。

因此，过程中由于市场因素可能会使得投资者获得高于投资额的转让金或者获得的转让金仅为投资额的一部分。为保持众筹股权的具备适度流动性，该市场中的股权买受人同样应该具备投资者资格，这样既能实现股权众筹投资者的退出，同时又保证了市场的稳定。[1]

---

① 吕明凡. 股权众筹的发展及其风险研究 [J]. 合作经济与科技，2015（4）：80-81.

第六节　互联网非公开股权融资监管

一、互联网非公开股权融资监管的界定

近年来，互联网非公开股权融资行业内新增投资额增长迅速，平台新增投资者人数增量明显高于新注册用户数，融资轮次集中在种子轮。这在一定程度上反映了行业对"大众创业、万众创新"的响应和小微企业的支持。[①] 与此同时，诸多从业机构和融资者、投资者对该领域的监管制度意见渐增，呼吁监管部门能尽快出台相关监管政策，明确平台的性质、责任和义务，以及融资方式的认可，并在建立行业规则和自律管理中发挥重要作用。

（一）监管主体

在互联网非公开股权融资监管主体问题上，我国尚未进行明确的立法规定。2014 年底，中国证券业协会在证监会创新监督部门的支持下，出台了《私募股权融资（试行）管理办法（征求意见稿）》。该办法中提到，私募股权众筹以行业自律的形式进行管理，私募股权众筹业务的备案和后续监测等日常管理由市场监测中心负责进行。2015 年 8 月，中国证券业协会出台关于调整《场外证券业务备案管理办法》部分规定的通知来修订"私募股权众筹"为"互联网非公开股权融资"。虽然这个名称已被修改，但一些行政部门，如中国证券监督管理委员会，并未过多介入其监管领域。互联网非公开股权融资沿袭"私募股权众筹"的监管办法，以中国证券业协会为监管主体，采用行业自律方式实施监管。

（二）监管对象

互联网融资平台在融资进程中责任巨大，它是投资者和融资者互通的桥梁，只有平台在良好的运行机制下保持可持续稳健发展，才能使投融资双方持续获利成为可能。

投资者为广大互联网用户，其通过互联网融资平台所展示的项目，根据个人兴趣、实际经济情况和自身承担风险能力情况进行有选择性的投资。

融资人承担着发起互联网非公开股权融资项目的角色，通过将项目放置于融资平台上进行开示，向公众展示该项目的获利能力、具体完成时间、所需融资数额以及通过投资可以换取股权数额等相关信息。

在监管对象方面，主要包括：一是通过互联网金融技术进行项目展示、融资、投资和具有信息中介性质的平台；二是在互联网融资平台上展示项目从而取得投资的融资人；三是以网络融资平台为渠道获取融资项目信息的投资者。所以，主要监管对象有以下三个：

（1）融资者。融资者主要是指中小企业以及暂未设立企业正在寻找融资的创业者，他

---

① 张锐.互联网+的中国经济盛宴［J］.中关村，2017（12）：20-27.

们往往受限于自身资金不充足而无法顺利经营企业，支持自己的创意，所以需要通过出让一部分股权的方式在融资平台筹措资金。

（2）投资者。投资者一般是在融资平台注册过的普通大众，他们可以通过网上浏览来寻找适合自己的融资项目。目前我国主要采用"领投+跟投"的模式，不同的融资平台对于投资者有不同的规定，一般来讲，平台对于领投人的规定比较严格，对于跟投人的规定相对宽松。

（3）融资平台。融资者和投资者的纽带是融资平台，融资者将融资项目上传到融资平台，平台审核通过之后把融资项目发布在平台上，投资人浏览选择项目投资，平台通过不同的收费方式向融资者收取费用。由于融资者与投资者信息不对称，融资平台应当履行严格的监管职责以防止庞氏骗局、羊群效应等问题的出现，保护投资者合法权益，维护金融市场的交易安全与稳定。

（三）监管内容

（1）对于互联网非公开股权融资平台而言，目前采用备案制进行管理，即要想获得市场准入资格，必须通过证券业协会核实登记备案后才能开展业务。平台运营的同时，必须对融资项目的发起人和融资项目的相关信息进行整理归纳和及时披露。[①]

（2）融资人负责提供股权融资项目的详细信息和相关资质证明，并且对信息是否符合法律规定、是否具有真实有效性承担责任。当融资企业自身发生重大事件，可能会造成融资项目进展受挫的情况时，融资人应当对平台和相关投资者进行实情告知。融资人必须与平台在融资项目开始之前签订合同，明确双方权利和义务。

（3）互联网融资平台的投资者必须在平台上用真实姓名进行注册，提交真实身份信息，并且需要证明他们有能力承受参与融资项目之后可能会发生的风险。

通过上文对于互联网非公开股权融资的描述可以比较清晰地归纳出其基本运营模式，即融资者通过互联网融资平台向广大投资者寻求融资。其运行流程如图16-2所示。

二、互联网非公开股权融资监管必要性

（一）投资者保护的诉求

保护投资者的问题应当作为资本市场重点关注内容之一。中国的互联网非公开股权融资是出生在"互联网+金融"和"双创"热潮背景下的新生儿。因此其在投资者保护方面有诸多欠缺：一方面，关于投资者的股权登记、经营参与方式等权利义务尚缺乏明确的法律规定；另一方面，由于大多数互联网非公开股权融资平台对投资者的准入资格未进行严格限制，门槛较低，导致大量普通投资者涌入。[②]

面对种类繁多的融资项目，部分投资者缺乏看清事物本质和风险评估的能力，且由于网络的虚拟性会使交易者身份真假难辨，从而易导致投资者个人信息泄露和其他投资风险

---

① 杨群华. 我国互联网金融的特殊风险及防范研究［J］. 金融科技时代，2013，21（7）：100-103.
② 宋伟斌，宋文，杨振华. 互联网非公开股权融资之领投人收益标准辨析［J］. 时代金融，2016（20）：270-271.

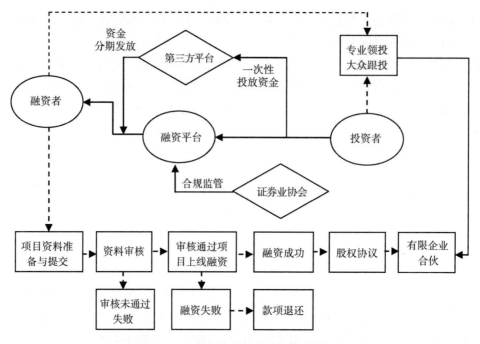

图 16-2　互联网非公开股权融资运行流程

增加。因此，若要提高对投资者个人信息的保护，控制因信息不对称给投资者带来的潜在风险，需要不断完善互联网非公开股权融资监管体系。同时，健全的监管体系可以在一定程度上规范互联网融资平台行为，促使平台对投资者起到良性引导作用，保障投资者能够在融资项目推进的同时充分地享受合法权益。

（二）信息披露的需要

在互联网非公开股权融资项目运营前，融资平台、融资项目发起人有义务在平台上面向投资者披露项目信息、赞助商信息和其他相关信息。投资者往往期待信息披露内容充分而详尽，但另外，对于融资企业，从商业机密保护角度来看，信息披露范围应尽可能地缩小为好。互联网的广泛性可能会导致发起人信息在同行业公司中流动、极易取得，从而导致商业机密泄露。因此，加强对互联网非公开股权融资平台的监管要求，明确信息披露范围和标准，既有利于最大限度保护融资企业的商业机密，避免企业信息被盗而面临损失，又有利于切实保护投资者的投资安全，使其有合法渠道获知该融资项目的具体情况、预期收益，以便于结合自己的经济能力和风险承担能力进行投资评估，做出理智的投资选择。

（三）维护市场秩序的需要

在大众创业、万众创新的浪潮下，为满足小微企业和初创企业的融资需求，形成完善的、规范性的监管体系是当务之急，一方面可以为投资者营造安全的投资氛围，使其放心将资金投入融资渠道；另一方面可以为融资项目发起人提供一个稳定的资金来源渠道，以获得项目开发资金，从而达到支持中小企业创业的目的。在新时代的创业背景下，为了实现建立规范、透明、开放、充满活力且富有弹性的资本市场的目标，应充分发挥互联网非公开股权融资的作用；而规范健全的监管体系将有助于为互联网非公开股权融资提供绿色的金融环境，对国民经济的可持续增长有着积极的推动作用。

三、完善我国互联网非公开股权融资监管制度

（一）对融资平台进行监管

1. 实行严格的平台准入制度

股权融资平台作为连接融资者和投资者的媒介，掌管着融资款项的"生杀大权"，为了保证资金安全，要求其必须具有极高的信用，才能让投资者放心进行投资活动。美国采取平台登记制，英国和德国采取批准许可制，日本实行注册制，实行严格的平台准入标准能够把不能有效承担平台责任的平台筛选出来，实现"择优录取"，保障互联网非公开股权融资的安全，平台注册之后需要对融资者提供的众筹项目进行审核，以防止出现欺诈，切实保障投资者的权益，所以应该实行严格的平台准入制度。

2. 完善信息披露制度

信息披露能够有效减少信息不对称带来的影响，融资者和股权融资平台都应当承担信息披露义务。平台在与融资者的合作中承担信息披露和尽职调查职责，站在投资者角度上，对于融资者提供的融资项目进行项目信息和投资风险披露，在进行信息披露之前，平台需进行尽职调查以确认融资项目的真实情况以及融资方所提供信息的有效性。德国和日本规定由融资者承担信息披露义务，平台更多的是信息披露的监督者。无论是美国、英国，还是德国、日本，股权众筹方面的立法都对信息披露制度进行了详细规定，以降低投资风险，保护投资者权益。对于融资平台来说，不仅需要确认融资者依照规定进行信息披露，还应当确认投资者在投资限额范围内进行投资。

3. 完善投资者教育制度和投资冷静期

美国规定平台必须承担起投资者教育的任务，在投资者进行投资之前，平台必须保证投资者已经阅读了项目计划书并且将有关风险告知使其充分了解再做出是否进行投资的决定。同时严禁平台对融资项目进行广告宣传或者促销活动，并禁止为投资者提供投资建议，以防范平台与融资者恶意串通损害投资者合法权益。[①]

英国建立了专门机构——金融消费者教育机构（Consumer Financial Education Body，CFEB），对投资者进行投资教育，[②] 同时可以向一般投资者提供投资建议。[③] 为了提高投资者的金融素养水平，美国将投资者教育的任务交由股权众筹平台承担，英国直接设立了专门的投资者教育机构 CFEB。

为了避免投资者教育不能马上起效的缺点，美国还专门设立了投资者冷静期，防止盲目跟风投资的情况出现。确立投资者教育制度能够从根本上提升投资者的投资水平，用投资者自身的独立判断保护自己的权益。

---

① 曲君宇. 我国股权众筹中的投资者权益保护 [J]. 西南金融，2018（4）：72-76.

② 夏纯，井维维，梁青. 英国《2010 年金融服务法》评述 [J]. 金融服务法评论，2012（3）：57-68.

③ 李扬，胡滨. 金融危机背景下的全球金融监管改革 [M]. 北京：社会科学文献出版社，2010.

（二）对融资者进行监管

1. 完善融资者信息披露制度

信息披露义务中除了规定了融资说明书，还规定了投资项目信息注册义务，该义务是融资者普遍适用的。如日本融资者必须主动向股权众筹平台提供信息进行披露，对于众筹项目的基本信息、投资风险等可以对投资者是否进行投资产生重大影响的信息，以能够确保投资者知悉的方式发布在平台上。即便融资成功之后融资方也应当继续就融资项目运行情况向投资者进行信息披露。融资者是对融资项目最熟悉的一方，由融资者将融资项目详细信息、融资款项的用途、项目的风险以及融资完成后，对融资款项的实际用途、融资者的运行情况进行披露，确保投资者对于投资项目的跟踪了解，降低欺诈风险。

2. 确立最高融资额制度

美国规定融资者一年期内通过股权众筹方式筹得资金总额不超过 100 万美元，并且融资者的众筹项目只能在一个股权众筹平台上发布。德国规定融资方通过股权众筹获得的融资金额为 800 万欧元。

各国普遍规定融资者通过股权众筹方式进行融资活动必须受到融资额度限制。由于互联网非公开股权融资具有小额的特点，作为融资者的中小企业自身存活艰难，项目失败概率较大，意味着投资者容易投资失败，如果不进行额度限制，一个项目中涉及的大量投资者都将承受投资失败的风险，互联网非公开股权融资市场不能稳定发展，也不利于投资者合法权益保护，所以应当确立最高融资额度制度。

3. 确立小额豁免制度

德国规定融资项目不足 250 万欧元，豁免融资说明书义务但必须在投资项目信息册中进行说明。日本也规定了一定限额的豁免义务，其规定了双重条件限制，融资者必须同时满足融资总额不超过 1 亿日元和投资者投资额不超过 50 万日元两个条件才能免除有价证券申报书义务，仅承担有价证券通知书义务。对于融资总额不满 1000 万日元的，免除有价证券通知书义务。[①]

小额豁免制度可以有效提高股权众筹的效率，避免因为审批耽误融资进度，对于非抑制型金融监管模式的国家比较适用，我国对金融领域属于抑制型监管，其借鉴意义不大。

（三）对投资者进行监管

1. 规定多层次合格投资者投资限额

美国以投资者的年收入或者净资产为标准规定了投资者一年内的投资限额。英国在投资者对融资项目进行投资之前，融资者应当对投资者进行测评，以此来确认投资者是否适合投资融资项目，只有通过测评的投资者才能参与到融资项目之中。《众筹监管规则》将合格投资者划分为六种，分别是：①专业投资者；②获得投资建议的一般投资者；③与融资项目有关联的一般投资者；④经过认定的成熟投资者；⑤经过认证的高净值一般投资者；⑥经过认证的限制投资者。德国并没有将个人投资者再次进行细分，仅仅是依据个人

---

① 樊纪伟. 投资型众筹平台监管的日本模式及启示 [J]. 证券法律评论，2017（1）：454-464.

资产情况和收入情况设置投资者的投资限额。日本没有将投资者进行分类，也没有规定投资者准入门槛。

通过分析美国、英国、德国、日本有关于股权众筹监管的立法经验，除日本没有建立合格投资人准入制度，各国都根据本国国情设立了多层次投资者投资限额。以一定数额为标准，对于不同收入的投资者进行不同的投资比例或者额度的限制，不仅可以防止低收入者过度投资，降低投资风险，而且给了高收入者更大的投资空间。

2. 建立退出机制

美国为了促进金融市场的发展，解决私募股权不得转让的问题，SEC 颁布了《144A规则》，规定股权在一年后可以进行转让，增强了股权的流动性，解决了股权众筹投资者退出问题。日本规定了投资者退出机制，修改了非上市股份交易制度，在企业上市之前可以转让股权众筹股份，在有限范围内进行买卖。

应当允许投资者的股权进行流通，只有加速互联网非公开股权融资市场中股权的流通才能吸引更多的投资者加入其中。根据国外立法经验，美国允许私募股权在一年后进入市场流通，日本建立了完善的投资者退出机制。互联网非公开股权融资具有回报周期长的特点，如果没有完备的退出机制，投资者进行的投资短时间内不能变现，必然会遏制其发展，所以应该建立退出机制。

（四）完善我国互联网非公开股权融资法律监管

良好的监管规则有利于行业的发展，促进资本的形成，切实保障投资者合法权益，防止金融风险的发生。[①] 完善互联网非公开股权融资领域立法能够有效弥补法律监管方面的不足，降低投资者投资风险，为行业保驾护航，使其发挥出最优作用，从而完善我国多层次资本市场。

1. 完善对股权融资平台的法律监管

保护投资者合法权益不能仅依靠对投资者的规制进行，股权融资平台作为连接投资者和融资者的桥梁，也应当尽到保护投资者的责任。股权融资平台是投融资双方交流的唯一平台，作为守门人，担负着审核投资者、融资者资质，审查融资项目的责任，完善股权融资平台的法律监管是形成以保护投资者为核心的互联网非公开股权融资法律监管机制的关键一步。[②]

（1）完善股权融资平台准入制度。股权融资平台是投融资双方交流的唯一平台，作为守门人，向投资者提供互联网非公开股权融资项目信息，也是投资者获取项目信息的直接来源，但我国目前对于融资平台准入标准过于宽松，《备案管理办法》第5条对于股权融资平台备案条件做出笼统规定，并且规定平台采取备案制。就目前我国对于股权融资平台的准入条件来讲，无法保证平台有能力履行应尽的职责。提高平台准入条件有助于降低股权融资平台给投资者带来的风险，保护投资者权益。

1）《备案管理办法》中规定股权融资平台应具备与相关场外证券业务相适应的资本

---

① 唐旗. 从市场内生秩序看互联网股权融资规则构建［J］. 证券法律评论, 2018（1）：159-171.

② 常慧, 姬晨雨. 股权众筹投资者得益风控的立法研究［J］. 河北学刊, 2018（4）：209-214.

实力，但究竟是以什么为标准认定其具备开展股联网非公开股权融资的资本实力并未说明，弹性较大，应当按照平台运营的具体业务来规定净资产要求，对于金融资产占比高的平台，净资产要求应相对降低，同时设置一个最低净资产要求。股权融资平台雄厚的资产基础能够保证发生平台伤害投资者利益的情况时，平台的资金能够有效弥补投资者。

2）《备案管理办法》对于从业人员的规定也过于宽松，仅规定了开展互联网非公开股权融资应该具备相适应的专业人员，此规定不能保证平台从事股权融资工作的人员的专业性，应对普通的从业人员都进行资格的限制，以确保互联网非公开股权融资活动过程的专业性，保护投资者。

3）为提高平台经营资质，应将备案登记制改为前置许可制，通过严格的前期审查过滤不合格的平台，增强股权融资平台运行的稳定性。

（2）健全信息披露制度。健全信息披露制度首先应当明确披露的内容，具体包括：

1）融资者的基本信息，如名称、住所、认缴资本、实缴资本、业务范围、股东持股情况、财务状况等，使得投资者对融资者有一个基本的认识。

2）融资项目基本信息，如项目介绍、行业情况、项目自身优势、目标融资额、目标完成期限、股权定价、个人投资要求等，使得投资者对于融资项目产生具体认识。

3）高管简历，如高管学历、从业经历等，高管的职业履历能够使投资者对项目产生信心。

4）持股超过 20% 的股东名单，对大股东的披露能够使投资者提高投资兴趣。并且由于融资企业在不断向前发展，应该进行披露的信息也是不断变化的，所以信息披露应该是持续进行的。

5）应当明确未按照规定进行信息披露的平台或者披露不充分应承担的责任，因上述理由导致投资者利益受到损害的应当追究平台的民事赔偿责任。

（3）健全股权融资平台对投资者的教育规则。第一，应该细化平台责任并规定不按规定进行所应承担的责任。股权融资平台具有天然的对投资者进行教育的优势，投资者要想进行投资必须在平台上进行实名登记注册，平台可以在投资者进行注册时向其进行金融投资知识的宣传教育，并对投资者的学习情况进行测评，同时测评投资者的风险承受程度，只有测评通过才能完成注册。在投资者后续进行投资行为之前，向投资者进行更为具体的投资知识的教育，重点突出项目风险。

第二，中小投资者是我国资本投资市场的中坚力量，但是权益容易受到侵害。① 互联网非公开股权融资的投资者的金融素养不高，投资经验不足，短期性和投机性较为明显，而互联网非公开股权融资又有信息不对称的特点，在"领投+跟投"模式之下一般投资者更容易发生盲目跟投的情况，短期内又不能对投资者的金融投资知识实现较大程度的提升，为解决上述问题可借鉴国外股权众筹平台的冷静期制度，就像网购有七天无理由退货一样的原理，投资者在对融资项目进行投资之后在一定期限内可以无理由要求退还投资

---

① 程晋．股权众筹投资者权益保护的思维变革与制度完善——如何构建有效的股权众筹投资者保护机制［J］．金融发展研究，2015（4）：57-60.

款，这种制度可以有效避免激情投资带来的不利后果，保护投资者权益。

（4）引入第三方资金托管机制。对于非银行资金托管机构的准入应当采取严格的准入标准，想要获得托管资质必须先向中国人民银行申请，在中国人民银行对申请机构进行细致审查通过之后才能获得。为保证托管资金的完整性与独立性，应杜绝托管机构与融资者进行业务往来。对于融资额较大的平台，非银行资金托管机构可能没有足够的金额支撑，而银行具有专业性和权威性，由其担任资金托管机构可以增强投资者的信任。另外，银行可以利用个人信用记录，对于有失信记录的投资人和融资人进行重点监控，一旦有发生欺诈的可能即可以冻结资金，保护交易安全。

2. 完善对融资者的法律监管

（1）限制融资者发行额度。由于传统融资方式融资成本较高，一般情况下，互联网非公开股权融资是中小企业不能得到传统融资渠道融资时候的选择，对于高额融资，为了防范风险，一般应当选择其他专业的融资方式。① 由于这种融资方式风险较大，应当限制融资者的融资项目发行额度，以有效控制风险，保护投资者利益。

就如何实现限制融资者发行额度，借鉴国外监管经验，可以按照融资项目进行划分，每个融资项目的融资额不得超过一定限额，如果融资者同时进行多个融资项目的话，作为中小企业不仅没有能力同时做好多个项目，还可能会因为业务范围过大而拖垮企业，所以，在对单个项目进行融资额限制的同时，也应当对企业的总融资额进行限制。限制的标准可以参考企业的认缴资本、实际运营情况以及发展前景等进行综合认定。限制融资者发行额度可以有效降低融资者欺诈风险，融资额度降低相应的也会降低每个投资者的投资额，即便投资失败，也能够减少投资者因投资失败造成的损失。

（2）建立融资者处罚机制。应当对融资者的违规行为进行规制，当投资者因为融资者的行为而受到利益损害时，融资者应当承担民事损害赔偿责任。由于投资者处于弱势地位，举证责任应当由融资者承担，由融资者承担行为符合相关规定的证明责任。建立健全融资者处罚机制能够有效弥补对融资者违反制度所应承受的处罚规定的不足，防范融资者欺诈风险的发生，投资者的权益受到损害时，可以在进行有效救济的同时对融资者进行合理的处罚，以此来震慑融资者，使其在法律规制范围内进行活动。

3. 完善对投资者的法律监管

为了使投资者的合法权益不遭受损失，最大限度维护社会稳定，互联网非公开股权融资法律监管需以保护投资者为重心展开，其中首先应当完善对投资者的法律监管。

（1）规定合格投资者准入规则和投资额上限。为了避免投资者盲目投资，保护投资者权益，应当设置投资者准入规则，切实保护投资者利益。根据国外立法经验，可以根据收入或者净资产设置不同的投资比例，并且规定一年期内投资限额降低投资风险，这对我国立法具有借鉴意义。

根据投资者收入或者净资产确定投资者准入标准和一定期限内投资限额的前提是投资

---

① 许建兴. 股权众筹融资的法律风险与立法完善 [J]. 人民论坛，2017（23）：90-91.

者的收入或者净资产情况能够得到有效证明。由于我国征信系统建立较晚，^① 不能有效证明投资者的收入和净资产情况，借鉴英国立法经验，可以建立投资者自我评估机制。投资者在股权融资平台进行登记注册之前需要进行自我评测，将收入情况、净资产情况、风险偏好情况等进行自愿登记，出于隐私保护，不愿意进行登记的投资者可以按照标准线下的规定进行投资。对于投资者一定期限内投资限额可以建立统一的股权融资投资登记平台，对各个投资者的投资项目进行登记，防止超出投资限额。

根据我国人均收入水平、投资偏好等因素重新规定合适的投资者准入规则和投资额上限能够有效统一投资者准入标准，将区别于传统融资方式的特点发挥出来。

（2）区分领投人与跟投人准入标准。目前我国通常采取"领投+跟投"的模式，^② 研究表明，领投人对于互联网非公开股权融资项目成功筹得资金具有重要作用，领投人的行为可以传递给跟投人，影响跟投人的行为，在"领投+跟投"模式下，与"金融脱媒"论有区别，由于市场信息不对称，领投人实际上以自己的领投行为作为中介，使信任领投人的一般投资者对融资方产生信任，完成投资行为，所以，在互联网非公开股权融资当中领投人承担着更大的责任。

由于领投人起着"风向标"作用，其投资应该更加慎重，对于互联网非公开股权融资项目应当进行细致的尽职调查，了解项目的详细情况和投资风险。由于投资者金融知识水平参差不齐，更容易出现"羊群效应"现象，所以，在法律监管方面应该利用制度设计避免此类情况发生。将领投人与跟投人的投资条件区别设置，提高领投人投资标准，可以使其更加尽职勤勉，有利于发挥其价值。发挥领投人最大价值仅仅依靠高投资额是远远不够的，还应规定必须具有投资经验且应当有项目成功退出经历，此项条件可以保证领投人具备投资成功的资质。由于跟投人并不参与公司的实际经营管理，为防止领投人与融资者或者股权融资平台实施欺诈行为，应当要求披露三者之间无关联关系并且报经监管机构——证券业协会备案，以方便发生纠纷时作为断案依据。

（3）完善投资者退出机制。投资者进行投资活动的根本在于盈利，投资者退出是投资者实现投资收益的最后一步，是互联网非公开股权融资资本流动的最后一个环节，资本会在市场的调控之下产生流动性，由低利润部门流向高利润部门，带来剩余价值，资本的流动性是投资行为的重要推动力。^③ 完善退出机制可以增强市场的资本流动性，这是促进市场健康有序发展的内在要求，也是保护投资者权益的必然要求，防范投资者不能退出风险的发生。

---

① 张秋华，邱黎. 股权众筹之法律规制［J］. 行政与法，2018（10）：96-107.

② 李淼，赵轩维，夏恩君. 股权众筹项目融资成功率判别——Logistic 回归与神经网络模型的比较分析［J］. 技术经济，2018（9）：80-91.

③ 张敏，张辛陌. 股权众筹投资者的退出权研究［J］. 政法学刊，2017（6）：34-41.

参考文献

[1] 谢清河. 我国创业板平稳运行和机制完善问题探讨 [J]. 现代经济探讨, 2011 (10)：44-48.

[2] 曲晓辉. 股权投资管理研究 [M]. 北京：中国财政经济出版社, 2003：2-3.

[3] 中科荟智. 一文看懂私募股权在中国的发展历史 [EB/OL]. (2018-08-09) [2022-10-01]. http：//www. sohu. com/a/248758450_816315.

[4] 王苏, 陈玉罡, 向静. 私募股权基金：理论与实务 [M]. 北京：清华大学出版社, 2010：3-30.

[5] 钱康宁, 陆媛媛. PE 市场变革进行时：中国私募股权基金的现状、问题及发展建议 [J]. 银行家, 2015 (3)：97-101.

[6] 翁世淳. 中国 IPO 成长之路：中国新股发行制度变迁研究 [M]. 北京：中国社会科学出版社, 2008：19-21.

[7] 李晓峰. 中国私募股权投资案例教程 [M]. 北京：清华大学出版社, 2010.

[8] 刘兴业, 任纪军. 中国式私募股权投资 [M]. 北京：中信出版社, 2013.

[9] 谢清河. 我国金融支持战略性新兴产业发展研究 [J]. 新金融, 2013 (2)：54-57.

[10] 谭天. 试议本土化的私募股权投资基金的发展对策 [J]. 现代商业, 2010 (20)：22-24.

[11] 辜胜阻, 马军伟, 高梅. 战略性新兴产业发展亟需完善股权投融资链 [J]. 中国科技论坛, 2014 (10)：5-10.

[12] 金中夏, 张宣传. 中国私募股权基金的特征与发展趋势 [J]. 中国金融, 2012 (13)：82-84.

[13] 李曜, 张子炜. 风险投资与私募股权教程 [M]. 北京：清华大学出版社, 2013.

[14] 涂明辉. 我国私人股权投资制度研究 [J]. 法制与社会, 2017 (15)：101-103.

[15] 王晓旭. 上市公司成长性与股权特征关系的实证研究 [D]. 大连：东北财经大学, 2012.

[16] 张筱铃. 私募股权投资对上市中小企业经营绩效的影响研究 [J]. 中国中小企业, 2020 (9)：193-194.

[17] 李九斤, 王福胜, 徐畅. 私募股权投资特征对被投资企业价值的影响——基于 2008-2012 年 IPO 企业经验数据的研究 [J]. 南开管理评论, 2015, 18 (5)：151-160.

[18] 朱文兴, 许礼刚. 浅析中小板块上市公司债权融资与股权融资的融资效率 [J].

特区经济，2007（12）：119-120.

[19] 谢清河. 金融结构与金融效率 [M]. 北京：经济管理出版社，2008：193-194.

[20] 姜琳. 基于 DEA-Malmquist-Tobit 和 SD 模型的新三板股权融资效率评价研究 [D]. 广州：华南理工大学，2018.

[21] 李丽青. 从"中国平安巨额再融资"看上市公司再融资存在的问题及对策 [J]. 广东财经学院学报，2008（3）：37-40.

[22] 赵瑞. 企业社会资本、投资机会与投资效率 [J]. 宏观经济研究，2013（1）：65-72.

[23] 何志强，李一鸣. 投资、投资效率与投资制度：文献视角的探讨 [J]. 财经科学，2006（6）：58-65.

[24] 狄为，乔晓杰. 管理层权力、信息披露质量与投资效率 [J]. 工业技术经济，2014，33（3）：58-65.

[25] 孙林杰，阎泽涛，孙林昭. 中小企业外源融资缺口的成因及对策 [J]. 科学与社会，2007（2）：13-17.

[26] 韩琳. 上市公司债权融资与股权融资的财务效应比较分析 [J]. 财会研究，2011（16）：53-55.

[27] 丁晓光. 我国商业银行开展私募股权投资业务问题研究 [D]. 天津：天津大学，2013.

[28] 刘丽霞. 企业负债融资、偿债能力与筹资风险分析 [J]. 经济研究导刊，2015（15）：8-9.

[29] 李旎，郑国坚. 市值管理动机下的控股股东股权质押融资与利益侵占 [J]. 会计研究，2015（5）：42-49+94.

[30] 彭海城. 货币政策目标、资产价格波动与最优货币政策 [J]. 广东金融学院学报，2011（2）：35-43.

[31] 汪剑锋，张然. 私募股权投资特征会影响其减持行为吗 [J]. 当代财经，2018（3）：68-78.

[32] 郁洪良. 金融期权与实物期权 [M]. 上海：上海财经大学出版社，2003：159.

[33] 田慧敏. 谈民营企业融资难问题及发展私募股权融资策略选择 [J]. 商业时代，2012（4）：68-69.

[34] 张合金，徐子尧. 私募股权融资：融资方式的创新 [J]. 财会月刊，2007（2）：41-42.

[35] 郝研. 基于平台的互联网股权融资风险及其法律控制研究 [D]. 成都：四川省社会科学院，2020.

[36] 谢清河. 我国互联网金融发展问题研究 [J]. 经济研究参考，2013（49）：29-36.

[37] 姚雷. 互联网非公开股权融资平台法律规制研究 [D]. 郑州：郑州大学，2019.

[38] 李晓宇. 互联网非公开股权融资中投资者所涉法律风险及保护 [J]. 武汉冶金

管理干部学院学报，2018（4）：24-26.

　　[39] 储俊，张永忠．中小企业私募股权融资探讨［J］．财会通讯，2012（9）：12-14.

　　[40] 刘华．对赌协议的设计与应用案例分析［J］．财务与会计，2015（12）：21-23.

　　[41] 张英．A 公司并购对赌协议风险防控体系研究［D］．北京：北京交通大学，2015.

　　[42] 高写庭．证券公司股权融资模式的研究［D］．成都：西南财经大学，2012.

　　[43] 李旎，郑国坚．市值管理动机下的控股股东股权质押融资与利益侵占［J］．会计研究，2015（5）：42-49+94.

　　[44] 冯闯．企业吸收风投资金进行股权融资问题探讨——以"京东商城"为例［D］．南昌：江西财经大学，2015.

　　[45] 张宏涛，耿沙沙．增资扩股有望成为产权市场融资的着力点［J］．产权导刊，2011（8）：49-50.

　　[46] 王媛媛，汤春玲，严米，等．私募股权融资方式对不同生命周期中小企业的成长性研究［J］．财经理论与实践，2019，40（6）：72-77.

　　[47] 刘广生，岳芳芳．企业特征与再融资方式选择——来自中国上市公司 2007-2015 年的经验数据［J］．经济问题，2017（8）：50-55+62.

　　[48] 肖娴．我国上市公司股权再融资方式选择及绩效关系研究［D］．上海：东华大学，2014.

　　[49] 张永明，潘攀，邓超．私募股权融资能否缓解中小企业的投资不足［J］．金融经济学研究，2018，33（3）：80-92.

　　[50] 窦尔翔，何小锋，李萌．私募股权基金型企业融资：资本市场定位及双刃效应［J］．金融理论与实践，2010（9）：87-94.

　　[51] 宫悦．私募股权基金对我国中小板上市公司价值影响的实证研究［J］．财会研究，2012（2）：48-50+64.

　　[52] 徐子尧，边维刚，李迎莹．私募股权投资对公司治理模式的影响［J］．财经科学，2012（7）：26-33.

　　[53] 戴维·斯托厄尔．投资银行、对冲基金和私募股权投资［M］．黄嵩，赵鹏，译．北京：机械工业出版社，2013：303.

　　[54] 隋平，董梅．私募股权投资基金：操作细节与核心范本［M］．北京：中国经济出版社，2012：141-143.

　　[55] 段夏青．私募股权基金对民营中小企业公司治理的影响［D］．成都：西南财经大学，2014.

　　[56] 锥柞芳．私募股权投资对公司治理的影响研究［D］．天津：天津财经大学，2011.

　　[57] 谢清河．我国商业银行公司治理机制研究［J］．金融理论与实践，2003（6）：22-24.

［58］京若阳. 私募股权投资基金参与公司治理的法律问题研究［D］. 北京：对外经济贸易大学，2013.

［59］张世兴，张楠楠，刘亚玲. 股权投资分类标准的演化与完善［J］. 财会月刊，2015（16）：122-124.

［60］粟国权. 长期股权投资核算的成本法与权益法的区别与联系［J］. 审计月刊，2007（10）：58-59.

［61］梁宇飞. 中国私募股权投资风险［J］. 经济师，2016（6）：84-85.

［62］何光军. 企业股权投资控制机制探索［J］. 当代经济，2011（18）：118-119.

［63］马连福，王丽丽，张琦. 投资者关系管理对股权融资约束的影响及路径研究——来自创新型中小企业的经验证据［J］. 财贸研究，2015，26（1）：125-133.

［64］徐良平. 股权融资与创新型中小企业成长［J］. 证券市场导报，2004（1）：71-75.

［65］田惠敏. 谈民营企业融资难问题及发展私募股权融资策略选择［J］. 商业经济研究，2012（4）：68-69.

［66］冯建本. 科技型中小企业融资与投资管理分析［D］. 武汉：华中科技大学，2006.

［67］李建军，马思超. 中小企业过桥贷款投融资的财务效应——来自我国中小企业板上市公司的证据［J］. 金融研究，2017（3）：116-129.

［68］曹大宽，丁朝宇. 全球投资银行——发展模式及借鉴［J］. 国际金融研究，2004（3）：65-69.

［69］贡华章，于毅波. 论企业金融与资本运营——以 GE 公司为例［J］. 南开管理评论，2004（4）：105-109.

［70］王玉荣，李珊珊. 中国风险投资的九大特点［J］. 中国科技投资，2010（7）：62-64.

［71］黎文飞，唐清泉. VC/PE 对并购资产评估机构选择的影响［J］. 财贸研究，2019，30（7）：98-110.

［72］孟祥元. 我国资本市场的发展与企业融资结构的选择［D］. 长春：吉林大学，2009.

［73］石育斌. 我国私募股权融资与创业板上市实务操作指南［M］. 北京：法律出版社，2009.

［74］John Y, Lcttau M, Malkicl B, et al. Have Individual Stocks Become More Volatile an Empirical Investigation of Idiosyncratic Risk［J］. Journal of Finance, 2001, 6（1）：7-14.

［75］孙志京，刘行星. OTC 市场私募股权基金运作模式探析［J］. 特区经济，2010（5）：105-106.

［76］谭祖卫，刘春晓，孟兆辉. 我国政府资金股权投资模式创新研究［J］. 科技管理研究，2014，34（21）：17-21.

［77］刘云峰. 兴泰资本股权投资业务流程优化研究［D］. 合肥：安徽大学，2019.

［78］Gompers P A，Lerner J．The Venture Capital Cycle［M］．Cambridge：MIT Press，2004：19-32.

［79］窦尔翔，李洪涛．资产的博弈——私募股权投融资管理指南［M］．北京：中信出版社，2008.

［80］缪跃建，高铁军．私募股权基金管理与投资运作［M］．北京：经济科学出版社，2010：93-97.

［81］许颖．有限合伙制私募股权基金管理人义务研究［D］．上海：华东政法大学，2014.

［82］陈汉文，程智荣．内部控制、股权成本与企业生命周期［J］．厦门大学学报（哲学社会科学版），2015（2）：40-49.

［83］杨婉丁．定增式股权激励模式的应用研究——以康缘药业为例［D］．成都：西南财经大学，2017.

［84］李密华．上市公司股票期权激励计划的实施对企业绩效影响的有效性研究［D］．苏州：苏州大学，2015.

［85］胡元梅．私募股权投资机构如何进行财务尽职调查［J］．大众投资指南，2019（16）：260.

［86］杨奕．论金融业中介机构的行为独立性与责任承担［J］．商事法论集，2010（Z1）：274-280.

［87］陈洪天，沈维涛．风险投资是新三板市场"积极的投资者"吗［J］．财贸经济，2018，39（6）：73-87.

［88］梁婧怡．我国机构投资者信息挖掘能力实证研究［D］．广州：华南理工大学，2019.

［89］介擎昊．东北证券投资者适当性管理研究［D］．长春：吉林大学，2019.

［90］杨青松．合伙创业初期团队建设案例研究［M］．北京：北京大学，2012.

［91］陈艳芳．创业企业合伙人关系管理研究［D］．北京：对外经济贸易大学，2015.

［92］陈洁．我国私募股权投资的运作流程研究［D］．武汉：武汉理工大学，2013.

［93］宁杰．AY公司私募股权融资路径研究［D］．长春：吉林大学，2013.

［94］Robert J Shapiro. The Role of the Private Equity Sector Promoting Economic Recovery Private Equity Council［R］．2009.

［95］吴琨．私募股权投资基金的组织机制研究［D］．西安：西北大学，2010.

［96］赵运佳．美国私募股权投资基金研究［D］．长春：吉林大学，2011.

［97］Private Equity International. The Guide to Private Equity Fund Investment［R］．2005.

［98］吴辉，李玉芬．海外私人股权基金在我国的运营模式［J］．财务与会计，2007（2）：71-72.

［99］张磊．我国私募股权基金发展模式研究［D］．石家庄：河北经贸大学，2011.

［100］邹菁．私募股权基金的募集与运作——法律实务与案例［M］．北京：法律出版社，2009.

［101］周成．股东资格取得研究［D］．南京：南京大学，2006.

［102］Shleifer A，Vishny R W．A Survey of Corporate Governance［J］．Journal of Finance，1997，52（2）：737-783.

［103］Grenadier S R. Wang Investment Timing，Agency，and Information［J］．Journal of Financial Economics，2005（75）：493-533.

［104］Shin H H，Yong H K. Agency Costs and Efficiency of Business Capital Investment：Evidence from Quarterly Capital Expenditures［J］．Journal of Corporate Finance，2002，8（2）：139-158.

［105］敬志勇，孙培源，吴志雄，等．最优股权架构设计的博弈分析［J］．中国工业经济，2003（9）：60-65.

［106］徐茜．不同股权架构下股权激励对公司绩效的影响［D］．大连：东北财经大学，2015.

［107］魏民．上市公司股权架构的类型和适用条件［J］．中国国际财经（中英文），2017（22）：151-152.

［108］周军．私募股权投资及其交易结构设计理论研究［D］．天津：南开大学，2008.

［109］龙文滨，张浩良，张涛．对我国上市公司控制权市场的股权架构及交易特征的研究［J］．广东技术师范学院学报，2005（3）：14-17.

［110］马晓龙．H资产管理公司的股权优化研究［D］．北京：中国石油大学，2018.

［111］李艳杰．HL公司限制性股票激励方案研究［D］．北京：对外经济贸易大学，2017.

［112］高菲，周林彬．上市公司双层股权架构：创新与监管［J］．中山大学学报（社会科学版），2017，57（3）：186-193.

［113］安海．华为公司股权激励制度研究［D］．北京：对外经济贸易大学，2014.

［114］李鹤然．华为虚拟股权激励案例研究［J］．经济研究导刊，2022（26）：93-95.

［115］王斌，张虹红．论企业集团的股权设计［J］．会计研究，2005（12）：9-14+95.

［116］刘晨瑞．民营企业控制权问题分析［J］．市场周刊（理论版），2020（23）：12-13.

［117］高菲，周林彬．上市公司双层股权架构：创新与监管［J］．中山大学学报（社会科学版），2017，57（3）：186-193.

［118］张尊真．论双重股权架构在中国的适用［D］．上海：华东政法大学，2015.

［119］周诚．上市公司股权价值评估方法及实证研究［D］．重庆：重庆大学，2006.

［120］冯向前．创业板公司引入多重股权架构探讨［J］．证券市场导报，2014（12）：46-50.

［121］向凌云．私募股权投资解决方案［M］．北京：中国经济出版社，2018.

[122] 杨雪．私募股权基金最优税收结构——基于委托代理理论的研究［D］．北京：北京大学，2014．

[123] 张然．四川基础设施产业投资基金运行机制研究——基于产业组织的视角［D］．成都：西南财经大学，2016．

[124] 邢瑞红．我国私募股权投资基金组织形式的法律选择［D］．武汉：华中师范大学，2013．

[125] 朱海娟．上市公司股权架构设计的理性思考［J］．投资与创业，2020（20）：145-147．

[126] 孙松廷．股权融资下的合伙人选择与管理［J］．首席财务官，2017（8）：52-55．

[127] 杨丽曼．基于公司治理角度的不同模式合伙人制度研究［D］．北京：北京交通大学，2016．

[128] 赵玉．论我国有限合伙型股权投资基金的制度结构与完善路径［J］．社会科学研究，2010（6）：80-86．

[129] 闵超．新时期合伙人股权入股、退出的设计方案［J］．当代会计，2019（10）：114-115．

[130] 唐跃军，左晶晶．创业企业治理模式——基于动态股权治理平台的研究［J］．南开管理评论，2020，23（6）：136-147．

[131] 李文贵，余明桂．民营化企业的股权架构与企业创新［J］．管理世界，2015（4）：112-125．

[132] 魏明海，程敏英，郑国坚．从股权架构到股东关系［J］．会计研究，2011（1）：60-67+96．

[133] 谢会丽．股权融资过程中创始人控制权维护——以阿里巴巴为例［J］．生产力研究，2017（1）：31-34．

[134] 史艺然．核心员工股权激励与创新产出［D］．大连：东北财经大学，2017．

[135] 蒋洁．论对有限合伙型私募股权投资者的保护［D］．北京：中国政法大学，2012．

[136] 苏慧娟．基于不同股权架构视角下的民营企业价值研究［D］．武汉：华中科技大学，2017．

[137] 王瑛月．创业团队股权配置、股权架构变动与企业绩效关系研究［D］．天津：天津财经大学，2020．

[138] 卢遥．双层股权架构制度研究［D］．武汉：武汉大学，2021．

[139] 股权控制权的五种设计策略［EB/OL］．［2022-01-01］．https：//max.book118.com/html/2022/1021/8102071132005004.shtm．

[140] 曾平庞．创始投资人控制权保护机制研究——基于万科、阿里双案例视角［D］．石河子：石河子大学，2019．

[141] 李鹤然．华为虚拟股权激励案例研究［J］．经济研究导刊，2022（26）：

93-95.

[142] 曾翠玲. 东湖高新区创新型孵化器运营模式研究 [D]. 武汉：华中科技大学, 2015.

[143] 姜惠乔. 奇虎360公司融资策略研究 [D]. 长春：吉林大学, 2019.

[144] 张洪辉, 邹英, 章琳一. 非关联股东结盟与公司创新——基于一致行动人的经验证据 [J]. 证券市场导报, 2021 (6)：43-56.

[145] 冯卓赟. 移动阅读产业盈利模式及其绩效评价研究——以掌阅科技为例 [D]. 杭州：浙江工商大学, 2019.

[146] 汤炎非, 谢达理. 企业融资理论与实务 [M]. 北京：高等教育出版社, 2013.

[147] 张宏涛, 耿沙沙. 增资扩股有望成为产权市场融资的着力点 [J]. 产权导刊, 2011 (8)：49-50.

[148] 彭冰. 中国证券法学 [M]. 北京：高等教育出版社, 2005：7.

[149] 钟维, 王毅纯. 中国式股权众筹：法律规制与投资者保护 [J]. 西南政法大学学报, 2015 (2)：19-26.

[150] 于烨. 论我国股权众筹中投资者的保护 [J]. 法制与经济, 2015 (Z1)：18-21.

[151] 朱玲. 股权众筹在中国的合法化研究 [J]. 吉林金融研究, 2014 (6)：13-20.

[152] 邱勋, 陈月波. 股权众筹：融资模式、价值与风险监管 [J]. 互联网金融, 2014 (9)：58-62.

[153] 刘俊海. 现代公司法（第3版）[M]. 北京：法律出版社, 2015：476.

[154] 王涌. 股权如何善意取得？——关于《公司法》司法解释三第28条的疑问 [J]. 暨南学报（哲学社会科学版）, 2012, 34 (12)：30-34+158.

[155] 白慧林. 股权转让热点问题——规则与实践的考量 [M]. 北京：法律出版社, 2014：103.

[156] 范健, 王建文. 公司法（第4版）[M]. 北京：法律出版社, 2015：30.

[157] 李大山. 企业并购财务风险及其防范 [J]. 科技情报开发与经济, 2007 (22)：23-25.

[158] 冯冠升. 企业并购的财务风险及防范 [J]. 企业活力, 2009, 5 (8)：56-59.

[159] 韩磊. 企业并购的财务风险及其防范措施 [J]. 财税统计, 2011 (7)：126.

[160] 赵伯生. 财务尽职调查流程及内容研究 [D]. 北京：北京邮电大学, 2012.

[161] 郑欣. 我国拟IPO企业财务尽职调查研究 [D]. 厦门：厦门大学, 2018.

[162] 谢清河. 金融经济周期与商业银行经营风险管理研究 [J]. 投资研究, 2009 (7)：27-32.

[163] 黄山. 非上市公司涉及股权的融资方式优化对策研究 [J]. 中国乡镇企业会计, 2022 (4)：16-18.

[164] 刘晓伟. 信息不对称背景下企业股权再融资的时机选择问题研究 [J]. 统计与管理, 2020 (4)：61-66.

[165] 高小丹. 基于两化融合的制造业企业融资时机选择 [J]. 财会通讯, 2019 (14): 16-19.

[166] 谢清河. 商业银行并购贷款风险管理研究 [J]. 投资研究, 2010 (3): 54-58.

[167] 谢清河. 现代融资租赁和金融租赁理论与实务 [M]. 北京: 经济管理出版社, 2021.

[168] 杨磊. 企业生命周期视角下股权融资对投资效率的影响研究 [D]. 长沙: 湖南大学, 2018.

[169] 庄静. 股权融资规模、财务弹性与投资效率研究 [D]. 天津: 天津财经大学, 2018.

[170] 刘露茜. 公司股权质押法律问题的思考 [J]. 法制与社会, 2017 (15): 104-105.

[171] 诸韬. 我国上市公司股权质押发展现状及风险防范 [D]. 南京: 南京审计大学, 2017.

[172] 李旎, 郑国坚. 市值管理动机下控股股东股权质押融资与利益侵占 [J]. 会计研究, 2015 (5): 42-49+94.

[173] 郭丽娟. 控股股东大比例股权质押对上市公司的风险影响 [J]. 山西农经, 2020 (8): 158+160.

[174] 谢德仁, 廖珂, 郑登津. 控股股东股权质押与开发支出会计政策隐性选择 [J]. 会计研究, 2017 (3): 30-38+94.

[175] 曾浩. 企业并购动因文献综述 [J]. 现代经济信息, 2016 (8): 134-135.

[176] 李旎, 郑国坚. 市值管理动机下的控股股东股权质押融资与利益侵占 [J]. 会计研究, 2015 (5): 42-49+94.

[177] 胡怀楚. 推行注册制背景下借壳上市的发展趋势——基于巨人网络借壳上市案例 [D]. 成都: 西南财经大学, 2020.

[178] 孙建新. 国内企业买壳上市的运作研究——以金融街建设集团兼并重庆华亚为例 [D]. 济南: 山东大学, 2004.

[179] 易凯. 国有广电企业借壳上市现象研究 [J]. 中国数字电视, 2012 (4): 59-61.

[180] 何永福. 企业买壳上市研究——基于苏宁环球集团买壳*ST吉纸案例研究 [D]. 厦门: 厦门大学, 2008.

[181] 陈庭鹭. 论私募股权投资中的对赌协议 [D]. 上海: 华东政法大学, 2013.

[182] 北京市大成律师事务所, 北京市律师协会风险投资委员会. 美国风险投资示范合同 [M]. 北京: 法律出版社, 2006: 19.

[183] 张巍. 资本的规则 [M]. 北京: 中国法制出版社, 2017: 5-6.

[184] 杨根. 对赌协议法律规制研究 [D]. 广州: 广东财经大学, 2019.

[185] 涂明辉. 我国私募股权投融资中对赌条款的法律问题研究 [J]. 法制博览, 2018 (17): 59-61.

[186] 胡瑞雪．对赌协议对并购溢价的影响——基于对赌协议条款特征的研究 [D]．北京：北京交通大学，2019．

[187] 张凯．股权投资中运用对赌协议的风险管理问题研究 [J]．经济问题，2018（8）：53-59．

[188] 宋襄萍．对赌模式投资中财务业绩评价指标应用分析 [J]．财务与会计，2020（24）：35-37．

[189] 吴子瑶．私募股权投资中对赌协议的法律风险研究——辅之以中国十大典型PE对赌案例进行分析 [J]．吉林金融研究，2017（10）：61-72．

[190] 李燕．中国私募股权投资基金的运作模式研究 [J]．企业改革与管理，2018（18）：103-105．

[191] 罗文锋，李明致．私募股权投资中对赌协议的法律效力 [J]．江西社会科学，2014（10）：192-197．

[192] 张佩佩．我国私募股权投资构成要素研究 [D]．武汉：武汉理工大学，2013．

[193] 冯国涛．商业计划书执行摘要的体裁分析 [D]．哈尔滨：黑龙江大学，2012．

[194] 汪洋．交易机制、做市商特征与新三板流动性 [J]．重庆工商大学学报（社会科学版），2019，36（1）：37-48．

[195] 宋晓刚．新三板市场发展的特征、动因及启示 [J]．证券市场导报，2015（11）：4-12．

[196] 金辉，黄珏，冯红霞．新三板企业融资方式与融资效率的关系研究 [J]．金融教育研究，2019，32（3）：46-52．

[197] 陈辉，顾乃康．新三板做市商制度、股票流动性与证券价值 [J]．金融研究，2017（4）：176-190．

[198] Bradford S C. Crowdfunding and the Federal Securities Laws [J]. Columbia Business Law Review, 2012, 1 (1): 1-150.

[199] 梁福欢．我国股权众筹监管制度研究 [D]．北京：中国政法大学，2015．

[200] 和敏．股权众筹的法律规制研究 [D]．成都：西南财经大学，2016．

[201] 清科集团．解读股权众筹办法五看点 [J]．国际融资，2015（2）：49-50．

[202] 刘明．美国《众筹法案》中集资门户法律制度的构建及其启示 [J]．现代法学，2015（1）：149-161．

[203] 郭勤贵．股权众筹——创业融资模式颠覆与重构 [M]．北京：机械工业出版社，2015：38．

[204] 钟维，王毅纯．中国式股权众筹：法律规制与投资者保护 [J]．西南政法大学学报，2015（4）：19-26．

[205] 童菲．股权众筹在中国的发展前景及监管政策研究 [D]．北京：对外经济贸易大学，2016．

[206] 李爱君．互联网股权融资模式与法律分析 [J]．大众理财顾问，2015（9）：13．

［207］李丽萍．互联网非公开股权融资法律风险及防范逻辑［J］．西南金融，2017（8）：43-49．

［208］方兴．领投人能促进股权众筹项目成功吗［J］．中国经济问题，2017（6）：122-133．

［209］宋伟斌，宋文，杨振华．互联网非公开股权融资之领投人收益标准辨析［J］．时代金融，2016（20）：270-271．

［210］张锐．互联网+的中国经济盛宴［J］．中关村，2017（12）：20-27．

［211］尹琪．BY集团股权投资管理改进方案研究［D］．兰州：兰州大学，2022．

［212］刘燕君．私募股权投资的风险及风险防范研究［D］．北京：对外经济贸易大学，2018．

［213］胡文军．重庆LT集团境外投资的风险控制与防范［J］．财务与会计，2019（2）：3．

［214］邓文芳．创业投资项目筛选方案研究［D］．杭州：浙江大学，2018．

［215］隋平．私募股权投资基金［M］．北京：中国经济出版社，2012：149．

［216］王鹏．风险投资决策支持体系研究［D］．长沙：中南大学，2010．

［217］陈洁．我国私募股权投资的运作流程研究［D］．武汉：武汉理工大学，2013．

［218］刘远．资本经营中的股权收购与资产收购［J］．经济问题，2002（2）：33-59．

［219］姜卫东．外资股权并购国有控股股份有限公司方式的选择——股权转让和增资扩股的比较分析［J］．现代商业，2012（24）：161-162．

［220］张婷．股权转让后认缴资本实缴义务法律实务分析［J］．发展，2020（9）：94-97．

［221］史雪花．内控视角下企业股权投资的风险管理对策［J］．企业改革与管理，2021（23）：23-24．

［222］何巧超．上市公司破产重整案例研究［D］．南昌：江西财经大学，2020．

［223］李明宇．上市公司破产重整资本公积转增股本适用除权调整：争论与选择［J］．审计观察，2021（8）：51-57．

［224］卢祖新，彭海波．上市公司重整中资本公积金转增股本除权问题研究——以重庆钢铁重整案为研究视角［J］．法律适用，2019（5）：66-72．

［225］周瑶．论破产案件中共益债务认定问题的新发展——以破产企业债权融资模式与风险防控为视角［J］．中国商论，2019（17）：211-213．

［226］雷雨．共益债务融资——另类投行视角下的企业纾困方式［J］．金融市场研究，2022（5）：100-109．

［227］刘武．从投资管理环节谈国有企业股权管理体系再构［J］．商业时代，2011（28）：65-66．

［228］胡青．国有企业股权投资风险管理策略分析［J］．企业改革与管理，2017（1）：34-35．

［229］徐晓．并购标的公司的特征及选择研究［D］．天津：天津大学，2015．

［230］陈露璐．内部控制制度在我国企业并购流程中的运用研究［D］．昆明：云南大学，2019.

［231］贾宸．企业并购动因、方式及后果研究［D］．苏州：苏州大学，2016.

［232］李哲莉．企业并购后财务整合实践及问题研究［J］．中国集体经济，2019（17）：126-128.

［233］许倩．我国上市公司并购交易模式研究［D］．北京：北京交通大学，2013.

［234］黄春燕．企业并购战略与操作实务［J］．财会学习，2019（12）：129+131.

［235］王正．投资并购法律风险控制研究［J］．法制与社会，2018（18）：73-74.

［236］王春晖．创业板企业并购重组中的创新性及框架性方案研究［D］．济南：山东大学，2015.

［237］李峥．Y公司发行股份购买资产的定价方案设计［D］．长沙：湖南大学，2017.

［238］汪志刚，马凡，孙柏杨．新创企业投融资估值体系构建［J］．科技创业月刊，2021，34（9）：52-55.

［239］杨海忠．风险投资行业全生命周期估值体系创新研究［J］．商业2.0（经济管理），2021（6）：1-3.

［240］刘亚飞．基于财务视角的企业盈利能力自动评估方法［J］．国际商务财会，2022（8）：28-31.

［241］闵剑，李佳颖．生命周期视角下中小企业财务风险评估研究——基于生存分析模型［J］．财会通讯，2021（4）：146-150.

［242］刘友余．私募股权基金项目投资风险分析［J］．中国总会计师，2020（12）：86-87.

［243］路子强．私募股权基金项目投资估值研究［D］．北京：首都经济贸易大学，2019.

［244］杨婷．企业价值评估指标体系研究［D］．西安：长安大学，2015.

［245］赵振洋，张渼．科创板生物医药企业价值评估研究——基于修正的FCFF估值模型［J］．中国资产评估，2019（11）：8-16.

［246］王惠昕．企业价值评估方法研究——现金流量贴现法［D］．天津：天津财经大学，2004：13-32.

［247］刘娜．三种企业估值模型及其对股票价格解释力的比较研究［D］．重庆：重庆工商大学，2016.

［248］唐斌．关于中国A股市场IPO定价机制与剩余收益估值模型的实证研究［D］．上海：上海交通大学，2016.

［249］孙圣雪．基于EVA的新三板企业价值评估研究——以江苏Y公司为例［D］．南京：南京财经大学，2016.

［250］谢清河．EVA与我国商业银行业绩评价机制问题研究［J］．金融与经济，2005（7）：39-40.

［251］唐铮．中国私募股权项目投资中估值方法运用的研究——以X公司为例［D］.

上海：上海交通大学，2015.

[252] 金梦影．资本资产定价（CAPM）模型在中国证券市场的适用性研究［J］．中国乡镇企业会计，2020（6）：9-10.

[253] 张家宝．基于三因素资本资产定价模型的股票收益研究［D］．杭州：浙江大学，2019.

[254] 钟冰．现行价值法对同一控制下企业合并交易的影响分析——基于 A+H 股上市公司的证据［J］．中国注册会计师，2021（2）：90-96.

[255] 贵瑞洁．基于环境重置成本法的森林生态补偿价值计量研究［J］．黑龙江生态工程职业学院学报，2020（1）：8-9.

[256] 杨丹．股权架构对资本结构动态调整速度及效果的影响研究［D］．合肥：安徽大学，2018.

[257] 王永鑫．并购中目标企业的价值评估研究［D］．北京：财政部财政科学研究所，2015.

[258] 张耀丹．市场法在企业价值评估中的应用研究［D］．昆明：云南大学，2019.

[259] 徐博治，刘鹏扬，汪泽昕，等．论企业成长性的市盈率、市净率和市售率股票（股权）估值方法［J］．中国市场，2022（11）：8-12.

[260] 江北．市盈率与市净率宏观预测能力的比较研究［D］．上海：上海交通大学，2014.

[261] 林妍．我国科创板上市公司市场价值评估分析［J］．会计之友，2020（23）：140-143.

[262] 万乃嘉．股票买方估值模型的去未来化与逻辑检验——以 PEG 估值法为例［J］．湖北第二师范学院学报，2020，37（3）：46-50.

[263] 刘晓莹．基于市场法的 H 路桥集团公司价值评估研究［D］．长沙：湖南大学，2014.

[264] 洪正，袁齐．高控制权溢价是否提升公司债务融资成本［J］．华南金融研究，2018，33（5）：82-94.

[265] 傅媛．中小板公司并购中股份流动性折价研究［D］．北京：北京交通大学，2014.

[266] 朱琪．上市企业并购重组中控制权溢价及其影响因素研究［D］．北京：首都经济贸易大学，2021.

[267] 吴井峰．股权定向增发的融资模式研究［D］．长春：吉林大学，2016.

[268] Ross S A, Wester Field R W, Jeffe J F. Corporate Finance［M］. Columbus：Mc Graw-Hill, 2002.

[269] 赵静梅，吴风云．数字崇拜下的金融资产价格异象［J］．经济研究，2009（6）：129-141.

[270] 方净植．注册制下新股破发的警醒［J］．中国金融，2022（16）：71-72.

[271] 支毅敏．基于现金流估值模型的股票估值研究［D］．南宁：广西大学，2018.

[272] 李苗，扈文秀．股权激励、高管货币报酬与盈余管理的实证 [J]．统计与决策，2020，36（13）：159-161．

[273] 李应楠．中医药行业上市公司价值评估方法适用性研究 [D]．上海：东华大学，2019．

[274] 郑征，朱武祥．高科技企业生命周期估值方法选择与风险管理策略 [J]．中国资产评估，2019（7）：4-12．

[275] 翁媛媛，高汝熹．中国经济增长动力分析及未来增长空间预测 [J]．经济学家，2011（8）：65-74．

[276] 方成德．关于盈亏平衡分析应用的几点建议 [J]．会计师，2020（22）：2．

[277] 吉红云，王淞．科创板上市公司估值方法与高估值成因研究 [J]．生产力研究，2022（8）：5．

[278] 李思．云计算企业价值评估方法研究 [D]．大连：东北财经大学，2020．

[279] 程伟．科创板公司估值方法研究——以中微公司为例 [J]．中国商论，2020（21）：50-55．

[280] 彭丽．我国互联网金融企业估值研究 [D]．上海：华东理工大学，2017．

[281] 蒋丹．我国科创板上市公司估值方法的适用性研究 [J]．中国商论，2022（16）：94-97．

[282] 周汉超．互联网企业估值方法应用研究 [J]．全国流通经济，2019（8）：116-117．

[283] 刘一凡．初创互联网公司价值估值研究——以哔哩哔哩公司为例 [D]．大连：大连理工大学，2019．

[284] 梁涵书．基于自由现金流模型的哔哩哔哩股票估值案例分析 [J]．商讯，2020（4）：3-5．

[285] 严美琴．股权架构构建中的税务考量 [J]．经济研究导刊，2022（30）：97-99．

[286] 董沛．私募股权投资基金组织结构设计与税收筹划研究 [J]．纳税，2020，14（20）：41-42．

[287] 李星辰．探析财务人员股权激励对降低企业税负影响——基于有效税务筹划理论 [J]．当代会计，2020（10）：136-138．

[288] 陈海．股权投资企业税收筹划研究 [J]．企业改革与管理，2019（5）：127-128．

[289] 刘敬雯．企业生命周期下支付方式对战略性新兴企业并购绩效的影响 [D]．大连：东北财经大学，2021．

[290] 张媛春．制度环境、交易规则与控制权协议转让效率 [D]．广州：中山大学，2009．

[291] 杨洁．控股权溢价的存在性及其影响因素研究——兼论我国上市公司控股权评估的改进 [D]．上海：上海交通大学，2012．

［292］张阳．股权转让价格公允性税理分析［J］．注册税务师，2020（4）：25-27．

［293］章子夏．我国上市公司重大资产重组交易定价影响因素的研究［D］．上海：上海社会科学院，2016．

［294］程楠．收购方股权架构对并购支付方式选择的影响——基于终极控制视角的实证研究［D］．北京：北京大学，2012．

［295］李向昇．企业并购的筹资与支付方式选择研究［J］．新经济，2016（24）：37-38．

［296］尹春月．企业并购的筹资与对价支付方式选择研究——以平安入主深发展为例［D］．长春：吉林财经大学，2015．

［297］姜美子．企业并购的筹资与支付方式选择［J］．中外企业家，2018（23）：48-49．

［298］董国福．集团企业内部会计主体无偿划转之账务及涉税处理探讨［J］．中小企业管理与科技（中旬刊），2018（3）：75-76．

［299］马军丽．企业股权收购所得税国际经验借鉴［J］．财会通讯，2022（1）：155-159．

［300］邱静．企业股权并购支付方式的涉税成本分析［J］．时代金融，2012（15）：64．

［301］邢冰黎．特殊性税务处理在企业重组纳税筹划中的应用［J］．纳税，2018，12（34）：48-49．

［302］杨义莹．企业并购所得税税收筹划研究——以KE医疗为例［J］．中国管理信息化，2019，22（2）：37-38．

［303］胡君玉．企业并购环节中所得税税收筹划的研究——以HD集团并购TK企业为例［D］．广州：广东财经大学，2020．

［304］管锶锶．企业并购所得税税收筹划研究——以骅威股份为例［J］．经贸实践，2019（6）：125-127．

［305］陶俊梅．企业资产收购中的税务风险管理［J］．中国民商，2020（6）：178-179．

［306］李磊．股权转让中的税收风险及规避［J］．税收征纳，2020（4）：17-18．

［307］冷钦．我国企业并购重组中的涉税风险问题研究［D］．武汉：中南财经政法大学，2021．

［308］夏雨佳．企业合并中的会计和税收筹划处理分析［J］．投资与创业，2021（3）：99-101．

［309］杨梅．企业分立的税务处理［J］．注册税务师，2019（10）：49-50．

［310］戚丽萱．公司减资若干问题研究［D］．上海：华东政法大学，2019．

［311］李怀继．公司减资的财税分析［J］．中国管理信息化，2018（9）：6-7．

［312］陈战方，尹爱东，张丽媛，等．关于优化企业注销清算环节税收征管工作的探讨［J］．天津经济，2022（1）：48-51．

［313］李晓光．企业清算会计与所得税业务处理分析［J］．注册税务师，2016（5）：48-49.

［314］吴育坚．上市公司股权激励的会计处理与税务处理差异问题分析［J］．注册税务师，2020（3）：65-67.

［315］王艾东．企业重组中税务风险的控制——股权收购案例分析［J］．注册税务师，2017（2）：11-14.

［316］尹磊，孙丽梅，秦国宝．涉外重组主体多元综合研判防控风险——从一例跨境股权收购案看特殊性税务处理的应用［J］．国际税收，2022（2）：75-79.

［317］王亚红．我国国际税收情报交换问题研究［D］．武汉：中南财经政法大学，2019.

［318］巴海鹰，谭伟．中国企业跨境并购的税务风险识别与应对［J］．国际税收，2021（9）：73-79.

［319］沈力伟．红筹架构拆除方案的选择和财务影响分析［D］．上海：上海交通大学，2015.

［320］姜君臣，王满，马影．异质机构投资者与企业创新能力——基于境内外机构投资者的实证检验［J］．国际商务（对外经济贸易大学学报），2021（3）：142-156.

［321］王佳宜．海外投资管理权研究［D］．重庆：西南政法大学，2017.

［322］王璐瑶．境外上市与企业投资效率［J］．工业技术经济，2022，41（3）：34-42.

［323］周飞羽．境外间接上市中协议控制模式的法律风险防范［D］．哈尔滨：黑龙江大学，2019.

［324］钟源宇．中资企业不同境外上市模式比较研究［J］．金融市场研究，2021（10）：79-90.

［325］操颖．中国企业 A+H 交叉上市行为研究［D］．合肥：中国科学技术大学，2013.

［326］李晞禔．内地企业在香港上市概况及要求［J］．中国注册会计师，2010（8）：20-22.

［327］林志佳．内地与香港同时上市的股份公司股东权保护研究［D］．厦门：厦门大学，2012.

［328］林日升．中国企业境外上市的法律问题研究［D］．北京：北方工业大学，2016.

［329］郑志刚，金天，蔡茂恩．中概股的挑战与未来［J］．金融评论，2022（5）：1-12+123.

［330］肖许民．境外上市同股不同权问题研究［D］．重庆：西南政法大学，2016.

［331］徐瑞峰．美国纳斯达克上市的条件和程序［J］．市场论坛，2004（10）：61-62.

［332］朱政宇．中国互联网公司在纽交所和纳斯达克上市对比分析［D］．北京：华北电力大学，2016.

[333] 吴寿元. 关于中国企业在新加坡上市问题研究 [D]. 北京：首都经济贸易大学，2008.

[334] 陈雳. 企业境内外融资环境比较与选择 [J]. 中国金融，2022（4）：52-53.

[335] 曹玉涛. 我国上市公司海外并购融资模式创新研究 [D]. 济南：山东大学，2018.

[336] 韩莹. 我国上市公司跨境并购的财务风险及对策研究 [D]. 杭州：浙江大学，2018.

[337] 卫以诺，彭丽芳. 全球 SPAC 上市模式的研究与探寻 [J]. 金融市场研究，2022（1）：95-104.

[338] 张锐. 美国股市 SPAC 的创新运作与价值评判 [J]. 对外经贸实务，2021（5）：5.

[339] 王勇，刘曼妮. 解析 SPAC 上市热潮 [J]. 中国外汇，2021（5）：37-39.

[340] 李寿双，苏龙飞，朱锐. 红筹博弈——十号文时代的民企境外上市（修订版）[M]. 北京：中国政法大学出版社，2012：52.

[341] 徐卫永. 新会计准则对企业财务管理实务影响研究 [J]. 投资与创业，2021（3）：105-107.

[342] 陈丽英. 内资企业港股上市会计要求的研究——以 SW 公司港股上市为例 [J]. 中国总会计师，2022（2）：99-101.

[343] 王保胜. 中国创业板 IPO 定价效率的实证研究——基于内地及其赴港创业板上市企业的比较 [D]. 北京：中央财经大学，2012.

[344] 吕丛平. 简析 IPO 公司上市费用财务处理常见的几个问题 [J]. 中国注册会计师，2022（3）：82-84.

[345] 王映玥. 内地企业香港上市的监管合作研究 [D]. 成都：西华大学，2013.

[346] 高喜僚. 中国公司如何在境外上市 [J]. 现代企业教育，2013（7）：26-31.

[347] 刘燕. 企业境外间接上市的监管困境及其突破路径——以协议控制模式为分析对象 [J]. 法商研究，2012，29（5）：13-21.

[348] 伏军. 境外间接上市法律制度研究 [M]. 北京：北京大学出版社，2010：72-73.

[349] 陈光磊. 论有限责任公司的股权转让——《公司法》第 72 条问题探究 [J]. 法制博览，2012（3）：73-75.

[350] 陈杰. FDI 中的返程投资：现状、成因及规制 [J]. 西南金融，2007（1）：48-49.

[351] 李石. 企业并购支付方式税务筹划 [J]. 财会通讯，2015（11）：121-123.

[352] 杨健，钟红英. 浅谈企业并购的税务筹划 [J]. 税务与经济（长春税务学院学报），2001（5）：27-28.

[353] 赵波，白银卉，郭金凤. 红筹架构拆除过程中应注意的几个问题 [J]. 财务与会计（理财版），2013（3）：59-60.

［354］王立春．浅谈北模式在我国互联网行业中广泛应用的原因［J］．时代金融，2013（10）：249-249+267.

［355］杜娟，王云．论中小股东权益的保护［J］．法制与社会，2008（18）：280.

［356］黄杨．CDR 的发行分析与实践经验——以九号公司为例［J］．全国商情（经济理论研究），2021（12）：130-133.

［357］刘李青．九号公司发行 CDR 的融资案例研究［D］．北京：北京交通大学．

［358］清科研究中心．国内首份投后服务评价体系研究报告［EB/OL］．［2023-01-01］．https：//news. pedata. cn/582000. html.

［359］刘猛，张晨宇，叶陈刚，等．国企高管晋升激励与超额现金持有价值［J］．外国经济与管理，2020（2）：97-110.

［360］陈辉，吴梦菲．新三板资本市场质量评估与改革政策研究［J］．金融监管研究，2020（2）：67-84.

［361］刘兴业，任纪军．中国式私募股权投资私募基金的创建与投资模式［M］．北京：中信出版社，2013：77-79.

［362］李晓峰．中国私募股权投资案例教程［M］．北京：清华大学出版社，2010：80-83.

［363］李昕．私募股权投资基金理论与操作［M］．北京：中国发展出版社，2008：25-28.

［364］万文静．我国私募股权投资基金退出方式选择的影响因素研究［D］．南京：东南大学，2018.

［365］陈溪泉，林楠，温千惠．私募股权投资基金退出方式选择影响因素研究［J］．科技经济市场，2020（4）：109-110.

［366］朱伟英．私募股权投资基金退出方式的选择研究［D］．厦门：厦门大学，2018.

［367］于峰．我国私募股权投资基金退出方式研究［D］．北京：北京邮电大学，2020.

［368］文娟．风险投资退出方式选择及其经济后果研究［D］．蚌埠：安徽财经大学，2020.

［369］梁国珠．我国私募股权投资基金 IPO 退出制度研究［D］．广州：华南理工大学，2019.

［370］王靖萱．大行其道：境内企业境外 SPAC 上市模式及政策研究［J］．金融市场研究，2021（6）：80-85.

［371］杨月英．私募股权投资基金股权转让退出方式研究［D］．石家庄：河北经贸大学，2016.

［372］汤伊铃，汤新华．主板与创业板上市公司再融资效率研究［J］．中国注册会计师，2022（5）：38-44.

［373］邵伟．保险企业绩效研究——基于股份转让系统与创业板的分析［D］．济南：山东大学，2014.

［374］张利国．完善法律框架　助力科创板和注册制平稳发展［J］．清华金融评论，2019（6）：40-42.

［375］李萌，陈子凤，赵欣，等．"PE+上市公司"模式的优劣势分析［J］．金融理论与教学，2018（3）：44-46.

［376］王瑞雪．我国私募股权基金并购退出研究［D］．北京：对外经济贸易大学，2016.

［377］孙梦雨．医药企业并购的风险识别及防范——基于通化金马的案例分析［D］．北京：北京交通大学，2020.

［378］赵旭东．现行公司法疑难释解［M］．北京：法律出版社，2006：133.

［379］张义斌．区域股权市场和全国股转系统的联动合作机制研究［J］．清华金融评论，2021（2）：75-80.

［380］姜建朋．全国股份转让系统（NEEQ）监管的法律问题研究［D］．青岛：青岛大学，2015.

［381］唐璐曦．区域性股权市场挂牌公司财务审查风险点［J］．国际商务财会，2022（15）：45-47.

［382］李彦斌．解读"新三板"的挂牌条件和执行流程［J］．注册税务师，2014（7）：14-16.

［383］张钞．私募股权基金退出问题研究——兼论新三板挂牌退出机制［D］．成都：西南财经大学，2017.

［384］王小军，杜坤伦．试论全国股份转让系统监管体系的构建［J］．证券市场导报，2015（8）：52-59.

［385］汤海琴．股转系统挂牌企业"协议转让"到"做市转让"的效果分析——基于境内企业的案例分析［D］．杭州：浙江大学，2017.

［386］王瑞．上市公司股权转让无因性问题研究［D］．重庆：西南政法大学，2019.

［387］吴飞飞．论股权转让合同解除规则的体系不一致缺陷与治愈——指导案例67号组织法裁判规则反思［J］．政治与法律，2021（7）：121-132.

［388］刘菁．股权转让过程中所得税税务筹划探析［J］．纳税，2018（10）：19-20.

［389］莫丹妮．关于非居民企业间接转让股权反避税问题的研究——以某市国税局"X集团反避税案"为例［D］．广州：广东财经大学，2018.

［390］乐陈．中小型企业股权转让过程中的税务筹划［J］．经济管理文摘，2019（4）：69-70.

［391］靳万一，任二营．股权转让纳税筹划实例分析［J］．注册税务师，2017（1）：36-37.

［392］顾小龙，辛宇．中国式股份回购：制度变迁、结构特征与类型辨析［J］．中山大学学报（社会科学版），2022，62（1）：195-206.

［393］赵志敏．公司治理、管理层权力与股份回购研究［D］．北京：北京邮电大学，2015.

［394］王志煊．风险投资股份回购退出机制中对赌协议的法律问题研究［D］．济南：山东大学，2018.

［395］潘林．"对赌协议第一案"的法律经济学分析［J］．法制与社会发展，2014，20（4）：171-181.

［396］张萌．论私募股权投资中的对赌协议［D］．成都：西南交通大学，2013.

［397］俞素梅．私募股权投资中对赌协议的风险防范［J］．法制博览，2021（15）：100-101.

［398］吴靖．PE语境下目标公司回购条款效力研究［D］．厦门：厦门大学，2019.

［399］张敏．上市公司护盘式回购法律规制研究［D］．北京：中国政法大学，2020.

［400］孙般．公司型私募股权投资基金清算型退出方式的实现［D］．上海：华东政法大学，2014.

［401］张盈．私募股权投资基金退出方式的研究［D］．大连：东北财经大学，2016.

［402］王新伟．中国私募股权投资基金退出方式研究［D］．武汉：华中科技大学，2017.

［403］王志华．私募股权投资基金退出机制的法律问题及其解决［D］．海口：海南大学，2017.

［404］宋佳欣．我国私募股权投资基金退出机制研究［D］．长春：吉林财经大学，2020.

［405］樊海波．新会计准则下的长期股权投资核算［J］．中国乡镇企业会计，2020（9）：11-12.

［406］陈斯怡．新会计准则下长期股权投资核算变化及对企业的影响研究［J］．中国外资，2020（2）：86-87.

［407］王天怡，宋夏云．长期股权投资会计核算模式的国际比较［J］．审计与理财，2021（10）：32-35.

［408］耿建新，靳琦琦．长期股权投资准则的历史沿革与国际比较［J］．财会月刊，2020（18）：39-45.

［409］王益慧，王宝雷．长期股权投资会计核算探析——以企业股权投资为例［J］．中国农业会计，2022（2）：48-50.

［410］李仁秀．长期股权投资计量方法变化及影响［J］．合作经济与科技，2020（2）：104-105.

［411］张欣．"三无"类投资会计处理问题思考［J］．财会通讯，2022（5）：5.

［412］曹雨晴．修订后长期股权投资准则对企业的财务影响［D］．大连：东北财经大学，2018.

［413］杨文瑞．长期股权投资后续计量方法转换及合并报表处理研究［J］．财经界，2018（5）：71-72.

［414］International Accounting Standards Board（IASB）．IFRS R Standards Discussion Paper Business Combinations under Common Control［R］．2020.

［415］付雁薇．新会计准则下的长期股权投资会计核算方法分析［J］．中国集体经济，2022（25）：116-118．

［416］Comiskey E E, Mulford C W. Investment Decision and the Equity Accounting Standard［J］. The Accounting Review, 1986, 61（3）：519-525.

［417］陈婵凤．上市公司商誉确认与会计计量问题研究［J］．全国流通经济，2022（3）：169-171．

［418］杨汝梅．无形资产论［M］．施仁夫，译．上海：立信会计出版社，2009．

［419］葛家澍．当前财务会计的几个问题：衍生金融工具、自创商誉和不确定性［J］．会计研究，1996（1）：3-8．

［420］冯卫东．基于知识经济的商誉会计：理论研究与准则改进［M］．大连：东北财经大学出版社，2015．

［421］邓小洋．商誉会计论［M］．上海：立信会计出版社，2001．

［422］傅超，王靖懿，傅代国．从无到有，并购商誉是否夸大其实？——基于A股上市公司的经验证据［J］．中国经济问题，2016（6）：109-123．

［423］王文姣，傅超，傅代国．并购商誉是否为股价崩盘的事前信号？——基于会计功能和金融安全视角［J］．财经研究，2017（9）：76-87．

［424］Financial Accounting Standards Board（FASB）. Statement of Financial Accounting Standards No. 142. Goodwill and Other Intangible Assets［R］. 2001.

［425］Ramanna K. The Implications of Unverifiable Fair Value Accounting：Evidence from the Political Economy of Goodwill Accounting［J］. Journal of Accounting Economics, 2008, 45（2）：253-281.

［426］北京兴华会计师事务所．2018年上市公司商誉审计分析［EB/OL］．［2019-07-16］．http：//www. xhcpas. com/xwdt/xyxw/20190716310. html.

［427］中国证券监督管理委员会．会计监管风险提示第8号——商誉减值［EB/OL］．［2018-11-16］．http：//www. csrc. gov. cn/pub/newsite/kjb/kjbzcgf/xsjzj/sjpgjggz/01811/t20181116_346845. html.

［428］财政部监督监察局．关于进一步加强商誉减值监管的通知（财监〔2019〕23号）［EB/OL］．［2019-03-29］．https：//www. sohu. com/a/304962030_99913655.

［429］北京资产评估协会．风险管理委员会风险研究报告——商誉减值测试评估［EB/OL］．［2019-12-28］．http：//www. bicpa. org. cn/dtzj/zxgg/B15771541065422. html.

［430］李雪玲．比较国内外会计准则对企业商誉减值处理的差异［J］．商场现代化，2022（13）：145-147．

［431］向羽斯．新会计准则下收入的会税差异研究［D］．北京：北京交通大学，2019．

［432］付雁薇．新会计准则下的长期股权投资会计核算方法分析［J］．中国集体经济，2022（25）：116-118．

［433］席君平．探析新收入准则下收入确认的税会差异［J］．纳税，2020，14（22）：

71-72.

［434］沈淑姜．新会计准则下长期股权投资会计核算方法分析［J］．中国乡镇企业会计，2020（6）：21-22.

［435］杨国伟．关于长期股权投资财税核算差异的研究［J］．中国中小企业，2021（9）：168-169.

［436］周健．长期股权投资财税处理差异分析——以同一控制下的企业合并形成长期股权投资初始计量为例［J］．中国市场，2019（36）：27-28.

［437］程志强．新会计准则下长期股权投资核算变化对企业财务报表的影响——以雅戈尔为例［J］．环渤海经济瞭望，2017（12）：92-93.

［438］高金平，戎晓健．长期股权投资后续计量的税会差异［J］．中国税务，2018（7）：52-55.

［439］喻亚敏．关于私募股权投资基金是否纳入合并范围的探讨［J］．会计师，2021（15）：6-7.

［440］王湘萍．私募股权投资基金合并财务报表范围界定难点［J］．中国市场，2021（27）：69-70.

［441］阚吉娜．我国有限合伙制私募股权投资基金税收政策研究［D］．成都：西南财经大学，2016.

［442］陈瑜．私募股权投资基金相关会计核算及税务处理探讨［J］．经济管理文摘，2021（9）：148-149.

［443］孙丽辉．合伙制私募股权投资基金投资业务会计及税务处理探讨［J］．投资与创业，2020（18）：60-61.

［444］孙卉．合伙制私募股权基金财务核算及税务处理的探究［J］．中国管理信息化，2021，24（2）：2.

［445］金浪．私募证券投资基金的会计核算问题研究［J］．北方经贸，2022（1）：101-103.

［446］陈秧秧．股份回购与库存股会计相关问题探析［J］．财务与会计，2020（12）：32-35.

［447］陈爱华．股份回购的会计与税务处理［J］．公司理财，2019（1）：23-28.

［448］陈爱华．私募基金会计和税务［M］．北京：中国市场出版社，2020.

［449］张水茂．附回购条款股权增资事项的账务处理探究［J］．财会通讯，2021（17）：93-96.

［450］陆建桥，王文慧．国际财务报告准则研究最新动态与重点关注问题［J］．会计研究，2018（1）：89-94.

［451］谢清河．我国金融衍生产品会计问题研究［J］．审计与经济研究，2004（3）：43-46.

［452］王莉．私募股权投资中对赌协议的会计处理研究［J］．财务管理研究，2021（12）：164-168.

［453］杨燕萍．附有对赌协议的股权投资业务会计处理思考［J］．财会通讯，2021（11）：103-105+110.

［454］李雪轶．探析对赌协议中金融工具的会计属性与分类［J］．会计之友，2020（13）：42-46.

［455］赵玉珍，郭雅哲，赵俊梅．资产负债表项目填列存在的问题及改进建议［J］．财务与会计，2020（19）：81.

［456］孙参运．资产负债表日后调整事项会计处理的案例分析［J］．财务与会计，2022（19）：34-37.

［457］王庆政．探究现金流量管理措施及其在企业财务管理中的作用［J］．财经界，2016（6）：210.

［458］杨有红．基于综合收益列报的报表勾稽关系重构［J］．会计之友，2020（6）：7.

［459］尹伯华．新会计准则下企业合并财务报表问题研究［J］．政监督，2020（16）：99-104.

［460］黄继红．风险控制在私募股权投资企业财务管理中的应用［J］．企业改革与管理，2020（21）：187-188.

［461］王青．风险控制在私募股权投资企业财务管理中的应用［J］．企业改革与管理，2020（9）：105-106.

［462］程昊．集团公司股权投资专项审计实践与创新［J］．中国石化，2020（8）：57.

［463］康鼎煦．国有企业开展股权投资后评价的思考及实践探析——以审计视角［J］．国际商务财会，2022（5）：84-88.

［464］陈卓，鲍子涵．私募股权投资支持中小微企业发展的路径、风险与审计对策研究［J］．北方金融，2022（2）：36-43.

［465］郝瑞军．风险导向审计在集团公司股权投资审计中的运用［J］．中国内部审计，2015（3）：69-72.

［466］崔玉静．浅论风险导向审计在内部审计中的运用［J］．财经界，2021（30）：149-150.

［467］吴娜德．国有企业开展股权投资后评价的审计分析［J］．现代商业，2020（21）：66－67.

［468］陶智南．国有投资运营平台股权投资审计中应重点关注的十个方面问题［J］．审计与理财，2022（9）：15-16.

［469］刘佳成．国有企业开展股权投资后评价审计的实践分析［J］．大众投资指南，2018（20）：7.

［470］吴娜德．国有企业开展股权投资后评价的审计分析［J］．现代商业，2020（21）：66-67.

［471］黄刚．国有企业开展股权投资后评价审计的实践［J］．中国内部审计，2016

（5）：68-71.

[472] 吴杰. 国有企业开展股权的投资后评价审计分析 [J]. 财经界, 2016（36）：288-289.

[473] 杨洋. 长期股权投资权益法核算问题研究 [J]. 中国市场, 2020（7）：51+53.

[474] 崔江涛. 长期股权投资权益法核算存在的问题及其思考 [J]. 中国总会计师, 2014（1）：84-86.

[475] 彭芸, 林斌. 权益法下分享被投资单位净损益的会计处理 [J]. 中国商论, 2019（4）：166-167.

[476] 张国铭. 长期股权投资权益法核算问题分析 [J]. 全国流通经济, 2018（5）：89-90.

[477] 赵英会. 股权投资后续计量方法转换的会计处理方法 [J]. 财务与会计, 2019（7）：55-58.

[478] 陈翔燕. 突破风险管理的瓶颈 [J]. 上海国资, 2014（8）：84-85.

[479] 吴红丽. 我国私募基金行业发展破局 [J]. 中国外汇, 2019（16）：67-69.

[480] 史雪花. 内控视角下企业股权投资的风险管理对策 [J]. 企业改革与管理, 2021（23）：23-24.

[481] 隋平, 蓝梅. 私募股权投资基金——操作细节与核心 [M]. 北京：中国经济出版社, 2012：164-165.

[482] 李峥峥. 企业股权投资风险管理问题与对策研究 [J]. 会计师, 2022（11）：52-54.

[483] 刘揽星. G 上市公司风险投资管理内部控制存在的问题与对策分析 [D]. 南昌：江西财经大学, 2019.

[484] 孙学津. 互联网非公开股权融资的法律问题研究 [D]. 唐山：华北理工大学, 2019.

[485] 李榕森. 我国股权众筹运行的法律风险及完善规制 [D]. 福州：福州大学, 2018.

[486] 张惜. 互联网金融下房地产企业融资模式研究 [D]. 重庆：重庆理工大学, 2018.

[487] 薛婉宁. 企业股权投资风险管理问题与对策研究 [J]. 投资与创业, 2022, 33（10）：7-9.

[488] 姜连梅. 私募股权投资基金组织架构设计与运作风险控制研究 [J]. 经济师, 2019（7）：79-80.

[489] 魏晓东. 内部控制视角下企业股权投资的风险管理 [J]. 大众投资指南, 2020（23）：92-93.

[490] 何玉婷. 私募股权投资企业内部控制体系建设分析 [J]. 财经界, 2020（6）：86-88.

[491] 于强伟. 股权投融资交易结构：设计要点与体系化考量 [M]. 北京：法律出

版社，2020：396-398.

［492］潘启龙．私募股权投资实务与案例［M］．北京：经济科学出版社，2011：152-159.

［493］侯嵩.H 酒业股份有限公司财务风险预警体系构建的研究［D］．蚌埠：安徽财经大学，2020.

［494］时萤萤．基于现金流的上市公司财务风险预警体系构建思考［J］．财经界，2019（34）：138-139.

［495］刘兴业，任纪军．中国式私募股权投资［M］．北京：中信出版社，2013：269-275.

［496］田天立．财务视角下的私募股权投资风险防控研究［J］．财会学习，2019（18）：223+225.

［497］曾劲郝．基于财务视角的私募股权投资风险防控研究［J］．企业改革与管理，2021（4）：140-141.

［498］刘唐音．基于流程优化的私募股权基金公司内部控制研究［D］．杭州：浙江工商大学，2019.

［499］马广存．私募股权投资基金企业内部控制体系建设分析［J］．全国流通经济，2021（13）：157-159.

［500］朱丽丽．基于财务管控视角下的私募股权投资业务风险防范［J］．财经界，2020（25）：168-169.

［501］郭彦廷．互联网金融视角下股权众筹融资问题研究——以京东东家为例［J］．中国集体经济，2020（28）：90-91.

［502］刘俊逸．互联网非公开股权融资面临的主要法律风险及防范措施［J］．时代金融，2017（35）：222-223.

［503］王荣芳．论我国私募股权投资基金监管制度之构建［J］．比较法研究，2012（1）：48-58.

［504］樊志刚，赵新杰．全球私募基金的发展趋势及在中国的前景［J］．金融论坛，2007（10）：3-8.

［505］高伟明，顾华晔，周玉敏．境外上市公司利用内外监管主体差异偷逃税收［J］．财务与会计，2022（13）：41-43.

［506］吴文君，陈红彦．《外商投资法》出台背景下 VIE 架构的监管路径选择［J］．海南金融，2020（1）：41-49.

［507］黄贤文.VIE 结构的法律风险和监管［J］．法制与社会，2020（18）：59-60.

［508］蒋雅冬.VIE 架构法律风险控制研究［D］．成都：西南政法大学，2016.

［509］代兴茂.VIE 架构的法律内涵特点和风险及监管建议［J］．现代企业，2022（10）：3.

［510］刘津宏．以目标公司为主体的对赌协议法律效力问题研究［D］．成都：西华大学，2020.

[511] 郭锋．金融发展中的证券法问题研究［M］．北京：法律出版社，2010：98.

[512] 潘江河．我国私募股权投资基金监管法律制度研究［D］．成都：西南政法大学，2018.

[513] 李寿双．中国式私募股权基金：募集与设立［M］．北京：法律出版社，2009：111.

[514] 傅穹．对赌协议的法律构造与定性观察［J］．政法论丛，2011（6）：66-71.

[515] 彭晓晓．以目标公司为主体的对赌协议典型案件研究［D］．合肥：安徽大学，2019.

[516] 汤谷良，刘辉．机构投资者"对赌协议"的治理效应与财务启示［J］．财务与会计，2006（20）：33-36.

[517] 李磊．私募股权投融资指引［M］．北京：经济科学出版社，2009：190.

[518] 谷志威．公司IPO上市操作指引［M］．北京：法律出版社，2015：117.

[519] 李雨龙．私募融资经典案例［M］．北京：法律出版社，2009：60.

[520] 谢清河．我国创业板平稳运行和机制完善问题探讨［J］．现代经济探讨，2011（10）：44-48.

[521] 刑军．中国民营企业融资状况发展报告［M］．北京：中国经济出版社，2012.

[522] 彭晓晓．以目标公司为主体的对赌协议典型案件研究［D］．合肥：安徽大学，2019.

[523] 李磊．私募股权投融资指引［M］．北京：经济科学出版社，2009.

[524] 刘海明，王哲伟，曹廷求．担保网络传染效应的实证研究［J］．管理世界，2016（4）：81-96+188.

[525] 陈险峰，胡珺，胡国柳．董事高管责任保险、权益资本成本与上市公司再融资能力［J］．财经理论与实践，2014（1）：39-44+102.

[526] 辛欣．境外股权众筹的发展与监管简述［J］．清华金融评论，2015（3）：99-104.

[527] 樊云慧．股权众筹平台监管的国际比较［J］．法学，2015（4）：84-91.

[528] 袁康．资本形成、投资者保护与股权众筹的制度供给——论我国股权众筹相关制度设计的路径［J］．证券市场导报，2014（12）：4-11.

[529] 彭岳．众筹监管论［J］．法治研究，2014（8）：71.

[530] 吕明凡．股权众筹的发展及其风险研究［J］．合作经济与科技，2015（4）：80-81.

[531] 张锐．互联网+的中国经济盛宴［J］．中关村，2017（12）：20-27.

[532] 杨群华．我国互联网金融的特殊风险及防范研究［J］．金融科技时代，2013，21（7）：100-103.

[533] 宋伟斌，宋文，杨振华．互联网非公开股权融资之领投人收益标准辨析［J］．时代金融，2016（20）：270-271.

[534] 曲君宇．我国股权众筹中的投资者权益保护［J］．西南金融，2018（4）：72-76.

［535］夏纯，井维维，梁青．英国《2010 年金融服务法》评述［J］．金融服务法评论，2012（3）：57-68.

［536］李扬，胡滨．金融危机背景下的全球金融监管改革［M］．北京：社会科学文献出版社，2010.

［537］樊纪伟．投资型众筹平台监管的日本模式及启示［J］．证券法律评论，2017（1）：454-464.

［538］唐旗．从市场内生秩序看互联网股权融资规则构建［J］．证券法律评论，2018（1）：159-171.

［539］常慧，姬晨雨．股权众筹投资者得益风控的立法研究［J］．河北学刊，2018（4）：209-214.

［540］程晋．股权众筹投资者权益保护的思维变革与制度完善——如何构建有效的股权众筹投资者保护机制［J］．金融发展研究，2015（4）：57-60.

［541］许建兴．股权众筹融资的法律风险与立法完善［J］．人民论坛，2017（23）：90-91.

［542］张秋华，邱黎．股权众筹之法律规制［J］．行政与法，2018（10）：96-107.

［543］李森，赵轩维，夏恩君．股权众筹项目融资成功率判别——Logistic 回归与神经网络模型的比较分析［J］．技术经济，2018（9）：80-91.

［544］张敏，张辛陌．股权众筹投资者的退出权研究［J］．政法学刊，2017（6）：34-41.

后 记

金融是现代经济的核心，是国家核心竞争力的重要组成部分。融资与投资是资本运营两大基本功能，现代股权投融资业务是股权投资者与融资需求的企业进行有效对接，帮助企业进行资金供需匹配、达成投融资协议、促进双方共同发展。由于股权投融资是一门综合能力要求很强的行业，股权投资从本质上看是为了适应复杂的经济环境而进行的资本运营，企业通过货币资金、固定资产、无形资产等实物或者购买股权等方式实现对其他企业的投资，涉及到金融、法律、财务、税务、投资等领域的专业知识，要求股权投融资行业的管理者及从业者具有较高的素质。

笔者在本书的著作过程中，一方面，研习了诸多涉及企业资本运作和投融资管理、金融风险管控等知识，另一方面，在实践中接触大量股权投融资业务案例，从现代股权投融资业务实务入手，通过对股权投融资业务实践及案例的研究与理解，并进行经验总结与思考，以探求现象背后的运行机理。笔者陆续在《投资研究》等权威性经济学刊物发表了有关股权投融资理论方面的论文，取得了系列研究成果。

受全球经济下行的影响以及中国自身产业结构调整的需要，中央政府已将产业的转型升级提升到了国家战略的层面，而转型升级首当其冲是提高企业的投融资效率，使有限的资金资源能更多地投入到为国家长远发展提供持久竞争力的领域，特别是作为实体经济主体的制造业上市公司，其转型升级的成败关系着国家和民族的复兴，有着极其重大的责任感和使命感。同时，随着全球经济的快速发展，基于公司制度衍生出的股权投融资业务逐渐成为资本与产业融合、聚变的利器。股权融资具有产业筛选、风险分散、要素集成和激励创新等功能，是初创期战略性新兴产业跨越"死亡谷"的重要融资方式。因此，应进一步拓宽民间资本投资渠道，推动天使投资、风险投资和私募股权投资健康发展，构建完整的股权投资链，并推进体制机制创新，提升股权投资管理水平，提升企业经营绩效和创新能力，推动企业高质量发展。

本书重点是在已有的研究成果的基础上，根据经济金融的相关理论与现代股权投融资的实践经验，系统梳理股权投融资业务流程，全面讲解操作要点和难点。本书虽然是一部侧重股权投融资理论与实务研究，但由于股权投融资业务本身是一门实务性较强的综合性金融产品，涉及到金融、法律、财务会计等多方面的知识。在我国全面实行股票发行注册制，国际经济金融形势复杂多变的背景下，我国金融业面临更加激烈的国际市场竞争，本书对我国广大金融工作者具有重要参考价值。

感谢投行界、学术界的前辈和专家，感谢众多多经济学家和同行，书中引用他们的观点和思想进行了标注，有些没能在文中注释，在后面的参考文献中也全部列出，以示尊敬和感谢。在本书的写作过程中，经济管理出版社相关人员做了大量认真、细致的工作，提出了宝贵的意见和建议，笔者受益匪浅，在此一并致谢！

感谢所有给予我帮助和教导的人！

谢清河

2024 年 3 月 18 日